# 2014

# 国际统计年鉴

# INTERNATIONAL STATISTICAL YEARBOOK

中华人民共和国国家统计局 编
Compiled by National Bureau of Statistics of China

中国统计出版社
China Statistics Press

**图书在版编目 (CIP) 数据**

国际统计年鉴．2014：汉英对照 / 中华人民共和国国家统计局编．-- 北京：中国统计出版社，2014.10
ISBN 978-7-5037-7327-3

Ⅰ．①国… Ⅱ．①中… Ⅲ．①统计资料－世界－2014－年鉴－汉、英 Ⅳ．① C831-54

中国版本图书馆 CIP 数据核字 (2014) 第 236685 号

**国际统计年鉴—2014**

作　　者 / 中华人民共和国国家统计局
责任编辑 / 郭　栋
封面设计 / 张　冰　李雪燕
出版发行 / 中国统计出版社
通信地址 / 北京市丰台区西三环南路甲 6 号　邮政编码 /100073
电　　话 / 邮购（010）63376909　书店（010）68783171
网　　址 / http://csp.stats.gov.cn
印　　刷 / 河北天普润印刷厂
经　　销 / 新华书店
开　　本 / 880 × 1230 毫米　1/16
字　　数 / 840 千字
印　　张 / 27.5
版　　别 / 2014 年 10 月第 1 版
版　　次 / 2014 年 10 月第 1 次印刷
定　　价 / 498.00 元　Price: 498.00 yuan (RMB)

**本书附同版本 CD-ROM 一张，光盘内容以书面文字为准。**
**中国统计版图书，如有印装错误，本社发行部负责调换。**

# 《国际统计年鉴－2014》

## 编委会和编辑出版人员

# International Statistical Yearbook - **2014**

## EDITORIAL BOARD AND EDITORIAL STAFF

# 编者说明

一、《国际统计年鉴-2014》是一部综合性的国际经济社会统计资料年刊，收录了世界 200 多个国家和地区的统计数据，并对其中 40 多个主要国家和地区的经济社会发展指标及国际组织发布的主要综合评价指标进行了更为详细的收集。

二、本年鉴包括 17 个部分：1.中国在世界的地位；2.自然资源和环境；3.国民经济核算；4.人口；5.就业人员和劳动报酬；6.投资环境；7.能源；8.财政和金融；9.价格指数；10.居民收支和贫困；11.农业；12.工业和建筑业；13.运输和通讯；14.对外贸易和旅游；15.国际收支和外债；16.教育、科技、文化和卫生；17.经济社会综合评价指标。

三、国外的大部分数据经过联合国等国际组织的调整，口径基本可比。

四、许多国家的最新数据是初步数或预计数。

五、中国数据除国土面积外，均未包括中国台湾地区、香港特别行政区和澳门特别行政区。

六、数据取自有关国际组织的数据库、光盘、年报、月报。每张表前均附有资料来源。

七、个别数据的合计项或相对数，因受进位的影响，不一定等于分项累计数。

八、本年鉴所跨年度内，一些国家的名称和疆域有所改变，除非特别注明，本年鉴中所列国家均为现国家名称及其疆域范围。

九、本年鉴中使用的符号含义如下："…"表示数据不够本表最小单位数；"空格"表示无该项数据或该项统计数据不详；"#"表示其中的主要项；"|"表示因统计口径调整，前后数据不可比。

# PREFACE

I. *International Statistical Yearbook 2014* is an annual comprehensive reference publication on international economic and social statistics. It contains data from as much as 200 countries, regions and territories over the world. More detailed information on the economic and social development of over 40 countries and main comprehensive evaluation indexes of international organizations are also included in the Yearbook.

II. The Yearbook contains the following 17 chapters: China in the World; Geography, Natural Resources and Environmental; National Accounts; Population; Employment and Earnings; Investment Environment; Energy; Government Finance and Banking; Price Index; Household Income and Expenditure and Poverty; Agriculture; Industry and Construction; Transportation and Communication; External Trade and Tourism; Balance of Payments and External Debts; Education, Science and Technology, Culture and Health; Main Comprehensive evaluation indicators.

III. Data for most of the foreign countries or territories have been adjusted by international organizations such as the United Nations, and the scope and coverage is therefore comparable.

IV. The latest data for many countries are preliminary or estimated statistics.

V. All data of China do not cover Taiwan Province, Hong Kong SAR and Macao SAR except data for the surface area.

VI. The data are from the databases, CD-ROMs, yearbooks and monthly publications of international organizations. The sources of data are given at the top of each table in the Yearbook.

VII. Several aggregations or rates may not add up to the sum of the series because of rounding.

VIII. Unless otherwise indicated, the countries included in the Yearbook are the countries under their present names with the present territories, although the names or the boundaries may have changed during the period covered by the Yearbook.

IX. The meanings of the symbols used in the Yearbook are as following,

"…" indicates that the figure is not large enough to be measured with the smallest unit in the table;

"(blank)" indicates that data are not available;

"#" indicates the major items of the total;

"|" indicates that the data to the left are not comparable with those to the right because of the adjustment of scope and coverage.

# 目　录

# CONTENTS

## 一、中国在世界的地位
## China in the World



## 二、自然资源和环境
## Natural Resource and Environment

## 三、国民经济核算
## National Accounts



## 四、人口
## Population

## 五、就业人员和劳动报酬
## Employment and Earnings

## 六、投资环境
## Investment Environment



## 七、能源
## Energy



## 八、财政和金融
## Government Finance and Banking

## 九、价格指数
## Price Indices

## 十、居民收支和贫困
## Household Income and Expenditure and Poverty



## 十一、农业
## Agriculture

## 十二、工业和建筑业
## Industry and Construction



## 十三、运输和通讯
## Transportation and Communication

## 十四、对外贸易和旅游
## External Trade and Tourism

## 十五、国际收支和外债

## Balance of Payments and External Debts



## 十六、教育、科技、文化和卫生

## Education, Science and Technology, Culture and Health

## 十七、经济社会综合评价指标
## Comprehensive Evaluation Indicators



## 附 录
## Appendix

# 中国在世界的地位

## China in the World

# 1-1 中国主要指标居世界的位次

## Ranking of China in the World in Terms of Main Indicators

资料来源：联合国贸发会议数据库、世界贸易组织数据库、世界银行WDI数据库、国际货币基金组织数据库。
Source: UNCTAD Database;WTO Database;World Bank WDI Database;IMF Database.

| 指　　标 | Indicator | 1978 | 1980 | 1990 | 2000 | 2010 | 2012 | 2013 |
|---|---|---|---|---|---|---|---|---|
| 国土面积 | Country Area | 4 | 4 | 4 | 4 | 4 | 4 | 4 |
| 人　口 | Population | 1 | 1 | 1 | 1 | 1 | 1 | 1 |
| 国内生产总值 | Gross Domestic Product | 10 | 12 | 11 | 6 | 2 | 2 | 2 |
| 人均国民总收入① | GNI per capita ① | 175(188) | 177(188) | 178(200) | 141(207) | 120(215) | 112(214) | 109(214) |
| 进出口贸易总额 | Foreign Trade Total | 29 | 26 | 16 | 8 | 2 | 2 | 1 |
| 出口额 | Exports | 30 | 28 | 14 | 7 | 1 | 1 | 1 |
| 进口额 | Imports | 27 | 22 | 17 | 9 | 2 | 2 | 2 |
| 外商直接投资 | Foreign Direct Investment Inflow | 129 | 56 | 14 | 11 | 2 | 2 | 2 |
| 外汇储备 | Foreign Exchange Reserves | 38 | 37 | 7 | 2 | 1 | 1 | 1 |

注：①括号中所列为参加排序的国家或地区数。
Note: ① The number in the parentheses indicates the number of countries or territories the order based on.

# 1-2 中国主要指标占世界的比重

## Major Chinese Indicators as Percentage of the World

资料来源：联合国贸发会议数据库、世界贸易组织数据库、联合国FAO数据库、世界银行WDI数据库、国际货币基金组织数据库。
Source: UNCTAD Database; WTO Database; FAO Database; World Bank WDI Database; IMF Database.
单位：%　　(%)

| 指　　标 | Indicator | 1978 | 1980 | 1990 | 2000 | 2010 | 2012 | 2013 |
|---|---|---|---|---|---|---|---|---|
| 国土面积 | Country Area | 7.2 | 7.2 | 7.2 | 7.2 | 7.2 | 7.2 | 7.2 |
| 人　口 | Population | 22.3 | 22.1 | 21.5 | 20.7 | 19.4 | 19.2 | 19.1 |
| 国内生产总值 | Gross Domestic Product | 1.7 | 1.7 | 1.6 | 3.7 | 9.2 | 11.3 | 12.3 |
| 进出口贸易总额 | Foreign Trade Total | 0.8 | 0.9 | 1.6 | 3.6 | 9.7 | 10.5 | 11.0 |
| 出口额 | Exports | 0.8 | 0.9 | 1.8 | 3.9 | 10.3 | 11.1 | 11.8 |
| 进口额 | Imports | 0.8 | 1.0 | 1.5 | 3.4 | 9.0 | 9.8 | 10.3 |
| 外商直接投资 | Foreign Direct Investment Inflow |  | 0.1 | 1.7 | 2.9 | 8.2 | 9.1 | 8.5 |
| 外汇储备 | Foreign Exchange Reserves |  |  |  | 8.6 | 30.7 | 30.2 | 32.7 |
| 稻谷产量 | Rice Production | 36.7 | 36.2 | 37.1 | 31.8 | 28.1 | 27.9 | 27.5 |
| 小麦产量 | Wheat Production | 12.1 | 12.5 | 16.6 | 17.0 | 17.7 | 18.0 | 17.1 |
| 玉米产量 | Maize Production | 14.2 | 15.8 | 20.1 | 17.9 | 20.9 | 23.6 | 21.4 |
| 大豆产量 | Soybeans Production | 10.1 | 9.8 | 10.1 | 9.6 | 5.7 | 5.4 | 4.5 |

## 1-3 中国农业主要产品产量居世界的位次
## Ranking of China in the World in Terms of Major Agricultural Products

资料来源：联合国FAO数据库。
Source: United Nations FAO Database.

| 项　目 | Item | 1978 | 1980 | 1990 | 2000 | 2005 | 2010 | 2012 | 2013 |
|---|---|---|---|---|---|---|---|---|---|
| 谷　物 | Cereals | 2 | 1 | 1 | 1 | 1 | 1 | 1 | 1 |
| 肉　类① | Meat① | 3 | 3 | 1 | 1 | 1 | 1 | 1 | |
| 籽　棉 | Seed Cotton | 3 | 2 | 1 | 1 | 1 | 1 | 1 | 1 |
| 大　豆 | Soybeans | 3 | 3 | 3 | 4 | 4 | 4 | 4 | 4 |
| 花　生 | Groundnuts in Shell | 2 | 2 | 2 | 1 | 1 | 1 | 1 | 1 |
| 油菜籽 | Rapeseed | 2 | 2 | 1 | 1 | 1 | 1 | 2 | 2 |
| 甘　蔗 | Sugar Cane | 7 | 9 | 4 | 3 | 3 | 3 | 3 | 4 |
| 茶　叶 | Tea | 2 | 2 | 2 | 2 | 1 | 1 | 1 | |
| 水　果② | Fruit② | 9 | 10 | 4 | 1 | 1 | 1 | 1 | |

注：①1990年以前为猪、牛、羊肉产量的位次。②不包括瓜类。
Note: ①Data refer to pork,beef and mutton prior to 1990.②Excluding melons.

## 1-4 中国工业主要产品产量居世界的位次
## Ranking of China in the World in Terms of Major Industrial Products

资料来源：联合国统计月报数据库、联合国FAO数据库。
Source: United Nations MBS Database; FAO Database.

| 项　目 | Item | 1978 | 1980 | 1990 | 2000 | 2005 | 2010 | 2012 | 2013 |
|---|---|---|---|---|---|---|---|---|---|
| 粗　钢 | Crude Steel | 5 | 5 | 4 | 2 | 1 | 1 | 1 | 1 |
| 煤 | Coal | 3 | 3 | 1 | 1 | 1 | 1 | 1 | 1 |
| 原　油 | Crude Petroleum | 8 | 6 | 5 | 5 | 5 | 4 | 4 | 4 |
| 发电量 | Electricity | 7 | 6 | 4 | 2 | 2 | 1 | 1 | 1 |
| 水　泥 | Cement | 4 | 4 | 1 | 1 | 1 | 1 | 1 | 1 |
| 化　肥 | Fertilizer | 3 | 3 | 3 | 1 | 1 | 1 | | |
| 棉　布 | Woven Cotton Fabrics | 1 | 1 | 1 | 2 | 2 | 1 | 1 | 1 |

# 自然资源和环境

Natural Resource and Environment

# 2-1 国土面积与人口密度

## Surface Area and Population Density

资料来源：世界银行WDI数据库。
Source: World Bank WDI Database.

| 国家或地区 | Country or Area | 国土面积（万平方公里）Surface Area (10 000 sq.km) | 人口密度（人/平方公里）Population Density (persons/sq.km) | | |
|---|---|---|---|---|---|
| | | 2012 | 2005 | 2010 | 2012 |
| **世　界** | **World** | **13429.0** | **50.0** | **53.1** | **54.3** |
| 中　国 | China | 960.0 | 139.8 | 143.4 | 144.8 |
| 中国香港 | Hong Kong, China | 0.1 | 6538.6 | 6741.1 | 6866.2 |
| 中国澳门 | Macao, China | … | 16719.6 | 19093.8 | 19885.1 |
| 孟加拉国 | Bangladesh | 14.4 | 1099.6 | 1161.0 | 1188.4 |
| 文　莱 | Brunei Darussalam | 0.6 | 69.8 | 76.0 | 78.2 |
| 柬埔寨 | Cambodia | 18.1 | 75.7 | 81.4 | 84.2 |
| 印　度 | India | 328.7 | 379.1 | 405.5 | 415.9 |
| 印度尼西亚 | Indonesia | 190.5 | 123.9 | 132.9 | 136.3 |
| 伊　朗 | Iran | 174.5 | 43.1 | 45.7 | 46.9 |
| 以色列 | Israel | 2.2 | 320.2 | 352.3 | 365.6 |
| 日　本 | Japan | 37.8 | 350.5 | 349.7 | 350.0 |
| 哈萨克斯坦 | Kazakhstan | 272.5 | 5.6 | 6.0 | 6.2 |
| 韩　国 | Korea, Rep. | 10.0 | 497.0 | 508.9 | 515.0 |
| 老　挝 | Laos | 23.7 | 25.1 | 27.7 | 28.8 |
| 马来西亚 | Malaysia | 33.1 | 78.7 | 86.1 | 89.0 |
| 蒙　古 | Mongolia | 156.4 | 1.6 | 1.7 | 1.8 |
| 缅　甸 | Myanmar | 67.7 | 76.8 | 79.5 | 80.8 |
| 巴基斯坦 | Pakistan | 79.6 | 204.9 | 224.6 | 232.4 |
| 菲律宾 | Philippines | 30.0 | 287.8 | 313.4 | 324.3 |
| 新加坡 | Singapore | 0.1 | 6191.3 | 7252.4 | 7589.1 |
| 斯里兰卡 | Sri Lanka | 6.6 | 313.3 | 329.3 | 324.2 |
| 泰　国 | Thailand | 51.3 | 128.3 | 130.0 | 130.7 |
| 越　南 | Viet Nam | 33.1 | 265.7 | 280.4 | 286.3 |
| 埃　及 | Egypt | 100.1 | 72.1 | 78.4 | 81.1 |
| 尼日利亚 | Nigeria | 92.4 | 153.3 | 175.4 | 185.4 |
| 南　非 | South Africa | 121.9 | 39.3 | 42.0 | 43.1 |
| 加拿大 | Canada | 998.5 | 3.6 | 3.7 | 3.8 |
| 墨西哥 | Mexico | 196.4 | 57.0 | 60.6 | 62.2 |
| 美　国 | United States | 983.2 | 32.3 | 33.8 | 34.3 |
| 阿根廷 | Argentina | 278.0 | 14.1 | 14.8 | 15.0 |
| 巴　西 | Brazil | 851.5 | 22.0 | 23.1 | 23.5 |
| 委内瑞拉 | Venezuela | 91.2 | 30.3 | 32.9 | 34.0 |
| 捷　克 | Czech Rep. | 7.9 | 132.2 | 135.6 | 136.1 |
| 法　国 | France | 54.9 | 115.4 | 118.7 | 119.9 |
| 德　国 | Germany | 35.7 | 236.5 | 234.6 | 230.7 |
| 意大利 | Italy | 30.1 | 197.1 | 201.5 | 202.4 |
| 荷　兰 | Netherlands | 4.2 | 483.4 | 492.6 | 496.7 |
| 波　兰 | Poland | 31.3 | 124.6 | 125.5 | 126.7 |
| 俄罗斯 | Russia | 1709.8 | 8.7 | 8.7 | 8.7 |
| 西班牙 | Spain | 50.6 | 87.5 | 93.4 | 93.7 |
| 土耳其 | Turkey | 78.4 | 88.0 | 93.7 | 96.1 |
| 乌克兰 | Ukraine | 60.4 | 81.3 | 79.2 | 78.7 |
| 英　国 | United Kingdom | 24.4 | 249.7 | 259.4 | 263.3 |
| 澳大利亚 | Australia | 774.1 | 2.7 | 2.9 | 3.0 |
| 新西兰 | New Zealand | 26.8 | 15.7 | 16.6 | 16.8 |

# 2-2 土地利用(2012年)
# Land Utilization(2012)

资料来源：联合国粮农组织数据库。
Source: FAO Database.
单位：万公顷 (10 000 hectares)

| 国家或地区 | Country or Area | 陆地面积 Land Area | 耕地面积 Arable Area | 多年生作物面积 Permanent Crop Area | 森林面积 Forest Area |
|---|---|---|---|---|---|
| **世　界** | **World** | **1300910** | **139589** | **16389** | **402191** |
| 中　国 | China | 94247 | 10652 | 1601 | 21239 |
| 孟加拉国 | Bangladesh | 1302 | 768 | 85 | 144 |
| 文　莱 | Brunei Darussalam | 53 | … | 1 | 38 |
| 柬埔寨 | Cambodia | 1765 | 410 | 16 | 984 |
| 印　度 | India | 29732 | 15620 | 1280 | 6872 |
| 印度尼西亚 | Indonesia | 18116 | 2350 | 2200 | 9306 |
| 伊　朗 | Iran | 16286 | 1771 | 195 | 1108 |
| 以色列 | Israel | 216 | 29 | 9 | 15 |
| 日　本 | Japan | 3646 | 425 | 30 | 2500 |
| 哈萨克斯坦 | Kazakhstan | 26997 | 2290 | 8 | 330 |
| 韩　国 | Korea, Rep. | 974 | 152 | 21 | 621 |
| 老　挝 | Laos | 2308 | 145 | 17 | 1559 |
| 马来西亚 | Malaysia | 3286 | 96 | 650 | 2028 |
| 蒙　古 | Mongolia | 15536 | 65 | … | 1073 |
| 缅　甸 | Myanmar | 6533 | 1082 | 147 | 3115 |
| 巴基斯坦 | Pakistan | 7709 | 2119 | 86 | 160 |
| 菲律宾 | Philippines | 2982 | 555 | 535 | 777 |
| 新加坡 | Singapore | 7 | … | … | … |
| 斯里兰卡 | Sri Lanka | 627 | 125 | 100 | 183 |
| 泰　国 | Thailand | 5109 | 1656 | 450 | 1900 |
| 越　南 | Viet Nam | 3101 | 640 | 380 | 1409 |
| 埃　及 | Egypt | 9955 | 280 | 81 | 7 |
| 尼日利亚 | Nigeria | 9108 | 3500 | 670 | 822 |
| 南　非 | South Africa | 12131 | 1200 | 41 | 924 |
| 加拿大 | Canada | 90935 | 4592 | 483 | 31013 |
| 墨西哥 | Mexico | 19440 | 2313 | 268 | 6449 |
| 美　国 | United States | 91474 | 15511 | 260 | 30479 |
| 阿根廷 | Argentina | 27367 | 3929 | 100 | 2892 |
| 巴　西 | Brazil | 83581 | 7261 | 700 | 51513 |
| 委内瑞拉 | Venezuela | 8821 | 270 | 70 | 4570 |
| 捷　克 | Czech Rep. | 772 | 316 | 8 | 266 |
| 法　国 | France | 5476 | 1829 | 100 | 1605 |
| 德　国 | Germany | 3485 | 1183 | 20 | 1108 |
| 意大利 | Italy | 2941 | 712 | 244 | 931 |
| 荷　兰 | Netherlands | 337 | 101 | 4 | 37 |
| 波　兰 | Poland | 3062 | 1093 | 40 | 939 |
| 俄罗斯 | Russia | 163769 | 11975 | 160 | 80921 |
| 西班牙 | Spain | 4988 | 1240 | 456 | 1853 |
| 土耳其 | Turkey | 7696 | 2058 | 321 | 1157 |
| 乌克兰 | Ukraine | 5793 | 3252 | 89 | 976 |
| 英　国 | United Kingdom | 2419 | 621 | 5 | 290 |
| 澳大利亚 | Australia | 76823 | 4711 | 38 | 14745 |
| 新西兰 | New Zealand | 2633 | 58 | 7 | 825 |

# 2-3 淡水资源(2011年)
# Freshwater(2011)

资料来源：世界银行WDI数据库。
Source: World Bank WDI Database.

| 国家或地区 | Country or Area | 人均可再生淡水资源(立方米) Renewable Internal Freshwater Resources per Capita(cu.m.) | 淡水抽取量 Freshwater Withdrawals | | | |
|---|---|---|---|---|---|---|
| | | | 占水资源总量的比重(%) % of Internal Resources | 农业用水 % for Agriculture | 工业用水 % for Industry | 生活用水 % for Domestic |
| **世　界** | **World** | **6123** | **9.2** | **70.0** | **18.3** | **11.8** |
| **高收入国家** | **High Income** | **8195** | **9.4①** | **41.0①** | **42.2①** | **16.8①** |
| **中等收入国家** | **Middle Income** | **5819** | **7.1①** | **78.6①** | **11.1①** | **10.2①** |
| **低收入国家** | **Low Income** | **5125** | **4.3①** | **90.1①** | **2.4①** | **7.5①** |
| 中　国 | China | 2093 | 19.7 | 64.6 | 23.2 | 12.2 |
| 孟加拉国 | Bangladesh | 687 | 34.2 | 87.8 | 2.2 | 10.0 |
| 文　莱 | Brunei Darussalam | 20910 | 1.1 | | | |
| 柬埔寨 | Cambodia | 8257 | 1.8 | 94.0 | 1.5 | 4.5 |
| 印　度 | India | 1184 | 52.6 | 90.4 | 2.2 | 7.4 |
| 印度尼西亚 | Indonesia | 8281 | 5.6 | 81.9 | 6.5 | 11.6 |
| 伊　朗 | Iran | 1704 | 72.6 | 92.2 | 1.2 | 6.7 |
| 以色列 | Israel | 97 | 101.9 | 57.8 | 5.8 | 36.4 |
| 日　本 | Japan | 3364 | 20.9 | 63.1 | 17.6 | 19.3 |
| 哈萨克斯坦 | Kazakhstan | 3886 | 32.9 | 66.2 | 29.6 | 4.2 |
| 韩　国 | Korea, Rep. | 1303 | 39.3 | 62.0 | 12.0 | 26.0 |
| 老　挝 | Laos | 29197 | 2.2 | 93.0 | 4.0 | 3.1 |
| 马来西亚 | Malaysia | 20168 | 2.3 | 34.2 | 36.3 | 29.5 |
| 蒙　古 | Mongolia | 12635 | 1.2 | 53.0 | 27.1 | 19.9 |
| 缅　甸 | Myanmar | 19159 | 3.3 | 89.0 | 1.0 | 10.0 |
| 巴基斯坦 | Pakistan | 312 | 79.5 | 94.0 | 0.8 | 5.3 |
| 菲律宾 | Philippines | 5039 | 17.0 | 82.2 | 10.1 | 7.7 |
| 新加坡 | Singapore | 116 | 31.7 | 4.0 | 51.0 | 45.0 |
| 斯里兰卡 | Sri Lanka | 2530 | 24.5 | 87.3 | 6.4 | 6.2 |
| 泰　国 | Thailand | 3372 | 25.5 | 90.4 | 4.9 | 4.8 |
| 越　南 | Viet Nam | 4092 | 22.8 | 94.8 | 3.8 | 1.5 |
| 埃　及 | Egypt | 23 | 119.0 | 86.4 | 5.9 | 7.8 |
| 尼日利亚 | Nigeria | 1346 | 4.7 | 53.4 | 15.1 | 31.5 |
| 南　非 | South Africa | 886 | 27.9 | 62.7 | 6.1 | 31.2 |
| 加拿大 | Canada | 82647 | 1.6 | 11.8 | 68.7 | 19.6 |
| 墨西哥 | Mexico | 3427 | 19.5 | 76.7 | 9.3 | 14.0 |
| 美　国 | United States | 9044 | 17.0 | 40.2 | 46.1 | 13.7 |
| 阿根廷 | Argentina | 6777 | 11.8 | 66.1 | 12.2 | 21.7 |
| 巴　西 | Brazil | 27512 | 1.1 | 54.6 | 17.5 | 28.0 |
| 委内瑞拉 | Venezuela | 24488 | 1.3 | 43.8 | 7.5 | 48.7 |
| 捷　克 | Czech Rep. | 1253 | 12.9 | 1.8 | 56.5 | 41.7 |
| 法　国 | France | 3059 | 15.8 | 12.4 | 69.3 | 18.3 |
| 德　国 | Germany | 1308 | 30.2 | 0.3 | 83.9 | 15.9 |
| 意大利 | Italy | 3005 | 24.9 | 44.1 | 35.9 | 20.1 |
| 荷　兰 | Netherlands | 659 | 96.5 | 0.7 | 87.5 | 11.8 |
| 波　兰 | Poland | 1391 | 22.3 | 9.7 | 59.6 | 30.7 |
| 俄罗斯 | Russia | 30169 | 1.5 | 19.9 | 59.8 | 20.2 |
| 西班牙 | Spain | 2408 | 29.2 | 60.5 | 21.7 | 17.8 |
| 土耳其 | Turkey | 3107 | 17.7 | 73.8 | 10.7 | 15.5 |
| 乌克兰 | Ukraine | 1162 | 72.5 | 51.2 | 36.4 | 12.5 |
| 英　国 | United Kingdom | 2311 | 9.0 | 9.9 | 33.0 | 57.1 |
| 澳大利亚 | Australia | 22039 | 4.6 | 73.8 | 10.6 | 15.6 |
| 新西兰 | New Zealand | 74230 | 1.5 | 74.3 | 4.2 | 21.5 |

注：①2010年数据
Note:①Data refer to 2010.

# 2-4 森林资源
# Forestation

资料来源：世界银行WDI数据库。
Source: World Bank WDI Database.

单位：% (%)

| 国家或地区 | Country or Area | 森林平均消失率① Average Annual Deforestation Rate① | | 森林覆盖率 Forest Area as Percentage of Land Area | |
|---|---|---|---|---|---|
| | | 1990-2000 | 2000-2011 | 2000 | 2011 |
| **世　界** | **World** | **0.18** | **0.11** | **31.4** | **30.9** |
| **高收入国家** | **High Income** | **-0.08** | **-0.03** | **34.9** | **35.0** |
| **中等收入国家** | **Middle Income** | **0.33** | **0.13** | **29.1** | **28.4** |
| **低收入国家** | **Low Income** | **0.64** | **0.61** | **29.4** | **27.4** |
| 中　国 | China | -1.20 | -1.57 | 19.0 | 22.5 |
| 孟加拉国 | Bangladesh | 0.18 | 0.18 | 11.3 | 11.1 |
| 文　莱 | Brunei Darussalam | 0.39 | 0.44 | 75.3 | 71.8 |
| 柬埔寨 | Cambodia | 1.14 | 1.34 | 65.4 | 56.5 |
| 印　度 | India | -0.22 | -0.46 | 22.0 | 23.1 |
| 印度尼西亚 | Indonesia | 1.75 | 0.51 | 54.9 | 51.8 |
| 伊　朗 | Iran | | | 6.8 | 6.8 |
| 以色列 | Israel | -1.49 | -0.07 | 7.1 | 7.1 |
| 日　本 | Japan | 0.03 | -0.05 | 68.3 | 68.6 |
| 哈萨克斯坦 | Kazakhstan | 0.17 | 0.17 | 1.3 | 1.2 |
| 韩　国 | Korea, Rep. | 0.13 | 0.11 | 63.7 | 64.0 |
| 老　挝 | Laos | 0.46 | 0.49 | 71.6 | 67.9 |
| 马来西亚 | Malaysia | 0.36 | 0.54 | 65.7 | 62.0 |
| 蒙　古 | Mongolia | 0.67 | 0.73 | 7.5 | 7.0 |
| 缅　甸 | Myanmar | 1.17 | 0.93 | 53.4 | 48.2 |
| 巴基斯坦 | Pakistan | 1.76 | 2.24 | 2.8 | 2.1 |
| 菲律宾 | Philippines | -0.80 | -0.75 | 23.9 | 25.9 |
| 新加坡 | Singapore | | | 3.4 | 3.3 |
| 斯里兰卡 | Sri Lanka | 1.20 | 1.12 | 33.2 | 29.4 |
| 泰　国 | Thailand | 0.28 | 0.02 | 37.2 | 37.2 |
| 越　南 | Viet Nam | -2.28 | -1.65 | 37.7 | 45.0 |
| 埃　及 | Egypt | -2.98 | -1.73 | 0.1 | 0.1 |
| 尼日利亚 | Nigeria | 2.68 | 3.67 | 14.4 | 9.5 |
| 南　非 | South Africa | | | 7.6 | 7.6 |
| 加拿大 | Canada | | | 34.1 | 34.1 |
| 墨西哥 | Mexico | 0.52 | 0.30 | 34.3 | 33.3 |
| 美　国 | United States | -0.13 | -0.13 | 32.8 | 33.3 |
| 阿根廷 | Argentina | 0.88 | 0.81 | 11.6 | 10.7 |
| 巴　西 | Brazil | 0.51 | 0.50 | 64.5 | 61.2 |
| 委内瑞拉 | Venezuela | 0.57 | 0.60 | 55.7 | 52.1 |
| 捷　克 | Czech Rep. | -0.03 | -0.08 | 34.1 | 34.4 |
| 法　国 | France | -0.55 | -0.39 | 28.0 | 29.2 |
| 德　国 | Germany | -0.31 | | 31.7 | 31.8 |
| 意大利 | Italy | -0.98 | -0.90 | 28.5 | 31.4 |
| 荷　兰 | Netherlands | -0.43 | -0.14 | 10.7 | 10.8 |
| 波　兰 | Poland | -0.20 | -0.31 | 29.8 | 30.8 |
| 俄罗斯 | Russia | | | 49.4 | 49.4 |
| 西班牙 | Spain | -2.09 | -0.68 | 34.0 | 36.8 |
| 土耳其 | Turkey | -0.47 | -1.11 | 13.2 | 14.9 |
| 乌克兰 | Ukraine | -0.25 | -0.21 | 16.4 | 16.8 |
| 英　国 | United Kingdom | -0.68 | -0.31 | 11.6 | 11.9 |
| 澳大利亚 | Australia | -0.03 | 0.37 | 20.2 | 19.3 |
| 新西兰 | New Zealand | -0.69 | -0.01 | 31.4 | 31.4 |

注：①负值表示森林面积的增长。
Note:①The negative represents the forest area increased.

# 2-5 二氧化碳排放量

# Emissions of Carbon Dioxide

资料来源：世界银行WDI数据库。
Source: World Bank WDI Database.
单位：百万吨 (million metric tons)

| 国家或地区 | Country or Area | 二氧化碳排放总量(百万吨) Total Emissions of Carbon Dioxide (million metric tons) | | | 人均二氧化碳排放量(吨) Emissions of Carbon Dioxide per Capita (ton) | | |
|---|---|---|---|---|---|---|---|
| | | 1990 | 2000 | 2010 | 1990 | 2000 | 2010 |
| **世　界** | **World** | **22222.9** | **24807.3** | **33615.4** | **4.2** | **4.1** | **4.9** |
| 中　国 | China | 2460.7 | 3405.2 | 8286.9 | 2.2 | 2.7 | 6.2 |
| 中国香港 | Hong Kong, China | 27.7 | 40.5 | 36.3 | 4.9 | 6.1 | 5.2 |
| 中国澳门 | Macao, China | 1.0 | 1.6 | 1.0 | 2.9 | 3.8 | 1.9 |
| 孟加拉国 | Bangladesh | 15.5 | 27.9 | 56.2 | 0.1 | 0.2 | 0.4 |
| 文　莱 | Brunei Darussalam | 6.4 | 6.5 | 9.2 | 25.0 | 19.7 | 22.9 |
| 柬埔寨 | Cambodia | 0.5 | 2.0 | 4.2 | 0.1 | 0.2 | 0.3 |
| 印　度 | India | 690.6 | 1186.7 | 2008.8 | 0.8 | 1.1 | 1.7 |
| 印度尼西亚 | Indonesia | 149.6 | 263.4 | 434.0 | 0.8 | 1.3 | 1.8 |
| 伊　朗 | Iran | 211.1 | 372.7 | 571.6 | 3.8 | 5.7 | 7.7 |
| 以色列 | Israel | 33.5 | 62.7 | 70.7 | 7.2 | 10.0 | 9.3 |
| 日　本 | Japan | 1094.8 | 1219.6 | 1170.7 | 8.9 | 9.6 | 9.2 |
| 哈萨克斯坦 | Kazakhstan | 294.6 | 127.8 | 248.7 | 18.0 | 8.6 | 15.2 |
| 韩　国 | Korea, Rep. | 246.9 | 447.6 | 567.6 | 5.8 | 9.5 | 11.5 |
| 老　挝 | Laos | 0.2 | 1.0 | 1.9 | 0.1 | 0.2 | 0.3 |
| 马来西亚 | Malaysia | 56.6 | 126.6 | 216.8 | 3.1 | 5.4 | 7.7 |
| 蒙　古 | Mongolia | 10.0 | 7.5 | 11.5 | 4.6 | 3.1 | 4.2 |
| 缅　甸 | Myanmar | 4.3 | 10.1 | 9.0 | 0.1 | 0.2 | 0.2 |
| 巴基斯坦 | Pakistan | 68.6 | 106.5 | 161.4 | 0.6 | 0.7 | 0.9 |
| 菲律宾 | Philippines | 41.8 | 73.3 | 81.6 | 0.7 | 0.9 | 0.9 |
| 新加坡 | Singapore | 46.9 | 49.0 | 13.5 | 15.4 | 12.2 | 2.7 |
| 斯里兰卡 | Sri Lanka | 3.8 | 10.2 | 12.7 | 0.2 | 0.5 | 0.6 |
| 泰　国 | Thailand | 95.8 | 188.4 | 295.3 | 1.7 | 3.0 | 4.5 |
| 越　南 | Viet Nam | 21.4 | 53.6 | 150.2 | 0.3 | 0.7 | 1.7 |
| 埃　及 | Egypt | 75.9 | 141.3 | 204.8 | 1.4 | 2.1 | 2.6 |
| 尼日利亚 | Nigeria | 45.4 | 79.2 | 78.9 | 0.5 | 0.6 | 0.5 |
| 南　非 | South Africa | 333.5 | 368.6 | 460.1 | 9.5 | 8.4 | 9.0 |
| 加拿大 | Canada | 450.1 | 534.5 | 499.1 | 16.2 | 17.4 | 14.7 |
| 墨西哥 | Mexico | 314.4 | 381.5 | 443.7 | 3.7 | 3.7 | 3.8 |
| 美　国 | United States | 4768.1 | 5713.6 | 5433.1 | 19.1 | 20.3 | 17.6 |
| 阿根廷 | Argentina | 112.6 | 141.1 | 180.5 | 3.5 | 3.8 | 4.5 |
| 巴　西 | Brazil | 208.9 | 328.0 | 419.8 | 1.4 | 1.9 | 2.2 |
| 委内瑞拉 | Venezuela | 122.2 | 152.4 | 201.8 | 6.2 | 6.3 | 7.0 |
| 捷　克 | Czech Rep. | 162.6 | 124.7 | 111.8 | 15.7 | 12.2 | 10.7 |
| 法　国 | France | 399.0 | 365.6 | 361.3 | 6.8 | 6.0 | 5.6 |
| 德　国 | Germany | 980.6 | 830.0 | 745.4 | 12.4 | 10.1 | 9.1 |
| 意大利 | Italy | 417.6 | 451.4 | 406.3 | 7.4 | 7.9 | 6.7 |
| 荷　兰 | Netherlands | 163.5 | 165.4 | 182.1 | 10.9 | 10.4 | 11.0 |
| 波　兰 | Poland | 366.8 | 301.7 | 317.3 | 9.6 | 7.9 | 8.3 |
| 俄罗斯 | Russia | 2339.0 | 1558.1 | 1740.8 | 15.8 | 10.7 | 12.2 |
| 西班牙 | Spain | 218.9 | 294.4 | 269.7 | 5.6 | 7.3 | 5.8 |
| 土耳其 | Turkey | 145.9 | 216.2 | 298.0 | 2.7 | 3.4 | 4.1 |
| 乌克兰 | Ukraine | 689.3 | 320.8 | 304.8 | 13.3 | 6.5 | 6.7 |
| 英　国 | United Kingdom | 571.1 | 543.7 | 493.5 | 10.0 | 9.2 | 7.9 |
| 澳大利亚 | Australia | 287.3 | 329.6 | 373.1 | 16.8 | 17.2 | 16.9 |
| 新西兰 | New Zealand | 23.7 | 32.9 | 31.6 | 7.1 | 8.5 | 7.2 |

# 2-6 每立方米空气中颗粒物含量(直径不足10微米的颗粒物)
## Particulate Matter Content per Cubic Meter in the Air (PM Diameter Less Than 10 Microns)

资料来源：世界银行WDI数据库。
Source: World Bank WDI Database.
单位：微克/立方米 (micrograms per cubic meter)

| 国家或地区 | Country or Area | 2000 | 2005 | 2008 | 2009 | 2010 | 2011 |
|---|---|---|---|---|---|---|---|
| **世　界** | **World** | **70.86** | **68.24** | **66.65** | **65.15** | **63.31** | **61.39** |
| 中　国 | China | 100.93 | 96.53 | 91.64 | 86.37 | 85.21 | 82.44 |
| 中国香港 | Hong Kong, China | 54.03 | 36.12 | 34.48 | 33.23 | 33.05 | 29.76 |
| 中国澳门 | Macao, China | 46.96 | 38.02 | 39.10 | 38.28 | 35.02 | 33.17 |
| 孟加拉国 | Bangladesh | 100.25 | 117.71 | 120.52 | 117.94 | 126.68 | 120.57 |
| 文　莱 | Brunei Darussalam | 13.05 | 10.39 | 11.15 | 10.90 | 9.79 | 9.20 |
| 柬埔寨 | Cambodia | 68.83 | 74.30 | 72.61 | 72.36 | 86.95 | 88.98 |
| 印　度 | India | 121.40 | 113.95 | 107.73 | 107.61 | 105.42 | 99.71 |
| 印度尼西亚 | Indonesia | 56.33 | 56.56 | 52.21 | 50.09 | 49.26 | 46.74 |
| 伊　朗 | Iran | 152.97 | 116.52 | 116.10 | 132.48 | 124.59 | 115.41 |
| 以色列 | Israel | 63.55 | 54.81 | 53.40 | 52.28 | 50.86 | 46.76 |
| 日　本 | Japan | 27.48 | 22.90 | 21.43 | 20.29 | 19.04 | 19.01 |
| 哈萨克斯坦 | Kazakhstan | 59.37 | 55.00 | 52.60 | 47.99 | 45.10 | 47.27 |
| 韩　国 | Korea, Rep. | 57.29 | 56.48 | 52.22 | 50.58 | 48.67 | 46.25 |
| 老　挝 | Laos | 46.18 | 48.67 | 47.66 | 46.40 | 46.00 | 45.65 |
| 马来西亚 | Malaysia | 47.03 | 53.44 | 51.06 | 48.97 | 48.67 | 47.14 |
| 蒙　古 | Mongolia | 248.25 | 271.73 | 281.55 | 279.89 | 275.40 | 283.71 |
| 缅　甸 | Myanmar | 102.82 | 102.77 | 91.46 | 72.76 | 66.51 | 67.35 |
| 巴基斯坦 | Pakistan | 224.76 | 203.65 | 210.05 | 206.63 | 184.14 | 170.98 |
| 菲律宾 | Philippines | 53.61 | 46.42 | 45.53 | 45.20 | 43.03 | 44.80 |
| 新加坡 | Singapore | 28.13 | 30.62 | 25.20 | 24.53 | 25.10 | 25.41 |
| 斯里兰卡 | Sri Lanka | 67.24 | 74.37 | 69.27 | 67.07 | 65.60 | 62.42 |
| 泰　国 | Thailand | 45.96 | 46.17 | 44.85 | 44.81 | 43.77 | 45.18 |
| 越　南 | Viet Nam | 78.49 | 75.07 | 72.39 | 69.68 | 68.55 | 69.26 |
| 埃　及 | Egypt | 151.03 | 141.49 | 132.94 | 129.17 | 125.44 | 120.41 |
| 尼日利亚 | Nigeria | 165.74 | 146.77 | 150.17 | 153.17 | 144.87 | 148.55 |
| 南　非 | South Africa | 40.23 | 43.43 | 45.42 | 42.36 | 39.84 | 40.14 |
| 加拿大 | Canada | 20.48 | 18.07 | 16.30 | 15.44 | 14.35 | 13.80 |
| 墨西哥 | Mexico | 63.61 | 55.87 | 51.43 | 48.12 | 47.59 | 45.65 |
| 美　国 | United States | 27.38 | 23.61 | 21.39 | 20.13 | 18.64 | 18.21 |
| 阿根廷 | Argentina | 43.16 | 39.21 | 40.29 | 39.03 | 35.64 | 35.31 |
| 巴　西 | Brazil | 46.09 | 42.14 | 41.47 | 40.57 | 38.14 | 36.43 |
| 委内瑞拉 | Venezuela | 38.68 | 26.91 | 37.98 | 39.25 | 38.68 | 37.75 |
| 捷　克 | Czech Rep. | 37.24 | 34.81 | 32.84 | 32.18 | 30.01 | 29.19 |
| 法　国 | France | 28.26 | 27.11 | 25.84 | 25.24 | 24.47 | 23.81 |
| 德　国 | Germany | 28.92 | 26.95 | 25.68 | 25.22 | 24.38 | 24.09 |
| 意大利 | Italy | 40.11 | 39.45 | 38.38 | 36.49 | 34.26 | 33.80 |
| 荷　兰 | Netherlands | 32.91 | 30.63 | 28.38 | 27.07 | 26.21 | 25.34 |
| 波　兰 | Poland | 35.83 | 37.05 | 36.73 | 36.92 | 35.07 | 34.28 |
| 俄罗斯 | Russia | 35.71 | 34.72 | 31.41 | 30.42 | 28.27 | 26.99 |
| 西班牙 | Spain | 36.82 | 34.91 | 33.48 | 32.16 | 30.16 | 27.41 |
| 土耳其 | Turkey | 67.99 | 72.37 | 72.69 | 70.30 | 65.70 | 65.38 |
| 乌克兰 | Ukraine | 50.03 | 56.50 | 53.24 | 51.83 | 49.10 | 47.39 |
| 英　国 | United Kingdom | 23.83 | 22.34 | 20.94 | 20.39 | 19.25 | 19.64 |
| 澳大利亚 | Australia | 17.62 | 15.65 | 14.85 | 14.94 | 14.15 | 13.64 |
| 新西兰 | New Zealand | 21.52 | 20.34 | 18.22 | 17.73 | 16.63 | 15.96 |

# 2-7 国家保护区面积和濒危物种(2013年)
# National Protected Areas and Threatened Species(2013)

资料来源：世界银行WDI数据库。
Source: World Bank WDI Database.

| 国家或地区 | Country or Area | 国家保护区① National Protected ① | | 濒危物种(种) Threatened Species(number) | | | |
|---|---|---|---|---|---|---|---|
| | | 陆地保护区面积占陆地面积比重 Terrestrial protected areas (% of total land area) | 海洋保护区面积占领海面积比重 Marine protected areas (% of territorial waters) | 哺乳动物 Mammals | 鸟类 Birds | 鱼类 Fish | 高植株植物 Higher Plants |
| 中　国 | China | 16.7 | | 75 | 87 | 121 | 475 |
| 中国香港 | Hong Kong, China | 41.9 | | 2 | 20 | 13 | 6 |
| 中国澳门 | Macao, China | | 16.1 | | 4 | 5 | |
| 孟加拉国 | Bangladesh | 4.7 | 0.1 | 34 | 31 | 18 | 17 |
| 文　莱 | Brunei Darussalam | 44.0 | 15.7 | 34 | 24 | 7 | 104 |
| 柬埔寨 | Cambodia | 26.2 | 6.5 | 37 | 26 | 40 | 33 |
| 印　度 | India | 5.2 | 5.8 | 95 | 80 | 213 | 326 |
| 印度尼西亚 | Indonesia | 14.7 | 2.2 | 185 | 122 | 145 | 404 |
| 伊　朗 | Iran | 7.2 | | 17 | 22 | 31 | 2 |
| 以色列 | Israel | 17.4 | 19.9 | 15 | 14 | 35 | |
| 日　本 | Japan | 16.5 | 30.0 | 27 | 40 | 66 | 17 |
| 哈萨克斯坦 | Kazakhstan | 3.3 | 10.5 | 16 | 22 | 15 | 17 |
| 韩　国 | Korea, Rep. | 6.3 | 0.2 | 9 | 29 | 18 | 6 |
| 老　挝 | Laos | 16.7 | 11.5 | 45 | 24 | 55 | 32 |
| 马来西亚 | Malaysia | 18.4 | | 71 | 45 | 71 | 705 |
| 蒙　古 | Mongolia | 13.8 | 0.9 | 11 | 20 | 2 | |
| 缅　甸 | Myanmar | 7.3 | 28.0 | 46 | 44 | 40 | 46 |
| 巴基斯坦 | Pakistan | 10.8 | 30.3 | 24 | 29 | 34 | 4 |
| 菲律宾 | Philippines | 10.9 | 52.8 | 38 | 74 | 72 | 229 |
| 新加坡 | Singapore | 5.4 | | 11 | 15 | 25 | 58 |
| 斯里兰卡 | Sri Lanka | 22.0 | | 30 | 15 | 43 | 286 |
| 泰　国 | Thailand | 18.8 | | 57 | 47 | 96 | 131 |
| 越　南 | Viet Nam | 6.5 | | 54 | 45 | 73 | 170 |
| 埃　及 | Egypt | 11.2 | 9.5 | 18 | 10 | 40 | 2 |
| 尼日利亚 | Nigeria | 14.1 | 1.2 | 26 | 18 | 60 | 169 |
| 南　非 | South Africa | 6.2 | 9.4 | 24 | 41 | 87 | 100 |
| 加拿大 | Canada | 8.6 | | 11 | 16 | 36 | 2 |
| 墨西哥 | Mexico | 12.9 | 0.1 | 101 | 61 | 154 | 361 |
| 美　国 | United States | 13.8 | 2.0 | 36 | 78 | 236 | 270 |
| 阿根廷 | Argentina | 6.9 | | 39 | 50 | 37 | 68 |
| 巴　西 | Brazil | 26.3 | 2.0 | 82 | 152 | 84 | 499 |
| 委内瑞拉 | Venezuela | 53.0 | 1.7 | 34 | 40 | 37 | 77 |
| 捷　克 | Czech Rep. | 22.4 | 4.4 | 2 | 7 | 2 | 11 |
| 法　国 | France | 24.7 | 12.1 | 8 | 9 | 46 | 32 |
| 德　国 | Germany | 48.0 | 1.7 | 5 | 7 | 23 | 17 |
| 意大利 | Italy | 21.6 | 4.6 | 7 | 10 | 47 | 66 |
| 荷　兰 | Netherlands | 19.6 | 0.5 | 3 | 4 | 13 | |
| 波　兰 | Poland | 34.2 | 4.1 | 5 | 8 | 7 | 11 |
| 俄罗斯 | Russia | 11.3 | | 31 | 83 | 36 | 12 |
| 西班牙 | Spain | 29.0 | 1.3 | 16 | 12 | 70 | 213 |
| 土耳其 | Turkey | 2.1 | | 17 | 16 | 70 | 10 |
| 乌克兰 | Ukraine | 4.1 | 9.2 | 11 | 14 | 21 | 17 |
| 英　国 | United Kingdom | 27.9 | 18.2 | 5 | 4 | 43 | 15 |
| 澳大利亚 | Australia | 12.9 | | 55 | 51 | 106 | 89 |
| 新西兰 | New Zealand | 27.3 | 37.7 | 9 | 70 | 23 | 21 |

注：①2012年数据。
Note:①Data refer to 2012.

# 2-8 有机水污染物排放量
# Emissions of Organic Water Pollutants

资料来源：世界银行WDI数据库。
Source: World Bank WDI Database.

| 国家或地区 | Country or Area | 有机水污染物排放量(千克/天) Emissions of Organic Water Pollutants (kg/per day) | | | 分行业有机水污染物排放量占排放总量的比重(%) Industry Shares of Emissions of Organic Water Pollutants of Total(%) 化工行业 Chemicals | | |
|---|---|---|---|---|---|---|---|
| | | 2000 | 2005 | 2007 | 2000 | 2005 | 2007 |
| 印度尼西亚 | Indonesia | 747563 | 764028 | 882985① | 12.0 | 13.0 | 12.0① |
| 伊朗 | Iran | 140591 | 160776 | | 12.9 | 12.8 | |
| 以色列 | Israel | 54122 | | | 12.6 | | |
| 日本 | Japan | 1334914 | 1126863 | | 10.3 | 11.2 | |
| 哈萨克斯坦 | Kazakhstan | 102966 | 95402 | 97379 | 9.6 | 8.9 | 8.9 |
| 韩国 | Korea, Rep. | 309138 | 316969 | 319604① | 11.8 | 12.3 | 12.1① |
| 马来西亚 | Malaysia | 184365 | 208441 | 208312① | 14.3 | 16.2 | 16.5① |
| 蒙古 | Mongolia | | 7671 | 8779 | | 2.3 | 3.3 |
| 巴基斯坦 | Pakistan | | | 153680① | | | 9.1① |
| 菲律宾 | Philippines | 164740② | 144629 | | 8.6② | 9.5 | |
| 新加坡 | Singapore | 32707 | 35102 | 38314 | 12.0 | 11.9 | 11.9 |
| 斯里兰卡 | Sri Lanka | | | 266109① | | | 9.0① |
| 泰国 | Thailand | 356012 | | 581425① | 12.3 | | 12.4① |
| 越南 | Viet Nam | 260430 | 470233 | 544779 | 7.1 | 6.6 | 6.8 |
| 尼日利亚 | Nigeria | | | | | | |
| 南非 | South Africa | 229388 | 191929 | 229582 | 15.0 | 11.2 | 10.6 |
| 加拿大 | Canada | 307538 | | | 9.9 | | |
| 美国 | United States | 2543653 | 1889365 | 1850753① | 12.0 | 13.1 | 13.1① |
| 阿根廷 | Argentina | 173051 | | | 14.7 | | |
| 捷克 | Czech Rep. | 142492 | 148863 | 146529① | 8.6 | 10.0 | 10.9① |
| 法国 | France | 611527 | 578173 | 569353① | 14.1 | 15.0 | 15.0① |
| 德国 | Germany | 1024225 | 954219 | 936197① | 12.0 | 12.0 | 12.4① |
| 意大利 | Italy | 494014 | 475760 | 479216① | 10.5 | 10.5 | 10.3① |
| 荷兰 | Netherlands | 146863 | 122052 | 128220① | 13.8 | 14.8 | 14.1① |
| 波兰 | Poland | 369032 | 364549 | 359697① | 9.4 | 11.1 | 11.3① |
| 俄罗斯 | Russia | 1579064 | 1425913 | 1381683 | 10.9 | 11.7 | 11.6 |
| 西班牙 | Spain | 371366 | 379728 | 378844① | 10.4 | 10.8 | 10.8① |
| 土耳其 | Turkey | 184655 | 334082 | 346374① | 9.6 | 8.6 | 8.6① |
| 乌克兰 | Ukraine | 578758 | 527203 | 498168 | 8.7 | 10.3 | 11.2 |
| 英国 | United Kingdom | 633273 | 521716 | | 13.1 | 13.5 | |
| 新西兰 | New Zealand | 59499 | 64354 | 61597 | 7.7 | 8.3 | 8.6 |

## 2-8 续表 1 continued

| 国家或地区 | Country or Area | 分行业有机水污染物排放量占排放总量的比重(%) Industry Shares of Emissions of Organic Water Pollutants of Total(%) | | | | | |
|---|---|---|---|---|---|---|---|
| | | 黏土和玻璃行业 Clay and Glass | | | 食品行业 Food | | |
| | | 2000 | 2005 | 2007 | 2000 | 2005 | 2007 |
| 印度尼西亚 | Indonesia | | 3.9 | 4.0① | 19.9 | 21.5 | 23.1① |
| 伊　朗 | Iran | 13.8 | 13.8 | | 15.1 | 16.1 | |
| 以 色 列 | Israel | 3.1 | | | 15.9 | | |
| 日　本 | Japan | 3.9 | 3.6 | | 13.5 | 15.0 | |
| 哈萨克斯坦 | Kazakhstan | 4.3 | 6.5 | 9.3 | 17.6 | 18.4 | 18.7 |
| 韩　国 | Korea, Rep. | 3.2 | 3.1 | 3.0① | 6.8 | 6.5 | 6.3① |
| 马来西亚 | Malaysia | 3.7 | 3.9 | 3.8① | 8.6 | 9.5 | 9.1① |
| 蒙　古 | Mongolia | | 5.2 | 9.5 | | 26.1 | 27.2 |
| 巴基斯坦 | Pakistan | | | 4.3① | | | 15.1① |
| 菲 律 宾 | Philippines | 4.8② | 2.7 | | 16.6② | 14.4 | |
| 新 加 坡 | Singapore | 1.8 | 1.4 | 1.3 | 4.4 | 5.2 | 5.3 |
| 斯里兰卡 | Sri Lanka | | | 6.3① | | | 22.4① |
| 泰　国 | Thailand | 5.6 | | 4.7① | 17.4 | | 16.4① |
| 越　南 | Viet Nam | 8.1 | 7.1 | 6.4 | 18.0 | 14.3 | 12.7 |
| 尼日利亚 | Nigeria | | | | | | |
| 南　非 | South Africa | 3.3 | 5.3 | 5.2 | 14.3 | 15.5 | 15.7 |
| 加 拿 大 | Canada | 2.6 | | | 13.4 | | |
| 美　国 | United States | 3.2 | 3.7 | 3.9① | 9.5 | 12.0 | 12.0① |
| 阿 根 廷 | Argentina | 4.1 | | | 29.2 | | |
| 捷　克 | Czech Rep. | 7.3 | 6.3 | 6.4① | 10.2 | 10.6 | 10.9① |
| 法　国 | France | 3.7 | 3.8 | 3.8① | 14.9 | 16.2 | 16.6① |
| 德　国 | Germany | 3.9 | 3.4 | 3.4① | 11.7 | 11.8 | 11.4① |
| 意 大 利 | Italy | 5.1 | 5.5 | 5.4① | 8.2 | 9.0 | 9.3① |
| 荷　兰 | Netherlands | 4.2 | 4.1 | 4.0① | 17.9 | 18.4 | 18.2① |
| 波　兰 | Poland | 6.2 | 5.4 | 5.5① | 18.5 | 18.8 | 18.1① |
| 俄 罗 斯 | Russia | 7.7 | 7.9 | 8.3 | 16.9 | 17.5 | 17.9 |
| 西 班 牙 | Spain | 7.2 | 7.9 | 7.9① | 14.5 | 15.2 | 15.3① |
| 土 耳 其 | Turkey | 6.5 | 6.2 | 6.6① | 15.4 | 12.2 | 12.4① |
| 乌 克 兰 | Ukraine | 6.9 | 6.4 | 6.8 | 18.4 | 19.0 | 19.7 |
| 英　国 | United Kingdom | 3.6 | 3.6 | | 13.3 | 14.9 | |
| 新 西 兰 | New Zealand | 3.0 | 3.0 | 3.1 | 28.6 | 29.9 | 31.1 |

## 2-8 续表 2 continued

| 国家或地区 | Country or Area | 分行业有机水污染物排放量占排放总量的比重(%) Industry Shares of Emissions of Organic Water Pollutants of Total(%) | | | | | | | | |
|---|---|---|---|---|---|---|---|---|---|---|
| | | 纸及纸浆行业 Paper and Pulp | | | 纺织行业 Textiles | | | 木材行业 Wood | | |
| | | 2000 | 2005 | 2007 | 2000 | 2005 | 2007 | 2000 | 2005 | 2007 |
| 印度尼西亚 | Indonesia | 1.4 | 1.3 | 1.4① | 19.3 | 19.8 | 19.9① | 3.9 | 4.0 | 4.1① |
| 伊　朗 | Iran | 7.9 | 7.1 | | 28.8 | 35.5 | | 2.8 | 2.8 | |
| 以色列 | Israel | 1.6 | | | 46.5 | | | 8.5 | | |
| 日　本 | Japan | 3.2 | 3.3 | | 51.9 | 52.5 | | 8.2 | 7.0 | |
| 哈萨克斯坦 | Kazakhstan | 34.5 | 33.8 | 33.3 | 24.6 | 24.7 | 23.0 | 1.9 | 2.2 | 2.3 |
| 韩　国 | Korea, Rep. | 4.1 | 4.3 | 4.2① | 51.7 | 57.2 | 58.9① | 5.3 | 5.5 | 5.4① |
| 马来西亚 | Malaysia | 2.7 | 2.9 | 2.8① | 49.9 | 47.5 | 48.5① | 4.4 | 5.2 | 4.9① |
| 蒙　古 | Mongolia | | 2.2 | 3.7 | | 3.2 | 4.1 | | 3.5 | 5.1 |
| 巴基斯坦 | Pakistan | | | 2.2① | | | 11.2① | | | 1.9① |
| 菲律宾 | Philippines | 3.5② | 2.6 | | 38.3② | 42.9 | | 4.5② | 4.2 | |
| 新加坡 | Singapore | 0.6 | 0.5 | 0.5 | 70.8 | 72.0 | 72.7 | 6.7 | 5.9 | 5.5 |
| 斯里兰卡 | Sri Lanka | | | 2.6① | | | 9.3① | | | 4.3① |
| 泰　国 | Thailand | 1.7 | | 1.9① | 35.9 | | 37.2① | 3.8 | | 4.2① |
| 越　南 | Viet Nam | 1.9 | 1.4 | 1.4 | 16.0 | 22.9 | 25.8 | 3.7 | 3.7 | 3.5 |
| 尼日利亚 | Nigeria | | | | | | | | | |
| 南　非 | South Africa | 7.2 | 5.9 | 9.9 | 29.5 | 38.8 | 37.4 | 8.0 | 6.5 | 6.6 |
| 加拿大 | Canada | 4.9 | | | 45.1 | | | 9.2 | | |
| 美　国 | United States | 3.5 | 3.4 | 3.5① | 50.1 | 50.6 | 51.1① | 12.2 | 8.3 | 8.1① |
| 阿根廷 | Argentina | 3.7 | | | 23.3 | | | 8.2 | | |
| 捷　克 | Czech Rep. | 7.0 | 5.2 | 5.4① | 46.6 | 52.1 | 49.8① | 3.1 | 4.5 | 4.8① |
| 法　国 | France | 3.5 | 3.3 | 3.2① | 46.8 | 46.9 | 46.9① | 7.8 | 7.4 | 7.4① |
| 德　国 | Germany | 3.6 | 3.8 | 3.8① | 55.9 | 57.4 | 57.6① | 7.3 | 7.2 | 7.1① |
| 意大利 | Italy | 3.4 | 3.5 | 3.5① | 48.0 | 49.2 | 49.6① | 5.3 | 5.2 | 5.2① |
| 荷　兰 | Netherlands | 3.1 | 1.2 | 3.1① | 40.8 | 42.5 | 42.5① | 14.2 | 13.8 | 13.4① |
| 波　兰 | Poland | 4.5 | 3.1 | 3.3① | 37.8 | 40.6 | 41.5① | 4.7 | 5.2 | 5.1① |
| 俄罗斯 | Russia | 9.2 | 9.8 | 8.4 | 38.3 | 37.3 | 38.4 | 3.3 | 4.8 | 4.9 |
| 西班牙 | Spain | 3.0 | 3.1 | 3.1① | 40.9 | 42.4 | 42.7① | 7.9 | 7.9 | 8.0① |
| 土耳其 | Turkey | 5.5 | 3.7 | 3.8① | 24.5 | 29.8 | 30.9① | 3.1 | 4.1 | 3.8① |
| 乌克兰 | Ukraine | 12.1 | 14.6 | 13.9 | 39.8 | 36.8 | 36.5 | 3.1 | 4.1 | 4.3 |
| 英　国 | United Kingdom | 3.0 | 2.7 | | 46.8 | 46.1 | | 11.4 | 12.5 | |
| 新西兰 | New Zealand | 2.1 | 2.3 | 2.0 | 27.5 | 28.8 | 29.3 | 15.5 | 13.3 | 12.2 |

## 2-8 续表 3 continued

| 国家或地区 | Country or Area | 分行业有机水污染物排放量占排放总量的比重(%) Industry Shares of Emissions of Organic Water Pollutants of Total(%) | | | | | |
|---|---|---|---|---|---|---|---|
| | | 金属行业 Metal | | | 其他行业 Other | | |
| | | 2000 | 2005 | 2007 | 2000 | 2005 | 2007 |
| 印度尼西亚 | Indonesia | 34.0 | 29.0 | 29.2① | 9.4 | 7.4 | 6.3① |
| 伊　　朗 | Iran | 17.8 | 11.2 | | 1.0 | 0.7 | |
| 以 色 列 | Israel | 10.7 | | | 1.0 | | |
| 日　　本 | Japan | 6.8 | 5.3 | | 2.2 | 2.0 | |
| 哈萨克斯坦 | Kazakhstan | 6.8 | 5.0 | 3.9 | 0.9 | 0.5 | 0.6 |
| 韩　　国 | Korea, Rep. | 16.1 | 10.2 | 9.3① | 1.0 | 0.9 | 0.9① |
| 马来西亚 | Malaysia | 8.2 | 6.8 | 6.6① | 8.1 | 7.9 | 7.8① |
| 蒙　　古 | Mongolia | | 54.8 | 41.6 | | 2.8 | 5.4 |
| 巴基斯坦 | Pakistan | | | 55.6① | | | 0.4① |
| 菲 律 宾 | Philippines | 21.8② | 21.6 | | 1.9② | 2.1 | |
| 新 加 坡 | Singapore | 3.2 | 2.6 | 2.3 | 0.5 | 0.5 | 0.5 |
| 斯里兰卡 | Sri Lanka | | | 43.6① | | | 2.5① |
| 泰　　国 | Thailand | 21.0 | | 20.5① | 2.3 | | 2.8① |
| 越　　南 | Viet Nam | 41.3 | 40.3 | 40.2 | 3.9 | 3.7 | 3.3 |
| 尼日利亚 | Nigeria | | | | | | |
| 南　　非 | South Africa | 16.5 | 12.6 | 10.4 | 6.2 | 4.3 | 4.2 |
| 加 拿 大 | Canada | 8.2 | | | 6.7 | | |
| 美　　国 | United States | 6.5 | 4.7 | 4.3① | 3.1 | 4.1 | 4.1① |
| 阿 根 廷 | Argentina | 14.6 | | | 2.1 | | |
| 捷　　克 | Czech Rep. | 12.6 | 7.4 | 7.4① | 4.7 | 3.9 | 4.4① |
| 法　　国 | France | 6.8 | 5.1 | 4.8① | 2.3 | 2.3 | 2.4① |
| 德　　国 | Germany | 3.2 | 2.5 | 2.4① | 2.3 | 2.0 | 1.9① |
| 意 大 利 | Italy | 16.7 | 14.2 | 13.6① | 2.8 | 2.9 | 2.9① |
| 荷　　兰 | Netherlands | 3.6 | 2.6 | 2.1① | 2.4 | 2.5 | 2.6① |
| 波　　兰 | Poland | 14.0 | 11.0 | 10.3① | 4.9 | 4.8 | 4.9① |
| 俄 罗 斯 | Russia | 8.5 | 6.8 | 6.3 | 5.3 | 4.3 | 4.2 |
| 西 班 牙 | Spain | 12.2 | 9.0 | 8.4① | 3.9 | 3.7 | 3.8① |
| 土 耳 其 | Turkey | 34.3 | 33.6 | 32.2① | 1.0 | 1.7 | 1.7① |
| 乌 克 兰 | Ukraine | 8.9 | 6.6 | 5.6 | 2.1 | 2.2 | 2.1 |
| 英　　国 | United Kingdom | 6.9 | 4.3 | | 2.0 | 2.5 | |
| 新 西 兰 | New Zealand | 8.0 | 6.5 | 5.8 | 7.7 | 7.8 | 8.0 |

注：①2006年数据。②1999年数据。
Note:①Data refer to 2006.②Data refer to 1999.

# 2-9 世界主要城市空气污染状况

# Air Pollution in Major Cities of the World

资料来源：世界银行《世界发展指标》2013年。
Source:World Bank World Development Indicators 2013.

| 国家或地区 | Country or Area | 城市 | City | 城市人口(万人) Urban Population (10 000 persons) | | 总悬浮颗粒物(微克/立方米) Total Suspended Particulates (microgram per cubic meter) | |
|---|---|---|---|---|---|---|---|
| | | | | 2009 | 2010 | 1990 | 2011 |
| 中　国 | China | 上　海 | Shanghai | 1634 | 1658 | 113 | 74 |
| | | 北　京 | Beijing | 1221 | 1239 | 178 | 118 |
| | | 天　津 | Tianjin | 776 | 788 | 137 | 91 |
| 印　度 | India | 孟　买 | Mumbai | 1970 | 2004 | 108 | 87 |
| | | 德　里 | Delhi | 2172 | 2216 | 189 | 154 |
| | | 加尔各答 | Calcutta | 1529 | 1555 | 159 | 127 |
| 印度尼西亚 | Indonesia | 雅加达 | Jakarta | 912 | 921 | 62 | 50 |
| 伊　朗 | Iran | 德黑兰 | Tehran | 719 | 724 | 130 | 87 |
| 日　本 | Japan | 东　京 | Tokyo | 3651 | 3667 | 48 | 23 |
| | | 大　阪 | Osaka-Kobe | 1133 | 1134 | 45 | 22 |
| | | 横　滨 | Yokohama | 365 | 365 | 51 | 24 |
| 韩　国 | Korea Rep. | 首　尔 | Seoul | 978 | 977 | 55 | 48 |
| | | 大　丘 | Taegu | 246 | 246 | 54 | 48 |
| | | 釜　山 | Pusan | 344 | 343 | 52 | 46 |
| 马来西亚 | Malaysia | 吉隆坡 | Kuala Lumpur | 149 | 152 | 59 | 47 |
| 菲律宾 | Philippines | 马尼拉 | Manila | 1145 | 1163 | 57 | 44 |
| 新加坡 | Singapore | 新加坡 | Singapore | 474 | 484 | 42 | 25 |
| 泰　国 | Thailand | 曼　谷 | Bangkok | 690 | 698 | 46 | 46 |
| 土耳其 | Turkey | 伊斯坦布尔 | Istanbul | 1038 | 1053 | 69 | 51 |
| | | 安卡拉 | Ankara | 385 | 391 | 86 | 65 |
| 埃　及 | Egypt | 开　罗 | Cairo | 1090 | 1100 | 175 | 134 |
| 南　非 | South Africa | 开普敦 | Cape Town | 335 | 341 | 30 | 24 |
| | | 德　班 | Durban | 284 | 288 | 41 | 33 |
| | | 约翰内斯堡 | Johannesburg | 361 | 367 | 80 | 66 |
| 加拿大 | Canada | 多伦多 | Toronto | 538 | 545 | 28 | 14 |
| | | 蒙特利尔 | Montreal | 375 | 378 | 33 | 17 |
| | | 温哥华 | Vancouver | 220 | 222 | 21 | 11 |

## 2-9 续表 continued

| 国家或地区 | Country Area | 城　市 | City | 城市人口（万人）Urban Population (10 000 persons) 2009 | 2010 | 总悬浮颗粒物（微克/立方米）Total Suspended Particulates (microgram per cubic meter) 1990 | 2011 |
|---|---|---|---|---|---|---|---|
| 墨 西 哥 | Mexico | 墨西哥城 | Mexico City | 1932 | 1946 | 95 | 54 |
| 美　　国 | United States | 纽　约 | New York | 1930 | 1943 | 34 | 16 |
| | | 洛杉矶 | Los Angeles | 1268 | 1276 | 57 | 27 |
| | | 芝加哥 | Chicago | 913 | 920 | 44 | 21 |
| 阿 根 廷 | Argentina | 布宜诺斯艾利斯 | Buenos Aires | | 1307 | 52 | 36 |
| 巴　　西 | Brazil | 圣保罗 | São Paulo | 1996 | 2026 | 69 | 40 |
| | | 里约热内卢 | Rio de Janeiro | 1184 | 1195 | 103 | 60 |
| 委内瑞拉 | Venezuela | 加拉加斯 | Caracas | 305 | 309 | 53 | 35 |
| 保加利亚 | Bulgaria | 索非亚 | Sofia | 119 | 120 | 62 | 46 |
| 捷　　克 | Czech Republic | 布拉格 | Prague | 116 | 116 | 34 | 30 |
| 法　　国 | France | 巴　黎 | Paris | 1040 | 1049 | 38 | 25 |
| 德　　国 | Germany | 法兰克福 | Frankfurt | 68 | 68 | 37 | 23 |
| | | 柏　林 | Berlin | 344 | 345 | 43 | 27 |
| | | 慕尼黑 | Munich | 133 | 135 | 43 | 27 |
| 意 大 利 | Italy | 米　兰 | Milan | 296 | 297 | 73 | 42 |
| | | 都　灵 | Turin | 166 | 167 | 77 | 45 |
| | | 罗　马 | Rome | 336 | 336 | 58 | 34 |
| 荷　　兰 | Netherlands | 阿姆斯特丹 | Amsterdam | 104 | 105 | 43 | 24 |
| 波　　兰 | Poland | 华　沙 | Warsaw | 171 | 171 | 45 | 33 |
| | | 罗　兹 | Lodz | 74 | 74 | 47 | 35 |
| 罗马尼亚 | Romania | 布加勒斯特 | Bucharest | 193 | 193 | 85 | 44 |
| 俄 罗 斯 | Russia | 莫斯科 | Moscow | 1052 | 1055 | 72 | 29 |
| | | 鄂木斯克 | Omsk | 113 | 112 | 74 | 30 |
| 西 班 牙 | Spain | 马德里 | Madrid | 576 | 585 | 42 | 26 |
| | | 巴塞罗那 | Barcelona | 503 | 508 | 55 | 34 |
| 乌 克 兰 | Ukraine | 基　辅 | Kiev | 278 | 281 | 114 | 53 |
| 英　　国 | United Kingdom | 伦　敦 | London | 861 | 863 | 35 | 22 |
| | | 伯明翰 | Birmingham | 230 | 230 | 28 | 18 |
| | | 曼彻斯特 | Manchester | 245 | 225 | 33 | 21 |
| 澳大利亚 | Australia | 悉　尼 | Sydney | 440 | 443 | 23 | 14 |
| | | 墨尔本 | Melbourne | 381 | 385 | 21 | 13 |
| | | 帕　斯 | Perth | 158 | 160 | 22 | 14 |
| 新 西 兰 | New Zealand | 奥克兰 | Auckland | 136 | 140 | 25 | 17 |

# 主要统计指标解释

**国土面积** 是一个国家包括陆地面积和内陆水域在内的总面积，不包括离岸的领海面积。

**陆地面积** 是一个国家扣除内陆水域面积、国家宣称拥有的大陆架和专属经济区之后的总面积，内陆水域一般包括主要的河流和湖泊。

**人口密度** 是特定年份每一平方公里国土面积上的人口数量。

**耕地面积** 是指种植短期作物的土地（种植两季作物的土地面积只计算一次），割草或放牧的短期性草场，供应市场和自用菜园，以及暂时休耕地，不包括因轮垦而抛荒的土地面积。

**多年生作物面积** 是几年内不需要再重新种植的长期生长作物的土地面积，如可可和咖啡。它包括花卉型的树木和灌木（如玫瑰和茉莉）及苗圃，但不包括归入森林类的树木和多年生草场和牧场。

**林业面积** 是指天然的或人工种植林木的面积，与林木是否有生产价值无关。

**可再生淡水资源** 指国内可再生的淡水资源流量，包括国内江河水流量、降水补给的地下水量。

**年度淡水抽取量** 指水源总抽取量，不计水库的水蒸发量。在淡化水是水资源的重要来源的国家，水资源抽取量还包括来自淡化水厂的水量。抽取量占可再生资源比重可超过百分之百，更多的抽取量来自一次性的含水层或海水淡化厂或此地有较强的水资源再使用能力。工农业的抽取量指用于灌溉、畜牧生产以及工业直接使用的总抽取量(包括热电厂冷却用水抽取量)。民用抽取量包括饮用水、市政用水或供水、公共设施用水、商业机构用水和家庭用水。

**森林消失面积** 是指林区永久转换作其他用途，包括农业，畜牧，定居点和基础设施。但不包括为重新种植而砍伐的林区或为薪材、酸雨和森林火灾而减少的林区。

**国家级保护区** 指总面积或部分面积不少于 1000 公顷的全部或部分被保护区域：限制公众进入的科学保护地、国家公园、自然遗址、自然保护区、野生动植物栖息地、受保护的陆地景观及为可持续使用的管理的区域。不包括海洋保护地区、未分类地区、海滨地区和地方或省法律法规保护地。

**濒危物种** 是国际自然与自然资源保护联合会划分的有灭绝危险的、脆弱的、稀少的、不确定的、脱离危险的或未充分认知的物种。

**高等植物** 形态上有根、茎、叶分化，又称茎叶体植物（仅指开花植物）。

**二氧化碳排放量** 是指矿物燃料燃烧以及水泥制造等过程中排放的二氧化碳，包括使用固体、液体、气体燃料以及燃烧天然气时产生的二氧化碳。

**可吸入颗粒物浓度** 是指每平方米内悬浮的、直径小于10 微米的颗粒物的含量。

**有机水污染物排放量** 这个指标由生化需氧量来度量(BOD，在分解污水过程中水中的微生物消耗的氧气数量)。分行业污水排放的比重是指由于从事制造业生产活动所产生的污水排放量。

# Explanatory Notes on Main Statistical Indicators

**Surface Area** is a country total area including land area and inland water bodies, but excluding offshore territorial waters.

**Land Area** is a country's total area, excluding area under inland water bodies, national claims to continental shelf, and exclusive economic zones. In most cases the definition of inland water bodies includes major rivers and lakes.

**Population Density** is number of persons in the total population for a given year per square kilometre of total surface area.

**Arable Area** includes land defined by the FAO as land under temporary crops (double-cropped areas are counted once), temporary meadows for mowing or for pasture, land under market or kitchen gardens, and land temporarily fallow. Land abandoned as a result of shifting cultivation is excluded. Data for "Arable land" are not meant to indicate the amount of land that is potentially cultivable.

**Permanent Crop Area** is the land cultivated with long-term crops which do not have to be replanted for several years (such as cocoa and coffee); land under trees and shrubs producing flowers, such as roses and jasmine; and nurseries (except those for forest trees, which should be classified under "forest"). Permanent meadows and pastures are excluded from land under permanent crops.

**Forest Area** is land under natural or planted stands of trees, whether productive or not.

**Renewable Internal Freshwater Resources Flows** refer to internal renewable resources (internal river flows and groundwater from rainfall) in the country.

**Annual Freshwater Withdrawals** refer to total water withdrawals, not counting evaporation losses from storage basins. Withdrawals also include water from desalination plants in countries where they are a significant source. Withdrawals can exceed 100 percent of total renewable resources where extraction from nonrenewable aquifers or desalination plants is considerable or where there is significant water reuse. Withdrawals for agriculture and industry are total withdrawals for irrigation and livestock production and for direct industrial use (including withdrawals for cooling thermoelectric plants). Withdrawals for domestic uses include drinking water, municipal use or supply, and use for public services, commercial establishments, and homes.

**Deforested Area** is the permanent conversion of natural forest area to other uses, including agriculture, ranching, settlements, and infrastructure. Deforested areas do not include areas logged but intended for regeneration or areas degraded by fuel-wood gathering, acid precipitation, or forest fires.

**National Protected Areas** are totally or partially protected areas of at least 1,000 hectares that are designated as scientific reserves with limited public access, national parks, natural monuments, nature reserves or wildlife sanctuaries, protected landscapes, and areas managed mainly for sustainable use. Marine areas, unclassified areas, and littoral (intertidal) areas are excluded. The data also do not include sites protected under local or provincial law.

**Threatened Species** are the number of species classified by the IUCN as endangered, vulnerable, rare, indeterminate, out of danger, or insufficiently known.

**Higher Plants** are native vascular plant species (flowering plants only).

**Carbon Dioxide Emissions** are those stemming from the burning of fossil fuels and the manufacture of cement. They include carbon dioxide produced during consumption of solid, liquid, and gas fuels and gas flaring.

**Particulate Matter Concentrations** refer to the concentrations of fine suspended particulates less than 10 microns in diameter (PM10) per cubic meter.

**Emissions of organic water pollutants** are measured as biochemical oxygen demand, or the amount of oxygen that bacteria in water will consume in breaking down waste, a standard water treatment test for the presence of organic pollutants. Industry shares of emissions of organic water pollutants are emissions from manufacturing activities.

# 国民经济核算

National Accounts

# 3-1 国内生产总值

## Gross Domestic Product

资料来源：世界银行WDI数据库。
Source: World Bank WDI Database.
单位：亿美元 (100 million USD)

| 国家或地区 | Country or Area | 1990 | 2000 | 2005 | 2010 | 2012 | 2013 |
|---|---|---|---|---|---|---|---|
| **世　界** | **World** | **222798** | **329811** | **464677** | **645483** | **729053** | **748999** |
| **高收入国家** | **High Income** | **191031** | **272419** | **374497** | **457399** | **498868** | **504470** |
| **经合组织高收入国家** | **High Income: OECD Countries** | **179590** | **257999** | **350037** | **417292** | **447397** | **451305** |
| **非经合组织高收入国家** | **High Income: nonOECD** | **11449** | **14399** | **24484** | **40283** | **51822** | **53751** |
| **中等收入国家** | **Middle Income** | **30330** | **55612** | **87761** | **183954** | **225162** | **239001** |
| **中等偏下收入国家** | **Lower Middle Income** | **8634** | **12407** | **20399** | **42963** | **50314** | **52357** |
| **中等偏上收入国家** | **Upper Middle Income** | **21655** | **43210** | **67362** | **140974** | **174812** | **186607** |
| **中低收入国家** | **Low and Middle Income** | **31656** | **57377** | **90193** | **188342** | **230572** | **244879** |
| **东亚和太平洋** | **East Asia and Pacific** | **6683** | **17208** | **30672** | **76289** | **103297** | **114130** |
| **欧洲和中亚** | **Europe and Central Asia** | **4457** | **4773** | **10059** | **16469** | **18880** | **19837** |
| **拉丁美洲和加勒比** | **Latin America and Caribbean** | **10804** | **19595** | **25394** | **48018** | **53440** | **56549** |
| **中东和北非国家** | **Middle East and North Africa** | **2663** | **4344** | **6414** | **13087** | **15952** | **14899** |
| **南　亚** | **South Asia** | **4105** | **6230** | **10446** | **20712** | **23027** | **23547** |
| **撒哈拉以南非洲** | **Sub-Saharan Africa** | **3030** | **3574** | **6555** | **12930** | **15202** | **16080** |
| **低收入国家** | **Low Income** | **1389** | **1787** | **2419** | **4270** | **5270** | **5745** |
| **最不发达地区** | **Least Developed Countries** | **1521** | **1937** | **3066** | **5982** | **7157** | **7754** |
| **重债穷国** | **Heavily Indebted Poor Countries** | **1301** | **1536** | **2353** | **4411** | **5284** | **5774** |
| 中　国 | China | 3569 | 11985 | 22569 | 59305 | 82295 | 92403 |
| 中国香港 | Hong Kong, China | 769 | 1717 | 1816 | 2286 | 2626 | 2740 |
| 中国澳门 | Macao, China | 30 | 61 | 118 | 284 | 430 | 518 |
| 阿富汗 | Afghanistan | | | 63 | 159 | 205 | 207 |
| 阿尔巴尼亚 | Albania | 21 | 37 | 84 | 119 | 123 | 129 |
| 阿尔及利亚 | Algeria | 620 | 548 | 1032 | 1612 | 2043 | 2102 |
| 安道尔 | Andorra | 10 | 11 | 25 | | | |
| 安哥拉 | Angola | 103 | 91 | 282 | 825 | 1153 | 1217 |
| 安提瓜和巴布达 | Antigua and Barbuda | 4 | 8 | 10 | 11 | 12 | 12 |
| 阿根廷 | Argentina | 1414 | 3443 | 2229 | 4627 | 6032 | 6118 |
| 亚美尼亚 | Armenia | 23 | 19 | 49 | 93 | 100 | 104 |
| 阿鲁巴岛 | Aruba | | 19 | 23 | 25 | | |
| 澳大利亚 | Australia | 3114 | 4152 | 6937 | 11418 | 15324 | 15606 |
| 奥地利 | Austria | 1648 | 1921 | 3050 | 3777 | 3945 | 4158 |
| 阿塞拜疆 | Azerbaijan | 89 | 53 | 132 | 529 | 687 | 736 |
| 巴哈马 | Bahamas | 32 | 63 | 77 | 79 | 81 | |
| 巴　林 | Bahrain | 42 | 91 | 160 | 257 | 304 | 328 |
| 孟加拉国 | Bangladesh | 301 | 471 | 603 | 1004 | 1160 | 1299 |
| 巴巴多斯 | Barbados | 20 | 31 | 39 | 44 | 42 | |
| 白俄罗斯 | Belarus | 174 | 127 | 302 | 552 | 636 | 717 |
| 比利时 | Belgium | 2028 | 2327 | 3774 | 4712 | 4829 | 5081 |
| 伯利兹 | Belize | 4 | 8 | 11 | 14 | 16 | 16 |
| 贝　宁 | Benin | 20 | 24 | 44 | 66 | 75 | 83 |
| 百慕大 | Bermuda | 16 | 35 | 49 | 57 | 55 | |
| 不　丹 | Bhutan | 3 | 4 | 8 | 16 | 19 | 19 |
| 玻利维亚 | Bolivia | 49 | 84 | 95 | 196 | 270 | 306 |
| 波　黑 | Bosnia and Herzegovinian | | 55 | 109 | 168 | 169 | 178 |
| 博茨瓦纳 | Botswana | 38 | 58 | 99 | 137 | 145 | 148 |
| 巴　西 | Brazil | 4620 | 6447 | 8822 | 21431 | 22488 | 22457 |
| 文　莱 | Brunei Darussalam | 35 | 60 | 95 | 124 | 170 | 161 |
| 保加利亚 | Bulgaria | 207 | 129 | 289 | 477 | 513 | 530 |
| 布基纳法索 | Burkina Faso | 31 | 26 | 55 | 92 | 107 | 116 |
| 布隆迪 | Burundi | 11 | 9 | 11 | 20 | 25 | 27 |
| 柬埔寨 | Cambodia | | 37 | 63 | 112 | 141 | 152 |
| 喀麦隆 | Cameroon | 112 | 93 | 166 | 225 | 265 | 293 |

3-1 续表 1 continued

单位：亿美元 (100 million USD)

| 国家或地区 | Country or Area | 1990 | 2000 | 2005 | 2010 | 2012 | 2013 |
|---|---|---|---|---|---|---|---|
| 加拿大 | Canada | 5920 | 7395 | 11642 | 16141 | 18214 | 18251 |
| 佛得角 | Cape Verde | 3 | 5 | 10 | 17 | 18 | |
| 中非 | Central African Rep. | 14 | 9 | 14 | 20 | 22 | 15 |
| 乍得 | Chad | 17 | 14 | 66 | 107 | 129 | 134 |
| 海峡群岛 | Channel Islands | | 64 | 88 | | | |
| 智利 | Chile | 316 | 793 | 1244 | 2175 | 2663 | 2772 |
| 哥伦比亚 | Colombia | 403 | 999 | 1465 | 2870 | 3703 | 3781 |
| 科摩罗 | Comoros | 3 | 2 | 4 | 5 | 6 | 7 |
| 刚果(金) | Congo, Dem. Rep. | 93 | 191 | 120 | 205 | 275 | 306 |
| 刚果(布) | Congo, Rep. | 28 | 32 | 61 | 120 | 137 | 141 |
| 哥斯达黎加 | Costa Rica | 74 | 159 | 200 | 363 | 454 | 496 |
| 科特迪瓦 | Cote D'Ivoire | 108 | 104 | 164 | 229 | 247 | 309 |
| 克罗地亚 | Croatia | 248 | 215 | 448 | 589 | 562 | 575 |
| 古巴 | Cuba | 286 | 306 | 426 | 643 | | |
| 塞浦路斯 | Cyprus | 56 | 93 | 170 | 231 | 228 | |
| 捷克 | Czech Rep. | 391 | 588 | 1301 | 1985 | 1964 | 1984 |
| 丹麦 | Denmark | 1358 | 1601 | 2577 | 3129 | 3152 | 3308 |
| 吉布提 | Djibouti | 5 | 6 | 7 | 11 | 14 | 15 |
| 多米尼克 | Dominica | 2 | 3 | 4 | 5 | 5 | 5 |
| 多米尼加 | Dominican Rep. | 71 | 240 | 340 | 510 | 589 | 606 |
| 厄瓜多尔 | Ecuador | 152 | 183 | 415 | 675 | 840 | 900 |
| 埃及 | Egypt | 431 | 998 | 897 | 2189 | 2628 | 2720 |
| 萨尔瓦多 | El Salvador | 48 | 131 | 171 | 214 | 238 | 243 |
| 赤道几内亚 | Equatorial Guinea | 1 | 10 | 69 | 116 | 165 | 156 |
| 厄立特里亚 | Eritrea | | 7 | 11 | 21 | 31 | 34 |
| 爱沙尼亚 | Estonia | 50 | 57 | 139 | 190 | 224 | 245 |
| 埃塞俄比亚 | Ethiopia | 120 | 81 | 122 | 294 | 428 | 469 |
| 法罗群岛 | Faeroe Islands | | 11 | 17 | | | |
| 斐济 | Fiji | 13 | 17 | 30 | 32 | 40 | 40 |
| 芬兰 | Finland | 1389 | 1218 | 1958 | 2367 | 2471 | 2568 |
| 法国 | France | 12442 | 13263 | 21366 | 25650 | 26112 | 27349 |
| 加蓬 | Gabon | 60 | 51 | 87 | 146 | 178 | 193 |
| 冈比亚 | Gambia | 3 | 8 | 6 | 10 | 9 | 9 |
| 格鲁吉亚 | Georgia | 77 | 31 | 64 | 116 | 158 | 161 |
| 德国 | Germany | 17145 | 18864 | 27663 | 33044 | 34260 | 36348 |
| 加纳 | Ghana | 59 | 50 | 107 | 322 | 417 | 479 |
| 希腊 | Greece | 933 | 1244 | 2401 | 2942 | 2484 | 2417 |
| 格陵兰 | Greenland | 10 | 11 | 17 | | | |
| 格林纳达 | Grenada | 2 | 5 | 7 | 8 | 8 | 8 |
| 危地马拉 | Guatemala | 77 | 193 | 272 | 413 | 504 | 538 |
| 几内亚 | Guinea | 27 | 30 | 29 | 47 | 57 | 62 |
| 几内亚比绍 | Guinea-Bissau | 2 | 4 | 6 | 8 | 8 | 9 |
| 圭亚那 | Guyana | 4 | 7 | 8 | 23 | 29 | 31 |
| 海地 | Haiti | 29 | 37 | 42 | 66 | 79 | 85 |
| 洪都拉斯 | Honduras | 30 | 71 | 97 | 158 | 186 | 186 |
| 匈牙利 | Hungary | 331 | 464 | 1103 | 1275 | 1246 | |
| 冰岛 | Iceland | 64 | 87 | 163 | 126 | 136 | 146 |
| 印度 | India | 3266 | 4766 | 8342 | 17085 | 18587 | 18768 |
| 印度尼西亚 | Indonesia | 1144 | 1650 | 2859 | 7092 | 8767 | 8683 |
| 伊朗 | Iran | 1160 | 1013 | 1920 | 4226 | 5027 | 3689 |
| 伊拉克 | Iraq | | 259 | 500 | 1428 | 2158 | 2229 |
| 爱尔兰 | Ireland | 484 | 973 | 2026 | 2094 | 2106 | 2178 |
| 以色列 | Israel | 525 | 1249 | 1340 | 2317 | 2576 | 2914 |
| 意大利 | Italy | 11381 | 11040 | 17863 | 20554 | 20133 | 20713 |
| 牙买加 | Jamaica | 46 | 90 | 111 | 132 | 148 | 144 |
| 日本 | Japan | 31037 | 47312 | 45719 | 54954 | 59378 | 49015 |

3-1 续表 2 continued

单位：亿美元 (100 million USD)

| 国家或地区 | Country or Area | 1990 | 2000 | 2005 | 2010 | 2012 | 2013 |
|---|---|---|---|---|---|---|---|
| 约　旦 | Jordan | 42 | 85 | 126 | 264 | 310 | 337 |
| 哈萨克斯坦 | Kazakhstan | 269 | 183 | 571 | 1480 | 2035 | 2244 |
| 肯尼亚 | Kenya | 86 | 127 | 187 | 324 | 403 | 441 |
| 基里巴斯 | Kiribati |  | 1 | 1 | 2 | 2 | 2 |
| 韩　国 | Korea, Rep. | 2848 | 5616 | 8981 | 10945 | 12228 | 13046 |
| 科威特 | Kuwait | 184 | 377 | 808 | 1199 | 1832 |  |
| 吉尔吉斯斯坦 | Kyrgyzstan | 27 | 14 | 25 | 48 | 66 | 72 |
| 老　挝 | Laos | 9 | 17 | 27 | 72 | 94 | 111 |
| 拉脱维亚 | Latvia | 74 | 78 | 160 | 240 | 284 |  |
| 黎巴嫩 | Lebanon | 28 | 173 | 213 | 380 | 432 | 444 |
| 莱索托 | Lesotho | 5 | 8 | 14 | 22 | 23 | 22 |
| 利比里亚 | Liberia | 4 | 5 | 5 | 13 | 17 | 20 |
| 利比亚 | Libya | 289 | 339 | 440 | 748 | 819 | 755 |
| 列支敦士登 | Liechtenstein | 14 | 25 | 37 |  |  |  |
| 立陶宛 | Lithuania | 105 | 114 | 260 | 363 | 423 |  |
| 卢森堡 | Luxemburg | 127 | 203 | 376 | 521 | 551 | 604 |
| 前南马其顿 | Macedonia, FYR | 45 | 36 | 60 | 93 | 96 | 102 |
| 马达加斯加 | Madagascar | 31 | 39 | 50 | 87 | 99 | 108 |
| 马拉维 | Malawi | 19 | 17 | 28 | 54 | 42 | 37 |
| 马来西亚 | Malaysia | 440 | 938 | 1435 | 2475 | 3050 | 3124 |
| 马尔代夫 | Maldives | 2 | 6 | 10 | 21 | 21 | 23 |
| 马　里 | Mali | 24 | 24 | 53 | 94 | 103 | 109 |
| 马耳他 | Malta | 25 | 40 | 60 | 82 | 87 |  |
| 马绍尔群岛 | Marshall Islands | 1 | 1 | 1 | 2 | 2 | 2 |
| 毛里塔尼亚 | Mauritania | 10 | 13 | 22 | 35 | 40 | 42 |
| 毛里求斯 | Mauritius | 27 | 46 | 63 | 97 | 114 | 119 |
| 墨西哥 | Mexico | 2627 | 6836 | 8663 | 10516 | 11865 | 12609 |
| 密克罗尼西亚 | Micronesia, Fed. | 1 | 2 | 2 | 3 | 3 | 3 |
| 摩尔多瓦 | Moldova | 36 | 13 | 30 | 58 | 73 | 79 |
| 摩纳哥 | Monaco | 25 | 26 | 43 | 54 |  |  |
| 蒙　古 | Mongolia | 26 | 11 | 25 | 62 | 103 | 115 |
| 黑　山 | Montenegro |  | 10 | 23 | 41 | 40 | 44 |
| 摩洛哥 | Morocco | 258 | 370 | 595 | 908 | 960 | 1044 |
| 莫桑比克 | Mozambique | 25 | 43 | 66 | 93 | 144 | 153 |
| 纳米比亚 | Namibia | 28 | 39 | 73 | 111 | 134 | 126 |
| 尼泊尔 | Nepal | 36 | 55 | 81 | 160 | 192 | 193 |
| 荷　兰 | Netherlands | 2949 | 3851 | 6385 | 7772 | 7701 | 8002 |
| 新西兰 | New Zealand | 451 | 520 | 1138 | 1435 | 1715 | 1826 |
| 尼加拉瓜 | Nicaragua | 10 | 51 | 63 | 89 | 106 | 113 |
| 尼日尔 | Niger | 25 | 18 | 34 | 57 | 68 | 74 |
| 尼日利亚 | Nigeria | 308 | 464 | 1122 | 3664 | 4596 | 5226 |
| 挪　威 | Norway | 1176 | 1683 | 3041 | 4209 | 5000 | 5126 |
| 阿　曼 | Oman | 117 | 199 | 309 | 588 | 783 | 806 |
| 巴基斯坦 | Pakistan | 400 | 740 | 1095 | 1772 | 2249 | 2366 |
| 帕　劳 | Palau | 1 | 2 | 2 | 2 | 2 | 2 |
| 巴拿马 | Panama | 53 | 116 | 155 | 288 | 380 | 426 |
| 巴布亚新几内亚 | Papua New Guinea | 32 | 35 | 49 | 95 | 157 | 153 |
| 巴拉圭 | Paraguay | 57 | 82 | 87 | 200 | 246 | 299 |
| 秘　鲁 | Peru | 250 | 507 | 741 | 1485 | 1926 | 2023 |
| 菲律宾 | Philippines | 443 | 810 | 1031 | 1996 | 2502 | 2720 |
| 波　兰 | Poland | 645 | 1713 | 3039 | 4698 | 4902 | 5175 |
| 葡萄牙 | Portugal | 777 | 1173 | 1918 | 2289 | 2121 | 2200 |
| 波多黎各 | Puerto Rico | 306 | 617 | 828 | 971 | 1015 |  |
| 卡塔尔 | Qatar | 74 | 178 | 445 | 1251 | 1899 | 2025 |
| 罗马尼亚 | Romania | 383 | 373 | 992 | 1648 | 1694 | 1896 |

## 3-1 续表 3 continued

单位：亿美元 (100 million USD)

| 国家或地区 | Country or Area | 1990 | 2000 | 2005 | 2010 | 2012 | 2013 |
|---|---|---|---|---|---|---|---|
| 俄罗斯 | Russia | 5168 | 2597 | 7640 | 15249 | 20175 | 20968 |
| 卢旺达 | Rwanda | 26 | 17 | 26 | 56 | 71 | 75 |
| 圣基茨和尼维斯 | Saint Kitts and Nevis | 2 | 4 | 5 | 7 | 7 | 7 |
| 圣卢西亚 | Saint Lucia | 4 | 8 | 9 | 13 | 13 | 13 |
| 圣文森特和格林纳丁斯 | Saint Vincent and the Grenadines | 2 | 4 | 6 | 7 | 7 | 7 |
| 萨摩亚 | Samoa | 1 | 2 | 4 | 6 | 7 | 7 |
| 圣多美和普林西比 | Sao Tome and Principe |  | 1 | 1 | 2 | 3 | 3 |
| 沙特阿拉伯 | Saudi Arabia | 1168 | 1884 | 3285 | 5268 | 7340 | 7453 |
| 塞内加尔 | Senegal | 57 | 47 | 87 | 129 | 140 | 151 |
| 塞尔维亚 | Serbia |  | 61 | 252 | 370 | 381 | 425 |
| 塞舌尔 | Seychelles | 4 | 6 | 9 | 10 | 10 | 13 |
| 塞拉利昂 | Sierra Leone | 6 | 6 | 16 | 26 | 38 | 49 |
| 新加坡 | Singapore | 389 | 958 | 1274 | 2364 | 2869 | 2979 |
| 斯洛伐克 | Slovakia | 117 | 287 | 613 | 871 | 913 |  |
| 斯洛文尼亚 | Slovenia | 174 | 200 | 357 | 469 | 454 |  |
| 所罗门群岛 | Solomon Islands | 3 | 4 | 4 | 7 | 10 | 11 |
| 南非 | South Africa | 1120 | 1329 | 2471 | 3652 | 3823 | 3506 |
| 西班牙 | Spain | 5205 | 5803 | 11308 | 13848 | 13225 | 13583 |
| 斯里兰卡 | Sri Lanka | 80 | 163 | 244 | 496 | 594 | 672 |
| 苏丹 | Sudan | 124 | 123 | 265 | 656 | 630 | 665 |
| 苏里南 | Suriname | 4 | 9 | 18 | 44 | 50 | 52 |
| 斯威士兰 | Swaziland | 11 | 15 | 26 | 39 | 40 | 38 |
| 瑞典 | Sweden | 2484 | 2473 | 3706 | 4631 | 5239 | 5579 |
| 瑞士 | Switzerland | 2440 | 2560 | 3848 | 5491 | 6312 | 6508 |
| 叙利亚 | Syrian Arab Republic | 123 | 193 | 289 | 591 | 737 |  |
| 塔吉克斯坦 | Tajikistan | 26 | 9 | 23 | 56 | 76 | 85 |
| 坦桑尼亚 | Tanzania | 43 | 102 | 141 | 229 | 282 | 332 |
| 泰国 | Thailand | 853 | 1227 | 1764 | 3189 | 3660 | 3873 |
| 东帝汶 | Timor-Leste |  | 4 | 5 | 9 | 14 | 16 |
| 多哥 | Togo | 16 | 13 | 21 | 32 | 39 | 43 |
| 汤加 | Tonga | 1 | 2 | 3 | 4 | 5 | 5 |
| 特立尼达和多巴哥 | Trinidad And Tobago | 51 | 82 | 161 | 208 | 234 | 246 |
| 突尼斯 | Tunisia | 123 | 215 | 323 | 441 | 452 | 471 |
| 土耳其 | Turkey | 1507 | 2666 | 4830 | 7312 | 7889 | 8202 |
| 土库曼斯坦 | Turkmenistan | 32 | 29 | 81 | 221 | 352 | 419 |
| 乌干达 | Uganda | 43 | 62 | 90 | 160 | 200 | 215 |
| 乌克兰 | Ukraine | 815 | 313 | 861 | 1364 | 1766 | 1774 |
| 阿联酋 | United Arab Emirates | 507 | 1043 | 1806 | 2874 | 3838 |  |
| 英国 | United Kingdom | 10193 | 14936 | 23214 | 22955 | 24618 | 25223 |
| 美国 | United States | 59796 | 102897 | 130954 | 149583 | 162446 | 168000 |
| 乌拉圭 | Uruguay | 93 | 228 | 174 | 389 | 500 | 557 |
| 乌兹别克斯坦 | Uzbekistan | 134 | 138 | 143 | 393 | 512 | 568 |
| 瓦努阿图 | Vanuatu | 2 | 3 | 4 | 7 | 8 | 8 |
| 委内瑞拉 | Venezuela | 470 | 1171 | 1455 | 3938 | 3813 | 4383 |
| 越南 | Viet Nam | 65 | 336 | 576 | 1159 | 1558 | 1714 |
| 约旦河西岸和加沙 | West Bank and Gaza |  | 42 | 46 | 83 | 102 |  |
| 也门 | Yemen | 56 | 96 | 168 | 317 | 320 | 360 |
| 赞比亚 | Zambia | 33 | 33 | 72 | 162 | 206 | 224 |
| 津巴布韦 | Zimbabwe | 88 | 67 | 58 | 95 | 125 | 128 |

# 3-2 人均国内生产总值

# GDP per Capita

资料来源：世界银行WDI数据库。
Source: World Bank WDI Database.
单位：美元 (USD)

| 国家或地区 | Country or Area | 1990 | 2000 | 2005 | 2010 | 2012 | 2013 |
|---|---|---|---|---|---|---|---|
| **世　界** | **World** | **4221** | **5405** | **7160** | **9377** | **10351** | **10513** |
| **高收入国家** | **High Income** | **16761** | **22501** | **30062** | **35563** | **38390** | **38623** |
| **非经合组织成员国** | **High Income: nonOECD** | **5130** | **6215** | **10370** | **16380** | **20735** | **21356** |
| **经合组织成员国** | **OECD Countries** | **19593** | **26352** | **34670** | **40114** | **42627** | **42800** |
| **中等收入国家** | **Middle Income** | **832** | **1307** | **1937** | **3830** | **4582** | **4809** |
| **中等偏下收入国家** | **Lower Middle Income** | **498** | **594** | **900** | **1754** | **1994** | **2044** |
| **中等偏上收入国家** | **Upper Middle Income** | **1133** | **1996** | **2974** | **5989** | **7314** | **7747** |
| **中低收入国家** | **Low and Middle Income** | **765** | **1173** | **1720** | **3365** | **4014** | **4209** |
| **东亚和太平洋** | **East Asia and Pacific** | **417** | **950** | **1621** | **3885** | **5187** | **5690** |
| **欧洲和中亚** | **Europe and Central Asia** | **1798** | **1861** | **3864** | **6138** | **6939** | **7287** |
| **拉丁美洲和加勒比** | **Latin America and Caribbean** | **2559** | **3917** | **4742** | **8451** | **9192** | **9617** |
| **中东和北非国家** | **Middle East and North Africa** | **1181** | **1571** | **2132** | **3988** | **4698** | **4313** |
| **南　亚** | **South Asia** | **362** | **451** | **697** | **1289** | **1396** | **1409** |
| **撒哈拉以南非洲** | **Sub-Saharan Africa** | **597** | **538** | **866** | **1495** | **1666** | **1716** |
| **低收入国家** | **Low Income** | **281** | **281** | **339** | **538** | **635** | **677** |
| **最不发达地区** | **Least Developed Countries** | **299** | **292** | **410** | **713** | **815** | **863** |
| **重债穷国** | **Heavily Indebted Poor Countries** | **368** | **325** | **433** | **709** | **806** | **857** |
| 中　国 | China | 314 | 949 | 1731 | 4433 | 6093 | 6807 |
| 中国香港 | Hong Kong, China | 13486 | 25757 | 26650 | 32550 | 36708 | 38124 |
| 中国澳门 | Macao, China | 8312 | 14128 | 25190 | 53046 | 77196 | 91376 |
| 阿富汗 | Afghanistan | | | 252 | 561 | 688 | 678 |
| 阿尔巴尼亚 | Albania | 639 | 1193 | 2799 | 4175 | 4406 | 4652 |
| 阿尔及利亚 | Algeria | 2365 | 1727 | 3039 | 4350 | 5310 | 5361 |
| 安道尔 | Andorra | 18877 | 17334 | 31269 | | | |
| 安哥拉 | Angola | 993 | 656 | 1707 | 4219 | 5539 | 5668 |
| 安提瓜和巴布达 | Antigua and Barbuda | 6325 | 10144 | 12136 | 13018 | 13406 | 13669 |
| 阿根廷 | Argentina | 4333 | 9329 | 5768 | 11460 | 14680 | 14760 |
| 荷　兰 | Netherlands | 19722 | 24180 | 39122 | 46773 | 45961 | 47617 |
| 亚美尼亚 | Armenia | 637 | 621 | 1625 | 3125 | 3354 | 3505 |
| 阿鲁巴岛 | Aruba | | 20620 | 23303 | 24289 | | |
| 澳大利亚 | Australia | 18247 | 21678 | 34012 | 51825 | 67436 | 67468 |
| 奥地利 | Austria | 21458 | 23974 | 37067 | 45017 | 46792 | 49074 |
| 阿塞拜疆 | Azerbaijan | 1237 | 655 | 1578 | 5843 | 7394 | 7812 |
| 巴哈马 | Bahamas | 12351 | 21251 | 23417 | 21881 | 21908 | |
| 巴　林 | Bahrain | 8529 | 13563 | 18156 | 20546 | 23040 | 24613 |
| 孟加拉国 | Bangladesh | 281 | 356 | 421 | 664 | 750 | 829 |
| 巴巴多斯 | Barbados | 7802 | 11675 | 14225 | 15812 | 14917 | |
| 白俄罗斯 | Belarus | 1705 | 1273 | 3126 | 5819 | 6722 | 7575 |
| 比利时 | Belgium | 20350 | 22697 | 36011 | 43151 | 43396 | 45387 |
| 伯利兹 | Belize | 2202 | 3486 | 4098 | 4532 | 4853 | 4834 |
| 贝　宁 | Benin | 392 | 339 | 533 | 690 | 751 | 805 |
| 百慕大 | Bermuda | 26842 | 56284 | 75882 | 88207 | 84471 | |
| 不　丹 | Bhutan | 560 | 778 | 1259 | 2211 | 2509 | 2498 |
| 玻利维亚 | Bolivia | 716 | 989 | 1021 | 1935 | 2576 | 2868 |
| 波　黑 | Bosnia and Herzegovinian | | 1436 | 2822 | 4362 | 4396 | 4656 |
| 博茨瓦纳 | Botswana | 2739 | 3297 | 5294 | 6980 | 7255 | 7317 |
| 巴　西 | Brazil | 3087 | 3694 | 4739 | 10978 | 11320 | 11208 |
| 文　莱 | Brunei Darussalam | 13702 | 18087 | 25914 | 30880 | 41127 | 38563 |
| 保加利亚 | Bulgaria | 2377 | 1579 | 3733 | 6453 | 7022 | 7296 |
| 布基纳法索 | Burkina Faso | 352 | 225 | 407 | 593 | 652 | 684 |
| 布隆迪 | Burundi | 202 | 130 | 144 | 220 | 251 | 267 |
| 柬埔寨 | Cambodia | | 299 | 471 | 783 | 946 | 1008 |
| 喀麦隆 | Cameroon | 924 | 583 | 915 | 1091 | 1220 | 1315 |

## 3-2 续表 1 continued

单位：美元 (USD)

| 国家或地区 | Country or Area | 1990 | 2000 | 2005 | 2010 | 2012 | 2013 |
|---|---|---|---|---|---|---|---|
| 加拿大 | Canada | 21302 | 24032 | 36029 | 47465 | 52409 | 51911 |
| 佛得角 | Cape Verde | 872 | 1219 | 2031 | 3402 | 3695 | |
| 中非 | Central African Rep. | 495 | 251 | 341 | 457 | 479 | 333 |
| 乍得 | Chad | 292 | 167 | 664 | 909 | 1035 | 1046 |
| 海峡群岛 | Channel Islands | | 43299 | 57209 | | | |
| 智利 | Chile | 2388 | 5133 | 7615 | 12682 | 15245 | 15732 |
| 哥伦比亚 | Colombia | 1209 | 2504 | 3393 | 6180 | 7763 | 7826 |
| 科摩罗 | Comoros | 606 | 382 | 644 | 795 | 831 | 894 |
| 刚果(金) | Congo, Dem. Rep. | 268 | 407 | 221 | 330 | 418 | 454 |
| 刚果(布) | Congo, Rep. | 1174 | 1030 | 1718 | 2920 | 3154 | 3172 |
| 哥斯达黎加 | Costa Rica | 2405 | 4058 | 4621 | 7773 | 9443 | 10185 |
| 科特迪瓦 | Cote D'Ivoire | 891 | 646 | 941 | 1208 | 1244 | 1521 |
| 克罗地亚 | Croatia | 5185 | 4862 | 10090 | 13327 | 13159 | 13530 |
| 古巴 | Cuba | 2702 | 2744 | 3776 | 5702 | | |
| 塞浦路斯 | Cyprus | 9642 | 13422 | 22431 | 27889 | 26352 | |
| 捷克 | Czech Rep. | 3787 | 5734 | 12738 | 18950 | 18690 | 18861 |
| 丹麦 | Denmark | 26423 | 29980 | 47547 | 56411 | 56364 | 58930 |
| 吉布提 | Djibouti | 767 | 763 | 913 | 1353 | 1575 | 1668 |
| 多米尼克 | Dominica | 2345 | 4657 | 5126 | 6677 | 6913 | 7011 |
| 多米尼加 | Dominican Rep. | 976 | 2770 | 3636 | 5089 | 5733 | 5826 |
| 厄瓜多尔 | Ecuador | 1505 | 1462 | 3013 | 4501 | 5425 | 5720 |
| 埃及 | Egypt | 766 | 1510 | 1249 | 2804 | 3256 | 3314 |
| 萨尔瓦多 | El Salvador | 898 | 2204 | 2815 | 3444 | 3782 | 3826 |
| 赤道几内亚 | Equatorial Guinea | 300 | 2019 | 11457 | 16643 | 22391 | 20572 |
| 厄立特里亚 | Eritrea | | 179 | 226 | 369 | 504 | 544 |
| 爱沙尼亚 | Estonia | 3193 | 4063 | 10264 | 14295 | 16887 | 18478 |
| 埃塞俄比亚 | Ethiopia | 249 | 123 | 160 | 337 | 467 | 498 |
| 法罗群岛 | Faeroe Islands | | 22850 | 35212 | | | |
| 斐济 | Fiji | 1836 | 2075 | 3656 | 3748 | 4613 | 4572 |
| 芬兰 | Finland | 27852 | 23530 | 37319 | 44134 | 45649 | 47219 |
| 法国 | France | 21301 | 21775 | 33819 | 39448 | 39759 | 41421 |
| 加蓬 | Gabon | 6287 | 4135 | 6282 | 9362 | 10930 | 11571 |
| 冈比亚 | Gambia | 346 | 637 | 435 | 566 | 510 | 494 |
| 格鲁吉亚 | Georgia | 1611 | 692 | 1470 | 2614 | 3529 | 3602 |
| 德国 | Germany | 21584 | 22946 | 33543 | 40408 | 42598 | 45085 |
| 加纳 | Ghana | 403 | 265 | 502 | 1326 | 1646 | 1850 |
| 希腊 | Greece | 9190 | 11396 | 21642 | 26380 | 22395 | 21910 |
| 格陵兰 | Greenland | 18327 | 19004 | 29903 | | | |
| 格林纳达 | Grenada | 2296 | 5149 | 6804 | 7367 | 7598 | 7876 |
| 危地马拉 | Guatemala | 861 | 1722 | 2146 | 2882 | 3341 | 3478 |
| 几内亚 | Guinea | 443 | 342 | 307 | 435 | 493 | 527 |
| 几内亚比绍 | Guinea-Bissau | 240 | 284 | 403 | 527 | 494 | 504 |
| 圭亚那 | Guyana | 547 | 957 | 1084 | 2874 | 3585 | 3847 |
| 海地 | Haiti | 403 | 427 | 449 | 669 | 776 | 820 |
| 洪都拉斯 | Honduras | 622 | 1140 | 1402 | 2078 | 2339 | 2291 |
| 匈牙利 | Hungary | 3186 | 4543 | 10937 | 12750 | 12560 | |
| 冰岛 | Iceland | 25009 | 30929 | 54885 | 39507 | 42362 | 45263 |
| 印度 | India | 376 | 457 | 740 | 1417 | 1503 | 1499 |
| 印度尼西亚 | Indonesia | 641 | 790 | 1273 | 2947 | 3551 | 3475 |
| 伊朗 | Iran | 2059 | 1537 | 2737 | 5675 | 6578 | 4763 |
| 伊拉克 | Iraq | | 1086 | 1825 | 4613 | 6625 | 6670 |
| 爱尔兰 | Ireland | 13779 | 25579 | 48698 | 45917 | 45922 | 47400 |
| 马恩岛 | Isle of Man | | 20359 | 36290 | | | |
| 以色列 | Israel | 11264 | 19859 | 19330 | 30389 | 32567 | 36151 |
| 意大利 | Italy | 20065 | 19388 | 30814 | 34674 | 33814 | 34619 |
| 牙买加 | Jamaica | 1921 | 3479 | 4190 | 4917 | 5464 | 5290 |
| 日本 | Japan | 25124 | 37292 | 35781 | 43118 | 46548 | 38492 |

# 3-2 续表 2 continued

单位：美元 (USD)

| 国家或地区 | Country or Area | 1990 | 2000 | 2005 | 2010 | 2012 | 2013 |
|---|---|---|---|---|---|---|---|
| 约　　旦 | Jordan | 1312 | 1763 | 2325 | 4371 | 4909 | 5214 |
| 哈萨克斯坦 | Kazakhstan | 1647 | 1229 | 3771 | 9071 | 12120 | 13172 |
| 肯 尼 亚 | Kenya | 366 | 406 | 524 | 793 | 933 | 994 |
| 基里巴斯 | Kiribati | 400 | 815 | 1173 | 1539 | 1736 | 1651 |
| 韩　　国 | Korea, Rep. | 6642 | 11948 | 18657 | 22151 | 24454 | 25977 |
| 科 威 特 | Kuwait | 8947 | 19787 | 35186 | 40091 | 56367 | |
| 吉尔吉斯斯坦 | Kyrgyzstan | 609 | 280 | 476 | 880 | 1178 | 1263 |
| 老　　挝 | Laos | 204 | 321 | 472 | 1123 | 1412 | 1646 |
| 拉脱维亚 | Latvia | 2796 | 3309 | 7165 | 11447 | 13947 | |
| 黎 巴 嫩 | Lebanon | 1050 | 5335 | 5339 | 8756 | 9764 | 9928 |
| 莱 索 托 | Lesotho | 341 | 415 | 711 | 1083 | 1135 | 1075 |
| 利比里亚 | Liberia | 183 | 183 | 166 | 327 | 414 | 454 |
| 利 比 亚 | Libya | 6785 | 6549 | 7865 | 12375 | 13303 | 12167 |
| 列支敦士登 | Liechtenstein | 49452 | 75058 | 105307 | | | |
| 立 陶 宛 | Lithuania | 2841 | 3267 | 7814 | 11722 | 14172 | |
| 卢 森 堡 | Luxemburg | 33177 | 46453 | 80925 | 102679 | 103859 | 111162 |
| 前南马其顿 | Macedonia, FYR | 2225 | 1748 | 2864 | 4442 | 4548 | 4851 |
| 马达加斯加 | Madagascar | 267 | 246 | 275 | 413 | 443 | 471 |
| 马 拉 维 | Malawi | 199 | 154 | 213 | 360 | 267 | 226 |
| 马来西亚 | Malaysia | 2417 | 4005 | 5554 | 8754 | 10432 | 10514 |
| 马尔代夫 | Maldives | 996 | 2289 | 3335 | 6552 | 6244 | 6666 |
| 马　　里 | Mali | 304 | 236 | 444 | 674 | 696 | 715 |
| 马 耳 他 | Malta | 7192 | 10377 | 14810 | 19695 | 20839 | |
| 马绍尔群岛 | Marshall Islands | 1659 | 2127 | 2642 | 3113 | 3292 | 3325 |
| 毛里塔尼亚 | Mauritania | 504 | 478 | 694 | 977 | 1043 | 1070 |
| 毛里求斯 | Mauritius | 2506 | 3861 | 5054 | 7587 | 8862 | 9210 |
| 墨 西 哥 | Mexico | 3052 | 6582 | 7824 | 8921 | 9818 | 10307 |
| 密克罗尼西亚 | Micronesia, Fed. | 1528 | 2171 | 2353 | 2838 | 3155 | 3235 |
| 摩尔多瓦 | Moldova | 972 | 354 | 831 | 1632 | 2047 | 2230 |
| 摩 纳 哥 | Monaco | 84290 | 82537 | 126599 | 145230 | | |
| 蒙　　古 | Mongolia | 1172 | 474 | 999 | 2286 | 3691 | 4056 |
| 黑　　山 | Montenegro | | 1610 | 3665 | 6636 | 6514 | 7126 |
| 摩 洛 哥 | Morocco | 1037 | 1276 | 1948 | 2823 | 2902 | 3109 |
| 莫桑比克 | Mozambique | 185 | 236 | 313 | 387 | 570 | 593 |
| 纳米比亚 | Namibia | 1981 | 2059 | 3582 | 5113 | 5931 | 5462 |
| 尼 泊 尔 | Nepal | 200 | 237 | 321 | 596 | 699 | 694 |
| 新喀里多尼亚 | New Caledonia | 15055 | 12580 | | | | |
| 新 西 兰 | New Zealand | 13537 | 13483 | 27526 | 32846 | 38680 | 40842 |
| 尼加拉瓜 | Nicaragua | 244 | 1001 | 1159 | 1535 | 1777 | 1851 |
| 尼 日 尔 | Niger | 320 | 164 | 258 | 360 | 395 | 413 |
| 尼日利亚 | Nigeria | 322 | 378 | 804 | 2294 | 2722 | 3010 |
| 挪　　威 | Norway | 27732 | 37473 | 65767 | 86096 | 99636 | 100819 |
| 阿　　曼 | Oman | 6455 | 9062 | 12253 | 20984 | 23624 | 22181 |
| 巴基斯坦 | Pakistan | 360 | 514 | 693 | 1023 | 1255 | 1299 |
| 帕　　劳 | Palau | 5096 | 8337 | 10360 | 9651 | 11202 | 11810 |
| 巴 拿 马 | Panama | 2137 | 3804 | 4594 | 7834 | 9982 | 11037 |
| 巴布亚新几内亚 | Papua New Guinea | 774 | 655 | 804 | 1382 | 2184 | 2088 |
| 巴 拉 圭 | Paraguay | 1340 | 1532 | 1479 | 3101 | 3680 | 4403 |
| 秘　　鲁 | Peru | 1149 | 1949 | 2675 | 5075 | 6424 | 6660 |
| 菲 律 宾 | Philippines | 715 | 1043 | 1201 | 2136 | 2587 | 2765 |
| 波　　兰 | Poland | 1694 | 4477 | 7963 | 12304 | 12721 | 13432 |
| 葡 萄 牙 | Portugal | 7779 | 11399 | 18265 | 21653 | 20175 | 21029 |
| 波多黎各 | Puerto Rico | 8653 | 16192 | 21670 | 26106 | 27795 | |
| 卡 塔 尔 | Qatar | 15446 | 29914 | 54229 | 71510 | 92633 | 93352 |
| 罗马尼亚 | Romania | 1651 | 1662 | 4652 | 8139 | 8437 | 9499 |

## 3-2 续表 3 continued

单位：美元 (USD)

| 国家或地区 | Country or Area | 1990 | 2000 | 2005 | 2010 | 2012 | 2013 |
|---|---|---|---|---|---|---|---|
| 俄罗斯 | Russia | 3485 | 1772 | 5338 | 10710 | 14091 | 14612 |
| 卢旺达 | Rwanda | 353 | 207 | 274 | 519 | 623 | 633 |
| 圣基茨和尼维斯 | Saint Kitts and Nevis | 3899 | 9146 | 10916 | 13222 | 13658 | 13710 |
| 圣卢西亚 | Saint Lucia | 2874 | 4871 | 5493 | 7059 | 7288 | 7309 |
| 圣文森特和格林纳丁斯 | Saint Vincent and the Grenadines | 1844 | 3684 | 5071 | 6234 | 6349 | 6634 |
| 萨摩亚 | Samoa | 688 | 1373 | 2291 | 3080 | 3623 | 3647 |
| 圣多美和普林西比 | Sao Tome and Principe |  | 550 | 797 | 1128 | 1400 | 1610 |
| 沙特阿拉伯 | Saudi Arabia | 7206 | 9354 | 13303 | 19327 | 25946 | 25852 |
| 塞内加尔 | Senegal | 761 | 475 | 773 | 999 | 1023 | 1072 |
| 塞尔维亚 | Serbia |  | 809 | 3391 | 5073 | 5294 | 5935 |
| 塞舌尔 | Seychelles | 5266 | 7579 | 11087 | 10843 | 11689 | 14220 |
| 塞拉利昂 | Sierra Leone | 161 | 154 | 318 | 448 | 633 | 809 |
| 新加坡 | Singapore | 12766 | 23793 | 29870 | 46570 | 54007 | 55182 |
| 斯洛伐克 | Slovakia | 2211 | 5330 | 11415 | 16151 | 16893 |  |
| 斯洛文尼亚 | Slovenia | 8699 | 10045 | 17855 | 22898 | 22059 |  |
| 所罗门群岛 | Solomon Islands | 970 | 1055 | 882 | 1295 | 1819 | 1954 |
| 南非 | South Africa | 3182 | 3020 | 5186 | 7176 | 7314 | 6618 |
| 西班牙 | Spain | 13397 | 14414 | 25904 | 29732 | 28282 | 29118 |
| 斯里兰卡 | Sri Lanka | 472 | 855 | 1242 | 2400 | 2922 | 3280 |
| 苏丹 | Sudan | 481 | 357 | 669 | 1440 | 1695 | 1753 |
| 苏里南 | Suriname | 955 | 1912 | 3591 | 8321 | 9377 | 9700 |
| 斯威士兰 | Swaziland | 1292 | 1433 | 2339 | 3262 | 3290 | 3034 |
| 瑞典 | Sweden | 29026 | 27869 | 41041 | 49377 | 55039 | 58164 |
| 瑞士 | Switzerland | 36337 | 35639 | 51734 | 70174 | 78929 | 80528 |
| 叙利亚 | Syrian Arab Republic | 989 | 1180 | 1589 | 2747 | 3289 |  |
| 塔吉克斯坦 | Tajikistan | 496 | 139 | 340 | 740 | 953 | 1037 |
| 坦桑尼亚 | Tanzania | 172 | 308 | 375 | 525 | 609 | 695 |
| 泰国 | Thailand | 1508 | 1969 | 2690 | 4803 | 5480 | 5779 |
| 东帝汶 | Timor-Leste |  | 410 | 487 | 876 | 1179 | 1371 |
| 多哥 | Togo | 430 | 266 | 382 | 503 | 589 | 636 |
| 汤加 | Tonga | 1193 | 1925 | 2623 | 3547 | 4494 | 4427 |
| 特立尼达和多巴哥 | Trinidad and Tobago | 4148 | 6431 | 12405 | 15630 | 17523 | 18373 |
| 突尼斯 | Tunisia | 1507 | 2245 | 3219 | 4176 | 4197 | 4329 |
| 土耳其 | Turkey | 2791 | 4220 | 7130 | 10136 | 10661 | 10946 |
| 土库曼斯坦 | Turkmenistan | 881 | 645 | 1707 | 4393 | 6798 | 7987 |
| 图瓦卢 | Tuvalu | 980 | 1459 | 2253 | 3239 | 4044 | 3861 |
| 乌干达 | Uganda | 245 | 255 | 314 | 472 | 551 | 572 |
| 乌克兰 | Ukraine | 1570 | 636 | 1829 | 2974 | 3873 | 3900 |
| 阿联酋 | United Arab Emirates | 28066 | 34476 | 43534 | 34049 | 41692 |  |
| 英国 | United Kingdom | 17805 | 25362 | 38432 | 36573 | 38649 | 39351 |
| 美国 | United States | 23955 | 36467 | 44314 | 48358 | 51755 | 53143 |
| 乌拉圭 | Uruguay | 2990 | 6873 | 5222 | 11531 | 14728 | 16351 |
| 乌兹别克斯坦 | Uzbekistan | 651 | 558 | 547 | 1377 | 1719 | 1878 |
| 瓦努阿图 | Vanuatu | 1080 | 1470 | 1886 | 2966 | 3183 | 3303 |
| 委内瑞拉 | Venezuela | 2382 | 4800 | 5445 | 13559 | 12729 | 14415 |
| 越南 | Viet Nam | 98 | 433 | 699 | 1334 | 1755 | 1911 |
| 约旦河西岸和加沙 | West Bank and Gaza |  | 1436 | 1396 | 2186 | 2530 |  |
| 也门 | Yemen | 479 | 550 | 832 | 1395 | 1341 | 1473 |
| 赞比亚 | Zambia | 419 | 322 | 626 | 1225 | 1463 | 1540 |
| 津巴布韦 | Zimbabwe | 840 | 535 | 453 | 723 | 909 | 905 |

# 3-3 人均国民总收入

## GNI per Capita

资料来源：世界银行WDI数据库。
Source: World Bank WDI Database.

单位：美元 (USD)

| 国家或地区 | Country or Area | 1990 | 2000 | 2005 | 2010 | 2012 | 2013 |
|---|---|---|---|---|---|---|---|
| **世　界** | **World** | **4145** | **5386** | **7224** | **9237** | **10235** | **10564** |
| **高收入国家** | **High Income** | **16559** | **22597** | **30770** | **35921** | **38533** | **39312** |
| **经合组织高收入国家** | **High Income: OECD Countries** | **19362** | **26525** | **35725** | **40685** | **43176** | **43864** |
| **非经合组织高收入国家** | **High Income: nonOECD** | **8502** | **5972** | **9584** | **15850** | **19236** | **20638** |
| **中等收入国家** | **Middle Income** | **786** | **1254** | **1834** | **3540** | **4402** | **4721** |
| **中等偏下收入国家** | **Lower Middle Income** | **506** | **566** | **887** | **1595** | **1969** | **2068** |
| **中等偏上收入国家** | **Upper Middle Income** | **1038** | **1918** | **2783** | **5562** | **6968** | **7540** |
| **中低收入国家** | **Low and Middle Income** | **724** | **1125** | **1631** | **3115** | **3857** | **4131** |
| **东亚和太平洋** | **East Asia and Pacific** | **425** | **902** | **1617** | **3670** | **4904** | **5536** |
| **欧洲和中亚** | **Europe and Central Asia** | | **1780** | **3711** | **7260** | **6694** | **7087** |
| **拉丁美洲和加勒比** | **Latin America and Caribbean** | **2254** | **3817** | **4415** | **7821** | **9071** | **9314** |
| **中东和北非国家** | **Middle East and North Africa** | **1296** | **1645** | **2195** | **3869** | | |
| **南　亚** | **South Asia** | **381** | **448** | **700** | **1197** | **1437** | **1474** |
| **撒哈拉以南非洲** | **Sub-Saharan Africa** | **599** | **496** | **779** | **1240** | **1569** | **1635** |
| **低收入国家** | **Low Income** | **283** | **266** | **342** | **538** | **620** | **664** |
| **最不发达地区** | **Least Developed Countries** | **305** | **270** | **386** | **688** | **770** | **812** |
| **重债穷国** | **Heavily Indebted Poor Countries** | **365** | **297** | **408** | **677** | **746** | **777** |
| 中　国 | China | 330 | 920 | 1740 | 4240 | 5720 | 6560 |
| 中国香港 | Hong Kong, China | 12660 | 26930 | 28890 | 33620 | 36280 | 38420 |
| 中国澳门 | Macao, China | 8530 | 14640 | 24080 | 46510 | 64050 | |
| 阿富汗 | Afghanistan | | | 250 | 510 | 690 | 700 |
| 阿尔巴尼亚 | Albania | 680 | 1170 | 2710 | 4440 | 4520 | 4700 |
| 阿尔及利亚 | Algeria | 2330 | 1540 | 2660 | 4340 | 4970 | 5290 |
| 安道尔 | Andorra | 16880 | 18570 | 31310 | | | |
| 安哥拉 | Angola | 750 | 420 | 1270 | 3870 | 4510 | 5010 |
| 安提瓜和巴布达 | Antigua and Barbuda | 5740 | 8640 | 12000 | 12610 | 12720 | 12910 |
| 阿根廷 | Argentina | 3180 | 9090 | 4450 | 8620 | | |
| 亚美尼亚 | Armenia | | 660 | 1500 | 3330 | 3770 | 3790 |
| 澳大利亚 | Australia | 17460 | 21120 | 30340 | 46510 | 59790 | 65520 |
| 奥地利 | Austria | 20180 | 26000 | 37210 | 47170 | 47960 | 48590 |
| 阿塞拜疆 | Azerbaijan | | 610 | 1270 | 5370 | 6290 | 7350 |
| 巴哈马 | Bahamas | 14040 | 20340 | 23680 | 21320 | 20600 | |
| 巴　林 | Bahrain | 7220 | 10880 | 16730 | 18810 | 19560 | |
| 孟加拉国 | Bangladesh | 290 | 380 | 470 | 690 | 830 | 900 |
| 巴巴多斯 | Barbados | 6810 | 11110 | 13640 | 15710 | 15080 | |
| 白俄罗斯 | Belarus | | 1380 | 2810 | 5990 | 6400 | 6720 |
| 比利时 | Belgium | 18960 | 25430 | 36610 | 45850 | 44810 | 45210 |
| 伯利兹 | Belize | 2230 | 3770 | 4770 | 4380 | 4620 | 4660 |
| 贝　宁 | Benin | 360 | 360 | 530 | 710 | 750 | 790 |
| 百慕大 | Bermuda | 27060 | | | 111020 | 104610 | |
| 不　丹 | Bhutan | 580 | 780 | 1230 | 2020 | 2420 | 2460 |
| 玻利维亚 | Bolivia | 730 | 980 | 1000 | 1760 | 2220 | 2550 |
| 波　黑 | Bosnia and Herzegovinian | | 1450 | 2940 | 4640 | 4600 | 4740 |
| 博茨瓦纳 | Botswana | 2530 | 2970 | 4730 | 5840 | 7650 | 7730 |
| 巴　西 | Brazil | 2700 | 3860 | 3960 | 9520 | 11640 | 11690 |
| 文　莱 | Brunei Darussalam | 12550 | 14740 | 22920 | | | |
| 保加利亚 | Bulgaria | 2260 | 1620 | 3640 | 6430 | 6850 | 7030 |
| 布基纳法索 | Burkina Faso | 330 | 250 | 410 | 600 | 670 | 670 |
| 布隆迪 | Burundi | 210 | 130 | 130 | 200 | 240 | 280 |
| 柬埔寨 | Cambodia | | 300 | 460 | 740 | 880 | 950 |
| 喀麦隆 | Cameroon | 920 | 600 | 900 | 1130 | 1190 | 1270 |

## 3-3 续表 1 continued

单位：美元 (USD)

| 国家或地区 | Country or Area | 1990 | 2000 | 2005 | 2010 | 2012 | 2013 |
|---|---|---|---|---|---|---|---|
| 加 拿 大 | Canada | 20430 | 22530 | 33950 | 44450 | 50650 | 52200 |
| 佛 得 角 | Cape Verde | 870 | 1330 | 2050 | 3340 | 3810 | |
| 中 非 | Central African Rep. | 460 | 260 | 340 | 490 | 490 | 320 |
| 乍 得 | Chad | 270 | 170 | 480 | 920 | 970 | 1020 |
| 海峡群岛 | Channel Islands | | 42430 | 55320 | | | |
| 智 利 | Chile | 2240 | 4920 | 6250 | 10730 | 14290 | 15230 |
| 哥伦比亚 | Colombia | 1250 | 2340 | 2930 | 5460 | 7010 | 7560 |
| 科 摩 罗 | Comoros | 570 | 410 | 650 | 810 | 840 | 880 |
| 刚果(金) | Congo, Dem. Rep. | 240 | 140 | 210 | 320 | 370 | 400 |
| 刚果(布) | Congo, Rep. | 920 | 570 | 970 | 2210 | 2550 | 2660 |
| 哥斯达黎加 | Costa Rica | 2340 | 3700 | 4810 | 6910 | 8850 | 9550 |
| 科特迪瓦 | Cote D'Ivoire | 760 | 670 | 900 | 1210 | 1220 | 1380 |
| 克罗地亚 | Croatia | | 5220 | 9740 | 13560 | 13260 | 13330 |
| 古 巴 | Cuba | 2650 | 2620 | 3950 | 5630 | | |
| 塞浦路斯 | Cyprus | 9510 | 13440 | 21490 | 28570 | 26390 | |
| 捷 克 | Czech Rep. | | 5800 | 11920 | 18450 | 18130 | 18060 |
| 丹 麦 | Denmark | 24120 | 31830 | 48590 | 59480 | 59860 | 61110 |
| 多米尼克 | Dominica | 2300 | 3390 | 4980 | 6570 | 6590 | 6760 |
| 多米尼加 | Dominican Rep. | 860 | 2600 | 2880 | 4960 | 5430 | 5620 |
| 厄瓜多尔 | Ecuador | 1390 | 1550 | 2890 | 4330 | 5170 | 5510 |
| 埃 及 | Egypt | 750 | 1470 | 1290 | 2550 | 2980 | 3160 |
| 萨尔瓦多 | El Salvador | 890 | 2110 | 2810 | 3350 | 3600 | 3720 |
| 赤道几内亚 | Equatorial Guinea | 290 | 900 | 3610 | 13620 | 14040 | 14320 |
| 厄立特里亚 | Eritrea | | 180 | 230 | 310 | 450 | 490 |
| 爱沙尼亚 | Estonia | 3190 | 4220 | 9670 | 14300 | 16360 | 17370 |
| 埃塞俄比亚 | Ethiopia | 250 | 120 | 160 | 370 | 410 | 470 |
| 斐 济 | Fiji | 1790 | 2230 | 3590 | 3670 | 4010 | 4430 |
| 芬 兰 | Finland | 25220 | 25440 | 38550 | 47250 | 46820 | 47110 |
| 法 国 | France | 20050 | 24270 | 34850 | 42390 | 41860 | 42250 |
| 加 蓬 | Gabon | 4830 | 3100 | 5080 | 8280 | 10020 | 10650 |
| 冈 比 亚 | Gambia | 320 | 670 | 410 | 580 | 520 | 510 |
| 格鲁吉亚 | Georgia | | 750 | 1360 | 2680 | 3290 | 3570 |
| 德 国 | Germany | 20630 | 25300 | 34780 | 43400 | 45170 | 46100 |
| 加 纳 | Ghana | 400 | 340 | 470 | 1260 | 1580 | 1760 |
| 希 腊 | Greece | 8590 | 12460 | 21420 | 26840 | 23670 | 22530 |
| 格 陵 兰 | Greenland | 15690 | 20290 | 29690 | | | |
| 格林纳达 | Grenada | 2250 | 3890 | 6800 | 7050 | 7140 | 7460 |
| 危地马拉 | Guatemala | 950 | 1730 | 2070 | 2750 | 3130 | 3340 |
| 几 内 亚 | Guinea | 430 | 380 | 340 | 400 | 440 | 460 |
| 几内亚比绍 | Guinea-Bissau | 210 | 110 | 390 | 550 | 530 | 520 |
| 圭 亚 那 | Guyana | 390 | 880 | 1070 | 2780 | 3410 | 3750 |
| 海 地 | Haiti | 350 | 470 | 410 | 660 | 760 | 810 |
| 洪都拉斯 | Honduras | 690 | 930 | 1380 | 1890 | 2140 | 2180 |
| 匈 牙 利 | Hungary | 2880 | 4580 | 10220 | 12930 | 12410 | |
| 冰 岛 | Iceland | 24150 | 30800 | 49620 | 33900 | 38370 | 43930 |
| 印 度 | India | 390 | 460 | 740 | 1290 | 1550 | 1570 |
| 印度尼西亚 | Indonesia | 620 | 570 | 1230 | 2500 | 3420 | 3580 |
| 伊 朗 | Iran | 2380 | 1620 | 2530 | | 6570 | 5780 |
| 伊 拉 克 | Iraq | | | | 4480 | 6130 | 6710 |
| 爱 尔 兰 | Ireland | 12190 | 23490 | 42380 | 41900 | 39110 | |
| 以 色 列 | Israel | 10860 | 17830 | 20140 | 29280 | 32030 | 34120 |
| 意 大 利 | Italy | 17900 | 21010 | 31220 | 36320 | 34810 | 34400 |
| 牙 买 加 | Jamaica | 1790 | 3310 | 3920 | 4580 | 5190 | 5220 |
| 日 本 | Japan | 27560 | 34970 | 39140 | 42190 | 47690 | 46140 |

## 3-3 续表 2 continued

单位：美元 (USD)

| 国家或地区 | Country or Area | 1990 | 2000 | 2005 | 2010 | 2012 | 2013 |
|---|---|---|---|---|---|---|---|
| 约　　旦 | Jordan | 1430 | 1790 | 2490 | 4120 | 4660 | 4950 |
| 哈萨克斯坦 | Kazakhstan | | 1260 | 2930 | 7440 | 9780 | 11380 |
| 肯 尼 亚 | Kenya | 380 | 420 | 520 | 800 | 870 | 930 |
| 基里巴斯 | Kiribati | 730 | 1410 | 1800 | 1980 | 2520 | 2620 |
| 韩　　国 | Korea, Rep. | 6480 | 10750 | 17800 | 21320 | 24640 | 25920 |
| 科 威 特 | Kuwait | | 19290 | 34110 | 43330 | | |
| 吉尔吉斯斯坦 | Kyrgyzstan | | 280 | 450 | 850 | 1040 | 1200 |
| 老　　挝 | Laos | 190 | 280 | 450 | 980 | 1270 | 1460 |
| 拉脱维亚 | Latvia | 2790 | 3220 | 7000 | 12650 | 14060 | |
| 黎 巴 嫩 | Lebanon | 1360 | 5470 | 5740 | 8440 | 9520 | 9870 |
| 莱 索 托 | Lesotho | 550 | 580 | 910 | 1160 | 1480 | 1550 |
| 利比里亚 | Liberia | | 180 | 120 | 270 | 370 | 410 |
| 列支敦士登 | Liechtenstein | 45550 | 79080 | 92660 | | | |
| 立 陶 宛 | Lithuania | | 3200 | 7590 | 12330 | 13820 | |
| 卢 森 堡 | Luxemburg | 29530 | 43650 | 69180 | 71850 | 71810 | |
| 前南马其顿 | Macedonia, FYR | | 1800 | 2830 | 4570 | 4710 | 4800 |
| 马达加斯加 | Madagascar | 240 | 250 | 290 | 420 | 420 | 440 |
| 马 拉 维 | Malawi | 180 | 150 | 220 | 300 | 320 | 270 |
| 马来西亚 | Malaysia | 2370 | 3420 | 5240 | 8150 | 9820 | 10400 |
| 马尔代夫 | Maldives | | 2140 | 3420 | 5490 | 5430 | 5600 |
| 马　　里 | Mali | 290 | 250 | 440 | 660 | 660 | 670 |
| 马 耳 他 | Malta | 7600 | 10510 | 14380 | 18690 | 19730 | |
| 马绍尔群岛 | Marshall Islands | | 2850 | 3560 | 3780 | 4130 | 4200 |
| 毛里塔尼亚 | Mauritania | 490 | 510 | 690 | 960 | 1040 | 1060 |
| 毛里求斯 | Mauritius | 2440 | 3870 | 5360 | 7780 | 8770 | 9300 |
| 墨 西 哥 | Mexico | 2740 | 5690 | 7650 | 8730 | 9720 | 9940 |
| 密克罗尼西亚 | Micronesia, Fed. | | 2210 | 2550 | 2870 | 3230 | 3430 |
| 摩尔多瓦 | Moldova | | 370 | 890 | 1820 | 2150 | 2460 |
| 摩 纳 哥 | Monaco | 79560 | 90840 | 128380 | | | |
| 蒙　　古 | Mongolia | 1430 | 470 | 900 | 1900 | 3080 | 3770 |
| 黑　　山 | Montenegro | | | 3650 | 6890 | 6950 | 7260 |
| 摩 洛 哥 | Morocco | 1000 | 1320 | 1980 | 2880 | 2910 | 3030 |
| 莫桑比克 | Mozambique | 170 | 230 | 290 | 430 | 510 | 590 |
| 纳米比亚 | Namibia | 2020 | 2110 | 3390 | 4300 | 5700 | 5840 |
| 尼 泊 尔 | Nepal | 220 | 230 | 320 | 540 | 700 | 730 |
| 荷　　兰 | Netherlands | 18820 | 26580 | 39880 | 48640 | 48110 | 47440 |
| 新喀里多尼亚 | New Caledonia | 15010 | 14020 | | | | |
| 新 西 兰 | New Zealand | 13520 | 13910 | 25200 | 28990 | 35520 | |
| 尼加拉瓜 | Nicaragua | 310 | 960 | 1160 | 1470 | 1690 | 1780 |
| 尼 日 尔 | Niger | 310 | 170 | 250 | 370 | 390 | 410 |
| 尼日利亚 | Nigeria | 290 | 270 | 660 | 1460 | 2490 | 2760 |
| 挪　　威 | Norway | 26010 | 35860 | 62760 | 86830 | 98880 | 102610 |
| 阿　　曼 | Oman | 5710 | 7360 | 10780 | 17760 | 25250 | |
| 巴基斯坦 | Pakistan | 410 | 470 | 710 | 1060 | 1250 | 1380 |
| 帕　　劳 | Palau | | 6140 | 9650 | 9500 | 10550 | 10970 |
| 巴 拿 马 | Panama | 2140 | 3610 | 4460 | 8050 | 9030 | 10700 |
| 巴布亚新几内亚 | Papua New Guinea | 820 | 620 | 680 | 1300 | 1790 | 2010 |
| 巴 拉 圭 | Paraguay | 1190 | 1350 | 1210 | 2810 | 3320 | 4040 |
| 秘　　鲁 | Peru | 810 | 1950 | 2510 | 4560 | 5890 | 6390 |
| 菲 律 宾 | Philippines | 720 | 1230 | 1530 | 2740 | 2950 | 3270 |
| 波　　兰 | Poland | | 4620 | 7270 | 12390 | 12660 | 12960 |
| 葡 萄 牙 | Portugal | 7000 | 12030 | 18140 | 22060 | 20620 | 20670 |
| 波多黎各 | Puerto Rico | 6170 | 10610 | 14120 | 16620 | 18080 | |
| 卡 塔 尔 | Qatar | | | 40320 | 66430 | 78060 | 85550 |
| 罗马尼亚 | Romania | 1710 | 1700 | 3920 | 8430 | 8560 | 9060 |

3-3 续表 3 continued

单位：美元 (USD)

| 国家或地区 | Country or Area | 1990 | 2000 | 2005 | 2010 | 2012 | 2013 |
|---|---|---|---|---|---|---|---|
| 俄罗斯 | Russia | | 1710 | 4460 | 10010 | 12740 | 13860 |
| 卢旺达 | Rwanda | 350 | 230 | 260 | 510 | 600 | 620 |
| 圣基茨和尼维斯 | Saint Kitts and Nevis | 3720 | 6810 | 10900 | 12650 | 13090 | 13460 |
| 圣卢西亚 | Saint Lucia | 2730 | 4250 | 5110 | 6620 | 7000 | 7090 |
| 圣文森特和格林纳丁斯 | Saint Vincent and the Grenadines | 1740 | 3070 | 4960 | 6040 | 6360 | 6580 |
| 萨摩亚 | Samoa | 1050 | 1420 | 2100 | 2830 | 3260 | 3430 |
| 圣多美和普林西比 | Sao Tome and Principe | | | 770 | 1140 | 1310 | 1470 |
| 沙特阿拉伯 | Saudi Arabia | 7300 | 8350 | 12460 | 19360 | 24660 | 26200 |
| 塞内加尔 | Senegal | 710 | 510 | 770 | 1040 | 1030 | 1070 |
| 塞尔维亚 | Serbia | | 1400 | 3430 | 5550 | 5350 | 5730 |
| 塞舌尔 | Seychelles | 5000 | 7390 | 10540 | 10260 | 11590 | 12530 |
| 塞拉利昂 | Sierra Leone | 200 | 160 | 310 | 470 | 530 | 680 |
| 新加坡 | Singapore | 12040 | 23670 | 28370 | 44790 | 51090 | 54040 |
| 斯洛伐克 | Slovakia | 2060 | 5440 | 11070 | 16140 | 17200 | |
| 斯洛文尼亚 | Slovenia | | 11150 | 18070 | 23910 | 22830 | |
| 所罗门群岛 | Solomon Islands | 710 | 1010 | 900 | 930 | 1480 | 1610 |
| 南非 | South Africa | 3390 | 3050 | 4810 | 6000 | 7460 | 7190 |
| 西班牙 | Spain | 11880 | 15410 | 25310 | 31150 | 29340 | 29180 |
| 斯里兰卡 | Sri Lanka | 470 | 860 | 1210 | 2260 | 2910 | 3170 |
| 苏丹 | Sudan | 530 | 330 | 570 | 1190 | 1460 | 1130 |
| 苏里南 | Suriname | 1430 | 1930 | 3330 | 7750 | 8680 | 9260 |
| 斯威士兰 | Swaziland | 1230 | 1520 | 2390 | 2800 | 3100 | 3080 |
| 瑞典 | Sweden | 26590 | 29490 | 42920 | 50870 | 56120 | 59130 |
| 瑞士 | Switzerland | 35020 | 41160 | 58530 | 73620 | 80950 | |
| 叙利亚 | Syrian Arab Republic | 910 | 970 | 1520 | 2610 | | |
| 塔吉克斯坦 | Tajikistan | | 170 | 320 | 730 | 880 | 990 |
| 坦桑尼亚 | Tanzania | 200 | 310 | 380 | 530 | 570 | 630 |
| 泰国 | Thailand | 1490 | 1960 | 2600 | 4320 | 5250 | 5370 |
| 东帝汶 | Timor-Leste | | | 890 | 3010 | 3980 | 3580 |
| 多哥 | Togo | 400 | 300 | 370 | 460 | 490 | 530 |
| 汤加 | Tonga | 1220 | 2030 | 2550 | 3490 | 4220 | 4490 |
| 特立尼达和多巴哥 | Trinidad and Tobago | 3710 | 5300 | 11060 | 15800 | 14780 | 15760 |
| 突尼斯 | Tunisia | 1430 | 2310 | 3190 | 4160 | 4240 | 4360 |
| 土耳其 | Turkey | 2300 | 4190 | 6520 | 9980 | 10810 | 10950 |
| 土库曼斯坦 | Turkmenistan | 830 | 600 | 1600 | 4070 | 5410 | 6880 |
| 图瓦卢 | Tuvalu | | | 3740 | 4720 | 5650 | 6630 |
| 乌干达 | Uganda | 320 | 260 | 290 | 470 | 480 | 510 |
| 乌克兰 | Ukraine | 1610 | 700 | 1540 | 2990 | 3640 | 3960 |
| 阿联酋 | United Arab Emirates | 20720 | 20630 | 41470 | 33860 | 38620 | |
| 英国 | United Kingdom | 16620 | 26190 | 39560 | 38440 | 38300 | 39110 |
| 美国 | United States | 24150 | 36090 | 46350 | 48960 | 52350 | 53670 |
| 乌拉圭 | Uruguay | 2840 | 7050 | 4720 | 10110 | 13670 | 15180 |
| 乌兹别克斯坦 | Uzbekistan | | 630 | 530 | 1300 | 1700 | 1900 |
| 瓦努阿图 | Vanuatu | 1200 | 1430 | 1780 | 2700 | 2990 | 3130 |
| 委内瑞拉 | Venezuela | 2570 | 4090 | 4920 | 11520 | 12460 | 12550 |
| 越南 | Viet Nam | 130 | 400 | 680 | 1270 | 1550 | 1730 |
| 约旦河西岸和加沙 | West Bank and Gaza | | 1600 | 1590 | 2170 | 2810 | |
| 也门 | Yemen | | 420 | 700 | 1300 | 1220 | 1330 |
| 赞比亚 | Zambia | 450 | 310 | 490 | 1080 | 1410 | 1480 |
| 津巴布韦 | Zimbabwe | 860 | 490 | 430 | 540 | 800 | 820 |

# 3-4 按购买力平价法计算的国民经济核算主要指标(2013年)
# Main Economic Indicators of National Accounts Based on PPP(2013)

资料来源：世界银行WDI数据库。
Source: World Bank WDI Database.

| 国家或地区 | Country or Area | 国内生产总值（现价亿国际元）GDP (100 million international $) | 人均国内生产总值（现价国际元）GDP per Capita (current price internationa $) | 国民总收入（现价亿国际元）GNI (100 million international $) | 人均国民总收入（现价国际元）GNI per Capita (current price international $) |
|---|---|---|---|---|---|
| **世　界** | **World** | **1018871** | **14301** | **1012497** | **14211** |
| **高收入国家** | **High Income** | **524914** | **40188** | **526679** | **40324** |
| **经合组织高收入国家** | **High Income: OECD** | **436400** | **41387** | **440055** | **41733** |
| **欧元区** | **Euro area** | **123616** | **37005** | **124111** | **37153** |
| **非经合组织高收入国家** | **High Income: nonOECD** | **89999** | **35758** | **88245** | **35061** |
| **中等收入国家** | **Middle Income** | **480639** | **9671** | **472977** | **9517** |
| **中等偏下收入国家** | **Lower Middle Income** | **154089** | **6017** | **152886** | **5970** |
| **中等偏上收入国家** | **Upper Middle Income** | **327101** | **13580** | **320795** | **13318** |
| **中低收入国家** | **Low and Middle Income** | **495416** | **8515** | **487923** | **8386** |
| **东亚和太平洋①** | **East Asia and Pacific①** | **145343** | **7362** | **144358** | **7312** |
| **欧洲和中亚①** | **Europe and Central Asia①** | **60382** | **14815** | **57785** | **14178** |
| **拉丁美洲和加勒比①** | **Latin America and Caribbean①** | **69846** | **11858** | **68248** | **11587** |
| **南　亚** | **South Asia** | **83632** | **5005** | **83626** | **5005** |
| **撒哈拉以南非洲** | **Sub-Saharan Africa** | **31640** | **3377** | **30190** | **3222** |
| **低收入国家** | **Low Income** | **14886** | **1754** | **15104** | **1780** |
| **重债穷国** | **Heavily Indebted Poor Countries** | **12781** | **1898** | **12019** | **1784** |
| **最不发达地区** | **Least Developed Countries** | **17994** | **2003** | **17708** | **1971** |
| 中　国 | China | 161577 | 11904 | 160806 | 11850 |
| 中国香港 | Hong Kong, China | 3824 | 53203 | 3900 | 54260 |
| 中国澳门 | Macao, China | 807 | 142564 | 625② | 112180② |
| 孟加拉国 | Bangladesh | 4005 | 2557 | 4408 | 2810 |
| 文　莱 | Brunei Darussalam | 300 | 71759 | | |
| 柬埔寨 | Cambodia | 460 | 3042 | 437 | 2890 |
| 印　度 | India | 67744 | 5410 | 66979 | 5350 |
| 印度尼西亚 | Indonesia | 23884 | 9559 | 23145 | 9260 |
| 伊　朗 | Iran | 12071 | 15586 | 12083 | 15600 |
| 以色列 | Israel | 2640 | 32760 | 2590 | 32140 |
| 日　本 | Japan | 46244 | 36315 | 47916 | 37630 |
| 哈萨克斯坦 | Kazakhstan | 3954 | 23206 | 3505 | 20570 |
| 韩　国 | Korea, Rep. | 16643 | 33140 | 16791 | 33440 |
| 老　挝 | Laos | 326 | 4812 | 310 | 4570 |
| 马来西亚 | Malaysia | 6923 | 23298 | 6676 | 22460 |
| 蒙　古 | Mongolia | 268 | 9433 | 250 | 8810 |
| 巴基斯坦 | Pakistan | 8559 | 4699 | 8970 | 4920 |
| 菲律宾 | Philippines | 6428 | 6533 | 7699 | 7820 |
| 新加坡 | Singapore | 4252 | 78744 | 4149 | 76850 |
| 斯里兰卡 | Sri Lanka | 1994 | 9736 | 1940 | 9470 |
| 泰　国 | Thailand | 9643 | 14390 | 9052 | 13510 |
| 越　南 | Viet Nam | 4748 | 5293 | 4511 | 5030 |
| 埃　及 | Egypt | 9096 | 11085 | 8903 | 10850 |
| 尼日利亚 | Nigeria | 10179 | 5863 | 9720 | 5600 |
| 南　非 | South Africa | 6625 | 12504 | 6485 | 12240 |
| 加拿大 | Canada | 15191 | 43207 | 14973 | 42590 |
| 墨西哥 | Mexico | 20140 | 16463 | 19712 | 16110 |
| 美　国 | United States | 168000 | 53143 | 170575 | 53960 |
| 阿根廷① | Argentina① | 7205 | 17674 | 7033 | 17250 |
| 巴　西 | Brazil | 30122 | 15034 | 29553 | 14750 |
| 委内瑞拉 | Venezuela | 5532 | 18194 | 5441 | 17890 |
| 捷　克 | Czech Rep. | 2877 | 27344 | 2686 | 25530 |
| 法　国 | France | 24369 | 36907 | 24811 | 37580 |
| 德　国 | Germany | 34935 | 43332 | 35907 | 44540 |
| 意大利 | Italy | 20524 | 34303 | 20400 | 34100 |
| 荷　兰 | Netherlands | 7294 | 43404 | 7260 | 43210 |
| 波　兰 | Poland | 8968 | 23275 | 8591 | 22300 |
| 俄罗斯 | Russia | 34613 | 24120 | 33297 | 23200 |
| 西班牙 | Spain | 14975 | 32103 | 14857 | 31850 |
| 土耳其 | Turkey | 14219 | 18975 | 14057 | 18760 |
| 乌克兰 | Ukraine | 3998 | 8788 | 4077 | 8960 |
| 英　国 | United Kingdom | 23209 | 36209 | 22922 | 35760 |
| 澳大利亚 | Australia | 10074 | 43550 | 9840 | 42540 |
| 新西兰 | New Zealand | 1530 | 34227 | 1363② | 30750② |

注：①2011年数据。②2012年数据。
Note:①Data refer to 2011.②Data refer to 2012.

# 3-5 国内生产总值增长率

## Growth Rate of GDP

资料来源：世界银行WDI数据库。
Source: World Bank WDI Database.
单位：% (%)

| 国家或地区 | Country or Area | 1990 | 2000 | 2005 | 2010 | 2012 | 2013 |
|---|---|---|---|---|---|---|---|
| **世　界** | **World** | **2.86** | **4.26** | **3.63** | **4.07** | **2.39** | **2.19** |
| **高收入国家** | **High Income** | **2.93** | **4.10** | **2.82** | **3.01** | **1.51** | **1.31** |
| **经合组织高收入国家** | **OECD Countries** | **3.03** | **3.91** | **2.61** | **2.76** | **1.36** | **1.22** |
| **欧元区** | **Euro Area** | **3.47** | **3.83** | **1.74** | **1.98** | **-0.64** | **-0.43** |
| **中等收入国家** | **Middle Income** | **2.50** | **5.09** | **7.13** | **7.68** | **5.11** | **4.79** |
| **中等偏下收入国家** | **Lower Middle Income** | **3.54** | **4.12** | **6.78** | **7.62** | **4.72** | **5.17** |
| **中等偏上收入国家** | **Upper Middle Income** | **2.15** | **5.38** | **7.24** | **7.71** | **5.22** | **4.68** |
| **中低收入国家** | **Low and Middle Income** | **2.48** | **5.04** | **7.11** | **7.65** | **5.14** | **4.81** |
| **东亚和太平洋** | **East Asia and Pacific** | **5.57** | **7.52** | **9.74** | **9.66** | **7.47** | **7.13** |
| **欧洲和中亚** | **Europe and Central Asia** | **-0.11** | **5.87** | **7.04** | **5.84** | **2.16** | **3.65** |
| **拉丁美洲和加勒比** | **Latin America and Caribbean** | **0.48** | **4.52** | **4.49** | **5.62** | **2.97** | **2.43** |
| **中东和北非国家** | **Middle East and North Africa** | **7.53** | **3.00** | **4.56** | **4.18** | | |
| **南　亚** | **South Asia** | **5.44** | **4.09** | **8.79** | **9.13** | **4.86** | **5.20** |
| **撒哈拉以南非洲** | **Sub-Saharan Africa** | **1.56** | **3.42** | **5.54** | **5.07** | **4.24** | **4.15** |
| **低收入国家** | **Low Income** | **1.99** | **2.93** | **6.35** | **6.34** | **6.46** | **5.78** |
| **最不发达地区** | **Least Developed Countries** | **0.59** | **3.86** | **7.93** | **5.46** | **4.85** | **4.56** |
| **重债穷国** | **Heavily Indebted Poor Countries** | **-1.12** | **2.48** | **6.00** | **5.47** | **4.70** | **4.78** |
| 中　国 | China | 4.06 | 7.62 | 11.31 | 10.45 | 7.65 | 7.67 |
| 中国香港 | Hong Kong, China | 3.83 | 7.66 | 7.39 | 6.77 | 1.55 | 2.93 |
| 中国澳门 | Macao, China | 8.00 | 5.70 | 8.56 | 27.50 | 9.14 | 11.89 |
| 阿富汗 | Afghanistan | | | 11.18 | 8.43 | 14.44 | 4.23 |
| 阿尔巴尼亚 | Albania | -9.58 | 7.30 | 5.50 | 3.50 | 1.30 | 1.30 |
| 阿尔及利亚 | Algeria | 0.80 | 2.20 | 5.90 | 3.60 | 3.30 | 2.70 |
| 安道尔 | Andorra | 3.78 | 1.17 | 5.92 | | | |
| 安哥拉 | Angola | -0.30 | 3.01 | 18.26 | 3.41 | 5.19 | 4.06 |
| 安提瓜和巴布达 | Antigua and Barbuda | 2.55 | 5.10 | 6.12 | -7.18 | 3.31 | 0.65 |
| 阿根廷 | Argentina | -2.40 | -0.79 | 9.20 | 9.14 | 0.95 | 2.95 |
| 亚美尼亚 | Armenia | | 5.90 | 13.87 | 2.20 | 7.20 | 3.50 |
| 阿鲁巴岛 | Aruba | 12.00 | -0.36 | 0.38 | | | |
| 澳大利亚 | Australia | 4.15 | 3.88 | 3.22 | 1.96 | 3.62 | 2.66 |
| 奥地利 | Austria | 4.35 | 3.67 | 2.40 | 1.77 | 0.87 | 0.39 |
| 阿塞拜疆 | Azerbaijan | -11.70 | 11.10 | 26.40 | 4.85 | 2.20 | 5.80 |
| 巴哈马 | Bahamas | -1.60 | 4.15 | 3.40 | 0.99 | 1.83 | |
| 巴　林 | Bahrain | 4.44 | 5.30 | 6.77 | 4.34 | 3.40 | 5.49 |
| 孟加拉国 | Bangladesh | 5.94 | 5.95 | 5.96 | 6.07 | 6.23 | 6.03 |
| 巴巴多斯 | Barbados | -4.81 | 2.30 | 4.00 | 0.25 | 0.01 | |
| 白俄罗斯 | Belarus | | 5.80 | 9.44 | 7.74 | 1.73 | 0.90 |
| 比利时 | Belgium | 3.14 | 3.67 | 1.75 | 2.34 | -0.14 | 0.20 |
| 伯利兹 | Belize | 10.63 | 13.04 | 2.97 | 3.85 | 4.02 | 0.69 |
| 贝　宁 | Benin | 8.98 | 4.86 | 2.87 | 2.55 | 5.40 | 5.60 |
| 百慕大 | Bermuda | 0.02 | 9.32 | 1.67 | -2.09 | -4.87 | |
| 不　丹 | Bhutan | 10.88 | 6.93 | 7.12 | 11.73 | 4.62 | 4.98 |
| 玻利维亚 | Bolivia | 4.64 | 2.51 | 4.42 | 4.13 | 5.18 | 6.78 |
| 波　黑 | Bosnia and Herzegovinian | | 5.50 | 5.00 | 0.70 | -0.70 | 0.37 |
| 博茨瓦纳 | Botswana | 6.77 | 1.99 | 4.56 | 8.59 | 4.26 | 5.90 |
| 巴　西 | Brazil | -4.30 | 4.31 | 3.16 | 7.53 | 1.03 | 2.49 |
| 文　莱 | Brunei Darussalam | 1.09 | 2.85 | 0.39 | 2.60 | 0.95 | -1.75 |
| 保加利亚 | Bulgaria | -9.12 | 5.70 | 6.40 | 0.40 | 0.60 | 0.90 |
| 布基纳法索 | Burkina Faso | -0.60 | 1.85 | 8.66 | 7.94 | 9.54 | 6.53 |
| 布隆迪 | Burundi | 3.50 | -0.86 | 0.90 | 3.79 | 4.02 | 4.47 |
| 柬埔寨 | Cambodia | | 8.77 | 13.25 | 5.96 | 7.31 | 7.46 |
| 喀麦隆 | Cameroon | -6.11 | 4.20 | 2.30 | 3.34 | 4.60 | 5.50 |

## 3-5 续表 1 continued

单位：% (%)

| 国家或地区 | Country or Area | 1990 | 2000 | 2005 | 2010 | 2012 | 2013 |
|---|---|---|---|---|---|---|---|
| 加拿大 | Canada | 0.13 | 5.12 | 3.16 | 3.37 | 1.71 | 2.01 |
| 佛得角 | Cape Verde | 0.69 | 7.27 | 6.52 | 5.21 | 4.29 | |
| 中非 | Central African Rep. | -2.15 | -2.49 | 0.91 | 6.64 | 4.10 | -36.00 |
| 乍得 | Chad | -4.18 | -0.88 | 17.33 | 13.55 | 8.88 | 3.60 |
| 智利 | Chile | 3.70 | 4.50 | 5.56 | 5.76 | 5.38 | 4.08 |
| 哥伦比亚 | Colombia | 6.04 | 4.42 | 4.71 | 3.97 | 4.05 | 4.26 |
| 科摩罗 | Comoros | 5.09 | 1.42 | 4.23 | 2.05 | 2.96 | 3.52 |
| 刚果(金) | Congo, Dem. Rep. | -6.57 | -6.91 | 6.14 | 7.08 | 7.16 | 8.48 |
| 刚果(布) | Congo, Rep. | 1.00 | 7.58 | 7.76 | 8.75 | 3.80 | 3.44 |
| 哥斯达黎加 | Costa Rica | 3.91 | 1.80 | 5.89 | 4.95 | 5.13 | 3.50 |
| 科特迪瓦 | Cote D'Ivoire | -1.10 | -3.70 | 1.26 | 2.36 | 9.50 | 8.70 |
| 克罗地亚 | Croatia | | 3.75 | 4.28 | -2.27 | -1.87 | -1.00 |
| 古巴 | Cuba | -2.95 | 5.92 | 11.20 | 2.39 | | |
| 塞浦路斯 | Cyprus | 7.40 | 5.04 | 3.91 | 1.30 | -2.40 | |
| 捷克 | Czech Rep. | | 4.19 | 6.75 | 2.47 | -1.02 | -0.93 |
| 丹麦 | Denmark | 1.61 | 3.53 | 2.44 | 1.39 | -0.36 | 0.40 |
| 吉布提 | Djibouti | | 0.42 | 3.17 | 4.45 | 3.00 | 5.00 |
| 多米尼克 | Dominica | 5.26 | -5.61 | -0.82 | 1.20 | -1.18 | -0.77 |
| 多米尼加 | Dominican Rep. | -5.45 | 5.66 | 9.26 | 7.75 | 3.89 | 4.06 |
| 厄瓜多尔 | Ecuador | 3.68 | 1.09 | 5.29 | 2.95 | 5.12 | 4.00 |
| 埃及 | Egypt | 5.70 | 5.37 | 4.47 | 5.15 | 2.21 | 2.10 |
| 萨尔瓦多 | El Salvador | 4.83 | 2.15 | 3.56 | 1.37 | 1.88 | 1.68 |
| 赤道几内亚 | Equatorial Guinea | -1.76 | 18.21 | 9.75 | -1.30 | 3.22 | -4.89 |
| 厄立特里亚 | Eritrea | | -3.14 | 2.57 | 2.19 | 7.02 | 1.33 |
| 爱沙尼亚 | Estonia | -7.06 | 9.70 | 8.85 | 2.57 | 3.94 | 0.83 |
| 埃塞俄比亚 | Ethiopia | 2.73 | 6.07 | 11.82 | 12.55 | 8.73 | 10.36 |
| 斐济 | Fiji | 5.80 | -1.70 | 0.70 | 0.11 | 2.20 | 2.74 |
| 芬兰 | Finland | 0.51 | 5.32 | 2.92 | 3.36 | -1.01 | -1.38 |
| 法国 | France | 2.62 | 3.68 | 1.83 | 1.73 | 0.01 | 0.21 |
| 加蓬 | Gabon | 5.19 | -1.88 | 3.02 | 6.70 | 5.60 | 5.89 |
| 冈比亚 | Gambia | 3.56 | 5.50 | -0.94 | 6.53 | 6.06 | 5.65 |
| 格鲁吉亚 | Georgia | -14.79 | 1.84 | 9.60 | 6.25 | 6.18 | 3.18 |
| 德国 | Germany | 5.26 | 3.06 | 0.69 | 4.01 | 0.69 | 0.43 |
| 加纳 | Ghana | 3.33 | 3.70 | 5.90 | 8.01 | 8.79 | 7.13 |
| 希腊 | Greece | | 4.48 | 2.28 | -4.94 | -6.97 | -3.85 |
| 格林纳达 | Grenada | 5.20 | 2.50 | 13.52 | -0.48 | -1.80 | 1.83 |
| 危地马拉 | Guatemala | 3.10 | 3.61 | 3.26 | 2.87 | 2.97 | 3.69 |
| 几内亚 | Guinea | 4.32 | 2.50 | 3.00 | 1.94 | 3.94 | 2.50 |
| 几内亚比绍 | Guinea-Bissau | 6.10 | 3.64 | 4.92 | 3.47 | -1.45 | 0.26 |
| 圭亚那 | Guyana | -3.04 | -1.38 | -1.96 | 4.37 | 4.82 | 5.33 |
| 海地 | Haiti | | 0.88 | 1.79 | -5.50 | 2.89 | 4.30 |
| 洪都拉斯 | Honduras | 0.10 | 5.75 | 6.05 | 3.73 | 3.86 | 2.56 |
| 匈牙利 | Hungary | -3.50 | 4.22 | 3.96 | 1.26 | -1.70 | |
| 冰岛 | Iceland | 1.17 | 4.33 | 7.23 | -4.10 | 1.46 | 3.26 |
| 印度 | India | 5.53 | 3.84 | 9.29 | 10.26 | 4.74 | 5.02 |
| 印度尼西亚 | Indonesia | 9.00 | 4.92 | 5.69 | 6.22 | 6.26 | 5.78 |
| 伊朗 | Iran | 13.69 | 5.14 | 4.62 | 5.89 | 3.00 | -5.80 |
| 伊拉克 | Iraq | | -4.30 | 4.40 | 6.90 | 9.16 | 3.95 |
| 爱尔兰 | Ireland | 8.47 | 10.65 | 6.08 | -1.06 | 0.16 | -0.34 |
| 以色列 | Israel | 6.84 | 9.26 | 4.94 | 5.66 | 3.35 | 3.31 |
| 意大利 | Italy | 1.99 | 3.65 | 0.93 | 1.72 | -2.37 | -1.85 |
| 牙买加 | Jamaica | 4.20 | 0.88 | 1.03 | -1.48 | 0.72 | 1.27 |
| 日本 | Japan | 5.57 | 2.26 | 1.30 | 4.65 | 1.45 | 1.54 |

## 3-5 续表 2 continued

单位: % (%)

| 国家或地区 | Country or Area | 1990 | 2000 | 2005 | 2010 | 2012 | 2013 |
|---|---|---|---|---|---|---|---|
| 约　旦 | Jordan | 0.97 | 4.24 | 8.14 | 2.34 | 2.65 | 2.83 |
| 哈萨克斯坦 | Kazakhstan | | 9.80 | 9.70 | 7.30 | 5.00 | 6.00 |
| 肯尼亚 | Kenya | 4.19 | 0.60 | 5.91 | 5.80 | 4.55 | 4.69 |
| 基里巴斯 | Kiribati | 2.13 | 9.51 | -0.17 | -0.50 | 2.81 | 2.97 |
| 韩　国 | Korea, Rep. | 9.30 | 8.83 | 3.92 | 6.50 | 2.29 | 2.97 |
| 科威特 | Kuwait | | 4.70 | 10.08 | -2.37 | 6.19 | |
| 吉尔吉斯斯坦 | Kyrgyzstan | 5.70 | 5.43 | -0.18 | -0.47 | -0.09 | 10.54 |
| 老　挝 | Laos | 6.71 | 5.80 | 7.11 | 8.53 | 8.20 | 8.15 |
| 拉脱维亚 | Latvia | -7.94 | 6.91 | 10.60 | -0.34 | 5.00 | |
| 黎巴嫩 | Lebanon | 26.53 | 1.34 | 2.70 | 8.00 | 2.20 | 0.90 |
| 莱索托 | Lesotho | 5.64 | 5.14 | 2.70 | 7.09 | 6.51 | 5.90 |
| 利比里亚 | Liberia | -51.03 | 25.70 | 9.48 | 10.94 | 10.24 | 11.31 |
| 利比亚 | Libya | | 3.70 | 9.90 | 5.00 | 104.48 | -9.37 |
| 列支敦士登 | Liechtenstein | 2.25 | 3.22 | 4.83 | | | |
| 立陶宛 | Lithuania | | 3.25 | 7.80 | 1.33 | 3.70 | |
| 卢森堡 | Luxemburg | 5.32 | 8.44 | 5.25 | 3.10 | -0.18 | 2.14 |
| 前南马其顿 | Macedonia, FYR | | 4.55 | 4.35 | 2.90 | -0.40 | 3.10 |
| 马达加斯加 | Madagascar | 3.13 | 4.76 | 4.60 | -0.37 | 2.36 | 2.10 |
| 马拉维 | Malawi | 5.69 | 1.58 | 2.84 | -9.53 | 1.89 | 4.97 |
| 马来西亚 | Malaysia | 9.01 | 8.86 | 5.33 | 7.43 | 5.64 | 4.69 |
| 马尔代夫 | Maldives | | 4.77 | -8.68 | 7.06 | 1.33 | 3.71 |
| 马　里 | Mali | -1.85 | 3.20 | 6.08 | 5.82 | -0.41 | 2.15 |
| 马耳他 | Malta | 6.29 | 6.77 | 3.67 | 2.71 | 1.00 | |
| 马绍尔群岛 | Marshall Islands | 2.68 | 5.89 | 2.62 | 5.60 | 3.27 | 0.67 |
| 毛里塔尼亚 | Mauritania | -1.77 | -0.43 | 8.97 | 4.30 | 7.00 | 6.70 |
| 毛里求斯 | Mauritius | 7.19 | 9.03 | 1.24 | 4.11 | 3.23 | 3.20 |
| 墨西哥 | Mexico | 5.07 | 5.30 | 3.03 | 5.11 | 3.98 | 1.07 |
| 密克罗尼西亚 | Micronesia, Fed. | 3.74 | 4.56 | 2.16 | 2.53 | 0.43 | 0.65 |
| 摩尔多瓦 | Moldova | -2.40 | 2.10 | 7.50 | 7.09 | -0.70 | 8.90 |
| 摩纳哥 | Monaco | 2.64 | 3.91 | 1.90 | | | |
| 蒙　古 | Mongolia | -3.18 | 1.15 | 7.25 | 6.37 | 12.40 | 11.74 |
| 黑　山 | Montenegro | | 3.10 | 4.20 | 2.50 | -2.50 | 3.50 |
| 摩洛哥 | Morocco | 4.03 | 1.59 | 2.98 | 3.64 | 2.70 | 4.41 |
| 莫桑比克 | Mozambique | 1.00 | 1.09 | 8.67 | 7.09 | 7.24 | 7.15 |
| 缅　甸 | Myanmar | 2.82 | 13.75 | 13.49 | 10.42 | | |
| 纳米比亚 | Namibia | 2.05 | 3.49 | 2.53 | 6.60 | 6.69 | 4.41 |
| 尼泊尔 | Nepal | 4.64 | 6.20 | 3.48 | 4.82 | 4.85 | 3.78 |
| 荷　兰 | Netherlands | 4.18 | 3.94 | 2.05 | 1.53 | -1.25 | -0.82 |
| 新喀里多尼亚 | New Caledonia | 3.60 | 2.10 | | | | |
| 新西兰 | New Zealand | 0.20 | 2.72 | 3.51 | 1.82 | 2.31 | 2.51 |
| 尼加拉瓜 | Nicaragua | -0.09 | 4.10 | 4.28 | 3.30 | 3.36 | 4.61 |
| 尼日尔 | Niger | -1.28 | -1.41 | 4.50 | 8.37 | 10.83 | 3.88 |
| 尼日利亚 | Nigeria | 12.77 | 5.32 | 3.45 | 7.84 | 6.75 | 7.31 |
| 挪　威 | Norway | 1.93 | 3.25 | 2.59 | 0.48 | 2.90 | 0.65 |
| 阿　曼 | Oman | -0.13 | 5.40 | 3.99 | 5.60 | 4.99 | 5.07 |
| 巴基斯坦 | Pakistan | 4.46 | 4.26 | 7.67 | 1.61 | 4.02 | 6.07 |
| 帕　劳 | Palau | | 1.75 | 0.76 | 3.30 | 5.70 | -0.33 |
| 巴拿马 | Panama | 8.10 | 2.72 | 7.19 | 5.85 | 10.25 | 8.35 |
| 巴布亚新几内亚 | Papua New Guinea | -3.01 | -2.49 | 3.60 | 8.00 | 8.00 | 5.40 |
| 巴拉圭 | Paraguay | 4.12 | -2.31 | 2.13 | 13.09 | -1.24 | 13.55 |
| 秘　鲁 | Peru | -5.14 | 2.95 | 6.29 | 8.45 | 5.95 | 5.82 |
| 菲律宾 | Philippines | 3.04 | 4.41 | 4.78 | 7.63 | 6.82 | 7.16 |
| 波　兰 | Poland | | 4.26 | 3.62 | 3.88 | 1.91 | 1.57 |
| 葡萄牙 | Portugal | 3.95 | 3.92 | 0.78 | 1.94 | -3.23 | -1.37 |
| 波多黎各 | Puerto Rico | 3.78 | 6.32 | -1.99 | -0.41 | 0.52 | |
| 卡塔尔 | Qatar | | | 7.49 | 16.73 | 2.56 | 5.55 |
| 罗马尼亚 | Romania | -5.60 | 2.10 | 4.29 | -0.94 | 0.35 | 3.50 |

3-5 续表 3 continued

单位：% (%)

| 国家或地区 | Country or Area | 1990 | 2000 | 2005 | 2010 | 2012 | 2013 |
|---|---|---|---|---|---|---|---|
| 俄罗斯 | Russia | -3.00 | 10.00 | 6.38 | 4.50 | 3.44 | 1.32 |
| 卢旺达 | Rwanda | -2.40 | 8.32 | 9.03 | 6.27 | 7.31 | 4.58 |
| 圣基茨和尼维斯 | Saint Kitts and Nevis | 2.27 | 0.66 | 9.86 | -3.28 | -1.23 | 1.96 |
| 圣卢西亚 | Saint Lucia | 23.55 | 0.67 | -1.89 | -0.73 | -1.28 | -0.53 |
| 圣文森特和格林纳丁斯 | Saint Vincent and the Grenadines | 5.05 | -0.56 | 2.46 | -3.30 | 1.59 | 2.83 |
| 萨摩亚 | Samoa | -4.42 | 7.03 | 4.15 | 0.53 | 2.94 | -0.38 |
| 圣马力诺 | San Marino | 2.05 | 2.18 | 2.32 | | | |
| 圣多美和普林西比 | Sao Tome and Principe | | | 1.63 | 4.51 | 4.00 | 4.00 |
| 沙特阿拉伯 | Saudi Arabia | 8.33 | 4.87 | 7.26 | 7.43 | 5.81 | 3.80 |
| 塞内加尔 | Senegal | -0.68 | 3.20 | 5.62 | 4.27 | 3.45 | 4.05 |
| 塞尔维亚 | Serbia | -8.00 | 5.34 | 5.40 | 1.01 | -1.52 | 2.46 |
| 塞舌尔 | Seychelles | 7.46 | 4.20 | 9.01 | 5.64 | 2.90 | 3.50 |
| 塞拉利昂 | Sierra Leone | 3.35 | 6.65 | 4.33 | 5.44 | 15.22 | 20.10 |
| 新加坡 | Singapore | 10.04 | 8.90 | 7.49 | 15.24 | 2.50 | 3.85 |
| 斯洛伐克 | Slovakia | -2.67 | 1.37 | 6.66 | 4.18 | 1.80 | |
| 斯洛文尼亚 | Slovenia | | 4.27 | 4.01 | 1.38 | -2.50 | |
| 所罗门群岛 | Solomon Islands | | -14.27 | 5.42 | 7.82 | 4.86 | 2.95 |
| 索马里 | Somalia | -1.48 | | | | | |
| 南非 | South Africa | -0.32 | 4.16 | 5.28 | 3.14 | 2.47 | 1.89 |
| 西班牙 | Spain | 3.78 | 5.05 | 3.58 | -0.20 | -1.64 | -1.22 |
| 斯里兰卡 | Sri Lanka | 6.40 | 6.00 | 6.24 | 8.02 | 6.34 | 7.25 |
| 苏丹 | Sudan | -5.47 | 6.35 | 7.49 | 3.48 | -10.10 | -6.00 |
| 苏里南 | Suriname | -0.49 | -0.07 | 4.57 | 4.22 | 3.88 | 4.44 |
| 斯威士兰 | Swaziland | 21.02 | 1.76 | 2.46 | 1.87 | 1.92 | 2.79 |
| 瑞典 | Sweden | 0.76 | 4.45 | 3.16 | 6.56 | 0.93 | 1.53 |
| 瑞士 | Switzerland | 3.68 | 3.67 | 2.70 | 2.95 | 1.05 | 1.96 |
| 叙利亚 | Syrian Arab Republic | 7.64 | 2.74 | 6.20 | 3.20 | | |
| 塔吉克斯坦 | Tajikistan | -0.60 | 8.30 | 6.70 | 6.50 | 7.50 | 7.40 |
| 坦桑尼亚 | Tanzania | 7.05 | 4.93 | 7.37 | 7.04 | 6.93 | 6.96 |
| 泰国 | Thailand | 11.17 | 4.75 | 4.61 | 7.81 | 7.67 | 1.77 |
| 东帝汶 | Timor-Leste | | 13.66 | 6.54 | 9.49 | 8.34 | 8.11 |
| 多哥 | Togo | -0.24 | -0.78 | 1.18 | 4.00 | 5.91 | 5.12 |
| 汤加 | Tonga | -2.04 | 3.37 | 2.38 | 3.33 | 0.85 | 0.50 |
| 特立尼达和多巴哥 | Trinidad and Tobago | 1.51 | 6.13 | 5.77 | 0.21 | 1.52 | 1.60 |
| 突尼斯 | Tunisia | 7.95 | 4.71 | 3.82 | 3.61 | 4.09 | 2.81 |
| 土耳其 | Turkey | 9.27 | 6.77 | 8.40 | 9.16 | 2.13 | 4.05 |
| 土库曼斯坦 | Turkmenistan | 35.39 | 5.47 | 13.04 | 9.20 | 11.10 | 10.20 |
| 图瓦卢 | Tuvalu | | -0.97 | -3.78 | -2.73 | 0.17 | 1.10 |
| 乌干达 | Uganda | 6.47 | 3.14 | 6.33 | 5.86 | 3.41 | 5.79 |
| 乌克兰 | Ukraine | -6.34 | 5.90 | 2.70 | 4.20 | 0.20 | 1.88 |
| 阿联酋 | United Arab Emirates | 18.33 | 10.85 | 4.86 | 1.67 | 4.37 | |
| 英国 | United Kingdom | 0.78 | 4.36 | 3.24 | 1.66 | 0.28 | 1.66 |
| 美国 | United States | 1.92 | 4.09 | 3.35 | 2.51 | 2.78 | 1.88 |
| 乌拉圭 | Uruguay | 0.30 | -1.93 | 7.46 | 8.40 | 3.68 | 4.40 |
| 乌兹别克斯坦 | Uzbekistan | 1.60 | 3.80 | 7.00 | 8.50 | 8.20 | 8.00 |
| 瓦努阿图 | Vanuatu | 11.71 | 5.92 | 5.30 | 1.63 | 1.80 | 2.80 |
| 委内瑞拉 | Venezuela | 6.47 | 3.69 | 10.32 | -1.49 | 5.63 | 1.34 |
| 越南 | Viet Nam | 5.10 | 6.79 | 7.55 | 6.42 | 5.25 | 5.42 |
| 约旦河西岸和加沙 | West Bank and Gaza | | -9.88 | 8.84 | 3.44 | 13.84 | |
| 也门 | Yemen | | 6.18 | 5.59 | 3.32 | 2.47 | 4.16 |
| 赞比亚 | Zambia | -0.48 | 3.52 | 5.34 | 7.62 | 7.27 | 6.35 |
| 津巴布韦 | Zimbabwe | 6.99 | -3.06 | -5.71 | 11.38 | 5.32 | 1.81 |

# 3-6 人均国内生产总值增长率

## Growth Rate of GDP per Capita

资料来源：世界银行WDI数据库。
Source: World Bank WDI Database.
单位：% (%)

| 国家或地区 | Country or Area | 1990 | 2000 | 2005 | 2010 | 2012 | 2013 |
|---|---|---|---|---|---|---|---|
| **世　界** | **World** | **1.12** | **2.91** | **2.38** | **2.87** | **1.25** | **1.02** |
| **高收入国家** | **High Income** | **2.17** | **3.57** | **2.23** | **2.39** | **1.10** | **0.79** |
| **非经合组织成员国** | **High Income: nonOECD** | **0.69** | **7.21** | **5.44** | **5.32** | **2.49** | **1.87** |
| **经合组织成员国** | **OECD Countries** | **2.29** | **3.30** | **2.00** | **2.22** | **1.04** | **0.75** |
| **中等收入国家** | **Middle Income** | **0.59** | **3.66** | **5.83** | **6.45** | **3.93** | **3.61** |
| **中等偏下收入国家** | **Lower Middle Income** | **1.26** | **2.37** | **5.10** | **5.99** | **3.19** | **3.62** |
| **中等偏上收入国家** | **Upper Middle Income** | **0.56** | **4.26** | **6.34** | **6.89** | **4.42** | **3.88** |
| **中低收入国家** | **Low and Middle Income** | **0.48** | **3.47** | **5.67** | **6.26** | **3.80** | **3.47** |
| **东亚和太平洋** | **East Asia and Pacific** | **3.83** | **6.48** | **8.89** | **8.96** | **6.65** | **6.37** |
| **欧洲和中亚** | **Europe and Central Asia** | **-1.73** | **7.35** | **7.13** | **5.33** | **1.09** | **2.96** |
| **拉丁美洲和加勒比** | **Latin America and Caribbean** | **-1.58** | **2.48** | **3.58** | **5.05** | **1.66** | **1.27** |
| **中东和北非国家** | **Middle East and North Africa** | **4.70** | **1.44** | **2.86** | **2.44** | **4.46** | **-2.11** |
| **南　亚** | **South Asia** | **3.16** | **2.28** | **7.14** | **7.68** | **3.53** | **3.84** |
| **撒哈拉以南非洲** | **Sub-Saharan Africa** | **-1.22** | **0.70** | **2.80** | **2.30** | **1.49** | **1.41** |
| **低收入国家** | **Low Income** | **-0.68** | **0.55** | **4.03** | **4.07** | **4.13** | **3.46** |
| **最不发达地区** | **Least Developed Countries** | **-2.11** | **1.34** | **5.42** | **3.09** | **2.48** | **2.19** |
| **重债穷国** | **Heavily Indebted Poor Countries** | **-3.98** | **-0.27** | **3.12** | **2.67** | **1.95** | **2.05** |
| 中　国 | China | 2.55 | 6.78 | 10.66 | 9.91 | 7.13 | 7.14 |
| 中国香港 | Hong Kong, China | 3.50 | 6.72 | 6.92 | 5.99 | 0.37 | 2.46 |
| 中国澳门 | Macao, China | 4.62 | 4.12 | 6.33 | 24.40 | 7.08 | 9.99 |
| 阿富汗 | Afghanistan | | | 7.41 | 5.80 | 11.68 | 1.75 |
| 阿尔巴尼亚 | Albania | -11.19 | 7.99 | 6.27 | 4.50 | 2.30 | 2.33 |
| 阿尔及利亚 | Algeria | -1.75 | 0.77 | 4.34 | 1.70 | 1.37 | 0.80 |
| 安道尔 | Andorra | -0.14 | -0.87 | 3.10 | | | |
| 安哥拉 | Angola | -3.03 | -0.05 | 14.20 | 0.12 | 1.96 | 0.90 |
| 安提瓜和巴布达 | Antigua and Barbuda | 2.65 | 2.93 | 5.03 | -8.17 | 2.25 | -0.38 |
| 阿根廷 | Argentina | -3.76 | -1.83 | 8.24 | 8.22 | | |
| 荷　兰 | Netherlands | 3.47 | 3.20 | 1.81 | 1.01 | -1.61 | -1.11 |
| 亚美尼亚 | Armenia | | 6.51 | 14.27 | 2.36 | 7.02 | 3.24 |
| 阿鲁巴岛 | Aruba | 9.98 | -2.40 | -0.91 | | | |
| 澳大利亚 | Australia | 2.62 | 2.65 | 1.87 | 0.39 | 1.86 | 0.85 |
| 奥地利 | Austria | 3.55 | 3.42 | 1.71 | 1.47 | 0.59 | -0.12 |
| 阿塞拜疆 | Azerbaijan | -12.61 | 10.19 | 25.11 | 3.61 | 0.85 | 4.44 |
| 巴哈马 | Bahamas | -3.31 | 2.64 | 1.29 | -0.69 | 0.29 | |
| 巴　林 | Bahrain | 1.32 | 0.99 | -0.40 | -0.66 | 1.43 | 4.35 |
| 孟加拉国 | Bangladesh | 3.37 | 4.01 | 4.55 | 4.93 | 4.97 | 4.74 |
| 巴巴多斯 | Barbados | -5.13 | 1.93 | 3.48 | -0.24 | -0.49 | |
| 白俄罗斯 | Belarus | | 6.12 | 10.20 | 7.93 | 1.83 | 0.87 |
| 比利时 | Belgium | 2.83 | 3.42 | 1.19 | 1.18 | -0.87 | -0.40 |
| 伯利兹 | Belize | 8.16 | 9.85 | 0.37 | 1.30 | 1.52 | -1.69 |
| 贝　宁 | Benin | 5.38 | 1.71 | -0.40 | -0.35 | 2.56 | 2.81 |
| 百慕大 | Bermuda | -0.80 | 8.35 | 1.02 | -1.32 | -5.21 | |
| 不　丹 | Bhutan | 9.59 | 3.95 | 4.40 | 9.80 | 2.87 | 3.29 |
| 玻利维亚 | Bolivia | 2.20 | 0.42 | 2.56 | 2.45 | 3.46 | 5.03 |
| 波　黑 | Bosnia and Herzegovinian | | 3.23 | 5.19 | 0.90 | -0.56 | 0.49 |
| 博茨瓦纳 | Botswana | 3.65 | 0.22 | 3.38 | 7.62 | 3.36 | 4.99 |
| 巴　西 | Brazil | -5.94 | 2.81 | 1.98 | 6.59 | 0.16 | 1.62 |
| 文　莱 | Brunei Darussalam | -1.74 | 0.59 | -1.53 | 1.02 | -0.45 | -3.06 |
| 保加利亚 | Bulgaria | -7.46 | 6.22 | 6.97 | 1.06 | 1.19 | 1.47 |
| 布基纳法索 | Burkina Faso | -3.21 | -1.01 | 5.52 | 4.85 | 6.44 | 3.54 |
| 布隆迪 | Burundi | 0.61 | -2.77 | -2.47 | 0.35 | 0.75 | 1.25 |
| 柬埔寨 | Cambodia | | 6.43 | 11.50 | 4.34 | 5.45 | 5.54 |
| 喀麦隆 | Cameroon | -8.85 | 1.49 | -0.31 | 0.74 | 1.98 | 2.87 |

## 3-6 续表 1 continued

单位：%　　(%)

| 国家或地区 | Country or Area | 1990 | 2000 | 2005 | 2010 | 2012 | 2013 |
|---|---|---|---|---|---|---|---|
| 加 拿 大 | Canada | -1.35 | 4.20 | 2.15 | 2.23 | 0.51 | 0.84 |
| 佛 得 角 | Cape Verde | -0.89 | 5.31 | 5.15 | 4.80 | 3.48 | |
| 中 非 | Central African Rep. | -4.20 | -4.33 | -0.81 | 4.58 | 2.05 | -37.26 |
| 乍 得 | Chad | -7.19 | -4.44 | 13.24 | 10.16 | 5.66 | 0.55 |
| 海峡群岛 | Channel Islands | | 5.08 | 0.64 | | | |
| 智 利 | Chile | 1.87 | 3.22 | 4.46 | 4.78 | 4.44 | 3.16 |
| 哥伦比亚 | Colombia | 3.97 | 2.68 | 3.12 | 2.53 | 2.68 | 2.93 |
| 科 摩 罗 | Comoros | 2.52 | -1.13 | 1.57 | -0.49 | 0.48 | 1.07 |
| 刚果(金) | Congo, Dem. Rep. | -9.73 | -9.01 | 3.11 | 4.14 | 4.26 | 5.58 |
| 刚果(布) | Congo, Rep. | -1.66 | 4.76 | 4.90 | 5.67 | 1.13 | 0.87 |
| 哥斯达黎加 | Costa Rica | 1.29 | -0.47 | 4.08 | 3.42 | 3.66 | 2.08 |
| 科特迪瓦 | Cote D'Ivoire | -4.40 | -5.66 | -0.20 | 0.34 | 7.01 | 6.15 |
| 克罗地亚 | Croatia | | 6.75 | 4.21 | -2.02 | -1.57 | -0.65 |
| 古 巴 | Cuba | -3.84 | 5.57 | 11.02 | 2.45 | | |
| 塞浦路斯 | Cyprus | 5.14 | 3.93 | 1.44 | -2.29 | -3.88 | |
| 捷 克 | Czech Rep. | | 4.48 | 6.61 | 2.17 | -1.16 | -1.03 |
| 丹 麦 | Denmark | 1.44 | 3.18 | 2.16 | 0.94 | -0.73 | |
| 吉 布 提 | Djibouti | | -1.14 | 1.73 | 2.93 | 1.45 | 3.40 |
| 多米尼克 | Dominica | 5.72 | -5.30 | -1.12 | 0.96 | -1.57 | -1.21 |
| 多米尼加 | Dominican Rep. | -7.36 | 4.00 | 7.67 | 6.33 | 2.58 | 2.79 |
| 厄瓜多尔 | Ecuador | 1.25 | -0.89 | 3.40 | 1.27 | 3.46 | 2.38 |
| 埃 及 | Egypt | 3.58 | 3.71 | 2.75 | 3.40 | 0.53 | 0.44 |
| 萨尔瓦多 | El Salvador | 3.36 | 1.64 | 3.18 | 0.80 | 1.22 | 0.99 |
| 赤道几内亚 | Equatorial Guinea | -4.78 | 14.56 | 6.54 | -4.04 | 0.37 | -7.49 |
| 厄立特里亚 | Eritrea | | -6.68 | -1.41 | -1.07 | 3.56 | -1.90 |
| 爱沙尼亚 | Estonia | -7.12 | 8.41 | 9.48 | 2.80 | 4.13 | 0.86 |
| 埃塞俄比亚 | Ethiopia | -0.71 | 3.08 | 8.73 | 9.63 | 5.96 | 7.58 |
| 斐 济 | Fiji | 5.22 | -2.28 | 0.27 | -0.83 | 1.41 | 2.00 |
| 芬 兰 | Finland | 0.06 | 5.11 | 2.56 | 2.89 | -1.48 | -1.84 |
| 法 国 | France | 2.10 | 2.97 | 1.06 | 1.22 | -0.49 | -0.32 |
| 加 蓬 | Gabon | 2.37 | -4.25 | 0.61 | 4.16 | 3.11 | 3.41 |
| 冈 比 亚 | Gambia | -0.47 | 2.43 | -4.02 | 3.21 | 2.72 | 2.33 |
| 格鲁吉亚 | Georgia | -14.76 | 2.63 | 8.52 | 5.25 | 6.01 | 3.49 |
| 德 国 | Germany | 4.35 | 2.92 | 0.74 | 4.17 | 2.41 | 0.19 |
| 加 纳 | Ghana | 0.53 | 1.27 | 3.18 | 5.46 | 6.45 | 4.91 |
| 希 腊 | Greece | -0.66 | 4.14 | 1.94 | -4.66 | -6.72 | -3.33 |
| 格 陵 兰 | Greenland | -12.20 | 6.91 | 1.94 | | | |
| 格林纳达 | Grenada | 5.84 | 2.32 | 13.19 | -0.84 | -2.18 | 1.43 |
| 危地马拉 | Guatemala | 0.76 | 1.18 | 0.73 | 0.34 | 0.40 | 1.11 |
| 几 内 亚 | Guinea | -0.34 | 0.80 | 0.88 | -0.71 | 1.31 | -0.06 |
| 几内亚比绍 | Guinea-Bissau | 3.75 | 1.38 | 2.66 | 1.14 | -3.78 | -2.14 |
| 圭 亚 那 | Guyana | -2.59 | -1.83 | -2.46 | 3.70 | 4.22 | 4.77 |
| 海 地 | Haiti | -2.13 | -0.83 | 0.35 | -6.75 | 1.46 | 2.84 |
| 洪都拉斯 | Honduras | -2.69 | 3.57 | 3.95 | 1.67 | 1.78 | 0.51 |
| 匈 牙 利 | Hungary | -2.49 | 4.50 | 4.17 | 1.49 | -1.19 | |
| 冰 岛 | Iceland | 0.39 | 2.91 | 5.55 | -3.96 | 0.93 | 2.53 |
| 印 度 | India | 3.41 | 2.12 | 7.68 | 8.84 | 3.42 | 3.72 |
| 印度尼西亚 | Indonesia | 7.07 | 3.42 | 4.19 | 4.82 | 4.95 | 4.51 |
| 伊 朗 | Iran | 10.82 | 3.47 | 3.42 | 4.58 | 1.65 | -7.04 |
| 伊 拉 克 | Iraq | | -7.15 | 1.72 | 4.14 | 6.42 | 1.34 |
| 爱 尔 兰 | Ireland | 8.38 | 9.18 | 3.79 | -1.60 | -0.06 | -0.52 |
| 马 恩 岛 | Isle of Man | 2.64 | 4.06 | 4.99 | | | |
| 以 色 列 | Israel | 3.58 | 6.41 | 3.11 | 3.75 | 1.46 | 1.40 |
| 意 大 利 | Italy | 1.90 | 3.61 | 0.44 | 1.41 | -2.63 | -2.33 |
| 牙 买 加 | Jamaica | 3.54 | 0.29 | 0.56 | -1.83 | 0.43 | 1.01 |
| 日 本 | Japan | 5.21 | 2.08 | 1.29 | 4.74 | 1.65 | 1.72 |

## 3-6 续表 2 continued

单位：%　　(%)

| 国家或地区 | Country or Area | 1990 | 2000 | 2005 | 2010 | 2012 | 2013 |
|---|---|---|---|---|---|---|---|
| 约　旦 | Jordan | -2.66 | 1.72 | 5.72 | 0.12 | 0.43 | 0.58 |
| 哈萨克斯坦 | Kazakhstan | | 10.13 | 8.73 | 5.80 | 3.53 | 4.47 |
| 肯尼亚 | Kenya | 0.73 | -1.99 | 3.09 | 3.00 | 1.77 | 1.91 |
| 基里巴斯 | Kiribati | -0.09 | 7.64 | -1.86 | -2.00 | 1.24 | 1.40 |
| 韩　国 | Korea, Rep. | 8.23 | 7.93 | 3.71 | 6.01 | 1.83 | 2.53 |
| 科威特 | Kuwait | | -0.13 | 5.29 | -6.99 | 2.08 | |
| 吉尔吉斯斯坦 | Kyrgyzstan | 3.69 | 4.18 | -1.29 | -1.65 | -1.74 | 8.37 |
| 老　挝 | Laos | 3.64 | 4.03 | 5.41 | 6.36 | 6.17 | 6.17 |
| 拉脱维亚 | Latvia | -7.81 | 7.95 | 11.80 | 1.75 | 6.31 | |
| 黎巴嫩 | Lebanon | 25.30 | -1.12 | -0.73 | 5.65 | 1.23 | -0.06 |
| 莱索托 | Lesotho | 3.82 | 4.20 | 1.97 | 6.08 | 5.37 | 4.73 |
| 利比里亚 | Liberia | -50.24 | 19.17 | 6.63 | 7.12 | 7.33 | 8.62 |
| 利比亚 | Libya | | 2.03 | 8.18 | 3.68 | 102.78 | -10.06 |
| 列支敦士登 | Liechtenstein | 1.04 | 1.92 | 3.94 | | | |
| 立陶宛 | Lithuania | | 3.98 | 9.57 | 3.48 | 5.10 | |
| 卢森堡 | Luxemburg | 4.01 | 6.99 | 3.66 | 1.24 | -2.54 | -0.17 |
| 前南马其顿 | Macedonia, FYR | | 3.65 | 4.14 | 2.82 | -0.48 | 3.02 |
| 马达加斯加 | Madagascar | 0.09 | 1.55 | 1.59 | -3.13 | -0.46 | -0.71 |
| 马拉维 | Malawi | 1.87 | -1.19 | 0.01 | -12.18 | -0.99 | 2.04 |
| 马来西亚 | Malaysia | 5.99 | 6.42 | 3.38 | 5.58 | 3.90 | 3.01 |
| 马尔代夫 | Maldives | | 2.99 | -10.23 | 5.08 | -0.61 | 1.74 |
| 马　里 | Mali | -3.55 | 0.35 | 2.81 | 2.59 | -3.34 | -0.84 |
| 马耳他 | Malta | 5.26 | 6.21 | 3.01 | 2.21 | 0.23 | |
| 马绍尔群岛 | Marshall Islands | -0.55 | 5.72 | 2.65 | 5.43 | 3.16 | 0.52 |
| 毛里塔尼亚 | Mauritania | -4.43 | -3.38 | 5.83 | 1.60 | 4.37 | 4.13 |
| 毛里求斯 | Mauritius | 6.19 | 7.96 | 0.44 | 3.63 | 2.82 | 2.79 |
| 墨西哥 | Mexico | 2.93 | 3.72 | 1.78 | 3.81 | 2.70 | -0.16 |
| 密克罗尼西亚 | Micronesia, Fed. | 1.33 | 4.93 | 2.52 | 2.89 | 0.46 | 0.50 |
| 摩尔多瓦 | Moldova | -2.80 | 2.31 | 7.76 | 7.20 | -0.69 | 8.92 |
| 摩纳哥 | Monaco | 2.21 | 2.98 | 0.50 | | | |
| 蒙　古 | Mongolia | -5.10 | 0.25 | 5.97 | 4.78 | 10.70 | 10.07 |
| 黑　山 | Montenegro | | 3.13 | 4.01 | 2.39 | -2.57 | 3.45 |
| 摩洛哥 | Morocco | 2.07 | 0.36 | 1.99 | 2.41 | 1.21 | 2.84 |
| 莫桑比克 | Mozambique | -0.29 | -1.55 | 5.72 | 4.38 | 4.60 | 4.53 |
| 缅　甸 | Myanmar | 1.16 | 12.51 | 12.88 | 9.58 | | |
| 纳米比亚 | Namibia | -1.88 | 1.27 | 1.33 | 4.86 | 4.72 | 2.42 |
| 尼泊尔 | Nepal | 2.14 | 3.94 | 1.97 | 3.64 | 3.64 | 2.58 |
| 新喀里多尼亚 | New Caledonia | 1.26 | 0.18 | | | | |
| 新西兰 | New Zealand | -0.72 | 2.12 | 2.35 | 0.60 | 1.67 | 1.64 |
| 尼加拉瓜 | Nicaragua | -2.32 | 2.47 | 2.97 | 1.90 | 1.86 | 3.08 |
| 尼日尔 | Niger | -4.27 | -4.94 | 0.74 | 4.34 | 6.66 | -0.05 |
| 尼日利亚 | Nigeria | 9.89 | 2.71 | 0.79 | 4.92 | 3.81 | 4.35 |
| 挪　威 | Norway | 1.58 | 2.59 | 1.89 | -0.77 | 1.55 | -0.65 |
| 阿　曼 | Oman | -3.83 | 4.43 | 1.59 | 0.34 | -4.18 | -4.14 |
| 巴基斯坦 | Pakistan | 1.43 | 1.90 | 5.75 | -0.19 | 2.28 | 4.33 |
| 帕　劳 | Palau | | 0.18 | 0.24 | 2.66 | 4.94 | -1.11 |
| 巴拿马 | Panama | 5.85 | 0.66 | 5.20 | 4.06 | 8.45 | 6.62 |
| 巴布亚新几内亚 | Papua New Guinea | -5.35 | -5.00 | 1.09 | 5.57 | 5.68 | 3.18 |
| 巴拉圭 | Paraguay | 1.42 | -4.32 | 0.22 | 11.13 | -2.93 | 11.63 |
| 秘　鲁 | Peru | -7.09 | 1.41 | 5.06 | 7.23 | 4.63 | 4.47 |
| 菲律宾 | Philippines | 0.48 | 2.21 | 2.84 | 5.84 | 4.99 | 5.33 |
| 波　兰 | Poland | | 5.35 | 3.66 | 3.79 | 1.90 | 1.59 |
| 葡萄牙 | Portugal | 4.18 | 3.19 | 0.59 | 1.89 | -2.84 | -0.85 |
| 波多黎各 | Puerto Rico | 2.86 | 6.02 | -1.85 | 0.10 | 1.48 | |
| 卡塔尔 | Qatar | | | -5.70 | 4.35 | -4.42 | -0.20 |
| 罗马尼亚 | Romania | -5.76 | 2.23 | 4.93 | -0.35 | 0.71 | 4.09 |

## 3-6 续表 3 continued

单位：% (%)

| 国家或地区 | Country or Area | 1990 | 2000 | 2005 | 2010 | 2012 | 2013 |
|---|---|---|---|---|---|---|---|
| 俄罗斯 | Russia | -3.37 | 10.46 | 6.90 | 4.15 | 3.28 | 1.09 |
| 卢旺达 | Rwanda | -2.28 | 1.32 | 7.00 | 3.25 | 4.37 | 1.75 |
| 圣基茨和尼维斯 | Saint Kitts and Nevis | 2.32 | -0.68 | 8.26 | -4.43 | -2.36 | 0.81 |
| 圣卢西亚 | Saint Lucia | 21.56 | -0.54 | -3.05 | -1.96 | -2.16 | -1.30 |
| 圣文森特和格林纳丁斯 | Saint Vincent and the Grenadines | 4.63 | -0.58 | 2.29 | -3.36 | 1.58 | 2.83 |
| 萨摩亚 | Samoa | -4.93 | 6.50 | 3.49 | -0.18 | 2.14 | -1.16 |
| 圣马力诺 | San Marino | 0.84 | 0.76 | 0.65 | | | |
| 圣多美和普林西比 | Sao Tome and Principe | | | -0.85 | 1.59 | 1.28 | 1.36 |
| 沙特阿拉伯 | Saudi Arabia | 4.71 | 2.14 | 3.56 | 5.61 | 3.84 | 1.85 |
| 塞内加尔 | Senegal | -3.70 | 0.66 | 2.78 | 1.34 | 0.47 | 1.05 |
| 塞尔维亚 | Serbia | -8.06 | 5.68 | 5.72 | 1.41 | -1.04 | 2.96 |
| 塞舌尔 | Seychelles | 6.52 | 3.28 | 8.48 | 2.73 | 1.89 | 2.49 |
| 塞拉利昂 | Sierra Leone | 2.08 | 3.84 | 0.43 | 3.41 | 13.04 | 17.86 |
| 新加坡 | Singapore | 5.85 | 7.03 | 4.99 | 13.22 | 0.02 | 2.18 |
| 斯洛伐克 | Slovakia | -3.10 | 1.51 | 6.65 | 4.09 | 1.63 | |
| 斯洛文尼亚 | Slovenia | | 3.96 | 3.83 | 0.94 | -2.70 | |
| 所罗门群岛 | Solomon Islands | -1.04 | -16.56 | 2.84 | 5.47 | 2.65 | 0.82 |
| 南非 | South Africa | -2.33 | 1.61 | 3.91 | 1.78 | 1.10 | 0.53 |
| 西班牙 | Spain | 3.62 | 4.17 | 1.85 | -0.66 | -1.68 | -0.98 |
| 斯里兰卡 | Sri Lanka | 5.21 | 5.75 | 5.11 | 6.95 | 9.17 | 6.44 |
| 苏丹 | Sudan | -8.05 | 3.45 | 4.46 | 0.71 | 0.60 | -7.91 |
| 苏里南 | Suriname | -2.08 | -1.45 | 3.29 | 3.27 | 2.95 | 3.53 |
| 斯威士兰 | Swaziland | 16.96 | 0.27 | 1.55 | 0.20 | 0.36 | 1.26 |
| 瑞典 | Sweden | -0.02 | 4.29 | 2.75 | 5.65 | 0.18 | 0.75 |
| 瑞士 | Switzerland | 2.62 | 3.09 | 2.04 | 1.89 | -0.02 | 0.89 |
| 叙利亚 | Syrian Arab Republic | 4.50 | 0.39 | 3.33 | 0.80 | | |
| 塔吉克斯坦 | Tajikistan | -3.17 | 6.70 | 4.48 | 3.99 | 4.89 | 4.80 |
| 坦桑尼亚 | Tanzania | 3.70 | 2.36 | 4.45 | 3.87 | 3.74 | 3.77 |
| 泰国 | Thailand | 9.70 | 3.54 | 3.85 | 7.61 | 7.33 | 1.42 |
| 东帝汶 | Timor-Leste | | 12.95 | 4.82 | 7.72 | 5.65 | 5.43 |
| 多哥 | Togo | -2.95 | -3.31 | -1.42 | 1.33 | 3.19 | 2.43 |
| 汤加 | Tonga | -2.26 | 2.84 | 1.73 | 2.79 | 0.48 | 0.14 |
| 特立尼达和多巴哥 | Trinidad and Tobago | 0.82 | 5.87 | 5.23 | -0.21 | 1.19 | 1.32 |
| 突尼斯 | Tunisia | 5.36 | 3.53 | 2.82 | 2.53 | 3.09 | 1.78 |
| 土耳其 | Turkey | 7.39 | 5.20 | 6.97 | 7.80 | 0.83 | 2.75 |
| 土库曼斯坦 | Turkmenistan | 31.79 | 4.25 | 11.83 | 7.83 | 9.68 | 8.79 |
| 图瓦卢 | Tuvalu | | -1.44 | -4.26 | -2.92 | 0.01 | 0.94 |
| 乌干达 | Uganda | 2.76 | -0.12 | 2.79 | 2.36 | | 2.32 |
| 乌克兰 | Ukraine | -6.56 | 6.97 | 3.46 | 4.62 | 0.45 | 2.11 |
| 阿联酋 | United Arab Emirates | 11.82 | 5.99 | -7.53 | -7.04 | 1.19 | |
| 英国 | United Kingdom | 0.48 | 3.99 | 2.53 | 0.87 | -0.41 | 1.03 |
| 美国 | United States | 0.77 | 2.94 | 2.40 | 1.66 | 2.03 | 1.15 |
| 乌拉圭 | Uruguay | -0.38 | -2.28 | 7.42 | 8.03 | 3.32 | 4.04 |
| 乌兹别克斯坦 | Uzbekistan | -0.55 | 2.37 | 5.76 | 5.48 | 6.62 | 6.33 |
| 瓦努阿图 | Vanuatu | 8.83 | 3.80 | 2.67 | -0.72 | -0.46 | 0.56 |
| 委内瑞拉 | Venezuela | 3.85 | 1.72 | 8.40 | -3.05 | 4.03 | -0.16 |
| 越南 | Viet Nam | 3.12 | 5.37 | 6.30 | 5.31 | 4.14 | 4.32 |
| 约旦河西岸和加沙 | West Bank and Gaza | | -12.16 | 6.10 | 0.48 | 10.47 | |
| 也门 | Yemen | | 3.23 | 2.83 | 0.90 | 0.12 | 1.79 |
| 赞比亚 | Zambia | -2.99 | 0.83 | 2.63 | 4.43 | 3.91 | 2.96 |
| 津巴布韦 | Zimbabwe | 3.98 | -3.98 | -5.84 | 9.77 | 2.51 | -1.25 |

# 3-7 资本形成率
# Capital Formation Rate

资料来源：世界银行WDI数据库。
Source: World Bank WDI Database.
单位：%　　(%)

| 国家或地区 | Country or Area | 1990 | 2000 | 2005 | 2010 | 2012 | 2013 |
|---|---|---|---|---|---|---|---|
| **世　界** | **World** | **24.6** | **23.4** | **23.2** | **21.6** | **21.8** | |
| **高收入国家** | **High Income** | **24.1** | **23.0** | **22.1** | **19.6** | **19.8** | |
| **非经合组织成员国** | **High Income: nonOECD** | **25.1** | **21.7** | **21.2** | **24.1** | **23.4** | **23.0** |
| **经合组织成员国** | **OECD Countries** | **24.1** | **23.1** | **22.2** | **19.3** | **19.6** | |
| **中等收入国家** | **Middle Income** | **27.1** | **25.0** | **28.5** | **31.2** | **31.5** | **31.1** |
| **中等偏下收入国家** | **Lower Middle Income** | **23.9** | **21.7** | **27.0** | **29.5** | **28.7** | **26.0** |
| **中等偏上收入国家** | **Upper Middle Income** | **28.1** | **26.0** | **28.9** | **31.8** | **32.4** | **32.7** |
| **中低收入国家** | **Low and Middle Income** | **26.9** | **24.9** | **28.3** | **31.1** | **31.4** | **31.1** |
| **东亚和太平洋** | **East Asia and Pacific** | **34.8** | **32.0** | **38.1** | **43.2** | | |
| **欧洲和中亚** | **Europe and Central Asia** | **26.1** | **21.1** | **22.6** | **21.7** | **24.1** | |
| **拉丁美洲和加勒比** | **Latin America and Caribbean** | **20.1** | **20.5** | **20.2** | **21.9** | **22.4** | |
| **中东和北非国家** | **Middle East and North Africa** | **28.9** | **25.2** | **26.1** | | | |
| **南　亚** | **South Asia** | **23.7** | **23.4** | **31.7** | **33.2** | **31.9** | **28.1** |
| **撒哈拉以南非洲** | **Sub-Saharan Africa** | **17.7** | **16.6** | **17.3** | **20.4** | **21.0** | **20.1** |
| **低收入国家** | **Low Income** | **17.8** | **19.5** | **21.6** | **24.4** | **27.5** | |
| **最不发达地区** | **Least Developed Countries** | **17.2** | **21.2** | **22.9** | **24.6** | **27.1** | |
| **重债穷国** | **Heavily Indebted Poor Countries** | **15.7** | **19.9** | **22.1** | **23.1** | **26.7** | |
| 中　国 | China | 36.1 | 35.1 | 42.1 | 48.2 | 48.7 | 49.3 |
| 中国香港 | Hong Kong, China | 27.2 | 27.6 | 21.1 | 23.9 | 25.2 | 23.8 |
| 中国澳门 | Macao, China | 25.0 | 11.6 | 26.5 | 13.3 | 14.7 | 13.8 |
| 孟加拉国 | Bangladesh | 17.1 | 23.0 | 24.5 | 24.4 | 26.5 | 26.8 |
| 文　莱 | Brunei Darussalam | 18.7 | 13.1 | 11.4 | 15.9 | 13.6 | 15.3 |
| 柬埔寨 | Cambodia | | 17.5 | 18.5 | 17.4 | | |
| 印　度 | India | 24.9 | 24.1 | 34.3 | 36.5 | 34.7 | 30.0 |
| 印度尼西亚 | Indonesia | 30.7 | 22.3 | 25.1 | 32.3 | 34.7 | 33.6 |
| 伊　朗 | Iran | 37.2 | 33.0 | 32.7 | | | |
| 以色列 | Israel | 25.1 | 20.5 | 18.9 | 18.1 | 20.7 | |
| 日　本 | Japan | 32.5 | 25.1 | 22.5 | 19.8 | 20.8 | |
| 哈萨克斯坦 | Kazakhstan | | 18.1 | 31.0 | 25.4 | 23.2 | 26.2 |
| 韩　国 | Korea, Rep. | 34.8 | 32.9 | 32.2 | 32.0 | 31.0 | 29.0 |
| 老　挝 | Laos | | 13.9 | 23.1 | 24.3 | 31.9 | |
| 马来西亚 | Malaysia | 32.4 | 26.9 | 22.4 | 23.3 | 25.8 | 26.2 |
| 蒙　古 | Mongolia | 29.1 | 29.0 | 37.5 | 40.8 | 63.9 | 61.4 |
| 缅　甸 | Myanmar | 13.4 | 12.5 | | | | |
| 巴基斯坦 | Pakistan | 18.9 | 17.2 | 19.1 | 15.8 | 14.9 | 14.2 |
| 菲律宾 | Philippines | 24.2 | 18.4 | 21.6 | 20.5 | 18.5 | 19.7 |
| 新加坡 | Singapore | 35.6 | 34.9 | 21.4 | 27.9 | 30.4 | 29.1 |
| 斯里兰卡 | Sri Lanka | 22.2 | 28.0 | 26.1 | 27.2 | 30.3 | 29.5 |
| 泰　国 | Thailand | 41.4 | 22.8 | 31.4 | 25.9 | 29.7 | 29.2 |
| 越　南 | Viet Nam | 12.6 | 27.4 | 33.8 | 35.7 | 27.2 | 26.6 |
| 埃　及 | Egypt | 28.8 | 19.6 | 18.0 | 18.9 | 16.4 | 14.2 |
| 尼日利亚 | Nigeria | 14.4 | 7.0 | 5.5 | 15.3 | 12.9 | 12.7 |
| 南　非 | South Africa | 17.7 | 15.9 | 18.0 | 19.1 | 19.4 | 19.4 |
| 加拿大 | Canada | 21.5 | 20.8 | 22.8 | 23.3 | 24.7 | 24.4 |
| 墨西哥 | Mexico | 23.1 | 22.5 | 22.3 | 22.0 | 23.2 | 21.6 |
| 美　国 | United States | 21.5 | 23.6 | 23.2 | 18.4 | 19.1 | |
| 阿根廷 | Argentina | 14.0 | 13.4 | 19.1 | 19.2 | 17.3 | 18.2 |
| 巴　西 | Brazil | 20.2 | 18.3 | 16.2 | 20.2 | 17.5 | 17.9 |
| 委内瑞拉 | Venezuela | 10.2 | 24.2 | 23.0 | 22.0 | 26.6 | |
| 捷　克 | Czech Rep. | 23.1 | 29.9 | 26.5 | 24.8 | 23.3 | 22.3 |
| 法　国 | France | 21.7 | 19.9 | 20.0 | 19.3 | 19.8 | 19.6 |
| 德　国 | Germany | 23.2 | 22.3 | 17.3 | 17.3 | 17.3 | 17.0 |
| 意大利 | Italy | 22.5 | 20.8 | 20.9 | 20.1 | 18.0 | 17.2 |
| 荷　兰 | Netherlands | 23.5 | 22.0 | 19.0 | 17.8 | 17.5 | 16.2 |
| 波　兰 | Poland | 24.3 | 24.9 | 19.3 | 21.0 | 20.5 | 18.7 |
| 俄罗斯 | Russia | 30.1 | 18.7 | 20.1 | 22.6 | 24.5 | 22.6 |
| 西班牙 | Spain | 26.1 | 26.3 | 29.5 | 22.8 | 19.8 | 18.3 |
| 土耳其 | Turkey | 24.6 | 20.8 | 20.0 | 19.5 | 20.1 | 20.6 |
| 乌克兰 | Ukraine | 27.5 | 19.6 | 22.6 | 19.6 | 19.7 | 15.7 |
| 英　国 | United Kingdom | 20.1 | 17.9 | 17.1 | 15.0 | 14.9 | 14.6 |
| 澳大利亚 | Australia | 29.0 | 26.4 | 27.5 | 27.6 | 28.6 | 28.6 |
| 新西兰 | New Zealand | 19.6 | 21.2 | 24.5 | 19.2 | 20.1 | |

# 3-8 居民消费率

## Household Final Consumption Rate

资料来源：世界银行WDI数据库。
Source: World Bank WDI Database.
单位：% (%)

| 国家或地区 | Country or Area | 1990 | 2000 | 2005 | 2010 | 2012 | 2013 |
|---|---|---|---|---|---|---|---|
| 中　国 | China | 47.0 | 46.7 | 38.1 | 34.7 | 34.8 | 34.1 |
| 中国香港 | Hong Kong, China | 57.5 | 58.6 | 57.5 | 61.4 | 64.6 | 66.1 |
| 中国澳门 | Macao, China | 39.2 | 40.2 | 31.1 | 22.5 | 20.1 | 18.7 |
| 孟加拉国 | Bangladesh | 86.2 | 77.7 | 76.4 | 76.8 | 76.8 | 75.8 |
| 文　莱 | Brunei Darussalam | 34.8 | 29.6 | 27.4 | 13.1 | 18.9 | 22.7 |
| 柬埔寨 | Cambodia | | 89.2 | 86.1 | 81.7 | | |
| 印　度 | India | 64.6 | 64.2 | 57.6 | 56.4 | 60.3 | 61.8 |
| 印度尼西亚 | Indonesia | 58.9 | 60.7 | 62.7 | 56.9 | 57.9 | 59.3 |
| 伊　朗 | Iran | 59.3 | 47.9 | 45.9 | | | |
| 以色列 | Israel | 55.6 | 53.9 | 55.8 | 56.9 | 56.2 | |
| 日　本 | Japan | 53.3 | 56.5 | 57.8 | 59.3 | 60.7 | |
| 哈萨克斯坦 | Kazakhstan | | 62.3 | 49.0 | 49.1 | 48.0 | 51.2 |
| 韩　国 | Korea, Rep. | 55.3 | 47.7 | 50.2 | 50.3 | 52.2 | 52.0 |
| 老　挝 | Laos | | 93.5 | 81.2 | 68.6 | 68.9 | |
| 马来西亚 | Malaysia | 51.8 | 43.8 | 44.2 | 47.5 | 48.9 | 51.0 |
| 蒙　古 | Mongolia | 68.7 | 69.6 | 55.2 | 53.1 | 48.7 | 49.2 |
| 巴基斯坦 | Pakistan | 73.8 | 75.4 | 77.0 | 79.7 | 82.6 | 81.1 |
| 菲律宾 | Philippines | 71.5 | 72.2 | 75.0 | 71.6 | 74.2 | 73.3 |
| 新加坡 | Singapore | 44.8 | 42.1 | 38.6 | 35.5 | 37.8 | 37.7 |
| 斯里兰卡 | Sri Lanka | 75.9 | 72.1 | 69.0 | 65.2 | 69.6 | 66.8 |
| 泰　国 | Thailand | 56.8 | 57.2 | 57.8 | 53.7 | 55.6 | 53.7 |
| 越　南 | Viet Nam | 84.3 | 69.9 | 64.1 | 66.5 | 63.3 | 63.2 |
| 埃　及 | Egypt | 72.6 | 75.9 | 71.6 | 74.7 | 80.7 | 81.2 |
| 尼日利亚 | Nigeria | 63.0 | 52.6 | 75.2 | 68.2 | 59.1 | 61.3 |
| 南　非 | South Africa | 57.1 | 63.0 | 63.1 | 58.8 | 61.5 | 61.2 |
| 加拿大 | Canada | 55.8 | 54.6 | 54.1 | 56.5 | 55.7 | 55.6 |
| 墨西哥 | Mexico | 69.6 | 66.8 | 68.5 | 67.5 | 66.3 | 67.2 |
| 美　国 | United States | 64.0 | 66.1 | 67.1 | 68.2 | 68.6 | |
| 阿根廷 | Argentina | 77.1 | 75.8 | 65.6 | 65.2 | 66.1 | 66.7 |
| 巴　西 | Brazil | 59.3 | 64.4 | 60.3 | 59.6 | 62.6 | 62.6 |
| 委内瑞拉 | Venezuela | 62.1 | 51.8 | 46.8 | 55.9 | 59.3 | |
| 捷　克 | Czech Rep. | 52.3 | 51.9 | 49.3 | 50.6 | 50.6 | 50.7 |
| 法　国 | France | 57.5 | 56.2 | 56.9 | 58.1 | 57.7 | 57.5 |
| 德　国 | Germany | 57.7 | 58.4 | 58.8 | 57.5 | 57.5 | 57.5 |
| 意大利 | Italy | 57.2 | 59.9 | 59.0 | 60.8 | 60.9 | 60.4 |
| 荷　兰 | Netherlands | 49.7 | 50.4 | 48.8 | 45.7 | 45.6 | 45.4 |
| 波　兰 | Poland | 48.3 | 64.1 | 63.4 | 61.3 | 61.4 | 60.8 |
| 俄罗斯 | Russia | 48.9 | 46.2 | 49.4 | 50.6 | 49.1 | 52.0 |
| 西班牙 | Spain | 60.6 | 59.7 | 57.8 | 57.9 | 59.3 | 59.3 |
| 土耳其 | Turkey | 68.7 | 70.5 | 71.7 | 71.7 | 70.2 | 70.9 |
| 乌克兰 | Ukraine | 57.1 | 54.4 | 57.9 | 62.9 | 68.9 | 73.4 |
| 英　国 | United Kingdom | 62.1 | 65.6 | 64.7 | 64.5 | 65.4 | 65.7 |
| 澳大利亚 | Australia | 55.8 | 58.0 | 57.8 | 55.4 | 53.8 | 54.9 |
| 新西兰 | New Zealand | 60.7 | 58.7 | 58.9 | 58.4 | 59.6 | |

# 3-9 国内生产总值产业构成
## Composition of Gross Domestic Product by Industry

资料来源：世界银行WDI数据库。
Source: World Bank WDI Database.

单位：% (%)

| 国家或地区 | Country or Area | 农业增加值占国内生产总值比重 Agriculture as Percentage of GDP | | 工业增加值占国内生产总值比重 Industry as Percentage of GDP | | 服务业增加值占国内生产总值比重 Services as Percentage of GDP | |
|---|---|---|---|---|---|---|---|
| | | 2000 | 2013 | 2000 | 2013 | 2000 | 2013 |
| 世　界 | World | 4.0 | 3.1① | 29.3 | 26.7① | 66.7 | 70.2① |
| 高收入国家 | High Income | 1.9 | 1.4① | 27.8 | 24.5① | 70.3 | 74.0① |
| 经合组织高收入国家 | OECD Countries | 1.8 | 1.4① | 27.2 | 23.7① | 71.0 | 74.9① |
| 非经合组织高收入国家 | High Income: nonOECD | 3.6 | 2.3② | 37.5 | 36.9② | 58.9 | 60.8② |
| 中等收入国家 | Middle Income | 12.7 | 9.9 | 36.8 | 35.1 | 50.6 | 55.0 |
| 中等偏上收入国家 | Upper Middle Income | 10.0 | 7.7 | 38.3 | 36.7 | 51.7 | 55.6 |
| 中等偏下收入国家 | Lower Middle Income | 21.1 | 17.4 | 31.9 | 29.8 | 47.0 | 52.8 |
| 中低收入国家 | Low and Middle Income | 13.2 | 10.1 | 36.4 | 35.0 | 50.4 | 54.9 |
| 东亚和太平洋 | East Asia and Pacific | 14.9 | 11.1① | 45.0 | 45.3① | 40.2 | 44.6② |
| 欧洲和中亚 | Europe and Central Asia | 12.5 | 8.7② | 32.8 | 30.2② | 54.7 | 55.1② |
| 拉丁美洲和加勒比 | Latin America and Caribbean | 5.7 | 5.7② | 29.5 | 33.2② | 62.2 | 63.0② |
| 中东和北非国家 | Middle East and North Africa | 13.0 | | 40.1 | | 40.8 | |
| 南　亚 | South Asia | 23.6 | 18.9 | 25.7 | 24.8 | 50.8 | 56.3 |
| 撒哈拉以南非洲 | Sub-Saharan Africa | 17.3 | 9.9 | 33.8 | 28.8 | 48.9 | 61.4 |
| 低收入国家 | Low Income | 33.2 | 27.4② | 20.7 | 23.5② | 45.7 | 49.0② |
| 最不发达地区 | Least Developed Countries | 30.5 | 25.1② | 26.3 | 28.9② | 43.2 | 46.0② |
| 重债穷国 | Heavily Indebted Poor Countries | 30.7 | 27.7② | 24.0 | 26.0② | 45.3 | 46.1② |
| 中　国 | China | 15.1 | 10.0 | 45.9 | 43.9 | 39.0 | 46.1 |
| 中国香港 | Hong Kong, China | 0.1 | 0.1② | 12.4 | 7.1② | 87.5 | 92.9② |
| 中国澳门 | Macao, China | | 0.0② | 14.7 | 6.2② | 85.3 | 93.8② |
| 孟加拉国 | Bangladesh | 25.5 | 17.2 | 25.3 | 28.9 | 49.2 | 53.9 |
| 文　莱 | Brunei Darussalam | 1.0 | 0.7 | 63.7 | 68.2 | 35.3 | 31.0 |
| 柬埔寨 | Cambodia | 37.8 | 35.6② | 23.0 | 24.3② | 39.1 | 40.2② |
| 印　度 | India | 23.0 | 18.2 | 26.0 | 24.8 | 51.0 | 57.0 |
| 印度尼西亚 | Indonesia | 15.6 | 14.4 | 45.9 | 45.7 | 38.5 | 39.9 |
| 伊　朗 | Iran | 13.7 | | 36.7 | | 49.5 | |
| 日　本 | Japan | 1.6 | 1.2② | 31.0 | 25.6② | 67.4 | 73.1② |
| 哈萨克斯坦 | Kazakhstan | 8.7 | 4.9 | 40.5 | 37.8 | 50.8 | 57.2 |
| 韩　国 | Korea, Rep. | 4.4 | 2.3 | 38.1 | 38.6 | 57.5 | 59.1 |
| 老　挝 | Laos | 45.2 | 28.0② | 16.6 | 36.2② | 38.2 | 35.8② |
| 马来西亚 | Malaysia | 8.6 | 9.3 | 48.3 | 40.6 | 43.1 | 50.1 |
| 蒙　古 | Mongolia | 30.9 | 16.5 | 25.0 | 33.3 | 44.1 | 50.3 |
| 缅　甸 | Myanmar | 57.2 | 36.4③ | 9.7 | 26.0③ | 33.1 | 37.6③ |
| 巴基斯坦 | Pakistan | 25.9 | 25.3 | 23.3 | 21.6 | 50.7 | 53.1 |
| 菲律宾 | Philippines | 14.0 | 11.8② | 34.5 | 31.1② | 51.6 | 57.1② |
| 新加坡 | Singapore | 0.1 | | 34.8 | 25.1 | 65.1 | 74.9 |
| 斯里兰卡 | Sri Lanka | 19.9 | 10.8 | 27.3 | 32.5 | 52.8 | 56.8 |
| 泰　国 | Thailand | 9.0 | 12.0 | 42.0 | 42.5 | 49.0 | 45.5 |
| 越　南 | Viet Nam | 22.7 | 18.4 | 34.2 | 38.3 | 43.1 | 43.3 |
| 埃　及 | Egypt | 16.7 | 14.5 | 33.1 | 39.2 | 50.1 | 46.3 |
| 尼日利亚 | Nigeria | 26.0 | 22.0 | 52.2 | 25.6 | 21.8 | 52.4 |
| 南　非 | South Africa | 3.3 | 2.4 | 31.8 | 27.6 | 64.9 | 70.0 |
| 加拿大 | Canada | 2.3 | | 33.2 | | 64.5 | |
| 墨西哥 | Mexico | 3.5 | 3.5 | 34.9 | 34.8 | 61.6 | 61.7 |
| 美　国 | United States | 1.2 | 1.2① | 23.4 | 20.2① | 75.4 | 78.6① |
| 阿根廷 | Argentina | 4.3 | 6.7 | 23.7 | 28.6 | 72.0 | 64.7 |
| 巴　西 | Brazil | 5.6 | 5.7 | 27.7 | 25.0 | 66.7 | 69.3 |
| 委内瑞拉 | Venezuela | 4.2 | 5.8③ | 49.7 | 52.2③ | 46.1 | 42.1③ |
| 捷　克 | Czech Rep. | 3.6 | 2.4 | 37.5 | 37.8 | 58.9 | 59.8 |
| 法　国 | France | 2.5 | 1.8 | 22.8 | 18.8 | 74.7 | 79.4 |
| 德　国 | Germany | 1.1 | 0.8 | 30.5 | 30.2 | 68.4 | 69.0 |
| 意大利 | Italy | 2.8 | 2.1 | 27.7 | 23.9 | 69.5 | 74.0 |
| 荷　兰 | Netherlands | 2.5 | 1.6 | 24.8 | 24.4 | 72.7 | 74.0 |
| 波　兰 | Poland | 5.0 | 3.5③ | 31.7 | 31.6③ | 63.3 | 64.8③ |
| 俄罗斯 | Russia | 6.4 | 3.9 | 37.9 | 36.2 | 55.6 | 59.9 |
| 西班牙 | Spain | 4.2 | 2.6 | 31.1 | 25.3 | 64.7 | 72.1 |
| 土耳其 | Turkey | 11.3 | 8.5 | 31.3 | 27.1 | 57.4 | 64.4 |
| 乌克兰 | Ukraine | 17.1 | 10.4 | 36.3 | 26.9 | 46.6 | 62.6 |
| 英　国 | United Kingdom | 0.9 | 0.6 | 26.8 | 20.3 | 72.3 | 79.0 |
| 澳大利亚 | Australia | 3.4 | 2.4 | 26.8 | 27.1 | 69.9 | 70.5 |
| 新西兰 | New Zealand | 8.4 | 7.2③ | 25.4 | 23.8③ | 66.1 | 69.1③ |

注：①2011年数据。②2012年数据。③2010年数据。
Note:①Data refer to 2011.②Data refer to 2012.③Data refer to 2010.

# 3-10　生产法国内生产总值

# Gross Domestic Product by Production Approach

资料来源：联合国NAOCD数据库。
Source:UN NAOCD Database.

单位：亿美元　　(100 million USD)

| 国家或地区 | Country or Area | 2000 | 2005 | 2010 | 2011 | 2012 |
|---|---|---|---|---|---|---|
| **中　国** | **China** | | | | | |
| 按当年价格计算 | at Current Prices | | | | | |
| 增加值总额 | Total Value Added | 12000 | 22600 | 59300 | 73200 | 82200 |
| 农业、狩猎业、林业和渔业 | Agriculture, Hunting, Forestry, Fishing (ISIC A-B) | 1810 | 2740 | 5990 | 7350 | 8300 |
| 采掘、制造、电、煤气和水供应业 | Mining, Manufacturing, Utilities (ISIC C-E) | 4840 | 9420 | 23700 | 29200 | 31600 |
| 制造业 | Manufacturing (ISIC D) | | 7340 | 19200 | 23300 | 25600 |
| 建筑业 | Construction (ISIC F) | 667 | 1270 | 3940 | 4940 | 5620 |
| 批发、零售贸易、旅馆和饭店业 | Wholesale, Retail Trade, Restaurants and Hotels (ISIC G-H) | 1240 | 2220 | 6470 | 8140 | 9480 |
| 交通、仓储和通信业 | Transport, Storage and Communication (ISIC I) | 744 | 1300 | 2830 | 3470 | 3950 |
| 其他服务业 | Other Activities (ISIC J-P) | 2690 | 5620 | 16300 | 20100 | 23200 |
| 按2005年价格计算 | At Constant Prices of 2005 | | | | | |
| 增加值总额 | Total Value Added | 14272 | 22569 | 38105 | 41646 | 44833 |
| 农业、狩猎业、林业和渔业 | Agriculture, Hunting, Forestry, Fishing (ISIC A-B) | 2256 | 2736 | 3412 | 3557 | 3717 |
| 采掘、制造、电、煤气和水供应业 | Mining, Manufacturing, Utilities (ISIC C-E) | 5622 | 9425 | 16207 | 17889 | 19266 |
| 制造业 | Manufacturing (ISIC D) | | 7337 | 13730 | 15080 | 16225 |
| 建筑业 | Construction (ISIC F) | 775 | 1265 | 2538 | 2785 | 3044 |
| 批发、零售贸易、旅馆和饭店业 | Wholesale, Retail Trade, Restaurants and Hotels (ISIC G-H) | 1385 | 2216 | 4437 | 4947 | 5440 |
| 交通、仓储和通信业 | Transport, Storage and Communication (ISIC I) | 827 | 1302 | 1964 | 2158 | 2309 |
| 其他服务业 | Other Activities (ISIC J-P) | 3338 | 5625 | 9726 | 10552 | 11339 |
| **中国香港** | **Hong Kong, China** | | | | | |
| 按当年价格计算 | at Current Prices | | | | | |
| 增加值总额 | Total Value Added | 1650 | 1770 | 2240 | 2440 | 2600 |
| 农业、狩猎业、林业和渔业 | Agriculture, Hunting, Forestry, Fishing (ISIC A-B) | 1 | 1 | 1 | 1 | 1 |
| 采掘、制造、电、煤气和水供应业 | Mining, Manufacturing, Utilities (ISIC C-E) | 127 | 104 | 84 | 83 | 87 |
| 制造业 | Manufacturing (ISIC D) | 79 | 51 | 39 | 39 | 41 |
| 建筑业 | Construction (ISIC F) | 80 | 50 | 73 | 84 | 98 |
| 批发、零售贸易、旅馆和饭店业 | Wholesale, Retail Trade, Restaurants and Hotels (ISIC G-H) | 404 | 511 | 605 | 719 | 761 |
| 交通、仓储和通信业 | Transport, Storage and Communication (ISIC I) | 180 | 207 | 248 | 235 | 252 |
| 其他服务业 | Other Activities (ISIC J-P) | 853 | 899 | 1230 | 1320 | 1400 |
| 按2005年价格计算 | At Constant Prices of 2005 | | | | | |
| 增加值总额 | Total Value Added | 1469 | 1772 | 2131 | 2246 | 2294 |
| 农业、狩猎业、林业和渔业 | Agriculture, Hunting, Forestry, Fishing (ISIC A-B) | 1 | 1 | 1 | 1 | 1 |
| 采掘、制造、电、煤气和水供应业 | Mining, Manufacturing, Utilities (ISIC C-E) | 114 | 104 | 100 | 101 | 101 |
| 制造业 | Manufacturing (ISIC D) | 67 | 51 | 45 | 46 | 45 |
| 建筑业 | Construction (ISIC F) | 65 | 50 | 52 | 62 | 69 |
| 批发、零售贸易、旅馆和饭店业 | Wholesale, Retail Trade, Restaurants and Hotels (ISIC G-H) | 351 | 511 | 656 | 715 | 726 |
| 交通、仓储和通信业 | Transport, Storage and Communication (ISIC I) | 159 | 207 | 239 | 253 | 260 |
| 其他服务业 | Other Activities (ISIC J-P) | 766 | 899 | 1085 | 1119 | 1139 |

3-10 续表 1 continued

单位：亿美元 (100 million USD)

| 国家或地区 | Country or Area | 2000 | 2005 | 2010 | 2011 | 2012 |
|---|---|---|---|---|---|---|
| **孟加拉国** | **Bangladesh** | | | | | |
| 按当年价格计算 | at Current Prices | | | | | |
| 增加值总额 | Total Value Added | 492 | 619 | 1070 | 1150 | 1200 |
| 农业、狩猎业、林业和渔业 | Agriculture, Hunting, Forestry, Fishing (ISIC A-B) | 121 | 121 | 195 | 206 | 208 |
| 采掘、制造、电、煤气和水供应业 | Mining, Manufacturing, Utilities (ISIC C-E) | 86 | 118 | 215 | 230 | 241 |
| 制造业 | Manufacturing (ISIC D) | 73 | 100 | 185 | 198 | 205 |
| 建筑业 | Construction (ISIC F) | 30 | 40 | 71 | 77 | 83 |
| 批发、零售贸易、旅馆和饭店业 | Wholesale, Retail Trade, Restaurants and Hotels (ISIC G-H) | 64 | 90 | 163 | 177 | 182 |
| 交通、仓储和通信业 | Transport, Storage and Communication (ISIC I) | 40 | 64 | 114 | 126 | 134 |
| 其他服务业 | Other Activities (ISIC J-P) | 150 | 187 | 315 | 335 | 354 |
| 按2005年价格计算 | At Constant Prices of 2005 | | | | | |
| 增加值总额 | Total Value Added | 477 | 619 | 839 | 897 | 956 |
| 农业、狩猎业、林业和渔业 | Agriculture, Hunting, Forestry, Fishing (ISIC A-B) | 107 | 121 | 156 | 161 | 164 |
| 采掘、制造、电、煤气和水供应业 | Mining, Manufacturing, Utilities (ISIC C-E) | 84 | 118 | 171 | 187 | 205 |
| 制造业 | Manufacturing (ISIC D) | 72 | 100 | 146 | 161 | 177 |
| 建筑业 | Construction (ISIC F) | 27 | 40 | 58 | 62 | 67 |
| 批发、零售贸易、旅馆和饭店业 | Wholesale, Retail Trade, Restaurants and Hotels (ISIC G-H) | 65 | 90 | 123 | 134 | 142 |
| 交通、仓储和通信业 | Transport, Storage and Communication (ISIC I) | 45 | 64 | 96 | 105 | 115 |
| 其他服务业 | Other Activities (ISIC J-P) | 149 | 187 | 235 | 249 | 264 |
| **文　莱** | **Brunei Darussalam** | | | | | |
| 按当年价格计算 | at Current Prices | | | | | |
| 增加值总额 | Total Value Added | 60 | 95 | 124 | 167 | 170 |
| 农业、狩猎业、林业和渔业 | Agriculture, Hunting, Forestry, Fishing (ISIC A-B) | 1 | 1 | 1 | 1 | 1 |
| 采掘、制造、电、煤气和水供应业 | Mining, Manufacturing, Utilities (ISIC C-E) | 36 | 66 | 79 | 116 | 116 |
| 制造业 | Manufacturing (ISIC D) | 9 | 12 | 15 | 19 | 20 |
| 建筑业 | Construction (ISIC F) | 2 | 3 | 4 | 4 | 5 |
| 批发、零售贸易、旅馆和饭店业 | Wholesale, Retail Trade, Restaurants and Hotels (ISIC G-H) | 3 | 3 | 5 | 6 | 6 |
| 交通、仓储和通信业 | Transport, Storage and Communication (ISIC I) | 2 | 3 | 4 | 5 | 5 |
| 其他服务业 | Other Activities (ISIC J-P) | 16 | 20 | 31 | 34 | 36 |
| 按2005年价格计算 | At Constant Prices of 2005 | | | | | |
| 增加值总额 | Total Value Added | 86 | 95 | 98 | 102 | 103 |
| 农业、狩猎业、林业和渔业 | Agriculture, Hunting, Forestry, Fishing (ISIC A-B) | 1 | 1 | 1 | 1 | 1 |
| 采掘、制造、电、煤气和水供应业 | Mining, Manufacturing, Utilities (ISIC C-E) | 63 | 66 | 57 | 59 | 58 |
| 制造业 | Manufacturing (ISIC D) | 11 | 12 | 11 | 11 | 11 |
| 建筑业 | Construction (ISIC F) | 2 | 3 | 3 | 3 | 3 |
| 批发、零售贸易、旅馆和饭店业 | Wholesale, Retail Trade, Restaurants and Hotels (ISIC G-H) | 3 | 3 | 4 | 4 | 4 |
| 交通、仓储和通信业 | Transport, Storage and Communication (ISIC I) | 2 | 3 | 4 | 4 | 4 |
| 其他服务业 | Other Activities (ISIC J-P) | 17 | 20 | 26 | 27 | 27 |

# 3-10 续表 2 continued

单位：亿美元 (100 million USD)

| 国家或地区 | Country or Area | 2000 | 2005 | 2010 | 2011 | 2012 |
|---|---|---|---|---|---|---|
| **柬埔寨** | **Cambodia** | | | | | |
| 按当年价格计算 | at Current Prices | | | | | |
| 增加值总额 | Total Value Added | 35 | 60 | 106 | 121 | 132 |
| 农业、狩猎业、林业和渔业 | Agriculture, Hunting, Forestry, Fishing (ISIC A-B) | 13 | 19 | 38 | 44 | 47 |
| 采掘、制造、电、煤气和水供应业 | Mining, Manufacturing, Utilities (ISIC C-E) | 6 | 12 | 18 | 21 | 23 |
| 制造业 | Manufacturing (ISIC D) | 6 | 11 | 17 | 19 | 21 |
| 建筑业 | Construction (ISIC F) | 2 | 4 | 7 | 7 | 9 |
| 批发、零售贸易、旅馆和饭店业 | Wholesale, Retail Trade, Restaurants and Hotels (ISIC G-H) | 5 | 9 | 15 | 17 | 19 |
| 交通、仓储和通信业 | Transport, Storage and Communication (ISIC I) | 2 | 5 | 9 | 10 | 11 |
| 其他服务业 | Other Activities (ISIC J-P) | 6 | 11 | 19 | 21 | 23 |
| 按2005年价格计算 | At Constant Prices of 2005 | | | | | |
| 增加值总额 | Total Value Added | 38 | 60 | 81 | 87 | 93 |
| 农业、狩猎业、林业和渔业 | Agriculture, Hunting, Forestry, Fishing (ISIC A-B) | 15 | 19 | 25 | 26 | 27 |
| 采掘、制造、电、煤气和水供应业 | Mining, Manufacturing, Utilities (ISIC C-E) | 6 | 12 | 17 | 20 | 22 |
| 制造业 | Manufacturing (ISIC D) | 6 | 11 | 16 | 19 | 20 |
| 建筑业 | Construction (ISIC F) | 2 | 4 | 4 | 5 | 5 |
| 批发、零售贸易、旅馆和饭店业 | Wholesale, Retail Trade, Restaurants and Hotels (ISIC G-H) | 6 | 9 | 13 | 13 | 14 |
| 交通、仓储和通信业 | Transport, Storage and Communication (ISIC I) | 3 | 5 | 6 | 6 | 7 |
| 其他服务业 | Other Activities (ISIC J-P) | 6 | 11 | 16 | 16 | 18 |
| **印　度** | **India** | | | | | |
| 按当年价格计算 | at Current Prices | | | | | |
| 增加值总额 | Total Value Added | 4350 | 7820 | 15900 | 17900 | 17700 |
| 农业、狩猎业、林业和渔业 | Agriculture, Hunting, Forestry, Fishing (ISIC A-B) | 1010 | 1460 | 2860 | 3140 | 3080 |
| 采掘、制造、电、煤气和水供应业 | Mining, Manufacturing, Utilities (ISIC C-E) | 899 | 1600 | 3080 | 3320 | 3120 |
| 制造业 | Manufacturing (ISIC D) | 686 | 1220 | 2360 | 2580 | 2400 |
| 建筑业 | Construction (ISIC F) | 250 | 613 | 1300 | 1470 | 1440 |
| 批发、零售贸易、旅馆和饭店业 | Wholesale, Retail Trade, Restaurants and Hotels (ISIC G-H) | 627 | 1290 | 2730 | 3230 | 3300 |
| 交通、仓储和通信业 | Transport, Storage and Communication (ISIC I) | 334 | 641 | 1150 | 1280 | 1210 |
| 其他服务业 | Other Activities (ISIC J-P) | 1230 | 2210 | 4770 | 5470 | 5560 |
| 按2005年价格计算 | At Constant Prices of 2005 | | | | | |
| 增加值总额 | Total Value Added | 5562 | 7819 | 11668 | 12393 | 13012 |
| 农业、狩猎业、林业和渔业 | Agriculture, Hunting, Forestry, Fishing (ISIC A-B) | 1279 | 1461 | 1735 | 1798 | 1833 |
| 采掘、制造、电、煤气和水供应业 | Mining, Manufacturing, Utilities (ISIC C-E) | 1169 | 1602 | 2389 | 2453 | 2482 |
| 制造业 | Manufacturing (ISIC D) | 867 | 1220 | 1900 | 1951 | 1971 |
| 建筑业 | Construction (ISIC F) | 371 | 613 | 922 | 973 | 1015 |
| 批发、零售贸易、旅馆和饭店业 | Wholesale, Retail Trade, Restaurants and Hotels (ISIC G-H) | 830 | 1293 | 1999 | 2123 | 2318 |
| 交通、仓储和通信业 | Transport, Storage and Communication (ISIC I) | 347 | 641 | 1163 | 1260 | 1284 |
| 其他服务业 | Other Activities (ISIC J-P) | 1576 | 2209 | 3437 | 3755 | 4047 |

## 3-10 续表 3 continued

单位：亿美元 (100 million USD)

| 国家或地区 | Country or Area | 2000 | 2005 | 2010 | 2011 | 2012 |
|---|---|---|---|---|---|---|
| **日　本** | **Japan** | | | | | |
| 按当年价格计算 | at Current Prices | | | | | |
| 增加值总额 | Total Value Added | 46600 | 45400 | 54500 | 58700 | 59200 |
| 农业、狩猎业、林业和渔业 | Agriculture, Hunting, Forestry, Fishing (ISIC A-B) | 661 | 554 | 644 | 683 | 692 |
| 采掘、制造、电、煤气和水供应业 | Mining, Manufacturing, Utilities (ISIC C-E) | 10800 | 10100 | 12000 | 12000 | 12400 |
| 制造业 | Manufacturing (ISIC D) | 9560 | 9050 | 10700 | 10900 | 11100 |
| 建筑业 | Construction (ISIC F) | 3140 | 2630 | 2980 | 3310 | 3330 |
| 批发、零售贸易、旅馆和饭店业 | Wholesale, Retail Trade, Restaurants and Hotels (ISIC G-H) | 7100 | 6790 | 7520 | 8390 | 8250 |
| 交通、仓储和通信业 | Transport, Storage and Communication (ISIC I) | 4870 | 4600 | 5630 | 6060 | 6150 |
| 其他服务业 | Other Activities (ISIC J-P) | 20000 | 20700 | 25700 | 28200 | 28400 |
| 按2005年价格计算 | At Constant Prices of 2005 | | | | | |
| 增加值总额 | Total Value Added | 42811 | 45420 | 45655 | 45440 | 46278 |
| 农业、狩猎业、林业和渔业 | Agriculture, Hunting, Forestry, Fishing (ISIC A-B) | 599 | 554 | 557 | 569 | 580 |
| 采掘、制造、电、煤气和水供应业 | Mining, Manufacturing, Utilities (ISIC C-E) | 9465 | 10144 | 10978 | 10581 | 10574 |
| 制造业 | Manufacturing (ISIC D) | 8496 | 9046 | 9961 | 9690 | 9604 |
| 建筑业 | Construction (ISIC F) | 3004 | 2633 | 2321 | 2343 | 2420 |
| 批发、零售贸易、旅馆和饭店业 | Wholesale, Retail Trade, Restaurants and Hotels (ISIC G-H) | 6755 | 6788 | 5916 | 5965 | 6049 |
| 交通、仓储和通信业 | Transport, Storage and Communication (ISIC I) | 4192 | 4595 | 4639 | 4607 | 4734 |
| 其他服务业 | Other Activities (ISIC J-P) | 18796 | 20705 | 21244 | 21376 | 21921 |
| **哈萨克斯坦** | **Kazakhstan** | | | | | |
| 按当年价格计算 | at Current Prices | | | | | |
| 增加值总额 | Total Value Added | 174 | 553 | 1410 | 1760 | 1900 |
| 农业、狩猎业、林业和渔业 | Agriculture, Hunting, Forestry, Fishing (ISIC A-B) | 15 | 37 | 67 | 96 | 85 |
| 采掘、制造、电、煤气和水供应业 | Mining, Manufacturing, Utilities (ISIC C-E) | 60 | 172 | 488 | 594 | 619 |
| 制造业 | Manufacturing (ISIC D) | 30 | 69 | 168 | 214 | 227 |
| 建筑业 | Construction (ISIC F) | 10 | 45 | 114 | 124 | 128 |
| 批发、零售贸易、旅馆和饭店业 | Wholesale, Retail Trade, Restaurants and Hotels (ISIC G-H) | 24 | 73 | 205 | 277 | 319 |
| 交通、仓储和通信业 | Transport, Storage and Communication (ISIC I) | 21 | 68 | 165 | 180 | 194 |
| 其他服务业 | Other Activities (ISIC J-P) | 44 | 158 | 375 | 485 | 559 |
| 按2005年价格计算 | At Constant Prices of 2005 | | | | | |
| 增加值总额 | Total Value Added | 334 | 553 | 752 | 788 | 826 |
| 农业、狩猎业、林业和渔业 | Agriculture, Hunting, Forestry, Fishing (ISIC A-B) | 28 | 37 | 40 | 49 | 40 |
| 采掘、制造、电、煤气和水供应业 | Mining, Manufacturing, Utilities (ISIC C-E) | 106 | 172 | 221 | 229 | 232 |
| 制造业 | Manufacturing (ISIC D) | 45 | 69 | 86 | 92 | 95 |
| 建筑业 | Construction (ISIC F) | 17 | 45 | 76 | 77 | 79 |
| 批发、零售贸易、旅馆和饭店业 | Wholesale, Retail Trade, Restaurants and Hotels (ISIC G-H) | 44 | 73 | 94 | 105 | 120 |
| 交通、仓储和通信业 | Transport, Storage and Communication (ISIC I) | 41 | 68 | 98 | 107 | 115 |
| 其他服务业 | Other Activities (ISIC J-P) | 95 | 158 | 231 | 230 | 247 |

## 3-10 续表 4 continued

单位：亿美元 (100 million USD)

| 国家或地区 | Country or Area | 2000 | 2005 | 2010 | 2011 | 2012 |
|---|---|---|---|---|---|---|
| **韩　国** | **Korea, Rep.** | | | | | |
| 按当年价格计算 | at Current Prices | | | | | |
| 增加值总额 | Total Value Added | 4760 | 7580 | 9120 | 10000 | 10200 |
| 农业、狩猎业、林业和渔业 | Agriculture, Hunting, Forestry, Fishing (ISIC A-B) | 221 | 252 | 241 | 269 | 269 |
| 采掘、制造、电、煤气和水供应业 | Mining, Manufacturing, Utilities (ISIC C-E) | 1510 | 2320 | 3010 | 3410 | 3440 |
| 制造业 | Manufacturing (ISIC D) | 1350 | 2090 | 2760 | 3140 | 3160 |
| 建筑业 | Construction (ISIC F) | 331 | 579 | 572 | 592 | 594 |
| 批发、零售贸易、旅馆和饭店业 | Wholesale, Retail Trade, Restaurants and Hotels (ISIC G-H) | 674 | 933 | 1110 | 1200 | 1200 |
| 交通、仓储和通信业 | Transport, Storage and Communication (ISIC I) | 360 | 596 | 665 | 714 | 720 |
| 其他服务业 | Other Activities (ISIC J-P) | 1670 | 2900 | 3520 | 3870 | 3950 |
| 按2005年价格计算 | At Constant Prices of 2005 | | | | | |
| 增加值总额 | Total Value Added | 6082 | 7576 | 9198 | 9518 | 9717 |
| 农业、狩猎业、林业和渔业 | Agriculture, Hunting, Forestry, Fishing (ISIC A-B) | 243 | 252 | 278 | 272 | 270 |
| 采掘、制造、电、煤气和水供应业 | Mining, Manufacturing, Utilities (ISIC C-E) | 1698 | 2319 | 3092 | 3305 | 3379 |
| 制造业 | Manufacturing (ISIC D) | 1522 | 2086 | 2806 | 3011 | 3078 |
| 建筑业 | Construction (ISIC F) | 479 | 579 | 586 | 561 | 552 |
| 批发、零售贸易、旅馆和饭店业 | Wholesale, Retail Trade, Restaurants and Hotels (ISIC G-H) | 862 | 933 | 1102 | 1153 | 1184 |
| 交通、仓储和通信业 | Transport, Storage and Communication (ISIC I) | 414 | 596 | 716 | 753 | 770 |
| 其他服务业 | Other Activities (ISIC J-P) | 2385 | 2897 | 3424 | 3474 | 3561 |
| **老　挝** | **Laos** | | | | | |
| 按当年价格计算 | at Current Prices | | | | | |
| 增加值总额 | Total Value Added | 16 | 26 | 65 | 78 | 89 |
| 农业、狩猎业、林业和渔业 | Agriculture, Hunting, Forestry, Fishing (ISIC A-B) | 7 | 9 | 19 | 22 | 24 |
| 采掘、制造、电、煤气和水供应业 | Mining, Manufacturing, Utilities (ISIC C-E) | 2 | 5 | 15 | 20 | 22 |
| 制造业 | Manufacturing (ISIC D) | 1 | 2 | 7 | 8 | 9 |
| 建筑业 | Construction (ISIC F) | 1 | 1 | 3 | 5 | 6 |
| 批发、零售贸易、旅馆和饭店业 | Wholesale, Retail Trade, Restaurants and Hotels (ISIC G-H) | 3 | 5 | 13 | 16 | 18 |
| 交通、仓储和通信业 | Transport, Storage and Communication (ISIC I) | 1 | 1 | 3 | 4 | 4 |
| 其他服务业 | Other Activities (ISIC J-P) | 2 | 4 | 11 | 13 | 15 |
| 按2005年价格计算 | At Constant Prices of 2005 | | | | | |
| 增加值总额 | Total Value Added | 19 | 26 | 38 | 42 | 45 |
| 农业、狩猎业、林业和渔业 | Agriculture, Hunting, Forestry, Fishing (ISIC A-B) | 8 | 9 | 11 | 12 | 12 |
| 采掘、制造、电、煤气和水供应业 | Mining, Manufacturing, Utilities (ISIC C-E) | 3 | 5 | 9 | 10 | 11 |
| 制造业 | Manufacturing (ISIC D) | 1 | 2 | 3 | 4 | 4 |
| 建筑业 | Construction (ISIC F) | 1 | 1 | 2 | 3 | 3 |
| 批发、零售贸易、旅馆和饭店业 | Wholesale, Retail Trade, Restaurants and Hotels (ISIC G-H) | 3 | 5 | 8 | 8 | 9 |
| 交通、仓储和通信业 | Transport, Storage and Communication (ISIC I) | 1 | 1 | 2 | 2 | 2 |
| 其他服务业 | Other Activities (ISIC J-P) | 3 | 4 | 7 | 7 | 8 |

3-10 续表 5 continued

单位：亿美元 (100 million USD)

| 国家或地区 | Country or Area | 2000 | 2005 | 2010 | 2011 | 2012 |
|---|---|---|---|---|---|---|
| **马来西亚** | **Malaysia** | | | | | |
| 按当年价格计算 | at Current Prices | | | | | |
| 增加值总额 | Total Value Added | 977 | 1420 | 2450 | 2860 | 3010 |
| 农业、狩猎业、林业和渔业 | Agriculture, Hunting, Forestry, Fishing (ISIC A-B) | 83 | 119 | 256 | 341 | 306 |
| 采掘、制造、电、煤气和水供应业 | Mining, Manufacturing, Utilities (ISIC C-E) | 403 | 623 | 935 | 1070 | 1130 |
| 制造业 | Manufacturing (ISIC D) | 280 | 395 | 607 | 703 | 739 |
| 建筑业 | Construction (ISIC F) | 38 | 43 | 84 | 97 | 118 |
| 批发、零售贸易、旅馆和饭店业 | Wholesale, Retail Trade, Restaurants and Hotels (ISIC G-H) | 142 | 197 | 398 | 469 | 496 |
| 交通、仓储和通信业 | Transport, Storage and Communication (ISIC I) | 66 | 96 | 159 | 181 | 193 |
| 其他服务业 | Other Activities (ISIC J-P) | 246 | 341 | 619 | 703 | 773 |
| 按2005年价格计算 | At Constant Prices of 2005 | | | | | |
| 增加值总额 | Total Value Added | 1139 | 1419 | 1767 | 1856 | 1958 |
| 农业、狩猎业、林业和渔业 | Agriculture, Hunting, Forestry, Fishing (ISIC A-B) | 101 | 119 | 135 | 143 | 145 |
| 采掘、制造、电、煤气和水供应业 | Mining, Manufacturing, Utilities (ISIC C-E) | 513 | 623 | 671 | 684 | 710 |
| 制造业 | Manufacturing (ISIC D) | 315 | 395 | 450 | 471 | 493 |
| 建筑业 | Construction (ISIC F) | 40 | 43 | 57 | 59 | 70 |
| 批发、零售贸易、旅馆和饭店业 | Wholesale, Retail Trade, Restaurants and Hotels (ISIC G-H) | 154 | 197 | 295 | 316 | 331 |
| 交通、仓储和通信业 | Transport, Storage and Communication (ISIC I) | 73 | 96 | 130 | 139 | 148 |
| 其他服务业 | Other Activities (ISIC J-P) | 258 | 341 | 479 | 515 | 553 |
| **蒙　古** | **Mongolia** | | | | | |
| 按当年价格计算 | at Current Prices | | | | | |
| 增加值总额 | Total Value Added | 10 | 23 | 55 | 74 | 89 |
| 农业、狩猎业、林业和渔业 | Agriculture, Hunting, Forestry, Fishing (ISIC A-B) | 3 | 5 | 9 | 11 | 15 |
| 采掘、制造、电、煤气和水供应业 | Mining, Manufacturing, Utilities (ISIC C-E) | 2 | 8 | 20 | 26 | 28 |
| 制造业 | Manufacturing (ISIC D) | 1 | 1 | 4 | 5 | 6 |
| 建筑业 | Construction (ISIC F) | 0 | 1 | 1 | 1 | 2 |
| 批发、零售贸易、旅馆和饭店业 | Wholesale, Retail Trade, Restaurants and Hotels (ISIC G-H) | 1 | 2 | 5 | 9 | 11 |
| 交通、仓储和通信业 | Transport, Storage and Communication (ISIC I) | 1 | 3 | 7 | 9 | 9 |
| 其他服务业 | Other Activities (ISIC J-P) | 2 | 4 | 13 | 19 | 24 |
| 按2005年价格计算 | At Constant Prices of 2005 | | | | | |
| 增加值总额 | Total Value Added | 17 | 23 | 30 | 33 | 38 |
| 农业、狩猎业、林业和渔业 | Agriculture, Hunting, Forestry, Fishing (ISIC A-B) | 5 | 5 | 6 | 5 | 7 |
| 采掘、制造、电、煤气和水供应业 | Mining, Manufacturing, Utilities (ISIC C-E) | 5 | 8 | 9 | 10 | 11 |
| 制造业 | Manufacturing (ISIC D) | 1 | 1 | 2 | 2 | 2 |
| 建筑业 | Construction (ISIC F) | 0 | 1 | 0 | 1 | 1 |
| 批发、零售贸易、旅馆和饭店业 | Wholesale, Retail Trade, Restaurants and Hotels (ISIC G-H) | 1 | 2 | 3 | 5 | 5 |
| 交通、仓储和通信业 | Transport, Storage and Communication (ISIC I) | 1 | 3 | 6 | 6 | 7 |
| 其他服务业 | Other Activities (ISIC J-P) | 3 | 4 | 6 | 6 | 7 |

# 3-10 续表 6 continued

单位：亿美元 (100 million USD)

| 国家或地区 | Country or Area | 2000 | 2005 | 2010 | 2011 | 2012 |
|---|---|---|---|---|---|---|
| **菲律宾** | **Philippines** | | | | | |
| 按当年价格计算 | at Current Prices | | | | | |
| 增加值总额 | Total Value Added | 810 | 1030 | 2000 | 2240 | 2500 |
| 农业、狩猎业、林业和渔业 | Agriculture, Hunting, Forestry, Fishing (ISIC A-B) | 113 | 131 | 246 | 285 | 296 |
| 采掘、制造、电、煤气和水供应业 | Mining, Manufacturing, Utilities (ISIC C-E) | 233 | 300 | 528 | 582 | 631 |
| 制造业 | Manufacturing (ISIC D) | 198 | 248 | 428 | 473 | 514 |
| 建筑业 | Construction (ISIC F) | 46 | 49 | 122 | 120 | 146 |
| 批发、零售贸易、旅馆和饭店业 | Wholesale, Retail Trade, Restaurants and Hotels (ISIC G-H) | 128 | 169 | 379 | 429 | 485 |
| 交通、仓储和通信业 | Transport, Storage and Communication (ISIC I) | 50 | 81 | 130 | 145 | 162 |
| 其他服务业 | Other Activities (ISIC J-P) | 240 | 302 | 591 | 680 | 781 |
| 按2005年价格计算 | At Constant Prices of 2005 | | | | | |
| 增加值总额 | Total Value Added | 824 | 1031 | 1311 | 1359 | 1452 |
| 农业、狩猎业、林业和渔业 | Agriculture, Hunting, Forestry, Fishing (ISIC A-B) | 109 | 131 | 145 | 149 | 153 |
| 采掘、制造、电、煤气和水供应业 | Mining, Manufacturing, Utilities (ISIC C-E) | 244 | 300 | 363 | 379 | 398 |
| 制造业 | Manufacturing (ISIC D) | 204 | 248 | 295 | 309 | 326 |
| 建筑业 | Construction (ISIC F) | 50 | 49 | 80 | 72 | 84 |
| 批发、零售贸易、旅馆和饭店业 | Wholesale, Retail Trade, Restaurants and Hotels (ISIC G-H) | 129 | 169 | 239 | 248 | 267 |
| 交通、仓储和通信业 | Transport, Storage and Communication (ISIC I) | 49 | 81 | 95 | 100 | 108 |
| 其他服务业 | Other Activities (ISIC J-P) | 243 | 302 | 390 | 413 | 444 |
| **新 加 坡** | **Singapore** | | | | | |
| 按当年价格计算 | at Current Prices | | | | | |
| 增加值总额 | Total Value Added | 878 | 1200 | 2190 | 2500 | 2600 |
| 农业、狩猎业、林业和渔业 | Agriculture, Hunting, Forestry, Fishing (ISIC A-B) | 1 | 1 | 1 | 1 | 1 |
| 采掘、制造、电、煤气和水供应业 | Mining, Manufacturing, Utilities (ISIC C-E) | 252 | 341 | 508 | 561 | 580 |
| 制造业 | Manufacturing (ISIC D) | 236 | 321 | 473 | 520 | 538 |
| 建筑业 | Construction (ISIC F) | 51 | 38 | 92 | 105 | 114 |
| 批发、零售贸易、旅馆和饭店业 | Wholesale, Retail Trade, Restaurants and Hotels (ISIC G-H) | 139 | 232 | 454 | 511 | 507 |
| 交通、仓储和通信业 | Transport, Storage and Communication (ISIC I) | 122 | 173 | 269 | 283 | 300 |
| 其他服务业 | Other Activities (ISIC J-P) | 313 | 414 | 861 | 1040 | 1100 |
| 按2005年价格计算 | At Constant Prices of 2005 | | | | | |
| 增加值总额 | Total Value Added | 943 | 1197 | 1651 | 1740 | 1761 |
| 农业、狩猎业、林业和渔业 | Agriculture, Hunting, Forestry, Fishing (ISIC A-B) | 1 | 1 | 1 | 1 | 1 |
| 采掘、制造、电、煤气和水供应业 | Mining, Manufacturing, Utilities (ISIC C-E) | 277 | 341 | 477 | 512 | 514 |
| 制造业 | Manufacturing (ISIC D) | 261 | 321 | 454 | 489 | 489 |
| 建筑业 | Construction (ISIC F) | 51 | 38 | 66 | 70 | 75 |
| 批发、零售贸易、旅馆和饭店业 | Wholesale, Retail Trade, Restaurants and Hotels (ISIC G-H) | 158 | 232 | 307 | 314 | 313 |
| 交通、仓储和通信业 | Transport, Storage and Communication (ISIC I) | 132 | 173 | 208 | 216 | 221 |
| 其他服务业 | Other Activities (ISIC J-P) | 325 | 414 | 593 | 627 | 636 |

3-10 续表 7 continued

单位：亿美元 (100 million USD)

| 国家或地区 | Country or Area | 2000 | 2005 | 2010 | 2011 | 2012 |
|---|---|---|---|---|---|---|
| **斯里兰卡** | **Sri Lanka** | | | | | |
| 按当年价格计算 | at Current Prices | | | | | |
| 增加值总额 | Total Value Added | 149 | 244 | 496 | 592 | 594 |
| 农业、狩猎业、林业和渔业 | Agriculture, Hunting, Forestry, Fishing (ISIC A-B) | 26 | 29 | 63 | 72 | 66 |
| 采掘、制造、电、煤气和水供应业 | Mining, Manufacturing, Utilities (ISIC C-E) | 34 | 57 | 108 | 131 | 131 |
| 制造业 | Manufacturing (ISIC D) | 29 | 48 | 89 | 108 | 106 |
| 建筑业 | Construction (ISIC F) | 11 | 17 | 37 | 46 | 56 |
| 批发、零售贸易、旅馆和饭店业 | Wholesale, Retail Trade, Restaurants and Hotels (ISIC G-H) | 32 | 58 | 100 | 127 | 124 |
| 交通、仓储和通信业 | Transport, Storage and Communication (ISIC I) | 18 | 29 | 63 | 74 | 77 |
| 其他服务业 | Other Activities (ISIC J-P) | 29 | 55 | 124 | 142 | 140 |
| 按2005年价格计算 | At Constant Prices of 2005 | | | | | |
| 增加值总额 | Total Value Added | 201 | 244 | 333 | 360 | 383 |
| 农业、狩猎业、林业和渔业 | Agriculture, Hunting, Forestry, Fishing (ISIC A-B) | 28 | 29 | 38 | 38 | 40 |
| 采掘、制造、电、煤气和水供应业 | Mining, Manufacturing, Utilities (ISIC C-E) | 48 | 57 | 78 | 85 | 91 |
| 制造业 | Manufacturing (ISIC D) | 42 | 48 | 62 | 67 | 71 |
| 建筑业 | Construction (ISIC F) | 14 | 17 | 25 | 28 | 34 |
| 批发、零售贸易、旅馆和饭店业 | Wholesale, Retail Trade, Restaurants and Hotels (ISIC G-H) | 48 | 58 | 74 | 82 | 86 |
| 交通、仓储和通信业 | Transport, Storage and Communication (ISIC I) | 20 | 29 | 46 | 51 | 54 |
| 其他服务业 | Other Activities (ISIC J-P) | 43 | 55 | 73 | 76 | 79 |
| **泰　国** | **Thailand** | | | | | |
| 按当年价格计算 | at Current Prices | | | | | |
| 增加值总额 | Total Value Added | 1260 | 1890 | 3380 | 3650 | 3860 |
| 农业、狩猎业、林业和渔业 | Agriculture, Hunting, Forestry, Fishing (ISIC A-B) | 107 | 174 | 356 | 417 | 403 |
| 采掘、制造、电、煤气和水供应业 | Mining, Manufacturing, Utilities (ISIC C-E) | 428 | 675 | 1260 | 1300 | 1400 |
| 制造业 | Manufacturing (ISIC D) | 361 | 564 | 1060 | 1080 | 1150 |
| 建筑业 | Construction (ISIC F) | 38 | 56 | 96 | 92 | 102 |
| 批发、零售贸易、旅馆和饭店业 | Wholesale, Retail Trade, Restaurants and Hotels (ISIC G-H) | 266 | 340 | 593 | 646 | 695 |
| 交通、仓储和通信业 | Transport, Storage and Communication (ISIC I) | 104 | 141 | 232 | 244 | 261 |
| 其他服务业 | Other Activities (ISIC J-P) | 318 | 500 | 841 | 946 | 1010 |
| 按2005年价格计算 | At Constant Prices of 2005 | | | | | |
| 增加值总额 | Total Value Added | 1446 | 1886 | 2258 | 2268 | 2410 |
| 农业、狩猎业、林业和渔业 | Agriculture, Hunting, Forestry, Fishing (ISIC A-B) | 152 | 174 | 183 | 197 | 203 |
| 采掘、制造、电、煤气和水供应业 | Mining, Manufacturing, Utilities (ISIC C-E) | 493 | 675 | 842 | 806 | 865 |
| 制造业 | Manufacturing (ISIC D) | 412 | 564 | 704 | 670 | 717 |
| 建筑业 | Construction (ISIC F) | 43 | 56 | 63 | 56 | 60 |
| 批发、零售贸易、旅馆和饭店业 | Wholesale, Retail Trade, Restaurants and Hotels (ISIC G-H) | 290 | 340 | 411 | 417 | 445 |
| 交通、仓储和通信业 | Transport, Storage and Communication (ISIC I) | 101 | 141 | 178 | 182 | 197 |
| 其他服务业 | Other Activities (ISIC J-P) | 369 | 500 | 577 | 606 | 635 |

3-10 续表 8 continued

单位：亿美元 (100 million USD)

| 国家或地区 | Country or Area | 2000 | 2005 | 2010 | 2011 | 2012 |
|---|---|---|---|---|---|---|
| **越　南** | **Viet Nam** | | | | | |
| 按当年价格计算 | at Current Prices | | | | | |
| 增加值总额 | Total Value Added | 312 | 576 | 1160 | 1360 | 1560 |
| 农业、狩猎业、林业和渔业 | Agriculture, Hunting, Forestry, Fishing (ISIC A-B) | 76 | 111 | 219 | 272 | 306 |
| 采掘、制造、电、煤气和水供应业 | Mining, Manufacturing, Utilities (ISIC C-E) | 98 | 186 | 368 | 434 | 514 |
| 制造业 | Manufacturing (ISIC D) | 58 | 108 | 208 | 244 | 271 |
| 建筑业 | Construction (ISIC F) | 17 | 34 | 75 | 80 | 87 |
| 批发、零售贸易、旅馆和饭店业 | Wholesale, Retail Trade, Restaurants and Hotels (ISIC G-H) | 54 | 89 | 196 | 228 | 262 |
| 交通、仓储和通信业 | Transport, Storage and Communication (ISIC I) | 12 | 24 | 47 | 52 | 59 |
| 其他服务业 | Other Activities (ISIC J-P) | 54 | 132 | 254 | 289 | 329 |
| 按2005年价格计算 | At Constant Prices of 2005 | | | | | |
| 增加值总额 | Total Value Added | 417 | 576 | 783 | 832 | 875 |
| 农业、狩猎业、林业和渔业 | Agriculture, Hunting, Forestry, Fishing (ISIC A-B) | 92 | 111 | 132 | 138 | 141 |
| 采掘、制造、电、煤气和水供应业 | Mining, Manufacturing, Utilities (ISIC C-E) | 125 | 186 | 248 | 269 | 285 |
| 制造业 | Manufacturing (ISIC D) | 63 | 108 | 169 | 188 | 198 |
| 建筑业 | Construction (ISIC F) | 20 | 34 | 51 | 51 | 52 |
| 批发、零售贸易、旅馆和饭店业 | Wholesale, Retail Trade, Restaurants and Hotels (ISIC G-H) | 61 | 89 | 132 | 142 | 152 |
| 交通、仓储和通信业 | Transport, Storage and Communication (ISIC I) | 17 | 24 | 38 | 41 | 44 |
| 其他服务业 | Other Activities (ISIC J-P) | 101 | 132 | 184 | 196 | 205 |
| **埃　及** | **Egypt** | | | | | |
| 按当年价格计算 | at Current Prices | | | | | |
| 增加值总额 | Total Value Added | 898 | 898 | 2050 | 2210 | 2440 |
| 农业、狩猎业、林业和渔业 | Agriculture, Hunting, Forestry, Fishing (ISIC A-B) | 124 | 129 | 286 | 321 | 360 |
| 采掘、制造、电、煤气和水供应业 | Mining, Manufacturing, Utilities (ISIC C-E) | 257 | 294 | 674 | 730 | 811 |
| 制造业 | Manufacturing (ISIC D) | 161 | 155 | 346 | 364 | 394 |
| 建筑业 | Construction (ISIC F) | 42 | 37 | 94 | 101 | 111 |
| 批发、零售贸易、旅馆和饭店业 | Wholesale, Retail Trade, Restaurants and Hotels (ISIC G-H) | 155 | 127 | 309 | 324 | 350 |
| 交通、仓储和通信业 | Transport, Storage and Communication (ISIC I) | 76 | 103 | 196 | 207 | 220 |
| 其他服务业 | Other Activities (ISIC J-P) | 244 | 208 | 487 | 525 | 583 |
| 按2005年价格计算 | At Constant Prices of 2005 | | | | | |
| 增加值总额 | Total Value Added | 747 | 898 | 1218 | 1241 | 1269 |
| 农业、狩猎业、林业和渔业 | Agriculture, Hunting, Forestry, Fishing (ISIC A-B) | 109 | 129 | 152 | 156 | 161 |
| 采掘、制造、电、煤气和水供应业 | Mining, Manufacturing, Utilities (ISIC C-E) | 247 | 294 | 401 | 401 | 404 |
| 制造业 | Manufacturing (ISIC D) | 130 | 155 | 208 | 206 | 207 |
| 建筑业 | Construction (ISIC F) | 34 | 37 | 72 | 74 | 77 |
| 批发、零售贸易、旅馆和饭店业 | Wholesale, Retail Trade, Restaurants and Hotels (ISIC G-H) | 119 | 127 | 185 | 184 | 187 |
| 交通、仓储和通信业 | Transport, Storage and Communication (ISIC I) | 75 | 103 | 158 | 168 | 175 |
| 其他服务业 | Other Activities (ISIC J-P) | 163 | 208 | 258 | 266 | 273 |

3-10 续表 9 continued

单位：亿美元 (100 million USD)

| 国家或地区 | Country or Area | 2000 | 2005 | 2010 | 2011 | 2012 |
|---|---|---|---|---|---|---|
| **尼日利亚** | **Nigeria** | | | | | |
| 按当年价格计算 | at Current Prices | | | | | |
| 增加值总额 | Total Value Added | 451 | 1110 | 2260 | 2420 | 2590 |
| 农业、狩猎业、林业和渔业 | Agriculture, Hunting, Forestry, Fishing (ISIC A-B) | 117 | 364 | 686 | 749 | 855 |
| 采掘、制造、电、煤气和水供应业 | Mining, Manufacturing, Utilities (ISIC C-E) | 232 | 467 | 1020 | 1040 | 1020 |
| 制造业 | Manufacturing (ISIC D) | 17 | 31 | 43 | 45 | 49 |
| 建筑业 | Construction (ISIC F) | 3 | 16 | 26 | 29 | 34 |
| 批发、零售贸易、旅馆和饭店业 | Wholesale, Retail Trade, Restaurants and Hotels (ISIC G-H) | 53 | 146 | 317 | 357 | 410 |
| 交通、仓储和通信业 | Transport, Storage and Communication (ISIC I) | 13 | 33 | 53 | 56 | 64 |
| 其他服务业 | Other Activities (ISIC J-P) | 33 | 85 | 164 | 185 | 206 |
| 按2005年价格计算 | At Constant Prices of 2005 | | | | | |
| 增加值总额 | Total Value Added | 650 | 1110 | 1534 | 1648 | 1756 |
| 农业、狩猎业、林业和渔业 | Agriculture, Hunting, Forestry, Fishing (ISIC A-B) | 185 | 364 | 498 | 527 | 547 |
| 采掘、制造、电、煤气和水供应业 | Mining, Manufacturing, Utilities (ISIC C-E) | 321 | 467 | 475 | 485 | 492 |
| 制造业 | Manufacturing (ISIC D) | 21 | 31 | 48 | 51 | 55 |
| 建筑业 | Construction (ISIC F) | 12 | 16 | 30 | 33 | 38 |
| 批发、零售贸易、旅馆和饭店业 | Wholesale, Retail Trade, Restaurants and Hotels (ISIC G-H) | 80 | 146 | 273 | 305 | 334 |
| 交通、仓储和通信业 | Transport, Storage and Communication (ISIC I) | 11 | 33 | 79 | 97 | 121 |
| 其他服务业 | Other Activities (ISIC J-P) | 63 | 85 | 118 | 126 | 134 |
| **南　非** | **South Africa** | | | | | |
| 按当年价格计算 | at Current Prices | | | | | |
| 增加值总额 | Total Value Added | 1210 | 2200 | 3290 | 3610 | 3450 |
| 农业、狩猎业、林业和渔业 | Agriculture, Hunting, Forestry, Fishing (ISIC A-B) | 40 | 59 | 85 | 89 | 89 |
| 采掘、制造、电、煤气和水供应业 | Mining, Manufacturing, Utilities (ISIC C-E) | 353 | 626 | 856 | 916 | 844 |
| 制造业 | Manufacturing (ISIC D) | 229 | 407 | 467 | 462 | 428 |
| 建筑业 | Construction (ISIC F) | 30 | 61 | 126 | 138 | 137 |
| 批发、零售贸易、旅馆和饭店业 | Wholesale, Retail Trade, Restaurants and Hotels (ISIC G-H) | 177 | 307 | 493 | 556 | 551 |
| 交通、仓储和通信业 | Transport, Storage and Communication (ISIC I) | 117 | 219 | 304 | 335 | 314 |
| 其他服务业 | Other Activities (ISIC J-P) | 491 | 932 | 1420 | 1580 | 1520 |
| 按2005年价格计算 | At Constant Prices of 2005 | | | | | |
| 增加值总额 | Total Value Added | 1824 | 2203 | 2589 | 2675 | 2739 |
| 农业、狩猎业、林业和渔业 | Agriculture, Hunting, Forestry, Fishing (ISIC A-B) | 55 | 59 | 65 | 65 | 67 |
| 采掘、制造、电、煤气和水供应业 | Mining, Manufacturing, Utilities (ISIC C-E) | 551 | 626 | 655 | 672 | 676 |
| 制造业 | Manufacturing (ISIC D) | 350 | 407 | 444 | 460 | 471 |
| 建筑业 | Construction (ISIC F) | 42 | 61 | 91 | 91 | 93 |
| 批发、零售贸易、旅馆和饭店业 | Wholesale, Retail Trade, Restaurants and Hotels (ISIC G-H) | 254 | 307 | 354 | 370 | 383 |
| 交通、仓储和通信业 | Transport, Storage and Communication (ISIC I) | 162 | 219 | 263 | 271 | 278 |
| 其他服务业 | Other Activities (ISIC J-P) | 761 | 932 | 1161 | 1205 | 1242 |

3-10 续表 10 continued

单位：亿美元 (100 million USD)

| 国家或地区 | Country or Area | 2000 | 2005 | 2010 | 2011 | 2012 |
|---|---|---|---|---|---|---|
| **加 拿 大** | **Canada** | | | | | |
| 按当年价格计算 | at Current Prices | | | | | |
| 增加值总额 | Total Value Added | 6910 | 10800 | 15200 | 16800 | 17200 |
| 农业、狩猎业、林业和渔业 | Agriculture, Hunting, Forestry, Fishing (ISIC A-B) | 160 | 203 | 234 | 260 | 264 |
| 采掘、制造、电、煤气和水供应业 | Mining, Manufacturing, Utilities (ISIC C-E) | 1950 | 2870 | 2990 | 3340 | 3390 |
| 制造业 | Manufacturing (ISIC D) | 1330 | 1630 | 1640 | 1820 | 1860 |
| 建筑业 | Construction (ISIC F) | 343 | 642 | 1110 | 1230 | 1310 |
| 批发、零售贸易、旅馆和饭店业 | Wholesale, Retail Trade, Restaurants and Hotels (ISIC G-H) | 873 | 1430 | 1960 | 2170 | 2230 |
| 交通、仓储和通信业 | Transport, Storage and Communication (ISIC I) | 528 | 846 | 1140 | 1260 | 1290 |
| 其他服务业 | Other Activities (ISIC J-P) | 3060 | 4850 | 7740 | 8490 | 8700 |
| 按2005年价格计算 | At Constant Prices of 2005 | | | | | |
| 增加值总额 | Total Value Added | 9563 | 10843 | 11636 | 11958 | 12175 |
| 农业、狩猎业、林业和渔业 | Agriculture, Hunting, Forestry, Fishing (ISIC A-B) | 189 | 203 | 202 | 209 | 210 |
| 采掘、制造、电、煤气和水供应业 | Mining, Manufacturing, Utilities (ISIC C-E) | 2787 | 2870 | 2631 | 2735 | 2758 |
| 制造业 | Manufacturing (ISIC D) | 1648 | 1626 | 1367 | 1413 | 1432 |
| 建筑业 | Construction (ISIC F) | 501 | 642 | 757 | 781 | 822 |
| 批发、零售贸易、旅馆和饭店业 | Wholesale, Retail Trade, Restaurants and Hotels (ISIC G-H) | 1173 | 1429 | 1595 | 1644 | 1677 |
| 交通、仓储和通信业 | Transport, Storage and Communication (ISIC I) | 719 | 846 | 904 | 926 | 942 |
| 其他服务业 | Other Activities (ISIC J-P) | 4213 | 4854 | 5500 | 5618 | 5717 |
| **美 国** | **United States** | | | | | |
| 按当年价格计算 | at Current Prices | | | | | |
| 增加值总额 | Total Value Added | 103000 | 131000 | 150000 | 155000 | 162000 |
| 农业、狩猎业、林业和渔业 | Agriculture, Hunting, Forestry, Fishing (ISIC A-B) | 994 | 1320 | 1630 | 1800 | 1770 |
| 采掘、制造、电、煤气和水供应业 | Mining, Manufacturing, Utilities (ISIC C-E) | 18700 | 22100 | 23900 | 25500 | 26000 |
| 制造业 | Manufacturing (ISIC D) | 15800 | 17900 | 18400 | 19400 | 19900 |
| 建筑业 | Construction (ISIC F) | 4860 | 6380 | 5430 | 5490 | 5990 |
| 批发、零售贸易、旅馆和饭店业 | Wholesale, Retail Trade, Restaurants and Hotels (ISIC G-H) | 16500 | 20100 | 21700 | 22700 | 23600 |
| 交通、仓储和通信业 | Transport, Storage and Communication (ISIC I) | 6460 | 7760 | 8480 | 8940 | 9290 |
| 其他服务业 | Other Activities (ISIC J-P) | 55400 | 73500 | 88400 | 90900 | 95800 |
| 按2005年价格计算 | At Constant Prices of 2005 | | | | | |
| 增加值总额 | Total Value Added | 117335 | 131115 | 134257 | 136549 | 145430 |
| 农业、狩猎业、林业和渔业 | Agriculture, Hunting, Forestry, Fishing (ISIC A-B) | 1081 | 1325 | 1470 | 1269 | 1542 |
| 采掘、制造、电、煤气和水供应业 | Mining, Manufacturing, Utilities (ISIC C-E) | 20351 | 22064 | 22329 | 22844 | 24004 |
| 制造业 | Manufacturing (ISIC D) | 15605 | 17919 | 17542 | 17997 | 18772 |
| 建筑业 | Construction (ISIC F) | 6827 | 6376 | 4708 | 4692 | 5129 |
| 批发、零售贸易、旅馆和饭店业 | Wholesale, Retail Trade, Restaurants and Hotels (ISIC G-H) | 17561 | 20099 | 19878 | 20321 | 21356 |
| 交通、仓储和通信业 | Transport, Storage and Communication (ISIC I) | 6388 | 7757 | 8097 | 8504 | 8847 |
| 其他服务业 | Other Activities (ISIC J-P) | 65126 | 73495 | 77775 | 78918 | 84552 |

3-10 续表 11 continued

单位：亿美元 (100 million USD)

| 国家或地区 | Country or Area | 2000 | 2005 | 2010 | 2011 | 2012 |
|---|---|---|---|---|---|---|
| **阿 根 廷** | **Argentina** | | | | | |
| 按当年价格计算 | at Current Prices | | | | | |
| 增加值总额 | Total Value Added | 2680 | 1700 | 3400 | 4100 | 4350 |
| 农业、狩猎业、林业和渔业 | Agriculture, Hunting, Forestry, Fishing (ISIC A-B) | 133 | 160 | 340 | 435 | 391 |
| 采掘、制造、电、煤气和水供应业 | Mining, Manufacturing, Utilities (ISIC C-E) | 606 | 522 | 860 | 1030 | 1050 |
| 制造业 | Manufacturing (ISIC D) | 469 | 393 | 697 | 845 | 846 |
| 建筑业 | Construction (ISIC F) | 133 | 83 | 190 | 235 | 257 |
| 批发、零售贸易、旅馆和饭店业 | Wholesale, Retail Trade, Restaurants and Hotels (ISIC G-H) | 439 | 243 | 500 | 617 | 683 |
| 交通、仓储和通信业 | Transport, Storage and Communication (ISIC I) | 241 | 153 | 275 | 327 | 344 |
| 其他服务业 | Other Activities (ISIC J-P) | 1120 | 537 | 1230 | 1460 | 1620 |
| 按2005年价格计算 | At Constant Prices of 2005 | | | | | |
| 增加值总额 | Total Value Added | 1561 | 1697 | 2325 | 2524 | 2579 |
| 农业、狩猎业、林业和渔业 | Agriculture, Hunting, Forestry, Fishing (ISIC A-B) | 138 | 160 | 189 | 185 | 164 |
| 采掘、制造、电、煤气和水供应业 | Mining, Manufacturing, Utilities (ISIC C-E) | 456 | 522 | 677 | 739 | 742 |
| 制造业 | Manufacturing (ISIC D) | 341 | 393 | 526 | 583 | 581 |
| 建筑业 | Construction (ISIC F) | 67 | 83 | 113 | 123 | 120 |
| 批发、零售贸易、旅馆和饭店业 | Wholesale, Retail Trade, Restaurants and Hotels (ISIC G-H) | 230 | 243 | 351 | 398 | 406 |
| 交通、仓储和通信业 | Transport, Storage and Communication (ISIC I) | 124 | 153 | 261 | 285 | 299 |
| 其他服务业 | Other Activities (ISIC J-P) | 532 | 537 | 711 | 761 | 800 |
| **巴 西** | **Brazil** | | | | | |
| 按当年价格计算 | at Current Prices | | | | | |
| 增加值总额 | Total Value Added | 5580 | 7570 | 18300 | 21100 | 19200 |
| 农业、狩猎业、林业和渔业 | Agriculture, Hunting, Forestry, Fishing (ISIC A-B) | 313 | 432 | 973 | 1150 | 1000 |
| 采掘、制造、电、煤气和水供应业 | Mining, Manufacturing, Utilities (ISIC C-E) | 1240 | 1840 | 4110 | 4590 | 3940 |
| 制造业 | Manufacturing (ISIC D) | 962 | 1370 | 2980 | 3080 | 2540 |
| 建筑业 | Construction (ISIC F) | 308 | 371 | 1040 | 1220 | 1090 |
| 批发、零售贸易、旅馆和饭店业 | Wholesale, Retail Trade, Restaurants and Hotels (ISIC G-H) | 1020 | 1390 | 3730 | 4350 | 4070 |
| 交通、仓储和通信业 | Transport, Storage and Communication (ISIC I) | 473 | 677 | 1510 | 1730 | 1570 |
| 其他服务业 | Other Activities (ISIC J-P) | 2230 | 2850 | 6980 | 8070 | 7470 |
| 按2005年价格计算 | At Constant Prices of 2005 | | | | | |
| 增加值总额 | Total Value Added | 6560 | 7568 | 9248 | 9478 | 9548 |
| 农业、狩猎业、林业和渔业 | Agriculture, Hunting, Forestry, Fishing (ISIC A-B) | 352 | 432 | 520 | 540 | 528 |
| 采掘、制造、电、煤气和水供应业 | Mining, Manufacturing, Utilities (ISIC C-E) | 1571 | 1845 | 2103 | 2126 | 2096 |
| 制造业 | Manufacturing (ISIC D) | 1187 | 1369 | 1511 | 1513 | 1474 |
| 建筑业 | Construction (ISIC F) | 369 | 371 | 487 | 504 | 511 |
| 批发、零售贸易、旅馆和饭店业 | Wholesale, Retail Trade, Restaurants and Hotels (ISIC G-H) | 1232 | 1390 | 1792 | 1842 | 1867 |
| 交通、仓储和通信业 | Transport, Storage and Communication (ISIC I) | 574 | 677 | 831 | 855 | 864 |
| 其他服务业 | Other Activities (ISIC J-P) | 2462 | 2854 | 3510 | 3602 | 3673 |

## 3-10 续表 12 continued

单位：亿美元 (100 million USD)

| 国家或地区 | Country or Area | 2000 | 2005 | 2010 | 2011 | 2012 |
|---|---|---|---|---|---|---|
| **委内瑞拉** | **Venezuela** | | | | | |
| 按当年价格计算 | at Current Prices | | | | | |
| 增加值总额 | Total Value Added | 1120 | 1360 | 3740 | 2920 | 3510 |
| 农业、狩猎业、林业和渔业 | Agriculture, Hunting, Forestry, Fishing (ISIC A-B) | 46 | 54 | 212 | 156 | 198 |
| 采掘、制造、电、煤气和水供应业 | Mining, Manufacturing, Utilities (ISIC C-E) | 453 | 679 | 1590 | 1150 | 1330 |
| 制造业 | Manufacturing (ISIC D) | 217 | 219 | 509 | 421 | 503 |
| 建筑业 | Construction (ISIC F) | 90 | 94 | 319 | 281 | 341 |
| 批发、零售贸易、旅馆和饭店业 | Wholesale, Retail Trade, Restaurants and Hotels (ISIC G-H) | 107 | 151 | 580 | 465 | 577 |
| 交通、仓储和通信业 | Transport, Storage and Communication (ISIC I) | 78 | 78 | 213 | 180 | 217 |
| 其他服务业 | Other Activities (ISIC J-P) | 348 | 302 | 828 | 691 | 844 |
| 按2005年价格计算 | At Constant Prices of 2005 | | | | | |
| 增加值总额 | Total Value Added | 1181 | 1358 | 1620 | 1603 | 1686 |
| 农业、狩猎业、林业和渔业 | Agriculture, Hunting, Forestry, Fishing (ISIC A-B) | 47 | 54 | 59 | 57 | 60 |
| 采掘、制造、电、煤气和水供应业 | Mining, Manufacturing, Utilities (ISIC C-E) | 649 | 679 | 664 | 669 | 697 |
| 制造业 | Manufacturing (ISIC D) | 209 | 219 | 225 | 227 | 236 |
| 建筑业 | Construction (ISIC F) | 99 | 94 | 152 | 155 | 162 |
| 批发、零售贸易、旅馆和饭店业 | Wholesale, Retail Trade, Restaurants and Hotels (ISIC G-H) | 118 | 151 | 184 | 192 | 198 |
| 交通、仓储和通信业 | Transport, Storage and Communication (ISIC I) | 61 | 78 | 133 | 125 | 134 |
| 其他服务业 | Other Activities (ISIC J-P) | 238 | 302 | 381 | 370 | 392 |
| **白俄罗斯** | **Belarus** | | | | | |
| 按当年价格计算 | at Current Prices | | | | | |
| 增加值总额 | Total Value Added | 91 | 263 | 499 | 543 | 567 |
| 农业、狩猎业、林业和渔业 | Agriculture, Hunting, Forestry, Fishing (ISIC A-B) | 13 | 26 | 51 | 50 | 54 |
| 采掘、制造、电、煤气和水供应业 | Mining, Manufacturing, Utilities (ISIC C-E) | 31 | 94 | 151 | 185 | 201 |
| 制造业 | Manufacturing (ISIC D) | 25 | 77 | 133 | 168 | 176 |
| 建筑业 | Construction (ISIC F) | 7 | 20 | 53 | 40 | 44 |
| 批发、零售贸易、旅馆和饭店业 | Wholesale, Retail Trade, Restaurants and Hotels (ISIC G-H) | 12 | 32 | 72 | 96 | 95 |
| 交通、仓储和通信业 | Transport, Storage and Communication (ISIC I) | 9 | 24 | 42 | 44 | 45 |
| 其他服务业 | Other Activities (ISIC J-P) | 19 | 67 | 131 | 130 | 128 |
| 按2005年价格计算 | At Constant Prices of 2005 | | | | | |
| 增加值总额 | Total Value Added | 190 | 263 | 378 | 412 | 422 |
| 农业、狩猎业、林业和渔业 | Agriculture, Hunting, Forestry, Fishing (ISIC A-B) | 20 | 26 | 32 | 34 | 36 |
| 采掘、制造、电、煤气和水供应业 | Mining, Manufacturing, Utilities (ISIC C-E) | 58 | 94 | 139 | 150 | 159 |
| 制造业 | Manufacturing (ISIC D) | 44 | 77 | 117 | 129 | 137 |
| 建筑业 | Construction (ISIC F) | 13 | 20 | 48 | 51 | 46 |
| 批发、零售贸易、旅馆和饭店业 | Wholesale, Retail Trade, Restaurants and Hotels (ISIC G-H) | 18 | 32 | 51 | 60 | 56 |
| 交通、仓储和通信业 | Transport, Storage and Communication (ISIC I) | 19 | 24 | 32 | 35 | 38 |
| 其他服务业 | Other Activities (ISIC J-P) | 60 | 67 | 85 | 89 | 93 |

3-10 续表 13 continued

单位：亿美元 (100 million USD)

| 国家或地区 | Country or Area | 2000 | 2005 | 2010 | 2011 | 2012 |
|---|---|---|---|---|---|---|
| **捷　克** | **Czech Rep.** | | | | | |
| 按当年价格计算 | at Current Prices | | | | | |
| 增加值总额 | Total Value Added | 535 | 1170 | 1790 | 1950 | 1760 |
| 农业、狩猎业、林业和渔业 | Agriculture, Hunting, Forestry, Fishing (ISIC A-B) | 19 | 30 | 30 | 45 | 42 |
| 采掘、制造、电、煤气和水供应业 | Mining, Manufacturing, Utilities (ISIC C-E) | 166 | 366 | 532 | 593 | 546 |
| 制造业 | Manufacturing (ISIC D) | 139 | 299 | 411 | 466 | 436 |
| 建筑业 | Construction (ISIC F) | 35 | 79 | 131 | 132 | 111 |
| 批发、零售贸易、旅馆和饭店业 | Wholesale, Retail Trade, Restaurants and Hotels (ISIC G-H) | 82 | 168 | 232 | 255 | 232 |
| 交通、仓储和通信业 | Transport, Storage and Communication (ISIC I) | 63 | 136 | 206 | 217 | 199 |
| 其他服务业 | Other Activities (ISIC J-P) | 170 | 393 | 660 | 704 | 633 |
| 按2005年价格计算 | At Constant Prices of 2005 | | | | | |
| 增加值总额 | Total Value Added | 972 | 1172 | 1355 | 1390 | 1380 |
| 农业、狩猎业、林业和渔业 | Agriculture, Hunting, Forestry, Fishing (ISIC A-B) | 25 | 30 | 22 | 22 | 21 |
| 采掘、制造、电、煤气和水供应业 | Mining, Manufacturing, Utilities (ISIC C-E) | 267 | 366 | 460 | 492 | 490 |
| 制造业 | Manufacturing (ISIC D) | 204 | 299 | 400 | 434 | 434 |
| 建筑业 | Construction (ISIC F) | 73 | 79 | 88 | 84 | 79 |
| 批发、零售贸易、旅馆和饭店业 | Wholesale, Retail Trade, Restaurants and Hotels (ISIC G-H) | 131 | 168 | 181 | 195 | 193 |
| 交通、仓储和通信业 | Transport, Storage and Communication (ISIC I) | 113 | 136 | 160 | 156 | 157 |
| 其他服务业 | Other Activities (ISIC J-P) | 363 | 393 | 443 | 442 | 442 |
| **法　国** | **France** | | | | | |
| 按当年价格计算 | at Current Prices | | | | | |
| 增加值总额 | Total Value Added | 11900 | 19100 | 23100 | 24900 | 23400 |
| 农业、狩猎业、林业和渔业 | Agriculture, Hunting, Forestry, Fishing (ISIC A-B) | 293 | 377 | 421 | 475 | 461 |
| 采掘、制造、电、煤气和水供应业 | Mining, Manufacturing, Utilities (ISIC C-E) | 2120 | 2940 | 2950 | 3160 | 2930 |
| 制造业 | Manufacturing (ISIC D) | 1810 | 2420 | 2370 | 2550 | 2330 |
| 建筑业 | Construction (ISIC F) | 594 | 1070 | 1410 | 1540 | 1470 |
| 批发、零售贸易、旅馆和饭店业 | Wholesale, Retail Trade, Restaurants and Hotels (ISIC G-H) | 1870 | 2990 | 3550 | 3790 | 3500 |
| 交通、仓储和通信业 | Transport, Storage and Communication (ISIC I) | 874 | 1510 | 1840 | 1970 | 1830 |
| 其他服务业 | Other Activities (ISIC J-P) | 6130 | 10300 | 12900 | 14000 | 13200 |
| 按2005年价格计算 | At Constant Prices of 2005 | | | | | |
| 增加值总额 | Total Value Added | 17775 | 19150 | 19835 | 20263 | 20289 |
| 农业、狩猎业、林业和渔业 | Agriculture, Hunting, Forestry, Fishing (ISIC A-B) | 383 | 377 | 390 | 415 | 391 |
| 采掘、制造、电、煤气和水供应业 | Mining, Manufacturing, Utilities (ISIC C-E) | 2750 | 2943 | 2784 | 2820 | 2789 |
| 制造业 | Manufacturing (ISIC D) | 2290 | 2419 | 2313 | 2362 | 2313 |
| 建筑业 | Construction (ISIC F) | 999 | 1072 | 1006 | 1003 | 996 |
| 批发、零售贸易、旅馆和饭店业 | Wholesale, Retail Trade, Restaurants and Hotels (ISIC G-H) | 2820 | 2990 | 3147 | 3240 | 3261 |
| 交通、仓储和通信业 | Transport, Storage and Communication (ISIC I) | 1225 | 1505 | 1649 | 1698 | 1710 |
| 其他服务业 | Other Activities (ISIC J-P) | 9599 | 10264 | 10859 | 11088 | 11141 |

## 3-10 续表 14 continued

单位：亿美元 (100 million USD)

| 国家或地区 | Country or Area | 2000 | 2005 | 2010 | 2011 | 2012 |
|---|---|---|---|---|---|---|
| **德　国** | **Germany** | | | | | |
| 按当年价格计算 | at Current Prices | | | | | |
| 增加值总额 | Total Value Added | 17000 | 25000 | 29600 | 32500 | 28800 |
| 农业、狩猎业、林业和渔业 | Agriculture, Hunting, Forestry, Fishing (ISIC A-B) | 188 | 200 | 236 | 257 | 257 |
| 采掘、制造、电、煤气和水供应业 | Mining, Manufacturing, Utilities (ISIC C-E) | 4280 | 6290 | 7600 | 8450 | 7930 |
| 制造业 | Manufacturing (ISIC D) | 3780 | 5490 | 6480 | 7360 | 6870 |
| 建筑业 | Construction (ISIC F) | 896 | 1020 | 1350 | 1520 | 1430 |
| 批发、零售贸易、旅馆和饭店业 | Wholesale, Retail Trade, Restaurants and Hotels (ISIC G-H) | 2020 | 2990 | 3160 | 3470 | 3300 |
| 交通、仓储和通信业 | Transport, Storage and Communication (ISIC I) | 1420 | 2060 | 2350 | 2560 | 2400 |
| 其他服务业 | Other Activities (ISIC J-P) | 8160 | 12400 | 14900 | 16200 | 13500 |
| 按2005年价格计算 | At Constant Prices of 2005 | | | | | |
| 增加值总额 | Total Value Added | 24033 | 24951 | 26772 | 27740 | 27877 |
| 农业、狩猎业、林业和渔业 | Agriculture, Hunting, Forestry, Fishing (ISIC A-B) | 169 | 200 | 243 | 188 | 191 |
| 采掘、制造、电、煤气和水供应业 | Mining, Manufacturing, Utilities (ISIC C-E) | 5923 | 6294 | 6709 | 7148 | 7041 |
| 制造业 | Manufacturing (ISIC D) | 5120 | 5494 | 5873 | 6438 | 6321 |
| 建筑业 | Construction (ISIC F) | 1254 | 1015 | 1035 | 1084 | 1058 |
| 批发、零售贸易、旅馆和饭店业 | Wholesale, Retail Trade, Restaurants and Hotels (ISIC G-H) | 2696 | 2992 | 2978 | 3012 | 3049 |
| 交通、仓储和通信业 | Transport, Storage and Communication (ISIC I) | 1900 | 2063 | 2476 | 2677 | 2688 |
| 其他服务业 | Other Activities (ISIC J-P) | 12092 | 12387 | 13331 | 13632 | 13851 |
| **意 大 利** | **Italy** | | | | | |
| 按当年价格计算 | at Current Prices | | | | | |
| 增加值总额 | Total Value Added | 9870 | 16100 | 18400 | 19700 | 18000 |
| 农业、狩猎业、林业和渔业 | Agriculture, Hunting, Forestry, Fishing (ISIC A-B) | 277 | 356 | 349 | 390 | 361 |
| 采掘、制造、电、煤气和水供应业 | Mining, Manufacturing, Utilities (ISIC C-E) | 2230 | 3260 | 3510 | 3680 | 3290 |
| 制造业 | Manufacturing (ISIC D) | 1980 | 2860 | 3040 | 3210 | 2800 |
| 建筑业 | Construction (ISIC F) | 504 | 994 | 1110 | 1180 | 1070 |
| 批发、零售贸易、旅馆和饭店业 | Wholesale, Retail Trade, Restaurants and Hotels (ISIC G-H) | 1620 | 2490 | 2710 | 2920 | 2700 |
| 交通、仓储和通信业 | Transport, Storage and Communication (ISIC I) | 956 | 1610 | 1850 | 1960 | 1770 |
| 其他服务业 | Other Activities (ISIC J-P) | 4270 | 7360 | 8890 | 9510 | 8830 |
| 按2005年价格计算 | At Constant Prices of 2005 | | | | | |
| 增加值总额 | Total Value Added | 15277 | 16063 | 15885 | 15989 | 15638 |
| 农业、狩猎业、林业和渔业 | Agriculture, Hunting, Forestry, Fishing (ISIC A-B) | 365 | 356 | 348 | 348 | 333 |
| 采掘、制造、电、煤气和水供应业 | Mining, Manufacturing, Utilities (ISIC C-E) | 3290 | 3257 | 3037 | 3067 | 2965 |
| 制造业 | Manufacturing (ISIC D) | 2908 | 2858 | 2664 | 2692 | 2586 |
| 建筑业 | Construction (ISIC F) | 860 | 994 | 883 | 853 | 799 |
| 批发、零售贸易、旅馆和饭店业 | Wholesale, Retail Trade, Restaurants and Hotels (ISIC G-H) | 2493 | 2487 | 2408 | 2464 | 2405 |
| 交通、仓储和通信业 | Transport, Storage and Communication (ISIC I) | 1391 | 1612 | 1649 | 1645 | 1586 |
| 其他服务业 | Other Activities (ISIC J-P) | 6877 | 7358 | 7560 | 7613 | 7551 |

# 3-10 续表 15 continued

单位：亿美元 (100 million USD)

| 国家或地区 | Country or Area | 2000 | 2005 | 2010 | 2011 | 2012 |
|---|---|---|---|---|---|---|
| **荷 兰** | **Netherlands** | | | | | |
| 按当年价格计算 | at Current Prices | | | | | |
| 增加值总额 | Total Value Added | 3440 | 5670 | 6940 | 7460 | 6910 |
| 农业、狩猎业、林业和渔业 | Agriculture, Hunting, Forestry, Fishing (ISIC A-B) | 86 | 110 | 124 | 122 | 117 |
| 采掘、制造、电、煤气和水供应业 | Mining, Manufacturing, Utilities (ISIC C-E) | 657 | 1050 | 1280 | 1430 | 1340 |
| 制造业 | Manufacturing (ISIC D) | 504 | 764 | 846 | 946 | 873 |
| 建筑业 | Construction (ISIC F) | 196 | 314 | 371 | 403 | 341 |
| 批发、零售贸易、旅馆和饭店业 | Wholesale, Retail Trade, Restaurants and Hotels (ISIC G-H) | 620 | 951 | 1110 | 1190 | 1090 |
| 交通、仓储和通信业 | Transport, Storage and Communication (ISIC I) | 277 | 466 | 516 | 555 | 509 |
| 其他服务业 | Other Activities (ISIC J-P) | 1600 | 2780 | 3540 | 3760 | 3510 |
| 按2005年价格计算 | At Constant Prices of 2005 | | | | | |
| 增加值总额 | Total Value Added | 5297 | 5673 | 6131 | 6204 | 6134 |
| 农业、狩猎业、林业和渔业 | Agriculture, Hunting, Forestry, Fishing (ISIC A-B) | 107 | 110 | 120 | 122 | 122 |
| 采掘、制造、电、煤气和水供应业 | Mining, Manufacturing, Utilities (ISIC C-E) | 998 | 1055 | 1126 | 1129 | 1119 |
| 制造业 | Manufacturing (ISIC D) | 727 | 764 | 796 | 821 | 813 |
| 建筑业 | Construction (ISIC F) | 333 | 314 | 296 | 311 | 286 |
| 批发、零售贸易、旅馆和饭店业 | Wholesale, Retail Trade, Restaurants and Hotels (ISIC G-H) | 883 | 951 | 1044 | 1066 | 1052 |
| 交通、仓储和通信业 | Transport, Storage and Communication (ISIC I) | 391 | 466 | 490 | 501 | 495 |
| 其他服务业 | Other Activities (ISIC J-P) | 2586 | 2778 | 3054 | 3075 | 3061 |
| **俄 罗 斯** | **Russia** | | | | | |
| 按当年价格计算 | at Current Prices | | | | | |
| 增加值总额 | Total Value Added | 2280 | 6550 | 13200 | 16200 | 17300 |
| 农业、狩猎业、林业和渔业 | Agriculture, Hunting, Forestry, Fishing (ISIC A-B) | 155 | 325 | 510 | 705 | 668 |
| 采掘、制造、电、煤气和水供应业 | Mining, Manufacturing, Utilities (ISIC C-E) | 749 | 2140 | 3720 | 4890 | 5100 |
| 制造业 | Manufacturing (ISIC D) | 509 | 1200 | 1950 | 2510 | 2620 |
| 建筑业 | Construction (ISIC F) | 150 | 350 | 852 | 1060 | 1120 |
| 批发、零售贸易、旅馆和饭店业 | Wholesale, Retail Trade, Restaurants and Hotels (ISIC G-H) | 546 | 1340 | 2770 | 3330 | 3580 |
| 交通、仓储和通信业 | Transport, Storage and Communication (ISIC I) | 208 | 671 | 1210 | 1350 | 1410 |
| 其他服务业 | Other Activities (ISIC J-P) | 477 | 1720 | 4120 | 4840 | 5400 |
| 按2005年价格计算 | At Constant Prices of 2005 | | | | | |
| 增加值总额 | Total Value Added | 5019 | 6547 | 7773 | 8084 | 8367 |
| 农业、狩猎业、林业和渔业 | Agriculture, Hunting, Forestry, Fishing (ISIC A-B) | 287 | 325 | 320 | 365 | 353 |
| 采掘、制造、电、煤气和水供应业 | Mining, Manufacturing, Utilities (ISIC C-E) | 1639 | 2143 | 2191 | 2279 | 2329 |
| 制造业 | Manufacturing (ISIC D) | 892 | 1198 | 1246 | 1312 | 1355 |
| 建筑业 | Construction (ISIC F) | 227 | 350 | 441 | 461 | 471 |
| 批发、零售贸易、旅馆和饭店业 | Wholesale, Retail Trade, Restaurants and Hotels (ISIC G-H) | 877 | 1336 | 1853 | 1914 | 2038 |
| 交通、仓储和通信业 | Transport, Storage and Communication (ISIC I) | 500 | 671 | 783 | 834 | 856 |
| 其他服务业 | Other Activities (ISIC J-P) | 1472 | 1722 | 2218 | 2268 | 2365 |

3-10 续表 16 continued

单位：亿美元 (100 million USD)

| 国家或地区 | Country or Area | 2000 | 2005 | 2010 | 2011 | 2012 |
|---|---|---|---|---|---|---|
| **西 班 牙** | **Spain** | | | | | |
| 按当年价格计算 | at Current Prices | | | | | |
| 增加值总额 | Total Value Added | 5250 | 10100 | 12600 | 13300 | 12100 |
| 农业、狩猎业、林业和渔业 | Agriculture, Hunting, Forestry, Fishing (ISIC A-B) | 222 | 309 | 327 | 332 | 298 |
| 采掘、制造、电、煤气和水供应业 | Mining, Manufacturing, Utilities (ISIC C-E) | 1090 | 1840 | 2090 | 2290 | 2110 |
| 制造业 | Manufacturing (ISIC D) | 940 | 1540 | 1650 | 1780 | 1620 |
| 建筑业 | Construction (ISIC F) | 540 | 1370 | 1350 | 1270 | 1040 |
| 批发、零售贸易、旅馆和饭店业 | Wholesale, Retail Trade, Restaurants and Hotels (ISIC G-H) | 1060 | 2030 | 2620 | 2790 | 2600 |
| 交通、仓储和通信业 | Transport, Storage and Communication (ISIC I) | 413 | 770 | 987 | 1050 | 980 |
| 其他服务业 | Other Activities (ISIC J-P) | 1920 | 3780 | 5270 | 5610 | 5110 |
| 按2005年价格计算 | At Constant Prices of 2005 | | | | | |
| 增加值总额 | Total Value Added | 8680 | 10104 | 10687 | 10761 | 10611 |
| 农业、狩猎业、林业和渔业 | Agriculture, Hunting, Forestry, Fishing (ISIC A-B) | 354 | 309 | 334 | 353 | 315 |
| 采掘、制造、电、煤气和水供应业 | Mining, Manufacturing, Utilities (ISIC C-E) | 1721 | 1841 | 1748 | 1795 | 1787 |
| 制造业 | Manufacturing (ISIC D) | 1465 | 1545 | 1398 | 1417 | 1401 |
| 建筑业 | Construction (ISIC F) | 1043 | 1373 | 1122 | 1021 | 934 |
| 批发、零售贸易、旅馆和饭店业 | Wholesale, Retail Trade, Restaurants and Hotels (ISIC G-H) | 1757 | 2028 | 2195 | 2220 | 2232 |
| 交通、仓储和通信业 | Transport, Storage and Communication (ISIC I) | 662 | 770 | 841 | 849 | 855 |
| 其他服务业 | Other Activities (ISIC J-P) | 3116 | 3783 | 4399 | 4457 | 4413 |
| **乌 克 兰** | **Ukraine** | | | | | |
| 按当年价格计算 | at Current Prices | | | | | |
| 增加值总额 | Total Value Added | 268 | 773 | 1260 | 1460 | 1570 |
| 农业、狩猎业、林业和渔业 | Agriculture, Hunting, Forestry, Fishing (ISIC A-B) | 45 | 79 | 104 | 139 | 140 |
| 采掘、制造、电、煤气和水供应业 | Mining, Manufacturing, Utilities (ISIC C-E) | 91 | 234 | 326 | 375 | 402 |
| 制造业 | Manufacturing (ISIC D) | 57 | 169 | 200 | 209 | 225 |
| 建筑业 | Construction (ISIC F) | 10 | 32 | 41 | 47 | 48 |
| 批发、零售贸易、旅馆和饭店业 | Wholesale, Retail Trade, Restaurants and Hotels (ISIC G-H) | 28 | 114 | 221 | 271 | 275 |
| 交通、仓储和通信业 | Transport, Storage and Communication (ISIC I) | 36 | 93 | 140 | 167 | 177 |
| 其他服务业 | Other Activities (ISIC J-P) | 57 | 221 | 428 | 465 | 524 |
| 按2005年价格计算 | At Constant Prices of 2005 | | | | | |
| 增加值总额 | Total Value Added | 507 | 773 | 831 | 867 | 864 |
| 农业、狩猎业、林业和渔业 | Agriculture, Hunting, Forestry, Fishing (ISIC A-B) | 66 | 79 | 86 | 103 | 98 |
| 采掘、制造、电、煤气和水供应业 | Mining, Manufacturing, Utilities (ISIC C-E) | 159 | 234 | 233 | 243 | 239 |
| 制造业 | Manufacturing (ISIC D) | 102 | 169 | 167 | 172 | 166 |
| 建筑业 | Construction (ISIC F) | 23 | 32 | 15 | 16 | 14 |
| 批发、零售贸易、旅馆和饭店业 | Wholesale, Retail Trade, Restaurants and Hotels (ISIC G-H) | 58 | 114 | 145 | 153 | 151 |
| 交通、仓储和通信业 | Transport, Storage and Communication (ISIC I) | 61 | 93 | 112 | 122 | 123 |
| 其他服务业 | Other Activities (ISIC J-P) | 140 | 221 | 244 | 241 | 248 |

## 3-10 续表 17 continued

单位：亿美元 (100 million USD)

| 国家或地区 | Country or Area | 2000 | 2005 | 2010 | 2011 | 2012 |
|---|---|---|---|---|---|---|
| **英　国** | **United Kingdom** | | | | | |
| 按当年价格计算 | at Current Prices | | | | | |
| 增加值总额 | Total Value Added | 13200 | 20700 | 20500 | 21800 | 21900 |
| 农业、狩猎业、林业和渔业 | Agriculture, Hunting, Forestry, Fishing (ISIC A-B) | 119 | 130 | 140 | 151 | 143 |
| 采掘、制造、电、煤气和水供应业 | Mining, Manufacturing, Utilities (ISIC C-E) | 2760 | 3450 | 3120 | 3290 | 3180 |
| 制造业 | Manufacturing (ISIC D) | 2060 | 2480 | 2130 | 2250 | 2200 |
| 建筑业 | Construction (ISIC F) | 791 | 1440 | 1300 | 1390 | 1310 |
| 批发、零售贸易、旅馆和饭店业 | Wholesale, Retail Trade, Restaurants and Hotels (ISIC G-H) | 2310 | 3600 | 3370 | 3600 | 3610 |
| 交通、仓储和通信业 | Transport, Storage and Communication (ISIC I) | 1230 | 1770 | 1670 | 1780 | 1790 |
| 其他服务业 | Other Activities (ISIC J-P) | 6020 | 10300 | 10900 | 11600 | 11900 |
| 按2005年价格计算 | At Constant Prices of 2005 | | | | | |
| 增加值总额 | Total Value Added | 17801 | 20714 | 21342 | 21686 | 21731 |
| 农业、狩猎业、林业和渔业 | Agriculture, Hunting, Forestry, Fishing (ISIC A-B) | 125 | 130 | 123 | 136 | 131 |
| 采掘、制造、电、煤气和水供应业 | Mining, Manufacturing, Utilities (ISIC C-E) | 3392 | 3454 | 3480 | 3539 | 3464 |
| 制造业 | Manufacturing (ISIC D) | 2561 | 2484 | 2321 | 2363 | 2327 |
| 建筑业 | Construction (ISIC F) | 1240 | 1437 | 1354 | 1385 | 1279 |
| 批发、零售贸易、旅馆和饭店业 | Wholesale, Retail Trade, Restaurants and Hotels (ISIC G-H) | 3017 | 3605 | 3643 | 3681 | 3707 |
| 交通、仓储和通信业 | Transport, Storage and Communication (ISIC I) | 1542 | 1773 | 1773 | 1793 | 1805 |
| 其他服务业 | Other Activities (ISIC J-P) | 8485 | 10314 | 10968 | 11151 | 11345 |
| **澳大利亚** | **Australia** | | | | | |
| 按当年价格计算 | at Current Prices | | | | | |
| 增加值总额 | Total Value Added | 3740 | 6990 | 12000 | 14200 | 14600 |
| 农业、狩猎业、林业和渔业 | Agriculture, Hunting, Forestry, Fishing (ISIC A-B) | 143 | 209 | 295 | 336 | 349 |
| 采掘、制造、电、煤气和水供应业 | Mining, Manufacturing, Utilities (ISIC C-E) | 770 | 1470 | 2500 | 2920 | 2950 |
| 制造业 | Manufacturing (ISIC D) | 462 | 781 | 989 | 1080 | 1210 |
| 建筑业 | Construction (ISIC F) | 210 | 511 | 948 | 1100 | 1150 |
| 批发、零售贸易、旅馆和饭店业 | Wholesale, Retail Trade, Restaurants and Hotels (ISIC G-H) | 489 | 884 | 1410 | 1630 | 1710 |
| 交通、仓储和通信业 | Transport, Storage and Communication (ISIC I) | 353 | 633 | 1010 | 1200 | 1250 |
| 其他服务业 | Other Activities (ISIC J-P) | 1780 | 3280 | 5850 | 7010 | 7170 |
| 按2005年价格计算 | At Constant Prices of 2005 | | | | | |
| 增加值总额 | Total Value Added | 5924 | 6992 | 8046 | 8310 | 8536 |
| 农业、狩猎业、林业和渔业 | Agriculture, Hunting, Forestry, Fishing (ISIC A-B) | 193 | 209 | 234 | 249 | 234 |
| 采掘、制造、电、煤气和水供应业 | Mining, Manufacturing, Utilities (ISIC C-E) | 1398 | 1473 | 1637 | 1674 | 1739 |
| 制造业 | Manufacturing (ISIC D) | 739 | 781 | 790 | 781 | 773 |
| 建筑业 | Construction (ISIC F) | 325 | 511 | 632 | 660 | 666 |
| 批发、零售贸易、旅馆和饭店业 | Wholesale, Retail Trade, Restaurants and Hotels (ISIC G-H) | 729 | 884 | 964 | 1005 | 1033 |
| 交通、仓储和通信业 | Transport, Storage and Communication (ISIC I) | 516 | 633 | 744 | 758 | 765 |
| 其他服务业 | Other Activities (ISIC J-P) | 2761 | 3281 | 3834 | 3963 | 4094 |

# 3-11 支出法国内生产总值

## Gross Domestic Product by Expenditure Approach

资料来源：世界银行WDI数据库。
Source: World Bank WDI Database.
单位：亿美元 (100 million USD)

| 国家或地区 | Country or Area | 2000 | 2005 | 2010 | 2012 | 2013 |
|---|---|---|---|---|---|---|
| **中　国** | **China** | | | | | |
| 按当年价格计算 | At Current USD | | | | | |
| 居民消费支出 | Household Final Consumption Expenditure | 5539 | 8904 | 20791 | 30167 | 34468 |
| 政府消费支出 | General Government Final Consumption Expenditure | 1892 | 3222 | 7881 | 11313 | 12992 |
| 资本形成总额 | Gross Capital Formation | 4209 | 9501 | 28596 | 40045 | 45541 |
| 货物和服务出口 | Exports of Goods and Services | 2796 | 8366 | 17434 | 22484 | 24396 |
| 货物和服务进口 | Imports of Goods and Services | 2507 | 7120 | 15204 | 20165 | 22028 |
| 国内生产总值 | Gross Domestic Product | 11985 | 22569 | 59305 | 82295 | 92403 |
| 按2005年价格计算 | At Constant 2005 USD | | | | | |
| 居民消费支出 | Household Final Consumption Expenditure | 6504 | 8904 | 13717 | 16490 | 17738 |
| 政府消费支出 | General Government Final Consumption Expenditure | 2221 | 3222 | 5200 | 6184 | 6686 |
| 资本形成总额 | Gross Capital Formation | 5143 | 9501 | 18364 | 21688 | 23603 |
| 货物和服务出口 | Exports of Goods and Services | 3593 | 8366 | 15432 | 17693 | 19218 |
| 货物和服务进口 | Imports of Goods and Services | 3087 | 7120 | 12213 | 14284 | 15800 |
| 国内生产总值 | Gross Domestic Product | 14170 | 22569 | 38393 | 45175 | 48640 |
| **中国香港** | **Hong Kong, China** | | | | | |
| 按当年价格计算 | At Current USD | | | | | |
| 居民消费支出 | Household Final Consumption Expenditure | 1007 | 1044 | 1403 | 1695 | 1811 |
| 政府消费支出 | General Government Final Consumption Expenditure | 161 | 168 | 203 | 239 | 255 |
| 资本形成总额 | Gross Capital Formation | 474 | 382 | 546 | 662 | 651 |
| 货物和服务出口 | Exports of Goods and Services | 2434 | 3534 | 5017 | 5924 | 6291 |
| 货物和服务进口 | Imports of Goods and Services | 2358 | 3312 | 4882 | 5894 | 6268 |
| 国内生产总值 | Gross Domestic Product | 1717 | 1816 | 2286 | 2626 | 2740 |
| 按2005年价格计算 | At Constant 2005 USD | | | | | |
| 居民消费支出 | Household Final Consumption Expenditure | 952 | 1044 | 1303 | 1470 | 1534 |
| 政府消费支出 | General Government Final Consumption Expenditure | 378 | 382 | 495 | 528 | 548 |
| 资本形成总额 | Gross Capital Formation | 152 | 168 | 189 | 200 | 205 |
| 货物和服务出口 | Exports of Goods and Services | 2300 | 3534 | 4513 | 4778 | 5081 |
| 货物和服务进口 | Imports of Goods and Services | 2295 | 3312 | 4308 | 4638 | 4955 |
| 国内生产总值 | Gross Domestic Product | 1476 | 1816 | 2201 | 2342 | 2410 |
| **中国澳门** | **Macao, China** | | | | | |
| 按当年价格计算 | At Current USD | | | | | |
| 居民消费支出 | Household Final Consumption Expenditure | 25 | 37 | 64 | 86 | 97 |
| 政府消费支出 | General Government Final Consumption Expenditure | 8 | 12 | 23 | 30 | 34 |
| 资本形成总额 | Gross Capital Formation | 7 | 31 | 38 | 63 | 72 |
| 货物和服务出口 | Exports of Goods and Services | 61 | 112 | 300 | 468 | 552 |
| 货物和服务进口 | Imports of Goods and Services | 39 | 73 | 141 | 218 | 237 |
| 国内生产总值 | Gross Domestic Product | 61 | 118 | 284 | 430 | 518 |
| 按2005年价格计算 | At Constant 2005 USD | | | | | |
| 居民消费支出 | Household Final Consumption Expenditure | 29 | 37 | 49 | 60 | 63 |
| 政府消费支出 | General Government Final Consumption Expenditure | 9 | 12 | 18 | 20 | 21 |
| 资本形成总额 | Gross Capital Formation | 9 | 31 | 27 | 39 | 41 |
| 货物和服务出口 | Exports of Goods and Services | 61 | 112 | 242 | 333 | 373 |
| 货物和服务进口 | Imports of Goods and Services | 43 | 73 | 119 | 165 | 177 |
| 国内生产总值 | Gross Domestic Product | 68 | 118 | 207 | 274 | 306 |

## 3-11 续表 1 continued

单位：亿美元 (100 million USD)

| 国家或地区 | Country or Area | 2000 | 2005 | 2010 | 2012 | 2013 |
|---|---|---|---|---|---|---|
| **孟加拉国** | **Bangladesh** | | | | | |
| 按当年价格计算 | At Current USD | | | | | |
| 居民消费支出 | Household Final Consumption Expenditure | 365 | 449 | 748 | 872 | 977 |
| 政府消费支出 | General Government Final Consumption Expenditure | 22 | 33 | 54 | 65 | 71 |
| 资本形成总额 | Gross Capital Formation | 109 | 148 | 245 | 308 | 349 |
| 货物和服务出口 | Exports of Goods and Services | 66 | 100 | 185 | 269 | 297 |
| 货物和服务进口 | Imports of Goods and Services | 91 | 139 | 251 | 373 | 402 |
| 国内生产总值 | Gross Domestic Product | 471 | 603 | 1004 | 1160 | 1299 |
| 按2005年价格计算 | At Constant 2005 USD | | | | | |
| 居民消费支出 | Household Final Consumption Expenditure | 368 | 449 | 582 | 645 | 678 |
| 政府消费支出 | General Government Final Consumption Expenditure | 20 | 33 | 45 | 51 | 53 |
| 资本形成总额 | Gross Capital Formation | 99 | 148 | 203 | 247 | 261 |
| 货物和服务出口 | Exports of Goods and Services | 64 | 100 | 154 | 214 | 222 |
| 货物和服务进口 | Imports of Goods and Services | 99 | 139 | 183 | 254 | 257 |
| 国内生产总值 | Gross Domestic Product | 463 | 603 | 815 | 924 | 979 |
| **文　莱** | **Brunei Darussalam** | | | | | |
| 按当年价格计算 | At Current USD | | | | | |
| 居民消费支出 | Household Final Consumption Expenditure | 15 | 21 | 29 | 35 | 36 |
| 政府消费支出 | General Government Final Consumption Expenditure | 15 | 18 | 28 | 29 | 30 |
| 资本形成总额 | Gross Capital Formation | 8 | 11 | 20 | 23 | 25 |
| 货物和服务出口 | Exports of Goods and Services | 40 | 67 | 101 | 138 | 123 |
| 货物和服务进口 | Imports of Goods and Services | 21 | 26 | 41 | 53 | 52 |
| 国内生产总值 | Gross Domestic Product | 60 | 95 | 124 | 170 | 161 |
| 按2005年价格计算 | At Constant 2005 USD | | | | | |
| 居民消费支出 | Household Final Consumption Expenditure | 16 | 21 | 25 | 27 | 28 |
| 政府消费支出 | General Government Final Consumption Expenditure | 16 | 18 | 25 | 24 | 25 |
| 资本形成总额 | Gross Capital Formation | 9 | 11 | 15 | 16 | 17 |
| 货物和服务出口 | Exports of Goods and Services | 62 | 67 | 51 | 58 | 53 |
| 货物和服务进口 | Imports of Goods and Services | 23 | 26 | 34 | 42 | 42 |
| 国内生产总值 | Gross Domestic Product | 86 | 95 | 98 | 103 | 101 |
| **柬埔寨** | **Cambodia** | | | | | |
| 按当年价格计算 | At Current USD | | | | | |
| 居民消费支出 | Household Final Consumption Expenditure | 32 | 54 | 91 | | |
| 政府消费支出 | General Government Final Consumption Expenditure | 2 | 3 | 7 | | |
| 资本形成总额 | Gross Capital Formation | 6 | 12 | 20 | | |
| 货物和服务出口 | Exports of Goods and Services | 18 | 40 | 61 | | |
| 货物和服务进口 | Imports of Goods and Services | 23 | 46 | 67 | | |
| 国内生产总值 | Gross Domestic Product | 37 | 63 | 112 | 141 | 152 |
| 按2005年价格计算 | At Constant 2005 USD | | | | | |
| 居民消费支出 | Household Final Consumption Expenditure | 36 | 54 | 74 | | |
| 政府消费支出 | General Government Final Consumption Expenditure | 2 | 3 | 6 | | |
| 资本形成总额 | Gross Capital Formation | 7 | 12 | 18 | | |
| 货物和服务出口 | Exports of Goods and Services | 18 | 40 | 67 | | |
| 货物和服务进口 | Imports of Goods and Services | 23 | 46 | 77 | | |
| 国内生产总值 | Gross Domestic Product | 40 | 63 | 87 | 100 | 107 |

# 3-11 续表 2 continued

单位：亿美元 (100 million USD)

| 国家或地区 | Country or Area | 2000 | 2005 | 2010 | 2012 | 2013 |
|---|---|---|---|---|---|---|
| **印　度** | **India** | | | | | |
| 按当年价格计算 | At Current USD | | | | | |
| 居民消费支出 | Household Final Consumption Expenditure | 3079 | 4862 | 9570 | 10609 | 10719 |
| 政府消费支出 | General Government Final Consumption Expenditure | 598 | 907 | 1954 | 2186 | 2217 |
| 资本形成总额 | Gross Capital Formation | 1149 | 2860 | 6241 | 6450 | 5633 |
| 货物和服务出口 | Exports of Goods and Services | 609 | 1608 | 3754 | 4460 | 4657 |
| 货物和服务进口 | Imports of Goods and Services | 651 | 1837 | 4500 | 5713 | 5332 |
| 国内生产总值 | Gross Domestic Product | 4766 | 8342 | 17085 | 18587 | 18768 |
| 按2005年价格计算 | At Constant 2005 USD | | | | | |
| 居民消费支出 | Household Final Consumption Expenditure | 3686 | 4862 | 7217 | 8280 | 8681 |
| 政府消费支出 | General Government Final Consumption Expenditure | 763 | 907 | 1371 | 1556 | 1615 |
| 资本形成总额 | Gross Capital Formation | 1463 | 2860 | 4912 | 5351 | 4940 |
| 货物和服务出口 | Exports of Goods and Services | 725 | 1608 | 2679 | 3250 | 3525 |
| 货物和服务进口 | Imports of Goods and Services | 864 | 1837 | 3415 | 4405 | 4292 |
| 国内生产总值 | Gross Domestic Product | 6027 | 8342 | 12437 | 13890 | 14587 |
| **印度尼西亚** | **Indonesia** | | | | | |
| 按当年价格计算 | At Current USD | | | | | |
| 居民消费支出 | Household Final Consumption Expenditure | 1017 | 1840 | 4008 | 4790 | 4848 |
| 政府消费支出 | General Government Final Consumption Expenditure | 108 | 232 | 646 | 781 | 791 |
| 资本形成总额 | Gross Capital Formation | 367 | 717 | 2292 | 3046 | 2921 |
| 货物和服务出口 | Exports of Goods and Services | 676 | 974 | 1743 | 2130 | 2062 |
| 货物和服务进口 | Imports of Goods and Services | 503 | 855 | 1624 | 2267 | 2235 |
| 国内生产总值 | Gross Domestic Product | 1650 | 2859 | 7092 | 8767 | 8683 |
| 按2005年价格计算 | At Constant 2005 USD | | | | | |
| 居民消费支出 | Household Final Consumption Expenditure | 1510 | 1840 | 2306 | 2542 | 2676 |
| 政府消费支出 | General Government Final Consumption Expenditure | 156 | 232 | 338 | 354 | 371 |
| 资本形成总额 | Gross Capital Formation | 519 | 717 | 928 | 1189 | 1246 |
| 货物和服务出口 | Exports of Goods and Services | 699 | 974 | 1319 | 1529 | 1610 |
| 货物和服务进口 | Imports of Goods and Services | 566 | 855 | 1112 | 1344 | 1360 |
| 国内生产总值 | Gross Domestic Product | 2269 | 2859 | 3779 | 4276 | 4523 |
| **以 色 列** | **Israel** | | | | | |
| 按当年价格计算 | At Current USD | | | | | |
| 居民消费支出 | Household Final Consumption Expenditure | 673 | 747 | 1318 | 1448 | |
| 政府消费支出 | General Government Final Consumption Expenditure | 322 | 345 | 539 | 590 | |
| 资本形成总额 | Gross Capital Formation | 256 | 253 | 420 | 533 | |
| 货物和服务出口 | Exports of Goods and Services | 466 | 573 | 810 | 932 | |
| 货物和服务进口 | Imports of Goods and Services | 468 | 577 | 770 | 927 | |
| 国内生产总值 | Gross Domestic Product | 1249 | 1340 | 2317 | 2576 | 2914 |
| 按2005年价格计算 | At Constant 2005 USD | | | | | |
| 居民消费支出 | Household Final Consumption Expenditure | 660 | 747 | 906 | 970 | |
| 政府消费支出 | General Government Final Consumption Expenditure | 325 | 345 | 396 | 420 | |
| 资本形成总额 | Gross Capital Formation | 265 | 253 | 320 | 392 | |
| 货物和服务出口 | Exports of Goods and Services | 500 | 573 | 701 | 759 | |
| 货物和服务进口 | Imports of Goods and Services | 539 | 577 | 674 | 762 | |
| 国内生产总值 | Gross Domestic Product | 1209 | 1340 | 1690 | 1827 | 1887 |

3-11 续表 3 continued

单位：亿美元 (100 million USD)

| 国家或地区 | Country or Area | 2000 | 2005 | 2010 | 2012 | 2013 |
|---|---|---|---|---|---|---|
| **日　本** | **Japan** | | | | | |
| 按当年价格计算 | At Current USD | | | | | |
| 居民消费支出 | Household Final Consumption Expenditure | 26740 | 26414 | 32566 | 36057 | |
| 政府消费支出 | General Government Final Consumption Expenditure | 8009 | 8390 | 10837 | 12149 | |
| 资本形成总额 | Gross Capital Formation | 11878 | 10271 | 10894 | 12348 | |
| 货物和服务出口 | Exports of Goods and Services | 5146 | 6544 | 8337 | 8745 | |
| 货物和服务进口 | Imports of Goods and Services | 4461 | 5900 | 7680 | 9921 | |
| 国内生产总值 | Gross Domestic Product | 47312 | 45719 | 54954 | 59378 | 49015 |
| 按2005年价格计算 | At Constant 2005 USD | | | | | |
| 居民消费支出 | Household Final Consumption Expenditure | 24894 | 26414 | 27258 | 27935 | |
| 政府消费支出 | General Government Final Consumption Expenditure | 7530 | 8390 | 8831 | 9093 | |
| 资本形成总额 | Gross Capital Formation | 10774 | 10271 | 8824 | 9168 | |
| 货物和服务出口 | Exports of Goods and Services | 4917 | 6544 | 7476 | 7438 | |
| 货物和服务进口 | Imports of Goods and Services | 4984 | 5900 | 5928 | 6613 | |
| 国内生产总值 | Gross Domestic Product | 43081 | 45719 | 46485 | 46944 | 47667 |
| **哈萨克斯坦** | **Kazakhstan** | | | | | |
| 按当年价格计算 | At Current USD | | | | | |
| 居民消费支出 | Household Final Consumption Expenditure | 113 | 280 | 781 | 930 | 1054 |
| 政府消费支出 | General Government Final Consumption Expenditure | 22 | 64 | 160 | 233 | 239 |
| 资本形成总额 | Gross Capital Formation | 33 | 177 | 376 | 473 | 588 |
| 货物和服务出口 | Exports of Goods and Services | 104 | 306 | 651 | 969 | 887 |
| 货物和服务进口 | Imports of Goods and Services | 90 | 255 | 433 | 617 | 619 |
| 国内生产总值 | Gross Domestic Product | 183 | 571 | 1480 | 2035 | 2244 |
| 按2005年价格计算 | At Constant 2005 USD | | | | | |
| 居民消费支出 | Household Final Consumption Expenditure | 178 | 280 | 416 | 507 | |
| 政府消费支出 | General Government Final Consumption Expenditure | 44 | 64 | 84 | 104 | |
| 资本形成总额 | Gross Capital Formation | 70 | 177 | 262 | 296 | |
| 货物和服务出口 | Exports of Goods and Services | 221 | 306 | 322 | 342 | |
| 货物和服务进口 | Imports of Goods and Services | 211 | 255 | 272 | 345 | |
| 国内生产总值 | Gross Domestic Product | 349 | 571 | 772 | 872 | 924 |
| **韩　国** | **Korea, Rep.** | | | | | |
| 按当年价格计算 | At Current USD | | | | | |
| 居民消费支出 | Household Final Consumption Expenditure | 3019 | 4689 | 5508 | 6282 | 6658 |
| 政府消费支出 | General Government Final Consumption Expenditure | 973 | 1367 | 1584 | 1718 | 1815 |
| 资本形成总额 | Gross Capital Formation | 1850 | 2889 | 3505 | 3791 | 3782 |
| 货物和服务出口 | Exports of Goods and Services | 1966 | 3306 | 5409 | 6889 | 7035 |
| 货物和服务进口 | Imports of Goods and Services | 1850 | 3087 | 5060 | 6548 | 6374 |
| 国内生产总值 | Gross Domestic Product | 5616 | 8981 | 10945 | 12228 | 13046 |
| 按2005年价格计算 | At Constant 2005 USD | | | | | |
| 居民消费支出 | Household Final Consumption Expenditure | 3913 | 4689 | 5462 | 5729 | 5845 |
| 政府消费支出 | General Government Final Consumption Expenditure | 1075 | 1367 | 1788 | 1889 | 1940 |
| 资本形成总额 | Gross Capital Formation | 2377 | 2889 | 3325 | 3361 | 3361 |
| 货物和服务出口 | Exports of Goods and Services | 2021 | 3306 | 5041 | 6099 | 6359 |
| 货物和服务进口 | Imports of Goods and Services | 2080 | 3087 | 4369 | 5116 | 5198 |
| 国内生产总值 | Gross Domestic Product | 7128 | 8981 | 10987 | 11653 | 11999 |

3-11 续表 4 continued

单位：亿美元 (100 million USD)

| 国家或地区 | Country or Area | 2000 | 2005 | 2010 | 2012 | 2013 |
|---|---|---|---|---|---|---|
| **老　挝** | **Laos** | | | | | |
| 按当年价格计算 | At Current USD | | | | | |
| 居民消费支出 | Household Final Consumption Expenditure | 16 | 22 | 49 | 65 | |
| 政府消费支出 | General Government Final Consumption Expenditure | 1 | 2 | 7 | 11 | |
| 资本形成总额 | Gross Capital Formation | 2 | 6 | 17 | 30 | |
| 货物和服务出口 | Exports of Goods and Services | 5 | 9 | 26 | 34 | |
| 货物和服务进口 | Imports of Goods and Services | 8 | 13 | 27 | 45 | |
| 国内生产总值 | Gross Domestic Product | 17 | 27 | 72 | 94 | 111 |
| 按2005年价格计算 | At Constant 2005 USD | | | | | |
| 居民消费支出 | Household Final Consumption Expenditure | 19 | 22 | 28 | 32 | |
| 政府消费支出 | General Government Final Consumption Expenditure | 1 | 2 | 4 | 5 | |
| 资本形成总额 | Gross Capital Formation | 3 | 6 | 10 | 15 | |
| 货物和服务出口 | Exports of Goods and Services | 6 | 9 | 14 | 17 | |
| 货物和服务进口 | Imports of Goods and Services | 9 | 13 | 15 | 23 | |
| 国内生产总值 | Gross Domestic Product | 20 | 27 | 40 | 47 | 51 |
| **马来西亚** | **Malaysia** | | | | | |
| 按当年价格计算 | At Current USD | | | | | |
| 居民消费支出 | Household Final Consumption Expenditure | 410 | 634 | 1176 | 1490 | 1600 |
| 政府消费支出 | General Government Final Consumption Expenditure | 95 | 165 | 303 | 412 | 424 |
| 资本形成总额 | Gross Capital Formation | 252 | 321 | 577 | 786 | 817 |
| 货物和服务出口 | Exports of Goods and Services | 1124 | 1620 | 2310 | 2658 | 2558 |
| 货物和服务进口 | Imports of Goods and Services | 943 | 1306 | 1890 | 2296 | 2267 |
| 国内生产总值 | Gross Domestic Product | 938 | 1435 | 2475 | 3050 | 3124 |
| 按2005年价格计算 | At Constant 2005 USD | | | | | |
| 居民消费支出 | Household Final Consumption Expenditure | 457 | 634 | 872 | 1010 | 1082 |
| 政府消费支出 | General Government Final Consumption Expenditure | 102 | 165 | 215 | 262 | 279 |
| 资本形成总额 | Gross Capital Formation | 320 | 321 | 440 | 545 | 571 |
| 货物和服务出口 | Exports of Goods and Services | 1248 | 1620 | 1805 | 1851 | 1862 |
| 货物和服务进口 | Imports of Goods and Services | 984 | 1306 | 1545 | 1682 | 1715 |
| 国内生产总值 | Gross Domestic Product | 1139 | 1435 | 1787 | 1984 | 2077 |
| **蒙　古** | **Mongolia** | | | | | |
| 按当年价格计算 | At Current USD | | | | | |
| 居民消费支出 | Household Final Consumption Expenditure | 9 | 14 | 33 | 54 | 62 |
| 政府消费支出 | General Government Final Consumption Expenditure | 2 | 3 | 9 | 15 | 13 |
| 资本形成总额 | Gross Capital Formation | 3 | 9 | 25 | 66 | 71 |
| 货物和服务出口 | Exports of Goods and Services | 6 | 15 | 34 | 52 | 52 |
| 货物和服务进口 | Imports of Goods and Services | 8 | 16 | 39 | 80 | 77 |
| 国内生产总值 | Gross Domestic Product | 11 | 25 | 62 | 103 | 115 |
| 按2005年价格计算 | At Constant 2005 USD | | | | | |
| 居民消费支出 | Household Final Consumption Expenditure | | 14 | 24 | 33 | 41 |
| 政府消费支出 | General Government Final Consumption Expenditure | | 3 | 4 | 6 | 4 |
| 资本形成总额 | Gross Capital Formation | | 9 | 15 | 32 | 33 |
| 货物和服务出口 | Exports of Goods and Services | | 15 | 24 | 29 | 33 |
| 货物和服务进口 | Imports of Goods and Services | | 16 | 32 | 54 | 60 |
| 国内生产总值 | Gross Domestic Product | 18 | 25 | 35 | 46 | 51 |

## 3-11 续表 5 continued

单位：亿美元 (100 million USD)

| 国家或地区 | Country or Area | 2000 | 2005 | 2010 | 2012 | 2013 |
|---|---|---|---|---|---|---|
| **巴基斯坦** | **Pakistan** | | | | | |
| 按当年价格计算 | At Current USD | | | | | |
| 居民消费支出 | Household Final Consumption Expenditure | 557 | 843 | 1412 | 1856 | 1918 |
| 政府消费支出 | General Government Final Consumption Expenditure | 64 | 86 | 183 | 235 | 256 |
| 资本形成总额 | Gross Capital Formation | 127 | 209 | 280 | 335 | 337 |
| 货物和服务出口 | Exports of Goods and Services | 99 | 172 | 239 | 277 | 302 |
| 货物和服务进口 | Imports of Goods and Services | 109 | 214 | 343 | 456 | 445 |
| 国内生产总值 | Gross Domestic Product | 740 | 1095 | 1772 | 2249 | 2366 |
| 按2005年价格计算 | At Constant 2005 USD | | | | | |
| 居民消费支出 | Household Final Consumption Expenditure | 662 | 843 | 928 | 1025 | 1066 |
| 政府消费支出 | General Government Final Consumption Expenditure | 72 | 86 | 140 | 150 | 165 |
| 资本形成总额 | Gross Capital Formation | 176 | 209 | 246 | 236 | 240 |
| 货物和服务出口 | Exports of Goods and Services | 101 | 172 | 205 | 177 | 199 |
| 货物和服务进口 | Imports of Goods and Services | 142 | 214 | 227 | 218 | 213 |
| 国内生产总值 | Gross Domestic Product | 858 | 1095 | 1295 | 1385 | 1469 |
| **菲 律 宾** | **Philippines** | | | | | |
| 按当年价格计算 | At Current USD | | | | | |
| 居民消费支出 | Household Final Consumption Expenditure | 585 | 773 | 1428 | 1856 | 1994 |
| 政府消费支出 | General Government Final Consumption Expenditure | 93 | 93 | 194 | 263 | 302 |
| 资本形成总额 | Gross Capital Formation | 149 | 222 | 410 | 462 | 535 |
| 货物和服务出口 | Exports of Goods and Services | 416 | 476 | 695 | 771 | 759 |
| 货物和服务进口 | Imports of Goods and Services | 432 | 533 | 731 | 850 | 870 |
| 国内生产总值 | Gross Domestic Product | 810 | 1031 | 1996 | 2502 | 2720 |
| 按2005年价格计算 | At Constant 2005 USD | | | | | |
| 居民消费支出 | Household Final Consumption Expenditure | 605 | 773 | 924 | 1040 | 1099 |
| 政府消费支出 | General Government Final Consumption Expenditure | 91 | 93 | 127 | 146 | 162 |
| 资本形成总额 | Gross Capital Formation | 155 | 222 | 278 | 275 | 352 |
| 货物和服务出口 | Exports of Goods and Services | 395 | 476 | 620 | 656 | 649 |
| 货物和服务进口 | Imports of Goods and Services | 425 | 533 | 642 | 669 | 706 |
| 国内生产总值 | Gross Domestic Product | 824 | 1031 | 1311 | 1452 | 1556 |
| **新 加 坡** | **Singapore** | | | | | |
| 按当年价格计算 | At Current USD | | | | | |
| 居民消费支出 | Household Final Consumption Expenditure | 398 | 499 | 840 | 1066 | 1105 |
| 政府消费支出 | General Government Final Consumption Expenditure | 103 | 130 | 241 | 269 | 304 |
| 资本形成总额 | Gross Capital Formation | 334 | 272 | 659 | 871 | 866 |
| 货物和服务出口 | Exports of Goods and Services | 1813 | 2881 | 4711 | 5597 | 5676 |
| 货物和服务进口 | Imports of Goods and Services | 1695 | 2501 | 4086 | 4953 | 4991 |
| 国内生产总值 | Gross Domestic Product | 958 | 1274 | 2364 | 2869 | 2979 |
| 按2005年价格计算 | At Constant 2005 USD | | | | | |
| 居民消费支出 | Household Final Consumption Expenditure | 407 | 499 | 592 | 642 | 658 |
| 政府消费支出 | General Government Final Consumption Expenditure | 110 | 130 | 176 | 173 | 191 |
| 资本形成总额 | Gross Capital Formation | 348 | 272 | 501 | 600 | 587 |
| 货物和服务出口 | Exports of Goods and Services | 1816 | 2881 | 3952 | 4193 | 4345 |
| 货物和服务进口 | Imports of Goods and Services | 1687 | 2501 | 3423 | 3642 | 3756 |
| 国内生产总值 | Gross Domestic Product | 1004 | 1274 | 1765 | 1918 | 1992 |

## 3-11 续表 6 continued

单位：亿美元 (100 million USD)

| 国家或地区 | Country or Area | 2000 | 2005 | 2010 | 2012 | 2013 |
|---|---|---|---|---|---|---|
| **斯里兰卡** | **Sri Lanka** | | | | | |
| 按当年价格计算 | At Current USD | | | | | |
| 居民消费支出 | Household Final Consumption Expenditure | | 168 | 323 | 413 | 449 |
| 政府消费支出 | General Government Final Consumption Expenditure | 17 | 32 | 77 | 80 | 88 |
| 资本形成总额 | Gross Capital Formation | 46 | 64 | 135 | 180 | 198 |
| 货物和服务出口 | Exports of Goods and Services | 64 | 79 | 111 | 136 | 151 |
| 货物和服务进口 | Imports of Goods and Services | 81 | 101 | 152 | 217 | 215 |
| 国内生产总值 | Gross Domestic Product | 163 | 244 | 496 | 594 | 672 |
| 按2005年价格计算 | At Constant 2005 USD | | | | | |
| 居民消费支出 | Household Final Consumption Expenditure | 136 | 168 | 221 | | |
| 政府消费支出 | General Government Final Consumption Expenditure | 29 | 32 | 49 | | |
| 资本形成总额 | Gross Capital Formation | 51 | 64 | 95 | 109 | 120 |
| 货物和服务出口 | Exports of Goods and Services | 66 | 79 | 84 | 94 | 99 |
| 货物和服务进口 | Imports of Goods and Services | 80 | 101 | 118 | 143 | 142 |
| 国内生产总值 | Gross Domestic Product | 201 | 244 | 333 | 383 | 411 |
| **泰　国** | **Thailand** | | | | | |
| 按当年价格计算 | At Current USD | | | | | |
| 居民消费支出 | Household Final Consumption Expenditure | 689 | 1010 | 1714 | 2025 | 2108 |
| 政府消费支出 | General Government Final Consumption Expenditure | 139 | 210 | 413 | 497 | 535 |
| 资本形成总额 | Gross Capital Formation | 280 | 554 | 827 | 1088 | 1132 |
| 货物和服务出口 | Exports of Goods and Services | 820 | 1297 | 2273 | 2744 | 2849 |
| 货物和服务进口 | Imports of Goods and Services | 714 | 1317 | 2036 | 2703 | 2722 |
| 国内生产总值 | Gross Domestic Product | 1227 | 1764 | 3189 | 3660 | 3873 |
| 按2005年价格计算 | At Constant 2005 USD | | | | | |
| 居民消费支出 | Household Final Consumption Expenditure | 777 | 1010 | 1130 | 1221 | 1225 |
| 政府消费支出 | General Government Final Consumption Expenditure | 169 | 210 | 278 | 302 | 316 |
| 资本形成总额 | Gross Capital Formation | 353 | 554 | 562 | 657 | 672 |
| 货物和服务出口 | Exports of Goods and Services | 989 | 1297 | 1610 | 1817 | 1894 |
| 货物和服务进口 | Imports of Goods and Services | 915 | 1317 | 1476 | 1783 | 1825 |
| 国内生产总值 | Gross Domestic Product | 1375 | 1764 | 2101 | 2264 | 2304 |
| **越　南** | **Viet Nam** | | | | | |
| 按当年价格计算 | At Current USD | | | | | |
| 居民消费支出 | Household Final Consumption Expenditure | 207 | 377 | 772 | 1005 | 1115 |
| 政府消费支出 | General Government Final Consumption Expenditure | 20 | 31 | 69 | 92 | 105 |
| 资本形成总额 | Gross Capital Formation | 92 | 195 | 414 | 425 | 456 |
| 货物和服务出口 | Exports of Goods and Services | 168 | 367 | 835 | 1247 | |
| 货物和服务进口 | Imports of Goods and Services | 179 | 386 | 930 | 1192 | |
| 国内生产总值 | Gross Domestic Product | 336 | 576 | 1159 | 1558 | 1714 |
| 按2005年价格计算 | At Constant 2005 USD | | | | | |
| 居民消费支出 | Household Final Consumption Expenditure | 271 | 377 | 530 | 579 | 609 |
| 政府消费支出 | General Government Final Consumption Expenditure | 22 | 31 | 48 | 56 | 60 |
| 资本形成总额 | Gross Capital Formation | 113 | 195 | 338 | 322 | 340 |
| 货物和服务出口 | Exports of Goods and Services | 160 | 367 | 538 | 689 | |
| 货物和服务进口 | Imports of Goods and Services | 168 | 386 | 637 | 723 | |
| 国内生产总值 | Gross Domestic Product | 413 | 576 | 783 | 875 | 923 |

## 3-11 续表 7 continued

单位：亿美元 (100 million USD)

| 国家或地区 | Country or Area | 2000 | 2005 | 2010 | 2012 | 2013 |
|---|---|---|---|---|---|---|
| **埃　及** | **Egypt** | | | | | |
| 按当年价格计算 | At Current USD | | | | | |
| 居民消费支出 | Household Final Consumption Expenditure | 757 | 642 | 1636 | 2120 | 2208 |
| 政府消费支出 | General Government Final Consumption Expenditure | 112 | 114 | 244 | 299 | 318 |
| 资本形成总额 | Gross Capital Formation | 195 | 161 | 413 | 431 | 386 |
| 货物和服务出口 | Exports of Goods and Services | 162 | 272 | 467 | 458 | 479 |
| 货物和服务进口 | Imports of Goods and Services | 228 | 292 | 572 | 679 | 670 |
| 国内生产总值 | Gross Domestic Product | 998 | 897 | 2189 | 2628 | 2720 |
| 按2005年价格计算 | At Constant 2005 USD | | | | | |
| 居民消费支出 | Household Final Consumption Expenditure | 552 | 642 | 858 | 949 | 976 |
| 政府消费支出 | General Government Final Consumption Expenditure | 98 | 114 | 133 | 142 | 147 |
| 资本形成总额 | Gross Capital Formation | 147 | 161 | 247 | 271 | 245 |
| 货物和服务出口 | Exports of Goods and Services | 145 | 272 | 434 | 430 | 447 |
| 货物和服务进口 | Imports of Goods and Services | 191 | 292 | 461 | 553 | 547 |
| 国内生产总值 | Gross Domestic Product | 754 | 897 | 1210 | 1259 | 1285 |
| **南　非** | **South Africa** | | | | | |
| 按当年价格计算 | At Current USD | | | | | |
| 居民消费支出 | Household Final Consumption Expenditure | 837 | 1558 | 2164 | 2324 | 2131 |
| 政府消费支出 | General Government Final Consumption Expenditure | 241 | 481 | 789 | 833 | 780 |
| 资本形成总额 | Gross Capital Formation | 211 | 444 | 696 | 742 | 679 |
| 货物和服务出口 | Exports of Goods and Services | 370 | 676 | 1037 | 1144 | 1092 |
| 货物和服务进口 | Imports of Goods and Services | 331 | 688 | 1013 | 1217 | 1191 |
| 国内生产总值 | Gross Domestic Product | 1329 | 2471 | 3652 | 3823 | 3506 |
| 按2005年价格计算 | At Constant 2005 USD | | | | | |
| 居民消费支出 | Household Final Consumption Expenditure | 1258 | 1558 | 1871 | 2032 | 2084 |
| 政府消费支出 | General Government Final Consumption Expenditure | 379 | 481 | 600 | 652 | 667 |
| 资本形成总额 | Gross Capital Formation | 291 | 444 | 558 | 627 | 642 |
| 货物和服务出口 | Exports of Goods and Services | 585 | 676 | 691 | 741 | 772 |
| 货物和服务进口 | Imports of Goods and Services | 471 | 688 | 825 | 962 | 1008 |
| 国内生产总值 | Gross Domestic Product | 2047 | 2471 | 2898 | 3076 | 3135 |
| **加 拿 大** | **Canada** | | | | | |
| 按当年价格计算 | At Current USD | | | | | |
| 居民消费支出 | Household Final Consumption Expenditure | 4013 | 6297 | 9113 | 10132 | 10157 |
| 政府消费支出 | General Government Final Consumption Expenditure | 1407 | 2231 | 3556 | 3948 | 3961 |
| 资本形成总额 | Gross Capital Formation | 1535 | 2656 | 3767 | 4491 | 4444 |
| 货物和服务出口 | Exports of Goods and Services | 3284 | 4303 | 4691 | 5471 | 5494 |
| 货物和服务进口 | Imports of Goods and Services | 2867 | 3849 | 4997 | 5833 | 5803 |
| 国内生产总值 | Gross Domestic Product | 7395 | 11642 | 16141 | 18214 | 18251 |
| 按2005年价格计算 | At Constant 2005 USD | | | | | |
| 居民消费支出 | Household Final Consumption Expenditure | 5388 | 6297 | 7295 | 7630 | 7795 |
| 政府消费支出 | General Government Final Consumption Expenditure | 1983 | 2231 | 2623 | 2672 | 2692 |
| 资本形成总额 | Gross Capital Formation | 2029 | 2656 | 2846 | 3154 | 3202 |
| 货物和服务出口 | Exports of Goods and Services | 4135 | 4303 | 3893 | 4137 | 4224 |
| 货物和服务进口 | Imports of Goods and Services | 3276 | 3849 | 4303 | 4690 | 4741 |
| 国内生产总值 | Gross Domestic Product | 10269 | 11642 | 12401 | 12931 | 13191 |

## 3-11 续表 8 continued

单位：亿美元 (100 million USD)

| 国家或地区 | Country or Area | 2000 | 2005 | 2010 | 2012 | 2013 |
|---|---|---|---|---|---|---|
| **墨 西 哥** | **Mexico** | | | | | |
| 按当年价格计算 | At Current USD | | | | | |
| 居民消费支出 | Household Final Consumption Expenditure | 4841 | 5860 | 7047 | 7992 | 8695 |
| 政府消费支出 | General Government Final Consumption Expenditure | 769 | 926 | 1226 | 1380 | 1497 |
| 资本形成总额 | Gross Capital Formation | 1539 | 1929 | 2316 | 2752 | 2725 |
| 货物和服务出口 | Exports of Goods and Services | 1796 | 2302 | 3141 | 3873 | 4003 |
| 货物和服务进口 | Imports of Goods and Services | 1836 | 2427 | 3268 | 4004 | 4087 |
| 国内生产总值 | Gross Domestic Product | 6836 | 8663 | 10516 | 11865 | 12609 |
| 按2005年价格计算 | At Constant 2005 USD | | | | | |
| 居民消费支出 | Household Final Consumption Expenditure | 5084 | 5860 | 6393 | 7020 | 7198 |
| 政府消费支出 | General Government Final Consumption Expenditure | 922 | 926 | 1052 | 1113 | 1126 |
| 资本形成总额 | Gross Capital Formation | 1742 | 1929 | 2138 | 2382 | 2327 |
| 货物和服务出口 | Exports of Goods and Services | 2006 | 2302 | 2695 | 3089 | 3132 |
| 货物和服务进口 | Imports of Goods and Services | 1964 | 2427 | 2936 | 3341 | 3382 |
| 国内生产总值 | Gross Domestic Product | 7987 | 8663 | 9531 | 10311 | 10421 |
| **美 国** | **United States** | | | | | |
| 按当年价格计算 | At Current USD | | | | | |
| 居民消费支出 | Household Final Consumption Expenditure | 68016 | 87904 | 102019 | 111496 | |
| 政府消费支出 | General Government Final Consumption Expenditure | 14442 | 19800 | 25222 | 25480 | |
| 资本形成总额 | Gross Capital Formation | 24240 | 30407 | 27526 | 30942 | |
| 货物和服务出口 | Exports of Goods and Services | 10943 | 13104 | 18435 | 21959 | |
| 货物和服务进口 | Imports of Goods and Services | 14744 | 20261 | 23620 | 27431 | |
| 国内生产总值 | Gross Domestic Product | 102897 | 130954 | 149583 | 162446 | 168000 |
| 按2005年价格计算 | At Constant 2005 USD | | | | | |
| 居民消费支出 | Household Final Consumption Expenditure | 75491 | 87904 | 92631 | 96996 | |
| 政府消费支出 | General Government Final Consumption Expenditure | 17668 | 19800 | 21616 | 20993 | |
| 资本形成总额 | Gross Capital Formation | 26851 | 30407 | 25764 | 28126 | |
| 货物和服务出口 | Exports of Goods and Services | 12009 | 13104 | 16664 | 18474 | |
| 货物和服务进口 | Imports of Goods and Services | 16421 | 20261 | 20847 | 22345 | |
| 国内生产总值 | Gross Domestic Product | 115588 | 130954 | 135956 | 142316 | 144986 |
| **阿 根 廷** | **Argentina** | | | | | |
| 按当年价格计算 | At Current USD | | | | | |
| 居民消费支出 | Household Final Consumption Expenditure | 1970 | 1462 | 3018 | 3983 | 4081 |
| 政府消费支出 | General Government Final Consumption Expenditure | 392 | 230 | 606 | 899 | 953 |
| 资本形成总额 | Gross Capital Formation | 460 | 425 | 889 | 1040 | 1114 |
| 货物和服务出口 | Exports of Goods and Services | 312 | 466 | 810 | 953 | 873 |
| 货物和服务进口 | Imports of Goods and Services | 331 | 354 | 696 | 848 | 902 |
| 国内生产总值 | Gross Domestic Product | 3443 | 2229 | 4627 | 6032 | 6118 |
| 按2005年价格计算 | At Constant 2005 USD | | | | | |
| 居民消费支出 | Household Final Consumption Expenditure | 1393 | 1462 | 2011 | 2322 | 2423 |
| 政府消费支出 | General Government Final Consumption Expenditure | 220 | 230 | 315 | 365 | 392 |
| 资本形成总额 | Gross Capital Formation | 388 | 425 | 653 | 672 | 688 |
| 货物和服务出口 | Exports of Goods and Services | 342 | 466 | 560 | 553 | 524 |
| 货物和服务进口 | Imports of Goods and Services | 368 | 354 | 592 | 675 | 686 |
| 国内生产总值 | Gross Domestic Product | 2020 | 2229 | 2937 | 3218 | 3313 |

## 3-11 续表 9 continued

单位：亿美元 (100 million USD)

| 国家或地区 | Country or Area | 2000 | 2005 | 2010 | 2012 | 2013 |
|---|---|---|---|---|---|---|
| **巴　西** | **Brazil** | | | | | |
| 按当年价格计算 | At Current USD | | | | | |
| 居民消费支出 | Household Final Consumption Expenditure | 4148 | 5317 | 12782 | 14081 | 14062 |
| 政府消费支出 | General Government Final Consumption Expenditure | 1236 | 1757 | 4532 | 4792 | 4934 |
| 资本形成总额 | Gross Capital Formation | 1177 | 1430 | 4337 | 3940 | 4018 |
| 货物和服务出口 | Exports of Goods and Services | 643 | 1335 | 2330 | 2831 | 2819 |
| 货物和服务进口 | Imports of Goods and Services | 757 | 1016 | 2551 | 3156 | 3377 |
| 国内生产总值 | Gross Domestic Product | 6447 | 8822 | 21431 | 22488 | 22457 |
| 按2005年价格计算 | At Constant 2005 USD | | | | | |
| 居民消费支出 | Household Final Consumption Expenditure | 4815 | 5317 | 7003 | 7524 | 7716 |
| 政府消费支出 | General Government Final Consumption Expenditure | 1515 | 1757 | 2100 | 2212 | 2256 |
| 资本形成总额 | Gross Capital Formation | 1512 | 1430 | 2297 | 2309 | 2429 |
| 货物和服务出口 | Exports of Goods and Services | 811 | 1335 | 1517 | 1593 | 1633 |
| 货物和服务进口 | Imports of Goods and Services | 939 | 1016 | 2089 | 2298 | 2489 |
| 国内生产总值 | Gross Domestic Product | 7690 | 8822 | 10968 | 11383 | 11667 |
| **委内瑞拉** | **Venezuela** | | | | | |
| 按当年价格计算 | At Current USD | | | | | |
| 居民消费支出 | Household Final Consumption Expenditure | 606 | 680 | 2201 | 2260 | |
| 政府消费支出 | General Government Final Consumption Expenditure | 146 | 161 | 441 | 465 | |
| 资本形成总额 | Gross Capital Formation | 283 | 335 | 865 | 1014 | |
| 货物和服务出口 | Exports of Goods and Services | 348 | 577 | 1124 | 998 | |
| 货物和服务进口 | Imports of Goods and Services | 212 | 298 | 693 | 924 | |
| 国内生产总值 | Gross Domestic Product | 1171 | 1455 | 3938 | 3813 | 4383 |
| 按2005年价格计算 | At Constant 2005 USD | | | | | |
| 居民消费支出 | Household Final Consumption Expenditure | 540 | 680 | 930 | 1035 | |
| 政府消费支出 | General Government Final Consumption Expenditure | 115 | 161 | 218 | 245 | |
| 资本形成总额 | Gross Capital Formation | 277 | 335 | 488 | 698 | |
| 货物和服务出口 | Exports of Goods and Services | 589 | 577 | 385 | 410 | |
| 货物和服务进口 | Imports of Goods and Services | 207 | 298 | 423 | 607 | |
| 国内生产总值 | Gross Domestic Product | 1283 | 1455 | 1746 | 1921 | 1947 |
| **捷　克** | **Czech Rep.** | | | | | |
| 按当年价格计算 | At Current USD | | | | | |
| 居民消费支出 | Household Final Consumption Expenditure | 305 | 642 | 1004 | 993 | 1006 |
| 政府消费支出 | General Government Final Consumption Expenditure | 119 | 279 | 423 | 403 | 410 |
| 资本形成总额 | Gross Capital Formation | 176 | 345 | 492 | 458 | 442 |
| 货物和服务出口 | Exports of Goods and Services | 358 | 838 | 1322 | 1533 | 1560 |
| 货物和服务进口 | Imports of Goods and Services | 371 | 803 | 1255 | 1423 | 1434 |
| 国内生产总值 | Gross Domestic Product | 588 | 1301 | 1985 | 1964 | 1984 |
| 按2005年价格计算 | At Constant 2005 USD | | | | | |
| 居民消费支出 | Household Final Consumption Expenditure | 539 | 642 | 726 | 714 | 715 |
| 政府消费支出 | General Government Final Consumption Expenditure | 238 | 279 | 293 | 280 | 284 |
| 资本形成总额 | Gross Capital Formation | 293 | 345 | 376 | 360 | 344 |
| 货物和服务出口 | Exports of Goods and Services | 537 | 838 | 1134 | 1298 | 1300 |
| 货物和服务进口 | Imports of Goods and Services | 544 | 803 | 1045 | 1143 | 1150 |
| 国内生产总值 | Gross Domestic Product | 1064 | 1301 | 1485 | 1496 | 1482 |

## 3-11 续表 10 continued

单位：亿美元 (100 million USD)

| 国家或地区 | Country or Area | 2000 | 2005 | 2010 | 2012 | 2013 |
|---|---|---|---|---|---|---|
| **法　国** | **France** | | | | | |
| 按当年价格计算 | At Current USD | | | | | |
| 居民消费支出 | Household Final Consumption Expenditure | 7454 | 12158 | 14901 | 15062 | 15714 |
| 政府消费支出 | General Government Final Consumption Expenditure | 3039 | 5076 | 6381 | 6459 | 6820 |
| 资本形成总额 | Gross Capital Formation | 2638 | 4267 | 4949 | 5169 | 5352 |
| 货物和服务出口 | Exports of Goods and Services | 3822 | 5632 | 6550 | 7164 | 7438 |
| 货物和服务进口 | Imports of Goods and Services | 3690 | 5767 | 7130 | 7743 | 7975 |
| 国内生产总值 | Gross Domestic Product | 13263 | 21366 | 25650 | 26112 | 27349 |
| 按2005年价格计算 | At Constant 2005 USD | | | | | |
| 居民消费支出 | Household Final Consumption Expenditure | 10986 | 12158 | 12989 | 13020 | 13057 |
| 政府消费支出 | General Government Final Consumption Expenditure | 4664 | 5076 | 5521 | 5625 | 5722 |
| 资本形成总额 | Gross Capital Formation | 3915 | 4267 | 4082 | 4192 | 4111 |
| 货物和服务出口 | Exports of Goods and Services | 5083 | 5632 | 5814 | 6275 | 6312 |
| 货物和服务进口 | Imports of Goods and Services | 4919 | 5767 | 6348 | 6604 | 6640 |
| 国内生产总值 | Gross Domestic Product | 19730 | 21366 | 22044 | 22494 | 22542 |
| **德　国** | **Germany** | | | | | |
| 按当年价格计算 | At Current USD | | | | | |
| 居民消费支出 | Household Final Consumption Expenditure | 11010 | 16254 | 19007 | 19708 | 20887 |
| 政府消费支出 | General Government Final Consumption Expenditure | 3589 | 5190 | 6452 | 6609 | 7055 |
| 资本形成总额 | Gross Capital Formation | 4207 | 4777 | 5729 | 5914 | 6178 |
| 货物和服务出口 | Exports of Goods and Services | 6298 | 11430 | 15742 | 17744 | 18418 |
| 货物和服务进口 | Imports of Goods and Services | 6240 | 9987 | 13885 | 15715 | 16190 |
| 国内生产总值 | Gross Domestic Product | 18864 | 27663 | 33044 | 34260 | 36348 |
| 按2005年价格计算 | At Constant 2005 USD | | | | | |
| 居民消费支出 | Household Final Consumption Expenditure | 16007 | 16254 | 16797 | 17314 | 17484 |
| 政府消费支出 | General Government Final Consumption Expenditure | 5101 | 5190 | 5716 | 5830 | 5852 |
| 资本形成总额 | Gross Capital Formation | 5577 | 4777 | 5279 | 5339 | 5353 |
| 货物和服务出口 | Exports of Goods and Services | 8434 | 11430 | 14387 | 16036 | 16184 |
| 货物和服务进口 | Imports of Goods and Services | 8234 | 9987 | 12630 | 13759 | 13969 |
| 国内生产总值 | Gross Domestic Product | 26852 | 27663 | 29544 | 30739 | 30871 |
| **意大利** | **Italy** | | | | | |
| 按当年价格计算 | At Current USD | | | | | |
| 居民消费支出 | Household Final Consumption Expenditure | 6616 | 10542 | 12502 | 12267 | 12507 |
| 政府消费支出 | General Government Final Consumption Expenditure | 2019 | 3599 | 4331 | 4025 | 4125 |
| 资本形成总额 | Gross Capital Formation | 2299 | 3732 | 4121 | 3626 | 3569 |
| 货物和服务出口 | Exports of Goods and Services | 2955 | 4622 | 5463 | 6089 | 6303 |
| 货物和服务进口 | Imports of Goods and Services | 2850 | 4632 | 5864 | 5874 | 5790 |
| 国内生产总值 | Gross Domestic Product | 11040 | 17863 | 20554 | 20133 | 20713 |
| 按2005年价格计算 | At Constant 2005 USD | | | | | |
| 居民消费支出 | Household Final Consumption Expenditure | 10161 | 10542 | 10708 | 10251 | 9979 |
| 政府消费支出 | General Government Final Consumption Expenditure | 3162 | 3599 | 3689 | 3545 | 3516 |
| 资本形成总额 | Gross Capital Formation | 3507 | 3732 | 3448 | 2992 | 2837 |
| 货物和服务出口 | Exports of Goods and Services | 4272 | 4622 | 4752 | 5156 | 5163 |
| 货物和服务进口 | Imports of Goods and Services | 4093 | 4632 | 4978 | 4663 | 4535 |
| 国内生产总值 | Gross Domestic Product | 17010 | 17863 | 17639 | 17299 | 16978 |

# 3-11 续表 11 continued

单位：亿美元 (100 million USD)

| 国家或地区 | Country or Area | 2000 | 2005 | 2010 | 2012 | 2013 |
|---|---|---|---|---|---|---|
| **荷　兰** | **Netherlands** | | | | | |
| 按当年价格计算 | At Current USD | | | | | |
| 居民消费支出 | Household Final Consumption Expenditure | 1942 | 3113 | 3552 | 3511 | 3631 |
| 政府消费支出 | General Government Final Consumption Expenditure | 846 | 1513 | 2211 | 2192 | 2261 |
| 资本形成总额 | Gross Capital Formation | 848 | 1214 | 1382 | 1350 | 1297 |
| 货物和服务出口 | Exports of Goods and Services | 2699 | 4445 | 6115 | 6779 | 7070 |
| 货物和服务进口 | Imports of Goods and Services | 2485 | 3901 | 5489 | 6132 | 6257 |
| 国内生产总值 | Gross Domestic Product | 3851 | 6385 | 7772 | 7701 | 8002 |
| 按2005年价格计算 | At Constant 2005 USD | | | | | |
| 居民消费支出 | Household Final Consumption Expenditure | 2978 | 3113 | 3143 | 3060 | 2997 |
| 政府消费支出 | General Government Final Consumption Expenditure | 1357 | 1513 | 1860 | 1850 | 1846 |
| 资本形成总额 | Gross Capital Formation | 1266 | 1214 | 1208 | 1251 | 1167 |
| 货物和服务出口 | Exports of Goods and Services | 3722 | 4445 | 5328 | 5722 | 5800 |
| 货物和服务进口 | Imports of Goods and Services | 3348 | 3901 | 4703 | 5062 | 5052 |
| 国内生产总值 | Gross Domestic Product | 5980 | 6385 | 6831 | 6809 | 6753 |
| **波　兰** | **Poland** | | | | | |
| 按当年价格计算 | At Current USD | | | | | |
| 居民消费支出 | Household Final Consumption Expenditure | 1098 | 1927 | 2881 | | |
| 政府消费支出 | General Government Final Consumption Expenditure | 299 | 549 | 890 | 873 | 934 |
| 资本形成总额 | Gross Capital Formation | 426 | 586 | 986 | 1003 | 970 |
| 货物和服务出口 | Exports of Goods and Services | 465 | 1127 | 1984 | 2287 | 2474 |
| 货物和服务进口 | Imports of Goods and Services | 575 | 1150 | 2041 | 2272 | 2348 |
| 国内生产总值 | Gross Domestic Product | 1713 | 3039 | 4698 | 4902 | 5175 |
| 按2005年价格计算 | At Constant 2005 USD | | | | | |
| 居民消费支出 | Household Final Consumption Expenditure | 1671 | 1927 | 2363 | | |
| 政府消费支出 | General Government Final Consumption Expenditure | 464 | 549 | 690 | 681 | 700 |
| 资本形成总额 | Gross Capital Formation | 606 | 586 | 848 | 905 | 861 |
| 货物和服务出口 | Exports of Goods and Services | 742 | 1127 | 1577 | 1766 | 1847 |
| 货物和服务进口 | Imports of Goods and Services | 888 | 1150 | 1670 | 1750 | 1771 |
| 国内生产总值 | Gross Domestic Product | 2611 | 3039 | 3832 | 4079 | 4143 |
| **俄 罗 斯** | **Russia** | | | | | |
| 按当年价格计算 | At Current USD | | | | | |
| 居民消费支出 | Household Final Consumption Expenditure | 1200 | 3816 | 7851 | 9997 | 10805 |
| 政府消费支出 | General Government Final Consumption Expenditure | 392 | 1289 | 2855 | 3855 | 4098 |
| 资本形成总额 | Gross Capital Formation | 485 | 1534 | 3449 | 4936 | 4736 |
| 货物和服务出口 | Exports of Goods and Services | 1144 | 2690 | 4455 | 5971 | 5948 |
| 货物和服务进口 | Imports of Goods and Services | 624 | 1643 | 3224 | 4490 | 4716 |
| 国内生产总值 | Gross Domestic Product | 2597 | 7640 | 15249 | 20175 | 20968 |
| 按2005年价格计算 | At Constant 2005 USD | | | | | |
| 居民消费支出 | Household Final Consumption Expenditure | 2393 | 3816 | 5401 | 6227 | 6522 |
| 政府消费支出 | General Government Final Consumption Expenditure | 1195 | 1289 | 1371 | 1454 | 1461 |
| 资本形成总额 | Gross Capital Formation | 961 | 1534 | 1846 | 2265 | 2128 |
| 货物和服务出口 | Exports of Goods and Services | 1745 | 2690 | 3147 | 3200 | 3334 |
| 货物和服务进口 | Imports of Goods and Services | 716 | 1643 | 2528 | 3309 | 3432 |
| 国内生产总值 | Gross Domestic Product | 5674 | 7640 | 9092 | 9806 | 9935 |

3-11 续表 12 continued

单位：亿美元 (100 million USD)

| 国家或地区 | Country or Area | 2000 | 2005 | 2010 | 2012 | 2013 |
|---|---|---|---|---|---|---|
| **西 班 牙** | **Spain** | | | | | |
| 按当年价格计算 | At Current USD | | | | | |
| 居民消费支出 | Household Final Consumption Expenditure | 3465 | 6532 | 8014 | 7846 | 8047 |
| 政府消费支出 | General Government Final Consumption Expenditure | 995 | 2032 | 2973 | 2668 | 2729 |
| 资本形成总额 | Gross Capital Formation | 1526 | 3340 | 3161 | 2612 | 2478 |
| 货物和服务出口 | Exports of Goods and Services | 1686 | 2902 | 3789 | 4317 | 4635 |
| 货物和服务进口 | Imports of Goods and Services | 1868 | 3498 | 4089 | 4219 | 4307 |
| 国内生产总值 | Gross Domestic Product | 5803 | 11308 | 13848 | 13225 | 13583 |
| 按2005年价格计算 | At Constant 2005 USD | | | | | |
| 居民消费支出 | Household Final Consumption Expenditure | 5505 | 6532 | 6742 | 6476 | 6343 |
| 政府消费支出 | General Government Final Consumption Expenditure | 1591 | 2032 | 2501 | 2370 | 2316 |
| 资本形成总额 | Gross Capital Formation | 2618 | 3340 | 2819 | 2480 | 2351 |
| 货物和服务出口 | Exports of Goods and Services | 2467 | 2902 | 3288 | 3613 | 3790 |
| 货物和服务进口 | Imports of Goods and Services | 2572 | 3498 | 3574 | 3367 | 3379 |
| 国内生产总值 | Gross Domestic Product | 9631 | 11308 | 11792 | 11605 | 11463 |
| **土 耳 其** | **Turkey** | | | | | |
| 按当年价格计算 | At Current USD | | | | | |
| 居民消费支出 | Household Final Consumption Expenditure | 1879 | 3464 | 5242 | 5537 | 5815 |
| 政府消费支出 | General Government Final Consumption Expenditure | 313 | 569 | 1048 | 1171 | 1237 |
| 资本形成总额 | Gross Capital Formation | 554 | 965 | 1427 | 1588 | 1689 |
| 货物和服务出口 | Exports of Goods and Services | 536 | 1056 | 1551 | 2074 | 2109 |
| 货物和服务进口 | Imports of Goods and Services | 616 | 1224 | 1957 | 2482 | 2648 |
| 国内生产总值 | Gross Domestic Product | 2666 | 4830 | 7312 | 7889 | 8202 |
| 按2005年价格计算 | At Constant 2005 USD | | | | | |
| 居民消费支出 | Household Final Consumption Expenditure | 2685 | 3464 | 3974 | 4259 | 4457 |
| 政府消费支出 | General Government Final Consumption Expenditure | 514 | 569 | 736 | 817 | 866 |
| 资本形成总额 | Gross Capital Formation | 739 | 965 | 1167 | 1248 | 1390 |
| 货物和服务出口 | Exports of Goods and Services | 741 | 1056 | 1218 | 1529 | 1531 |
| 货物和服务进口 | Imports of Goods and Services | 804 | 1224 | 1436 | 1583 | 1718 |
| 国内生产总值 | Gross Domestic Product | 3866 | 4830 | 5651 | 6277 | 6532 |
| **乌 克 兰** | **Ukraine** | | | | | |
| 按当年价格计算 | At Current USD | | | | | |
| 居民消费支出 | Household Final Consumption Expenditure | 170 | 477 | 874 | 1205 | 1290 |
| 政府消费支出 | General Government Final Consumption Expenditure | 65 | 161 | 277 | 345 | 344 |
| 资本形成总额 | Gross Capital Formation | 61 | 195 | 267 | 348 | 279 |
| 货物和服务出口 | Exports of Goods and Services | 195 | 443 | 692 | 900 | 832 |
| 货物和服务进口 | Imports of Goods and Services | 179 | 436 | 731 | 1044 | 983 |
| 国内生产总值 | Gross Domestic Product | 313 | 861 | 1364 | 1766 | 1774 |
| 按2005年价格计算 | At Constant 2005 USD | | | | | |
| 居民消费支出 | Household Final Consumption Expenditure | 267 | 477 | 667 | 862 | |
| 政府消费支出 | General Government Final Consumption Expenditure | 139 | 161 | 172 | 170 | |
| 资本形成总额 | Gross Capital Formation | 140 | 195 | 146 | 155 | |
| 货物和服务出口 | Exports of Goods and Services | 341 | 443 | 372 | 358 | |
| 货物和服务进口 | Imports of Goods and Services | 338 | 436 | 444 | 532 | |
| 国内生产总值 | Gross Domestic Product | 595 | 861 | 906 | 955 | 973 |

3-11 续表 13 continued

单位：亿美元 (100 million USD)

| 国家或地区 | Country or Area | 2000 | 2005 | 2010 | 2012 | 2013 |
|---|---|---|---|---|---|---|
| **英 国** | **United Kingdom** | | | | | |
| 按当年价格计算 | At Current USD | | | | | |
| 居民消费支出 | Household Final Consumption Expenditure | 9800 | 15009 | 14812 | 16189 | 16741 |
| 政府消费支出 | General Government Final Consumption Expenditure | 2737 | 4875 | 5200 | 5381 | 5379 |
| 资本形成总额 | Gross Capital Formation | 2676 | 3977 | 3451 | 3665 | 3679 |
| 货物和服务出口 | Exports of Goods and Services | 4079 | 6179 | 6911 | 7824 | 7918 |
| 货物和服务进口 | Imports of Goods and Services | 4355 | 6826 | 7419 | 8351 | 8334 |
| 国内生产总值 | Gross Domestic Product | 14936 | 23214 | 22955 | 24618 | 25223 |
| 按2005年价格计算 | At Constant 2005 USD | | | | | |
| 居民消费支出 | Household Final Consumption Expenditure | 12692 | 15009 | 15135 | 15289 | 15628 |
| 政府消费支出 | General Government Final Consumption Expenditure | 4094 | 4875 | 5187 | 5266 | 5305 |
| 资本形成总额 | Gross Capital Formation | 3479 | 3977 | 3587 | 3602 | 3649 |
| 货物和服务出口 | Exports of Goods and Services | 5037 | 6179 | 6675 | 7093 | 7166 |
| 货物和服务进口 | Imports of Goods and Services | 5271 | 6826 | 6996 | 7253 | 7289 |
| 国内生产总值 | Gross Domestic Product | 20058 | 23214 | 23600 | 23930 | 24328 |
| **澳大利亚** | **Australia** | | | | | |
| 按当年价格计算 | At Current USD | | | | | |
| 居民消费支出 | Household Final Consumption Expenditure | 2410 | 4011 | 6320 | 8241 | 8609 |
| 政府消费支出 | General Government Final Consumption Expenditure | 733 | 1208 | 2055 | 2741 | 2787 |
| 资本形成总额 | Gross Capital Formation | 1094 | 1906 | 3154 | 4375 | 4459 |
| 货物和服务出口 | Exports of Goods and Services | 807 | 1253 | 2221 | 3255 | 3095 |
| 货物和服务进口 | Imports of Goods and Services | 891 | 1441 | 2332 | 3286 | 3301 |
| 国内生产总值 | Gross Domestic Product | 4152 | 6937 | 11418 | 15324 | 15606 |
| 按2005年价格计算 | At Constant 2005 USD | | | | | |
| 居民消费支出 | Household Final Consumption Expenditure | 3287 | 4011 | 4646 | 4940 | 5043 |
| 政府消费支出 | General Government Final Consumption Expenditure | 1039 | 1208 | 1409 | 1512 | 1524 |
| 资本形成总额 | Gross Capital Formation | 1436 | 1906 | 2421 | 2849 | 2893 |
| 货物和服务出口 | Exports of Goods and Services | 1113 | 1253 | 1478 | 1559 | 1652 |
| 货物和服务进口 | Imports of Goods and Services | 997 | 1441 | 2012 | 2471 | 2497 |
| 国内生产总值 | Gross Domestic Product | 5912 | 6937 | 7974 | 8448 | 8672 |
| **新 西 兰** | **New Zealand** | | | | | |
| 按当年价格计算 | At Current USD | | | | | |
| 居民消费支出 | Household Final Consumption Expenditure | 311 | 671 | 838 | 1022 | |
| 政府消费支出 | General Government Final Consumption Expenditure | 90 | 205 | 288 | 334 | |
| 资本形成总额 | Gross Capital Formation | 110 | 279 | 275 | 345 | |
| 货物和服务出口 | Exports of Goods and Services | 188 | 324 | 444 | 508 | |
| 货物和服务进口 | Imports of Goods and Services | 173 | 341 | 410 | 495 | |
| 国内生产总值 | Gross Domestic Product | 520 | 1138 | 1435 | 1715 | 1826 |
| 按2005年价格计算 | At Constant 2005 USD | | | | | |
| 居民消费支出 | Household Final Consumption Expenditure | 531 | 671 | 728 | 756 | |
| 政府消费支出 | General Government Final Consumption Expenditure | 170 | 205 | 237 | 236 | |
| 资本形成总额 | Gross Capital Formation | 187 | 279 | 242 | 271 | |
| 货物和服务出口 | Exports of Goods and Services | 277 | 324 | 364 | 383 | |
| 货物和服务进口 | Imports of Goods and Services | 227 | 341 | 363 | 391 | |
| 国内生产总值 | Gross Domestic Product | 936 | 1138 | 1200 | 1258 | 1289 |

# 3-12 收入法国内生产总值

## Gross Domestic Product by Income Approach

资料来源：经合组织OLIS数据库。
Source: OECD OLIS Database.

单位：亿美元 (100 million USD)

| 国家或地区 | Country or Area | 2000 | 2005 | 2010 | 2012 | 2013 |
|---|---|---|---|---|---|---|
| **以色列** | **Israel** | | | | | |
| 劳动者报酬 | Compensation of Employees | 638 | 658 | 1067 | 1174 | |
| 营业盈余和混合收入 | Gross Operating Surplus and Gross Mixed Income | 462 | 518 | 912 | 1046 | |
| 税减产品补贴 | Taxes Less Subsidies on Production and Imports | 189 | 214 | 337 | 356 | |
| 国内生产总值 | Gross Domestic Product | 1291 | 1391 | 2317 | 2576 | |
| **日本** | **Japan** | | | | | |
| 劳动者报酬 | Compensation of Employees | 24955 | 23032 | 27737 | 30800 | |
| 营业盈余和混合收入 | Gross Operating Surplus and Gross Mixed Income | 18673 | 19012 | 22875 | 23968 | |
| 税减产品补贴 | Taxes Less Subsidies on Production and Imports | 3580 | 3548 | 4187 | 4689 | |
| 统计误差 | Statistical Discrepancy | 105 | 126 | 155 | -79 | |
| 国内生产总值 | Gross Domestic Product | 47312 | 45719 | 54954 | 59378 | |
| **韩国** | **Korea, Rep.** | | | | | |
| 劳动者报酬 | Compensation of Employees | 2290 | 3870 | 4552 | 5179 | |
| 营业盈余和混合收入 | Gross Operating Surplus and Gross Mixed Income | 2422 | 3632 | 4453 | 4869 | |
| 税减产品补贴 | Taxes Less Subsidies on Production and Imports | 623 | 946 | 1143 | 1248 | |
| 国内生产总值 | Gross Domestic Product | 5334 | 8449 | 10149 | 11296 | |
| **南非** | **South Africa** | | | | | |
| 劳动者报酬 | Compensation of Employees | 637 | 1099 | 1657 | 1768 | 1633 |
| 营业盈余和混合收入 | Gross Operating Surplus and Gross Mixed Income | 544 | 1059 | 1609 | 1617 | 1453 |
| 税减产品补贴 | Taxes Less Subsidies on Production and Imports | 147 | 312 | 386 | 438 | 420 |
| 国内生产总值 | Gross Domestic Product | 1329 | 2471 | 3652 | 3823 | 3506 |
| **加拿大** | **Canada** | | | | | |
| 劳动者报酬 | Compensation of Employees | 3683 | 5727 | 8148 | 9242 | 9292 |
| 营业盈余和混合收入 | Gross Operating Surplus and Gross Mixed Income | 2857 | 4640 | 6349 | 7132 | 7110 |
| 税减产品补贴 | Taxes Less Subsidies on Production and Imports | 863 | 1279 | 1654 | 1846 | 1848 |
| 统计误差 | Statistical Discrepancy | -8 | -4 | -11 | -5 | 2 |
| 国内生产总值 | Gross Domestic Product | 7395 | 11642 | 16141 | 18214 | 18251 |
| **墨西哥** | **Mexico** | | | | | |
| 劳动者报酬 | Compensation of Employees | 1926 | 2468 | 2896 | 3189 | |
| 营业盈余和混合收入 | Gross Operating Surplus and Gross Mixed Income | 4203 | 5767 | 7107 | 8198 | |
| 税减产品补贴 | Taxes Less Subsidies on Production and Imports | 367 | 412 | 496 | 430 | |
| 国内生产总值 | Gross Domestic Product | 6485 | 8648 | 10499 | 11816 | |
| **美国** | **United States** | | | | | |
| 劳动者报酬 | Compensation of Employees | 58631 | 70979 | 79753 | 86200 | |
| 营业盈余和混合收入 | Gross Operating Surplus and Gross Mixed Income | 38584 | 51577 | 59386 | 65760 | |
| 税减产品补贴 | Taxes Less Subsidies on Production and Imports | 6627 | 8736 | 10012 | 10656 | |
| 统计误差 | Statistical Discrepancy | -945 | -338 | 431 | -170 | |
| 国内生产总值 | Gross Domestic Product | 102897 | 130954 | 149583 | 162446 | |
| **捷克** | **Czech Rep.** | | | | | |
| 劳动者报酬 | Compensation of Employees | 237 | 542 | 833 | 846 | 843 |
| 营业盈余和混合收入 | Gross Operating Surplus and Gross Mixed Income | 303 | 641 | 977 | 933 | 944 |
| 税减产品补贴 | Taxes Less Subsidies on Production and Imports | 48 | 118 | 175 | 186 | 198 |
| 国内生产总值 | Gross Domestic Product | 588 | 1301 | 1985 | 1964 | 1984 |
| **法国** | **France** | | | | | |
| 劳动者报酬 | Compensation of Employees | 6906 | 11199 | 13677 | 13939 | 14591 |
| 营业盈余和混合收入 | Gross Operating Surplus and Gross Mixed Income | 4540 | 7229 | 8642 | 8578 | 8943 |
| 税减产品补贴 | Taxes Less Subsidies on Production and Imports | 1818 | 2937 | 3331 | 3595 | 3816 |
| 国内生产总值 | Gross Domestic Product | 13263 | 21366 | 25650 | 26112 | 27350 |

## 3-12 续表 continued

单位：亿美元 (100 million USD)

| 国家或地区 | Country or Area | 2000 | 2005 | 2010 | 2012 | 2013 |
|---|---|---|---|---|---|---|
| **德　　国** | **Germany** | | | | | |
| 劳动者报酬 | Compensation of Employees | 10264 | 14170 | 16802 | 17678 | 18776 |
| 营业盈余和混合收入 | Gross Operating Surplus and Gross Mixed Income | 6845 | 10899 | 12970 | 13054 | 13886 |
| 税减产品补贴 | Taxes Less Subsidies on Production and Imports | 1754 | 2593 | 3273 | 3527 | 3686 |
| 国内生产总值 | Gross Domestic Product | 18864 | 27663 | 33044 | 34260 | 36348 |
| **意 大 利** | **Italy** | | | | | |
| 劳动者报酬 | Compensation of Employees | 4328 | 7249 | 8720 | 8596 | 8841 |
| 营业盈余和混合收入 | Gross Operating Surplus and Gross Mixed Income | 5222 | 8280 | 9189 | 8732 | 9112 |
| 税减产品补贴 | Taxes Less Subsidies on Production and Imports | 1490 | 2334 | 2644 | 2804 | 2761 |
| 国内生产总值 | Gross Domestic Product | 11040 | 17863 | 20554 | 20133 | 20713 |
| **荷　　兰** | **Netherlands** | | | | | |
| 劳动者报酬 | Compensation of Employees | 1951 | 3166 | 3980 | 3973 | 4123 |
| 营业盈余和混合收入 | Gross Operating Surplus and Gross Mixed Income | 1485 | 2488 | 2951 | 2929 | 3019 |
| 税减产品补贴 | Taxes Less Subsidies on Production and Imports | 414 | 731 | 840 | 799 | 860 |
| 国内生产总值 | Gross Domestic Product | 3851 | 6385 | 7772 | 7701 | 8002 |
| **波　　兰** | **Poland** | | | | | |
| 劳动者报酬 | Compensation of Employees | 689 | 1088 | 1730 | 1768 | |
| 营业盈余和混合收入 | Gross Operating Surplus and Gross Mixed Income | 816 | 1562 | 2360 | 2520 | |
| 税减产品补贴 | Taxes Less Subsidies on Production and Imports | 208 | 389 | 609 | 615 | |
| 国内生产总值 | Gross Domestic Product | 1713 | 3039 | 4698 | 4902 | 5175 |
| **俄 罗 斯** | **Russia** | | | | | |
| 劳动者报酬 | Compensation of Employees | 1044 | 3350 | 7572 | 10202 | 10877 |
| 营业盈余和混合收入 | Gross Operating Surplus and Gross Mixed Income | 1106 | 2789 | 4970 | 5976 | 6129 |
| 税减产品补贴 | Taxes Less Subsidies on Production and Imports | 444 | 1502 | 2707 | 3996 | 3962 |
| 国内生产总值 | Gross Domestic Product | 2594 | 7640 | 15249 | 20175 | 20968 |
| **西 班 牙** | **Spain** | | | | | |
| 劳动者报酬 | Compensation of Employees | 2876 | 5373 | 6818 | 6201 | 6184 |
| 营业盈余和混合收入 | Gross Operating Surplus and Gross Mixed Income | 2348 | 4683 | 5786 | 5813 | 6082 |
| 税减产品补贴 | Taxes Less Subsidies on Production and Imports | 580 | 1253 | 1244 | 1211 | 1316 |
| 国内生产总值 | Gross Domestic Product | 5803 | 11308 | 13848 | 13225 | 13583 |
| **英　　国** | **United Kingdom** | | | | | |
| 劳动者报酬 | Compensation of Employees | 8089 | 12352 | 12389 | 13271 | 13554 |
| 营业盈余和混合收入 | Gross Operating Surplus and Gross Mixed Income | 4898 | 8110 | 7795 | 8142 | 8333 |
| 税减产品补贴 | Taxes Less Subsidies on Production and Imports | 1948 | 2752 | 2771 | 3169 | 3286 |
| 统计误差 | Statistical Discrepancy | | | | 36 | 50 |
| 国内生产总值 | Gross Domestic Product | 14936 | 23214 | 22955 | 24618 | 25223 |
| **澳大利亚** | **Australia** | | | | | |
| 劳动者报酬 | Compensation of Employees | 2009 | 3643 | 6113 | 7671 | |
| 营业盈余和混合收入 | Gross Operating Surplus and Gross Mixed Income | 1614 | 3159 | 5549 | 6523 | |
| 税减产品补贴 | Taxes Less Subsidies on Production and Imports | 468 | 822 | 1241 | 1558 | |
| 统计误差 | Statistical Discrepancy | | | | -2 | |
| 国内生产总值 | Gross Domestic Product | 4091 | 7624 | 12903 | 15750 | |
| **新 西 兰** | **New Zealand** | | | | | |
| 劳动者报酬 | Compensation of Employees | 219 | 491 | 638 | | |
| 营业盈余和混合收入 | Gross Operating Surplus and Gross Mixed Income | 254 | 508 | 625 | 726 | |
| 税减产品补贴 | Taxes Less Subsidies on Production and Imports | 65 | 139 | 172 | 213 | |
| 国内生产总值 | Gross Domestic Product | 538 | 1138 | 1435 | | |

# 3-13 三次产业对国内生产总值增长的贡献率

## Share of the Contributions of the Three Strata of Industry to the Increase of GDP

资料来源：世界银行WDI数据库。
Source: World Bank WDI Database.

单位：% (%)

| 国家或地区 | Country or Area | 第一产业对国内生产总值增长的贡献率 Contributions of the Primary Industry to the Increase of GDP | | 第二产业对国内生产总值增长的贡献率 Contributions of the Secondary Industry to the Increase of GDP | | 第三产业对国内生产总值增长的贡献率 Contributions of the Tertiary Industry to the Increase of GDP | |
|---|---|---|---|---|---|---|---|
| | | 2000 | 2013 | 2000 | 2013 | 2000 | 2013 |
| 中　　国 | China | 5.0 | 4.1 | 55.9 | 51.8 | 39.1 | 44.1 |
| 中国香港 | Hong Kong, China | | … | | 1.1 | | 98.8 |
| 孟加拉国 | Bangladesh | 30.4 | 6.9 | 25.8 | 46.2 | 43.8 | 46.8 |
| 文　　莱 | Brunei Darussalam | 2.3 | 4.6 | 66.5 | 168.0 | 31.2 | -72.6 |
| 柬 埔 寨 | Cambodia | -1.7 | 16.5① | 64.2 | 37.8① | 37.4 | 45.7① |
| 印　　度 | India | | 13.9 | 38.9 | 2.0 | 61.1 | 84.1 |
| 印度尼西亚 | Indonesia | 6.1 | 7.7 | 53.9 | 34.5 | 40.0 | 57.8 |
| 伊　　朗 | Iran | 10.2 | | 60.1 | 47.0② | 29.7 | 41.9② |
| 日　　本 | Japan | 1.3 | 0.3① | 33.5 | -31.3① | 65.2 | 131.0① |
| 哈萨克斯坦 | Kazakhstan | -3.2 | -20.8① | 60.1 | 10.5① | 43.2 | 110.3① |
| 韩　　国 | Korea, Rep. | 0.6 | 4.2 | 49.9 | 40.3 | 49.5 | 55.5 |
| 老　　挝 | Laos | 38.5 | 9.9① | 26.1 | 54.2① | 35.5 | 36.0① |
| 马来西亚 | Malaysia | 6.3 | 3.7 | 57.9 | 30.0 | 35.9 | 66.2 |
| 蒙　　古 | Mongolia | 316.7 | 17.3 | -25.5 | 44.6 | -191.3 | 38.2 |
| 巴基斯坦 | Pakistan | 38.5 | 20.0 | 6.0 | 20.4 | 55.5 | 59.6 |
| 菲 律 宾 | Philippines | 10.8 | 4.7① | 50.1 | 32.1① | 39.1 | 63.1① |
| 新 加 坡 | Singapore | -0.1 | | 36.1 | 15.4 | 63.9 | 84.6 |
| 斯里兰卡 | Sri Lanka | 4.4 | 7.2 | 34.2 | 41.5 | 61.4 | 51.3 |
| 泰　　国 | Thailand | 15.2 | 6.4 | 49.2 | 7.9 | 35.6 | 85.7 |
| 越　　南 | Viet Nam | 17.4 | 8.9 | 50.6 | 38.6 | 32.0 | 52.5 |
| 埃　　及 | Egypt | 8.9 | 19.0 | 30.5 | 44.0 | 60.7 | 37.0 |
| 尼日利亚 | Nigeria | 11.8 | 5.0 | 69.2 | 33.7 | 19.1 | 61.3 |
| 南　　非 | South Africa | 1.9 | 3.0 | 21.7 | 20.8 | 76.4 | 76.2 |
| 加 拿 大 | Canada | -0.7 | 1.0③ | 47.8 | 50.1③ | 52.9 | 48.9③ |
| 墨 西 哥 | Mexico | 1.1 | 0.8 | 34.7 | -22.5 | 64.2 | 121.7 |
| 美　　国 | United States | 3.0 | -8.4④ | 14.9 | 19.4④ | 82.1 | 89.0④ |
| 阿 根 廷 | Argentina | 15.7 | 22.9 | 115.4 | 1.5 | -31.1 | 75.6 |
| 巴　　西 | Brazil | 4.0 | 18.2 | 35.2 | 23.6 | 60.8 | 58.2 |
| 委内瑞拉 | Venezuela | 9.6 | 5.3① | 50.2 | 57.9① | 40.2 | 36.8① |
| 捷　　克 | Czech Rep. | 0.8 | 16.6 | 45.3 | 39.5 | 53.9 | 43.9 |
| 法　　国 | France | -1.1 | -24.0 | 24.9 | -113.8 | 76.2 | 237.9 |
| 德　　国 | Germany | -0.7 | -1.4 | 39.8 | -2.6 | 60.8 | 104.0 |
| 意 大 利 | Italy | -1.5 | -0.4 | 24.5 | 57.5 | 77.0 | 42.9 |
| 荷　　兰 | Netherlands | 0.9 | -4.6 | 31.7 | -6.7 | 67.4 | 111.3 |
| 波　　兰 | Poland | -5.0 | -1.5③ | 35.1 | 70.6③ | 69.9 | 30.9③ |
| 俄 罗 斯 | Russia | 8.5 | 10.5 | 48.2 | 6.0 | 43.3 | 83.5 |
| 西 班 牙 | Spain | 6.2 | -2.7 | 23.7 | 73.3 | 70.1 | 29.4 |
| 土 耳 其 | Turkey | 13.7 | 7.8 | 31.8 | 36.0 | 54.4 | 56.2 |
| 乌 克 兰 | Ukraine | 22.7 | -330.3① | 49.0 | -301.8① | 28.3 | 732.1① |
| 英　　国 | United Kingdom | -0.3 | -1.4 | 9.9 | 4.1 | 90.4 | 97.3 |
| 澳大利亚 | Australia | 4.5 | -2.4 | 26.7 | 38.2 | 68.8 | 64.2 |
| 新 西 兰 | New Zealand | 6.7 | -3.7① | 4.9 | 43.9① | 88.3 | 59.8① |

注：①2012年数据。②2008年数据。③2010年数据。④2011年数据。
Note: ①Data refer to 2012.②Data refer to 2008.③Data refer to 2010.④Data refer to 2011.

# 3-14 资本形成总额、消费支出及净出口对国内生产总值增长的贡献率
# Share of the Contributions of Gross Capital Formation,Final Consumption Expenditure and External Balance on Goods and Services to the Increase of GDP

资料来源：世界银行数据库。
Source: World Bank Database.
单位：% (%)

| 国家或地区 | Country or Area | 资本形成总额 Gross Capital Formation | | 消费支出 Final Consumption Expenditure | | 净出口 External Balance on Goods and Services | |
|---|---|---|---|---|---|---|---|
| | | 2000 | 2013 | 2000 | 2013 | 2000 | 2013 |
| 中　国 | China | 22.4 | 54.4 | 65.1 | 50.0 | 12.5 | -4.4 |
| 中国香港 | Hong Kong, China | | 31.7 | | 102.6 | | -34.3 |
| 中国澳门 | Macao, China | -266.1 | 6.7 | -109.3 | 14.3 | 475.4 | 79.0 |
| 孟加拉国 | Bangladesh | | 30.1 | | 61.1 | | 8.9 |
| 文　莱 | Brunei Darussalam | -122.5 | -11.3① | -0.5 | -45.9① | 223.0 | 157.2① |
| 印度尼西亚 | Indonesia | 46.9 | 19.7 | 20.3 | 49.4 | 32.7 | 30.9 |
| 伊　朗 | Iran | 37.5 | | 74.7 | | -12.2 | |
| 以色列② | Israel② | | 66.5 | | 60.2 | | -26.7 |
| 日　本① | Japan① | | 48.0 | | 102.1 | | -50.1 |
| 哈萨克斯坦 | Kazakhstan | 33.7 | 38.5① | 47.3 | 138.3① | 19.0 | -76.8① |
| 韩　国 | Korea, Rep. | | -0.2 | | 46.9 | | 53.3 |
| 马来西亚 | Malaysia | 69.8 | 28.1 | 49.2 | 94.4 | -18.9 | -22.5 |
| 菲律宾 | Philippines | | 72.4 | | 71.1 | | -43.5 |
| 新加坡 | Singapore | 72.2 | -22.9 | 77.7 | 62.7 | -49.9 | 60.3 |
| 泰　国 | Thailand | 52.5 | 18.0 | 72.1 | 23.0 | -24.6 | 59.0 |
| 越　南 | Viet Nam | | 29.8 | | 68.6 | | 1.5 |
| 埃　及① | Egypt① | | -1539.7 | | -2737.5 | | 4377.2 |
| 南　非 | South Africa | 10.2 | | 66.7 | | 23.1 | |
| 加拿大 | Canada | 30.6 | 38.4③ | 52.4 | 252.9③ | 17.0 | -191.3③ |
| 墨西哥 | Mexico | 42.7 | | 96.8 | | -39.5 | |
| 阿根廷④ | Argentina④ | | 71.0 | | 63.2 | | -34.2 |
| 巴　西③ | Brazil③ | | 53.1 | | 95.4 | | -48.5 |
| 委内瑞拉 | Venezuela | 49.8 | | 84.1 | | -33.9 | |
| 捷　克 | Czech Rep. | | 106.3 | | -37.3 | | 31.0 |
| 法　国 | France | 46.6 | | 64.4 | | -11.0 | |
| 德　国 | Germany | | 9.5 | | 132.5 | | -42.0 |
| 意大利 | Italy | 33.2 | 48.1 | 52.6 | 93.9 | 14.2 | -42.1 |
| 荷　兰 | Netherlands | 7.2 | 135.5 | 58.7 | 106.7 | 34.2 | -142.1 |
| 俄罗斯 | Russia | 85.8 | 797.2④ | 36.2 | 520.0④ | -22.0 | -1217.2④ |
| 西班牙 | Spain | | 85.1 | | 123.4 | | -108.5 |
| 土耳其④ | Turkey④ | | 93.8 | | 54.0 | | -47.8 |
| 澳大利亚 | Australia | 24.9 | 79.5① | 61.2 | 54.1① | 13.9 | -33.6① |
| 新西兰 | New Zealand | -11.9 | 66.8② | 36.9 | 82.2② | 75.0 | -49.0② |

注：①2012年数据。②2011年数据。③2008年数据。④2010年数据。
Note: ①Data refer to 2012.②Data refer to 2011.③Data refer to 2008.④Data refer to 2010.

# 主要统计指标解释

**国内生产总值** 指生产活动总成果，等于所有常住单位创造的增加值的总和(包括产出价值中未包括的产品税，不包括各项产品补贴，不包括未计入产值的产品)。等于按购买者价格计算的货物和服务最终使用价值（不包括中间消费)减去进口的货物和服务价值，或等于常住生产单位初次收入分配的总和。计算国内生产总值不扣除折旧折的资产或自然资源的枯竭和退化。

**按当年价格计算的国内生产总值** 是按报告期价格计算的国内生产总值，即名义国内生产总值。

**不变价格国内生产总值** 指国内生产总值的物量水平。不变价格国内生产总值估计值等于按基期价格衡量的价值。理论上，价格和数量是价值量的两个组成部分，价格量中的基期价格可用当期价格替代。

**按市场价格计算的国内生产总值** 是按市场价格计算的所有居民生产者的增加值总和加上税减产品补贴。

**支出法国内生产总值** 指按购买者价格计算的总支出，包括最终消费支出，总固定资本形成，库存变动，耐用品及以离岸价计算的货物和服务出口，减去货物和服务的进口。

**收入法国内生产总值** 指雇员报酬加上生产税减补贴，加上混合收入和营业盈余。

**生产法国内生产总值** 是按基本价格计算的常住居民生产者增加值合计加上各种税减产品补贴。各行业增加值分类依据国际标准产业分类。

**人均国内生产总值** 指国内生产总值除以年中人口。数据用现价美元表示。

**国民总收入** 指国内生产总值减去生产税和进口税净额，减去支付给国外的雇员报酬和财产收入，加来自国外的雇员报酬和财产收入（即国内生产总值减去支付给非常住单位的初次收入，加上收到的非常住单位的初次收入）。按市场价格计算国民总收入的另一种方法是各部门所有初次收入的总和（国民总收入即国民生产总值，后者是以往国民核算中使用的概念）。为便于比较，用本币计算的国民总收入通常用官方汇率转换成以美元为单位，尽管官方汇率作为转换比率时被认为大大偏离国际交易实际采用比率。为平抑价格和汇率的波动，世界银行采用了特别的图表集法转换。图表集法用给定年份和其前两年的平均汇率作为转换因子，该转换因子根据该国及几个主要国家的通货膨胀率差异加以调整。到 2000 年为止，这些国家指法国、德国、日本、英国和美国等 5 个国家，2001 年开始，这些国家为欧元区、日本、英国和美国。

**人均国民总收入** 是用世界银行图表集法转换成美元计量的国民总收入除以年中人口，即原人均国民生产总值。

**按购买力平价计算的人均国民总收入** 指根据购买力平价计算的人均国民总收入。购买力平价国民总收入是用购买力平价比率转换成国际元计量的国民总收入。国民总收入中一国际元的购买力等于美国一美元购买力。

**增加值总额** 等于总产出减去中间消耗。用于衡量单个生产者、行业或部门生产活动对国内生产总值的贡献；增加值总额是国民核算账户（SNA）中初次收入形成的来源，因此被（从生产账户）结转到初次收入分配账户中进行反映。

**按基本价格计算的增加值总额** 等于按基本价格计算的总产出减去按购买者价格计算的中间消耗。基本价格等于生产者出售一个单位的货物和服务得到的收入，减去由此应付的税金，加上应收的补贴。基本价格作为生产或销售的价格单位，不包括生产者开具发票时单列的运输费用。

**按要素成本计算的增加值总额** 等于按市场价格计算的增加值总额减间接税与产品补贴。

**按生产者价格计算的增加值总额** 等于按生产者价格计算的总产出减去按购买者价格计算的中间消耗。

**三次产业** 根据《国际标准产业分类》(ISIC)第三版划分。

第一产业，即农业，指《国际标准产业分类》第三版中第 1 类至第 5 类，包括林业、狩猎业、渔业、种植业和畜牧业。

第二产业，指《国际标准产业分类》第三版中第 10 类至第 45 类，包括制造业（第 15-37 类）。第二产业包括采掘业，制造业，电力、煤气和水的供应业以及建筑业。

第三产业，即服务业，指《国际标准产业分类》第三版中第 50 类至第 99 类。包括批发零售贸易业（包括旅馆和饭店业）、交通运输业以及政府、金融、专业服务和个人服务，例如教育、卫生、房地产服务；还包括估算的银行服务费、进口税和加工或调整数据时的统计误差。

**资本形成总额** 是固定资产形成总额、存货变动和贵重物品获得减处置的价值合计。

**资本形成率** 即投资率，指资本形成总额占国内生产总值的比重。

**居民消费率** 居民最终消费支出占国内生产总值的比重。居民最终消费支出是居民购买的所有商品和服务的市场价值。包括耐用商品（如汽车、洗衣机和家用计算机）；不包括购买住房支出，但包括自有住房的估算租金；还包括支付给政府的获得许可权的费用。居民消费支出包括服务于居民的非盈利机构的支出。

**消费支出** 是居民消费支出、政府消费支出之和。它包括资源利用与供给之间的统计误差。

**政府消费支出** 包括政府购买商品和服务的经常性支出（包括雇员报酬），主要包括国家防卫和安全支出，但是不包括政府军队支出中属于政府资本形成部分。

**营业盈余** 指核算企业为借入或租赁金融资产或有形非生产性资产而支付利息、租金或类似支出以及企业拥有的金融资产或有形非生产性资产获得的利息、租金或类似收入前，企业生产方面的盈亏（居民拥有的非公司性企业营业盈余称为混合收入）。

# Explanatory Notes on Main Statistical Indicators

**Gross Domestic Product** An aggregate measure of production equal to the sum of the gross values added of all resident institutional units engaged in production (plus any taxes, and minus any subsidies, on products not included in the value of their outputs). The sum of the final uses of goods and services (all uses except intermediate consumption) measured in purchasers' prices, less the value of imports of goods and services, or the sum of primary incomes distributed by resident producer units. It is calculated without making deductions for depreciation of fabricated assets or for depletion and degradation of natural resources.

**Gross Domestic Product at Current Price** is GDP at prices of the current reporting period. Also known as nominal GDP

**Gross Domestic Product at Constant Price** refers to the volume level of GDP. Constant price estimates of GDP are obtained by expressing values in terms of a base period. In theory, the price and quantity components of a value are identified and the price in the base period is substituted for that in the current period. Two main methods are adopted in practice.

**Expenditure-based GDP** is total final expenditure at purchasers' prices (including final consumption expenditure, gross fixed capital formation, changes in inventories, valuables and f.o.b. value of exports of goods and services), less the f.o.b. value of imports of goods and services.

**Income-based GDP** is compensation of employees, plus taxes less subsidies on production and imports, plus gross mixed income, plus gross operating surplus.

**Output-based GDP** is the sum of the gross values added of all resident producers at basic prices, plus all taxes less subsidies on products. Describes the generation of gross value added by industrial classification of economic activities according to the International Standard Industrial Classification.

**GDP at Market Prices** is the sum of the gross values added of all resident producers at market prices, plus taxes less subsidies on imports.

**GDP per capita** is gross domestic product divided by midyear population. Data are in current U.S. dollars.

**Gross National Income** is GDP less net taxes on production and imports, less compensation of employees and property income payable to the rest of the world plus the corresponding items receivable from the rest of the world (in other words, GDP less primary incomes payable to non- resident units plus primary incomes receivable from non-resident units). An alternative approach to measuring GNI at market prices is as the aggregate value of the balances of gross primary incomes for all sectors (note that gross national income is identical to gross national product (GNP) as previously used in national accounts generally). GNI, calculated in national currency, is usually converted to U.S. dollars at official exchange rates for comparisons across economies, although an alternative rate is used when the official exchange rate is judged to diverge by an exceptionally large margin from the rate actually applied in international transactions. To smooth fluctuations in prices and exchange rates, a special Atlas method of conversion is used by the World Bank. This applies a conversion factor that averages the exchange rate for a given year and the two preceding years, adjusted for differences in rates of inflation between the country, and through 2000, the G-5 countries (France, Germany, Japan, the United Kingdom, and the United States). From 2001, these countries include the Euro area, Japan, the United Kingdom, and the United States.

**GNI per Capita in PPP** GNI per capita based on purchasing power parity (PPP). PPP GNI is gross national income (GNI) converted to international dollars using purchasing power parity rates. An international dollar has the same purchasing power over GNI as a U.S. dollar has in the United States.

**Gross Value Added** is the value of output less the value of intermediate consumption; it is a measure of the contribution to GDP made by an individual producer, industry or sector; gross value added is the source from which the primary incomes of the SNA are generated and is therefore carried forward into the primary distribution of income account.

**Gross Value Added at Basic Prices** Output valued at basic prices less intermediate consumption valued at purchasers prices. The basic price is the amount receivable by the producer from the purchaser for a unit of a good or service produced as output minus any tax payable, and plus any subsidy receivable, on that unit as a consequence of its production or sale; it excludes any transport charges invoiced separately by the producer.

**Gross Value Added at Factor Cost** is GVA at market prices less any indirect taxes plus any subsidies.

**Gross Value Added at Producer Prices** is output valued at producer prices less intermediate consumption valued at purchasers of prices.

**Three Strata of Industry** The origin is determined by the International Standard Industrial Classification (ISIC), revision 3.

Primary Industry named as agriculture, corresponds to ISIC divisions 1-5 and includes forestry, hunting, and fishing, as well as cultivation of crops and livestock production.

Secondary Industry corresponds to ISIC divisions 10-45 and includes manufacturing (ISIC divisions 15-37). It comprises value added in mining, manufacturing (also reported as a separate subgroup), electricity, gas and water supply, construction.

Tertiary Industry named as services, corresponds to ISIC divisions 50-99. They include value added in wholesale and retail trade (including hotels and restaurants), transport, and government, financial, professional, and personal services such as education, health care, and real estate services. Also included are imputed bank service charges, import duties, and any statistical discrepancies noted by national compilers as well as discrepancies arising from rescaling.

**Gross Capital Formation** is the total value of the gross fixed capital formation, changes in inventories and acquisitions less disposals of valuables.

**Capital Formation Rate** namely investment rate, refers to gross capital formation as percentage of gross domestic product.

**Household Final Consumption Rate** refers to household final consumption expenditure as percentage of gross domestic of product.

Household Final Consumption Expenditure is the market value of all goods and services, including durable products (such as cars, washing machines, and home computers), purchased by households. It excludes purchases of dwellings but includes imputed rent for owner-occupied dwellings. It also includes payments and fees to governments to obtain permits and licenses. Here, household consumption expenditure includes the expenditures of nonprofit institutions serving households, even when reported separately by the country.

**Consumption Expenditure** is the sum of household final consumption expenditure and general government final consumption expenditure. This estimate includes any statistical discrepancy in the use of resources relative to the supply of resources.

**General Government Final Consumption Expenditure** includes all government current expenditures for purchases of goods and services (including compensation of employees). It also includes most expenditure on national defense and security, but excludes government military expenditures that are part of government capital formation.

**Operating Surplus** measures the surplus or deficit accruing from production before taking account of any interest, rent or similar charges payable on financial or tangible non-produced assets borrowed or rented by the enterprise, or any interest, rent or similar receipts receivable on financial or tangible non-produced assets owned by the enterprise (for unincorporated enterprises owned by households, this component is called mixed income).

# 人 口

## Population

# 4-1 年中人口

# Mid-year Population

资料来源：世界银行WDI数据库。
Source: World Bank WDI Database.

| 国家或地区 | Country or Area | 年中人口（万人） Mid-year Population (10 000 persons) | | | | 增长率(%) Growth Rate (%) |
|---|---|---|---|---|---|---|
| | | 2000 | 2005 | 2010 | 2013 | 2013 |
| **世　界** | **World** | **610200.2** | **649017.7** | **688351.2** | **712454.4** | **1.2** |
| **高收入国家** | **High Income** | **121072.2** | **124572.9** | **128618.1** | **130613.2** | **0.5** |
| **中等收入国家** | **Middle Income** | **425462.1** | **453108.5** | **480305.8** | **496974.4** | **1.1** |
| **低收入国家** | **Low Income** | **63665.8** | **71336.2** | **79427.3** | **84866.8** | **2.2** |
| 中　国 | China | 126264.5 | 130372.0 | 133770.5 | 135738.0 | 0.5 |
| 中国香港 | Hong Kong, China | 666.5 | 681.3 | 702.4 | 718.8 | 0.5 |
| 中国澳门 | Macao, China | 43.2 | 46.8 | 53.5 | 56.6 | 1.7 |
| 阿富汗 | Afghanistan | 2059.5 | 2486.1 | 2839.8 | 3055.2 | 2.4 |
| 阿尔巴尼亚 | Albania | 308.9 | 299.3 | 285.7 | 277.4 | -1.0 |
| 阿尔及利亚 | Algeria | 3171.9 | 3396.1 | 3706.3 | 3920.8 | 1.9 |
| 美属萨摩亚 | American Samoa | 5.8 | 5.9 | 5.6 | 5.5 | 0.1 |
| 安道尔 | Andorra | 6.5 | 8.1 | 7.8 | 7.9 | 1.1 |
| 安哥拉 | Angola | 1392.5 | 1654.4 | 1954.9 | 2147.2 | 3.1 |
| 安提瓜和巴布达 | Antigua and Barbuda | 7.8 | 8.3 | 8.7 | 9.0 | 1.0 |
| 阿根廷 | Argentina | 3690.3 | 3864.8 | 4037.4 | 4144.6 | 0.9 |
| 亚美尼亚 | Armenia | 307.6 | 301.5 | 296.3 | 297.7 | 0.3 |
| 阿鲁巴岛 | Aruba | 9.1 | 10.0 | 10.2 | 10.3 | 0.5 |
| 澳大利亚 | Australia | 1915.3 | 2039.5 | 2203.2 | 2313.1 | 1.8 |
| 奥地利 | Austria | 801.2 | 822.8 | 839.0 | 847.4 | 0.5 |
| 阿塞拜疆 | Azerbaijan | 804.9 | 839.2 | 905.4 | 941.7 | 1.3 |
| 巴哈马 | Bahamas | 29.8 | 32.9 | 36.0 | 37.7 | 1.4 |
| 巴　林 | Bahrain | 66.8 | 88.0 | 125.2 | 133.2 | 1.1 |
| 孟加拉国 | Bangladesh | 13238.3 | 14313.5 | 15112.5 | 15659.5 | 1.2 |
| 巴巴多斯 | Barbados | 26.7 | 27.4 | 28.0 | 28.5 | 0.5 |
| 白俄罗斯 | Belarus | 1000.5 | 966.3 | 949.0 | 946.6 | |
| 比利时 | Belgium | 1025.1 | 1047.9 | 1092.0 | 1119.5 | 0.6 |
| 伯利兹 | Belize | 23.9 | 27.2 | 30.9 | 33.2 | 2.4 |
| 贝　宁 | Benin | 694.9 | 818.2 | 951.0 | 1032.3 | 2.7 |
| 百慕大 | Bermuda | 6.2 | 6.4 | 6.5 | 6.5 | 0.3 |
| 不　丹 | Bhutan | 56.4 | 65.0 | 71.7 | 75.4 | 1.6 |
| 玻利维亚 | Bolivia | 849.5 | 935.5 | 1015.7 | 1067.1 | 1.7 |
| 波　黑 | Bosnia and Herzegovinian | 383.4 | 388.0 | 384.6 | 382.9 | -0.1 |
| 博茨瓦纳 | Botswana | 175.5 | 187.6 | 196.9 | 202.1 | 0.9 |
| 巴　西 | Brazil | 17450.5 | 18614.2 | 19521.0 | 20036.2 | 0.9 |
| 文　莱 | Brunei Darussalam | 33.2 | 36.8 | 40.1 | 41.8 | 1.3 |
| 保加利亚 | Bulgaria | 817.0 | 774.0 | 739.6 | 726.5 | -0.6 |
| 布基纳法索 | Burkina Faso | 1160.8 | 1342.2 | 1554.0 | 1693.5 | 2.8 |
| 布隆迪 | Burundi | 667.4 | 777.0 | 923.3 | 1016.3 | 3.1 |
| 柬埔寨 | Cambodia | 1222.3 | 1335.6 | 1436.5 | 1513.5 | 1.8 |
| 喀麦隆 | Cameroon | 1592.8 | 1813.8 | 2062.4 | 2225.4 | 2.5 |
| 加拿大 | Canada | 3077.0 | 3231.2 | 3400.5 | 3515.8 | 1.2 |
| 佛得角 | Cape Verde | 44.2 | 47.9 | 48.8 | | |
| 开曼群岛 | Cayman Islands | 4.2 | 4.9 | 5.6 | 5.8 | 1.5 |
| 中　非 | Central African Rep. | 363.8 | 396.1 | 435.0 | 461.6 | 2.0 |
| 乍　得 | Chad | 830.1 | 1001.4 | 1172.1 | 1282.5 | 3.0 |
| 海峡群岛 | Channel Islands | 14.9 | 15.4 | 16.0 | 16.2 | 0.5 |
| 智　利 | Chile | 1545.4 | 1633.8 | 1715.1 | 1762.0 | 0.9 |

4-1 续表 1 continued

| 国家或地区 | Country or Area | 年中人口（万人）Mid-year Population (10 000 persons) | | | | 增长率(%) Growth Rate (%) |
|---|---|---|---|---|---|---|
| | | 2000 | 2005 | 2010 | 2013 | 2013 |
| 哥伦比亚 | Colombia | 3989.8 | 4318.4 | 4644.5 | 4832.1 | 1.3 |
| 科摩罗 | Comoros | 52.8 | 60.1 | 68.3 | 73.5 | 2.4 |
| 刚果(金) | Congo, Dem. Rep. | 4694.9 | 5402.8 | 6219.1 | 6751.4 | 2.7 |
| 刚果(布) | Congo, Rep. | 312.6 | 354.3 | 411.2 | 444.8 | 2.5 |
| 哥斯达黎加 | Costa Rica | 393.0 | 432.0 | 467.0 | 487.2 | 1.4 |
| 科特迪瓦 | Cote D'Ivoire | 1613.1 | 1739.4 | 1897.7 | 2031.6 | 2.4 |
| 克罗地亚 | Croatia | 442.6 | 444.2 | 441.8 | 425.3 | -0.3 |
| 古巴 | Cuba | 1113.8 | 1129.2 | 1128.2 | 1126.6 | |
| 塞浦路斯 | Cyprus | 94.3 | 103.3 | 110.4 | 114.1 | 1.1 |
| 捷克 | Czech Rep. | 1025.5 | 1021.1 | 1047.4 | 1052.1 | 0.1 |
| 丹麦 | Denmark | 534.0 | 541.9 | 554.8 | 561.4 | 0.4 |
| 吉布提 | Djibouti | 72.3 | 77.7 | 83.4 | 87.3 | 1.5 |
| 多米尼克 | Dominica | 7.0 | 7.1 | 7.1 | 7.2 | 0.4 |
| 多米尼加 | Dominican Rep. | 866.3 | 934.3 | 1001.7 | 1040.4 | 1.2 |
| 厄瓜多尔 | Ecuador | 1253.3 | 1377.7 | 1500.1 | 1573.8 | 1.6 |
| 埃及 | Egypt | 6613.7 | 7177.8 | 7807.6 | 8205.6 | 1.6 |
| 萨尔瓦多 | El Salvador | 595.9 | 607.3 | 621.8 | 634.0 | 0.7 |
| 赤道几内亚 | Equatorial Guinea | 51.8 | 60.4 | 69.6 | 75.7 | 2.8 |
| 厄立特里亚 | Eritrea | 393.9 | 485.4 | 574.1 | 633.3 | 3.2 |
| 爱沙尼亚 | Estonia | 139.7 | 135.5 | 133.1 | 132.5 | |
| 埃塞俄比亚 | Ethiopia | 6602.4 | 7616.7 | 8709.5 | 9410.1 | 2.6 |
| 法罗群岛 | Faeroe Islands | 4.6 | 4.9 | 5.0 | 4.9 | -0.1 |
| 斐济 | Fiji | 81.2 | 82.2 | 86.1 | 88.1 | 0.7 |
| 芬兰 | Finland | 517.6 | 524.6 | 536.3 | 543.9 | 0.5 |
| 法国 | France | 6091.1 | 6317.6 | 6502.3 | 6602.8 | 0.5 |
| 法属波立尼西亚 | French Polynesia | 23.7 | 25.5 | 26.8 | 27.7 | 1.1 |
| 加蓬 | Gabon | 122.6 | 137.9 | 155.6 | 167.2 | 2.4 |
| 冈比亚 | Gambia | 122.9 | 143.7 | 168.1 | 184.9 | 3.2 |
| 格鲁吉亚 | Georgia | 441.8 | 436.1 | 445.3 | 447.7 | -0.3 |
| 德国 | Germany | 8221.2 | 8246.9 | 8177.7 | 8062.2 | 0.2 |
| 加纳 | Ghana | 1882.5 | 2138.4 | 2426.3 | 2590.5 | 2.1 |
| 直布罗陀 | Gibraltar | 2.7 | 2.9 | 2.9 | | |
| 希腊 | Greece | 1091.7 | 1109.3 | 1115.3 | 1103.2 | -0.5 |
| 格陵兰 | Greenland | 5.6 | 5.7 | 5.7 | 5.6 | -0.6 |
| 格林纳达 | Grenada | 10.2 | 10.3 | 10.5 | 10.6 | 0.4 |
| 关岛 | Guam | 15.5 | 15.8 | 15.9 | 16.5 | 1.4 |
| 危地马拉 | Guatemala | 1120.4 | 1267.9 | 1434.2 | 1546.8 | 2.5 |
| 几内亚 | Guinea | 874.6 | 957.6 | 1087.6 | 1174.5 | 2.5 |
| 几内亚比绍 | Guinea-Bissau | 127.3 | 142.2 | 158.7 | 170.4 | 2.4 |
| 圭亚那 | Guyana | 74.4 | 76.1 | 78.6 | 80.0 | 0.5 |
| 海地 | Haiti | 857.8 | 926.1 | 989.6 | 1031.7 | 1.4 |
| 洪都拉斯 | Honduras | 623.6 | 689.9 | 762.1 | 809.8 | 2.0 |
| 匈牙利 | Hungary | 1021.1 | 1008.7 | 1000.0 | 989.7 | -0.2 |
| 冰岛 | Iceland | 28.1 | 29.7 | 31.8 | 32.3 | 0.7 |
| 印度 | India | 104226.2 | 112714.4 | 120562.5 | 125214.0 | 1.2 |
| 印度尼西亚 | Indonesia | 20893.9 | 22448.1 | 24067.6 | 24986.6 | 1.2 |
| 伊朗 | Iran | 6591.1 | 7015.2 | 7446.2 | 7744.7 | 1.3 |
| 伊拉克 | Iraq | 2380.1 | 2737.7 | 3096.2 | 3341.7 | 2.5 |
| 爱尔兰 | Ireland | 380.5 | 416.0 | 456.0 | 459.5 | 0.2 |
| 马恩岛 | Isle of Man | 7.7 | 8.0 | 8.4 | 8.6 | 0.7 |
| 以色列 | Israel | 628.9 | 693.0 | 762.4 | 805.9 | 1.9 |

4-1 续表 2 continued

| 国家或地区 | Country or Area | 年中人口（万人）Mid-year Population (10 000 persons) | | | | 增长率(%) Growth Rate (%) |
|---|---|---|---|---|---|---|
| | | 2000 | 2005 | 2010 | 2013 | 2013 |
| 意大利 | Italy | 5694.2 | 5796.9 | 5927.7 | 5983.1 | 0.5 |
| 牙买加 | Jamaica | 258.9 | 264.4 | 269.1 | 271.5 | 0.3 |
| 日本 | Japan | 12687.0 | 12777.3 | 12745.0 | 12733.9 | -0.2 |
| 约旦 | Jordan | 479.7 | 541.1 | 604.6 | 645.9 | 2.2 |
| 哈萨克斯坦 | Kazakhstan | 1488.4 | 1514.7 | 1632.2 | 1703.8 | 1.5 |
| 肯尼亚 | Kenya | 3128.5 | 3578.6 | 4090.9 | 4435.4 | 2.7 |
| 基里巴斯 | Kiribati | 8.3 | 9.0 | 9.8 | 10.2 | 1.5 |
| 朝鲜 | Korea, Dem. | 2284.0 | 2381.3 | 2450.1 | 2489.5 | 0.5 |
| 韩国 | Korea, Rep. | 4700.8 | 4813.8 | 4941.0 | 5022.0 | 0.4 |
| 科威特 | Kuwait | 190.6 | 229.6 | 299.2 | 336.9 | 3.6 |
| 吉尔吉斯斯坦 | Kyrgyzstan | 489.8 | 516.3 | 544.8 | 572.0 | 2.0 |
| 老挝 | Laos | 538.8 | 579.1 | 639.6 | 677.0 | 1.8 |
| 拉脱维亚 | Latvia | 236.8 | 223.9 | 209.8 | 201.3 | -1.0 |
| 黎巴嫩 | Lebanon | 323.5 | 398.7 | 434.1 | 446.7 | 1.0 |
| 莱索托 | Lesotho | 185.6 | 192.6 | 200.9 | 207.4 | 1.1 |
| 利比里亚 | Liberia | 289.2 | 327.0 | 395.8 | 429.4 | 2.4 |
| 利比亚 | Libya | 517.6 | 559.4 | 604.1 | 620.2 | 0.8 |
| 列支敦士登 | Liechtenstein | 3.3 | 3.5 | 3.6 | 3.7 | 0.7 |
| 立陶宛 | Lithuania | 350.0 | 332.3 | 309.7 | 295.6 | -1.1 |
| 卢森堡 | Luxemburg | 43.6 | 46.5 | 50.7 | 54.3 | 2.3 |
| 前南马其顿 | Macedonia, FYR | 205.2 | 209.0 | 210.2 | 210.7 | 0.1 |
| 马达加斯加 | Madagascar | 1574.5 | 1829.0 | 2108.0 | 2292.5 | 2.8 |
| 马拉维 | Malawi | 1132.1 | 1292.5 | 1501.4 | 1636.3 | 2.8 |
| 马来西亚 | Malaysia | 2342.1 | 2584.3 | 2827.6 | 2971.7 | 1.6 |
| 马尔代夫 | Maldives | 27.3 | 29.8 | 32.6 | 34.5 | 1.9 |
| 马里 | Mali | 1026.1 | 1194.1 | 1398.6 | 1530.2 | 3.0 |
| 马耳他 | Malta | 38.1 | 40.4 | 41.5 | 42.3 | 0.9 |
| 马绍尔群岛 | Marshall Islands | 5.2 | 5.2 | 5.2 | 5.3 | 0.2 |
| 毛里塔尼亚 | Mauritania | 270.8 | 314.6 | 360.9 | 389.0 | 2.4 |
| 毛里求斯 | Mauritius | 118.7 | 124.3 | 128.1 | 129.6 | 0.4 |
| 马约特岛 | Mayotte | 14.9 | 17.5 | 20.4 | | |
| 墨西哥 | Mexico | 10387.4 | 11073.2 | 11788.6 | 12233.2 | 1.2 |
| 密克罗尼西亚 | Micronesia, Fed. | 10.7 | 10.6 | 10.4 | 10.4 | 0.1 |
| 摩尔多瓦 | Moldova | 364.0 | 359.5 | 356.2 | 355.9 | |
| 摩纳哥 | Monaco | 3.2 | 3.4 | 3.7 | 3.8 | 0.7 |
| 蒙古 | Mongolia | 239.7 | 252.7 | 271.3 | 283.9 | 1.5 |
| 黑山 | Montenegro | 61.1 | 61.6 | 62.0 | 62.1 | |
| 摩洛哥 | Morocco | 2871.0 | 3012.5 | 3164.2 | 3300.8 | 1.5 |
| 莫桑比克 | Mozambique | 1827.6 | 2101.0 | 2396.7 | 2583.4 | 2.5 |
| 缅甸 | Myanmar | 4845.3 | 5018.1 | 5193.1 | 5325.9 | 0.9 |
| 纳米比亚 | Namibia | 189.8 | 202.7 | 217.9 | 230.3 | 1.9 |
| 尼泊尔 | Nepal | 2318.4 | 2529.2 | 2684.6 | 2779.7 | 1.2 |
| 荷兰 | Netherlands | 1592.6 | 1632.0 | 1661.5 | 1680.4 | 0.3 |
| 荷属安的列斯 | Netherlands Antilles | 18.1 | 18.6 | | | |
| 新喀里多尼亚 | New Caledonia | 21.3 | 23.4 | 25.0 | 26.2 | 1.5 |
| 新西兰 | New Zealand | 385.8 | 413.4 | 436.8 | 447.1 | 0.8 |
| 尼加拉瓜 | Nicaragua | 510.1 | 545.5 | 582.2 | 608.0 | 1.5 |
| 尼日尔 | Niger | 1099.0 | 1318.4 | 1589.4 | 1783.1 | 3.9 |
| 尼日利亚 | Nigeria | 12287.7 | 13958.6 | 15970.8 | 17361.5 | 2.8 |
| 北马里亚纳群岛 | Northern Mariana Islands | 6.8 | 6.4 | 5.4 | 5.4 | 1.0 |
| 挪威 | Norway | 449.1 | 462.3 | 488.9 | 508.4 | 1.3 |
| 阿曼 | Oman | 219.3 | 252.2 | 280.3 | 363.2 | 9.2 |
| 巴基斯坦 | Pakistan | 14383.2 | 15797.1 | 17314.9 | 18214.3 | 1.7 |
| 帕劳 | Palau | 1.9 | 2.0 | 2.0 | 2.1 | 0.8 |
| 巴拿马 | Panama | 305.5 | 336.6 | 367.8 | 386.4 | 1.6 |
| 巴布亚新几内亚 | Papua New Guinea | 537.9 | 609.6 | 685.9 | 732.1 | 2.1 |
| 巴拉圭 | Paraguay | 535.0 | 590.4 | 646.0 | 680.2 | 1.7 |
| 秘鲁 | Peru | 2600.0 | 2772.3 | 2926.3 | 3037.6 | 1.3 |

4-1 续表 3 continued

| 国家或地区 | Country or Area | 年中人口（万人） Mid-year Population (10 000 persons) | | | | 增长率(%) Growth Rate(%) |
|---|---|---|---|---|---|---|
| | | 2000 | 2005 | 2010 | 2013 | 2013 |
| 菲律宾 | Philippines | 7765.2 | 8582.1 | 9344.4 | 9839.4 | 1.7 |
| 波兰 | Poland | 3825.9 | 3816.5 | 3818.4 | 3853.1 | |
| 葡萄牙 | Portugal | 1029.0 | 1050.3 | 1057.3 | 1046.0 | -0.5 |
| 波多黎各 | Puerto Rico | 381.1 | 382.1 | 372.1 | 361.5 | -1.0 |
| 卡塔尔 | Qatar | 59.4 | 82.1 | 175.0 | 216.9 | 5.6 |
| 罗马尼亚 | Romania | 2244.3 | 2132.0 | 2024.7 | 1996.4 | -0.6 |
| 俄罗斯 | Russia | 14659.7 | 14311.4 | 14238.6 | 14350.0 | 0.2 |
| 卢旺达 | Rwanda | 839.6 | 942.9 | 1083.7 | 1177.7 | 2.7 |
| 圣基茨和尼维斯 | Saint Kitts and Nevis | 4.6 | 4.9 | 5.2 | 5.4 | 1.1 |
| 圣卢西亚 | Saint Lucia | 15.7 | 16.5 | 17.7 | 18.2 | 0.8 |
| 圣文森特和格林纳丁斯 | Saint Vincent and the Grenadines | 10.8 | 10.9 | 10.9 | 10.9 | |
| 萨摩亚 | Samoa | 17.5 | 18.0 | 18.6 | 19.0 | 0.8 |
| 圣马力诺 | San Marino | 2.7 | 3.0 | 3.1 | 3.1 | 0.6 |
| 圣多美和普林西比 | Sao Tome and Principe | 13.9 | 15.5 | 17.8 | 19.3 | 2.6 |
| 沙特阿拉伯 | Saudi Arabia | 2014.5 | 2469.0 | 2725.8 | 2882.9 | 1.9 |
| 塞内加尔 | Senegal | 986.2 | 1127.1 | 1295.1 | 1413.3 | 2.9 |
| 塞尔维亚 | Serbia | 751.6 | 744.1 | 729.1 | 716.4 | -0.5 |
| 塞舌尔 | Seychelles | 8.1 | 8.3 | 9.0 | 8.9 | 1.0 |
| 塞拉利昂 | Sierra Leone | 414.0 | 512.0 | 575.2 | 609.2 | 1.9 |
| 新加坡 | Singapore | 402.8 | 426.6 | 507.7 | 539.9 | 1.6 |
| 斯洛伐克 | Slovakia | 538.9 | 537.3 | 539.1 | 541.4 | 0.1 |
| 斯洛文尼亚 | Slovenia | 198.9 | 200.0 | 204.9 | 206.0 | 0.2 |
| 所罗门群岛 | Solomon Islands | 41.2 | 46.9 | 52.6 | 56.1 | 2.1 |
| 索马里 | Somalia | 738.5 | 846.7 | 963.6 | 1049.6 | 2.9 |
| 南非 | South Africa | 4400.0 | 4764.0 | 5089.6 | 5298.2 | 1.3 |
| 西班牙 | Spain | 4026.3 | 4365.3 | 4657.7 | 4664.7 | -0.2 |
| 斯里兰卡 | Sri Lanka | 1910.2 | 1964.4 | 2065.3 | 2048.3 | 0.8 |
| 苏丹 | Sudan | 2773.0 | 3158.6 | 3565.2 | 3796.4 | 2.0 |
| 苏里南 | Suriname | 46.7 | 50.0 | 52.5 | 53.9 | 0.9 |
| 斯威士兰 | Swaziland | 106.4 | 110.5 | 119.3 | 125.0 | 1.5 |
| 瑞典 | Sweden | 887.2 | 903.0 | 937.8 | 959.3 | 0.8 |
| 瑞士 | Switzerland | 718.4 | 743.7 | 782.5 | 808.1 | 1.1 |
| 叙利亚 | Syrian Arab Republic | 1637.1 | 1816.7 | 2153.3 | 2284.6 | 2.0 |
| 塔吉克斯坦 | Tajikistan | 618.6 | 680.6 | 762.7 | 820.8 | 2.5 |
| 坦桑尼亚 | Tanzania | 3402.1 | 3882.4 | 4497.3 | 4925.3 | 3.0 |
| 泰国 | Thailand | 6234.3 | 6555.9 | 6640.2 | 6701.1 | 0.3 |
| 东帝汶 | Timor-Leste | 85.4 | 98.3 | 106.6 | 117.8 | 2.5 |
| 多哥 | Togo | 486.5 | 554.0 | 630.6 | 681.7 | 2.6 |
| 汤加 | Tonga | 9.8 | 10.1 | 10.4 | 10.5 | 0.4 |
| 特立尼达和多巴哥 | Trinidad and Tobago | 126.8 | 129.7 | 132.8 | 134.1 | 0.3 |
| 突尼斯 | Tunisia | 956.4 | 1002.9 | 1054.9 | 1088.7 | 1.0 |
| 土耳其 | Turkey | 6317.4 | 6774.3 | 7213.8 | 7493.3 | 1.3 |
| 土库曼斯坦 | Turkmenistan | 450.1 | 474.8 | 504.2 | 524.0 | 1.3 |
| 特克斯和凯科斯群岛 | Turks and Caicos Islands | 1.9 | 2.6 | 3.1 | 3.3 | 2.0 |
| 图瓦卢 | Tuvalu | 0.9 | 1.0 | 1.0 | 1.0 | 0.2 |
| 乌干达 | Uganda | 2427.6 | 2872.5 | 3398.7 | 3757.9 | 3.3 |
| 乌克兰 | Ukraine | 4917.6 | 4710.5 | 4587.1 | 4549.0 | -0.2 |
| 阿联酋 | United Arab Emirates | 302.6 | 414.9 | 844.2 | 934.6 | 1.5 |
| 英国 | United Kingdom | 5889.3 | 6040.1 | 6276.6 | 6409.7 | 0.6 |
| 美国 | United States | 28216.2 | 29551.7 | 30932.6 | 31612.9 | 0.7 |
| 美属维尔京群岛 | Virgin Islands(US) | 10.9 | 10.8 | 10.6 | 10.5 | -0.5 |
| 乌拉圭 | Uruguay | 332.1 | 332.5 | 337.2 | 340.7 | 0.3 |
| 乌兹别克斯坦 | Uzbekistan | 2465.0 | 2616.7 | 2856.2 | 3024.1 | 1.6 |
| 瓦努阿图 | Vanuatu | 18.5 | 20.9 | 23.6 | 25.3 | 2.2 |
| 委内瑞拉 | Venezuela | 2440.8 | 2672.6 | 2904.3 | 3040.5 | 1.5 |
| 越南 | Viet Nam | 7763.1 | 8239.4 | 8693.3 | 8970.9 | 1.0 |
| 约旦河西岸和加沙 | West Bank and Gaza | 292.2 | 332.0 | 381.1 | 417.0 | 3.0 |
| 也门 | Yemen | 1752.3 | 2014.0 | 2276.3 | 2440.7 | 2.3 |
| 赞比亚 | Zambia | 1010.1 | 1147.0 | 1321.7 | 1453.9 | 3.2 |
| 津巴布韦 | Zimbabwe | 1250.4 | 1271.1 | 1307.7 | 1415.0 | 3.1 |

# 4-2 女性人口比重

## Female Population as Percentage of Total

资料来源：世界银行WDI数据库。
Source: World Bank WDI Database.
单位：%　　(%)

| 国家或地区 | Country or Area | 2000 | 2005 | 2010 | 2011 | 2012 | 2013 |
|---|---|---|---|---|---|---|---|
| **世　界** | **World** | **49.6** | **49.6** | **49.6** | **49.6** | **49.6** | **49.6** |
| 中　国 | China | 48.3 | 48.3 | 48.2 | 48.2 | 48.2 | 48.2 |
| 中国香港 | Hong Kong, China | 51.4 | 52.3 | 53.2 | 53.2 | 53.2 | 53.2 |
| 中国澳门 | Macao, China | 51.7 | 52.1 | 52.0 | 52.0 | 52.0 | 51.9 |
| 孟加拉国 | Bangladesh | 48.4 | 48.7 | 49.2 | 49.3 | 49.4 | 49.4 |
| 文　莱 | Brunei Darussalam | 49.2 | 49.2 | 49.3 | 49.3 | 49.3 | 49.3 |
| 柬埔寨 | Cambodia | 51.4 | 51.4 | 51.3 | 51.2 | 51.2 | 51.2 |
| 印　度 | India | 48.2 | 48.2 | 48.3 | 48.3 | 48.3 | 48.3 |
| 印度尼西亚 | Indonesia | 50.0 | 49.8 | 49.7 | 49.7 | 49.7 | 49.7 |
| 伊　朗 | Iran | 49.2 | 48.8 | 49.4 | 49.5 | 49.6 | 49.7 |
| 以色列 | Israel | 50.7 | 50.7 | 50.6 | 50.6 | 50.5 | 50.5 |
| 日　本 | Japan | 51.1 | 51.2 | 51.3 | 51.3 | 51.3 | 51.3 |
| 哈萨克斯坦 | Kazakhstan | 52.0 | 51.9 | 51.8 | 51.8 | 51.8 | 51.9 |
| 韩　国 | Korea, Rep. | 49.8 | 50.1 | 50.2 | 50.3 | 50.3 | 50.3 |
| 老　挝 | Laos | 50.1 | 50.5 | 50.3 | 50.3 | 50.3 | 50.2 |
| 马来西亚 | Malaysia | 49.2 | 50.4 | 51.4 | 51.5 | 51.5 | 51.5 |
| 蒙　古 | Mongolia | 50.1 | 50.2 | 50.4 | 50.4 | 50.4 | 50.5 |
| 缅　甸 | Myanmar | 51.0 | 51.3 | 51.5 | 51.5 | 51.5 | 51.5 |
| 巴基斯坦 | Pakistan | 48.4 | 48.5 | 48.6 | 48.6 | 48.6 | 48.6 |
| 菲律宾 | Philippines | 49.6 | 49.7 | 49.9 | 49.9 | 49.9 | 49.9 |
| 新加坡 | Singapore | 50.0 | 50.4 | 50.7 | 50.7 | 50.7 | 50.6 |
| 斯里兰卡 | Sri Lanka | 50.1 | 50.4 | 50.9 | 51.0 | 51.1 | 51.1 |
| 泰　国 | Thailand | 50.9 | 50.9 | 51.0 | 51.0 | 51.0 | 51.0 |
| 越　南 | Viet Nam | 50.8 | 50.8 | 50.6 | 50.6 | 50.6 | 50.6 |
| 埃　及 | Egypt | 49.7 | 49.7 | 49.8 | 49.8 | 49.8 | 49.8 |
| 尼日利亚 | Nigeria | 49.4 | 49.3 | 49.2 | 49.1 | 49.1 | 49.1 |
| 南　非 | South Africa | 51.0 | 51.3 | 51.5 | 51.5 | 51.5 | 51.5 |
| 加拿大 | Canada | 50.5 | 50.4 | 50.4 | 50.4 | 50.4 | 50.4 |
| 墨西哥 | Mexico | 51.6 | 51.8 | 51.6 | 51.6 | 51.6 | 51.6 |
| 美　国 | United States | 50.9 | 50.9 | 50.8 | 50.8 | 50.8 | 50.8 |
| 阿根廷 | Argentina | 51.0 | 51.1 | 51.1 | 51.1 | 51.1 | 51.1 |
| 巴　西 | Brazil | 50.6 | 50.7 | 50.8 | 50.8 | 50.8 | 50.8 |
| 委内瑞拉 | Venezuela | 49.7 | 49.7 | 49.8 | 49.8 | 49.8 | 49.9 |
| 捷　克 | Czech Rep. | 51.3 | 51.3 | 50.9 | 50.8 | 50.8 | 50.8 |
| 法　国 | France | 51.6 | 51.7 | 51.6 | 51.6 | 51.6 | 51.6 |
| 德　国 | Germany | 51.2 | 51.1 | 51.0 | 51.0 | 50.9 | 50.9 |
| 意大利 | Italy | 51.6 | 51.5 | 51.5 | 51.5 | 51.4 | 51.4 |
| 荷　兰 | Netherlands | 50.5 | 50.5 | 50.5 | 50.5 | 50.4 | 50.4 |
| 波　兰 | Poland | 51.5 | 51.6 | 51.7 | 51.7 | 51.7 | 51.7 |
| 俄罗斯 | Russia | 53.3 | 53.6 | 53.8 | 53.8 | 53.8 | 53.9 |
| 西班牙 | Spain | 51.0 | 50.8 | 50.6 | 50.6 | 50.6 | 50.6 |
| 土耳其 | Turkey | 50.8 | 50.8 | 50.9 | 50.9 | 50.9 | 50.9 |
| 乌克兰 | Ukraine | 53.6 | 53.7 | 53.9 | 53.9 | 53.9 | 53.9 |
| 英　国 | United Kingdom | 51.3 | 51.0 | 50.8 | 50.8 | 50.8 | 50.7 |
| 澳大利亚 | Australia | 50.4 | 50.3 | 50.2 | 50.2 | 50.2 | 50.2 |
| 新西兰 | New Zealand | 50.9 | 51.0 | 50.9 | 50.9 | 50.9 | 50.9 |

# 4-3 人口年龄构成和抚养比(2013年)

## Age Composition and Dependency Ratio of Population(2013)

资料来源：世界银行WDI数据库。
Source: World Bank WDI Database.

单位：% (%)

| 国家或地区 | Country or Area | 年龄构成 Age Composition | | | 抚养比 Age Dependency Ratio |
|---|---|---|---|---|---|
| | | 0-14岁人口占比 Persons ages 14 and below | 15-64岁人口占比 Persons ages 15 to 64 | 65岁以上人口占比 Persons ages 65 and above | |
| **世　界** | **World** | **26.3** | **65.8** | **7.9** | **53.6** |
| 中　国 | China | 18.0 | 73.1 | 8.9 | 36.8 |
| 中国香港 | Hong Kong, China | 11.7 | 74.3 | 14.0 | 34.6 |
| 中国澳门 | Macao, China | 12.4 | 79.5 | 8.1 | 25.8 |
| 孟加拉国 | Bangladesh | 30.0 | 65.2 | 4.8 | 53.3 |
| 文　莱 | Brunei Darussalam | 25.3 | 70.4 | 4.3 | 42.1 |
| 柬埔寨 | Cambodia | 31.1 | 63.6 | 5.4 | 57.3 |
| 印　度 | India | 29.1 | 65.6 | 5.3 | 52.4 |
| 印度尼西亚 | Indonesia | 28.9 | 65.9 | 5.2 | 51.8 |
| 伊　朗 | Iran | 23.8 | 70.9 | 5.3 | 41.0 |
| 以色列 | Israel | 27.7 | 61.5 | 10.7 | 62.5 |
| 日　本 | Japan | 13.1 | 61.9 | 25.1 | 61.6 |
| 哈萨克斯坦 | Kazakhstan | 25.8 | 67.6 | 6.7 | 48.0 |
| 韩　国 | Korea, Rep. | 14.9 | 72.9 | 12.2 | 37.1 |
| 老　挝 | Laos | 35.2 | 61.0 | 3.8 | 63.9 |
| 马来西亚 | Malaysia | 26.1 | 68.5 | 5.4 | 45.9 |
| 蒙　古 | Mongolia | 27.3 | 68.9 | 3.8 | 45.1 |
| 缅　甸 | Myanmar | 24.9 | 69.9 | 5.2 | 43.1 |
| 巴基斯坦 | Pakistan | 33.8 | 61.8 | 4.4 | 61.8 |
| 菲律宾 | Philippines | 34.1 | 62.0 | 3.9 | 61.4 |
| 新加坡 | Singapore | 16.1 | 73.8 | 10.2 | 35.6 |
| 斯里兰卡 | Sri Lanka | 25.2 | 66.4 | 8.5 | 50.7 |
| 泰　国 | Thailand | 18.2 | 72.1 | 9.7 | 38.6 |
| 越　南 | Viet Nam | 22.7 | 70.7 | 6.6 | 41.4 |
| 埃　及 | Egypt | 31.1 | 63.1 | 5.8 | 58.5 |
| 尼日利亚 | Nigeria | 44.4 | 52.9 | 2.7 | 89.0 |
| 南　非 | South Africa | 29.5 | 65.0 | 5.5 | 53.9 |
| 加拿大 | Canada | 16.4 | 68.4 | 15.2 | 46.3 |
| 墨西哥 | Mexico | 28.5 | 65.1 | 6.4 | 53.6 |
| 美　国 | United States | 19.6 | 66.5 | 14.0 | 50.4 |
| 阿根廷 | Argentina | 24.2 | 64.8 | 11.0 | 54.3 |
| 巴　西 | Brazil | 24.1 | 68.4 | 7.5 | 46.2 |
| 委内瑞拉 | Venezuela | 28.5 | 65.3 | 6.2 | 53.2 |
| 捷　克 | Czech Rep. | 14.9 | 68.4 | 16.7 | 46.1 |
| 法　国 | France | 18.2 | 63.9 | 17.9 | 56.5 |
| 德　国 | Germany | 13.1 | 65.8 | 21.1 | 52.0 |
| 意大利 | Italy | 14.1 | 64.8 | 21.1 | 54.3 |
| 荷　兰 | Netherlands | 17.1 | 65.9 | 17.0 | 51.7 |
| 波　兰 | Poland | 15.0 | 70.6 | 14.4 | 41.6 |
| 俄罗斯 | Russia | 15.8 | 71.2 | 13.0 | 40.5 |
| 西班牙 | Spain | 15.4 | 66.9 | 17.8 | 49.5 |
| 土耳其 | Turkey | 25.7 | 67.0 | 7.4 | 49.3 |
| 乌克兰 | Ukraine | 14.5 | 70.5 | 15.1 | 41.9 |
| 英　国 | United Kingdom | 17.6 | 64.9 | 17.5 | 54.0 |
| 澳大利亚 | Australia | 19.1 | 66.6 | 14.3 | 50.2 |
| 新西兰 | New Zealand | 20.2 | 65.8 | 14.0 | 51.9 |

# 4-4 人口粗出生率和死亡率

## Crude Birth Rate and Crude Death Rate

资料来源：世界银行WDI数据库。
Source: World Bank WDI Database.
单位：‰ (‰)

| 国家或地区 | Country or Area | 粗出生率 Crude Birth Rate | | | 粗死亡率 Crude Death Rate | | |
|---|---|---|---|---|---|---|---|
| | | 2000 | 2005 | 2012 | 2000 | 2005 | 2012 |
| **世　界** | **World** | **21.4** | **20.3** | **19.4** | **8.6** | **8.3** | **8.0** |
| 中　国 | China | 14.0 | 12.4 | 12.1 | 6.5 | 6.5 | 7.2 |
| 中国香港 | Hong Kong, China | 8.1 | 8.4 | 12.8 | 5.1 | 5.7 | 6.1 |
| 中国澳门 | Macao, China | 9.1 | 7.9 | 10.0 | 4.9 | 4.8 | 4.8 |
| 孟加拉国 | Bangladesh | 27.0 | 23.4 | 20.3 | 7.2 | 6.4 | 5.7 |
| 文　莱 | Brunei Darussalam | 22.8 | 19.6 | 15.9 | 2.8 | 2.8 | 3.1 |
| 柬埔寨 | Cambodia | 27.6 | 26.2 | 25.9 | 8.5 | 6.9 | 6.0 |
| 印　度 | India | 25.6 | 23.3 | 20.7 | 8.9 | 8.3 | 7.9 |
| 印度尼西亚 | Indonesia | 21.5 | 21.4 | 19.2 | 6.8 | 6.6 | 6.3 |
| 伊　朗 | Iran | 18.7 | 18.1 | 19.0 | 5.3 | 5.3 | 5.2 |
| 以色列 | Israel | 21.7 | 20.8 | 21.6 | 6.0 | 5.6 | 5.3 |
| 日　本 | Japan | 9.4 | 8.4 | 8.2 | 7.7 | 8.5 | 10.0 |
| 哈萨克斯坦 | Kazakhstan | 14.7 | 18.4 | 22.6 | 10.1 | 10.4 | 8.4 |
| 韩　国 | Korea, Rep. | 13.3 | 8.9 | 9.6 | 5.2 | 5.0 | 5.3 |
| 老　挝 | Laos | 30.9 | 28.4 | 27.3 | 8.4 | 7.2 | 6.1 |
| 马来西亚 | Malaysia | 22.7 | 18.5 | 17.6 | 4.4 | 4.5 | 4.7 |
| 蒙　古 | Mongolia | 19.3 | 20.4 | 22.9 | 7.7 | 7.0 | 6.8 |
| 缅　甸 | Myanmar | 20.9 | 19.0 | 17.4 | 8.8 | 8.5 | 8.5 |
| 巴基斯坦 | Pakistan | 31.2 | 28.0 | 25.7 | 8.0 | 7.4 | 7.0 |
| 菲律宾 | Philippines | 29.6 | 27.3 | 24.6 | 6.1 | 6.0 | 6.0 |
| 新加坡 | Singapore | 11.8 | 10.2 | 10.1 | 3.9 | 4.4 | 4.5 |
| 斯里兰卡 | Sri Lanka | 18.5 | 18.6 | 18.1 | 7.0 | 6.4 | 7.0 |
| 泰　国 | Thailand | 14.6 | 12.6 | 10.5 | 6.8 | 7.0 | 7.6 |
| 越　南 | Viet Nam | 17.3 | 17.0 | 15.9 | 5.4 | 5.4 | 5.7 |
| 埃　及 | Egypt | 24.8 | 24.4 | 23.5 | 6.9 | 6.8 | 6.5 |
| 尼日利亚 | Nigeria | 42.9 | 42.5 | 41.5 | 17.6 | 16.0 | 13.5 |
| 南　非 | South Africa | 24.1 | 22.8 | 21.1 | 11.7 | 14.7 | 13.2 |
| 加拿大 | Canada | 10.9 | 10.7 | 11.0 | 7.1 | 7.1 | 7.2 |
| 墨西哥 | Mexico | 24.2 | 21.7 | 18.8 | 4.6 | 4.5 | 4.5 |
| 美　国 | United States | 14.4 | 14.0 | 12.6 | 8.7 | 8.3 | 8.1 |
| 阿根廷 | Argentina | 18.8 | 17.7 | 16.9 | 7.8 | 7.8 | 7.7 |
| 巴　西 | Brazil | 20.9 | 18.1 | 15.1 | 6.4 | 6.3 | 6.4 |
| 委内瑞拉 | Venezuela | 23.6 | 22.1 | 20.1 | 5.0 | 5.1 | 5.3 |
| 捷　克 | Czech Rep. | 8.9 | 10.0 | 10.3 | 10.6 | 10.6 | 10.3 |
| 法　国 | France | 13.3 | 12.8 | 12.6 | 8.9 | 8.5 | 8.7 |
| 德　国 | Germany | 9.3 | 8.3 | 8.4 | 10.2 | 10.1 | 10.8 |
| 意大利 | Italy | 9.5 | 9.5 | 9.0 | 9.8 | 9.7 | 10.3 |
| 荷　兰 | Netherlands | 13.0 | 11.5 | 10.5 | 8.8 | 8.4 | 8.4 |
| 波　兰 | Poland | 9.8 | 9.5 | 10.0 | 9.5 | 9.6 | 10.0 |
| 俄罗斯 | Russia | 8.7 | 10.2 | 13.3 | 15.3 | 16.1 | 13.3 |
| 西班牙 | Spain | 9.9 | 10.6 | 9.7 | 9.0 | 8.8 | 8.6 |
| 土耳其 | Turkey | 21.5 | 19.4 | 17.1 | 6.4 | 5.9 | 5.7 |
| 乌克兰 | Ukraine | 7.8 | 9.0 | 11.4 | 15.3 | 16.6 | 14.5 |
| 英　国 | United Kingdom | 11.5 | 12.0 | 12.8 | 10.3 | 9.6 | 8.9 |
| 澳大利亚 | Australia | 13.0 | 12.8 | 13.6 | 6.7 | 6.4 | 6.5 |
| 新西兰 | New Zealand | 14.7 | 14.0 | 13.8 | 6.9 | 6.5 | 6.8 |

# 4-5 生殖健康(2013年)

## Reproductive Health(2013)

资料来源：世界银行WDI数据库。
Source: World Bank WDI Database.

| 国家或地区 | Country or Area | 总和生育率① Total Fertility① Rate | 少女生育率(‰)① Adolescent Fertility Rate (‰)① | 15-49岁妇女避孕普及率(%) Contraceptive Prevalence (% of women ages 15-49) | 孕产妇死亡率(1/100 000) Maternal Mortality Ratio(1/100 000) |
|---|---|---|---|---|---|
| **世　　界** | **World** | **2.5** | **45.3** | **63.5②** | **210.0** |
| 中　　国 | China | 1.7 | 8.6 | 87.9① | 32.0 |
| 中国香港 | Hong Kong, China | 1.3 | 3.3 | | |
| 中国澳门① | Macao, China | 1.1 | 3.7 | | |
| 孟加拉国 | Bangladesh | 2.2 | 80.6 | 61.2③ | 170.0 |
| 文　　莱 | Brunei Darussalam | 2.0 | 23.0 | | 27.0 |
| 柬 埔 寨 | Cambodia | 2.9 | 44.3 | 50.5② | 170.0 |
| 印　　度 | India | 2.5 | 32.8 | | 190.0 |
| 印度尼西亚 | Indonesia | 2.4 | 48.3 | 61.9① | 190.0 |
| 伊　　朗 | Iran | 1.9 | 31.6 | 77.4③ | 23.0 |
| 以 色 列 | Israel | 3.0 | 7.8 | | 2.0 |
| 日　　本 | Japan | 1.4 | 5.4 | | 6.0 |
| 哈萨克斯坦 | Kazakhstan | 2.6 | 29.9 | 51.0② | 26.0 |
| 韩　　国 | Korea, Rep. | 1.3 | 2.2 | | 27.0 |
| 老　　挝 | Laos | 3.1 | 65.0 | 49.8① | 220.0 |
| 马来西亚 | Malaysia | 2.0 | 5.7 | | 29.0 |
| 蒙　　古 | Mongolia | 2.4 | 18.7 | 54.9② | 68.0 |
| 缅　　甸 | Myanmar | 2.0 | 12.1 | 46.0② | 200.0 |
| 巴基斯坦 | Pakistan | 3.3 | 27.3 | 29.0① | 170.0 |
| 菲 律 宾 | Philippines | 3.1 | 46.8 | 48.9③ | 120.0 |
| 新 加 坡 | Singapore | 1.3 | 6.0 | | 6.0 |
| 斯里兰卡 | Sri Lanka | 2.3 | 16.9 | | 29.0 |
| 泰　　国 | Thailand | 1.4 | 41.0 | | 26.0 |
| 越　　南 | Viet Nam | 1.8 | 29.0 | 77.8③ | 49.0 |
| 埃　　及 | Egypt | 2.8 | 43.0 | | 45.0 |
| 尼日利亚 | Nigeria | 6.0 | 119.6 | 17.5③ | 560.0 |
| 南　　非 | South Africa | 2.4 | 50.9 | | 140.0 |
| 加 拿 大 | Canada | 1.6 | 14.5 | | 11.0 |
| 墨 西 哥 | Mexico | 2.2 | 63.4 | | 49.0 |
| 美　　国 | United States | 1.9 | 31.0 | | 28.0 |
| 阿 根 廷 | Argentina | 2.2 | 54.4 | | 69.0 |
| 巴　　西 | Brazil | 1.8 | 70.8 | | 69.0 |
| 委内瑞拉 | Venezuela | 2.4 | 83.2 | | 110.0 |
| 捷　　克 | Czech Rep. | 1.5 | 4.9 | | 5.0 |
| 法　　国 | France | 2.0 | 5.7 | | 12.0 |
| 德　　国 | Germany | 1.4 | 3.8 | | 7.0 |
| 意 大 利 | Italy | 1.4 | 4.0 | | 4.0 |
| 荷　　兰 | Netherlands | 1.7 | 6.2 | | 6.0 |
| 波　　兰 | Poland | 1.3 | 12.2 | | 3.0 |
| 俄 罗 斯 | Russia | 1.6 | 25.7 | | 24.0 |
| 西 班 牙 | Spain | 1.3 | 10.6 | | 4.0 |
| 土 耳 其 | Turkey | 2.1 | 30.9 | | 20.0 |
| 乌 克 兰 | Ukraine | 1.5 | 25.7 | | 23.0 |
| 英　　国 | United Kingdom | 1.9 | 25.8 | | 8.0 |
| 澳大利亚 | Australia | 1.9 | 12.1 | | 6.0 |
| 新 西 兰 | New Zealand | 2.1 | 25.3 | | 8.0 |

注：①2012年数据。②2010年数据。③2011年数据。
Note:①Data refer to 2012.②Data refer to 2010.③Data refer to 2011.

# 4-6　婴儿死亡率和出生时预期寿命
# Infant Mortality Rate and Life Expectancy at Birth

资料来源：世界银行WDI数据库。
Source: World Bank WDI Database.

| 国家或地区 | Country or Area | 婴儿死亡率(‰) Infant Mortality Rate (‰) | | | 出生时预期寿命(岁) Life Expectancy at Birth (years) | | |
|---|---|---|---|---|---|---|---|
| | | 2000 | 2005 | 2012 | 2000 | 2005 | 2012 |
| **世　界** | **World** | **52.8** | **44.2** | **34.9** | **67.7** | **69.0** | **70.8** |
| 中　国 | China | 30.2 | 20.2 | 12.1 | 72.1 | 74.1 | 75.2 |
| 中国香港 | Hong Kong, China | | | | 80.9 | 81.6 | 83.5 |
| 中国澳门 | Macao, China | | | | 77.6 | 78.7 | 80.1 |
| 孟加拉国 | Bangladesh | 64.2 | 51.4 | 33.1 | 65.3 | 67.5 | 70.3 |
| 文　莱 | Brunei Darussalam | 7.6 | 7.1 | 6.7 | 76.0 | 77.0 | 78.4 |
| 柬埔寨 | Cambodia | 81.6 | 51.9 | 33.9 | 61.9 | 67.0 | 71.4 |
| 印　度 | India | 66.6 | 56.1 | 43.8 | 62.2 | 64.1 | 66.2 |
| 印度尼西亚 | Indonesia | 41.1 | 33.6 | 25.8 | 67.3 | 68.9 | 70.6 |
| 伊　朗 | Iran | 28.4 | 21.7 | 15.1 | 69.6 | 71.5 | 73.8 |
| 以色列 | Israel | 5.6 | 4.5 | 3.3 | 79.0 | 80.2 | 81.7 |
| 日　本 | Japan | 3.3 | 2.7 | 2.2 | 81.1 | 81.9 | 83.1 |
| 哈萨克斯坦 | Kazakhstan | 38.1 | 28.9 | 16.7 | 65.5 | 65.9 | 69.6 |
| 韩　国 | Korea, Rep. | 5.2 | 4.8 | 3.3 | 75.8 | 78.4 | 81.4 |
| 老　挝 | Laos | 84.7 | 71.0 | 54.0 | 61.6 | 64.5 | 67.8 |
| 马来西亚 | Malaysia | 8.7 | 7.0 | 7.3 | 72.9 | 73.7 | 74.8 |
| 蒙　古 | Mongolia | 48.4 | 34.3 | 23.0 | 62.9 | 65.3 | 67.3 |
| 缅　甸 | Myanmar | 58.5 | 50.7 | 41.1 | 62.0 | 63.5 | 64.9 |
| 巴基斯坦 | Pakistan | 87.6 | 79.6 | 69.3 | 63.9 | 65.2 | 66.4 |
| 菲律宾 | Philippines | 30.4 | 27.8 | 23.5 | 66.8 | 67.5 | 68.6 |
| 新加坡 | Singapore | 3.0 | 2.3 | 2.3 | 78.1 | 80.0 | 82.1 |
| 斯里兰卡 | Sri Lanka | 14.8 | 11.5 | 8.3 | 71.2 | 73.6 | 74.1 |
| 泰　国 | Thailand | 19.2 | 15.1 | 11.4 | 70.9 | 72.3 | 74.2 |
| 越　南 | Viet Nam | 24.6 | 20.8 | 18.4 | 73.6 | 74.6 | 75.6 |
| 埃　及 | Egypt | 36.1 | 25.9 | 17.9 | 68.6 | 69.4 | 70.9 |
| 尼日利亚 | Nigeria | 112.4 | 96.7 | 77.8 | 46.6 | 48.7 | 52.1 |
| 南　非 | South Africa | 51.4 | 51.0 | 33.3 | 55.8 | 51.6 | 56.1 |
| 加拿大 | Canada | 5.2 | 5.2 | 4.7 | 79.2 | 80.3 | 81.2 |
| 墨西哥 | Mexico | 21.5 | 16.7 | 13.9 | 74.3 | 75.5 | 77.1 |
| 美　国 | United States | 7.1 | 6.8 | 6.0 | 76.6 | 77.3 | 78.7 |
| 阿根廷 | Argentina | 18.0 | 15.3 | 12.7 | 73.8 | 74.8 | 76.0 |
| 巴　西 | Brazil | 29.1 | 20.5 | 12.9 | 70.3 | 71.7 | 73.6 |
| 委内瑞拉 | Venezuela | 18.2 | 15.8 | 13.1 | 72.4 | 73.3 | 74.5 |
| 捷　克 | Czech Rep. | 5.6 | 4.4 | 3.1 | 75.0 | 75.9 | 78.1 |
| 法　国 | France | 4.4 | 3.8 | 3.4 | 79.1 | 80.2 | 82.6 |
| 德　国 | Germany | 4.4 | 3.9 | 3.4 | 77.9 | 78.9 | 80.9 |
| 意大利 | Italy | 4.7 | 3.7 | 3.2 | 79.8 | 80.7 | 82.9 |
| 荷　兰 | Netherlands | 5.1 | 4.5 | 3.4 | 78.0 | 79.4 | 81.1 |
| 波　兰 | Poland | 8.1 | 6.5 | 4.3 | 73.8 | 75.0 | 76.8 |
| 俄罗斯 | Russia | 19.7 | 14.4 | 8.9 | 65.3 | 65.5 | 70.5 |
| 西班牙 | Spain | 5.4 | 4.8 | 3.8 | 79.0 | 80.2 | 82.4 |
| 土耳其 | Turkey | 30.5 | 20.3 | 12.2 | 70.0 | 72.4 | 74.9 |
| 乌克兰 | Ukraine | 15.9 | 12.5 | 9.2 | 67.9 | 68.0 | 70.9 |
| 英　国 | United Kingdom | 5.6 | 5.1 | 4.1 | 77.7 | 79.1 | 81.5 |
| 澳大利亚 | Australia | 5.1 | 4.7 | 4.1 | 79.2 | 80.8 | 82.1 |
| 新西兰 | New Zealand | 6.1 | 5.4 | 4.7 | 78.6 | 79.9 | 81.2 |

# 4-7 结婚率与离婚率
# Marriage Rate and Divorce Rate

资料来源：联合国《人口统计年鉴》2012年。
Source: UN Demographic Yearbook 2012.
单位：‰ (‰)

| 国家和地区 | Country or Area | 结婚率 Marriage Rate 2010 | 2011 | 2012 | 离婚率 Divorce Rate 2010 | 2011 | 2012 |
|---|---|---|---|---|---|---|---|
| 中　国 | China | 9.3 | 9.3 | 9.6 | 2.0 | 1.6 | 1.8 |
| 中国香港 | Hong Kong,China | 7.5 | 8.3 | | | | |
| 中国澳门 | Macao,China | 5.8 | 6.5 | 6.7 | 1.7 | 1.8 | 2.2 |
| 伊　朗 | Iran | 12.0 | 11.6 | | 1.8 | 1.9 | |
| 日　本 | Japan | 5.5 | 5.2 | | 2.0 | 1.8 | |
| 哈萨克斯坦 | Kazakhstan | 9.0 | 9.7 | | 2.5 | 2.7 | |
| 韩　国 | Korea,Rep. | 6.5 | 6.6 | | 2.3 | 2.3 | |
| 蒙　古 | Mongolia | | | | 1.1 | | |
| 新加坡 | Singapore | 6.5 | 7.2 | 7.3 | 1.8 | 1.9 | 1.8 |
| 墨西哥 | Mexico | 5.1 | | | 0.8 | | |
| 美　国 | United States | 6.8 | 6.8 | | 2.8 | 2.8 | |
| 阿根廷 | Argentina | 3.0 | 3.1 | | | | |
| 委内瑞拉 | Venezuela | 3.3 | 3.5 | | | | |
| 白俄罗斯 | Belarus | 8.1 | 9.2 | 8.1 | 3.9 | 4.1 | 4.1 |
| 保加利亚 | Bulgaria | 3.2 | 2.9 | 2.9 | 1.5 | 1.4 | 1.6 |
| 捷　克 | Czech Republic | 4.4 | 4.3 | 4.3 | 2.9 | 2.7 | 2.5 |
| 法　国 | France | 3.9 | 3.9 | 3.7 | 2.1 | 2.1 | |
| 德　国 | Germany | 4.7 | 4.6 | 4.7 | 2.3 | 2.3 | |
| 意大利 | Italy | 3.6 | 3.4 | 3.4 | 0.9 | | |
| 荷　兰 | Netherland | 4.5 | 4.3 | 4.2 | 2.0 | 2.0 | 2.1 |
| 波　兰 | Poland | 5.9 | 5.4 | 5.3 | 1.6 | 1.7 | 1.7 |
| 罗马尼亚 | Romania | 5.4 | 4.9 | 5.0 | 1.5 | 1.7 | 1.5 |
| 俄罗斯 | Russia | 8.5 | 9.2 | | 4.5 | 4.7 | |
| 西班牙 | Spain | 3.6 | 3.4 | 3.5 | 2.2 | 2.2 | |
| 土耳其 | Turkey | 8.0 | 8.0 | 8.0 | 1.6 | 1.6 | 1.6 |
| 乌克兰 | Ukraine | 6.7 | 7.8 | 6.1 | 2.8 | 1.4 | 1.1 |
| 英　国 | United Kingdom | 4.5 | | | 2.1 | 2.1 | |
| 澳大利亚 | Australia | 5.5 | 5.5 | | 2.3 | 2.2 | |
| 新西兰 | New Zealand | 4.8 | 4.6 | | 2.0 | 1.9 | |

# 4-8 农村和城市人口比重

## Rural and Urban Population as Percentage of Total

资料来源：世界银行WDI数据库。
Source: World Bank WDI Database.
单位：% (%)

| 国家或地区 | Country or Area | 农村人口 Rural Population | | | 城市人口 Urban Population | | |
|---|---|---|---|---|---|---|---|
| | | 2005 | 2010 | 2013 | 2005 | 2010 | 2013 |
| **世 界** | **World** | **50.9** | **48.4** | **47.0** | **49.1** | **51.6** | **53.0** |
| 中 国 | China | 57.5 | 50.8 | 47.0 | 42.5 | 49.2 | 53.1 |
| 中国香港 | Hong Kong, China | | | | 100.0 | 100.0 | 100.0 |
| 中国澳门 | Macao, China | | | | 100.0 | 100.0 | 100.0 |
| 孟加拉国 | Bangladesh | 74.4 | 72.1 | 70.6 | 25.6 | 27.9 | 29.4 |
| 文 莱 | Brunei Darussalam | 26.5 | 24.4 | 23.3 | 73.5 | 75.6 | 76.7 |
| 柬 埔 寨 | Cambodia | 80.8 | 80.2 | 79.6 | 19.2 | 19.8 | 20.4 |
| 印 度 | India | 70.8 | 69.1 | 68.0 | 29.2 | 30.9 | 32.0 |
| 印度尼西亚 | Indonesia | 54.1 | 50.1 | 47.8 | 45.9 | 49.9 | 52.2 |
| 伊 朗 | Iran | 32.4 | 31.1 | 30.6 | 67.6 | 68.9 | 69.4 |
| 以 色 列 | Israel | 8.5 | 8.2 | 8.0 | 91.5 | 91.8 | 92.0 |
| 日 本 | Japan | 14.0 | 9.5 | 7.7 | 86.0 | 90.5 | 92.3 |
| 哈萨克斯坦 | Kazakhstan | 45.3 | 46.3 | 46.6 | 54.7 | 53.7 | 53.5 |
| 韩 国 | Korea, Rep. | 18.7 | 17.1 | 16.3 | 81.4 | 82.9 | 83.7 |
| 老 挝 | Laos | 72.6 | 66.9 | 63.6 | 27.4 | 33.1 | 36.4 |
| 马来西亚 | Malaysia | 32.4 | 28.0 | 26.0 | 67.6 | 72.0 | 74.0 |
| 蒙 古 | Mongolia | 37.5 | 32.4 | 29.8 | 62.5 | 67.6 | 70.2 |
| 缅 甸 | Myanmar | 70.6 | 67.9 | 66.2 | 29.4 | 32.1 | 33.8 |
| 巴基斯坦 | Pakistan | 65.5 | 64.1 | 63.1 | 34.5 | 35.9 | 36.9 |
| 菲 律 宾 | Philippines | 52.0 | 51.4 | 50.6 | 48.0 | 48.7 | 49.4 |
| 新 加 坡 | Singapore | | | | 100.0 | 100.0 | 100.0 |
| 斯里兰卡 | Sri Lanka | 84.9 | 85.0 | 84.7 | 15.1 | 15.0 | 15.3 |
| 泰 国 | Thailand | 67.8 | 66.3 | 65.1 | 32.2 | 33.7 | 34.9 |
| 越 南 | Viet Nam | 72.7 | 69.6 | 67.7 | 27.3 | 30.4 | 32.3 |
| 埃 及 | Egypt | 57.0 | 56.6 | 56.1 | 43.0 | 43.4 | 43.9 |
| 尼日利亚 | Nigeria | 54.3 | 51.0 | 49.2 | 45.8 | 49.0 | 50.8 |
| 南 非 | South Africa | 40.7 | 38.5 | 37.1 | 59.3 | 61.6 | 62.9 |
| 加 拿 大 | Canada | 19.9 | 19.5 | 19.1 | 80.1 | 80.6 | 80.9 |
| 墨 西 哥 | Mexico | 23.7 | 22.2 | 21.3 | 76.3 | 77.8 | 78.7 |
| 美 国 | United States | 19.3 | 17.9 | 17.1 | 80.7 | 82.1 | 82.9 |
| 阿 根 廷 | Argentina | 8.6 | 7.7 | 7.2 | 91.4 | 92.4 | 92.8 |
| 巴 西 | Brazil | 17.2 | 15.7 | 14.9 | 82.8 | 84.3 | 85.1 |
| 委内瑞拉 | Venezuela | 8.1 | 6.7 | 6.1 | 91.9 | 93.3 | 93.9 |
| 捷 克 | Czech Rep. | 26.3 | 26.5 | 26.6 | 73.7 | 73.5 | 73.4 |
| 法 国 | France | 18.4 | 14.8 | 13.2 | 81.6 | 85.2 | 86.8 |
| 德 国 | Germany | 26.6 | 26.2 | 25.8 | 73.4 | 73.8 | 74.2 |
| 意 大 利 | Italy | 32.4 | 31.8 | 31.2 | 67.6 | 68.2 | 68.8 |
| 荷 兰 | Netherlands | 19.8 | 17.3 | 16.1 | 80.2 | 82.8 | 83.9 |
| 波 兰 | Poland | 38.5 | 39.1 | 39.2 | 61.5 | 61.0 | 60.8 |
| 俄 罗 斯 | Russia | 27.1 | 26.4 | 25.8 | 72.9 | 73.7 | 74.2 |
| 西 班 牙 | Spain | 23.3 | 22.7 | 22.3 | 76.7 | 77.3 | 77.7 |
| 土 耳 其 | Turkey | 33.2 | 29.5 | 26.8 | 66.8 | 70.5 | 73.3 |
| 乌 克 兰 | Ukraine | 32.2 | 31.3 | 30.7 | 67.8 | 68.7 | 69.3 |
| 英 国 | United Kingdom | 21.0 | 20.5 | 20.1 | 79.0 | 79.5 | 79.9 |
| 澳大利亚 | Australia | 11.8 | 11.0 | 10.5 | 88.2 | 89.1 | 89.5 |
| 新 西 兰 | New Zealand | 14.0 | 13.8 | 13.7 | 86.1 | 86.2 | 86.3 |

# 主要统计指标解释

**人口** 指实际具有的所有人口，无论其法律地位或公民身份均包括在内，不包括非永久居住在庇护地的难民，难民通常被认为是来源国的人口。人口用年中的估计值表示。

**抚养比** 指0－14岁和65岁及以上被抚养人口与15－64岁劳动年龄人口之比。

**（粗）出生率** 指一年内活产数量与年中人口数之比。粗出生率减去粗死亡率为自然增长率，等于没有人口迁移情况下的自然增长率。

**（粗）死亡率** 指一年内死亡数量与年中人口数之比。粗出生率减去粗死亡率为自然增长率，等于没有人口迁移情况下的自然增长率。

**总和生育率** 是一个妇女活到育龄期结束，并按当前的特定年龄生育率生育孩子的话，她可能生育的孩子数量。

**少女生育率** 指每千名15－19岁妇女中生育的妇女人数。

**避孕普及率** 指采取了某种避孕措施的15－49岁已婚妇女或其性伙伴所占的百分比。

**产妇死亡率** 是每年每10万例活产中怀孕和分娩期间死亡的妇女人数。

**婴儿死亡率** 指某年里每千名活产婴儿生存至一周岁前死亡的比率。

**出生时预期寿命** 指一名新生儿如果其出生时各年龄组的死亡率在其终生保持不变的话，他可能存活的年数。

**结婚率** 指在一定时期（通常为一个日历年）、给定地域、给定年份内平均每千名年中人口中的结婚次数。

**离婚率** 指在一定时期（通常为一个日历年）、给定地域、给定年份内平均每千名年中人口中的离婚次数。

**城市人口** 指向联合国报告的各国定义为城市的区域内的年中人口。

# Explanatory Notes on Main Statistical Indicators

**Total population** is based on the de facto definition of population, which counts all residents regardless of legal status or citizenship--except for refugees not permanently settled in the country of asylum, who are generally considered part of the population of their country of origin. The values shown are midyear estimates.

**Age Dependency Ratio** is the ratio of dependents--people younger than 15 or older than 64--to the working-age population--those ages 15-64.

**Crude Birth Rate** is the number of live births occurring during the year, per 1,000 population estimated at midyear. Subtracting the crude death rate from the crude birth rate provides the rate of natural increase, which is equal to the population growth rate in the absence of migration.

**Crude Death Rate** is the number of deaths occurring during the year, per 1,000 population estimated at midyear. Subtracting the crude death rate from the crude birth rate provides the rate of natural increase, which is equal to the population growth rate in the absence of migration.

**Total Fertility Rate** is the number of children that would be born to a woman if she were to live to the end of her childbearing years and bear children in accordance with current age-specific fertility rates.

**Adolescent Fertility Rate** is the number of births per 1,000 women ages 15-19.

**Contraceptive Prevalence Rate** is the percentage of women who are practicing, or whose sexual partners are practicing, any form of contraception. It is usually measured for married women ages 15-49 only.

**Maternal Mortality Ratio** is the number of women who die during pregnancy and childbirth, per 100,000 live births.

**Infant Mortality Rate** is the number of infants dying before reaching one year of age, per 1000 live births in a given year.

**Life Expectancy at Birth** is the number of years a newborn infant would live if prevailing patterns of mortality at the time of its birth were to stay the same throughout its life.

**Crude Marriage Rate** is the number of marriages occurring in a population during a given period of time, usually a calendar year, i.e., the number of marriages occurring among the population of a given geographical area during a given year per 1000 mid-year total population of the given geographical area during the same year.

**Crude Divorce Rate** is the number of divorces occurring in a population during a given period of time, usually a calendar year, i.e., the number of divorces occurring among the population of a given geographical area during a given year per 1000 mid-year total population of the given geographical area during the same year.

Urban Population is the midyear population of areas defined as urban in each country and reported to the United Nations.

# 就业人员和劳动报酬

## Employment and Earnings

# 5-1 劳动参与率
# Labor Force Participation Rate

资料来源：世界银行WDI数据库。
Source: World Bank WDI Database.

单位：万人 (10 000 persons)

| 国家或地区 | Country or Area | 劳动力人口（万人） Total Labor Force (10 000 persons) | | 劳动参与率（%） Labor Force Participation Rate (%) | | 女性劳动参与率（%） Female Labor Force Participation Rate(%) | |
|---|---|---|---|---|---|---|---|
| | | 2000 | 2012 | 2000 | 2012 | 2000 | 2012 |
| **世 界** | **World** | **276837** | **328042** | **70.3** | **63.6** | **57.1** | **50.5** |
| **高收入国家** | **High Income** | **50343** | **64284** | **71.1** | **60.7** | **61.9** | **52.8** |
| **经合组织高收入国家** | **OECD Countries** | **48221** | **52630** | **71.6** | **60.3** | **63.0** | **53.0** |
| **欧 元 区** | **Euro Area** | **14501** | **16071** | **67.7** | **56.9** | **58.1** | **50.1** |
| **非经合组织高收入国家** | **High Income: nonOECD** | **2122** | **11655** | **61.2** | **62.7** | **39.6** | **52.1** |
| **中等收入国家** | **Middle Income** | **198490** | **225431** | **69.3** | **62.8** | **54.5** | **47.2** |
| **中等偏上收入国家** | **Upper Middle Income** | **116466** | **125104** | **75.2** | **66.7** | **65.9** | **56.3** |
| **中等偏下收入国家** | **Lower Middle Income** | **82025** | **100327** | **62.3** | **58.4** | **40.8** | **37.2** |
| **中低收入国家** | **Low and Middle Income** | **226494** | **263757** | **70.1** | **64.4** | **56.0** | **49.9** |
| **东亚和太平洋** | **East Asia and Pacific** | **99116** | **111561** | **80.3** | **71.0** | **73.4** | **62.5** |
| **欧洲和中亚** | **Europe and Central Asia** | **17684** | **11940** | **66.5** | **56.7** | **58.2** | **45.8** |
| **拉丁美洲和加勒比** | **Latin America and Caribbean** | **22455** | **27989** | **67.7** | **66.5** | **51.6** | **53.8** |
| **中东和北非国家** | **Middle East and North Africa** | **8029** | **10955** | **47.9** | **46.3** | **19.3** | **19.8** |
| **南 亚** | **South Asia** | **53693** | **65535** | **61.9** | **57.1** | **36.5** | **31.8** |
| **撒哈拉以南非洲** | **Sub-Saharan Africa** | **25517** | **35778** | **69.9** | **69.9** | **62.5** | **63.5** |
| **低收入国家** | **Low Income** | **28004** | **38326** | **76.3** | **75.7** | **68.3** | **68.6** |
| 中 国 | China | 72433 | 78763 | 77.1 | 71.1 | 70.7 | 63.8 |
| 中国香港 | Hong Kong, China | 335 | 373 | 60.7 | 59.1 | 49.1 | 51.6 |
| 中国澳门 | Macao, China | 22 | 35 | 65.0 | 71.4 | 55.7 | 65.9 |
| 孟加拉国 | Bangladesh | 5899 | 7604 | 70.7 | 70.8 | 54.2 | 57.3 |
| 文 莱 | Brunei Darussalam | 16 | 20 | 67.7 | 64.3 | 55.5 | 52.9 |
| 柬 埔 寨 | Cambodia | 568 | 843 | 78.5 | 82.5 | 76.0 | 78.9 |
| 印 度 | India | 40519 | 48434 | 59.1 | 55.5 | 33.9 | 28.8 |
| 印度尼西亚 | Indonesia | 9765 | 11838 | 67.4 | 67.8 | 50.3 | 51.3 |
| 伊 朗 | Iran | 1903 | 2613 | 44.2 | 44.8 | 13.9 | 16.4 |
| 以 色 列 | Israel | 245 | 365 | 54.2 | 63.7 | 48.2 | 58.1 |
| 日 本 | Japan | 6759 | 6528 | 62.4 | 58.9 | 49.3 | 48.1 |
| 哈萨克斯坦 | Kazakhstan | 754 | 904 | 70.1 | 72.2 | 64.8 | 67.5 |
| 韩 国 | Korea, Rep. | 2267 | 2577 | 61.0 | 60.8 | 48.9 | 49.9 |
| 老 挝 | Laos | 243 | 332 | 79.9 | 77.6 | 78.8 | 76.3 |
| 马来西亚 | Malaysia | 981 | 1272 | 62.8 | 59.3 | 44.6 | 44.3 |
| 蒙 古 | Mongolia | 95 | 127 | 60.7 | 62.3 | 55.8 | 56.1 |
| 缅 甸 | Myanmar | 2574 | 3101 | 76.7 | 78.6 | 73.4 | 75.2 |
| 巴基斯坦 | Pakistan | 4295 | 6378 | 51.0 | 54.2 | 16.0 | 24.4 |
| 菲 律 宾 | Philippines | 3113 | 4128 | 65.2 | 65.2 | 48.7 | 51.0 |
| 新 加 坡 | Singapore | 207 | 302 | 65.4 | 68.1 | 52.6 | 59.0 |
| 斯里兰卡 | Sri Lanka | 795 | 837 | 56.9 | 55.0 | 37.3 | 35.0 |
| 泰 国 | Thailand | 3441 | 3942 | 72.8 | 72.4 | 65.4 | 64.4 |
| 越 南 | Viet Nam | 4132 | 5286 | 77.8 | 77.2 | 73.1 | 72.8 |
| 埃 及 | Egypt | 1969 | 2719 | 46.1 | 49.0 | 19.3 | 23.6 |
| 尼日利亚 | Nigeria | 3888 | 5264 | 56.0 | 55.9 | 44.8 | 48.1 |
| 南 非 | South Africa | 1675 | 1908 | 56.8 | 51.8 | 49.6 | 44.2 |
| 加 拿 大 | Canada | 1624 | 1927 | 65.3 | 66.3 | 58.7 | 61.6 |
| 墨 西 哥 | Mexico | 4081 | 5285 | 59.6 | 61.6 | 39.1 | 45.0 |
| 美 国 | United States | 14713 | 15869 | 66.3 | 62.9 | 59.0 | 56.8 |
| 阿 根 廷 | Argentina | 1537 | 1885 | 57.8 | 60.7 | 42.5 | 47.3 |
| 巴 西 | Brazil | 8379 | 10475 | 68.2 | 69.9 | 54.9 | 59.5 |
| 委内瑞拉 | Venezuela | 1061 | 1386 | 65.6 | 65.0 | 48.9 | 50.9 |
| 捷 克 | Czech Rep. | 518 | 528 | 60.5 | 58.8 | 51.7 | 50.1 |
| 法 国 | France | 2730 | 3013 | 55.3 | 56.1 | 48.4 | 50.9 |
| 德 国 | Germany | 4031 | 4176 | 58.1 | 59.8 | 49.2 | 53.5 |
| 意 大 利 | Italy | 2327 | 2508 | 47.7 | 49.0 | 35.4 | 39.4 |
| 荷 兰 | Netherlands | 816 | 898 | 62.9 | 64.7 | 53.3 | 58.7 |
| 波 兰 | Poland | 1737 | 1853 | 56.0 | 56.5 | 49.2 | 48.9 |
| 俄 罗 斯 | Russia | 7264 | 7706 | 60.7 | 63.5 | 54.1 | 57.0 |
| 西 班 牙 | Spain | 1819 | 2355 | 53.0 | 59.4 | 40.7 | 52.6 |
| 土 耳 其 | Turkey | 2138 | 2705 | 48.8 | 49.4 | 26.3 | 29.4 |
| 乌 克 兰 | Ukraine | 2354 | 2313 | 58.0 | 59.1 | 52.2 | 53.0 |
| 英 国 | United Kingdom | 2953 | 3258 | 61.9 | 62.1 | 54.1 | 55.7 |
| 澳大利亚 | Australia | 962 | 1203 | 63.4 | 65.3 | 54.7 | 58.8 |
| 新 西 兰 | New Zealand | 193 | 240 | 64.8 | 67.8 | 56.8 | 62.1 |

# 5-2 就业人数
# Employment

资料来源：联合国ILO数据库。
Source: ILO Database.

单位：万人 (10 000 persons)

| 国家或地区 | Country or Area | 2000 | 2005 | 2009 | 2010 | 2011 | 2012 |
|---|---|---|---|---|---|---|---|
| 中　　国 | China | 72085 | 74647 | 75828 | 76105 | 76420 | 76704 |
| 中国香港 | Hong Kong, China | 321 | 334 | 347 | 347 | 358 | 366 |
| 中国澳门 | Macao, China | 20 | 24 | 32 | 32 | 33 | 34 |
| 孟加拉国 | Bangladesh | 5176 | 4736 | | 5408 | | |
| 文　　莱 | Brunei Darussalam | 14 | 17 | 19 | 19 | | |
| 柬 埔 寨 | Cambodia | 528 | | 747 | 767 | 789 | |
| 印　　度 | India | 33020 | 37199 | | 37429 | | |
| 印度尼西亚 | Indonesia | 8984 | 9396 | 10487 | 10821 | 10967 | |
| 伊　　朗 | Iran | | 2062 | 2100 | 2066 | | |
| 以 色 列 | Israel | 222 | 249 | 284 | 294 | 302 | 336 |
| 日　　本 | Japan | 6446 | 6356 | 6282 | 6257 | 6289 | 6270 |
| 哈萨克斯坦 | Kazakhstan | 620 | 726 | 790 | 811 | 830 | |
| 韩　　国 | Korea, Rep. | 2116 | 2286 | 2351 | 2383 | 2424 | 2468 |
| 马来西亚 | Malaysia | 932 | 1005 | 1090 | 1178 | 1228 | 1272 |
| 蒙　　古 | Mongolia | 81 | 97 | 101 | 103 | 104 | 106 |
| 巴基斯坦 | Pakistan | 3685 | 4282 | | | | |
| 菲 律 宾 | Philippines | 2745 | 3231 | 3506 | 3604 | 3719 | |
| 新 加 坡 | Singapore | 209 | 165 | 187 | | 200 | 204 |
| 斯里兰卡 | Sri Lanka | 631 | 752 | 760 | 771 | 820 | 813 |
| 泰　　国 | Thailand | 3300 | 3630 | 3771 | 3804 | 3932 | 3958 |
| 越　　南 | Viet Nam | 3837 | 4253 | | | | |
| 埃　　及 | Egypt | 1720 | 1934 | 2298 | 2383 | 2335 | 2360 |
| 南　　非 | South Africa | 1224 | 1230 | 1346 | 1306 | 1326 | 1352 |
| 加 拿 大 | Canada | 1476 | 1617 | 1681 | 1704 | 1731 | 1751 |
| 墨 西 哥 | Mexico | 3804 | 4079 | 4291 | 4387 | 4689 | 4900 |
| 美　　国 | United States | 13521 | 14173 | 13988 | 13906 | | |
| 阿 根 廷 | Argentina | 826 | 964 | 1034 | 1516 | 1531 | 1570 |
| 巴　　西 | Brazil | 6563 | 8719 | 9269 | | 9349 | 9471 |
| 委内瑞拉 | Venezuela | 896 | 1073 | 1194 | 1207 | 1239 | 1257 |
| 捷　　克 | Czech Rep. | 468 | 476 | 493 | 489 | 490 | 489 |
| 法　　国 | France | 2312 | 2495 | 2564 | 2569 | 2578 | 2580 |
| 德　　国 | Germany | 3632 | 3636 | 3847 | 3874 | 3974 | 4006 |
| 意 大 利 | Italy | 2093 | 2256 | 2303 | 2287 | 2297 | 2290 |
| 荷　　兰 | Netherlands | 786 | 811 | 860 | 837 | 837 | 842 |
| 波　　兰 | Poland | 1452 | 1412 | 1587 | 1596 | 1613 | 1559 |
| 俄 罗 斯 | Russia | 6507 | 6817 | 6928 | 6980 | 7086 | 7155 |
| 西 班 牙 | Spain | 1544 | 1897 | 1889 | 1846 | 1810 | 1728 |
| 土 耳 其 | Turkey | 2158 | 2205 | 2128 | 2259 | 2410 | 2482 |
| 乌 克 兰 | Ukraine | 2018 | 2068 | 2019 | 2027 | 2032 | 2035 |
| 英　　国 | United Kingdom | 2726 | 2867 | 2892 | 2894 | 2908 | 2943 |
| 澳大利亚 | Australia | 895 | 997 | 1092 | 1121 | 1136 | 1148 |
| 新 西 兰 | New Zealand | 178 | 208 | 216 | 218 | 222 | 222 |

# 5-3 按产业类型划分的就业构成

## Composition of Employment by Industry

资料来源：世界银行WDI数据库。
Source: World Bank WDI Database.
单位：%

(%)

| 国家或地区 | Country or Area | 第一产业 Primary Industry | | 第二产业 Secondary Industry | | 第三产业 Tertiary Industry | |
|---|---|---|---|---|---|---|---|
| | | 2000 | 2012 | 2000 | 2012 | 2000 | 2012 |
| 中　　国 | China | 50.0 | 34.8① | 22.5 | 29.5① | 27.5 | 35.7① |
| 中国香港 | Hong Kong, China | 0.3 | 0.7 | 20.3 | 11.6 | 79.4 | 87.7 |
| 中国澳门 | Macao, China | 0.2 | 0.0② | 28.2 | 16.0② | 71.5 | 84.0② |
| 孟加拉国 | Bangladesh | 62.1 | | 10.3 | | 23.5 | |
| 柬 埔 寨 | Cambodia | 73.7 | 51.0 | 8.4 | 18.6 | 17.9 | 30.4 |
| 印　　度 | India | 59.9 | 47.2 | 16.0 | 24.7 | 24.0 | 28.1 |
| 印度尼西亚 | Indonesia | 45.3 | 35.1 | 17.4 | 21.7 | 37.3 | 43.2 |
| 以 色 列 | Israel | 2.2 | 1.7② | 23.7 | 20.4② | 73.0 | 77.1② |
| 日　　本 | Japan | 5.1 | 3.7③ | 31.2 | 25.3③ | 63.1 | 69.7③ |
| 哈萨克斯坦 | Kazakhstan | | 25.5 | | 19.4 | | 55.1 |
| 韩　　国 | Korea, Rep. | 10.6 | 6.6③ | 28.1 | 17.0③ | 61.2 | 76.4③ |
| 马来西亚 | Malaysia | 18.4 | 12.6 | 32.2 | 28.4 | 49.5 | 59.0 |
| 蒙　　古 | Mongolia | 48.6 | 32.6① | 14.1 | 17.3① | 37.2 | 49.6① |
| 巴基斯坦 | Pakistan | 48.4 | 45.1① | 18.0 | 20.7① | 33.5 | 32.1① |
| 菲 律 宾 | Philippines | 37.1 | 32.2 | 16.2 | 15.4 | 46.7 | 52.5 |
| 新 加 坡 | Singapore | | 1.1② | 33.8 | 21.8② | 65.5 | 77.1② |
| 斯里兰卡 | Sri Lanka | | 39.4 | | 17.7 | | 41.5 |
| 泰　　国 | Thailand | 48.8 | 39.6 | 19.0 | 20.9 | 32.2 | 39.4 |
| 越　　南 | Viet Nam | 65.3 | 47.4 | 12.4 | 21.1 | 22.3 | 31.5 |
| 埃　　及 | Egypt | 29.6 | 29.2① | 21.3 | 23.5① | 49.1 | 47.1① |
| 南　　非 | South Africa | 15.6 | 4.6① | 24.2 | 24.3① | 59.4 | 62.7① |
| 加 拿 大 | Canada | 3.3 | | 22.5 | | 74.2 | |
| 墨 西 哥 | Mexico | 18.0 | 13.4① | 26.8 | 24.1① | 55.2 | 61.9① |
| 美　　国 | United States | 2.6 | 1.6③ | 23.2 | 16.7③ | 74.3 | 81.2③ |
| 阿 根 廷 | Argentina | 0.7 | 0.6 | 22.7 | 23.4 | 76.2 | 75.3 |
| 巴　　西 | Brazil | 18.5 | 15.3① | 21.2 | 21.9① | 59.1 | 62.7① |
| 委内瑞拉 | Venezuela | 10.6 | 7.7 | 22.8 | 21.2 | 66.5 | 70.7 |
| 捷　　克 | Czech Rep. | 5.1 | 3.1 | 39.5 | 38.1 | 55.4 | 58.8 |
| 法　　国 | France | 4.1 | 2.9 | 26.3 | 21.7 | 69.6 | 74.9 |
| 德　　国 | Germany | 2.6 | 1.5 | 33.5 | 28.2 | 63.8 | 70.2 |
| 意 大 利 | Italy | 5.2 | 3.7 | 31.8 | 27.8 | 63.0 | 68.5 |
| 荷　　兰 | Netherlands | 3.0 | 2.5① | 20.2 | 15.3① | 70.4 | 71.5① |
| 波　　兰 | Poland | 18.8 | 12.6 | 30.8 | 30.4 | 50.4 | 57.0 |
| 俄 罗 斯 | Russia | 14.5 | 9.7② | 28.4 | 27.9② | 57.1 | 62.3② |
| 西 班 牙 | Spain | 6.7 | 4.4 | 30.8 | 20.7 | 62.5 | 74.9 |
| 土 耳 其 | Turkey | 36.0 | 23.6 | 24.0 | 26.0 | 40.0 | 50.4 |
| 乌 克 兰 | Ukraine | 23.4 | 17.2 | 20.8 | 20.7 | 13.3 | 62.1 |
| 英　　国 | United Kingdom | 1.5 | 1.2 | 25.1 | 18.9 | 73.1 | 78.9 |
| 澳大利亚 | Australia | 5.0 | 3.3② | 21.7 | 21.1② | 73.3 | 75.5② |
| 新 西 兰 | New Zealand | 8.7 | 6.6② | 23.2 | 20.9② | 67.7 | 72.5② |

注：①2011年数据。②2009年数据。③2010年数据。
Note: ①Data refer to 2011.②Data refer to 2009.③Data refer to 2010.

# 5-4 按行业分类的就业人口
# Employment by Economic Activity

资料来源：联合国ILO数据库。
Source: ILO Database.
单位：万人 (10 000 persons)

| 国家或地区 | Country or Area | 2000 | 2005 | 2009 | 2010 | 2011 | 2012 |
|---|---|---|---|---|---|---|---|
| **中国香港** | **Hong Kong, China** | | | | | | |
| 按第四版ISIC分类 | ISIC-Rev.4 | | | | | | |
| 总　计 | Total | 320.7 | 333.7 | 346.8 | 347.4 | 357.6 | 366.1 |
| 农业、林业和渔业 | Agriculture, Forestry and Fishing | | | 0.7 | | | |
| 采掘业 | Mining and Quarrying | | | | | | |
| 制造业 | Manufacturing | 33.4 | 22.4 | 15.0 | 13.3 | | |
| 电、煤气、蒸汽和空调供应 | Electricity, Gas, Steam and Air Conditioning Supply | | | 0.7 | | | |
| 供水；污水处理、废物管理和补救活动 | Water Supply; Sewerage, Waste Management and Remediation Activities | | | 0.7 | | | |
| 建筑业 | Construction | 30.2 | 26.4 | 26.2 | 26.5 | | |
| 批发和零售贸易；机动车辆和摩托车的修理 | Wholesale and Retail Trade; Repair of Motor Vehicles and Repair of Motorcycles | | | 85.3 | 84.7 | | |
| 运输和储存 | Transportation and Storage | | | 31.9 | 31.7 | | |
| 住宿和餐饮业 | Accommodation and Food Service Activities | | | 25.4 | 25.8 | | |
| 信息和通讯业 | Information and Communication | | | 10.5 | 10.5 | | |
| 金融和保险业 | Financial and Insurance Activities | | | 21.0 | 20.6 | | |
| 房地产业 | Real Estate Activities | | | 13.3 | 14.6 | | |
| 专业和科技活动 | Professional, Scientific and Technical Activities | | | 29.4 | 28.9 | | |
| 企业管理和商务服务业 | Administrative and Support Service Activities | | | | | | |
| 公共行政和国防；强制性社会保障 | Public Administration and Defence; Compulsory Social Security | | | 10.4 | 11.1 | | |
| 教育 | Education | | | 18.4 | 18.5 | | |
| 卫生和社会福利业 | Human Health and Social Work Activities | | | 16.5 | 16.3 | | |
| 艺术、娱乐和文娱活动 | Arts, Entertainment and Recreation | | | 5.0 | 5.2 | | |
| 其他服务活动 | Other Service Activities | | | 9.9 | 10.2 | | |
| 未分类经济活动 | Not Classifiable by Economic Activity | | | 28.7 | 29.5 | | |
| **印度尼西亚** | **Indonesia** | | | | | | |
| 按第三版ISIC分类 | ISIC-Rev.3 | | | | | | |
| 总　计 | Total | 8983.8 | 9395.8 | 10487.1 | 10820.8 | | |
| 农业、狩猎业和林业 | Agriculture, Hunting, Forestry | 3901.2 | 3976.6 | 3977.7 | 3962.0 | | |
| 渔业 | Fishing | 166.5 | 154.4 | 183.5 | 187.5 | | |
| 采掘业 | Mining and Quarrying | 45.2 | 90.4 | 115.5 | 125.5 | | |
| 制造业 | Manufacturing | 1164.2 | 1195.3 | 1284.0 | 1382.4 | | |
| 电、煤气和水供应业 | Electricity, Gas and Water Supply | 7.1 | 19.5 | 22.3 | 23.4 | | |
| 建筑业 | Construction | 349.7 | 456.5 | 548.7 | 559.3 | | |
| 第三产业 | The Tertiary Industry | | | | | | |
| 批发、零售贸易；机动车及个人、家庭用品修理业 | Wholesale, Retail Trade, Repair of Motor Vehicles, and Personal and Household Goods | 1522.5 | 1674.8 | 1773.2 | 1839.0 | | |
| 旅馆和饭店业 | Hotels and Restaurants | 326.4 | 116.1 | 421.6 | 410.2 | | |
| 运输、仓储和通讯 | Transport, Storage and Communications | 455.4 | 565.3 | 611.8 | 561.9 | | |
| 金融中介 | Financial Intermediation | 46.9 | 55.6 | 74.4 | 99.0 | | |

## 5-4 续表 1 continued

单位：万人 (10 000 persons)

| 国家或地区 | Country or Area | 2000 | 2005 | 2009 | 2010 | 2011 | 2012 |
|---|---|---|---|---|---|---|---|
| **印度尼西亚(续)** | **Indonesia (continued)** | | | | | | |
| 房地产、租赁及商业活动 | Real Estate, Renting and Business Activities | 41.3 | 58.6 | 74.2 | 75.0 | | |
| 公共管理和国防；社会基本保障 | Public Administration and Defence; Compulsory Social Security | 284.1 | 258.7 | 291.3 | 341.2 | | |
| 教育 | Education | 241.3 | 287.2 | 388.9 | 473.3 | | |
| 卫生和社会工作 | Health and Social Work | 43.8 | 65.1 | 88.1 | 108.9 | | |
| 其他团体、社会和个人服务活动 | Other Community, Social and Personal Services Activities | 181.7 | 145.0 | 398.5 | 426.7 | | |
| 雇人的私人住户 | Private Households with Employed Persons | 206.5 | 270.3 | 225.9 | 240.6 | | |
| 域外组织和机构 | Extra-Territorial Organizations and Bodies | | 0.4 | 0.6 | 0.1 | | |
| 未分类经济活动 | Not Classifiable by Economic Activity | | 6.1 | 7.0 | 4.9 | | |
| **伊　朗** | **Iran** | | | | | | |
| 按第三版ISIC分类 | ISIC-Rev.3 | | | | | | |
| 总　计 | Total | | 2061.9 | 2100.1 | 2065.7 | | |
| 农业、狩猎业和林业 | Agriculture, Hunting, Forestry | | 503.1 | 431.8 | 390.6 | | |
| 渔业 | Fishing | | 6.9 | 6.2 | 6.4 | | |
| 采掘业 | Mining and Quarrying | | 12.7 | 11.5 | 11.2 | | |
| 制造业 | Manufacturing | | 378.9 | 364.3 | 352.2 | | |
| 电、煤气和水供应业 | Electricity, Gas and Water Supply | | 19.8 | 17.3 | 19.8 | | |
| 建筑业 | Construction | | 214.3 | 274.4 | 282.0 | | |
| 批发、零售贸易；机动车及个人、家庭用品修理业 | Wholesale, Retail Trade, Repair of Motor Vehicles, Motorcycles and Personal and Household Goods | | 295.9 | 319.1 | 323.3 | | |
| 旅馆和饭店业 | Hotels and Restaurants | | 18.2 | 23.8 | 24.7 | | |
| 运输、仓储和通讯 | Transport, Storage and Communications | | 181.7 | 200.8 | 212.6 | | |
| 金融中介 | Financial Intermediation | | 26.0 | 31.6 | 24.3 | | |
| 房地产、租赁及商业活动 | Real Estate, Renting and Business Activities | | 41.8 | 61.1 | 66.4 | | |
| 公共管理和国防；社会基本保障 | Public Administration and Defence; Compulsory Social Security | | 131.7 | 131.5 | 125.4 | | |
| 教育 | Education | | 136.9 | 122.6 | 123.3 | | |
| 卫生和社会工作 | Health and Social Work | | 46.4 | 52.4 | 49.2 | | |
| 其他团体、社会和个人服务活动 | Other Community, Social and Personal Services Activities | | 43.3 | 47.8 | 51.0 | | |
| 雇人的私人住户 | Private Households with Employed Persons | | 2.8 | 3.2 | 3.1 | | |
| 域外组织和机构 | Extra-Territorial Organizations and Bodies | | | 0.1 | 0.1 | | |
| 未分类经济活动 | Not Classifiable by Economic Activity | | 0.4 | 0.4 | 0.1 | | |
| **以色列** | **Israel** | | | | | | |
| 按第三版ISIC分类 | ISIC-Rev.3 | | | | | | |
| 总　计 | Total | 222.1 | 249.4 | 284.1 | 293.8 | 302.5 | 335.9 |
| 农业、狩猎业、林业和渔业 | Agriculture, Hunting, Forestry; Fishing | 4.8 | 5.0 | | | | |
| 农业、狩猎业和林业 | Agriculture, Hunting, Forestry | 4.8 | 5.0 | 4.6 | 4.6 | | |
| 采掘业 | Mining and Quarrying | 0.5 | 0.4 | 0.3 | 0.2 | | |
| 制造业 | Manufacturing | 39.7 | 39.2 | 40.5 | 40.7 | | |
| 电、煤气和水供应业 | Electricity, Gas and Water Supply | 1.9 | 2.1 | 1.8 | 2.0 | | |
| 建筑业 | Construction | 11.6 | 12.7 | 14.4 | 15.7 | | |
| 批发、零售贸易；机动车及个人、家庭用品修理业 | Wholesale, Retail Trade, Repair of Motor Vehicles, Motorcycles and Personal and Household Goods | 29.6 | 33.7 | 37.7 | 38.9 | | |
| 旅馆和饭店业 | Hotels and Restaurants | 10.2 | 11.5 | 13.1 | 13.5 | | |
| 运输、仓储和通讯 | Transport, Storage and Communications | 14.5 | 16.3 | 18.5 | 19.1 | | |
| 金融中介 | Financial Intermediation | 7.3 | 8.2 | 11.0 | 11.6 | | |
| 房地产、租赁及商业活动 | Real Estate, Renting and Business Activities | 25.9 | 33.5 | 41.3 | 42.9 | | |
| 公共管理和国防；社会基本保障 | Public Administration and Defence; Compulsory Social Security | 12.0 | 11.6 | 13.2 | 13.5 | | |
| 教育 | Education | 27.2 | 31.4 | 35.7 | 36.8 | | |
| 卫生和社会工作 | Health and Social Work | 21.4 | 26.6 | 28.9 | 30.4 | | |
| 其他团体、社会和个人服务活动 | Other Community, Social and Personal Services Activities | 10.6 | 11.7 | 14.3 | 14.7 | | |
| 雇人的私人住户 | Private Households with Employed Persons | 3.5 | 4.0 | 5.3 | 5.5 | | |
| 域外组织和机构 | Extra-Territorial Organizations and Bodies | | 0.2 | 0.2 | 0.2 | | |
| 未分类经济活动 | Not Classifiable by Economic Activity | 2.5 | 2.3 | 3.3 | 3.3 | | |

## 5-4 续表 2 continued

单位：万人 (10 000 persons)

| 国家或地区 | Country or Area | 2000 | 2005 | 2009 | 2010 | 2011 | 2012 |
|---|---|---|---|---|---|---|---|
| **日　本** | **Japan** | | | | | | |
| 按第三版ISIC分类 | ISIC-Rev.3 | | | | | | |
| 总　计 | Total | 6446.0 | 6356.0 | 6282.0 | 6257.0 | 6289.0 | 6270.0 |
| 农业、狩猎业和林业 | Agriculture, Hunting, Forestry | | 259.0 | 245.0 | | | |
| 渔业 | Fishing | | 23.0 | 23.0 | | | |
| 采掘业 | Mining and Quarrying | 5.0 | 3.0 | 3.0 | 3.0 | 3.0 | |
| 制造业 | Manufacturing | 1321.0 | 1169.0 | 1174.0 | 1104.0 | 1078.0 | |
| 电、煤气和水供应业 | Electricity, Gas and Water Supply | | 35.0 | | | | |
| 建筑业 | Construction | 653.0 | 568.0 | 517.0 | 498.0 | | |
| 批发、零售贸易；机动车及个人、家庭用品修理业 | Wholesale, Retail Trade, Repair of Motor Vehicles, Motorcycles and Personal and Household Goods | | 1186.0 | | | | |
| 旅馆和饭店业 | Hotels and Restaurants | | 343.0 | | | | |
| 运输、仓储和通讯 | Transport, Storage and Communications | 414.0 | 385.0 | | | | |
| 金融中介 | Financial Intermediation | | 157.0 | | | | |
| 房地产、租赁及商业活动 | Real Estate, Renting and Business Activities | | 729.0 | | | | |
| 公共管理和国防；社会基本保障 | Public Administration and Defence; Compulsory Social Security | | 229.0 | | | | |
| 教育 | Education | | 286.0 | 287.0 | 288.0 | | |
| 卫生和社会工作 | Health and Social Work | | 553.0 | | | | |
| 其他团体、社会和个人服务活动 | Other Community, Social and Personal Services Activities | | 355.0 | | | | |
| 未分类经济活动 | Not Classifiable by Economic Activity | | 74.0 | 61.0 | 61.0 | | |
| **哈萨克斯坦** | **Kazakhstan** | | | | | | |
| 按第四版ISIC分类 | ISIC-Rev.4 | | | | | | |
| 总　计 | Total | | 726.1 | 790.3 | 811.4 | | |
| 农业、林业和渔业 | Agriculture, Forestry and Fishing | | | 229.3 | 229.5 | 219.6 | |
| 采掘业 | Mining and Quarrying | | 18.4 | 19.6 | 19.4 | 20.7 | |
| 制造业 | Manufacturing | | 54.1 | 54.3 | 56.6 | 54.2 | |
| 电、煤气、蒸汽和空调供应 | Electricity, Gas, Steam and Air Conditioning Supply | | | 13.1 | 13.2 | 14.7 | |
| 供水；污水处理、废物管理和补救活动 | Water Supply; Sewerage, Waste Management and Remediation Activities | | | 5.2 | 5.7 | 6.5 | |
| 建筑业 | Construction | | 41.6 | 55.1 | 57.0 | 61.4 | |
| 批发和零售贸易；机动车辆和摩托车的修理 | Wholesale and Retail Trade; Repair of Motor Vehicles and Motorcycles | | | 116.6 | 122.4 | 123.4 | |
| 运输和储存 | Transportation and Storage | | | 47.6 | 51.2 | 54.6 | |
| 住宿和餐饮业 | Accommodation and Food Service Activities | | | 10.2 | 10.5 | 12.3 | |
| 信息和通讯业 | Information and Communication | | | 11.5 | 10.9 | 12.6 | |
| 金融和保险业 | Financial and Insurance Activities | | | 10.0 | 10.5 | 11.9 | |
| 房地产业 | Real Estate Activities | | | 11.7 | 13.9 | 13.6 | |
| 专业和科技活动 | Professional, Scientific and Technical Activities | | | 15.9 | 14.9 | 17.9 | |
| 企业管理和商务服务业 | Administrative and Support Service Activities | | | 17.8 | 16.7 | 17.0 | |
| 公共行政和国防；强制性社会保障 | Public Administration and Defence; Compulsory Social Security | | | 37.2 | 37.7 | 39.2 | |
| 教育 | Education | | 69.0 | 77.4 | 81.6 | 85.2 | |
| 卫生和社会福利业 | Human Health and Social Work Activities | | | 34.8 | 37.0 | 39.2 | |
| 艺术、娱乐和文娱活动 | Arts, Entertainment and Recreation | | | 10.8 | 9.0 | 9.7 | |
| 其他服务活动 | Other Service Activities | | | 10.1 | 11.4 | 14.2 | |
| 家庭作为雇主的活动；家庭自用、未加区分的生产货物及服务的活动 | Activities of Households as Employers; Undifferentiated Goods- and Services-Producing Activities of Households for Own Use | | | 2.1 | 2.3 | 2.4 | |
| 域外组织和机构的活动 | Activities of Extraterritorial Organizations and Bodies | | | | | | |

# 5-4 续表 3 continued

单位：万人 (10 000 persons)

| 国家或地区 | Country or Area | 2000 | 2005 | 2009 | 2010 | 2011 | 2012 |
|---|---|---|---|---|---|---|---|
| **韩　国** | **Korea, Rep.** | | | | | | |
| 按第三版ISIC分类 | ISIC-Rev.3 | | | | | | |
| 总　计 | Total | 2115.6 | 2285.6 | 2350.6 | 2382.9 | 2424.4 | 2468.1 |
| 农业、狩猎业和林业 | Agriculture, Hunting, Forestry | 216.2 | 174.7 | | | | |
| 渔业 | Fishing | 8.1 | 6.8 | | | | |
| 采掘业 | Mining and Quarrying | 1.7 | 1.7 | 2.3 | 2.1 | | |
| 制造业 | Manufacturing | 429.3 | 423.4 | 383.6 | 402.8 | | |
| 电、煤气和水供应业 | Electricity, Gas and Water Supply | 6.4 | 7.1 | | | | |
| 建筑业 | Construction | 158.0 | 181.4 | 172.0 | 175.3 | | |
| 批发、零售贸易；机动车及个人、家庭用品修理业 | Wholesale, Retail Trade, Repair of Motor Vehicles, Motorcycles and Personal and Household Goods | 383.3 | 374.8 | | | | |
| 旅馆和饭店业 | Hotels and Restaurants | 191.9 | 205.8 | | | | |
| 运输、仓储和通讯 | Transport, Storage and Communications | 126.0 | 142.9 | | | | |
| 金融中介 | Financial Intermediation | 75.2 | 74.6 | | | | |
| 房地产、租赁及商业活动 | Real Estate, Renting and Business Activities | 136.1 | 203.7 | | | | |
| 公共管理和国防；社会基本保障 | Public Administration and Defence; Compulsory Social Security | 75.8 | 79.1 | | | | |
| 教育 | Education | 119.1 | 156.8 | 183.1 | 179.9 | | |
| 卫生和社会工作 | Health and Social Work | 42.8 | 64.6 | | | | |
| 其他团体、社会和个人服务活动 | Other Community, Social and Personal Services Activities | 125.1 | 172.7 | | | | |
| 雇人的私人住户 | Private Households with Employed Persons | 18.6 | 13.0 | | | | |
| 域外组织和机构 | Extra-Territorial Organizations and Bodies | 1.9 | 2.4 | | | | |
| **马来西亚** | **Malaysia** | | | | | | |
| 按第三版ISIC分类 | ISIC-Rev.3 | | | | | | |
| 总　计 | Total | 932.2 | 1004.5 | 1089.7 | 1177.7 | 1228.4 | 1272.3 |
| 农业、狩猎业和林业 | Agriculture, Hunting, Forestry | | 135.5 | 135.0 | | | |
| 渔业 | Fishing | | 11.5 | 12.2 | | | |
| 采掘业 | Mining and Quarrying | 2.7 | 3.6 | 6.3 | 5.7 | | |
| 制造业 | Manufacturing | 212.6 | 198.9 | 180.7 | 197.2 | | |
| 电、煤气和水供应业 | Electricity, Gas and Water Supply | | 5.7 | 5.8 | | | |
| 建筑业 | Construction | 79.9 | 90.4 | 101.6 | 112.1 | | |
| 批发、零售贸易；机动车及个人、家庭用品修理业 | Wholesale, Retail Trade, Repair of Motor Vehicles, Motorcycles and Personal and Household Goods | | 162.0 | 183.2 | | | |
| 旅馆和饭店业 | Hotels and Restaurants | | 67.2 | 80.1 | | | |
| 运输、仓储和通讯 | Transport, Storage and Communications | 42.3 | 54.5 | 59.2 | | | |
| 金融中介 | Financial Intermediation | | 24.7 | 27.2 | | | |
| 房地产、租赁及商业活动 | Real Estate, Renting and Business Activities | | 45.9 | 60.2 | | | |
| 公共管理和国防；社会基本保障 | Public Administration and Defence; Compulsory Social Security | | 72.9 | 81.4 | | | |
| 教育 | Education | | 60.7 | 73.1 | 77.3 | | |
| 卫生和社会工作 | Health and Social Work | | 21.3 | 27.2 | | | |
| 其他团体、社会和个人服务活动 | Other Community, Social and Personal Services Activities | | 23.5 | 30.3 | | | |
| 雇人的私人住户 | Private Households with Employed Persons | | 26.1 | 26.3 | | | |
| 域外组织和机构 | Extra-Territorial Organizations and Bodies | | 0.2 | 0.2 | | | |

## 5-4 续表 4 continued

单位：万人 (10 000 persons)

| 国家或地区 | Country or Area | 2000 | 2005 | 2009 | 2010 | 2011 | 2012 |
|---|---|---|---|---|---|---|---|
| **蒙　古** | **Mongolia** | | | | | | |
| 按第三版ISIC分类 | ISIC-Rev.3 | | | | | | |
| 总　计 | Total | 80.9 | 96.8 | 100.6 | 103.4 | 103.8 | 105.6 |
| 农业、狩猎业、林业和渔业 | Agriculture, Hunting, Forestry; Fishing | 39.4 | 38.6 | | | | |
| 采掘业 | Mining and Quarrying | 1.9 | 4.0 | 2.3 | 3.4 | | |
| 制造业 | Manufacturing | 5.5 | 4.6 | 5.4 | 6.5 | | |
| 电、煤气和水供应业 | Electricity, Gas and Water Supply | 1.8 | 2.9 | | | | |
| 建筑业 | Construction | 2.3 | 4.9 | 4.4 | 4.9 | | |
| 批发、零售贸易；机动车及个人、家庭用品修理业 | Wholesale, Retail Trade, Repair of Motor Vehicles, Motorcycles and Personal and Household Goods | 8.4 | 14.2 | | | | |
| 旅馆和饭店业 | Hotels and Restaurants | 1.3 | 3.0 | | | | |
| 运输、仓储和通讯 | Transport, Storage and Communications | 3.4 | 4.2 | | | | |
| 金融中介 | Financial Intermediation | 0.7 | 1.6 | | | | |
| 房地产、租赁及商业活动 | Real Estate, Renting and Business Activities | 0.7 | 0.9 | 1.2 | | | |
| 公共管理和国防；社会基本保障 | Public Administration and Defence; Compulsory Social Security | 3.5 | 4.7 | 5.1 | | | |
| 教育 | Education | 5.4 | 5.9 | 7.1 | 6.9 | 8.5 | |
| 卫生和社会工作 | Health and Social Work | 3.4 | 4.0 | 4.2 | | | |
| 其他团体、社会和个人服务活动 | Other Community, Social and Personal Services Activities | 2.9 | 2.7 | 2.0 | | | |
| 雇人的私人住户 | Private Households with Employed Persons | 0.4 | 0.9 | 1.2 | | | |
| **巴基斯坦** | **Pakistan** | | | | | | |
| 按第三版ISIC分类 | ISIC-Rev.3 | | | | | | |
| 总　计 | Total | 3684.7 | 4281.6 | 4909.0 | | | |
| 农业、狩猎业、林业和渔业 | Agriculture, Hunting, Forestry; Fishing | 1784.1 | 1843.1 | 2191.9 | | | |
| 采掘业 | Mining and Quarrying | 2.5 | 2.9 | 5.7 | | | |
| 制造业 | Manufacturing | 423.0 | 588.1 | 637.7 | | | |
| 建筑业 | Construction | 213.0 | 249.6 | 308.8 | | | |
| 运输、仓储和通讯 | Transport, Storage and Communications | 185.3 | 245.5 | 268.1 | | | |
| **菲 律 宾** | **Philippines** | | | | | | |
| 按第三版ISIC分类 | ISIC-Rev.3 | | | | | | |
| 总　计 | Total | 2745.2 | 3231.3 | 3408.9 | 3506.2 | 3603.5 | 3719.2 |
| 农业、狩猎业和林业 | Agriculture, Hunting, Forestry | | 1023.4 | 1060.4 | 1058.2 | 1048.8 | |
| 渔业 | Fishing | | 139.4 | 142.6 | 146.2 | 146.9 | |
| 采掘业 | Mining and Quarrying | 10.8 | 12.3 | 15.8 | 16.6 | 19.9 | |
| 制造业 | Manufacturing | 274.5 | 307.7 | 292.6 | 289.4 | 303.3 | |
| 电、煤气和水供应业 | Electricity, Gas and Water Supply | | 11.7 | 13.0 | 14.2 | 15.0 | |
| 建筑业 | Construction | 147.9 | 170.8 | 183.4 | 189.1 | 201.6 | |
| 批发、零售贸易；机动车及个人、家庭用品修理业 | Wholesale, Retail Trade, Repair of Motor Vehicles, Motorcycles and Personal and Household Goods | | 614.7 | 644.6 | 673.5 | 703.4 | |
| 旅馆和饭店业 | Hotels and Restaurants | | 86.1 | 95.3 | 101.0 | 106.2 | |
| 运输、仓储和通讯 | Transport, Storage and Communications | 198.6 | 245.1 | 259.0 | 268.0 | 272.3 | |
| 金融中介 | Financial Intermediation | | 34.1 | 36.8 | 36.9 | 40.0 | |
| 房地产、租赁及商业活动 | Real Estate, Renting and Business Activities | | 73.4 | 95.3 | 106.4 | 114.6 | |
| 公共管理和国防；社会基本保障 | Public Administration and Defence; Compulsory Social Security | | 148.1 | 167.6 | 174.9 | 184.7 | |
| 教育 | Education | | 97.8 | 107.1 | 113.8 | 117.6 | |
| 卫生和社会工作 | Health and Social Work | | 37.5 | 39.1 | 42.1 | 45.1 | |
| 其他团体、社会和个人服务活动 | Other Community, Social and Personal Services Activities | | 77.5 | 83.3 | 87.7 | 91.3 | |
| 雇人的私人住户 | Private Households with Employed Persons | | 151.7 | 172.9 | 188.0 | 192.6 | |
| 域外组织和机构 | Extra-Territorial Organizations and Bodies | | | 0.2 | 0.2 | 0.2 | |

## 5-4 续表 5 continued

单位：万人 (10 000 persons)

| 国家或地区 | Country or Area | 2000 | 2005 | 2009 | 2010 | 2011 | 2012 |
|---|---|---|---|---|---|---|---|
| **新 加 坡** | **Singapore** | | | | | | |
| 按第三版ISIC分类 | ISIC-Rev.3 | | | | | | |
| 总　计 | Total | 209.5 | 164.7 | 186.9 | | 199.9 | 204.1 |
| 农业、狩猎业和林业 | Agriculture, Hunting, Forestry | | 1.8 | | | | |
| 制造业 | Manufacturing | 43.4 | 27.5 | | | 29.2 | 28.8 |
| 建筑业 | Construction | 27.4 | 8.2 | | | 10.0 | 10.5 |
| 批发、零售贸易；机动车及个人、家庭用品修理业 | Wholesale, Retail Trade, Repair of Motor Vehicles, Motorcycles and Personal and Household Goods | 28.7 | 30.4 | | | | |
| 旅馆和饭店业 | Hotels and Restaurants | 11.4 | 10.3 | | | | |
| 运输、仓储和通讯 | Transport, Storage and Communications | 23.3 | 22.8 | | | | |
| 金融中介 | Financial Intermediation | 9.6 | 10.2 | | | | |
| 房地产、租赁及商业活动 | Real Estate, Renting and Business Activities | 19.6 | 20.7 | | | | |
| 公共管理和国防；社会基本保障 | Public Administration and Defence; Compulsory Social Security | | 32.9 | | | | |
| 未分类经济活动 | Not Classifiable by Economic Activity | 1.5 | | | | 2.4 | 2.7 |
| **斯里兰卡** | **Sri Lanka** | | | | | | |
| 按第三版ISIC分类 | ISIC-Rev.3 | | | | | | |
| 总　计 | Total | 631.0 | 751.8 | 760.2 | 770.7 | 819.7 | 812.9 |
| 农业、狩猎业和林业 | Agriculture, Hunting, Forestry | | 230.6 | 237.7 | 242.6 | | |
| 渔业 | Fishing | | | 9.9 | 9.4 | | |
| 采掘业 | Mining and Quarrying | | 54.3 | 7.2 | 6.9 | | |
| 制造业 | Manufacturing | | 138.5 | 134.8 | 131.8 | | |
| 电、煤气和水供应业 | Electricity, Gas and Water Supply | | 1.8 | 1.6 | 1.4 | | |
| 建筑业 | Construction | | 2.3 | 47.5 | 46.5 | | |
| 批发、零售贸易；机动车及个人、家庭用品修理业 | Wholesale, Retail Trade, Repair of Motor Vehicles, Motorcycles and Personal and Household Goods | | 90.4 | 97.7 | 105.1 | | |
| 旅馆和饭店业 | Hotels and Restaurants | | 13.9 | 14.2 | 14.6 | | |
| 运输、仓储和通讯 | Transport, Storage and Communications | | 48.5 | 44.5 | 48.4 | | |
| 金融中介；房地产、租赁及商务活动 | Financial Intermediation; Real Estate, Renting and Business Activities | | 23.4 | | | | |
| 金融中介 | Financial Intermediation | | 23.4 | 11.0 | 12.5 | | |
| 房地产、租赁及商业活动 | Real Estate, Renting and Business Activities | | | 11.7 | 13.9 | | |
| 公共管理和国防；社会基本保障 | Public Administration and Defence; Compulsory Social Security | | 51.3 | 52.4 | 53.7 | | |
| 教育 | Education | | 29.7 | 33.6 | 30.2 | | |
| 卫生和社会工作 | Health and Social Work | | 12.9 | 13.7 | 11.6 | | |
| 其他团体、社会和个人服务活动 | Other Community, Social and Personal Services Activities | | 13.4 | 10.9 | 11.9 | | |
| 其他团体、社会和个人服务活动；雇人的私人住户；境外组织和团体 | Other Community, Social and Personal Services Activities;Private Households with Employed Persons;Extra-Territorial Organizations and Bodies | | 11.3 | | | | |
| 雇人的私人住户 | Private Households with Employed Persons | | 5.3 | 9.6 | 8.4 | | |
| 域外组织和机构 | Extra-Territorial Organizations and Bodies | | | 1.4 | 1.1 | | |
| 未分类经济活动 | Not Classifiable by Economic Activity | | 39.6 | 20.9 | 20.7 | | |

## 5-4 续表 6 continued

单位：万人 (10 000 persons)

| 国家或地区 | Country or Area | 2000 | 2005 | 2009 | 2010 | 2011 | 2012 |
|---|---|---|---|---|---|---|---|
| **泰　国** | **Thailand** | | | | | | |
| 按第三版ISIC分类 | ISIC-Rev.3 | | | | | | |
| 总　计 | Total | 3300.1 | 3630.2 | 3770.6 | 3803.7 | 3931.7 | 3957.8 |
| 农业、狩猎业和林业 | Agriculture, Hunting, Forestry | 1609.6 | 1544.9 | | | 1611.4 | 1666.4 |
| 渔业 | Fishing | | 44.1 | | | | |
| 采掘业 | Mining and Quarrying | 3.9 | 4.0 | | | | |
| 制造业 | Manufacturing | 478.5 | 535.0 | | | 523.4 | 528.4 |
| 电、煤气和水供应业 | Electricity, Gas and Water Supply | | 10.7 | | | | |
| 建筑业 | Construction | 128.0 | 185.3 | | | 217.3 | 234.0 |
| 批发、零售贸易；机动车及个人、家庭用品修理业 | Wholesale, Retail Trade, Repair of Motor Vehicles, Motorcycles and Personal and Household Goods | | 529.7 | | | | |
| 旅馆和饭店业 | Hotels and Restaurants | | 230.0 | | | | |
| 运输、仓储和通讯 | Transport, Storage and Communications | 95.1 | 107.6 | | | | |
| 金融中介 | Financial Intermediation | | 34.0 | | | | |
| 房地产、租赁及商业活动 | Real Estate, Renting and Business Activities | | 65.2 | | | | |
| 公共管理和国防；社会基本保障 | Public Administration and Defence; Compulsory Social Security | | 109.6 | | | | |
| 教育 | Education | | 112.2 | | | | |
| 卫生和社会工作 | Health and Social Work | | 61.1 | | | | |
| 其他团体、社会和个人服务活动 | Other Community, Social and Personal Services Activities | | 71.9 | | | | |
| 雇人的私人住户 | Private Households with Employed Persons | | 24.2 | | | | |
| 域外组织和机构 | Extra-Territorial Organizations and Bodies | | 0.2 | | | | |
| 未分类经济活动 | Not Classifiable by Economic Activity | | 4.8 | | | | |
| **越　南** | **Viet Nam** | | | | | | |
| 按第三版ISIC分类 | ISIC-Rev.3 | | | | | | |
| 总　计 | Total | 3836.8 | 4252.7 | | | | |
| 农业、狩猎业和林业 | Agriculture, Hunting, Forestry | 2430.8 | | | | | |
| 渔业 | Fishing | 72.9 | | | | | |
| 采掘业 | Mining and Quarrying | 19.2 | | | | | |
| 制造业 | Manufacturing | 353.6 | | | | | |
| 电、煤气和水供应业 | Electricity, Gas and Water Supply | 7.7 | | | | | |
| 建筑业 | Construction | 96.7 | | | | | |
| 批发、零售贸易；机动车及个人、家庭用品修理业 | Wholesale, Retail Trade, Repair of Motor Vehicles, Motorcycles and Personal and Household Goods | 411.6 | | | | | |
| 旅馆和饭店业 | Hotels and Restaurants | 50.6 | | | | | |
| 运输、仓储和通讯 | Transport, Storage and Communications | 112.6 | | | | | |
| 金融中介 | Financial Intermediation | 10.5 | | | | | |
| 房地产、租赁及商业活动 | Real Estate, Renting and Business Activities | 10.6 | | | | | |
| 公共管理和国防；社会基本保障 | Public Administration and Defence; Compulsory Social Security | 59.5 | | | | | |
| 教育 | Education | 91.8 | | | | | |
| 卫生和社会工作 | Health and Social Work | 26.9 | | | | | |
| 其他团体、社会和个人服务活动 | Other Community, Social and Personal Services Activities | 72.4 | | | | | |
| 雇人的私人住户 | Private Households with Employed Persons | 9.2 | | | | | |
| 域外组织和机构 | Extra-Territorial Organizations and Bodies | 0.3 | | | | | |

## 5-4 续表 7 continued

单位：万人 (10 000 persons)

| 国家或地区 | Country or Area | 2000 | 2005 | 2009 | 2010 | 2011 | 2012 |
|---|---|---|---|---|---|---|---|
| **埃　及** | **Egypt** | | | | | | |
| 按第三版ISIC分类 | ISIC-Rev.3 | | | | | | |
| 总　计 | Total | 1720.3 | 1934.2 | 2297.5 | 2382.9 | 2334.6 | 2359.6 |
| 农业、狩猎业和林业 | Agriculture, Hunting, Forestry | 500.1 | 581.6 | | | | |
| 渔业 | Fishing | 9.7 | 15.8 | | | | |
| 采掘业 | Mining and Quarrying | 4.7 | 2.9 | 3.2 | 4.7 | | |
| 制造业 | Manufacturing | 204.8 | 223.0 | 265.8 | 288.2 | | |
| 电、煤气和水供应业 | Electricity, Gas and Water Supply | 20.9 | 24.5 | | | | |
| 建筑业 | Construction | 135.9 | 165.0 | 244.1 | 269.4 | | |
| 批发、零售贸易；机动车及个人、家庭用品修理业 | Wholesale, Retail Trade, Repair of Motor Vehicles, Motorcycles and Personal and Household Goods | 200.7 | 214.1 | | | | |
| 旅馆和饭店业 | Hotels and Restaurants | 26.9 | 36.6 | | | | |
| 运输、仓储和通讯 | Transport, Storage and Communications | 112.6 | 132.3 | | | | |
| 金融中介 | Financial Intermediation | 18.6 | 16.9 | | | | |
| 房地产、租赁及商业活动 | Real Estate, Renting and Business Activities | 31.3 | 40.1 | | | | |
| 公共管理和国防；社会基本保障 | Public Administration and Defence; Compulsory Social Security | 182.5 | 185.0 | | | | |
| 教育 | Education | 179.0 | 190.8 | 208.3 | 208.0 | | |
| 卫生和社会工作 | Health and Social Work | 53.2 | 50.3 | | | | |
| 其他团体、社会和个人服务活动 | Other Community, Social and Personal Services Activities | 34.3 | 46.5 | | | | |
| 雇人的私人住户 | Private Households with Employed Persons | 4.9 | 5.3 | | | | |
| 域外组织和机构 | Extra-Territorial Organizations and Bodies | | 0.3 | | | | |
| 未分类经济活动 | Not Classifiable by Economic Activity | 0.2 | 3.4 | 2.4 | | | |
| **南　非** | **South Africa** | | | | | | |
| 按第三版ISIC分类 | ISIC-Rev.3 | | | | | | |
| 总　计 | Total | 1223.8 | 1230.1 | 1345.5 | 1306.1 | 1326.5 | 1352.3 |
| 农业、狩猎业和林业 | Agriculture, Hunting, Forestry | 191.4 | 92.5 | | | 61.4 | 66.0 |
| 渔业 | Fishing | | | | | | |
| 采掘业 | Mining and Quarrying | 60.3 | 41.1 | | | | |
| 制造业 | Manufacturing | 157.8 | 170.6 | | | 176.5 | 171.4 |
| 电、煤气和水供应业 | Electricity, Gas and Water Supply | 9.4 | 10.0 | | | | |
| 建筑业 | Construction | 68.3 | 93.5 | | | 105.4 | 102.6 |
| 批发、零售贸易；机动车及个人、家庭用品修理业 | Wholesale, Retail Trade, Repair of Motor Vehicles, Motorcycles and Personal and Household Goods | 247.6 | 302.4 | | | | |
| 运输、仓储和通讯 | Transport, Storage and Communications | 58.2 | 61.6 | | | | |
| 金融中介；房地产、租赁及商务活动 | Financial Intermediation; Real Estate, Renting and Business Activities | 97.6 | 129.6 | | | | |
| 金融中介 | Financial Intermediation | 97.6 | 129.6 | | | | |
| 公共管理和国防；社会基本保障 | Public Administration and Defence; Compulsory Social Security | 208.4 | 219.2 | | | | |

5-4 续表 8 continued

单位：万人 (10 000 persons)

| 国家或地区 | Country or Area | 2000 | 2005 | 2009 | 2010 | 2011 | 2012 |
|---|---|---|---|---|---|---|---|
| **南　非(续)** | **South Africa(continued)** | | | | | | |
| 雇人的私人住户 | Private Households with Employed Persons | 114.6 | 106.7 | | | | |
| 未分类经济活动 | Not Classifiable by Economic Activity | 10.3 | 2.9 | | | 6.2 | 4.8 |
| **阿根廷** | **Argentina** | | | | | | |
| 按第三版ISIC分类 | ISIC-Rev.3 | | | | | | |
| 总　计 | Total | 826.2 | 963.9 | 1033.8 | 1516.2 | 1530.7 | 1570.2 |
| 农业、狩猎业和林业 | Agriculture, Hunting, Forestry | 5.0 | 10.0 | | | | |
| 渔业 | Fishing | 0.6 | 0.7 | | | | |
| 采掘业 | Mining and Quarrying | 1.5 | 3.1 | 3.1 | 7.7 | 4.9 | |
| 制造业 | Manufacturing | 115.5 | 136.0 | 133.5 | 203.0 | 147.3 | |
| 电、煤气和水供应业 | Electricity, Gas and Water Supply | 4.8 | 4.9 | | | | |
| 建筑业 | Construction | 65.4 | 82.3 | 94.3 | 140.6 | 97.1 | |
| 批发、零售贸易；机动车及个人、家庭用品修理业 | Wholesale, Retail Trade, Repair of Motor Vehicles, Motorcycles and Personal and Household Goods | 168.3 | 195.2 | | | | |
| 旅馆和饭店业 | Hotels and Restaurants | 25.5 | 31.6 | | | | |
| 运输、仓储和通讯 | Transport, Storage and Communications | 67.4 | 64.9 | | | | |
| 金融中介 | Financial Intermediation | 20.7 | 16.3 | | | | |
| 房地产、租赁及商业活动 | Real Estate, Renting and Business Activities | 60.0 | 74.3 | | | | |
| 公共管理和国防；社会基本保障 | Public Administration and Defence; Compulsory Social Security | 63.3 | 72.9 | | | | |
| 教育 | Education | 62.6 | 73.6 | 80.6 | 120.8 | 83.8 | |
| 卫生和社会工作 | Health and Social Work | 47.4 | 62.8 | | | | |
| 其他团体、社会和个人服务活动 | Other Community, Social and Personal Services Activities | 48.5 | 58.1 | | | | |
| 雇人的私人住户 | Private Households with Employed Persons | 65.5 | 74.1 | | | | |
| 域外组织和机构 | Extra-Territorial Organizations and Bodies | 0.3 | 0.3 | | | | |
| 未分类经济活动 | Not Classifiable by Economic Activity | 3.7 | 2.8 | 6.7 | 6.9 | 6.1 | |
| **巴　西** | **Brazil** | | | | | | |
| 按第三版ISIC分类 | ISIC-Rev.3 | | | | | | |
| 总　计 | Total | 6563.0 | 8718.9 | 9268.9 | | 9349.3 | 9471.3 |
| 农业、狩猎业和林业 | Agriculture, Hunting, Forestry | 1177.1 | 1783.1 | 1571.5 | | 1468.2 | 1378.2 |
| 渔业 | Fishing | 34.8 | 44.4 | 46.8 | | | |
| 采掘业 | Mining and Quarrying | 23.5 | 31.8 | 38.2 | | | |
| 制造业 | Manufacturing | 875.7 | 1233.6 | 1281.5 | | 1178.7 | 1249.3 |
| 电、煤气和水供应业 | Electricity, Gas and Water Supply | 32.9 | 35.9 | 40.0 | | | |
| 建筑业 | Construction | 456.8 | 564.2 | 689.5 | | 781.4 | 824.4 |
| 批发、零售贸易；机动车及个人、家庭用品修理业 | Wholesale, Retail Trade, Repair of Motor Vehicles, Motorcycles and Personal and Household Goods | 1089.9 | 1550.3 | 1648.4 | | | |
| 旅馆和饭店业 | Hotels and Restaurants | 307.2 | 318.7 | 362.3 | | | |
| 运输、仓储和通讯 | Transport, Storage and Communications | 331.9 | 396.7 | 443.6 | | | |
| 金融中介 | Financial Intermediation | 82.4 | 100.7 | 113.2 | | | |
| 房地产、租赁及商业活动 | Real Estate, Renting and Business Activities | 376.4 | 493.7 | 601.4 | | | |
| 公共管理和国防；社会基本保障 | Public Administration and Defence; Compulsory Social Security | 352.3 | 426.7 | 475.4 | | | |
| 教育 | Education | 382.2 | 468.4 | 523.9 | | | |
| 卫生和社会工作 | Health and Social Work | 215.2 | 297.7 | 344.2 | | | |
| 其他团体、社会和个人服务活动 | Other Community, Social and Personal Services Activities | 239.2 | 330.1 | 392.8 | | | |
| 雇人的私人住户 | Private Households with Employed Persons | 501.6 | 666.6 | 722.3 | | | |
| 域外组织和机构 | Extra-Territorial Organizations and Bodies | 0.3 | 0.7 | 0.4 | | | |
| 未分类经济活动 | Not Classifiable by Economic Activity | 83.6 | 19.8 | 20.2 | | 12.9 | 7.1 |

## 5-4 续表 9 continued

单位：万人 (10 000 persons)

| 国家或地区 | Country or Area | 2000 | 2005 | 2009 | 2010 | 2011 | 2012 |
|---|---|---|---|---|---|---|---|
| **委内瑞拉** | **Venezuela** | | | | | | |
| 按第二版ISIC分类 | ISIC-Rev.2 | | | | | | |
| 总 计 | Total | 896.1 | 1073.4 | 1193.6 | 1207.1 | 1238.8 | 1257.1 |
| 农业、狩猎业、林业和渔业 | Agriculture, Hunting, Forestry and Fishing | 95.0 | 103.9 | | | | |
| 采掘业 | Mining and Quarrying | 5.3 | 7.1 | 10.2 | 11.5 | | |
| 制造业 | Manufacturing | 119.1 | 124.5 | 140.7 | 139.4 | | |
| 电、煤气和水 | Electricity, Gas and Water | 5.8 | 5.7 | | | | |
| 建筑业 | Construction | 74.1 | 85.8 | 109.5 | 108.0 | | |
| 批发、零售业、旅馆和饭店业 | Wholesale and Retail Trade and Restaurants and Hotels | 231.2 | 262.0 | | | | |
| 运输、仓储和通讯 | Transport, Storage and Communication | 60.8 | 87.0 | | | | |
| 金融保险、房地产和商务服务 | Financing, Insurance, Real Estate and Business Services | 44.0 | 51.7 | | | | |
| 社会和个人服务 | Community, Social and Personal Services | 259.8 | 336.5 | | | | |
| 行业不明确 | Activities not Adequately Defined | 1.0 | 9.2 | | | | |
| **加 拿 大** | **Canada** | | | | | | |
| 按第三版ISIC分类 | ISIC-Rev.3 | | | | | | |
| 总 计 | Total | 1476.4 | 1617.0 | 1681.3 | 1704.1 | 1730.6 | 1750.8 |
| 农业、狩猎业和林业 | Agriculture, Hunting, Forestry | 45.4 | 40.9 | 35.9 | 34.9 | | |
| 渔业 | Fishing | 3.3 | 3.1 | 2.4 | 2.4 | | |
| 采掘业 | Mining and Quarrying | 16.0 | 21.1 | 25.1 | 25.8 | | |
| 制造业 | Manufacturing | 224.9 | 220.7 | 185.3 | 181.9 | | |
| 电、煤气和水供应业 | Electricity, Gas and Water Supply | 11.5 | 12.5 | 14.8 | 14.8 | | |
| 建筑业 | Construction | 80.3 | 101.2 | 116.1 | 121.7 | | |
| 批发、零售贸易；机动车及个人、家庭用品修理业 | Wholesale, Retail Trade, Repair of Motor Vehicles, Motorcycles and Personal and Household Goods | 254.9 | 284.0 | 292.7 | 293.7 | | |
| 旅馆和饭店业 | Hotels and Restaurants | 93.8 | 100.5 | 105.7 | 105.8 | | |
| 运输、仓储和通讯 | Transport, Storage and Communications | 112.3 | 115.4 | 106.1 | 102.9 | | |
| 金融中介 | Financial Intermediation | 60.8 | 70.7 | 77.2 | 78.6 | | |
| 房地产、租赁及商业活动 | Real Estate, Renting and Business Activities | 173.1 | 199.2 | 214.7 | 223.5 | | |
| 公共管理和国防；社会基本保障 | Public Administration and Defence; Compulsory Social Security | 77.0 | 83.1 | 92.7 | 95.4 | | |
| 教育 | Education | 97.4 | 110.6 | 118.9 | 121.8 | | |
| 卫生和社会工作 | Health and Social Work | 151.4 | 173.5 | 194.9 | 203.1 | | |
| 其他团体、社会和个人服务活动 | Other Community, Social and Personal Services Activities | 66.0 | 74.2 | 91.0 | 90.2 | | |
| 雇人的私人住户 | Private Households with Employed Persons | 7.9 | 6.2 | 7.7 | 7.4 | | |
| 域外组织和机构 | Extra-Territorial Organizations and Bodies | 0.3 | 0.3 | 0.4 | 0.3 | | |
| **墨 西 哥** | **Mexico** | | | | | | |
| 按第三版ISIC分类 | ISIC-Rev.3 | | | | | | |
| 总 计 | Total | 3804.5 | 4079.2 | 4290.7 | 4386.7 | 4689.2 | 4900.3 |
| 农业、狩猎业和林业 | Agriculture, Hunting, Forestry | 654.0 | 589.8 | | | | |
| 渔业 | Fishing | 15.5 | 16.2 | | | | |
| 采掘业 | Mining and Quarrying | 15.6 | 19.4 | | | | |
| 制造业 | Manufacturing | 744.3 | 691.1 | | | | |
| 电、煤气和水供应业 | Electricity, Gas and Water Supply | 18.8 | 18.6 | | | | |
| 建筑业 | Construction | 244.9 | 318.1 | | | | |
| 批发、零售贸易；机动车及个人、家庭用品修理业 | Wholesale, Retail Trade, Repair of Motor Vehicles, Motorcycles and Personal and Household Goods | 834.2 | 933.3 | | | | |

## 5-4 续表 10 continued

单位：万人 (10 000 persons)

| 国家或地区 | Country or Area | 2000 | 2005 | 2009 | 2010 | 2011 | 2012 |
|---|---|---|---|---|---|---|---|
| **墨 西 哥(续)** | **Mexico(continued)** | | | | | | |
| 旅馆和饭店业 | Hotels and Restaurants | 180.1 | 243.8 | | | | |
| 运输、仓储和通讯 | Transport, Storage and Communications | 172.4 | 184.7 | | | | |
| 金融中介 | Financial Intermediation | 29.5 | 30.7 | | | | |
| 房地产、租赁及商业活动 | Real Estate, Renting and Business Activities | 117.3 | 182.9 | | | | |
| 公共管理和国防；社会基本保障 | Public Administration and Defence; Compulsory Social Security | 174.3 | 191.7 | | | | |
| 教育 | Education | 188.7 | 218.1 | | | | |
| 卫生和社会工作 | Health and Social Work | 106.5 | 113.6 | | | | |
| 其他团体、社会和个人服务活动 | Other Community, Social and Personal Services Activities | 123.3 | 132.8 | | | | |
| 雇人的私人住户 | Private Households with Employed Persons | 170.0 | 169.4 | | | | |
| 域外组织和机构 | Extra-Territorial Organizations and Bodies | 0.2 | 0.4 | | | | |
| 未分类经济活动 | Not Classifiable by Economic Activity | 15.1 | 24.8 | | | | |
| **美 国** | **United States** | | | | | | |
| 按第三版ISIC分类 | ISIC-Rev.3 | | | | | | |
| 总 计 | Total | 13520.8 | 14173.0 | 13987.7 | 13906.4 | | |
| 农业、狩猎业、林业和渔业 | Agriculture, Hunting, Forestry; Fishing | 345.7 | 219.7 | | | | |
| 采掘业 | Mining and Quarrying | 52.1 | 62.4 | 70.7 | 73.1 | | |
| 制造业 | Manufacturing | 1994.0 | 1625.3 | 1420.2 | 1408.1 | | |
| 电、煤气和水供应业 | Electricity, Gas and Water Supply | 60.1 | 117.6 | | | | |
| 建筑业 | Construction | 943.3 | 1119.7 | 970.2 | 907.7 | | |
| 批发、零售贸易；机动车及个人、家庭用品修理业 | Wholesale, Retail Trade, Repair of Motor Vehicles, Motorcycles and Personal and Household Goods | 2240.7 | 2140.4 | | | | |
| 旅馆和饭店业 | Hotels and Restaurants | 1007.4 | 930.6 | | | | |
| 运输、仓储和通讯 | Transport, Storage and Communications | 829.4 | 618.4 | | | | |
| 金融中介 | Financial Intermediation | 567.6 | 703.5 | | | | |
| 房地产、租赁及商业活动 | Real Estate, Renting and Business Activities | 1883.8 | 1746.1 | | | | |
| 公共管理和国防；社会基本保障 | Public Administration and Defence; Compulsory Social Security | 1058.6 | 653.0 | | | | |
| 教育 | Education | 1171.5 | 1226.4 | 1318.8 | 1315.5 | | |
| 卫生和社会工作 | Health and Social Work | 1271.8 | 1691.0 | | | | |
| 其他团体、社会和个人服务活动 | Other Community, Social and Personal Services Activities | 687.9 | 1318.7 | | | | |
| **捷 克** | **Czech Rep.** | | | | | | |
| 按第四版ISIC分类 | ISIC-Rev.4 | | | | | | |
| 总 计 | Total | 467.5 | 476.4 | 493.4 | 488.5 | 490.4 | 489.0 |
| 农业、林业和渔业 | Agriculture, Forestry and Fishing | | | 15.4 | 15.1 | 14.6 | |
| 采掘业 | Mining and Quarrying | 7.0 | 4.9 | 5.2 | 4.8 | 4.7 | |
| 制造业 | Manufacturing | 128.2 | 129.6 | 124.3 | 123.6 | 129.4 | |
| 电、煤气、蒸汽和空调供应 | Electricity, Gas, Steam and Air Conditioning Supply | | | 5.8 | 5.7 | 5.8 | |
| 供水；污水处理、废物管理和补救活动 | Water Supply; Sewerage, Waste Management and Remediation Activities | | | 5.4 | 5.0 | 5.1 | |
| 建筑业 | Construction | 43.9 | 45.9 | 49.7 | 46.5 | 43.3 | |

# 5-4 续表 11 continued

单位：万人 (10 000 persons)

| 国家或地区 | Country or Area | 2000 | 2005 | 2009 | 2010 | 2011 | 2012 |
|---|---|---|---|---|---|---|---|
| **捷　　克(续)** | **Czech Rep.(continued)** | | | | | | |
| 批发和零售贸易；机动车辆和摩托车的修理 | Wholesale and Retail Trade; Repair of Motor Vehicles and Motorcycles | | | 63.1 | 59.4 | 60.2 | |
| 运输和储存 | Transportation and Storage | | | 33.1 | 32.8 | 32.4 | |
| 住宿和餐饮业 | Accommodation and Food Service Activities | | | 18.6 | 19.0 | 18.7 | |
| 信息和通讯业 | Information and Communication | | | 12.9 | 13.7 | 14.8 | |
| 金融和保险业 | Financial and Insurance Activities | | | 11.0 | 11.5 | 12.4 | |
| 房地产业 | Real Estate Activities | | | 4.1 | 4.0 | 4.2 | |
| 专业和科技活动 | Professional, Scientific and Technical Activities | | | 20.2 | 20.2 | 20.0 | |
| 企业管理和商务服务业 | Administrative and Support Service Activities | | | 11.8 | 11.3 | 11.5 | |
| 公共行政和国防；强制性社会保障 | Public Administration and Defence; Compulsory Social Security | | | 32.1 | 32.9 | 31.7 | |
| 教育 | Education | 29.9 | 29.7 | 29.6 | 29.6 | 29.7 | |
| 卫生和社会福利业 | Human Health and Social Work Activities | | | 32.6 | 34.0 | 32.7 | |
| 艺术、娱乐和文娱活动 | Arts, Entertainment and Recreation | | | 8.3 | 8.3 | 8.4 | |
| 其他服务活动 | Other Service Activities | | | 9.2 | 9.4 | 8.9 | |
| 家庭作为雇主的活动；家庭自用、未加区分的生产货物及服务的活动 | Activities of Households as Employers; Undifferentiated Goods- and Services-Producing Activities of Households for Own Use | | | 1.1 | 1.6 | 1.8 | |
| 域外组织和机构的活动 | Activities of Extraterritorial Organizations and Bodies | | | 0.1 | 0.1 | 0.1 | |
| 未分类经济活动 | Not Classifiable by Economic Activity | 0.2 | 0.2 | | | | |
| **法　　国** | **France** | | | | | | |
| 按第四版ISIC分类 | ISIC-Rev.4 | | | | | | |
| 总　计 | Total | 2312.3 | 2495.2 | 2564.0 | 2569.4 | 2577.8 | 2579.8 |
| 农业、林业和渔业 | Agriculture, Forestry and Fishing | | | 75.1 | 74.8 | 75.3 | |
| 采掘业 | Mining and Quarrying | | 4.2 | 2.3 | 2.6 | 2.5 | |
| 制造业 | Manufacturing | | 401.5 | 338.2 | 317.8 | 339.7 | |
| 电、煤气、蒸汽和空调供应 | Electricity, Gas, Steam and Air Conditioning Supply | | | 19.7 | 21.3 | 19.0 | |
| 供水；污水处理、废物管理和补救活动 | Water Supply; Sewerage, Waste Management and Remediation Activities | | | 17.3 | 18.0 | 19.3 | |
| 建筑业 | Construction | | 164.0 | 179.1 | 182.0 | 188.7 | |
| 批发和零售贸易；机动车辆和摩托车的修理 | Wholesale and Retail Trade; Repair of Motor Vehicles and Motorcycles | | | 337.3 | 331.3 | 324.4 | |
| 运输和储存 | Transportation and Storage | | | 132.2 | 131.0 | 133.4 | |
| 住宿和餐饮业 | Accommodation and Food Service Activities | | | 89.8 | 95.9 | 98.3 | |
| 信息和通讯业 | Information and Communication | | | 71.7 | 73.3 | 75.6 | |
| 金融和保险业 | Financial and Insurance Activities | | | 86.7 | 85.5 | 86.6 | |
| 房地产业 | Real Estate Activities | | | 30.5 | 30.5 | 31.8 | |
| 专业和科技活动 | Professional, Scientific and Technical Activities | | | 126.3 | 126.8 | 139.5 | |
| 企业管理和商务服务业 | Administrative and Support Service Activities | | | 124.6 | 132.7 | 93.0 | |
| 公共行政和国防；强制性社会保障 | Public Administration and Defence; Compulsory Social Security | | | 261.0 | 257.5 | 251.1 | |
| 教育 | Education | | 174.4 | 174.2 | 174.7 | 173.1 | |
| 卫生和社会福利业 | Human Health and Social Work Activities | | | 325.5 | 335.7 | 340.5 | |
| 艺术、娱乐和文娱活动 | Arts, Entertainment and Recreation | | | 34.1 | 33.8 | 37.5 | |
| 其他服务活动 | Other Service Activities | | | 67.9 | 71.6 | 72.7 | |
| 家庭作为雇主的活动；家庭自用、未加区分的生产货物及服务的活动 | Activities of Households as Employers; Undifferentiated Goods- and Services-Producing Activities of Households for Own Use | | | 59.0 | 58.8 | 60.9 | |
| 域外组织和机构的活动 | Activities of Extraterritorial Organizations and Bodies | | | 1.7 | 2.0 | 2.9 | |
| 未分类经济活动 | Not Classifiable by Economic Activity | | 29.1 | 11.0 | 11.9 | 10.7 | |

## 5-4 续表 12 continued

单位：万人 (10 000 persons)

| 国家或地区 | Country or Area | 2000 | 2005 | 2009 | 2010 | 2011 | 2012 |
|---|---|---|---|---|---|---|---|
| **德　　国** | **Germany** | | | | | | |
| 按第四版ISIC分类 | ISIC-Rev.4 | | | | | | |
| 总　计 | Total | 3632.4 | 3636.2 | 3847.1 | 3873.8 | 3973.7 | 4006.2 |
| 农业、林业和渔业 | Agriculture, Forestry and Fishing | | | 64.8 | 63.7 | 64.8 | |
| 采掘业 | Mining and Quarrying | 15.2 | 12.3 | 10.4 | 9.6 | 9.9 | |
| 制造业 | Manufacturing | 854.2 | 803.2 | 785.1 | 775.2 | 789.8 | |
| 电、煤气、蒸汽和空调供应 | Electricity, Gas, Steam and Air Conditioning Supply | | | 33.5 | 35.0 | 37.0 | |
| 供水；污水处理、废物管理和补救活动 | Water Supply; Sewerage, Waste Management and Remediation Activities | | | 22.5 | 21.1 | 22.7 | |
| 建筑业 | Construction | 311.8 | 240.0 | 256.7 | 258.7 | 264.5 | |
| 批发和零售贸易；机动车辆和摩托车的修理 | Wholesale and Retail Trade; Repair of Motor Vehicles and Motorcycles | | | 519.9 | 526.7 | 535.9 | |
| 运输和储存 | Transportation and Storage | | | 182.1 | 182.0 | 188.5 | |
| 住宿和餐饮业 | Accommodation and Food Service Activities | | | 149.1 | 149.1 | 155.0 | |
| 信息和通讯业 | Information and Communication | | | 122.5 | 123.4 | 126.7 | |
| 金融和保险业 | Financial and Insurance Activities | | | 132.3 | 132.1 | 131.1 | |
| 房地产业 | Real Estate Activities | | | 27.6 | 26.7 | 27.5 | |
| 专业和科技活动 | Professional, Scientific and Technical Activities | | | 190.4 | 192.4 | 205.2 | |
| 企业管理和商务服务业 | Administrative and Support Service Activities | | | 193.6 | 202.8 | 211.0 | |
| 公共行政和国防；强制性社会保障 | Public Administration and Defence; Compulsory Social Security | | | 282.3 | 285.7 | 278.6 | |
| 教育 | Education | 192.8 | 210.0 | 237.6 | 238.0 | 246.6 | |
| 卫生和社会福利业 | Human Health and Social Work Activities | | | 464.3 | 480.3 | 485.5 | |
| 艺术、娱乐和文娱活动 | Arts, Entertainment and Recreation | | | 53.8 | 55.2 | 54.7 | |
| 其他服务活动 | Other Service Activities | | | 114.5 | 112.3 | 113.5 | |
| 家庭作为雇主的活动；家庭自用、未加区分的生产货物 | Activities of Households as Employers; Undifferentiated Goods- and Services-Producing | | | 20.3 | 20.8 | 22.7 | |
| 域外组织和机构的活动 | Activities of Extraterritorial Organizations and Bodies | | | 2.9 | 3.2 | 2.8 | |
| **意 大 利** | **Italy** | | | | | | |
| 按第四版ISIC分类 | ISIC-Rev.4 | | | | | | |
| 总　计 | Total | 2093.0 | 2256.3 | 2302.5 | 2287.2 | 2296.7 | 2289.9 |
| 农业、林业和渔业 | Agriculture, Forestry and Fishing | | | 84.9 | 86.7 | 85.0 | |
| 采掘业 | Mining and Quarrying | 6.4 | 4.0 | 3.3 | 3.6 | 3.9 | |
| 制造业 | Manufacturing | 491.8 | 482.5 | 444.8 | 426.5 | 431.1 | |
| 电、煤气、蒸汽和空调供应 | Electricity, Gas, Steam and Air Conditioning Supply | | | 11.7 | 11.3 | 13.1 | |
| 供水；污水处理、废物管理和补救活动 | Water Supply; Sewerage, Waste Management and Remediation Activities | | | 19.7 | 21.5 | 21.1 | |
| 建筑业 | Construction | 161.8 | 191.3 | 196.2 | 194.9 | 184.7 | |
| 批发和零售贸易；机动车辆和摩托车的修理 | Wholesale and Retail Trade; Repair of Motor Vehicles and Motorcycles | | | 341.4 | 335.1 | 330.0 | |
| 运输和储存 | Transportation and Storage | | | 108.0 | 107.2 | 108.9 | |
| 住宿和餐饮业 | Accommodation and Food Service Activities | | | 116.6 | 119.1 | 121.8 | |
| 信息和通讯业 | Information and Communication | | | 54.6 | 53.1 | 55.1 | |
| 金融和保险业 | Financial and Insurance Activities | | | 64.9 | 66.3 | 65.4 | |
| 房地产业 | Real Estate Activities | | | 13.3 | 13.9 | 14.6 | |
| 专业和科技活动 | Professional, Scientific and Technical Activities | | | 142.1 | 143.1 | 140.0 | |
| 企业管理和商务服务业 | Administrative and Support Service Activities | | | 83.8 | 85.2 | 87.0 | |
| 公共行政和国防；强制性社会保障 | Public Administration and Defence; Compulsory Social Security | | | 142.1 | 140.9 | 143.8 | |
| 教育 | Education | 146.7 | 154.1 | 157.7 | 153.9 | 154.2 | |
| 卫生和社会福利业 | Human Health and Social Work Activities | | | 165.4 | 165.0 | 169.4 | |
| 艺术、娱乐和文娱活动 | Arts, Entertainment and Recreation | | | 25.4 | 26.6 | 26.8 | |
| 其他服务活动 | Other Service Activities | | | 77.0 | 77.6 | 73.3 | |
| 家庭作为雇主的活动；家庭自用、未加区分的生产货物 | Activities of Households as Employers; Undifferentiated Goods- and Services-Producing | | | 47.2 | 54.4 | 66.1 | |
| 域外组织和机构的活动 | Activities of Extraterritorial Organizations and Bodies | | | 2.3 | 1.3 | 1.6 | |

# 5-4 续表 13 continued

单位：万人 (10 000 persons)

| 国家或地区 | Country or Area | 2000 | 2005 | 2009 | 2010 | 2011 | 2012 |
|---|---|---|---|---|---|---|---|
| **荷　兰** | **Netherlands** | | | | | | |
| 按第四版ISIC分类 | ISIC-Rev.4 | | | | | | |
| 总　计 | Total | 786.0 | 811.1 | 859.6 | 837.0 | 836.9 | 842.4 |
| 农业、林业和渔业 | Agriculture, Forestry and Fishing | | | 22.3 | 21.5 | 20.9 | |
| 采掘业 | Mining and Quarrying | 1.2 | 0.7 | 1.2 | 1.1 | 0.7 | |
| 制造业 | Manufacturing | 109.6 | 103.3 | 92.4 | 89.8 | 76.6 | |
| 电、煤气、蒸汽和空调供应 | Electricity, Gas, Steam and Air Conditioning Supply | | | 3.7 | 3.8 | 3.4 | |
| 供水；污水处理、废物管理和补救活动 | Water Supply; Sewerage, Waste Management and Remediation Activities | | | 3.9 | 3.9 | 3.3 | |
| 建筑业 | Construction | 47.2 | 48.8 | 54.1 | 50.3 | 43.8 | |
| 批发和零售贸易；机动车辆和摩托车的修理 | Wholesale and Retail Trade; Repair of Motor Vehicles and Motorcycles | | | 124.9 | 123.0 | 110.1 | |
| 运输和储存 | Transportation and Storage | | | 43.2 | 41.2 | 39.3 | |
| 住宿和餐饮业 | Accommodation and Food Service Activities | | | 34.1 | 34.8 | 34.2 | |
| 信息和通讯业 | Information and Communication | | | 32.2 | 32.5 | 28.5 | |
| 金融和保险业 | Financial and Insurance Activities | | | 25.5 | 26.0 | 24.5 | 22.0 |
| 房地产业 | Real Estate Activities | | | 7.6 | 7.5 | 6.9 | 6.1 |
| 专业和科技活动 | Professional, Scientific and Technical Activities | | | 57.2 | 59.6 | 58.3 | 47.2 |
| 企业管理和商务服务业 | Administrative and Support Service Activities | | | 32.2 | 37.6 | 37.0 | 29.7 |
| 公共行政和国防；强制性社会保障 | Public Administration and Defence; Compulsory Social Security | | | 56.4 | 54.5 | 55.3 | 54.3 |
| 教育 | Education | 46.5 | 50.8 | 54.9 | 57.6 | 58.9 | 56.3 |
| 卫生和社会福利业 | Human Health and Social Work Activities | | | 135.8 | 138.9 | 141.2 | 137.4 |
| 艺术、娱乐和文娱活动 | Arts, Entertainment and Recreation | | | 17.3 | 17.8 | 18.3 | 16.7 |
| 其他服务活动 | Other Service Activities | | | 17.1 | 20.1 | 19.8 | 16.2 |
| 家庭作为雇主的活动；家庭自用、未加区分的生产货物 | Activities of Households as Employers; Undifferentiated Goods- and Services-Producing | | | 0.6 | 0.9 | 1.0 | |
| 域外组织和机构的活动 | Activities of Extraterritorial Organizations and Bodies | | | | 0.2 | 0.3 | |
| 未分类经济活动 | Not Classifiable by Economic Activity | 35.9 | 39.0 | 47.9 | 13.3 | 13.7 | 89.7 |
| **波　兰** | **Poland** | | | | | | |
| 按第四版ISIC分类 | ISIC-Rev.4 | | | | | | |
| 总　计 | Total | 1451.8 | 1411.6 | 1586.8 | 1596.1 | 1613.0 | 1559.1 |
| 农业、林业和渔业 | Agriculture, Forestry and Fishing | | | 210.7 | 205.0 | 204.5 | |
| 采掘业 | Mining and Quarrying | 29.3 | 22.5 | 22.1 | 23.0 | 25.5 | |
| 制造业 | Manufacturing | 290.1 | 283.1 | 305.9 | 296.1 | 302.5 | |
| 电、煤气、蒸汽和空调供应 | Electricity, Gas, Steam and Air Conditioning Supply | | | 19.0 | 18.2 | 17.8 | |
| 供水；污水处理、废物管理和补救活动 | Water Supply; Sewerage, Waste Management and Remediation Activities | | | 15.6 | 15.4 | 15.7 | |
| 建筑业 | Construction | 102.4 | 84.3 | 130.8 | 128.5 | 131.8 | |
| 批发和零售贸易；机动车辆和摩托车的修理 | Wholesale and Retail Trade; Repair of Motor Vehicles and Motorcycles | | | 233.2 | 237.6 | 237.7 | |
| 运输和储存 | Transportation and Storage | | | 88.9 | 88.6 | 90.0 | |
| 住宿和餐饮业 | Accommodation and Food Service Activities | | | 32.9 | 35.0 | 35.5 | |
| 信息和通讯业 | Information and Communication | | | 31.8 | 31.6 | 31.5 | |
| 金融和保险业 | Financial and Insurance Activities | | | 37.2 | 37.1 | 38.9 | |
| 房地产业 | Real Estate Activities | | | 15.6 | 17.4 | 17.0 | |
| 专业和科技活动 | Professional, Scientific and Technical Activities | | | 45.9 | 49.7 | 51.3 | |
| 企业管理和商务服务业 | Administrative and Support Service Activities | | | 38.6 | 40.7 | 44.5 | |
| 公共行政和国防；强制性社会保障 | Public Administration and Defence; Compulsory Social Security | | | 102.1 | 104.9 | 106.4 | |
| 教育 | Education | 101.3 | 110.3 | 122.7 | 125.4 | 122.8 | |
| 卫生和社会福利业 | Human Health and Social Work Activities | | | 88.1 | 93.5 | 92.4 | |
| 艺术、娱乐和文娱活动 | Arts, Entertainment and Recreation | | | 19.9 | 20.0 | 19.6 | |
| 其他服务活动 | Other Service Activities | | | 22.9 | 24.8 | 24.3 | |
| 家庭作为雇主的活动；家庭自用、未加区分的生产货物 | Activities of Households as Employers; Undifferentiated Goods- and Services-Producing | | | 2.0 | 2.4 | 2.5 | |
| 域外组织和机构的活动 | Activities of Extraterritorial Organizations and Bodies | | | 0.1 | 0.1 | | |
| 未分类经济活动 | Not Classifiable by Economic Activity | | 0.5 | 0.8 | 1.1 | 0.6 | |

## 5-4 续表 14 continued

单位：万人 (10 000 persons)

| 国家或地区 | Country or Area | 2000 | 2005 | 2009 | 2010 | 2011 | 2012 |
|---|---|---|---|---|---|---|---|
| **俄 罗 斯** | **Russia** | | | | | | |
| 按第三版ISIC分类 | ISIC-Rev.3 | | | | | | |
| 总 计 | Total | 6507.0 | 6816.9 | 6928.5 | 6980.4 | 7085.7 | 7154.5 |
| 农业、狩猎业和林业 | Agriculture, Hunting, Forestry | 924.3 | 676.9 | 571.8 | 541.0 | | |
| 渔业 | Fishing | 18.8 | 16.6 | 12.2 | 11.8 | | |
| 采掘业 | Mining and Quarrying | 129.4 | 123.6 | 137.7 | 142.2 | | |
| 制造业 | Manufacturing | 1217.8 | 1253.4 | 1050.5 | 1058.2 | | |
| 电、煤气和水供应业 | Electricity, Gas and Water Supply | 168.6 | 195.9 | 223.5 | 228.8 | | |
| 建筑业 | Construction | 332.9 | 457.5 | 490.6 | 503.4 | | |
| 批发和零售贸易；机动车辆和摩托车的修理 | Wholesale and Retail Trade; Repair of Motor Vehicles and Motorcycles | 788.7 | 1038.3 | 1055.7 | 1087.5 | | |
| 旅馆和饭店业 | Hotels and Restaurants | 92.4 | 129.7 | 142.8 | 136.7 | | |
| 运输、仓储和通讯 | Transport, Storage and Communications | 548.4 | 624.9 | 652.6 | 650.0 | | |
| 金融中介 | Financial Intermediation | 84.3 | 96.2 | 123.7 | 130.9 | | |
| 房地产、租赁及商业活动 | Real Estate, Renting and Business Activities | 202.8 | 403.9 | 447.2 | 445.0 | | |
| 公共行政和国防；强制性社会保障 | Public Administration and Defence; Compulsory Social Security | 482.4 | 481.5 | 555.7 | 572.2 | | |
| 教育 | Education | 591.1 | 620.4 | 650.6 | 656.5 | | |
| 卫生和社会工作 | Health and Social Work | 439.2 | 470.1 | 548.0 | 548.5 | | |
| 其他团体、社会和个人服务活动 | Other Community, Social and Personal Services Activities | 483.6 | 224.7 | 262.7 | 265.2 | | |
| 雇人的私人住户 | Private Households with Employed Persons | 2.1 | 2.6 | 3.0 | 2.3 | | |
| 域外组织和机构 | Extra-Territorial Organizations and Bodies | 0.4 | 0.4 | 0.2 | 0.1 | | |
| **西 班 牙** | **Spain** | | | | | | |
| 按第四版ISIC分类 | ISIC-Rev.4 | | | | | | |
| 总 计 | Total | 1544.0 | 1897.3 | 1888.8 | 1845.6 | 1810.5 | 1728.2 |
| 农业、林业和渔业 | Agriculture, Forestry and Fishing | | | 78.6 | 79.3 | 76.0 | |
| 采掘业 | Mining and Quarrying | 6.6 | 6.0 | 4.6 | 4.5 | 4.1 | |
| 制造业 | Manufacturing | 291.8 | 311.3 | 251.9 | 237.0 | 230.5 | |
| 电、煤气、蒸汽和空调供应 | Electricity, Gas, Steam and Air Conditioning Supply | | | 7.9 | 7.8 | 7.9 | |
| 供水；污水处理、废物管理和补救活动 | Water Supply; Sewerage, Waste Management and Remediation Activities | | | 13.1 | 11.7 | 13.1 | |
| 建筑业 | Construction | 172.3 | 235.7 | 188.8 | 165.1 | 139.3 | |
| 批发和零售贸易；机动车辆和摩托车的修理 | Wholesale and Retail Trade; Repair of Motor Vehicles and Motorcycles | | | 297.5 | 290.9 | 292.8 | |
| 运输和储存 | Transportation and Storage | | | 91.2 | 90.9 | 88.3 | |
| 住宿和餐饮业 | Accommodation and Food Service Activities | | | 142.1 | 137.0 | 139.2 | |
| 信息和通讯业 | Information and Communication | | | 51.4 | 50.6 | 50.9 | |
| 金融和保险业 | Financial and Insurance Activities | | | 47.4 | 46.3 | 45.1 | |
| 房地产业 | Real Estate Activities | | | 9.0 | 8.4 | 9.5 | |
| 专业和科技活动 | Professional, Scientific and Technical Activities | | | 85.5 | 84.8 | 82.1 | |
| 企业管理和商务服务业 | Administrative and Support Service Activities | | | 89.7 | 89.8 | 90.1 | |
| 公共行政和国防；强制性社会保障 | Public Administration and Defence; Compulsory Social Security | | | 136.7 | 140.6 | 141.3 | |
| 教育 | Education | 84.1 | 109.1 | 116.0 | 118.2 | 117.7 | |
| 卫生和社会福利业 | Human Health and Social Work Activities | | | 132.3 | 136.5 | 142.7 | |
| 艺术、娱乐和文娱活动 | Arts, Entertainment and Recreation | | | 30.6 | 33.0 | 31.1 | |
| 其他服务活动 | Other Service Activities | | | 41.6 | 38.2 | 38.7 | |
| 家庭作为雇主的活动；家庭自用、未加区分的生产货物 | Activities of Households as Employers; Undifferentiated Goods- and Services-Producing | | | 72.5 | 74.7 | 69.6 | |
| 域外组织和机构的活动 | Activities of Extraterritorial Organizations and Bodies | | | 0.2 | 0.3 | 0.5 | |

## 5-4 续表 15 continued

单位：万人 (10 000 persons)

| 国家或地区 | Country or Area | 2000 | 2005 | 2009 | 2010 | 2011 | 2012 |
|---|---|---|---|---|---|---|---|
| **土 耳 其** | **Turkey** | | | | | | |
| 按第四版ISIC分类 | ISIC-Rev.4 | | | | | | |
| 总 计 | Total | 2158.1 | 2204.6 | 2127.7 | 2259.4 | 2409.9 | 2481.9 |
| 农业、林业和渔业 | Agriculture, Forestry and Fishing | | | 524.0 | 568.3 | 582.2 | |
| 采掘业 | Mining and Quarrying | 8.2 | 12.0 | 9.7 | 11.4 | 12.4 | |
| 制造业 | Manufacturing | 363.8 | 408.4 | 387.0 | 421.5 | 436.6 | |
| 电、煤气、蒸汽和空调供应 | Electricity, Gas, Steam and Air Conditioning Supply | | | 11.2 | 16.5 | 8.1 | |
| 供水；污水处理、废物管理和补救活动 | Water Supply; Sewerage, Waste Management and Remediation Activities | | | 4.8 | 9.2 | 13.1 | |
| 建筑业 | Construction | 136.4 | 117.3 | 130.6 | 143.2 | 167.5 | |
| 批发和零售贸易；机动车辆和摩托车的修理 | Wholesale and Retail Trade; Repair of Motor Vehicles and Motorcycles | | | 338.1 | 332.6 | 347.6 | |
| 运输和储存 | Transportation and Storage | | | 98.6 | 100.8 | 104.5 | |
| 住宿和餐饮业 | Accommodation and Food Service Activities | | | 105.0 | 108.4 | 114.0 | |
| 信息和通讯业 | Information and Communication | | | 15.6 | 20.4 | 21.1 | |
| 金融和保险业 | Financial and Insurance Activities | | | 27.3 | 27.4 | 28.0 | |
| 房地产业 | Real Estate Activities | | | 6.3 | 6.1 | 15.4 | |
| 专业和科技活动 | Professional, Scientific and Technical Activities | | | 39.9 | 42.8 | 42.8 | |
| 企业管理和商务服务业 | Administrative and Support Service Activities | | | 60.0 | 76.6 | 77.8 | |
| 公共行政和国防；强制性社会保障 | Public Administration and Defence; Compulsory Social Security | | | 120.7 | 129.2 | 133.8 | |
| 教育 | Education | 75.0 | 90.6 | 96.7 | 101.9 | 110.7 | |
| 卫生和社会福利业 | Human Health and Social Work Activities | | | 59.1 | 59.0 | 69.3 | |
| 艺术、娱乐和文娱活动 | Arts, Entertainment and Recreation | | | 13.0 | 10.2 | 10.0 | |
| 其他服务活动 | Other Service Activities | | | 84.9 | 83.1 | 59.5 | |
| 家庭作为雇主的活动；家庭自用、未加区分的生产货物 | Activities of Households as Employers; Undifferentiated Goods- and Services-Producing | | | 58.9 | 57.2 | 55.3 | |
| 域外组织和机构的活动 | Activities of Extra-territorial Organizations and Bodies | | | 0.5 | 0.4 | 0.5 | |
| **乌 克 兰** | **Ukraine** | | | | | | |
| 按第三版ISIC分类 | ISIC-Rev.3 | | | | | | |
| 总 计 | Total | 2017.5 | 2068.0 | 2019.2 | 2026.6 | 2032.4 | 2035.4 |
| 农业、狩猎业、林业和渔业 | Agriculture, Hunting, Forestry; Fishing | 497.7 | 400.6 | | | | |
| 农业、狩猎业和林业 | Agriculture, Hunting, Forestry | | 400.6 | 401.3 | 406.8 | | |
| 渔业 | Fishing | | | 2.3 | 2.2 | | |
| 采掘业 | Mining and Quarrying | 61.8 | | 62.2 | 61.4 | | |
| 制造业 | Manufacturing | 291.4 | 407.2 | 271.6 | 268.8 | | |
| 电、煤气和水供应业 | Electricity, Gas and Water Supply | | | 55.1 | 55.9 | | |
| 建筑业 | Construction | 89.5 | 94.2 | 130.1 | 130.4 | | |
| 批发和零售贸易；机动车辆和摩托车的修理 | Wholesale and Retail Trade; Repair of Motor Vehicles and Motorcycles | | 417.5 | 319.8 | 330.1 | | |
| 旅馆和饭店业 | Hotels and Restaurants | | | 33.5 | 32.9 | | |
| 运输、仓储和通讯 | Transport, Storage and Communications | 122.8 | 140.1 | 148.3 | 147.0 | | |
| 金融中介 | Financial Intermediation | | 24.8 | 33.9 | 33.6 | | |
| 房地产、租赁及商业活动 | Real Estate, Renting and Business Activities | | 96.7 | 68.8 | 69.7 | | |
| 公共管理和国防；社会基本保障 | Public Administration and Defence; Compulsory Social Security | | 102.9 | 108.6 | 110.7 | | |
| 教育 | Education | | 166.8 | 171.9 | 168.4 | | |
| 卫生和社会工作 | Health and Social Work | | 135.7 | 135.1 | 133.8 | | |
| 其他团体、社会和个人服务活动 | Other Community, Social and Personal Services Activities | | 81.7 | 55.8 | 56.1 | | |
| 其他团体、社会和个人服务活动；雇人的私人住户；境外组织和团体 | Other Community, Social and Personal Services Activities;Private Households with Employed Persons; Extra-Territorial Organizations and Bodies | | 81.7 | | | | |
| 雇人的私人住户 | Private Households with Employed Persons | | | 4.5 | 4.0 | | |
| 未分类经济活动 | Not Classifiable by Economic Activity | | | 16.6 | 14.9 | | |

## 5-4 续表 16 continued

单位：万人 (10 000 persons)

| 国家或地区 | Country or Area | 2000 | 2005 | 2009 | 2010 | 2011 | 2012 |
|---|---|---|---|---|---|---|---|
| **英　国** | **United Kingdom** | | | | | | |
| 按第四版ISIC分类 | ISIC-Rev.4 | | | | | | |
| 总　计 | Total | 2726.4 | 2866.6 | 2892.3 | 2894.2 | 2907.8 | 2942.8 |
| 农业、林业和渔业 | Agriculture, Forestry and Fishing | | | 30.9 | 33.9 | 35.3 | |
| 采掘业 | Mining and Quarrying | 10.5 | 10.6 | 11.2 | 10.6 | 10.3 | |
| 制造业 | Manufacturing | 461.9 | 380.4 | 275.2 | 285.1 | 283.6 | |
| 电、煤气、蒸汽和空调供应 | Electricity, Gas, Steam and Air Conditioning Supply | | | 15.2 | 17.0 | 18.2 | |
| 供水；污水处理、废物管理和补救活动 | Water Supply; Sewerage, Waste Management and Remediation Activities | | | 21.6 | 18.2 | 22.8 | |
| 建筑业 | Construction | 195.2 | 226.6 | 237.5 | 220.3 | 219.2 | |
| 批发和零售贸易；机动车辆和摩托车的修理 | Wholesale and Retail Trade; Repair of Motor Vehicles and Motorcycles | | | 397.2 | 398.0 | 399.0 | |
| 运输和储存 | Transportation and Storage | | | 149.6 | 143.1 | 142.6 | |
| 住宿和餐饮业 | Accommodation and Food Service Activities | | | 135.2 | 145.5 | 144.3 | |
| 信息和通讯业 | Information and Communication | | | 100.7 | 97.1 | 106.5 | |
| 金融和保险业 | Financial and Insurance Activities | | | 123.3 | 117.6 | 119.0 | |
| 房地产业 | Real Estate Activities | | | 26.6 | 26.1 | 29.7 | |
| 专业和科技活动 | Professional, Scientific and Technical Activities | | | 187.2 | 188.7 | 186.2 | |
| 企业管理和商务服务业 | Administrative and Support Service Activities | | | 129.3 | 131.3 | 131.4 | |
| 公共管理和国防；社会基本保障 | Public Administration and Defence; Compulsory Social Security | | | 195.0 | 191.0 | 184.0 | |
| 教育 | Education | 220.4 | 260.1 | 290.4 | 310.5 | 303.1 | |
| 卫生和社会工作 | Health and Social Work | | | 370.6 | 381.2 | 390.6 | |
| 艺术、娱乐和文娱活动 | Arts,Entertainment and Recreation | | | 75.6 | 75.8 | 74.7 | |
| 其他服务活动 | Other Services Activities | | | 74.9 | 70.1 | 75.5 | |
| 家庭作为雇主的活动；家庭自用、未加区分的生产货物 | Activities of Households as Employers; Undifferentiated Goods- and Services-Producing | | | 6.8 | 6.3 | 6.7 | |
| 域外组织和机构的活动 | Extra-Territorial Organizations and Bodies | | | 4.4 | 4.4 | 5.1 | |
| 未分类经济活动 | Not Classifiable by Economic Activity | 7.4 | 6.5 | 22.4 | 20.0 | 20.2 | |
| **澳大利亚** | **Australia** | | | | | | |
| 按第三版ISIC分类 | ISIC-Rev.3 | | | | | | |
| 总　计 | Total | 895.1 | 996.9 | 1092.1 | 1121.5 | 1135.7 | 1148.2 |
| 农业、狩猎业和林业 | Agriculture, Hunting, Forestry | 42.6 | 34.2 | 35.6 | 36.1 | | |
| 采掘业 | Mining and Quarrying | 6.7 | 10.6 | 14.1 | 16.9 | | |
| 制造业 | Manufacturing | 112.5 | 108.4 | 106.2 | 104.3 | | |
| 电、煤气和水供应业 | Electricity, Gas and Water Supply | 6.5 | 8.2 | 10.9 | 11.3 | | |
| 建筑业 | Construction | 69.0 | 85.5 | 99.6 | 102.4 | | |
| 批发、零售贸易；机动车及个人、家庭用品修理业 | Wholesale, Retail Trade, Repair of Motor Vehicles, Motorcycles and Personal and Household Goods | 175.9 | 176.5 | 184.2 | 186.7 | | |

## 5-4 续表 17 continued

单位：万人 (10 000 persons)

| 国家或地区 | Country or Area | 2000 | 2005 | 2009 | 2010 | 2011 | 2012 |
|---|---|---|---|---|---|---|---|
| **澳大利亚(续)** | **Australia(continued)** | | | | | | |
| 旅馆和饭店业 | Hotels and Restaurants | 45.5 | 69.2 | 73.8 | 75.6 | | |
| 运输、仓储和通讯 | Transport, Storage and Communications | 58.8 | 63.4 | 71.8 | 70.9 | | |
| 金融中介 | Financial Intermediation | 33.3 | 37.5 | 39.8 | 39.9 | | |
| 房地产、租赁及商业活动 | Real Estate, Renting and Business Activities | 106.2 | 121.3 | 131.4 | 141.2 | | |
| 公共管理和国防；社会基本保障 | Public Administration and Defence; Compulsory Social Security | 45.7 | 61.2 | 67.5 | 69.8 | | |
| 教育 | Education | 61.3 | 72.0 | 81.7 | 85.4 | | |
| 卫生和社会工作 | Health and Social Work | 85.0 | 101.6 | 121.8 | 127.4 | | |
| 其他团体、社会和个人服务活动 | Other Community, Social and Personal Services Activities | 43.6 | 46.0 | 52.6 | 52.1 | | |
| 雇人的私人住户 | Private Households with Employed Persons | 0.7 | | 0.5 | 0.4 | | |
| 域外组织和机构 | Extra-Territorial Organizations and Bodies | 0.1 | 0.1 | | | | |
| 未分类经济活动 | Not Classifiable by Economic Activity | 0.2 | 2.4 | | | | |
| **新 西 兰** | **New Zealand** | | | | | | |
| 按第三版ISIC分类 | ISIC-Rev.3 | | | | | | |
| 总　计 | Total | 177.9 | 208.5 | 216.4 | 218.0 | 221.5 | 221.6 |
| 农业、狩猎业和林业 | Agriculture, Hunting, Forestry | 15.0 | 14.6 | | | | |
| 渔业 | Fishing | 0.4 | 0.3 | | | | |
| 采掘业 | Mining and Quarrying | 0.4 | 0.4 | 0.7 | 0.7 | | |
| 制造业 | Manufacturing | 28.2 | 28.7 | 25.4 | 25.2 | | |
| 电、煤气和水供应业 | Electricity, Gas and Water Supply | 0.9 | 0.8 | | | | |
| 建筑业 | Construction | 11.8 | 16.3 | 18.1 | 17.9 | | |
| 批发、零售贸易；机动车及个人、家庭用品修理业 | Wholesale, Retail Trade, Repair of Motor Vehicles, Motorcycles and Personal and Household Goods | 31.1 | 36.2 | | | | |
| 旅馆和饭店业 | Hotels and Restaurants | 9.3 | 10.0 | | | | |
| 运输、仓储和通讯 | Transport, Storage and Communications | 11.1 | 12.1 | | | | |
| 金融中介 | Financial Intermediation | 5.5 | 6.5 | | | | |
| 房地产、租赁及商业活动 | Real Estate, Renting and Business Activities | 17.6 | 23.4 | | | | |
| 公共管理和国防；社会基本保障 | Public Administration and Defence; Compulsory Social Security | 9.1 | 12.9 | | | | |
| 教育 | Education | 13.0 | 16.6 | 18.4 | 19.0 | | |
| 卫生和社会工作 | Health and Social Work | 14.2 | 18.9 | | | | |
| 其他团体、社会和个人服务活动 | Other Community, Social and Personal Services Activities | 8.6 | 10.2 | | | | |
| 雇人的私人住户 | Private Households with Employed Persons | 0.9 | 0.3 | | | | |
| 域外组织和机构 | Extra-Territorial Organizations and Bodies | 0.1 | | | | | |
| 未分类经济活动 | Not Classifiable by Economic Activity | 0.8 | 0.5 | 0.9 | 0.8 | | |

# 5-5 失业人数
# Unemployment

资料来源：联合国ILO数据库。
Source: ILO Database.

单位：万人 (10 000 persons)

| 国家或地区 | Country or Area | 2000 | 2005 | 2009 | 2010 | 2011 | 2012 |
|---|---|---|---|---|---|---|---|
| 中　国① | China① | 595.0 | 839.0 | 921.0 | 908.0 | 922.0 | 917.0 |
| 中国香港 | Hong Kong, China | 16.7 | 19.8 | 19.3 | 15.7 | 12.7 | 12.5 |
| 中国澳门 | Macao, China | 1.4 | 1.0 | 1.1 | 0.9 | 0.9 | |
| 孟加拉国 | Bangladesh | 175.0 | 210.4 | 270.0 | 256.6 | | |
| 文　莱 | Brunei Darussalam | 0.7 | | | | | |
| 柬埔寨 | Cambodia | 13.4 | | 1.4 | 2.7 | 1.6 | 1.2 |
| 印　度 | India | 1663.4 | 1710.6 | | 1373.4 | | |
| 印度尼西亚 | Indonesia | 581.3 | 1189.9 | 896.3 | 832.0 | 770.0 | 724.5 |
| 伊　朗 | Iran | 159.8 | 264.3 | 284.0 | 321.8 | | |
| 以色列 | Israel | 21.4 | 24.6 | 23.2 | 20.9 | 18.0 | 24.7 |
| 日　本 | Japan | 319.0 | 294.0 | 336.0 | 334.0 | 302.0 | 285.0 |
| 哈萨克斯坦 | Kazakhstan | 90.6 | 64.1 | 55.5 | 49.7 | 47.3 | 47.5 |
| 韩　国 | Korea, Rep. | 97.9 | 88.7 | 88.9 | 92.0 | 85.5 | 82.0 |
| 老　挝 | Laos | | 3.8 | | | | |
| 马来西亚 | Malaysia | 28.7 | 36.8 | 41.8 | 39.6 | 39.1 | 39.6 |
| 蒙　古 | Mongolia | 3.9 | 3.3 | 13.2 | 11.3 | 8.7 | 9.5 |
| 缅　甸 | Myanmar | 38.2 | 19.0 | | | | |
| 巴基斯坦 | Pakistan | 312.7 | 356.6 | | | | |
| 菲律宾 | Philippines | 345.9 | 274.8 | 283.1 | 285.9 | 281.3 | 282.6 |
| 新加坡 | Singapore | 9.4 | 9.8 | 8.7 | 6.5 | 6.1 | 6.0 |
| 斯里兰卡 | Sri Lanka | 51.7 | 62.3 | 47.1 | 40.1 | 35.8 | 33.6 |
| 泰　国 | Thailand | 81.3 | 49.6 | 57.2 | 40.2 | 26.2 | 23.1 |
| 越　南 | Viet Nam | 88.6 | | 128.7 | 134.4 | 104.6 | 92.6 |
| 埃　及 | Egypt | 169.8 | 245.0 | 237.8 | 235.1 | 318.3 | 342.5 |
| 尼日利亚 | Nigeria | | | 1244.1 | 1394.7 | 1607.4 | |
| 南　非 | South Africa | 374.2 | 399.7 | 421.5 | 433.2 | 439.7 | 454.1 |
| 加拿大 | Canada | 108.3 | 117.3 | 151.6 | 148.4 | 139.3 | 136.8 |
| 墨西哥 | Mexico | 99.9 | 148.3 | 252.1 | 257.2 | 259.1 | 247.4 |
| 美　国 | United States | 569.2 | 759.1 | 1426.5 | 1482.5 | 1374.7 | 1250.6 |
| 阿根廷 | Argentina | 146.1 | 114.2 | 103.3 | 121.0 | 116.0 | 124.2 |
| 巴　西 | Brazil | 1183.8 | 895.3 | 842.1 | | 673.0 | 626.6 |
| 委内瑞拉 | Venezuela | 136.6 | 137.4 | 107.3 | 113.2 | 107.3 | 102.8 |
| 白俄罗斯 | Belarus | 9.6 | 6.8 | | | | |
| 捷　克 | Czech Rep. | 44.9 | 41.0 | 35.2 | 38.4 | 35.4 | 36.7 |
| 法　国 | France | 263.1 | 243.2 | 257.5 | 264.0 | 261.2 | 282.4 |
| 德　国 | Germany | 312.3 | 457.1 | 322.8 | 294.6 | 250.1 | 231.6 |
| 意大利 | Italy | 254.5 | 188.9 | 194.5 | 210.2 | 210.8 | 274.4 |
| 荷　兰 | Netherlands | 22.0 | 40.2 | 30.4 | 39.0 | 38.9 | 46.9 |
| 波　兰 | Poland | 283.0 | 304.5 | 141.1 | 169.9 | 172.3 | 174.9 |
| 俄罗斯 | Russia | 770.0 | 526.3 | 637.3 | 563.6 | 492.2 | 413.1 |
| 西班牙 | Spain | 246.9 | 191.3 | 415.0 | 463.2 | 499.9 | 576.9 |
| 土耳其 | Turkey | 149.7 | 251.9 | 347.1 | 304.6 | 232.4 | 220.2 |
| 乌克兰 | Ukraine | 265.6 | 160.1 | 195.9 | 178.6 | 173.3 | 165.7 |
| 英　国 | United Kingdom | 160.6 | 143.4 | 236.3 | 244.0 | 253.4 | 251.1 |
| 澳大利亚 | Australia | 60.8 | 52.9 | 65.4 | 61.8 | 61.8 | 63.6 |
| 新西兰 | New Zealand | 11.8 | 8.3 | 14.1 | 15.2 | 15.5 | 16.5 |

注：①城镇地区失业人数。
Note:①Unemployed persons in urban areas.

# 5-6 失业率
## Unemployment Rate

资料来源：联合国ILO数据库。
Source: ILO Database.
单位：%　　(%)

| 国家或地区 | Country or Area | 2000 | 2005 | 2009 | 2010 | 2011 | 2012 |
|---|---|---|---|---|---|---|---|
| 中　　国① | China① | 3.1 | 4.2 | 4.3 | 4.1 | 4.1 | 4.1 |
| 中国香港 | Hong Kong, China | 4.9 | 5.6 | 5.3 | 4.3 | 3.4 | 3.3 |
| 中国澳门 | Macao, China | 6.8 | 4.1 | 3.6 | 2.8 | 2.6 | 2.0 |
| 中国台湾 | Taiwan, China | 3.0 | 4.1 | 5.9 | 5.2 | 4.4 | |
| 阿尔巴尼亚 | Albania | 16.8 | 14.1 | 13.8 | | 14.0 | 13.4 |
| 阿尔及利亚 | Algeria | 29.8 | 15.3 | 10.2 | 10.0 | 10.0 | |
| 阿 根 廷 | Argentina | 15.0 | 10.6 | 9.1 | 7.4 | 7.0 | 7.3 |
| 亚美尼亚 | Armenia | 11.7 | 8.2 | | | | |
| 澳大利亚 | Australia | 6.4 | 5.0 | 5.7 | 5.2 | | |
| 奥 地 利 | Austria | 3.6 | 5.2 | 4.8 | 4.4 | 4.1 | 4.3 |
| 阿塞拜疆 | Azerbaijan | 1.2 | 7.6 | 5.7 | 5.6 | 5.4 | 5.2 |
| 巴 哈 马 | Bahamas | | 10.2 | 14.2 | | | 14.7 |
| 孟加拉国 | Bangladesh | 3.3 | 4.3 | 5.0 | 4.5 | | |
| 巴巴多斯 | Barbados | 9.4 | 9.1 | 10.0 | 10.7 | 11.2 | 11.6 |
| 比 利 时 | Belgium | 6.6 | 8.4 | 7.9 | 8.3 | 7.1 | 7.5 |
| 百 慕 大 | Bermuda | 3.0 | | 4.5 | 6.5 | | 8.4 |
| 不　　丹 | Bhutan | | 3.1 | 4.0 | 3.3 | 3.1 | 2.1 |
| 玻利维亚 | Bolivia | 4.8 | 5.4 | 3.5 | | | |
| 波　　黑 | Bosnia and Herzegovinian | | | 24.1 | 27.2 | 27.6 | 28.0 |
| 巴　　西 | Brazil | | 9.3 | 8.3 | 6.7 | 6.7 | 6.2 |
| 保加利亚 | Bulgaria | 16.3 | 10.1 | 6.8 | 10.2 | 11.3 | 12.3 |
| 柬 埔 寨 | Cambodia | 2.5 | | 0.1 | 0.4 | 0.2 | |
| 加 拿 大 | Canada | 6.8 | 6.8 | 8.3 | 8.0 | 7.4 | 7.2 |
| 开曼群岛 | Cayman Islands | | 3.5 | 6.0 | | 6.8 | 6.2 |
| 智　　利 | Chile | 8.3 | 6.9 | 8.6 | 7.1 | 6.6 | 6.1 |
| 哥伦比亚 | Colombia | 20.5 | 11.6 | 12.0 | 11.8 | 11.1 | 10.4 |
| 哥斯达黎加 | Costa Rica | 5.2 | 6.6 | | 7.3 | 7.7 | 7.8 |
| 克罗地亚 | Croatia | 16.1 | 12.7 | 9.1 | 11.8 | 13.4 | 15.8 |
| 古　　巴 | Cuba | 5.4 | 1.9 | 1.7 | 2.5 | 3.2 | |
| 塞浦路斯 | Cyprus | 4.9 | 5.3 | 5.3 | 6.2 | 7.9 | 11.8 |
| 捷　　克 | Czech Rep. | 8.8 | 7.9 | 6.7 | 7.3 | 6.7 | 7.0 |
| 丹　　麦 | Denmark | 4.6 | 5.0 | 6.0 | 7.5 | 7.6 | 7.5 |
| 多米尼加 | Dominican Rep. | 13.9 | 17.9 | 14.9 | 14.3 | 14.6 | 14.7 |
| 厄瓜多尔 | Ecuador | 9.0 | 7.9 | 6.5 | 5.0 | 4.2 | 4.1 |
| 埃　　及 | Egypt | 9.0 | 11.2 | 9.4 | 9.0 | 12.0 | 12.7 |
| 萨尔瓦多 | El Salvador | 7.0 | 7.2 | | | | |
| 爱沙尼亚 | Estonia | 13.6 | 7.9 | 13.8 | 16.9 | 12.5 | 10.2 |
| 埃塞俄比亚 | Ethiopia | | 5.0 | 20.4 | 18.9 | 18.0 | 17.5 |

## 5-6 续表 1 continued

单位：% (%)

| 国家或地区 | Country or Area | 2000 | 2005 | 2009 | 2010 | 2011 | 2012 |
|---|---|---|---|---|---|---|---|
| 芬　兰 | Finland | 9.7 | 8.3 | 8.3 | 8.4 | 7.8 | 7.7 |
| 法　国 | France | 10.2 | 8.9 | 9.1 | 9.3 | 9.2 | 9.9 |
| 法属圭亚那 | French Guiana | 25.8 | 26.5 | | | | |
| 加　蓬 | Gabon | | | | 20.4 | | |
| 格鲁吉亚 | Georgia | 10.8 | 13.8 | 16.9 | 16.3 | 15.1 | 15.0 |
| 德　国 | Germany | 7.9 | 11.2 | 7.7 | 7.1 | 5.9 | 5.5 |
| 希　腊 | Greece | 11.2 | 9.6 | 8.9 | 11.8 | 17.7 | 24.2 |
| 格陵兰 | Greenland | 11.0 | 9.3 | | | | |
| 瓜德罗普 | Guadeloupe | 25.7 | 26.0 | | | | |
| 危地马拉 | Guatemala | 1.4 | | | 3.5 | 4.1 | 2.9 |
| 洪都拉斯 | Honduras | | 4.1 | 3.1 | 3.9 | | |
| 匈牙利 | Hungary | 6.4 | 7.2 | 10.0 | 11.2 | 10.9 | 10.9 |
| 冰　岛 | Iceland | 2.3 | 2.6 | 7.3 | 7.6 | 7.0 | 6.0 |
| 印　度 | India | 4.3 | | | 9.3 | | |
| 印度尼西亚 | Indonesia | 6.1 | 11.2 | 7.9 | 7.1 | | |
| 伊　朗 | Iran | | 11.5 | 11.9 | 13.5 | | |
| 伊拉克 | Iraq | | 18.0 | | | | |
| 爱尔兰 | Ireland | 4.3 | 4.3 | 12.0 | 13.9 | 14.6 | 14.7 |
| 马恩岛 | Isle of Man | 0.6 | 1.4 | | | | |
| 以色列 | Israel | 8.8 | 9.0 | 7.5 | 6.6 | 5.6 | 6.9 |
| 意大利 | Italy | 10.5 | 7.7 | 7.8 | 8.4 | 8.4 | 10.7 |
| 牙买加 | Jamaica | 15.5 | 10.9 | 11.4 | 12.4 | | 13.9 |
| 日　本 | Japan | 4.7 | 4.4 | 5.1 | 5.1 | 4.6 | 4.3 |
| 约　旦 | Jordan | | | 12.9 | 12.5 | 12.9 | 12.2 |
| 哈萨克斯坦 | Kazakhstan | 12.8 | 8.1 | 6.6 | 5.8 | 5.4 | 5.3 |
| 韩　国 | Korea, Rep. | 4.4 | 3.7 | 3.6 | 3.7 | 3.4 | 3.2 |
| 科威特 | Kuwait | 0.8 | 1.5 | | | | |
| 吉尔吉斯斯坦 | Kyrgyzstan | 7.5 | 8.1 | 8.4 | 8.6 | 8.5 | 8.4 |
| 拉脱维亚 | Latvia | 14.4 | 8.7 | 16.9 | 18.7 | 16.2 | 14.9 |
| 立陶宛 | Lithuania | 16.4 | 8.3 | 13.7 | 17.8 | 15.3 | 13.2 |
| 卢森堡 | Luxemburg | 2.4 | 4.5 | 5.1 | 4.4 | 4.9 | 5.1 |
| 马其顿 | Macedonia | 53.7 | 37.3 | 32.2 | 32.0 | 31.4 | 31.0 |
| 马达加斯加 | Madagascar | 5.8 | 2.8 | | | | |
| 马来西亚 | Malaysia | 3.0 | 3.5 | 3.7 | 3.3 | 3.1 | |
| 马耳他 | Malta | 6.7 | 7.3 | 6.9 | 6.9 | 6.5 | 6.4 |
| 马提尼克 | Martinique | 26.3 | 17.8 | | | | |
| 毛里求斯 | Mauritius | 8.8 | 9.6 | | | 7.9 | 8.1 |
| 荷属安的列斯 | Netherlands Antilles | 14.2 | 18.2 | 9.6 | | 9.8 | |
| 新西兰 | New Zealand | 6.1 | 3.8 | 6.1 | 6.5 | 6.5 | 6.9 |
| 尼加拉瓜 | Nicaragua | 9.8 | 5.6 | 8.2 | 7.8 | | |

## 5-6 续表 2 continued

单位：% (%)

| 国家或地区 | Country or Area | 2000 | 2005 | 2009 | 2010 | 2011 | 2012 |
|---|---|---|---|---|---|---|---|
| 挪　威 | Norway | 3.4 | 4.6 | 3.2 | 3.6 | 3.2 | 3.1 |
| 巴基斯坦 | Pakistan | 7.8 | 7.7 | 5.5 | | | |
| 巴拿马 | Panama | 13.5 | 10.3 | 6.6 | 6.5 | 4.5 | 4.1 |
| 巴拉圭 | Paraguay | 7.6 | | 6.4 | 5.7 | 5.6 | 4.9 |
| 秘　鲁 | Peru | 7.4 | 7.5 | 6.3 | 7.9 | 7.8 | |
| 菲律宾 | Philippines | 11.2 | 7.8 | 7.5 | 7.3 | | |
| 波　兰 | Poland | 16.1 | | 8.2 | 9.6 | 9.7 | 10.1 |
| 葡萄牙 | Portugal | 3.8 | 7.6 | 9.5 | 10.8 | 12.7 | 15.7 |
| 波多黎各 | Puerto Rico | 10.1 | 11.3 | 15.0 | 16.1 | 15.7 | |
| 留尼汪 | Reunion | 36.5 | 29.5 | 27.1 | 28.9 | 29.6 | |
| 罗马尼亚 | Romania | 7.1 | 7.2 | 6.9 | 7.3 | 7.4 | 7.0 |
| 俄罗斯 | Russia | 9.8 | 7.2 | 8.4 | 7.5 | 6.5 | 5.5 |
| 沙特阿拉伯 | Saudi Arabia | 4.6 | | 5.4 | | 5.8 | 5.5 |
| 塞尔维亚 | Serbia | | 20.8 | 16.1 | 19.2 | 23.0 | 23.9 |
| 新加坡 | Singapore | 3.7 | 5.6 | 4.3 | 3.1 | | |
| 斯洛伐克 | Slovakia | 19 | 16 | 12.0 | 14.4 | 13.6 | 14.0 |
| 斯洛文尼亚 | Slovenia | 7.2 | 5.8 | 5.9 | 7.3 | 8.2 | 8.8 |
| 南　非 | South Africa | 25.4 | 26.7 | 23.9 | 24.9 | 24.9 | 25.1 |
| 西班牙 | Spain | 13.8 | 9.2 | 18.0 | 20.1 | 21.6 | 25.0 |
| 斯里兰卡 | Sri Lanka | 7.6 | 7.7 | 5.8 | 5.0 | 4.2 | 4.0 |
| 瑞　典 | Sweden | 4.7 | 6.0 | 8.4 | 8.6 | 7.8 | 8.0 |
| 瑞　士 | Switzerland | 2.7 | 4.4 | 4.1 | 4.5 | 4.0 | 4.2 |
| 叙利亚 | Syrian Arab Republic | 2.3 | 3.1 | 8.1 | 8.6 | | |
| 泰　国 | Thailand | 2.4 | 1.4 | 1.5 | 1.0 | 0.7 | 0.6 |
| 特立尼达和多巴哥 | Trinidad and Tobago | 12.2 | 8.0 | 5.3 | 5.9 | 4.7 | 5.0 |
| 突尼斯 | Tunisia | 15.7 | 12.9 | 13.3 | 13.1 | | |
| 土耳其 | Turkey | 6.5 | 10.3 | 14.0 | 11.9 | 8.8 | 8.2 |
| 乌克兰 | Ukraine | 11.6 | 7.2 | 8.8 | 8.1 | 7.9 | 7.5 |
| 阿联酋 | United Arab Emirates | 2.3 | 3.1 | 4.2 | | | |
| 英　国 | United Kingdom | 5.4 | 4.6 | 7.7 | 7.8 | 8.0 | 7.9 |
| 美　国 | United States | 4.0 | 5.1 | 9.3 | 9.6 | 8.9 | 8.1 |
| 乌拉圭 | Uruguay | 13.6 | 12.2 | 7.3 | 6.8 | 6.3 | 6.4 |
| 委内瑞拉 | Venezuela | 13.2 | 11.4 | 8.2 | 8.5 | 7.9 | 7.5 |
| 越　南 | Viet Nam | 2.3 | | | | 2.0 | |
| 约旦河西岸和加沙 | West Bank and Gaza | 14.1 | 23.3 | 24.4 | 23.5 | 20.8 | 22.9 |
| 也　门 | Yemen | | 16.1 | 14.6 | | | |
| 赞比亚 | Zambia | 12.9 | 15.9 | | | | |
| 津巴布韦 | Zimbabwe | | | | | 5.4 | 5.4 |

注：①城镇登记失业率。
Note:①Urban Registered Unemployment Rate.

# 5-7 每月实际平均工资

# Real Average Monthly Wages

资料来源：联合国ILO数据库。
Source: ILO Database.

单位：本币 (local currency units)

| 国家或地区 | Country or Area | 2000 | 2005 | 2007 | 2008 | 2009 | 2010 | 2011 |
|---|---|---|---|---|---|---|---|---|
| 中　　国 | China | 600 | 1109 | 1420 | 1572 | 1770 | 1943 | |
| 中国香港 | Hong Kong, China | | 11685 | 12118 | 11628 | 11287 | 11500 | 11972 |
| 中国澳门 | Macao, China | 4902 | 5214 | 5291 | 5247 | 5340 | 5880 | 6074 |
| 孟加拉国 | Bangladesh | | 935 | | | | 1111 | |
| 柬 埔 寨 | Cambodia | | | 274970 | | 239975 | | |
| 印　　度 | India | | 6402 | 6387 | 6918 | | | |
| 印度尼西亚 | Indonesia | 731925 | 1102777 | 1018990 | 998811 | 1002981 | 1070097 | |
| 伊　　朗 | Iran | | 1224486 | 1322394 | 1201957 | 1237554 | 1203327 | 1053240 |
| 以 色 列 | Israel | 8241 | 8032 | 8502 | 8406 | 8160 | 8100 | |
| 日　　本 | Japan | 321349 | 329426 | 328247 | 322037 | 315810 | 323000 | |
| 哈萨克斯坦 | Kazakhstan | 14374 | 24264 | 31081 | 30741 | 31726 | 34136 | 36554 |
| 韩　　国 | Korea, Rep. | 2281117 | 2791285 | 2835563 | 2792608 | 2699528 | 2780735 | 2734178 |
| 马来西亚 | Malaysia | 1808 | 2119 | 2185 | 2115 | 2115 | 2199 | 2286 |
| 蒙　　古 | Mongolia | 85218 | 101225 | 153050 | 191291 | 197278 | 203512 | 230912 |
| 缅　　甸 | Myanmar | 1252 | 721 | 1774 | 1972 | | | |
| 巴基斯坦 | Pakistan | 2673 | | 3343 | 3459 | 3396 | 3483 | 3452 |
| 菲 律 宾 | Philippines | | 6760 | 6757 | 6534 | 6536 | 6639 | 6564 |
| 新 加 坡 | Singapore | 3498 | 3808 | 4047 | 4001 | 3873 | 3978 | 4006 |
| 斯里兰卡 | Sri Lanka | 7926 | 7436 | 7161 | 6844 | | | |
| 泰　　国 | Thailand | 7757 | 7908 | 8088 | 8453 | 8317 | 8579 | 8865 |
| 越　　南 | Viet Nam | | | | 793941 | 1097882 | 1202410 | |
| 埃　　及 | Egypt | 702 | 704 | 742 | 867 | 821 | 891 | |
| 南　　非 | South Africa | | | 5771 | 5770 | 5971 | 6553 | 6728 |
| 加 拿 大 | Canada | 2978 | 2988 | 3065 | 3080 | 3118 | 3174 | 3163 |
| 墨 西 哥 | Mexico | 5452 | 6279 | 6474 | 6487 | 6419 | 6363 | 6415 |
| 美　　国 | United States | 1211 | 1208 | 1233 | 1224 | 1247 | 1266 | 1262 |
| 巴　　西 | Brazil | | 969 | 1040 | 1075 | 1109 | | |
| 捷　　克 | Czech Rep. | 14779 | 18353 | 19879 | 20152 | 20610 | 20707 | 20760 |
| 法　　国 | France | 1816 | 1927 | 1963 | 1969 | 2007 | 1998 | 2002 |
| 德　　国 | Germany | 2287 | 2227 | 2187 | 2176 | 2163 | 2184 | 2202 |
| 意 大 利 | Italy | 1955 | 1941 | 1961 | 1945 | 1932 | 1937 | 1906 |
| 荷　　兰 | Netherlands | 1452 | 1454 | 1392 | 1407 | 1454 | 1451 | |
| 波　　兰 | Poland | 187 | 203 | 222 | 235 | 239 | 243 | 245 |
| 俄 罗 斯 | Russia | 776 | 1495 | 1987 | 2215 | 2139 | 2250 | 2346 |
| 西 班 牙 | Spain | 1562 | 1572 | 1609 | 1623 | 1679 | 1661 | 1629 |
| 土 耳 其 | Turkey | | 1116 | 1157 | 1160 | 1180 | 1066 | |
| 乌 克 兰 | Ukraine | 338 | 806 | 1098 | 1172 | 1067 | | |
| 英　　国 | United Kingdom | 1650 | 1832 | 1876 | 1890 | 1881 | 1845 | 1780 |
| 澳大利亚 | Australia | 2149 | 2302 | 2373 | 2355 | 2411 | 2464 | 2480 |
| 新 西 兰 | New Zealand | 2526 | 2747 | 2875 | 2874 | 2876 | 2925 | 2882 |

# 5-8 每个就业者创造的国内生产总值(购买力平价法，1990年不变价美元)

## GDP per Person Employed (constant 1990 PPP $)

资料来源：世界银行WDI数据库。
Source: World Bank WDI Database.
单位：美元 (USD)

| 国家或地区 | Country or Area | 2000 | 2005 | 2009 | 2010 | 2011 | 2012 |
|---|---|---|---|---|---|---|---|
| **世　界** | **World** | **13936** | **15766** | **17371** | **18074** | **18556** | **18948** |
| **高收入国家** | **High Income** | **41095** | **44273** | **44601** | **45863** | **46349** | **46678** |
| **经合组织高收入国家** | **OECD Countries** | **45830** | **49270** | **49608** | **51059** | **51584** | **51920** |
| **非经合组织高收入国家** | **High Income: nonOECD** | **16284** | **19678** | **20946** | **21739** | **22489** | **23106** |
| **中等收入国家** | **Middle Income** | **6971** | **9012** | **11363** | **12081** | **12684** | **13231** |
| **中等偏上收入国家** | **Upper Middle Income** | **7748** | **10479** | **13620** | **14614** | **15483** | **16273** |
| **中等偏下收入国家** | **Lower Middle Income** | **5907** | **7095** | **8465** | **8848** | **9143** | **9417** |
| **中低收入国家** | **Low and Middle Income** | **6470** | **8300** | **10400** | **11035** | **11574** | **12056** |
| **东亚和太平洋** | **East Asia and Pacific** | **5366** | **8090** | **11309** | **12270** | **13175** | **14037** |
| **欧洲和中亚** | **Europe and Central Asia** | **11265** | **15284** | **17134** | **17836** | **18569** | **19052** |
| **拉丁美洲和加勒比** | **Latin America and Caribbean** | **15184** | **15574** | **16501** | **17001** | **17313** | **17533** |
| **中东和北非国家** | **Middle East and North Africa** | **12259** | **13056** | **14828** | **15121** | **15021** | **14952** |
| **南　亚** | **South Asia** | **5098** | **6185** | **7628** | **8038** | **8359** | **8642** |
| **撒哈拉以南非洲** | **Sub-Saharan Africa** | **2905** | **3383** | **3805** | **3903** | **3978** | **4035** |
| **低收入国家** | **Low Income** | **2221** | **2566** | **3087** | **3215** | **3357** | **3458** |
| 中　国 | China | 4660 | 7825 | 11864 | 13056 | 14203 | 15250 |
| 中国香港 | Hong Kong, China | 45741 | 53841 | 58668 | 62775 | 63888 | 64960 |
| 孟加拉国 | Bangladesh | 2886 | 3164 | 3707 | 3841 | 4004 | 4146 |
| 柬 埔 寨 | Cambodia | 3103 | 3343 | 4761 | 4988 | 5224 | 5449 |
| 印　度 | India | 5063 | 6285 | 8018 | 8515 | 8875 | 9200 |
| 印度尼西亚 | Indonesia | 7588 | 9140 | 10186 | 10474 | 11002 | 11461 |
| 伊　朗 | Iran | 15581 | 15893 | 18641 | 19182 | 19256 | 18802 |
| 以 色 列 | Israel | 40910 | 41831 | 43452 | 44239 | 44856 | 45557 |
| 日　本 | Japan | 39790 | 43109 | 42375 | 44795 | 44628 | 44851 |
| 哈萨克斯坦 | Kazakhstan | 13694 | 19149 | 22172 | 23172 | 24347 | 25447 |
| 韩　国 | Korea, Rep. | 33234 | 38283 | 42233 | 44293 | 45116 | 45478 |
| 马来西亚 | Malaysia | 19253 | 22394 | 23920 | 23728 | 24226 | 24857 |
| 缅　甸 | Myanmar | 3003 | 4599 | 6301 | 6765 | 7335 | 7670 |
| 巴基斯坦 | Pakistan | 7496 | 8353 | 8212 | 8259 | 8405 | 8483 |
| 菲 律 宾 | Philippines | 6931 | 7398 | 8024 | 8401 | 8457 | 8667 |
| 新 加 坡 | Singapore | 41245 | 48122 | 44756 | 48981 | 49704 | 49719 |
| 斯里兰卡 | Sri Lanka | 11121 | 12143 | 15092 | 16085 | 16958 | 17985 |
| 泰　国 | Thailand | 12608 | 14591 | 15157 | 16152 | 15988 | 16764 |
| 越　南 | Viet Nam | 3803 | 4801 | 5654 | 5877 | 6061 | 6272 |
| 埃　及 | Egypt | 10915 | 10972 | 12757 | 13079 | 13057 | 13051 |
| 尼日利亚 | Nigeria | 3293 | 4981 | 5743 | 6025 | 6299 | 6567 |
| 南　非 | South Africa | 11598 | 12388 | 13154 | 13736 | 14203 | 14659 |
| 加 拿 大 | Canada | 47199 | 48997 | 48337 | 49226 | 49635 | 50125 |
| 墨 西 哥 | Mexico | 19108 | 19564 | 18966 | 19797 | 20125 | 20275 |
| 美　国 | United States | 58601 | 63741 | 65250 | 67190 | 68039 | 68374 |
| 阿 根 廷 | Argentina | 24303 | 23618 | 26171 | 27871 | 28412 | 28551 |
| 巴　西 | Brazil | 12100 | 12087 | 12965 | 13495 | 13592 | 13557 |
| 委内瑞拉 | Venezuela | 23653 | 26468 | 29888 | 28713 | 29299 | 30376 |
| 捷　克 | Czech Rep. | 19909 | 24020 | 25735 | 26648 | 27081 | 26781 |
| 法　国 | France | 48744 | 51259 | 51148 | 52031 | 52668 | 52535 |
| 德　国 | Germany | 39949 | 41583 | 41231 | 42699 | 43393 | 43243 |
| 意 大 利 | Italy | 47335 | 46722 | 44544 | 45680 | 45727 | 45053 |
| 荷　兰 | Netherlands | 43434 | 45613 | 45741 | 46670 | 46798 | 46691 |
| 波　兰 | Poland | 19480 | 23394 | 25219 | 26075 | 26934 | 27502 |
| 俄 罗 斯 | Russia | 11991 | 15597 | 17585 | 18318 | 19012 | 19656 |
| 西 班 牙 | Spain | 38938 | 38805 | 40578 | 41483 | 42312 | 43297 |
| 土 耳 其 | Turkey | 19826 | 26593 | 26920 | 27710 | 28214 | 28490 |
| 乌 克 兰 | Ukraine | 6319 | 8925 | 9237 | 9585 | 10170 | 10552 |
| 英　国 | United Kingdom | 44035 | 48672 | 48903 | 49673 | 49796 | 49428 |
| 澳大利亚 | Australia | 45307 | 48089 | 49029 | 49196 | 49366 | 50652 |
| 新 西 兰 | New Zealand | 34723 | 36166 | 36523 | 36588 | 36201 | 36586 |

# 5-9 制造业每小时人工成本

# Hourly Compensation Costs of all Employees in Manufacturing

资料来源：联合国ILO数据库。

Source: ILO Database.

单位：美元 (USD)

| 国家或地区 | Country or Area | 2000 | 2005 | 2008 | 2009 | 2010 | 2011 | 2012 |
|---|---|---|---|---|---|---|---|---|
| 以色列 | Israel | 12.3 | 13.3 | 18.5 | 17.6 | 19.2 | 21.1 | 20.1 |
| 日本 | Japan | 25.0 | 25.3 | 27.5 | 30.0 | 31.8 | 35.7 | 35.3 |
| 韩国 | Korea, Rep. | 9.6 | 14.8 | 16.9 | 15.1 | 17.9 | 19.3 | 20.7 |
| 菲律宾 | Philippines | 1.0 | 1.2 | 1.8 | 1.7 | 1.9 | 2.0 | 2.1 |
| 新加坡 | Singapore | 11.7 | 13.3 | 18.9 | 17.5 | 19.4 | 23.1 | 24.2 |
| 加拿大 | Canada | 18.3 | 26.3 | 32.1 | 29.4 | 34.4 | 36.3 | 36.6 |
| 墨西哥 | Mexico | 4.7 | 5.6 | 6.5 | 5.7 | 6.1 | 6.5 | 6.4 |
| 美国 | United States | 25.0 | 30.1 | 32.8 | 34.2 | 34.8 | 35.5 | 35.7 |
| 阿根廷 | Argentina | 8.2 | 5.5 | 10.0 | 10.2 | 12.8 | 16.0 | 18.9 |
| 巴西 | Brazil | 4.4 | 5.0 | 8.4 | 8.1 | 10.0 | 11.7 | 11.2 |
| 捷克 | Czech Rep. | 3.4 | 7.3 | 12.2 | 11.4 | 11.4 | 12.7 | 12.0 |
| 法国 | France | 21.4 | 32.7 | 41.8 | 40.4 | 39.1 | 42.1 | 39.8 |
| 德国 | Germany | 25.4 | 38.0 | 47.5 | 45.8 | 43.8 | 47.4 | 45.8 |
| 意大利 | Italy | 16.6 | 27.7 | 35.1 | 34.3 | 33.6 | 36.2 | 34.2 |
| 荷兰 | Netherlands | 21.0 | 33.3 | 43.1 | 41.4 | 39.5 | 42.3 | 39.6 |
| 波兰 | Poland | 3.4 | 5.6 | 9.6 | 7.7 | 8.2 | 8.7 | 8.3 |
| 西班牙 | Spain | 12.4 | 20.7 | 27.8 | 27.9 | 26.7 | 28.4 | 26.8 |
| 英国 | United Kingdom | 20.7 | 29.7 | 34.2 | 29.5 | 29.1 | 30.8 | 31.2 |
| 澳大利亚 | Australia | 16.5 | 28.6 | 35.9 | 33.4 | 39.7 | 46.5 | 47.7 |
| 新西兰 | New Zealand | 9.0 | 16.3 | 19.2 | 17.5 | 20.4 | 23.4 | 24.8 |

# 5-10 劳动力人口教育程度构成
## Educational Composition of Labor Force

资料来源：世界银行WDI数据库。
Source: World Bank WDI Database.
单位：% (%)

| 国家或地区 | Country or Area | 初等教育 Primary Education | | 中等教育 Secondary Education | | 高等教育 Tertiary Education | |
|---|---|---|---|---|---|---|---|
| | | 2000 | 2012 | 2000 | 2012 | 2000 | 2012 |
| 中　　国 | China | | | 17.3 | | 12.7 | |
| 中国香港 | Hong Kong, China | | 25.5 | | 49.0 | | 25.5 |
| 中国澳门 | Macao, China | 60.7 | | 16.3 | | 12.2 | |
| 柬 埔 寨 | Cambodia | | 28.0 | | 20.5 | | 2.8 |
| 印　　度 | India | 11.6 | 14.4① | 28.3 | 35.5① | 6.1 | 9.8① |
| 印度尼西亚 | Indonesia | 53.2 | | 19.4 | | 4.6 | |
| 以 色 列 | Israel | 16.5 | | 41.4 | | 40.9 | |
| 日　　本 | Japan | 17.2 | | 47.7 | | 35.0 | |
| 韩　　国 | Korea, Rep. | 32.5 | | 43.5 | | 24.0 | |
| 马来西亚 | Malaysia | | 16.8 | | 55.8 | | 24.4 |
| 蒙　　古② | Mongolia② | | 28.4 | | 42.3 | | 26.2 |
| 新 加 坡 | Singapore | 25.0 | 20.7 | 25.3 | 49.9 | 36.6 | 29.4 |
| 斯里兰卡 | Sri Lanka | 67.4 | | 16.6 | | 12.4 | |
| 泰　　国 | Thailand | | 39.2 | | 14.5 | | 17.1 |
| 埃　　及② | Egypt② | | 10.4 | | 37.2 | | 19.2 |
| 南　　非② | South Africa② | | 41.2 | | 31.0 | | 16.5 |
| 加 拿 大 | Canada | 18.0 | | 42.6 | | 39.4 | |
| 墨 西 哥 | Mexico | 20.2 | 26.8② | 29.1 | 45.0② | 25.4 | 23.3② |
| 美　　国 | United States | 13.7 | | 51.5 | | 34.8 | |
| 阿 根 廷 | Argentina | | 35.0 | | 39.7 | | 20.6 |
| 巴　　西② | Brazil② | | 37.0 | | 36.4 | | 17.2 |
| 委内瑞拉② | Venezuela② | | 41.1 | | 27.4 | | 28.3 |
| 捷　　克 | Czech Rep. | 10.3 | 5.6 | 77.8 | 74.4 | 11.8 | 20.0 |
| 法　　国 | France | 31.8 | 22.8 | 44.1 | 43.6 | 24.0 | 33.7 |
| 德　　国 | Germany | 17.2 | 14.0 | 54.6 | 57.8 | 23.5 | 28.1 |
| 意 大 利 | Italy | 45.2 | 35.4 | 42.2 | 46.7 | 11.4 | 17.9 |
| 荷　　兰 | Netherlands | 30.7 | 25.3 | 44.6 | 41.2 | 24.1 | 32.1 |
| 波　　兰 | Poland | 15.6 | 7.6 | 72.1 | 64.3 | 12.3 | 28.2 |
| 西 班 牙 | Spain | 54.3 | 41.6 | 19.0 | 23.6 | 26.7 | 34.8 |
| 土 耳 其 | Turkey | 71.4 | 61.4 | 18.9 | 20.3 | 9.7 | 18.3 |
| 英　　国 | United Kingdom | 28.0 | 17.8 | 37.0 | 42.9 | 26.0 | 38.1 |
| 澳大利亚 | Australia | 29.4 | | 43.0 | | 27.6 | |
| 新 西 兰 | New Zealand | 0.6 | | 43.1 | | 33.2 | |

注：①2010年数据。②2011年数据。
Note:①Data refer to 2010.②Data refer to 2011.

# 5-11 失业人口教育程度构成
# Educational Composition of Unemployment

资料来源：世界银行WDI数据库。
Source: World Bank WDI Database.
单位：% (%)

| 国家或地区 | Country or Area | 初等教育 Primary Education | | 中等教育 Secondary Education | | 高等教育 Tertiary Education | |
|---|---|---|---|---|---|---|---|
| | | 2000 | 2012 | 2000 | 2012 | 2000 | 2012 |
| 中国香港 | Hong Kong, China | 47.9 | 38.0① | 41.9 | 43.8① | 8.4 | 17.1① |
| 中国澳门 | Macao, China | 65.5 | 54.5① | 11.3 | 21.8① | 6.3 | 15.8① |
| 孟加拉国 | Bangladesh | 54.3 | | 22.7 | | 8.4 | |
| 印　　度 | India | 29.5 | 12.3② | 40.4 | 41.8② | 30.1 | 23.1② |
| 印度尼西亚 | Indonesia | 44.5 | 43.5 | 43.8 | 39.7 | 7.9 | 8.8 |
| 伊　　朗 | Iran | 36.3 | 40.4① | 40.7 | 31.0① | 17.2 | 25.5① |
| 以 色 列 | Israel | 26.9 | 22.1① | 46.9 | 48.0① | 24.3 | 28.1① |
| 日　　本 | Japan | 23.8 | 66.8① | 52.0 | | 24.2 | 33.2① |
| 哈萨克斯坦 | Kazakhstan | | 45.1① | | 39.7① | | 15.2① |
| 韩　　国 | Korea, Rep. | 24.9 | 15.3① | 62.5 | 63.7① | 12.6 | 21.1① |
| 马来西亚 | Malaysia | 15.3 | 9.3 | 66.0 | 60.0 | 15.2 | 27.3 |
| 蒙　　古 | Mongolia | 30.6 | 25.1③ | 48.4 | 47.9③ | 18.1 | 25.1③ |
| 巴基斯坦 | Pakistan | 15.1 | 14.7① | 13.0 | 10.1① | 20.6 | 28.0① |
| 菲 律 宾 | Philippines | 21.8 | 13.1 | 42.3 | 45.1 | 32.9 | 41.3 |
| 新 加 坡 | Singapore | | 22.8 | | 51.3 | | 25.8 |
| 斯里兰卡 | Sri Lanka | 49.7 | 45.4① | | 22.8① | 49.9 | 31.8① |
| 泰　　国 | Thailand | 70.6 | 36.5 | 7.2 | 19.4 | 19.2 | 36.1 |
| 埃　　及 | Egypt | | 8.7 | | 51.9 | | 33.2 |
| 南　　非 | South Africa | 53.8 | 51.3③ | 35.3 | 33.7③ | 5.6 | 5.8③ |
| 加 拿 大 | Canada | 33.0 | 26.3① | 42.3 | 41.0① | 24.6 | 32.7① |
| 墨 西 哥 | Mexico | 55.2 | 20.4③ | 22.5 | 52.4③ | 18.3 | 24.8③ |
| 美　　国 | United States | 21.8 | 17.9① | 36.3 | 35.5① | 41.9 | 46.5① |
| 阿 根 廷 | Argentina | 51.5 | 39.7 | 32.4 | 46.9 | 14.8 | 8.5 |
| 巴　　西 | Brazil | | 34.1③ | | 47.2③ | | 12.0③ |
| 委内瑞拉 | Venezuela | | 35.4③ | | 28.7③ | | 33.4③ |
| 捷　　克 | Czech Rep. | 25.5 | 29.6① | 69.9 | 64.8① | 3.5 | 5.7① |
| 法　　国 | France | | 39.5① | | 41.7① | | 18.3① |
| 德　　国 | Germany | 28.6 | 32.3① | 58.6 | 56.5① | 12.9 | 11.0① |
| 意 大 利 | Italy | 51.7 | 47.2① | 39.7 | 40.3① | 6.8 | 11.2① |
| 荷　　兰 | Netherlands | 47.2 | 42.0① | 33.7 | 36.6① | 16.7 | 18.7① |
| 波　　兰 | Poland | 20.4 | 15.9① | 73.2 | 71.8① | 6.4 | 12.1① |
| 俄 罗 斯 | Russia | 16.6 | 13.1① | 43.7 | 52.8① | 39.6 | 34.1① |
| 西 班 牙 | Spain | 57.7 | 58.4① | 19.3 | 22.6① | 21.9 | 17.7① |
| 土 耳 其 | Turkey | 54.7 | 52.5① | 28.4 | 26.0① | 9.6 | 13.9① |
| 乌 克 兰 | Ukraine | 8.6 | 7.4① | 58.0 | 52.9① | 33.3 | 39.7① |
| 英　　国 | United Kingdom | 43.0 | 37.1① | 43.6 | 46.5① | 11.2 | 14.3① |
| 澳大利亚 | Australia | 44.4 | 47.4① | 40.8 | 33.6① | 14.9 | 19.0① |
| 新 西 兰 | New Zealand | 0.9 | 30.6① | 49.3 | 39.2① | 11.9 | 25.7① |

注：①2008年数据。②2010年数据。③2011年数据。
Note: ①Data refer to 2008.②Data refer to 2010.③Data refer to 2011.

# 主要统计指标解释

**劳动力人口** 即国际劳工组织定义的 15 岁及以上的经济活动人口。指在报告期内能提供商品生产和服务的人员。包括就业和失业人员。在不同国家，对军人、季节性就业和兼职就业者处理方法不同。通常，劳动力人口包括军人，失业人员和首次寻找工作者，不包括家务劳动者、和其他无偿护理者和在非正规部门的工作者。

**就业人员** 为一定年龄以上，在特定时期内（一星期或一天），属于下列类型的所有人:

（1）有酬从业人员，包括两类: ① 正在工作的人，指在报告期内做某些工作以得到现金或实物形式工资或薪金的人员； ②有工作岗位但目前不工作的人，指现在有工作，却在短期内暂时不上班，但同时与工作单位有正式联系的人。这种正式联系，可以按照如下的一项或多项标准，根据各国的不同情况予以判断: 1）持续领到工资或薪金；2）保证在暂时的不上班状态终止后返回该岗位，或对返回的时间有协议；3）在不工作的这段时间里，该从业者能得到补偿而无须接受其他工作。

（2）自营就业者，包括两类: ①正在工作，指在短期时间内以利润或家庭收入为目的，从事某些工作得到现金或实物的人； ②拥有企业而不工作的人，指自己拥有企业（如商业企业，农场，服务性企业），在一定时期内因特殊原因暂不工作的人。

**失业人员** 在报告期内，适龄劳动人口中的失业者分为:

(1)没有工作，即没有得到有报酬的工作，又没有自营就业的人；

(2)目前有工作能力，即在报告期内可从事有酬工作和自营就业的人；

(3)正在寻找工作，在最近特定时期已采取具体步骤寻求有酬工作或自营就业的人。这些具体步骤包括: 在公共或私人职业介绍所登记；向雇主提出就业申请；在工地、农场、工厂大门外、市场或其他聚集地寻找工作；通过报纸刊登广告或应聘；寻求亲友帮助就业；寻找土地、厂房、机器或设备自己创业；筹集资金；申请许可证和执照等。

**失业率** 反映了失业的严重程度。失业率是参考期内（一般是特定的一天或一周）特定分组的失业人数和同一时间该组就业、失业人数之和相比得出的。

**收入** 定期以现金或以实物形式支付给雇员的报酬，包括对雇员工作时间、完成的工作量和未工作的有酬时间（如年休假，法定假日）支付的劳动报酬。收入不包括雇主为雇员支付的社会保险、养老金缴款以及雇员因此得到的收益，也不包括解雇和辞职时加发的工资。

**劳动成本** 指雇主在雇用劳动力过程中发生的成本。包括向雇员支付的工作报酬，为雇员未从事工作的时间支付的报酬，奖金和赏金，食品、饮料和其他实物费用，雇主负担的雇员住房费用、社会保障费、职业培训费、福利费及其他各项支出，如工人交通费、工作服费用、招工费和被作为人工成本的税金。

# Explanatory Notes on Main Statistical Indicators

**Total Labor Force** comprises people ages 15 and older who meet the International Labour Organization definition of the economically active population: all people who supply labor for the production of goods and services during a specified period. It includes both the employed and the unemployed. While national practices vary in the treatment of such groups as the armed forces and seasonal or part-time workers, in general the labor force includes the armed forces, the unemployed, and first-time job-seekers, but excludes homemakers and other unpaid caregivers and workers in the informal sector.

**Employment** comprise all persons above a specific age who during a specified brief period, either one week or one day, were in the following categories:

(1)paid employment: ① at work: persons who during the reference period performed some work for wage or salary, in cash or in kind; ② with a job but not at work: persons who, having already worked in their present job, were temporarily not at work during the reference period and had a formal attachment to their job. This formal job attachment should be determined in the light of national circumstance, according to one or more of the following criteria: 1) the continued receipt of wage or salary; 2) an assurance of return to work following the end of the contingency, or an agreement as to the data of return; 3) the elapsed duration of absence from the job which, wherever relevant, may be that duration for which workers can receive compensation benefits without obligations to accept other jobs.

(2)self-employment: ① at work: person who during the reference period performed some work for profit or family gain, in cash or in kind; ② with an enterprise but not at work: persons with an enterprise, which may be a business enterprise, a farm or a service undertaking ,who were temporarily not at work during the reference period for any specific reason.

**Unemployment** comprises all persons above a specified age who during the reference period were: (1) Without works were not in paid employment or self-employment; (2) Currently available for work were available for paid employment or self-employment during the reference period; (3) Seeking work had taken specific steps in a specified reference period to seek paid employment or self-employment. The specific steps may include registration at a pubic or private employment exchange; application to employers; checking at worksites, farms, factory gates, market or other assembly places; placing or answering newspaper advertisement; seeking assistance of friends or relatives; looking for land, building, machinery or equipment to establish own enterprise; arranging for financial resources; applying for permits and licenses, etc.

**Unemployment Rate** illustrates the relative severity of unemployment. These rates are calculated by relating the number of persons in the given group who are unemployed during the reference period (usually a particular day or a given week) to the total of employed and unemployed persons in the group at the same date.

**Earnings** relates to remuneration in cash and in kind paid to employees, as a rule at regular intervals, for time worked or work done together with remuneration for time not worked, such as for annual vacation, other paid leave or holidays. Earnings exclude employers' contribution in respect of their employees paid to social security and pension schemes and also the benefits received by employees under these schemes. Earnings also exclude severance and termination pay.

**Labour Cost** is the cost incurred by the employer in the employment of labour. The statistical concept of labour cost comprises remuneration for work performed, payments in respect of time paid for but not worked, bonuses and gratuities, the cost of food, drink and other payments in kind, cost of workers' housing borne by employers, employers' social security expenditures, cost to the employer for vocational training, welfare services and miscellaneous items, such as transport of workers, work clothes and recruitment, together with taxes regarded as labour cost.

# 投资环境

Investment Environment

# 6-1 企业开业成本

## Cost of Business Start-up

资料来源：世界银行《全球营商环境报告》。
Source: World Bank Doing Business.
单位：个 (number)

| 国家或地区 | Country or Area | 开办企业所需手续数（个）Starting a Business-Procedures (number) | | 开办企业所需时间（天）Time Required to Start a Business (days) | | 开办企业成本占人均收入比重（%）Cost of Business Start-up as Percentage of Income per capita (%) | |
|---|---|---|---|---|---|---|---|
| | | 2005 | 2013 | 2005 | 2013 | 2005 | 2013 |
| 中　国 | China | 13 | 13 | 48 | 33 | 13.6 | 2.0 |
| 中国香港 | Hong Kong, China | 5 | 3 | 11 | 3 | 3.4 | 0.8 |
| 孟加拉国 | Bangladesh | 8 | 7 | 50 | 11 | 56.1 | 19.9 |
| 文　莱 | Brunei Darussalam | | 15 | | 101 | | 9.9 |
| 柬埔寨 | Cambodia | 10 | 11 | 86 | 104 | 276.1 | 150.6 |
| 印　度 | India | 11 | 12 | 71 | 27 | 62.0 | 47.3 |
| 印度尼西亚 | Indonesia | 12 | 10 | 151 | 48 | 101.7 | 20.5 |
| 伊　朗 | Iran | 8 | 8 | 28 | 16 | 6.3 | 3.1 |
| 以色列 | Israel | 5 | 5 | 34 | 14 | 5.3 | 4.1 |
| 日　本 | Japan | 11 | 8 | 31 | 22 | 10.7 | 7.5 |
| 哈萨克斯坦 | Kazakhstan | 8 | 6 | 25 | 12 | 8.6 | 0.6 |
| 韩　国 | Korea, Rep. | 10 | 5 | 17 | 6 | 15.7 | 14.6 |
| 老　挝 | Laos | 7 | 6 | 153 | 92 | 17.4 | 6.7 |
| 马来西亚 | Malaysia | 10 | 3 | 37 | 6 | 26.6 | 7.6 |
| 蒙　古 | Mongolia | 7 | 5 | 13 | 11 | 9.6 | 1.5 |
| 缅　甸 | Myanmar | | 11 | | 72 | | 176.7 |
| 巴基斯坦 | Pakistan | 11 | 10 | 24 | 21 | 23.9 | 10.4 |
| 菲律宾 | Philippines | 17 | 15 | 47 | 35 | 23.9 | 18.7 |
| 新加坡 | Singapore | 6 | 3 | 6 | 3 | 0.9 | 0.6 |
| 斯里兰卡 | Sri Lanka | 8 | 6 | 50 | 8 | 10.4 | 20.5 |
| 泰　国 | Thailand | 8 | 4 | 33 | 28 | 9.2 | 6.7 |
| 越　南 | Viet Nam | 11 | 10 | 50 | 34 | 27.6 | 7.7 |
| 埃　及 | Egypt | 10 | 7 | 22 | 8 | 104.9 | 9.7 |
| 尼日利亚 | Nigeria | 9 | 8 | 43 | 28 | 73.8 | 58.3 |
| 南　非 | South Africa | 9 | 5 | 35 | 19 | 8.6 | 0.3 |
| 加拿大 | Canada | 2 | 1 | 3 | 5 | 0.9 | 0.4 |
| 墨西哥 | Mexico | 9 | 6 | 58 | 6 | 15.6 | 19.7 |
| 美　国 | United States | 6 | 6 | 6 | 5 | 0.8 | 1.5 |
| 阿根廷 | Argentina | 13 | 14 | 30 | 25 | 12.5 | 19.9 |
| 巴　西 | Brazil | 17 | 13 | 152 | 108 | 10.1 | 4.6 |
| 委内瑞拉 | Venezuela | 16 | 17 | 141 | 144 | 27.8 | 35.6 |
| 捷　克 | Czech Rep. | 10 | 9 | 40 | 20 | 9.5 | 8.2 |
| 法　国 | France | 5 | 5 | 7 | 7 | 1.2 | 0.9 |
| 德　国 | Germany | 9 | 9 | 24 | 15 | 4.7 | 4.7 |
| 意大利 | Italy | 9 | 6 | 13 | 6 | 20.7 | 14.2 |
| 荷　兰 | Netherlands | 7 | 4 | 9 | 4 | 13.0 | 5.2 |
| 波　兰 | Poland | 10 | 4 | 31 | 30 | 22.2 | 14.3 |
| 俄罗斯 | Russia | 10 | 7 | 31 | 15 | 8.2 | 1.3 |
| 西班牙 | Spain | 10 | 10 | 47 | 23 | 16.5 | 4.7 |
| 土耳其 | Turkey | 6 | 6 | 6 | 6 | 27.4 | 12.7 |
| 乌克兰 | Ukraine | 15 | 6 | 34 | 21 | 10.6 | 1.3 |
| 英　国 | United Kingdom | 6 | 6 | 13 | 12 | 0.7 | 0.3 |
| 澳大利亚 | Australia | 2 | 3 | 2 | 3 | 1.9 | 0.7 |
| 新西兰 | New Zealand | 2 | 1 | 12 | 1 | 0.2 | 0.3 |

# 6-2 企业经营环境排名(2013年)
# Ease of Doing Businesses Rank(2013)

资料来源：世界银行《全球营商环境报告》。
Source: World Bank Doing Business.

| 国家或地区 | Country or Area | 企业经营环境排名 Ease of Doing Business Rank | 开办企业排名 Starting a Business Rank | 申请建筑许可 Dealing with Construction Permits | | | 注册财产 Registering Property | | | 获得信贷排名 Getting Credit Rank | 缴纳税款排名 Paying Taxes Rank |
|---|---|---|---|---|---|---|---|---|---|---|---|
| | | | | 排名 Rank | 手续(个) Procedures (number) | 时间(天) Time (days) | 排名 Rank | 手续(个) Procedures (number) | 时间(天) Time (days) | | |
| 新加坡 | Singapore | 1 | 3 | 3 | 11 | 26 | 28 | 5 | 6 | 3 | 5 |
| 中国香港 | Hong Kong, China | 2 | 5 | 1 | 6 | 71 | 89 | 5 | 36 | 3 | 4 |
| 新西兰 | New Zealand | 3 | 1 | 12 | 11 | 94 | 2 | 2 | 1 | 3 | 23 |
| 美国 | United States | 4 | 20 | 34 | 16 | 91 | 25 | 4 | 12 | 3 | 64 |
| 丹麦 | Denmark | 5 | 40 | 8 | 8 | 67 | 7 | 3 | 4 | 28 | 12 |
| 马来西亚 | Malaysia | 6 | 16 | 43 | 15 | 130 | 35 | 5 | 14 | 1 | 36 |
| 韩国 | Korea, Rep. | 7 | 34 | 18 | 11 | 29 | 75 | 7 | 9 | 13 | 25 |
| 格鲁吉亚 | Georgia | 8 | 8 | 2 | 9 | 74 | 1 | 1 | 2 | 3 | 29 |
| 挪威 | Norway | 9 | 53 | 28 | 10 | 136 | 10 | 1 | 3 | 73 | 17 |
| 英国 | United Kingdom | 10 | 28 | 27 | 12 | 88 | 68 | 6 | 22 | 1 | 14 |
| 澳大利亚 | Australia | 11 | 4 | 10 | 11 | 112 | 40 | 5 | 5 | 3 | 44 |
| 芬兰 | Finland | 12 | 55 | 36 | 16 | 66 | 26 | 3 | 14 | 42 | 21 |
| 冰岛 | Iceland | 13 | 52 | 41 | 18 | 77 | 12 | 3 | 4 | 42 | 37 |
| 瑞典 | Sweden | 14 | 61 | 24 | 7 | 116 | 38 | 1 | 28 | 42 | 41 |
| 爱尔兰 | Ireland | 15 | 12 | 115 | 12 | 156 | 57 | 5 | 37 | 13 | 6 |
| 中国台湾 | Taiwan, China | 16 | 17 | 7 | 10 | 94 | 31 | 3 | 4 | 73 | 58 |
| 立陶宛 | Lithuania | 17 | 11 | 39 | 16 | 105 | 6 | 3 | 3 | 28 | 56 |
| 泰国 | Thailand | 18 | 91 | 14 | 8 | 157 | 29 | 2 | 2 | 73 | 70 |
| 加拿大 | Canada | 19 | 2 | 116 | 13 | 249 | 55 | 6 | 17 | 28 | 8 |
| 毛里求斯 | Mauritius | 20 | 19 | 123 | 16 | 248 | 65 | 4 | 15 | 42 | 13 |
| 德国 | Germany | 21 | 111 | 12 | 9 | 97 | 81 | 5 | 40 | 28 | 89 |
| 爱沙尼亚 | Estonia | 22 | 61 | 38 | 13 | 148 | 15 | 3 | 18 | 42 | 32 |
| 阿联酋 | United Arab Emirates | 23 | 37 | 5 | 12 | 44 | 4 | 2 | 6 | 86 | 1 |
| 拉脱维亚 | Latvia | 24 | 57 | 79 | 18 | 152 | 33 | 5 | 18 | 3 | 49 |
| 马其顿 | Macedonia, FYR | 25 | 7 | 63 | 12 | 90 | 84 | 7 | 31 | 3 | 26 |
| 沙特阿拉伯 | Saudi Arabia | 26 | 84 | 17 | 12 | 102 | 14 | 5 | 8 | 55 | 3 |
| 日本 | Japan | 27 | 120 | 91 | 14 | 193 | 66 | 6 | 13 | 28 | 140 |
| 荷兰 | Netherlands | 28 | 14 | 97 | 14 | 157 | 47 | 5 | 3 | 73 | 28 |
| 瑞士 | Switzerland | 29 | 104 | 58 | 13 | 154 | 16 | 4 | 16 | 28 | 16 |
| 奥地利 | Austria | 30 | 138 | 94 | 13 | 194 | 36 | 3 | 21 | 28 | 79 |
| 葡萄牙 | Portugal | 31 | 32 | 76 | 13 | 99 | 30 | 1 | 1 | 109 | 81 |
| 卢旺达 | Rwanda | 32 | 9 | 85 | 13 | 104 | 8 | 3 | 12 | 13 | 22 |
| 斯洛文尼亚 | Slovenia | 33 | 38 | 59 | 10 | 182 | 83 | 5 | 110 | 109 | 54 |
| 智利 | Chile | 34 | 22 | 101 | 15 | 155 | 55 | 6 | 29 | 55 | 38 |
| 以色列 | Israel | 35 | 35 | 140 | 17 | 210 | 151 | 6 | 81 | 13 | 93 |
| 比利时 | Belgium | 36 | 49 | 100 | 13 | 214 | 180 | 8 | 64 | 73 | 76 |
| 亚美尼亚 | Armenia | 37 | 6 | 79 | 21 | 84 | 5 | 3 | 7 | 42 | 103 |
| 法国 | France | 38 | 41 | 92 | 9 | 184 | 149 | 8 | 49 | 55 | 52 |
| 塞浦路斯 | Cyprus | 39 | 44 | 86 | 9 | 677 | 103 | 6 | 28 | 55 | 33 |
| 波多黎各 | Puerto Rico | 40 | 18 | 172 | 18 | 189 | 131 | 8 | 194 | 13 | 110 |
| 南非 | South Africa | 41 | 64 | 26 | 16 | 78 | 99 | 7 | 23 | 28 | 24 |
| 秘鲁 | Peru | 42 | 63 | 117 | 14 | 173 | 22 | 4 | 7 | 28 | 73 |
| 哥伦比亚 | Colombia | 43 | 79 | 24 | 8 | 54 | 53 | 7 | 13 | 73 | 104 |
| 黑山 | Montenegro | 44 | 69 | 106 | 9 | 158 | 98 | 6 | 70 | 3 | 86 |
| 波兰 | Poland | 45 | 116 | 88 | 18 | 161 | 54 | 6 | 35 | 3 | 113 |
| 巴林 | Bahrain | 46 | 99 | 4 | 12 | 60 | 32 | 2 | 31 | 130 | 7 |

## 6-2 续表 1 continued

| 国家或地区 | Country or Area | 投资者保护 Protecting Investors | | | 跨境贸易排名 Trading Across Borders Rank | 合同执行 Enforcing Contracts | | | 解决破产 Resolving Insolvency | | |
|---|---|---|---|---|---|---|---|---|---|---|---|
| | | 排名 Rank | 披露指数 disclosure index | 投资者保护指数 Investor Protection Index | | 排名 Rank | 手续数(个) Procedures (number) | 时间(天) Time (days) | 排名 Rank | 时间(年) Time (years) | 收回率(美分/美元) Recovery rate (cents/dollar) |
| 新加坡 | Singapore | 2 | 10 | 9 | 1 | 12 | 21 | 150 | 4 | 1 | 89.4 |
| 中国香港 | Hong Kong, China | 3 | 9 | 9 | 2 | 9 | 27 | 360 | 19 | 1 | 81.2 |
| 新西兰 | New Zealand | 1 | 10 | 10 | 21 | 18 | 30 | 216 | 12 | 1 | 83.3 |
| 美国 | United States | 6 | 7 | 8 | 22 | 11 | 32 | 370 | 17 | 2 | 81.5 |
| 丹麦 | Denmark | 34 | 7 | 6 | 8 | 32 | 35 | 410 | 10 | 1 | 87.0 |
| 马来西亚 | Malaysia | 4 | 10 | 9 | 5 | 30 | 29 | 425 | 42 | 2 | 48.9 |
| 韩国 | Korea, Rep. | 52 | 7 | 6 | 3 | 2 | 33 | 230 | 15 | 2 | 82.3 |
| 格鲁吉亚 | Georgia | 16 | 9 | 7 | 43 | 33 | 33 | 285 | 88 | 2 | 33.6 |
| 挪威 | Norway | 22 | 7 | 7 | 26 | 4 | 34 | 280 | 2 | 1 | 91.3 |
| 英国 | United Kingdom | 10 | 10 | 8 | 16 | 56 | 28 | 437 | 7 | 1 | 88.6 |
| 澳大利亚 | Australia | 68 | 8 | 6 | 46 | 14 | 28 | 395 | 18 | 1 | 81.3 |
| 芬兰 | Finland | 68 | 6 | 6 | 9 | 8 | 33 | 375 | 3 | 1 | 90.2 |
| 冰岛 | Iceland | 52 | 7 | 6 | 50 | 3 | 27 | 417 | 11 | 1 | 84.5 |
| 瑞典 | Sweden | 34 | 8 | 6 | 6 | 25 | 30 | 314 | 20 | 2 | 75.5 |
| 爱尔兰 | Ireland | 6 | 10 | 8 | 20 | 62 | 21 | 650 | 8 | | 87.6 |
| 中国台湾 | Taiwan, China | 34 | 9 | 6 | 18 | 84 | 45 | 510 | 16 | 2 | 81.8 |
| 立陶宛 | Lithuania | 68 | 7 | 6 | 15 | 17 | 32 | 300 | 44 | 2 | 48.4 |
| 泰国 | Thailand | 12 | 10 | 8 | 24 | 22 | 36 | 440 | 58 | 3 | 42.2 |
| 加拿大 | Canada | 4 | 8 | 9 | 45 | 58 | 36 | 570 | 9 | 1 | 87.3 |
| 毛里求斯 | Mauritius | 12 | 6 | 8 | 12 | 54 | 35 | 529 | 61 | 2 | 41.0 |
| 德国 | Germany | 98 | 5 | 5 | 14 | 5 | 30 | 394 | 13 | 1 | 82.9 |
| 爱沙尼亚 | Estonia | 68 | 8 | 6 | 7 | 26 | 35 | 425 | 66 | 3 | 38.9 |
| 阿联酋 | United Arab Emirates | 98 | 6 | 5 | 4 | 100 | 49 | 524 | 101 | 3 | 29.4 |
| 拉脱维亚 | Latvia | 68 | 5 | 6 | 17 | 21 | 27 | 469 | 43 | 2 | 48.4 |
| 马其顿 | Macedonia, FYR | 16 | 9 | 7 | 89 | 95 | 37 | 604 | 52 | 2 | 43.8 |
| 沙特阿拉伯 | Saudi Arabia | 22 | 8 | 7 | 69 | 127 | 40 | 635 | 106 | 3 | 28.3 |
| 日本 | Japan | 16 | 7 | 7 | 23 | 36 | 31 | 360 | 1 | 1 | 92.8 |
| 荷兰 | Netherlands | 115 | 4 | 5 | 13 | 29 | 26 | 514 | 5 | 1 | 89.2 |
| 瑞士 | Switzerland | 170 | | 3 | 35 | 20 | 32 | 390 | 47 | 3 | 47.6 |
| 奥地利 | Austria | 98 | 5 | 5 | 19 | 6 | 25 | 397 | 14 | 1 | 82.4 |
| 葡萄牙 | Portugal | 52 | 6 | 6 | 25 | 24 | 34 | 547 | 23 | 2 | 71.6 |
| 卢旺达 | Rwanda | 22 | 7 | 7 | 162 | 40 | 23 | 230 | 137 | 3 | 19.0 |
| 斯洛文尼亚 | Slovenia | 14 | 5 | 7 | 48 | 52 | 32 | 1270 | 41 | 2 | 50.1 |
| 智利 | Chile | 34 | 8 | 6 | 40 | 64 | 36 | 480 | 102 | 3 | 29.1 |
| 以色列 | Israel | 6 | 7 | 8 | 10 | 93 | 35 | 890 | 35 | 2 | 60.6 |
| 比利时 | Belgium | 16 | 8 | 7 | 28 | 16 | 26 | 505 | 6 | 1 | 89.0 |
| 亚美尼亚 | Armenia | 22 | 6 | 7 | 117 | 112 | 49 | 570 | 76 | 2 | 36.4 |
| 法国 | France | 80 | 10 | 5 | 36 | 7 | 29 | 395 | 46 | 2 | 48.3 |
| 塞浦路斯 | Cyprus | 34 | 8 | 6 | 27 | 110 | 43 | 735 | 24 | 2 | 70.5 |
| 波多黎各 | Puerto Rico | 16 | 7 | 7 | 87 | 101 | 39 | 620 | 21 | 3 | 73.4 |
| 南非 | South Africa | 10 | 8 | 8 | 106 | 80 | 29 | 600 | 82 | 2 | 35.5 |
| 秘鲁 | Peru | 16 | 9 | 7 | 55 | 105 | 41 | 426 | 110 | 3 | 27.7 |
| 哥伦比亚 | Colombia | 6 | 9 | 8 | 94 | 155 | 34 | 1288 | 25 | 2 | 70.3 |
| 黑山 | Montenegro | 34 | 5 | 6 | 53 | 136 | 49 | 545 | 45 | 1 | 48.4 |
| 波兰 | Poland | 52 | 7 | 6 | 49 | 55 | 33 | 685 | 37 | 3 | 54.8 |
| 巴林 | Bahrain | 115 | 8 | 5 | 81 | 122 | 48 | 635 | 27 | 3 | 67.4 |

## 6-2 续表 2 continued

| 国家或地区 | Country or Area | 企业经营环境排名 Ease of Doing Business Rank | 开办企业排名 Starting a Business Rank | 申请建筑许可 Dealing with Construction Permits | | | 注册财产 Registering Property | | | 获得信贷排名 Getting Credit Rank | 缴纳税款排名 Paying Taxes Rank |
|---|---|---|---|---|---|---|---|---|---|---|---|
| | | | | 排名 Rank | 手续（个） Procedures (number) | 时间（天） Time (days) | 排名 Rank | 手续（个） Procedures (number) | 时间（天） Time (days) | | |
| 阿　曼 | Oman | 47 | 77 | 69 | 13 | 174 | 21 | 2 | 16 | 86 | 9 |
| 卡塔尔 | Qatar | 48 | 112 | 23 | 17 | 63 | 43 | 7 | 13 | 130 | 2 |
| 斯洛伐克 | Slovakia | 49 | 108 | 53 | 11 | 286 | 11 | 3 | 17 | 42 | 102 |
| 哈萨克斯坦 | Kazakhstan | 50 | 30 | 145 | 29 | 157 | 18 | 4 | 23 | 86 | 18 |
| 突尼斯 | Tunisia | 51 | 70 | 122 | 19 | 94 | 72 | 4 | 39 | 109 | 60 |
| 西班牙 | Spain | 52 | 142 | 98 | 9 | 230 | 60 | 5 | 13 | 55 | 67 |
| 墨西哥 | Mexico | 53 | 48 | 40 | 11 | 82 | 150 | 7 | 74 | 42 | 118 |
| 匈牙利 | Hungary | 54 | 59 | 47 | 24 | 79 | 45 | 4 | 17 | 55 | 124 |
| 巴拿马 | Panama | 55 | 25 | 62 | 16 | 100 | 74 | 7 | 30 | 55 | 175 |
| 博茨瓦纳 | Botswana | 56 | 96 | 69 | 21 | 111 | 41 | 4 | 15 | 73 | 47 |
| 汤　加 | Tonga | 57 | 42 | 35 | 13 | 69 | 146 | 4 | 112 | 55 | 51 |
| 保加利亚 | Bulgaria | 58 | 65 | 118 | 18 | 104 | 62 | 7 | 14 | 28 | 81 |
| 文　莱 | Brunei Darussalam | 59 | 137 | 46 | 22 | 95 | 116 | 7 | 298 | 55 | 20 |
| 卢森堡 | Luxemburg | 60 | 103 | 37 | 12 | 157 | 124 | 7 | 27 | 170 | 15 |
| 萨摩亚 | Samoa | 61 | 33 | 73 | 21 | 87 | 39 | 5 | 15 | 130 | 86 |
| 斐　济 | Fiji | 62 | 141 | 74 | 16 | 142 | 63 | 4 | 69 | 55 | 88 |
| 白俄罗斯 | Belarus | 63 | 15 | 30 | 12 | 128 | 3 | 2 | 4 | 109 | 133 |
| 圣卢西亚 | Saint Lucia | 64 | 57 | 11 | 7 | 110 | 129 | 9 | 17 | 130 | 45 |
| 意大利 | Italy | 65 | 90 | 112 | 11 | 234 | 34 | 4 | 16 | 109 | 138 |
| 特立尼达和多巴哥 | Trinidad and Tobago | 66 | 67 | 77 | 14 | 265 | 178 | 9 | 78 | 28 | 97 |
| 加　纳 | Ghana | 67 | 128 | 159 | 15 | 247 | 49 | 5 | 34 | 28 | 68 |
| 吉尔吉斯斯坦 | Kyrgyzstan | 68 | 12 | 66 | 12 | 142 | 9 | 4 | 6 | 13 | 127 |
| 土耳其 | Turkey | 69 | 93 | 148 | 20 | 164 | 50 | 6 | 6 | 86 | 71 |
| 阿塞拜疆 | Azerbaijan | 70 | 10 | 180 | 28 | 212 | 13 | 4 | 11 | 55 | 77 |
| 安提瓜和巴布达 | Antigua and Barbuda | 71 | 92 | 21 | 10 | 134 | 128 | 7 | 26 | 130 | 151 |
| 希　腊 | Greece | 72 | 36 | 66 | 19 | 105 | 161 | 11 | 20 | 86 | 53 |
| 罗马尼亚 | Romania | 73 | 60 | 136 | 15 | 287 | 70 | 8 | 20 | 13 | 134 |
| 瓦努阿图 | Vanuatu | 74 | 126 | 50 | 12 | 54 | 110 | 4 | 118 | 55 | 30 |
| 捷　克 | Czech Rep. | 75 | 146 | 86 | 33 | 120 | 37 | 3 | 24 | 55 | 122 |
| 蒙　古 | Mongolia | 76 | 25 | 107 | 20 | 186 | 27 | 5 | 11 | 55 | 74 |
| 多米尼克 | Dominica | 77 | 51 | 22 | 9 | 171 | 119 | 5 | 42 | 86 | 75 |
| 摩尔多瓦 | Moldova | 78 | 81 | 174 | 26 | 291 | 19 | 5 | 6 | 13 | 95 |
| 危地马拉 | Guatemala | 79 | 145 | 61 | 11 | 107 | 23 | 4 | 23 | 13 | 85 |
| 塞舌尔 | Seychelles | 80 | 118 | 68 | 17 | 125 | 69 | 4 | 33 | 170 | 19 |
| 圣马力诺 | San Marino | 81 | 155 | 120 | 14 | 146 | 158 | 9 | 43 | 186 | 40 |
| 圣文森特和格林纳丁斯 | Saint Vincent and the Grenadines | 82 | | 6 | 8 | 112 | 153 | 7 | 38 | 130 | 72 |
| 赞比亚 | Zambia | 83 | 45 | 57 | 11 | 124 | 102 | 5 | 45 | 13 | 68 |
| 巴哈马 | Bahamas | 84 | 83 | 75 | 14 | 178 | 182 | 7 | 122 | 86 | 45 |
| 斯里兰卡 | Sri Lanka | 85 | 54 | 108 | 17 | 186 | 145 | 8 | 52 | 73 | 171 |
| 科索沃 | Kosovo | 86 | 100 | 136 | 15 | 151 | 58 | 7 | 28 | 28 | 43 |
| 摩洛哥 | Morocco | 87 | 39 | 83 | 15 | 97 | 156 | 8 | 60 | 109 | 78 |
| 乌拉圭 | Uruguay | 88 | 43 | 154 | 22 | 256 | 167 | 8 | 66 | 73 | 146 |
| 克罗地亚 | Croatia | 89 | 80 | 152 | 12 | 317 | 106 | 5 | 103 | 42 | 34 |
| 阿尔巴尼亚 | Albania | 90 | 76 | 189 | | | 119 | 6 | 33 | 13 | 146 |
| 巴巴多斯 | Barbados | 91 | 77 | 56 | 10 | 442 | 142 | 6 | 153 | 86 | 112 |
| 俄罗斯 | Russia | 92 | 88 | 178 | 36 | 297 | 17 | 4 | 22 | 109 | 56 |

6-2 续表 3 continued

| 国家或地区 | Country or Area | 投资者保护 Protecting Investors | | | 跨境贸易排名 Trading Across Borders Rank | 合同执行 Enforcing Contracts | | | 解决破产 Resolving Insolvency | | |
|---|---|---|---|---|---|---|---|---|---|---|---|
| | | 排名 Rank | 披露指数 disclosure index | 投资者保护指数 Investor Protection Index | | 排名 Rank | 手续数(个) Procedures (number) | 时间(天) Time (days) | 排名 Rank | 时间(年) Time (years) | 收回率(美分/美元) Recovery rate (cents/dollar) |
| 阿 曼 | Oman | 98 | 8 | 5 | 47 | 107 | 51 | 598 | 72 | 4 | 37.3 |
| 卡塔尔 | Qatar | 128 | 5 | 4 | 67 | 93 | 43 | 570 | 36 | 3 | 55.6 |
| 斯洛伐克 | Slovakia | 115 | 3 | 5 | 108 | 65 | 32 | 545 | 38 | 4 | 54.1 |
| 哈萨克斯坦 | Kazakhstan | 22 | 7 | 7 | 186 | 27 | 37 | 370 | 54 | 2 | 43.2 |
| 突尼斯 | Tunisia | 52 | 5 | 6 | 31 | 78 | 39 | 565 | 39 | 1 | 52.0 |
| 西班牙 | Spain | 98 | 5 | 5 | 32 | 59 | 40 | 510 | 22 | 2 | 72.3 |
| 墨西哥 | Mexico | 68 | 8 | 6 | 59 | 71 | 38 | 400 | 26 | 2 | 67.6 |
| 匈牙利 | Hungary | 128 | 2 | 4 | 70 | 15 | 35 | 395 | 70 | 2 | 38.3 |
| 巴拿马 | Panama | 80 | 4 | 5 | 11 | 127 | 32 | 686 | 112 | 3 | 27.5 |
| 博茨瓦纳 | Botswana | 52 | 7 | 6 | 145 | 86 | 28 | 625 | 34 | 2 | 61.9 |
| 汤 加 | Tonga | 115 | 3 | 5 | 63 | 48 | 37 | 350 | 118 | 3 | 26.1 |
| 保加利亚 | Bulgaria | 52 | 10 | 6 | 79 | 79 | 38 | 564 | 92 | 3 | 32.6 |
| 文 莱 | Brunei Darussalam | 115 | 4 | 5 | 39 | 161 | 47 | 540 | 48 | 3 | 47.2 |
| 卢森堡 | Luxemburg | 128 | 6 | 4 | 41 | 1 | 26 | 321 | 53 | 2 | 43.5 |
| 萨摩亚 | Samoa | 34 | 5 | 6 | 58 | 77 | 44 | 455 | 139 | 2 | 18.2 |
| 斐 济 | Fiji | 52 | 3 | 6 | 111 | 63 | 34 | 397 | 50 | 2 | 45.6 |
| 白俄罗斯 | Belarus | 98 | 7 | 5 | 149 | 13 | 29 | 275 | 74 | 3 | 36.9 |
| 圣卢西亚 | Saint Lucia | 34 | 4 | 6 | 104 | 170 | 46 | 635 | 56 | 2 | 42.5 |
| 意大利 | Italy | 52 | 7 | 6 | 56 | 103 | 37 | 1185 | 33 | 2 | 62.7 |
| 特立尼达和多巴哥 | Trinidad And Tobago | 22 | 4 | 7 | 73 | 174 | 42 | 1340 | 114 | 3 | 26.9 |
| 加 纳 | Ghana | 34 | 7 | 6 | 109 | 43 | 36 | 495 | 116 | 2 | 26.2 |
| 吉尔吉斯斯坦 | Kyrgyzstan | 22 | 7 | 7 | 182 | 70 | 38 | 260 | 132 | 4 | 21.7 |
| 土耳其 | Turkey | 34 | 9 | 6 | 86 | 38 | 36 | 420 | 130 | 3 | 22.3 |
| 阿塞拜疆 | Azerbaijan | 22 | 7 | 7 | 168 | 28 | 40 | 237 | 86 | 2 | 34.0 |
| 安提瓜和巴布达 | Antigua and Barbuda | 34 | 4 | 6 | 93 | 65 | 44 | 351 | 80 | 3 | 35.9 |
| 希 腊 | Greece | 80 | 7 | 5 | 52 | 98 | 39 | 1300 | 87 | 4 | 34.0 |
| 罗马尼亚 | Romania | 52 | 9 | 6 | 76 | 53 | 32 | 512 | 99 | 3 | 30.0 |
| 瓦努阿图 | Vanuatu | 80 | 5 | 5 | 119 | 72 | 30 | 430 | 57 | 3 | 42.2 |
| 捷 克 | Czech Rep. | 98 | 2 | 5 | 68 | 75 | 27 | 611 | 29 | 2 | 65.0 |
| 蒙 古 | Mongolia | 22 | 5 | 7 | 181 | 30 | 32 | 314 | 133 | 4 | 21.6 |
| 多米尼克 | Dominica | 34 | 4 | 6 | 88 | 172 | 46 | 681 | 105 | 4 | 28.3 |
| 摩尔多瓦 | Moldova | 80 | 7 | 5 | 150 | 23 | 31 | 337 | 91 | 3 | 32.8 |
| 危地马拉 | Guatemala | 157 | 3 | 3 | 116 | 97 | 31 | 1402 | 109 | 3 | 27.7 |
| 塞舌尔 | Seychelles | 68 | 4 | 6 | 29 | 82 | 37 | 915 | 65 | 2 | 38.9 |
| 圣马力诺 | San Marino | 52 | 3 | 6 | 75 | 34 | 34 | 575 | 49 | 2 | 46.6 |
| 圣文森特和格林纳丁斯 | Saint Vincent and the Grenadines | 34 | 4 | 6 | 38 | 90 | 44 | 394 | 189 | | |
| 赞比亚 | Zambia | 80 | 3 | 5 | 163 | 120 | 35 | 611 | 73 | 2 | 37.1 |
| 巴哈马 | Bahamas | 115 | 2 | 5 | 72 | 125 | 49 | 427 | 32 | 3 | 63.5 |
| 斯里兰卡 | Sri Lanka | 52 | 6 | 6 | 51 | 135 | 40 | 1318 | 59 | 2 | 41.9 |
| 科索沃 | Kosovo | 98 | 6 | 5 | 121 | 138 | 53 | 420 | 83 | 2 | 35.3 |
| 摩洛哥 | Morocco | 115 | 6 | 5 | 37 | 83 | 40 | 510 | 69 | 2 | 38.3 |
| 乌拉圭 | Uruguay | 98 | 3 | 5 | 90 | 105 | 41 | 725 | 51 | 2 | 45.1 |
| 克罗地亚 | Croatia | 157 | 1 | 3 | 99 | 49 | 38 | 572 | 98 | 3 | 30.3 |
| 阿尔巴尼亚 | Albania | 14 | 7 | 7 | 85 | 124 | 39 | 525 | 62 | 2 | 40.7 |
| 巴巴多斯 | Barbados | 170 | 2 | 3 | 30 | 110 | 38 | 1340 | 28 | 2 | 65.1 |
| 俄罗斯 | Russia | 115 | 6 | 5 | 157 | 10 | 36 | 270 | 55 | 2 | 42.8 |

6-2 续表 4 continued

| 国家或地区 | Country or Area | 企业经营环境排名 Ease of Doing Business Rank | 开办企业排名 Starting a Business Rank | 申请建筑许可 Dealing with Construction Permits | | | 注册财产 Registering Property | | | 获得信贷排名 Getting Credit Rank | 缴纳税款排名 Paying Taxes Rank |
|---|---|---|---|---|---|---|---|---|---|---|---|
| | | | | 排名 Rank | 手续（个）Procedures (number) | 时间（天）Time (days) | 排名 Rank | 手续（个）Procedures (number) | 时间（天）Time (days) | | |
| 塞尔维亚 | Serbia | 93 | 45 | 182 | 18 | 269 | 44 | 6 | 11 | 42 | 161 |
| 牙买加 | Jamaica | 94 | 23 | 52 | 8 | 135 | 114 | 6 | 36 | 109 | 168 |
| 马尔代夫 | Maldives | 95 | 71 | 18 | 8 | 174 | 161 | 6 | 57 | 109 | 115 |
| 中国 | China | 96 | 158 | 185 | 25 | 270 | 48 | 4 | 29 | 73 | 120 |
| 所罗门群岛 | Solomon Islands | 97 | 82 | 81 | 15 | 92 | 172 | 10 | 87 | 86 | 30 |
| 纳米比亚 | Namibia | 98 | 132 | 31 | 12 | 123 | 178 | 8 | 54 | 55 | 114 |
| 越南 | Viet Nam | 99 | 109 | 29 | 11 | 114 | 51 | 4 | 57 | 42 | 149 |
| 帕劳 | Palau | 100 | 129 | 45 | 22 | 93 | 20 | 5 | 14 | 86 | 84 |
| 圣基茨和尼维斯 | Saint Kitts and Nevis | 101 | 73 | 15 | 11 | 139 | 169 | 6 | 82 | 130 | 145 |
| 哥斯达黎加 | Costa Rica | 102 | 102 | 82 | 14 | 123 | 46 | 5 | 19 | 86 | 136 |
| 马耳他 | Malta | 103 | 161 | 163 | 18 | 224 | 77 | 7 | 15 | 180 | 27 |
| 科威特 | Kuwait | 104 | 152 | 133 | 24 | 130 | 90 | 8 | 47 | 130 | 11 |
| 尼泊尔 | Nepal | 105 | 97 | 105 | 13 | 115 | 24 | 3 | 5 | 55 | 126 |
| 伯利兹 | Belize | 106 | 167 | 16 | 8 | 91 | 143 | 8 | 60 | 130 | 48 |
| 格林纳达 | Grenada | 107 | 72 | 9 | 8 | 123 | 157 | 8 | 47 | 130 | 90 |
| 菲律宾 | Philippines | 108 | 170 | 99 | 25 | 77 | 121 | 8 | 39 | 86 | 131 |
| 巴拉圭 | Paraguay | 109 | 113 | 71 | 12 | 137 | 71 | 6 | 46 | 86 | 125 |
| 巴基斯坦 | Pakistan | 110 | 105 | 109 | 11 | 222 | 125 | 6 | 50 | 73 | 166 |
| 黎巴嫩 | Lebanon | 111 | 120 | 179 | 20 | 246 | 112 | 8 | 25 | 109 | 39 |
| 乌克兰 | Ukraine | 112 | 47 | 41 | 10 | 73 | 97 | 8 | 45 | 13 | 164 |
| 巴布亚新几内亚 | Papua New Guinea | 113 | 101 | 165 | 21 | 219 | 87 | 4 | 72 | 86 | 116 |
| 马绍尔群岛 | Marshall Islands | 114 | 56 | 32 | 12 | 76 | 189 | | | 86 | 96 |
| 圭亚那 | Guyana | 115 | 94 | 33 | 8 | 195 | 111 | 6 | 75 | 170 | 110 |
| 巴西 | Brazil | 116 | 123 | 130 | 15 | 400 | 107 | 14 | 30 | 109 | 159 |
| 多米尼加 | Dominican Rep. | 117 | 144 | 121 | 14 | 216 | 115 | 7 | 60 | 86 | 106 |
| 萨尔瓦多 | El Salvador | 118 | 148 | 144 | 24 | 144 | 59 | 5 | 31 | 55 | 165 |
| 约旦 | Jordan | 119 | 117 | 111 | 17 | 70 | 104 | 7 | 21 | 170 | 35 |
| 印度尼西亚 | Indonesia | 120 | 175 | 88 | 13 | 158 | 101 | 6 | 22 | 86 | 137 |
| 佛得角 | Cape Verde | 121 | 66 | 135 | 17 | 117 | 64 | 6 | 22 | 109 | 80 |
| 基里巴斯 | Kiribati | 122 | 156 | 133 | 16 | 170 | 73 | 5 | 513 | 165 | 10 |
| 斯威士兰 | Swaziland | 123 | 172 | 51 | 13 | 95 | 130 | 9 | 21 | 55 | 59 |
| 尼加拉瓜 | Nicaragua | 124 | 123 | 152 | 16 | 208 | 135 | 8 | 49 | 109 | 163 |
| 埃塞俄比亚 | Ethiopia | 125 | 166 | 55 | 9 | 128 | 113 | 10 | 41 | 109 | 109 |
| 阿根廷 | Argentina | 126 | 164 | 181 | 24 | 365 | 138 | 7 | 54 | 73 | 153 |
| 洪都拉斯 | Honduras | 127 | 162 | 83 | 13 | 109 | 94 | 7 | 23 | 13 | 144 |
| 埃及 | Egypt | 128 | 50 | 149 | 21 | 179 | 105 | 8 | 63 | 86 | 148 |
| 肯尼亚 | Kenya | 129 | 134 | 47 | 9 | 125 | 163 | 9 | 73 | 13 | 166 |
| 孟加拉国 | Bangladesh | 130 | 74 | 93 | 11 | 201 | 177 | 8 | 245 | 86 | 100 |
| 波黑 | Bosnia and Herzegovinian | 131 | 174 | 175 | 17 | 179 | 96 | 7 | 25 | 73 | 135 |
| 乌干达 | Uganda | 132 | 151 | 143 | 16 | 146 | 126 | 11 | 47 | 42 | 98 |
| 也门 | Yemen | 133 | 114 | 101 | 14 | 186 | 61 | 6 | 19 | 170 | 129 |
| 印度 | India | 134 | 179 | 182 | 35 | 168 | 92 | 5 | 44 | 28 | 158 |
| 厄瓜多尔 | Ecuador | 135 | 176 | 64 | 16 | 115 | 91 | 8 | 39 | 86 | 91 |
| 莱索托 | Lesotho | 136 | 89 | 145 | 11 | 330 | 88 | 4 | 43 | 159 | 101 |
| 柬埔寨 | Cambodia | 137 | 184 | 161 | 21 | 652 | 118 | 7 | 56 | 42 | 65 |
| 约旦河西岸和加沙 | West Bank and Gaza | 138 | 143 | 131 | 18 | 87 | 122 | 8 | 56 | 165 | 62 |

6-2 续表 5 continued

| 国家或地区 | Country or Area | 投资者保护 Protecting Investors 排名 Rank | 披露指数 disclosure index | 投资者保护指数 Investor Protection Index | 跨境贸易排名 Trading Across Borders Rank | 合同执行 Enforcing Contracts 排名 Rank | 手续数(个) Procedures (number) | 时间(天) Time (days) | 解决破产 Resolving Insolvency 排名 Rank | 时间(年) Time (years) | 收回率(美分/美元) Recovery rate (cents/dollar) |
|---|---|---|---|---|---|---|---|---|---|---|---|
| 塞尔维亚 | Serbia | 80 | 7 | 5 | 98 | 116 | 36 | 635 | 103 | 2 | 29.0 |
| 牙买加 | Jamaica | 80 | 4 | 5 | 118 | 131 | 35 | 655 | 31 | 1 | 64.2 |
| 马尔代夫 | Maldives | 80 | | 5 | 138 | 90 | 41 | 665 | 40 | 2 | 50.4 |
| 中国 | China | 98 | 10 | 5 | 74 | 19 | 37 | 406 | 78 | 2 | 36.0 |
| 所罗门群岛 | Solomon Islands | 52 | 3 | 6 | 78 | 109 | 37 | 455 | 127 | 1 | 24.3 |
| 纳米比亚 | Namibia | 80 | 5 | 5 | 141 | 69 | 33 | 460 | 85 | 3 | 34.9 |
| 越南 | Viet Nam | 157 | 7 | 3 | 65 | 46 | 36 | 400 | 149 | 5 | 16.2 |
| 帕劳 | Palau | 178 | | 3 | 96 | 141 | 37 | 810 | 96 | 2 | 31.0 |
| 圣基茨和尼维斯 | Saint Kitts and Nevis | 34 | 4 | 6 | 66 | 112 | 46 | 578 | 189 | | |
| 哥斯达黎加 | Costa Rica | 170 | 2 | 3 | 44 | 130 | 40 | 852 | 124 | 3 | 24.5 |
| 马耳他 | Malta | 68 | 3 | 6 | 34 | 122 | 40 | 505 | 64 | 3 | 39.2 |
| 科威特 | Kuwait | 80 | 4 | 5 | 112 | 119 | 50 | 566 | 94 | 4 | 32.0 |
| 尼泊尔 | Nepal | 80 | 6 | 5 | 177 | 139 | 39 | 910 | 125 | 5 | 24.5 |
| 伯利兹 | Belize | 128 | 3 | 4 | 101 | 173 | 51 | 892 | 30 | 1 | 64.5 |
| 格林纳达 | Grenada | 34 | 4 | 6 | 61 | 166 | 46 | 688 | 189 | | |
| 菲律宾 | Philippines | 128 | 2 | 4 | 42 | 114 | 37 | 842 | 100 | 3 | 29.9 |
| 巴拉圭 | Paraguay | 68 | 6 | 6 | 154 | 102 | 38 | 591 | 152 | 4 | 15.2 |
| 巴基斯坦 | Pakistan | 34 | 6 | 6 | 91 | 158 | 46 | 976 | 71 | 3 | 37.7 |
| 黎巴嫩 | Lebanon | 98 | 9 | 5 | 97 | 126 | 37 | 721 | 93 | 3 | 32.4 |
| 乌克兰 | Ukraine | 128 | 5 | 4 | 148 | 45 | 30 | 378 | 162 | 3 | 8.2 |
| 巴布亚新几内亚 | Papua New Guinea | 68 | 4 | 6 | 134 | 168 | 42 | 591 | 128 | 3 | 23.5 |
| 马绍尔群岛 | Marshall Islands | 157 | 2 | 3 | 62 | 61 | 36 | 476 | 138 | 2 | 18.6 |
| 圭亚那 | Guyana | 80 | 5 | 5 | 71 | 73 | 36 | 581 | 141 | 3 | 18.0 |
| 巴西 | Brazil | 80 | 5 | 5 | 124 | 121 | 44 | 731 | 135 | 4 | 19.5 |
| 多米尼加 | Dominican Rep. | 98 | 5 | 5 | 33 | 81 | 34 | 460 | 159 | 4 | 8.8 |
| 萨尔瓦多 | El Salvador | 170 | 3 | 3 | 64 | 68 | 34 | 786 | 90 | 4 | 32.8 |
| 约旦 | Jordan | 170 | 4 | 3 | 57 | 133 | 38 | 689 | 113 | 3 | 27.2 |
| 印度尼西亚 | Indonesia | 52 | 10 | 6 | 54 | 147 | 40 | 498 | 144 | 5 | 17.9 |
| 佛得角 | Cape Verde | 138 | 1 | 4 | 95 | 35 | 37 | 425 | 189 | | |
| 基里巴斯 | Kiribati | 52 | 6 | 6 | 77 | 74 | 32 | 660 | 189 | | |
| 斯威士兰 | Swaziland | 128 | 2 | 4 | 127 | 176 | 40 | 956 | 68 | 2 | 38.5 |
| 尼加拉瓜 | Nicaragua | 138 | 1 | 4 | 82 | 47 | 37 | 409 | 84 | 2 | 34.9 |
| 埃塞俄比亚 | Ethiopia | 157 | 3 | 3 | 166 | 44 | 38 | 530 | 75 | 2 | 36.9 |
| 阿根廷 | Argentina | 98 | 7 | 5 | 129 | 57 | 36 | 590 | 97 | 3 | 30.8 |
| 洪都拉斯 | Honduras | 170 | | 3 | 84 | 182 | 47 | 920 | 136 | 4 | 19.5 |
| 埃及 | Egypt | 147 | 5 | 4 | 83 | 156 | 42 | 1010 | 146 | 4 | 16.9 |
| 肯尼亚 | Kenya | 98 | 3 | 5 | 156 | 151 | 44 | 465 | 123 | 5 | 24.7 |
| 孟加拉国 | Bangladesh | 22 | 6 | 7 | 130 | 185 | 41 | 1442 | 119 | 4 | 25.8 |
| 波黑 | Bosnia and Herzegovinian | 115 | 3 | 5 | 107 | 115 | 37 | 595 | 77 | 3 | 36.0 |
| 乌干达 | Uganda | 115 | 3 | 5 | 164 | 117 | 38 | 490 | 79 | 2 | 36.0 |
| 也门 | Yemen | 138 | 6 | 4 | 128 | 85 | 36 | 645 | 126 | 3 | 24.4 |
| 印度 | India | 34 | 7 | 6 | 132 | 186 | 46 | 1420 | 121 | 4 | 25.6 |
| 厄瓜多尔 | Ecuador | 138 | 1 | 4 | 122 | 99 | 39 | 588 | 143 | 5 | 17.9 |
| 莱索托 | Lesotho | 98 | 3 | 5 | 144 | 144 | 41 | 615 | 104 | 3 | 28.6 |
| 柬埔寨 | Cambodia | 80 | 5 | 5 | 114 | 162 | 44 | 483 | 163 | 6 | 8.2 |
| 约旦河西岸和加沙 | West Bank and Gaza | 80 | 6 | 5 | 123 | 88 | 44 | 540 | 189 | | |

## 6-2 续表 6 continued

| 国家或地区 | Country or Area | 企业经营环境排名 Ease of Doing Business Rank | 开办企业排名 Starting a Business Rank | 申请建筑许可 Dealing with Construction Permits | | | 注册财产 Registering Property | | | 获得信贷排名 Getting Credit Rank | 缴纳税款排名 Paying Taxes Rank |
|---|---|---|---|---|---|---|---|---|---|---|---|
| | | | | 排名 Rank | 手续(个) Procedures (number) | 时间(天) Time (days) | 排名 Rank | 手续(个) Procedures (number) | 时间(天) Time (days) | | |
| 莫桑比克 | Mozambique | 139 | 95 | 77 | 12 | 130 | 152 | 8 | 39 | 130 | 129 |
| 布隆迪 | Burundi | 140 | 27 | 126 | 15 | 99 | 52 | 5 | 26 | 170 | 143 |
| 不丹 | Bhutan | 141 | 86 | 132 | 22 | 150 | 86 | 3 | 92 | 109 | 104 |
| 塞拉利昂 | Sierra Leone | 142 | 75 | 176 | 19 | 258 | 170 | 7 | 67 | 86 | 128 |
| 塔吉克斯坦 | Tajikistan | 143 | 87 | 184 | 24 | 228 | 78 | 6 | 37 | 159 | 178 |
| 利比里亚 | Liberia | 144 | 31 | 129 | 23 | 75 | 181 | 10 | 44 | 86 | 42 |
| 坦桑尼亚 | Tanzania | 145 | 119 | 177 | 19 | 206 | 146 | 8 | 68 | 130 | 141 |
| 乌兹别克斯坦 | Uzbekistan | 146 | 21 | 159 | 25 | 243 | 136 | 14 | 77 | 130 | 168 |
| 尼日利亚 | Nigeria | 147 | 122 | 151 | 18 | 116 | 185 | 13 | 77 | 13 | 170 |
| 马达加斯加 | Madagascar | 148 | 29 | 157 | 16 | 160 | 155 | 6 | 74 | 180 | 61 |
| 苏丹 | Sudan | 149 | 131 | 167 | 16 | 270 | 41 | 6 | 9 | 170 | 108 |
| 冈比亚 | Gambia | 150 | 130 | 104 | 14 | 143 | 117 | 5 | 66 | 165 | 184 |
| 伊拉克 | Iraq | 151 | 169 | 20 | 10 | 139 | 108 | 5 | 51 | 180 | 63 |
| 伊朗 | Iran | 152 | 107 | 169 | 16 | 320 | 168 | 9 | 36 | 86 | 139 |
| 阿尔及利亚 | Algeria | 153 | 164 | 147 | 19 | 241 | 176 | 10 | 63 | 130 | 174 |
| 布基纳法索 | Burkina Faso | 154 | 125 | 60 | 12 | 98 | 123 | 4 | 67 | 130 | 160 |
| 马里 | Mali | 155 | 136 | 113 | 11 | 179 | 99 | 5 | 29 | 130 | 157 |
| 密克罗尼西亚 | Micronesia, Fed. | 156 | 106 | 54 | 15 | 114 | 189 | | | 130 | 94 |
| 多哥 | Togo | 157 | 168 | 114 | 12 | 155 | 159 | 5 | 295 | 130 | 172 |
| 科摩罗 | Comoros | 158 | 163 | 44 | 13 | 109 | 79 | 4 | 30 | 159 | 123 |
| 老挝 | Laos | 159 | 85 | 96 | 23 | 108 | 76 | 5 | 98 | 159 | 119 |
| 吉布提 | Djibouti | 160 | 127 | 157 | 15 | 167 | 133 | 6 | 39 | 180 | 66 |
| 苏里南 | Suriname | 161 | 181 | 49 | 11 | 239 | 173 | 6 | 107 | 170 | 50 |
| 玻利维亚 | Bolivia | 162 | 180 | 136 | 16 | 276 | 144 | 7 | 91 | 130 | 185 |
| 加蓬 | Gabon | 163 | 153 | 71 | 12 | 178 | 166 | 6 | 103 | 109 | 152 |
| 阿富汗 | Afghanistan | 164 | 24 | 167 | 12 | 330 | 175 | 9 | 250 | 130 | 98 |
| 叙利亚 | Syrian Arab Republic | 165 | 135 | 189 | | | 82 | 4 | 19 | 180 | 120 |
| 赤道几内亚 | Equatorial Guinea | 166 | 185 | 125 | 15 | 166 | 109 | 6 | 23 | 109 | 177 |
| 科特迪瓦 | Cote D'Ivoire | 167 | 115 | 162 | 16 | 364 | 127 | 6 | 42 | 130 | 173 |
| 喀麦隆 | Cameroon | 168 | 132 | 127 | 13 | 139 | 159 | 5 | 86 | 109 | 180 |
| 圣多美和普林西比 | Sao Tome and Principe | 169 | 98 | 103 | 13 | 118 | 165 | 7 | | 186 | 156 |
| 津巴布韦 | Zimbabwe | 170 | 150 | 170 | 12 | 496 | 93 | 5 | 36 | 109 | 142 |
| 马拉维 | Malawi | 171 | 149 | 173 | 16 | 183 | 85 | 6 | 69 | 130 | 81 |
| 东帝汶 | Timor-Leste | 172 | 154 | 128 | 19 | 238 | 189 | | | 165 | 55 |
| 毛里塔尼亚 | Mauritania | 173 | 173 | 123 | 16 | 82 | 67 | 4 | 49 | 170 | 181 |
| 贝宁 | Benin | 174 | 139 | 95 | 11 | 188 | 137 | 4 | 120 | 130 | 179 |
| 几内亚 | Guinea | 175 | 146 | 155 | 29 | 170 | 140 | 6 | 59 | 159 | 186 |
| 尼日尔 | Niger | 176 | 159 | 164 | 12 | 326 | 80 | 4 | 35 | 130 | 162 |
| 海地 | Haiti | 177 | 187 | 141 | 9 | 1129 | 138 | 5 | 312 | 165 | 132 |
| 塞内加尔 | Senegal | 178 | 110 | 165 | 14 | 245 | 174 | 6 | 122 | 130 | 182 |
| 安哥拉 | Angola | 179 | 178 | 65 | 12 | 204 | 132 | 7 | 191 | 130 | 155 |
| 几内亚比绍 | Guinea-Bissau | 180 | 159 | 119 | 12 | 152 | 170 | 8 | 51 | 130 | 153 |
| 委内瑞拉 | Venezuela | 181 | 157 | 110 | 10 | 381 | 95 | 8 | 38 | 130 | 187 |
| 缅甸 | Myanmar | 182 | 189 | 150 | 16 | 159 | 154 | 6 | 113 | 170 | 107 |
| 刚果(金) | Congo, Dem. Rep. | 183 | 185 | 90 | 11 | 117 | 133 | 7 | 49 | 159 | 176 |
| 厄立特里亚 | Eritrea | 184 | 188 | 189 | | | 184 | 11 | 78 | 186 | 150 |
| 刚果(布) | Congo, Rep. | 185 | 182 | 142 | 14 | 161 | 164 | 6 | 55 | 109 | 183 |
| 利比亚 | Libya | 187 | 171 | 189 | | | 189 | | | 186 | 116 |
| 中非 | Central African Rep. | 188 | 177 | 156 | 18 | 203 | 141 | 5 | 75 | 109 | 188 |
| 乍得 | Chad | 189 | 183 | 139 | 13 | 154 | 146 | 6 | 44 | 130 | 189 |

## 6-2 续表 7 continued

| 国家或地区 | Country or Area | 投资者保护 Protecting Investors | | | 跨境贸易排名 Trading Across Borders Rank | 合同执行 Enforcing Contracts | | | 解决破产 Resolving Insolvency | | |
|---|---|---|---|---|---|---|---|---|---|---|---|
| | | 排名 Rank | 披露指数 disclosure index | 投资者保护指数 Investor Protection Index | | 排名 Rank | 手续数(个) Procedures (number) | 时间(天) Time (days) | 排名 Rank | 时间(年) Time (years) | 收回率(美分/美元) Recovery rate (cents/dollar) |
| 莫桑比克 | Mozambique | 52 | 5 | 6 | 131 | 145 | 30 | 950 | 148 | 5 | 16.6 |
| 布隆迪 | Burundi | 34 | 8 | 6 | 175 | 177 | 44 | 832 | 164 | 5 | 7.7 |
| 不丹 | Bhutan | 147 | 4 | 4 | 172 | 37 | 47 | 225 | 189 | | |
| 塞拉利昂 | Sierra Leone | 22 | 6 | 7 | 140 | 149 | 39 | 515 | 158 | 2 | 10.5 |
| 塔吉克斯坦 | Tajikistan | 22 | 8 | 7 | 188 | 39 | 35 | 430 | 81 | 2 | 35.8 |
| 利比里亚 | Liberia | 147 | 4 | 4 | 142 | 165 | 40 | 1280 | 161 | 3 | 8.5 |
| 坦桑尼亚 | Tanzania | 98 | 3 | 5 | 139 | 42 | 38 | 515 | 134 | 3 | 21.4 |
| 乌兹别克斯坦 | Uzbekistan | 138 | 4 | 4 | 189 | 40 | 41 | 195 | 63 | 2 | 39.9 |
| 尼日利亚 | Nigeria | 68 | 5 | 6 | 158 | 136 | 40 | 447 | 107 | 2 | 27.9 |
| 马达加斯加 | Madagascar | 68 | 5 | 6 | 115 | 160 | 38 | 871 | 157 | 2 | 11.7 |
| 苏丹 | Sudan | 157 | | 3 | 155 | 154 | 53 | 810 | 89 | 2 | 33.2 |
| 冈比亚 | Gambia | 178 | 2 | 3 | 99 | 60 | 33 | 407 | 108 | 2 | 27.8 |
| 伊拉克 | Iraq | 128 | 4 | 4 | 179 | 142 | 51 | 520 | 189 | | |
| 伊朗 | Iran | 147 | 7 | 4 | 153 | 51 | 40 | 505 | 129 | 5 | 22.4 |
| 阿尔及利亚 | Algeria | 98 | 5 | 5 | 133 | 129 | 45 | 630 | 60 | 3 | 41.7 |
| 布基纳法索 | Burkina Faso | 147 | 6 | 4 | 174 | 108 | 37 | 446 | 117 | 4 | 26.1 |
| 马里 | Mali | 147 | 6 | 4 | 160 | 140 | 36 | 620 | 131 | 4 | 22.2 |
| 密克罗尼西亚 | Micronesia, Fed. | 178 | | 3 | 103 | 152 | 34 | 885 | 168 | 5 | 3.4 |
| 多哥 | Togo | 147 | 6 | 4 | 110 | 153 | 40 | 588 | 111 | 3 | 27.6 |
| 科摩罗 | Comoros | 138 | 6 | 4 | 146 | 159 | 43 | 506 | 189 | | |
| 老挝 | Laos | 187 | 2 | 2 | 161 | 104 | 42 | 443 | 189 | | |
| 吉布提 | Djibouti | 182 | 5 | 2 | 60 | 163 | 40 | 1225 | 147 | 5 | 16.8 |
| 苏里南 | Suriname | 186 | 1 | 2 | 105 | 184 | 44 | 1715 | 160 | 5 | 8.6 |
| 玻利维亚 | Bolivia | 138 | 1 | 4 | 126 | 131 | 40 | 591 | 67 | 2 | 38.9 |
| 加蓬 | Gabon | 157 | 6 | 3 | 135 | 157 | 38 | 1070 | 153 | 5 | 15.2 |
| 阿富汗 | Afghanistan | 189 | 1 | 1 | 184 | 168 | 47 | 1642 | 115 | 2 | 26.5 |
| 叙利亚 | Syrian Arab Republic | 115 | 7 | 5 | 147 | 179 | 55 | 872 | 120 | 4 | 25.7 |
| 赤道几内亚 | Equatorial Guinea | 147 | 6 | 4 | 137 | 50 | 40 | 475 | 189 | | |
| 科特迪瓦 | Cote D'Ivoire | 157 | 6 | 3 | 165 | 88 | 32 | 585 | 95 | 2 | 31.8 |
| 喀麦隆 | Cameroon | 128 | 6 | 4 | 159 | 175 | 42 | 800 | 151 | 3 | 15.4 |
| 圣多美和普林西比 | Sao Tome and Principe | 157 | 3 | 3 | 102 | 183 | 43 | 1065 | 166 | 6 | 5.4 |
| 津巴布韦 | Zimbabwe | 128 | 8 | 4 | 167 | 118 | 38 | 410 | 156 | 3 | 13.1 |
| 马拉维 | Malawi | 80 | 4 | 5 | 176 | 145 | 42 | 432 | 150 | 3 | 15.6 |
| 东帝汶 | Timor-Leste | 115 | 5 | 5 | 92 | 189 | 51 | 1285 | 189 | | |
| 毛里塔尼亚 | Mauritania | 147 | 6 | 4 | 152 | 75 | 46 | 370 | 189 | | |
| 贝宁 | Benin | 157 | 6 | 3 | 119 | 181 | 42 | 795 | 140 | 4 | 18.1 |
| 几内亚 | Guinea | 178 | 6 | 3 | 136 | 134 | 49 | 276 | 145 | 4 | 17.6 |
| 尼日尔 | Niger | 157 | 6 | 3 | 178 | 143 | 39 | 545 | 154 | 5 | 14.9 |
| 海地 | Haiti | 170 | 2 | 3 | 151 | 96 | 35 | 530 | 189 | | |
| 塞内加尔 | Senegal | 170 | 6 | 3 | 80 | 167 | 43 | 770 | 122 | 3 | 25.3 |
| 安哥拉 | Angola | 80 | 4 | 5 | 169 | 187 | 46 | 1296 | 189 | | |
| 几内亚比绍 | Guinea-Bissau | 138 | 6 | 4 | 125 | 148 | 40 | 1715 | 189 | | |
| 委内瑞拉 | Venezuela | 182 | 3 | 2 | 173 | 92 | 30 | 610 | 165 | 4 | 6.5 |
| 缅甸 | Myanmar | 182 | 3 | 2 | 113 | 188 | 45 | 1160 | 155 | 5 | 14.7 |
| 刚果(金) | Congo, Dem. Rep. | 147 | 6 | 4 | 171 | 177 | 43 | 610 | 167 | 5 | 4.5 |
| 厄立特里亚 | Eritrea | 115 | 4 | 5 | 170 | 67 | 39 | 490 | 189 | | |
| 刚果(布) | Congo, Rep. | 157 | 6 | 3 | 180 | 164 | 44 | 560 | 142 | 3 | 17.9 |
| 利比亚 | Libya | 187 | 1 | 2 | 143 | 150 | 43 | 690 | 189 | | |
| 中非 | Central African Rep. | 138 | 6 | 4 | 185 | 180 | 43 | 660 | 189 | 5 | |
| 乍得 | Chad | 157 | 6 | 3 | 183 | 171 | 41 | 743 | 189 | 4 | |

# 6-3 新注册企业数
# New Businesses Registered

资料来源：世界银行WDI数据库。
Source: World Bank WDI Database.
单位：个 (number)

| 国家或地区 | Country or Area | 2000 | 2005 | 2008 | 2009 | 2010 | 2011 | 2012 |
|---|---|---|---|---|---|---|---|---|
| 中国香港 | Hong Kong, China | 38086 | 73359 | 98645 | 109424 | 139530 | 148329 | 150165 |
| 孟加拉国 | Bangladesh | | 5157 | 7425 | 8007 | 8755 | | 9193 |
| 柬 埔 寨 | Cambodia | | 1509 | 2744 | 2003 | | | |
| 印　度 | India | | 38129 | 84800 | 46000 | 64900 | 70450 | 99587 |
| 印度尼西亚 | Indonesia | | 23348 | 37106 | 28998 | 38122 | 43775 | 47549 |
| 以 色 列 | Israel | | 14364 | 14836 | | 16898 | 16383 | 14504 |
| 日　本 | Japan | | 112201 | 91635 | 85673 | 87688 | 89373 | 91751 |
| 哈萨克斯坦 | Kazakhstan | | 20431 | 17341 | 16734 | 16875 | 18563 | 19568 |
| 韩　国 | Korea, Rep. | | 31879 | 50505 | 56337 | 60593 | 65973 | 73972 |
| 老　挝 | Laos | | | 80 | 286 | 265 | 398 | |
| 马来西亚 | Malaysia | 33149 | 37672 | 41623 | 41638 | | 45455 | 45441 |
| 巴基斯坦 | Pakistan | 1051 | 3917 | 4286 | 2719 | | 3593 | 4162 |
| 菲 律 宾 | Philippines | 12802 | 13523 | 13470 | 11435 | | 12590 | 16143 |
| 新 加 坡 | Singapore | | 18701 | 23543 | 24235 | | 29781 | 31532 |
| 斯里兰卡 | Sri Lanka | 2567 | 4754 | 4321 | 4062 | | 7662 | 6975 |
| 泰　国 | Thailand | 18481 | 32243 | 27680 | 27587 | | 33940 | 41210 |
| 埃　及 | Egypt | | 3867 | 6291 | 6308 | | | |
| 尼日利亚 | Nigeria | | 28988 | 64017 | 65089 | | 72396 | 81144 |
| 南　非 | South Africa | | 227624 | 291323 | 253217 | | 165323 | 217624 |
| 加 拿 大 | Canada | 97000 | 20868 | 21431 | 20191 | 24661 | | 25723 |
| 墨 西 哥 | Mexico | | 40398 | 50392 | 60358 | | 65016 | 68666 |
| 美　国 | United States | | 676830 | | | | | |
| 阿 根 廷 | Argentina | 14500 | 14219 | 14493 | 12118 | 13133 | | 12385 |
| 巴　西 | Brazil | 460602 | 246722 | 56704 | 51717 | 66512 | | 53876 |
| 捷　克 | Czech Rep. | | 14062 | 22633 | 21717 | 22456 | 21173 | 21571 |
| 法　国 | France | 90787 | 117284 | 147049 | 128906 | 132696 | 132293 | 121538 |
| 德　国 | Germany | | 66923 | 65812 | 74055 | 73966 | 71190 | 69332 |
| 意 大 利 | Italy | 60132 | 84125 | 87665 | | 87415 | 80028 | 75645 |
| 荷　兰 | Netherlands | | 46514 | 55419 | 48660 | | 46578 | 49425 |
| 波　兰 | Poland | | 13018 | 12678 | 14434 | | | |
| 俄 罗 斯 | Russia | 225317 | 380973 | 577069 | 401471 | | 458930 | 442165 |
| 西 班 牙 | Spain | 115870 | 131054 | 99473 | 74333 | | 81027 | 84399 |
| 土 耳 其 | Turkey | 66236 | 45775 | 47983 | 42237 | | | 38823 |
| 乌 克 兰 | Ukraine | 29777 | 27659 | 30762 | 21120 | | | 29650 |
| 英　国 | United Kingdom | 225600 | 333700 | 372400 | 330100 | | | 455600 |
| 澳大利亚 | Australia | | 121994 | 143153 | 147258 | 160615 | | 185009 |
| 新 西 兰 | New Zealand | | 64818 | 53512 | 48358 | | 42447 | 44169 |

# 6-4 新注册企业密度①

# New Business Density①

资料来源：世界银行WDI数据库。
Source: World Bank WDI Database.
单位：个/万人

(unit per 10000 persons)

| 国家或地区 | Country or Area | 2005 | 2008 | 2009 | 2010 | 2011 | 2012 |
|---|---|---|---|---|---|---|---|
| **世　界** | **World** | **34.1** | **39.6** | **33.8** | **35.8** | **36.7** | **38.3** |
| **高收入国家** | **High Income** | **62.9** | **76.0** | **63.2** | **68.2** | **71.4** | **74.7** |
| **经合组织国家** | **OECD Countries** | **46.8** | **45.0** | **42.5** | **42.3** | **44.4** | **52.7** |
| **欧 元 区** | **Euro Area** | **46.1** | **56.5** | **48.2** | **51.5** | **58.3** | **67.5** |
| **非经合组织国家** | **High Income: nonOECD** | **97.6** | **140.1** | **107.5** | **134.2** | **127.8** | **122.6** |
| **中等收入国家** | **Middle Income** | **21.3** | **25.4** | **22.0** | **20.9** | **23.2** | **22.6** |
| **中等偏上收入国家** | **Upper Middle Income** | **31.8** | **37.8** | **32.8** | **29.1** | **32.7** | **30.1** |
| **中等偏下收入国家** | **Lower Middle Income** | **6.9** | **8.5** | **7.7** | **9.8** | **9.5** | **11.2** |
| **中低收入国家** | **Low and Middle Income** | **17.4** | **20.5** | **18.1** | **17.9** | **19.5** | **18.6** |
| **东亚和太平洋** | **East Asia and Pacific** | **13.9** | **10.9** | **17.1** | **16.7** | **11.9** | **13.5** |
| **欧洲和中亚** | **Europe and Central Asia** | **18.2** | **25.6** | **20.4** | **20.8** | **27.3** | **21.9** |
| **拉丁美洲和加勒比** | **Latin America and Caribbean** | **30.9** | **34.9** | **26.3** | **26.0** | **27.1** | **23.8** |
| **中东和北非国家** | **Middle East and North Africa** | **4.3** | **5.8** | **5.9** | **5.9** | **5.9** | **5.5** |
| **南　亚** | **South Asia** | **6.7** | **8.6** | **7.3** | **2.4** | **2.7** | **2.5** |
| **撒哈拉以南非洲** | **Sub-Saharan Africa** | **15.8** | **18.8** | **18.0** | **18.0** | **18.3** | **20.9** |
| **低收入国家** | **Low Income** | **1.7** | **3.0** | **3.0** | **3.3** | **3.4** | **4.0** |
| 中国香港 | Hong Kong, China | 146.2 | 189.8 | 209.5 | 265.0 | 280.1 | 281.2 |
| 孟加拉国 | Bangladesh | 0.6 | 0.8 | 0.9 | 0.9 | | 0.9 |
| 柬 埔 寨 | Cambodia | 1.8 | 3.1 | 2.2 | | | |
| 印　度 | India | 0.5 | 1.1 | 0.6 | 0.8 | 0.9 | 1.2 |
| 印度尼西亚 | Indonesia | 1.6 | 2.4 | 1.9 | 2.4 | 2.8 | 2.9 |
| 以 色 列 | Israel | 33.4 | 32.5 | | 35.6 | 33.9 | 29.6 |
| 日　本 | Japan | 13.3 | 11.1 | 10.4 | 10.8 | 11.1 | 11.5 |
| 哈萨克斯坦 | Kazakhstan | 19.9 | 16.2 | 15.2 | 15.1 | 16.4 | 17.1 |
| 韩　国 | Korea, Rep. | 9.3 | 14.3 | 15.8 | 16.9 | 18.2 | 20.3 |
| 老　挝 | Laos | | 0.2 | 0.8 | 0.7 | 1.0 | |
| 马来西亚 | Malaysia | 22.3 | 22.9 | 22.3 | | 23.3 | 22.8 |
| 巴基斯坦 | Pakistan | 0.4 | 0.4 | 0.3 | | 0.3 | 0.4 |
| 菲 律 宾 | Philippines | 2.7 | 2.5 | 2.1 | | 2.2 | 2.7 |
| 新 加 坡 | Singapore | 60.4 | 66.3 | 66.1 | | 77.9 | 80.5 |
| 斯里兰卡 | Sri Lanka | 3.4 | 3.2 | 3.0 | | 5.5 | 5.2 |
| 泰　国 | Thailand | 7.0 | 5.9 | 5.8 | | 7.1 | 8.6 |
| 埃　及 | Egypt | 0.9 | 1.3 | 1.3 | | | |
| 尼日利亚 | Nigeria | 3.9 | 7.9 | 7.9 | | 8.3 | 9.1 |
| 南　非 | South Africa | 74.4 | 91.8 | 78.9 | | 50.2 | 65.4 |
| 加 拿 大 | Canada | 9.3 | 9.3 | 8.6 | 10.4 | | 10.7 |
| 墨 西 哥 | Mexico | 5.9 | 6.9 | 8.2 | | 8.5 | 8.8 |
| 阿 根 廷 | Argentina | 5.8 | 5.7 | 4.7 | 5.0 | | 4.7 |
| 巴　西 | Brazil | 20.0 | 24.4 | 21.9 | 27.7 | | 21.7 |
| 捷　克 | Czech Rep. | 19.3 | 30.6 | 29.2 | 30.3 | | 29.6 |
| 法　国 | France | 28.5 | 35.1 | 30.7 | 31.5 | 31.3 | 28.8 |
| 德　国 | Germany | 12.2 | 12.1 | 13.7 | 13.8 | 13.2 | 12.9 |
| 意 大 利 | Italy | 21.7 | 22.2 | | 22.0 | 20.1 | 19.1 |
| 荷　兰 | Netherlands | 42.2 | 50.0 | 43.8 | | 41.8 | 44.4 |
| 波　兰 | Poland | 4.9 | 4.7 | 5.3 | | | |
| 俄 罗 斯 | Russia | 37.5 | 56.6 | 39.3 | | 44.7 | 43.0 |
| 西 班 牙 | Spain | 43.9 | 31.9 | 23.7 | | 25.9 | 27.1 |
| 土 耳 其 | Turkey | 10.4 | 10.4 | 9.0 | | | 7.9 |
| 乌 克 兰 | Ukraine | 8.5 | 9.5 | 6.5 | | | 9.2 |
| 英　国 | United Kingdom | 83.8 | 91.7 | 80.9 | | | 110.4 |
| 澳大利亚 | Australia | 88.9 | 98.9 | 99.9 | 107.7 | | 121.6 |
| 新 西 兰 | New Zealand | 236.0 | 188.1 | 168.2 | | 145.3 | 150.7 |

注：①新注册企业密度是指1万个15-64岁劳动人口中新注册企业所占比重。
Note:①New registrations per 10,000 people ages 15-64.

# 6-5 私人部门贷款占国内生产总值比重
## Domestic Credit to Private Sector as Percentage of GDP

资料来源：世界银行WDI数据库。
Source: World Bank WDI Database.
单位：%　　(%)

| 国家或地区 | Country or Area | 2000 | 2005 | 2009 | 2010 | 2011 | 2012 |
|---|---|---|---|---|---|---|---|
| **世　界** | **World** | **126.6** | **131.2** | **136.9** | **131.5** | **126.5** | **127.4** |
| **高收入国家** | **High Income** | **142.7** | **149.5** | **161.1** | **156.5** | **150.4** | **150.5** |
| **经合组织国家** | **OECD Countries** | **146.1** | **155.0** | **168.2** | **164.6** | **159.3** | **159.8** |
| **非经合组织国家** | **High Income: nonOECD** | **55.2** | **50.3** | **66.4** | **63.0** | **61.3** | **62.3** |
| **中等收入国家** | **Middle Income** | **50.2** | **55.9** | **72.5** | **73.6** | **75.3** | **80.8** |
| **中等偏上收入国家** | **Upper Middle Income** | **56.7** | **62.7** | **81.4** | **83.8** | **85.7** | **92.4** |
| **中等偏下收入国家** | **Lower Middle Income** | **27.7** | **33.4** | **41.2** | **39.9** | **39.7** | **40.4** |
| **中低收入国家** | **Low and Middle Income** | **49.4** | **55.0** | **71.6** | **72.8** | **74.5** | **80.0** |
| **东亚和太平洋** | **East Asia and Pacific** | **98.4** | **99.6** | **114.2** | **116.2** | **115.1** | **121.8** |
| **欧洲和中亚** | **Europe and Central Asia** | **17.4** | **27.3** | **46.5** | **47.8** | **49.1** | **49.8** |
| **拉丁美洲和加勒比** | **Latin America and Caribbean** | **23.6** | **23.1** | **35.3** | **38.8** | **43.5** | **46.7** |
| **中东和北非国家** | **Middle East and North Africa** | **34.2** | **30.4** | **32.8** | **26.3** | **24.4** | **23.6** |
| **南　亚** | **South Asia** | **27.0** | **37.7** | **43.8** | **46.2** | **45.9** | **46.7** |
| **撒哈拉以南非洲** | **Sub-Saharan Africa** | **60.5** | **63.7** | **64.2** | **57.6** | **53.7** | **52.9** |
| **低收入国家** | **Low Income** | **18.2** | **20.1** | **26.2** | **28.7** | **29.9** | **30.7** |
| 中　国 | China | 112.3 | 113.3 | 127.2 | 129.9 | 127.0 | 133.7 |
| 中国香港 | Hong Kong, China | 150.4 | 143.1 | 155.4 | 185.5 | 202.1 | 198.1 |
| 中国澳门 | Macao, China | 79.9 | 45.3 | 58.2 | 56.8 | 56.2 | 57.1 |
| 孟加拉国 | Bangladesh | 24.7 | 33.8 | 41.5 | 47.1 | 49.4 | 49.4 |
| 文　莱 | Brunei Darussalam | 50.3 | 40.3 | 44.5 | 40.9 | 31.8 | 31.5 |
| 柬埔寨 | Cambodia | 6.4 | 9.0 | 24.6 | 27.6 | 28.2 | 38.8 |
| 印　度 | India | 27.9 | 39.4 | 47.3 | 49.6 | 49.7 | 51.0 |
| 印度尼西亚 | Indonesia | 19.9 | 26.4 | 27.7 | 29.0 | 31.7 | 35.0 |
| 伊　朗 | Iran | 19.5 | 30.0 | 33.5 | 13.7 | 12.5 | 11.4 |
| 以色列 | Israel | 76.8 | 89.8 | 99.8 | 89.8 | 89.5 | |
| 日　本 | Japan | 219.3 | 192.9 | 183.4 | 175.0 | 174.8 | 176.7 |
| 哈萨克斯坦 | Kazakhstan | 11.2 | 35.7 | 50.3 | 39.3 | 36.0 | 36.7 |
| 韩　国 | Korea, Rep. | 77.5 | 122.1 | 156.3 | 146.6 | 149.0 | 148.0 |
| 老　挝 | Laos | 8.9 | 7.4 | 17.2 | 20.8 | | |
| 马来西亚 | Malaysia | 135.0 | 106.5 | 111.6 | 110.4 | 111.8 | 117.8 |
| 蒙　古 | Mongolia | 6.9 | 27.6 | 40.3 | 39.6 | 51.6 | 52.3 |
| 巴基斯坦 | Pakistan | 22.3 | 28.6 | 22.7 | 21.5 | 18.1 | 16.9 |
| 菲律宾 | Philippines | 36.8 | 29.1 | 29.2 | 29.6 | 31.9 | 33.4 |
| 新加坡 | Singapore | 97.9 | 90.9 | 99.6 | 98.2 | 110.1 | 120.6 |
| 斯里兰卡 | Sri Lanka | 28.8 | 32.9 | 24.7 | 26.6 | 30.6 | 31.1 |
| 泰　国 | Thailand | 108.3 | 100.7 | 116.4 | 123.8 | 140.3 | 148.3 |
| 越　南 | Viet Nam | 32.7 | 60.5 | 103.3 | 114.7 | 101.8 | 94.8 |
| 埃　及 | Egypt | 52.0 | 51.2 | 36.1 | 33.1 | 31.2 | 29.1 |
| 尼日利亚 | Nigeria | 12.4 | 13.2 | 38.5 | 15.6 | 12.4 | 11.9 |
| 南　非 | South Africa | 133.7 | 144.2 | 152.1 | 153.9 | 144.7 | 151.1 |
| 加拿大 | Canada | 95.7 | 178.2 | | | | |
| 墨西哥 | Mexico | 15.4 | 16.1 | 22.8 | 24.4 | 25.9 | 27.7 |
| 美　国 | United States | 162.0 | 187.8 | 196.5 | 191.6 | 183.1 | 183.6 |
| 阿根廷 | Argentina | 23.9 | 11.7 | 13.5 | 14.6 | 16.6 | 18.5 |
| 巴　西 | Brazil | 31.7 | 31.4 | 48.9 | 54.4 | 61.3 | 68.4 |
| 委内瑞拉 | Venezuela | 12.5 | 13.1 | 23.6 | 18.8 | 20.4 | 25.3 |
| 捷　克 | Czech Rep. | 47.2 | 35.4 | 52.0 | 53.1 | 55.6 | 56.7 |
| 法　国 | France | 85.1 | 92.7 | 111.5 | 114.2 | 115.9 | 116.0 |
| 德　国 | Germany | 119.4 | 112.6 | 113.4 | 107.0 | 103.8 | 101.1 |
| 意大利 | Italy | 75.5 | 89.0 | 111.0 | 122.9 | 122.4 | 124.4 |
| 荷　兰 | Netherlands | 134.2 | 165.0 | 214.2 | 200.0 | 199.3 | 200.3 |
| 波　兰 | Poland | 26.6 | 28.9 | 50.4 | 51.9 | 54.8 | 53.8 |
| 俄罗斯 | Russia | 13.6 | 27.5 | 46.2 | 43.8 | 45.8 | 48.8 |
| 西班牙 | Spain | 97.8 | 145.7 | 212.3 | 215.1 | 209.2 | 192.6 |
| 土耳其 | Turkey | 17.8 | 22.2 | 36.5 | 44.2 | 50.0 | 54.4 |
| 乌克兰 | Ukraine | 11.2 | 32.2 | 76.0 | 64.8 | 64.1 | 62.0 |
| 英　国 | United Kingdom | 127.9 | 156.8 | 210.3 | 199.9 | 184.3 | 175.8 |
| 澳大利亚 | Australia | 87.6 | 109.0 | 123.2 | 126.4 | 123.4 | 123.3 |
| 新西兰 | New Zealand | 109.2 | 121.6 | 145.5 | 145.4 | | |

# 主要统计指标解释

**企业开业所要办理的手续数** 是开办一个企业所要求办理的手续数量，包括为获得许可证和执照，完成所有的登记、证明和开业通知书所进行的往来手续。数据是关于企业的所有权性质，规模和产品类型。

**企业办理开业手续所需时间** 为开办一个企业办理法律手续需要的日历天数。如果缴纳额外成本之后能加快手续办理速度，则选择办理速度最快的手续。

**企业经营环境排名** 是所有经济体按其企业经营环境的宽松程度排名，排名越高说明该国的政策法规环境越有利于企业经营。该指数是一国在开办企业、申请建筑许可、获得电力、注册财产、信贷融资便利程度、投资者保护、缴纳税款、跨境贸易、合同执行和解决破产这 10 类指标的百分等级的简单平均。每类指标由若干指标组成，每类指标的数值也是由其构成要素的百分等级的简单平均所得。

**开办企业** 反映了一个企业家在建立和登记新企业需要克服的行政和法规障碍。它调查了开办一家拥有 50 名员工、法定资本金相当于 10 倍人均国民收入的工商业企业所涉及的程序、时间和成本。

**新注册企业数** 是日历年度内登记注册的有限责任公司数量。

**新注册企业密度** 是日历年度内每万人新登记注册企业数。

**申请建筑许可** 以建造一幢库房为例，所需的步骤以及相应的时间和成本，包括获取必要的许可、完成所需的公示和检查以及接通公用设施。

**注册财产** 假定在一个标准化案例中，一名企业家想在最大的商业城市中购买土地和一幢建筑物（该物产已被登记在册并且不存在所有权争议），他在登记房地产物权时所涉及的步骤、时间和成本。

**信贷融资便利程度** 包含了两方面问题，信贷信息登记系统以及担保和破产法在促进信贷方面的效能。

**缴纳税款** 反映了一家中型企业在给定年份所需缴付的税负，以及纳税的行政成本。

**跨境贸易** 研究了有关进口和出口一个标准化集装箱所需的成本和程序。每一步正规程序都计算在内－－从两方达成合同协议到交接货物－－同时统计了完成整个过程所需的时间。

**投资者权益保护** 针对经理人滥用企业财产为己谋私方面，测量了对保护股东权益监测的力度。

**执行合同** 通过追踪一件付款纠纷的进展、查询从原告提起诉讼到最终获得赔偿的时间、成本和所需步骤数，研究合同强制执行的效率。

**解决破产** 研究现有破产法规的缺陷以及破产程序存在的主要程序上和行政上的障碍。

**对私人部门的国内贷款** 是提供给私营部门的应偿还的金融资源，例如，贷款、购买非股本证券、贸易信贷和其他应收账款。部分国家包括对国有企业的借贷。

# Explanatory Notes on Main Statistical Indicators

**Number of Procedures for Starting a Business** is the number of procedures required to start a business, including interactions to obtain necessary permits and licenses and to complete all inscriptions, verifications, and notifications to start operations. Data are for businesses with specific characteristics of ownership, size, and type of production.

**Time Required for Starting a Business** is the number of calendar days to complete the procedures for legally operating a business. If a procedure can be expedited at additional cost, the fastest procedure, independent of cost, is chosen.

**Ease of Doing Business Rank** Economies are ranked on their ease of doing business, with first place being the best. A high ranking means that the regulatory environment is conducive to business operation. The index ranks the simple average of the country's percentile rankings on 10 topics (Starting a business,Dealing with construction permits, Getting electricity, Registering property, Getting credit, Protecting investors, Paying taxes, Trading across borders, Enforcing contracts, Resolving Insolvency). The ranking on each topic is the simple average of the percentile rankings on its component indicators.

**Starting a Business** identifies the bureaucratic and legal hurdles an entrepreneur must overcome to incorporate and register a new firm. It examines the procedures, time, and cost involved in launching a commercial or industrial firm with up to 50 employees and start-up capital of 10 times the economy's per-capita gross national income (GNI).

**New Businesses Registered** are the number of limited liability firms registered in the calendar year.

**New Businesses Density** are the number of new limited liability corporations registered per 10 thousand people in the calendar year.

**Dealing with Construction Permits** tracks the procedures, time, and costs to build a warehouse, including obtaining necessary licenses and permits, completing required notifications and inspections, and obtaining utility connections.

**Registering Property** examines the steps, time, and cost involved in registering property, assuming a standardized case of an entrepreneur who wants to purchase land and a building that is already registered and free of title dispute.

**Getting Credit** explores two sets of issues-credit information registries and the effectiveness of collateral and bankruptcy laws in facilitating lending.

**Paying Taxes** addresses the taxes and mandatory contributions that a medium-size company must pay or withhold in a given year, as well as measures of administrative burden in paying taxes.

**Trading Across Borders** looks at the procedural requirements for exporting and importing a standardized cargo of goods. Every official procedure is counted—from the contractual agreement between the 2 parties to the delivery of goods—along with the time necessary for completion.

**Protecting Investors** measures the strength of minority shareholder protections against misuse of corporate assets by directors for their personal gain.

**Enforcing Contracts** looks at the efficiency of contract enforcement by following the evolution of a sale of goods dispute and tracking the time, cost, and number of procedures involved from the moment the plaintiff files the lawsuit until actual payment.

**Resolving Insolvency** identifies weaknesses in existing bankruptcy law and the main procedural and administrative bottlenecks in the bankruptcy process.

**Domestic Credit to Private Sector** is financial resources provided to the private sector—such as through loans, purchases of non-equity securities, and trade credits and other accounts receivable-that establish a claim for repayment. For some countries these claims include credit to public enterprises.

# 能　源

Energy

# 7-1　石油主要指标(2012年)
# Main Oil Indicators(2012)

资料来源：美国能源署。
Source: U.S.Energy Information Administration .

| 国家或地区 | Country or Area | 原油探明储量（亿桶） Crude Oil Proved Reserves (100 million Barrels) | 国家或地区 | | 石油存量（万桶） Total Petroleum Stocks (10 000 Barrels) |
|---|---|---|---|---|---|
| **世　界** | **World** | **15260** | **世　界** | **World** | **418845** |
| 沙特阿拉伯 | Saudi Arabia | 2670 | 美　国 | United States | 180778 |
| 委内瑞拉 | Venezuela | 2112 | 日　本 | Japan | 59065 |
| 加拿大 | Canada | 1736 | 德　国 | Germany | 28712 |
| 伊　朗 | Iran | 1512 | 韩　国 | Korea, Rep. | 17544 |
| 伊拉克 | Iraq | 1431 | 加拿大 | Canada | 17410 |
| 科威特 | Kuwait | 1040 | 法　国 | France | 16234 |
| 阿联酋 | United Arab Emirates | 978 | 意大利 | Italy | 12550 |
| 俄罗斯 | Russia | 600 | 荷　兰 | Netherlands | 12132 |
| 利比亚 | Libya | 471 | 西班牙 | Spain | 12007 |
| 尼日利亚 | Nigeria | 372 | 英　国 | United Kingdom | 8086 |
| 哈萨克斯坦 | Kazakhstan | 300 | 波　兰 | Poland | 6390 |
| 美　国 | United States | 265 | 土耳其 | Turkey | 6203 |
| 卡塔尔 | Qatar | 254 | 墨西哥 | Mexico | 4750 |
| 中　国 | China | 204 | 比利时 | Belgium | 3873 |
| 巴　西 | Brazil | 140 | 澳大利亚 | Australia | 3754 |
| 阿尔及利亚 | Algeria | 122 | 瑞　士 | Switzerland | 3683 |
| 墨西哥 | Mexico | 104 | 希　腊 | Greece | 3081 |
| 安哥拉 | Angola | 95 | 挪　威 | Norway | 2794 |
| 厄瓜多尔 | Ecuador | 72 | 瑞　典 | Sweden | 2764 |
| 阿塞拜疆 | Azerbaijan | 70 | 芬　兰 | Finland | 2632 |
| 印　度 | India | 56 | 奥地利 | Austria | 2289 |
| 阿　曼 | Oman | 55 | 丹　麦 | Denmark | 2156 |
| 挪　威 | Norway | 53 | 葡萄牙 | Portugal | 2125 |
| 埃　及 | Egypt | 44 | 捷　克 | Czech Rep. | 2023 |
| 越　南 | Viet Nam | 44 | 匈牙利 | Hungary | 1509 |
| 马来西亚 | Malaysia | 40 | 爱尔兰 | Ireland | 1032 |
| 印度尼西亚 | Indonesia | 39 | 智　利 | Chile | 894 |
| 也　门 | Yemen | 30 | 斯洛伐克 | Slovakia | 851 |
| 英　国 | United Kingdom | 28 | 新西兰 | New Zealand | 784 |
| 阿根廷 | Argentina | 25 | 斯洛文尼亚 | Slovenia | 532 |
| 叙利亚 | Syrian Arab Republic | 25 | 爱沙尼亚 | Estonia | 145 |
| 加　蓬 | Gabon | 20 | 卢森堡 | Luxemburg | 67 |

7-1 续表 continued

单位：万桶/天 (10 000 Barrels per Day)

| 国家或地区 | Country or Area | 石油供应量 Total Oil Supply | 国家或地区 | | 石油消费量 Total Petroleum Consumption |
|---|---|---|---|---|---|
| **世 界** | **World** | **8976** | **世 界** | **World** | **8941** |
| 沙特阿拉伯 | Saudi Arabia | 1173 | 美 国 | United States | 1849 |
| 美 国 | United States | 1111 | 中 国 | China | 1028 |
| 俄罗斯 | Russia | 1040 | 日 本 | Japan | 473 |
| 中 国 | China | 437 | 印 度 | India | 362 |
| 加拿大 | Canada | 386 | 俄罗斯 | Russia | 320 |
| 伊 朗 | Iran | 359 | 沙特阿拉伯 | Saudi Arabia | 286 |
| 阿联酋 | United Arab Emirates | 321 | 巴 西 | Brazil | 281 |
| 伊拉克 | Iraq | 299 | 德 国 | Germany | 239 |
| 墨西哥 | Mexico | 294 | 韩 国 | Korea, Rep. | 230 |
| 科威特 | Kuwait | 280 | 加拿大 | Canada | 228 |
| 巴 西 | Brazil | 265 | 墨西哥 | Mexico | 214 |
| 尼日利亚 | Nigeria | 252 | 法 国 | France | 174 |
| 委内瑞拉 | Venezuela | 249 | 伊 朗 | Iran | 171 |
| 卡塔尔 | Qatar | 203 | 印度尼西亚 | Indonesia | 159 |
| 挪 威 | Norway | 190 | 英 国 | United Kingdom | 150 |
| 阿尔及利亚 | Algeria | 188 | 新加坡 | Singapore | 138 |
| 安哥拉 | Angola | 183 | 意大利 | Italy | 135 |
| 哈萨克斯坦 | Kazakhstan | 161 | 澳大利亚 | Australia | 113 |
| 利比亚 | Libya | 148 | 中国台湾 | Taiwan, China | 108 |
| 印 度 | India | 99 | 荷 兰 | Netherlands | 102 |
| 印度尼西亚 | Indonesia | 97 | 泰 国 | Thailand | 101 |
| 哥伦比亚 | Colombia | 97 | 委内瑞拉 | Venezuela | 78 |
| 阿塞拜疆 | Azerbaijan | 93 | 埃 及 | Egypt | 76 |
| 阿 曼 | Oman | 92 | 伊拉克 | Iraq | 75 |
| 阿根廷 | Argentina | 72 | 阿根廷 | Argentina | 70 |
| 埃 及 | Egypt | 72 | 土耳其 | Turkey | 69 |
| 马来西亚 | Malaysia | 64 | 比利时 | Belgium | 62 |
| 澳大利亚 | Australia | 52 | 阿联酋 | United Arab Emirates | 62 |
| 厄瓜多尔 | Ecuador | 51 | 南 非 | South Africa | 61 |
| 泰 国 | Thailand | 47 | 马来西亚 | Malaysia | 60 |
| 越 南 | Viet Nam | 36 | 波 兰 | Poland | 52 |
| 赤道几内亚 | Equatorial Guinea | 31 | 巴基斯坦 | Pakistan | 44 |

# 7-2 能源平衡表(2011年)

# Energy Balance Sheet(2011)

资料来源：国际能源机构。
Source: International Energy Agency.

单位：万吨标准油 (10 000 TOE)

| 国家或地区 | Country or Area | 能源生产量 Energy Production | | | | 能源进口 Imports | | | |
|---|---|---|---|---|---|---|---|---|---|
| | | 总计 Total | 煤和煤制品 Coal and Coal Products | 原油,天然气凝析液和给料 Crude, NGL and Feedstocks | 天然气 Natural gas | 总计 Total | 煤和煤制品 Coal and Coal Products | 原油,天然气凝析液和给料 Crude, NGL and Feedstocks | 天然气 Natural gas |
| **世 界** | **World** | **1320176** | **384663** | **413297** | **280535** | **500845** | **69659** | **229934** | **86530** |
| 中 国 | China | 243250 | 182339 | 20303 | 8591 | 43262 | 9881 | 25378 | 2450 |
| 中国香港 | Hong Kong, China | 5 | | | | 3099 | 772 | | 249 |
| 孟加拉国 | Bangladesh | 2609 | 45 | 12 | 1661 | 573 | 46 | 142 | |
| 文 莱 | Brunei Darussalam | 1869 | | 800 | 1070 | 24 | | 1 | |
| 柬 埔 寨 | Cambodia | 379 | | | | 157 | 1 | | |
| 印 度 | India | 54094 | 25217 | 4317 | 3848 | 27798 | 7564 | 17551 | 1190 |
| 印度尼西亚 | Indonesia | 39457 | 20688 | 4615 | 7103 | 4730 | 3 | 1876 | |
| 伊 朗 | Iran | 35367 | 69 | 22433 | 12719 | 1459 | 89 | 131 | 999 |
| 以 色 列 | Israel | 470 | 3 | 2 | 352 | 2380 | 756 | 1216 | 58 |
| 日 本 | Japan | 5167 | | 67 | 320 | 43573 | 10821 | 18024 | 9760 |
| 哈萨克斯坦 | Kazakhstan | 16015 | 5090 | 8319 | 2531 | 1046 | 54 | 461 | 379 |
| 朝 鲜 | Korea, Dem. | | 1818 | | | | 14 | | |
| 韩 国 | Korea, Rep. | 4699 | 96 | 71 | 41 | 28225 | 7948 | 12792 | 4189 |
| 马来西亚 | Malaysia | 8427 | 184 | 3070 | 4740 | 4300 | 1379 | 932 | 628 |
| 蒙 古 | Mongolia | 1931 | 1881 | 35 | | 107 | | | |
| 缅 甸 | Myanmar | 2239 | 41 | 87 | 1005 | 24 | | | |
| 巴基斯坦 | Pakistan | 6507 | 142 | 353 | 2694 | 2075 | 268 | 634 | |
| 菲 律 宾 | Philippines | 2389 | 363 | 77 | 329 | 2136 | 651 | 901 | |
| 新 加 坡 | Singapore | 93 | | | | 13598 | | 5874 | 806 |
| 斯里兰卡 | Sri Lanka | 533 | | | | 538 | 53 | 199 | |
| 泰 国 | Thailand | 6874 | 618 | 1809 | 2199 | 6605 | 1237 | 4181 | 879 |
| 越 南 | Viet Nam | 6660 | 2492 | 1696 | 745 | 1508 | 64 | | |
| 埃 及 | Egypt | 8821 | | 3542 | 4989 | 1270 | 145 | 216 | |
| 尼日利亚 | Nigeria | 25693 | 2 | 12996 | 2921 | 822 | | | |
| 南 非 | South Africa | 16258 | 14629 | 14 | 111 | 3218 | 177 | 2035 | 268 |
| 加 拿 大 | Canada | 40903 | 3366 | 17332 | 13235 | 8126 | 595 | 3451 | 2596 |
| 墨 西 哥 | Mexico | 22821 | 779 | 15874 | 4179 | 5178 | 456 | 37 | 1487 |
| 美 国 | United States | 178477 | 53637 | 36076 | 53091 | 70142 | 823 | 53124 | 8059 |
| 阿 根 廷 | Argentina | 7724 | 5 | 3325 | 3489 | 1339 | 119 | | 572 |
| 巴 西 | Brazil | 24920 | 212 | 11283 | 1416 | 6766 | 1368 | 1714 | 873 |
| 委内瑞拉 | Venezuela | 20076 | 153 | 16743 | 2395 | 201 | | | 201 |
| 白俄罗斯 | Belarus | 430 | | 169 | 18 | 4223 | 13 | 2054 | 1660 |
| 捷 克 | Czech Rep. | 3206 | 2090 | 34 | 15 | 2112 | 218 | 702 | 764 |
| 法 国 | France | 13607 | 9 | 105 | 51 | 15910 | 1027 | 6447 | 4163 |
| 德 国 | Germany | 12419 | 4653 | 345 | 1089 | 23836 | 3266 | 9244 | 7511 |
| 意 大 利 | Italy | 3156 | 6 | 558 | 692 | 16922 | 1548 | 7870 | 5762 |
| 荷 兰 | Netherlands | 6440 | | 170 | 5773 | 17949 | 1502 | 5996 | 1648 |
| 波 兰 | Poland | 6851 | 5576 | 68 | 385 | 4988 | 885 | 2473 | 966 |
| 俄 罗 斯 | Russia | 131488 | 17970 | 51486 | 55273 | 2769 | 1633 | 47 | 655 |
| 西 班 牙 | Spain | 3178 | 265 | 10 | 5 | 12227 | 951 | 5748 | 3087 |
| 土 耳 其 | Turkey | 3206 | 1784 | 234 | 63 | 8852 | 1553 | 1796 | 3612 |
| 乌 克 兰 | Ukraine | 8548 | 4022 | 341 | 1553 | 5806 | 833 | 578 | 3618 |
| 英 国 | United Kingdom | 12954 | 1087 | 5322 | 4075 | 15053 | 2035 | 5934 | 4521 |
| 澳大利亚 | Australia | 29673 | 22257 | 2309 | 4474 | 4641 | 3 | 2596 | 561 |
| 新 西 兰 | New Zealand | 1613 | 289 | 238 | 348 | 738 | 9 | 540 | |

## 7-2 续表 1 continued

资料来源：国际能源机构。
Source: International Energy Agency.
单位：万吨标准油 (10 000 TOE)

| 国家或地区 | Country or Area | 能源进口 Imports | | 能源出口 Exports | | | | | |
|---|---|---|---|---|---|---|---|---|---|
| | | 电力 Electricity | 石油产品 Oil products | 总计 Total | 煤和煤制品 Coal and Coal Products | 原油,天然气凝析液和给料 Crude, NGL and Feedstocks | 天然气 Natural gas | 电力 Electricity | 石油产品 Oil products |
| **世　界** | **World** | **5578** | **107739** | **-503023** | **-72620** | **-221080** | **-86172** | **-5581** | **-116402** |
| 中　国 | China | 56 | 5496 | -5400 | -1623 | -251 | -267 | -166 | -3092 |
| 中国香港 | Hong Kong, China | 98 | 1979 | -112 | | | | -25 | -86 |
| 孟加拉国 | Bangladesh | | 384 | -17 | | | | | -17 |
| 文　莱 | Brunei Darussalam | | 22 | -1485 | | -729 | -753 | | -3 |
| 柬埔寨 | Cambodia | 14 | 142 | | | | | | |
| 印　度 | India | 48 | 1444 | -6452 | -132 | | | -1 | -6319 |
| 印度尼西亚 | Indonesia | | 2852 | -23211 | -17543 | -1521 | -3627 | | -489 |
| 伊　朗 | Iran | 31 | 209 | -15341 | -21 | -12587 | -801 | -75 | -1857 |
| 以色列 | Israel | | 350 | -496 | | | | -36 | -459 |
| 日　本 | Japan | | 4969 | -1463 | -70 | | | | -1393 |
| 哈萨克斯坦 | Kazakhstan | 22 | 130 | -9400 | -1345 | -7041 | -510 | -16 | -488 |
| 朝　鲜 | Korea, Dem. | | | | -226 | | | | |
| 韩　国 | Korea, Rep. | | 3296 | -5489 | | -58 | | | -5430 |
| 马来西亚 | Malaysia | 3 | 1357 | -4704 | -14 | -1153 | -2520 | | -1010 |
| 蒙　古 | Mongolia | 2 | 104 | -1628 | -1593 | -35 | | | |
| 缅　甸 | Myanmar | | 24 | -863 | | | -863 | | |
| 巴基斯坦 | Pakistan | | 1173 | -93 | | | | | -93 |
| 菲律宾 | Philippines | | 572 | -332 | -144 | -79 | | | -109 |
| 新加坡 | Singapore | | 6918 | -5698 | | | | | -5697 |
| 斯里兰卡 | Sri Lanka | | 286 | | | | | | |
| 泰　国 | Thailand | 92 | 208 | -1184 | | -177 | | -14 | -984 |
| 越　南 | Viet Nam | 54 | 1390 | -2185 | -1002 | -1009 | | -9 | -165 |
| 埃　及 | Egypt | | 909 | -2226 | -41 | -905 | -757 | -14 | -506 |
| 尼日利亚 | Nigeria | | 822 | -14644 | | -12394 | -2118 | | -131 |
| 南　非 | South Africa | 102 | 636 | -4949 | -4604 | | | -129 | -190 |
| 加拿大 | Canada | 129 | 1279 | -23972 | -2008 | -11876 | -7683 | -443 | -1905 |
| 墨西哥 | Mexico | 5 | 3192 | -8773 | -1 | -7841 | -21 | -10 | -901 |
| 美　国 | United States | 450 | 7641 | -24380 | -6338 | -1282 | -3464 | -129 | -12914 |
| 阿根廷 | Argentina | 94 | 554 | -824 | -5 | -306 | -17 | -11 | -331 |
| 巴　西 | Brazil | 330 | 2420 | -3905 | -4 | -3122 | | -22 | -655 |
| 委内瑞拉 | Venezuela | | | -13152 | -133 | -9965 | | -2 | -3052 |
| 白俄罗斯 | Belarus | 80 | 416 | -1763 | -12 | -168 | | -32 | -1550 |
| 捷　克 | Czech Rep. | 90 | 318 | -908 | -477 | -2 | -14 | -237 | -156 |
| 法　国 | France | 82 | 4138 | -3270 | -10 | -49 | -337 | -567 | -2291 |
| 德　国 | Germany | 439 | 3328 | -3933 | -96 | -38 | -1475 | -471 | -1795 |
| 意大利 | Italy | 409 | 1110 | -2810 | -19 | -143 | -10 | -15 | -2607 |
| 荷　兰 | Netherlands | 177 | 8545 | -15024 | -748 | -209 | -4002 | -99 | -9910 |
| 波　兰 | Poland | 58 | 552 | -1531 | -940 | -30 | -2 | -103 | -453 |
| 俄罗斯 | Russia | 13 | 420 | -59950 | -8056 | -24881 | -16527 | -207 | -10277 |
| 西班牙 | Spain | 68 | 2236 | -1711 | -93 | | -148 | -121 | -1300 |
| 土耳其 | Turkey | 39 | 1852 | -837 | | | -59 | -31 | -747 |
| 乌克兰 | Ukraine | | 775 | -1030 | -557 | | | -54 | -417 |
| 英　国 | United Kingdom | 75 | 2322 | -7801 | -69 | -3459 | -1421 | -21 | -2816 |
| 澳大利亚 | Australia | | 1480 | -22607 | -18407 | -1647 | -2333 | | -220 |
| 新西兰 | New Zealand | | 189 | -420 | -154 | -237 | | | -30 |

## 7-2　续表 2　continued

单位：万吨标准油　　　　(10 000 TOE)

| 国家或地区 | Country or Area | 国际运输燃料 International Bunkers | | 库存变化 Stock Changes | | | | |
|---|---|---|---|---|---|---|---|---|
| | | 海运 Marine | 空运 Aviation | 总计 Total | 煤和煤制品 Coal and Coal Products | 原油,天然气凝析液和给料 Crude, NGL and Feedstocks | 天然气 Natural Gas | 石油产品 Oil Products |
| **世　界** | **World** | | | **-6660** | **-4528** | **-194** | **-2198** | **305** |
| 中　国 | China | -911 | -622 | -6807 | -4731 | -1453 | | -623 |
| 中国香港 | Hong Kong, China | -914 | -587 | -2 | | | | -2 |
| 孟加拉国 | Bangladesh | -3 | -32 | | | | | |
| 文　莱 | Brunei Darussalam | -9 | -11 | -4 | | -6 | 2 | |
| 柬埔寨 | Cambodia | | -3 | | | | | |
| 印　度 | India | -12 | -413 | -70 | -70 | | | |
| 印度尼西亚 | Indonesia | -19 | -72 | 15 | | 11 | | 8 |
| 伊　朗 | Iran | -219 | -120 | 69 | | 114 | | -45 |
| 以色列 | Israel | -31 | -87 | 88 | 16 | 50 | | 22 |
| 日　本 | Japan | -410 | -618 | -103 | -9 | -47 | -84 | 37 |
| 哈萨克斯坦 | Kazakhstan | -2 | -25 | 176 | -21 | 113 | 42 | 43 |
| 朝　鲜 | Korea, Dem. | | | | | | | |
| 韩　国 | Korea, Rep. | -876 | -405 | -111 | -21 | -1 | -72 | -17 |
| 马来西亚 | Malaysia | -20 | -256 | -155 | 9 | -174 | | 20 |
| 蒙　古 | Mongolia | | -3 | -46 | -46 | | | |
| 缅　甸 | Myanmar | | -2 | 8 | | 1 | | 7 |
| 巴基斯坦 | Pakistan | -10 | -21 | 26 | | | 1 | 25 |
| 菲律宾 | Philippines | -21 | -107 | -19 | -25 | -11 | | 17 |
| 新加坡 | Singapore | -4155 | -619 | 125 | | | | 125 |
| 斯里兰卡 | Sri Lanka | -20 | -32 | 23 | -15 | 19 | | 17 |
| 泰　国 | Thailand | -104 | -405 | 128 | -30 | 118 | | 36 |
| 越　南 | Viet Nam | -35 | -80 | 254 | | 82 | | 172 |
| 埃　及 | Egypt | -38 | -82 | 19 | | | | 19 |
| 尼日利亚 | Nigeria | -73 | -19 | 53 | | | | 53 |
| 南　非 | South Africa | -304 | -86 | | | | | |
| 加拿大 | Canada | -52 | -121 | 302 | 7 | 106 | 209 | -21 |
| 墨西哥 | Mexico | -93 | -274 | -241 | -233 | 52 | -23 | -37 |
| 美　国 | United States | -2639 | -2184 | -297 | -222 | 502 | -813 | 279 |
| 阿根廷 | Argentina | -136 | -66 | -25 | 2 | -34 | | 12 |
| 巴　西 | Brazil | -424 | -215 | -140 | -33 | -76 | | -24 |
| 委内瑞拉 | Venezuela | -96 | -14 | 5 | | | | 5 |
| 白俄罗斯 | Belarus | | | 61 | -5 | 5 | 40 | 27 |
| 捷　克 | Czech Rep. | | -31 | -36 | 3 | 2 | -45 | 4 |
| 法　国 | France | -246 | -580 | -138 | 2 | 71 | -174 | -39 |
| 德　国 | Germany | -270 | -781 | -95 | -87 | 81 | -167 | 78 |
| 意大利 | Italy | -250 | -325 | 49 | 57 | 193 | -64 | -138 |
| 荷　兰 | Netherlands | -1475 | -351 | 203 | -7 | 98 | | 116 |
| 波　兰 | Poland | -17 | -47 | -113 | -60 | 5 | -65 | 7 |
| 俄罗斯 | Russia | -299 | -643 | -268 | 13 | 51 | -280 | -52 |
| 西班牙 | Spain | -852 | -364 | 80 | 121 | -57 | -46 | 60 |
| 土耳其 | Turkey | -15 | -116 | 155 | 55 | 32 | 63 | 6 |
| 乌克兰 | Ukraine | | -25 | -655 | -160 | -9 | -487 | 3 |
| 英　国 | United Kingdom | -224 | -1117 | -57 | 12 | 63 | -157 | 25 |
| 澳大利亚 | Australia | -62 | -343 | 987 | 964 | 58 | | -35 |
| 新西兰 | New Zealand | -32 | -79 | -4 | -1 | 16 | -7 | -11 |

## 7-2 续表 3 continued

单位：万吨标准油 (10 000 TOE)

| 国家或地区 | Country or Area | 一次能源供应量 Total Primary Energy Supply | | | | | |
|---|---|---|---|---|---|---|---|
| | | 总计 Total | 煤和煤制品 Coal and Coal Products | 原油,天然气凝析液和给料 Crude, NGL and Feedstocks | 天然气 Natural Gas | 电力 Electricity | 石油产品 Oil Products |
| **世　界** | **World** | **1311338** | **377175** | **421957** | **278695** | **-3** | **-8358** |
| 中　国 | China | 272773 | 185866 | 43977 | 10775 | -110 | 248 |
| 中国香港 | Hong Kong, China | 1489 | 772 | | 249 | 72 | 390 |
| 孟加拉国 | Bangladesh | 3129 | 91 | 153 | 1661 | | 332 |
| 文　莱 | Brunei Darussalam | 383 | | 65 | 318 | | -1 |
| 柬埔寨 | Cambodia | 533 | 1 | | | 14 | 139 |
| 印　度 | India | 74945 | 32578 | 21868 | 5038 | 47 | -5299 |
| 印度尼西亚 | Indonesia | 20901 | 3148 | 4981 | 3476 | | 2279 |
| 伊　朗 | Iran | 21215 | 137 | 10091 | 12917 | -43 | -2033 |
| 以色列 | Israel | 2325 | 775 | 1268 | 410 | -36 | -205 |
| 日　本 | Japan | 46147 | 10742 | 18045 | 9995 | | 2585 |
| 哈萨克斯坦 | Kazakhstan | 7810 | 3777 | 1851 | 2442 | 7 | -342 |
| 韩　国 | Korea, Rep. | 26044 | 8024 | 12803 | 4158 | | -3432 |
| 马来西亚 | Malaysia | 7591 | 1558 | 2675 | 2848 | 3 | 90 |
| 蒙　古 | Mongolia | 361 | 242 | | | 2 | 102 |
| 缅　甸 | Myanmar | 1406 | 41 | 88 | 142 | | 29 |
| 巴基斯坦 | Pakistan | 8484 | 409 | 987 | 2694 | | 1075 |
| 菲律宾 | Philippines | 4045 | 845 | 888 | 329 | | 352 |
| 新加坡 | Singapore | 3345 | | 5874 | 806 | | -3428 |
| 斯里兰卡 | Sri Lanka | 1042 | 38 | 218 | | | 251 |
| 泰　国 | Thailand | 11915 | 1825 | 5931 | 3078 | 78 | -1249 |
| 越　南 | Viet Nam | 6121 | 1554 | 769 | 745 | 44 | 1281 |
| 埃　及 | Egypt | 7765 | 104 | 2853 | 4232 | -14 | 302 |
| 尼日利亚 | Nigeria | 11832 | 2 | 601 | 803 | | 652 |
| 南　非 | South Africa | 14137 | 9848 | 2049 | 379 | -26 | 57 |
| 加拿大 | Canada | 25185 | 1960 | 9013 | 8357 | -314 | -821 |
| 墨西哥 | Mexico | 18617 | 1001 | 8121 | 5622 | -5 | 1888 |
| 美　国 | United States | 219119 | 47900 | 88421 | 56873 | 320 | -9817 |
| 阿根廷 | Argentina | 8011 | 121 | 2985 | 4045 | 83 | 33 |
| 巴　西 | Brazil | 27003 | 1543 | 9799 | 2289 | 309 | 1103 |
| 委内瑞拉 | Venezuela | 7020 | 21 | 6779 | 2596 | -2 | -3158 |
| 白俄罗斯 | Belarus | 2950 | -5 | 2059 | 1718 | 48 | -1106 |
| 捷　克 | Czech Rep. | 4343 | 1834 | 737 | 721 | -147 | 135 |
| 法　国 | France | 25283 | 1028 | 6574 | 3703 | -485 | 982 |
| 德　国 | Germany | 31177 | 7735 | 9632 | 6958 | -32 | 560 |
| 意大利 | Italy | 16742 | 1591 | 8479 | 6380 | 393 | -2209 |
| 荷　兰 | Netherlands | 7742 | 747 | 6055 | 3419 | 78 | -3074 |
| 波　兰 | Poland | 10131 | 5462 | 2516 | 1283 | -45 | 43 |
| 俄罗斯 | Russia | 73097 | 11560 | 26703 | 39121 | -194 | -10851 |
| 西班牙 | Spain | 12557 | 1244 | 5702 | 2898 | -52 | -220 |
| 土耳其 | Turkey | 11246 | 3393 | 2062 | 3678 | 8 | 980 |
| 乌克兰 | Ukraine | 12644 | 4138 | 910 | 4684 | -54 | 336 |
| 英　国 | United Kingdom | 18807 | 3066 | 7860 | 7018 | 54 | -1810 |
| 澳大利亚 | Australia | 12289 | 4818 | 3315 | 2702 | | 820 |
| 新西兰 | New Zealand | 1817 | 144 | 556 | 341 | | 39 |

## 7-2 续表 4 continued

单位：万吨标准油 (10 000 TOE)

| 国家或地区 | Country or Area | 能源最终消费量 Total Final Consumption 总计 Total | 煤和煤制品 Coal and Coal Products | 原油,天然气凝析液和给料 Crude, NGL and Feedstocks | 天然气 Natural Gas | 电力 Electricity | 石油产品 Oil Products |
|---|---|---|---|---|---|---|---|
| **世　界** | **World** | **891753** | **90312** | **1876** | **138050** | **158212** | **361451** |
| 中　国 | China | 163471 | 55091 | 169 | 7146 | 33217 | 39800 |
| 中国香港 | Hong Kong, China | 864 | 193 | | | 362 | 303 |
| 孟加拉国 | Bangladesh | 2358 | 70 | | 689 | 319 | 396 |
| 文　莱 | Brunei Darussalam | 173 | | | 85 | 26 | 62 |
| 柬埔寨 | Cambodia | 451 | | | | 20 | 107 |
| 印　度 | India | 49251 | 8569 | | 2635 | 6653 | 14145 |
| 印度尼西亚 | Indonesia | 15830 | 1121 | 170 | 1665 | 1375 | 6272 |
| 伊　朗 | Iran | 16290 | 29 | | 8791 | 1629 | 5809 |
| 以色列 | Israel | 1408 | | | 12 | 421 | 864 |
| 日　本 | Japan | 31447 | 2646 | 40 | 3535 | 8079 | 16733 |
| 哈萨克斯坦 | Kazakhstan | 4431 | 1613 | 151 | 394 | 557 | 1037 |
| 朝　鲜 | Korea, Dem. | | | | | | |
| 韩　国 | Korea, Rep. | 16104 | 961 | | 2157 | 4047 | 8208 |
| 马来西亚 | Malaysia | 4494 | 176 | | 772 | 924 | 2446 |
| 蒙　古 | Mongolia | 268 | 53 | | | 31 | 94 |
| 缅　甸 | Myanmar | 1308 | 23 | | 68 | 49 | 110 |
| 巴基斯坦 | Pakistan | 7147 | 392 | 1 | 1973 | 660 | 1245 |
| 菲律宾 | Philippines | 2372 | 202 | | 8 | 482 | 1130 |
| 新加坡 | Singapore | 2432 | | | 124 | 359 | 1950 |
| 斯里兰卡 | Sri Lanka | 893 | 8 | | | 86 | 307 |
| 泰　国 | Thailand | 8837 | 938 | 46 | 582 | 1279 | 4577 |
| 越　南 | Viet Nam | 5131 | 1040 | 52 | 45 | 782 | 1832 |
| 埃　及 | Egypt | 5217 | 47 | | 1270 | 1152 | 2589 |
| 尼日利亚 | Nigeria | 10895 | 2 | | 135 | 204 | 1086 |
| 南　非 | South Africa | 7113 | 1668 | | 163 | 1779 | 2432 |
| 加拿大 | Canada | 20398 | 312 | | 5591 | 4462 | 9001 |
| 墨西哥 | Mexico | 11607 | 172 | | 1365 | 1943 | 7394 |
| 美　国 | United States | 150371 | 2458 | 164 | 32679 | 32593 | 74566 |
| 阿根廷 | Argentina | 5808 | 43 | | 2039 | 998 | 2507 |
| 巴　西 | Brazil | 21789 | 830 | | 1274 | 3928 | 10021 |
| 委内瑞拉 | Venezuela | 4759 | 21 | | 1404 | 730 | 2540 |
| 白俄罗斯 | Belarus | 2116 | 39 | | 464 | 257 | 733 |
| 捷　克 | Czech Rep. | 2596 | 292 | | 568 | 487 | 833 |
| 法　国 | France | 15220 | 319 | | 2761 | 3610 | 6985 |
| 德　国 | Germany | 22102 | 823 | | 5117 | 4485 | 9197 |
| 意大利 | Italy | 12675 | 234 | | 3595 | 2596 | 5361 |
| 荷　兰 | Netherlands | 5963 | 81 | 455 | 2050 | 924 | 2160 |
| 波　兰 | Poland | 6831 | 1188 | | 1036 | 1049 | 2311 |
| 俄罗斯 | Russia | 45857 | 1568 | 10 | 13795 | 6268 | 11616 |
| 西班牙 | Spain | 8860 | 123 | 1 | 1459 | 2064 | 4633 |
| 土耳其 | Turkey | 8146 | 1309 | | 1767 | 1580 | 2823 |
| 乌克兰 | Ukraine | 7585 | 940 | 1 | 2919 | 1202 | 1224 |
| 英　国 | United Kingdom | 12630 | 254 | | 3875 | 2735 | 5414 |
| 澳大利亚 | Australia | 7785 | 341 | 1 | 1300 | 1814 | 3956 |
| 新西兰 | New Zealand | 1266 | 56 | | 170 | 332 | 580 |

# 7-3 万美元国内生产总值能耗

# Energy Consumption per Ten Thousand USD of GDP

资料来源：世界银行WDI数据库。
Source:World Bank WDI Database.

单位：吨标准油/万美元 (TOE per 10 000 USD )

| 国家或地区 | Country or Area | 2005年不变价 (constant 2005 US$) | | | 2011年PPP价 (constant 2011 PPP) | | |
|---|---|---|---|---|---|---|---|
| | | 2000 | 2010 | 2011 | 2000 | 2010 | 2011 |
| **世　界** | **World** | **2.46** | **2.45** | **2.42** | **1.59** | **1.40** | **1.37** |
| **高收入国家** | **High Income** | **1.83** | **1.64** | **1.59** | **1.53** | **1.32** | **1.28** |
| **中等收入国家** | **Middle Income** | **5.38** | **4.94** | **4.86** | **1.67** | **1.48** | **1.47** |
| **低收入国家** | **Low Income** | **10.99** | **8.53** | **8.29** | | | |
| 中　国 | China | 8.20 | 6.56 | 6.50 | 2.55 | 2.04 | 2.02 |
| 中国香港 | Hong Kong, China | 0.91 | 0.63 | 0.65 | 0.59 | 0.41 | 0.42 |
| 孟加拉国 | Bangladesh | 4.02 | 3.78 | 3.60 | 1.01 | 0.95 | 0.91 |
| 文　莱 | Brunei Darussalam | 2.77 | 3.29 | 3.81 | 0.96 | 1.15 | 1.31 |
| 柬埔寨 | Cambodia | 8.47 | 5.78 | 5.73 | 2.04 | 1.39 | 1.38 |
| 印　度 | India | 7.60 | 5.80 | 5.65 | 1.69 | 1.29 | 1.26 |
| 印度尼西亚 | Indonesia | 6.82 | 5.59 | 5.19 | 1.33 | 1.09 | 1.02 |
| 伊　朗 | Iran | 8.41 | | | 1.74 | 1.80 | 1.76 |
| 以色列 | Israel | 1.51 | 1.40 | 1.34 | 1.14 | 1.04 | 0.99 |
| 日　本 | Japan | 1.20 | 1.07 | 1.00 | 1.27 | 1.13 | 1.05 |
| 哈萨克斯坦 | Kazakhstan | 10.23 | 9.63 | 9.40 | 2.47 | 2.33 | 2.27 |
| 韩　国 | Korea, Rep. | 2.77 | 2.45 | 2.46 | 1.93 | 1.66 | 1.67 |
| 马来西亚 | Malaysia | 4.14 | 4.08 | 4.05 | 1.28 | 1.26 | 1.25 |
| 蒙　古 | Mongolia | 13.00 | 10.00 | 8.89 | 2.56 | 1.97 | 1.75 |
| 巴基斯坦 | Pakistan | 7.46 | 6.29 | 6.15 | 1.32 | 1.15 | 1.13 |
| 菲律宾 | Philippines | 4.84 | 3.09 | 2.98 | 1.21 | 0.77 | 0.74 |
| 新加坡 | Singapore | 1.91 | 2.02 | 1.88 | 0.90 | 0.94 | 0.86 |
| 斯里兰卡 | Sri Lanka | 4.14 | 2.96 | 2.90 | 0.88 | 0.63 | 0.62 |
| 泰　国 | Thailand | 5.26 | 5.59 | 5.67 | 1.30 | 1.38 | 1.40 |
| 越　南 | Viet Nam | 7.80 | 7.93 | 7.78 | 1.40 | 1.51 | 1.48 |
| 埃　及 | Egypt | 5.39 | 6.08 | 6.30 | 0.79 | 0.89 | 0.92 |
| 尼日利亚 | Nigeria | 10.87 | 7.41 | 7.10 | 2.58 | 1.40 | 1.38 |
| 南　非 | South Africa | 5.34 | 4.91 | 4.72 | 2.61 | 2.40 | 2.30 |
| 加拿大 | Canada | 2.51 | 2.08 | 2.04 | 2.19 | 1.81 | 1.77 |
| 墨西哥 | Mexico | 1.88 | 1.94 | 1.94 | 0.95 | 0.98 | 0.98 |
| 美　国 | United States | 2.04 | 1.71 | 1.66 | 1.75 | 1.45 | 1.41 |
| 阿根廷 | Argentina | 3.67 | | | | | |
| 巴　西 | Brazil | 2.44 | 2.42 | 2.40 | 0.98 | 0.97 | 0.96 |
| 委内瑞拉 | Venezuela | 4.40 | 4.33 | 3.86 | 1.60 | 1.57 | 1.40 |
| 捷　克 | Czech Rep. | 3.85 | 2.97 | 2.87 | 2.05 | 1.58 | 1.53 |
| 法　国 | France | 1.28 | 1.18 | 1.12 | 1.21 | 1.12 | 1.07 |
| 德　国 | Germany | 1.25 | 1.11 | 1.02 | 1.14 | 1.02 | 0.93 |
| 意大利 | Italy | 1.01 | 0.97 | 0.95 | 0.87 | 0.83 | 0.81 |
| 荷　兰 | Netherlands | 1.22 | 1.22 | 1.12 | 1.17 | 1.17 | 1.07 |
| 波　兰 | Poland | 3.41 | 2.65 | 2.53 | 1.63 | 1.27 | 1.21 |
| 俄罗斯 | Russia | 10.91 | 7.72 | 7.71 | 3.21 | 2.27 | 2.27 |
| 西班牙 | Spain | 1.27 | 1.08 | 1.06 | 1.01 | 0.86 | 0.85 |
| 土耳其 | Turkey | 1.97 | 1.86 | 1.83 | 0.92 | 0.87 | 0.86 |
| 乌克兰 | Ukraine | 22.47 | 14.61 | 13.28 | 5.65 | 3.67 | 3.33 |
| 英　国 | United Kingdom | 1.12 | 0.85 | 0.79 | 1.20 | 0.93 | 0.85 |
| 澳大利亚 | Australia | 1.83 | 1.54 | 1.50 | 1.60 | 1.35 | 1.32 |
| 新西兰 | New Zealand | 1.82 | 1.55 | 1.52 | 1.60 | 1.34 | 1.30 |

# 7-4　电力装机容量(2010年)

# Net Installed Capacity of Electricity Generating Plants(2010)

资料来源：联合国ESD数据库。
Source: UN ESD Database.

单位：万千瓦　　(10 000 kilowatts)

| 国家或地区 | Country or Area | 总装机容量 Self-producers and Public Utilities | | | | |
|---|---|---|---|---|---|---|
| | | 总 计 Total | 热 电 Thermal | 水 电 Hydro | 核 电 Nuclear | 地 热 Geothermal |
| 中　国 | China | 99160 | 77600 | 19400 | 1100 | |
| 中国香港 | Hong Kong, China | 1262 | 1262 | | | |
| 中国澳门 | Macao, China | 47 | 47 | | | |
| 孟加拉国 | Bangladesh | 582 | 559 | 23 | | |
| 文　莱 | Brunei Darussalam | 76 | 76 | | | |
| 柬埔寨 | Cambodia | 36 | 35 | 1 | | |
| 印　度 | India | 20653 | 16412 | 3763 | 478 | |
| 印度尼西亚 | Indonesia | 3424 | 2797 | 508 | | 119 |
| 以色列 | Israel | 1508 | 1505 | 1 | | |
| 日　本 | Japan | 28703 | 18388 | 4774 | 4896 | 54 |
| 哈萨克斯坦 | Kazakhstan | 1873 | 1652 | 222 | | |
| 韩　国 | Korea, Rep. | 8470 | 6043 | 553 | 1772 | |
| 老　挝 | Laos | 279 | 5 | 256 | | |
| 马来西亚 | Malaysia | 2540 | 2328 | 212 | | |
| 蒙　古 | Mongolia | 83 | 83 | | | |
| 缅　甸 | Myanmar | 341 | 89 | 252 | | |
| 巴基斯坦 | Pakistan | 2248 | 1521 | 648 | 79 | |
| 菲律宾 | Philippines | 1639 | 1093 | 342 | | 197 |
| 新加坡 | Singapore | 1026 | 1026 | | | |
| 斯里兰卡 | Sri Lanka | 282 | 139 | 140 | | |
| 泰　国 | Thailand | 4746 | 4394 | 349 | | |
| 越　南 | Viet Nam | 1521 | 968 | 550 | | |
| 埃　及 | Egypt | 2773 | 2425 | 280 | | |
| 尼日利亚 | Nigeria | 588 | 350 | 238 | | |
| 南　非 | South Africa | 4306 | 4050 | 70 | 184 | |
| 加拿大 | Canada | 13695 | 4510 | 7508 | 1267 | |
| 墨西哥 | Mexico | 6200 | 4774 | 1134 | 137 | 97 |
| 美　国 | United States | 104100 | 79390 | 10102 | 10117 | 241 |
| 阿根廷 | Argentina | 3288 | 2178 | 1005 | 102 | |
| 巴　西 | Brazil | 11240 | 2915 | 8064 | 201 | |
| 捷　克 | Czech Rep. | 2007 | 1179 | 220 | 390 | |
| 法　国 | France | 12426 | 2882 | 2521 | 6313 | |
| 德　国 | Germany | 15698 | 8095 | 1103 | 2047 | 1 |
| 意大利 | Italy | 10649 | 7498 | 2152 | | 73 |
| 荷　兰 | Netherlands | 2669 | 2381 | 4 | 51 | |
| 波　兰 | Poland | 3336 | 2991 | 234 | | |
| 俄罗斯 | Russia | 22397 | 15334 | 4680 | 2374 | 9 |
| 西班牙 | Spain | 10899 | 5746 | 1874 | 742 | |
| 土耳其 | Turkey | 4952 | 3228 | 1583 | | 9 |
| 乌克兰 | Ukraine | 5457 | 3519 | 546 | 1384 | |
| 英　国 | United Kingdom | 9345 | 7274 | 439 | 1087 | |
| 澳大利亚 | Australia | 5882 | 4723 | 954 | | |
| 新西兰 | New Zealand | 970 | 321 | 525 | | 73 |

## 7-4 续表 continued

单位：万千瓦 (10 000 kilowatts)

| 国家或地区 | Country or Area | 自备电厂装机容量 Self-producers 总 计 Total | 热 电 Thermal | 水 电 Hydro | 风 电 Wind | 太阳能 Solar |
|---|---|---|---|---|---|---|
| 中　国 | China | 5700 | 5200 | 500 | | |
| 中国香港 | Hong Kong, China | | | | | |
| 中国澳门 | Macao, China | | | | | |
| 孟加拉国 | Bangladesh | 191 | 191 | | | |
| 文　莱 | Brunei Darussalam | 7 | 7 | | | |
| 柬 埔 寨 | Cambodia | | | | | |
| 印　度 | India | 3290 | 3284 | 6 | | |
| 印度尼西亚 | Indonesia | 571 | 434 | 137 | | |
| 伊　朗 | Iran | | | | | |
| 以 色 列 | Israel | 119 | 119 | | | |
| 日　本 | Japan | 5903 | 4881 | 437 | 221 | 361 |
| 哈萨克斯坦 | Kazakhstan | | | | | |
| 韩　国 | Korea, Rep. | 560 | 548 | | | 12 |
| 老　挝 | Laos | 18 | | | | 18 |
| 马来西亚 | Malaysia | 141 | 141 | | | |
| 蒙　古 | Mongolia | 6 | 6 | | | |
| 缅　甸 | Myanmar | | | | | |
| 巴基斯坦 | Pakistan | 836 | 836 | | | |
| 菲 律 宾 | Philippines | 3 | 1 | 2 | | |
| 新 加 坡 | Singapore | | | | | |
| 斯里兰卡 | Sri Lanka | | | | | |
| 泰　国 | Thailand | 1597 | 1597 | | | |
| 越　南 | Viet Nam | 77 | 77 | | | |
| 埃　及 | Egypt | 68 | 68 | | | |
| 尼日利亚 | Nigeria | 4 | | 4 | | |
| 南　非 | South Africa | 136 | 132 | 4 | | |
| 加 拿 大 | Canada | 893 | 376 | 517 | | |
| 墨 西 哥 | Mexico | 934 | 871 | 12 | 48 | 3 |
| 美　国 | United States | 3235 | 2947 | 36 | 1 | 251 |
| 阿 根 廷 | Argentina | 387 | 384 | 2 | | |
| 巴　西 | Brazil | 1553 | 1214 | 339 | | |
| 委内瑞拉 | Venezuela | | | | | |
| 捷　克 | Czech Rep. | 186 | 169 | 17 | | |
| 法　国 | France | 705 | 565 | 26 | 102 | 13 |
| 德　国 | Germany | 1110 | 1100 | 5 | 5 | |
| 意 大 利 | Italy | 616 | 599 | 17 | | |
| 荷　兰 | Netherlands | 533 | 480 | | 45 | 8 |
| 波　兰 | Poland | 180 | 180 | | | |
| 俄 罗 斯 | Russia | 1582 | 1532 | 50 | | |
| 西 班 牙 | Spain | 721 | 700 | 20 | | 1 |
| 土 耳 其 | Turkey | | 260 | 54 | | |
| 乌 克 兰 | Ukraine | 326 | 326 | 1 | | |
| 英　国 | United Kingdom | 774 | 632 | 20 | 115 | 8 |
| 澳大利亚 | Australia | 233 | 214 | | | 18 |
| 新 西 兰 | New Zealand | 32 | 31 | | | |

# 7-5 发电量(2010年)
# Electricity Generation (2010)

资料来源：联合国ESD数据库。
Source: UN ESD Database.
单位：百万千瓦时 (million kilowatt hours)

| 国家或地区 | Country or Area | 总计 Total | 热电 Thermal | 水电 Hydro | 核电 Nuclear | 风电 Wind | 太阳能电 Solar |
|---|---|---|---|---|---|---|---|
| 中　国 | China | 4207160 | 3331928 | 722172 | 73880 | 44622 | 34558 |
| 中国香港 | Hong Kong, China | 38292 | 38292 | | | | |
| 中国澳门 | Macao, China | 1077 | 1077 | | | | |
| 孟加拉国 | Bangladesh | 42347 | 40685 | 1662 | | | |
| 文　莱 | Brunei Darussalam | 3862 | 3862 | | | | |
| 柬埔寨 | Cambodia | 994 | 965 | 26 | | | 3 |
| 印　度 | India | 954539 | 813787 | 114486 | 26266 | | |
| 印度尼西亚 | Indonesia | 186594 | 159560 | 17676 | | | 1 |
| 以色列 | Israel | 58566 | 58459 | 29 | | 8 | 70 |
| 日　本 | Japan | 1119221 | 729916 | 90682 | 288230 | 3962 | 3799 |
| 哈萨克斯坦 | Kazakhstan | 82646 | 74624 | 8022 | | | |
| 韩　国 | Korea, Rep. | 499508 | 342851 | 6472 | 148596 | 817 | 772 |
| 老　挝 | Laos | 3755 | 300 | 3262 | | | 193 |
| 马来西亚 | Malaysia | 116808 | 110556 | 6251 | | | |
| 蒙　古 | Mongolia | 4313 | 4313 | | | | |
| 缅　甸 | Myanmar | 8625 | 2436 | 6189 | | | |
| 巴基斯坦 | Pakistan | 94383 | 59152 | 31811 | 3420 | | |
| 菲律宾 | Philippines | 67777 | 49964 | 7820 | | 62 | 1 |
| 新加坡 | Singapore | 45366 | 45366 | | | | |
| 斯里兰卡 | Sri Lanka | 10714 | 4995 | 5666 | | 53 | |
| 泰　国 | Thailand | 159518 | 153953 | 5537 | | 3 | 23 |
| 越　南 | Viet Nam | 94835 | 66780 | 28055 | | | |
| 埃　及 | Egypt | 150486 | 135736 | 13046 | | 1498 | 206 |
| 尼日利亚 | Nigeria | 26121 | 19747 | 6374 | | | |
| 南　非 | South Africa | 259601 | 242358 | 5091 | 12099 | 32 | 21 |
| 加拿大 | Canada | 607952 | 155959 | 351591 | 90659 | 9557 | 158 |
| 墨西哥 | Mexico | 270968 | 220080 | 37121 | 5879 | 1239 | 31 |
| 美　国 | United States | 4378422 | 3136499 | 286333 | 838931 | 95148 | 3934 |
| 阿根廷 | Argentina | 125991 | 84898 | 33897 | 7171 | 25 | |
| 巴　西 | Brazil | 515798 | 97986 | 403289 | 14523 | | |
| 捷　克 | Czech Rep. | 85910 | 53581 | 3380 | 27998 | 335 | 616 |
| 法　国 | France | 569103 | 62694 | 66825 | 428521 | 9969 | 564 |
| 德　国 | Germany | 628984 | 411569 | 27356 | 140556 | 37793 | 11682 |
| 意大利 | Italy | 302063 | 231249 | 54406 | | 9126 | 1906 |
| 荷　兰 | Netherlands | 118140 | 110013 | 105 | 3969 | 3993 | 60 |
| 波　兰 | Poland | 157657 | 152505 | 3488 | | 1664 | |
| 俄罗斯 | Russia | 1038030 | 698709 | 168397 | 170415 | 4 | |
| 西班牙 | Spain | 303092 | 144344 | 45488 | 61990 | 44165 | 7105 |
| 土耳其 | Turkey | 211208 | 155828 | 51796 | | 2916 | |
| 乌克兰 | Ukraine | 188584 | 86229 | 13152 | 89152 | 50 | 1 |
| 英　国 | United Kingdom | 381129 | 302019 | 6754 | 62140 | 10183 | 33 |
| 澳大利亚 | Australia | 241584 | 223987 | 12522 | | 4798 | 277 |
| 新西兰 | New Zealand | 44819 | 12588 | 24714 | | 1634 | |

# 7-6 能源净进口占能源消费比重

## Net Energy Imports as Percentage of Energy Use

资料来源：世界银行WDI数据库。
Source: World Bank WDI Database.

单位：% (%)

| 国家或地区 | Country or Area | 2000 | 2005 | 2008 | 2009 | 2010 | 2011 | 2012 |
|---|---|---|---|---|---|---|---|---|
| **世　界** | **World** | **-2.5** | **-3.4** | **-3.7** | **-3.3** | **-2.5** | **-3.5** | |
| **高收入国家** | **High Income** | **8.4** | **6.6** | **4.4** | **3.8** | **4.0** | **0.7** | |
| **经合组织国家** | **OECD Countries** | **29.2** | **32.1** | **30.5** | **28.4** | **29.2** | **28.1** | |
| **非经合组织国家** | **High Income: nonOECD** | **-101.8** | **-116.6** | **-109.8** | **-100.4** | **-98.0** | **-104.7** | |
| **中等收入国家** | **Middle Income** | **-21.3** | **-17.2** | **-13.7** | **-11.4** | **-9.7** | **-7.9** | |
| **中等偏上收入国家** | **Upper Middle Income** | **-28.9** | **-21.9** | **-17.2** | **-13.9** | **-11.1** | **-8.6** | |
| **中等偏下收入国家** | **Lower Middle Income** | **-5.9** | **-6.2** | **-4.9** | **-5.2** | **-5.8** | **-6.0** | |
| **中低收入国家** | **Low and Middle Income** | **-20.1** | **-16.4** | **-13.0** | **-10.9** | **-9.2** | **-7.5** | |
| **东亚和太平洋** | **East Asia and Pacific** | **-2.8** | **-1.0** | **0.3** | **2.1** | **3.5** | **4.1** | |
| **欧洲和中亚** | **Europe and Central Asia** | **18.6** | **13.3** | **4.5** | **0.3** | **4.8** | **3.0** | |
| **拉丁美洲和加勒比** | **Latin America and Caribbean** | **-47.2** | **-47.4** | **-33.7** | **-33.8** | **-30.9** | **-32.3** | |
| **中东和北非国家** | **Middle East and North Africa** | **-157.8** | **-116.0** | **-101.9** | **-89.9** | **-90.9** | **-79.4** | |
| **南　亚** | **South Asia** | **20.8** | **21.4** | **24.2** | **25.7** | **26.0** | **27.1** | |
| **撒哈拉以南非洲** | **Sub-Saharan Africa** | **-61.0** | **-61.6** | **-59.0** | **-58.2** | **-61.4** | **-58.8** | |
| **低收入国家** | **Low Income** | **7.2** | **3.4** | **4.2** | **4.1** | **3.8** | **2.0** | |
| 中　国 | China | 2.7 | 4.2 | 5.9 | 8.5 | 10.1 | 10.8 | |
| 中国香港 | Hong Kong, China | 99.6 | 99.6 | 99.6 | 99.7 | 99.6 | 99.6 | |
| 孟加拉国 | Bangladesh | 18.5 | 19.3 | 16.7 | 15.9 | 16.2 | 16.6 | |
| 文　莱 | Brunei Darussalam | -725.5 | -850.0 | -496.5 | -522.4 | -473.2 | -387.8 | |
| 柬埔寨 | Cambodia | 20.3 | 27.4 | 35.2 | 26.6 | 27.9 | 28.9 | |
| 印　度 | India | 19.9 | 21.4 | 24.5 | 26.4 | 26.6 | 27.8 | |
| 印度尼西亚 | Indonesia | -52.9 | -56.0 | -73.4 | -76.1 | -80.5 | -88.8 | |
| 伊　朗 | Iran | -106.3 | -80.0 | -65.2 | -60.0 | -66.2 | -66.7 | |
| 以色列 | Israel | 96.5 | 88.6 | 82.9 | 84.8 | 83.4 | 79.8 | 86.5 |
| 日　本 | Japan | 79.6 | 80.7 | 82.1 | 80.1 | 80.1 | 88.8 | 94.0 |
| 哈萨克斯坦 | Kazakhstan | -120.2 | -133.4 | -106.3 | -133.3 | -110.6 | -105.1 | |
| 韩　国 | Korea, Rep. | 81.7 | 79.6 | 80.3 | 80.7 | 82.0 | 82.0 | 82.0 |
| 马来西亚 | Malaysia | -57.7 | -43.9 | -25.9 | -23.2 | -18.2 | -11.0 | |
| 蒙　古 | Mongolia | 18.7 | -32.4 | -67.4 | -140.8 | -325.2 | -435.3 | |
| 缅　甸 | Myanmar | -20.1 | -49.8 | -50.3 | -54.2 | -61.0 | -59.3 | |
| 巴基斯坦 | Pakistan | 26.8 | 20.3 | 24.2 | 23.5 | 23.7 | 23.3 | |
| 菲律宾 | Philippines | 51.0 | 44.8 | 42.6 | 38.4 | 42.2 | 41.0 | |
| 新加坡 | Singapore | 99.1 | 98.5 | 98.6 | 97.1 | 97.5 | 97.2 | |
| 斯里兰卡 | Sri Lanka | 43.0 | 45.3 | 43.3 | 43.8 | 43.7 | 48.9 | |
| 泰　国 | Thailand | 39.2 | 44.4 | 39.2 | 39.8 | 39.9 | 42.3 | |
| 越　南 | Viet Nam | -38.9 | -46.6 | -25.6 | -24.3 | -12.7 | -8.8 | |
| 埃　及 | Egypt | -30.6 | -24.3 | -23.7 | -23.1 | -20.1 | -13.6 | |
| 尼日利亚 | Nigeria | -122.5 | -119.5 | -107.0 | -108.8 | -121.3 | -117.1 | |
| 南　非 | South Africa | -33.3 | -23.1 | -10.3 | -12.1 | -14.7 | -15.0 | |
| 加拿大 | Canada | -48.2 | -47.3 | -53.1 | -55.3 | -57.8 | -62.4 | -66.2 |
| 墨西哥 | Mexico | -52.9 | -48.9 | -28.4 | -25.3 | -27.3 | -22.6 | -17.3 |
| 美　国 | United States | 26.7 | 29.7 | 25.3 | 22.1 | 22.2 | 18.6 | 15.0 |
| 阿根廷 | Argentina | -35.0 | -26.5 | -6.1 | -6.6 | -1.7 | 3.6 | |
| 巴　西 | Brazil | 21.2 | 9.6 | 8.2 | 4.1 | 7.2 | 7.7 | |
| 委内瑞拉 | Venezuela | -291.8 | -250.6 | -194.5 | -187.1 | -163.0 | -186.0 | |
| 捷　克 | Czech Rep. | 25.2 | 26.7 | 26.8 | 25.7 | 28.2 | 26.2 | 25.3 |
| 德　国 | Germany | 59.8 | 59.4 | 59.2 | 58.8 | 59.8 | 60.2 | 59.9 |
| 意大利 | Italy | 83.6 | 84.9 | 84.7 | 83.7 | 82.5 | 81.2 | 79.4 |
| 荷　兰 | Netherlands | 21.4 | 21.1 | 16.3 | 19.3 | 16.3 | 16.8 | 17.3 |
| 波　兰 | Poland | 10.7 | 14.9 | 27.1 | 28.2 | 33.6 | 32.4 | 25.9 |
| 俄罗斯 | Russia | -57.9 | -84.6 | -82.1 | -84.1 | -84.1 | -79.9 | |
| 西班牙 | Spain | 74.1 | 78.8 | 78.2 | 76.3 | 73.2 | 74.7 | 74.2 |
| 土耳其 | Turkey | 66.1 | 71.6 | 70.6 | 69.0 | 69.4 | 71.5 | 73.1 |
| 乌克兰 | Ukraine | 42.9 | 43.3 | 37.4 | 30.7 | 40.5 | 32.4 | |
| 英　国 | United Kingdom | -22.2 | 7.9 | 20.0 | 19.3 | 26.5 | 31.1 | 39.3 |
| 澳大利亚 | Australia | -116.0 | -133.6 | -130.6 | -138.0 | -151.9 | -141.5 | -135.4 |
| 新西兰 | New Zealand | 16.3 | 23.7 | 14.0 | 12.4 | 7.7 | 11.2 | 14.3 |

# 7-7 世界能源价格

## World Energy Price

资料来源：世界银行全球经济监测数据库。
Source: World Bank GEM Database.

| 年 份<br>year | 三大市场平均原油价格(美元/桶)<br>Crude Oil, Avg,Spot ($/bbl) | 北海布伦特原油价格(美元/桶)<br>Crude Oil, Brendt ($/bbl) | 迪拜原油价格(美元/桶)<br>Crude Oil, Dubai ($/bbl) | 西德克萨斯原油价格(美元/桶)<br>Crude Oil, WTI ($/bbl) | 澳大利亚煤炭价格(美元/吨)<br>Coal, Australia ($/mt) | 日本液化天然气价格(美元/百万英制热量单位)<br>Natural Gas LNG,Japan ($/mmbtu) | 欧洲天然气价格(美元/百万英制热量单位)<br>Natural Gas,Europe ($/mmbtu) | 美国天然气价格(美元/百万英制热量单位)<br>Natural Gas,US ($/mmbtu) |
|---|---|---|---|---|---|---|---|---|
| 1970 | 1.21 | | 1.21 | | 7.80 | | 0.45 | 0.17 |
| 1971 | 1.69 | | 1.69 | | 8.68 | | 0.50 | 0.18 |
| 1972 | 1.82 | | 1.82 | | 9.60 | | 0.54 | 0.19 |
| 1973 | 2.81 | | 2.81 | | 11.48 | | 0.69 | 0.21 |
| 1974 | 10.97 | | 10.97 | | 16.89 | | 1.73 | 0.29 |
| 1975 | 10.43 | | 10.43 | | 26.84 | | 1.68 | 0.43 |
| 1976 | 11.63 | | 11.63 | | 27.16 | | 1.74 | 0.58 |
| 1977 | 12.57 | | 12.57 | | 28.68 | 2.77 | 1.79 | 0.79 |
| 1978 | 12.92 | | 12.92 | | 29.06 | 3.04 | 2.30 | 0.91 |
| 1979 | 29.82 | 32.11 | 29.82 | | 30.89 | 3.69 | 3.26 | 1.18 |
| 1980 | 36.87 | 37.89 | 35.85 | | 40.14 | 5.70 | 4.22 | 1.59 |
| 1981 | 35.48 | 36.68 | 34.29 | | 53.62 | 6.03 | 4.60 | 1.98 |
| 1982 | 32.65 | 33.42 | 31.76 | 32.77 | 54.77 | 6.05 | 4.45 | 2.47 |
| 1983 | 29.66 | 29.83 | 28.73 | 30.41 | 38.19 | 5.55 | 4.05 | 2.59 |
| 1984 | 28.56 | 28.80 | 27.49 | 29.38 | 30.96 | 5.24 | 3.76 | 2.66 |
| 1985 | 27.18 | 27.33 | 26.46 | 27.76 | 33.75 | 5.23 | 3.65 | 2.51 |
| 1986 | 14.35 | 14.77 | 13.20 | 15.08 | 31.13 | 4.10 | 3.65 | 1.94 |
| 1987 | 18.15 | 18.34 | 16.94 | 19.16 | 27.50 | 3.35 | 2.59 | 1.66 |
| 1988 | 14.72 | 14.97 | 13.22 | 15.97 | 34.88 | 3.34 | 2.36 | 1.68 |
| 1989 | 17.84 | 18.22 | 15.70 | 19.60 | 38.00 | 3.28 | 2.09 | 1.70 |
| 1990 | 22.88 | 23.68 | 20.46 | 24.49 | 39.67 | 3.64 | 2.82 | 1.70 |
| 1991 | 19.37 | 20.07 | 16.56 | 21.48 | 39.67 | 3.99 | 3.11 | 1.49 |
| 1992 | 19.02 | 19.31 | 17.19 | 20.56 | 38.56 | 3.60 | 2.56 | 1.77 |
| 1993 | 16.84 | 17.02 | 14.94 | 18.56 | 31.33 | 3.51 | 2.67 | 2.12 |
| 1994 | 15.89 | 15.83 | 14.67 | 17.16 | 32.30 | 3.18 | 2.44 | 1.92 |
| 1995 | 17.18 | 17.07 | 16.12 | 18.37 | 39.37 | 3.45 | 2.73 | 1.72 |
| 1996 | 20.42 | 20.65 | 18.54 | 22.07 | 38.07 | 3.67 | 2.84 | 2.73 |
| 1997 | 19.17 | 19.09 | 18.10 | 20.33 | 35.10 | 3.91 | 2.74 | 2.48 |
| 1998 | 13.06 | 12.72 | 12.13 | 14.35 | 29.23 | 3.02 | 2.42 | 2.09 |
| 1999 | 18.07 | 17.81 | 17.17 | 19.24 | 25.89 | 3.14 | 2.13 | 2.27 |
| 2000 | 28.23 | 28.27 | 26.08 | 30.33 | 26.25 | 4.71 | 3.86 | 4.31 |
| 2001 | 24.35 | 24.42 | 22.71 | 25.92 | 32.31 | 4.63 | 4.06 | 3.96 |
| 2002 | 24.93 | 24.97 | 23.72 | 26.09 | 25.31 | 4.28 | 3.05 | 3.36 |
| 2003 | 28.90 | 28.85 | 26.74 | 31.11 | 26.09 | 4.73 | 3.91 | 5.49 |
| 2004 | 37.73 | 38.30 | 33.46 | 41.44 | 52.95 | 5.13 | 4.28 | 5.89 |
| 2005 | 53.39 | 54.43 | 49.29 | 56.44 | 47.62 | 5.99 | 6.33 | 8.92 |
| 2006 | 64.29 | 65.39 | 61.43 | 66.04 | 49.09 | 7.08 | 8.47 | 6.72 |
| 2007 | 71.12 | 72.70 | 68.37 | 72.28 | 65.73 | 7.68 | 8.56 | 6.98 |
| 2008 | 96.99 | 97.64 | 93.78 | 99.56 | 127.10 | 12.53 | 13.41 | 8.86 |
| 2009 | 61.76 | 61.86 | 61.75 | 61.65 | 71.84 | 8.94 | 8.71 | 3.95 |
| 2010 | 79.04 | 79.64 | 78.06 | 79.43 | 98.97 | 10.85 | 8.29 | 4.39 |
| 2011 | 104.01 | 110.94 | 106.03 | 95.05 | 121.45 | 14.66 | 10.52 | 4.00 |
| 2012 | 105.01 | 111.97 | 108.90 | 94.16 | 96.36 | 16.55 | 11.47 | 2.75 |
| 2013 | 104.08 | 108.86 | 105.43 | 97.94 | 84.56 | 15.96 | 11.79 | 3.73 |

# 7-8 核能及其他清洁能源消费占能源总消费比重

## Alternative and Nuclear Energy as Percentage of Total Energy Use

资料来源：世界银行WDI数据库。
Source: World Bank WDI Database.
单位：% (%)

| 国家或地区 | Country or Area | 2000 | 2005 | 2008 | 2009 | 2010 | 2011 | 2012 |
|---|---|---|---|---|---|---|---|---|
| 中　国 | China | 2.2 | 3.0 | 3.7 | 3.7 | 3.9 | 3.8 | |
| 孟加拉国 | Bangladesh | 0.3 | 0.3 | 0.3 | 0.1 | 0.2 | 0.2 | |
| 柬埔寨 | Cambodia | | 0.1 | 0.1 | 0.1 | 0.1 | 0.1 | |
| 印　度 | India | 2.4 | 2.6 | 2.3 | 2.2 | 2.6 | 3.0 | |
| 印度尼西亚 | Indonesia | 6.0 | 6.8 | 8.2 | 8.5 | 8.3 | 8.2 | |
| 伊　朗 | Iran | 0.3 | 0.8 | 0.2 | 0.3 | 0.4 | 0.5 | |
| 以色列 | Israel | 3.3 | 3.9 | 4.7 | 4.9 | 4.9 | 4.8 | 4.7 |
| 日　本 | Japan | 18.4 | 17.3 | 15.6 | 17.6 | 17.2 | 8.1 | 2.9 |
| 哈萨克斯坦 | Kazakhstan | 1.8 | 1.3 | 0.9 | 0.9 | 0.9 | 0.9 | |
| 韩　国 | Korea, Rep. | 15.3 | 18.4 | 17.5 | 17.0 | 15.7 | 15.7 | 15.6 |
| 马来西亚 | Malaysia | 1.3 | 0.7 | 0.9 | 0.9 | 0.8 | 0.9 | |
| 缅　甸 | Myanmar | 1.3 | 1.7 | 2.3 | 3.2 | 3.1 | 3.2 | |
| 巴基斯坦 | Pakistan | 3.1 | 4.3 | 3.4 | 3.8 | 4.3 | 4.5 | |
| 菲律宾 | Philippines | 26.7 | 23.8 | 25.2 | 25.5 | 22.7 | 23.2 | |
| 斯里兰卡 | Sri Lanka | 3.3 | 3.3 | 4.0 | 3.7 | 5.0 | 3.9 | |
| 泰　国 | Thailand | 0.7 | 0.5 | 0.6 | 0.6 | 0.4 | 0.6 | |
| 越　南 | Viet Nam | 4.4 | 3.5 | 4.6 | 4.8 | 4.0 | 4.2 | |
| 埃　及 | Egypt | 2.9 | 1.8 | 1.9 | 1.7 | 1.7 | 1.6 | |
| 尼日利亚 | Nigeria | 0.5 | 0.6 | 0.4 | 0.4 | 0.5 | 0.4 | |
| 南　非 | South Africa | 3.2 | 2.4 | 2.4 | 2.5 | 2.4 | 2.7 | |
| 加拿大 | Canada | 19.8 | 20.3 | 21.5 | 22.2 | 21.8 | 22.9 | 23.3 |
| 墨西哥 | Mexico | 7.0 | 6.8 | 6.7 | 6.3 | 5.9 | 6.2 | 5.5 |
| 美　国 | United States | 10.8 | 10.6 | 11.2 | 11.8 | 11.7 | 12.0 | 12.1 |
| 阿根廷 | Argentina | 6.7 | 7.1 | 5.8 | 6.6 | 6.1 | 5.5 | |
| 巴　西 | Brazil | 14.8 | 14.7 | 14.4 | 15.6 | 14.7 | 15.4 | |
| 委内瑞拉 | Venezuela | 9.6 | 10.0 | 10.7 | 10.6 | 8.7 | 10.3 | |
| 捷　克 | Czech Rep. | 9.0 | 14.9 | 15.9 | 17.5 | 17.4 | 17.9 | 19.5 |
| 法　国 | France | 45.3 | 45.2 | 45.6 | 44.4 | 45.2 | 47.7 | 46.7 |
| 德　国 | Germany | 14.0 | 14.0 | 13.4 | 13.3 | 13.2 | 11.8 | 11.5 |
| 意大利 | Italy | 4.7 | 4.4 | 5.1 | 5.9 | 6.0 | 6.5 | 7.2 |
| 荷　兰 | Netherlands | 1.6 | 1.6 | 1.9 | 2.0 | 1.7 | 2.0 | 2.0 |
| 波　兰 | Poland | 0.2 | 0.2 | 0.3 | 0.3 | 0.4 | 0.5 | 0.6 |
| 俄罗斯 | Russia | 7.8 | 8.4 | 8.3 | 9.0 | 8.5 | 8.2 | |
| 西班牙 | Spain | 15.7 | 13.0 | 14.8 | 15.7 | 19.3 | 18.1 | 18.8 |
| 土耳其 | Turkey | 4.7 | 5.7 | 4.6 | 5.4 | 6.8 | 6.8 | 7.1 |
| 乌克兰 | Ukraine | 15.8 | 16.9 | 18.3 | 19.9 | 18.5 | 19.5 | |
| 英　国 | United Kingdom | 10.2 | 9.9 | 7.1 | 9.8 | 8.7 | 10.6 | 10.8 |
| 澳大利亚 | Australia | 1.4 | 1.3 | 1.2 | 1.3 | 1.5 | 1.9 | 1.6 |
| 新西兰 | New Zealand | 23.8 | 24.0 | 26.3 | 29.7 | 32.4 | 33.7 | 31.9 |

# 7-9 易燃的可再生能源及废弃物消费占能源总消费比重

## Combustible Renewables and Waste as Percentage of Total Energy Use

资料来源：世界银行WDI数据库。
Source: World Bank WDI Database.
单位：% (%)

| 国家或地区 | Country or Area | 2000 | 2005 | 2008 | 2009 | 2010 | 2011 | 2012 |
|---|---|---|---|---|---|---|---|---|
| 中　国 | China | 17.5 | 11.5 | 9.7 | 9.2 | 8.5 | 7.9 | |
| 中国香港 | Hong Kong, China | 0.4 | 0.4 | 0.4 | 0.4 | 0.4 | 0.4 | |
| 孟加拉国 | Bangladesh | 40.9 | 34.6 | 30.6 | 29.6 | 28.4 | 28.2 | |
| 文　莱 | Brunei Darussalam | | | | | | | |
| 柬埔寨 | Cambodia | 79.7 | 72.5 | 64.7 | 73.3 | 72.0 | 71.0 | |
| 印　度 | India | 32.6 | 29.5 | 27.2 | 25.2 | 24.9 | 24.7 | |
| 印度尼西亚 | Indonesia | 31.7 | 28.1 | 28.0 | 26.3 | 25.6 | 25.4 | |
| 伊　朗 | Iran | 0.1 | 0.2 | 0.2 | 0.1 | 0.1 | 0.1 | |
| 以色列 | Israel | | | | 0.1 | 0.1 | 0.1 | 0.1 |
| 日　本 | Japan | 1.1 | 1.4 | 1.4 | 1.4 | 2.0 | 2.3 | 2.3 |
| 哈萨克斯坦 | Kazakhstan | 0.2 | | 0.1 | 0.1 | 0.1 | 0.1 | |
| 韩　国 | Korea, Rep. | 0.7 | 1.0 | 1.3 | 1.3 | 1.4 | 1.5 | 1.6 |
| 马来西亚 | Malaysia | 6.1 | 5.0 | 4.7 | 4.9 | 4.7 | 4.6 | |
| 蒙　古 | Mongolia | 5.5 | 6.4 | 5.7 | 5.6 | 4.2 | 4.1 | |
| 缅　甸 | Myanmar | 71.5 | 68.7 | 69.0 | 73.4 | 75.3 | 75.5 | |
| 巴基斯坦 | Pakistan | 37.5 | 34.6 | 33.9 | 34.0 | 34.2 | 34.6 | |
| 菲律宾 | Philippines | 20.3 | 18.5 | 17.3 | 18.3 | 17.0 | 17.1 | |
| 新加坡 | Singapore | 0.9 | 1.5 | 1.4 | 2.9 | 2.5 | 2.8 | |
| 斯里兰卡 | Sri Lanka | 53.7 | 51.4 | 52.2 | 52.5 | 51.3 | 47.4 | |
| 泰　国 | Thailand | 20.2 | 17.3 | 18.8 | 19.3 | 19.3 | 18.3 | |
| 越　南 | Viet Nam | 49.4 | 35.7 | 30.1 | 27.5 | 25.0 | 24.0 | |
| 埃　及 | Egypt | 3.2 | 2.3 | 2.1 | 2.2 | 2.1 | 2.1 | |
| 尼日利亚 | Nigeria | 81.7 | 78.6 | 81.1 | 84.6 | 82.4 | 82.2 | |
| 南　非 | South Africa | 11.6 | 10.6 | 9.5 | 9.9 | 10.1 | 10.3 | |
| 加拿大 | Canada | 4.6 | 4.5 | 4.5 | 4.7 | 4.8 | 4.9 | 4.6 |
| 墨西哥 | Mexico | 6.1 | 5.2 | 4.8 | 4.8 | 4.7 | 4.4 | 4.4 |
| 美　国 | United States | 3.2 | 3.3 | 3.7 | 3.9 | 4.0 | 4.2 | 4.2 |
| 阿根廷 | Argentina | 4.8 | 3.4 | 2.9 | 3.0 | 3.5 | 3.8 | |
| 巴　西 | Brazil | 24.9 | 29.4 | 31.6 | 31.6 | 30.7 | 28.9 | |
| 委内瑞拉 | Venezuela | 1.1 | 1.0 | 1.0 | 1.0 | 0.9 | 0.9 | |
| 捷　克 | Czech Rep. | 3.3 | 3.9 | 4.9 | 5.6 | 6.0 | 6.5 | 7.0 |
| 法　国 | France | 4.3 | 4.4 | 5.2 | 5.7 | 5.9 | 5.6 | 5.7 |
| 德　国 | Germany | 2.3 | 3.9 | 6.8 | 7.9 | 8.9 | 8.5 | 8.9 |
| 意大利 | Italy | 1.3 | 2.3 | 3.0 | 4.3 | 5.1 | 6.1 | 6.7 |
| 荷　兰 | Netherlands | 2.4 | 3.4 | 4.0 | 4.4 | 4.2 | 4.6 | 4.7 |
| 波　兰 | Poland | 4.6 | 5.1 | 6.0 | 7.1 | 7.5 | 8.1 | 8.9 |
| 俄罗斯 | Russia | 1.1 | 1.1 | 0.9 | 1.0 | 1.0 | 1.0 | |
| 西班牙 | Spain | 3.4 | 3.6 | 4.1 | 5.1 | 5.2 | 5.7 | 6.0 |
| 土耳其 | Turkey | 8.5 | 6.3 | 4.9 | 4.8 | 4.3 | 3.3 | 3.2 |
| 乌克兰 | Ukraine | 0.2 | 0.2 | 1.2 | 1.3 | 1.1 | 1.2 | |
| 英　国 | United Kingdom | 0.9 | 1.7 | 2.3 | 2.7 | 2.9 | 3.3 | 3.6 |
| 澳大利亚 | Australia | 4.7 | 4.5 | 4.7 | 3.4 | 3.4 | 3.3 | 3.0 |
| 新西兰 | New Zealand | 6.5 | 7.6 | 6.6 | 6.1 | 6.5 | 6.6 | 6.5 |

# 主要统计指标解释

**探明储量** 是在现有和预期的本地经济条件和现有可用技术下，已探明的可开采的吨数。

**能源最终消费量** 指各不同经济部门终端能源消费量。

**能源生产量** 指一定时期内一次能源生产量的总和。

**国际运输燃料** 指供给国际运输的飞机或轮船的燃料，空运燃料包括航空汽油和喷气发动机燃料，海运燃料,包括硬煤、柴油等。

**一次能源供应量** 等于“产量＋进口－口－际运输燃料－存变化”。

**清洁能源** 是指在发电时不产生二氧化碳的非碳能源。它包括水电、核电、地热和太阳能等。

**易燃的可再生能源和废弃物** 包括固态和液态的生物遗体、沼气、工业垃圾和城市垃圾。

# Explanatory Notes on Main Statistical Indicators

**Proved Reserves** are the tonnage of the proved amount in place that can be recovered under present and expected local economic conditions with existing available technology.

**Total Final Consumption** refers to the sum of consumption by the different end-use sectors.

**Energy Production** is the production of primary energy.

**Bunkers** Airs bunkers refer to bunkers of aviation gasoline and jet fuel. Sea bunkers refer to bunkers of hard coal, gas-diesel oil and residual fuel oil.

**Total Primary Energy Supply** refers to Production +imports-Exports-Bunkers-Changes in stocks.

**Clean energy** refer to noncarbohydrate energy that does not produce carbon dioxide when generated. It includes hydropower and nuclear, geothermal, and solar power, among others.

**Combustible renewables and waste** comprise solid biomass, liquid biomass, biogas, industrial waste, and municipal waste.

# 财政和金融

## Government Finance and Banking

# 8-1 中央政府财政收入占国内生产总值比重
## Central Government Revenue as Percentage of GDP

资料来源：世界银行WDI数据库。
Source: World Bank WDI Database.
单位：% (%)

| 国家或地区 | Country or Area | 2000 | 2005 | 2008 | 2009 | 2010 | 2011 | 2012 |
|---|---|---|---|---|---|---|---|---|
| **世　界** | **World** | | **23.4** | **23.9** | **22.7** | **22.9** | **23.1** | **24.0** |
| **高收入国家** | **High Income** | | **24.5** | **24.7** | **23.4** | **23.7** | **23.8** | **24.1** |
| **中等收入国家** | **Middle Income** | **13.8** | **17.0** | **19.7** | **18.9** | **19.0** | **19.0** | |
| **低收入国家** | **Low Income** | | **11.5** | **13.1** | **13.5** | **14.2** | **14.6** | |
| 中　国 | China | 7.1 | 9.8 | 11.3 | 11.9 | 11.5 | 11.6 | |
| 中国香港 | Hong Kong, China | | 19.6 | 19.3 | 20.2 | 22.3 | 23.8 | |
| 中国澳门 | Macao, China | 19.9 | 25.2 | 33.6 | 33.3 | 36.4 | 39.9 | 38.6 |
| 孟加拉国 | Bangladesh | | 10.3 | 11.0 | 11.1 | 11.2 | 12.0 | |
| 柬埔寨 | Cambodia | | 9.7 | 12.5 | 10.9 | 11.5 | 11.6 | 13.2 |
| 印　度 | India | 11.5 | 12.1 | 12.5 | 11.2 | 12.9 | 11.2 | 12.4 |
| 印度尼西亚 | Indonesia | | 17.5 | 19.5 | 15.4 | 15.0 | 16.2 | |
| 伊　朗 | Iran | 23.4 | 36.5 | 30.6 | 29.1 | | | |
| 以色列 | Israel | 40.6 | 38.5 | 34.7 | 32.0 | 32.7 | 33.0 | 31.7 |
| 日　本 | Japan | | 11.8 | 12.9 | 11.4 | 11.2 | 11.4 | 11.2 |
| 哈萨克斯坦 | Kazakhstan | 11.3 | 21.3 | 13.4 | 22.7 | 20.9 | 24.1 | |
| 韩　国 | Korea, Rep. | 22.3 | 21.8 | 24.0 | 23.1 | 22.7 | 23.3 | |
| 老　挝 | Laos | | | 13.5 | 14.2 | 14.4 | 15.1 | 16.6 |
| 马来西亚 | Malaysia | 17.5 | 19.6 | 20.8 | 22.3 | 20.0 | 21.0 | 22.1 |
| 蒙　古 | Mongolia | 24.4 | | 30.8 | 26.8 | 33.7 | 34.0 | 30.7 |
| 缅　甸 | Myanmar | 5.3 | 6.7 | | | | | |
| 巴基斯坦 | Pakistan | 13.9 | 13.0 | 12.9 | 13.5 | 13.8 | 12.2 | 12.6 |
| 菲律宾 | Philippines | 14.2 | 14.4 | 15.2 | 14.0 | 13.4 | 14.0 | 14.5 |
| 新加坡 | Singapore | 26.2 | 18.5 | 20.7 | 17.5 | 17.4 | 17.9 | 18.7 |
| 斯里兰卡 | Sri Lanka | 16.8 | 15.5 | 14.9 | 14.5 | 14.6 | 14.3 | 13.9 |
| 泰　国 | Thailand | | 21.1 | 20.1 | 18.6 | 20.3 | 21.3 | 20.5 |
| 埃　及 | Egypt | | 24.3 | 27.6 | 26.9 | 24.8 | 21.9 | 21.5 |
| 尼日利亚 | Nigeria | | 11.9 | 13.0 | 10.5 | 5.6 | 5.6 | 5.0 |
| 南　非 | South Africa | 26.4 | 30.1 | 31.1 | 28.6 | 29.1 | 29.5 | 29.3 |
| 加拿大 | Canada | 21.4 | 19.2 | 18.3 | 18.1 | 17.5 | 17.4 | 17.6 |
| 墨西哥 | Mexico | 12.4 | | | | | | |
| 美　国 | United States | | 17.8 | 17.3 | 15.7 | 16.2 | 16.4 | 16.5 |
| 巴　西 | Brazil | 19.9 | 22.7 | 26.5 | 23.8 | 26.2 | 25.0 | 26.0 |
| 委内瑞拉 | Venezuela | 21.2 | 28.3 | | | | | |
| 捷　克 | Czech Rep. | 29.4 | 30.3 | 30.1 | 28.1 | 28.6 | 29.2 | 29.7 |
| 法　国 | France | 43.2 | 43.3 | 42.3 | 41.2 | 42.9 | 42.6 | 43.6 |
| 德　国 | Germany | 30.3 | 28.7 | 28.3 | 29.5 | 28.5 | 29.0 | 29.1 |
| 意大利 | Italy | 36.9 | 35.1 | 37.5 | 38.3 | 37.9 | 37.6 | 38.5 |
| 荷　兰 | Netherlands | 40.7 | 39.3 | 41.9 | 40.8 | 41.4 | 40.8 | 41.6 |
| 波　兰 | Poland | | 31.9 | 31.9 | 30.0 | 30.0 | 30.5 | 30.7 |
| 俄罗斯 | Russia | 24.6 | 30.3 | 33.7 | 25.5 | 26.1 | 31.4 | 29.6 |
| 西班牙 | Spain | 30.3 | 26.5 | 24.4 | 22.5 | 25.5 | 23.6 | 21.1 |
| 土耳其 | Turkey | | | 31.2 | 33.0 | 33.4 | 33.2 | 34.6 |
| 乌克兰 | Ukraine | 26.8 | 35.1 | 35.8 | 34.6 | 34.3 | 36.3 | 37.4 |
| 英　国 | United Kingdom | 36.6 | 36.2 | 38.0 | 35.3 | 35.9 | 36.5 | 38.1 |
| 澳大利亚 | Australia | 25.9 | 27.1 | 26.7 | 24.6 | 23.5 | 22.9 | 23.9 |
| 新西兰 | New Zealand | | 36.5 | 37.1 | 37.9 | 35.1 | 36.9 | 36.1 |

# 8-2 中央政府财政收入及构成

## Revenue of Central Government and Composition

资料来源：国际货币基金组织GFS数据库。
Source: IMF GFS Database.

| | | 柬埔寨 Cambodia 2011 (亿瑞尔) (100 million Riel) | 印度 India 2008 (亿卢比) (100 million Rupee) | 印度尼西亚 Indonesia 2004 (亿卢比) (100 million Rupee) | 伊朗 Iran 2008 (亿里亚尔) (100 million Rial) |
|---|---|---|---|---|---|
| **财政总收入** | **Total Revenue** | **79302** | **72902** | **4219181** | **10277750** |
| 税收 | Taxes | 52069 | 68772 | 2830930 | 2409537 |
| 收入、利润和资本所得税 | Taxes on Income, Profits, and Capital Gains | 9596 | 35513 | 1189231 | 1596482 |
| 个人 | Payable by Individuals | 2358 | 12877 | 956995 | 316440 |
| 公司和其他企业 | Payable by Corporations and Other Enterprises | 7238 | 22636 | 232236 | 1279325 |
| 工资税 | Taxes on Payroll and Workforce | | | | |
| 财产税 | Taxes on Property | | 41 | 146519 | 78015 |
| 货物和服务税 | Taxes on Goods and Services | 30253 | 21325 | 1351672 | 167501 |
| 增加值、销售和交易税 | General Value Added, Sales, or Turnover Taxes | 18451 | 111 | 986834 | 100159 |
| 货物税 | Excises | 10353 | 13806 | 291725 | 15304 |
| 国际贸易税 | Taxes on International Trade and Transactions | 12062 | 11893 | 127418 | 566891 |
| 其他税 | Other Taxes | 158 | | 16090 | 648 |
| 社会缴款 | Social Contributions | | 83 | 116116 | 1474765 |
| 社会保障缴款 | Social Security Contributions | | 83 | 116116 | 1474765 |
| 其它社会缴款 | Other Social Contributions | | | | |
| 捐赠收入 | Grants | | 180 | 2780 | |
| 来自外国政府捐赠收入 | From Foreign Governments | 15812 | 180 | | |
| 来自国际组织捐赠收入 | From International Organizations | 966 | | 2780 | |
| 来自政府机构捐赠收入 | From General Government Units | | | | |
| 其它收入 | Other Revenue | 10454 | 10933 | 1269356 | 6325660 |

8-2 续表 1 continued

| | | 以色列 Israel 2012 (亿新谢克尔) (100 million New Sheqalim) | 哈萨克斯坦 Kazakhstan 2008 (亿坚戈) (100 million Tenge) | 韩国 Korea, Rep. 2012 (亿韩元) (100 million Won) | 马来西亚 Malaysia 2003 (亿林吉特) (100 million Ringgit) |
|---|---|---|---|---|---|
| **财政总收入** | **Total Revenue** | **3325** | **32984** | **3851307** | **936** |
| 税收 | Taxes | 2195 | 20325 | 2027331 | 695 |
| 收入、利润和资本所得税 | Taxes on Income, Profits, and Capital Gains | 928 | 9315 | 943261 | 444 |
| 个人 | Payable by Individuals | 542 | | 480854 | 104 |
| 公司和其他企业 | Payable by Corporations and Other Enterprises | 263 | 9315 | 462407 | 340 |
| 工资税 | Taxes on Payroll and Workforce | 116 | | | |
| 财产税 | Taxes on Property | 38 | | 99631 | 2 |
| 货物和服务税 | Taxes on Goods and Services | 1088 | 6795 | 828547 | 201 |
| 增加值、销售和交易税 | General Value Added, Sales, or Turnover Taxes | | 6410 | 604701 | 85 |
| 货物税 | Excises | | 211 | 223847 | 49 |
| 国际贸易税 | Taxes on International Trade and Transactions | 25 | 4214 | 96093 | 52 |
| 其他税 | Other Taxes | | | 59799 | -4 |
| 社会缴款 | Social Contributions | | | | |
| 社会保障缴款 | Social Security Contributions | 503 | | 809833 | |
| 其它社会缴款 | Other Social Contributions | 70 | | 94385 | |
| 捐赠收入 | Grants | | 11551 | | |
| 来自外国政府捐赠收入 | From Foreign Governments | 119 | 10694 | | |
| 来自国际组织捐赠收入 | From International Organizations | | 10 | 2 | |
| 来自政府机构捐赠收入 | From General Government Units | 59 | 848 | 13094 | |
| 其它收入 | Other Revenue | 379 | 1108 | 906663 | 241 |

8-2 续表 2 continued

| | | 蒙 古<br>Mongolia<br>2008<br>(亿图格里克)<br>(100 million Togrog) | 缅 甸<br>Myanmar<br>2005<br>(亿缅元)<br>(100 million Kyat) | 巴基斯坦<br>Pakistan<br>2008<br>(亿卢比)<br>(100 million Rupee) | 新加坡<br>Singapore<br>2008<br>(亿新加坡元)<br>(100 million Dollar) |
|---|---|---|---|---|---|
| **财政总收入** | **Total Revenue** | **20360** | **8195** | **14084** | **559** |
| 税收 | Taxes | 14194 | 4770 | 10099 | 377 |
| 收入、利润和资本所得税 | Taxes on Income, Profits, and Capital Gains | 7437 | 2067 | 3756 | 193 |
| 个人 | Payable by Individuals | 1017 | 2067 | 3636 | |
| 公司和其他企业 | Payable by Corporations and Other Enterprises | 6420 | | | |
| 工资税 | Taxes on Payroll and Workforce | | | | |
| 财产税 | Taxes on Property | | | 55 | 29 |
| 货物和服务税 | Taxes on Goods and Services | 5145 | 2518 | 4691 | 122 |
| 增加值、销售和交易税 | General Value Added, Sales, or Turnover Taxes | 3253 | 2251 | 3855 | 65 |
| 货物税 | Excises | 1785 | 49 | 836 | 21 |
| 国际贸易税 | Taxes on International Trade and Transactions | 1508 | 185 | 1506 | |
| 其他税 | Other Taxes | 103 | | 92 | 34 |
| 社会缴款 | Social Contributions | 2233 | | | |
| 社会保障缴款 | Social Security Contributions | 2233 | | | |
| 其它社会缴款 | Other Social Contributions | | | | |
| 捐赠收入 | Grants | 159 | 3 | 330 | |
| 来自外国政府捐赠收入 | From Foreign Governments | 159 | 3 | 330 | |
| 来自国际组织捐赠收入 | From International Organizations | | | | |
| 来自政府机构捐赠收入 | From General Government Units | | | | |
| 其它收入 | Other Revenue | 3222 | 3423 | 3654 | 183 |

8-2 续表 3 continued

| | | 泰国 Thailand 2012 (亿泰株) (100 million Baht) | 南非 South Africa 2012 (亿兰特) (100 million Rand) | 加拿大 Canada 2012 (亿加元) (100 million Dollar) | 墨西哥 Mexico 2000 (亿比索) (100 million Peso) |
|---|---|---|---|---|---|
| **财政总收入** | **Total Revenue** | **23285** | **9262** | **3135** | **8106** |
| 税收 | Taxes | 18772 | 8317 | 2121 | 6408 |
| 收入、利润和资本所得税 | Taxes on Income, Profits, and Capital Gains | 8436 | 4573 | 1642 | 2766 |
| 个人 | Payable by Individuals | 1843 | 2767 | | |
| 公司和其他企业 | Payable by Corporations and Other Enterprises | 6593 | 1806 | | |
| 工资税 | Taxes on Payroll and Workforce | | 114 | | |
| 财产税 | Taxes on Property | | 87 | | |
| 货物和服务税 | Taxes on Goods and Services | 9045 | 3165 | 440 | 5036 |
| 增加值、销售和交易税 | General Value Added, Sales, or Turnover Taxes | 4579 | 2158 | | 1896 |
| 货物税 | Excises | 3969 | 705 | | 862 |
| 国际贸易税 | Taxes on International Trade and Transactions | 1157 | 378 | 39 | 329 |
| 其他税 | Other Taxes | 134 | … | | 59 |
| 社会缴款 | Social Contributions | | | | 849 |
| 社会保障缴款 | Social Security Contributions | 842 | 209 | | 849 |
| 其它社会缴款 | Other Social Contributions | | | | |
| 捐赠收入 | Grants | | | | |
| 来自外国政府捐赠收入 | From Foreign Governments | 16 | 20 | | |
| 来自国际组织捐赠收入 | From International Organizations | 3 | … | | |
| 来自政府机构捐赠收入 | From General Government Units | … | 14 | | |
| 其它收入 | Other Revenue | 3652 | 702 | 278 | 849 |

8-2 续表 4 continued

| | | 美国<br>United States<br>2012<br>(亿美元)<br>(100 million US Dollar) | 阿根廷<br>Argentina<br>2004<br>(亿比索)<br>(100 million Peso) | 委内瑞拉<br>Venezuela<br>2005<br>(亿博利瓦)<br>(100 million Bolivar) | 白俄罗斯<br>Belarus<br>2008<br>(亿卢布)<br>(100 million Rubel) |
|---|---|---|---|---|---|
| **财政总收入** | **Total Revenue** | **26863** | **814** | **859** | **504780** |
| 税收 | Taxes | 16501 | 636 | 472 | 329064 |
| 收入、利润和资本所得税 | Taxes on Income, Profits, and Capital Gains | 15180 | 154 | 185 | 35387 |
| 个人 | Payable by Individuals | 11670 | 46 | 9 | |
| 公司和其他企业 | Payable by Corporations and Other Enterprises | 3510 | 108 | 175 | 35387 |
| 工资税 | Taxes on Payroll and Workforce | | 4 | | |
| 财产税 | Taxes on Property | 141 | 73 | 29 | |
| 货物和服务税 | Taxes on Goods and Services | 844 | 238 | 214 | 152315 |
| 增加值、销售和交易税 | General Value Added, Sales, or Turnover Taxes | | 149 | 195 | 106972 |
| 货物税 | Excises | 668 | 55 | 17 | 38220 |
| 国际贸易税 | Taxes on International Trade and Transactions | 334 | 129 | 43 | 106126 |
| 其他税 | Other Taxes | | 39 | 1 | 35237 |
| 社会缴款 | Social Contributions | | 135 | 19 | 144965 |
| 社会保障缴款 | Social Security Contributions | 9279 | 131 | 19 | 144965 |
| 其它社会缴款 | Other Social Contributions | 98 | 4 | | |
| 捐赠收入 | Grants | | 2 | | |
| 来自外国政府捐赠收入 | From Foreign Governments | | | | |
| 来自国际组织捐赠收入 | From International Organizations | | | | |
| 来自政府机构捐赠收入 | From General Government Units | | 2 | | |
| 其它收入 | Other Revenue | 984 | 42 | 369 | 30751 |

8-2 续表 5 continued

| | | 捷　克<br>Czech Rep.<br>2008<br>(亿克朗)<br>(100 million Koruna) | 法　国<br>France<br>2012<br>(亿欧元)<br>(100 million Euro) | 德　国<br>Germany<br>2012<br>(亿欧元)<br>(100 million Euro) | 意大利<br>Italy<br>2010<br>(亿欧元)<br>(100 million Euro) |
|---|---|---|---|---|---|
| **财政总收入** | **Total Revenue** | **12207** | **8864** | **7816** | **5912** |
| 税收 | Taxes | 5466 | 4472 | 3167 | 3508 |
| 收入、利润和资本所得税 | Taxes on Income, Profits, and Capital Gains | 2221 | 2184 | 1270 | 1937 |
| 个人 | Payable by Individuals | 950 | 1721 | 1086 | 1592 |
| 公司和其他企业 | Payable by Corporations and Other Enterprises | 1272 | 460 | 184 | 345 |
| 工资税 | Taxes on Payroll and Workforce | … | 224 | … | … |
| 财产税 | Taxes on Property | 104 | 162 | 7 | 34 |
| 货物和服务税 | Taxes on Goods and Services | 3141 | 1952 | 1890 | 1267 |
| 增加值、销售和交易税 | General Value Added, Sales, or Turnover Taxes | 1691 | 1396 | 1018 | 896 |
| 货物税 | Excises | 1330 | 332 | 651 | 252 |
| 国际贸易税 | Taxes on International Trade and Transactions | … | -1 | … | … |
| 其他税 | Other Taxes | … | -48 | … | 270 |
| 社会缴款 | Social Contributions | 5482 | | | |
| 社会保障缴款 | Social Security Contributions | 5299 | 3387 | 4213 | 2087 |
| 其它社会缴款 | Other Social Contributions | 183 | 475 | 73 | 29 |
| 捐赠收入 | Grants | 614 | | 56 | 40 |
| 来自外国政府捐赠收入 | From Foreign Governments | 1 | | … | 2 |
| 来自国际组织捐赠收入 | From International Organizations | 604 | | 11 | 2 |
| 来自政府机构捐赠收入 | From General Government Units | 9 | 45 | 45 | 37 |
| 其它收入 | Other Revenue | 647 | | 306 | 249 |

8-2 续表 6 continued

| | | 荷 兰 Netherlands 2012 (亿欧元) (100 million Euro) | 波 兰 Poland 2012 (亿兹罗提) (100 million Zloty) | 俄罗斯 Russia 2012 (亿卢布) (100 million Ruble) | 西班牙 Spain 2012 (亿欧元) (100 million Euro) |
|---|---|---|---|---|---|
| **财政总收入** | **Total Revenue** | **2502** | **5054** | **190013** | **2515** |
| 税收 | Taxes | 1264 | 2583 | 93674 | 747 |
| 收入、利润和资本所得税 | Taxes on Income, Profits, and Capital Gains | 589 | 678 | 3611 | 505 |
| 个人 | Payable by Individuals | 461 | 412 | -93 | 295 |
| 公司和其他企业 | Payable by Corporations and Other Enterprises | 127 | 266 | 3889 | 209 |
| 工资税 | Taxes on Payroll and Workforce | 2 | 41 | … | … |
| 财产税 | Taxes on Property | 27 | … | -8 | 2 |
| 货物和服务税 | Taxes on Goods and Services | 647 | 1845 | 39747 | 240 |
| 增加值、销售和交易税 | General Value Added, Sales, or Turnover Taxes | 429 | 1166 | 35515 | 140 |
| 货物税 | Excises | 157 | 599 | 4088 | 40 |
| 国际贸易税 | Taxes on International Trade and Transactions | … | 20 | 50325 | … |
| 其他税 | Other Taxes | … | … | -1 | … |
| 社会缴款 | Social Contributions | | | | |
| 社会保障缴款 | Social Security Contributions | 958 | 1965 | 39930 | 1200 |
| 其它社会缴款 | Other Social Contributions | 20 | … | … | 131 |
| 捐赠收入 | Grants | 9 | | | 346 |
| 来自外国政府捐赠收入 | From Foreign Governments | … | 2 | … | … |
| 来自国际组织捐赠收入 | From International Organizations | 1 | 132 | … | 18 |
| 来自政府机构捐赠收入 | From General Government Units | 7 | 27 | 4515 | 328 |
| 其它收入 | Other Revenue | 252 | 346 | 51894 | 90 |

8-2 续表 7 continued

| | | 乌克兰 Ukraine 2008 (亿格里夫尼亚) (100 million Hrywnia) | 英国 United Kingdom 2012 (亿英镑) (100 million Pound) | 澳大利亚 Australia 2012 (亿澳元) (100 million Dollar) | 新西兰 New Zealand 2012 (亿新西兰元) (100 million Dollar) |
|---|---|---|---|---|---|
| **财政总收入** | **Total Revenue** | **3475** | **6135** | **3533** | **978** |
| 税收 | Taxes | 1695 | 4187 | 3179 | 620 |
| 收入、利润和资本所得税 | Taxes on Income, Profits, and Capital Gains | 475 | 1953 | 2309 | 355 |
| 个人 | Payable by Individuals | … | 1505 | 1538 | 251 |
| 公司和其他企业 | Payable by Corporations and Other Enterprises | 475 | 448 | 758 | 104 |
| 工资税 | Taxes on Payroll and Workforce | … | … | 5 | … |
| 财产税 | Taxes on Property | … | 383 | … | 1 |
| 货物和服务税 | Taxes on Goods and Services | 1091 | 1851 | 794 | 242 |
| 增加值、销售和交易税 | General Value Added, Sales, or Turnover Taxes | 921 | 1116 | 500 | 190 |
| 货物税 | Excises | 127 | 545 | 263 | 21 |
| 国际贸易税 | Taxes on International Trade and Transactions | 130 | … | 71 | 21 |
| 其他税 | Other Taxes | … | … | … | 1 |
| 社会缴款 | Social Contributions | 1239 | | | |
| 社会保障缴款 | Social Security Contributions | 1174 | 1043 | … | 28 |
| 其它社会缴款 | Other Social Contributions | 65 | 220 | … | … |
| 捐赠收入 | Grants | 79 | | | |
| 来自外国政府捐赠收入 | From Foreign Governments | … | … | … | |
| 来自国际组织捐赠收入 | From International Organizations | 1 | 31 | … | |
| 来自政府机构捐赠收入 | From General Government Units | 77 | 135 | 6 | … |
| 其它收入 | Other Revenue | 462 | 519 | 349 | 116 |

# 8-3 中央政府财政支出

## Expense of Central Government

资料来源：国际货币基金组织GFS数据库。
Source: IMF GFS Database.

| | | 柬埔寨 Cambodia 2011 (亿瑞尔) (100 million Riel) | 印度 India 2008 (亿卢比) (100 million Rupee) | 印度尼西亚 Indonesia 2004 (亿卢比) (100 million Rupee) | 伊朗 Iran 2008 (亿里亚尔) (100 million Rial) |
|---|---|---|---|---|---|
| **财政总支出** | **Total Expense** | **56039** | **95791** | **3869371** | **7095488** |
| 雇员报酬 | Compensation of Employees | 22330 | 5657 | 492700 | 2634389 |
| 工资和薪金 | Wages and Salaries | 22330 | 5657 | 492700 | 2326488 |
| 社会缴款 | Social Contributions | | | | 307901 |
| 商品和服务的使用 | Use of Goods and Services | 16732 | 9318 | 295796 | 710658 |
| 固定资本消耗 | Consumption of Fixed Capital | | | | |
| 利息 | Interest | 1392 | 18670 | 624857 | 79741 |
| 补贴 | Subsidies | | 20241 | 916169 | 1029776 |
| 对国有企业补贴 | To Public Corporations | | | | |
| 对私人企业补贴 | To Private Enterprises | | | | |
| 捐赠 | Grants | 4889 | 26283 | 1300449 | 32309 |
| 对外国政府捐赠 | To Foreign Governments | | | | 3300 |
| 对国际组织捐赠 | To International Organizations | | | | 372 |
| 对政府机构捐赠 | To General Government Units | 4889 | 26283 | 1300449 | 28637 |
| 社会福利 | Social Benefits | 7735 | | 233290 | 1489232 |
| 社会保障福利 | Social Security Benefits | | | | |
| 社会救助福利 | Social Assistance Benefits | 7735 | | | |
| 雇主社会福利 | Employer Social Benefits | | | | |
| 其它支出 | Other Expense | 2962 | 5871 | 6110 | 875406 |
| 不含利息的财产支出 | Property Expense Other Than Interest | | | | |
| 其它杂项支出 | Miscellaneous Other Expense | 2962 | 5871 | 6110 | 875406 |

8-3 续表 1 continued

| | | 以色列 Israel 2012 (亿新谢克尔) (100 million New Sheqalim) | 哈萨克斯坦 Kazakhstan 2008 (亿坚戈) (100 million Tenge) | 韩国 Korea, Rep. 2012 (亿韩元) (100 million Won) | 马来西亚 Malaysia 2003 (亿林吉特) (100 million Ringgit) |
|---|---|---|---|---|---|
| **财政总支出** | **Total Expense** | **3866** | **23473** | **3547492** | **794** |
| 雇员报酬 | Compensation of Employees | 929 | 1652 | 348049 | 235 |
| 工资和薪金 | Wages and Salaries | 758 | 1620 | 334171 | 231 |
| 社会缴款 | Social Contributions | 171 | 32 | 13878 | 4 |
| 商品和服务的使用 | Use of Goods and Services | 1036 | 4799 | 426956 | 206 |
| 固定资本消耗 | Consumption of Fixed Capital | 55 | | 114078 | |
| 利息 | Interest | 410 | 612 | 201617 | 99 |
| 补贴 | Subsidies | 69 | 218 | 174468 | 157 |
| 对国有企业补贴 | To Public Corporations | 17 | | | |
| 对私人企业补贴 | To Private Enterprises | 52 | | | |
| 捐赠 | Grants | 210 | 10307 | 1008919 | 47 |
| 对外国政府捐赠 | To Foreign Governments | 2 | … | 4570 | … |
| 对国际组织捐赠 | To International Organizations | 3 | 17 | 141 | … |
| 对政府机构捐赠 | To General Government Units | 205 | 10290 | 1004208 | 47 |
| 社会福利 | Social Benefits | 879 | 5530 | 911561 | 46 |
| 社会保障福利 | Social Security Benefits | 564 | | 911033 | |
| 社会救助福利 | Social Assistance Benefits | 133 | | 527 | |
| 雇主社会福利 | Employer Social Benefits | 182 | | … | |
| 其它支出 | Other Expense | 278 | 567 | 361843 | 5 |
| 不含利息的财产支出 | Property Expense Other Than Interest | … | … | 1336 | … |
| 其它杂项支出 | Miscellaneous Other Expense | 278 | 567 | 360507 | 5 |

## 8-3 续表 2 continued

| | | 蒙古 Mongolia 2008 (亿图格里克) (100 million Togrog) | 泰国 Thailand 2012 (亿铢) (100 million Baht) | 巴基斯坦 Pakistan 2007 (亿卢比) (100 million Rupee) | 加拿大 Canada 2012 (亿加元) (100 million Dollar) |
|---|---|---|---|---|---|
| **财政总支出** | **Total Expense** | **16691** | **23867** | **14156** | **3187** |
| 雇员报酬 | Compensation of Employees | 5450 | 8867 | 607 | 389 |
| 工资和薪金 | Wages and Salaries | 5019 | | 607 | |
| 社会缴款 | Social Contributions | 431 | | | 724 |
| 商品和服务的使用 | Use of Goods and Services | 4375 | 5861 | 4407 | 228 |
| 固定资本消耗 | Consumption of Fixed Capital | | 707 | | 93 |
| 利息 | Interest | 198 | 1397 | 3736 | 266 |
| 补贴 | Subsidies | 246 | 1640 | 1071 | 51 |
| 对国有企业补贴 | To Public Corporations | | 1078 | | |
| 对私人企业补贴 | To Private Enterprises | | 562 | | |
| 捐赠 | Grants | -148 | 3223 | 3271 | 931 |
| 对外国政府捐赠 | To Foreign Governments | | 7 | | |
| 对国际组织捐赠 | To International Organizations | | 11 | | |
| 对政府机构捐赠 | To General Government Units | -148 | 3205 | | |
| 社会福利 | Social Benefits | 6018 | 1255 | | 1156 |
| 社会保障福利 | Social Security Benefits | | 521 | | |
| 社会救助福利 | Social Assistance Benefits | | 59 | | |
| 雇主社会福利 | Employer Social Benefits | | 675 | | |
| 其它支出 | Other Expense | | 917 | 1063 | 73 |
| 不含利息的财产支出 | Property Expense Other Than Interest | | | | |
| 其它杂项支出 | Miscellaneous Other Expense | | 917 | | |

8-3 续表 3 continued

| | | 美国 United States 2012 (亿美元) (100 million US Dollar) | 阿根廷 Argentina 2004 (亿比索) (100 million Peso) | 委内瑞拉 Venezuela 2005 (亿博利瓦) (100 million Bolivar) | 白俄罗斯 Belarus 2008 (亿卢布) (100 million Rubel) |
|---|---|---|---|---|---|
| **财政总支出** | **Total Expense** | **38806** | **819** | **762** | **440644** |
| 雇员报酬 | Compensation of Employees | 4012 | 94 | 121 | 44669 |
| 工资和薪金 | Wages and Salaries | | | 116 | 36933 |
| 社会缴款 | Social Contributions | 9378 | 135 | 6 | 7737 |
| 商品和服务的使用 | Use of Goods and Services | 3664 | 38 | 46 | 52224 |
| 固定资本消耗 | Consumption of Fixed Capital | 2534 | | | |
| 利息 | Interest | 4203 | 215 | 89 | 6932 |
| 补贴 | Subsidies | 568 | 27 | | 95057 |
| 对国有企业补贴 | To Public Corporations | | 6 | | |
| 对私人企业补贴 | To Private Enterprises | | 21 | | |
| 捐赠 | Grants | 5607 | 109 | 400 | 68868 |
| 对外国政府捐赠 | To Foreign Governments | 511 | | 1 | 68 |
| 对国际组织捐赠 | To International Organizations | | 3 | | 1310 |
| 对政府机构捐赠 | To General Government Units | 5098 | 106 | 399 | 67490 |
| 社会福利 | Social Benefits | 17905 | 275 | 85 | 140654 |
| 社会保障福利 | Social Security Benefits | 14478 | 215 | | |
| 社会救助福利 | Social Assistance Benefits | 3428 | 58 | | |
| 雇主社会福利 | Employer Social Benefits | | 1 | | |
| 其它支出 | Other Expense | 311 | 61 | 21 | 32240 |
| 不含利息的财产支出 | Property Expense Other Than Interest | | | | |
| 其它杂项支出 | Miscellaneous Other Expense | | 61 | 21 | 32240 |

8-3 续表 4 continued

| | | 捷 克 Czech Rep. 2008 (亿克朗) (100 million Koruna) | 法 国 France 2012 (亿欧元) (100 million Euro) | 德 国 Germany 2012 (亿欧元) (100 million Euro) | 意大利 Italy 2012 (亿欧元) (100 million Euro) |
|---|---|---|---|---|---|
| **财政总支出** | **Total Expense** | **12582** | **9815** | **7772** | **6576** |
| 雇员报酬 | Compensation of Employees | 1058 | 1954 | 438 | 967 |
| 工资和薪金 | Wages and Salaries | 798 | | | 636 |
| 社会缴款 | Social Contributions | 259 | 3863 | 4287 | 331 |
| 商品和服务的使用 | Use of Goods and Services | 724 | 627 | 415 | 234 |
| 固定资本消耗 | Consumption of Fixed Capital | | 162 | 99 | 108 |
| 利息 | Interest | 442 | 489 | 380 | 812 |
| 补贴 | Subsidies | 1234 | 165 | 81 | 50 |
| 对国有企业补贴 | To Public Corporations | | | | |
| 对私人企业补贴 | To Private Enterprises | | | | |
| 捐赠 | Grants | 1648 | | | |
| 对外国政府捐赠 | To Foreign Governments | … | | 52 | 26 |
| 对国际组织捐赠 | To International Organizations | 259 | | 229 | 121 |
| 对政府机构捐赠 | To General Government Units | 1389 | 681 | 474 | 955 |
| 社会福利 | Social Benefits | 5945 | 5052 | 5416 | 3100 |
| 社会保障福利 | Social Security Benefits | | 4180 | 4832 | |
| 社会救助福利 | Social Assistance Benefits | | | 356 | |
| 雇主社会福利 | Employer Social Benefits | | | 228 | |
| 其它支出 | Other Expense | 1542 | | 189 | 203 |
| 不含利息的财产支出 | Property Expense Other Than Interest | … | … | … | … |
| 其它杂项支出 | Miscellaneous Other Expense | 1542 | | 189 | 203 |

8-3 续表 5 continued

| | | 荷兰 Netherlands 2012 (亿欧元) (100 million Euro) | 波兰 Poland 2010 (亿兹罗提) (100 million Zloty) | 俄罗斯 Russia 2012 (亿卢布) (100 million Ruble) | 西班牙 Spain 2012 (亿欧元) (100 million Euro) |
|---|---|---|---|---|---|
| **财政总支出** | **Total Expense** | **2705** | **5127** | **163846** | **3441** |
| 雇员报酬 | Compensation of Employees | 198 | 606 | 28594 | 258 |
| 工资和薪金 | Wages and Salaries | 139 | 536 | 25643 | 186 |
| 社会缴款 | Social Contributions | 59 | 70 | 2951 | 72 |
| 商品和服务的使用 | Use of Goods and Services | 186 | 358 | 18602 | 107 |
| 固定资本消耗 | Consumption of Fixed Capital | 56 | 126 | 10720 | 66 |
| 利息 | Interest | 95 | 346 | 3353 | 245 |
| 补贴 | Subsidies | 55 | 66 | 8579 | 53 |
| 对国有企业补贴 | To Public Corporations | | 21 | 1924 | 8 |
| 对私人企业补贴 | To Private Enterprises | | 45 | 6655 | 45 |
| 捐赠 | Grants | | 1142 | 17015 | |
| 对外国政府捐赠 | To Foreign Governments | … | | 197 | … |
| 对国际组织捐赠 | To International Organizations | 80 | 152 | 494 | 94 |
| 对政府机构捐赠 | To General Government Units | 666 | 990 | 16324 | 525 |
| 社会福利 | Social Benefits | 1330 | 2242 | 71419 | 1653 |
| 社会保障福利 | Social Security Benefits | 1105 | 2226 | 57621 | 1468 |
| 社会救助福利 | Social Assistance Benefits | 205 | 17 | 8733 | 68 |
| 雇主社会福利 | Employer Social Benefits | 20 | | 5065 | 117 |
| 其它支出 | Other Expense | 40 | 240 | 5564 | 441 |
| 不含利息的财产支出 | Property Expense Other Than Interest | … | | … | … |
| 其它杂项支出 | Miscellaneous Other Expense | 40 | 240 | 5564 | 441 |

8-3 续表 6 continued

| | | 乌克兰 Ukraine 2008 (亿格里夫尼亚) (100 million Hrywnia) | 英国 United Kingdom 2012 (亿英镑) (100 million Pound) | 澳大利亚 Australia 2012 (亿澳元) (100 million Dollar) | 新西兰 New Zealand 2012 (亿新西兰元) (100 million Dollar) |
|---|---|---|---|---|---|
| **财政总支出** | **Total Expense** | **3538** | **6968** | **3915** | **980** |
| 雇员报酬 | Compensation of Employees | 461 | 983 | 412 | 194 |
| 工资和薪金 | Wages and Salaries | 350 | 808 | 352 | |
| 社会缴款 | Social Contributions | 112 | 175 | 60 | |
| 商品和服务的使用 | Use of Goods and Services | 409 | 1203 | 404 | 93 |
| 固定资本消耗 | Consumption of Fixed Capital | | 82 | 68 | 27 |
| 利息 | Interest | 44 | 469 | 204 | 36 |
| 补贴 | Subsidies | 258 | 79 | 106 | 7 |
| 对国有企业补贴 | To Public Corporations | | 16 | 3 | |
| 对私人企业补贴 | To Private Enterprises | | 63 | 103 | |
| 捐赠 | Grants | 593 | 1535 | 1011 | 249 |
| 对外国政府捐赠 | To Foreign Governments | 2 | … | 41 | |
| 对国际组织捐赠 | To International Organizations | … | 70 | … | |
| 对政府机构捐赠 | To General Government Units | 591 | 1465 | 971 | 18 |
| 社会福利 | Social Benefits | 1650 | 2117 | 1523 | 321 |
| 社会保障福利 | Social Security Benefits | | 912 | 1124 | |
| 社会救助福利 | Social Assistance Benefits | | 901 | 399 | |
| 雇主社会福利 | Employer Social Benefits | | 303 | … | |
| 其它支出 | Other Expense | 123 | 500 | 187 | 54 |
| 不含利息的财产支出 | Property Expense Other Than Interest | … | … | … | … |
| 其它杂项支出 | Miscellaneous Other Expense | 123 | 500 | 187 | 54 |

# 8-4 中央政府各项支出比重

## Central Government Outlays by Function as Percentage of Total

资料来源：国际货币基金组织政府财政统计数据库。
Source:International Monetary Fund Government Finance Statistics Database.

单位：% (%)

| 国家或地区 | Country or Area | 年 份 Year | 社会保障支出 Social Protection | 公共服务支出 General Public Services | 教育支出 Education | 经济事务支出 Economic Affairs | 环境保护支出 Environment Protection |
|---|---|---|---|---|---|---|---|
| 中　国 | China | 2007 | 0.73 | | 0.88 | | 0.07 |
| 中国香港 | Hong Kong, China | 2010 | 13.39 | 18.94 | 19.39 | 10.93 | 3.37 |
| 中国澳门 | Macao, China | 2008 | 18.16 | | 14.00 | | 2.54 |
| 孟加拉国 | Bangladesh | 2008 | 2.71 | | 15.05 | | 0.08 |
| 印　度 | India | 2008 | | | 3.74① | | |
| 印度尼西亚 | Indonesia | 2004 | 5.64 | | 3.97 | | |
| 伊　朗 | Iran | 2008 | 30.09 | | 13.85 | | 0.11 |
| 以色列 | Israel | 2012 | 27.57 | 13.99 | 16.27 | 6.01 | 0.35 |
| 哈萨克斯坦 | Kazakhstan | 2008 | 21.72 | | 7.36 | | 0.52 |
| 韩　国 | Korea, Rep. | 2008 | 21.11 | | 16.01 | | |
| 缅　甸 | Myanmar | 2005 | 0.83 | | 6.81 | | |
| 巴基斯坦 | Pakistan | 2007 | 0.21 | | 1.64 | | 0.03 |
| 新加坡 | Singapore | 2008 | 12.26 | | 18.65 | | |
| 泰　国 | Thailand | 2012 | 17.29 | 17.56 | 17.44 | 19.86 | 0.09 |
| 埃　及 | Egypt | 2008 | 38.96 | | 11.01 | | 0.30 |
| 南　非 | South Africa | 2012 | 14.50② | 44.47② | 7.05② | 11.09② | 0.53② |
| 加拿大 | Canada | 2012 | 46.94③ | | 2.09③ | | 1.28③ |
| 墨西哥 | Mexico | 2000 | 20.12 | | 24.73 | | |
| 美　国 | United States | 2012 | 32.13④ | 10.16④ | 3.50④ | 6.00④ | |
| 阿根廷 | Argentina | 2004 | 39.94 | 32.65 | 0.00 | 7.17 | 0.29 |
| 委内瑞拉 | Venezuela | 2005 | 7.64 | | 17.16 | | |
| 捷　克 | Czech Rep. | 2008 | 35.37 | | 9.18 | | 1.33 |
| 意大利 | Italy | 2012 | 48.54 | 25.24 | 8.17 | 3.66 | 0.31 |
| 荷　兰 | Netherlands | 2012 | 36.21 | 17.34 | 10.83 | 8.03 | 0.35 |
| 波　兰 | Poland | 2012 | 43.65 | 15.58 | 10.68 | 8.51 | 0.19 |
| 俄罗斯 | Russia | 2012 | 38.67 | 20.26 | 3.27 | 7.66 | 0.11 |
| 西班牙 | Spain | 2012 | 48.03 | 27.01 | 0.50 | 16.12 | 0.13 |
| 土耳其 | Turkey | 2012 | 34.45 | 18.74 | 11.66 | 10.91 | 0.07 |
| 乌克兰 | Ukraine | 2008 | 47.44 | | 5.92 | | 0.48 |
| 英　国 | United Kingdom | 2012 | 35.65 | 13.47 | 11.30 | 5.43 | 0.88 |
| 澳大利亚 | Australia | 2012 | 32.14 | 23.43 | 10.82 | 7.93 | 1.27 |
| 新西兰 | New Zealand | 2012 | 13.24 | 19.08 | 25.55 | 10.31 | 0.88 |

## 8-4 续表 continued

单位：%  (%)

| 国家或地区 | Country or Area | 年份 Year | 卫生保健支出 Health | 文化、娱乐和宗教支出 Recreation, Culture, and Religion | 国防支出 Defense | 住房和社区设施建设支出 Housing and Community Amenities | 公共秩序与安全支出 Public Order and Safety |
|---|---|---|---|---|---|---|---|
| 中国 | China | 2007 | 0.08 | | 7.45 | | |
| 中国香港 | Hong Kong, China | 2010 | 13.30 | 4.15 | | 6.82 | 9.71 |
| 中国澳门 | Macao, China | 2008 | 8.22 | | | | |
| 孟加拉国 | Bangladesh | 2008 | 6.65 | | 9.83 | | |
| 印度 | India | 2008 | 1.71① | | 12.83① | | |
| 印度尼西亚 | Indonesia | 2004 | 1.38 | | 6.59 | | |
| 伊朗 | Iran | 2008 | 6.69 | | 7.52 | | |
| 以色列 | Israel | 2012 | 12.84 | 2.73 | 15.58 | 0.76 | 3.90 |
| 哈萨克斯坦 | Kazakhstan | 2008 | 4.43 | | 6.74 | | |
| 韩国 | Korea,Rep. | 2008 | 0.98 | | 11.29 | | |
| 缅甸 | Myanmar | 2005 | 2.18 | | 19.61 | | |
| 巴基斯坦 | Pakistan | 2007 | 0.86 | | 15.62 | | |
| 新加坡 | Singapore | 2008 | 6.15 | | 24.69 | | |
| 泰国 | Thailand | 2012 | 9.12 | 0.96 | 6.33 | 6.30 | 5.04 |
| 埃及 | Egypt | 2008 | 4.30 | | 6.56 | | |
| 南非 | South Africa | 2012 | 2.73② | 0.83② | 4.97② | 4.21② | 9.23② |
| 加拿大 | Canada | 2012 | 9.67③ | | 6.50③ | | |
| 墨西哥 | Mexico | 2000 | 4.95 | | 3.04 | | |
| 美国 | United States | 2012 | 24.31④ | 0.15④ | 18.78④ | 3.11④ | 1.50④ |
| 阿根廷 | Argentina | 2004 | 5.30 | 0.18 | 3.04 | 1.83 | 4.40 |
| 委内瑞拉 | Venezuela | 2005 | 7.38 | | 4.99 | | |
| 捷克 | Czech Rep. | 2008 | 16.48 | | 3.40 | | |
| 意大利 | Italy | 2012 | 4.89 | 0.95 | 3.31 | 0.73 | 4.21 |
| 荷兰 | Netherlands | 2012 | 19.27 | 0.78 | 2.78 | 0.22 | 4.21 |
| 波兰 | Poland | 2012 | 12.10 | 0.67 | 3.55 | 0.56 | 4.51 |
| 俄罗斯 | Russia | 2012 | 7.88 | 1.02 | 11.00 | 0.29 | 9.85 |
| 西班牙 | Spain | 2012 | 1.17 | 0.71 | 2.87 | 0.04 | 3.42 |
| 土耳其 | Turkey | 2012 | 11.63 | 1.78 | 4.26 | 1.10 | 5.40 |
| 乌克兰 | Ukraine | 2008 | 2.63 | | 3.11 | | |
| 英国 | United Kingdom | 2012 | 17.69 | 1.31 | 5.22 | 5.08 | 3.98 |
| 澳大利亚 | Australia | 2012 | 15.58 | 0.86 | 5.95 | 0.99 | 1.04 |
| 新西兰 | New Zealand | 2012 | 22.59 | 1.13 | 2.07 | 0.37 | 4.78 |

注：①2006年数据。②2009年数据。③2007年数据。④2010年数据。
Note:①Data refer to 2006.②Data refer to 2009.③Data refer to 2007.④Data refer to 2010.

# 8-5 社会缴款占财政收入比重

## Social Contributions as Percentage of Revenue

资料来源：世界银行WDI数据库。
Source: World Bank WDI Database.
单位：% (%)

| 国家或地区 | Country or Area | 2000 | 2005 | 2008 | 2009 | 2010 | 2011 | 2012 |
|---|---|---|---|---|---|---|---|---|
| 中国香港 | Hong Kong, China | | 0.01 | 0.01 | | | | |
| 中国澳门 | Macao, China | 0.85 | 0.50 | 0.29 | 0.30 | 0.19 | 0.26 | 0.13 |
| 印　度 | India | 0.05 | 0.18 | 0.23 | 0.29 | 0.26 | 0.26 | 0.24 |
| 伊　朗 | Iran | 11.48 | 10.44 | 14.91 | 18.69 | | | |
| 以色列 | Israel | 14.65 | 16.41 | 16.58 | 17.40 | 17.30 | 17.23 | 17.23 |
| 日　本 | Japan | | 0.97 | 0.89 | 0.98 | 0.83 | 0.98 | 1.00 |
| 韩　国 | Korea, Rep. | 13.31 | 16.17 | 15.83 | 16.39 | 16.11 | 16.07 | |
| 蒙　古 | Mongolia | 17.79 | | 13.68 | 16.61 | 13.14 | 14.41 | 17.62 |
| 斯里兰卡 | Sri Lanka | 1.67 | 1.19 | 0.99 | 1.54 | 1.33 | 1.33 | 1.10 |
| 泰　国 | Thailand | | 4.89 | 4.64 | 4.91 | 6.44 | 4.39 | 3.62 |
| 南　非 | South Africa | 2.07 | 2.04 | 2.04 | 2.21 | 2.10 | 2.00 | 2.25 |
| 加拿大 | Canada | 18.86 | 21.43 | 20.86 | 22.91 | 22.84 | 22.58 | 23.08 |
| 墨西哥 | Mexico | 10.48 | | | | | | |
| 美　国 | United States | | 36.59 | 38.32 | 42.07 | 40.16 | 35.61 | 34.91 |
| 巴　西 | Brazil | 24.76 | 23.25 | 21.52 | 24.95 | 22.70 | 25.04 | 25.31 |
| 委内瑞拉 | Venezuela | 3.50 | 2.20 | | | | | |
| 捷　克 | Czech Rep. | 46.51 | 45.61 | 44.91 | 44.85 | 44.24 | 44.79 | 43.10 |
| 法　国 | France | 41.36 | 41.83 | 42.70 | 45.47 | 43.36 | 43.99 | 43.58 |
| 德　国 | Germany | 58.08 | 58.93 | 55.33 | 55.55 | 55.91 | 54.68 | 54.84 |
| 意大利 | Italy | 33.02 | 35.67 | 36.25 | 35.76 | 35.82 | 36.12 | 35.53 |
| 荷　兰 | Netherlands | 39.03 | 34.15 | 35.42 | 34.66 | 34.93 | 36.96 | 39.08 |
| 波　兰 | Poland | | 37.66 | 34.81 | 36.85 | 35.80 | 36.15 | 38.88 |
| 俄罗斯 | Russia | 28.80 | 17.72 | 15.70 | 23.13 | 20.29 | 19.50 | 21.01 |
| 西班牙 | Spain | 41.15 | 47.48 | 52.61 | 58.01 | 50.54 | 51.44 | 52.92 |
| 土耳其 | Turkey | | | 27.74 | 28.93 | 27.70 | 27.37 | 27.29 |
| 乌克兰 | Ukraine | 30.42 | 35.41 | 33.84 | 35.57 | 36.06 | 33.55 | 34.40 |
| 英　国 | United Kingdom | 19.68 | 21.79 | 21.03 | 22.83 | 22.21 | 21.83 | 20.59 |
| 新西兰 | New Zealand | | 0.18 | | 2.48 | 2.77 | 2.83 | 2.88 |

# 8-6 商品和服务税占财政收入比重
# Goods and Services Tax as Percentage of Revenue

资料来源：世界银行WDI数据库。
Source: World Bank WDI Database.
单位：%　　(%)

| 国家或地区 | Country or Area | 2000 | 2005 | 2008 | 2009 | 2010 | 2011 | 2012 |
|---|---|---|---|---|---|---|---|---|
| **世　界** | **World** | | **31.70** | **32.12** | **32.33** | **33.06** | **33.39** | |
| 中　国 | China | 65.10 | 77.34 | 54.30 | 58.89 | 62.23 | 61.36 | |
| 中国香港 | Hong Kong, China | | 10.11 | 8.62 | 8.60 | 8.54 | 8.08 | |
| 中国澳门 | Macao, China | 66.81 | 76.44 | 83.72 | 82.48 | 88.65 | 89.22 | 88.96 |
| 孟加拉国 | Bangladesh | | 27.50 | 27.61 | 28.76 | 29.74 | 30.95 | |
| 柬埔寨 | Cambodia | | 36.90 | 41.67 | 35.47 | 35.29 | 39.28 | 40.90 |
| 印　度 | India | 28.92 | 30.75 | 26.25 | 23.76 | 21.66 | 21.66 | 25.99 |
| 印度尼西亚 | Indonesia | | 14.99 | 27.01 | 31.43 | 29.44 | 29.34 | |
| 伊　朗 | Iran | 6.59 | 2.39 | 1.63 | 2.86 | | | |
| 以色列 | Israel | 26.26 | 29.24 | 30.51 | 32.71 | 33.21 | 32.90 | 32.71 |
| 日　本 | Japan | | 31.37 | 26.92 | 32.73 | 34.44 | 35.36 | 35.71 |
| 哈萨克斯坦 | Kazakhstan | 40.03 | 21.00 | 20.60 | 21.93 | 31.21 | 28.40 | |
| 韩　国 | Korea, Rep. | 28.24 | 28.32 | 25.57 | 25.87 | 26.73 | 24.89 | |
| 老　挝 | Laos | | | 42.95 | 45.77 | 41.88 | 41.84 | 40.72 |
| 马来西亚 | Malaysia | 24.80 | 20.30 | 15.86 | 15.67 | 16.74 | 15.39 | 14.65 |
| 蒙　古 | Mongolia | 36.02 | | 25.27 | 30.16 | 28.54 | 36.73 | 36.29 |
| 缅　甸 | Myanmar | 32.84 | 30.73 | | | | | |
| 巴基斯坦 | Pakistan | 30.30 | 34.07 | 33.31 | 31.78 | 30.95 | 34.68 | 38.41 |
| 菲律宾 | Philippines | 27.46 | 23.46 | 26.15 | 29.02 | 28.58 | 26.85 | 28.08 |
| 新加坡 | Singapore | 18.04 | 23.41 | 21.74 | 26.21 | 26.20 | 25.27 | 23.72 |
| 斯里兰卡 | Sri Lanka | 56.75 | 55.28 | 44.64 | 37.54 | 42.60 | 42.92 | 46.15 |
| 泰　国 | Thailand | | 40.11 | 36.86 | 38.25 | 40.22 | 39.45 | 38.84 |
| 埃　及 | Egypt | | 23.65 | 19.99 | 21.71 | 22.12 | 25.19 | 24.25 |
| 尼日利亚 | Nigeria | | 1.52 | 1.83 | 2.55 | 2.63 | 2.63 | 2.82 |
| 南　非 | South Africa | 33.10 | 32.98 | 30.13 | 31.39 | 34.09 | 32.79 | 34.18 |
| 加拿大 | Canada | 15.51 | 17.09 | 13.77 | 14.44 | 14.86 | 14.24 | 14.02 |
| 墨西哥 | Mexico | 62.13 | | | | | | |
| 美　国 | United States | | 3.17 | 2.54 | 3.02 | 2.82 | 3.02 | 3.14 |
| 巴　西 | Brazil | 33.60 | 35.52 | 25.67 | 26.61 | 24.82 | 26.85 | 25.14 |
| 委内瑞拉 | Venezuela | 24.92 | 24.94 | | | | | |
| 捷　克 | Czech Rep. | 34.32 | 26.73 | 25.76 | 27.35 | 28.12 | 28.62 | 28.01 |
| 法　国 | France | 24.78 | 23.91 | 22.75 | 23.08 | 22.21 | 22.34 | 22.02 |
| 德　国 | Germany | 20.49 | 22.49 | 23.62 | 24.52 | 24.59 | 24.68 | 24.18 |
| 意大利 | Italy | 22.97 | 22.41 | 20.76 | 20.52 | 22.07 | 22.15 | 21.97 |
| 荷　兰 | Netherlands | 25.79 | 28.08 | 26.23 | 26.71 | 27.00 | 26.39 | 25.85 |
| 波　兰 | Poland | | 37.34 | 39.12 | 37.45 | 39.52 | 39.13 | 36.50 |
| 俄罗斯 | Russia | 30.87 | 23.62 | 16.36 | 22.48 | 21.12 | 19.52 | 20.92 |
| 西班牙 | Spain | 25.30 | 18.45 | 14.07 | 13.30 | 20.52 | 15.34 | 9.56 |
| 土耳其 | Turkey | | | 36.90 | 36.43 | 38.84 | 39.13 | 37.08 |
| 乌克兰 | Ukraine | 32.67 | 27.96 | 31.34 | 33.87 | 31.38 | 35.30 | 34.36 |
| 英　国 | United Kingdom | 30.31 | 29.13 | 26.83 | 28.20 | 30.07 | 31.98 | 30.18 |
| 澳大利亚 | Australia | 17.90 | 24.11 | 22.51 | 22.64 | 24.32 | 23.85 | 22.46 |
| 新西兰 | New Zealand | | 27.26 | 23.96 | 20.97 | 22.05 | 23.55 | 24.74 |

# 8-7 所得税占财政收入比重

## Income Tax as Percentage of Revenue

资料来源：世界银行WDI数据库。
Source: World Bank WDI Database.
单位：% (%)

| 国家或地区 | Country or Area | 2000 | 2005 | 2008 | 2009 | 2010 | 2011 | 2012 |
|---|---|---|---|---|---|---|---|---|
| **世　界** | **World** | | **20.68** | **23.56** | **22.58** | **22.35** | | |
| 中　国 | China | 8.08 | 23.80 | 25.41 | 24.56 | 23.11 | 24.90 | |
| 中国香港 | Hong Kong, China | | 39.87 | 44.00 | 36.19 | 35.77 | 38.74 | |
| 中国澳门 | Macao, China | 8.58 | 4.42 | 5.26 | 4.86 | 3.89 | 3.20 | 3.29 |
| 孟加拉国 | Bangladesh | | 12.34 | 18.74 | 19.26 | 20.06 | 22.36 | |
| 柬埔寨 | Cambodia | | 7.10 | 10.55 | 11.38 | 10.30 | 12.19 | 13.82 |
| 印　度 | India | 27.01 | 35.93 | 45.23 | 50.27 | 43.39 | 43.39 | 44.84 |
| 印度尼西亚 | Indonesia | | 48.84 | 33.91 | 36.80 | 36.48 | | |
| 伊　朗 | Iran | 13.45 | 12.72 | 15.53 | 19.35 | | | |
| 以色列 | Israel | 33.72 | 30.18 | 29.99 | 27.44 | 27.02 | 27.78 | 27.92 |
| 日　本 | Japan | | 49.58 | 38.14 | 35.34 | 39.87 | 42.90 | 45.96 |
| 哈萨克斯坦 | Kazakhstan | 23.59 | 51.27 | 28.24 | 23.98 | 23.56 | | |
| 韩　国 | Korea, Rep. | 26.28 | 28.88 | 30.62 | 28.38 | 28.12 | 30.33 | |
| 老　挝 | Laos | | | 21.75 | 21.50 | 13.36 | 15.83 | 17.60 |
| 马来西亚 | Malaysia | 43.37 | 46.66 | 48.12 | 46.03 | 45.59 | 51.15 | 52.04 |
| 蒙　古 | Mongolia | 11.82 | | 36.53 | 20.61 | 27.12 | 15.34 | 11.56 |
| 缅　甸 | Myanmar | 19.47 | 25.22 | | | | | |
| 巴基斯坦 | Pakistan | 19.03 | 20.49 | 26.67 | 25.23 | 24.59 | 27.41 | 28.85 |
| 菲律宾 | Philippines | 39.72 | 39.64 | 41.12 | 38.76 | 40.50 | 42.07 | 42.08 |
| 新加坡 | Singapore | 29.03 | 30.17 | 34.43 | 35.67 | 33.99 | 34.37 | 34.72 |
| 斯里兰卡 | Sri Lanka | 12.69 | 12.74 | 18.43 | 19.23 | 16.26 | 16.56 | 16.18 |
| 泰　国 | Thailand | | 32.82 | 38.97 | 37.84 | 33.22 | 38.02 | 36.23 |
| 埃　及 | Egypt | | 23.75 | 26.95 | 27.81 | 25.26 | 29.67 | 26.16 |
| 尼日利亚 | Nigeria | | 22.57 | 40.34 | 46.23 | 38.11 | 29.72 | 28.32 |
| 南　非 | South Africa | 51.71 | 48.76 | 54.46 | 51.86 | 49.09 | 49.45 | 49.38 |
| 加拿大 | Canada | 54.32 | 52.97 | 54.58 | 53.38 | 52.94 | 53.07 | 52.38 |
| 墨西哥 | Mexico | 34.12 | | | | | | |
| 美　国 | United States | | 55.10 | 53.25 | 47.45 | 49.98 | 54.64 | 56.51 |
| 巴　西 | Brazil | 25.15 | 28.36 | 27.84 | 28.97 | 24.40 | 28.47 | 26.51 |
| 委内瑞拉 | Venezuela | 26.67 | 21.46 | | | | | |
| 捷　克 | Czech Rep. | 13.02 | 19.97 | 18.20 | 14.89 | 14.88 | 14.55 | 14.50 |
| 法　国 | France | 25.84 | 24.00 | 24.97 | 21.50 | 22.04 | 23.67 | 24.64 |
| 德　国 | Germany | 17.40 | 14.89 | 16.97 | 15.56 | 15.09 | 15.58 | 16.25 |
| 意大利 | Italy | 34.83 | 32.80 | 34.74 | 32.35 | 32.71 | 32.26 | 32.76 |
| 荷　兰 | Netherlands | 25.35 | 26.06 | 25.39 | 26.18 | 26.04 | 25.21 | 23.53 |
| 波　兰 | Poland | | 12.57 | 15.93 | 14.50 | 13.23 | 13.06 | 13.41 |
| 俄罗斯 | Russia | 11.52 | 5.73 | 4.69 | 1.38 | 2.16 | 1.70 | 1.90 |
| 西班牙 | Spain | 26.82 | 29.16 | 27.76 | 24.13 | 22.73 | 21.74 | 20.07 |
| 土耳其 | Turkey | | | 18.64 | 18.12 | 17.45 | 17.66 | 17.59 |
| 乌克兰 | Ukraine | 12.34 | 15.39 | 13.66 | 10.05 | 10.56 | 12.81 | 11.81 |
| 英　国 | United Kingdom | 38.47 | 36.90 | 36.89 | 36.56 | 35.86 | 35.38 | 31.82 |
| 澳大利亚 | Australia | 66.72 | 65.16 | 66.47 | 65.16 | 61.55 | 63.65 | 65.33 |
| 新西兰 | New Zealand | | 54.93 | 59.45 | 41.74 | 37.34 | 34.70 | 36.31 |

# 8-8 中央政府财政盈余占GDP比重

## Surplus of Central Government Revenue as Percentage of GDP

资料来源：世界银行WDI数据库。
Source: World Bank WDI Database.
单位：% (%)

| 国家或地区 | Country or Area | 2000 | 2005 | 2008 | 2009 | 2010 | 2011 | 2012 |
|---|---|---|---|---|---|---|---|---|
| **世　界** | **World** | | **-1.94** | **-2.57** | **-6.75** | **-6.33** | **-5.31** | **-4.98** |
| 中　国 | China | | -1.39 | | | | | |
| 中国香港 | Hong Kong, China | | 1.37 | 0.63 | 1.09 | 4.14 | 3.78 | |
| 中国澳门 | Macao, China | 1.64 | 8.57 | 17.73 | 13.54 | 19.33 | 24.70 | 23.77 |
| 孟加拉国 | Bangladesh | | -1.12 | -0.96 | -1.65 | -0.93 | -0.93 | |
| 柬埔寨 | Cambodia | | 0.04 | -0.31 | -4.54 | -3.53 | -4.56 | -4.38 |
| 印　度 | India | -3.74 | -3.18 | -4.87 | -5.42 | -3.41 | -2.95 | -3.76 |
| 印度尼西亚 | Indonesia | | -0.13 | -0.33 | -1.67 | -0.56 | -1.14 | |
| 伊　朗 | Iran | 1.79 | 5.99 | 2.65 | 0.52 | | | |
| 以色列 | Israel | -3.58 | -4.78 | -3.33 | -6.22 | -4.71 | -4.21 | -5.42 |
| 日　本 | Japan | | -4.06 | -2.95 | -7.58 | -6.75 | -8.22 | -7.96 |
| 哈萨克斯坦 | Kazakhstan | 0.09 | 2.58 | 4.44 | 5.05 | 4.44 | 7.81 | |
| 韩　国 | Korea, Rep. | 4.38 | 0.91 | 1.64 | 0.02 | 1.65 | 1.82 | |
| 老　挝 | Laos | | | -2.17 | -1.66 | -0.84 | -0.95 | -0.80 |
| 马来西亚 | Malaysia | -4.12 | -3.76 | -4.41 | -6.13 | -5.15 | -4.76 | -4.53 |
| 蒙　古 | Mongolia | 0.18 | | -3.28 | -4.09 | 3.05 | -3.14 | -8.48 |
| 缅　甸 | Myanmar | | -1.49 | | | | | |
| 巴基斯坦 | Pakistan | -4.09 | -3.20 | -7.16 | -4.59 | -4.99 | -6.39 | -7.99 |
| 菲律宾 | Philippines | -3.66 | -2.84 | -1.20 | -3.76 | -3.46 | -1.76 | -1.95 |
| 新加坡 | Singapore | 11.24 | 6.49 | 7.75 | 1.61 | 7.73 | 9.55 | 9.02 |
| 斯里兰卡 | Sri Lanka | -8.40 | -6.98 | -6.57 | -8.92 | -7.22 | -6.41 | -6.11 |
| 泰　国 | Thailand | | 2.50 | 0.50 | -3.04 | -0.62 | -1.14 | -2.15 |
| 埃　及 | Egypt | | -6.45 | -6.36 | -6.56 | -7.73 | -10.08 | -10.63 |
| 尼日利亚 | Nigeria | | -1.10 | -0.19 | -3.21 | -2.01 | -1.81 | -1.35 |
| 南　非 | South Africa | -1.96 | -0.19 | -0.68 | -5.12 | -4.10 | -4.38 | -4.63 |
| 加拿大 | Canada | 2.31 | 0.84 | 0.60 | -1.22 | -1.81 | -1.07 | -0.26 |
| 墨西哥 | Mexico | -0.98 | | | | | | |
| 美　国 | United States | | -3.08 | -5.35 | -10.29 | -10.13 | -9.06 | -7.52 |
| 巴　西 | Brazil | -1.83 | -3.59 | -1.21 | -3.47 | -1.67 | -2.58 | -1.97 |
| 委内瑞拉 | Venezuela | -1.24 | 2.18 | | | | | |
| 捷　克 | Czech Rep. | -3.46 | -3.57 | -1.43 | -5.93 | -4.74 | -4.45 | -2.45 |
| 法　国 | France | -1.62 | -2.79 | -2.85 | -7.25 | -7.02 | -5.21 | -4.68 |
| 德　国 | Germany | 1.37 | -2.33 | -0.39 | -2.22 | -3.18 | -0.45 | 0.14 |
| 意大利 | Italy | -0.78 | -3.65 | -2.29 | -5.04 | -3.86 | -3.50 | -3.07 |
| 荷　兰 | Netherlands | 1.96 | -0.11 | 0.95 | -4.94 | -4.21 | -3.79 | -3.58 |
| 波　兰 | Poland | | -4.03 | -3.70 | -6.14 | -6.78 | -4.28 | -3.60 |
| 俄罗斯 | Russia | 2.47 | 9.88 | 5.62 | -4.21 | -1.87 | 3.30 | 2.65 |
| 西班牙 | Spain | -0.55 | 1.64 | -2.26 | -8.49 | -5.24 | -3.57 | -9.04 |
| 土耳其 | Turkey | | | -1.60 | -5.82 | -3.23 | -1.05 | -0.57 |
| 乌克兰 | Ukraine | -0.59 | -1.36 | -1.47 | -5.60 | -6.52 | -2.32 | -4.05 |
| 英　国 | United Kingdom | 3.85 | -3.01 | -4.65 | -10.85 | -9.93 | -7.58 | -5.77 |
| 澳大利亚 | Australia | 2.01 | 1.25 | 1.91 | -2.44 | -4.04 | -3.69 | -3.07 |
| 新西兰 | New Zealand | | 4.37 | 3.20 | 1.09 | -2.08 | -7.95 | -0.45 |

# 8-9 中央政府公共债务占GDP比重

## Central Government Debt as Percentage of GDP

资料来源：世界银行WDI数据库。
Source: World Bank WDI Database.

单位：% (%)

| 国家或地区 | Country or Area | 2000 | 2005 | 2008 | 2009 | 2010 | 2011 | 2012 |
|---|---|---|---|---|---|---|---|---|
| 中国香港 | Hong Kong, China | | 31.58 | 29.89 | 33.22 | 35.56 | 39.18 | |
| 印　　度 | India | 54.06 | 61.20 | 56.11 | 54.31 | 50.60 | 43.72 | 49.69 |
| 印度尼西亚 | Indonesia | | 47.34 | 33.07 | 28.37 | 26.01 | 26.24 | |
| 日　　本 | Japan | | 144.31 | 153.08 | 166.81 | 174.75 | 189.80 | 195.78 |
| 哈萨克斯坦 | Kazakhstan | 21.62 | 7.05 | 6.33 | 9.51 | 10.19 | 9.94 | |
| 马来西亚 | Malaysia | | 42.07 | 39.80 | 50.84 | 51.06 | 51.57 | 53.29 |
| 蒙　　古 | Mongolia | 78.42 | | | 59.51 | 44.98 | 46.87 | |
| 菲 律 宾 | Philippines | 49.58 | | | | | | 51.46 |
| 新 加 坡 | Singapore | 85.41 | 96.77 | 97.94 | 109.37 | 105.00 | 110.20 | 115.07 |
| 斯里兰卡 | Sri Lanka | 96.90 | 90.61 | | | 81.93 | 78.44 | 79.13 |
| 泰　　国 | Thailand | | 27.33 | 24.00 | 28.61 | 28.77 | 30.18 | |
| 埃　　及 | Egypt | | | 76.80 | 79.26 | | | |
| 尼日利亚 | Nigeria | | 28.65 | 11.53 | 15.13 | 9.52 | 10.19 | 10.50 |
| 南　　非 | South Africa | 45.27 | | | | | | |
| 加 拿 大 | Canada | 60.07 | 47.15 | 44.15 | 52.57 | 52.65 | 53.74 | 54.75 |
| 墨 西 哥 | Mexico | 19.50 | | | | | | |
| 美　　国 | United States | | 56.28 | 64.02 | 76.32 | 85.59 | 90.05 | 93.81 |
| 巴　　西 | Brazil | | | 56.63 | 60.00 | 52.21 | 52.79 | |
| 捷　　克 | Czech Rep. | 13.22 | 22.03 | 25.48 | 30.87 | 35.00 | 38.25 | 42.90 |
| 法　　国 | France | 61.49 | 72.92 | 73.30 | 85.03 | 89.22 | 93.22 | 103.77 |
| 德　　国 | Germany | 39.51 | 44.73 | 43.15 | 47.64 | 55.49 | 55.14 | 56.91 |
| 意 大 利 | Italy | 118.67 | 112.80 | 107.19 | 121.28 | 119.86 | 112.93 | 131.07 |
| 荷　　兰 | Netherlands | 52.07 | 51.49 | 55.73 | 58.12 | 62.05 | 66.32 | 72.57 |
| 波　　兰 | Poland | | 46.91 | 44.64 | 48.07 | | | |
| 俄 罗 斯 | Russia | | 16.66 | 6.50 | 8.70 | 9.10 | 9.31 | 9.38 |
| 西 班 牙 | Spain | 54.66 | 38.58 | 34.40 | 46.96 | 48.69 | 56.10 | 67.59 |
| 土 耳 其 | Turkey | | | 43.95 | 54.02 | 51.34 | 46.94 | 45.14 |
| 乌 克 兰 | Ukraine | 45.29 | | 13.83 | 24.88 | 29.88 | 27.44 | 33.60 |
| 英　　国 | United Kingdom | 44.91 | 45.63 | 56.45 | 71.73 | 85.16 | 99.55 | 102.64 |
| 澳大利亚 | Australia | 29.55 | 22.58 | 18.33 | 24.08 | 29.34 | 30.64 | 40.86 |
| 新 西 兰 | New Zealand | | 44.52 | 36.85 | 48.32 | 50.27 | 64.60 | 69.08 |

# 8-10 货币供应量

## Money Supply

资料来源：世界银行WDI数据库。
Source: World Bank WDI Database.

单位：亿本币 (100 million local currency units)

| 国家或地区 | Country or Area | 2000 | 2005 | 2009 | 2010 | 2011 | 2012 |
|---|---|---|---|---|---|---|---|
| **中　国** | **China** | | | | | | |
| 广义货币 | Money and Quasi Money | 135960 | 283012 | 610225 | 725852 | 851591 | 974149 |
| 准货币 | Quasi money | 75550 | 176109 | 388779 | 459230 | 561743 | 665485 |
| 货币 | Money | 54541 | 106903 | 221446 | 266622 | 289848 | 308664 |
| **中国香港** | **Hong Kong, China** | | | | | | |
| 广义货币 | Money and Quasi Money | 30012 | 35545 | 53832 | 57806 | 63494 | 68459 |
| 准货币 | Quasi money | 28166 | 32388 | 47980 | 51417 | 56571 | 60538 |
| 货币 | Money | 1846 | 3157 | 5852 | 6389 | 6923 | 7921 |
| **孟加拉国** | **Bangladesh** | | | | | | |
| 广义货币 | Money and Quasi Money | 8204 | 20214 | 38646 | 46796 | 54710 | 64023 |
| 准货币 | Quasi money | 6039 | 16461 | 31186 | 36895 | 44024 | 52288 |
| 货币 | Money | 2165 | 3753 | 7460 | 9901 | 10687 | 11735 |
| **文　莱** | **Brunei Darussalam** | | | | | | |
| 广义货币 | Money and Quasi Money | 89 | 92 | 120 | 126 | 138 | 140 |
| 准货币 | Quasi money | 61 | 56 | 66 | | | |
| 货币 | Money | 28 | 36 | 54 | 38 | 42 | 43 |
| **柬埔寨** | **Cambodia** | | | | | | |
| 广义货币 | Money and Quasi Money | 18305 | 49625 | 161374 | 195747 | 203455 | 283637 |
| 准货币 | Quasi money | 12909 | 20453 | 105562 | | | |
| 货币 | Money | 5396 | 29172 | 55812 | 61337 | 67460 | 88976 |
| **印　度** | **India** | | | | | | |
| 广义货币 | Money and Quasi Money | 116934 | 238079 | 503425 | 593045 | 688749 | 764826 |
| 准货币 | Quasi money | 81975 | 165950 | 373513 | 440634 | 525913 | 590980 |
| 货币 | Money | 34959 | 72129 | 129912 | 152412 | 162835 | 173846 |
| **印度尼西亚** | **Indonesia** | | | | | | |
| 广义货币 | Money and Quasi Money | 7488453 | 12027622 | 21413838 | 24712059 | 28772197 | 33075076 |
| 准货币 | Quasi money | 5879222 | 8511338 | 15011670 | 17266669 | 20009613 | 22835502 |
| 货币 | Money | 1609231 | 3516285 | 6402167 | 7445390 | 8762584 | 10239574 |
| **伊　朗** | **Iran** | | | | | | |
| 广义货币 | Money and Quasi Money | 2110536 | 6326379 | 14699937 | 8556095 | 5703533 | 7562471 |
| 准货币 | Quasi money | 1088838 | 3717019 | 9892041 | 4765361 | 5703533 | 7562471 |
| 货币 | Money | 1021698 | 2609360 | 4807896 | 3790734 | | |
| **以色列** | **Israel** | | | | | | |
| 广义货币 | Money and Quasi Money | 4389 | 5907 | 8009 | 7128 | 8008 | |
| 准货币 | Quasi money | 4078 | 5296 | 6734 | 7128 | 8008 | |
| 货币 | Money | 310 | 611 | 1275 | | | |
| **日　本** | **Japan** | | | | | | |
| 广义货币 | Money and Quasi Money | 12265221 | 10412579 | 10695252 | 10906371 | 11220440 | 11471394 |
| 准货币 | Quasi money | 9263392 | 5474170 | 5740825 | | | |
| 货币 | Money | 3001829 | 4944894 | 4971079 | 5134659 | 5413513 | 5608637 |
| **哈萨克斯坦** | **Kazakhstan** | | | | | | |
| 广义货币 | Money and Quasi Money | 3970 | 20653 | 74873 | 84828 | 97522 | 105225 |
| 准货币 | Quasi money | 1609 | 11225 | 43074 | | | |
| 货币 | Money | 2362 | 9428 | 31799 | 37610 | 46899 | 45875 |
| **韩　国** | **Korea, Rep.** | | | | | | |
| 广义货币 | Money and Quasi Money | 4130489 | 10214486 | 15668500 | 16605300 | 17514584 | 18356416 |
| 准货币 | Quasi money | 3660519 | 7196980 | 11774555 | 12327384 | 13093809 | 13656310 |
| 货币 | Money | 469970 | 3017507 | 3893945 | 4277916 | 4420775 | 4700106 |
| **老　挝** | **Laos** | | | | | | |
| 广义货币 | Money and Quasi Money | 22556 | 55603 | 153114 | 213026 | | |
| 准货币 | Quasi money | 19113 | 40014 | 105209 | 149528 | | |
| 货币 | Money | 3444 | 15589 | 47905 | 63498 | | |

8-10 续表 1 continued

单位：亿本币 (100 million local currency units)

| 国家或地区 | Country or Area | 2000 | 2005 | 2009 | 2010 | 2011 | 2012 |
|---|---|---|---|---|---|---|---|
| **马来西亚** | **Malaysia** | | | | | | |
| 广义货币 | Money and Quasi Money | 4373 | 6793 | 9921 | 10649 | 12207 | 13287 |
| 准货币 | Quasi money | 3579 | 5407 | 7782 | 8252 | 9478 | 10198 |
| 货币 | Money | 794 | 1385 | 2139 | 2398 | 2729 | 3090 |
| **蒙　古** | **Mongolia** | | | | | | |
| 广义货币 | Money and Quasi Money | 2588 | 11402 | 28800 | 46800 | 64123 | 76173 |
| 准货币 | Quasi money | 1281 | 6717 | 18568 | 27562 | 38903 | 49228 |
| 货币 | Money | 1308 | 4684 | 10232 | 19238 | 25219 | 26945 |
| **缅　甸** | **Myanmar** | | | | | | |
| 广义货币 | Money and Quasi Money | 8034 | 26504 | 65798 | 93762 | 122313 | 161025 |
| 准货币 | Quasi money | 3437 | 6977 | 23142 | | | |
| 货币 | Money | 4597 | 19317 | 41992 | 55489 | 66886 | 76314 |
| **巴基斯坦** | **Pakistan** | | | | | | |
| 广义货币 | Money and Quasi Money | 14767 | 31970 | 53160 | 61162 | 68524 | 80193 |
| 准货币 | Quasi money | 6007 | 7271 | 14569 | 15668 | 17838 | 19686 |
| 货币 | Money | 8760 | 24699 | 38591 | 45494 | 50686 | 60507 |
| **菲律宾** | **Philippines** | | | | | | |
| 广义货币 | Money and Quasi Money | 20652 | 30816 | 49849 | 55281 | 58215 | 62277 |
| 准货币 | Quasi money | 16747 | 24549 | 37495 | 41504 | 42961 | 45834 |
| 货币 | Money | 3905 | 6267 | 12354 | 13777 | 15254 | 16443 |
| **新加坡** | **Singapore** | | | | | | |
| 广义货币 | Money and Quasi Money | 1709 | 2198 | 3712 | 4031 | 4434 | 4754 |
| 准货币 | Quasi money | 1376 | 1737 | 2777 | 2906 | 3128 | 3347 |
| 货币 | Money | 333 | 461 | 935 | 1125 | 1306 | 1407 |
| **斯里兰卡** | **Sri Lanka** | | | | | | |
| 广义货币 | Money and Quasi Money | 4834 | 10232 | 18085 | 20945 | 24935 | 29298 |
| 准货币 | Quasi money | 3649 | 7916 | 14695 | 16842 | 20530 | 24790 |
| 货币 | Money | 1185 | 2316 | 3390 | 4103 | 4405 | 4507 |
| **泰　国** | **Thailand** | | | | | | |
| 广义货币 | Money and Quasi Money | 56381 | 78995 | 105776 | 117343 | 135139 | 149168 |
| 准货币 | Quasi money | 51426 | 70367 | 94425 | 104740 | 121456 | 133685 |
| 货币 | Money | 4955 | 8628 | 11352 | 12603 | 13683 | 15483 |
| **越　南** | **Viet Nam** | | | | | | |
| 广义货币 | Money and Quasi Money | 1969944 | 6485737 | 19105869 | 24783102 | 27742811 | 34552214 |
| 准货币 | Quasi money | 1060054 | 4065718 | 13453739 | 18528589 | 20881613 | 26150872 |
| 货币 | Money | 909890 | 2420019 | 5652130 | 6254513 | 6861198 | 8401342 |
| **埃　及** | **Egypt** | | | | | | |
| 广义货币 | Money and Quasi Money | 2610 | 5229 | 8664 | 9740 | 10389 | 11672 |
| 准货币 | Quasi money | 1988 | 4024 | 6403 | | | |
| 货币 | Money | 622 | 1205 | 2261 | 2575 | 2964 | 3389 |
| **尼日利亚** | **Nigeria** | | | | | | |
| 广义货币 | Money and Quasi Money | 10361 | 26129 | 102898 | 113156 | 128027 | 150324 |
| 准货币 | Quasi money | 3864 | 10895 | 57080 | | | |
| 货币 | Money | 6497 | 15234 | 45818 | 53742 | 62765 | 70133 |
| **南　非** | **South Africa** | | | | | | |
| 广义货币 | Money and Quasi Money | 4988 | 10978 | 19479 | 20830 | 22553 | 23722 |
| 准货币 | Quasi money | 2326 | 8038 | 15248 | 16095 | 17421 | 17947 |
| 货币 | Money | 2662 | 2940 | 4231 | 4734 | 5132 | 5775 |
| **加拿大** | **Canada** | | | | | | |
| 广义货币 | Money and Quasi Money | 7865 | 20873 | | | | |
| 准货币 | Quasi money | 5652 | 15821 | | | | |
| 货币 | Money | 2213 | 5052 | | | | |

8-10 续表 2 continued

单位：亿本币 (100 million local currency units)

| 国家或地区 | Country or Area | 2000 | 2005 | 2009 | 2010 | 2011 | 2012 |
|---|---|---|---|---|---|---|---|
| **墨西哥** | **Mexico** | | | | | | |
| 广义货币 | Money and Quasi Money | 14986 | 25436 | 36303 | 40938 | 45023 | 49563 |
| 准货币 | Quasi money | 10331 | 15174 | 20142 | 22330 | 23842 | 26626 |
| 货币 | Money | 4655 | 10262 | 16161 | 18607 | 21180 | 22936 |
| **美国** | **United States** | | | | | | |
| 广义货币 | Money and Quasi Money | 70234 | 94117 | 130354 | 126838 | 135302 | 141928 |
| 准货币 | Quasi money | 58118 | 80067 | 106455 | | | |
| 货币 | Money | 12115 | 14051 | 17166 | 17546 | 23664 | 25843 |
| **阿根廷** | **Argentina** | | | | | | |
| 广义货币 | Money and Quasi Money | 905 | 1670 | 3160 | 4206 | 5301 | 7147 |
| 准货币 | Quasi money | 707 | 957 | 1849 | 2478 | 3148 | 3932 |
| 货币 | Money | 198 | 712 | 1311 | 1728 | 2153 | 3215 |
| **巴西** | **Brazil** | | | | | | |
| 广义货币 | Money and Quasi Money | 5574 | 11655 | 22352 | 25887 | 30679 | 35557 |
| 准货币 | Quasi money | 4830 | 10193 | 19818 | 23018 | 27767 | 32238 |
| 货币 | Money | 744 | 1462 | 2534 | 2869 | 2912 | 3319 |
| **委内瑞拉** | **Venezuela** | | | | | | |
| 广义货币 | Money and Quasi Money | 158 | 686 | 2515 | 3218 | 4971 | 7772 |
| 准货币 | Quasi money | 64 | 255 | 263 | 167 | 218 | 162 |
| 货币 | Money | 94 | 431 | 2252 | 3052 | 4753 | 7610 |
| **白俄罗斯** | **Belarus** | | | | | | |
| 广义货币 | Money and Quasi Money | 16137 | 125706 | 381071 | 502602 | 1111953 | 1607614 |
| 准货币 | Quasi money | 11053 | 57646 | 232215 | 315454 | 760297 | 1106999 |
| 货币 | Money | 5084 | 68060 | 148856 | 187148 | 351656 | 500615 |
| **捷克** | **Czech Rep.** | | | | | | |
| 广义货币 | Money and Quasi Money | 14456 | 18147 | 27091 | 27600 | 28371 | 29736 |
| 准货币 | Quasi money | 9466 | 6519 | 9373 | 7382 | 6873 | 6373 |
| 货币 | Money | 4990 | 11628 | 17718 | 20217 | 21498 | 23363 |
| **波兰** | **Poland** | | | | | | |
| 广义货币 | Money and Quasi Money | 3022 | 4278 | 7222 | 7852 | 8845 | 9233 |
| 准货币 | Quasi money | 2197 | 2071 | 3338 | 3360 | 4164 | 4385 |
| 货币 | Money | 826 | 2206 | 3883 | 4492 | 4681 | 4848 |
| **俄罗斯** | **Russia** | | | | | | |
| 广义货币 | Money and Quasi Money | 15737 | 72134 | 190958 | 237912 | 287546 | 322264 |
| 准货币 | Quasi money | 6999 | 34002 | 112256 | | | |
| 货币 | Money | 8692 | 38387 | 83256 | 108599 | 128574 | 137536 |
| **土耳其** | **Turkey** | | | | | | |
| 广义货币 | Money and Quasi Money | 575 | 2626 | 5204 | 6167 | 7104 | 7844 |
| 准货币 | Quasi money | 502 | 1811 | 3911 | 4590 | 5296 | 5884 |
| 货币 | Money | 73 | 816 | 1293 | 1577 | 1808 | 1960 |
| **乌克兰** | **Ukraine** | | | | | | |
| 广义货币 | Money and Quasi Money | 316 | 1941 | 4873 | 5979 | 6855 | 7732 |
| 准货币 | Quasi money | 108 | 856 | 2121 | 2664 | 3226 | 3930 |
| 货币 | Money | 208 | 1085 | 2752 | 3315 | 3630 | 3802 |
| **澳大利亚** | **Australia** | | | | | | |
| 广义货币 | Money and Quasi Money | 4474 | 7242 | 11898 | 13103 | 14147 | 15158 |
| 准货币 | Quasi money | 3096 | 4618 | 7796 | 8671 | 9625 | 10277 |
| 货币 | Money | 1378 | 2624 | 4102 | 4432 | 4522 | 4881 |
| **新西兰** | **New Zealand** | | | | | | |
| 广义货币 | Money and Quasi Money | 945 | 1283 | 1740 | 1885 | | |
| 准货币 | Quasi money | 789 | 922 | 1391 | 1520 | | |
| 货币 | Money | 157 | 361 | 349 | 365 | | |

# 8-11 广义货币占国内生产总值比重

## Money and Quasi Money ($M_2$) as Percentage of GDP

资料来源：世界银行WDI数据库。
Source: World Bank WDI Database.
单位：%　　　　(%)

| 国家或地区 | Country or Area | 2000 | 2005 | 2008 | 2009 | 2010 | 2011 | 2012 |
|---|---|---|---|---|---|---|---|---|
| 中　国 | China | 137.0 | 153.0 | 151.3 | 179.0 | 180.8 | 180.0 | 187.6 |
| 中国香港 | Hong Kong, China | 224.4 | 251.7 | 299.6 | 324.4 | 325.3 | 328.0 | 335.3 |
| 中国澳门 | Macao, China | 173.4 | 143.3 | 114.0 | 124.5 | 107.0 | 100.9 | 107.6 |
| 孟加拉国 | Bangladesh | 34.6 | 54.5 | 58.9 | 62.9 | 67.4 | 68.7 | 69.7 |
| 文　莱 | Brunei Darussalam | 85.7 | 57.8 | 53.6 | 76.8 | 74.5 | 67.2 | 65.9 |
| 柬埔寨 | Cambodia | 13.0 | 19.3 | 28.4 | 37.5 | 41.6 | 39.1 | 50.1 |
| 印　度 | India | 53.7 | 64.5 | 75.8 | 77.7 | 76.2 | 76.4 | 75.6 |
| 印度尼西亚 | Indonesia | 53.9 | 43.4 | 38.3 | 38.2 | 38.3 | 38.8 | 40.1 |
| 伊　朗 | Iran | 36.4 | 36.8 | 34.3 | 41.1 | 19.7 | 10.2 | 11.2 |
| 以色列 | Israel | 86.2 | 98.3 | 99.1 | 99.0 | 82.3 | 86.7 | |
| 日　本 | Japan | 240.6 | 206.6 | 209.1 | 227.0 | 226.1 | 238.4 | 241.2 |
| 哈萨克斯坦 | Kazakhstan | 15.3 | 27.2 | 39.0 | 44.0 | 38.9 | 35.4 | 34.7 |
| 韩　国 | Korea, Rep. | 68.5 | 118.1 | 138.9 | 147.1 | 141.5 | 141.8 | 144.3 |
| 老　挝 | Laos | 16.5 | 19.1 | 24.3 | 30.8 | 35.9 | | |
| 马来西亚 | Malaysia | 122.7 | 125.0 | 119.6 | 139.2 | 133.6 | 138.0 | 141.2 |
| 蒙　古 | Mongolia | 21.1 | 37.5 | 34.6 | 43.7 | 55.6 | 57.8 | 54.6 |
| 缅　甸 | Myanmar | 31.5 | | | | | | |
| 巴基斯坦 | Pakistan | 38.6 | 49.2 | 43.5 | 40.3 | 41.1 | 37.5 | 39.9 |
| 菲律宾 | Philippines | 57.7 | 54.3 | 59.4 | 62.1 | 61.4 | 60.0 | 58.9 |
| 新加坡 | Singapore | 105.1 | 105.3 | 123.6 | 135.2 | 127.6 | 132.7 | 137.6 |
| 斯里兰卡 | Sri Lanka | 38.4 | 41.7 | 34.6 | 37.4 | 37.4 | 38.1 | 38.6 |
| 泰　国 | Thailand | 114.5 | 111.4 | 109.1 | 117.0 | 116.1 | 128.2 | 131.1 |
| 越　南 | Viet Nam | 41.3 | 71.0 | 93.7 | 105.6 | 114.9 | 99.8 | 106.5 |
| 埃　及 | Egypt | 76.7 | 97.1 | 88.4 | 83.1 | 80.7 | 75.8 | 74.1 |
| 尼日利亚 | Nigeria | 22.0 | 17.7 | 36.4 | 40.8 | 20.6 | 20.0 | 20.9 |
| 南　非 | South Africa | 54.1 | 69.9 | 84.8 | 80.9 | 78.3 | 77.3 | 75.2 |
| 加拿大 | Canada | 73.1 | 151.9 | 126.0 | | | | |
| 墨西哥 | Mexico | 22.9 | 26.8 | 26.6 | 30.0 | 30.9 | 31.2 | 32.0 |
| 美　国 | United States | 68.3 | 71.9 | 84.3 | 90.4 | 84.8 | 87.1 | 87.4 |
| 阿根廷 | Argentina | 31.8 | 31.4 | 26.2 | 27.6 | 29.2 | 28.8 | 33.0 |
| 巴　西 | Brazil | 47.3 | 54.3 | 63.4 | 69.0 | 68.7 | 74.0 | 80.8 |
| 委内瑞拉 | Venezuela | 19.8 | 22.6 | 28.8 | 35.6 | 31.6 | 36.6 | 47.5 |
| 捷　克 | Czech Rep. | 63.7 | 58.2 | 70.2 | 72.1 | 72.8 | 74.2 | 77.3 |
| 法　国 | France | 101.0 | 118.0 | 140.2 | 145.9 | 150.2 | 158.5 | 157.8 |
| 德　国 | Germany | 169.6 | 182.2 | 188.1 | 193.4 | 184.2 | 178.6 | 173.3 |
| 意大利 | Italy | 81.5 | 94.6 | 126.0 | 140.9 | 152.5 | 153.6 | 165.1 |
| 荷　兰 | Netherlands | 138.2 | 184.3 | 198.5 | 222.2 | 226.0 | 233.0 | 238.9 |
| 波　兰 | Poland | 40.6 | 43.5 | 52.4 | 53.7 | 55.4 | 57.9 | 57.9 |
| 俄罗斯 | Russia | 21.5 | 33.4 | 39.4 | 49.2 | 51.4 | 51.5 | 51.5 |
| 西班牙 | Spain | 97.8 | 141.0 | 194.2 | 210.1 | 212.0 | 204.8 | 193.9 |
| 土耳其 | Turkey | 34.5 | 40.5 | 48.6 | 54.6 | 56.1 | 54.7 | 55.4 |
| 乌克兰 | Ukraine | 18.6 | 44.0 | 54.4 | 53.4 | 55.2 | 52.6 | 54.9 |
| 英　国 | United Kingdom | 105.0 | 127.3 | 173.0 | 178.4 | 177.0 | 163.5 | 161.6 |
| 澳大利亚 | Australia | 67.6 | 78.6 | 98.1 | 94.9 | 101.4 | 100.8 | 102.8 |
| 新西兰 | New Zealand | 79.9 | 79.4 | 94.3 | 91.7 | 94.7 | | |

# 8-12 广义货币增长率
# Growth Rate of Money and Quasi Money

资料来源：世界银行WDI数据库。
Source: World Bank WDI Database.
单位：%　　(%)

| 国家或地区 | Country or Area | 2000 | 2005 | 2008 | 2009 | 2010 | 2011 | 2012 |
|---|---|---|---|---|---|---|---|---|
| 中　　国 | China | 12.3 | 16.7 | 17.8 | 28.4 | 18.9 | 17.3 | 14.4 |
| 中国香港 | Hong Kong, China | 9.3 | 3.5 | 4.2 | 5.2 | 7.4 | 9.8 | 7.8 |
| 中国澳门 | Macao, China | -1.4 | 12.2 | 2.3 | 11.8 | 14.5 | 22.6 | 25.9 |
| 孟加拉国 | Bangladesh | 19.3 | 15.8 | 16.4 | 20.3 | 21.1 | 16.9 | 17.0 |
| 文　　莱 | Brunei Darussalam | 47.7 | -4.5 | 9.6 | 9.7 | 4.8 | 10.1 | 0.9 |
| 柬 埔 寨 | Cambodia | 26.9 | 15.8 | 5.4 | 35.6 | 21.3 | 3.9 | 39.4 |
| 印　　度 | India | 15.2 | 15.6 | 20.5 | 18.0 | 17.8 | 16.1 | 11.0 |
| 印度尼西亚 | Indonesia | 16.6 | 16.3 | 14.9 | 13.0 | 15.4 | 16.4 | 15.0 |
| 伊　　朗 | Iran | 22.4 | 22.8 | 7.9 | 27.7 | -41.8 | -33.3 | 32.6 |
| 以 色 列 | Israel | 8.0 | 11.2 | 10.5 | 5.7 | -11.0 | 12.3 | |
| 日　　本 | Japan | 1.3 | 0.5 | 0.7 | 2.1 | 2.0 | 2.9 | 2.2 |
| 哈萨克斯坦 | Kazakhstan | 45.0 | 25.2 | 35.4 | 19.5 | 13.3 | 15.0 | 7.9 |
| 韩　　国 | Korea, Rep. | 25.4 | 7.0 | 12.0 | 9.9 | 6.0 | 5.5 | 4.8 |
| 老　　挝 | Laos | 46.0 | 7.9 | 18.3 | 32.4 | 39.1 | | |
| 马来西亚 | Malaysia | 10.0 | 8.8 | 10.5 | 7.7 | 7.3 | 14.6 | 8.8 |
| 蒙　　古 | Mongolia | 17.6 | 34.6 | -5.5 | 26.9 | 62.5 | 37.0 | 18.8 |
| 缅　　甸 | Myanmar | 42.4 | 27.3 | 14.9 | 30.6 | 42.5 | 30.4 | 31.7 |
| 巴基斯坦 | Pakistan | 12.1 | 17.2 | 5.7 | 14.8 | 15.1 | 12.0 | 17.0 |
| 菲 律 宾 | Philippines | 8.1 | 6.8 | 10.0 | 8.6 | 10.9 | 5.3 | 7.0 |
| 新 加 坡 | Singapore | -2.0 | 6.2 | 12.0 | 11.3 | 8.6 | 10.0 | 7.2 |
| 斯里兰卡 | Sri Lanka | 12.9 | 19.0 | 8.4 | 18.7 | 15.8 | 19.1 | 17.5 |
| 泰　　国 | Thailand | 4.9 | 6.1 | 9.2 | 6.8 | 10.9 | 15.2 | 10.4 |
| 越　　南 | Viet Nam | 35.4 | 30.9 | 20.7 | 26.2 | 29.7 | 11.9 | 24.5 |
| 埃　　及 | Egypt | 11.6 | 11.5 | 10.5 | 9.5 | 12.4 | 6.7 | 12.3 |
| 尼日利亚 | Nigeria | 48.1 | 22.6 | 53.4 | 14.5 | 10.0 | 13.1 | 17.4 |
| 南　　非 | South Africa | 7.2 | 20.7 | 14.7 | 1.8 | 6.9 | 8.3 | 5.2 |
| 加 拿 大 | Canada | 6.6 | 9.8 | 15.1 | | | | |
| 墨 西 哥 | Mexico | -4.5 | 10.0 | 8.9 | 11.5 | 12.8 | 10.0 | 10.1 |
| 美　　国 | United States | 8.1 | 8.2 | 8.2 | 5.1 | -2.7 | 6.7 | 4.9 |
| 阿 根 廷 | Argentina | 1.5 | 21.5 | 8.1 | 17.0 | 33.1 | 26.0 | 34.8 |
| 巴　　西 | Brazil | 19.7 | 18.5 | 17.8 | 16.3 | 15.8 | 18.5 | 15.9 |
| 委内瑞拉 | Venezuela | 33.7 | 52.4 | 26.0 | 28.8 | 28.0 | 54.5 | 56.4 |
| 捷　　克 | Czech Rep. | 16.0 | 11.0 | 13.6 | 0.2 | 1.9 | 2.8 | 4.8 |
| 法　　国 | France | 3.4 | 7.1 | 7.9 | 1.5 | 5.7 | 9.1 | 1.1 |
| 德　　国 | Germany | 3.6 | 4.0 | 4.7 | -1.3 | 0.1 | 1.5 | -0.9 |
| 意 大 利 | Italy | 6.3 | 8.3 | 12.4 | 7.9 | 10.5 | 2.6 | 6.6 |
| 荷　　兰 | Netherlands | 11.5 | 15.4 | 5.9 | 7.9 | 4.1 | 5.3 | 2.6 |
| 波　　兰 | Poland | 11.6 | 15.1 | 18.7 | 8.1 | 8.7 | 12.6 | 4.4 |
| 俄 罗 斯 | Russia | 58.4 | 36.4 | 14.3 | 17.3 | 24.6 | 20.9 | 12.1 |
| 西 班 牙 | Spain | 10.0 | 29.7 | 8.6 | 4.1 | 0.8 | -3.3 | -6.9 |
| 土 耳 其 | Turkey | 40.7 | 35.8 | 24.9 | 12.7 | 18.5 | 15.2 | 10.4 |
| 乌 克 兰 | Ukraine | 44.5 | 54.4 | 30.2 | -5.5 | 22.7 | 14.7 | 12.8 |
| 英　　国 | United Kingdom | 11.1 | 13.8 | 17.8 | -0.1 | 4.0 | -4.4 | 0.8 |
| 澳大利亚 | Australia | 3.7 | 8.5 | 17.0 | 3.2 | 10.1 | 8.0 | 7.1 |
| 新 西 兰 | New Zealand | 1.5 | 9.5 | 10.4 | -0.6 | 8.4 | | |

# 8-13 年平均存款利率和贷款利率
## Annual Average Deposit Rate and Lending Rate

资料来源：世界银行WDI数据库。
Source: World Bank WDI Database.
单位：% (%)

| 国家或地区 | Country or Area | 存款利率 Deposit Interest Rate | | | | 贷款利率 Lending Interest Rate | | | |
|---|---|---|---|---|---|---|---|---|---|
| | | 2000 | 2005 | 2011 | 2012 | 2000 | 2005 | 2011 | 2012 |
| 中　国 | China | 2.25 | 2.25 | 3.50 | 3.00 | 5.85 | 5.58 | 6.56 | 6.00 |
| 中国香港 | Hong Kong, China | 4.80 | 1.26 | 0.01 | 0.01 | 9.50 | 7.75 | 5.00 | 5.00 |
| 中国澳门 | Macao, China | 5.33 | 1.58 | 0.05 | 0.06 | 9.89 | 7.05 | 5.25 | 5.25 |
| 孟加拉国 | Bangladesh | 8.56 | 8.09 | 10.02 | 11.69 | 15.50 | 14.00 | 13.25 | 13.00 |
| 文　莱 | Brunei Darussalam | | 1.01 | 0.40 | 0.23 | 5.50 | 5.50 | 5.50 | 5.50 |
| 柬埔寨 | Cambodia | 6.83 | 1.92 | 1.34 | 1.33 | 17.34 | 17.33 | | |
| 印　度 | India | | | | | 12.29 | 10.75 | 10.17 | 10.60 |
| 印度尼西亚 | Indonesia | 12.50 | 8.08 | 6.93 | 5.95 | 18.45 | 14.05 | 12.40 | 11.80 |
| 伊　朗 | Iran | | 11.78 | 11.16 | 14.81 | | 16.00 | 11.00 | |
| 以色列 | Israel | 8.63 | 3.24 | 2.52 | 2.20 | 12.85 | 6.77 | 5.97 | 5.55 |
| 日　本 | Japan | 0.07 | 0.27 | 0.46 | 0.48 | 2.07 | 1.68 | 1.50 | 1.41 |
| 韩　国 | Korea, Rep. | 7.94 | 98.00 | 4.15 | 3.70 | 8.55 | 5.59 | 5.76 | 5.40 |
| 老　挝 | Laos | 12.00 | 4.75 | | | 32.00 | 26.83 | | |
| 马来西亚 | Malaysia | 3.36 | 3.00 | 2.91 | 2.98 | 7.67 | 5.95 | 4.92 | 4.79 |
| 蒙　古 | Mongolia | 16.80 | 13.00 | 10.47 | 11.27 | 36.95 | 30.57 | 16.61 | 18.11 |
| 缅　甸 | Myanmar | 9.75 | 9.50 | 11.33 | 8.00 | 15.25 | 15.00 | 16.33 | 13.00 |
| 巴基斯坦 | Pakistan | | 2.60 | 8.23 | 7.98 | | 9.07 | 14.42 | 13.52 |
| 菲律宾 | Philippines | 8.31 | 5.56 | 3.39 | 3.16 | 10.91 | 10.18 | 6.66 | 5.68 |
| 新加坡 | Singapore | 1.71 | 0.44 | 0.17 | 0.14 | 5.83 | 5.30 | 5.38 | 5.38 |
| 斯里兰卡 | Sri Lanka | 9.17 | 5.64 | 6.43 | 8.67 | 16.16 | 10.76 | 9.41 | 13.28 |
| 泰　国 | Thailand | 3.29 | 1.88 | 2.28 | 2.80 | 7.83 | 5.79 | 6.91 | 7.10 |
| 越　南 | Viet Nam | 3.65 | 7.15 | 13.99 | 10.50 | 10.55 | 11.03 | 16.95 | 13.47 |
| 埃　及 | Egypt | 9.46 | 7.23 | 6.74 | 7.64 | 13.22 | 13.14 | 0.03 | 12.00 |
| 尼日利亚 | Nigeria | 11.69 | 10.53 | 5.70 | 8.41 | 21.27 | 17.95 | 16.02 | 16.79 |
| 南　非 | South Africa | 9.20 | 6.04 | 5.67 | 5.44 | 14.50 | 10.63 | 9.00 | 8.75 |
| 加拿大 | Canada | 3.48 | 0.79 | 0.48 | 0.48 | 7.27 | 4.42 | 3.00 | 3.00 |
| 墨西哥 | Mexico | 8.26 | 3.46 | 0.96 | 1.08 | 16.93 | 9.70 | 4.92 | 4.73 |
| 美　国 | United States | | | | | 9.23 | 6.19 | 3.25 | 3.25 |
| 阿根廷 | Argentina | 8.34 | 3.76 | 10.68 | 12.02 | 11.09 | 6.16 | 14.09 | 14.06 |
| 巴　西 | Brazil | 17.20 | 17.63 | 10.99 | 7.91 | 56.83 | 55.38 | 43.88 | 36.64 |
| 委内瑞拉 | Venezuela | 16.30 | 11.63 | 14.59 | 14.51 | 25.20 | 16.81 | 17.15 | 16.38 |
| 捷　克 | Czech Rep. | 3.42 | 1.17 | 1.04 | 1.02 | 7.16 | 5.78 | 5.72 | 5.41 |
| 法　国 | France | 2.63 | 2.15 | 2.08 | 2.25 | 6.70 | | | |
| 德　国 | Germany | 3.40 | | | | 9.63 | | | |
| 意大利 | Italy | 1.84 | | | | 7.02 | 5.31 | 4.60 | 5.22 |
| 荷　兰 | Netherlands | 2.89 | 2.34 | 2.61 | 2.74 | 4.79 | 2.77 | 2.00 | |
| 波　兰 | Poland | 14.17 | 2.79 | | | 20.01 | 6.83 | | |
| 俄罗斯 | Russia | 6.51 | 3.99 | 4.44 | 5.53 | 24.43 | 10.68 | 8.46 | 9.10 |
| 西班牙 | Spain | 2.95 | | | | 5.18 | | | |
| 土耳其 | Turkey | 47.16 | 20.40 | 14.22 | 16.35 | | | | |
| 乌克兰 | Ukraine | 13.72 | 8.57 | 7.90 | 12.96 | 41.53 | 16.17 | 15.95 | 18.39 |
| 英　国 | United Kingdom | | | | | 5.98 | 4.65 | 0.50 | 0.50 |
| 澳大利亚 | Australia | 5.07 | 3.89 | 4.34 | 3.92 | 9.27 | 9.06 | 7.74 | 6.98 |
| 新西兰 | New Zealand | 6.36 | 6.68 | 4.27 | 4.11 | 7.81 | 7.76 | 6.11 | 5.82 |

# 8-14 银行不良贷款占全部贷款比重

## Bank Non-performing Loans as Percentage of Total

资料来源：世界银行WDI数据库。
Source: World Bank WDI Database.

单位：% (%)

| 国家或地区 | Country or Area | 2000 | 2005 | 2009 | 2010 | 2011 | 2012 | 2013 |
|---|---|---|---|---|---|---|---|---|
| **世　界** | **World** | **9.5** | **3.5** | **4.2** | **4.0** | | | |
| 中　国 | China | 22.4 | 8.6 | 1.6 | 1.1 | 1.0 | 1.0 | 1.0 |
| 中国香港 | Hong Kong, China | 7.3 | 1.4 | 1.6 | 0.8 | 0.7 | 0.6 | 0.5 |
| 孟加拉国 | Bangladesh | 34.9 | 13.2 | | | | | |
| 文　莱 | Brunei Darussalam | | | 9.4 | 6.9 | 6.0 | 5.4 | 5.4 |
| 印　度 | India | 12.8 | 5.2 | 2.2 | 2.4 | 2.7 | 3.4 | 3.8 |
| 印度尼西亚 | Indonesia | 34.4 | 7.3 | 3.3 | 2.5 | 2.1 | 1.8 | 1.7 |
| 以色列 | Israel | 6.9 | 2.3 | 1.4 | 3.1 | 2.5 | 2.8 | 2.4 |
| 日　本 | Japan | 5.3 | 1.8 | 2.5 | 2.5 | 2.4 | 2.4 | 2.3 |
| 哈萨克斯坦 | Kazakhstan | | 3.3 | 18.9 | 20.9 | 20.7 | 19.4 | 19.5 |
| 韩　国 | Korea, Rep. | 8.9 | 1.2 | 0.6 | 0.6 | 0.5 | 0.6 | 0.7 |
| 马来西亚 | Malaysia | 15.4 | 9.4 | 3.6 | 3.4 | 2.7 | 2.0 | 1.8 |
| 巴基斯坦 | Pakistan | 19.5 | 9.0 | 12.2 | 14.7 | 16.2 | 14.5 | 14.3 |
| 菲律宾 | Philippines | 24.0 | 10.0 | 3.5 | 3.4 | 2.6 | 2.2 | 3.0 |
| 新加坡 | Singapore | 3.4 | 3.8 | 2.0 | 1.4 | 1.1 | 1.0 | 0.9 |
| 斯里兰卡 | Sri Lanka | | 9.6 | | | 3.8 | 3.6 | 5.2 |
| 泰　国 | Thailand | 17.7 | 9.1 | 5.3 | 3.9 | 2.9 | 2.4 | 2.3 |
| 埃　及 | Egypt | 13.6 | 26.5 | 13.4 | 13.6 | 10.9 | 9.8 | 9.5 |
| 尼日利亚 | Nigeria | 22.6 | 18.1 | 27.6 | 15.7 | 5.3 | 3.5 | 3.2 |
| 南　非 | South Africa | | 1.5 | 5.9 | 5.8 | 4.7 | 4.0 | 3.6 |
| 加拿大 | Canada | 1.3 | 0.5 | 1.3 | 1.2 | 0.8 | 0.6 | 0.6 |
| 墨西哥 | Mexico | 5.8 | 1.5 | 2.8 | 2.0 | 2.1 | 2.4 | 3.2 |
| 美　国 | United States | 1.1 | 0.7 | 5.0 | 4.4 | 3.8 | 3.3 | 3.2 |
| 阿根廷 | Argentina | 16.0 | 7.6 | 3.5 | 2.1 | 1.4 | 1.7 | 1.7 |
| 巴　西 | Brazil | 8.3 | 3.5 | 4.2 | 3.1 | 3.5 | 3.4 | 2.9 |
| 委内瑞拉 | Venezuela | 6.6 | 1.2 | 3.0 | 3.4 | 1.4 | 0.9 | 0.7 |
| 捷　克 | Czech Rep. | 29.3 | 3.9 | 4.6 | 5.4 | 5.2 | 5.2 | 5.2 |
| 法　国 | France | 5.0 | 3.5 | 4.0 | 3.8 | 4.3 | 4.3 | 4.3 |
| 德　国 | Germany | 4.7 | 4.0 | 3.3 | 3.2 | 3.0 | 2.9 | |
| 意大利 | Italy | 7.8 | 7.0 | 9.4 | 10.0 | 11.7 | 13.7 | 15.1 |
| 荷　兰 | Netherlands | 1.8 | 1.2 | 3.2 | 2.8 | 2.7 | 3.1 | 3.2 |
| 波　兰 | Poland | 15.5 | 11.0 | 4.3 | 4.9 | 4.7 | 5.2 | 5.2 |
| 俄罗斯 | Russia | 7.7 | 2.6 | 9.5 | 8.2 | 6.6 | 6.0 | 6.0 |
| 西班牙 | Spain | 1.2 | 0.8 | 4.1 | 4.7 | 6.0 | 7.5 | 8.2 |
| 土耳其 | Turkey | 9.2 | 4.3 | 5.0 | 3.5 | 2.6 | 2.7 | 2.6 |
| 乌克兰 | Ukraine | 29.6 | 58.0 | 13.7 | 15.3 | 14.7 | 16.5 | 12.9 |
| 英　国 | United Kingdom | 2.5 | 1.0 | 3.5 | 4.0 | 4.0 | 3.7 | |
| 澳大利亚 | Australia | 0.5 | 0.6 | 2.0 | 2.2 | 2.0 | 1.7 | 1.4 |
| 新西兰 | New Zealand | | | 1.7 | 2.1 | 1.7 | 1.4 | 1.2 |

# 8-15 标准普尔全球股票指数(年变化率)
## S&P Global Equity Indices (Annual Change)

资料来源：世界银行WDI数据库。
Source: World Bank WDI Database.
单位：% (%)

| 国家或地区 | Country or Area | 2000 | 2005 | 2008 | 2009 | 2010 | 2011 | 2012 | 2013 |
|---|---|---|---|---|---|---|---|---|---|
| 中　国 | China | -9.8 | 13.3 | -52.7 | 66.3 | 6.9 | -21.7 | 17.2 | 7.3 |
| 中国香港 | Hong Kong, China | -12.6 | 8.1 | -53.9 | 67.1 | 21.3 | -20.2 | 22.6 | 7.6 |
| 孟加拉国 | Bangladesh | 28.5 | -27.8 | 4.3 | 38.6 | 37.6 | -42.3 | -14.3 | -1.4 |
| 印　度 | India | -31.1 | 33.6 | -64.1 | 94.1 | 18.7 | -38.1 | 23.3 | -6.3 |
| 印度尼西亚 | Indonesia | -61.0 | 9.1 | -61.1 | 130.1 | 37.9 | 1.1 | 2.8 | -24.2 |
| 以色列 | Israel | 8.6 | 23.3 | -34.7 | 56.8 | 7.4 | -29.7 | 3.1 | 13.6 |
| 日　本 | Japan | -34.9 | 22.5 | -27.7 | 16.4 | 9.6 | -12.2 | 22.9 | 56.7 |
| 哈萨克斯坦 | Kazakhstan | | | -47.0 | 1.5 | -1.0 | -36.4 | -12.7 | -22.5 |
| 韩　国 | Korea, Rep. | -57.1 | 58.8 | -55.6 | 67.3 | 25.3 | -10.9 | 18.9 | 3.2 |
| 马来西亚 | Malaysia | -23.3 | -2.9 | -43.7 | 46.7 | 35.1 | -1.1 | 11.4 | 4.4 |
| 巴基斯坦 | Pakistan | -16.7 | 58.5 | | 56.7 | 15.3 | -18.8 | 26.2 | 30.9 |
| 菲律宾 | Philippines | -43.6 | 21.3 | -53.7 | 71.5 | 56.7 | 0.2 | 44.4 | -7.9 |
| 新加坡 | Singapore | -25.9 | 10.0 | -53.0 | 76.8 | 18.4 | -21.2 | 28.9 | -3.0 |
| 斯里兰卡 | Sri Lanka | -41.7 | 29.3 | | 118.1 | 84.6 | -23.0 | -13.1 | 3.9 |
| 泰　国 | Thailand | -54.1 | 3.8 | -50.5 | 72.8 | 52.1 | -4.7 | 39.6 | -12.9 |
| 越　南 | Viet Nam | | | -68.2 | 46.9 | 0.5 | -26.8 | 19.9 | 5.1 |
| 埃　及 | Egypt | -45.7 | 158.1 | -55.9 | 35.6 | 11.5 | -49.1 | 41.2 | 12.1 |
| 尼日利亚 | Nigeria | | 20.7 | | -35.4 | 20.3 | -29.5 | 53.0 | 30.2 |
| 南　非 | South Africa | -17.3 | 24.8 | -41.7 | 53.7 | 32.1 | -17.4 | 15.8 | -7.5 |
| 加拿大 | Canada | 4.0 | 26.0 | -49.0 | 57.5 | 22.0 | -14.7 | 6.0 | 3.0 |
| 墨西哥 | Mexico | -21.5 | 43.9 | -45.1 | 55.8 | 26.6 | -14.8 | 26.9 | 0.2 |
| 美　国 | United States | -10.1 | 3.0 | -38.5 | 23.5 | 12.8 | | 13.4 | 29.6 |
| 阿根廷 | Argentina | -25.1 | 45.4 | -56.2 | 97.8 | 55.3 | -30.2 | -15.9 | 29.6 |
| 巴　西 | Brazil | -10.3 | 47.6 | -57.2 | 125.1 | 6.5 | -24.4 | -0.3 | -19.1 |
| 委内瑞拉 | Venezuela | 18.7 | -22.0 | | | | | | |
| 捷　克 | Czech Rep. | -0.6 | 43.5 | -45.9 | 23.0 | 0.2 | -15.0 | -3.2 | -15.7 |
| 法　国 | France | -6.9 | 7.7 | -45.2 | 25.6 | -9.9 | -19.5 | 15.2 | 18.0 |
| 德　国 | Germany | -13.5 | 10.3 | -42.8 | 25.8 | 7.4 | -16.6 | 29.1 | 25.5 |
| 意大利 | Italy | -2.0 | -0.3 | -52.6 | 23.1 | -17.4 | -27.6 | 11.0 | 23.1 |
| 荷　兰 | Netherlands | -6.7 | 10.8 | -50.4 | 41.7 | 1.2 | -16.4 | 17.5 | 28.3 |
| 波　兰 | Poland | -3.5 | 20.8 | -57.8 | 41.9 | 11.3 | -33.4 | 34.1 | 3.0 |
| 俄罗斯 | Russia | -32.2 | 64.9 | -73.4 | 106.6 | 21.7 | -23.4 | 7.7 | -1.7 |
| 西班牙 | Spain | -17.6 | 3.4 | -42.8 | 29.0 | -24.5 | -16.8 | 1.5 | 31.6 |
| 土耳其 | Turkey | -51.2 | 49.5 | -62.4 | 99.6 | 21.4 | -37.0 | 60.7 | -26.3 |
| 乌克兰 | Ukraine | 75.2 | 52.8 | -82.2 | 31.1 | 53.8 | -36.3 | -4.1 | -21.3 |
| 英　国 | United Kingdom | -16.9 | 4.7 | -49.5 | 35.3 | 5.2 | -6.1 | 5.8 | 14.4 |
| 澳大利亚 | Australia | -8.8 | 11.7 | -54.1 | 72.4 | 12.5 | -15.7 | 15.0 | -1.7 |
| 新西兰 | New Zealand | -26.6 | -2.7 | -52.5 | 40.4 | 5.2 | -3.9 | 26.5 | 12.3 |

# 8-16 上市公司数和上市公司总市值占国内生产总值比重
# Listed Domestic Companies and Market Capitalization of Listed Companies as Percentage of GDP

资料来源：世界银行WDI数据库。
Source: World Bank WDI Database.

| 国家或地区 | Country or Area | 上市公司数（个） Listed Domestic Companies (number) | | | 上市公司总市值占国内生产总值的比重（%） Market Capitalization of Listed Companies as Percentage of GDP(%) | | |
|---|---|---|---|---|---|---|---|
| | | 2000 | 2005 | 2012 | 2000 | 2005 | 2012 |
| **世　界** | **World** | **47751** | **50936** | **47520** | **101.3** | **96.2** | **76.8** |
| **高收入国家** | **High Income** | **26174** | **31071** | **30123** | **113.7** | **107.7** | **88.7** |
| **中等收入国家** | **Middle Income** | **21036** | **19324** | **16760** | **36.9** | **46.1** | **49.3** |
| **中低收入国家** | **Low and Middle Income** | **21577** | **19865** | **17397** | **36.4** | **45.6** | **49.1** |
| 中　国 | China | 1086 | 1387 | 2494 | 48.5 | 34.6 | 44.9 |
| 中国香港 | Hong Kong, China | 779 | 1020 | 1459 | 363.1 | 381.9 | 420.9 |
| 孟加拉国 | Bangladesh | 221 | 262 | 229 | 2.5 | 5.0 | 15.0 |
| 印　度 | India | 5937 | 4763 | 5191 | 31.1 | 66.3 | 68.0 |
| 印度尼西亚 | Indonesia | 290 | 335 | 459 | 16.3 | 28.5 | 45.2 |
| 伊　朗 | Iran | 304 | 420 | 284 | 7.3 | 20.2 | 25.5 |
| 以色列 | Israel | 654 | 572 | 532 | 51.3 | 89.7 | 57.6 |
| 日　本 | Japan | 2561 | 3279 | 3470 | 66.7 | 103.6 | 61.8 |
| 哈萨克斯坦 | Kazakhstan | 23 | 62 | 74 | 7.3 | 18.4 | 11.6 |
| 韩　国 | Korea, Rep. | 1308 | 1620 | 1767 | 32.2 | 85.0 | 104.5 |
| 马来西亚 | Malaysia | 795 | 1020 | 921 | 124.7 | 126.3 | 156.2 |
| 蒙　古 | Mongolia | 410 | 392 | 329 | 3.3 | 1.8 | 12.6 |
| 巴基斯坦 | Pakistan | 762 | 661 | 573 | 8.9 | 42.0 | 19.4 |
| 菲律宾 | Philippines | 228 | 235 | 268 | 32.0 | 39.0 | 105.6 |
| 新加坡 | Singapore | 418 | 685 | 472 | 162.1 | 252.5 | 149.8 |
| 斯里兰卡 | Sri Lanka | 239 | 239 | 287 | 6.6 | 23.4 | 28.7 |
| 泰　国 | Thailand | 381 | 504 | 502 | 24.0 | 70.8 | 104.7 |
| 越　南 | Viet Nam | | 33 | 311 | | 0.8 | 21.1 |
| 埃　及 | Egypt | 1076 | 744 | 234 | 28.8 | 88.8 | 22.1 |
| 尼日利亚 | Nigeria | 195 | 214 | 192 | 9.1 | 17.2 | 12.3 |
| 南　非 | South Africa | 616 | 388 | 348 | 154.2 | 228.9 | 159.3 |
| 加拿大 | Canada | 1418 | 3721 | 3876 | 116.1 | 130.6 | 113.3 |
| 墨西哥 | Mexico | 179 | 151 | 131 | 18.1 | 27.5 | 44.6 |
| 美　国 | United States | 7524 | 5143 | 4102 | 146.8 | 129.6 | 114.9 |
| 阿根廷 | Argentina | 127 | 101 | 101 | 58.4 | 33.6 | 7.2 |
| 巴　西 | Brazil | 459 | 381 | 353 | 35.1 | 53.8 | 54.6 |
| 委内瑞拉 | Venezuela | 85 | 50 | 41 | 6.9 | 3.5 | 6.6 |
| 捷　克 | Czech Rep. | 131 | 36 | 17 | 18.7 | 29.5 | 18.9 |
| 法　国 | France | 808 | 885 | 862 | 109.1 | 82.3 | 69.8 |
| 德　国 | Germany | 1022 | 648 | 665 | 67.3 | 44.2 | 43.4 |
| 意大利 | Italy | 291 | 275 | 279 | 69.6 | 44.7 | 23.9 |
| 荷　兰 | Netherlands | 234 | 237 | 105 | 166.3 | 92.9 | 84.5 |
| 波　兰 | Poland | 225 | 248 | 844 | 18.3 | 30.9 | 36.3 |
| 俄罗斯 | Russia | 249 | 296 | 276 | 15.0 | 71.8 | 43.4 |
| 西班牙 | Spain | 1019 | 3300 | 3167 | 86.9 | 84.9 | 75.3 |
| 土耳其 | Turkey | 315 | 302 | 405 | 26.1 | 33.5 | 39.1 |
| 乌克兰 | Ukraine | 139 | 221 | 198 | 6.0 | 29.0 | 11.8 |
| 英　国 | United Kingdom | 1904 | 2759 | 2179 | 172.5 | 131.7 | 122.0 |
| 澳大利亚 | Australia | 1330 | 1643 | 1959 | 89.8 | 115.9 | 84.0 |
| 新西兰 | New Zealand | 142 | 154 | 142 | 36.3 | 38.1 | 46.6 |

# 8-17 股票交易额占国内生产总值的比重及股票交易周转率

## Stocks Traded Value as Percentage of GDP and Turnover Ratio of Stocks Traded

资料来源：世界银行WDI数据库。
Source: World Bank WDI Database.
单位：% (%)

| 国家或地区 | Country or Area | 股票交易额占国内生产总值的比重 Stocks Traded Value as Percentage of GDP | | | 股票交易周转率 Stocks Traded Turnover Ratio | | |
|---|---|---|---|---|---|---|---|
| | | 2000 | 2005 | 2012 | 2000 | 2005 | 2012 |
| **世　界** | **World** | **147.9** | **103.9** | **70.0** | **140.2** | **116.5** | **99.8** |
| **高收入国家** | **High Income** | **170.0** | **121.5** | **82.7** | **142.6** | **121.4** | **102.0** |
| **中低收入国家** | **Low and Middle Income** | **34.4** | **25.0** | **40.6** | **98.2** | **62.6** | **90.4** |
| **低收入国家** | **Low Income** | | | | **20.7** | **15.3** | **26.0** |
| 中　国 | China | 60.2 | 26.0 | 70.8 | 158.3 | 82.6 | 164.4 |
| 中国香港 | Hong Kong, China | 220.1 | 162.0 | 467.0 | 61.3 | 43.3 | 123.1 |
| 孟加拉国 | Bangladesh | 1.6 | 1.7 | 10.8 | 74.8 | 31.5 | 61.2 |
| 印　度 | India | 107.0 | 52.0 | 33.5 | 306.5 | 92.2 | 54.6 |
| 印度尼西亚 | Indonesia | 8.7 | 14.7 | 10.4 | 31.5 | 54.2 | 23.3 |
| 伊　朗 | Iran | 1.1 | 4.3 | 4.0 | 7.4 | 19.1 | 17.8 |
| 以色列 | Israel | 18.7 | 44.7 | 26.1 | 36.6 | 55.6 | 45.9 |
| 日　本 | Japan | 56.9 | 109.3 | 60.5 | 69.9 | 118.8 | 99.9 |
| 哈萨克斯坦 | Kazakhstan | 0.5 | 1.9 | 0.6 | 4.9 | 14.9 | 3.3 |
| 韩　国 | Korea, Rep. | 200.2 | 142.4 | 134.0 | 376.6 | 209.8 | 139.2 |
| 马来西亚 | Malaysia | 62.4 | 34.8 | 40.8 | 44.6 | 26.9 | 28.6 |
| 蒙　古 | Mongolia | 0.7 | 0.1 | 0.4 | 23.2 | 6.1 | 2.9 |
| 巴基斯坦 | Pakistan | 44.6 | 128.8 | 5.3 | 486.8 | 376.3 | 31.3 |
| 菲律宾 | Philippines | 10.1 | 6.7 | 13.9 | 24.1 | 20.1 | 16.2 |
| 新加坡 | Singapore | 97.0 | 95.5 | 56.6 | 52.1 | 40.4 | 43.3 |
| 斯里兰卡 | Sri Lanka | 0.9 | 4.7 | 2.8 | 10.9 | 24.3 | 9.2 |
| 泰　国 | Thailand | 19.0 | 50.6 | 62.7 | 53.0 | 73.9 | 70.4 |
| 越　南 | Viet Nam | | 0.2 | 2.2 | | 24.8 | 13.2 |
| 埃　及 | Egypt | 11.1 | 28.3 | 7.7 | 36.1 | 43.0 | 37.8 |
| 尼日利亚 | Nigeria | 0.6 | 1.7 | 0.9 | 7.3 | 11.5 | 8.8 |
| 南　非 | South Africa | 58.3 | 81.3 | 81.1 | 33.2 | 39.3 | 54.9 |
| 加拿大 | Canada | 87.6 | 74.5 | 67.9 | 77.3 | 63.6 | 61.6 |
| 墨西哥 | Mexico | 6.6 | 6.1 | 10.0 | 32.5 | 25.7 | 25.3 |
| 美　国 | United States | 309.7 | 164.3 | 131.6 | 200.8 | 129.2 | 124.6 |
| 阿根廷 | Argentina | 2.1 | 9.0 | 0.3 | 4.8 | 30.4 | 3.8 |
| 巴　西 | Brazil | 15.7 | 17.5 | 37.1 | 44.6 | 38.3 | 67.9 |
| 委内瑞拉 | Venezuela | 0.6 | 0.2 | 0.0 | 8.8 | 4.5 | 0.2 |
| 捷　克 | Czech Rep. | 11.2 | 31.6 | 5.2 | 57.7 | 118.6 | 27.0 |
| 法　国 | France | 81.7 | 71.4 | 43.2 | 74.1 | 92.0 | 66.4 |
| 德　国 | Germany | 56.7 | 63.7 | 35.8 | 79.1 | 146.0 | 91.8 |
| 意大利 | Italy | 70.5 | 62.4 | 37.7 | 104.0 | 140.5 | 166.6 |
| 荷　兰 | Netherlands | 175.9 | 130.9 | 57.3 | 101.4 | 147.7 | 70.9 |
| 波　兰 | Poland | 8.5 | 9.9 | 13.7 | 48.1 | 36.3 | 42.6 |
| 俄罗斯 | Russia | 7.8 | 20.9 | 36.3 | 36.6 | 39.0 | 87.6 |
| 西班牙 | Spain | 169.9 | 137.7 | 81.5 | 210.7 | 163.9 | 106.3 |
| 土耳其 | Turkey | 67.2 | 41.7 | 44.2 | 196.5 | 154.9 | 136.5 |
| 乌克兰 | Ukraine | 0.9 | 0.8 | 0.7 | 19.2 | 3.6 | 5.2 |
| 英　国 | United Kingdom | 122.9 | 179.5 | 100.5 | 66.6 | 141.9 | 84.0 |
| 澳大利亚 | Australia | 54.5 | 88.8 | 68.6 | 56.6 | 78.0 | 84.7 |
| 新西兰 | New Zealand | 20.8 | 15.3 | 14.6 | 45.9 | 40.0 | 33.0 |

# 8-18 银行资本充足率

# Bank Capital to Assets Ratio

资料来源：世界银行WDI数据库。
Source: World Bank WDI Database.
单位：%　　(%)

| 国家或地区 | Country or Area | 2000 | 2005 | 2009 | 2010 | 2011 | 2012 | 2013 |
|---|---|---|---|---|---|---|---|---|
| 中　国 | China | | 4.4 | 5.6 | 6.1 | 6.4 | 6.3 | |
| 中国香港 | Hong Kong, China | 9.0 | 13.3 | 12.9 | 12.3 | 8.2 | 8.8 | 8.7 |
| 孟加拉国 | Bangladesh | 3.5 | 4.7 | | | | | |
| 文　莱 | Brunei Darussalam | | | 9.7 | 10.3 | 8.9 | 9.1 | 9.3 |
| 印　度 | India | 5.7 | 6.4 | 7.0 | 7.1 | 6.7 | 7.0 | 6.9 |
| 印度尼西亚 | Indonesia | 6.0 | 8.7 | 10.1 | 10.7 | 11.0 | 12.2 | 12.5 |
| 以色列 | Israel | 7.3 | 8.3 | 10.6 | 11.1 | 10.6 | 10.8 | 10.8 |
| 日　本 | Japan | 4.6 | 4.9 | 3.6 | 4.7 | 4.8 | | 5.5 |
| 哈萨克斯坦 | Kazakhstan | 13.6 | 13.0 | 5.2 | 11.3 | 13.8 | 14.5 | 13.2 |
| 韩　国 | Korea, Rep. | 4.6 | 9.3 | 7.3 | 7.6 | 8.1 | 8.2 | 8.1 |
| 马来西亚 | Malaysia | 8.5 | 7.7 | 9.0 | 9.4 | 8.9 | 9.4 | 9.6 |
| 巴基斯坦 | Pakistan | 4.9 | 7.6 | 10.1 | 9.8 | 9.6 | 9.0 | 9.3 |
| 菲律宾 | Philippines | 13.6 | 12.0 | 9.5 | 10.2 | 11.1 | 11.7 | 10.8 |
| 新加坡 | Singapore | 10.0 | 9.6 | 9.2 | 9.0 | 8.3 | 8.9 | 8.2 |
| 斯里兰卡 | Sri Lanka | | | | | 8.7 | 8.6 | 8.2 |
| 泰　国 | Thailand | 7.5 | 9.0 | 11.0 | 11.3 | 10.3 | 11.2 | 10.9 |
| 越　南 | Viet Nam | | | 8.6 | 8.9 | 9.3 | 9.9 | |
| 埃　及 | Egypt | 5.6 | 5.0 | 5.5 | 6.2 | 6.2 | 7.2 | 7.0 |
| 尼日利亚 | Nigeria | 7.4 | 12.4 | 4.0 | 1.5 | 10.5 | 10.7 | 10.3 |
| 南　非 | South Africa | 8.7 | 7.9 | 6.7 | 7.0 | 7.2 | 7.8 | 7.7 |
| 加拿大 | Canada | 4.7 | 4.1 | 4.5 | 4.7 | 5.1 | 5.1 | 5.1 |
| 墨西哥 | Mexico | 9.6 | 8.8 | 10.7 | 10.4 | 9.9 | 10.6 | 10.4 |
| 美　国 | United States | 8.5 | 10.3 | 12.4 | 12.7 | 12.2 | 12.0 | 11.8 |
| 阿根廷 | Argentina | | 12.1 | 12.5 | 11.3 | 11.2 | 11.5 | 12.1 |
| 巴　西 | Brazil | 12.1 | 10.2 | 11.5 | 10.3 | 10.1 | 10.1 | 9.3 |
| 委内瑞拉 | Venezuela | 13.0 | 11.1 | 8.6 | 9.8 | 10.4 | 10.4 | 10.9 |
| 捷　克 | Czech Rep. | 5.4 | 5.4 | 6.1 | 6.5 | 6.5 | 6.9 | 7.5 |
| 法　国 | France | 6.7 | 4.4 | 4.1 | 4.9 | 4.8 | 5.2 | 5.4 |
| 德　国 | Germany | 4.2 | 4.1 | 4.8 | 4.3 | 4.4 | 4.7 | 5.5 |
| 意大利 | Italy | 7.0 | 4.6 | 4.8 | 5.0 | 5.4 | 5.4 | 5.5 |
| 荷　兰 | Netherlands | 5.1 | 3.1 | 4.3 | 4.4 | 4.3 | 4.7 | 4.8 |
| 波　兰 | Poland | 7.1 | 7.9 | 8.1 | 8.2 | 7.8 | 8.7 | 9.0 |
| 俄罗斯 | Russia | 12.1 | 12.8 | 13.1 | 12.9 | 11.8 | 11.8 | 11.5 |
| 西班牙 | Spain | 8.5 | 6.3 | 6.4 | 6.1 | 5.9 | 5.8 | 6.3 |
| 土耳其 | Turkey | 6.1 | 12.3 | 12.5 | 12.3 | 11.7 | 12.1 | 11.2 |
| 乌克兰 | Ukraine | 16.2 | 11.9 | 13.1 | 14.6 | 14.8 | 15.0 | 15.1 |
| 英　国 | United Kingdom | 6.5 | 6.1 | 5.4 | 5.4 | 5.1 | 5.0 | |
| 澳大利亚 | Australia | 6.9 | 6.9 | 5.7 | 5.7 | 5.7 | 5.7 | 5.6 |
| 新西兰 | New Zealand | | | 5.5 | 6.0 | 6.6 | 7.2 | 7.2 |

# 8-19 金融部门国内信贷占国内生产总值比重
## Domestic Credit Provided by Financial Sector (% of GDP)

资料来源：世界银行WDI数据库。
Source: World Bank WDI Database.
单位：%　　(%)

| 国家或地区 | Country or Area | 2000 | 2005 | 2008 | 2009 | 2010 | 2011 | 2012 |
|---|---|---|---|---|---|---|---|---|
| 中　　国 | China | 119.67 | 134.30 | 120.80 | 145.08 | 146.28 | 145.42 | 155.12 |
| 中国香港 | Hong Kong, China | 133.98 | 139.77 | 122.34 | 164.06 | 195.31 | 206.96 | 200.62 |
| 中国澳门 | Macao, China | 41.96 | 2.43 | -8.24 | -16.54 | -21.16 | -27.84 | -13.04 |
| 孟加拉国 | Bangladesh | 34.18 | 54.91 | 59.38 | 60.38 | 65.94 | 70.45 | 68.98 |
| 文　　莱 | Brunei Darussalam | 38.59 | 10.38 | 9.27 | 32.22 | 25.11 | 8.11 | 13.51 |
| 柬 埔 寨 | Cambodia | 6.42 | 7.22 | 16.23 | 19.14 | 22.74 | 24.16 | 33.88 |
| 印　　度 | India | 51.19 | 58.36 | 67.67 | 70.15 | 71.94 | 73.84 | 75.89 |
| 印度尼西亚 | Indonesia | 60.68 | 46.20 | 36.77 | 36.97 | 36.39 | 38.56 | 42.62 |
| 伊　　朗 | Iran | 36.39 | 34.94 | 31.53 | 33.97 | 18.01 | | |
| 以 色 列 | Israel | 76.48 | 78.16 | 85.49 | 81.39 | | | |
| 日　　本 | Japan | 304.74 | 315.43 | 300.13 | 326.76 | 324.70 | 337.47 | 346.13 |
| 哈萨克斯坦 | Kazakhstan | 12.35 | 24.74 | 54.16 | 54.59 | 45.41 | 40.29 | 41.14 |
| 韩　　国 | Korea, Rep. | 74.70 | 133.36 | 170.81 | 170.16 | 162.89 | 165.26 | 168.70 |
| 老　　挝 | Laos | 9.02 | 8.06 | 10.54 | 20.84 | 26.49 | | |
| 马来西亚 | Malaysia | 138.37 | 117.66 | 110.85 | 131.05 | 127.02 | 128.25 | 133.99 |
| 蒙　　古 | Mongolia | 8.95 | 26.65 | 31.76 | 29.80 | 30.05 | 40.35 | 30.85 |
| 巴基斯坦 | Pakistan | 41.60 | 46.48 | 51.23 | 46.70 | 46.19 | 42.69 | 45.76 |
| 菲 律 宾 | Philippines | 58.34 | 47.25 | 47.44 | 48.71 | 49.23 | 51.99 | 50.88 |
| 新 加 坡 | Singapore | 77.89 | 62.13 | 76.70 | 88.05 | 82.40 | 91.56 | 99.52 |
| 斯里兰卡 | Sri Lanka | 43.75 | 43.63 | 42.84 | 39.56 | 40.48 | 46.18 | 48.41 |
| 泰　　国 | Thailand | 138.27 | 119.18 | 130.50 | 137.01 | 142.70 | 159.18 | 169.61 |
| 越　　南 | Viet Nam | 32.57 | 65.40 | 86.86 | 112.76 | 124.66 | 110.22 | 104.91 |
| 埃　　及 | Egypt | 89.01 | 98.02 | 77.69 | 75.11 | 69.42 | 74.61 | 77.65 |
| 尼日利亚 | Nigeria | 10.01 | 8.60 | 24.89 | 37.77 | 18.80 | 21.27 | 20.35 |
| 南　　非 | South Africa | 152.46 | 185.89 | 176.32 | 189.09 | 191.66 | 178.02 | 187.18 |
| 加 拿 大 | Canada | 113.72 | 202.70 | 177.65 | | | | |
| 墨 西 哥 | Mexico | 28.64 | 31.27 | 37.02 | 43.09 | 44.59 | 45.26 | 47.02 |
| 美　　国 | United States | 190.87 | 216.30 | 216.74 | 231.37 | 228.11 | 227.88 | 229.87 |
| 阿 根 廷 | Argentina | 34.45 | 38.26 | 24.45 | 27.96 | 29.18 | 31.31 | 37.30 |
| 巴　　西 | Brazil | 71.86 | 74.48 | 96.90 | 93.09 | 96.26 | 100.52 | 110.54 |
| 委内瑞拉 | Venezuela | 14.91 | 12.64 | 20.18 | 25.90 | 22.51 | 29.33 | 41.98 |
| 捷　　克 | Czech Rep. | 47.65 | 41.65 | 55.58 | 60.23 | 62.61 | 67.74 | 68.44 |
| 法　　国 | France | 103.51 | 109.01 | 124.35 | 128.79 | 132.75 | 133.14 | 136.37 |
| 德　　国 | Germany | 146.49 | 137.16 | 126.63 | 133.11 | 131.01 | 124.01 | 122.55 |
| 意 大 利 | Italy | 95.84 | 107.43 | 132.01 | 141.58 | 155.54 | 156.99 | 167.47 |
| 荷　　兰 | Netherlands | 147.83 | 176.64 | 195.99 | 223.25 | 212.87 | 212.40 | 216.16 |
| 波　　兰 | Poland | 34.43 | 37.42 | 59.94 | 61.41 | 63.52 | 66.06 | 673.00 |
| 俄 罗 斯 | Russia | 24.93 | 22.12 | 23.95 | 33.72 | 37.45 | 38.61 | 41.51 |
| 西 班 牙 | Spain | 115.25 | 159.21 | 214.47 | 229.32 | 235.17 | 234.67 | 225.88 |
| 土 耳 其 | Turkey | 37.91 | 45.63 | 52.54 | 63.02 | 69.63 | 69.28 | 71.89 |
| 乌 克 兰 | Ukraine | 23.82 | 33.24 | 82.88 | 89.10 | 80.18 | 80.26 | 80.21 |
| 英　　国 | United Kingdom | 128.72 | 159.03 | 209.35 | 225.43 | 219.33 | 209.74 | 206.66 |
| 澳大利亚 | Australia | 93.24 | 113.49 | 159.69 | 151.49 | 154.85 | 152.54 | 154.23 |
| 新 西 兰 | New Zealand | 109.31 | 127.36 | 153.33 | 152.61 | 153.95 | | |

# 主要统计指标解释

**中央政府** 是全国范围内代表中央政府行使领土管辖权的所有单位。

**收入** 指由于交易导致的净值增加。政府部门有以下四个收入来源:（1）税收和其他由政府强制实施的转让;（2）来自所有权资产的财产收入;（3）商品和服务的销售收入;（4）来自其他部门的自愿转让。

**捐赠** 从其他政府和国际组织得到的无报酬的、无须偿还的非强制性的收入。

**支出** 指由于交易导致的净值减少。政府承担以下两方面的经济责任: (1)以非市场方式把部分商品和服务提供给公众;（2）通过转移支付手段重新分配收入和财富。

**货币供应量** 货币(Money)由流通中现金和除中央政府以外的常住机构活期存款构成; 准货币(Quasi-Money)指除中央政府以外的外汇现汇与期汇存款和外汇现汇储蓄与期汇存款之和，即由常住居民的现汇、储蓄、与外汇存款构成。货币(Money)通称为 $M_1$，而货币和准货币之和通称为广义货币，相当于 $M_2$。

**上市公司总市值** 所有上市股价 × 总股数。

**上市公司** 是指年末在股票交易所的国内上市公司。不包括投资公司、共同 基金或其它集体投资工具。

**股票交易额** 是指在一定时期内股票交易总额。

**股票交易周转率** 是指一定时期内股票交易总额除以该时期上市公司平均市值。

**资本充足率** 是指银行资本和储备占总资产的比率。资本和储备包括股东投放的资金、未分配利润、一般和特殊储备、准备金、价值调整。资本包括缴款股票和一般股票等一级资本，以及监管资本。总资产包括所有金融资产和非金融资产。

**银行部门国内信贷** 是指除发放给中央政府外的其他部门的净贷款之和。银行机构包括货币当局、存款货币银行和其他银行业机构。其他银行业机构包括存款和抵押贷款机构、建房信用协会等。

**标准普尔全球股票指数** 标准普尔全球股票指数是由美国标准普尔公司编制的衡量股市中美元价格变化的股票指数。

# Explanatory Notes on Main Statistical Indicators

**Central Government** includes all units representing the territorial jurisdiction of the central authority throughout a country.

**Revenue** is an increase in net worth resulting from a transaction. For general government units, there are four main sources of revenue: taxes and other compulsory transfers imposed by government units, property income derived from the ownership of assets, sales of goods and services, and voluntary transfers received from other units.

**Grants** are defined as unrequited, nonrepayable, noncompulsory receipts from other governments or international organizations.

**Expenditure** is a decrease in net worth resulting from a transaction. Governments have two broad economic responsibilities: to assume responsibility for the provision of selected goods and services to the community on a nonmarket basis and to redistribute income and wealth by means of transfer payments.

**Money Supply** equals the sum of currency outside deposit money banks and demand deposits other than those of the central government. Quasi-Money equals the sum of time & foreign currency outside banks and time, savings & foreign currency deposit, comprising time, savings, and foreign currency deposits of resident sectors other than central government. The data of Money is commonly called $M_1$,while the sum of Money and Quasi-Money gives a broader measure of money which is commonly called $M_2$.

**Market Capitalization** is the share price times the number of shares outstanding.

**Listed Domestic Companies** are the domestically incorporated companies listed on the country's stock exchanges at the end of the year. This indicator does not include investment companies, mutual funds, or other collective investment vehicles.

**Stocks Traded** refers to the total value of shares traded during the period.

**Turnover Ratio** is the total value of shares traded during the period divided by the average market capitalization for the period.

**Bank capital to assets** is the ratio of bank capital and reserves to total assets. Capital and reserves include funds contributed by owners, retained earnings, general and special reserves, provisions, and valuation adjustments. Capital includes tier 1 capital (paid-up shares and common stock), and total regulatory capital. Total assets include all nonfinancial and financial assets.

**Domestic credit provided by the banking sector** includes all credit to various sectors on a gross basis, with the exception of credit to the central government, which is net. The banking sector includes monetary authorities and deposit money banks, as well as other banking institutions where data are available. Other banking institutions include savings and mortgage loan institutions and building and loan associations.

**S&P Global Equity Indices** measure the U.S. dollar price change in the stock markets.

# 价格指数

## Price Indices

# 9-1 国内生产总值缩减指数
# Gross Domestic Product Deflator

资料来源：国际货币基金组织IFS数据库。
Source: IMF IFS Database.

2010年=100 (2010=100)

| 国家或地区 | Country or Area | 2000 | 2009 | 2010 | 2011 | 2012 | 2013 |
|---|---|---|---|---|---|---|---|
| 中　国 | China | 67.1 | 93.9 | 100.0 | 107.4 | 109.7 | |
| 中国香港 | Hong Kong, China | 112.2 | 99.7 | 100.0 | 103.9 | 107.8 | 109.2 |
| 中国澳门 | Macao, China | 85.6 | 95.3 | 100.0 | 111.9 | 119.9 | 129.0 |
| 孟加拉国 | Bangladesh | 60.1 | 93.9 | 100.0 | 107.5 | 116.7 | 124.4 |
| 文　莱 | Brunei Darussalam | 50.6 | 95.0 | 100.0 | 119.4 | 120.3 | |
| 柬埔寨 | Cambodia | 65.7 | 99.3 | 100.0 | | | |
| 印　度 | India | 56.0 | 92.1 | 100.0 | 108.9 | 116.6 | 124.9 |
| 印度尼西亚 | Indonesia | 35.9 | 92.4 | 100.0 | 108.1 | 113.0 | |
| 伊　朗 | Iran | 22.5 | 87.4 | 100.0 | | | |
| 以色列 | Israel | 94.0 | 98.7 | 100.0 | 102.0 | 106.1 | 108.8 |
| 日　本 | Japan | 114.1 | 102.2 | 100.0 | 98.2 | 97.3 | 96.7 |
| 韩　国 | Korea, Rep. | 77.4 | 96.9 | 100.0 | 101.6 | 102.7 | 103.4 |
| 老　挝 | Laos | 49.0 | 90.9 | 100.0 | 107.6 | 112.0 | |
| 马来西亚 | Malaysia | 70.1 | 96.0 | 100.0 | 105.5 | 106.3 | 106.2 |
| 蒙　古 | Mongolia | 28.6 | 82.6 | 100.0 | 112.3 | 131.0 | |
| 巴基斯坦 | Pakistan | 38.8 | 90.2 | 100.0 | 119.7 | 126.4 | 135.9 |
| 菲律宾 | Philippines | 63.3 | 96.0 | 100.0 | 104.0 | 106.0 | 108.1 |
| 新加坡 | Singapore | 89.3 | 100.1 | 100.0 | 101.6 | 103.4 | 103.5 |
| 斯里兰卡 | Sri Lanka | 37.1 | 93.2 | 100.0 | 107.9 | 117.5 | 125.4 |
| 泰　国 | Thailand | 74.4 | 96.5 | 100.0 | 104.3 | 105.6 | 107.4 |
| 越　南 | Viet Nam | 39.9 | 89.2 | 100.0 | 121.3 | 134.5 | |
| 埃　及 | Egypt | 45.6 | 90.9 | 100.0 | 111.7 | 122.9 | |
| 南　非 | South Africa | 48.8 | 92.5 | 100.0 | 107.7 | 111.2 | |
| 加拿大 | Canada | 80.1 | 97.4 | 100.0 | 103.4 | 107.5 | 109.0 |
| 墨西哥 | Mexico | 50.0 | 95.7 | 100.0 | 105.4 | 108.7 | 111.0 |
| 美　国 | United States | 80.9 | 98.8 | 100.0 | 102.0 | 103.8 | 105.3 |
| 阿根廷 | Argentina | 30.1 | 86.7 | 100.0 | 117.3 | 135.2 | |
| 巴　西 | Brazil | 44.6 | 92.4 | 100.0 | 107.0 | | |
| 委内瑞拉 | Venezuela | 10.7 | 68.5 | 100.0 | 128.2 | 146.6 | |
| 捷　克 | Czech Rep. | 83.5 | 101.6 | 100.0 | 99.1 | 100.7 | 102.5 |
| 法　国 | France | 83.2 | 98.8 | 100.0 | 101.6 | 103.0 | 104.2 |
| 德　国 | Germany | 90.4 | 99.1 | 100.0 | 101.5 | 102.9 | 105.2 |
| 意大利 | Italy | 80.2 | 99.7 | 100.0 | 101.4 | 103.1 | 104.6 |
| 荷　兰 | Netherlands | 81.4 | 99.2 | 100.0 | 101.1 | 102.5 | 103.9 |
| 波　兰 | Poland | 77.0 | 98.6 | 100.0 | 103.4 | 105.7 | 106.5 |
| 俄罗斯 | Russia | 25.2 | 88.4 | 100.0 | 115.5 | 124.5 | |
| 西班牙 | Spain | 73.7 | 99.8 | 100.0 | 99.7 | 99.4 | 100.6 |
| 土耳其 | Turkey | 22.2 | 94.6 | 100.0 | 108.6 | 115.9 | |
| 乌克兰 | Ukraine | | 87.9 | 100.0 | 114.3 | 123.6 | 127.4 |
| 英　国 | United Kingdom | 78.2 | 97.0 | 100.0 | 102.3 | 104.1 | 105.8 |
| 澳大利亚 | Australia | 68.2 | 94.9 | 100.0 | 104.2 | 104.0 | 105.2 |
| 新西兰 | New Zealand | 76.7 | 96.3 | 100.0 | 101.8 | 101.3 | 103.9 |

# 9-2 生产者价格指数
# Producer Price Indices

资料来源：联合国统计月报数据库。
Source: UN Monthly Bulletin of Statistics Database.
2005年=100 (2005=100)

| 国家或地区 | Country or Area | 2009 | 2010 | 2011 | 2012 | 2013 |
|---|---|---|---|---|---|---|
| **中国香港** | **Hong Kong, China** | | | | | |
| 工业产品 | Industrial Products | 109.2 | 115.8 | 124.8 | 125.5 | 121.6 |
| **孟加拉国** | **Bangladesh** | | | | | |
| 按生产阶段分 | by Stage of Processing | | | | | |
| 中间产品 | Intermediate Products | 218.5 | 218.3 | 254.7 | 281.9 | 291.1 |
| 按最终用途分 | by End-Use | | | | | |
| 消费品 | Consumers' Goods | 294.3 | 296.8 | 318.3 | 341.1 | 350.5 |
| 投资用品 | Capital Goods | 269.3 | 280.8 | 291.1 | 291.8 | 293.2 |
| **印　度** | **India** | | | | | |
| 按供给组成分 | by Components of Supply | | | | | |
| 国内供应 | Domestic Supply | 123.7 | 135.5 | 148.4 | 159.5 | 169.5 |
| 农业产品 | Agricultural Products | 143.6 | 169.0 | 184.3 | 200.0 | 226.7 |
| 工业产品 | Industrial Products | 119.2 | 125.7 | 134.9 | 142.7 | 147.3 |
| 按生产阶段分 | by Stage of Processing | | | | | |
| 原材料 | Raw Materials | 144.2 | 171.8 | 192.5 | 210.0 | 232.3 |
| **伊　朗** | **Iran** | | | | | |
| 按供给组成分 | by Components of Supply | | | | | |
| 国内供应 | Domestic Supply | 181.1 | 211.2 | 283.5 | 337.0 | 463.5 |
| 农业产品 | Agricultural Products | 200.7 | 225.5 | 264.2 | 333.6 | 483.5 |
| 工业产品 | Industrial Products | 171.7 | 209.5 | 323.3 | 383.1 | 521.3 |
| **以色列** | **Israel** | | | | | |
| 按供给组成分 | by Components of Supply | | | | | |
| 工业产品 | Industrial Products | 115.0 | 116.3 | 125.4 | 130.7 | 131.4 |
| **日　本①** | **Japan①** | | | | | |
| 按供给组成分 | by Components of Supply | | | | | |
| 国内供应 | Domestic Supply | 102.3 | 100.0 | 102.8 | 102.0 | 106.2 |
| 国内生产 | Domestic Production | 103.0 | 100.0 | 101.5 | 100.6 | 101.9 |
| 农业产品 | Agricultural Products | 96.1 | 100.0 | 99.4 | 103.5 | 107.1 |
| 工业产品 | Industrial Products | 102.8 | 100.0 | 101.3 | 99.7 | 100.4 |
| 进口产品 | Import Products | 99.3 | 100.0 | 107.5 | 107.3 | 122.7 |
| 按生产阶段分 | by Stage of Processing | | | | | |
| 原材料 | Raw Materials | 110.4 | 100.0 | 118.6 | 120.0 | 135.8 |
| 中间产品 | Intermediate Products | 105.6 | 100.0 | 102.5 | 101.5 | 105.2 |
| 按最终用途分 | by End-Use | | | | | |
| 消费品 | Consumers' Goods | 96.8 | 100.0 | 99.6 | 98.4 | 100.7 |
| 投资用品 | Capital Goods | 95.9 | 100.0 | 97.7 | 97.3 | 98.5 |

## 9-2 续表 1 continued

2005年=100 (2005=100)

| 国家或地区 | Country or Area | 2009 | 2010 | 2011 | 2012 | 2013 |
|---|---|---|---|---|---|---|
| **韩　国①** | **Korea, Rep.①** | | | | | |
| 按供给组成分 | by Components of Supply | | | | | |
| 国内供应 | Domestic Supply | 110.9 | 115.1② | | | |
| 国内生产 | Domestic Production | 110.9 | 100.0 | 108.7 | 108.9 | 106.2 |
| 农业产品 | Agricultural Products | 107.1 | 100.0 | 107.4 | 108.3 | 101.9 |
| 工业产品 | Industrial Products | 111.2 | 100.0 | 109.0 | 108.6 | 105.3 |
| 按生产阶段分 | by Stage of Processing | | | | | |
| 原材料 | Raw Materials | 152.9 | 100.0 | 125.6 | 129.3 | 119.8 |
| 中间产品 | Intermediate Products | 118.8 | 100.0 | 108.1 | 107.5 | 103.7 |
| 按最终用途分 | by End-Use | | | | | |
| 消费品 | Consumers' Goods | 108.3 | 100.0 | 104.1 | 105.5 | 103.7 |
| 投资用品 | Capital Goods | 115.0 | 100.0 | 102.1 | 102.9 | 100.6 |
| **马来西亚** | **Malaysia** | | | | | |
| 按供给组成分 | by Components of Supply | | | | | |
| 国内供应 | Domestic Supply | 111.1 | 117.3 | 127.8 | 127.9 | 125.4 |
| 国内生产 | Domestic Production | 112.2 | 120.9 | 135.4 | 135.1 | 131.8 |
| 进口产品 | Import Products | 108.8 | 110.2 | 112.8 | 113.6 | 112.5 |
| **巴基斯坦** | **Pakistan** | | | | | |
| 按供给组成分 | by Components of Supply | | | | | |
| 国内供应 | Domestic Supply | 100.0 | 119.2 | 141.6 | 151.7 | 163.5 |
| 农业产品 | Agricultural Products | 100.0 | 127.5 | 150.3 | 150.1 | 167.1 |
| 工业产品 | Industrial Products | 124.8 | 151.3 | | | |
| 按生产阶段分 | by Stage of Processing | | | | | |
| 原材料 | Raw Materials | 170.9 | 262.4 | | | |
| **菲 律 宾** | **Philippines** | | | | | |
| 按供给组成分 | by Components of Supply | | | | | |
| 国内供应 | Domestic Supply | 119.8 | 126.9 | 137.9 | 139.5 | 141.7 |
| 工业产品 | Industrial Products | 111.5 | 105.9 | 106.9 | 106.3 | 98.2 |
| **新 加 坡** | **Singapore** | | | | | |
| 按供给组成分 | by Components of Supply | | | | | |
| 国内供应 | Domestic Supply | 97.5 | 97.2 | 105.4 | 105.9 | 103.1 |
| 国内生产 | Domestic Production | 90.7 | 89.7 | 94.4 | 94.8 | 91.9 |
| 进口产品 | Import Products | 95.7 | 91.6 | 96.1 | 95.8 | 95.1 |
| **泰　国** | **Thailand** | | | | | |
| 按供给组成分 | by Components of Supply | | | | | |
| 国内供应 | Domestic Supply | 119.5 | 130.7 | 137.9 | 139.3 | 139.7 |
| 农业产品 | Agricultural Products | 171.3 | 209.2 | 204.0 | 207.8 | 216.4 |
| 工业产品 | Industrial Products | 112.1 | 119.4 | 128.5 | 129.5 | 129.0 |
| 按生产阶段分 | by Stage of Processing | | | | | |
| 原材料 | Raw Materials | 120.5 | 141.7 | 159.2 | 147.1 | 145.9 |
| 中间产品 | Intermediate Products | 106.9 | 119.0 | | | |
| 按最终用途分 | by End-Use | | | | | |
| 消费品 | Consumers' Goods | 165.3 | 185.8 | 176.0 | 188.3 | 199.0 |
| 投资用品 | Capital Goods | 101.6 | 102.2 | 103.7 | 104.8 | 105.5 |

## 9-2 续表 2 continued

2005年=100 (2005=100)

| 国家或地区 | Country or Area | 2009 | 2010 | 2011 | 2012 | 2013 |
|---|---|---|---|---|---|---|
| **埃　及** | **Egypt** | | | | | |
| 按供给组成分 | by Components of Supply | | | | | |
| 国内生产 | Domestic Production | 148.7 | 156.1 | 180.9 | 194.1 | 201.8 |
| 农业产品 | Agricultural Products | 185.2 | 202.1 | 244.6 | 260.1 | 274.6 |
| 按生产阶段分 | by Stage of Processing | | | | | |
| 原材料 | Raw Materials | 144.5 | 152.4 | 202.3 | 237.7 | 235.8 |
| 中间产品 | Intermediate Products | 135.7 | 129.7 | 141.5 | 145.7 | 155.3 |
| 按最终用途分 | by End-Use | | | | | |
| 消费品 | Consumers' Goods | 106.3 | 110.2 | 111.2 | 116.2 | 122.9 |
| 投资用品 | Capital Goods | 136.3 | 140.6 | 156.6 | 166.2 | 169.0 |
| **南　非** | **South Africa** | | | | | |
| 按供给组成分 | by Components of Supply | | | | | |
| 国内生产 | Domestic Production | 136.5 | 144.8 | 156.9 | | |
| 农业产品 | Agricultural Products | 157.6 | 155.3 | 165.9 | 100.0 | 102.6 |
| 工业产品 | Industrial Products | | | | 100.0 | 106.0 |
| 进口产品 | Import Products | 81.5 | 124.2 | 136.5 | 147.8 | |
| 按生产阶段分 | by Stage of Processing | | | | | |
| 中间产品 | Intermediate Products | | | | 100.0 | 107.9 |
| **加拿大①** | **Canada①** | | | | | |
| 按供给组成分 | by Components of Supply | | | | | |
| 农业产品 | Agricultural Products | 117.5 | 100.0 | 115.7 | 120.2 | 123.5 |
| 工业产品 | Industrial Products | 104.6 | 100.0 | 107.0 | 108.1 | 108.6 |
| 按生产阶段分 | by Stage of Processing | | | | | |
| 原材料 | Raw Materials | 104.9 | 100.0 | 119.5 | 114.7 | 115.7 |
| 中间产品 | Intermediate Products | 105.4 | 107.9② | 114.0 | 114.1 | |
| 按最终用途分 | by End-Use | | | | | |
| 投资用品 | Capital Goods | 101.4 | 96.8② | 95.8 | 97.0 | |
| **墨西哥** | **Mexico** | | | | | |
| 按供给组成分 | by Components of Supply | | | | | |
| 国内供应 | Domestic Supply | 125.8 | 130.0 | 136.4 | 143.8 | 145.5 |
| 国内生产 | Domestic Production | 123.4 | 128.6 | 135.3 | 141.5 | 143.5 |
| 农业产品 | Agricultural Products | 133.2 | 139.6 | 147.8 | 156.9 | 160.3 |
| 工业产品 | Industrial Products | 123.0 | 126.3 | 132.0 | 138.4 | 138.2 |
| 进口产品 | Import Products | 115.0 | 119.9 | 128.6 | 130.0 | 129.8 |
| 按生产阶段分 | by Stage of Processing | | | | | |
| 中间产品 | Intermediate Products | 126.6 | 133.4 | 142.8 | 150.4 | 153.0 |
| 按最终用途分 | by End-Use | | | | | |
| 消费品 | Consumers' Goods | 124.4 | 129.1 | 134.7 | 142.9 | 146.4 |
| 投资用品 | Capital Goods | 128.1 | 131.6 | 139.1 | 145.4 | 144.7 |

## 9-2 续表 3 continued

2005年=100 (2005=100)

| 国家或地区 | Country or Area | 2009 | 2010 | 2011 | 2012 | 2013 |
|---|---|---|---|---|---|---|
| **美　国** | **United States** | | | | | |
| 按供给组成分 | by Components of Supply | | | | | |
| 国内供应 | Domestic Supply | 109.9 | 117.4 | | | |
| 国内生产 | Domestic Production | 109.9 | 117.4 | 127.7 | 128.5 | 129.2 |
| 农业产品 | Agricultural Products | 113.6 | 127.5 | 157.6 | 162.4 | 164.8 |
| 工业产品 | Industrial Products | 109.1 | 116.7 | 126.1 | 126.2 | 126.7 |
| 按生产阶段分 | by Stage of Processing | | | | | |
| 原材料 | Raw Materials | 96.2 | 116.5 | 136.9 | 132.4 | 135.4 |
| 中间产品 | Intermediate Products | 112.0 | 119.1 | 129.8 | 130.3 | 130.4 |
| 按最终用途分 | by End-Use | | | | | |
| 消费品 | Consumers' Goods | 111.7 | 117.9 | 126.8 | 129.3 | 131.1 |
| 投资用品 | Capital Goods | 108.4 | 108.8 | 110.5 | 112.6 | 113.6 |
| **阿 根 廷** | **Argentina** | | | | | |
| 按供给组成分 | by Components of Supply | | | | | |
| 国内供应 | Domestic Supply | 149.8 | 172.2 | 195.3 | 220.5 | 252.7 |
| 国内生产 | Domestic Production | 150.6 | 173.9 | 197.6 | 223.7 | 256.5 |
| 农业产品 | Agricultural Products | 160.3 | 208.3 | 238.1 | 262.1 | 312.8 |
| 工业产品 | Industrial Products | 150.2 | 170.3 | 191.4 | 215.8 | 245.3 |
| 进口产品 | Import Products | 139.1 | 151.6 | 167.1 | 181.8 | 206.1 |
| **委内瑞拉** | **Venezuela** | | | | | |
| 按供给组成分 | by Components of Supply | | | | | |
| 国内供应 | Domestic Supply | 212.6 | 270.3 | 330.3 | 382.5 | 526.5 |
| 国内生产 | Domestic Production | 222.7 | 283.9 | 350.7 | 409.8 | 563.0 |
| 农业产品 | Agricultural Products | 376.1 | 538.2 | 715.1 | 833.3 | 1272.6 |
| 工业产品 | Industrial Products | 199.2 | 250.0 | 301.9 | 347.5 | 459.7 |
| 进口产品 | Import Products | 181.0 | 227.3 | 266.1 | 296.7 | 411.5 |
| **白俄罗斯** | **Belarus** | | | | | |
| 按供给组成分 | by Components of Supply | | | | | |
| 国内生产 | Domestic Production | 172.3 | 195.7 | | | |
| 工业产品 | Industrial Products | 165.4 | 187.9 | 335.6 | 590.4 | 671.5 |
| 按生产阶段分 | by Stage of Processing | | | | | |
| 中间产品 | Intermediate Products | 179.2 | 210.7 | 413.0 | 725.3 | 822.2 |
| 按最终用途分 | by End-Use | | | | | |
| 消费品 | Consumers' Goods | 150.1 | 164.1 | 264.1 | 455.5 | 527.2 |
| 投资用品 | Capital Goods | 136.1 | 147.7 | 242.0 | 446.3 | 495.1 |
| **捷　克** | **Czech Rep.** | | | | | |
| 按供给组成分 | by Components of Supply | | | | | |
| 农业产品 | Agricultural Products | 96.6 | 100.0 | 121.2 | 125.8 | 131.9 |
| 工业产品 | Industrial Products | 107.0 | 108.3 | 114.3 | 116.8 | 117.7 |
| 进口产品 | Import Products | 92.6 | 94.5 | 98.5 | 102.7 | 103.1 |
| 按生产阶段分 | by Stage of Processing | | | | | |
| 中间产品 | Intermediate Products | 100.8 | 102.8 | 109.7 | 111.2 | 111.2 |
| 按最终用途分 | by End-Use | | | | | |
| 消费品 | Consumers' Goods | 104.1 | 102.1 | 106.8 | 111.2 | 111.9 |
| 投资用品 | Capital Goods | 103.1 | 100.7 | 100.6 | 101.2 | 102.1 |

## 9-2 结表 4 continued

2005年=100 (2005=100)

| 国家或地区 | Country or Area | 2009 | 2010 | 2011 | 2012 | 2013 |
|---|---|---|---|---|---|---|
| **法　　国①** | **France①** | | | | | |
| 按供给组成分 | by Components of Supply | | | | | |
| 国内供应 | Domestic Supply | 108.1 | 116.2② | | | |
| 农业产品 | Agricultural Products | 92.8 | 100.0 | 112.5 | 119.1 | 120.8 |
| 工业产品 | Industrial Products | 97.4 | 100.0 | 105.4 | 108.3 | 108.6 |
| 按生产阶段分 | by Stage of Processing | | | | | |
| 中间产品 | Intermediate Products | 97.9 | 100.0 | 105.6 | 106.3 | 105.6 |
| 按最终用途分 | by End-Use | | | | | |
| 消费品 | Consumers' Goods | 100.4 | 100.0 | 103.2 | 105.4 | 107.1 |
| 投资用品 | Capital Goods | 99.7 | 100.0 | 102.2 | 103.4 | 104.2 |
| **德　　国①** | **Germany①** | | | | | |
| 按供给组成分 | by Components of Supply | | | | | |
| 国内生产 | Domestic Production | 108.0 | 109.7② | | | |
| 农业产品 | Agricultural Products | 100.7 | 100.0 | 113.0 | 119.0 | 122.8 |
| 工业产品 | Industrial Products | 108.0 | 100.0 | 105.3 | 107.0 | 106.9 |
| 进口产品 | Import Products | 100.1 | 100.0 | 106.3 | 108.6 | 106.9 |
| 按生产阶段分 | by Stage of Processing | | | | | |
| 中间产品 | Intermediate Products | 105.0 | 100.0 | 105.6 | 105.8 | 104.7 |
| 按最终用途分 | by End-Use | | | | | |
| 消费品 | Consumers' Goods | 105.6 | 100.0 | 103.5 | 106.3 | 108.4 |
| 投资用品 | Capital Goods | 102.4 | 100.0 | 101.2 | 102.2 | 103.0 |
| **意 大 利①** | **Italy①** | | | | | |
| 按供给组成分 | by Components of Supply | | | | | |
| 工业产品 | Industrial Products | 97.0 | 100.0 | 105.1 | 109.5 | 108.1 |
| 按生产阶段分 | by Stage of Processing | | | | | |
| 中间产品 | Intermediate Products | 96.4 | 100.0 | 104.9 | 105.3 | 104.9 |
| 按最终用途分 | by End-Use | | | | | |
| 消费品 | Consumers' Goods | 99.4 | 100.0 | 102.9 | 105.3 | 106.6 |
| 投资用品 | Capital Goods | 99.9 | 100.0 | 101.7 | 102.4 | 102.8 |
| **荷　　兰①** | **Netherlands①** | | | | | |
| 按供给组成分 | by Components of Supply | | | | | |
| 工业产品 | Industrial Products | 95.6 | 100.0 | 110.0 | 114.0 | 112.4 |
| 按生产阶段分 | by Stage of Processing | | | | | |
| 中间产品 | Intermediate Products | 93.2 | 100.0 | 113.1 | 116.4 | 115.1 |
| 按最终用途分 | by End-Use | | | | | |
| 消费品 | Consumers' Goods | 96.4 | 100.0 | 106.9 | 110.8 | 111.8 |
| 投资用品 | Capital Goods | 99.1 | 100.0 | 102.5 | 103.2 | 103.5 |
| **波　　兰①** | **Poland①** | | | | | |
| 按供给组成分 | by Components of Supply | | | | | |
| 国内生产 | Domestic Production | 116.1 | 100.0 | 107.6 | 111.5 | |
| 工业产品 | Industrial Products | 106.4 | 100.0 | 107.6 | 111.5 | 110.2 |
| 按生产阶段分 | by Stage of Processing | | | | | |
| 原材料 | Raw Materials | 134.2 | 100.0 | 113.6 | 121.4 | 116.9 |
| 中间产品 | Intermediate Products | 112.8 | 100.0 | 108.7 | 111.5 | 110.0 |
| 按最终用途分 | by End-Use | | | | | |
| 消费品 | Consumers' Goods | 103.1 | 100.0 | 105.5 | 109.3 | 110.2 |
| 投资用品 | Capital Goods | 97.3 | 100.0 | 99.8 | 100.7 | 100.3 |
| **俄 罗 斯** | **Russia** | | | | | |
| 按供给组成分 | by Components of Supply | | | | | |
| 农业产品 | Agricultural Products | 147.0 | 156.3 | 181.6 | 176.2 | 188.8 |
| 工业产品 | Industrial Products | 144.5 | 162.2 | 190.9 | 203.9 | 210.6 |

9-2 续表 5 continued

2005年=100 (2005=100)

| 国家或地区 | Country or Area | 2009 | 2010 | 2011 | 2012 | 2013 |
|---|---|---|---|---|---|---|
| **西 班 牙①** | **Spain①** | | | | | |
| 按供给组成分 | by Components of Supply | | | | | |
| 工业产品 | Industrial Products | 96.4 | 100.0 | 106.9 | 111.3 | 111.7 |
| 按生产阶段分 | by Stage of Processing | | | | | |
| 中间产品 | Intermediate Products | 96.3 | 100.0 | 107.3 | 108.6 | 108.2 |
| 按最终用途分 | by End-Use | | | | | |
| 消费品 | Consumers' Goods | 99.6 | 100.0 | 102.7 | 104.9 | 107.5 |
| 投资用品 | Capital Goods | 99.6 | 100.0 | 101.0 | 101.6 | 101.4 |
| **土 耳 其** | **Turkey** | | | | | |
| 按供给组成分 | by Components of Supply | | | | | |
| 国内供应 | Domestic Supply | 132.6 | 143.9 | | | |
| 国内生产 | Domestic Production | 132.6 | 143.9 | 159.9 | 169.6 | |
| 农业产品 | Agricultural Products | 131.8 | 164.3 | 166.6 | 176.6 | 174.3 |
| 工业产品 | Industrial Products | 132.8 | 144.5 | 160.5 | 170.3 | 177.9 |
| **乌 克 兰** | **Ukraine** | | | | | |
| 按供给组成分 | by Components of Supply | | | | | |
| 农业产品 | Agricultural Products | 168.8 | 229.6 | 270.8 | 268.6 | 380.4 |
| 工业产品 | Industrial Products | 189.0 | 228.5 | 271.9 | 281.8 | 281.3 |
| **英 国①** | **United Kingdom①** | | | | | |
| 按供给组成分 | by Components of Supply | | | | | |
| 国内生产 | Domestic Production | 113.2 | 117.9② | | | |
| 农业产品 | Agricultural Products | 136.8 | 100.0 | 112.9 | 119.3 | 126.8 |
| 工业产品 | Industrial Products | 113.2 | 100.0 | 104.8 | 107.0 | 108.4 |
| 进口产品 | Import Products | 122.5 | 100.0 | 108.9 | 108.8 | 109.5 |
| 按生产阶段分 | by Stage of Processing | | | | | |
| 原材料 | Raw Materials | 132.9 | 100.0 | 114.5 | 116.0 | 117.4 |
| 中间产品 | Intermediate Products | 118.0 | 100.0 | 106.3 | 107.5 | 108.3 |
| 按最终用途分 | by End-Use | | | | | |
| 消费品 | Consumers' Goods | 115.2 | 100.0 | 104.2 | 106.9 | 109.5 |
| 投资用品 | Capital Goods | 109.8 | 100.0 | 102.4 | 104.4 | 106.1 |
| **澳大利亚** | **Australia** | | | | | |
| 按供给组成分 | by Components of Supply | | | | | |
| 国内供应 | Domestic Supply | 113.7 | 115.3 | 118.8 | 120.1 | 122.1 |
| 国内生产 | Domestic Production | 115.2 | 118.5 | 123.2 | 124.7 | 126.6 |
| 农业产品 | Agricultural Products | 113.4 | 117.6 | 129.7 | 122.7 | 125.0 |
| 工业产品 | Industrial Products | 113.1 | 115.2 | 119.1 | 118.6 | 119.8 |
| 进口产品 | Import Products | 104.4 | 96.6 | 93.1 | 93.3 | 95.1 |
| 按生产阶段分 | by Stage of Processing | | | | | |
| 原材料 | Raw Materials | 119.0 | 120.4 | 127.5 | 129.8 | 132.0 |
| 中间产品 | Intermediate Products | 117.3 | 118.4 | 124.2 | 126.5 | 128.6 |
| 按最终用途分 | by End-Use | | | | | |
| 消费品 | Consumers' Goods | 114.9 | 117.9 | 123.9 | 125.8 | 127.8 |
| 投资用品 | Capital Goods | 112.8 | 113.4 | 114.9 | 115.8 | 117.8 |
| **新 西 兰** | **New Zealand** | | | | | |
| 按供给组成分 | by Components of Supply | | | | | |
| 农业产品 | Agricultural Products | 122.5 | 132.3 | 146.0 | 135.9 | 150.3 |
| 工业产品 | Industrial Products | 121.2 | 126.4 | 133.7 | 130.8 | 134.9 |
| 按生产阶段分 | by Stage of Processing | | | | | |
| 中间产品 | Intermediate Products | 118.6 | 121.8 | 127.5 | 128.8 | 130.7 |

注：①2009年数字以2005年为期，2011-2013年数据以2010年为基期。
②以2005年为基期。

Note: ①The base year of 2009 data is 2005, the base year of 2011-2013 data is 2010.
②the base year is 2005.

# 9-3 消费者价格指数

# Consumer Price Indices

资料来源：联合国统计月报数据库。
Source: UN Monthly Bulletin of Statistics Database.

2005年=100 (2005=100)

| 国家或地区 | Country or Area | 消费者价格指数 Consumer Price Indices | | | 食品消费价格指数 Food Consumer Price Indices | | |
|---|---|---|---|---|---|---|---|
| | | 2011 | 2012 | 2013 | 2011 | 2012 | 2013 |
| 中　国 | China | 130.2 | 133.4 | 136.9 | 184.7 | 193.6 | |
| 中国香港 | Hong Kong, China | 117.6 | 122.4 | 127.7 | 129.7 | 137.2 | 143.2 |
| 中国澳门 | Macao, China | 126.2 | 133.9 | 141.3 | 151.6 | 164.5 | 175.4 |
| 孟加拉国 | Bangladesh | 202.0 | 219.7 | | 220.1 | 236.5 | |
| 柬埔寨 | Cambodia | 109.0 | 112.2 | | 110.7 | 114.2 | |
| 印　度 | India | 198.9 | 217.4 | 241.1 | 208.1 | 227.9 | 259.6 |
| 印度尼西亚 | Indonesia | 127.4 | 132.9 | 142.2 | 148.6 | 157.3 | 176.1 |
| 伊　朗 | Iran | 94.9 | 119.1 | 161.4 | 93.6 | 131.1 | 198.1 |
| 以色列 | Israel | 117.8 | 119.8 | 121.7 | 130.5 | 131.4 | 138.0 |
| 日　本 | Japan | 99.7 | 99.7 | 100.0 | 99.6 | 99.7 | 99.6 |
| 韩　国 | Korea, Rep. | 104.0 | 106.3 | 107.7 | 108.1 | 112.4 | 113.4 |
| 老　挝 | Laos | 137.0 | 142.9 | | 159.1 | 168.5 | |
| 马来西亚 | Malaysia | 103.2 | 104.9 | 107.1 | 104.8 | 107.6 | 111.5 |
| 蒙　古① | Mongolia① | 181.3 | | | 194.5 | | |
| 缅　甸① | Myanmar① | 163.5 | 165.9 | 175.1 | 159.7 | 157.3 | 166.8 |
| 巴基斯坦② | Pakistan② | 249.8 | 273.8 | 295.1 | 306.7 | 333.6 | 361.8 |
| 菲律宾① | Philippines① | 126.2 | 130.1 | 133.9 | 136.5 | 139.9 | 143.8 |
| 新加坡 | Singapore | 119.6 | 125.1 | 128.1 | 120.3 | 123.2 | 125.8 |
| 斯里兰卡 | Sri Lanka | 117.3 | 126.1 | 134.8 | 120.0 | 125.6 | 135.5 |
| 泰　国 | Thailand | 112.1 | 115.5 | 105.3 | 132.6 | 139.0 | 108.4 |
| 越　南 | Viet Nam | 195.1 | 212.8 | | 247.6 | 266.5 | |
| 埃　及 | Egypt | 190.5 | 204.1 | 223.6 | 247.8 | 270.6 | 304.1 |
| 尼日利亚 | Nigeria | 374.5 | 420.2 | | 392.4 | 436.7 | |
| 南　非③ | South Africa③ | 117.3 | 123.9 | 131.0 | 118.9 | 127.4 | 134.7 |
| 加拿大 | Canada | 112.0 | 113.7 | 114.8 | 120.1 | 122.9 | 124.4 |
| 墨西哥 | Mexico | 128.5 | 133.7 | 138.8 | 141.4 | 152.1 | 160.1 |
| 美　国 | United States | 115.2 | 117.6 | 119.3 | 119.2 | 122.1 | 123.2 |
| 阿根廷 | Argentina | 168.9 | 185.8 | 205.6 | 170.2 | 188.5 | 201.8 |
| 巴　西 | Brazil | 134.1 | 141.3 | 150.1 | 147.5 | 159.5 | 177.3 |
| 委内瑞拉 | Venezuela | 205.4 | 248.7 | 349.7 | 221.1 | 275.9 | 425.3 |
| 捷　克 | Czech Rep. | 117.1 | 121.0 | 122.7 | 116.4 | 124.5 | 130.6 |
| 法　国 | France | 110.1 | 112.3 | 113.2 | 111.5 | 114.7 | 116.0 |
| 德　国 | Germany | 102.1 | 104.1 | 105.7 | 102.8 | 106.3 | 110.4 |
| 意大利 | Italy | 102.8 | 105.9 | 107.2 | 102.4 | 105.0 | 107.5 |
| 荷　兰① | Netherlands① | 109.2 | 111.9 | 114.7 | 110.2 | 112.4 | 115.1 |
| 波　兰 | Poland | 119.4 | 123.7 | 124.9 | 125.5 | 130.8 | 133.3 |
| 俄罗斯 | Russia | 176.5 | 185.4 | 198.0 | 189.8 | 196.0 | 208.0 |
| 西班牙 | Spain | 116.0 | 118.8 | 118.1 | 114.5 | 117.1 | 119.0 |
| 土耳其 | Turkey | 161.7 | 176.1 | 189.3 | 176.5 | 191.3 | 208.8 |
| 乌克兰 | Ukraine | 210.9 | 212.1 | 211.5 | 206.9 | 202.5 | 198.1 |
| 英　国 | United Kingdom | 122.5 | 126.4 | 130.3 | 134.3 | 138.7 | 143.8 |
| 澳大利亚 | Australia | 119.7 | 121.8 | 124.7 | 127.5 | 125.4 | 126.4 |
| 新西兰 | New Zealand | 119.5 | 120.8 | 122.2 | 130.7 | 129.9 | 130.5 |

注：①2006年=100。②2000年=100。③2008年=100。
Note:①Base: 2006=100.②Base: 2000=100.③2008 = 100.

# 9-4 能源消费价格指数
# Energy Consumption Price Indices

资料来源：联合国ILO数据库。
Source: ILO Database.

2000年=100　　(2000=100)

| 国家或地区 | Country or Area | 2006 | 2007 | 2008 | 2009 | 2010 | 2011 |
|---|---|---|---|---|---|---|---|
| 中　国 | China | 137.7 | 141.8 | 150.9 | | | |
| 中国香港 | Hong Kong, China | 109.6 | 108.8 | 101.7 | | | |
| 中国澳门 | Macao, China | 119.9 | 114.6 | 96.1 | | | |
| 柬埔寨 | Cambodia | 123.8 | 134.1 | 160.9 | 119.2 | | |
| 印　度 | India | 130.7 | 144.1 | 154.0 | | | |
| 伊　朗 | Iran | 179.5 | | | | | |
| 以色列 | Israel | 145.9 | 147.7 | 168.7 | | | |
| 日　本 | Japan | 103.4 | 104.2 | 110.5 | 105.9 | 105.7 | |
| 韩　国 | Korea, Rep. | 107.8 | 110.5 | 119.6 | | | |
| 马来西亚 | Malaysia | 105.7 | | | | | |
| 缅　甸 | Myanmar | 370.0 | 491.7 | 561.9 | 432.9 | 448.9 | 485.0 |
| 巴基斯坦 | Pakistan | 126.9 | 133.1 | 155.1 | 183.0 | | |
| 菲律宾 | Philippines | 176.4 | 182.1 | 193.9 | | | |
| 新加坡 | Singapore | 128.3 | 125.8 | 157.5 | 136.0 | | |
| 斯里兰卡 | Sri Lanka | 228.3 | 286.2 | | | | |
| 泰　国 | Thailand | 127.1 | 126.4 | 106.2 | 96.6 | 105.9 | 109.7 |
| 南　非 | South Africa | 141.9 | 153.3 | 182.8 | | | |
| 加拿大 | Canada | 133.4 | 134.2 | 143.6 | 133.4 | 139.2 | 144.8 |
| 墨西哥 | Mexico | 173.1 | 178.2 | 190.7 | | | |
| 美　国 | United States | 144.2 | 148.0 | 163.5 | 153.2 | 154.1 | 157.7 |
| 阿根廷 | Argentina | 115.9 | | | | | |
| 捷　克 | Czech Rep. | 146.9 | 151.6 | 172.7 | | | |
| 法　国 | France | 121.1 | 123.4 | 135.2 | 127.3 | 135.7 | 149.7 |
| 德　国 | Germany | 143.4 | 148.6 | 165.2 | 161.3 | 161.9 | 177.3 |
| 意大利 | Italy | 124.8 | 126.5 | 140.3 | 133.2 | 130.9 | |
| 荷　兰 | Netherlands | 168.2 | 175.1 | 180.5 | 181.9 | 167.4 | 177.3 |
| 波　兰 | Poland | 138.1 | 143.2 | 157.5 | | | |
| 俄罗斯 | Russia | 329.2 | 367.2 | 417.6 | | | |
| 西班牙 | Spain | 119.2 | 121.4 | 134.1 | 131.6 | 140.0 | 161.9 |
| 土耳其 | Turkey | 446.0 | 479.1 | 604.0 | | | |
| 英　国 | United Kingdom | 160.7 | 172.1 | 204.7 | 217.4 | 211.5 | 234.0 |
| 澳大利亚 | Australia | 129.4 | 135.4 | 148.2 | 165.6 | 187.7 | 206.8 |
| 新西兰 | New Zealand | 140.2 | 149.5 | 160.2 | 167.4 | | |

# 9-5 初级产品市场价格指数和单位价值指数

# Indices of Primary Commodities Market Prices and Unit Values

资料来源：国际货币基金组织国际金融统计数据库。

Source: International Monetary Fund IFS Database.

2010年=100 (2010=100)

| 商品 | Concept | 原产国 | Country of Origion | 2009 | 2010 | 2011 | 2012 | 2013 |
|---|---|---|---|---|---|---|---|---|
| **全部商品** | **All Commodities (Fuel and Non Fuel)** | **世界** | **World** | **79.3** | **100.0** | **126.3** | **122.3** | **120.4** |
| **农业原材料** | **Agricultural Raw Materials** | **世界** | **World** | **75.1** | **100.0** | **122.7** | **107.1** | **108.9** |
| **饮料** | **Beverages** | **世界** | **World** | **87.6** | **100.0** | **116.6** | **95.0** | **83.6** |
| **原油** | **Crude Oil (Petroleum)** | **世界** | **World** | **78.2** | **100.0** | **131.6** | **132.9** | **131.7** |
| **亚麻籽油** | **Linseed Oil** | **世界** | **World** | **84.5** | **100.0** | **122.6** | **107.8** | **104.3** |
| **能源** | **Energy** | **世界** | **World** | **79.4** | **100.0** | **131.8** | **132.7** | **130.4** |
| **食品** | **Food** | **世界** | **World** | **89.4** | **100.0** | **119.9** | **117.0** | **118.3** |
| **非能源** | **Non-energy** | **世界** | **World** | **79.0** | **100.0** | **117.9** | **106.0** | **104.8** |
| **糖** | **Sugar, Free Market** | **世界** | **World** | **86.9** | **100.0** | **125.6** | **102.3** | **84.8** |
| **铀** | **Uranium** | **世界** | **World** | **101.5** | **100.0** | **122.4** | **106.4** | **83.9** |
| 铝 | Aluminum | 加拿大 | Canada | 76.8 | 100.0 | 110.5 | 93.1 | 85.0 |
| 香蕉 | Bananas | 厄瓜多尔 | Ecuador | 96.2 | 100.0 | 110.7 | 111.7 | 105.1 |
| 大麦 | Barley | 加拿大 | Canada | 81.1 | 100.0 | 130.8 | 150.4 | 130.3 |
| 牛肉 | Beef | 澳大利亚 | Australia | 78.5 | 100.0 | 120.1 | 123.3 | 120.4 |
| 澳大利亚煤炭 | Coal Australian Thermal | 澳大利亚 | Australia | 72.6 | 100.0 | 122.7 | 97.4 | 85.4 |
| 南非煤炭 | Coal South African Thermal | 南非 | South Africa | 70.6 | 100.0 | 126.9 | 101.4 | 87.6 |
| 粗羊毛 | Coarse Wool | 英国 | United Kingdom | 74.5 | 100.0 | 147.4 | 147.9 | 137.6 |
| 咖啡 | Coffee | 哥伦比亚 | Colombia | 80.8 | 100.0 | 126.8 | 91.1 | 66.3 |
| 咖啡 | Coffee Unwash Arabica | 巴西 | Brazil | 77.1 | 100.0 | 168.6 | 118.6 | 81.6 |
| 铜 | Copper | 英国 | United Kingdom | 68.5 | 100.0 | 117.0 | 105.6 | 97.3 |
| 椰肉 | Copra | 菲律宾 | Philippines | 64.0 | 100.0 | 154.4 | 98.8 | 83.6 |
| 棉 | Cotton | 美国 | United States | 60.6 | 100.0 | 149.3 | 86.2 | 87.3 |
| 原油(石油) | Crude Oil (Petroleum) | 美国 | United States | 77.7 | 100.0 | 119.7 | 118.6 | 123.3 |
| 原油(石油) | Crude Oil (Petroleum) | 阿联酋 | United Arab Emirates | 79.1 | 100.0 | 135.8 | 139.5 | 135.1 |
| 原油(石油) | Crude Oil (Petroleum) | 英国 | United Kingdom | 77.7 | 100.0 | 139.3 | 140.6 | 136.7 |
| 细羊毛 | Fine Wool | 英国 | United Kingdom | 76.1 | 100.0 | 160.1 | 131.5 | 117.1 |
| 鱼 | Fish | 挪威 | Norway | 80.1 | 100.0 | 96.1 | 77.6 | 109.9 |
| 鱼粉 | Fishmeal | 秘鲁 | Peru | 72.2 | 100.0 | 87.4 | 93.4 | 98.4 |
| 汽油 | Gasoline | 美国 | United States | 79.6 | 100.0 | 133.6 | 137.0 | 131.4 |
| 金 | Gold | 英国 | United Kingdom | 79.4 | 100.0 | 128.1 | 136.3 | 115.3 |
| 花生 | Groundnuts | 尼日利亚 | Nigeria | 80.3 | 100.0 | 139.1 | 136.2 | 187.0 |
| 花生油 | Groundnuts (Peanuts) Oil | 尼日利亚 | Nigeria | 84.3 | 100.0 | 141.6 | 173.5 | 126.3 |
| 硬木原木 | Hardwood Logs | 马来西亚 | Malaysia | 103.2 | 100.0 | 140.4 | 129.6 | 109.8 |
| 硬木锯材 | Hardwood Sawnwood | 马来西亚 | Malaysia | 95.0 | 100.0 | 110.7 | 103.3 | 100.5 |
| 兽皮 | Hides | 美国 | United States | 62.4 | 100.0 | 114.0 | 115.6 | 131.6 |

## 9-5 续表 continued

2010年=100 (2010=100)

| 商品 | Concept | 原产国 | Country of Origion | 2000 | 2010 | 2011 | 2012 | 2013 |
|---|---|---|---|---|---|---|---|---|
| 铁矿石 | Iron Ore | 中国 | China | 62.5 | 100.0 | 81.0 | 76.5 | 80.6 |
| 黄麻 | Jute | 孟加拉国 | Bangladesh | 64.9 | 100.0 | 73.9 | 60.4 | 69.4 |
| 羊肉 | Lamb | 新西兰 | New Zealand | 100.9 | 100.0 | 102.4 | 69.3 | 73.2 |
| 铅 | Lead | 英国 | United Kingdom | 80.0 | 100.0 | 111.8 | 96.1 | 99.6 |
| 玉米 | Maize | 美国 | United States | 89.0 | 100.0 | 156.9 | 160.4 | 139.2 |
| 天然气 | Natural Gas Indonesia | 印尼 | Indonesia | 79.9 | 100.0 | 165.8 | 193.4 | 184.8 |
| 天然气 | Natural Gas Russia | 俄罗斯 | Russia | 107.7 | 100.0 | 128.9 | 145.7 | 136.1 |
| 天然气 | Natural Gas U.S.A. | 美国 | United States | 89.9 | 100.0 | 91.1 | 62.8 | 84.8 |
| 镍 | Nickel | 加拿大 | Canada | 67.3 | 100.0 | 105.0 | 80.4 | 68.9 |
| 橄榄油 | Olive Oil | 英国 | United Kingdom | 110.7 | 100.0 | 96.8 | 98.9 | 120.5 |
| 桔子 | Oranges | 法国 | France | 88.0 | 100.0 | 86.2 | 84.0 | 93.6 |
| 棕榈仁油 | Palm Kernel Oil | 马来西亚 | Malaysia | 75.8 | 100.0 | 124.9 | 110.9 | 95.1 |
| 棕榈油 | Palm Oil | 马来西亚 | Malaysia | 74.9 | 100.0 | 125.2 | 109.3 | 88.9 |
| 黑胡椒 | Pepper Black | 新加坡 | Singapore | 75.8 | 100.0 | 157.8 | 163.4 | 162.7 |
| 磷矿石 | Phosphate Rock | 摩洛哥 | Morocco | 98.9 | 100.0 | 150.3 | 151.1 | 120.4 |
| 合板 | Plywood | 菲律宾 | Philippines | 99.2 | 100.0 | 106.8 | 107.2 | 98.4 |
| 钾肥 | Potash | 加拿大 | Canada | 190.0 | 100.0 | 131.2 | 138.3 | 114.2 |
| 家禽 | Poultry | 美国 | United States | 99.7 | 100.0 | 101.8 | 109.8 | 121.0 |
| 大米 | Rice | 泰国 | Thailand | 122.5 | 100.0 | 102.0 | 109.3 | 96.6 |
| 橡胶 | Rubber | 马来西亚 | Malaysia | 62.0 | 100.0 | 139.4 | 99.7 | 81.2 |
| 橡胶 | Rubber | 泰国 | Thailand | 56.9 | 100.0 | 126.9 | 90.7 | 74.2 |
| 虾 | Shrimp | 美国 | United States | 93.4 | 100.0 | 118.0 | 99.5 | 138.7 |
| 银 | Silver | 美国 | United States | 72.7 | 100.0 | 174.8 | 154.5 | 118.3 |
| 剑麻 | Sisal | 东非 | East Africa | 76.4 | 100.0 | 131.0 | 147.2 | 138.3 |
| 软原木 | Softwood Logs | 美国 | United States | 96.6 | 100.0 | 106.0 | 104.6 | 116.3 |
| 软木、锯材 | Softwoods Sawnwood | 美国 | United States | 103.3 | 100.0 | 99.7 | 101.1 | 107.0 |
| 高粱 | Sorghum | 美国 | United States | 91.3 | 100.0 | 162.5 | 164.4 | 147.1 |
| 大豆 | Soybean | 美国 | United States | 98.3 | 100.0 | 125.8 | 139.7 | 134.4 |
| 大豆粉 | Soybean Meal | 美国 | United States | 108.4 | 100.0 | 114.4 | 142.8 | 144.1 |
| 大豆油 | Soybean Oil | 美国 | United States | 85.1 | 100.0 | 131.5 | 124.5 | 109.3 |
| 糖 | Sugar EU | 英国 | United Kingdom | 101.2 | 100.0 | 103.7 | 102.5 | 101.2 |
| 向日葵 | Sunflower | 英国 | United Kingdom | 87.8 | 100.0 | 136.7 | 125.6 | 113.1 |
| 过磷酸盐 | Superphosphate | 美国 | United States | 67.4 | 100.0 | 140.9 | 121.0 | 100.0 |
| 猪 | Swine | 美国 | United States | 74.9 | 100.0 | 119.6 | 111.2 | 116.3 |
| 茶 | Tea | 英国 | United Kingdom | 99.1 | 100.0 | 109.3 | 110.2 | 83.9 |
| 锡 | Tin | 英国 | United Kingdom | 66.8 | 100.0 | 127.9 | 103.6 | 109.4 |
| 锡 | Tin | 马来西亚 | Malaysia | 74.0 | 100.0 | 123.7 | 104.8 | 112.3 |
| 烟草 | Tobacco | 美国 | United States | 98.2 | 100.0 | 103.7 | 99.7 | 106.0 |
| 尿素 | Urea | 乌克兰 | Ukraine | 86.5 | 100.0 | 145.9 | 140.5 | 117.9 |
| 小麦 | Wheat | 美国 | United States | 99.9 | 100.0 | 141.4 | 140.0 | 139.6 |
| 木浆 | Wood pulp | 瑞典 | Sweden | 71.1 | 100.0 | 103.3 | 88.0 | 94.8 |
| 锌 | Zinc | 英国 | United Kingdom | 76.8 | 100.0 | 101.6 | 90.3 | 88.4 |

# 主要统计指标解释

**国内生产总值缩减指数** 衡量在一定时期内整体经济中价格年度变化情况的指标。

**生产者价格指数** 生产者价格指生产者从购买者那里得到的某一单位货物和服务的价值，具体为总产出减去由购买者支付的增加税等可扣减税。它包括生产者发票上单独列支的运费。

**消费者价格指数** 是反映报告期经济体为消费目的而获取、使用和支付的货物和服务的价格总体水平随时间变化的指标。每个总指数是通过将大量要素加总指数加权平均而得到，每个要素加总指数是基于某一地区或其居民从某一指定出处或其他消费源获取指定货物和服务的价格的抽样调查数而进行的估算。

# Explanatory Notes on Main Statistical Indicators

**Gross Domestic Product Deflator** measures the average annual rate of price change in the economy as whole for the periods shown.

**Producer Price Indices** The Amount receivable by the producer from the purchaser for a unit of a good or service produced as output minus any value-added tax, or similar deductible tax, invoiced to the purchaser. It includes any transport charges invoiced separately by the producer.

**Consumer Price Indices** measures the period-to-period proportional change in the prices of a fixed set of consumer goods and services of constant quantity and characteristics, acquired, used or paid for by the reference population. Each summary measure is constructed as a weighted average of a large number of elementary aggregate indices. Each of the elementary aggregate indices is estimated using a sample of prices for a defined set of goods and services obtained in, or by residents of, a specific region from a given set of outlets or other sources of consumption goods and services.

# 居民收支和贫困

## Household Income and Expenditure and Poverty

# 10-1 居民消费支出
# Household Consumption Expenditure

资料来源：世界银行WDI数据库。
Source: World Bank WDI Database.

| 国家或地区 | Country or Area | 居民最终消费支出(现价，亿美元) Household Final Consumption Expenditure (current 100 million USD) | | | 居民人均最终消费支出(2005年价格，美元) Household Final Consumption Expenditure per Capita (constant 2005 USD) | | |
|---|---|---|---|---|---|---|---|
| | | 2005 | 2011 | 2012 | 2005 | 2011 | 2012 |
| **世　界** | **World** | **276683** | **419400** | **419400①** | **4263** | **4578** | **4578①** |
| **高收入国家** | **High Income** | **225402** | **299673** | **299673①** | **18094** | **19048** | **19048①** |
| **中等收入国家** | **Middle Income** | **49434** | **116907** | **125044** | **1091** | **1491** | **1545** |
| **低收入国家** | **Low Income** | **1902** | **4112** | **4112①** | **267** | **314** | **314①** |
| 中　国 | China | 8904 | 30167 | 34468 | 683 | 1221 | 1307 |
| 中国香港 | Hong Kong, China | 1044 | 1695 | 1811 | 15318 | 20553 | 21345 |
| 中国澳门 | Macao, China | 37 | 86 | 97 | 7839 | 10694 | 11176 |
| 孟加拉国 | Bangladesh | 449 | 872 | 977 | 314 | 417 | 433 |
| 文　莱 | Brunei Darussalam | 21 | 35 | 36 | 5820 | 6519 | 6615 |
| 柬埔寨 | Cambodia | 54 | | 106② | 405 | | 556② |
| 印　度 | India | 4862 | 10609 | 10719 | 431 | 670 | 693 |
| 印度尼西亚 | Indonesia | 1840 | 4790 | 4848 | 820 | 1030 | 1071 |
| 伊　朗 | Iran | 854 | | | 1217 | | |
| 以色列 | Israel | 747 | 1448 | 1448① | 10777 | 12268 | 12268① |
| 日　本 | Japan | 26414 | 36057 | 36057① | 20673 | 21899 | 21899① |
| 哈萨克斯坦 | Kazakhstan | 280 | 930 | 1054 | 1847 | 3018 | 3018① |
| 韩　国 | Korea, Rep. | 4689 | 6282 | 6658 | 9740 | 11456 | 11638 |
| 老　挝 | Laos | 22 | 65 | 65① | 383 | 487 | 487① |
| 马来西亚 | Malaysia | 634 | 1490 | 1600 | 2454 | 3453 | 3641 |
| 蒙　古 | Mongolia | 14 | 54 | 62 | 551 | 1182 | 1436 |
| 巴基斯坦 | Pakistan | 843 | 1856 | 1918 | 533 | 572 | 585 |
| 菲律宾 | Philippines | 773 | 1856 | 1994 | 901 | 1076 | 1117 |
| 新加坡 | Singapore | 499 | 1066 | 1105 | 11690 | 12079 | 12194 |
| 斯里兰卡 | Sri Lanka | 168 | 413 | 449 | 857 | | 1214② |
| 泰　国 | Thailand | 1010 | 2025 | 2108 | 1540 | 1829 | 1828 |
| 越　南 | Viet Nam | 377 | 1005 | 1115 | 458 | 652 | 679 |
| 埃　及 | Egypt | 642 | 2120 | 2208 | 894 | 1176 | 1190 |
| 尼日利亚 | Nigeria | 844 | 2715 | 3203 | 604 | | |
| 南　非 | South Africa | 1558 | 2324 | 2131 | 3270 | 3887 | 3933 |
| 加拿大 | Canada | 6297 | 10132 | 10157 | 19488 | 21954 | 22172 |
| 墨西哥 | Mexico | 5860 | 7992 | 8695 | 5292 | 5809 | 5884 |
| 美　国 | United States | 87904 | 111496 | 111496① | 29746 | 30903 | 30903① |
| 阿根廷 | Argentina | 1462 | 3983 | 4081 | 3783 | | |
| 巴　西 | Brazil | 5317 | 14081 | 14062 | 2857 | 3788 | 3851 |
| 委内瑞拉 | Venezuela | 680 | 2260 | 2260① | 2545 | 3456 | 3456① |
| 捷　克 | Czech Rep. | 642 | 993 | 1006 | 6285 | 6791 | 6794 |
| 法　国 | France | 12158 | 15062 | 15714 | 19245 | 19824 | 19774 |
| 德　国 | Germany | 16254 | 19708 | 20887 | 19709 | 21527 | 21687 |
| 意大利 | Italy | 10542 | 12267 | 12507 | 18186 | 17218 | 16679 |
| 荷　兰 | Netherlands | 3113 | 3511 | 3631 | 19076 | 18262 | 17832 |
| 波　兰 | Poland | 1927 | 2996 | 2996① | 5048 | 6350 | 6350① |
| 俄罗斯 | Russia | 3816 | 9997 | 10805 | 2666 | 4349 | 4545 |
| 西班牙 | Spain | 6532 | 7846 | 8047 | 14964 | 13849 | 13599 |
| 土耳其 | Turkey | 3464 | 5537 | 5815 | 5113 | 5755 | 5947 |
| 乌克兰 | Ukraine | 477 | 1205 | 1290 | 1013 | 1891 | 1891① |
| 英　国 | United Kingdom | 15009 | 16189 | 16741 | 24849 | 24002 | 24381 |
| 澳大利亚 | Australia | 4011 | 8241 | 8609 | 19665 | 21737 | 21801 |
| 新西兰 | New Zealand | 671 | 1022 | 1022① | 16221 | 17057 | 17057① |

注：①2012年数据。②2011年数据。

Note:①Data refer to 2012.②Data refer to 2011.

# 10-2 居民收入分配
# Personal Income Distribution

资料来源：世界银行WDI数据库。
Source: World Bank WDI Database.

| 国家或地区 | Country or Area | 年 份<br>Year | 基尼系数<br>GINI index | 各组占全部收入或消费的比重(%)<br>As Percentage of Total Income or Consumption(%) | | | | |
|---|---|---|---|---|---|---|---|---|
| | | | | 最低的20%<br>Lowest 20% | 第二个20%<br>Second 20% | 第三个20%<br>Third 20% | 第四个20%<br>Fourth 20% | 最高的20%<br>Highest 20% |
| 中　　国 | China | 2009 | 0.42 | 4.67 | 9.74 | 15.31 | 23.19 | 47.09 |
| 中国香港 | Hong Kong, China | 1996 | 0.43 | 5.26 | 9.39 | 13.85 | 20.75 | 50.75 |
| 孟加拉国 | Bangladesh | 2010 | 0.32 | 8.88 | 12.37 | 16.07 | 21.27 | 41.41 |
| 柬 埔 寨 | Cambodia | 2009 | 0.36 | 7.93 | 11.39 | 15.28 | 20.95 | 44.45 |
| 印　　度 | India | 2010 | 0.34 | 8.54 | 12.14 | 15.69 | 20.82 | 42.81 |
| 印度尼西亚 | Indonesia | 2011 | 0.38 | 7.27 | 10.71 | 14.85 | 21.18 | 45.99 |
| 伊　　朗 | Iran | 2005 | 0.38 | 6.43 | 10.91 | 15.54 | 21.96 | 45.16 |
| 以 色 列 | Israel | 2001 | 0.39 | 5.71 | 10.46 | 15.86 | 23.04 | 44.93 |
| 日　　本 | Japan | 1993 | 0.25 | 10.58 | 14.21 | 17.58 | 21.98 | 35.65 |
| 哈萨克斯坦 | Kazakhstan | 2009 | 0.29 | 9.12 | 13.15 | 17.07 | 22.25 | 38.41 |
| 韩　　国 | Korea, Rep. | 1998 | 0.32 | 7.91 | 13.56 | 17.95 | 23.13 | 37.45 |
| 老　　挝 | Laos | 2008 | 0.37 | 7.64 | 11.33 | 15.29 | 20.90 | 44.84 |
| 马来西亚 | Malaysia | 2009 | 0.46 | 4.54 | 8.65 | 13.72 | 21.64 | 51.45 |
| 蒙　　古 | Mongolia | 2008 | 0.37 | 7.10 | 11.15 | 15.62 | 22.09 | 44.04 |
| 巴基斯坦 | Pakistan | 2008 | 0.30 | 9.60 | 12.94 | 16.36 | 21.12 | 39.98 |
| 菲 律 宾 | Philippines | 2009 | 0.43 | 5.98 | 9.42 | 13.87 | 21.04 | 49.69 |
| 新 加 坡 | Singapore | 1998 | 0.42 | 5.04 | 9.42 | 14.55 | 22.02 | 48.97 |
| 斯里兰卡 | Sri Lanka | 2010 | 0.36 | 7.72 | 11.39 | 15.33 | 20.97 | 44.59 |
| 泰　　国 | Thailand | 2010 | 0.39 | 6.76 | 10.50 | 14.62 | 21.45 | 46.67 |
| 越　　南 | Viet Nam | 2008 | 0.36 | 7.42 | 11.52 | 15.81 | 21.84 | 43.41 |
| 埃　　及 | Egypt | 2008 | 0.31 | 9.24 | 13.02 | 16.37 | 21.03 | 40.34 |
| 尼日利亚 | Nigeria | 2011 | 0.40 | 5.89 | 10.46 | 15.34 | 22.22 | 46.09 |
| 南　　非 | South Africa | 2009 | 0.63 | 2.70 | 4.63 | 8.16 | 16.30 | 68.21 |
| 加 拿 大 | Canada | 2000 | 0.33 | 7.20 | 12.73 | 17.18 | 22.95 | 39.94 |
| 墨 西 哥 | Mexico | 2010 | 0.47 | 4.93 | 8.79 | 13.33 | 20.20 | 52.75 |
| 美　　国 | United States | 2000 | 0.41 | 5.44 | 10.68 | 15.66 | 22.40 | 45.82 |
| 阿 根 廷 | Argentina | 2010 | 0.44 | 4.38 | 9.31 | 14.78 | 22.17 | 49.36 |
| 巴　　西 | Brazil | 2009 | 0.55 | 2.85 | 7.13 | 12.41 | 19.04 | 58.57 |
| 委内瑞拉 | Venezuela | 2006 | 0.45 | 4.28 | 9.52 | 14.60 | 22.18 | 49.42 |
| 捷　　克 | Czech Rep. | 1996 | 0.26 | 10.22 | 14.33 | 17.53 | 21.68 | 36.24 |
| 法　　国 | France | 1995 | 0.33 | 7.18 | 12.62 | 17.19 | 22.80 | 40.21 |
| 德　　国 | Germany | 2000 | 0.28 | 8.52 | 13.72 | 17.79 | 23.09 | 36.88 |
| 意 大 利 | Italy | 2000 | 0.36 | 6.50 | 11.98 | 16.75 | 22.75 | 42.02 |
| 荷　　兰 | Netherlands | 1999 | 0.31 | 7.60 | 13.22 | 17.24 | 23.26 | 38.68 |
| 波　　兰 | Poland | 2011 | 0.33 | 7.85 | 12.34 | 16.62 | 22.29 | 40.90 |
| 俄 罗 斯 | Russia | 2009 | 0.40 | 6.46 | 10.35 | 14.77 | 21.29 | 47.13 |
| 西 班 牙 | Spain | 2000 | 0.35 | 6.97 | 12.09 | 16.43 | 22.51 | 42.00 |
| 土 耳 其 | Turkey | 2010 | 0.40 | 5.53 | 10.56 | 15.57 | 22.35 | 45.99 |
| 乌 克 兰 | Ukraine | 2010 | 0.26 | 9.93 | 14.13 | 17.79 | 22.41 | 35.74 |
| 英　　国 | United Kingdom | 1999 | 0.36 | 6.14 | 11.41 | 15.96 | 22.47 | 44.02 |
| 澳大利亚 | Australia | 1994 | 0.35 | 5.90 | 12.01 | 17.20 | 23.57 | 41.32 |
| 新 西 兰 | New Zealand | 1997 | 0.36 | 6.45 | 11.37 | 15.81 | 22.61 | 43.76 |

# 10-3 国内贫困率
# Domestic Poverty Rate

资料来源：世界银行WDI数据库。
Source: World Bank WDI Database.
单位：% (%)

| 国家或地区 | Country or Area | 年份 Year | 全国 National | 农村 Rural | 城市 Urban |
|---|---|---|---|---|---|
| 中　国 | China | 2012 | | 10.2 | |
| 阿富汗 | Afghanistan | 2011 | 35.8 | 38.3 | |
| 阿尔巴尼亚 | Albania | 2012 | 14.3 | 15.3 | |
| 阿根廷 | Argentina | 2010 | | | 9.9 |
| 孟加拉国 | Bangladesh | 2010 | 31.5 | 35.2 | |
| 玻利维亚 | Bolivia | 2011 | 45.0 | 61.4 | |
| 波　黑 | Bosnia and Herzegovinian | 2011 | 17.9 | | |
| 巴　西 | Brazil | 2012 | 9.0 | | |
| 布基纳法索 | Burkina Faso | 2009 | 46.7 | 52.8 | |
| 布隆迪 | Burundi | 2006 | 66.9 | 68.9 | 34.0 |
| 柬埔寨 | Cambodia | 2011 | 20.5 | 23.6 | |
| 喀麦隆 | Cameroon | 2007 | 39.9 | 55.0 | 12.2 |
| 哥伦比亚 | Colombia | 2012 | 32.7 | 46.8 | |
| 刚果(金) | Congo, Dem. Rep. | 2006 | 71.3 | 75.7 | 61.5 |
| 刚果(布) | Congo, Rep. | 2011 | 46.5 | 74.8 | |
| 哥斯达黎加 | Costa Rica | 2013 | 20.7 | 26.5 | |
| 厄瓜多尔 | Ecuador | 2013 | 25.6 | 42.0 | |
| 埃　及 | Egypt | 2011 | 25.2 | 32.3 | |
| 萨尔瓦多 | El Salvador | 2012 | 34.5 | 43.3 | |
| 冈比亚 | Gambia | 2010 | 48.4 | 73.9 | |
| 格鲁吉亚 | Georgia | 2012 | 14.8 | 18.8 | |
| 加　纳 | Ghana | 2006 | 28.5 | 39.2 | 10.8 |
| 危地马拉 | Guatemala | 2011 | 53.7 | 71.4 | |
| 几内亚 | Guinea | 2012 | 55.2 | 64.7 | |
| 几内亚比绍 | Guinea-Bissau | 2010 | 69.3 | 75.6 | |
| 洪都拉斯 | Honduras | 2013 | 64.5 | 68.5 | |
| 印　度 | India | 2012 | 21.9 | 25.7 | |
| 印度尼西亚 | Indonesia | 2013 | 11.4 | 14.3 | |
| 哈萨克斯坦 | Kazakhstan | 2013 | 2.9 | 4.9 | |
| 肯尼亚 | Kenya | 2006 | 46.6 | 49.7 | 34.4 |
| 吉尔吉斯斯坦 | Kyrgyzstan | 2012 | 38.0 | 39.6 | |
| 马达加斯加 | Madagascar | 2010 | 75.3 | 81.5 | |
| 马拉维 | Malawi | 2010 | 50.7 | 56.6 | |
| 墨西哥 | Mexico | 2012 | 52.3 | 63.6 | |
| 摩尔多瓦 | Moldova | 2012 | 16.6 | 22.8 | |
| 蒙　古 | Mongolia | 2012 | 27.4 | 35.5 | |
| 缅　甸 | Myanmar | 2005 | 32.0 | | 22.0 |
| 尼泊尔 | Nepal | 2011 | 25.2 | 27.4 | |
| 巴基斯坦 | Pakistan | 2011 | 12.4 | | |
| 秘　鲁 | Peru | 2013 | 23.9 | 48.0 | |
| 菲律宾 | Philippines | 2012 | 25.2 | | |
| 俄罗斯 | Russia | 2013 | 11.0 | | |
| 塔吉克斯坦 | Tajikistan | 2009 | 47.2 | 49.2 | 41.8 |
| 泰　国 | Thailand | 2011 | 13.2 | 16.7 | |
| 土耳其 | Turkey | 2012 | 2.3 | 5.9 | |
| 乌干达 | Uganda | 2009 | 24.5 | 27.2 | 9.1 |
| 乌克兰 | Ukraine | 2012 | 9.1 | | |
| 乌兹别克斯坦 | Uzbekistan | 2011 | 16.0 | | |
| 越　南 | Viet Nam | 2012 | 17.2 | 22.1 | |
| 赞比亚 | Zambia | 2010 | 60.5 | 77.9 | |

# 10-4　国际贫困率

# International Poverty Ratio

资料来源：世界银行WDI数据库。
Source: World Bank WDI Database.
单位：%　(%)

| 国家或地区 | Country or Area | 日均收入不足1.25美元的贫困人口比重 Poverty headcount ratio at $1.25 a day (PPP) (% of population) | | 日均收入不足2美元的贫困人口比重 Poverty headcount ratio at $2 a day (PPP) (% of population) | |
|---|---|---|---|---|---|
| | | 2005 | 2012 | 2005 | 2012 |
| 中　国 | China | 16.3 | 11.8① | 36.9 | 27.2① |
| 阿尔巴尼亚 | Albania | 0.9 | 0.6② | 7.9 | 4.3② |
| 安 哥 拉① | Angola① | | 43.4 | | 67.4 |
| 阿 根 廷 | Argentina | 4.6 | 0.9③ | 9.4 | 1.9③ |
| 亚美尼亚 | Armenia | 4.0 | 2.5③ | 23.3 | 19.9③ |
| 阿塞拜疆 | Azerbaijan | | 0.4② | 0.3 | 2.8② |
| 孟加拉国 | Bangladesh | 50.5 | 43.3③ | 80.3 | 76.5③ |
| 白俄罗斯 | Belarus | 0.2 | 0.1④ | 0.5 | 0.1④ |
| 不　丹 | Bhutan | | 1.7 | | 12.6 |
| 玻利维亚 | Bolivia | 18.2 | 15.6② | 28.0 | 24.9② |
| 巴　西 | Brazil | 8.5 | 6.1① | 16.6 | 10.8① |
| 布基纳法索① | Burkina Faso① | | 44.6 | | 72.6 |
| 柬 埔 寨① | Cambodia① | | 18.6 | | 49.5 |
| 中　非② | Central African Rep.② | | 62.8 | | 80.1 |
| 智　利① | Chile① | | 1.4 | | 2.7 |
| 哥伦比亚 | Colombia | 12.7 | 8.2③ | 23.5 | 15.8③ |
| 刚果(布) | Congo, Rep. | 54.1 | | 74.4 | |
| 哥斯达黎加 | Costa Rica | 3.9 | 3.1① | 8.1 | 6.0① |
| 科特迪瓦② | Cote D'Ivoire② | | 23.8 | | 46.3 |
| 克罗地亚② | Croatia② | | 0.1 | | 0.1 |
| 多米尼加 | Dominican Rep. | 6.1 | 2.2③ | 14.9 | 9.9③ |
| 厄瓜多尔 | Ecuador | 9.1 | 4.6③ | 18.5 | 10.6③ |
| 埃　及 | Egypt | 2.0 | 1.7② | 18.5 | 15.4② |
| 萨尔瓦多 | El Salvador | 11.6 | 9.0① | 20.5 | 16.9① |
| 埃塞俄比亚 | Ethiopia | 39.0 | 30.7④ | 77.6 | 66.0④ |
| 斐　济① | Fiji① | | 5.9 | | 22.9 |
| 加　蓬 | Gabon | 4.8 | | 19.6 | |
| 格鲁吉亚 | Georgia | 16.0 | 18.0③ | 33.5 | 35.6③ |
| 洪都拉斯 | Honduras | 26.4 | 17.9① | 40.1 | 29.8① |
| 印　度 | India | 41.6 | 32.7③ | 75.6 | 68.8③ |
| 印度尼西亚 | Indonesia | 21.4 | 16.2④ | 53.8 | 43.3④ |
| 伊　朗 | Iran | 1.5 | | 8.0 | |
| 约　旦③ | Jordan③ | | 0.1 | | 1.6 |
| 哈萨克斯坦① | Kazakhstan① | | 0.1 | | 1.1 |
| 肯 尼 亚 | Kenya | 43.4 | | 67.2 | |
| 吉尔吉斯斯坦 | Kyrgyzstan | 22.9 | 5.0④ | 45.8 | 21.6④ |
| 老　挝② | Laos② | | 33.9 | | 66.0 |
| 拉脱维亚① | Latvia① | | 0.2 | | 0.6 |
| 立 陶 宛② | Lithuania② | | 0.2 | | 0.4 |

10-4 续表 continued

单位：% (%)

| 国家或地区 | Country or Area | 日均收入不足1.25美元的贫困人口比重 Poverty headcount ratio at $1.25 a day (PPP) (% of population) | | 日均收入不足2美元的贫困人口比重 Poverty headcount ratio at $2 a day (PPP) (% of population) | |
|---|---|---|---|---|---|
| | | 2005 | 2012 | 2005 | 2012 |
| 马其顿 | Macedonia, FYR | 0.3 | 0.6③ | 3.7 | 9.1③ |
| 马达加斯加 | Madagascar | 67.8 | 81.3③ | 89.6 | 92.6③ |
| 马拉维③ | Malawi③ | | 61.6 | | 82.3 |
| 马来西亚① | Malaysia① | | | | 2.3 |
| 马里③ | Mali③ | | 50.4 | | 78.7 |
| 毛里塔尼亚② | Mauritania② | | 23.4 | | 47.7 |
| 墨西哥 | Mexico | 5.1 | 0.7③ | 10.6 | 4.5③ |
| 摩尔多瓦 | Moldova | 12.5 | 0.4③ | 35.1 | 4.4③ |
| 蒙古 | Mongolia | 22.4 | | 49.1 | |
| 黑山 | Montenegro | 0.1 | …③ | 0.5 | …③ |
| 莫桑比克② | Mozambique② | | 59.6 | | 81.8 |
| 尼泊尔③ | Nepal③ | | 24.8 | | 57.3 |
| 尼加拉瓜 | Nicaragua | 11.9 | | 31.7 | |
| 尼日尔 | Niger | 65.9 | 43.6② | 85.6 | 75.2② |
| 尼日利亚④ | Nigeria④ | | 54.4 | | 78.5 |
| 巴基斯坦 | Pakistan | 22.6 | 21.0② | 60.3 | 60.2② |
| 巴拿马 | Panama | 9.5 | 6.6③ | 16.9 | 13.8③ |
| 巴拉圭 | Paraguay | 7.2 | 7.2③ | 14.4 | 13.2③ |
| 秘鲁 | Peru | 8.6 | 4.9③ | 20.5 | 12.7③ |
| 菲律宾① | Philippines① | | 18.4 | | 41.5 |
| 波兰 | Poland | 0.1 | 0.1④ | 0.6 | 0.2④ |
| 罗马尼亚 | Romania | 1.2 | 0.4④ | 5.6 | 1.8④ |
| 俄罗斯 | Russia | 0.2 | …① | 1.5 | 0.1① |
| 卢旺达 | Rwanda | 76.8 | 63.2④ | 89.6 | 82.4④ |
| 塞内加尔 | Senegal | 33.5 | 29.6④ | 60.4 | 55.2④ |
| 塞尔维亚 | Serbia | | 0.2③ | 2.5 | 0.6③ |
| 塞拉利昂④ | Sierra Leone④ | | 51.7 | | 79.6 |
| 斯洛伐克 | Slovakia | 0.2 | 0.1① | 0.4 | 0.1① |
| 南非① | South Africa① | | 13.8 | | 31.3 |
| 斯里兰卡③ | Sri Lanka③ | | 4.1 | | 23.9 |
| 苏丹① | Sudan① | | 19.8 | | 44.1 |
| 斯威士兰③ | Swaziland③ | | 40.6 | | 60.4 |
| 塔吉克斯坦① | Tajikistan① | | 6.6 | | 27.7 |
| 泰国③ | Thailand③ | | 0.4 | | 4.1 |
| 多哥④ | Togo④ | | 28.2 | | 52.7 |
| 突尼斯 | Tunisia | 1.4 | 1.1③ | 8.1 | 4.3③ |
| 土耳其 | Turkey | 2.0 | 1.3③ | 6.9 | 4.7③ |
| 乌干达 | Uganda | 51.5 | 38.0① | 75.6 | 64.7① |
| 乌克兰 | Ukraine | 0.1 | …③ | 0.5 | 0.1③ |
| 乌拉圭 | Uruguay | 1.4 | 0.2③ | 5.4 | 1.2③ |
| 委内瑞拉 | Venezuela | 13.4 | | 21.9 | |
| 越南② | Viet Nam② | | 16.9 | | 43.4 |
| 约旦河西岸和加沙① | West Bank and Gaza① | | | | 0.3 |
| 也门 | Yemen | 17.5 | | 46.6 | |
| 赞比亚③ | Zambia③ | | 74.5 | | 86.6 |

注：①2009年数据。②2008年数据。③2010年数据。④2011年数据。
Note:①Data refer to 2009.②Data refer to 2008.③Data refer to 2010.④Data refer to 2011.

# 10-5 贫困人口社会指标

# Social Indicators of Poverty

资料来源：世界银行WDI数据库。
Source:World Bank WDI Database.

| 国家或地区 | Country or Area | 全部人口营养不良发生率(%) Prevalence of undernourishment (% of population) | 5岁以内儿童死亡率(‰) Mortality rate, under-5 (‰) | 12-23个月儿童麻疹免疫接种率(%) Child measles Immunization Rate of Children ages 12-23 months | 熟练医护人员护理下的分娩(%) Births attended by skilled health staff (% of total) |
|---|---|---|---|---|---|
| | | 2012 | 2012 | 2010 | 2010 |
| **世　　界** | **World** | **13.8** | **47.8** | **85.3** | **66.2** |
| 中　　国 | China | 11.4 | 14.0 | 99.0 | 99.3① |
| 阿 富 汗 | Afghanistan | | 98.5 | 62.0 | 24.0② |
| 阿 根 廷 | Argentina | 5.0 | 14.2 | 99.0 | 97.9① |
| 孟加拉国 | Bangladesh | 16.3 | 40.9 | 94.0 | 26.5 |
| 玻利维亚 | Bolivia | 21.3 | 41.4 | 79.0 | 71.1② |
| 巴　　西 | Brazil | 6.9 | 14.4 | 99.0 | |
| 保加利亚 | Bulgaria | | 12.1 | 97.0 | 99.6① |
| 柬 埔 寨 | Cambodia | 15.4 | 39.7 | 93.0 | 71.0 |
| 古　　巴 | Cuba | 5.0 | 5.5 | 99.0 | 99.9 |
| 塞浦路斯 | Cyprus | | 3.2 | 87.0 | |
| 埃　　及 | Egypt | 5.0 | 21.0 | 96.0 | 78.9② |
| 萨尔瓦多 | El Salvador | 11.9 | 15.9 | 92.0 | 95.5② |
| 加　　纳 | Ghana | 5.0 | 72.0 | 93.0 | 57.1② |
| 几 内 亚 | Guinea | 15.2 | 101.2 | 51.0 | 46.1③ |
| 印　　度 | India | 17.0 | 56.3 | 74.0 | 52.7② |
| 印度尼西亚 | Indonesia | 9.1 | 31.0 | 89.0 | 82.2 |
| 伊　　朗 | Iran | 5.0 | 17.6 | 99.0 | |
| 伊 拉 克 | Iraq | 26.2 | 34.4 | 73.0 | 79.7③ |
| 哈萨克斯坦 | Kazakhstan | 5.0 | 18.7 | 99.0 | 99.8② |
| 朝　　鲜 | Korea, Dem. | 31.0 | 28.8 | 99.0 | 100.0① |
| 吉尔吉斯斯坦 | Kyrgyzstan | 5.9 | 26.6 | 99.0 | 98.5① |
| 老　　挝 | Laos | 26.7 | 71.8 | 64.0 | 37.0 |
| 利 比 亚 | Libya | 5.0 | 15.4 | 98.0 | 99.8② |
| 马来西亚 | Malaysia | 5.0 | 8.5 | 96.0 | 98.6③ |
| 墨 西 哥 | Mexico | 5.0 | 16.2 | 95.0 | 95.3① |
| 蒙　　古 | Mongolia | 21.2 | 27.5 | 97.0 | 99.8 |
| 缅　　甸 | Myanmar | | 52.3 | 88.0 | 63.9③ |
| 尼 泊 尔 | Nepal | 16.0 | 41.6 | 86.0 | |
| 尼日利亚 | Nigeria | 7.3 | 123.7 | 71.0 | 38.9② |
| 巴基斯坦 | Pakistan | 17.2 | 85.9 | 86.0 | 38.8③ |
| 巴 拿 马 | Panama | 8.7 | 18.5 | 95.0 | 88.5① |
| 巴 拉 圭 | Paraguay | 22.3 | 22.0 | 94.0 | 81.9② |
| 秘　　鲁 | Peru | 11.8 | 18.2 | 94.0 | 83.8 |
| 菲 律 宾 | Philippines | 16.2 | 29.8 | 88.0 | 62.2② |
| 卢 旺 达 | Rwanda | 29.7 | 55.0 | 82.0 | 69.0 |
| 塞拉利昂 | Sierra Leone | 29.4 | 181.6 | 82.0 | 42.4② |
| 南　　非 | South Africa | 5.0 | 44.6 | 65.0 | |
| 泰　　国 | Thailand | 5.8 | 13.2 | 98.0 | 99.4① |
| 土 耳 其 | Turkey | 5.0 | 14.2 | 97.0 | 95.0① |
| 乌 克 兰 | Ukraine | | 10.7 | 94.0 | 98.7③ |
| 乌兹别克斯坦 | Uzbekistan | 5.7 | 39.6 | 98.0 | |
| 越　　南 | Viet Nam | 8.3 | 23.0 | 98.0 | |

注：①2009年数据。②2008年数据。③2007年数据。
Note:①Data refer to 2009.②Data refer to 2008.③Data refer to 2007.

# 10-6 居民消费支出构成

## Composition of Household Final Consumption Expenditure

资料来源：经合组织OLIS数据库。
Source:OECD OLIS Database.
单位：% (%)

| 国家或地区 | Country or Area | 年份 Year | 食品、非酒精饮料 Food and Non-alcoholic Beverages | 酒精饮料、烟草和麻醉品 Alcoholic Beverages,Tobacco and Narcotics | 服装和鞋类 Clothing and Footwear | 住房、水、电、天然气和其他燃料 Housing, Water, Electricity, Gas and other Fuels | 家具、家用设备及住房日常维护 Furnishings, Households Equipment and Routine Maintenance of the House |
|---|---|---|---|---|---|---|---|
| 澳大利亚 | Australia | 2010 | 10.22 | 3.63 | 3.31 | 22.55 | 4.54 |
| 奥地利 | Austria | 2010 | 10.02 | 3.45 | 5.92 | 21.58 | 6.63 |
| 比利时 | Belgium | 2011 | 13.42 | 3.48 | 5.00 | 23.88 | 5.70 |
| 加拿大 | Canada | 2010 | 9.65 | 3.60 | 4.44 | 23.97 | 6.25 |
| 捷克 | Czech Rep. | 2011 | 14.47 | 9.21 | 3.10 | 26.52 | 5.44 |
| 丹麦 | Denmark | 2011 | 11.28 | 3.66 | 4.32 | 29.48 | 5.24 |
| 芬兰 | Finland | 2011 | 12.19 | 4.94 | 4.94 | 26.86 | 5.31 |
| 法国 | France | 2012 | 13.70 | 3.20 | 4.18 | 25.64 | 5.71 |
| 德国 | Germany | 2012 | 11.71 | 3.24 | 4.90 | 24.22 | 6.28 |
| 希腊 | Greece | 2011 | 16.23 | 4.36 | 3.74 | 23.81 | 3.98 |
| 匈牙利 | Hungary | 2011 | 17.06 | 7.42 | 2.84 | 21.91 | 4.32 |
| 冰岛 | Iceland | 2011 | 14.56 | 4.24 | 4.17 | 22.42 | 6.93 |
| 爱尔兰 | Ireland | 2010 | 10.21 | 5.66 | 4.10 | 21.37 | 4.90 |
| 意大利 | Italy | 2011 | 14.24 | 2.75 | 7.39 | 22.44 | 7.18 |
| 日本 | Japan | 2010 | 13.69 | 2.55 | 3.26 | 25.37 | 3.89 |
| 韩国 | Korea, Rep. | 2012 | 13.58 | 2.13 | 5.16 | 16.48 | 3.31 |
| 卢森堡 | Luxemburg | 2011 | 8.53 | 8.43 | 4.63 | 24.04 | 6.44 |
| 墨西哥 | Mexico | 2010 | 24.58 | 2.36 | 2.40 | 15.71 | 5.19 |
| 荷兰 | Netherlands | 2011 | 11.80 | 3.09 | 5.43 | 23.79 | 6.02 |
| 挪威 | Norway | 2010 | 13.15 | 4.32 | 5.38 | 22.01 | 5.65 |
| 波兰 | Poland | 2010 | 19.64 | 6.74 | 4.11 | 24.20 | 4.44 |
| 葡萄牙 | Portugal | 2011 | 16.91 | 3.09 | 6.04 | 15.37 | 5.69 |
| 斯洛伐克 | Slovakia | 2011 | 17.36 | 5.02 | 3.97 | 25.49 | 6.07 |
| 西班牙 | Spain | 2011 | 13.82 | 2.90 | 5.32 | 20.41 | 4.76 |
| 瑞典 | Sweden | 2011 | 12.17 | 3.61 | 4.83 | 26.88 | 5.03 |
| 瑞士 | Switzerland | 2010 | 9.27 | 3.70 | 3.52 | 24.25 | 4.38 |
| 英国 | United Kingdom | 2013 | 9.28 | 3.47 | 6.01 | 25.17 | 5.03 |
| 美国 | United States | 2012 | 6.80 | 2.11 | 3.40 | 18.71 | 4.20 |
| 爱沙尼亚 | Estonia | 2011 | 19.85 | 9.12 | 6.31 | 19.95 | 4.04 |
| 以色列 | Israel | 2010 | 15.89 | 2.53 | 2.75 | 24.34 | 5.76 |
| 斯洛文尼亚 | Slovenia | 2011 | 14.77 | 5.44 | 5.47 | 19.45 | 6.10 |

## 10-6 续表 continued

单位：% (%)

| 国家或地区 | Country or Area | 年 份 Year | 医疗保健 Health | 交通 Transport | 通讯 Communic-ations | 休闲与文化 Recreation and Culture | 教育 Education | 饭店和旅馆 Restaurants and Hotels | 其他 Others |
|---|---|---|---|---|---|---|---|---|---|
| 澳大利亚 | Australia | 2010 | 5.81 | 10.32 | 2.46 | 10.74 | 4.11 | 6.89 | 15.42 |
| 奥 地 利 | Austria | 2010 | 3.57 | 12.77 | 2.18 | 10.68 | 0.71 | 11.93 | 10.57 |
| 比 利 时 | Belgium | 2011 | 5.58 | 12.38 | 2.13 | 9.01 | 0.51 | 6.08 | 12.82 |
| 加 拿 大 | Canada | 2010 | 4.81 | 13.95 | 2.42 | 9.85 | 1.43 | 6.84 | 12.78 |
| 捷　　克 | Czech Rep. | 2011 | 2.40 | 9.38 | 3.06 | 9.77 | 0.65 | 7.43 | 8.58 |
| 丹　　麦 | Denmark | 2011 | 2.74 | 12.63 | 1.91 | 10.94 | 0.77 | 5.03 | 12.01 |
| 芬　　兰 | Finland | 2011 | 4.63 | 11.26 | 2.22 | 11.30 | 0.41 | 6.40 | 9.53 |
| 法　　国 | France | 2012 | 3.86 | 13.95 | 2.64 | 8.06 | 0.83 | 7.04 | 11.19 |
| 德　　国 | Germany | 2012 | 5.19 | 13.70 | 2.65 | 8.98 | 0.99 | 5.91 | 12.23 |
| 希　　腊 | Greece | 2011 | 6.36 | 11.83 | 2.93 | 5.63 | 2.39 | 11.72 | 7.03 |
| 匈 牙 利 | Hungary | 2011 | 4.27 | 12.98 | 3.74 | 7.49 | 1.39 | 6.68 | 9.92 |
| 冰　　岛 | Iceland | 2011 | 3.30 | 14.84 | 2.30 | 10.61 | 1.29 | 8.54 | 6.80 |
| 爱 尔 兰 | Ireland | 2010 | 5.82 | 11.70 | 3.16 | 6.86 | 2.41 | 14.08 | 9.73 |
| 意 大 利 | Italy | 2011 | 2.85 | 12.78 | 2.37 | 7.27 | 0.99 | 10.15 | 9.59 |
| 日　　本 | Japan | 2010 | 4.47 | 11.08 | 2.98 | 10.37 | 2.16 | 6.59 | 13.58 |
| 韩　　国 | Korea, Rep. | 2012 | 6.61 | 12.01 | 4.29 | 7.76 | 6.68 | 8.22 | 13.78 |
| 卢 森 堡 | Luxemburg | 2011 | 2.04 | 19.04 | 1.70 | 6.86 | 0.80 | 7.00 | 10.50 |
| 墨 西 哥 | Mexico | 2010 | 4.42 | 21.12 | 4.47 | 4.97 | 2.61 | 4.05 | 8.11 |
| 荷　　兰 | Netherlands | 2011 | 2.72 | 12.45 | 4.10 | 10.02 | 0.64 | 5.15 | 14.78 |
| 挪　　威 | Norway | 2010 | 2.78 | 14.61 | 2.72 | 12.58 | 0.44 | 5.82 | 10.55 |
| 波　　兰 | Poland | 2010 | 4.14 | 9.26 | 3.05 | 7.76 | 1.26 | 2.85 | 12.55 |
| 葡 萄 牙 | Portugal | 2011 | 5.88 | 12.65 | 3.12 | 7.19 | 1.34 | 11.29 | 11.44 |
| 斯洛伐克 | Slovakia | 2011 | 3.99 | 7.26 | 3.66 | 9.50 | 1.54 | 5.50 | 10.65 |
| 西 班 牙 | Spain | 2011 | 3.45 | 11.49 | 2.78 | 8.07 | 1.43 | 17.67 | 7.90 |
| 瑞　　典 | Sweden | 2011 | 3.23 | 13.28 | 3.31 | 11.07 | 0.29 | 5.62 | 10.66 |
| 瑞　　士 | Switzerland | 2010 | 14.84 | 9.03 | 2.45 | 8.38 | 0.56 | 7.02 | 12.61 |
| 英　　国 | United Kingdom | 2013 | 1.56 | 14.43 | 2.16 | 10.45 | 1.63 | 9.88 | 10.91 |
| 美　　国 | United States | 2012 | 20.90 | 10.18 | 2.43 | 8.95 | 2.43 | 6.43 | 13.45 |
| 爱沙尼亚 | Estonia | 2011 | 2.62 | 13.18 | 3.29 | 6.37 | 0.63 | 7.55 | 7.10 |
| 以 色 列 | Israel | 2010 | 3.74 | 15.07 | 4.07 | 7.77 | 3.00 | 6.11 | 8.95 |
| 斯洛文尼亚 | Slovenia | 2011 | 3.67 | 15.07 | 3.23 | 8.70 | 1.20 | 6.90 | 10.01 |

# 主要统计指标解释

**居民最终消费支出(私人消费)** 是指由家庭购买的包括耐用消费品(比如小汽车、洗衣机和家用电脑)在内的各种产品和服务的市场价值。

**基尼系数** 反映个人或家庭收入分配（或消费）与完全平均收入分配之间差异程度的指标，介于“0”和“1”之间。“0”表示收入分配绝对平均，即每个家庭或每个人都得到同样份额的收入；“1”表示收入分配极端不平等，一个家庭或个人拥有全社会的收入。

**国家贫困线** 国家贫困线反映了当地消费或收入水平，它是衡量国民是否处于贫困的数量界限。贫困和非贫困线的界定是随着一个国家平均收入水平而变化的,到目前为止国家间贫困率的比较还没有一个统一的标准来衡量。然而国家贫困线的变化可以在一定程度上反映国家减贫政策及成效。几乎所有国家的贫困线的界定是基于大众化食品消费和非食品支出补助。但平均收入贫困线的提高主要取决于非食品构成，而不是来自于食品构成。

**国家贫困率** 是指生活在国家贫困线以下的人口的百分比。

**城市贫困率** 是指生活在国家城市贫困线以下的城市人口的百分比。

**农村贫困率** 是指生活在农村贫困线以下的农村人口的百分比。

# Explanatory Notes on Main Statistical Indicators

**Household Final Consumption Expenditure (Private Consumption)** is the market value of all goods and services, including durable products (such as cars, washing machines, and home computers), purchased by households.

**GINI Index** measures the extent to which the distribution of income (or, in some cases, consumption expenditure) among individuals or households within an economy deviates from a perfectly equal distribution. Thus a GINI index of zero represents perfect equality, while an index of 1 implies perfect inequality.

**National Poverty Lines** The setting of national poverty lines reflects local perceptions of the level of consumption or income needed not to be poor. The perceived boundary between poor and not poor rises with the average income of a country and so does not provide a uniform measure for comparing poverty rates across countries. Nevertheless, national poverty estimates are clearly the appropriate measure for setting national policies for poverty reduction and for monitoring their results. Almost all the national poverty lines use a food bundle based on prevailing diets that attains predetermined nutritional requirements for good health and normal activity levels, plus an allowance for nonfood spending. The rise in poverty lines with average income is driven more by the gradient in the nonfood component of the poverty lines than in the food component, although there is still an appreciable share attributable to the gradient in food poverty lines.

**National Poverty Rate** is the percentage of the country's population living below the national poverty line.

**Urban Poverty Rate** is the percentage of the urban population living below the national urban poverty line.

**Rural Poverty Rate** is the percentage of the rural population living below the national rural poverty line.

# 农　业

## Agriculture

# 11-1 农业生产指数

# Agriculture Production Indices

资料来源：联合国FAO数据库。
Source: FAO Database.
2004-2006年=100

(2004-2006=100)

| 国家或地区 | Country or Area | 农业 Agriculture | | | 食品 Food | | |
|---|---|---|---|---|---|---|---|
| | | 2000 | 2010 | 2012 | 2000 | 2010 | 2012 |
| **世　界** | **World** | **88.9** | **112.8** | **116.9** | **89.1** | **113.2** | **117.2** |
| 中　国 | China | 85.1 | 119.7 | 126.8 | 85.4 | 120.3 | 127.3 |
| 中国香港 | Hong Kong, China | 109.2 | 55.9 | 57.8 | 109.2 | 55.9 | 57.8 |
| 中国澳门 | Macao, China | 103.3 | 95.4 | 88.0 | 103.3 | 95.4 | 88.0 |
| 孟加拉国 | Bangladesh | 89.6 | 129.3 | 106.6 | 89.5 | 129.6 | 105.2 |
| 文　莱 | Brunei Darussalam | 86.3 | 113.5 | 135.5 | 86.3 | 113.7 | 135.8 |
| 柬埔寨 | Cambodia | 75.0 | 148.0 | 175.3 | 73.8 | 147.8 | 175.4 |
| 印　度 | India | 90.3 | 124.7 | 129.9 | 91.3 | 123.6 | 129.2 |
| 印度尼西亚 | Indonesia | 78.2 | 120.5 | 132.2 | 78.5 | 121.3 | 132.9 |
| 伊　朗 | Iran | 78.0 | 107.4 | 111.5 | 77.4 | 107.5 | 111.7 |
| 以色列 | Israel | 87.3 | 104.1 | 111.1 | 87.4 | 104.9 | 111.6 |
| 日　本 | Japan | 103.4 | 100.2 | 101.7 | 103.3 | 100.4 | 102.0 |
| 哈萨克斯坦 | Kazakhstan | 78.4 | 106.8 | 112.5 | 78.8 | 107.9 | 112.7 |
| 韩　国 | Korea, Rep. | 103.7 | 101.9 | 102.6 | 103.4 | 102.0 | 102.7 |
| 老　挝 | Laos | 83.8 | 129.8 | 155.0 | 81.3 | 127.7 | 151.5 |
| 马来西亚 | Malaysia | 78.2 | 110.4 | 120.3 | 78.1 | 114.9 | 125.4 |
| 蒙　古 | Mongolia | 143.8 | 114.6 | 133.3 | 143.9 | 115.4 | 134.6 |
| 缅　甸 | Myanmar | 68.2 | 135.3 | 139.9 | 67.8 | 134.9 | 139.2 |
| 巴基斯坦 | Pakistan | 87.8 | 110.5 | 119.3 | 88.3 | 113.3 | 121.6 |
| 菲律宾 | Philippines | 84.7 | 112.7 | 119.0 | 84.5 | 112.9 | 119.2 |
| 新加坡 | Singapore | 70.2 | 92.3 | 105.3 | 70.2 | 92.3 | 105.3 |
| 斯里兰卡 | Sri Lanka | 95.5 | 123.6 | 121.4 | 95.4 | 125.3 | 122.9 |
| 泰　国 | Thailand | 91.7 | 114.1 | 124.6 | 93.9 | 116.2 | 126.1 |
| 越　南 | Viet Nam | 77.9 | 120.2 | 129.4 | 78.0 | 119.1 | 127.6 |
| 埃　及 | Egypt | 85.5 | 109.3 | 118.6 | 85.3 | 110.1 | 119.8 |
| 尼日利亚 | Nigeria | 80.0 | 101.7 | 108.0 | 80.1 | 101.6 | 108.4 |
| 南　非 | South Africa | 96.6 | 117.6 | 120.3 | 96.1 | 118.2 | 120.9 |
| 加拿大 | Canada | 92.8 | 102.3 | 103.3 | 92.8 | 102.8 | 103.8 |
| 墨西哥 | Mexico | 87.8 | 107.7 | 113.6 | 87.4 | 108.0 | 113.6 |
| 美　国 | United States | 96.0 | 105.6 | 101.6 | 96.5 | 106.5 | 102.6 |
| 阿根廷 | Argentina | 86.3 | 115.7 | 106.5 | 86.2 | 115.7 | 106.4 |
| 巴　西 | Brazil | 77.5 | 122.1 | 126.6 | 77.8 | 123.2 | 127.0 |
| 委内瑞拉 | Venezuela | 97.7 | 105.3 | 116.1 | 97.4 | 105.4 | 116.4 |
| 捷　克 | Czech Rep. | 102.6 | 90.8 | 88.8 | 102.6 | 91.0 | 88.9 |
| 法　国 | France | 104.0 | 97.2 | 98.3 | 104.0 | 97.3 | 98.4 |
| 德　国 | Germany | 101.5 | 102.5 | 104.6 | 101.4 | 102.5 | 104.6 |
| 意大利 | Italy | 100.1 | 95.3 | 86.6 | 100.0 | 95.3 | 86.7 |
| 荷　兰 | Netherlands | 103.9 | 111.2 | 111.5 | 103.9 | 111.3 | 111.6 |
| 波　兰 | Poland | 102.0 | 101.1 | 107.0 | 102.0 | 101.1 | 107.1 |
| 俄罗斯 | Russia | 88.7 | 93.9 | 108.5 | 88.7 | 93.8 | 108.3 |
| 西班牙 | Spain | 99.8 | 103.2 | 89.9 | 99.7 | 103.6 | 90.0 |
| 土耳其 | Turkey | 94.9 | 109.9 | 121.9 | 94.6 | 111.3 | 123.7 |
| 乌克兰 | Ukraine | 85.4 | 106.1 | 121.4 | 85.4 | 106.1 | 121.4 |
| 英　国 | United Kingdom | 103.4 | 101.8 | 98.6 | 103.4 | 101.8 | 98.5 |
| 澳大利亚 | Australia | 105.7 | 100.3 | 117.2 | 103.1 | 102.2 | 116.5 |
| 新西兰 | New Zealand | 88.0 | 104.0 | 112.6 | 86.7 | 105.1 | 114.2 |

# 11-2 主要农作物收获面积(2012年)

## Harvest Areas of Major Farm Crops(2012)

资料来源：联合国FAO数据库。
Source: FAO Database.
单位：千公顷 (1 000 hectares)

| 国家或地区 | Country or Area | 谷物 Cereals,Total | 稻谷 Rice, Paddy | 小麦 Wheat | 玉米 Maize | 大豆 Soybeans |
|---|---|---|---|---|---|---|
| **世　界** | **World** | **705113.3** | **162317.2** | **217319.7** | **178551.6** | **104918.1** |
| 中　国 | China | 92897.2 | 30397.8 | 24270.5 | 35046.4 | 6750.1 |
| 孟加拉国 | Bangladesh | 12016.9 | 11423.0 | 358.2 | 197.1 | 40.6 |
| 文　莱 | Brunei Darussalam | 1.9 | 1.9 | | | |
| 柬埔寨 | Cambodia | 3223.0 | 3007.5 | | 215.4 | 71.0 |
| 印　度 | India | 97100.0 | 42410.0 | 29860.0 | 8710.0 | 10840.0 |
| 印度尼西亚 | Indonesia | 17403.1 | 13445.5 | | 3959.9 | 567.9 |
| 伊　朗 | Iran | 9521.0 | 480.0 | 7000.0 | 350.0 | 80.0 |
| 以色列 | Israel | 83.7 | | 68.1 | 3.3 | |
| 日　本 | Japan | 1912.1 | 1581.0 | 209.2 | 0.1 | 140.0 |
| 哈萨克斯坦 | Kazakhstan | 16781.3 | 93.1 | 14410.9 | 100.3 | 84.5 |
| 朝　鲜 | Korea, Dem. | 1334.5 | 570.0 | 60.0 | 520.0 | 300.0 |
| 韩　国 | Korea, Rep. | 910.7 | 846.9 | 9.5 | 17.0 | 80.8 |
| 老　挝 | Laos | 1130.6 | 933.8 | | 196.8 | 3.9 |
| 马来西亚 | Malaysia | 701.8 | 692.3 | | 9.5 | |
| 蒙　古 | Mongolia | 305.6 | | 297.3 | | |
| 缅　甸 | Myanmar | 9122.0 | 8150.0 | 103.0 | 415.0 | 167.0 |
| 巴基斯坦 | Pakistan | 12792.0 | 2311.0 | 8666.0 | 1085.0 | 0.1 |
| 菲律宾 | Philippines | 7283.9 | 4690.0 | | 2593.8 | 0.4 |
| 斯里兰卡 | Sri Lanka | 1055.1 | 990.0 | | 59.1 | 1.5 |
| 泰　国 | Thailand | 13631.7 | 12279.0 | 1.2 | 1080.0 | 100.0 |
| 越　南 | Viet Nam | 8873.1 | 7753.2 | | 1118.2 | 120.8 |
| 埃　及 | Egypt | 3268.1 | 620.3 | 1336.2 | 1041.3 | 7.2 |
| 尼日利亚 | Nigeria | 17440.0 | 2685.0 | 90.0 | 5200.0 | 570.0 |
| 南　非 | South Africa | 3870.9 | 1.1 | 511.0 | 3141.0 | 472.0 |
| 加拿大 | Canada | 14285.5 | | 9353.4 | 1399.7 | 1668.4 |
| 墨西哥 | Mexico | 9732.0 | 31.8 | 578.8 | 6923.9 | 142.3 |
| 美　国 | United States | 60244.0 | 1083.8 | 19797.6 | 35359.4 | 30798.5 |
| 阿根廷 | Argentina | 9843.0 | 235.4 | 3019.4 | 3696.3 | 17577.3 |
| 巴　西 | Brazil | 19611.2 | 2413.3 | 1912.7 | 14198.5 | 24975.3 |
| 委内瑞拉 | Venezuela | 1185.7 | 235.0 | 0.7 | 700.0 | 20.0 |
| 白俄罗斯 | Belarus | 2532.5 | | 713.0 | 189.4 | |
| 捷　克 | Czech Rep. | 1457.3 | | 815.4 | 119.3 | 5.7 |
| 法　国 | France | 9434.1 | 20.7 | 5303.3 | 1718.6 | 37.5 |
| 德　国 | Germany | 6513.3 | | 3061.0 | 510.0 | 1.0 |
| 意大利 | Italy | 3547.9 | 246.5 | 1879.6 | 980.5 | 153.0 |
| 荷　兰 | Netherlands | 202.6 | | 151.6 | 15.5 | |
| 波　兰 | Poland | 7704.3 | | 2077.2 | 543.8 | 0.9 |
| 俄罗斯 | Russia | 36988.1 | 191.6 | 21277.9 | 1937.5 | 1375.2 |
| 西班牙 | Spain | 5874.9 | 113.6 | 1758.9 | 386.9 | 0.5 |
| 土耳其 | Turkey | 11289.2 | 119.7 | 7529.6 | 622.6 | 31.6 |
| 乌克兰 | Ukraine | 14411.6 | 25.8 | 5629.7 | 4371.9 | 1412.4 |
| 英　国 | United Kingdom | 3141.0 | | 1992.0 | | |
| 澳大利亚 | Australia | 19032.0 | 103.1 | 13500.0 | 69.7 | 38.1 |
| 新西兰 | New Zealand | 145.8 | | 54.8 | 19.4 | |

## 11-2 续表 1 continued

单位：千公顷 (1 000 hectares)

| 国家或地区 | Country or Area | 根茎类作物 Roots and Tubers,Total | 花生 Groundnuts, with Shell | 油菜籽 Rapeseed | 籽棉 Seed Cotton | 黄麻及黄麻类纤维 Jute and Jute-like Fibres |
|---|---|---|---|---|---|---|
| **世 界** | **World** | **55300.0** | **24709.5** | **34085.1** | **34700.0** | **1781.1** |
| 中 国 | China | 9290.4 | 4723.6 | 7300.0 | 4700.0 | 20.0 |
| 孟加拉国 | Bangladesh | 455.0 | 31.2 | 255.0 | 16.2 | 763.0 |
| 文 莱 | Brunei Darussalam | 0.7 | | | | |
| 柬埔寨 | Cambodia | 350.6 | 18.0 | | 0.2 | 0.6 |
| 印 度 | India | 2238.0 | 4770.0 | 5920.0 | 11980.0 | 892.0 |
| 印度尼西亚 | Indonesia | 1428.1 | 559.5 | | 14.0 | 2.2 |
| 伊 朗 | Iran | 180.0 | 1.4 | 170.0 | 110.0 | |
| 以色列 | Israel | 19.6 | 2.4 | | 8.5 | |
| 日 本 | Japan | 146.3 | 7.2 | 1.6 | | |
| 哈萨克斯坦 | Kazakhstan | 188.5 | | 201.6 | 151.8 | |
| 朝 鲜 | Korea, Dem. | 173.5 | | | 19.0 | |
| 韩 国 | Korea, Rep. | 49.9 | 4.1 | 1.6 | | |
| 老 挝 | Laos | 53.1 | 21.6 | | 1.9 | |
| 马来西亚 | Malaysia | 5.8 | 0.2 | | | |
| 蒙 古 | Mongolia | 16.8 | | 4.5 | | |
| 缅 甸 | Myanmar | 94.1 | 880.0 | | 300.0 | 17.4 |
| 巴基斯坦 | Pakistan | 213.0 | 92.0 | 203.0 | 2879.0 | 1.2 |
| 菲律宾 | Philippines | 353.3 | 26.1 | | 0.2 | |
| 斯里兰卡 | Sri Lanka | 34.0 | 11.6 | | | |
| 泰 国 | Thailand | 1284.0 | 30.0 | | 6.5 | 3.2 |
| 越 南 | Viet Nam | 732.1 | 220.5 | | 6.5 | 1.3 |
| 埃 及 | Egypt | 179.1 | 62.5 | | 142.0 | 1.0 |
| 尼日利亚 | Nigeria | 8627.0 | 2420.0 | | 300.0 | 1.0 |
| 南 非 | South Africa | 83.5 | 45.5 | 44.0 | 9.0 | 1.1 |
| 加拿大 | Canada | 148.0 | | 8379.9 | | |
| 墨西哥 | Mexico | 79.0 | 57.8 | | 155.0 | |
| 美 国 | United States | 509.8 | 650.7 | 700.6 | 3792.7 | |
| 阿根廷 | Argentina | 114.7 | 307.2 | 29.5 | 528.2 | |
| 巴 西 | Brazil | 1893.5 | 110.4 | 44.0 | 1381.9 | 7.4 |
| 委内瑞拉 | Venezuela | 83.5 | 0.6 | | 14.0 | |
| 白俄罗斯 | Belarus | 332.3 | | 421.5 | | |
| 捷 克 | Czech Rep. | 23.7 | | 401.3 | | |
| 法 国 | France | 154.2 | | 1607.2 | | |
| 德 国 | Germany | 238.3 | | 1306.2 | | |
| 意大利 | Italy | 61.3 | | 10.3 | | |
| 荷 兰 | Netherlands | 149.8 | | 2.1 | | |
| 波 兰 | Poland | 373.0 | | 720.3 | | |
| 俄罗斯 | Russia | 2197.2 | | 976.1 | | 13.2 |
| 西班牙 | Spain | 75.4 | | 28.6 | 69.8 | |
| 土耳其 | Turkey | 174.6 | 37.4 | 30.0 | 488.5 | |
| 乌克兰 | Ukraine | 1444.1 | | 547.0 | | |
| 英 国 | United Kingdom | 149.0 | | 756.0 | | |
| 澳大利亚 | Australia | 35.4 | 11.1 | 2358.7 | 596.5 | |
| 新西兰 | New Zealand | 12.8 | | 2.5 | | |

11-2 续表 2 continued

单位：千公顷 (1 000 hectares)

| 国家或地区 | Country or Area | 甘蔗 Sugar cane | 甜菜 Sugar Beets | 茶叶 Tea | 水果 (不包括瓜类) Fruit excl Melons |
|---|---|---|---|---|---|
| **世 界** | **World** | **26094.6** | **4900.8** | **3276.0** | **56570.7** |
| 中 国 | China | 1802.7 | 235.5 | 1513.0 | 11970.5 |
| 孟加拉国 | Bangladesh | 107.6 | | 58.0 | 420.0 |
| 文 莱 | Brunei Darussalam | | | | 1.5 |
| 柬埔寨 | Cambodia | 27.9 | | | 62.6 |
| 印 度 | India | 5090.0 | | 605.0 | 6287.6 |
| 印度尼西亚 | Indonesia | 456.7 | | 122.5 | 796.5 |
| 伊 朗 | Iran | 70.0 | 105.0 | 24.0 | 1024.4 |
| 以色列 | Israel | | | | 63.2 |
| 日 本 | Japan | 23.0 | 59.3 | 45.9 | 192.8 |
| 哈萨克斯坦 | Kazakhstan | | 9.1 | | 53.7 |
| 朝 鲜 | Korea, Dem. | | | | 214.2 |
| 韩 国 | Korea, Rep. | | | 2.4 | 167.1 |
| 老 挝 | Laos | 20.5 | | 2.7 | 40.7 |
| 马来西亚 | Malaysia | 13.5 | | 2.6 | 101.2 |
| 蒙 古 | Mongolia | | | | 1.9 |
| 缅 甸 | Myanmar | 155.0 | | 79.0 | 434.5 |
| 巴基斯坦 | Pakistan | 1046.0 | 1.0 | | 792.2 |
| 菲律宾 | Philippines | 433.3 | | | 1240.4 |
| 斯里兰卡 | Sri Lanka | 12.6 | | 222.0 | 115.5 |
| 泰 国 | Thailand | 1300.0 | | 21.5 | 1168.2 |
| 越 南 | Viet Nam | 297.5 | | 116.0 | 514.5 |
| 埃 及 | Egypt | 143.5 | 178.0 | | 509.1 |
| 尼日利亚 | Nigeria | 74.0 | | | 1858.0 |
| 南 非 | South Africa | 320.0 | | 0.6 | 300.6 |
| 加拿大 | Canada | | 10.1 | | 81.0 |
| 墨西哥 | Mexico | 735.1 | | | 1256.7 |
| 美 国 | United States | 370.0 | 487.3 | | 1137.8 |
| 阿根廷 | Argentina | 350.0 | | 38.0 | 486.6 |
| 巴 西 | Brazil | 9705.4 | | 0.9 | 2325.4 |
| 委内瑞拉 | Venezuela | 120.0 | 1.2 | | 175.5 |
| 白俄罗斯 | Belarus | | 98.3 | | 88.5 |
| 捷 克 | Czech Rep. | | 61.2 | | 39.3 |
| 法 国 | France | | 389.6 | | 879.9 |
| 德 国 | Germany | | 402.1 | | 178.3 |
| 意大利 | Italy | | 45.5 | | 1125.6 |
| 荷 兰 | Netherlands | | 72.0 | | 20.1 |
| 波 兰 | Poland | | 212.0 | | 420.5 |
| 俄罗斯 | Russia | | 1102.0 | 0.9 | 452.4 |
| 西班牙 | Spain | | 38.9 | | 1539.1 |
| 土耳其 | Turkey | | 281.0 | 75.9 | 1102.7 |
| 乌克兰 | Ukraine | | 448.9 | | 277.1 |
| 英 国 | United Kingdom | | 120.0 | | 29.2 |
| 澳大利亚 | Australia | 338.6 | | | 276.6 |
| 新西兰 | New Zealand | | | | 70.7 |

# 11-3 主要农产品产量
## Production of Major Farm Crops

资料来源：联合国FAO数据库。
Source:FAO Database.
单位：万吨 (10 000 tons)

| 国家或地区 | Country or Area | 谷物 Cereals,Total 2000 | 2012 | 国家或地区 | Country or Area | 稻谷 Rice, Paddy 2000 | 2012 |
|---|---|---|---|---|---|---|---|
| **世　界** | **World** | **205819.8** | **256625.5** | **世　界** | **World** | **59692.7** | **71973.8** |
| 中　国 | China | 40733.7 | 54116.3 | 中　国 | China | 18981.4 | 20598.5 |
| 美　国 | United States | 34262.8 | 35693.3 | 印　度 | India | 12746.5 | 15260.0 |
| 印　度 | India | 23493.1 | 29329.0 | 印度尼西亚 | Indonesia | 5189.8 | 6904.5 |
| 巴　西 | Brazil | 4589.3 | 8990.8 | 越　南 | Viet Nam | 3253.0 | 4366.2 |
| 印度尼西亚 | Indonesia | 6157.5 | 8844.3 | 泰　国 | Thailand | 2584.4 | 3780.0 |
| 法　国 | France | 6569.8 | 7098.2 | 孟加拉国 | Bangladesh | 3762.8 | 3389.0 |
| 俄罗斯 | Russia | 6432.6 | 6876.7 | 缅　甸 | Myanmar | 2132.4 | 3300.0 |
| 孟加拉国 | Bangladesh | 3950.3 | 5280.3 | 菲律宾 | Philippines | 1238.9 | 1803.2 |
| 加拿大 | Canada | 5109.0 | 5178.1 | 巴　西 | Brazil | 1109.0 | 1155.0 |
| 越　南 | Viet Nam | 3453.7 | 4846.7 | 日　本 | Japan | 943.4 | 1065.4 |
| 乌克兰 | Ukraine | 2380.7 | 4574.0 | 巴基斯坦 | Pakistan | 720.4 | 940.0 |
| 德　国 | Germany | 4527.1 | 4494.1 | 柬埔寨 | Cambodia | 402.6 | 929.1 |
| 澳大利亚 | Australia | 3444.7 | 4337.2 | 美　国 | United States | 865.8 | 904.8 |
| 泰　国 | Thailand | 3052.9 | 4281.0 | 韩　国 | Korea, Rep. | 719.7 | 642.0 |
| 阿根廷 | Argentina | 3875.5 | 4096.4 | 埃　及 | Egypt | 600.1 | 591.1 |
| 巴基斯坦 | Pakistan | 3046.1 | 3800.6 | 尼泊尔 | Nepal | 421.7 | 507.2 |
| 墨西哥 | Mexico | 2799.5 | 3361.5 | 尼日利亚 | Nigeria | 329.8 | 483.3 |
| 土耳其 | Turkey | 3224.9 | 3337.2 | 马达加斯加 | Madagascar | 248.1 | 400.0 |
| 缅　甸 | Myanmar | 2212.6 | 3017.5 | 斯里兰卡 | Sri Lanka | 286.0 | 384.6 |
| 波　兰 | Poland | 2234.1 | 2826.9 | 老　挝 | Laos | 220.2 | 348.9 |
| 尼日利亚 | Nigeria | 2137.0 | 2633.3 | 秘　鲁 | Peru | 189.2 | 301.9 |
| 菲律宾 | Philippines | 1690.1 | 2544.0 | 马来西亚 | Malaysia | 214.1 | 275.0 |
| 埃　及 | Egypt | 2010.6 | 2375.6 | 伊　朗 | Iran | 197.2 | 240.0 |
| 伊　朗 | Iran | 1287.4 | 2201.0 | 哥伦比亚 | Colombia | 269.4 | 195.7 |
| 埃塞俄比亚 | Ethiopia | 802.0 | 1965.1 | 几内亚 | Guinea | 114.1 | 191.9 |
| 英　国 | United Kingdom | 2398.9 | 1951.5 | 马　里 | Mali | 74.3 | 191.5 |
| 意大利 | Italy | 2066.1 | 1903.9 | 坦桑尼亚 | Tanzania | 78.2 | 180.1 |
| 西班牙 | Spain | 2455.6 | 1699.4 | 朝　鲜 | Korea, Dem. | 169.0 | 174.0 |
| 南　非 | South Africa | 1452.7 | 1426.6 | 中国台湾 | Taiwan, China | 190.6 | 170.0 |
| 罗马尼亚 | Romania | 1049.9 | 1283.1 | 意大利 | Italy | 123.0 | 158.3 |
| 哈萨克斯坦 | Kazakhstan | 1154.0 | 1278.8 | 阿根廷 | Argentina | 90.4 | 156.8 |
| 日　本 | Japan | 1036.7 | 1173.0 | 厄瓜多尔 | Ecuador | 124.7 | 156.6 |
| 柬埔寨 | Cambodia | 418.3 | 1024.2 | 乌拉圭 | Uruguay | 120.9 | 142.4 |
| 匈牙利 | Hungary | 1003.6 | 1007.3 | 委内瑞拉 | Venezuela | 67.7 | 133.0 |
| 丹　麦 | Denmark | 941.3 | 948.5 | 塞拉利昂 | Sierra Leone | 19.9 | 115.0 |
| 尼泊尔 | Nepal | 711.6 | 945.8 | 俄罗斯 | Russia | 58.6 | 105.2 |
| 白俄罗斯 | Belarus | 456.5 | 882.8 | 澳大利亚 | Australia | 110.1 | 91.9 |
| 坦桑尼亚 | Tanzania | 362.7 | 810.7 | 西班牙 | Spain | 82.7 | 88.1 |
| 乌兹别克斯坦 | Uzbekistan | 391.4 | 712.3 | 土耳其 | Turkey | 35.0 | 88.0 |
| 保加利亚 | Bulgaria | 438.7 | 698.7 | 多米尼加 | Dominican Rep. | 58.1 | 85.0 |
| 马　里 | Mali | 231.0 | 667.5 | 科特迪瓦 | Cote D'Ivoire | 62.2 | 72.5 |
| 捷　克 | Czech Rep. | 646.8 | 660.0 | 古　巴 | Cuba | 55.3 | 64.2 |
| 阿富汗 | Afghanistan | 194.0 | 637.9 | 塞内加尔 | Senegal | 20.2 | 63.1 |
| 韩　国 | Korea, Rep. | 750.1 | 613.5 | 圭亚那 | Guyana | 44.9 | 60.0 |
| 塞尔维亚 | Serbia |  | 593.4 | 阿富汗 | Afghanistan | 26.0 | 50.0 |
| 尼日尔 | Niger | 212.8 | 531.9 | 加　纳 | Ghana | 24.9 | 48.1 |
| 摩洛哥 | Morocco | 199.6 | 531.1 | 玻利维亚 | Bolivia | 29.9 | 44.0 |
| 秘　鲁 | Peru | 355.4 | 522.4 | 尼加拉瓜 | Nicaragua | 29.0 | 44.0 |
| 巴拉圭 | Paraguay | 100.3 | 516.1 | 巴拉圭 | Paraguay | 10.1 | 38.0 |
| 奥地利 | Austria | 472.3 | 516.1 | 哈萨克斯坦 | Kazakhstan | 21.4 | 35.1 |

11-3 续表 1 continued

单位：万吨 (10 000 tons)

| 国家或地区 | Country or Area | 小麦 Wheat 2000 | 小麦 Wheat 2012 | 国家或地区 | Country or Area | 玉米 Maize 2000 | 玉米 Maize 2012 |
|---|---|---|---|---|---|---|---|
| **世界** | **World** | **58569.1** | **67087.5** | **世界** | **World** | **59247.9** | **87206.7** |
| 中国 | China | 9963.6 | 12058.3 | 美国 | United States | 25185.2 | 27383.2 |
| 印度 | India | 7636.9 | 9488.0 | 中国 | China | 10617.8 | 20823.5 |
| 美国 | United States | 6063.9 | 6175.5 | 巴西 | Brazil | 3187.9 | 7107.3 |
| 法国 | France | 3735.3 | 4030.1 | 墨西哥 | Mexico | 1755.7 | 2206.9 |
| 俄罗斯 | Russia | 3445.6 | 3772.0 | 阿根廷 | Argentina | 1678.1 | 2119.7 |
| 澳大利亚 | Australia | 2210.8 | 2990.5 | 印度 | India | 1204.3 | 2106.0 |
| 加拿大 | Canada | 2653.6 | 2701.3 | 乌克兰 | Ukraine | 384.8 | 2096.1 |
| 巴基斯坦 | Pakistan | 2107.9 | 2347.3 | 印度尼西亚 | Indonesia | 967.7 | 1937.7 |
| 德国 | Germany | 2162.2 | 2243.2 | 法国 | France | 1601.8 | 1561.4 |
| 土耳其 | Turkey | 2100.9 | 2010.0 | 南非 | South Africa | 1143.1 | 1183.0 |
| 乌克兰 | Ukraine | 1019.7 | 1576.3 | 加拿大 | Canada | 695.4 | 1170.3 |
| 伊朗 | Iran | 808.8 | 1380.0 | 尼日利亚 | Nigeria | 410.7 | 941.0 |
| 英国 | United Kingdom | 1670.4 | 1326.1 | 俄罗斯 | Russia | 153.0 | 821.3 |
| 哈萨克斯坦 | Kazakhstan | 907.4 | 984.1 | 意大利 | Italy | 1013.8 | 819.5 |
| 埃及 | Egypt | 656.4 | 879.6 | 埃及 | Egypt | 647.5 | 809.4 |
| 波兰 | Poland | 850.3 | 860.8 | 菲律宾 | Philippines | 451.1 | 740.7 |
| 阿根廷 | Argentina | 1614.7 | 819.8 | 埃塞俄比亚 | Ethiopia | 268.3 | 615.8 |
| 意大利 | Italy | 746.4 | 776.7 | 罗马尼亚 | Romania | 489.8 | 595.3 |
| 乌兹别克斯坦 | Uzbekistan | 353.2 | 651.2 | 坦桑尼亚 | Tanzania | 196.5 | 510.4 |
| 罗马尼亚 | Romania | 445.6 | 529.8 | 德国 | Germany | 332.4 | 499.1 |
| 阿富汗 | Afghanistan | 146.9 | 505.0 | 泰国 | Thailand | 447.3 | 481.3 |
| 西班牙 | Spain | 729.4 | 465.0 | 越南 | Viet Nam | 200.6 | 480.3 |
| 丹麦 | Denmark | 469.3 | 452.5 | 匈牙利 | Hungary | 498.4 | 474.2 |
| 保加利亚 | Bulgaria | 278.1 | 445.5 | 巴基斯坦 | Pakistan | 164.3 | 463.1 |
| 巴西 | Brazil | 166.2 | 441.8 | 土耳其 | Turkey | 230.0 | 460.0 |
| 摩洛哥 | Morocco | 138.1 | 387.8 | 西班牙 | Spain | 399.2 | 423.5 |
| 匈牙利 | Hungary | 369.3 | 374.0 | 波兰 | Poland | 92.3 | 399.6 |
| 叙利亚 | Syrian Arab Republic | 310.6 | 360.9 | 马拉维 | Malawi | 250.1 | 361.9 |
| 捷克 | Czech Rep. | 408.4 | 351.9 | 肯尼亚 | Kenya | 216.0 | 360.0 |
| 埃塞俄比亚 | Ethiopia | 123.5 | 343.5 | 塞尔维亚 | Serbia | | 353.3 |
| 阿尔及利亚 | Algeria | 76.0 | 343.2 | 巴拉圭 | Paraguay | 64.7 | 307.9 |
| 墨西哥 | Mexico | 349.3 | 327.4 | 委内瑞拉 | Venezuela | 169.0 | 300.0 |
| 立陶宛 | Lithuania | 123.8 | 299.9 | 赞比亚 | Zambia | 104.0 | 285.3 |
| 白俄罗斯 | Belarus | 96.6 | 255.4 | 乌干达 | Uganda | 109.6 | 273.4 |
| 伊拉克 | Iraq | 38.4 | 240.0 | 奥地利 | Austria | 185.2 | 235.1 |
| 瑞典 | Sweden | 237.2 | 228.9 | 尼泊尔 | Nepal | 141.5 | 217.9 |
| 南非 | South Africa | 242.8 | 191.5 | 希腊 | Greece | 209.4 | 201.0 |
| 塞尔维亚 | Serbia | | 191.1 | 朝鲜 | Korea, Dem. | 104.1 | 200.0 |
| 尼泊尔 | Nepal | 118.4 | 184.6 | 加纳 | Ghana | 101.3 | 195.0 |
| 阿塞拜疆 | Azerbaijan | 115.0 | 179.7 | 哥伦比亚 | Colombia | 120.5 | 182.6 |
| 比利时 | Belgium | 168.8 | 173.8 | 保加利亚 | Bulgaria | 80.4 | 171.8 |
| 希腊 | Greece | 232.6 | 156.9 | 马里 | Mali | 21.5 | 171.4 |
| 拉脱维亚 | Latvia | 42.7 | 154.0 | 危地马拉 | Guatemala | 105.4 | 169.0 |
| 突尼斯 | Tunisia | 84.2 | 152.3 | 秘鲁 | Peru | 124.1 | 167.9 |
| 巴拉圭 | Paraguay | 22.0 | 140.0 | 喀麦隆 | Cameroon | 74.1 | 162.2 |
| 荷兰 | Netherlands | 114.3 | 130.2 | 布基纳法索 | Burkina Faso | 42.4 | 155.6 |
| 奥地利 | Austria | 131.3 | 127.6 | 缅甸 | Myanmar | 35.9 | 150.0 |
| 斯洛伐克 | Slovakia | 125.4 | 127.5 | 智利 | Chile | 65.2 | 149.3 |
| 智利 | Chile | 149.3 | 121.3 | 孟加拉国 | Bangladesh | 1.0 | 129.8 |
| 土库曼斯坦 | Turkmenistan | 169.0 | 120.0 | 克罗地亚 | Croatia | 152.6 | 129.8 |

## 11-3 续表 2 continued

单位：万吨 (10 000 tons)

| 国家或地区 | Country or Area | 大豆 Soybeans 2000 | 大豆 Soybeans 2012 | 国家或地区 | Country or Area | 根茎类作物 Roots and Tubers 2000 | 根茎类作物 Roots and Tubers 2012 |
|---|---|---|---|---|---|---|---|
| **世　界** | **World** | **16129.8** | **24184.1** | **世　界** | **World** | **69968.2** | **82210.6** |
| 美　国 | United States | 7505.4 | 8205.5 | 中　国 | China | 18987.8 | 17131.8 |
| 巴　西 | Brazil | 3273.5 | 6584.9 | 尼日利亚 | Nigeria | 6516.4 | 10000.0 |
| 阿根廷 | Argentina | 2013.6 | 4010.0 | 印　度 | India | 3212.5 | 5430.2 |
| 中　国 | China | 1541.2 | 1280.0 | 俄罗斯 | Russia | 3398.0 | 2953.3 |
| 印　度 | India | 527.6 | 1150.0 | 印度尼西亚 | Indonesia | 1926.9 | 2815.5 |
| 巴拉圭 | Paraguay | 298.0 | 835.0 | 巴　西 | Brazil | 2663.2 | 2750.2 |
| 加拿大 | Canada | 270.3 | 487.0 | 泰　国 | Thailand | 1937.0 | 2332.7 |
| 乌拉圭 | Uruguay | 0.7 | 300.0 | 乌克兰 | Ukraine | 1983.8 | 2325.0 |
| 乌克兰 | Ukraine | 6.4 | 241.0 | 加　纳 | Ghana | 1318.7 | 2259.2 |
| 玻利维亚 | Bolivia | 119.7 | 240.0 | 美　国 | United States | 2392.2 | 2219.4 |
| 俄罗斯 | Russia | 34.2 | 180.6 | 刚果(金) | Congo, Dem. Rep. | 1652.8 | 1740.0 |
| 印度尼西亚 | Indonesia | 101.8 | 85.2 | 安哥拉 | Angola | 468.4 | 1193.5 |
| 南　非 | South Africa | 15.4 | 65.0 | 越　南 | Viet Nam | 391.4 | 1160.8 |
| 尼日利亚 | Nigeria | 42.9 | 58.0 | 莫桑比克 | Mozambique | 587.8 | 1116.5 |
| 意大利 | Italy | 90.4 | 42.2 | 德　国 | Germany | 1369.4 | 1066.6 |
| 朝　鲜 | Korea, Dem. | 35.0 | 35.0 | 坦桑尼亚 | Tanzania | 616.0 | 972.8 |
| 塞尔维亚 | Serbia | | 28.1 | 波　兰 | Poland | 2423.2 | 909.2 |
| 墨西哥 | Mexico | 10.2 | 24.8 | 孟加拉国 | Bangladesh | 331.1 | 845.8 |
| 日　本 | Japan | 23.5 | 23.6 | 乌干达 | Uganda | 784.2 | 837.5 |
| 缅　甸 | Myanmar | 9.7 | 20.5 | 科特迪瓦 | Cote D'Ivoire | 667.9 | 821.8 |
| 赞比亚 | Zambia | 2.8 | 20.3 | 马拉维 | Malawi | 483.2 | 794.8 |
| 伊　朗 | Iran | 14.2 | 20.0 | 柬埔寨 | Cambodia | 20.2 | 769.9 |
| 泰　国 | Thailand | 31.2 | 18.0 | 埃塞俄比亚 | Ethiopia | 471.3 | 759.8 |
| 越　南 | Viet Nam | 14.9 | 17.5 | 白俄罗斯 | Belarus | 871.8 | 691.1 |
| 哈萨克斯坦 | Kazakhstan | 0.4 | 17.0 | 喀麦隆 | Cameroon | 354.6 | 688.2 |
| 乌干达 | Uganda | 12.8 | 15.3 | 荷　兰 | Netherlands | 822.7 | 676.6 |
| 韩　国 | Korea, Rep. | 11.3 | 12.3 | 法　国 | France | 643.4 | 634.1 |
| 柬埔寨 | Cambodia | 2.8 | 12.0 | 卢旺达 | Rwanda | 290.8 | 623.2 |
| 土耳其 | Turkey | 4.5 | 11.5 | 秘　鲁 | Peru | 470.3 | 618.2 |
| 马拉维 | Malawi | | 10.7 | 贝　宁 | Benin | 416.1 | 610.8 |
| 罗马尼亚 | Romania | 7.0 | 10.4 | 伊　朗 | Iran | 365.8 | 540.0 |
| 法　国 | France | 20.1 | 10.4 | 埃　及 | Egypt | 206.6 | 494.0 |
| 奥地利 | Austria | 3.3 | 10.4 | 马达加斯加 | Madagascar | 345.3 | 484.7 |
| 克罗地亚 | Croatia | 6.5 | 9.6 | 土耳其 | Turkey | 537.0 | 482.3 |
| 哥伦比亚 | Colombia | 3.9 | 8.7 | 肯尼亚 | Kenya | 164.3 | 469.5 |
| 澳大利亚 | Australia | 10.5 | 8.6 | 巴基斯坦 | Pakistan | 230.1 | 459.4 |
| 津巴布韦 | Zimbabwe | 14.4 | 8.5 | 加拿大 | Canada | 456.7 | 459.0 |
| 厄瓜多尔 | Ecuador | 9.4 | 7.5 | 哥伦比亚 | Colombia | 351.5 | 455.6 |
| 匈牙利 | Hungary | 3.1 | 6.8 | 英　国 | United Kingdom | 663.6 | 455.3 |
| 孟加拉国 | Bangladesh | | 6.4 | 阿尔及利亚 | Algeria | 120.8 | 422.0 |
| 埃塞俄比亚 | Ethiopia | 0.5 | 6.4 | 日　本 | Japan | 447.9 | 378.2 |
| 摩尔多瓦 | Moldova | 1.2 | 4.8 | 塞拉利昂 | Sierra Leone | 34.5 | 374.3 |
| 斯洛伐克 | Slovakia | 0.5 | 4.2 | 哈萨克斯坦 | Kazakhstan | 169.3 | 312.6 |
| 危地马拉 | Guatemala | 3.0 | 3.7 | 菲律宾 | Philippines | 252.1 | 300.2 |
| 委内瑞拉 | Venezuela | 0.5 | 3.4 | 比利时 | Belgium | 292.2 | 293.0 |
| 埃　及 | Egypt | 1.1 | 3.2 | 阿根廷 | Argentina | 265.8 | 278.7 |
| 尼泊尔 | Nepal | 1.7 | 2.8 | 尼泊尔 | Nepal | 130.9 | 274.0 |
| 布基纳法索 | Burkina Faso | 0.4 | 2.4 | 巴拉圭 | Paraguay | 278.9 | 261.4 |
| 刚果(金) | Congo, Dem. Rep. | 1.1 | 2.2 | 罗马尼亚 | Romania | 347.0 | 246.5 |
| 卢旺达 | Rwanda | 1.4 | 1.9 | 南　非 | South Africa | 177.3 | 230.6 |

11-3 续表 3 continued

单位：万吨 (10 000 tons)

| 国家或地区 | Country or Area | 花生 Groundnuts, with Shell 2000 | 2012 | 国家或地区 | Country or Area | 油菜籽 Rapeseed 2000 | 2012 |
|---|---|---|---|---|---|---|---|
| **世　界** | **World** | **3472.8** | **4118.6** | **世　界** | **World** | **3952.6** | **6505.8** |
| 中　国 | China | 1451.6 | 1685.7 | 加拿大 | Canada | 720.5 | 1541.0 |
| 印　度 | India | 648.0 | 577.9 | 中　国 | China | 1138.1 | 1400.0 |
| 尼日利亚 | Nigeria | 290.1 | 307.0 | 印　度 | India | 578.8 | 677.6 |
| 美　国 | United States | 148.1 | 305.8 | 法　国 | France | 347.7 | 546.3 |
| 缅　甸 | Myanmar | 63.4 | 137.2 | 德　国 | Germany | 358.6 | 482.1 |
| 坦桑尼亚 | Tanzania | 5.2 | 81.0 | 澳大利亚 | Australia | 177.5 | 342.7 |
| 印度尼西亚 | Indonesia | 129.2 | 71.3 | 英　国 | United Kingdom | 115.7 | 255.7 |
| 阿根廷 | Argentina | 42.0 | 68.6 | 波　兰 | Poland | 95.8 | 186.6 |
| 塞内加尔 | Senegal | 106.2 | 67.3 | 乌克兰 | Ukraine | 13.2 | 120.4 |
| 喀麦隆 | Cameroon | 19.7 | 57.0 | 美　国 | United States | 90.9 | 111.2 |
| 加　纳 | Ghana | 20.9 | 47.5 | 捷　克 | Czech Rep. | 84.4 | 110.9 |
| 越　南 | Viet Nam | 35.5 | 47.1 | 俄罗斯 | Russia | 14.8 | 103.6 |
| 马拉维 | Malawi | 12.2 | 38.5 | 白俄罗斯 | Belarus | 7.3 | 70.5 |
| 刚果(金) | Congo, Dem. Rep. | 38.2 | 37.1 | 立陶宛 | Lithuania | 8.1 | 63.3 |
| 乍　得 | Chad | 35.9 | 37.1 | 巴基斯坦 | Pakistan | 29.7 | 57.5 |
| 巴　西 | Brazil | 18.5 | 33.4 | 丹　麦 | Denmark | 29.4 | 48.5 |
| 马　里 | Mali | 19.3 | 32.8 | 匈牙利 | Hungary | 17.9 | 41.5 |
| 布基纳法索 | Burkina Faso | 16.9 | 31.1 | 伊　朗 | Iran | | 35.0 |
| 几内亚 | Guinea | 20.0 | 30.0 | 瑞　典 | Sweden | 12.2 | 31.8 |
| 乌干达 | Uganda | 13.9 | 29.5 | 拉脱维亚 | Latvia | 1.0 | 30.4 |
| 尼日尔 | Niger | 11.3 | 29.2 | 保加利亚 | Bulgaria | 2.0 | 27.1 |
| 埃　及 | Egypt | 18.7 | 20.5 | 孟加拉国 | Bangladesh | 24.9 | 23.0 |
| 尼加拉瓜 | Nicaragua | 9.7 | 20.0 | 斯洛伐克 | Slovakia | 13.4 | 21.3 |
| 中　非 | Central African Rep. | 10.5 | 14.9 | 爱沙尼亚 | Estonia | 3.9 | 15.8 |
| 埃塞俄比亚 | Ethiopia | 1.2 | 12.4 | 罗马尼亚 | Romania | 7.6 | 15.8 |
| 贝　宁 | Benin | 12.1 | 12.2 | 奥地利 | Austria | 12.5 | 14.9 |
| 土耳其 | Turkey | 7.8 | 12.0 | 巴拉圭 | Paraguay | 0.9 | 12.0 |
| 冈比亚 | Gambia | 13.8 | 12.0 | 哈萨克斯坦 | Kazakhstan | 0.3 | 11.7 |
| 墨西哥 | Mexico | 14.2 | 11.5 | 智　利 | Chile | 4.8 | 11.4 |
| 赞比亚 | Zambia | 5.2 | 11.3 | 土耳其 | Turkey | 0.0 | 11.0 |
| 莫桑比克 | Mozambique | 12.4 | 11.3 | 南　非 | South Africa | | 7.9 |
| 科特迪瓦 | Cote D'Ivoire | 7.2 | 9.3 | 芬　兰 | Finland | 7.1 | 7.3 |
| 津巴布韦 | Zimbabwe | 19.1 | 9.3 | 埃塞俄比亚 | Ethiopia | 1.4 | 7.3 |
| 塞拉利昂 | Sierra Leone | 1.5 | 9.0 | 瑞　士 | Switzerland | 3.9 | 6.9 |
| 巴基斯坦 | Pakistan | 9.1 | 7.1 | 巴　西 | Brazil | 4.1 | 6.1 |
| 安哥拉 | Angola | 1.3 | 6.7 | 摩尔多瓦 | Moldova | 0.1 | 5.9 |
| 南　非 | South Africa | 13.6 | 5.9 | 爱尔兰 | Ireland | 0.9 | 5.5 |
| 中国台湾 | Taiwan, China | 7.9 | 5.7 | 西班牙 | Spain | 5.0 | 5.2 |
| 孟加拉国 | Bangladesh | 3.2 | 5.2 | 比利时 | Belgium | 1.4 | 5.2 |
| 老　挝 | Laos | 1.3 | 4.6 | 阿根廷 | Argentina | 0.6 | 5.1 |
| 泰　国 | Thailand | 13.2 | 4.6 | 阿尔及利亚 | Algeria | 2.9 | 4.7 |
| 几内亚比绍 | Guinea-Bissau | 2.0 | 4.5 | 乌拉圭 | Uruguay | | 2.9 |
| 多　哥 | Togo | 2.6 | 4.4 | 克罗地亚 | Croatia | 2.9 | 2.6 |
| 摩洛哥 | Morocco | 3.9 | 3.6 | 意大利 | Italy | 4.1 | 2.5 |
| 马达加斯加 | Madagascar | 3.5 | 3.3 | 塞尔维亚 | Serbia | | 2.0 |
| 刚果(布) | Congo, Rep. | 2.3 | 3.2 | 斯洛文尼亚 | Slovenia | 0.0 | 1.7 |
| 柬埔寨 | Cambodia | 0.8 | 3.0 | 卢森堡 | Luxemburg | 0.8 | 1.5 |
| 菲律宾 | Philippines | 2.7 | 2.9 | 蒙　古 | Mongolia | | 1.3 |
| 巴拉圭 | Paraguay | 2.2 | 2.6 | 挪　威 | Norway | 0.9 | 1.1 |
| 澳大利亚 | Australia | 3.5 | 2.5 | 希　腊 | Greece | | 0.8 |

# 11-3 续表 4 continued

单位：万吨 (10 000 tons)

| 国家或地区 | Country or Area | 芝麻 Sesame Seed 2000 | 2012 | 国家或地区 | Country or Area | 籽棉 Seed Cotton 2000 | 2012 |
|---|---|---|---|---|---|---|---|
| **世 界** | **World** | **279.1** | **403.6** | **世 界** | **World** | **5308.2** | **7653.0** |
| 缅 甸 | Myanmar | 29.6 | 62.0 | 中 国 | China | 1325.1 | 2052.0 |
| 印 度 | India | 51.8 | 61.0 | 印 度 | India | 512.8 | 1660.0 |
| 中 国 | China | 81.2 | 60.1 | 美 国 | United States | 958.1 | 891.0 |
| 坦桑尼亚 | Tanzania | 3.9 | 45.6 | 巴基斯坦 | Pakistan | 547.6 | 664.0 |
| 乌干达 | Uganda | 9.7 | 18.9 | 巴 西 | Brazil | 201.0 | 496.9 |
| 埃塞俄比亚 | Ethiopia | 1.6 | 18.1 | 乌兹别克斯坦 | Uzbekistan | 300.2 | 318.8 |
| 尼日利亚 | Nigeria | 7.2 | 15.8 | 澳大利亚 | Australia | 178.7 | 287.0 |
| 莫桑比克 | Mozambique | 0.5 | 11.7 | 土耳其 | Turkey | 226.1 | 230.0 |
| 布基纳法索 | Burkina Faso | 0.7 | 10.1 | 希 腊 | Greece | 129.7 | 85.0 |
| 索马里 | Somalia | 2.3 | 7.8 | 阿根廷 | Argentina | 41.8 | 70.9 |
| 尼日尔 | Niger | 1.4 | 5.6 | 墨西哥 | Mexico | 22.4 | 66.9 |
| 泰 国 | Thailand | 3.9 | 5.0 | 布基纳法索 | Burkina Faso | 21.3 | 60.7 |
| 巴拉圭 | Paraguay | 0.8 | 4.9 | 土库曼斯坦 | Turkmenistan | 103.0 | 60.0 |
| 墨西哥 | Mexico | 4.1 | 4.2 | 叙利亚 | Syrian Arab Republic | 108.2 | 59.3 |
| 危地马拉 | Guatemala | 1.9 | 3.9 | 马 里 | Mali | 24.3 | 50.0 |
| 乍 得 | Chad | 3.3 | 3.9 | 塔吉克斯坦 | Tajikistan | 33.5 | 41.8 |
| 孟加拉国 | Bangladesh | 2.2 | 3.4 | 埃 及 | Egypt | 55.4 | 41.2 |
| 埃 及 | Egypt | 3.7 | 3.3 | 缅 甸 | Myanmar | 17.6 | 40.5 |
| 巴基斯坦 | Pakistan | 5.1 | 3.2 | 哈萨克斯坦 | Kazakhstan | 28.7 | 39.8 |
| 中 非 | Central African Rep. | 3.7 | 2.8 | 坦桑尼亚 | Tanzania | 12.3 | 35.2 |
| 伊 朗 | Iran | 2.7 | 2.8 | 尼日利亚 | Nigeria | 39.9 | 30.5 |
| 柬埔寨 | Cambodia | 1.0 | 2.7 | 津巴布韦 | Zimbabwe | 32.7 | 28.4 |
| 委内瑞拉 | Venezuela | 3.3 | 2.6 | 赞比亚 | Zambia | 6.2 | 27.0 |
| 马 里 | Mali | 0.4 | 2.5 | 喀麦隆 | Cameroon | 20.4 | 26.9 |
| 也 门 | Yemen | 1.8 | 2.5 | 莫桑比克 | Mozambique | 3.5 | 26.2 |
| 伊拉克 | Iraq | 1.4 | 2.2 | 科特迪瓦 | Cote D'Ivoire | 40.2 | 26.1 |
| 越 南 | Viet Nam | 1.7 | 2.2 | 马拉维 | Malawi | 3.7 | 24.4 |
| 土耳其 | Turkey | 2.4 | 1.7 | 贝 宁 | Benin | 34.0 | 24.0 |
| 喀麦隆 | Cameroon | 0.6 | 1.4 | 伊 朗 | Iran | 49.7 | 20.0 |
| 老 挝 | Laos | 0.5 | 1.4 | 西班牙 | Spain | 29.5 | 19.2 |
| 乌兹别克斯坦 | Uzbekistan | 2.0 | 1.3 | 秘 鲁 | Peru | 15.4 | 11.1 |
| 斯里兰卡 | Sri Lanka | 0.5 | 1.3 | 玻利维亚 | Bolivia | 4.5 | 10.5 |
| 肯尼亚 | Kenya | 1.0 | 1.2 | 埃塞俄比亚 | Ethiopia | 4.6 | 10.4 |
| 贝 宁 | Benin | 1.0 | 1.0 | 乍 得 | Chad | 18.0 | 10.0 |
| 韩 国 | Korea, Rep. | 3.2 | 1.0 | 吉尔吉斯斯坦 | Kyrgyzstan | 8.8 | 8.5 |
| 阿富汗 | Afghanistan | 2.3 | 0.7 | 多 哥 | Togo | 11.7 | 8.1 |
| 巴 西 | Brazil | 1.5 | 0.6 | 哥伦比亚 | Colombia | 11.1 | 6.8 |
| 尼加拉瓜 | Nicaragua | 0.4 | 0.6 | 孟加拉国 | Bangladesh | 4.1 | 5.7 |
| 塞内加尔 | Senegal | 0.1 | 0.5 | 阿塞拜疆 | Azerbaijan | 9.2 | 5.7 |
| 沙特阿拉伯 | Saudi Arabia | 0.3 | 0.4 | 乌干达 | Uganda | 7.6 | 5.4 |
| 刚果(金) | Congo, Dem. Rep. | 0.5 | 0.4 | 几内亚 | Guinea | 6.6 | 4.2 |
| 海 地 | Haiti | 0.4 | 0.4 | 朝 鲜 | Korea, Dem. | 3.5 | 4.0 |
| 安哥拉 | Angola | 0.2 | 0.3 | 以色列 | Israel | 4.4 | 3.8 |
| 塞拉利昂 | Sierra Leone | 0.2 | 0.3 | 伊拉克 | Iraq | 3.3 | 3.5 |
| 科特迪瓦 | Cote D'Ivoire | 0.4 | 0.3 | 阿富汗 | Afghanistan | 5.7 | 3.5 |
| 冈比亚 | Gambia | 0.3 | 0.3 | 塞内加尔 | Senegal | 2.0 | 3.5 |
| 哥伦比亚 | Colombia | 0.4 | 0.2 | 南 非 | South Africa | 7.0 | 3.3 |
| 多 哥 | Togo | 0.1 | 0.2 | 刚果(金) | Congo, Dem. Rep. | 2.9 | 2.8 |
| 萨尔瓦多 | El Salvador | 0.6 | 0.2 | 加 纳 | Ghana | 3.6 | 2.8 |
| 摩洛哥 | Morocco | 0.1 | 0.2 | 巴拉圭 | Paraguay | 24.7 | 2.1 |

## 11-3 续表 5 continued

单位：万吨 (10 000 tons)

| 国家或地区 | Country or Area | 甘蔗 Sugar Cane 2000 | 甘蔗 Sugar Cane 2012 | 国家或地区 | Country or Area | 甜菜 Sugar Beets 2000 | 甜菜 Sugar Beets 2012 |
|---|---|---|---|---|---|---|---|
| **世　界** | **World** | **125745.9** | **183254.1** | **世　界** | **World** | **25010.2** | **26986.6** |
| 巴　西 | Brazil | 32770.5 | 72107.7 | 俄罗斯 | Russia | 1405.4 | 4505.7 |
| 印　度 | India | 29932.4 | 34787.0 | 法　国 | France | 3112.1 | 3368.8 |
| 中　国 | China | 6929.9 | 12403.8 | 美　国 | United States | 3254.1 | 3196.6 |
| 泰　国 | Thailand | 5405.2 | 9650.0 | 德　国 | Germany | 2787.0 | 2789.1 |
| 巴基斯坦 | Pakistan | 4633.3 | 5839.7 | 乌克兰 | Ukraine | 1319.9 | 1843.9 |
| 墨西哥 | Mexico | 4410.0 | 5094.7 | 土耳其 | Turkey | 1882.1 | 1500.0 |
| 哥伦比亚 | Colombia | 3500.0 | 3800.0 | 波　兰 | Poland | 1313.4 | 1235.0 |
| 菲律宾 | Philippines | 2449.1 | 3000.0 | 中　国 | China | 807.4 | 1146.9 |
| 美　国 | United States | 3611.4 | 2790.0 | 埃　及 | Egypt | 289.0 | 912.6 |
| 印度尼西亚 | Indonesia | 2390.0 | 2634.2 | 英　国 | United Kingdom | 907.9 | 729.1 |
| 澳大利亚 | Australia | 3816.5 | 2595.7 | 荷　兰 | Netherlands | 679.8 | 572.8 |
| 阿根廷 | Argentina | 1840.0 | 2500.0 | 比利时 | Belgium | 615.2 | 543.8 |
| 危地马拉 | Guatemala | 1655.2 | 2180.0 | 白俄罗斯 | Belarus | 147.4 | 477.4 |
| 越　南 | Viet Nam | 1504.4 | 1904.1 | 伊　朗 | Iran | 433.2 | 415.0 |
| 南　非 | South Africa | 2387.6 | 1727.8 | 捷　克 | Czech Rep. | 280.9 | 386.9 |
| 埃　及 | Egypt | 1570.6 | 1650.0 | 日　本 | Japan | 367.3 | 375.8 |
| 古　巴 | Cuba | 3640.0 | 1440.0 | 西班牙 | Spain | 793.0 | 348.2 |
| 秘　鲁 | Peru | 753.5 | 1036.9 | 奥地利 | Austria | 256.0 | 313.3 |
| 缅　甸 | Myanmar | 580.1 | 1000.0 | 丹　麦 | Denmark | 334.5 | 277.2 |
| 委内瑞拉 | Venezuela | 883.2 | 935.0 | 意大利 | Italy | 1237.0 | 250.1 |
| 洪都拉斯 | Honduras | 397.4 | 860.0 | 塞尔维亚 | Serbia |  | 232.8 |
| 尼加拉瓜 | Nicaragua | 352.4 | 750.0 | 瑞　典 | Sweden | 260.2 | 217.8 |
| 厄瓜多尔 | Ecuador | 540.2 | 737.9 | 智　利 | Chile | 309.3 | 182.4 |
| 玻利维亚 | Bolivia | 360.2 | 650.0 | 瑞　士 | Switzerland | 140.8 | 167.3 |
| 伊　朗 | Iran | 236.7 | 600.0 | 摩洛哥 | Morocco | 288.3 | 162.7 |
| 萨尔瓦多 | El Salvador | 514.0 | 583.2 | 叙利亚 | Syrian Arab Republic | 117.5 | 102.8 |
| 肯尼亚 | Kenya | 394.2 | 582.3 | 立陶宛 | Lithuania | 88.2 | 99.5 |
| 巴拉圭 | Paraguay | 224.5 | 545.0 | 克罗地亚 | Croatia | 48.2 | 96.0 |
| 斯威士兰 | Swaziland | 388.5 | 540.0 | 斯洛伐克 | Slovakia | 96.2 | 88.9 |
| 多米尼加 | Dominican Rep. | 451.1 | 486.6 | 匈牙利 | Hungary | 197.6 | 77.0 |
| 孟加拉国 | Bangladesh | 691.0 | 460.3 | 罗马尼亚 | Romania | 66.7 | 72.0 |
| 哥斯达黎加 | Costa Rica | 380.0 | 400.6 | 加拿大 | Canada | 82.1 | 66.0 |
| 毛里求斯 | Mauritius | 511.0 | 394.7 | 摩尔多瓦 | Moldova | 94.4 | 58.7 |
| 赞比亚 | Zambia | 160.0 | 390.0 | 希　腊 | Greece | 303.3 | 43.5 |
| 津巴布韦 | Zimbabwe | 422.8 | 370.0 | 芬　兰 | Finland | 104.6 | 41.0 |
| 莫桑比克 | Mozambique | 39.7 | 339.4 | 土库曼斯坦 | Turkmenistan | 23.0 | 23.5 |
| 马达加斯加 | Madagascar | 218.9 | 330.0 | 阿塞拜疆 | Azerbaijan | 4.7 | 17.4 |
| 尼泊尔 | Nepal | 210.3 | 293.0 | 哈萨克斯坦 | Kazakhstan | 27.3 | 15.2 |
| 坦桑尼亚 | Tanzania | 135.5 | 290.0 | 吉尔吉斯斯坦 | Kyrgyzstan | 45.0 | 10.2 |
| 圭亚那 | Guyana | 271.0 | 290.0 | 亚美尼亚 | Armenia | 0.1 | 6.0 |
| 马拉维 | Malawi | 210.0 | 280.0 | 阿尔巴尼亚 | Albania | 4.2 | 4.0 |
| 埃塞俄比亚 | Ethiopia | 217.7 | 270.0 | 哥伦比亚 | Colombia | 1.2 | 3.4 |
| 乌干达 | Uganda | 147.6 | 250.0 | 巴基斯坦 | Pakistan | 15.9 | 2.5 |
| 巴拿马 | Panama | 178.9 | 230.0 | 委内瑞拉 | Venezuela | 1.7 | 2.2 |
| 刚果(金) | Congo, Dem. Rep. | 166.9 | 195.0 | 伊拉克 | Iraq | 0.8 | 1.6 |
| 留尼汪 | Reunion | 184.5 | 190.0 | 阿富汗 | Afghanistan | 0.1 | 1.4 |
| 科特迪瓦 | Cote D'Ivoire | 167.2 | 186.7 | 前南马其顿 | Macedonia, FYR | 5.7 | 0.9 |
| 斐　济 | Fiji | 359.8 | 162.0 | 葡萄牙 | Portugal | 46.2 | 0.8 |
| 牙买加 | Jamaica | 202.5 | 147.5 | 马　里 | Mali |  | 0.5 |
| 尼日利亚 | Nigeria | 69.5 | 145.0 | 厄瓜多尔 | Ecuador | 0.3 | 0.4 |

## 11-3 续表 6 continued

单位：万吨 (10 000 tons)

| 国家或地区 | Country or Area | 茶叶 Tea 2000 | 茶叶 Tea 2012 | 国家或地区 | Country or Area | 水果(不包括瓜类) Fruit excl. Melons 2000 | 水果(不包括瓜类) Fruit excl. Melons 2012 |
|---|---|---|---|---|---|---|---|
| **世　界** | **World** | **298.8** | **481.8** | **世　界** | **World** | **47626.7** | **63654.5** |
| 中　国 | China | 70.4 | 171.5 | 中　国 | China | 6450.3 | 13968.1 |
| 印　度 | India | 82.6 | 100.0 | 印　度 | India | 4300.1 | 7107.3 |
| 肯尼亚 | Kenya | 23.6 | 36.9 | 巴　西 | Brazil | 3698.7 | 3836.9 |
| 斯里兰卡 | Sri Lanka | 30.6 | 33.0 | 美　国 | United States | 3280.5 | 2654.9 |
| 土耳其 | Turkey | 13.9 | 22.5 | 印度尼西亚 | Indonesia | 841.3 | 1774.4 |
| 越　南 | Viet Nam | 7.0 | 21.7 | 菲律宾 | Philippines | 1075.1 | 1637.1 |
| 伊　朗 | Iran | 5.0 | 15.8 | 墨西哥 | Mexico | 1330.7 | 1591.8 |
| 印度尼西亚 | Indonesia | 16.3 | 15.0 | 土耳其 | Turkey | 1086.1 | 1497.5 |
| 阿根廷 | Argentina | 7.4 | 10.0 | 西班牙 | Spain | 1611.6 | 1399.6 |
| 日　本 | Japan | 8.5 | 8.6 | 意大利 | Italy | 1799.0 | 1388.9 |
| 泰　国 | Thailand | 3.2 | 7.5 | 伊　朗 | Iran | 1228.8 | 1197.2 |
| 孟加拉国 | Bangladesh | 4.6 | 6.2 | 泰　国 | Thailand | 1050.0 | 1125.6 |
| 马拉维 | Malawi | 4.2 | 5.4 | 尼日利亚 | Nigeria | 928.3 | 1105.5 |
| 乌干达 | Uganda | 2.9 | 5.1 | 埃　及 | Egypt | 696.6 | 1068.3 |
| 坦桑尼亚 | Tanzania | 2.4 | 3.3 | 乌干达 | Uganda | 1009.1 | 982.6 |
| 缅　甸 | Myanmar | 1.9 | 3.2 | 哥伦比亚 | Colombia | 685.1 | 852.7 |
| 卢旺达 | Rwanda | 1.5 | 2.3 | 厄瓜多尔 | Ecuador | 767.1 | 837.5 |
| 莫桑比克 | Mozambique | 1.1 | 2.2 | 阿根廷 | Argentina | 717.4 | 826.0 |
| 津巴布韦 | Zimbabwe | 2.2 | 1.9 | 法　国 | France | 1126.5 | 775.4 |
| 尼泊尔 | Nepal | 0.5 | 1.9 | 越　南 | Viet Nam | 436.3 | 660.0 |
| 马来西亚 | Malaysia | 0.6 | 1.8 | 智　利 | Chile | 389.0 | 651.4 |
| 中国台湾 | Taiwan, China | 2.0 | 1.5 | 巴基斯坦 | Pakistan | 518.6 | 640.0 |
| 阿塞拜疆 | Azerbaijan | 0.1 | 1.2 | 南　非 | South Africa | 511.1 | 630.0 |
| 布隆迪 | Burundi | 0.7 | 0.9 | 哥斯达黎加 | Costa Rica | 381.5 | 543.5 |
| 埃塞俄比亚 | Ethiopia | 0.4 | 0.8 | 肯尼亚 | Kenya | 218.0 | 536.5 |
| 巴布亚新几内亚 | Papua New Guinea | 0.6 | 0.5 | 喀麦隆 | Cameroon | 199.4 | 525.6 |
| 喀麦隆 | Cameroon | 0.4 | 0.5 | 秘　鲁 | Peru | 318.7 | 500.2 |
| 秘　鲁 | Peru | 0.6 | 0.3 | 加　纳 | Ghana | 239.1 | 458.0 |
| 刚果(金) | Congo, Dem. Rep. | 0.2 | 0.3 | 危地马拉 | Guatemala | 197.3 | 406.9 |
| 韩　国 | Korea, Rep. | 0.1 | 0.3 | 坦桑尼亚 | Tanzania | 185.4 | 395.9 |
| 厄瓜多尔 | Ecuador | 0.1 | 0.3 | 波　兰 | Poland | 224.7 | 388.9 |
| 格鲁吉亚 | Georgia | 2.4 | 0.3 | 阿尔及利亚 | Algeria | 142.8 | 383.7 |
| 毛里求斯 | Mauritius | 0.1 | 0.2 | 摩洛哥 | Morocco | 268.1 | 377.5 |
| 巴　西 | Brazil | 0.8 | 0.2 | 孟加拉国 | Bangladesh | 136.1 | 365.6 |
| 玻利维亚 | Bolivia | 0.1 | 0.1 | 卢旺达 | Rwanda | 230.4 | 359.1 |
| 南　非 | South Africa | 1.3 | 0.1 | 安哥拉 | Angola | 44.7 | 351.2 |
| 老　挝 | Laos | 0.0 | 0.1 | 希　腊 | Greece | 415.2 | 344.0 |
| 赞比亚 | Zambia | 0.1 | 0.1 | 多米尼加 | Dominican Rep. | 141.2 | 325.5 |
| 留尼汪 | Reunion | 0.1 | 0.1 | 澳大利亚 | Australia | 308.4 | 324.4 |
| 马达加斯加 | Madagascar | 0.1 | 0.1 | 乌兹别克斯坦 | Uzbekistan | 141.5 | 307.4 |
| 萨尔瓦多 | El Salvador | 0.0 | 0.1 | 日　本 | Japan | 382.1 | 305.7 |
| 危地马拉 | Guatemala | 0.1 | 0.1 | 俄罗斯 | Russia | 340.2 | 292.0 |
| 巴拿马 | Panama | 0.0 | 0.0 | 韩　国 | Korea, Rep. | 262.6 | 276.7 |
| 葡萄牙 | Portugal | 0.0 | 0.0 | 中国台湾 | Taiwan, China | 224.8 | 260.9 |
| 马　里 | Mali | 0.0 | 0.0 | 德　国 | Germany | 509.5 | 256.7 |
| 黑　山 | Montenegro |  | 0.0 | 委内瑞拉 | Venezuela | 319.0 | 246.0 |
| 哥伦比亚 | Colombia | 0.0 | 0.0 | 缅　甸 | Myanmar | 141.6 | 242.5 |
| 俄罗斯 | Russia | 0.2 | 0.0 | 乌克兰 | Ukraine | 191.7 | 236.8 |
| 塞舌尔 | Seychelles | 0.0 |  | 巴布亚新几内亚 | Papua New Guinea | 166.6 | 231.1 |
| 美属维尔京群岛 | Virgin Islands(US) |  |  | 科特迪瓦 | Cote D'Ivoire | 234.7 | 217.1 |

# 11-4　主要林产品产量
# Output of Major Forest Products

资料来源：联合国FAO数据库。
Source: FAO Database.
单位：吨　　(ton)

| 国家或地区 | Country or Area | 栗子 Chestnuts | | 榛子 Hazelnuts, with Shell | | 天然橡胶 Natural Rubber | | 核桃 Walnuts, with Shell | |
|---|---|---|---|---|---|---|---|---|---|
| | | 2005 | 2012 | 2005 | 2012 | 2005 | 2012 | 2005 | 2012 |
| **世　界** | **World** | **1367004** | **1998880** | **759244** | **914447** | **9219734** | **11445176** | **1787613** | **3418559** |
| 中　国 | China | 1031857 | 1650000 | 13500 | 23000 | 513618 | 780000 | 499074 | 1700000 |
| 孟加拉国 | Bangladesh | | | | | 5200 | 6000 | | |
| 文　莱 | Brunei Darussalam | | | | | 257 | 243 | | |
| 柬埔寨 | Cambodia | | | | | 20329 | 43471 | | |
| 印　度 | India | | | | | 802625 | 805000 | 32000 | 40000 |
| 印度尼西亚 | Indonesia | | | | | 2270891 | 3040400 | | |
| 伊　朗 | Iran | | | 17889 | 21440 | | | 215000 | 450000 |
| 日　本 | Japan | 21800 | 20900 | | | | | | |
| 哈萨克斯坦 | Kazakhstan | | | | | | | 2000 | 2300 |
| 朝　鲜 | Korea, Dem. | 9000 | 12000 | | | | | | |
| 韩　国 | Korea, Rep. | 76447 | 70000 | | | | | 868 | 1400 |
| 马来西亚 | Malaysia | | | | | 1126000 | 970000 | | |
| 蒙　古 | Mongolia | | | 369 | 545 | | | | |
| 缅　甸 | Myanmar | | | | | 51500 | 152000 | | |
| 巴基斯坦 | Pakistan | | | | | | | 14867 | 11500 |
| 菲律宾 | Philippines | | | | | 104160 | 164200 | | |
| 斯里兰卡 | Sri Lanka | | | | | 104350 | 150600 | | |
| 泰　国 | Thailand | | | | | 2979722 | 3500000 | | |
| 越　南 | Viet Nam | | | | | 481600 | 863773 | | |
| 埃　及 | Egypt | | | | | | | 27000 | 20000 |
| 尼日利亚 | Nigeria | | | | | 158600 | 143500 | | |
| 墨西哥 | Mexico | | | | | 24756 | 47639 | 79871 | 110605 |
| 美　国 | United States | | | 25038 | 30000 | | | 322051 | 425820 |
| 阿根廷 | Argentina | | | | | | | 9491 | 12800 |
| 巴　西 | Brazil | | | | | 103708 | 177100 | 2176 | 5817 |
| 白俄罗斯 | Belarus | | | 1210 | 1305 | | | 18937 | 16500 |
| 捷　克 | Czech Rep. | | | | | | | 4903 | 12000 |
| 法　国 | France | 8144 | 8581 | 4459 | 8358 | | | 32716 | 36425 |
| 德　国 | Germany | | | | | | | 16880 | 16000 |
| 意大利 | Italy | 52000 | 52000 | 87879 | 85232 | | | 11000 | 11000 |
| 波　兰 | Poland | 64 | 460 | 3061 | 4223 | | | 5836 | 12310 |
| 俄罗斯 | Russia | 3500 | | 615 | 1000 | | | 3800 | 2250 |
| 西班牙 | Spain | 8629 | 10000 | 23027 | 13900 | | | 8629 | 13100 |
| 土耳其 | Turkey | 50000 | 59789 | 530000 | 660000 | | | 150000 | 194298 |
| 乌克兰 | Ukraine | 201 | 250 | 13 | 20 | | | 91000 | 96900 |
| 澳大利亚 | Australia | | | | | | | 23 | 2800 |

# 11-5 牲畜饲养量(2012年)

# Number of Livestock(2012)

资料来源：联合国FAO数据库。
Source: FAO Database.
单位：万头(只) (10 000 heads)

| 国家或地区 | Country or Area | 牛 Cattle | 马 Horses | 山羊 Goats | 绵羊 Sheep | 猪 Pigs |
|---|---|---|---|---|---|---|
| **世　界** | **World** | **147872.0** | **5853.2** | **99291.0** | **116707.7** | **96988.2** |
| 中　国 | China | 11411.4 | 671.1 | 18321.7 | 18326.5 | 47404.4 |
| 孟加拉国 | Bangladesh | 2319.5 | | 5500.0 | 189.0 | |
| 文　莱 | Brunei Darussalam | 0.1 | | 0.7 | 0.4 | 0.1 |
| 柬埔寨 | Cambodia | 291.5 | 2.9 | | | 212.0 |
| 印　度 | India | 21261.5 | 52.5 | 16000.0 | 7500.0 | 940.0 |
| 印度尼西亚 | Indonesia | 1598.1 | 43.7 | 1790.6 | 1342.0 | 790.0 |
| 伊　朗 | Iran | 865.0 | 14.0 | 2209.4 | 5021.5 | |
| 以色列 | Israel | 43.5 | 0.4 | 10.0 | 54.0 | 22.4 |
| 日　本 | Japan | 417.2 | 1.6 | 1.6 | 1.3 | 973.5 |
| 哈萨克斯坦 | Kazakhstan | 569.0 | 168.6 | 249.6 | 1513.7 | 103.2 |
| 朝　鲜 | Korea, Dem. | 59.0 | 4.8 | 360.0 | 17.0 | 225.6 |
| 韩　国 | Korea, Rep. | 347.9 | 3.0 | 25.7 | 0.3 | 991.6 |
| 老　挝 | Laos | 169.2 | 3.2 | 44.4 | | 279.4 |
| 马来西亚 | Malaysia | 78.5 | 0.4 | 50.5 | 12.5 | 179.9 |
| 蒙　古 | Mongolia | 258.5 | 233.0 | 1755.9 | 1814.1 | 4.0 |
| 缅　甸 | Myanmar | 1450.0 | 11.5 | 390.0 | 86.0 | 1050.0 |
| 巴基斯坦 | Pakistan | 3690.0 | 40.0 | 6310.0 | 2840.0 | |
| 菲律宾 | Philippines | 249.3 | 24.2 | 371.5 | 3.0 | 1186.3 |
| 斯里兰卡 | Sri Lanka | 123.6 | 0.1 | 38.3 | 0.9 | 8.9 |
| 泰　国 | Thailand | 539.3 | 0.7 | 45.0 | 5.4 | 780.0 |
| 越　南 | Viet Nam | 519.4 | 8.4 | 134.4 | | 2649.4 |
| 埃　及 | Egypt | 494.6 | 7.4 | 430.6 | 543.0 | 1.1 |
| 尼日利亚 | Nigeria | 1920.0 | 21.5 | 5760.0 | 3850.0 | 790.0 |
| 南　非 | South Africa | 1388.8 | 30.8 | 614.2 | 2439.1 | 157.9 |
| 加拿大 | Canada | 1230.5 | 40.7 | 3.0 | 88.7 | 1266.8 |
| 墨西哥 | Mexico | 3192.5 | 635.6 | 874.4 | 840.6 | 1585.8 |
| 美　国 | United States | 9076.9 | 1025.0 | 286.2 | 536.5 | 6641.3 |
| 阿根廷 | Argentina | 4959.7 | 365.0 | 435.0 | 1430.0 | 240.0 |
| 巴　西 | Brazil | 21127.9 | 536.3 | 864.6 | 1678.9 | 3879.6 |
| 委内瑞拉 | Venezuela | 1452.8 | 52.0 | 142.5 | 59.2 | 382.9 |
| 白俄罗斯 | Belarus | 424.7 | 10.0 | 7.3 | 5.3 | 398.9 |
| 捷　克 | Czech Rep. | 135.4 | 3.3 | 2.4 | 22.1 | 157.9 |
| 法　国 | France | 1900.6 | 41.4 | 130.8 | 746.2 | 1376.0 |
| 德　国 | Germany | 1247.7 | 50.0 | 16.2 | 165.8 | 2813.2 |
| 意大利 | Italy | 625.2 | 39.6 | 96.0 | 794.3 | 935.1 |
| 荷　兰 | Netherlands | 387.9 | 13.7 | 39.7 | 104.3 | 1223.4 |
| 波　兰 | Poland | 577.7 | 22.2 | 9.0 | 26.7 | 1158.1 |
| 俄罗斯 | Russia | 2013.4 | 136.2 | 209.1 | 2076.7 | 1725.8 |
| 西班牙 | Spain | 581.3 | 25.0 | 263.7 | 1633.9 | 2525.0 |
| 土耳其 | Turkey | 1238.6 | 15.1 | 727.8 | 2503.2 | 0.2 |
| 乌克兰 | Ukraine | 442.6 | 39.6 | 64.6 | 109.3 | 737.3 |
| 英　国 | United Kingdom | 990.0 | 39.0 | 9.8 | 3221.5 | 448.1 |
| 澳大利亚 | Australia | 2841.8 | 26.5 | 355.0 | 7472.2 | 213.8 |
| 新西兰 | New Zealand | 1018.0 | 5.7 | 9.0 | 3126.3 | 31.4 |

# 11-6 畜产品产量(2012年)
# Output of Livestock Products(2012)

资料来源：联合国FAO数据库。
Source: FAO Database.
单位：万吨 (10 000 tons)

| 国家或地区 | Country or Area | 肉类总产量 Meat, Total | 牛肉 Beef and Buffalo Meat | 羊肉 Sheep and Goat Meat | 猪肉 Pig Meat | 禽肉 Poultry Meat |
|---|---|---|---|---|---|---|
| **世界** | **World** | **30239.0** | **6688.6** | **1377.1** | **10912.2** | **10563.6** |
| 中国 | China | 8112.3 | 657.6 | 398.2 | 5000.4 | 1889.4 |
| 孟加拉国 | Bangladesh | 63.1 | 20.1 | 20.4 | | 20.9 |
| 文莱 | Brunei Darussalam | 2.1 | 0.1 | | | 2.0 |
| 柬埔寨 | Cambodia | 20.0 | 7.3 | | 9.9 | 2.8 |
| 印度 | India | 629.2 | 262.6 | 89.7 | 32.9 | 225.8 |
| 印度尼西亚 | Indonesia | 316.8 | 54.1 | 11.5 | 72.9 | 178.1 |
| 伊朗 | Iran | 250.0 | 25.1 | 26.9 | | 196.2 |
| 以色列 | Israel | 72.8 | 11.7 | 1.4 | 1.9 | 57.8 |
| 日本 | Japan | 326.8 | 51.9 | | 129.7 | 144.5 |
| 哈萨克斯坦 | Kazakhstan | 93.4 | 39.1 | 14.9 | 21.2 | 10.1 |
| 朝鲜 | Korea, Dem. | 34.3 | 2.2 | 1.6 | 11.3 | 4.4 |
| 韩国 | Korea, Rep. | 198.4 | 30.0 | 0.1 | 98.2 | 69.5 |
| 老挝 | Laos | 13.7 | 4.8 | 0.2 | 6.2 | 2.5 |
| 马来西亚 | Malaysia | 159.2 | 3.0 | 0.2 | 23.6 | 132.4 |
| 蒙古 | Mongolia | 22.2 | 6.0 | 12.4 | | |
| 缅甸 | Myanmar | 212.2 | 26.2 | 4.8 | 62.0 | 119.3 |
| 巴基斯坦 | Pakistan | 289.9 | 158.7 | 45.0 | | 83.9 |
| 菲律宾 | Philippines | 302.3 | 29.7 | 5.3 | 167.8 | 97.9 |
| 新加坡 | Singapore | 11.7 | | | 2.0 | 9.7 |
| 斯里兰卡 | Sri Lanka | 14.2 | 3.4 | 0.2 | 0.1 | 10.5 |
| 泰国 | Thailand | 243.9 | 20.3 | 0.2 | 88.6 | 134.8 |
| 越南 | Viet Nam | 420.6 | 39.3 | 0.8 | 316.0 | 61.8 |
| 埃及 | Egypt | 203.1 | 86.5 | 13.1 | | 91.7 |
| 尼日利亚 | Nigeria | 156.3 | 39.0 | 46.9 | 24.9 | 29.0 |
| 南非 | South Africa | 277.6 | 84.4 | 17.8 | 21.1 | 149.6 |
| 加拿大 | Canada | 448.3 | 120.5 | 1.7 | 199.8 | 123.3 |
| 墨西哥 | Mexico | 607.9 | 182.1 | 9.9 | 123.9 | 283.3 |
| 美国 | United States | 4254.8 | 1184.9 | 7.3 | 1055.5 | 1979.6 |
| 阿根廷 | Argentina | 466.2 | 250.0 | 5.9 | 30.5 | 171.1 |
| 巴西 | Brazil | 2496.1 | 930.7 | 11.5 | 346.5 | 1205.1 |
| 委内瑞拉 | Venezuela | 179.0 | 50.0 | 0.9 | 17.5 | 83.1 |
| 白俄罗斯 | Belarus | 105.6 | 29.8 | 0.1 | 43.5 | 32.0 |
| 捷克 | Czech Rep. | 51.6 | 6.6 | 0.3 | 25.0 | 15.7 |
| 法国 | France | 569.0 | 149.2 | 12.6 | 218.0 | 172.0 |
| 德国 | Germany | 819.4 | 114.6 | 3.7 | 547.4 | 142.8 |
| 意大利 | Italy | 425.0 | 98.2 | 4.8 | 165.1 | 126.1 |
| 荷兰 | Netherlands | 268.6 | 37.4 | 1.5 | 133.2 | 96.4 |
| 波兰 | Poland | 379.3 | 38.4 | 0.1 | 183.6 | 154.6 |
| 俄罗斯 | Russia | 813.7 | 164.2 | 19.0 | 255.9 | 334.6 |
| 西班牙 | Spain | 543.9 | 59.1 | 13.2 | 346.6 | 116.5 |
| 土耳其 | Turkey | 286.2 | 80.1 | 32.1 | | 173.7 |
| 乌克兰 | Ukraine | 221.0 | 38.9 | 2.0 | 70.1 | 107.5 |
| 英国 | United Kingdom | 360.6 | 88.5 | 27.5 | 82.5 | 161.2 |
| 澳大利亚 | Australia | 416.1 | 212.5 | 58.2 | 35.0 | 107.7 |
| 新西兰 | New Zealand | 130.3 | 60.3 | 44.9 | 5.0 | 17.2 |

## 11-6 续表 continued

单位：万吨 (10 000 tons)

| 国家或地区 | Country or Area | 蛋类 Eggs Total | 鸡蛋 Hen Eggs | 奶类总产量 Milk Total | 牛奶 Cow Milk | 羊毛 Wool, Greasy | 蜂蜜 Natural Honey |
|---|---|---|---|---|---|---|---|
| **世　界** | **World** | **7191.9** | **6640.0** | **75392.5** | **62600.0** | **206.7** | **159.3** |
| 中　国 | China | 2915.9 | 2480.0 | 4273.3 | 3780.0 | 40.0 | 45.2 |
| 孟加拉国 | Bangladesh | 29.2 | 20.5 | 351.9 | 83.5 | 0.2 | |
| 文　莱 | Brunei Darussalam | 0.7 | 0.7 | | | | |
| 柬埔寨 | Cambodia | 2.3 | 1.9 | 2.3 | 2.3 | | |
| 印　度 | India | 360.0 | 360.0 | 12485.0 | 5400.0 | 4.6 | 6.1 |
| 印度尼西亚 | Indonesia | 133.5 | 105.9 | 142.3 | 101.8 | 3.1 | |
| 伊　朗 | Iran | 62.5 | 62.5 | 738.5 | 655.0 | 6.2 | 4.8 |
| 以色列 | Israel | 12.0 | 12.0 | 141.0 | 136.6 | 0.1 | 0.3 |
| 日　本 | Japan | 250.7 | 250.7 | 763.0 | 763.0 | | 0.3 |
| 哈萨克斯坦 | Kazakhstan | 20.6 | 20.5 | 485.7 | 483.0 | 4.0 | 0.1 |
| 朝　鲜 | Korea, Dem. | 12.5 | 12.5 | 9.8 | 9.8 | | |
| 韩　国 | Korea, Rep. | 63.2 | 60.0 | 190.4 | 190.0 | | 2.5 |
| 老　挝 | Laos | 1.6 | 1.6 | 0.7 | 0.7 | | |
| 马来西亚 | Malaysia | 65.7 | 64.3 | 8.4 | 7.5 | | |
| 蒙　古 | Mongolia | | | 45.4 | 33.9 | 1.7 | |
| 缅　甸 | Myanmar | 42.2 | 38.0 | 162.6 | 130.0 | 0.1 | 0.2 |
| 巴基斯坦 | Pakistan | 62.6 | 61.8 | 3786.1 | 1340.0 | 4.3 | 0.4 |
| 菲律宾 | Philippines | 49.9 | 42.1 | 1.8 | 1.8 | | |
| 新加坡 | Singapore | 2.5 | 2.4 | | | | |
| 斯里兰卡 | Sri Lanka | 6.9 | 6.9 | 30.2 | 23.5 | | |
| 泰　国 | Thailand | 105.1 | 65.6 | 106.4 | 106.4 | | 0.8 |
| 越　南 | Viet Nam | 35.0 | 35.0 | 37.7 | 34.5 | | 1.2 |
| 埃　及 | Egypt | 31.0 | 31.0 | 601.7 | 325.0 | 1.3 | 0.6 |
| 尼日利亚 | Nigeria | 64.0 | 64.0 | 56.6 | 56.6 | | |
| 南　非 | South Africa | 53.5 | 53.5 | 336.8 | 336.8 | 4.0 | 0.1 |
| 加拿大 | Canada | 44.3 | 44.3 | 845.0 | 845.0 | 0.1 | 2.9 |
| 墨西哥 | Mexico | 231.8 | 231.8 | 1103.7 | 1090.0 | 0.5 | 5.9 |
| 美　国 | United States | 543.5 | 543.5 | 9086.5 | 9090.0 | 1.4 | 6.7 |
| 阿根廷 | Argentina | 60.0 | 60.0 | 1181.5 | 1180.0 | 5.5 | 7.6 |
| 巴　西 | Brazil | 224.4 | 208.4 | 3245.4 | 3230.0 | 1.2 | 3.4 |
| 委内瑞拉 | Venezuela | 16.2 | 16.2 | 240.0 | 240.0 | | |
| 白俄罗斯 | Belarus | 21.8 | 21.5 | 676.7 | 675.4 | | 0.3 |
| 捷　克 | Czech Rep. | 11.5 | 11.5 | 282.5 | 281.5 | | 0.7 |
| 法　国 | France | 85.4 | 85.4 | 2488.2 | 2400.0 | 1.5 | 1.2 |
| 德　国 | Germany | 83.2 | 83.2 | 3052.0 | 3050.0 | 1.4 | 1.6 |
| 意大利 | Italy | 76.5 | 76.5 | 1120.6 | 1060.0 | 0.8 | 1.0 |
| 荷　兰 | Netherlands | 67.2 | 67.2 | 1189.3 | 1170.0 | 0.3 | |
| 波　兰 | Poland | 53.0 | 53.0 | 1268.5 | 1270.0 | 0.1 | 1.2 |
| 俄罗斯 | Russia | 236.5 | 233.4 | 3182.5 | 3160.0 | 5.5 | 6.5 |
| 西班牙 | Spain | 69.5 | 69.3 | 730.9 | 631.3 | 2.3 | 3.0 |
| 土耳其 | Turkey | 93.2 | 93.2 | 1740.4 | 1600.0 | 5.1 | 8.8 |
| 乌克兰 | Ukraine | 111.7 | 109.3 | 1154.5 | 1130.0 | 0.4 | 7.0 |
| 英　国 | United Kingdom | 64.5 | 63.0 | 1388.4 | 1390.0 | 6.8 | 0.6 |
| 澳大利亚 | Australia | 21.5 | 21.5 | 948.0 | 948.0 | 36.2 | 1.1 |
| 新西兰 | New Zealand | 5.7 | 5.4 | 2005.3 | 2010.0 | 16.5 | 1.0 |

# 11-7 鱼类产量

# Output of Total Fishes

资料来源：联合国FAO数据库。
Source: FAO Database.

单位：万吨 (10 000 tons)

| 国家或地区 | Country or Area | 鱼类产量 Output of Total Fishes | | 海域鱼类产量 Ocean Area | | 内陆水域鱼类产量 Inland Area | |
|---|---|---|---|---|---|---|---|
| | | 2000 | 2012 | 2000 | 2012 | 2000 | 2012 |
| 中　国 | China | 2271.3 | 3580.6 | 888.0 | 1082.9 | 1383.3 | 2497.7 |
| 印　度 | India | 501.3 | 815.5 | 230.7 | 292.9 | 270.7 | 522.7 |
| 印度尼西亚 | Indonesia | 428.7 | 786.3 | 362.7 | 539.7 | 66.0 | 246.5 |
| 缅　甸 | Myanmar | 116.3 | 435.3 | 87.3 | 228.4 | 29.0 | 206.9 |
| 俄罗斯 | Russia | 385.2 | 432.0 | 348.7 | 392.6 | 36.5 | 39.4 |
| 秘　鲁 | Peru | 1054.1 | 429.6 | 1050.7 | 423.3 | 3.4 | 6.3 |
| 美　国 | United States | 395.6 | 422.5 | 361.4 | 402.2 | 34.3 | 20.3 |
| 越　南 | Viet Nam | 159.4 | 413.0 | 104.9 | 184.7 | 54.5 | 228.2 |
| 挪　威 | Norway | 311.9 | 334.1 | 311.9 | 334.0 | 0.1 | 0.1 |
| 日　本 | Japan | 396.6 | 316.8 | 385.8 | 311.3 | 10.8 | 5.5 |
| 智　利 | Chile | 448.7 | 312.9 | 448.6 | 307.0 | 0.1 | 6.0 |
| 孟加拉国 | Bangladesh | 159.3 | 300.9 | 33.0 | 58.4 | 126.3 | 242.5 |
| 菲律宾 | Philippines | 198.9 | 279.0 | 181.5 | 235.7 | 17.4 | 43.2 |
| 泰　国 | Thailand | 271.0 | 189.4 | 224.9 | 129.2 | 46.1 | 60.3 |
| 冰　岛 | Iceland | 194.0 | 144.3 | 193.9 | 144.2 | 0.1 | 0.1 |
| 马来西亚 | Malaysia | 114.1 | 142.6 | 108.8 | 127.0 | 5.3 | 15.6 |
| 巴　西 | Brazil | 74.3 | 137.2 | 40.3 | 50.1 | 34.0 | 87.1 |
| 墨西哥 | Mexico | 108.7 | 136.3 | 96.6 | 122.3 | 12.1 | 14.0 |
| 埃　及 | Egypt | 70.3 | 134.7 | 11.6 | 9.7 | 58.8 | 125.0 |
| 韩　国 | Korea, Rep. | 127.2 | 126.9 | 125.2 | 124.6 | 2.0 | 2.3 |
| 摩洛哥 | Morocco | 74.1 | 111.3 | 73.9 | 109.9 | 0.3 | 1.4 |
| 中国台湾 | Taiwan, China | 96.6 | 98.8 | 84.3 | 86.6 | 12.3 | 12.2 |
| 西班牙 | Spain | 98.2 | 90.6 | 94.3 | 88.5 | 3.9 | 2.1 |
| 尼日利亚 | Nigeria | 44.2 | 88.5 | 28.4 | 31.9 | 15.8 | 56.6 |
| 南　非 | South Africa | 63.6 | 69.4 | 63.4 | 69.1 | 0.3 | 0.3 |
| 英　国 | United Kingdom | 76.2 | 64.4 | 74.9 | 63.1 | 1.3 | 1.3 |
| 柬埔寨 | Cambodia | 28.6 | 61.2 | 2.7 | 9.3 | 25.9 | 51.9 |
| 巴基斯坦 | Pakistan | 58.6 | 57.0 | 39.7 | 30.7 | 18.9 | 26.3 |
| 土耳其 | Turkey | 56.0 | 56.2 | 47.7 | 41.7 | 8.3 | 14.5 |
| 厄瓜多尔 | Ecuador | 60.5 | 54.7 | 59.5 | 50.6 | 1.0 | 4.1 |
| 阿根廷 | Argentina | 56.4 | 52.4 | 53.2 | 50.7 | 3.2 | 1.7 |
| 加拿大 | Canada | 66.7 | 52.0 | 61.4 | 48.4 | 5.3 | 3.7 |
| 乌干达 | Uganda | 22.0 | 50.4 | | | 22.0 | 50.4 |
| 丹　麦 | Denmark | 145.1 | 48.4 | 141.5 | 46.2 | 3.7 | 2.2 |
| 纳米比亚 | Namibia | 58.7 | 46.9 | 58.5 | 46.6 | 0.2 | 0.3 |
| 斯里兰卡 | Sri Lanka | 29.5 | 45.7 | 26.3 | 38.3 | 3.2 | 7.4 |
| 塞内加尔 | Senegal | 40.9 | 43.7 | 35.7 | 40.3 | 5.2 | 3.4 |
| 法罗群岛 | Faeroe Islands | 47.3 | 42.5 | 47.3 | 42.5 | | |
| 新西兰 | New Zealand | 52.2 | 41.0 | 52.1 | 40.7 | 0.2 | 0.2 |
| 毛里塔尼亚 | Mauritania | 9.4 | 40.2 | 8.4 | 38.7 | 1.0 | 1.5 |
| 加　纳 | Ghana | 45.4 | 38.7 | 37.4 | 26.9 | 8.0 | 11.8 |
| 法　国 | France | 58.8 | 38.6 | 53.1 | 34.5 | 5.7 | 4.1 |
| 荷　兰 | Netherlands | 46.9 | 32.9 | 46.0 | 32.3 | 0.9 | 0.6 |
| 安哥拉 | Angola | 23.5 | 27.5 | 22.8 | 26.4 | 0.7 | 1.1 |
| 巴布亚新几内亚 | Papua New Guinea | 10.6 | 25.8 | 9.3 | 24.3 | 1.4 | 1.5 |
| 爱尔兰 | Ireland | 26.8 | 25.8 | 26.6 | 25.7 | 0.2 | 0.1 |

# 11-8 农业机械使用量(2009年)

# Agricultural Machinery in Use(2009)

资料来源：联合国FAO数据库。
Source: FAO Database.
单位：万部 (10 000 sets)

| 国家或地区 | Country or Area | 农用拖拉机 Agricultural Tractors | 收割-脱粒机 Combine Harvesters Threshers | 挤奶机 Milking Machines |
|---|---|---|---|---|
| 孟加拉国 | Bangladesh | 0.3① | … | |
| 柬埔寨 | Cambodia | 0.5② | … | |
| 印度 | India | 314.9① | 47.7① | |
| 印度尼西亚 | Indonesia | 0.5① | 10.8① | |
| 伊朗 | Iran | 30.8 | 1.1 | 2.4 |
| 以色列 | Israel | 2.1② | … | 0.2① |
| 日本 | Japan | 187.7 | 95.7 | 16.0 |
| 哈萨克斯坦 | Kazakhstan | 4.0 | 1.9 | 0.1 |
| 朝鲜 | Korea, Dem. | 6.4① | | |
| 韩国 | Korea, Rep. | 25.4② | 8.5② | |
| 老挝 | Laos | 0.1① | | |
| 蒙古 | Mongolia | 0.3② | 0.1② | |
| 缅甸 | Myanmar | 1.2② | 2.4 | |
| 巴基斯坦 | Pakistan | 47.0① | 0.2① | |
| 菲律宾 | Philippines | 6.3① | 0.1① | |
| 斯里兰卡 | Sri Lanka | 2.2① | … | |
| 泰国 | Thailand | 83.0① | 4.8② | 0.1① |
| 越南 | Viet Nam | 16.3① | 22.3① | |
| 埃及 | Egypt | 10.3② | 0.3② | |
| 尼日利亚 | Nigeria | 2.5 | … | … |
| 南非 | South Africa | 6.3① | 1.1① | |
| 加拿大 | Canada | 73.3① | 8.1① | |
| 墨西哥 | Mexico | 23.9① | 2.3① | |
| 美国 | United States | 439.0① | 34.7① | |
| 阿根廷 | Argentina | 25.4 | 5.0 | 0.8 |
| 巴西 | Brazil | 77.7① | 5.4① | |
| 委内瑞拉 | Venezuela | 4.9① | 0.6① | |
| 白俄罗斯 | Belarus | 4.8 | 1.2 | 1.4 |
| 捷克 | Czech Rep. | 8.4 | 1.0 | 0.7 |
| 法国 | France | 113.5 | 7.7 | 20.0 |
| 德国 | Germany | 76.7 | 8.5 | 25.0 |
| 意大利 | Italy | 191.3 | 5.5 | 15.0 |
| 荷兰 | Netherlands | 14.4 | 0.6 | 3.8 |
| 波兰 | Poland | 157.7 | 16.0① | 27.2① |
| 俄罗斯 | Russia | 33.0 | 8.6 | 3.3 |
| 西班牙 | Spain | 103.9 | 5.2 | 13.0① |
| 土耳其 | Turkey | 105.3 | 1.3 | 18.4 |
| 乌克兰 | Ukraine | 33.4 | 5.7 | 1.1 |
| 英国 | United Kingdom | 44.3 | 4.0 | 15.7 |
| 澳大利亚 | Australia | 31.5 | 5.7 | 20.0 |
| 新西兰 | New Zealand | 7.7 | 0.3 | 1.4 |

注：①2007年数据。②2008年数据。
Note:①Data refer to 2007.②Data refer to 2008.

# 11-9 化肥施用量(2012年)
# Consumption of Fertilizers(2012)

资料来源：联合国FAO数据库。
Source: FAO Database.
单位：万吨 (10 000 tons)

| 国家或地区 | Country or Area | 化肥 Fertilizers | | | |
|---|---|---|---|---|---|
| | | | 氮肥 Nitrogen Fertilizers | 磷肥 Phosphate Fertilizers | 钾肥 Potash Fertilizers |
| **世　界** | **World** | **19461.6** | **11973.4** | **4639.7** | **2848.4** |
| 中　国 | China | 6901.6 | 4514.6 | 1672.0 | 715.0 |
| 孟加拉国 | Bangladesh | 213.9 | 113.1 | 57.8 | 43.0 |
| 文　莱 | Brunei Darussalam | 0.1 | 0.0 | 0.0 | 0.0 |
| 柬埔寨 | Cambodia | 6.8 | 4.4 | 2.1 | 0.4 |
| 印　度 | India | 2556.5 | 1684.7 | 673.2 | 198.7 |
| 印度尼西亚 | Indonesia | 457.8 | 294.7 | 68.1 | 95.0 |
| 伊　朗 | Iran | 46.6 | 31.1 | 13.2 | 2.3 |
| 以色列 | Israel | 10.8 | 6.4 | 1.2 | 3.2 |
| 日　本 | Japan | 110.0 | 43.3 | 40.8 | 26.0 |
| 哈萨克斯坦 | Kazakhstan | 4.2 | 2.4 | 1.7 | 0.1 |
| 韩　国 | Korea, Rep. | 73.2 | 30.3 | 21.3 | 21.6 |
| 马来西亚 | Malaysia | 151.5 | 55.8 | 22.4 | 73.4 |
| 蒙　古 | Mongolia | 1.6 | 1.6 | | 0.0 |
| 缅　甸 | Myanmar | 17.0 | 13.2 | 2.2 | 1.7 |
| 巴基斯坦 | Pakistan | 353.6 | 284.7 | 66.9 | 2.0 |
| 菲律宾 | Philippines | 63.0 | 44.7 | 10.1 | 8.1 |
| 新加坡 | Singapore | 0.2 | 0.2 | 0.0 | |
| 斯里兰卡 | Sri Lanka | 24.9 | 16.4 | 6.3 | 2.3 |
| 泰　国 | Thailand | 253.7 | 159.8 | 50.0 | 43.9 |
| 越　南 | Viet Nam | 190.1 | 91.7 | 48.2 | 50.2 |
| 埃　及 | Egypt | 161.1 | 120.6 | 37.3 | 3.2 |
| 尼日利亚 | Nigeria | 16.7 | 11.5 | 2.8 | 2.4 |
| 南　非 | South Africa | 74.4 | 43.0 | 19.0 | 12.4 |
| 加拿大 | Canada | 341.4 | 234.0 | 72.5 | 35.0 |
| 墨西哥 | Mexico | 166.6 | 135.6 | 10.7 | 20.3 |
| 美　国 | United States | 2033.6 | 1209.2 | 398.5 | 426.0 |
| 阿根廷 | Argentina | 152.6 | 97.3 | 51.5 | 3.8 |
| 巴　西 | Brazil | 1319.5 | 425.1 | 434.3 | 460.1 |
| 委内瑞拉 | Venezuela | 45.2 | 28.3 | 6.9 | 10.0 |
| 白俄罗斯 | Belarus | 149.8 | 55.7 | 22.1 | 72.0 |
| 捷　克 | Czech Rep. | 33.4 | 23.6 | 4.4 | 5.4 |
| 法　国 | France | 250.4 | 191.5 | 25.3 | 33.7 |
| 德　国 | Germany | 235.4 | 164.9 | 28.4 | 42.1 |
| 意大利 | Italy | 107.4 | 68.5 | 20.8 | 18.1 |
| 荷　兰 | Netherlands | 31.4 | 27.8 | 1.5 | 2.1 |
| 波　兰 | Poland | 233.1 | 149.1 | 39.4 | 44.6 |
| 俄罗斯 | Russia | 187.8 | 118.0 | 42.2 | 27.6 |
| 西班牙 | Spain | 154.1 | 84.3 | 37.7 | 32.1 |
| 土耳其 | Turkey | 218.4 | 147.4 | 61.3 | 9.7 |
| 乌克兰 | Ukraine | 134.3 | 92.8 | 22.1 | 19.4 |
| 英　国 | United Kingdom | 145.6 | 99.5 | 19.4 | 26.7 |
| 澳大利亚 | Australia | 210.6 | 109.9 | 81.0 | 19.7 |
| 新西兰 | New Zealand | 86.2 | 30.2 | 51.8 | 4.3 |

# 11-10 农业集约化经营程度
# Intensivism Management in Agriculture

资料来源：联合国FAO数据库。
Source: FAO Database.

| 国家或地区 | Country or Area | 平均每个农业经济活动人口耕地面积（公顷/人）Arable Areas per Agriculture Economic Activity Population (hectares per capita) 2011 | 平均每千公顷耕地上拖拉机使用量（部/千公顷）Tractors Used per Thousand Hectares Arable Areas (Units/1 000 hectares) 2009 | 平均每千公顷耕地上收割机使用量（台/千公顷）Harvest Machines Used per Thousand Hectares Arable Areas (Units/1 000 hectares) 2009 | 平均每千公顷耕地上化肥施用量（吨/千公顷）Consumption of Fertilizers per Thousand Hectares Arable Areas (tons/1 000 hectre) 2011 |
|---|---|---|---|---|---|
| 中 国 | China | 0.2 | 27.72① | 5.78② | 536.6 |
| 孟加拉国 | Bangladesh | 0.2 | 0.38② | … | 273.1 |
| 文 莱 | Brunei Darussalam | 3.0 | 24.00② | 3.33② | 291.7 |
| 柬 埔 寨 | Cambodia | 0.8 | 1.18① | 0.01② | 15.5 |
| 印 度 | India | 0.6 | 19.92② | 3.02② | 177.5 |
| 印度尼西亚 | Indonesia | 0.5 | 0.24② | 4.91② | 198.4 |
| 伊 朗 | Iran | 2.7 | 18.28② | 0.64② | 27.3 |
| 以 色 列 | Israel | 6.0 | 71.00① | 0.78② | 337.1 |
| 日 本 | Japan | 3.2 | 433.89② | 221.22② | 268.3 |
| 哈萨克斯坦 | Kazakhstan | 20.5 | 1.77② | 0.83② | 1.7 |
| 朝 鲜 | Korea, Dem. | 0.8 | 27.32② | | |
| 韩 国 | Korea, Rep. | 1.2 | 162.00① | 54.53① | 334.0 |
| 老 挝 | Laos | 0.6 | 1.01② | | |
| 马来西亚 | Malaysia | 1.2 | | | 1102.7 |
| 蒙 古 | Mongolia | 2.9 | 3.88① | 0.84① | 22.8 |
| 缅 甸 | Myanmar | 0.5 | 1.08① | 2.3 | 15.2 |
| 巴基斯坦 | Pakistan | 0.8 | 22.33② | 0.07② | 190.8 |
| 菲 律 宾 | Philippines | 0.4 | 12.12② | 0.26② | 133.4 |
| 新 加 坡 | Singapore | 0.3 | 92.86② | | 4373.0 |
| 斯里兰卡 | Sri Lanka | 0.3 | 21.50② | 0.01② | 278.8 |
| 泰 国 | Thailand | 0.9 | 54.61② | 3.16① | 161.5 |
| 越 南 | Viet Nam | 0.2 | 25.83② | 35.34② | 306.7 |
| 埃 及 | Egypt | 0.5 | 39.06① | 1.20① | 587.5 |
| 尼日利亚 | Nigeria | 2.9 | 0.66② | … | 4.2 |
| 南 非 | South Africa | 10.2 | 5.00② | 0.83② | 60.3 |
| 加 拿 大 | Canada | 131.4 | 16.41② | 1.82② | 81.1 |
| 墨 西 哥 | Mexico | 3.2 | 9.77② | 0.92② | 80.3 |
| 美 国 | United States | 65.0 | 27.12② | 2.14② | 124.3 |
| 阿 根 廷 | Argentina | 27.3 | 6.97② | 1.37② | 46.1 |
| 巴 西 | Brazil | 6.7 | 11.45② | 0.79② | 183.9 |
| 委内瑞拉 | Venezuela | 3.7 | 18.49② | 2.19② | 176.9 |
| 白俄罗斯 | Belarus | 13.4 | 8.7 | 2.2 | 300.3 |
| 捷 克 | Czech Rep. | 9.9 | 26.23② | 3.27② | 100.6 |
| 法 国 | France | 33.5 | 61.57② | 4.15② | 140.6 |
| 德 国 | Germany | 18.6 | 64.60② | 7.20② | 191.5 |
| 意 大 利 | Italy | 8.4 | 266.77② | 7.64② | 132.7 |
| 荷 兰 | Netherlands | 5.0 | 135.87② | 5.28② | 238.2 |
| 波 兰 | Poland | 3.9 | 125.8 | 12.80② | 169.7 |
| 俄 罗 斯 | Russia | 19.9 | 2.7 | 0.7 | 16.2 |
| 西 班 牙 | Spain | 12.8 | 83.1 | 4.2 | 121.8 |
| 土 耳 其 | Turkey | 2.6 | 48.85① | 0.61① | 102.9 |
| 乌 克 兰 | Ukraine | 13.7 | 10.3 | 1.7 | 38.9 |
| 英 国 | United Kingdom | 12.9 | 72.80② | 6.57② | 238.7 |
| 澳大利亚 | Australia | 103.4 | 7.14② | 1.28② | 45.3 |
| 新 西 兰 | New Zealand | 2.5 | 177.75② | 7.19② | 1780.6 |

注：①2008年数据。②2007年数据。
Note:①Data refer to 2008.②Data refer to 2007.

# 主要统计指标解释

**农业生产指数** 表明每年的农业生产总量与基期2004-2006年相比的相对水平。它根据不同农产品扣除种子和饲料用量后的价格加权数量之和计算得出，其中各种种子和饲料也采用同样方法加权汇总。因此，最后汇总结果代表除种子和饲料外各种用途的可支配产量。国家、地区和世界水平的指数用拉氏公式计算。各年份每种商品的生产量均以2004-2006年的国际平均商品价格作为权数进行加总，然后将某年得到的加总量除以基期2004-2006年三年总量的算术平均数，从而求得指数。

**谷物** 指收获用做干粒粮食的作物，不包括收获后用作干草或未成熟时收割用作食物、饲料或青贮饲料或作牧草用的农作物。

**根茎类作物** 包括其他的块根作物，如箭叶黄体芋和竹芋。主要用作饲料的根用作物，不包括芜菁、甜菜和甘蓝在内。

**除瓜类外的水果总计** 指新鲜水果的总产量，无论它们最终是被当作食物或饲料直接消费，还是被加工成干果、果汁、果酱、酒精等各种产品。

**茶** 指成品茶。

**黄麻和麻类纤维** 黄麻纤维从黄麻和长蒴黄麻中得到，同类纤维包括许多黄麻纤维的替代品，主要是洋麻纤维和玫瑰茄纤维（木槿属）以及刚果黄麻纤维。

**牲畜** 包括所有的家养动物，不管年龄、饲养地点和饲养目的。

**肉** 指不考虑动物的原产地，在一国境内屠宰的动物肉类产量。

**牛奶** 指全部鲜奶的总产量，不包括被幼畜吸吮的奶，但包括用来饲喂家畜的奶。

**蛋** 指农业和非农业方面的总产量，包括用于孵化的蛋。

**羊毛** 羊毛产量统计数字一般以带脂羊毛给出，它包含了 30-65%的杂质。为了便于数字比较，数据也按脱脂羊毛表示。

**肥料** 包含有机物肥,无机物肥或矿物肥。有机肥在农作物生产中发挥着重要作用，它来源于动物、植物和混合肥。矿物肥是以固体或液体形式提供给农民，并以散装、袋子或压缩容器等方式运送到农场。所有肥料应包含氮、磷、钾三种植物营养素中的至少一种营养物质。

**农用拖拉机** 数据一般指的是农业中应用的所有轮胎式和履带式拖拉机，园艺用拖拉机除外。

**收割－脱粒机** 数据指的是收割和打谷可一次操作完成的自动机械。

# Explanatory Notes on Main Statistical Indicators

**Indices of Agricultural Production** The indices of agricultural production show the relative level of the aggregate volume of agricultural production for each year in comparison with the base period 2004-2006. They are based on the sum of price-weighted quantities of different agricultural commodities produced after deductions of quantities used as seed and feed weighted in a similar manner. The resulting aggregate represents, therefore, disposable production for any use except as seed and feed. All the indices at the country, regional and world levels are calculated by the Laspeyres formula. Production quantities of each commodity are weighted by 2004-2006 average international commodity prices and summed for each year. To obtain the index, the aggregate for a given year is divided by the average aggregate for the base period 2004-2006.

**Cereals** Area and production data on cereals relate to crops harvested for dry grain only. Cereal crops harvested for hay or harvested green for food, feed or silage or used for grazing are therefore excluded.

**Roots and Tubers, Total** Includes other root crops such as yautia and arrowroot. Root crops grown principally for feed such as turnips, mangels and swedes are not included.

**Fruit Excl. Melons** Total Data refer to total production of fresh fruit, whether finally used for direct consumption for food or feed, or processed into different products: dry fruit, juice, jam, alcohol, etc.

**Tea** Production figures relate to made tea.

**Jute and Jute-like Fibres** are obtained from corchorus capsularis and corchorus olitorius. Allied fibres include a number of jute substitutes, the main ones being kenaf or mesta and roselle (hibiscus spp.) and congo jute or paka (urena lobata).

**Livestock Numbers** The data on livestock numbers are intended to cover all domestic animals irrespective of their age and the place or purpose of their breeding.

**Meat** Data relate to animals slaughtered within national boundaries, irrespective of their origin.

**Cow Milk** Data on cow milk production relate to total production of whole fresh milk, excluding the milk sucked by young animals but including amounts fed to livestock.

**Eggs** Data generally refer to total production, including eggs for hatching, in both agricultural and nonagricultural sectors.

**Wool** Wool production statistics are generally given for greasy wool, which contains from 30 to 65 percent impurities. In order to make figures comparable, data are given also on a degreased (scoured) basis.

**Fertilizers** may be organic, inorganic or mineral. Organic fertilizers play an important role in crop production and are derived from animal, plant and compost. Mineral fertilizers are available to the farmer in solid or liquid form, and are delivered to the farm either in bulk, in bags or in pressurized containers. All fertilizers contain at least one of the major plant nutrients: nitrogen (N), phosphorus (P) and potassium (K).

**Tractors** Data generally refer to total wheel and crawler tractors (excluding garden tractors) used in agriculture.

**Harvester-Threshers** Data refer to self-propelled machines that reap and thresh in one operation.

# 工业和建筑业

# Industry and Construction

# 12-1 工业生产指数
# Indices of Industrial Production

资料来源：联合国统计月报数据库。
Source:UN Monthly Bulletin of Statistics Database.
2005年=100 (2005=100)

| 国家或地区 | Country or Area | 2008 | 2009 | 2010 | 2011 | 2012 | 2013 |
|---|---|---|---|---|---|---|---|
| 中国香港 | Hong Kong, China | 95.8 | 91.3 | | | | |
| 孟加拉国 | Bangladesh | 129.1 | 138.4 | 148.4 | 173.2 | 189.9 | 206.3 |
| 印　度 | India | 133.7 | 140.8 | 152.4 | 156.8 | 158.6 | 158.4 |
| 以色列 | Israel | 123.3 | 115.1 | 126.1 | 128.7 | 133.9 | 134.6 |
| 日　本 | Japan | 103.8 | 81.9 | 94.2 | 91.5 | 92.0 | 91.2 |
| 韩　国 | Korea, Rep. | 119.8 | 119.7 | 139.2 | 147.5 | 149.5 | 150.0 |
| 马来西亚 | Malaysia | 108.1 | 99.9 | 107.1 | 108.4 | 113.1 | 115.8 |
| 蒙　古 | Mongolia | 106.2 | 92.0 | 113.7 | 107.8 | 107.9 | 109.4 |
| 巴基斯坦 | Pakistan | 102.2 | | | | | |
| 新加坡 | Singapore | 112.5 | 108.7 | | | | |
| 南　非 | South Africa | 105.4 | 94.5 | | | | |
| 加拿大 | Canada | 93.5 | 83.9 | 88.2 | 92.1 | | |
| 墨西哥 | Mexico | 102.0 | 95.7 | 101.1 | 104.4 | 107.4 | 107.9 |
| 美　国 | United States | 101.8 | 90.4 | 95.9 | 99.3 | 103.2 | 106.5 |
| 巴　西 | Brazil | 112.4 | 104.1 | 115.0 | 115.4 | 112.5 | 113.8 |
| 俄罗斯 | Russia | 114.2 | 102.0 | 109.4 | 114.9 | 118.8 | 119.3 |
| 捷　克 | Czech Rep. | 117.7 | 101.6 | 110.4 | 116.9 | 115.9 | 116.4 |
| 法　国 | France | 98.7 | 84.8 | 89.1 | 91.1 | 88.7 | 87.9 |
| 德　国 | Germany | 112.1 | 93.6 | 104.2 | 111.5 | 110.6 | 110.5 |
| 意大利 | Italy | 102.3 | 83.2 | 89.0 | 89.3 | 83.9 | 81.3 |
| 荷　兰 | Netherlands | 106.9 | 99.3 | 106.7 | 106.2 | 105.7 | 106.3 |
| 波　兰 | Poland | 125.8 | 121.0 | 134.4 | 143.4 | 145.2 | 148.6 |
| 西班牙 | Spain | 98.6 | 82.6 | 83.3 | 81.6 | 76.2 | 74.7 |
| 土耳其 | Turkey | 114.2 | 102.9 | 116.4 | 128.1 | 131.4 | 135.4 |
| 乌克兰 | Ukraine | 108.0 | 84.3 | 93.8 | 101.0 | 99.2 | |
| 英　国 | United Kingdom | 97.7 | 88.4 | 90.9 | 89.8 | 87.7 | 87.4 |
| 澳大利亚 | Australia | 108.7 | 108.3 | 112.3 | 113.7 | 117.6 | 123.4 |
| 新西兰 | New Zealand | 103.7 | 97.5 | 96.7 | 100.2 | 99.9 | 100.8 |

# 12-2 制造业生产指数
# Indices of Manufacturing Production

资料来源：联合国统计月报数据库。
Source: UN Monthly Bulletin of Statistics Database.

2005年=100 (2005=100)

| 国家或地区 | Country or Area | 2008 | 2009 | 2010 | 2011 | 2012 | 2013 |
|---|---|---|---|---|---|---|---|
| 中国香港 | Hong Kong, China | 94.0 | 86.2 | 89.3 | 89.9 | 89.2 | 89.3 |
| 中国澳门 | Macao, China | 63.5 | 29.3 | 30.6 | 38.8 | 49.3 | |
| 孟加拉国 | Bangladesh | 131.1 | 140.0 | 148.9 | 181.1 | 198.5 | 216.1 |
| 文　莱 | Brunei Darussalam | 100.5 | 90.6 | 92.0 | 95.2 | 95.9 | 97.6 |
| 印　度 | India | 139.5 | 146.2 | 159.3 | 164.1 | 166.2 | 164.9 |
| 印度尼西亚 | Indonesia | 107.0 | 108.3 | 113.3 | 119.6 | | |
| 以色列 | Israel | 123.1 | 115.9 | 125.1 | 127.9 | 133.9 | 132.5 |
| 日　本 | Japan | 103.8 | 81.1 | 93.8 | 91.1 | 91.7 | 91.0 |
| 韩　国 | Korea, Rep. | 120.3 | 120.0 | 140.1 | 148.5 | 150.6 | 151.0 |
| 马来西亚 | Malaysia | 112.2 | 101.0 | 112.2 | 117.3 | 123.1 | 126.2 |
| 蒙　古 | Mongolia | 119.7 | 80.7 | 120.3 | 106.2 | 108.3 | 110.1 |
| 巴基斯坦 | Pakistan | 109.1 | 109.5 | 111.1 | 112.4 | 116.9 | |
| 菲律宾 | Philippines | 86.2 | 76.0 | 93.6 | 94.6 | 101.9 | 116.2 |
| 新加坡 | Singapore | 113.6 | 108.9 | 141.2 | 152.2 | 152.7 | 155.2 |
| 斯里兰卡 | Sri Lanka | 114.4 | 117.8 | 126.5 | 162.6 | | |
| 泰　国 | Thailand | 120.0 | 111.7 | 127.7 | 116.8 | 119.4 | 115.6 |
| 越　南 | Viet Nam | 143.6 | 148.6 | 167.2 | 182.4 | 183.3 | |
| 埃　及 | Egypt | 129.6 | 120.5 | 129.8 | 129.4 | 131.4 | |
| 南　非 | South Africa | 108.7 | 93.7 | 98.0 | 100.8 | 103.1 | 104.6 |
| 加拿大 | Canada | 89.7 | 78.6 | 83.0 | 85.6 | | |
| 墨西哥 | Mexico | 104.5 | 95.8 | 103.9 | 108.7 | 113.0 | 114.6 |
| 美　国 | United States | 101.1 | 87.3 | 93.1 | 96.5 | 100.7 | 103.7 |
| 阿根廷 | Argentina | 122.3 | 122.4 | 134.4 | 143.2 | 141.5 | 141.2 |
| 巴　西 | Brazil | 112.0 | 103.9 | 114.6 | 114.8 | 111.9 | 113.5 |
| 委内瑞拉 | Venezuela | 119.3 | 105.1 | 102.5 | 104.3 | 106.3 | |
| 捷　克 | Czech Rep. | 121.2 | 102.7 | 113.0 | 121.5 | 120.7 | 122.4 |
| 法　国 | France | 98.3 | 82.3 | 86.6 | 89.8 | 86.7 | 85.4 |
| 德　国 | Germany | 113.5 | 93.9 | 105.1 | 114.0 | 112.8 | 112.8 |
| 意大利 | Italy | 102.8 | 82.9 | 88.9 | 89.5 | 83.6 | 81.2 |
| 荷　兰 | Netherlands | 108.1 | 98.8 | 105.7 | 109.2 | 108.4 | 107.3 |
| 波　兰 | Poland | 130.6 | 126.2 | 142.0 | 152.9 | 155.1 | 159.2 |
| 俄罗斯 | Russia | 120.4 | 102.1 | 112.9 | 121.9 | 128.2 | 128.2 |
| 西班牙 | Spain | 98.2 | 81.5 | 82.0 | 80.7 | 74.6 | 73.6 |
| 土耳其 | Turkey | 112.7 | 99.9 | 114.3 | 126.3 | 129.2 | 134.3 |
| 乌克兰 | Ukraine | 109.3 | 80.3 | 91.5 | 98.9 | 95.3 | |
| 英　国 | United Kingdom | 99.8 | 89.7 | 93.4 | 95.1 | 93.5 | 92.8 |
| 澳大利亚 | Australia | 105.6 | 100.0 | 100.5 | 100.3 | 100.3 | 99.2 |
| 新西兰 | New Zealand | 99.0 | 91.7 | 88.3 | 92.1 | 94.8 | 96.3 |

# 12-3 采矿业生产指数

# Indices of Mining Production

资料来源：联合国统计月报数据库。

Source: UN Monthly Bulletin of Statistics Database.

2005年=100 (2005=100)

| 国家或地区 | Country or Area | 2008 | 2009 | 2010 | 2011 | 2012 | 2013 |
|---|---|---|---|---|---|---|---|
| 孟加拉国 | Bangladesh | 125.0 | 134.4 | 147.2 | 147.4 | 155.5 | 166.0 |
| 文　莱 | Brunei Darussalam | 86.9 | 84.0 | 85.4 | 88.0 | 84.8 | 75.9 |
| 印　度 | India | 112.8 | 121.7 | 128.1 | 125.6 | 122.6 | 121.7 |
| 印度尼西亚 | Indonesia | 137.9 | 128.8 | 167.7 | 207.5 | | |
| 以色列 | Israel | 131.9 | 89.1 | 165.4 | 160.5 | 147.1 | 194.3 |
| 日　本 | Japan | 103.1 | 94.7 | 91.0 | 91.0 | 91.9 | 87.9 |
| 韩　国 | Korea, Rep. | 82.3 | 87.9 | 81.6 | 85.3 | 81.4 | 84.9 |
| 马来西亚 | Malaysia | 99.1 | 95.5 | 94.0 | 87.1 | 89.3 | 90.4 |
| 蒙　古① | Mongolia① | 100.0 | 96.3 | 112.7 | 109.2 | 108.3 | 110.0 |
| 巴基斯坦① | Pakistan① | 100.0 | 104.1 | 103.6 | 109.5 | 110.3 | |
| 越　南 | Viet Nam | 99.8 | 109.3 | 107.6 | 109.1 | 112.9 | |
| 南　非 | South Africa | 92.2 | 86.1 | 90.3 | 89.6 | 86.7 | 90.3 |
| 加拿大 | Canada | 100.9 | 92.7 | 98.0 | 102.3 | | |
| 墨西哥 | Mexico | 94.2 | 90.3 | 91.2 | 90.8 | 91.6 | 90.1 |
| 美　国 | United States | 104.3 | 98.7 | 103.8 | 110.1 | 117.1 | 122.6 |
| 巴　西 | Brazil | 117.9 | 107.6 | 122.0 | 124.7 | 124.0 | 119.0 |
| 捷　克 | Czech Rep. | 95.9 | 95.0 | 94.3 | 95.4 | 91.3 | 80.7 |
| 法　国 | France | 102.8 | 89.8 | 88.7 | 89.0 | 85.8 | 85.4 |
| 德　国 | Germany | 110.2 | 92.8 | 85.4 | 85.6 | 80.5 | 71.2 |
| 意大利 | Italy | 84.6 | 74.3 | 73.2 | 74.7 | 75.5 | 69.6 |
| 荷　兰 | Netherlands | 105.3 | 97.7 | 109.1 | 100.2 | 99.6 | 106.6 |
| 波　兰 | Poland | 98.6 | 85.7 | 87.3 | 88.7 | 86.1 | 88.7 |
| 俄罗斯 | Russia | 106.6 | 103.6 | 107.6 | 109.5 | 110.6 | 111.8 |
| 西班牙 | Spain | 89.5 | 67.8 | 70.8 | 57.5 | 44.0 | 37.7 |
| 土耳其 | Turkey | 126.0 | 124.9 | 127.6 | 136.0 | 138.8 | 133.8 |
| 乌克兰 | Ukraine | 103.9 | 92.9 | 96.3 | 103.3 | 105.3 | |
| 英　国 | United Kingdom | 85.9 | 77.6 | 75.7 | 64.5 | 58.7 | 57.5 |
| 澳大利亚 | Australia | 114.2 | 117.8 | 126.9 | 129.5 | 139.1 | 154.8 |
| 新西兰 | New Zealand | 141.7 | 137.7 | 142.9 | 141.5 | 123.4 | 126.3 |

注：①2008年＝100.

Note:①2008=100.

# 12-4 制造业主要指标

## Main Indicators of Manufacturing

资料来源：联合国工发组织数据库。
Source: United Nations Industrial Development Organization Database .

| 国家或地区 | Country or Area | 年份 Year | 机构数（个） Number of Establishments (number) | 雇员数（万人） Number of Employees (10 000 persons) | 雇员工资和薪金（亿本币） Wages and Salaries Paid to Employees (100 million LCU) | 产出（亿本币） Output (100 million LCU) | 增加值（亿本币） Value added (100 million LCU) |
|---|---|---|---|---|---|---|---|
| 中　国 | China | 2011 | 301329 | | | 728536 | |
| 中国香港 | Hong Kong, China | 2009 | 10752 | 11 | 197 | 1467 | 321 |
| 中国澳门 | Macao, China | 2011 | 894 | 1 | 11 | 64 | 15 |
| 文　莱 | Brunei Darussalam | 2010 | 671 | 1 | 1 | 65 | |
| 印　度 | India | 2008 | 145332 | 1085 | 11878 | 313252 | 58766 |
| 印度尼西亚 | Indonesia | 2009 | 24468 | 435 | 833967 | 20009437 | 7638403 |
| 伊　朗 | Iran | 2010 | 15310 | 124 | 1191433 | 20409415 | 4946300 |
| 以色列 | Israel | 2010 | 21306 | 37 | 608 | 3311 | 1043 |
| 日　本 | Japan | 2007 | 258157 | 770 | 265030 | 3200740 | 1086290 |
| 哈萨克斯坦 | Kazakhstan | 2007 | 11209 | 42 | 2761 | 29559 | |
| 韩　国 | Korea, Rep. | 2008 | | 239 | 750040 | 11229880 | 3676300 |
| 马来西亚 | Malaysia | 2008 | 32535 | 257 | 590 | 8177 | 1572 |
| 蒙　古 | Mongolia | 2011 | 4167 | 5 | 1322 | 17953 | 4595 |
| 巴基斯坦 | Pakistan | 2006 | 6221 | 93 | 1311 | 28708 | 9121 |
| 菲律宾 | Philippines | 2006 | 5160 | 99 | 1647 | 30397 | 6729 |
| 新加坡 | Singapore | 2009 | 9296 | 42 | 170 | 2268 | 485 |
| 斯里兰卡 | Sri Lanka | 2010 | 2730 | 55 | 959 | 14174 | 6052 |
| 泰　国 | Thailand | 2006 | 457968 | 382 | 3230 | 73045 | 17588 |
| 越　南 | Viet Nam | 2010 | 46984 | 440 | 1647257 | | 5132799 |
| 埃　及 | Egypt | 2006 | 9196 | 100 | 146 | 2036 | 609 |
| 南　非 | South Africa | 2011 | 72316 | 116 | | | |
| 加拿大 | Canada | 2008 | 84048 | 163 | 804 | 5884 | 1990 |
| 墨西哥 | Mexico | 2010 | 205834 | 304 | 3273 | 48249 | 15723 |
| 美　国 | United States | 2008 | | 1278 | 6071 | 54803 | 21940 |
| 巴　西 | Brazil | 2007 | 177153 | 701 | 1257 | 13461 | 5581 |
| 捷　克 | Czech Rep. | 2007 | 152645 | 125 | 3057 | 35042 | 8250 |
| 法　国 | France | 2009 | 207040 | 305 | 1031 | 6785 | 1805 |
| 德　国 | Germany | 2009 | 179834 | 656 | 2499 | 13782 | 3815 |
| 意大利 | Italy | 2009 | 439112 | 358 | 907 | 7427 | 1803 |
| 荷　兰 | Netherlands | 2008 | 47600 | 74 | 290 | 2887 | 626 |
| 波　兰 | Poland | 2009 | 175758 | 223 | 754 | 7726 | 1979 |
| 俄罗斯 | Russia | 2011 | | 777 | 20320 | 256314 | 73855 |
| 西班牙 | Spain | 2009 | 191973 | 199 | 544 | 3941 | 1008 |
| 土耳其 | Turkey | 2008 | 321652 | 254 | 372 | 4771 | 938 |
| 乌克兰 | Ukraine | 2011 | 42349 | 200 | 632 | 8811 | |
| 英　国 | United Kingdom | 2009 | 128468 | 250 | 650 | 4396 | 1348 |
| 澳大利亚 | Australia | 2011 | | 94 | 531 | 3887 | 1014 |
| 新西兰 | New Zealand | 2008 | 27640 | 26 | 120 | 862 | 254 |

# 12-5 制造业增加值及构成
# Composition of Value Added in Manufacturing

资料来源：世界银行WDI数据库。
Source: World Bank WDI Database.
单位：% (%)

| 国家或地区 | Country or Area | 制造业增加值(亿美元) Value Added in Manufacturing (100 million USD) | | 主要行业所占比重 Major Industry % of Value Added in Manafacturing | | | |
|---|---|---|---|---|---|---|---|
| | | | | 食品、饮料和烟草 Food, Beverages and Tobacco | | 纺织和服装 Textiles and Clothing | |
| | | 2000 | 2013 | 2000 | 2010 | 2000 | 2010 |
| 中国 | China | 3849.4 | 23306.8① | 14.4 | 11.8② | 11.2 | 10.0② |
| 中国香港 | Hong Kong, China | 78.8 | 39.5③ | 7.2 | 23.0 | 19.9 | 15.7 |
| 中国澳门 | Macao, China | 5.0 | 1.9③ | 4.0 | 25.0 | 80.4 | 32.2 |
| 孟加拉国 | Bangladesh | 69.2 | 220.2 | | | | |
| 文莱 | Brunei Darussalam | 9.2 | 19.9 | | | | |
| 柬埔寨 | Cambodia | 5.9 | 21.2③ | 6.6 | | 86.5 | |
| 印度 | India | 670.4 | 2231.4 | 13.2 | 9.0④ | 12.6 | 8.2④ |
| 印度尼西亚 | Indonesia | 457.9 | 2057.7 | 18.0 | 22.8④ | 16.7 | 10.9④ |
| 伊朗 | Iran | 132.4 | | 10.4 | 8.7④ | 5.9 | 3.0④ |
| 以色列 | Israel | | | 11.6 | 11.6④ | 5.0 | 2.3④ |
| 日本 | Japan | 9978.7 | 10732.8③ | 11.4 | 12.8 | 3.0 | 1.7 |
| 哈萨克斯坦 | Kazakhstan | 30.2 | 240.0 | | | | |
| 韩国 | Korea, Rep. | 1461.0 | 3703.9 | 8.3 | 6.1⑤ | 8.0 | 4.0⑤ |
| 老挝 | Laos | 1.1 | 7.4③ | | | | |
| 马来西亚 | Malaysia | 289.5 | 749.0 | 8.0 | 12.0 | 4.1 | 1.9 |
| 蒙古 | Mongolia | 0.8 | 7.2 | 49.4 | 42.7⑤ | 39.6 | 17.4⑤ |
| 巴基斯坦 | Pakistan | 101.0 | 310.2 | | | | |
| 菲律宾 | Philippines | 198.3 | 514.1③ | 28.5 | 25.1⑤ | 7.5 | 3.1⑤ |
| 新加坡 | Singapore | 247.8 | 525.8 | 2.5 | 3.2 | 1.0 | 0.3 |
| 斯里兰卡 | Sri Lanka | 24.6 | 119.0 | 38.6 | 33.4 | 31.3 | 30.3 |
| 泰国 | Thailand | 412.3 | 1275.7 | 17.7 | | 12.4 | |
| 越南 | Viet Nam | 57.5 | 271.0③ | 30.2 | 22.8 | 21.0 | 15.4 |
| 埃及 | Egypt | 179.7 | 376.8 | | 16.4 | | 5.8 |
| 尼日利亚 | Nigeria | 16.5 | 352.7 | | | | |
| 南非 | South Africa | 229.3 | 362.9 | 15.5 | 21.9 | 4.9 | 1.8 |
| 加拿大 | Canada | 1294.7 | | 11.9 | 16.5 | 3.7 | 3.8 |
| 墨西哥 | Mexico | 1321.3 | 2156.9 | 25.4 | 24.3 | 3.9 | 3.4 |
| 美国 | United States | 14680.8 | 18005.0① | 13.0 | 14.7⑤ | 3.4 | 1.6⑤ |
| 阿根廷 | Argentina | 469.0 | 802.2 | 28.9 | | 8.0 | |
| 巴西 | Brazil | 961.7 | 2501.5 | 16.7 | 20.3 | 6.9 | 6.1 |
| 委内瑞拉 | Venezuela | 217.1 | 508.9⑥ | | | | |
| 捷克 | Czech Rep. | 138.6 | 444.3 | 11.8 | 8.8② | 6.2 | 2.7② |
| 法国 | France | 1807.4 | 2490.7 | 12.9 | 17.9④ | 4.3 | 3.1④ |
| 德国 | Germany | 3778.5 | 7109.5 | 8.2 | 8.9④ | 2.3 | 1.5④ |
| 意大利 | Italy | 1983.2 | 2874.8 | 8.5 | 11.5④ | 12.5 | 9.1④ |
| 荷兰 | Netherlands | 503.5 | 916.0 | 17.1 | 18.2⑤ | 2.3 | 1.3⑤ |
| 波兰 | Poland | 282.1 | 764.3⑥ | 23.5 | 20.0④ | 6.5 | 3.6④ |
| 俄罗斯 | Russia | | 2666.9 | 19.4 | 17.1 | 2.3 | 1.8 |
| 西班牙 | Spain | 940.5 | 1661.4 | 14.1 | 19.8④ | 6.7 | 4.4④ |
| 土耳其 | Turkey | 529.2 | 1256.0 | 17.8 | 15.4④ | 15.7 | 16.1④ |
| 乌克兰 | Ukraine | 51.0 | 212.1 | | | | |
| 英国 | United Kingdom | 2065.0 | 2190.4 | 13.7 | 18.7④ | 4.0 | 2.0④ |
| 澳大利亚 | Australia | 481.7 | 1040.6 | | | | 2.9 |
| 新西兰 | New Zealand | 80.6 | 161.6⑥ | 33.3 | 36.0④ | | 2.5④ |

12-5 续表 continued

单位：% (%)

| 国家或地区 | Country or Area | 机器和运输设备 Machinery and Transport Equipment | | 化工 Chemicals | | 其他 Others | |
|---|---|---|---|---|---|---|---|
| | | 2000 | 2010 | 2000 | 2010 | 2000 | 2010 |
| 中　国 | China | 14.1 | 24.5② | 12.0 | 10.8② | 48.3 | 42.9② |
| 中国香港 | Hong Kong, China | 11.7 | 31.5 | 3.7 | 6.6 | 57.5 | 23.2 |
| 中国澳门 | Macao, China | 3.5 | | 2.4 | | 9.6 | 42.8 |
| 孟加拉国 | Bangladesh | | | | | | |
| 文　莱 | Brunei Darussalam | | | | | | |
| 柬埔寨 | Cambodia | 0.1 | | 0.1 | | 6.6 | |
| 印　度 | India | 15.6 | 19.6④ | 21.1 | 15.6④ | 37.5 | 47.6④ |
| 印度尼西亚 | Indonesia | 20.2 | 18.4④ | 10.5 | 17.2④ | 34.5 | 30.7④ |
| 伊　朗 | Iran | 19.7 | 22.5④ | 18.6 | 19.8④ | 45.5 | 46.0④ |
| 以色列 | Israel | 31.9 | 27.7④ | 10.3 | 17.6④ | 41.3 | 40.8④ |
| 日　本 | Japan | 33.9 | 37.5 | 10.4 | 11.7 | 41.2 | 36.3 |
| 哈萨克斯坦 | Kazakhstan | | | | | | |
| 韩　国 | Korea, Rep. | 41.3 | 46.6⑤ | 9.5 | 8.7⑤ | 32.9 | 34.6⑤ |
| 老　挝 | Laos | | | | | | |
| 马来西亚 | Malaysia | 37.8 | 27.8 | 7.9 | 11.6 | 42.2 | 46.7 |
| 蒙　古 | Mongolia | 0.3 | 0.2⑤ | 2.0 | 4.7⑤ | 8.6 | 35.1⑤ |
| 巴基斯坦 | Pakistan | | | | | | |
| 菲律宾 | Philippines | 30.4 | 5.2⑤ | 9.4 | 5.7⑤ | 24.2 | 60.8⑤ |
| 新加坡 | Singapore | 56.9 | 56.8 | 14.2 | 23.1 | 25.5 | 16.6 |
| 斯里兰卡 | Sri Lanka | 4.0 | 2.1 | 3.8 | 6.1 | 22.4 | 28.0 |
| 泰　国 | Thailand | 25.9 | | 6.2 | | 37.8 | |
| 越　南 | Viet Nam | 11.8 | 14.7 | 6.3 | 5.4 | 30.8 | 41.8 |
| 埃　及 | Egypt | | 4.2 | | 14.9 | | 58.7 |
| 尼日利亚 | Nigeria | | | | | | |
| 南　非 | South Africa | 13.7 | 14.4 | 6.5 | 6.9 | 59.4 | 55.1 |
| 加拿大 | Canada | 31.7 | 19.6 | 7.6 | 8.4 | 45.1 | 51.6 |
| 墨西哥 | Mexico | 24.2 | 21.4 | 15.4 | 11.1 | 31.2 | 39.8 |
| 美　国 | United States | 29.7 | 25.8⑤ | 11.8 | 16.2⑤ | 42.0 | 41.7⑤ |
| 阿根廷 | Argentina | 10.8 | | 15.2 | | 37.1 | |
| 巴　西 | Brazil | 19.1 | 22.7 | 12.4 | 11.1 | 45.0 | 39.8 |
| 委内瑞拉 | Venezuela | | | | | | |
| 捷　克 | Czech Rep. | 23.9 | 32.5② | 6.7 | 4.9② | 51.4 | 51.0② |
| 法　国 | France | 26.3 | 29.6④ | 11.8 | 11.8④ | 44.7 | 37.5④ |
| 德　国 | Germany | 32.7 | 37.1④ | 9.8 | 11.8④ | 47.1 | 40.7④ |
| 意大利 | Italy | 22.7 | 27.0④ | 7.9 | 8.3④ | 48.5 | 44.2④ |
| 荷　兰 | Netherlands | 21.0 | 20.9⑤ | 13.7 | 14.6⑤ | 45.9 | 44.9⑤ |
| 波　兰 | Poland | 14.9 | 24.2④ | 7.5 | 7.3④ | 47.6 | 44.9④ |
| 俄罗斯 | Russia | 23.4 | 9.4 | 8.4 | 10.1 | 46.6 | 61.5 |
| 西班牙 | Spain | 19.0 | 20.8④ | 9.5 | 9.8④ | 50.7 | 45.2④ |
| 土耳其 | Turkey | 14.6 | 18.0④ | 10.1 | 7.8④ | 41.8 | 42.7④ |
| 乌克兰 | Ukraine | | | | | | |
| 英　国 | United Kingdom | 25.3 | 27.2④ | 9.9 | 12.7④ | 47.2 | 39.4④ |
| 澳大利亚 | Australia | | 10.2 | | 8.7 | | 78.2 |
| 新西兰 | New Zealand | | 12.2④ | | 3.2④ | 66.7 | 46.0④ |

注：①2011年数据。②2007年数据。③2012年数据。④2009年数据。⑤2008年数据。⑥2010年数据。
Note:①Data refer to 2011.②Data refer to 2007.③Data refer to 2012.④Data refer to 2009.⑤Data refer to 2008.⑥Data refer to 2010.

# 12-6 主要工业产品产量
# Output of Major Industrial Products

资料来源：联合国统计月报数据库、联合国粮农组织数据库、国际汽车制造商协会。
Source: UN Monthly Bulletin of Statistics Database;UN FAO Database;The International Organization of Motor Vehicle Manufacturers.

| 国家或地区 | Country or Area | 粗钢(万吨) Crude Steel (10 000 tons) | | 国家或地区 | Country or Area | 煤（万吨) Coal(10 000 tons) | |
|---|---|---|---|---|---|---|---|
| | | 2005 | 2013 | | | 2005 | 2013 |
| 中　国 | China | 34936 | 77904 | 中　国 | China | 181069 | 368000 |
| 日　本 | Japan | 11248 | 11058 | 美　国 | United States | 113327 | 89263 |
| 美　国 | United States | 9336 | 8695 | 印　度 | India | 42818 | 60522 |
| 印　度 | India | 4578 | 8122 | 俄罗斯 | Russia | 29680 | 34778 |
| 俄罗斯 | Russia | 6614 | 6881 | 南　非 | South Africa | 24502 | 25370 |
| 韩　国 | Korea, Rep. | 4782 | 6606 | 德　国 | Germany | 20592 | 19024 |
| 土耳其 | Turkey | 2096 | 3570 | 波　兰 | Poland | 15954 | 14230 |
| 巴　西 | Brazil | 3178 | 3418 | 加拿大 | Canada | 6534 | 6890 |
| 意大利 | Italy | 2893 | 2406 | 土耳其 | Turkey | 5864 | 6584 |
| 墨西哥 | Mexico | 1619 | 1842 | 乌克兰 | Ukraine | 6076 | 6331 |
| 乌克兰 | Ukraine | 2896 | 1607 | 希　腊 | Greece | 6726 | 5257 |
| 法　国 | France | 1948 | 1568 | 捷　克 | Czech Rep. | 6203 | 4898 |
| 西班牙 | Spain | 1691 | 1374 | 塞尔维亚 | Serbia | 4036 | 4025 |
| 英　国 | United Kingdom | 1325 | 1186 | 保加利亚 | Bulgaria | 2446 | 2862 |
| 波　兰 | Poland | 834 | 818 | 罗马尼亚 | Romania | 3146 | 2290 |
| 南　非 | South Africa | 949 | 722 | 爱沙尼亚 | Estonia | 1475 | 2051 |
| 比利时 | Belgium | 1051 | 709 | 泰　国 | Thailand | 2088 | 1835 |
| 埃　及 | Egypt | 562 | 676 | 墨西哥 | Mexico | 701 | 1378 |
| 荷　兰 | Netherlands | 691 | 672 | 英　国 | United Kingdom | 2000 | 1284 |
| 沙特阿拉伯 | Saudi Arabia | 420 | 535 | 斯洛文尼亚 | Slovenia | 454 | 377 |
| 捷　克 | Czech Rep. | 619 | 517 | 智　利 | Chile | 54 | 287 |
| 澳大利亚 | Australia | 780 | 464 | 西班牙 | Spain | 1081 | 257 |
| 瑞　典 | Sweden | 572 | 440 | 斯洛伐克 | Slovakia | 251 | 235 |
| 芬　兰 | Finland | 474 | 352 | 黑　山 | Montenegro | | 169 |
| 罗马尼亚 | Romania | 628 | 307 | 法　国 | France | 61 | 31 |
| 白俄罗斯 | Belarus | 208 | 240 | | | | |
| 委内瑞拉 | Venezuela | 487 | 226 | | | | |
| 卢森堡 | Luxemburg | 220 | 208 | | | | |
| 智　利 | Chile | 154 | 132 | | | | |
| 哥伦比亚 | Colombia | 85 | 130 | | | | |
| 希　腊 | Greece | 228 | 106 | | | | |

# 12-6 续表 1 continued

| 国家或地区 | Country or Area | 原油（万吨） Crude Petroleum(10 000 tons) | | 国家或地区 | Country or Area | 发电量(亿千瓦小时) Electricity(100 million kwh) | |
|---|---|---|---|---|---|---|---|
| | | 2005 | 2013 | | | 2005 | 2013 |
| 俄罗斯 | Russia | 46920 | 49856 | 中国 | China | 23974 | 51688 |
| 美国 | United States | 34084 | 49752 | 美国 | United States | 40380 | 40582 |
| 沙特阿拉伯 | Saudi Arabia | 46883 | 48036 | 俄罗斯 | Russia | 9523 | 10506 |
| 中国 | China | 18068 | 20820 | 日本 | Japan | 8720 | 9001 |
| 伊朗 | Iran | 20056 | 17757 | 加拿大 | Canada | 5947 | 6112 |
| 加拿大 | Canada | 12371 | 16233 | 德国 | Germany | 5861 | 4620 |
| 科威特 | Kuwait | 12964 | 14711 | 意大利 | Italy | 3090 | 2878 |
| 阿联酋 | United Arab Emirates | 11461 | 14646 | 西班牙 | Spain | 2656 | 2765 |
| 委内瑞拉 | Venezuela | 17291 | 14535 | 土耳其 | Turkey | 1616 | 2391 |
| 墨西哥 | Mexico | 17508 | 13113 | 乌克兰 | Ukraine | 1861 | 1938 |
| 尼日利亚 | Nigeria | 12450 | 10797 | 墨西哥 | Mexico | 1721 | 1728 |
| 安哥拉 | Angola | 6230 | 8382 | 波兰 | Poland | 1569 | 1647 |
| 挪威 | Norway | 13052 | 7395 | 埃及 | Egypt | 1117 | 1641 |
| 阿尔及利亚 | Algeria | 6186 | 5462 | 瑞典 | Sweden | 1594 | 1488 |
| 阿塞拜疆 | Azerbaijan | 2200 | 4308 | 挪威 | Norway | 1376 | 1342 |
| 印度尼西亚 | Indonesia | 5232 | 4072 | 马来西亚 | Malaysia | 873 | 1316 |
| 英国 | United Kingdom | 7718 | 3843 | 荷兰 | Netherlands | 999 | 986 |
| 印度 | India | 3247 | 3768 | 捷克 | Czech Rep. | 826 | 870 |
| 埃及 | Egypt | 3254 | 3534 | 比利时 | Belgium | 858 | 801 |
| 卡塔尔 | Qatar | 3785 | 3523 | 芬兰 | Finland | 819 | 693 |
| 厄瓜多尔 | Ecuador | 2768 | 2745 | 智利 | Chile | 525 | 684 |
| 马来西亚 | Malaysia | 3460 | 2721 | 瑞士 | Switzerland | 596 | 683 |
| 泰国 | Thailand | 910 | 1194 | 奥地利 | Austria | 658 | 677 |
| 秘鲁 | Peru | 456 | 896 | 罗马尼亚 | Romania | 594 | 583 |
| 丹麦 | Denmark | 1852 | 868 | 以色列 | Israel | 498 | 582 |
| 意大利 | Italy | 614 | 543 | 希腊 | Greece | 573 | 543 |
| 乌克兰 | Ukraine | 437 | 306 | 葡萄牙 | Portugal | 366 | 488 |
| 土耳其 | Turkey | 228 | 248 | 保加利亚 | Bulgaria | 442 | 440 |
| 玻利维亚 | Bolivia | 211 | 220 | 秘鲁 | Peru | 257 | 433 |
| 白俄罗斯 | Belarus | 179 | 165 | 塞尔维亚 | Serbia | 365 | 397 |
| 新西兰 | New Zealand | 83 | 159 | 中国香港 | Hong Kong, China | 384 | 391 |
| 塞尔维亚 | Serbia | | 116 | 丹麦 | Denmark | 360 | 330 |
| 荷兰 | Netherlands | 227 | 112 | 白俄罗斯 | Belarus | 310 | 327 |
| 奥地利 | Austria | 85 | 88 | 斯洛伐克 | Slovakia | 313 | 268 |
| 法国 | France | 108 | 79 | 匈牙利 | Hungary | 304 | 246 |
| 匈牙利 | Hungary | 95 | 60 | 阿塞拜疆 | Azerbaijan | 229 | 216 |
| 日本 | Japan | 79 | 58 | 斯洛文尼亚 | Slovenia | 151 | 161 |
| 克罗地亚 | Croatia | 106 | 58 | 克罗地亚 | Croatia | 125 | 142 |
| 西班牙 | Spain | 17 | 37 | 拉脱维亚 | Latvia | 49 | 59 |
| 捷克 | Czech Rep. | | 15 | 塞浦路斯 | Cyprus | 43 | 42 |

12-6 续表 2 continued

| 国家或地区 | Country or Area | 水泥（万吨）Cement(10 000 tons) 2005 | 2013 | 国家或地区 | Country or Area | 化肥（万吨）Fertilizer(10 000 tons) 2005 | 2011 |
|---|---|---|---|---|---|---|---|
| 中国 | China | 103830 | 241440 | 中国 | China | 4144 | 6046 |
| 美国 | United States | 9594 | 7559 | 美国 | United States | 2092 | 2303 |
| 土耳其 | Turkey | 4300 | 6857 | 印度 | India | 1529 | 1906 |
| 俄罗斯 | Russia | 4854 | 6665 | 俄罗斯 | Russia | 1662 | 1721 |
| 日本 | Japan | 6962 | 5796 | 加拿大 | Canada | 1146 | 1351 |
| 韩国 | Korea, Rep. | 5222 | 5326 | 白俄罗斯 | Belarus | 570 | 630 |
| 泰国 | Thailand | 3787 | 4554 | 印度尼西亚 | Indonesia | 322 | 409 |
| 墨西哥 | Mexico | 4007 | 3980 | 德国 | Germany | 470 | 383 |
| 马来西亚 | Malaysia | 1666 | 2147 | 巴西 | Brazil | 308 | 342 |
| 摩洛哥 | Morocco | 1028 | 1496 | 巴基斯坦 | Pakistan | 277 | 307 |
| 波兰 | Poland | 1265 | 1454 | 埃及 | Egypt | 181 | 306 |
| 加拿大 | Canada | 1418 | 1162 | 乌克兰 | Ukraine | 266 | 282 |
| 秘鲁 | Peru | 511 | 1078 | 摩洛哥 | Morocco | 131 | 270 |
| 乌克兰 | Ukraine | 1217 | 976 | 以色列 | Israel | 271 | 242 |
| 澳大利亚 | Australia | 907 | 976 | 波兰 | Poland | 233 | 230 |
| 罗马尼亚 | Romania | 704 | 745 | 沙特阿拉伯 | Saudi Arabia | 150 | 193 |
| 哈萨克斯坦 | Kazakhstan | 418 | 710 | 约旦 | Jordan | 152 | 192 |
| 塞内加尔 | Senegal | 263 | 520 | 西班牙 | Spain | 177 | 159 |
| 白俄罗斯 | Belarus | 313 | 505 | 荷兰 | Netherlands | 174 | 159 |
| 克罗地亚 | Croatia | 348 | 461 | 法国 | France | 362 | 149 |
| 智利 | Chile | 402 | 457 | 卡塔尔 | Qatar | 137 | 148 |
| 孟加拉国 | Bangladesh | 215 | 350 | 土耳其 | Turkey | 124 | 137 |
| 玻利维亚 | Bolivia |  | 306 | 立陶宛 | Lithuania | 107 | 125 |
| 阿塞拜疆 | Azerbaijan | 154 | 205 | 智利 | Chile | 66 | 110 |
| 保加利亚 | Bulgaria | 362 | 179 | 突尼斯 | Tunisia | 115 | 107 |
| 中国香港 | Hong Kong, China | 101 | 176 | 乌兹别克斯坦 | Uzbekistan |  | 105 |
| 塞尔维亚 | Serbia | 228 | 160 | 马来西亚 | Malaysia | 59 | 100 |
| 芬兰 | Finland | 130 | 127 | 阿曼 | Oman | 48 | 95 |
| 立陶宛 | Lithuania | 83 | 107 | 澳大利亚 | Australia | 94 | 89 |
| 塞浦路斯 | Cyprus | 180 | 85 | 日本 | Japan | 107 | 86 |
| 爱沙尼亚 | Estonia | 73 | 46 | 罗马尼亚 | Romania | 119 | 81 |
| 亚美尼亚 | Armenia | 60 | 43 | 韩国 | Korea, Rep. | 59 | 78 |
| 塔吉克斯坦 | Tajikistan | 25 | 38 | 挪威 | Norway | 73 | 75 |
| 蒙古 | Mongolia |  | 26 | 英国 | United Kingdom | 148 | 66 |
| 卢旺达 | Rwanda |  | 11 | 越南 | Viet Nam | 64 | 66 |
|  |  |  |  | 墨西哥 | Mexico | 45 | 56 |
|  |  |  |  | 伊朗 | Iran | 87 | 55 |
|  |  |  |  | 阿根廷 | Argentina | 57 | 53 |
|  |  |  |  | 保加利亚 | Bulgaria | 52 | 51 |
|  |  |  |  | 孟加拉国 | Bangladesh | 95 | 46 |

## 12-6 续表 3 continued

| 国家或地区 | Country or Area | 汽车（万辆）Motor Vehicles (10 000 vehicles) 2005 | 2013 | 国家或地区 | Country or Area | 天然气(万亿焦耳) Natural Gas(terajoule) 2005 | 2013 |
|---|---|---|---|---|---|---|---|
| 中　国 | China | 572 | 2212 | 美　国 | United States | 19633788 | 26377368 |
| 美　国 | United States | 1195 | 1105 | 俄罗斯 | Russia | 24785724 | 22518720 |
| 日　本 | Japan | 1080 | 963 | 加拿大 | Canada | 6566448 | 5402616 |
| 德　国 | Germany | 576 | 572 | 中　国 | China | 1965624 | 4423380 |
| 韩　国 | South Korea | 370 | 452 | 挪　威 | Norway | 3527904 | 4286160 |
| 印　度 | India | 164 | 388 | 印度尼西亚 | Indonesia | 3204684 | 3593064① |
| 巴　西 | Brazil | 253 | 374 | 墨西哥 | Mexico | 2245812 | 2929920 |
| 墨西哥 | Mexico | 168 | 305 | 马来西亚 | Malaysia | 2402160 | 2552904 |
| 泰　国 | Thailand | 112 | 246 | 荷　兰 | Netherlands | 2624388 | 2551872 |
| 加拿大 | Canada | 269 | 238 | 澳大利亚 | Australia | 1298988 | 1604112① |
| 俄罗斯 | Russia | 135 | 218 | 英　国 | United Kingdom | 3693300 | 1526940 |
| 西班牙 | Spain | 275 | 216 | 巴基斯坦 | Pakistan | 1290852 | 1472808② |
| 法　国 | France | 355 | 174 | 印　度 | India | 1109412 | 1352868 |
| 英　国 | United Kingdom | 180 | 160 | 泰　国 | Thailand | 753708 | 1216752 |
| 印度尼西亚 | Indonesia | 50 | 121 | 孟加拉国 | Bangladesh | 502824 | 799740 |
| 捷　克 | Czech Rep. | 60 | 113 | 玻利维亚 | Bolivia | 442464 | 783324 |
| 土耳其 | Turkey | 88 | 113 | 阿塞拜疆 | Azerbaijan | 128676 | 694656 |
| 斯洛伐克 | Slovakia | 22 | 98 | 乌克兰 | Ukraine | 705720 | 692400 |
| 阿根廷 | Argentina | 32 | 79 | 德　国 | Germany | 661068 | 414564 |
| 伊　朗 | Iran | 108 | 74 | 罗马尼亚 | Romania | 491508 | 374580 |
| 意大利 | Italy | 104 | 66 | 越　南 | Viet Nam | 288468 | 364560③ |
| 马来西亚 | Malaysia | 56 | 60 | 意大利 | Italy | 458004 | 294660 |
| 波　兰 | Poland | 61 | 58 | 波　兰 | Poland | 180696 | 174324 |
| 南　非 | South Africa | 53 | 55 | 以色列 | Israel | 59988 | 166536② |
| 比利时 | Belgium | 93 | 48 | 日　本 | Japan | 128016 | 122928 |
| 罗马尼亚 | Romania | 19 | 41 | 突尼斯 | Tunisia | 87852 | 110232③ |
| 中国台湾 | Taiwan,China | 45 | 34 | 丹　麦 | Denmark | 437592 | 99648 |
| 匈牙利 | Hungary | 15 | 22 | 匈牙利 | Hungary | 108744 | 72804 |
| 澳大利亚 | Australia | 39 | 22 | 克罗地亚 | Croatia | 85188 | 66804 |
| 奥地利 | Austria | 25 | 17 | 奥地利 | Austria | 62076 | 55956 |
| 瑞　典 | Sweden | 34 | 16 | 智　利 | Chile | 74700 | 37596② |
| 乌兹别克斯坦 | Uzbekistan | 10 | 15 | 塞尔维亚 | Serbia | 10632 | 26112 |
| 葡萄牙 | Portugal | 22 | 15 | 土耳其 | Turkey |  | 19320 |
| 斯洛文尼亚 | Slovenia | 18 | 9 | 爱尔兰 | Ireland | 20880 | 14208③ |
| 荷　兰 | Netherlands | 18 | 6③ | 法　国 | France | 33228 | 11988 |
| 乌克兰 | Ukraine | 22 | 5 | 白俄罗斯 | Belarus | 8808 | 8916 |
| 埃　及 | Egypt | 6 | 4 | 捷　克 | Czech Rep. | 6684 | 6864 |
| 塞尔维亚 | Serbia | 1 | 1 | 保加利亚 | Bulgaria | 17880 | 2748① |
| 芬　兰 | Finland | 2 | 1 | 西班牙 | Spain | 6648 | 2316 |

注：①2010年数据。②2011年数据。③2012年数据。
Note:①Data refer to 2010.②Data refer to 2011.③Data refer to 2012.

# 12-7 竣工房屋建筑

# Construction of New Buildings

资料来源：联合国统计月报数据库。
Source: UN Monthly Bulletin of Statistics Database.

| 国家或地区 | Country or Area | 2005 | 2009 | 2010 | 2011 | 2012 | 2013 |
|---|---|---|---|---|---|---|---|
| **竣工房屋建筑面积** | **Construction Area of New Buildings** | | | | | | |
| **(万平方米)** | **(10 000 sq.m)** | | | | | | |
| 中　国 | China | 40004 | 57695 | 61216 | 71693 | 79043 | |
| 伊　朗 | Iran | | 7478 | 9940 | 10049 | 10078 | |
| 以色列 | Israel | 496 | 596 | 617 | 659 | 733 | 799 |
| 日　本 | Japan | 11242 | 7100 | 7690 | 7926 | 8243 | 9173 |
| 哈萨克斯坦 | Kazakhstan | 499 | 638 | 641 | 653 | 674 | |
| 韩　国 | Korea, Rep. | 5028 | 5006 | 5147 | 5656 | 5926 | 5024 |
| 菲律宾 | Philippines | 1060 | 985 | 1141 | 1114 | 1314 | 1259 |
| 南　非 | South Africa | 886 | 682 | 494 | 487 | 485 | 514 |
| 法　国 | France | 4562 | 3547 | 3292 | 3955 | 3258 | 2998 |
| 德　国 | Germany | 2502 | 1792 | 1904 | 2362 | 2651 | 2906 |
| 波　兰 | Poland | 1140 | 1536 | 1386 | 1355 | 1508 | 1469 |
| 俄罗斯 | Russia | 4356 | 5990 | 5812 | 6227 | 6576 | 6940 |
| 土耳其 | Turkey | 3661 | 6010 | 9052 | 7578 | 7669 | 9416 |
| 乌克兰 | Ukraine | | 640 | 934 | 941 | 1075 | 1122 |
| 新西兰 | New Zealand | 497 | 282 | 311 | 262 | 334 | 408 |
| **竣工房屋数量(套)** | **Number of New Buildings(unit)** | | | | | | |
| 伊　朗 | Iran | | 586356 | 804852 | 683832 | 727020 | |
| 以色列 | Israel | 32004 | 32724 | 33156 | 34212 | 37032 | 42648 |
| 日　本 | Japan | 1294668 | 825756 | 815640 | 834120 | 882792 | 980028 |
| 哈萨克斯坦 | Kazakhstan | 20280 | 24300 | | | | |
| 韩　国 | Korea, Rep. | 37800 | 72888 | 81792 | 99072 | 98904 | 93048 |
| 菲律宾 | Philippines | 105348 | 108528 | 105228 | 105732 | 115452 | 107832 |
| 南　非 | South Africa | 70620 | 53796 | 39552 | 40656 | 42876 | 33864 |
| 美　国 | United States | 1932000 | 792000 | 648000 | 588000 | 648000 | 768000 |
| 捷　克 | Czech Rep. | 32868 | 38532 | 36444 | 28632 | 29472 | 25248 |
| 法　国 | France | 444192 | 334428 | 345972 | 421308 | 346464 | 331872 |
| 德　国 | Germany | 215304 | 157392 | 167784 | 209292 | 233724 | 270360 |
| 波　兰 | Poland | 114072 | 160008 | 135720 | 130956 | 152904 | 145140 |
| 俄罗斯 | Russia | 515304 | 702024 | 714120 | 785556 | 838032 | 912108 |
| 西班牙 | Spain | 524484 | 388416 | 257448 | 167916 | 114996 | 64632 |
| 土耳其 | Turkey | 249816 | 404064 | 584280 | 514968 | 528000 | 688044 |
| 乌克兰 | Ukraine | | 65568 | 76776 | 82704 | 91176 | 102288 |
| 英　国 | United Kingdom | 209580 | 158376 | 137256 | 141180 | 143688 | |
| 澳大利亚 | Australia | 164964 | 146112 | 156744 | 154764 | 145812 | |
| 新西兰 | New Zealand | 26016 | 14424 | 15600 | 13668 | 16932 | 21288 |

# 主要统计指标解释

**工业生产指数** 按国际标准产业分类的大类，包括矿业，制造业，电力、煤气、水，不包括建筑业。工业生产指数反映按美元不变价计算的增加值的变化趋势，采用拉氏公式计算，基期为2005年。

**机构数** 这里所用的机构的概念大部分情况下指的是经济活动单位，即能够单独核算的、在一个地点经营的、主要从事一种经济活动的单位。

**从业人员数** 指所有在企业中工作的人，包括企业主本人、合伙人、不领工资的家庭成员和所有雇员，但不包括家务劳动者。

**工资和薪金** 指报告期内用现金或以货代款方式支付给企业雇员的所有款项。款项包括（1）直接工资和薪金；（2）非工作时间的报酬；（3）奖金和小费；（4）雇主直接支付的住房补贴和家庭补贴；（5）以货代款方式的支付。雇员的补偿相当于工资和薪金加雇主为雇员支付的社会保障、养老金缴款雇员因此而得到的收益、解雇和辞职时加发的工资。

**产值** 指企业的工业活动所产出的价值。它包括(1)企业创造的全部产品总值;(2)收到或发出的在产品期初期末差额价值或库存品价值;(3)为其他部门提供工业生产或服务价值;(4)收到或发出的商品价值减去支付这些商品的数额;(5)报告期内生产单位自己使用而生产的固定资产价值。发出的制成品库存的期初期末差额价值。

**固定资本形成** 指报告期内所购买或自建的固定资产减去相应的卖出的固定资产的价值。固定资产包括使用期限在一年或一年以上,企业自产自用的固定资产也包括为延长使用寿命提高生产率而对现有资产进行的更新改造。

# Explanatory Notes on Main Statistical Indicators

**Industrial Production Indices** are classified according to tabulation categories, division and combination of division of the revised version of the International Standard Industrial Classification of All Economic Activities (ISIC) for mining, manufacturing and electricity, gas and water, excluding construction. The indices indicate trends in value added in constant US dollars. Each series is compiled by use of the Laspeyres. The base year is 2005.

**Establishment** is ideally a unit that engages, under a single ownership or control, in one, or predominantly one, kind of activity at a single location.

**Number of Employees** is defined as the total number of persons who worked in or for the establishment during the reference year. However, home workers are excluded.

**Wages and Salaries** Estimates of wages and salaries include all payments in cash or in kind made to "employees" during the reference year in relation to work done for the establishment. Payment include: (a)direct wages and salaries;(b)remuneration for time not worked; (c)bonuses and gratuities;(d)housing allowances and family allowances paid directly by the employer, and (e)payments in kind.

**Output** The measure of output normally used in the tables is the census concept that covers only activities of an industrial nature. it include:(a)the value of all products of the establishment; (b)the net change between the beginning and the end of the reference period in the value of work in progress and stocks of goods to be shipped in the same condition as received;(c)the value of industrial work done or industrial services rendered to others; (d)the value of goods shipped in the same condition as received less the amount paid for these goods; and(e)the value of fixed assets produced during the period by the unit for its own use. In the case of estimates compiled on a shipment basis, the net change in the value of stocks of finished goods between the beginning and the end of the reference period is also included.

**Gross Fixed Capital Formation** Estimates refer to the value of purchases and own account construction of fixed assets during the reference year less the value of corresponding sales. The fixed assets covered are those (whether new or used) with a productive life of one year or more. These assets, which are intended for the use of the establishment, including fixed assets made by the establishment, including fixed assets made by the establishment's own labour force for its own use. Major additions, alterations and improvements to existing assets that extend their normal economic life or raise their productivity are also included.

# 运输和通讯

## Transportation and Communication

# 13-1 公路货运客运周转量

# Freight Ton-km and Passenger-km of Road

资料来源：世界银行WDI数据库。
Source: World Bank WDI Database.

| 国家或地区 | Country or Area | 公路货运周转量(亿吨公里) Roads, Goods Transported (100 million ton-km) | | | 公路客运周转量(亿人公里) Roads, Passengers Carried (100 million passenger-km) | | |
|---|---|---|---|---|---|---|---|
| | | 2000 | 2005 | 2011 | 2000 | 2005 | 2011 |
| 中　国 | China | 6129.4 | 8693.2 | 51374.7 | 6657.4 | 9292.1 | 16760.2 |
| 柬埔寨 | Cambodia | | | | 2.0 | | |
| 印　度 | India | 8.7① | | 11065.0② | | | |
| 日　本 | Japan | 3131.2 | 3349.8 | 2540.8② | 9512.5 | 9330.1 | 8987.2③ |
| 哈萨克斯坦 | Kazakhstan | 46.4① | 471.2 | 1210.7 | | 916.5 | 1640.0 |
| 韩　国 | Korea, Rep. | 114.1 | 125.5 | 125.5③ | 745.7 | 916.7 | 1129.1 |
| 老　挝 | Laos | | 2.6 | 3.2 | | 16.8 | 23.7 |
| 蒙　古 | Mongolia | 14.8 | 3.1 | 18.3② | 3.9 | 6.4 | 14.8② |
| 巴基斯坦 | Pakistan | 902.7① | 1292.5 | 1779.5 | 1970.1 | 2637.9 | 3227.7 |
| 新加坡 | Singapore | | | | | | 56.8② |
| 斯里兰卡 | Sri Lanka | | | | 198.6 | 210.7④ | |
| 越　南 | Viet Nam | | 176.7 | 361.8② | | 386.0 | 692.0② |
| 埃　及 | Egypt | | | | | | 127.9⑤ |
| 南　非 | South Africa | 4.3 | | | | | |
| 加拿大 | Canada | 766.9① | 1847.7⑥ | 1363.9 | | 4938.1④ | 4930.0③ |
| 墨西哥 | Mexico | 1940.5 | 2042.2 | 2269.0 | 3817.0 | 4229.2 | 4656.0 |
| 美　国 | United States | 17412.1 | 18852.7 | 19292.0③ | 73234.4 | 78877.3 | 67983.5 |
| 阿根廷 | Argentina | | | | 234.3 | 305.8 | 359.3 |
| 捷　克 | Czech Rep. | 390.0 | 434.5 | 548.3 | 733.9 | 842.5 | 803.0 |
| 法　国 | France | 2665.0 | 1930.0 | 2930.0 | | 8435.0 | 8641.0 |
| 德　国 | Germany | 3463.0 | 4027.0 | 4689.0 | 9269.4 | 9582.5 | 9943.1 |
| 意大利 | Italy | 1847.6 | 2118.0 | 1185.7 | | 7780.0 | 6658.2 |
| 荷　兰 | Netherlands | 457.0 | 841.6 | 757.5 | 1939.0⑦ | 1588.0 | 1667.0 |
| 波　兰 | Poland | 750.2 | 1197.4 | 2188.9 | 1904.0 | 2027.6 | 2415.4 |
| 俄罗斯 | Russia | 233.0 | 1940.0 | 2479.4 | 1.7⑦ | 1424.0 | 1385.9 |
| 西班牙 | Spain | 1330.8 | 3297.0 | 2648.1 | 4031.7 | 3926.0 | 3917.1 |
| 土耳其 | Turkey | 1522.1① | 1668.3 | 2030.7 | 1779.5 | 1821.5 | 2422.7 |
| 乌克兰 | Ukraine | 182.7① | 238.9 | 386.0 | 310.1 | 518.2 | 508.8 |
| 英　国 | United Kingdom | 1504.8 | 1525.7 | 1529.9 | 6950.0 | 7220.0 | 7080.0 |
| 澳大利亚 | Australia | 1326.3 | 1626.8 | 1949.1 | 2838.4 | 3099.6 | 3236.6 |

注：①1998年数据。②2010年数据。③2009年数据。④2002年数据。⑤2008年数据。⑥2003年数据。⑦1999年数据。
Note: ①Data refer to 1998. ②Data refer to 2010. ③Data refer to 2009. ④Data refer to 2002. ⑤Data refer to 2008. ⑥Data refer to 2003. ⑦Data refer to 1999.

# 13-2 铁路运输
# Railway Traffic

资料来源：世界银行WDI数据库。
Source: World Bank WDI Database.

| 国家或地区 | Country or Area | 铁路总长度(公里) Rail Lines Total (km) | | 铁路货运周转量(亿吨公里) Rail. Goods Transported (100 million ton-km) | | 铁路客运周转量(亿人公里) Rail, Passengers Carried (100 million passenger-km) | |
|---|---|---|---|---|---|---|---|
| | | 2005 | 2012 | 2005 | 2012 | 2005 | 2012 |
| 中　国 | China | 62200 | 66298 | 19346.12 | 25183.10 | 5833.20 | 7956.39 |
| 孟加拉国 | Bangladesh | 2855 | 2835 | 8.96 | 7.10 | 43.40 | 73.05 |
| 柬埔寨 | Cambodia | 650 | | 0.92 | | 0.45 | |
| 印　度 | India | 63465 | 64460 | 4073.98 | 6257.23 | 5757.02 | 9785.08 |
| 印度尼西亚 | Indonesia | | 4684 | 46.98 | 71.66 | 255.35 | 202.83 |
| 伊　朗 | Iran | 7131 | 8368 | 191.27 | 226.04 | 111.49 | 171.72 |
| 以色列 | Israel | 899 | 1079 | 11.49 | 10.99 | 16.16 | 19.27 |
| 日　本 | Japan | 20096 | 20140 | 219.00 | 202.55 | 2392.46 | 2445.91 |
| 哈萨克斯坦 | Kazakhstan | 14204 | 14319 | 1718.55 | 2358.46 | 121.29 | 184.98 |
| 韩　国 | Korea, Rep. | 3392 | 3650 | 101.08 | 99.96 | 310.04 | 216.03 |
| 马来西亚 | Malaysia | 1657 | 2250 | 11.78 | 30.71 | 11.81 | 32.93 |
| 蒙　古 | Mongolia | 1810 | 1818 | 88.57 | 114.18 | 12.28 | 13.99 |
| 巴基斯坦 | Pakistan | 7791 | 7791 | 47.96 | 17.57 | 230.45 | 206.19 |
| 菲律宾 | Philippines | 491 | | 0.01① | | 1.44① | |
| 斯里兰卡 | Sri Lanka | 1200 | | 1.38 | | 46.82 | |
| 泰　国 | Thailand | 4044 | 5327 | 40.37 | 24.55 | 91.95 | 75.04 |
| 越　南 | Viet Nam | 2671 | 2347 | 29.28 | 39.59 | 45.58 | 45.58 |
| 埃　及 | Egypt | 5150 | 5195 | 39.17 | 15.92 | 408.37 | 408.37 |
| 尼日利亚 | Nigeria | 3528 | | 0.77 | | 1.74 | |
| 南　非 | South Africa | 20047 | 20500 | 1085.13 | 1133.42 | 9.91 | |
| 加拿大 | Canada | 57671 | 52002 | 3386.61 | 3525.35 | 27.90 | 27.81 |
| 墨西哥 | Mexico | 26662 | 26704 | 543.87 | 691.85 | 0.73 | 4.49 |
| 美　国 | United States | 228999 | 228218 | 27175.13 | 25245.85 | 88.69 | 95.18 |
| 阿根廷 | Argentina | 35753 | 25023 | | 121.11 | 69.79 | 85.88 |
| 巴　西 | Brazil | 29314 | 29817 | 2212.11 | 2677.00 | | |
| 委内瑞拉 | Venezuela | | | 0.32 | | | |
| 捷　克 | Czech Rep. | 9513 | 9469 | 143.85 | 114.23 | 66.31 | 69.07 |
| 法　国 | France | 29286 | 30013 | 418.98 | 316.16 | 783.06 | 856.34 |
| 德　国 | Germany | 34228 | 33509 | 880.22 | 1058.94 | 725.68 | 802.10 |
| 意大利 | Italy | 16751 | 17060 | 210.45 | 112.49 | 473.68 | 386.76 |
| 荷　兰 | Netherlands | 2813 | 3016 | 43.31① | | 147.30 | 170.98 |
| 波　兰 | Poland | 19599 | 19617 | 460.60 | 329.04 | 167.42 | 147.20 |
| 俄罗斯 | Russia | 85542 | 84249 | 18016.01 | 22223.88 | 1642.62 | 1446.12 |
| 西班牙 | Spain | 14484 | 15665 | 115.86 | 75.07 | 210.47 | 223.87 |
| 土耳其 | Turkey | 8697 | 9642 | 89.39 | 106.91 | 50.36 | 45.98 |
| 乌克兰 | Ukraine | 22001 | 21643 | 2239.80 | 2377.22 | 526.55 | 492.03 |
| 英　国 | United Kingdom | 16208 | 16423 | 221.10 | | 440.36 | 643.24 |
| 澳大利亚 | Australia | 9528 | 1829 | 461.64 | 596.49 | 12.90 | |

注：①2004年数据。
Note:①Data refer to 2004.

# 13-3 国际海运装货量和卸货量

## International Maritime Freight Loaded and Unloaded

资料来源：联合国统计月报数据库。
Source: UN Monthly Bulletin of Statistics Database.

单位：万吨 (10 000 tons)

| 国家或地区 | Country or Area | 国际海运装货量 International Maritime Freight Loaded | | | 国际海运卸货量 International Maritime Freight Unloaded | | |
|---|---|---|---|---|---|---|---|
| | | 2000 | 2005 | 2013 | 2000 | 2005 | 2013 |
| 中国香港 | Hong Kong, China | 6770 | 8918 | 11255 | 10693 | 14095 | 16020 |
| 孟加拉国 | Bangladesh | 89 | 79 | 466① | 1408 | | 3860① |
| 文　莱 | Brunei Darussalam | 10 | 8 | | 102 | 168 | |
| 印度尼西亚 | Indonesia | 14153 | 27372 | 50118① | 4504 | 8479 | 11254① |
| 伊　朗 | Iran | 3065 | 3446 | | 4486 | 6073 | |
| 以色列 | Israel | 1387 | 1663 | 2046 | 2920 | 2107 | 2828 |
| 日　本 | Japan | 13010 | | | 80654 | | |
| 韩　国 | Korea, Rep. | 15078 | 24250 | | 41882 | 51245 | |
| 马来西亚 | Malaysia | 5483 | 7940 | 13253 | 6922 | 10391 | 15770 |
| 巴基斯坦 | Pakistan | 617 | 1126 | 1950① | 3080 | 3955 | 4870① |
| 新加坡 | Singapore | 32618 | 42266 | | | | |
| 斯里兰卡 | Sri Lanka | 919 | 1315 | | | | |
| 埃　及 | Egypt | | 2123 | | | 4241 | |
| 南　非 | South Africa | 2598 | | | | | |
| 美　国 | United States | 34334 | 40534 | | 83352 | 94160 | |
| 阿根廷 | Argentina | 1550 | | | | | 2747 |
| 法　国 | France | 6810 | 10066 | 9989 | 20273 | 22710 | 19040 |
| 德　国 | Germany | 8602 | 10832 | 11860 | 14725 | 16866 | 17108 |
| 荷　兰 | Netherlands | 9940 | 12250 | | 32507 | 36424 | |
| 波　兰 | Poland | 3152 | 3835 | 3025 | 1582 | 1642 | 3311 |
| 俄罗斯 | Russia | 828 | 910 | 18924② | 84 | 74 | 2184② |
| 西班牙 | Spain | 5627 | 8195 | | 19343 | 26164 | |
| 乌克兰 | Ukraine | 4271 | 7070 | 9920 | 684 | 1333 | 1862 |
| 澳大利亚 | Australia | 48750 | 62401 | 113288 | 5418 | 6989 | 9740 |
| 新西兰 | New Zealand | 2214 | 2167 | 3656 | 1379 | 1844 | 2006 |

注：①2010年数据。②2011年数据。
Note:①Data refer to 2010.②Data refer to 2011.

# 13-4 空运货物周转量和客运量

# Freight and Passengers Carried by Air

资料来源：世界银行WDI数据库。
Source: World Bank WDI Database.

| 国家或地区 | Country or Area | 空运货物周转量（万吨公里） Air Transport, Freight (10 000 ton-km) | | | 航空客运量（万人） Air Transport, Passengers Carried (10 000 persons) | | |
|---|---|---|---|---|---|---|---|
| | | 2000 | 2005 | 2013 | 2000 | 2005 | 2013 |
| 中　　国 | China | 390008 | 757940 | 1605373 | 6189 | 13672 | 35280 |
| 中国香港 | Hong Kong, China | 511151 | 776387 | 943996 | 1438 | 2023 | 3421 |
| 中国澳门 | Macao, China | 2190 | 16981 | 2007 | 153 | 204 | 177 |
| 孟加拉国 | Bangladesh | 19387 | 18349 | 14637 | 133 | 163 | 209 |
| 文　　莱 | Brunei Darussalam | 14023 | 13414 | 15245 | 86 | 98 | 120 |
| 柬 埔 寨 | Cambodia | | 120 | 5 | | 17 | 77 |
| 印　　度 | India | 54765 | 77404 | 161746 | 1730 | 2788 | 7532 |
| 印度尼西亚 | Indonesia | 40854 | 43977 | 95905 | 992 | 2684 | 8510 |
| 伊　　朗 | Iran | 7372 | 9822 | 6453 | 872 | 1271 | 1887 |
| 以 色 列 | Israel | 88570 | 121348 | 82892 | 444 | 439 | 534 |
| 日　　本 | Japan | 867205 | 854924 | 745588 | 10912 | 10228 | 10591 |
| 哈萨克斯坦 | Kazakhstan | 1175 | 1583 | 6692 | 46 | 116 | 485 |
| 韩　　国 | Korea, Rep. | 765134 | 743257 | 1178527 | 3433 | 3389 | 4108 |
| 老　　挝 | Laos | 167 | 248 | 141 | 21 | 29 | 115 |
| 马来西亚 | Malaysia | 186384 | 257758 | 199093 | 1656 | 2037 | 4632 |
| 蒙　　古 | Mongolia | 844 | 607 | 1021 | 25 | 30 | 64 |
| 缅　　甸 | Myanmar | 77 | 272 | 379 | 44 | 150 | 188 |
| 巴基斯坦 | Pakistan | 34031 | 40793 | 25353 | 529 | 536 | 780 |
| 菲 律 宾 | Philippines | 28995 | 32271 | 56953 | 576 | 806 | 2931 |
| 新 加 坡 | Singapore | 600489 | 757126 | 651252 | 1670 | 1774 | 3055 |
| 斯里兰卡 | Sri Lanka | 25571 | 31036 | 38502 | 176 | 282 | 479 |
| 泰　　国 | Thailand | 171288 | 200242 | 264447 | 1739 | 1890 | 4071 |
| 越　　南 | Viet Nam | 11733 | 23019 | 53350 | 288 | 545 | 1829 |
| 埃　　及 | Egypt | 27806 | 28695 | 36991 | 452 | 489 | 991 |
| 尼日利亚 | Nigeria | 882 | 1003 | | 51 | 75 | 375 |
| 南　　非 | South Africa | 68757 | 92338 | 117842 | 800 | 1184 | 1691 |
| 加 拿 大 | Canada | 189611 | 152682 | 194631 | 4177 | 4523 | 7153 |
| 墨 西 哥 | Mexico | 30986 | 39043 | 68911 | 2089 | 2186 | 3881 |
| 美　　国 | United States | 3017198 | 3735764 | 3710713 | 66533 | 72055 | 74310 |
| 阿 根 廷 | Argentina | 29665 | 13256 | 17172 | 892 | 694 | 984 |
| 巴　　西 | Brazil | 172790 | 153068 | 163303 | 3129 | 3766 | 9592 |
| 委内瑞拉 | Venezuela | 3310 | 211 | 520 | 430 | 504 | 762 |
| 捷　　克 | Czech Rep. | 3222 | 3876 | 1992 | 223 | 471 | 389 |
| 法　　国 | France | 522434 | 580244 | 438346 | 5258 | 5248 | 6673 |
| 德　　国 | Germany | 712771 | 772213 | 733406 | 5796 | 9079 | 10502 |
| 意 大 利 | Italy | 174841 | 136513 | 87749 | 3042 | 3612 | 2523 |
| 荷　　兰 | Netherlands | 436734 | 489397 | 575088 | 2090 | 2613 | 3325 |
| 波　　兰 | Poland | 7783 | 7128 | 9463 | 234 | 355 | 464 |
| 俄 罗 斯 | Russia | 104141 | 154122 | 330510 | 1769 | 2652 | 6599 |
| 西 班 牙 | Spain | 87950 | 102174 | 95405 | 3971 | 4986 | 4577 |
| 土 耳 其 | Turkey | 38504 | 38295 | 234921 | 1219 | 1694 | 7435 |
| 乌 克 兰 | Ukraine | 1220 | 3929 | 1451 | 95 | 251 | 538 |
| 英　　国 | United Kingdom | 516087 | 599843 | 603161 | 7044 | 9360 | 11830 |
| 澳大利亚 | Australia | 173074 | 244459 | 268177 | 3258 | 4466 | 7088 |
| 新 西 兰 | New Zealand | 81714 | 78147 | 96561 | 1078 | 1195 | 1372 |

# 13-5 机动车使用量

## Vehicles in Use

资料来源：国际公路协会《世界公路统计》2012年。
Source: International Road Federation World Road Statistics 2012.

| 国家或地区 | Country or Area | 年 份 Year | 总计 (万辆) Total (10 000 units) | 乘用车 (万辆) Passenger Cars (10 000 units) | 公共汽车 (万辆) Buses (10 000 units) | 卡车和货车 (万辆) Lorries and Vans (10 000 units) |
|---|---|---|---|---|---|---|
| 中 国 | China | 2010 | 7721.7 | 5861.6 | 262.5 | 1597.6 |
| 中国香港 | Hong Kong,China | 2010 | 54.4 | 41.5 | 2.0 | 10.9 |
| 孟加拉国 | Bangladesh | 2010 | 46.6 | 31.0 | 7.4 | 43.6 |
| 文 莱 | Brunei Darussalam | 2008 | 20.0 | 19.0 | 0.1 | 0.8 |
| 印 度 | India | 2009 | 2120.0 | 1367.4 | 148.6 | 604.1 |
| 以 色 列 | Israel | 2010 | 245.3 | 207.7 | 2.5 | 35.1 |
| 日 本 | Japan | 2010 | 7529.9 | 5768.2 | 23.0 | 1738.7 |
| 哈萨克斯坦 | Kazakhstan | 2010 | 357.9 | 308.8 | 9.4 | 39.8 |
| 韩 国 | Korea,Rep. | 2010 | 1794.1 | 1363.2 | 105.0 | |
| 马来西亚 | Malaysia | 2010 | 1025.3 | 921.8 | 6.9 | 96.6 |
| 蒙 古 | Mongolia | 2008 | 19.0 | 12.8 | 1.6 | 4.7 |
| 缅 甸 | Myanmar | 2010 | 34.4 | 26.0 | 2.1 | 6.4 |
| 巴基斯坦 | Pakistan | 2010 | 304.5 | 233.2 | 12.3 | 59.0 |
| 菲 律 宾 | Philippines | 2010 | 283.5 | 80.9 | 3.5 | 199.1 |
| 新 加 坡 | Singapore | 2010 | 75.5 | 59.5 | 1.6 | 14.4 |
| 斯里兰卡 | Sri Lanka | 2010 | 100.0 | 41.0 | 8.4 | 50.6 |
| 南 非 | South Africa | 2010 | 825.5 | 559.6 | 33.3 | 232.6 |
| 加 拿 大 | Canada | 2009 | 2049.0 | 1417.2 | | 631.8 |
| 墨 西 哥 | Mexico | 2010 | 3118.2 | 2163.9 | 35.9 | 918.3 |
| 美 国 | United States | 2010 | 24666.4 | 19382.4 | 85.7 | 5198.3 |
| 巴 西 | Brazil | 2009 | | 3453.7 | 67.3 | |
| 白俄罗斯 | Belarus | 2010 | 343.9 | 260.1 | 4.5 | 39.7 |
| 捷 克 | Czech Republic | 2010 | 510.3 | 449.6 | 2.0 | 58.7 |
| 法 国 | France | 2010 | 3774.5 | 3130.0 | 8.6 | 635.9 |
| 德 国 | Germany | 2010 | 4681.1 | 4230.2 | 7.6 | 443.2 |
| 意 大 利 | Italy | 2010 | 4109.3 | 3643.8 | 9.9 | 455.7 |
| 荷 兰 | Netherlands | 2010 | 875.1 | 773.6 | 1.1 | 100.4 |
| 挪 威 | Norway | 2010 | 285.6 | 230.9 | 2.0 | 52.7 |
| 波 兰 | Poland | 2010 | 2051.2 | 1724.0 | 9.7 | 317.5 |
| 俄 罗 斯 | Russia | 2009 | 3847.2 | 3308.4 | 6.5 | 532.3 |
| 西 班 牙 | Spain | 2010 | 2731.4 | 2214.7 | 6.2 | 510.4 |
| 土 耳 其 | Turkey | 2010 | 1126.6 | 754.5 | 59.5 | 312.5 |
| 乌 克 兰 | Ukraine | 2010 | 792.5 | 676.9 | 17.1 | 98.4 |
| 英 国 | United Kingdom | 2010 | 3227.0 | 2842.1 | 17.1 | 367.8 |
| 澳大利亚 | Australia | 2010 | 1549.6 | 1240.3 | 7.1 | 302.3 |
| 新 西 兰 | New Zealand | 2010 | 310.8 | 261.5 | 2.1 | 47.2 |

13-5 续表 continued

| 国家或地区 | Country or Area | 年 份 Year | 摩托车 (万辆) Motorcycles (10 000 units) | 每千人拥有乘用车数量(辆) Passenger Cars per 1000 Persons (unit) | 每千人拥有汽车数量(辆) Total Vehicles per 1000 Persons (unit) | 每公里道路汽车数量 (辆) Total Vehicles per km of Road (unit) |
|---|---|---|---|---|---|---|
| 中 国 | China | 2010 | 10056.4 | 44 | 58 | 19 |
| 中国香港 | Hong Kong,China | 2010 | 3.8 | 59 | 77 | 254① |
| 孟加拉国 | Bangladesh | 2010 | 97.6 | 2 | 3 | 22 |
| 文 莱 | Brunei Darussalam | 2008 | 0.3 | 485 | 510 | 67 |
| 印 度 | India | 2009 | 8240.2 | 12 | 18 | 5② |
| 以色列 | Israel | 2010 | 11.3 | 272 | 322 | 133 |
| 日 本 | Japan | 2010 | 350.2 | 453 | 591 | 63② |
| 哈萨克斯坦 | Kazakhstan | 2010 | 6.1 | 189 | 219 | 37 |
| 韩 国 | Korea,Rep. | 2010 | 182.5 | 276 | 363 | 165① |
| 马来西亚 | Malaysia | 2010 | 944.2 | 325 | 361 | 71 |
| 蒙 古 | Mongolia | 2008 | | 48 | 72 | |
| 缅 甸 | Myanmar | 2010 | 188.1 | 5 | 7 | |
| 巴基斯坦 | Pakistan | 2010 | 128.4 | 13 | 18 | 12 |
| 菲律宾 | Philippines | 2010 | 348.2 | 9 | 30 | |
| 新加坡 | Singapore | 2010 | 14.7 | 117 | 149 | 223 |
| 斯里兰卡 | Sri Lanka | 2010 | 263.0 | 20 | 48 | |
| 南 非 | South Africa | 2010 | 32.7 | 112 | 165 | |
| 加拿大 | Canada | 2009 | | 420 | 607 | 20① |
| 墨西哥 | Mexico | 2010 | 115.7 | 191 | 275 | 84 |
| 美 国 | United States | 2010 | 821.2 | 627 | 797 | 38 |
| 巴 西 | Brazil | 2009 | 1468.9 | 178 | 209② | |
| 白俄罗斯 | Belarus | 2010 | 34.5 | 274 | 362 | 40 |
| 捷 克 | Czech Republic | 2010 | 92.4 | 427 | 485 | 39 |
| 法 国 | France | 2010 | 0.3 | 481 | 580 | 37 |
| 德 国 | Germany | 2010 | 382.8 | 517 | 572 | 71② |
| 意大利 | Italy | 2010 | 652.6 | 602 | 679 | |
| 荷 兰 | Netherlands | 2010 | 63.6 | 466 | 527 | 64 |
| 挪 威 | Norway | 2010 | 38.4 | 472 | 584 | 31 |
| 波 兰 | Poland | 2010 | 193.5 | 451 | 537 | 51 |
| 俄罗斯 | Russia | 2009 | | 233 | 271 | 39 |
| 西班牙 | Spain | 2010 | 270.7 | 481 | 593 | |
| 土耳其 | Turkey | 2010 | 238.9 | 104 | 155 | 31 |
| 乌克兰 | Ukraine | 2010 | 52.8 | 148 | 173 | 47 |
| 英 国 | United Kingdom | 2010 | 123.4 | 457 | 519 | 77 |
| 澳大利亚 | Australia | 2010 | 67.0 | 556 | 695 | 19 |
| 新西兰 | New Zealand | 2010 | 10.0 | 599 | 712 | 33 |

注：①2009年数据。②2008年数据。

Note:①Data refer to 2009.②Data refer to 2008.

# 13-6 汽车燃料价格

## Motor Fuel Prices

资料来源：国际公路协会《世界公路统计》2012年。
Source: International Road Federation World Road Statistics 2012.
单位：美分/升 (USD cent/liter)

| 国家或地区 | Country or Area | 高级汽油价格 Super Gasoline Price | | | | |
|---|---|---|---|---|---|---|
| | | 2000 | 2004 | 2006 | 2008 | 2010 |
| 中　国 | China | 40 | 48 | 69 | 99 | 111 |
| 中国香港 | Hong Kong,China | 146 | 154 | 169 | 195 | 192 |
| 孟加拉国 | Bangladesh | 46 | 59 | 79 | 117 | 109 |
| 印　度 | India | 60 | 87 | 101 | 109 | 115 |
| 印度尼西亚 | Indonesia | 17 | 27 | 57 | 50 | 79 |
| 伊　朗 | Iran | 5 | 9 | 9 | 10 | 10 |
| 以色列 | Israel | 114 | 105 | 147 | 137 | 185 |
| 日　本 | Japan | 106 | 126 | 109 | 142 | 160 |
| 哈萨克斯坦 | Kazakhstan | 36 | 52 | 70 | 83 | 71 |
| 韩　国 | Korea,Rep. | 92 | 135 | 165 | 151 | 152 |
| 马来西亚 | Malaysia | 28 | 37 | 53 | 53 | 59 |
| 蒙　古 | Mongolia | 38 | 61 | 88 | 138 | 111 |
| 缅　甸 | Myanmar | 33 | 12 | 66 | 43 | 80 |
| 巴基斯坦 | Pakistan | 53 | 62 | 101 | 84 | 86 |
| 菲律宾 | Philippines | 37 | 52 | 76 | 91 | 105 |
| 新加坡 | Singapore | 84 | 89 | 92 | 107 | 142 |
| 斯里兰卡 | Sri Lanka | 66 | 72 | 88 | 143 | 119 |
| 泰　国 | Thailand | 39 | 54 | 70 | 87 | 141 |
| 越　南 | Vietnam | 38 | 48 | 67 | 80 | 88 |
| 埃　及 | Egypt | 26 | 28 | 30 | 49 | 48 |
| 尼日利亚 | Nigeria | 27 | 39 | 51 | 59 | 44 |
| 南　非 | South Africa | 50 | 81 | 85 | 87 | 119 |
| 加拿大 | Canada | 58 | 68 | 84 | 76 | 121 |
| 墨西哥 | Mexico | 61 | 59 | 74 | 74 | 81 |
| 美　国 | United States | 47 | 54 | 63 | 56 | 76 |
| 阿根廷 | Argentina | 107 | 63 | 62 | 78 | 96 |
| 巴　西 | Brazil | 92 | 84 | 126 | 126 | 158 |
| 委内瑞拉 | Venezuela | 12 | 4 | 3 | 2 | 2 |
| 白俄罗斯 | Belarus | 55 | 62 | 79 | 133 | 108 |
| 捷　克 | Czech Republic | 77 | 108 | 130 | 137 | 175 |
| 法　国 | France | 99 | 142 | 148 | 152 | 198 |
| 意大利 | Italy | 97 | 153 | 156 | 157 | 187 |
| 荷　兰 | Netherlands | 103 | 162 | 170 | 168 | 213 |
| 波　兰 | Poland | 76 | 120 | 130 | 143 | 157 |
| 俄罗斯 | Russia | 33 | 55 | 77 | 89 | 84 |
| 西班牙 | Spain | 73 | 121 | 115 | 123 | 156 |
| 土耳其 | Turkey | 88 | 144 | 188 | 187 | 252 |
| 乌克兰 | Ukraine | 37 | 55 | 81 | 88 | 101 |
| 英　国 | United Kingdom | 117 | 156 | 163 | 144 | 192 |
| 澳大利亚 | Australia | 57 | 85 | 93 | 74 | 127 |
| 新西兰 | New Zealand | 48 | 77 | 98 | 109 | 147 |

## 13-6 续表 continued

单位：美分/升 (USD cent/liter)

| 国家或地区 | Country or Area | 柴油价格 Diesel Price | | | | |
|---|---|---|---|---|---|---|
| | | 2000 | 2004 | 2006 | 2008 | 2010 |
| 中　国 | China | 45 | 43 | 78 | 101 | 104 |
| 中国香港 | Hong Kong,China | 80 | 100 | 106 | 116 | 132 |
| 孟加拉国 | Bangladesh | 29 | 34 | 45 | 70 | 63 |
| 印　度 | India | 39 | 62 | 75 | 70 | 82 |
| 印度尼西亚 | Indonesia | 6 | 18 | 44 | 42 | 51 |
| 伊　朗 | Iran | 2 | 2 | 3 | 3 | 2 |
| 以色列 | Israel | 64 | 80 | 127 | 170 | 187 |
| 日　本 | Japan | 76 | 95 | 90 | 130 | 137 |
| 哈萨克斯坦 | Kazakhstan | 29 | 38 | 45 | 72 | 51 |
| 韩　国 | Korea,Rep. | 66 | 95 | 133 | 140 | 135 |
| 马来西亚 | Malaysia | 16 | 22 | 40 | 53 | 56 |
| 蒙　古 | Mongolia | 38 | 67 | 87 | 142 | 104 |
| 缅　甸 | Myanmar | 12 | 10 | 75 | 52 | 80 |
| 巴基斯坦 | Pakistan | 27 | 41 | 64 | 77 | 92 |
| 菲律宾 | Philippines | 28 | 34 | 67 | 81 | 84 |
| 新加坡 | Singapore | 38 | 55 | 63 | 90 | 104 |
| 斯里兰卡 | Sri Lanka | 27 | 41 | 55 | 75 | 66 |
| 泰　国 | Thailand | 35 | 37 | 65 | 64 | 95 |
| 越　南 | Vietnam | 27 | 32 | 53 | 77 | 77 |
| 埃　及 | Egypt | 10 | 10 | 12 | 20 | 32 |
| 尼日利亚 | Nigeria | 27 | 45 | 66 | 113 | 77 |
| 南　非 | South Africa | 50 | 80 | 84 | 95 | 114 |
| 加拿大 | Canada | 47 | 68 | 78 | 90 | 108 |
| 墨西哥 | Mexico | 45 | 45 | 52 | 54 | 72 |
| 美　国 | United States | 48 | 57 | 69 | 78 | 84 |
| 阿根廷 | Argentina | 52 | 49 | 48 | 58 | 105 |
| 巴　西 | Brazil | 34 | 49 | 84 | 103 | 114 |
| 委内瑞拉 | Venezuela | 6 | 2 | 2 | 1 | 1 |
| 白俄罗斯 | Belarus | 36 | 44 | 55 | 106 | 86 |
| 捷　克 | Czech Republic | 68 | 107 | 129 | 145 | 169 |
| 法　国 | France | 82 | 125 | 133 | 145 | 172 |
| 意大利 | Italy | 83 | 131 | 149 | 163 | 169 |
| 荷　兰 | Netherlands | 78 | 123 | 132 | 145 | 171 |
| 波　兰 | Poland | 65 | 109 | 130 | 140 | 150 |
| 俄罗斯 | Russia | 29 | 45 | 66 | 86 | 72 |
| 西班牙 | Spain | 65 | 110 | 110 | 128 | 147 |
| 土耳其 | Turkey | 66 | 112 | 162 | 163 | 203 |
| 乌克兰 | Ukraine | 30 | 44 | 87 | 96 | 92 |
| 英　国 | United Kingdom | 122 | 160 | 173 | 165 | 198 |
| 澳大利亚 | Australia | 57 | 83 | 94 | 94 | 123 |
| 新西兰 | New Zealand | 34 | 41 | 70 | 85 | 97 |

# 13-7 港口集装箱吞吐量
# Container Port Traffic

资料来源：世界银行WDI数据库。
Source: World Bank WDI Database.
单位：万标准集装箱 (10 000 TEUs)

| 国家或地区 | Country or Area | 2000 | 2007 | 2008 | 2009 | 2010 | 2011 | 2012 |
|---|---|---|---|---|---|---|---|---|
| **世　界** | **World** | **22477** | **48982** | **51594** | **47199** | **54203** | **57980** | **60151** |
| **高收入国家** | **High Income** | **14457** | **28413** | **28615** | **25349** | **28438** | **29970** | **30510** |
| **中等收入国家** | **Middle Income** | **7975** | **20303** | **22659** | **21534** | **25405** | **27628** | **29230** |
| 中　国 | China | 4100 | 10382 | 11594 | 10880 | 13029 | 14390 | 15502 |
| 中国香港 | Hong Kong, China |  | 2400 | 2449 | 2104 | 2370 | 2438 | 2310 |
| 孟加拉国 | Bangladesh | 46 | 98 | 109 | 118 | 136 | 143 | 149 |
| 文　莱 | Brunei Darussalam |  |  | 9 | 9 | 10 | 11 | 11 |
| 柬埔寨 | Cambodia |  | 25 | 26 | 21 | 22 | 24 | 25 |
| 印　度 | India | 245 | 740 | 767 | 801 | 975 | 998 | 983 |
| 印度尼西亚 | Indonesia | 380 | 658 | 740 | 726 | 848 | 897 | 932 |
| 伊　朗 | Iran |  | 172 | 200 | 221 | 259 | 274 | 285 |
| 以色列 | Israel |  | 196 | 209 | 203 | 228 | 239 | 256 |
| 日　本 | Japan | 1310 | 1916 | 1894 | 1629 | 1810 | 1942 | 1848 |
| 韩　国 | Korea, Rep. | 903 | 1709 | 1742 | 1570 | 1854 | 2083 | 2145 |
| 马来西亚 | Malaysia | 464 | 1483 | 1609 | 1592 | 1827 | 2014 | 2087 |
| 缅　甸 | Myanmar |  | 17 | 18 | 16 | 19 | 20 | 21 |
| 巴基斯坦 | Pakistan |  | 194 | 194 | 206 | 215 | 219 | 228 |
| 菲律宾 | Philippines | 303 | 435 | 447 | 431 | 495 | 526 | 572 |
| 新加坡 | Singapore | 1710 | 2877 | 3089 | 2659 | 2918 | 3073 | 3242 |
| 斯里兰卡 | Sri Lanka | 173 | 369 | 369 | 346 | 400 | 426 | 443 |
| 泰　国 | Thailand | 318 | 634 | 673 | 590 | 665 | 717 | 737 |
| 越　南 | Viet Nam | 119 | 401 | 439 | 494 | 598 | 634 | 659 |
| 埃　及 | Egypt | 163 | 518 | 610 | 625 | 671 | 774 | 805 |
| 尼日利亚 | Nigeria |  |  | 7 | 9 | 10 | 11 | 11 |
| 南　非 | South Africa | 185 | 373 | 388 | 373 | 381 | 399 | 442 |
| 加拿大 | Canada | 293 | 441 | 472 | 419 | 483 | 506 | 530 |
| 墨西哥 | Mexico | 132 | 166 | 331 | 287 | 369 | 408 | 424 |
| 美　国 | United States | 2830 | 4484 | 4241 | 3735 | 4234 | 4300 | 4310 |
| 阿根廷 | Argentina | 114 | 187 | 200 | 163 | 202 | 216 | 225 |
| 巴　西 | Brazil | 241 | 646 | 726 | 659 | 814 | 854 | 886 |
| 委内瑞拉 | Venezuela | 67 | 133 | 133 | 124 | 123 | 116 | 121 |
| 法　国 | France | 292 | 498 | 467 | 449 | 535 | 536 | 563 |
| 德　国 | Germany | 770 | 1664 | 1718 | 1330 | 1482 | 1722 | 1606 |
| 意大利 | Italy | 692 | 1061 | 1053 | 953 | 979 | 953 | 994 |
| 荷　兰 | Netherlands | 641 | 1129 | 1136 | 1007 | 1135 | 1207 | 1210 |
| 波　兰 | Poland |  | 77 | 86 | 67 | 105 | 121 | 126 |
| 俄罗斯 | Russia | 32 | 296 | 337 | 243 | 320 | 345 | 394 |
| 西班牙 | Spain | 579 | 1335 | 1346 | 1180 | 1261 | 1384 | 1471 |
| 土耳其 | Turkey | 159 | 468 | 522 | 452 | 557 | 599 | 623 |
| 乌克兰 | Ukraine |  | 99 | 112 | 52 | 66 | 70 | 72 |
| 英　国 | United Kingdom | 643 | 863 | 824 | 767 | 859 | 892 | 928 |
| 澳大利亚 | Australia | 354 | 629 | 610 | 620 | 667 | 701 | 718 |
| 新西兰 | New Zealand | 107 | 231 | 232 | 233 | 246 | 252 | 280 |

# 13-8 公路长度及密度
# Length and Density of Road

资料来源：世界银行WDI数据库。
Source: World Bank WDI Database.

| 国家或地区 | Country or Area | 公路网长度（公里） Roads, Total Network (km) | | 有路面公路所占比重（%） Roads, Paved (% of total roads) | | 公路密度（每百平方公里土地公路长度） Road Density (km of road per 100 sq. km of land area) | |
|---|---|---|---|---|---|---|---|
| | | 2005 | 2011 | 2005 | 2011 | 2005 | 2011 |
| 中　国 | China | 3345187 | 4106387 | 40.8 | 63.7 | 35 | 43 |
| 中国香港 | Hong Kong, China | 1955 | 2086 | 100.0 | 100.0 | 179 | 191 |
| 中国澳门 | Macao, China | 368 | 416 | 100.0 | 100.0 | 1314 | 1486 |
| 文　莱 | Brunei Darussalam | 3426 | 3127 | 78.4 | 82.3 | 59 | 54 |
| 印　度 | India | 3809156 | 4690342 | 47.0 | 53.8 | 116 | 143 |
| 印度尼西亚 | Indonesia | 391008 | 496607 | 55.4 | 57.0 | 21 | 26 |
| 伊　朗 | Iran | 172028 | 229057 | 71.9 | 74.3 | 10 | 13 |
| 以色列 | Israel | 17589 | 18566 | 100.0 | 100.0 | 80 | 84 |
| 日　本 | Japan | 321346 | 339038 | 79.0 | | 85 | 90 |
| 哈萨克斯坦 | Kazakhstan | 90845 | 97155 | 91.2 | 88.7 | 3 | 4 |
| 韩　国 | Korea, Rep. | 102293 | 105931 | 76.8 | 80.4 | 103 | 106 |
| 老　挝 | Laos | 33861 | 41029 | 13.4 | | 14 | 17 |
| 马来西亚 | Malaysia | 87025 | 155427 | 78.0 | 80.9 | 26 | 47 |
| 缅　甸 | Myanmar | 29997 | 37785 | 48.1 | 45.7 | 4 | 6 |
| 巴基斯坦 | Pakistan | 258214 | 262567 | 63.1 | 72.6 | 32 | 33 |
| 新加坡 | Singapore | 3234 | 3412 | 100.0 | 100.0 | 463 | 481 |
| 埃　及 | Egypt | 98875 | | | | 10 | |
| 墨西哥 | Mexico | 355796 | 374262 | 34.5 | 37.8 | 18 | 19 |
| 美　国 | United States | 6430351 | 6561643 | 64.9 | | 67 | 67 |
| 阿根廷 | Argentina | | 242481 | | 32.2 | | 9 |
| 巴　西 | Brazil | 1610076 | 1581181 | 12.2 | 13.6 | 19 | 19 |
| 捷　克 | Czech Rep. | 128437 | 130661 | | | 163 | 166 |
| 法　国 | France | 1005750 | 1052380 | 100.0 | 100.0 | 183 | 192 |
| 德　国 | Germany | 644480 | 643702 | | | 181 | 180 |
| 意大利 | Italy | 487700 | | | | 162 | |
| 荷　兰 | Netherlands | 134218 | 137692 | | | 323 | 332 |
| 波　兰 | Poland | 381463 | 412264 | 66.5 | 68.0 | 122 | 132 |
| 俄罗斯 | Russia | 858000 | 1094000 | 84.4 | | 5 | 6 |
| 西班牙 | Spain | 666699 | 666837 | | | 132 | 132 |
| 土耳其 | Turkey | 349238 | 370276 | | | 45 | 47 |
| 乌克兰 | Ukraine | 169323 | 169637 | 97.4 | 97.9 | 28 | 28 |
| 英　国 | United Kingdom | 388008 | 419671 | 100.0 | 100.0 | 159 | 172 |
| 澳大利亚 | Australia | | 823217 | | 43.3 | | 11 |
| 新西兰 | New Zealand | 93148 | 94202 | 64.5 | 66.2 | 35 | 35 |

# 13-9 公路交通事故

## Road Accidents

资料来源：国际公路协会《世界公路统计50周年》。

Source: International Road Federation World Road Statistics 50th Anniversary.

| 国家或地区 | Country or Area | 年 份<br>Year | 事故发生数(起)<br>Accidents<br>(case) | 受伤人数(人)<br>Persons Injured<br>(person) | 死亡人数(人)<br>Persons Killed<br>(person) |
|---|---|---|---|---|---|
| 中　国 | China | 2011 | 210812 | 237421 | 62387 |
| 中国香港 | Hong Kong, China | 2011 | 15541 | 19673 | 130 |
| 孟加拉国 | Bangladesh | 2003 | | 403000 | 4000 |
| 文　莱 | Brunei Darussalam | 2011 | | 699 | 47 |
| 柬埔寨 | Cambodia | 2010 | | | 1816 |
| 印　度 | India | 2011 | 497686 | 511394 | 142485 |
| 印度尼西亚 | Indonesia | 2010 | 66488 | 90005 | 19873 |
| 伊　朗 | Iran | 2011 | 213888 | 254699 | 16884 |
| 以色列 | Israel | 2011 | 14127 | 26800 | 341 |
| 日　本 | Japan | 2010 | 725773 | 900023 | 5745 |
| 哈萨克斯坦 | Kazakhstan | 2011 | 11955 | 14006 | 3201 |
| 韩　国 | Korea,Rep. | 2011 | 221711 | 341391 | 5229 |
| 马来西亚 | Malaysia | 2011 | | 18693 | 6877 |
| 蒙　古 | Mongolia | 2007 | | 932 | 562 |
| 缅　甸 | Myanmar | 2011 | 10123 | 17080 | 2796 |
| 菲律宾 | Philippines | 2011 | | 5664 | 1399 |
| 新加坡 | Singapore | 2011 | 7926 | 9760 | 195 |
| 泰　国 | Thailand | 2010 | | 33697 | 7228 |
| 越　南 | Vietnam | 2009 | | 7900 | 11500 |
| 埃　及 | Egypt | 2011 | 16830 | 27479 | 7115 |
| 尼日利亚 | Nigeria | 2010 | | 18095 | 4065 |
| 南　非 | South Africa | 2010 | | | 13967 |
| 加拿大 | Canada | 2010 | 122820 | 171694 | 2186 |
| 墨西哥 | Mexico | 2009 | 29596 | 31659 | 4870 |
| 美　国 | United States | 2011 | 1559757 | 2217000 | 32367 |
| 巴　西 | Brazil | 2009 | 60989 | 93851 | 7376 |
| 白俄罗斯 | Belarus | 2011 | 5897 | 6334 | 1200 |
| 捷　克 | Czech Republic | 2011 | 20487 | 25611 | 773 |
| 芬　兰 | Finland | 2011 | 6408 | 7931 | 292 |
| 法　国 | France | 2011 | 65000 | 81300 | 3963 |
| 德　国 | Germany | 2011 | 306266 | 392365 | 4009 |
| 意大利 | Italy | 2010 | 211404 | 302735 | 4090 |
| 荷　兰 | Netherlands | 2011 | | | 661 |
| 波　兰 | Poland | 2011 | 40065 | 49501 | 4189 |
| 俄罗斯 | Russia | 2010 | 199431 | 250635 | 26567 |
| 西班牙 | Spain | 2011 | 83027 | 115627 | 2060 |
| 土耳其 | Turkey | 2011 | 131845 | 238074 | 3835 |
| 乌克兰 | Ukraine | 2011 | 31281 | 38178 | 4908 |
| 英　国 | United Kingdom | 2011 | 151474 | 202049 | 1901 |
| 澳大利亚 | Australia | 2011 | 1151 | | 1277 |
| 新西兰 | New Zealand | 2011 | 9804 | 12574 | 284 |

## 13-9 续表 continued

| 国家或地区 | Country or Area | 年份<br>Year | 每十万人口交通事故死亡人数(人)<br>Number of Deaths per 100 000 Persons (person) | 每十万人口交通事故数(起)<br>Number of Injuries per 100 000 Persons (person) | 每亿公里车程交通事故数(起)<br>Number of Accidents per 100 Million Vehicle-km (person) |
|---|---|---|---|---|---|
| 中 国 | China | 2011 | 5 | 16 | |
| 中国香港 | Hong Kong,China | 2011 | 2 | 220 | 129.02 |
| 中国澳门 | Macao,China | 2011 | 2 | 74 | |
| 孟加拉国 | Bangladesh | 2000 | 3 | | |
| 印 度 | India | 2011 | 11 | | 71.56⑤ |
| 印度尼西亚 | Indonesia | 2010 | 8 | 28 | |
| 伊 朗 | Iran | 2011 | 23 | 286 | |
| 以色列 | Israel | 2011 | 4 | 182 | 28.45 |
| 日 本 | Japan | 2010 | 5 | 569 | 104.63 |
| 哈萨克斯坦 | Kazakhstan | 2011 | 19 | 72 | 1693.34 |
| 韩 国 | Korea,Rep. | 2011 | 10 | 445 | 15.16 |
| 马来西亚 | Malaysia | 2011 | 24 | | |
| 蒙 古 | Mongolia | 2007 | 21 | | |
| 缅 甸 | Myanmar | 2011 | 6 | 21 | 949.62 |
| 菲律宾 | Philippines | 2011 | 1 | | |
| 新加坡 | Singapore | 2011 | 4 | 153 | 45.60 |
| 斯里兰卡 | SriLanka | 2010 | 12 | 150① | |
| 泰 国 | Thailand | 2010 | 10 | | |
| 越 南 | Vietnam | 2009 | 10 | 25② | |
| 埃 及 | Egypt | 2011 | 9 | 20 | 85.94⑥ |
| 尼日利亚 | Nigeria | 2010 | 3 | 7③ | |
| 南 非 | South Africa | 2010 | 29 | 304④ | 111.31④ |
| 加拿大 | Canada | 2010 | 6 | 360 | 37.11③ |
| 墨西哥 | Mexico | 2009 | 4 | 26 | 23.66 |
| 美 国 | United States | 2011 | 10 | 501 | 33.11 |
| 巴 西 | Brazil | 2009 | 4 | 32 | 93① |
| 白俄罗斯 | Belarus | 2011 | 13 | 62 | |
| 捷 克 | Czech Republic | 2011 | 7 | 195 | 43④ |
| 法 国 | France | 2011 | 6 | 99 | 11.81 |
| 德 国 | Germany | 2011 | 5 | 374 | 44.25 |
| 意大利 | Italy | 2011 | 6 | 339 | 240① |
| 荷 兰 | Netherlands | 2011 | 4 | 42③ | 5.45③ |
| 波 兰 | Poland | 2011 | 11 | 104 | 19.74 |
| 俄罗斯 | Russia | 2010 | 19 | 140 | |
| 西班牙 | Spain | 2011 | 4 | 180 | 19.16⑦ |
| 土耳其 | Turkey | 2011 | 5 | 179 | 154.21 |
| 乌克兰 | Ukraine | 2011 | 11 | 68 | 220.18 |
| 英 国 | United Kingdom | 2011 | 3 | 241 | 33.11 |
| 澳大利亚 | Australia | 2011 | 6 | 5 | 0.50 |
| 新西兰 | New Zealand | 2011 | 6 | 223 | 24.90 |

注：①1963年数据。②2003年数据。③2009年数据。④2007年数据。⑤2002年数据。⑥2004年数据。⑦2010年数据。

Note:①Data refer to 1963.②Data refer to 2003.③Data refer to 2009.④Data refer to 2007.⑤Data refer to 2002.⑥Data refer to 2004.⑦Data refer to 2

# 13-10 公路支出

# Road Expenditure

资料来源：国际公路协会《世界公路统计50周年》。

Source: International Road Federation World Road Statistics 50th Anniversary.

单位：万美元 (10 000 USD)

| 国家或地区 | Country or Area | 年 份 Year | 支出总计 Total Expenditure | 公路支出构成－按行政管理级别分 Road Expenditure by Administration Levels | | |
|---|---|---|---|---|---|---|
| | | | | 中央政府 Central Government | 地方政府 Local Government | 私 人 Private |
| 中 国 | China | 2011 | 21990164 | 761194 | 21228970 | |
| 中国香港 | Hong Kong,China | 2011 | | | | |
| 柬埔寨 | Cambodia | 2000 | | 8683 | | |
| 印 度 | India | 2011 | 1067484 | | | 483469 |
| 韩 国 | Korea,Rep. | 2011 | 1416427 | 662518 | 690850 | 63059 |
| 老 挝 | Laos | 2006 | 16193 | 16193 | | |
| 马来西亚 | Malaysia | 2003 | 34656 | 34656 | | |
| 蒙 古 | Mongolia | 2009 | 91 | | | |
| 新加坡 | Singapore | 2010 | 126475 | 126475 | | |
| 斯里兰卡 | Sri Lanka | 2010 | 79285 | | | |
| 南 非 | South Africa | 2009 | 660260 | 365461 | 294799 | |
| 墨西哥 | Mexico | 2011 | 513095 | 476678 | | 36417 |
| 美 国 | United States | 2010 | 18967688 | 114061 | 14511314 | |
| 巴 西 | Brazil | 2009 | | 423 | | |
| 白俄罗斯 | Belarus | 2011 | 26508 | | | |
| 捷 克 | Czech Republic | 2000 | 207814 | 207814 | | |
| 法 国 | France | 2011 | 2827283 | | 1708015 | 769901 |
| 荷 兰 | Netherlands | 2000 | 146859 | 125173 | 21686 | |
| 波 兰 | Poland | 2003 | 219048 | 122428 | 96621 | |
| 西班牙 | Spain | 2011 | 698278 | 244795 | 365001 | 88482 |
| 土耳其 | Turkey | 2011 | 722798 | 722798 | | |
| 乌克兰 | Ukraine | 2010 | 128607 | 126658 | 1949 | |
| 英 国 | United Kingdom | 2010 | 1480848 | 587549 | 891734 | |
| 澳大利亚 | Australia | 2009 | 1416834 | 443491 | 896300 | 77044 |
| 新西兰 | New Zealand | 2010 | 232718 | 195114 | 37605 | |

## 13-10 续表 continued

单位：万美元 (10 000 USD)

| 国家或地区 | Country or Area | 年份 Year | 公路支出构成－按支出性质分 Road Expenditure-by Nature 建设 Construction | 维护 Maintenance | 其它 Others |
|---|---|---|---|---|---|
| 中国 | China | 2006 | 7979623 | | |
| 中国香港 | Hong Kong,China | 2011 | 82275 | | |
| 柬埔寨 | Cambodia | 2000 | 1979 | 6704 | |
| 印度 | India | 2011 | 810668 | 20328 | 9 |
| 韩国 | Korea,Rep. | 2011 | 1215803 | 200624 | |
| 老挝 | Laos | 2006 | 14352 | 1842 | |
| 马来西亚 | Malaysia | 2003 | 69 | 34061 | 526 |
| 蒙古 | Mongolia | 2002 | 226 | 28② | 27 |
| 新加坡 | Singapore | 2007 | 24928① | | |
| 斯里兰卡 | Sri Lanka | 2010 | 73524 | 5761 | |
| 南非 | South Africa | 2009 | 262551 | | 397723 |
| 墨西哥 | Mexico | 2011 | 371252 | 112260 | 29583 |
| 美国 | United States | 2010 | 10000330 | 4625045 | 4342313 |
| 巴西 | Brazil | 2004 | 31732 | 31380 | 10567 |
| 白俄罗斯 | Belarus | 2011 | 13099 | | |
| 捷克 | Czech Republic | 2000 | 103321 | 104363 | |
| 法国 | France | 2011 | 1552741 | 1274542 | |
| 荷兰 | Netherlands | 2010 | 168914 | 63574 | 231 |
| 波兰 | Poland | 2003 | 100128 | 88820 | 30100 |
| 西班牙 | Spain | 2011 | 331782 | 278014 | |
| 土耳其 | Turkey | 2011 | 633228 | 52338 | 37233 |
| 乌克兰 | Ukraine | 2010 | 39289 | 49949 | 39370 |
| 英国 | United Kingdom | 2004 | 648263 | 82066 | |
| 澳大利亚 | Australia | 2010 | 501214 | | |
| 新西兰 | New Zealand | 2010 | 168914 | 63574 | 231 |

注：①2006年数据。②2000年数据。

Note:①Data refer to 2006.②Data refer to 2000.

# 13-11 电话主线和移动电话普及率

## Telephone Mainlines and Mobile Phones

资料来源：世界银行WDI数据库。
Source:World Bank WDI Database.

| 国家或地区 | Country or Area | 电话主线(条/千人) Telephone Mainlines(lines per 1 000 persons) | | | 移动电话(部/千人) Mobile Phones(sets per 1 000 persons) | | |
|---|---|---|---|---|---|---|---|
| | | 2000 | 2005 | 2013 | 2000 | 2005 | 2013 |
| **世　界** | **World** | **159.5** | **194.4** | **161.6** | **120.8** | **339.1** | **926.1** |
| **高收入国家** | **High Income** | **509.0** | **481.1** | **424.3** | **436.6** | **833.6** | **1202.9** |
| **中等收入国家** | **Middle Income** | **83.4** | **142.9** | **118.7** | **48.8** | **249.3** | **921.0** |
| **低收入国家** | **Low Income** | **5.5** | **8.6** | **9.0** | **2.6** | **45.5** | **529.4** |
| 中　国 | China | 113.1 | 265.9 | 192.7 | 66.6 | 298.5 | 887.1 |
| 中国香港 | Hong Kong, China | 574.4 | 550.0 | 630.0 | 796.9 | 1238.9 | 2386.8 |
| 中国澳门 | Macao, China | 409.4 | 372.5 | 279.7 | 326.6 | 1138.0 | 3040.8 |
| 孟加拉国 | Bangladesh | 3.7 | 7.5 | 7.3 | 2.1 | 62.9 | 670.8 |
| 文　莱 | Brunei Darussalam | 242.6 | 228.1 | 135.8 | 286.3 | 633.2 | 1122.1 |
| 柬埔寨 | Cambodia | 2.5 | 2.5 | 27.8 | 10.7 | 79.5 | 1338.9 |
| 印　度 | India | 31.1 | 44.5 | 23.1 | 3.4 | 80.0 | 707.8 |
| 印度尼西亚 | Indonesia | 31.9 | 60.2 | 160.8 | 17.6 | 209.0 | 1215.4 |
| 伊　朗 | Iran | 143.9 | 289.9 | 383.3 | 14.6 | 121.3 | 842.5 |
| 以色列 | Israel | 494.5 | 444.7 | 448.1 | 731.7 | 1174.7 | 1228.5 |
| 日　本 | Japan | 492.8 | 457.2 | 503.9 | 531.2 | 759.8 | 1151.9 |
| 哈萨克斯坦 | Kazakhstan | 125.8 | 179.8 | 266.7 | 13.5 | 358.3 | 1805.0 |
| 韩　国 | Korea, Rep. | 562.5 | 508.3 | 615.7 | 583.3 | 815.2 | 1110.0 |
| 老　挝 | Laos | 7.6 | 15.7 | 100.3 | 2.3 | 113.6 | 662.0 |
| 马来西亚 | Malaysia | 197.6 | 168.9 | 152.6 | 218.7 | 756.3 | 1446.9 |
| 蒙　古 | Mongolia | 49.0 | 61.8 | 61.9 | 64.5 | 220.5 | 1241.8 |
| 缅　甸 | Myanmar | 5.6 | 10.0 | 10.0 | 0.3 | 2.6 | 128.3 |
| 巴基斯坦 | Pakistan | 21.2 | 33.1 | 35.0 | 2.1 | 80.9 | 701.3 |
| 菲律宾 | Philippines | 39.4 | 39.2 | 32.0 | 83.1 | 405.3 | 1045.0 |
| 新加坡 | Singapore | 496.7 | 410.3 | 364.2 | 701.2 | 975.3 | 1556.0 |
| 斯里兰卡 | Sri Lanka | 40.7 | 62.4 | 127.2 | 22.8 | 168.5 | 955.0 |
| 泰　国 | Thailand | 89.7 | 107.3 | 90.4 | 49.0 | 464.6 | 1379.8 |
| 越　南 | Viet Nam | 31.4 | | 101.3 | 9.8 | 112.9 | 1308.9 |
| 埃　及 | Egypt | 82.9 | 144.8 | 83.1 | 20.6 | 189.9 | 1215.1 |
| 尼日利亚 | Nigeria | 4.5 | 8.8 | 2.1 | 0.2 | 133.2 | 732.9 |
| 南　非 | South Africa | 110.6 | 101.5 | 91.6 | 186.0 | 704.1 | 1474.7 |
| 加拿大 | Canada | 678.9 | 562.7 | 497.4 | 284.3 | 527.6 | 784.0 |
| 墨西哥 | Mexico | 118.7 | 176.2 | 168.3 | 135.5 | 425.6 | 858.4 |
| 美　国 | United States | 676.4 | 587.5 | 422.3 | 384.7 | 683.2 | 955.3 |
| 阿根廷 | Argentina | 213.9 | 244.3 | 233.1 | 175.8 | 573.3 | 1590.3 |
| 巴　西 | Brazil | 177.2 | 214.1 | 222.8 | 132.9 | 463.1 | 1353.1 |
| 委内瑞拉 | Venezuela | 103.9 | 136.6 | 255.7 | 223.2 | 467.6 | 1016.1 |
| 捷　克 | Czech Rep. | 377.7 | 314.5 | 186.6 | 424.0 | 1151.0 | 1312.5 |
| 法　国 | France | 574.0 | 548.6 | 607.8 | 490.6 | 782.6 | 985.0 |
| 德　国 | Germany | 601.4 | 653.6 | 588.7 | 577.2 | 945.6 | 1190.3 |
| 意大利 | Italy | 476.5 | 426.9 | 343.1 | 741.3 | 1218.6 | 1588.8 |
| 荷　兰 | Netherlands | 623.5 | 466.2 | 425.2 | 678.1 | 971.3 | 1137.3 |
| 波　兰 | Poland | 285.4 | 309.8 | 138.7 | 175.9 | 763.4 | 1500.2 |
| 俄罗斯 | Russia | 218.5 | 278.6 | 284.7 | 22.2 | 833.7 | 1528.4 |
| 西班牙 | Spain | 424.6 | 448.5 | 407.1 | 602.4 | 984.0 | 1069.1 |
| 土耳其 | Turkey | 291.2 | 280.2 | 180.9 | 255.4 | 643.7 | 929.7 |
| 乌克兰 | Ukraine | 212.3 | 247.5 | 261.5 | 16.7 | 636.7 | 1380.7 |
| 英　国 | United Kingdom | 597.6 | 565.1 | 528.8 | 737.1 | 1085.9 | 1237.7 |
| 澳大利亚 | Australia | 521.8 | 493.2 | 443.4 | 444.6 | 897.6 | 1068.4 |
| 新西兰 | New Zealand | 474.6 | 418.2 | 410.6 | 399.7 | 853.9 | 1057.8 |

# 13-12 国际互联网用户

# Internet Users

资料来源：世界银行WDI数据库。
Source: World Bank WDI Database.

单位：个/千人 (unit per 1 000 persons)

| 国家或地区 | Country or Area | 2000 | 2008 | 2009 | 2010 | 2011 | 2012 |
|---|---|---|---|---|---|---|---|
| **世　界** | **World** | **67.5** | **232.7** | **258.4** | **295.8** | **326.2** | **355.7** |
| **高收入国家** | **High Income** | **272.7** | **641.4** | **655.1** | **696.9** | **727.1** | **753.3** |
| **中等收入国家** | **Middle Income** | **16.3** | **154.9** | **188.0** | **228.2** | **263.1** | **297.7** |
| **低收入国家** | **Low Income** | **1.2** | **28.1** | **33.7** | **45.1** | **59.3** | **69.4** |
| 中　国 | China | 17.8 | 226.0 | 289.0 | 343.0 | 383.0 | 423.0 |
| 中国香港 | Hong Kong, China | 278.3 | 667.0 | 694.0 | 720.0 | 722.0 | 728.0 |
| 中国澳门 | Macao, China | 136.1 | 492.4 | 540.0 | 552.0 | 602.0 | 642.7 |
| 孟加拉国 | Bangladesh | 0.7 | 25.0 | 31.0 | 37.0 | 50.0 | 63.0 |
| 文　莱 | Brunei Darussalam | 90.0 | 460.0 | 490.0 | 530.0 | 560.0 | 602.7 |
| 柬埔寨 | Cambodia | 0.5 | 5.1 | 5.3 | 12.6 | 31.0 | 49.4 |
| 印　度 | India | 5.3 | 43.8 | 51.2 | 75.0 | 100.7 | 125.8 |
| 印度尼西亚 | Indonesia | 9.3 | 79.2 | 69.2 | 109.2 | 122.8 | 153.6 |
| 伊　朗 | Iran | 9.3 | 102.4 | 110.7 | 147.0 | 210.0 | 260.0 |
| 以色列 | Israel | 208.7 | 593.9 | 631.2 | 675.0 | 689.0 | 733.7 |
| 日　本 | Japan | 299.9 | 754.0 | 780.0 | 782.1 | 790.6 | 790.5 |
| 哈萨克斯坦 | Kazakhstan | 6.7 | 110.0 | 182.0 | 316.0 | 506.0 | 533.2 |
| 韩　国 | Korea, Rep. | 447.0 | 810.0 | 816.0 | 837.0 | 838.0 | 841.0 |
| 老　挝 | Laos | 1.1 | 35.5 | 60.0 | 70.0 | 90.0 | 107.5 |
| 马来西亚 | Malaysia | 213.9 | 558.0 | 559.0 | 563.0 | 610.0 | 658.0 |
| 蒙　古 | Mongolia | 12.6 | 98.0 | 100.0 | 102.0 | 125.0 | 164.0 |
| 缅　甸 | Myanmar | | 2.2 | 2.2 | 2.5 | 9.8 | 10.7 |
| 巴基斯坦 | Pakistan | | 70.0 | 75.0 | 80.0 | 90.0 | 99.6 |
| 菲律宾 | Philippines | 19.8 | 62.2 | 90.0 | 250.0 | 290.0 | 362.4 |
| 新加坡 | Singapore | 360.0 | 690.0 | 690.0 | 710.0 | 710.0 | 741.8 |
| 斯里兰卡 | Sri Lanka | 6.5 | 58.0 | 87.8 | 120.0 | 150.0 | 182.9 |
| 泰　国 | Thailand | 36.9 | 182.0 | 201.0 | 224.0 | 237.0 | 265.0 |
| 越　南 | Viet Nam | 2.5 | 239.2 | 265.5 | 306.5 | 350.7 | 394.9 |
| 埃　及 | Egypt | 6.4 | 180.1 | 256.9 | 314.2 | 398.3 | 440.7 |
| 尼日利亚 | Nigeria | 0.6 | 158.6 | 200.0 | 240.0 | 284.3 | 328.8 |
| 南　非 | South Africa | 53.5 | 84.3 | 100.0 | 240.0 | 339.7 | 410.0 |
| 加拿大 | Canada | 513.0 | 767.0 | 803.0 | 803.0 | 830.0 | 867.7 |
| 墨西哥 | Mexico | 50.8 | 217.1 | 263.4 | 310.5 | 349.6 | 384.2 |
| 美　国 | United States | 430.8 | 740.0 | 710.0 | 740.0 | 778.6 | 810.3 |
| 阿根廷 | Argentina | 70.4 | 281.1 | 340.0 | 450.0 | 510.0 | 558.0 |
| 巴　西 | Brazil | 28.7 | 338.3 | 392.2 | 406.5 | 450.0 | 498.5 |
| 委内瑞拉 | Venezuela | 33.6 | 258.8 | 327.0 | 373.7 | 402.2 | 440.5 |
| 捷　克 | Czech Rep. | 97.8 | 629.7 | 644.3 | 688.2 | 729.7 | 750.0 |
| 法　国 | France | 143.1 | 706.8 | 715.8 | 801.0 | 795.8 | 830.0 |
| 德　国 | Germany | 302.2 | 780.0 | 790.0 | 820.0 | 830.0 | 840.0 |
| 意大利 | Italy | 231.1 | 445.3 | 488.3 | 536.8 | 568.0 | 580.0 |
| 荷　兰 | Netherlands | 439.8 | 874.2 | 896.3 | 907.2 | 923.0 | 930.0 |
| 波　兰 | Poland | 72.9 | 531.3 | 589.7 | 623.2 | 648.8 | 650.0 |
| 俄罗斯 | Russia | 19.8 | 268.3 | 290.0 | 430.0 | 490.0 | 532.8 |
| 西班牙 | Spain | 136.3 | 596.0 | 624.0 | 658.0 | 676.0 | 720.0 |
| 土耳其 | Turkey | 37.6 | 343.7 | 364.0 | 398.2 | 430.7 | 451.3 |
| 乌克兰 | Ukraine | 7.2 | 110.0 | 179.0 | 233.0 | 287.1 | 337.0 |
| 英　国 | United Kingdom | 268.2 | 783.9 | 835.6 | 850.0 | 868.4 | 870.2 |
| 澳大利亚 | Australia | 467.6 | 716.7 | 742.5 | 760.0 | 795.0 | 823.5 |
| 新西兰 | New Zealand | 473.8 | 720.3 | 797.0 | 830.0 | 860.0 | 895.1 |

# 13-13 互联网服务商

## Internet Servers

资料来源：世界银行WDI数据库。
Source: World Bank WDI Database.

单位：个/百万人 (number per 1 000 000 persons)

| 国家或地区 | Country or Area | 2005 | 2009 | 2010 | 2011 | 2012 | 2013 |
|---|---|---|---|---|---|---|---|
| **世　界** | **World** | **64.88** | **113.19** | **155.20** | **184.22** | **181.93** | **160.50** |
| **高收入国家** | **High Income** | **313.58** | **601.80** | **792.46** | **939.23** | **933.01** | **826.83** |
| **中等收入国家** | **Middle Income** | **2.40** | **5.72** | **8.33** | **11.11** | **11.86** | **11.28** |
| **低收入国家** | **Low Income** | **0.12** | **0.35** | **0.57** | **0.80** | **1.03** | **1.05** |
| 中　国 | China | 0.33 | 1.19 | 1.92 | 2.42 | 3.14 | 3.87 |
| 中国香港 | Hong Kong, China | 162.33 | 353.95 | 456.28 | 570.45 | 636.65 | 623.58 |
| 中国澳门 | Macao, China | 55.54 | 138.03 | 213.23 | 243.47 | | 310.75 |
| 孟加拉国 | Bangladesh | 0.02 | 0.19 | 0.31 | 0.63 | 0.73 | 0.77 |
| 文　莱 | Brunei Darussalam | 13.59 | 43.10 | 64.91 | 113.16 | 111.59 | 117.29 |
| 柬埔寨 | Cambodia | 0.08 | 1.56 | 1.67 | 2.47 | 2.96 | 2.05 |
| 印　度 | India | 0.58 | 1.51 | 2.16 | 2.90 | 3.57 | 3.91 |
| 印度尼西亚 | Indonesia | 0.46 | 1.35 | 1.99 | 3.36 | 3.95 | 4.12 |
| 伊　朗 | Iran | 0.28 | 0.33 | 0.74 | 1.01 | 1.35 | 1.26 |
| 以色列 | Israel | 162.77 | 289.22 | 396.66 | 470.14 | 396.31 | 270.37 |
| 日　本 | Japan | 257.70 | 519.60 | 649.85 | 743.93 | 750.05 | 736.67 |
| 哈萨克斯坦 | Kazakhstan | 0.86 | 3.23 | 5.21 | 6.34 | 7.39 | 9.39 |
| 韩　国 | Korea, Rep. | 20.03 | 918.47 | 1128.08 | 2496.11 | 2751.54 | 1994.90 |
| 老　挝 | Laos | 0.35 | 0.48 | 0.78 | 1.23 | 0.90 | 1.03 |
| 马来西亚 | Malaysia | 14.59 | 33.21 | 41.66 | 54.63 | 65.66 | 66.83 |
| 蒙　古 | Mongolia | 3.17 | 8.23 | 10.69 | 13.80 | 19.31 | 22.19 |
| 缅　甸 | Myanmar | 0.02 | 0.02 | 0.06 | 0.08 | 0.10 | 0.13 |
| 巴基斯坦 | Pakistan | 0.29 | 0.62 | 0.98 | 1.12 | 1.27 | 1.28 |
| 菲律宾 | Philippines | 2.45 | 5.27 | 6.66 | 7.53 | 8.62 | 8.06 |
| 新加坡 | Singapore | 275.45 | 420.84 | 529.67 | 607.29 | 635.31 | 609.35 |
| 斯里兰卡 | Sri Lanka | 1.78 | 3.52 | 4.46 | 6.04 | 7.67 | 8.98 |
| 泰　国 | Thailand | 4.76 | 10.03 | 13.73 | 17.29 | 19.57 | 18.10 |
| 越　南 | Viet Nam | 0.15 | 1.88 | 3.13 | 4.68 | 6.70 | 8.16 |
| 埃　及 | Egypt | 0.54 | 1.55 | 2.38 | 3.12 | 3.70 | 3.47 |
| 尼日利亚 | Nigeria | 0.17 | 0.80 | 1.20 | 1.68 | 1.74 | 1.68 |
| 南　非 | South Africa | 20.19 | 39.70 | 61.48 | 72.45 | 82.01 | 86.35 |
| 加拿大 | Canada | 569.11 | 987.17 | 1242.69 | 1374.20 | 1237.92 | 1035.26 |
| 墨西哥 | Mexico | 7.79 | 15.92 | 19.82 | 25.80 | 28.07 | 26.45 |
| 美　国 | United States | 785.16 | 1235.08 | 1445.05 | 1563.21 | 1474.27 | 1305.97 |
| 阿根廷 | Argentina | 10.82 | 19.84 | 26.11 | 33.64 | 41.79 | 42.88 |
| 巴　西 | Brazil | 14.17 | 25.98 | 40.68 | 54.12 | 54.29 | 57.45 |
| 委内瑞拉 | Venezuela | 4.60 | 7.38 | 7.37 | 8.00 | 10.68 | 11.08 |
| 捷　克 | Czech Rep. | 41.62 | 186.33 | 319.73 | 389.00 | 518.80 | 563.52 |
| 法　国 | France | 76.07 | 203.05 | 296.43 | 354.60 | 409.08 | 486.12 |
| 德　国 | Germany | 274.16 | 640.93 | 872.03 | 1022.51 | 1110.78 | 1070.93 |
| 意大利 | Italy | 44.70 | 111.36 | 157.56 | 195.34 | 212.88 | 203.22 |
| 荷　兰 | Netherlands | 327.15 | 1414.12 | 2276.68 | 2750.30 | 2805.86 | 2382.14 |
| 波　兰 | Poland | 21.96 | 123.01 | 210.80 | 267.45 | 299.67 | 309.00 |
| 俄罗斯 | Russia | 2.43 | 10.54 | 20.26 | 26.93 | 39.04 | 51.14 |
| 西班牙 | Spain | 81.19 | 191.32 | 230.93 | 281.63 | 290.99 | 269.04 |
| 土耳其 | Turkey | 18.14 | 69.44 | 99.84 | 143.64 | 116.76 | 50.43 |
| 乌克兰 | Ukraine | 1.32 | 5.99 | 13.23 | 17.72 | 23.49 | 26.49 |
| 英　国 | United Kingdom | 464.68 | | 1384.15 | 1576.98 | 1467.42 | 1193.46 |
| 澳大利亚 | Australia | 498.07 | 1222.45 | 1784.56 | 2027.80 | 1721.40 | 1252.26 |
| 新西兰 | New Zealand | 489.85 | 1059.13 | 1489.54 | 1597.43 | 1466.05 | 1100.92 |

# 13-14 宽带用户

## Broadband Subscribers

资料来源：世界银行WDI数据库。
Source:World Bank WDI Database.

| 国家或地区 | Country or Area | 宽带用户（个）Broadband Subscribers(number) | | | 每千人宽带用户（个/千人）Broadband Subscribers(unit per 1 000 persons) | | |
|---|---|---|---|---|---|---|---|
| | | 2000 | 2005 | 2013 | 2000 | 2005 | 2013 |
| **世　界** | **World** | **15890822** | **219953714** | **674358486** | **3.56** | **34.42** | **94.89** |
| **高收入国家** | **High Income** | **15730181** | **168356942** | **354146569** | **13.78** | **135.07** | **270.58** |
| **中等收入国家** | **Middle Income** | **160641** | **51573368** | **318233030** | **0.05** | **11.62** | **64.09** |
| **低收入国家** | **Low Income** | | **23404** | **1978887** | | **0.03** | **2.38** |
| 中　国 | China | 22660 | 37350000 | 188909000 | 0.02 | 28.33 | 136.34 |
| 中国香港 | Hong Kong, China | 444450 | 1659098 | 2215475 | 65.02 | 240.56 | 307.54 |
| 中国澳门 | Macao, China | 3731 | 68030 | 151796 | 8.64 | 145.32 | 268.01 |
| 孟加拉国 | Bangladesh | | | 989521 | | | 6.32 |
| 文　莱 | Brunei Darussalam | | 8126 | 23841 | | 22.09 | 57.07 |
| 柬埔寨 | Cambodia | | 1000 | 32648 | | 0.07 | 2.16 |
| 印　度 | India | | 1348000 | 14540000 | | 1.20 | 11.61 |
| 印度尼西亚 | Indonesia | 4000 | 108200 | 3251800 | 0.02 | 0.48 | 13.01 |
| 伊　朗 | Iran | 176 | | 4351202 | | | 56.18 |
| 以色列 | Israel | | 1229626 | 1985000 | | 186.20 | 256.69 |
| 日　本 | Japan | 854655 | 23301105 | 36664511 | 6.80 | 183.50 | 288.37 |
| 哈萨克斯坦 | Kazakhstan | | 2996 | 1907300 | | 0.20 | 116.01 |
| 韩　国 | Korea, Rep. | 3870000 | 12188024 | 18737125 | 84.17 | 259.14 | 380.35 |
| 老　挝 | Laos | | 314 | 9000 | | 0.05 | 1.33 |
| 马来西亚 | Malaysia | | 483100 | 2443100 | | 18.69 | 82.21 |
| 蒙　古 | Mongolia | | 1800 | 139729 | | 0.71 | 49.22 |
| 缅　甸 | Myanmar | | 243 | 95329 | | | 1.79 |
| 巴基斯坦 | Pakistan | | 14600 | 1077970 | | 0.09 | 5.92 |
| 菲律宾 | Philippines | | 123000 | 2572800 | | 1.43 | 26.15 |
| 新加坡 | Singapore | 69000 | 656200 | 1390800 | 17.61 | 145.97 | 257.00 |
| 斯里兰卡 | Sri Lanka | | 21000 | 423522 | | 1.05 | 19.91 |
| 泰　国 | Thailand | | 555495 | 4926000 | | 8.47 | 73.51 |
| 越　南 | Viet Nam | | 210024 | 5151400 | | 2.47 | 56.19 |
| 埃　及 | Egypt | | 140999 | 2674846 | | 1.96 | 32.60 |
| 尼日利亚 | Nigeria | | 500 | 15045 | | | 0.09 |
| 南　非 | South Africa | | 165290 | 1615210 | | 3.43 | 30.60 |
| 加拿大 | Canada | 1410932 | 7004000 | 11709900 | 45.96 | 217.16 | 332.84 |
| 墨西哥 | Mexico | 15000 | 1922352 | 13626600 | 0.14 | 17.36 | 111.39 |
| 美　国 | United States | 7069874 | 51156350 | 91342000 | 24.84 | 171.57 | 285.40 |
| 阿根廷 | Argentina | | 926722 | 5742549 | | 23.98 | 138.55 |
| 巴　西 | Brazil | 100000 | 3233800 | 20190871 | 0.57 | 17.37 | 100.77 |
| 委内瑞拉 | Venezuela | 4473 | 351610 | 2222832 | 0.18 | 13.16 | 73.11 |
| 捷　克 | Czech Rep. | 2500 | 709063 | 1823000 | 0.24 | 69.31 | 170.34 |
| 法　国 | France | 196601 | 9471000 | 24940000 | 3.32 | 154.14 | 387.92 |
| 德　国 | Germany | 265000 | 10786800 | 28603463 | 3.17 | 128.67 | 345.76 |
| 意大利 | Italy | 115000 | 6822210 | 13600396 | 2.02 | 116.28 | 222.99 |
| 荷　兰 | Netherlands | 260000 | 4100000 | 6716922 | 16.39 | 251.50 | 400.79 |
| 波　兰 | Poland | | 945159 | 5964800 | | 24.74 | 156.08 |
| 俄罗斯 | Russia | | 1589000 | 23734354 | | 11.04 | 166.17 |
| 西班牙 | Spain | 76358 | 5035203 | 11999564 | 1.90 | 116.05 | 255.71 |
| 土耳其 | Turkey | | 1589768 | 8382811 | | 23.47 | 111.87 |
| 乌克兰 | Ukraine | | 130000 | 3994831 | | 2.76 | 88.31 |
| 英　国 | United Kingdom | 52890 | 9898653 | 22559353 | 0.90 | 164.18 | 357.31 |
| 澳大利亚 | Australia | | 2016000 | 5839000 | | 98.24 | 250.14 |
| 新西兰 | New Zealand | 4658 | 321000 | 1316000 | 1.21 | 77.65 | 292.07 |

# 主要统计指标解释

**航空货物周转量**　指承载的每个航班的货物、快递和邮包重量之和乘以飞机从起飞到降落的飞行距离。该指标按航空承运商登记国统计。

**航空客运量**　指承载的国内或国际飞机乘客人数。该指标按航空承运商登记国统计。

**信息和通讯技术支出**　包括计算机硬件（计算机、存贮设备、打印机和其它外围设备）；计算机软件（操作系统、开发工具、运行环境、应用程序和内部软件开发）；计算机服务（信息技术咨询、计算机和网络系统集成、网络主机、数据处理服务和其它服务）；通讯服务（声音和数字通讯服务）及有线和无线通讯设备。

**国际互联网带宽**　指承包能力的国家之间的国际连线传输互联网流量。

**固定宽带用户**　指互联网的使用者以订购或付费方式以高速率接入公共网络。高速接入是至少以一个或二个方向每秒速率在 256kbits.

**港口集装箱吞吐量**　港口集装箱吞吐量反映的是从陆地到海上或者从海上到陆地流动运输的集装箱数量，一个标准集装箱单位为 20 英尺当量单位。数据包括沿海和国际航运。转运集装箱在中转港作两次计算（一次卸下和再次出境），其中包括空集装箱。

**移动电话**　指手提式电话用户。利用蜂窝技术，这些用户被接入公共交换电话网的自动公共移动电话服务系统。

**电话主线**　是指将客户的设备接入公共交换电话网的电话线。

**公路货物周转量**　指利用公路交通工具进行货物运输。用重量乘以里程，以亿吨公里来衡量。

**互联网用户**　指进入国际互联网的使用者。

## Explanatory Notes on Main Statistical Indicators

**Air Freight** is the sum of the metric tons of freight, express, and diplomatic bags carried on each flight stage (the operation of an aircraft from takeoff to its next landing) multiplied by the stage distance of air carriers registered in the country.

**Air Transport, Passengers Carried** Air passengers carried include both domestic and international aircraft passengers of air carriers registered in the country.

**Information and Communications Technology Expenditures** include computer hardware (computers, storage devices, printers, and other peripherals); computer software (operating systems, programming tools, utilities, applications, and internal software development); computer services (information technology consulting, computer and network systems integration, web hosting, data processing services, and other services); and communications services (voice and data communications services) and wired and wireless communications equipment.

**International Internet Bandwidth** is the contracted capacity of international connections between countries for transmitting Internet traffic.

**Fixed Broadband Subscribers** are users of the Internet who subscribe to paid high-speed access to the public Internet. High-speed access is at least 256 kilobits per second in one or both directions.

**Container Port Traffic** Port container traffic measures the flow of containers from land to sea transport modes and vice versa, in twenty-foot equivalent units (TEUs), a standard-size container. Data refer to coastal shipping as well as international journeys. Transshipment traffic is counted as two lifts at the intermediate port (once to off-load and again as an outbound lift) and includes empty units.

**Mobile Phones** Mobile phones refers to users of portable telephones subscribing to an automatic public mobile telephone service using cellular technology that provides access to the public switched telephone network.

**Telephone Mainlines** Telephone mainlines are telephone lines connecting a customer's equipment to the public switched telephone network.

**Roads, Goods Transported** Goods transported by road are the volume of goods transported by road vehicles, measured in 100 millions of metric tons times kilometers traveled.

**Internet Users** are people with access to the worldwide network.

# 对外贸易和旅游

## External Trade and Tourism

# 14-1 世界货物进出口总额

## World Merchandise Imports and Exports

资料来源：世界贸易组织数据库。
Source: WTO Database.

单位：亿美元 (100 million USD)

| | 世 界<br>World | 北 美 洲<br>North America | 拉丁美洲<br>South and Central America | 欧 洲<br>Europe | 亚 洲<br>Asia | 非 洲<br>Africa |
|---|---|---|---|---|---|---|
| 出口 Exports | | | | | | |
| 1990 | 34490 | 5620 | 1054 | 16849 | 7924 | 1051 |
| 1991 | 35150 | 5917 | 1023 | 16642 | 8859 | 995 |
| 1992 | 37660 | 6289 | 1065 | 17719 | 9809 | 973 |
| 1993 | 37820 | 6619 | 1106 | 16673 | 10654 | 929 |
| 1994 | 43260 | 7389 | 1291 | 19087 | 12287 | 967 |
| 1995 | 51640 | 8566 | 1518 | 23355 | 14472 | 1120 |
| 1996 | 54030 | 9228 | 1644 | 24211 | 14654 | 1254 |
| 1997 | 55910 | 10141 | 1797 | 24130 | 15472 | 1275 |
| 1998 | 55010 | 10140 | 1681 | 25132 | 14510 | 1061 |
| 1999 | 57120 | 10707 | 1687 | 25218 | 15484 | 1168 |
| 2000 | 64560 | 12250 | 2014 | 26340 | 18356 | 1485 |
| 2001 | 61910 | 11475 | 1944 | 26558 | 16739 | 1388 |
| 2002 | 64920 | 11062 | 1960 | 28394 | 18077 | 1449 |
| 2003 | 75860 | 11630 | 2250 | 33865 | 21383 | 1793 |
| 2004 | 92180 | 13197 | 2926 | 40511 | 26534 | 2396 |
| 2005 | 104950 | 14758 | 3715 | 44043 | 30608 | 3110 |
| 2006 | 121200 | 16641 | 4489 | 49793 | 35761 | 3707 |
| 2007 | 140120 | 18408 | 5141 | 58031 | 41412 | 4365 |
| 2008 | 161400 | 20352 | 6171 | 64834 | 47247 | 5622 |
| 2009 | 125420 | 16019 | 4742 | 50212 | 38907 | 3935 |
| 2010 | 152740 | 19643 | 5914 | 56501 | 50763 | 5214 |
| 2011 | 182550 | 22812 | 7591 | 66557 | 59710 | 6073 |
| 2012 | 184040 | 23716 | 7499 | 63805 | 61129 | 6400 |
| 2013 | 187840 | 24173 | 7367 | 66360 | 62850 | 5995 |
| 进口 Imports | | | | | | |
| 1990 | 35500 | 6845 | 855 | 17509 | 7616 | 964 |
| 1991 | 36320 | 6855 | 948 | 17648 | 8304 | 947 |
| 1992 | 38810 | 7480 | 1105 | 18531 | 9002 | 1004 |
| 1993 | 38750 | 8106 | 1239 | 16875 | 9851 | 987 |
| 1994 | 44280 | 9269 | 1424 | 19116 | 11474 | 1063 |
| 1995 | 52830 | 10143 | 1783 | 23346 | 14035 | 1266 |
| 1996 | 55440 | 10898 | 1853 | 24155 | 14743 | 1256 |
| 1997 | 57370 | 12137 | 2154 | 24186 | 14952 | 1324 |
| 1998 | 56810 | 12802 | 2165 | 25592 | 12479 | 1329 |
| 1999 | 59210 | 14265 | 1879 | 25965 | 13655 | 1280 |
| 2000 | 67240 | 16843 | 2088 | 27749 | 16787 | 1297 |
| 2001 | 64830 | 15803 | 2067 | 27336 | 15587 | 1349 |
| 2002 | 67420 | 16016 | 1822 | 28753 | 16594 | 1359 |
| 2003 | 78670 | 17240 | 1930 | 34615 | 19773 | 1655 |
| 2004 | 95680 | 20089 | 2462 | 41647 | 24883 | 2125 |
| 2005 | 108600 | 22844 | 3088 | 45799 | 28895 | 2565 |
| 2006 | 124440 | 25417 | 3740 | 52529 | 33339 | 3029 |
| 2007 | 143110 | 27021 | 4678 | 61172 | 38195 | 3749 |
| 2008 | 165410 | 29081 | 6086 | 68955 | 45748 | 4814 |
| 2009 | 127360 | 21779 | 4518 | 52170 | 36777 | 4112 |
| 2010 | 154640 | 26832 | 5845 | 59044 | 48618 | 4786 |
| 2011 | 184380 | 30916 | 7344 | 69276 | 59642 | 5656 |
| 2012 | 186080 | 31919 | 7544 | 65310 | 62068 | 6140 |
| 2013 | 188740 | 31978 | 7726 | 65946 | 63361 | 6277 |

# 14-2 世界主要国家或地区货物进出口总额

# Merchandise Imports and Exports by Country or Area

资料来源：世界贸易组织数据库。

Source: WTO Database.

单位：亿美元 (100 million USD)

| 国家或地区 | Country or Area | 2000 | 2005 | 2010 | 2011 | 2012 | 2013 |
|---|---|---|---|---|---|---|---|
| **世 界** | **World** | **131800** | **213550** | **307380** | **366930** | **370120** | **376580** |
| 中 国 | China | 4743 | 14219 | 29729 | 36419 | 38671 | 41600 |
| 中国香港 | Hong Kong, China | 4167 | 5923 | 8421 | 9665 | 10464 | 11578 |
| 中国澳门 | Macao, China | 52 | 70 | 65 | 88 | 100 | 114 |
| 孟加拉国 | Bangladesh | 153 | 232 | 470 | 606 | 593 | 655 |
| 文 莱 | Brunei Darussalam | 50 | 77 | 114 | 154 | 166 | 152 |
| 柬 埔 寨 | Cambodia | 33 | 70 | 119 | 163 | 188 | 221 |
| 印 度 | India | 939 | 2425 | 5766 | 7672 | 7854 | 7783 |
| 印度尼西亚 | Indonesia | 1090 | 1627 | 2934 | 3775 | 3789 | 3709 |
| 伊 朗 | Iran | 426 | 963 | 1663 | 1936 | 1611 | 1310 |
| 以 色 列 | Israel | 691 | 899 | 1196 | 1433 | 1385 | 1412 |
| 日 本 | Japan | 8588 | 11108 | 14639 | 16776 | 16844 | 15483 |
| 哈萨克斯坦 | Kazakhstan | 139 | 452 | 911 | 1262 | 1328 | 1314 |
| 韩 国 | Korea, Rep. | 3327 | 5457 | 8916 | 10796 | 10675 | 10752 |
| 老 挝 | Laos | 9 | 14 | 38 | 51 | 47 | 55 |
| 马来西亚 | Malaysia | 1802 | 2556 | 3632 | 4147 | 4239 | 4343 |
| 蒙 古 | Mongolia | 12 | 22 | 62 | 113 | 111 | 106 |
| 缅 甸 | Myanmar | 40 | 57 | 136 | 173 | 181 | 219 |
| 巴基斯坦 | Pakistan | 199 | 414 | 592 | 694 | 687 | 698 |
| 菲 律 宾 | Philippines | 768 | 907 | 1100 | 1120 | 1174 | 1190 |
| 新 加 坡 | Singapore | 2723 | 4297 | 6627 | 7753 | 7881 | 7833 |
| 斯里兰卡 | Sri Lanka | 126 | 152 | 221 | 305 | 286 | 279 |
| 泰 国 | Thailand | 1310 | 2291 | 3782 | 4573 | 4792 | 4793 |
| 越 南 | Viet Nam | 301 | 692 | 1571 | 2037 | 2283 | 2643 |
| 埃 及 | Egypt | 199 | 354 | 794 | 894 | 986 | 873 |
| 尼日利亚 | Nigeria | 297 | 712 | 1282 | 1710 | 1660 | 1560 |
| 南 非 | South Africa | 597 | 1139 | 1751 | 2185 | 2271 | 2224 |
| 加 拿 大 | Canada | 5214 | 6829 | 7904 | 9151 | 9302 | 9325 |
| 墨 西 哥 | Mexico | 3458 | 4424 | 6085 | 7106 | 7511 | 7712 |
| 美 国 | United States | 20412 | 26338 | 32474 | 37463 | 38812 | 39103 |
| 阿 根 廷 | Argentina | 515 | 690 | 1246 | 1579 | 1494 | 1570 |
| 巴 西 | Brazil | 1141 | 1962 | 3935 | 4929 | 4760 | 4926 |
| 委内瑞拉 | Venezuela | 497 | 797 | 1053 | 1402 | 1578 | 1402 |
| 捷 克 | Czech Rep. | 611 | 1546 | 2596 | 3138 | 2985 | 3047 |
| 法 国 | France | 6666 | 9676 | 11331 | 13099 | 12431 | 12603 |
| 德 国 | Germany | 10490 | 17480 | 23137 | 27262 | 25683 | 26400 |
| 意 大 利 | Italy | 4793 | 7579 | 9343 | 10807 | 9899 | 9950 |
| 荷 兰 | Netherlands | 4514 | 7702 | 10907 | 12597 | 12442 | 12538 |
| 波 兰 | Poland | 808 | 1911 | 3378 | 3951 | 3844 | 4056 |
| 俄 罗 斯 | Russia | 1502 | 3692 | 6493 | 8458 | 8647 | 8676 |
| 西 班 牙 | Spain | 2714 | 4814 | 5814 | 6829 | 6326 | 6544 |
| 土 耳 其 | Turkey | 823 | 1903 | 2994 | 3758 | 3890 | 4035 |
| 乌 克 兰 | Ukraine | 285 | 704 | 1124 | 1511 | 1532 | 1403 |
| 英 国 | United Kingdom | 6335 | 8981 | 9672 | 11110 | 11634 | 11958 |
| 澳大利亚 | Australia | 1354 | 2314 | 4143 | 5141 | 5174 | 4949 |
| 新 西 兰 | New Zealand | 272 | 479 | 620 | 748 | 756 | 791 |

# 14-3 货物出口总额

## Merchandise Export

资料来源：世界贸易组织数据库。
Source: WTO Database.
单位：亿美元

(100 million USD)

| 国家或地区 | Country or Area | 2000 | 2005 | 2010 | 2011 | 2012 | 2013 |
|---|---|---|---|---|---|---|---|
| **世　界** | **World** | **64560** | **104950** | **152740** | **182550** | **184040** | **187840** |
| 中　国 | China | 2492 | 7620 | 15778 | 18984 | 20487 | 22096 |
| 中国香港 | Hong Kong, China | 2027 | 2921 | 4007 | 4556 | 4929 | 5355 |
| 中国澳门 | Macao, China | 25 | 25 | 9 | 9 | 10 | 11 |
| 孟加拉国 | Bangladesh | 64 | 93 | 192 | 244 | 251 | 291 |
| 文　莱 | Brunei Darussalam | 39 | 62 | 89 | 124 | 130 | 116 |
| 柬埔寨 | Cambodia | 14 | 31 | 51 | 70 | 78 | 91 |
| 印　度 | India | 424 | 996 | 2264 | 3046 | 2968 | 3124 |
| 印度尼西亚 | Indonesia | 654 | 870 | 1581 | 2006 | 1885 | 1835 |
| 伊　朗 | Iran | 287 | 563 | 1013 | 1315 | 1040 | 820 |
| 以色列 | Israel | 314 | 428 | 584 | 678 | 631 | 664 |
| 日　本 | Japan | 4792 | 5949 | 7698 | 8226 | 7986 | 7151 |
| 哈萨克斯坦 | Kazakhstan | 88 | 278 | 600 | 883 | 864 | 825 |
| 韩　国 | Korea, Rep. | 1723 | 2844 | 4664 | 5552 | 5479 | 5596 |
| 老　挝 | Laos | 3 | 6 | 17 | 24 | 23 | 26 |
| 马来西亚 | Malaysia | 982 | 1410 | 1986 | 2270 | 2275 | 2283 |
| 蒙　古 | Mongolia | 5 | 11 | 29 | 48 | 44 | 43 |
| 缅　甸 | Myanmar | 16 | 38 | 87 | 93 | 89 | 103 |
| 巴基斯坦 | Pakistan | 90 | 161 | 214 | 253 | 246 | 252 |
| 菲律宾 | Philippines | 398 | 413 | 515 | 483 | 521 | 540 |
| 新加坡 | Singapore | 1378 | 2296 | 3519 | 4095 | 4084 | 4102 |
| 斯里兰卡 | Sri Lanka | 54 | 63 | 86 | 102 | 94 | 99 |
| 泰　国 | Thailand | 691 | 1109 | 1953 | 2288 | 2292 | 2285 |
| 越　南 | Viet Nam | 145 | 324 | 722 | 969 | 1145 | 1321 |
| 埃　及 | Egypt | 53 | 129 | 264 | 305 | 294 | 280 |
| 尼日利亚 | Nigeria | 210 | 505 | 840 | 1160 | 1150 | 1000 |
| 南　非 | South Africa | 300 | 516 | 809 | 968 | 1000 | 961 |
| 加拿大 | Canada | 2766 | 3605 | 3879 | 4524 | 4552 | 4581 |
| 墨西哥 | Mexico | 1664 | 2142 | 2983 | 3496 | 3706 | 3802 |
| 美　国 | United States | 7819 | 9011 | 12783 | 14804 | 15457 | 15790 |
| 阿根廷 | Argentina | 263 | 404 | 681 | 840 | 809 | 830 |
| 巴　西 | Brazil | 551 | 1185 | 2019 | 2560 | 2426 | 2422 |
| 委内瑞拉 | Venezuela | 335 | 557 | 657 | 926 | 973 | 867 |
| 捷　克 | Czech Rep. | 291 | 781 | 1330 | 1623 | 1570 | 1614 |
| 法　国 | France | 3276 | 4634 | 5235 | 5961 | 5687 | 5796 |
| 德　国 | Germany | 5518 | 9709 | 12589 | 14723 | 14051 | 14528 |
| 意大利 | Italy | 2405 | 3731 | 4473 | 5232 | 5013 | 5177 |
| 荷　兰 | Netherlands | 2331 | 4064 | 5743 | 6610 | 6539 | 6635 |
| 波　兰 | Poland | 317 | 894 | 1597 | 1874 | 1854 | 2021 |
| 俄罗斯 | Russia | 1056 | 2438 | 4006 | 5220 | 5293 | 5233 |
| 西班牙 | Spain | 1153 | 1926 | 2544 | 3087 | 2953 | 3155 |
| 土耳其 | Turkey | 278 | 735 | 1139 | 1349 | 1525 | 1518 |
| 乌克兰 | Ukraine | 146 | 342 | 515 | 685 | 685 | 633 |
| 英　国 | United Kingdom | 2854 | 3845 | 4057 | 4732 | 4728 | 5413 |
| 澳大利亚 | Australia | 639 | 1061 | 2126 | 2704 | 2564 | 2527 |
| 新西兰 | New Zealand | 133 | 217 | 314 | 377 | 373 | 395 |

# 14-4 货物进口总额

## Merchandise Import

资料来源：世界贸易组织数据库。
Source: WTO Database.

单位：亿美元 (100 million USD)

| 国家或地区 | Country or Area | 2000 | 2005 | 2010 | 2011 | 2012 | 2013 |
|---|---|---|---|---|---|---|---|
| **世　界** | **World** | **67240** | **108600** | **154640** | **184380** | **186080** | **188740** |
| 中　国 | China | 2251 | 6600 | 13951 | 17435 | 18184 | 19504 |
| 中国香港 | Hong Kong, China | 2140 | 3002 | 4414 | 5109 | 5535 | 6223 |
| 中国澳门 | Macao, China | 26 | 45 | 56 | 79 | 90 | 103 |
| 孟加拉国 | Bangladesh | 89 | 139 | 278 | 362 | 342 | 364 |
| 文　莱 | Brunei Darussalam | 11 | 15 | 25 | 29 | 36 | 36 |
| 柬埔寨 | Cambodia | 19 | 39 | 68 | 93 | 110 | 130 |
| 印　度 | India | 515 | 1429 | 3502 | 4626 | 4886 | 4659 |
| 印度尼西亚 | Indonesia | 436 | 757 | 1353 | 1769 | 1904 | 1874 |
| 伊　朗 | Iran | 139 | 400 | 650 | 621 | 571 | 490 |
| 以色列 | Israel | 377 | 471 | 612 | 755 | 754 | 748 |
| 日　本 | Japan | 3795 | 5159 | 6941 | 8550 | 8858 | 8332 |
| 哈萨克斯坦 | Kazakhstan | 50 | 174 | 311 | 379 | 464 | 489 |
| 韩　国 | Korea, Rep. | 1605 | 2612 | 4252 | 5244 | 5196 | 5156 |
| 老　挝 | Laos | 5 | 9 | 21 | 27 | 25 | 29 |
| 马来西亚 | Malaysia | 820 | 1146 | 1646 | 1877 | 1964 | 2060 |
| 蒙　古 | Mongolia | 6 | 12 | 33 | 65 | 67 | 64 |
| 缅　甸 | Myanmar | 24 | 19 | 48 | 80 | 92 | 116 |
| 巴基斯坦 | Pakistan | 109 | 254 | 378 | 440 | 442 | 447 |
| 菲律宾 | Philippines | 370 | 495 | 585 | 637 | 653 | 650 |
| 新加坡 | Singapore | 1345 | 2000 | 3108 | 3658 | 3797 | 3730 |
| 斯里兰卡 | Sri Lanka | 72 | 88 | 135 | 203 | 192 | 180 |
| 泰　国 | Thailand | 619 | 1182 | 1829 | 2285 | 2500 | 2507 |
| 越　南 | Viet Nam | 156 | 368 | 848 | 1067 | 1138 | 1321 |
| 埃　及 | Egypt | 146 | 224 | 529 | 589 | 692 | 593 |
| 尼日利亚 | Nigeria | 87 | 208 | 442 | 550 | 510 | 560 |
| 南　非 | South Africa | 297 | 623 | 942 | 1216 | 1272 | 1264 |
| 加拿大 | Canada | 2448 | 3224 | 4025 | 4626 | 4749 | 4744 |
| 墨西哥 | Mexico | 1795 | 2282 | 3102 | 3611 | 3805 | 3910 |
| 美　国 | United States | 12593 | 17327 | 19692 | 22659 | 23355 | 23314 |
| 阿根廷 | Argentina | 252 | 287 | 565 | 739 | 685 | 740 |
| 巴　西 | Brazil | 591 | 776 | 1915 | 2369 | 2334 | 2504 |
| 委内瑞拉 | Venezuela | 162 | 240 | 396 | 476 | 605 | 535 |
| 捷　克 | Czech Rep. | 320 | 765 | 1267 | 1516 | 1414 | 1433 |
| 法　国 | France | 3389 | 5041 | 6097 | 7139 | 6744 | 6807 |
| 德　国 | Germany | 4972 | 7771 | 10548 | 12539 | 11632 | 11873 |
| 意大利 | Italy | 2388 | 3848 | 4870 | 5575 | 4886 | 4773 |
| 荷　兰 | Netherlands | 2183 | 3638 | 5164 | 5987 | 5904 | 5903 |
| 波　兰 | Poland | 490 | 1016 | 1780 | 2077 | 1991 | 2036 |
| 俄罗斯 | Russia | 447 | 1254 | 2486 | 3238 | 3354 | 3443 |
| 西班牙 | Spain | 1561 | 2888 | 3270 | 3742 | 3373 | 3388 |
| 土耳其 | Turkey | 545 | 1168 | 1855 | 2408 | 2365 | 2517 |
| 乌克兰 | Ukraine | 140 | 361 | 609 | 826 | 846 | 770 |
| 英　国 | United Kingdom | 3481 | 5137 | 5615 | 6378 | 6906 | 6544 |
| 澳大利亚 | Australia | 715 | 1253 | 2016 | 2437 | 2609 | 2421 |
| 新西兰 | New Zealand | 139 | 262 | 306 | 371 | 383 | 396 |

# 14-5 世界主要国家或地区服务贸易进出口总额

## Total of Service Import and Export by Country or Area

资料来源：世界贸易组织数据库。
Source: WTO Database.

单位：亿美元 (100 million USD)

| 国家或地区 | Country or Area | 2000 | 2005 | 2010 | 2011 | 2012 | 2013 |
|---|---|---|---|---|---|---|---|
| **世　界** | **World** | **29548** | **48976** | **74391** | **83419** | **85433** | **89651** |
| 中　国 | China | 660 | 1573 | 3534 | 4127 | 4706 | 5361 |
| 中国香港 | Hong Kong, China | 650 | 975 | 1550 | 1750 | 1846 | 1944 |
| 中国澳门 | Macao, China | 41 | 109 | 358 | 499 | 561 | 642 |
| 孟加拉国 | Bangladesh | 18 | 25 | 53 | 64 | 65 | 80 |
| 文　莱 | Brunei Darussalam | 10 | 16 | 24 | 28 | | |
| 柬埔寨 | Cambodia | 7 | 17 | 26 | 34 | 40 | 42 |
| 印　度 | India | 349 | 990 | 2302 | 2621 | 2738 | 2794 |
| 印度尼西亚 | Indonesia | 204 | 344 | 418 | 509 | 558 | 558 |
| 伊　朗 | Iran | 36 | 153 | 268 | 247 | 190 | |
| 以色列 | Israel | 275 | 309 | 433 | 476 | 516 | 531 |
| 日　本 | Japan | 1822 | 2406 | 2943 | 3083 | 3174 | 3048 |
| 哈萨克斯坦 | Kazakhstan | 27 | 94 | 151 | 149 | 172 | 167 |
| 韩　国 | Korea, Rep. | 639 | 1073 | 1812 | 1940 | 2152 | 2177 |
| 老　挝 | Laos | 1 | 2 | 7 | 9 | 9 | |
| 马来西亚 | Malaysia | 304 | 412 | 638 | 735 | 795 | 831 |
| 蒙　古 | Mongolia | 2 | 9 | 12 | 24 | 30 | 31 |
| 缅　甸 | Myanmar | 8 | 7 | 11 | 16 | | |
| 巴基斯坦 | Pakistan | 34 | 92 | 94 | 106 | 105 | 100 |
| 菲律宾 | Philippines | 86 | 103 | 252 | 298 | 326 | 380 |
| 新加坡 | Singapore | 584 | 1106 | 1916 | 2229 | 2297 | 2389 |
| 斯里兰卡 | Sri Lanka | 25 | 36 | 55 | 70 | 82 | |
| 泰　国 | Thailand | 291 | 464 | 789 | 932 | 1022 | 1135 |
| 越　南 | Viet Nam | 60 | 87 | 171 | 203 | 219 | 234 |
| 埃　及 | Egypt | 168 | 240 | 366 | 322 | 369 | 346 |
| 尼日利亚 | Nigeria | 50 | 78 | 226 | 248 | 246 | 234 |
| 南　非 | South Africa | 105 | 229 | 316 | 337 | 319 | 300 |
| 加拿大 | Canada | 829 | 1193 | 1671 | 1826 | 1827 | 1827 |
| 墨西哥 | Mexico | 295 | 359 | 375 | 415 | 427 | 472 |
| 美　国 | United States | 4874 | 6381 | 9155 | 9985 | 10471 | 10894 |
| 阿根廷 | Argentina | 137 | 139 | 279 | 329 | 331 | 324 |
| 巴　西 | Brazil | 245 | 373 | 896 | 1094 | 1159 | 1210 |
| 委内瑞拉 | Venezuela | 53 | 64 | 142 | 167 | 189 | 190 |
| 捷　克 | Czech Rep. | 121 | 220 | 378 | 428 | 415 | 422 |
| 法　国 | France | 1397 | 2275 | 3625 | 4253 | 3895 | 4214 |
| 德　国 | Germany | 2163 | 3683 | 5102 | 5654 | 5604 | 6016 |
| 意大利 | Italy | 1103 | 1768 | 2048 | 2197 | 2080 | 2166 |
| 荷　兰 | Netherlands | 1033 | 1737 | 2211 | 2565 | 2507 | 2632 |
| 波　兰 | Poland | 193 | 316 | 622 | 694 | 697 | 739 |
| 俄罗斯 | Russia | 258 | 625 | 1159 | 1418 | 1622 | 1890 |
| 西班牙 | Spain | 851 | 1608 | 2110 | 2371 | 2269 | 2356 |
| 土耳其 | Turkey | 287 | 368 | 527 | 579 | 599 | 660 |
| 乌克兰 | Ukraine | 64 | 159 | 281 | 309 | 326 | 347 |
| 英　国 | United Kingdom | 2149 | 3625 | 4283 | 4674 | 4636 | 4628 |
| 澳大利亚 | Australia | 380 | 603 | 964 | 1114 | 1154 | 1143 |
| 新西兰 | New Zealand | 88 | 167 | 181 | 208 | 233 | 234 |

# 14-6 服务贸易出口总额
# Commercial Service Export

资料来源：世界贸易组织数据库。
Source: WTO Database.
单位：亿美元 (100 million USD)

| 国家或地区 | Country or Area | 2000 | 2005 | 2010 | 2011 | 2012 | 2013 |
|---|---|---|---|---|---|---|---|
| **世　界** | **World** | **14910** | **25137** | **38234** | **42882** | **43822** | **46237** |
| 中　国 | China | 301 | 739 | 1612 | 1757 | 1904 | 2070 |
| 中国香港 | Hong Kong, China | 404 | 636 | 1040 | 1188 | 1261 | 1350 |
| 中国澳门 | Macao, China | 33 | 86 | 287 | 398 | 453 | 528 |
| 孟加拉国 | Bangladesh | 3 | 5 | 12 | 14 | 13 | 19 |
| 文　莱 | Brunei Darussalam | 2 | 6 | 11 | 12 | | |
| 柬埔寨 | Cambodia | 4 | 11 | 16 | 21 | 25 | 25 |
| 印　度 | India | 160 | 522 | 1165 | 1382 | 1456 | 1526 |
| 印度尼西亚 | Indonesia | 51 | 126 | 162 | 201 | 225 | 219 |
| 伊　朗 | Iran | 14 | 49 | 87 | 84 | 65 | |
| 以色列 | Israel | 156 | 174 | 248 | 274 | 309 | 331 |
| 日　本 | Japan | 683 | 1080 | 1387 | 1426 | 1425 | 1439 |
| 哈萨克斯坦 | Kazakhstan | 9 | 20 | 39 | 41 | 46 | 46 |
| 韩　国 | Korea, Rep. | 308 | 483 | 863 | 941 | 1103 | 1118 |
| 老　挝 | Laos | 1 | 2 | 5 | 5 | 6 | |
| 马来西亚 | Malaysia | 138 | 195 | 317 | 358 | 375 | 392 |
| 蒙　古 | Mongolia | 1 | 4 | 5 | 6 | 10 | 9 |
| 缅　甸 | Myanmar | 5 | 2 | 3 | 6 | | |
| 巴基斯坦 | Pakistan | 13 | 20 | 29 | 34 | 32 | 32 |
| 菲律宾 | Philippines | 34 | 45 | 141 | 177 | 185 | 223 |
| 新加坡 | Singapore | 284 | 555 | 941 | 1084 | 1119 | 1166 |
| 斯里兰卡 | Sri Lanka | 9 | 15 | 25 | 31 | 38 | |
| 泰　国 | Thailand | 138 | 197 | 341 | 413 | 493 | 586 |
| 越　南 | Viet Nam | 27 | 42 | 74 | 86 | 95 | 104 |
| 埃　及 | Egypt | 97 | 144 | 236 | 190 | 213 | 193 |
| 尼日利亚 | Nigeria | 18 | 14 | 26 | 23 | 21 | 19 |
| 南　非 | South Africa | 49 | 110 | 136 | 144 | 147 | 136 |
| 加拿大 | Canada | 393 | 544 | 720 | 782 | 775 | 778 |
| 墨西哥 | Mexico | 133 | 156 | 152 | 156 | 161 | 196 |
| 美　国 | United States | 2824 | 3643 | 5406 | 5979 | 6303 | 6621 |
| 阿根廷 | Argentina | 48 | 65 | 135 | 155 | 149 | 137 |
| 巴　西 | Brazil | 90 | 149 | 301 | 364 | 381 | 375 |
| 委内瑞拉 | Venezuela | 11 | 12 | 16 | 17 | 19 | 19 |
| 捷　克 | Czech Rep. | 67 | 118 | 209 | 231 | 220 | 227 |
| 法　国 | France | 800 | 1215 | 1953 | 2344 | 2155 | 2333 |
| 德　国 | Germany | 796 | 1574 | 2426 | 2686 | 2656 | 2868 |
| 意大利 | Italy | 559 | 883 | 968 | 1063 | 1039 | 1098 |
| 荷　兰 | Netherlands | 514 | 901 | 1156 | 1356 | 1311 | 1420 |
| 波　兰 | Poland | 104 | 162 | 327 | 375 | 379 | 404 |
| 俄罗斯 | Russia | 96 | 247 | 446 | 545 | 582 | 656 |
| 西班牙 | Spain | 522 | 940 | 1238 | 1423 | 1370 | 1445 |
| 土耳其 | Turkey | 202 | 265 | 345 | 385 | 406 | 437 |
| 乌克兰 | Ukraine | 38 | 89 | 159 | 182 | 187 | 194 |
| 英　国 | United Kingdom | 1184 | 2041 | 2638 | 2928 | 2884 | 2900 |
| 澳大利亚 | Australia | 194 | 304 | 458 | 508 | 522 | 522 |
| 新西兰 | New Zealand | 43 | 86 | 89 | 100 | 113 | 112 |

# 14-7 服务贸易进口总额
# Commercial Service Import

资料来源：世界贸易组织数据库。
Source: WTO Database.
单位：亿美元 (100 million USD)

| 国家或地区 | Country or Area | 2000 | 2005 | 2010 | 2011 | 2012 | 2013 |
|---|---|---|---|---|---|---|---|
| **世　界** | **World** | **14638** | **23838** | **36157** | **40537** | **41612** | **43414** |
| 中　国 | China | 359 | 833 | 1922 | 2370 | 2802 | 3291 |
| 中国香港 | Hong Kong, China | 246 | 338 | 510 | 561 | 585 | 593 |
| 中国澳门 | Macao, China | 8 | 23 | 72 | 101 | 108 | 114 |
| 孟加拉国 | Bangladesh | 15 | 20 | 41 | 50 | 52 | 61 |
| 文　莱 | Brunei Darussalam | 8 | 9 | 14 | 15 | | |
| 柬埔寨 | Cambodia | 3 | 6 | 10 | 13 | 15 | 17 |
| 印　度 | India | 189 | 468 | 1138 | 1239 | 1281 | 1268 |
| 印度尼西亚 | Indonesia | 154 | 218 | 256 | 308 | 333 | 338 |
| 伊　朗 | Iran | 22 | 104 | 182 | 163 | 124 | |
| 以色列 | Israel | 118 | 135 | 185 | 202 | 208 | 200 |
| 日　本 | Japan | 1139 | 1326 | 1556 | 1657 | 1749 | 1609 |
| 哈萨克斯坦 | Kazakhstan | 18 | 74 | 112 | 108 | 126 | 121 |
| 韩　国 | Korea, Rep. | 332 | 590 | 950 | 1000 | 1049 | 1059 |
| 老　挝 | Laos | | | 3 | 3 | 3 | |
| 马来西亚 | Malaysia | 166 | 218 | 321 | 377 | 420 | 439 |
| 蒙　古 | Mongolia | 2 | 5 | 8 | 18 | 20 | 22 |
| 缅　甸 | Myanmar | 3 | 5 | 8 | 11 | | |
| 巴基斯坦 | Pakistan | 21 | 72 | 65 | 72 | 73 | 68 |
| 菲律宾 | Philippines | 52 | 58 | 111 | 121 | 141 | 158 |
| 新加坡 | Singapore | 300 | 551 | 975 | 1145 | 1177 | 1223 |
| 斯里兰卡 | Sri Lanka | 16 | 21 | 31 | 40 | 44 | |
| 泰　国 | Thailand | 153 | 266 | 448 | 520 | 529 | 549 |
| 越　南 | Viet Nam | 33 | 44 | 98 | 117 | 124 | 130 |
| 埃　及 | Egypt | 72 | 95 | 130 | 131 | 156 | 153 |
| 尼日利亚 | Nigeria | 31 | 64 | 199 | 225 | 225 | 215 |
| 南　非 | South Africa | 57 | 118 | 180 | 192 | 172 | 163 |
| 加拿大 | Canada | 436 | 649 | 952 | 1044 | 1052 | 1049 |
| 墨西哥 | Mexico | 162 | 203 | 223 | 259 | 265 | 276 |
| 美　国 | United States | 2050 | 2738 | 3749 | 4006 | 4168 | 4273 |
| 阿根廷 | Argentina | 90 | 74 | 145 | 175 | 182 | 188 |
| 巴　西 | Brazil | 156 | 224 | 595 | 730 | 778 | 835 |
| 委内瑞拉 | Venezuela | 42 | 52 | 126 | 150 | 171 | 171 |
| 捷　克 | Czech Rep. | 53 | 102 | 169 | 197 | 194 | 195 |
| 法　国 | France | 597 | 1060 | 1672 | 1909 | 1740 | 1881 |
| 德　国 | Germany | 1367 | 2109 | 2676 | 2968 | 2948 | 3147 |
| 意大利 | Italy | 544 | 884 | 1080 | 1134 | 1041 | 1069 |
| 荷　兰 | Netherlands | 518 | 836 | 1055 | 1209 | 1195 | 1212 |
| 波　兰 | Poland | 89 | 154 | 295 | 318 | 318 | 336 |
| 俄罗斯 | Russia | 162 | 378 | 714 | 873 | 1040 | 1234 |
| 西班牙 | Spain | 329 | 668 | 872 | 947 | 899 | 911 |
| 土耳其 | Turkey | 85 | 103 | 182 | 194 | 193 | 223 |
| 乌克兰 | Ukraine | 26 | 70 | 121 | 127 | 139 | 154 |
| 英　国 | United Kingdom | 965 | 1584 | 1645 | 1747 | 1752 | 1728 |
| 澳大利亚 | Australia | 186 | 299 | 505 | 605 | 632 | 622 |
| 新西兰 | New Zealand | 44 | 82 | 92 | 108 | 120 | 121 |

# 14-8 出口和进口单位价值指数

## Indices of Export Unit Value and Import Unit Value

资料来源：国际货币基金组织IFS数据库。
Source: IMF IFS Database.

2005年=100 (2005=100)

| 国家或地区 | Country or Area | 进口单位价值指数 Import Unit Values Index | | | 出口单位价值指数 Export Unit Values Index | | |
|---|---|---|---|---|---|---|---|
| | | 2011 | 2012 | 2013 | 2011 | 2012 | 2013 |
| **世　界** | **World** | **132.68** | **131.00** | **129.09** | **129.56** | **126.63** | **126.30** |
| 中国香港 | Hong Kong, China | 125.26 | 129.32 | 130.48 | 122.59 | 126.67 | 128.38 |
| 阿根廷 | Argentina | 123.33 | 126.85 | | 161.81 | 164.36 | |
| 荷　兰 | Netherlands | 113.96 | 117.06 | | 112.62 | 115.09 | |
| 澳大利亚 | Australia | 140.10 | 142.74 | 136.14 | 214.22 | 198.17 | 183.82 |
| 比利时 | Belgium | 122.86 | 126.29 | 125.75 | 123.73 | 126.24 | 125.79 |
| 玻利维亚 | Bolivia | | | | 312.35 | 345.83 | 323.65 |
| 巴　西 | Brazil | 193.27 | 204.54 | 193.68 | 157.57 | 148.73 | 145.23 |
| 加拿大 | Canada | 104.77 | 105.62 | 105.93 | 110.16 | 108.46 | 110.44 |
| 丹　麦 | Denmark | 105.95 | 106.91 | 104.53 | 107.94 | 111.70 | 110.41 |
| 厄瓜多尔 | Ecuador | | | | 241.52 | 226.96 | |
| 芬　兰 | Finland | 131.56 | 125.63 | 126.30 | 115.33 | 106.90 | 108.82 |
| 德　国 | Germany | 110.55 | 116.27 | | 103.25 | 107.49 | |
| 希　腊 | Greece | 144.30 | 139.34 | 140.07 | 142.94 | 137.47 | 139.61 |
| 洪都拉斯 | Honduras | | | | 210.95 | 177.59 | |
| 匈牙利 | Hungary | 112.92 | 105.17 | 105.20 | 109.46 | 100.61 | 101.19 |
| 印　度 | India | 211.89 | 228.84 | | 183.44 | 194.39 | |
| 爱尔兰 | Ireland | 110.47 | 116.82 | 116.02 | 96.28 | 101.51 | 100.07 |
| 以色列 | Israel | 137.39 | 133.52 | 132.23 | 131.80 | 136.99 | 139.75 |
| 意大利 | Italy | 114.82 | 115.67 | 113.51 | 110.86 | 112.15 | 113.38 |
| 牙买加 | Jamaica | | | | 128.32 | 133.63 | 126.76 |
| 日　本 | Japan | 119.23 | 120.89 | 138.50 | 101.38 | 103.56 | 115.05 |
| 约　旦 | Jordan | 206.12 | 203.35 | 205.37 | 178.22 | 192.36 | 176.15 |
| 韩　国 | Korea, Rep. | 150.89 | 150.14 | | 118.88 | 117.47 | |
| 拉脱维亚 | Latvia | | | | 146.53 | 151.97 | 154.44 |
| 摩洛哥 | Morocco | | 123.63 | | | 141.14 | |
| 新西兰 | New Zealand | 122.29 | 122.83 | 119.47 | 144.88 | 135.17 | 144.34 |
| 挪　威 | Norway | 115.76 | 116.26 | 118.80 | 148.13 | 152.82 | 154.20 |
| 阿　曼 | Oman | | | | 204.86 | 218.10 | 209.94 |
| 巴基斯坦 | Pakistan | 264.89 | 299.68 | | 217.69 | 236.51 | |
| 秘　鲁 | Peru | | | | 241.37 | 222.97 | |
| 沙特阿拉伯 | Saudi Arabia | | | | 223.69 | 212.90 | 210.19 |
| 新加坡 | Singapore | 133.69 | 134.15 | 130.24 | 125.17 | 124.61 | 121.05 |
| 西班牙 | Spain | 109.25 | 114.24 | 101.11 | 108.17 | 110.41 | 110.24 |
| 瑞　典 | Sweden | 133.30 | 126.56 | 126.47 | 129.67 | 122.93 | 121.84 |
| 泰　国 | Thailand | 110.99 | 114.96 | 113.11 | 107.71 | 110.46 | 106.91 |
| 土耳其 | Turkey | 143.24 | 139.53 | 137.32 | 130.20 | 126.65 | 126.80 |
| 英　国 | United Kingdom | 122.13 | 120.02 | 119.25 | 119.05 | 116.41 | 115.94 |
| 美　国 | United States | 127.84 | 128.20 | 126.79 | 124.48 | 124.93 | 124.41 |
| 委内瑞拉 | Venezuela | 135.98 | 147.60 | 145.32 | | | |

# 14-9 出口和进口数量指数

# Indices of Export Quantum and Import Quantum

资料来源：国际货币基金组织IFS数据库。
Source: IMF IFS Database.

2005年=100 (2005=100)

| 国家或地区 | Country or Area | 出口数量指数 Export Quantum Index | | | 进口数量指数 Import Quantum Index | | |
|---|---|---|---|---|---|---|---|
| | | 2011 | 2012 | 2013 | 2011 | 2012 | 2013 |
| 中国香港 | Hong Kong, China | 130.61 | 130.49 | 134.18 | 139.54 | 140.89 | 146.51 |
| 阿根廷 | Argentina | | 122.42 | | | 189.62 | |
| 荷兰 | Netherlands | 129.33 | 133.38 | | 127.15 | 132.25 | |
| 澳大利亚 | Australia | 192.62 | 177.96 | 188.53 | 148.97 | 161.76 | 164.14 |
| 奥地利 | Austria | 117.07 | 116.20 | 120.16 | 112.68 | 113.93 | 113.61 |
| 比利时 | Belgium | 103.16 | 102.28 | 104.36 | 107.83 | 105.64 | 105.80 |
| 玻利维亚 | Bolivia | 203.03 | 196.48 | 207.84 | | | |
| 巴西 | Brazil | 137.09 | 137.60 | 140.68 | 158.82 | 151.45 | 170.48 |
| 加拿大 | Canada | 94.29 | 97.33 | 99.35 | 116.06 | 119.18 | 122.31 |
| 丹麦 | Denmark | 110.18 | 110.58 | 112.71 | 109.86 | 112.70 | 117.09 |
| 厄瓜多尔 | Ecuador | 118.24 | 119.75 | | 171.30 | 169.04 | |
| 法国 | France | 109.58 | 111.72 | | 109.89 | 108.81 | |
| 德国 | Germany | 122.29 | 122.83 | | 124.16 | 121.27 | |
| 圭亚那 | Guyana | 116.51 | 122.77 | | | | |
| 洪都拉斯 | Honduras | 124.59 | 157.05 | | | | |
| 匈牙利 | Hungary | 156.79 | 158.04 | 165.61 | 134.15 | 134.23 | 140.92 |
| 爱尔兰 | Ireland | 110.90 | 104.35 | 100.14 | 73.66 | 72.32 | 74.21 |
| 以色列 | Israel | 121.13 | 107.89 | 95.49 | 119.49 | 121.58 | 120.73 |
| 意大利 | Italy | 102.86 | 103.17 | 101.96 | 98.09 | 89.46 | 86.13 |
| 牙买加 | Jamaica | 61.48 | 55.60 | 55.83 | | | |
| 日本 | Japan | 98.55 | 93.79 | 92.37 | 100.63 | 103.01 | 103.30 |
| 约旦 | Jordan | 104.30 | 96.19 | 107.09 | 85.26 | 97.76 | 100.21 |
| 韩国 | Korea, Rep. | 176.71 | 186.55 | 196.19 | 146.48 | 147.23 | 153.58 |
| 毛里求斯 | Mauritius | 108.36 | 109.74 | | 110.21 | 113.23 | |
| 摩洛哥 | Morocco | | 125.88 | | | 162.90 | |
| 新西兰 | New Zealand | 119.18 | 127.81 | 126.63 | 115.08 | 116.30 | 125.49 |
| 挪威 | Norway | 91.30 | 91.47 | 87.19 | 120.92 | 122.46 | 124.56 |
| 巴基斯坦 | Pakistan | 99.73 | 104.50 | | 97.39 | 95.23 | |
| 秘鲁 | Peru | 117.46 | 127.49 | | | | |
| 波兰 | Poland | 152.63 | 145.85 | 166.54 | 149.96 | 139.02 | 149.96 |
| 新加坡 | Singapore | 142.26 | 142.59 | 147.47 | 136.55 | 141.40 | 143.07 |
| 西班牙 | Spain | 130.19 | 130.53 | 137.70 | 103.32 | 95.89 | 98.87 |
| 瑞典 | Sweden | 115.65 | 114.02 | 109.96 | 129.83 | 128.11 | 124.68 |
| 瑞士 | Switzerland | 117.04 | 117.66 | 116.93 | 114.31 | 114.80 | 112.19 |
| 泰国 | Thailand | 141.06 | 144.75 | 145.11 | 130.15 | 138.11 | 140.52 |
| 土耳其 | Turkey | 145.90 | 169.55 | 168.57 | 139.51 | 140.81 | 152.29 |
| 英国 | United Kingdom | 107.97 | 109.70 | 110.34 | 104.51 | 107.63 | 108.60 |
| 美国 | United States | 131.97 | 137.31 | 140.86 | 102.15 | 105.00 | 105.98 |

# 14-10 货物和服务进出口占国内生产总值比重

# Exports and Imports of Goods and Services as Percentage of GDP

资料来源：世界银行WDI数据库。
Source: World Bank WDI Database.
单位：%　　(%)

| 国家或地区 | Country or Area | 货物和服务出口占国内生产总值比重 Exports of Goods and Services as percentage of GDP | | | 货物和服务进口占国内生产总值比重 Imports of Goods and Services as percentage of GDP | | |
|---|---|---|---|---|---|---|---|
| | | 2000 | 2010 | 2012 | 2000 | 2010 | 2012 |
| **世　界** | **World** | **26.0** | **28.8** | **30.3** | **25.8** | **28.6** | **30.3** |
| 中　国 | China | 23.3 | 29.4 | 27.3 | 20.9 | 25.6 | 24.5 |
| 中国香港 | Hong Kong, China | 141.8 | 219.4 | 225.6 | 137.4 | 213.5 | 224.4 |
| 中国澳门 | Macao, China | 100.4 | 106.0 | 109.0 | 64.6 | 49.8 | 50.7 |
| 孟加拉国 | Bangladesh | 14.0 | 18.4 | 23.2 | 19.2 | 25.0 | 32.1 |
| 文　莱 | Brunei Darussalam | 67.4 | 81.4 | 81.4 | 35.8 | 32.9 | 31.2 |
| 柬埔寨 | Cambodia | 49.9 | 54.1 | 54.1① | 61.8 | 59.5 | 59.5① |
| 印　度 | India | 12.8 | 22.0 | 24.0 | 13.7 | 26.3 | 30.7 |
| 印度尼西亚 | Indonesia | 41.0 | 24.6 | 24.3 | 30.5 | 22.9 | 25.9 |
| 以色列 | Israel | 37.3 | 35.0 | 36.2 | 37.5 | 33.2 | 36.0 |
| 日　本 | Japan | 10.9 | 15.2 | 14.7 | 9.4 | 14.0 | 16.7 |
| 哈萨克斯坦 | Kazakhstan | 56.6 | 44.0 | 47.6 | 49.1 | 29.2 | 30.3 |
| 韩　国 | Korea, Rep. | 38.6 | 49.4 | 56.3 | 35.7 | 46.2 | 53.6 |
| 老　挝 | Laos | 30.1 | 35.5 | 36.2 | 44.2 | 37.9 | 48.4 |
| 马来西亚 | Malaysia | 119.8 | 93.3 | 87.1 | 100.6 | 76.4 | 75.3 |
| 蒙　古 | Mongolia | 54.0 | 54.7 | 50.6 | 67.9 | 62.4 | 77.3 |
| 缅　甸 | Myanmar | 0.5 | 0.1 | | 0.6 | 0.1 | |
| 巴基斯坦 | Pakistan | 13.4 | 13.5 | 12.3 | 14.7 | 19.4 | 20.3 |
| 菲律宾 | Philippines | 51.4 | 34.8 | 30.8 | 53.4 | 36.6 | 34.0 |
| 新加坡 | Singapore | 192.3 | 199.3 | 195.1 | 179.5 | 172.8 | 172.7 |
| 斯里兰卡 | Sri Lanka | 39.0 | 22.4 | 22.8 | 49.6 | 30.7 | 36.5 |
| 泰　国 | Thailand | 66.8 | 71.3 | 75.0 | 58.2 | 63.9 | 73.9 |
| 越　南 | Viet Nam | 55.0 | 72.0 | 80.0 | 57.5 | 80.2 | 76.5 |
| 埃　及 | Egypt | 16.2 | 21.4 | 17.4 | 22.8 | 26.1 | 25.9 |
| 尼日利亚 | Nigeria | 54.0 | 24.5 | 31.7 | 32.0 | 17.9 | 13.0 |
| 南　非 | South Africa | 27.9 | 28.4 | 29.9 | 24.9 | 27.8 | 31.8 |
| 加拿大 | Canada | 45.6 | 29.1 | 30.0 | 39.8 | 31.0 | 32.0 |
| 墨西哥 | Mexico | 30.9 | 29.9 | 32.7 | 32.9 | 31.1 | 33.8 |
| 美　国 | United States | 11.0 | 12.3 | 13.5 | 14.9 | 15.8 | 16.9 |
| 阿根廷 | Argentina | 10.9 | 17.5 | 15.8 | 11.5 | 15.0 | 14.1 |
| 巴　西 | Brazil | 10.0 | 10.9 | 12.6 | 11.7 | 11.9 | 14.0 |
| 委内瑞拉 | Venezuela | 29.7 | 28.5 | 26.2 | 18.1 | 17.6 | 24.2 |
| 捷　克 | Czech Rep. | 60.9 | 66.6 | 78.0 | 63.1 | 63.2 | 72.4 |
| 法　国 | France | 28.8 | 25.5 | 27.4 | 27.8 | 27.8 | 29.7 |
| 德　国 | Germany | 33.4 | 47.6 | 51.8 | 33.1 | 42.0 | 45.9 |
| 意大利 | Italy | 26.8 | 26.6 | 30.3 | 25.8 | 28.5 | 29.2 |
| 荷　兰 | Netherlands | 70.1 | 78.7 | 88.0 | 64.5 | 70.6 | 79.6 |
| 波　兰 | Poland | 27.1 | 42.2 | 46.7 | 33.6 | 43.5 | 46.4 |
| 俄罗斯 | Russia | 44.1 | 29.2 | 29.6 | 24.0 | 21.1 | 22.3 |
| 西班牙 | Spain | 29.1 | 27.4 | 32.7 | 32.2 | 29.5 | 31.9 |
| 土耳其 | Turkey | 20.1 | 21.2 | 26.3 | 23.1 | 26.8 | 31.5 |
| 乌克兰 | Ukraine | 62.5 | 50.8 | 51.0 | 57.4 | 53.6 | 59.1 |
| 英　国 | United Kingdom | 27.7 | 30.1 | 31.8 | 29.6 | 32.3 | 33.9 |
| 澳大利亚 | Australia | 19.4 | 19.5 | 21.2 | 21.4 | 20.4 | 21.5 |
| 新西兰 | New Zealand | 35.0 | 30.9 | 29.7 | 33.4 | 28.6 | 28.9 |

注：①2011年数据。
Note:①Data refer to 2011.

# 14-11　出口货物构成(2012年)

# Exports by Commodity Groups(2012)

资料来源：世界银行WDI数据库。
Source: World Bank WDI Database.
单位：%　　(%)

| 国家或地区 | Country or Area | 农业原材料 Agricultural Raw Materials | 食品 Food | 燃料 Fuel | 矿物和金属 Ores and Metals | 制成品 Manufactures | 其他 Others |
|---|---|---|---|---|---|---|---|
| **世　界** | **World** | **1.7** | **8.6** | **14.0** | **4.5** | **67.6** | **3.6** |
| **高收入国家** | **High Income** | **1.7** | **7.9** | **13.8** | **4.5** | **67.6** | **4.5** |
| **中等收入国家** | **Middle Income** | **1.7** | **10.7** | **14.6** | **4.6** | **67.7** | **0.7** |
| 中　国 | China | 0.5 | 2.7 | 1.5 | 1.3 | 93.9 | 0.1 |
| 中国香港 | Hong Kong, China | 3.4 | 10.4 | 3.2 | 13.3 | 68.6 | 1.1 |
| 文　莱 | Brunei Darussalam | | | 95.7 | 0.1 | 3.9 | 0.3 |
| 柬埔寨 | Cambodia | 2.5 | 2.8 | | 0.1 | 94.6 | |
| 印　度 | India | 2.0 | 10.5 | 18.5 | 3.3 | 64.8 | 0.9 |
| 印度尼西亚 | Indonesia | 5.9 | 17.9 | 33.6 | 6.3 | 36.2 | 0.1 |
| 伊　朗② | Iran② | 0.2 | 3.7 | 70.5 | 2.2 | 12.1 | 11.3 |
| 以色列 | Israel | 0.6 | 3.1 | 1.7 | 1.5 | 92.3 | 0.8 |
| 日　本 | Japan | 0.8 | 0.6 | 1.7 | 2.9 | 89.6 | 4.4 |
| 哈萨克斯坦 | Kazakhstan | 0.1 | 3.4 | 70.6 | 13.0 | 12.9 | |
| 韩　国 | Korea, Rep. | 1.1 | 1.2 | 10.4 | 2.1 | 85.1 | 0.1 |
| 马来西亚 | Malaysia | 2.4 | 12.5 | 20.4 | 2.3 | 61.7 | 0.7 |
| 缅　甸① | Myanmar① | 10.6 | 19.6 | 38.5 | 0.9 | 30.0 | 0.4 |
| 巴基斯坦 | Pakistan | 2.5 | 17.1 | 1.4 | 2.0 | 75.8 | 1.2 |
| 菲律宾 | Philippines | 0.8 | 9.0 | 2.4 | 5.1 | 82.6 | 0.1 |
| 新加坡 | Singapore | 0.3 | 2.2 | 18.5 | 1.1 | 69.8 | 8.1 |
| 斯里兰卡 | Sri Lanka | 3.3 | 26.4 | 0.4 | 0.8 | 69.0 | 0.1 |
| 泰　国 | Thailand | 4.9 | 13.8 | 6.2 | 1.4 | 73.8 | -0.1 |
| 越　南 | Viet Nam | 2.7 | 17.1 | 9.9 | 0.6 | 69.4 | 0.3 |
| 埃　及 | Egypt | 2.5 | 14.3 | 31.5 | 6.0 | 45.5 | 0.2 |
| 尼日利亚 | Nigeria | 7.3 | 5.3 | 84.0 | 0.4 | 2.9 | 0.1 |
| 南　非 | South Africa | 2.0 | 8.5 | 12.5 | 31.5 | 45.4 | 0.1 |
| 加拿大 | Canada | 4.0 | 11.1 | 28.2 | 8.0 | 47.3 | 1.4 |
| 墨西哥 | Mexico | 0.4 | 5.9 | 14.4 | 3.8 | 74.3 | 1.2 |
| 美　国 | United States | 2.5 | 10.2 | 10.3 | 3.7 | 63.4 | 9.9 |
| 阿根廷 | Argentina | 0.9 | 53.9 | 6.3 | 4.2 | 32.1 | 2.6 |
| 巴　西 | Brazil | 3.8 | 32.2 | 11.0 | 15.6 | 35.0 | 2.4 |
| 委内瑞拉① | Venezuela① | | 0.1 | 96.6 | 0.9 | 2.4 | 0.0 |
| 捷　克 | Czech Rep. | 1.5 | 4.7 | 3.8 | 2.3 | 87.6 | 0.1 |
| 法　国 | France | 1.0 | 12.6 | 4.5 | 2.4 | 77.0 | 2.5 |
| 德　国 | Germany | 0.8 | 5.5 | 2.7 | 3.0 | 82.5 | 5.5 |
| 意大利 | Italy | 0.7 | 8.0 | 4.7 | 2.1 | 82.1 | 2.4 |
| 荷　兰 | Netherlands | 2.9 | 14.7 | 14.0 | 2.6 | 57.7 | 8.1 |
| 波　兰 | Poland | 1.3 | 12.0 | 4.9 | 4.9 | 76.8 | 0.1 |
| 俄罗斯 | Russia | 1.8 | 3.2 | 70.9 | 5.3 | 16.3 | 2.5 |
| 西班牙 | Spain | 1.2 | 15.5 | 7.3 | 3.7 | 67.8 | 4.5 |
| 土耳其 | Turkey | 0.5 | 10.8 | 5.3 | 4.3 | 77.7 | 1.4 |
| 乌克兰 | Ukraine | 1.0 | 25.9 | 5.0 | 6.8 | 60.6 | 0.7 |
| 英　国 | United Kingdom | 0.7 | 6.2 | 13.9 | 3.8 | 66.4 | 9.0 |
| 澳大利亚 | Australia | 2.9 | 12.8 | 30.4 | 34.3 | 15.6 | 4.0 |
| 新西兰 | New Zealand | 11.1 | 56.5 | 4.9 | 3.6 | 20.4 | 3.5 |

注：①2011年数据。
Note:①Data refer to 2011.

# 14-12 进口货物构成(2012年)

# Imports by Commodity Groups(2012)

资料来源：世界银行WDI数据库。
Source: World Bank WDI Database.
单位：%　(%)

| 国家或地区 | Country or Area | 农业原材料 Agricultural Raw Materials | 食品 Food | 燃料 Fuel | 矿物和金属 Ores and Metals | 制成品 Manufactures | 其他 Others |
|---|---|---|---|---|---|---|---|
| **世　界** | **World** | **1.4** | **7.6** | **18.7** | **4.2** | **65.1** | **3.0** |
| **高收入国家** | **High Income** | **1.2** | **7.7** | **18.7** | **3.6** | **66.0** | **2.8** |
| **中等收入国家** | **Middle Income** | **2.3** | **7.3** | **18.7** | **6.5** | **61.9** | **3.4** |
| 中　国 | China | 3.9 | 5.4 | 18.4 | 13.0 | 55.2 | 4.1 |
| 中国香港 | Hong Kong, China | 0.6 | 4.4 | 3.7 | 1.6 | 89.8 | |
| 中国澳门 | Macao, China | 0.2 | 14.0 | 10.8 | 0.3 | 72.9 | 1.7 |
| 文　莱 | Brunei Darussalam | 0.2 | 14.0 | 9.6 | 1.6 | 72.6 | 2.0 |
| 柬埔寨 | Cambodia | 1.1 | 7.3 | 14.0 | 1.6 | 75.9 | 0.2 |
| 印　度 | India | 1.8 | 4.1 | 42.6 | 5.6 | 43.2 | 2.8 |
| 印度尼西亚 | Indonesia | 2.6 | 8.3 | 22.4 | 3.1 | 62.4 | 1.2 |
| 伊　朗① | Iran① | 2.4 | 14.1 | 1.5 | 1.2 | 62.1 | 18.7 |
| 以色列 | Israel | 1.0 | 7.1 | 22.0 | 1.6 | 67.7 | 0.6 |
| 日　本 | Japan | 1.4 | 8.9 | 34.1 | 6.7 | 47.6 | 1.4 |
| 哈萨克斯坦 | Kazakhstan | 0.6 | 9.4 | 10.9 | 2.1 | 76.7 | 0.4 |
| 韩　国 | Korea, Rep. | 1.6 | 4.8 | 35.6 | 8.0 | 50.0 | 0.1 |
| 马来西亚 | Malaysia | 2.5 | 8.5 | 14.4 | 5.1 | 69.0 | 0.5 |
| 缅　甸② | Myanmar② | 0.4 | 8.3 | 22.4 | 0.9 | 67.9 | |
| 巴基斯坦 | Pakistan | 3.8 | 11.1 | 36.6 | 2.6 | 45.6 | 0.3 |
| 菲律宾 | Philippines | 0.7 | 10.5 | 21.7 | 3.3 | 63.9 | |
| 新加坡 | Singapore | 0.4 | 3.3 | 32.7 | 1.6 | 60.2 | 1.8 |
| 斯里兰卡 | Sri Lanka | 1.3 | 11.5 | 21.6 | 1.4 | 63.5 | 0.7 |
| 泰　国 | Thailand | 1.8 | 5.4 | 20.2 | 3.9 | 68.7 | 0.1 |
| 越　南 | Viet Nam | 3.3 | 8.3 | 10.1 | 4.3 | 73.7 | 0.3 |
| 埃　及 | Egypt | 2.9 | 22.4 | 18.7 | 5.0 | 51.0 | 0.1 |
| 尼日利亚 | Nigeria | 0.8 | 22.7 | 2.4 | 2.1 | 72.0 | |
| 南　非 | South Africa | 0.8 | 6.4 | 22.5 | 1.8 | 62.2 | 6.2 |
| 加拿大 | Canada | 1.0 | 7.4 | 11.5 | 2.7 | 75.7 | 1.7 |
| 墨西哥 | Mexico | 1.1 | 6.2 | 9.0 | 2.7 | 78.2 | 2.9 |
| 美　国 | United States | 0.9 | 5.1 | 18.7 | 2.3 | 70.1 | 3.0 |
| 阿根廷 | Argentina | 1.0 | 2.5 | 13.0 | 2.5 | 80.0 | 1.0 |
| 巴　西 | Brazil | 1.1 | 4.8 | 18.0 | 3.0 | 73.1 | |
| 委内瑞拉① | Venezuela① | 1.4 | 14.7 | 0.9 | 1.3 | 81.7 | |
| 捷　克 | Czech Rep. | 1.5 | 6.0 | 10.3 | 3.8 | 78.3 | 0.1 |
| 法　国 | France | 1.2 | 8.4 | 17.5 | 2.7 | 70.2 | 0.1 |
| 德　国 | Germany | 1.4 | 7.4 | 14.8 | 4.7 | 65.6 | 6.1 |
| 意大利 | Italy | 2.2 | 9.8 | 22.9 | 4.9 | 59.0 | 1.2 |
| 荷　兰 | Netherlands | 1.6 | 11.8 | 22.1 | 2.7 | 57.2 | 4.7 |
| 波　兰 | Poland | 1.8 | 8.3 | 13.7 | 3.5 | 69.7 | 3.0 |
| 俄罗斯 | Russia | 0.9 | 12.3 | 1.5 | 1.7 | 83.1 | 0.5 |
| 西班牙 | Spain | 1.3 | 11.1 | 24.5 | 4.0 | 58.6 | 0.5 |
| 土耳其 | Turkey | 2.5 | 4.6 | 9.1 | 8.3 | 57.8 | 17.8 |
| 乌克兰 | Ukraine | 0.9 | 8.6 | 31.1 | 2.6 | 56.3 | 0.5 |
| 英　国 | United Kingdom | 1.0 | 8.9 | 14.1 | 4.1 | 60.9 | 11.1 |
| 澳大利亚 | Australia | 0.6 | 5.2 | 17.3 | 1.5 | 72.8 | 2.6 |
| 新西兰 | New Zealand | 0.6 | 10.6 | 17.8 | 1.6 | 68.6 | 0.8 |

注：①2011年数据。②2010年数据。
Note:①Data refer to 2011.②Data refer to 2010.

# 14-13 农产品进出口额

## Imports and Exports of Agriculture Products

资料来源：世界贸易组织数据库。
Source: WTO Database.
单位：亿美元 (100 million USD)

| 国家或地区 | Country or Area | 农产品进口额 Imports 2000 | 2010 | 2012 | 农产品出口额 Exports 2000 | 2010 | 2012 |
|---|---|---|---|---|---|---|---|
| **世　界** | **World** | **5954.29** | **13926.31** | **17445.83** | **5511.82** | **13614.58** | **16567.11** |
| 中　国 | China | 195.44 | 1082.60 | 1568.23 | 163.84 | 516.07 | 661.75 |
| 中国香港 | Hong Kong, China | 117.28 | 206.22 | 250.03 | 56.93 | 80.28 | 93.46 |
| 中国澳门 | Macao, China | 2.89 | 9.60 | 12.62 | 0.45 | 0.75 | 1.16 |
| 孟加拉国 | Bangladesh | 17.16 | 59.92 | 97.68 | 4.98 | 10.13 | 13.10 |
| 文　莱 | Brunei Darussalam | | 4.23 | 5.07 | | 0.09 | 0.08 |
| 柬埔寨 | Cambodia | 1.89 | 4.24 | 5.85 | 0.53 | 2.08 | 4.08 |
| 印　度 | India | 39.93 | 178.64 | 256.68 | 59.51 | 231.06 | 423.95 |
| 印度尼西亚 | Indonesia | 57.27 | 156.44 | 209.06 | 77.64 | 359.57 | 450.23 |
| 伊　朗 | Iran | 29.43 | 94.14 | 139.89 | 9.32 | 49.92 | 59.73 |
| 以色列 | Israel | 22.88 | 50.56 | 59.16 | 11.82 | 23.06 | 24.33 |
| 日　本 | Japan | 621.85 | 774.49 | 937.24 | 43.95 | 101.43 | 108.59 |
| 哈萨克斯坦 | Kazakhstan | 5.06 | 30.49 | 44.42 | 7.25 | 21.00 | 32.07 |
| 韩　国 | Korea, Rep. | 128.37 | 266.14 | 330.76 | 42.98 | 93.46 | 126.28 |
| 马来西亚 | Malaysia | 46.10 | 160.53 | 214.35 | 80.15 | 288.69 | 339.48 |
| 蒙　古 | Mongolia | 1.06 | 3.26 | 4.96 | 1.48 | 1.49 | 1.35 |
| 缅　甸 | Myanmar | | 3.64 | 8.04 | | 23.06 | 30.34 |
| 巴基斯坦 | Pakistan | 18.82 | 67.37 | 65.24 | 12.34 | 39.40 | 49.79 |
| 菲律宾 | Philippines | 31.04 | 68.23 | 72.40 | 20.26 | 41.29 | 50.75 |
| 新加坡 | Singapore | 48.90 | 108.71 | 139.53 | 37.23 | 78.89 | 98.60 |
| 斯里兰卡 | Sri Lanka | 9.34 | 20.63 | 22.78 | 10.93 | 25.61 | 27.32 |
| 泰　国 | Thailand | 44.84 | 119.85 | 168.44 | 122.20 | 351.36 | 420.30 |
| 越　南 | Viet Nam | 12.69 | 102.72 | 136.97 | 39.54 | 168.35 | 250.45 |
| 埃　及 | Egypt | 41.95 | 118.50 | 176.60 | 6.10 | 51.22 | 47.38 |
| 尼日利亚 | Nigeria | 12.12 | 48.82 | 56.28 | 0.39 | 43.03 | 91.93 |
| 南　非 | South Africa | 16.50 | 54.23 | 73.89 | 32.70 | 78.66 | 83.02 |
| 加拿大 | Canada | 152.72 | 319.69 | 379.09 | 347.89 | 521.28 | 628.34 |
| 墨西哥 | Mexico | 109.89 | 235.31 | 270.76 | 91.00 | 187.91 | 228.51 |
| 美　国 | United States | 691.15 | 1164.48 | 1418.49 | 714.08 | 1425.74 | 1719.09 |
| 阿根廷 | Argentina | 16.44 | 21.33 | 24.78 | 119.54 | 346.50 | 431.51 |
| 巴　西 | Brazil | 47.62 | 107.59 | 131.09 | 154.64 | 685.85 | 864.35 |
| 委内瑞拉 | Venezuela | 19.70 | 53.88 | 85.36 | 5.22 | 1.48 | 0.48 |
| 捷　克 | Czech Rep. | 22.50 | 88.01 | 104.32 | 19.08 | 72.71 | 95.39 |
| 法　国 | France | 301.42 | 601.64 | 654.70 | 369.39 | 667.85 | 786.76 |
| 德　国 | Germany | 450.24 | 991.27 | 1113.05 | 292.75 | 802.75 | 917.57 |
| 意大利 | Italy | 299.05 | 564.04 | 577.66 | 163.57 | 386.27 | 426.36 |
| 荷　兰 | Netherlands | 263.63 | 611.25 | 719.12 | 420.10 | 940.51 | 1032.71 |
| 波　兰 | Poland | 39.50 | 167.42 | 199.54 | 30.99 | 193.05 | 243.80 |
| 俄罗斯 | Russia | 75.61 | 364.73 | 419.83 | 75.83 | 212.51 | 315.97 |
| 西班牙 | Spain | 171.37 | 386.65 | 413.36 | 174.66 | 420.89 | 494.34 |
| 土耳其 | Turkey | 41.33 | 128.78 | 163.70 | 38.28 | 123.70 | 156.71 |
| 乌克兰 | Ukraine | 10.92 | 62.45 | 80.36 | 15.85 | 104.75 | 185.26 |
| 英　国 | United Kingdom | 325.41 | 611.37 | 687.16 | 170.69 | 289.87 | 338.68 |
| 澳大利亚 | Australia | 42.34 | 110.85 | 141.09 | 164.46 | 270.48 | 384.05 |
| 新西兰 | New Zealand | 12.04 | 33.76 | 42.87 | 76.65 | 195.65 | 239.79 |

# 14-14 出口去向构成(2012年)

## Exports by Destination(2012)

资料来源：联合国贸发会议统计手册。
Source: UNCTAD Handbook of Statistics.
单位：% (%)

| 国家或地区 | Country or Area | 发达国家 Developed Countries | 欧洲 Europe | 欧盟 European Union | 美国 United States | 日本 Japan | 其他 Other |
|---|---|---|---|---|---|---|---|
| 中国 | China | 45.0 | 16.6 | 16.3 | 17.2 | 7.4 | 3.8 |
| 中国香港 | Hong Kong, China | 24.2 | 9.6 | 8.8 | 8.9 | 3.8 | 2.2 |
| 孟加拉国 | Bangladesh | 82.2 | 54.0 | 52.5 | 19.7 | 2.3 | 6.3 |
| 文莱 | Brunei Darussalam | 60.7 | 0.4 | 0.3 | 0.7 | 44.8 | 14.8 |
| 柬埔寨 | Cambodia | 73.7 | 29.9 | 28.7 | 31.5 | 4.5 | 7.8 |
| 印度 | India | 35.4 | 17.3 | 16.8 | 12.8 | 2.2 | 3.0 |
| 印度尼西亚 | Indonesia | 36.6 | 9.6 | 9.5 | 7.8 | 15.9 | 3.3 |
| 伊朗 | Iran | 17.8 | 9.3 | 9.3 |  | 8.4 | 0.1 |
| 以色列 | Israel | 60.9 | 29.3 | 27.1 | 27.8 | 1.3 | 2.4 |
| 日本 | Japan | 32.7 | 10.9 | 10.2 | 17.8 |  | 4.0 |
| 哈萨克斯坦 | Kazakhstan | 62.4 | 55.6 | 50.2 | 0.5 | 1.2 | 5.0 |
| 朝鲜 | Korea, Dem. | 2.7 | 2.4 | 2.4 |  |  | 0.3 |
| 韩国 | Korea, Rep. | 30.5 | 9.4 | 9.1 | 10.7 | 7.1 | 3.4 |
| 老挝 | Laos | 19.7 | 12.2 | 12.0 | 0.9 | 4.5 | 2.0 |
| 马来西亚 | Malaysia | 34.6 | 9.1 | 8.9 | 8.7 | 11.8 | 5.1 |
| 蒙古 | Mongolia | 7.6 | 1.9 | 1.8 | 1.0 | 0.6 | 4.2 |
| 缅甸 | Myanmar | 9.0 | 4.4 | 4.3 |  | 4.1 | 0.5 |
| 巴基斯坦 | Pakistan | 39.2 | 21.8 | 21.5 | 14.9 | 0.8 | 1.8 |
| 菲律宾 | Philippines | 47.4 | 12.2 | 11.4 | 14.2 | 19.0 | 2.0 |
| 新加坡 | Singapore | 24.9 | 9.7 | 9.2 | 5.5 | 4.4 | 5.2 |
| 斯里兰卡 | Sri Lanka | 64.2 | 35.3 | 34.1 | 22.6 | 2.3 | 4.0 |
| 泰国 | Thailand | 37.9 | 12.0 | 9.5 | 9.9 | 10.2 | 5.7 |
| 越南 | Viet Nam | 52.7 | 18.8 | 18.3 | 17.7 | 11.8 | 4.4 |
| 埃及 | Egypt | 41.0 | 28.4 | 27.8 | 7.8 | 3.4 | 1.4 |
| 尼日利亚 | Nigeria | 61.8 | 33.8 | 33.3 | 20.4 | 3.3 | 4.3 |
| 南非 | South Africa | 36.5 | 21.7 | 20.1 | 7.5 | 5.4 | 1.9 |
| 加拿大 | Canada | 86.6 | 9.2 | 8.5 | 74.5 | 2.3 | 0.6 |
| 墨西哥 | Mexico | 87.9 | 6.2 | 6.0 | 77.7 | 0.7 | 3.3 |
| 美国 | United States | 46.1 | 19.5 | 17.2 |  | 4.5 | 22.1 |
| 阿根廷 | Argentina | 26.1 | 15.6 | 14.7 | 5.1 | 1.5 | 3.9 |
| 巴西 | Brazil | 37.3 | 21.3 | 20.2 | 11.1 | 3.3 | 1.7 |
| 委内瑞拉 | Venezuela | 46.0 | 5.6 | 5.6 | 39.9 | 0.3 | 0.2 |
| 白俄罗斯 | Belarus | 38.8 | 38.4 | 37.9 | 0.2 |  | 0.2 |
| 捷克 | Czech Republic | 87.1 | 83.1 | 80.9 | 2.5 | 0.5 | 1.0 |
| 法国 | France | 72.3 | 62.8 | 59.0 | 6.1 | 1.7 | 1.7 |
| 德国 | Germany | 73.3 | 61.7 | 56.4 | 7.9 | 1.6 | 2.1 |
| 意大利 | Italy | 70.7 | 60.1 | 53.5 | 6.8 | 1.4 | 2.3 |
| 荷兰 | Netherlands | 84.2 | 77.9 | 75.4 | 4.1 | 0.8 | 1.4 |
| 波兰 | Poland | 81.3 | 78.0 | 75.2 | 2.0 | 0.3 | 1.1 |
| 俄罗斯 | Russia | 52.2 | 46.8 | 45.1 | 2.3 | 2.9 | 0.3 |
| 西班牙 | Spain | 72.1 | 65.0 | 61.1 | 4.1 | 0.9 | 2.1 |
| 土耳其 | Turkey | 47.7 | 41.3 | 39.5 | 3.7 | 0.2 | 2.5 |
| 乌克兰 | Ukraine | 28.5 | 25.2 | 24.9 | 1.5 | 0.5 | 1.4 |
| 英国 | United Kingdom | 71.9 | 53.3 | 48.5 | 13.3 | 1.5 | 3.8 |
| 澳大利亚 | Australia | 34.0 | 7.1 | 6.7 | 3.7 | 19.4 | 3.8 |
| 新西兰 | New Zealand | 48.7 | 9.8 | 9.5 | 9.2 | 7.0 | 22.8 |

## 14-14 续表 continued

单位：% (%)

| 国家或地区 | Country or Area | 经济转型国家 Economies in Transition | 发展中国家 Developing Countries | 非洲 Africa | 美洲 America | 除西亚以外的亚洲国家 Asia except West Asia | 西亚 West Asia | 大洋洲 Oceania |
|---|---|---|---|---|---|---|---|---|
| 中国 | China | 3.8 | 51.2 | 4.2 | 6.6 | 36.3 | 4.0 | 0.2 |
| 中国香港 | Hong Kong, China | 0.6 | 75.0 | 0.5 | 1.5 | 71.5 | 1.4 | |
| 孟加拉国 | Bangladesh | 1.6 | 16.2 | 1.4 | 1.4 | 9.1 | 4.3 | |
| 文莱 | Brunei Darussalam | | 39.3 | 0.1 | | 39.1 | | |
| 柬埔寨 | Cambodia | 1.3 | 25.1 | 0.3 | 1.1 | 22.8 | 0.8 | |
| 印度 | India | 1.3 | 62.5 | 9.4 | 5.1 | 28.5 | 19.5 | |
| 印度尼西亚 | Indonesia | 0.8 | 62.6 | 3.0 | 1.9 | 54.5 | 3.0 | 0.2 |
| 伊朗 | Iran | 1.6 | 80.5 | 2.1 | 0.2 | 62.5 | 15.6 | |
| 以色列 | Israel | 2.9 | 32.2 | 2.4 | 4.2 | 23.0 | 2.5 | |
| 日本 | Japan | 1.8 | 65.4 | 1.6 | 5.1 | 54.8 | 3.6 | 0.3 |
| 哈萨克斯坦 | Kazakhstan | 13.9 | 23.7 | 0.2 | 0.1 | 19.6 | 3.8 | |
| 朝鲜 | Korea, Dem. | 1.0 | 96.3 | 2.3 | 3.1 | 89.9 | 1.1 | |
| 韩国 | Korea, Rep. | 2.9 | 66.6 | 2.6 | 6.4 | 51.5 | 5.2 | 0.9 |
| 老挝 | Laos | 0.1 | 80.2 | | 0.1 | 80.0 | 0.1 | |
| 马来西亚 | Malaysia | 0.6 | 64.8 | 2.4 | 1.7 | 57.0 | 3.3 | 0.4 |
| 蒙古 | Mongolia | 1.6 | 90.8 | | 0.1 | 90.6 | 0.1 | |
| 缅甸 | Myanmar | 0.1 | 90.1 | 0.3 | 0.2 | 89.2 | 0.4 | |
| 巴基斯坦 | Pakistan | 1.3 | 59.5 | 6.5 | 2.2 | 33.1 | 17.6 | |
| 菲律宾 | Philippines | 0.2 | 52.5 | 0.4 | 1.1 | 50.0 | 0.8 | 0.1 |
| 新加坡 | Singapore | 0.2 | 74.9 | 2.1 | 4.3 | 65.1 | 2.0 | 1.5 |
| 斯里兰卡 | Sri Lanka | 4.3 | 31.3 | 2.4 | 2.6 | 18.3 | 7.9 | 0.1 |
| 泰国 | Thailand | 0.7 | 61.1 | 3.6 | 3.5 | 49.4 | 4.4 | 0.2 |
| 越南 | Viet Nam | 1.7 | 45.6 | 1.6 | 1.8 | 38.9 | 3.4 | |
| 埃及 | Egypt | 1.5 | 53.7 | 13.7 | 1.2 | 15.7 | 23.0 | |
| 尼日利亚 | Nigeria | 0.1 | 38.0 | 9.4 | 9.3 | 17.9 | 0.3 | 1.1 |
| 南非 | South Africa | 0.5 | 62.6 | 17.8 | 1.9 | 39.9 | 3.0 | 0.1 |
| 加拿大 | Canada | 0.5 | 12.9 | 0.8 | 3.1 | 7.9 | 1.1 | |
| 墨西哥 | Mexico | 0.2 | 11.9 | 0.2 | 7.6 | 3.7 | 0.3 | |
| 美国 | United States | 1.0 | 52.9 | 2.1 | 25.8 | 20.6 | 4.4 | 0.1 |
| 阿根廷 | Argentina | 1.2 | 70.1 | 6.9 | 42.6 | 17.7 | 2.9 | |
| 巴西 | Brazil | 1.9 | 58.7 | 5.0 | 20.8 | 28.7 | 4.2 | |
| 委内瑞拉 | Venezuela | 0.4 | 53.6 | 0.4 | 21.3 | 31.6 | 0.3 | |
| 白俄罗斯 | Belarus | 51.3 | 7.6 | 0.5 | 2.6 | 3.8 | 0.6 | |
| 捷克 | Czech Republic | 5.6 | 7.3 | 1.0 | 0.9 | 3.2 | 2.2 | |
| 法国 | France | 2.8 | 24.5 | 6.5 | 2.9 | 10.6 | 4.3 | 0.3 |
| 德国 | Germany | 5.2 | 20.9 | 2.0 | 3.0 | 11.8 | 4.1 | |
| 意大利 | Italy | 5.1 | 23.2 | 4.9 | 3.9 | 7.8 | 6.6 | 0.1 |
| 荷兰 | Netherlands | 2.0 | 13.3 | 2.6 | 2.2 | 6.0 | 2.5 | |
| 波兰 | Poland | 11.0 | 7.5 | 1.1 | 1.1 | 2.8 | 2.4 | 0.1 |
| 俄罗斯 | Russia | 11.1 | 18.9 | 1.4 | 1.0 | 12.9 | 3.6 | |
| 西班牙 | Spain | 1.9 | 22.2 | 6.8 | 6.3 | 4.8 | 4.2 | |
| 土耳其 | Turkey | 11.8 | 39.0 | 8.8 | 1.9 | 10.9 | 17.3 | 0.1 |
| 乌克兰 | Ukraine | 38.0 | 33.3 | 8.0 | 2.2 | 10.6 | 12.5 | |
| 英国 | United Kingdom | 2.8 | 24.6 | 3.8 | 3.5 | 12.2 | 5.2 | |
| 澳大利亚 | Australia | 0.4 | 64.8 | 1.4 | 1.2 | 57.9 | 2.7 | 1.6 |
| 新西兰 | New Zealand | 0.9 | 48.8 | 4.0 | 3.0 | 34.9 | 3.9 | 3.0 |

# 14-15 进口来源构成(2012年)

# Imports by Origin(2012)

资料来源：联合国贸发会议统计手册。
Source:UNCTAD Handbook of Statistics.

单位：% (%)

| 国家或地区 | Country or Area | 发达国家 Developed Countries | 欧洲 Europe | 欧盟 European Union | 美国 United States | 日本 Japan | 其他 Other |
|---|---|---|---|---|---|---|---|
| 中　国 | China | 36.6 | 13.1 | 11.7 | 7.4 | 9.8 | 6.4 |
| 中国香港 | Hong Kong, China | 26.4 | 10.5 | 7.3 | 6.0 | 7.7 | 2.2 |
| 孟加拉国 | Bangladesh | 16.4 | 6.8 | 6.1 | 1.8 | 4.2 | 3.6 |
| 文　莱 | Brunei Darussalam | 27.6 | 10.3 | 9.8 | 7.8 | 7.5 | 2.0 |
| 柬埔寨 | Cambodia | 6.0 | 2.4 | 2.3 | 1.6 | 1.7 | 0.3 |
| 印　度 | India | 26.4 | 14.9 | 11.3 | 5.1 | 2.5 | 4.0 |
| 印度尼西亚 | Indonesia | 26.7 | 6.9 | 6.6 | 5.0 | 10.9 | 3.9 |
| 伊　朗 | Iran | 25.3 | 21.9 | 19.6 | 0.3 | 2.4 | 0.7 |
| 以色列 | Israel | 56.1 | 40.2 | 34.4 | 12.9 | 2.4 | 0.7 |
| 日　本 | Japan | 27.7 | 10.6 | 9.4 | 8.8 |  | 8.3 |
| 哈萨克斯坦 | Kazakhstan | 24.8 | 19.9 | 19.3 | 2.8 | 1.5 | 0.6 |
| 朝　鲜 | Korea, Dem. | 1.8 | 1.5 | 1.4 | 0.3 |  | 0.1 |
| 韩　国 | Korea, Rep. | 37.8 | 11.2 | 9.7 | 8.4 | 12.4 | 5.9 |
| 老　挝 | Laos | 9.7 | 5.6 | 5.6 | 0.6 | 2.6 | 0.9 |
| 马来西亚 | Malaysia | 33.3 | 11.6 | 10.8 | 8.1 | 10.3 | 3.3 |
| 蒙　古 | Mongolia | 23.6 | 7.5 | 7.3 | 9.4 | 4.9 | 1.8 |
| 缅　甸 | Myanmar | 8.0 | 1.0 | 0.8 | 0.5 | 4.9 | 1.6 |
| 巴基斯坦 | Pakistan | 21.0 | 10.9 | 10.2 | 3.4 | 4.3 | 2.4 |
| 菲律宾 | Philippines | 33.9 | 8.0 | 7.5 | 11.6 | 10.7 | 3.6 |
| 新加坡 | Singapore | 32.5 | 14.1 | 12.6 | 10.2 | 6.2 | 2.0 |
| 斯里兰卡 | Sri Lanka | 20.6 | 11.4 | 10.0 | 1.3 | 3.1 | 4.8 |
| 泰　国 | Thailand | 39.5 | 11.2 | 8.1 | 5.3 | 20.0 | 3.0 |
| 越　南 | Viet Nam | 25.5 | 8.3 | 7.9 | 4.3 | 10.4 | 2.5 |
| 埃　及 | Egypt | 41.8 | 29.7 | 28.5 | 7.7 | 2.4 | 2.0 |
| 尼日利亚 | Nigeria | 47.5 | 31.8 | 29.7 | 11.7 | 2.1 | 1.9 |
| 南　非 | South Africa | 36.2 | 24.3 | 23.5 | 6.0 | 3.7 | 2.1 |
| 加拿大 | Canada | 67.9 | 12.5 | 10.9 | 50.6 | 3.3 | 1.5 |
| 墨西哥 | Mexico | 69.6 | 11.5 | 11.0 | 50.1 | 4.8 | 3.2 |
| 美　国 | United States | 40.1 | 18.1 | 16.7 |  | 6.4 | 15.6 |
| 阿根廷 | Argentina | 35.0 | 19.0 | 17.9 | 12.4 | 2.2 | 1.4 |
| 巴　西 | Brazil | 43.6 | 23.0 | 21.4 | 14.6 | 3.5 | 2.5 |
| 委内瑞拉 | Venezuela | 46.4 | 14.8 | 13.7 | 28.0 | 1.5 | 2.2 |
| 白俄罗斯 | Belarus | 22.9 | 21.1 | 20.0 | 1.1 | 0.4 | 0.3 |
| 捷　克 | Czech Republic | 80.0 | 76.7 | 74.9 | 1.6 | 1.4 | 0.3 |
| 法　国 | France | 71.4 | 62.0 | 58.5 | 6.4 | 1.8 | 1.2 |
| 德　国 | Germany | 72.2 | 63.0 | 55.8 | 5.7 | 2.5 | 1.0 |
| 意大利 | Italy | 61.2 | 56.0 | 52.6 | 3.3 | 0.8 | 1.0 |
| 荷　兰 | Netherlands | 60.0 | 49.6 | 45.5 | 6.3 | 2.5 | 1.5 |
| 波　兰 | Poland | 63.3 | 58.7 | 56.3 | 2.6 | 1.5 | 0.6 |
| 俄罗斯 | Russia | 56.1 | 47.4 | 45.7 | 3.9 | 3.6 | 1.3 |
| 西班牙 | Spain | 57.0 | 50.9 | 49.1 | 3.9 | 1.2 | 1.1 |
| 土耳其 | Turkey | 48.2 | 39.2 | 37.0 | 6.0 | 1.5 | 1.5 |
| 乌克兰 | Ukraine | 38.0 | 32.4 | 30.9 | 3.4 | 1.4 | 0.8 |
| 英　国 | United Kingdom | 71.7 | 56.3 | 47.4 | 8.9 | 2.0 | 4.5 |
| 澳大利亚 | Australia | 43.2 | 18.9 | 17.6 | 11.7 | 7.9 | 4.7 |
| 新西兰 | New Zealand | 49.2 | 16.2 | 15.5 | 9.3 | 6.5 | 17.2 |

## 14-15 续表 continued

单位：% (%)

| 国家或地区 | Country or Area | 经济转型国家 Economies in Transition | 发展中国家 Developing Countries | 非洲 Africa | 美洲 America | 除西亚以外的亚洲国家 Asia except West Asia | 西亚 West Asia | 大洋洲 Oceania |
|---|---|---|---|---|---|---|---|---|
| 中国 | China | 4.0 | 59.0 | 6.2 | 6.9 | 39.2 | 6.6 | 0.1 |
| 中国香港 | Hong Kong, China | 0.3 | 73.3 | 1.2 | 1.0 | 69.9 | 1.1 | |
| 孟加拉国 | Bangladesh | 3.8 | 79.8 | 2.3 | 4.8 | 62.5 | 10.1 | 0.1 |
| 文莱 | Brunei Darussalam | | 71.8 | 0.2 | 0.4 | 70.9 | 0.3 | |
| 柬埔寨 | Cambodia | 0.1 | 93.9 | | 0.2 | 93.6 | 0.1 | |
| 印度 | India | 2.1 | 71.4 | 8.6 | 5.9 | 29.4 | 27.5 | |
| 印度尼西亚 | Indonesia | 2.1 | 71.2 | 2.7 | 2.3 | 60.3 | 5.7 | 0.1 |
| 伊朗 | Iran | 6.3 | 68.5 | 0.4 | 3.5 | 30.1 | 34.5 | |
| 以色列 | Israel | 1.5 | 22.9 | 0.5 | 1.3 | 18.0 | 3.2 | |
| 日本 | Japan | 2.5 | 69.8 | 2.4 | 3.8 | 45.2 | 18.2 | 0.2 |
| 哈萨克斯坦 | Kazakhstan | 44.0 | 31.2 | 0.3 | 0.7 | 27.6 | 2.6 | |
| 朝鲜 | Korea, Dem. | 1.8 | 96.4 | 0.3 | 0.8 | 95.2 | | |
| 韩国 | Korea, Rep. | 2.5 | 59.7 | 1.5 | 3.7 | 31.9 | 22.5 | 0.1 |
| 老挝 | Laos | 0.1 | 90.2 | | | 90.1 | 0.1 | |
| 马来西亚 | Malaysia | 0.4 | 65.9 | 1.8 | 3.3 | 55.9 | 4.9 | 0.1 |
| 蒙古 | Mongolia | 28.5 | 47.9 | | 0.2 | 46.7 | 0.9 | |
| 缅甸 | Myanmar | 0.8 | 90.9 | | 0.2 | 90.6 | 0.2 | |
| 巴基斯坦 | Pakistan | 1.1 | 77.5 | 3.1 | 0.8 | 34.5 | 39.1 | |
| 菲律宾 | Philippines | 1.6 | 64.5 | 0.2 | 1.1 | 53.0 | 9.8 | 0.3 |
| 新加坡 | Singapore | 1.4 | 66.1 | 0.5 | 2.9 | 49.6 | 13.1 | |
| 斯里兰卡 | Sri Lanka | 1.2 | 77.8 | 0.5 | 0.8 | 63.0 | 13.4 | |
| 泰国 | Thailand | 2.3 | 58.2 | 1.7 | 2.1 | 41.2 | 12.8 | 0.4 |
| 越南 | Viet Nam | 1.0 | 73.5 | 0.3 | 2.3 | 68.9 | 2.0 | |
| 埃及 | Egypt | 10.1 | 48.1 | 3.4 | 5.8 | 23.0 | 15.9 | |
| 尼日利亚 | Nigeria | 1.1 | 51.0 | 5.0 | 11.3 | 30.8 | 3.6 | 0.2 |
| 南非 | South Africa | 0.3 | 44.8 | 7.8 | 3.1 | 25.4 | 8.5 | |
| 加拿大 | Canada | 1.3 | 30.8 | 2.9 | 9.2 | 16.8 | 1.9 | |
| 墨西哥 | Mexico | 0.4 | 30.0 | 0.4 | 3.8 | 25.4 | 0.4 | |
| 美国 | United States | 1.5 | 58.4 | 2.9 | 19.6 | 31.4 | 4.4 | |
| 阿根廷 | Argentina | 1.8 | 61.9 | 0.7 | 38.8 | 21.1 | 1.3 | |
| 巴西 | Brazil | 1.9 | 54.4 | 6.4 | 17.3 | 27.4 | 3.2 | |
| 委内瑞拉 | Venezuela | 1.4 | 52.2 | 0.2 | 36.3 | 15.4 | 0.3 | |
| 白俄罗斯 | Belarus | 64.6 | 10.1 | 0.4 | 1.7 | 7.0 | 1.0 | |
| 捷克 | Czech Republic | 6.4 | 13.5 | 0.4 | 0.5 | 12.0 | 0.7 | |
| 法国 | France | 4.0 | 24.0 | 5.6 | 1.9 | 13.5 | 3.0 | 0.1 |
| 德国 | Germany | 5.9 | 21.8 | 2.6 | 2.7 | 14.7 | 1.8 | |
| 意大利 | Italy | 9.8 | 28.6 | 9.3 | 2.6 | 11.4 | 5.2 | |
| 荷兰 | Netherlands | 10.5 | 29.5 | 4.3 | 4.8 | 17.4 | 3.0 | |
| 波兰 | Poland | 16.9 | 19.3 | 0.9 | 1.7 | 15.2 | 1.4 | 0.1 |
| 俄罗斯 | Russia | 14.7 | 29.2 | 0.6 | 2.8 | 23.4 | 2.4 | |
| 西班牙 | Spain | 4.4 | 37.5 | 10.9 | 8.5 | 12.4 | 5.7 | 0.1 |
| 土耳其 | Turkey | 15.3 | 30.7 | 2.5 | 2.2 | 23.0 | 3.0 | |
| 乌克兰 | Ukraine | 41.2 | 20.8 | 1.0 | 1.6 | 15.5 | 2.7 | |
| 英国 | United Kingdom | 2.6 | 24.8 | 4.7 | 2.0 | 15.1 | 2.9 | |
| 澳大利亚 | Australia | 0.4 | 53.3 | 2.9 | 2.0 | 44.6 | 2.2 | 1.6 |
| 新西兰 | New Zealand | 0.6 | 50.1 | 1.0 | 1.5 | 39.9 | 7.5 | 0.3 |

# 14-16 按行业划分的服务出口额(2013年)

## Exports of Services by Sector(2013)

资料来源：联合国贸发会议数据库。
Source: UNCTAD Database.
单位：亿美元 (100 million USD)

| 国家或地区 | Country or Area | 服务总额 Total Services | 交通运输 Transport | 旅游 Travel | 其他服务 Other Services | 通讯 Communications | 建筑 Construction | 计算机和信息服务 Computer and Information Services |
|---|---|---|---|---|---|---|---|---|
| 中　国 | China | 2082.2 | 376.3 | 482.4 | 1223.6 | 16.7 | 106.3 | 154.3 |
| 中国香港 | Hong Kong, China | 1351.1 | 310.2 | 387.9 | 652.9 | 17.6① | 3.3① | 10.1① |
| 中国澳门 | Macao, China | 527.8 | 6.8 | 511.5 | 9.5 | 0.6 | | |
| 孟加拉国 | Bangladesh | 37.7 | 3.8① | 1.0① | 21.7① | 3.3① | 0.4① | 0.8① |
| 柬埔寨 | Cambodia | 25.7 | 3.6 | 17.9 | 4.3 | 0.7 | 0.2 | |
| 印　度 | India | 1530.8 | 171.8 | 184.1 | 1146.5 | 20.6 | 11.8 | 512.1 |
| 印度尼西亚 | Indonesia | 225.6 | 36.0 | 93.4 | 96.2 | 8.4 | 8.5 | 2.0 |
| 以色列 | Israel | 331.5 | 45.5 | 56.6 | 215.2 | 2.8① | 7.6① | 43.1① |
| 日　本 | Japan | 1464.7 | 394.9 | 149.0 | 920.8 | 9.2 | 86.3 | 17.9 |
| 哈萨克斯坦 | Kazakhstan | 50.2 | 24.9 | 14.7 | 10.6 | 1.3 | 0.3 | 0.2 |
| 韩　国 | Korea, Rep. | 1129.9 | 365.5 | 144.1 | 620.2 | 9.1 | 190.5 | 9.3 |
| 老　挝① | Laos① | 5.8 | 0.5 | 4.5 | 0.8 | 0.4 | 0.1 | |
| 马来西亚 | Malaysia | 392.8 | 45.3 | 209.1 | 138.4 | 8.2 | 11.1 | 19.7 |
| 蒙　古 | Mongolia | 8.9 | 2.4 | 3.7 | 2.8 | 0.1 | 0.3 | |
| 缅　甸② | Myanmar② | 6.1 | 1.7 | 2.8 | 1.6 | | 0.2 | |
| 巴基斯坦 | Pakistan | 48.3 | 11.8 | 2.9 | 33.7 | 5.6 | 0.2 | 3.1 |
| 菲律宾 | Philippines | 222.9 | 15.5 | 48.0 | 159.4 | 5.2 | 1.0 | 21.6 |
| 新加坡 | Singapore | 1168.7 | 433.2 | 191.8 | 543.7 | 13.5③ | 17.8 | 17.9③ |
| 斯里兰卡① | Sri Lanka① | 37.9 | 16.3 | 10.4 | 11.2 | 1.1 | 0.5 | 4.4 |
| 泰　国 | Thailand | 589.9 | 61.5 | 420.8 | 107.5 | 5.1 | 8.2 | 0.2① |
| 越　南 | Viet Nam | 105.0 | 21.9 | 75.3 | 7.8 | 1.5 | | |
| 埃　及 | Egypt | 197.2 | 96.2 | 72.4 | 28.6 | 8.8① | 6.0① | 2.0① |
| 尼日利亚 | Nigeria | 22.7 | 10.6 | 5.4 | 6.6 | 0.5 | | |
| 南　非 | South Africa | 140.4 | 17.3① | 100.0① | 34.2① | 1.9① | 0.6① | 3.0① |
| 加拿大 | Canada | 792.1 | 131.6 | 176.1 | 484.4 | 27.8 | 2.1 | 63.5 |
| 墨西哥 | Mexico | 195.9 | 8.0 | 138.2 | 49.7 | 2.6① | | |
| 美　国 | United States | 6846.8 | 858.9 | 1713.9 | 4273.9 | 148.1 | 33.4① | 173.4① |
| 阿根廷 | Argentina | 138.9 | 25.0 | 40.8 | 73.0 | 2.1 | 0.3 | 16.0 |
| 巴　西 | Brazil | 391.2 | 54.2 | 67.1 | 269.9 | 3.2 | 0.4 | 4.4 |
| 委内瑞拉 | Venezuela | 23.0 | 6.6① | 8.4① | 7.1① | 1.4① | | 0.1① |
| 捷　克 | Czech Rep. | 227.4 | 51.9 | 71.3 | 104.1 | 5.3 | 6.0 | 20.6 |
| 法　国 | France | 2340.9 | 470.6 | 567.0 | 1303.4 | 79.6 | 57.9 | 76.3 |
| 德　国 | Germany | 2921.0 | 609.3 | 412.7 | 1899.0 | 99.2 | 100.6 | 224.0 |
| 意大利 | Italy | 1110.7 | 145.7 | 439.3 | 525.7 | 54.8 | 4.9 | 25.0 |
| 荷　兰 | Netherlands | 1443.9 | 321.3 | 153.5 | 969.0 | 57.0 | 35.2 | 68.0 |
| 波　兰 | Poland | 403.5 | 122.5 | 113.8 | 167.2 | 5.3 | 15.5 | 29.0 |
| 俄罗斯 | Russia | 667.2 | 206.8 | 122.4 | 338.1 | 16.9 | 57.9 | 25.1 |
| 西班牙 | Spain | 1453.3 | 239.5 | 602.5 | 611.4 | 25.9 | 45.0 | 71.8 |
| 土耳其 | Turkey | 445.3 | 128.7 | 257.2 | 59.4 | 5.3② | 9.6 | 0.2② |
| 乌克兰 | Ukraine | 201.2 | 83.2 | 51.3 | 66.7 | 6.1 | 2.6 | 12.9 |
| 英　国 | United Kingdom | 2935.1 | 323.6 | 402.0 | 2209.5 | 100.4 | 23.9 | 146.3 |
| 澳大利亚 | Australia | 530.9 | 49.2 | 310.0 | 171.7 | 12.3 | 0.3 | 17.1 |
| 新西兰 | New Zealand | 114.2 | 20.4 | 56.5 | 37.3 | 1.7 | 0.2 | 4.4 |

注：①2012年数据。②2011年数据。③2010年数据。
Note:①2012年数据。②2011年数据。③2010年数据。

## 14-16 续表 continued

单位：亿美元 (100 million USD)

| 国家或地区 | Country or Area | 保险 Insurance | 金融服务 Financial Services | 版税和许可证费用 Royalties and Licence Fees | 其他商务服务 Other Business Services | 个人、文化和休闲服务 Personal,Cultural and Recreational Services | 政府服务及其他 Government Services n.i.e. |
|---|---|---|---|---|---|---|---|
| 中　　国 | China | 40.4 | 28.7 | 9.0 | 854.7 | 1.6 | 12.0 |
| 中国香港 | Hong Kong, China | 10.7 | 176.2 | 5.2 | 405.9 | 4.7 | 0.8 |
| 中国澳门① | Macao, China① | 0.5 | 1.7 | | 5.1 | | |
| 孟加拉国① | Bangladesh① | 0.1 | 0.6 | | 3.0 | | 13.4 |
| 柬埔寨 | Cambodia | | … | … | 2.8 | … | 0.5 |
| 印　　度 | India | 21.9 | 54.5 | 3.5 | 505.5 | 11.8 | 4.9 |
| 印度尼西亚 | Indonesia | 0.2 | 2.1 | 0.5 | 66.5 | 1.9 | 6.1 |
| 以色列 | Israel | 0.3 | 6.9① | 9.9① | 122.0① | 2.7① | 0.2 |
| 日　　本 | Japan | 1.7 | 45.5 | 314.4 | 418.5 | 1.6 | 25.8 |
| 哈萨克斯坦 | Kazakhstan | 0.3 | 0.3 | | 4.4 | 0.0 | 3.8 |
| 韩　　国 | Korea, Rep. | 6.5 | 36.2 | 41.1 | 300.6 | 14.7 | 12.1 |
| 老　　挝① | Laos① | … | … | | | | 0.2 |
| 马来西亚 | Malaysia | 6.1 | 2.1 | 1.0 | 87.4 | 2.0 | 0.8 |
| 蒙　　古 | Mongolia | … | 0.1 | … | 2.3 | | … |
| 缅　　甸② | Myanmar② | | | | 1.1 | | 0.3 |
| 巴基斯坦 | Pakistan | 0.6 | 0.7 | 0.1 | 7.3 | 0.1 | 16.2 |
| 菲律宾 | Philippines | 1.1 | 0.3 | … | 129.0 | 1.1 | 0.1 |
| 新加坡 | Singapore | 34.3 | 168.7 | 16.7 | 252.3 | 5.2 | 3.2 |
| 斯里兰卡① | Sri Lanka① | 1.1 | | | 3.9 | | 0.3 |
| 泰　　国 | Thailand | 2.3 | 4.5 | 2.2 | 80.4 | 0.8 | 3.9 |
| 越　　南 | Viet Nam | 0.7 | 1.6 | | | | 1.2 |
| 埃　　及 | Egypt | 0.8 | 1.6 | | 5.0 | 1.0 | 4.3 |
| 尼日利亚 | Nigeria | … | 0.2 | | 2.6 | | 3.3 |
| 南　　非① | South Africa① | 3.0 | 8.9 | 0.7 | 11.3 | 0.6 | 4.4 |
| 加拿大 | Canada | 18.0 | 39.0 | 37.1 | 262.9 | 19.9 | 14.2 |
| 墨西哥 | Mexico | 20.2 | | 1.0 | | 0.8 | 0.0② |
| 美　　国 | United States | 158.1 | 822.2 | 1298.8 | 1398.6 | 7.6 | 225.7 |
| 阿根廷 | Argentina | 0.6 | 0.1 | 1.2 | 46.3 | 4.4 | 2.0 |
| 巴　　西 | Brazil | 4.7 | 29.1 | 6.0 | 205.0 | 0.5 | 16.6 |
| 委内瑞拉① | Venezuela① | | | | 1.9 | 0.1 | 3.5 |
| 捷　　克 | Czech Rep. | 2.9 | 0.4 | 2.6 | 63.6 | 2.5 | 0.3 |
| 法　　国 | France | 40.4 | 66.2 | 118.0 | 797.0 | 60.1 | 8.1 |
| 德　　国 | Germany | 57.2 | 150.4 | 253.8 | 954.6 | 6.5 | 52.8 |
| 意大利 | Italy | 30.1 | 35.2 | 35.5 | 324.5 | 2.7 | 13.0 |
| 荷　　兰 | Netherlands | 7.0 | 14.8 | 329.7 | 426.7 | 6.8 | 23.8 |
| 波　　兰 | Poland | 3.3 | 5.1 | 2.9 | 102.2 | 4.0 | … |
| 俄罗斯 | Russia | 5.5 | 15.1 | 6.8 | 192.6 | 7.1 | 11.1 |
| 西班牙 | Spain | 17.2 | 44.8 | 11.4 | 363.7 | 22.8 | 8.8 |
| 土耳其 | Turkey | 10.2 | 7.8 | | 5.6 | 12.7② | 8.2 |
| 乌克兰 | Ukraine | 0.4 | 3.3 | 1.9 | 30.7 | 1.3 | 7.6 |
| 英　　国 | United Kingdom | 260.9 | 601.5 | 110.5 | 875.9 | 54.7 | 35.4 |
| 澳大利亚 | Australia | 4.9 | 23.4 | 7.3 | 89.4 | 7.9 | 9.2 |
| 新西兰 | New Zealand | 0.4 | 5.8 | 3.1 | 15.3 | 4.8 | 1.7 |

注：①2012年数据。②2011年数据。
Note:①2012年数据。②2011年数据。

# 14-17 货币汇率(年平均价)

# Exchange Rate ( Period Average)

资料来源：世界银行WDI数据库。
Source: World Bank WDI Database.
单位：1美元合本币数 (local currency unit per US dollar)

| 国家或地区 | Country or Area | 2000 | 2005 | 2010 | 2011 | 2012 | 2013 |
|---|---|---|---|---|---|---|---|
| 中　国 | China | 8.28 | 8.19 | 6.77 | 6.46 | 6.31 | 6.20 |
| 中国香港 | Hong Kong, China | 7.79 | 7.78 | 7.77 | 7.78 | 7.76 | 7.76 |
| 中国澳门 | Macao, China | 8.03 | 8.01 | 8.00 | 8.02 | 7.99 | 7.99 |
| 孟加拉国 | Bangladesh | 52.14 | 64.33 | 69.65 | 74.15 | 81.86 | 78.10 |
| 文　莱 | Brunei Darussalam | 1.72 | 1.66 | 1.36 | 1.26 | 1.25 | 1.25 |
| 柬埔寨 | Cambodia | 3840.75 | 4092.50 | 4184.92 | 4058.50 | 4033.00 | 4027.25 |
| 印　度 | India | 44.94 | 44.10 | 45.73 | 46.67 | 53.44 | 58.60 |
| 印度尼西亚 | Indonesia | 8421.78 | 9704.74 | 9090.43 | 8770.43 | 9386.63 | 10461.24 |
| 伊　朗 | Iran | 1764.78 | 8963.96 | 10254.18 | 10616.31 | 12175.55 | 18414.45 |
| 以色列 | Israel | 4.08 | 4.49 | 3.74 | 3.58 | 3.86 | 3.61 |
| 日　本 | Japan | 107.77 | 110.22 | 87.78 | 79.81 | 79.79 | 97.60 |
| 哈萨克斯坦 | Kazakhstan | 142.13 | 132.88 | 147.35 | 146.62 | 149.11 | 152.13 |
| 韩　国 | Korea, Rep. | 1130.96 | 1024.12 | 1156.06 | 1108.29 | 1126.47 | 1094.85 |
| 老　挝 | Laos | 7887.64 | 10655.17 | 8258.77 | 8030.06 | 8007.76 | |
| 马来西亚 | Malaysia | 3.80 | 3.79 | 3.22 | 3.06 | 3.09 | 3.15 |
| 蒙　古 | Mongolia | 1076.67 | 1205.25 | 1357.06 | 1265.52 | 1357.58 | 1523.93 |
| 缅　甸 | Myanmar | 6.52 | 5.82 | 5.64 | 5.44 | 640.65 | 933.57 |
| 巴基斯坦 | Pakistan | 53.65 | 59.51 | 85.19 | 86.34 | 93.40 | 101.63 |
| 菲律宾 | Philippines | 44.19 | 55.09 | 45.11 | 43.31 | 42.23 | 42.45 |
| 新加坡 | Singapore | 1.72 | 1.66 | 1.36 | 1.26 | 1.25 | 1.25 |
| 斯里兰卡 | Sri Lanka | 77.01 | 100.50 | 113.06 | 110.57 | 127.60 | 129.07 |
| 泰　国 | Thailand | 40.11 | 40.22 | 31.69 | 30.49 | 31.08 | 30.73 |
| 越　南 | Viet Nam | 14167.75 | 15858.92 | 18612.92 | 20509.75 | 20828.00 | 20933.42 |
| 埃　及 | Egypt | 3.47 | 5.78 | 5.62 | 5.93 | 6.06 | 6.87 |
| 尼日利亚 | Nigeria | 101.70 | 131.27 | 150.30 | 154.74 | 156.81 | |
| 南　非 | South Africa | 6.94 | 6.36 | 7.32 | 7.26 | 8.21 | 9.65 |
| 加拿大 | Canada | 1.49 | 1.21 | 1.03 | 0.99 | 1.00 | 1.03 |
| 墨西哥 | Mexico | 9.46 | 10.90 | 12.64 | 12.42 | 13.17 | 12.77 |
| 美　国 | United States | 1.00 | 1.00 | 1.00 | 1.00 | 1.00 | 1.00 |
| 阿根廷 | Argentina | 1.00 | 2.90 | 3.90 | 4.11 | 4.54 | 5.46 |
| 巴　西 | Brazil | 1.83 | 2.43 | 1.76 | 1.67 | 1.95 | 2.16 |
| 委内瑞拉 | Venezuela | 0.68 | 2.09 | 2.58 | 4.29 | 4.29 | 6.05 |
| 捷　克 | Czech Rep. | 38.60 | 23.96 | 19.10 | 17.70 | 19.58 | 19.57 |
| 法　国 | France | 1.09 | 0.80 | 0.76 | 0.72 | 0.78 | 0.75 |
| 德　国 | Germany | 1.09 | 0.80 | 0.76 | 0.72 | 0.78 | 0.75 |
| 意大利 | Italy | 1.09 | 0.80 | 0.76 | 0.72 | 0.78 | 0.75 |
| 荷　兰 | Netherlands | 1.09 | 0.80 | 0.76 | 0.72 | 0.78 | 0.75 |
| 波　兰 | Poland | 4.35 | 3.24 | 3.02 | 2.96 | 3.26 | 3.16 |
| 俄罗斯 | Russia | 28.13 | 28.28 | 30.37 | 29.38 | 30.84 | 31.84 |
| 西班牙 | Spain | 1.09 | 0.80 | 0.76 | 0.72 | 0.78 | 0.75 |
| 土耳其 | Turkey | 0.63 | 1.34 | 1.50 | 1.68 | 1.80 | 1.90 |
| 乌克兰 | Ukraine | 5.44 | 5.13 | 7.94 | 7.97 | 7.99 | 7.99 |
| 英　国 | United Kingdom | 0.66 | 0.55 | 0.65 | 0.62 | 0.63 | 0.64 |
| 澳大利亚 | Australia | 1.73 | 1.31 | 1.09 | 0.97 | 0.97 | 1.04 |
| 新西兰 | New Zealand | 2.20 | 1.42 | 1.39 | 1.27 | 1.23 | 1.22 |

# 14-18 国际旅游收支

## Expenditures and Receipts of International Tourism

资料来源：世界银行WDI数据库。
Source: World Bank WDI Database.

单位：亿美元 (100 million USD)

| 国家或地区 | Country or Area | 国际旅游支出 International Tourism Expenditures | | | 国际旅游收入 International Tourism Receipts | | |
|---|---|---|---|---|---|---|---|
| | | 2000 | 2010 | 2012 | 2000 | 2010 | 2012 |
| **世　　界** | **World** | **5384.8** | **10162.5** | **11871.4** | **5691.6** | **11121.4** | **12972.4** |
| 中　　国 | China | 141.7 | 598.4 | 1099.0 | 173.2 | 501.5 | 549.4 |
| 中国香港 | Hong Kong, China | 125.0 | 175.0 | 202.5 | 82.0 | 272.1 | 380.2 |
| 中国澳门 | Macao, China | | 12.4 | 17.1 | 32.1 | 282.1 | 444.6 |
| 孟加拉国 | Bangladesh | 4.7 | 8.4 | 8.3 | 0.5 | 1.0 | 1.1 |
| 柬 埔 寨 | Cambodia | 0.5 | 2.7 | 3.8 | 3.5 | 13.3 | 20.0 |
| 印　　度 | India | 36.9 | 104.9 | 141.1 | 36.0 | 144.9 | 183.4 |
| 印度尼西亚 | Indonesia | 32.0 | 84.3 | 95.0 | 49.8 | 76.2 | 94.6 |
| 伊　　朗 | Iran | 6.7 | 105.7 | | 6.8 | 26.3 | |
| 以 色 列 | Israel | 37.3 | 47.3 | 48.5 | 46.1 | 58.2 | 62.3 |
| 日　　本 | Japan | 426.4 | 393.1 | 409.7 | 59.7 | 153.6 | 162.0 |
| 哈萨克斯坦 | Kazakhstan | 4.8 | 14.9 | 21.2 | 4.0 | 12.4 | 15.7 |
| 韩　　国 | Korea, Rep. | 79.5 | 208.0 | 223.9 | 85.3 | 144.0 | 196.5 |
| 老　　挝 | Laos | 0.1 | 2.2 | 2.4 | 1.1 | 3.9 | 4.6 |
| 马来西亚 | Malaysia | 25.4 | 83.2 | 115.5 | 58.7 | 181.5 | 202.5 |
| 蒙　　古 | Mongolia | 0.5 | 3.2 | 4.2 | 0.4 | 2.9 | 4.8 |
| 缅　　甸 | Myanmar | 0.3 | 0.5 | | 2.0 | 0.9 | |
| 巴基斯坦 | Pakistan | 5.7 | 13.7 | 18.0 | 5.5 | 10.0 | 10.1 |
| 菲 律 宾 | Philippines | 18.4 | 41.9 | 68.4 | 23.3 | 32.3 | 49.0 |
| 新 加 坡 | Singapore | 45.4 | 187.0 | 224.1 | 51.4 | 141.8 | 192.6 |
| 斯里兰卡 | Sri Lanka | 3.8 | 8.3 | 12.2 | 3.9 | 10.4 | 17.6 |
| 泰　　国 | Thailand | 32.2 | 71.5 | 78.6 | 99.4 | 238.1 | 377.4 |
| 越　　南 | Viet Nam | | 14.7 | 18.6 | | 44.5 | 68.3 |
| 埃　　及 | Egypt | 12.1 | 27.0 | 30.4 | 46.6 | 136.3 | 108.2 |
| 尼日利亚 | Nigeria | 6.1 | 83.8 | 92.8 | 1.9 | 7.4 | 6.4 |
| 南　　非 | South Africa | 26.8 | 81.4 | 71.4 | 33.4 | 103.1 | 112.0 |
| 加 拿 大 | Canada | 151.3 | 369.8 | 430.1 | 130.4 | 184.4 | 207.0 |
| 墨 西 哥 | Mexico | 63.7 | 90.0 | 107.4 | 91.3 | 126.3 | 133.2 |
| 美　　国 | United States | 914.7 | 1103.1 | 1265.7 | 1209.1 | 1646.1 | 2000.9 |
| 阿 根 廷 | Argentina | 54.6 | 63.8 | 82.1 | 32.0 | 56.3 | 56.6 |
| 巴　　西 | Brazil | 45.5 | 193.4 | 262.0 | 19.7 | 61.8 | 68.9 |
| 委内瑞拉 | Venezuela | 16.5 | 22.4 | 32.0 | 4.7 | 7.9 | 9.0 |
| 捷　　克 | Czech Rep. | 12.8 | 41.7 | 43.8 | 29.7 | 80.2 | 77.6 |
| 法　　国 | France | 267.0 | 461.6 | 471.6 | 385.3 | 561.4 | 635.3 |
| 德　　国 | Germany | 576.0 | 911.7 | 963.6 | 249.4 | 491.1 | 515.8 |
| 意 大 利 | Italy | 181.7 | 330.5 | 328.0 | 287.1 | 400.6 | 430.4 |
| 荷　　兰 | Netherlands | 136.5 | 197.7 | 203.5 | 112.9 | 186.9 | 205.3 |
| 波　　兰 | Poland | 34.2 | 91.0 | 90.4 | 61.3 | 99.9 | 118.4 |
| 俄 罗 斯 | Russia | 88.5 | 301.7 | 481.0 | 34.3 | 132.4 | 178.8 |
| 西 班 牙 | Spain | 77.1 | 227.3 | 217.5 | 326.6 | 590.4 | 632.0 |
| 土 耳 其 | Turkey | 17.1 | 58.2 | 46.0 | 76.4 | 263.2 | 322.5 |
| 乌 克 兰 | Ukraine | 5.6 | 41.3 | 55.4 | 5.6 | 47.0 | 59.9 |
| 英　　国 | United Kingdom | 470.1 | 613.7 | 661.8 | 299.8 | 407.5 | 459.7 |
| 澳大利亚 | Australia | 87.8 | 275.3 | 347.0 | 130.2 | 323.4 | 341.3 |
| 新 西 兰 | New Zealand | 12.4 | 30.4 | 37.2 | 22.7 | 49.0 | 54.7 |

# 14-19 国际旅游人数
# Number of Arrivals and Departures of International Tourism

资料来源：世界银行WDI数据库。
Source: World Bank WDI Database.

单位：万人 (10 000 persons)

| 国家或地区 | Country or Area | 入境(过夜)旅游人数 Number of Arrivals | | | 出境旅游人数 Number of Departures | | |
|---|---|---|---|---|---|---|---|
| | | 2000 | 2010 | 2012 | 2000 | 2010 | 2012 |
| **世　　界** | **World** | **70598** | **98494** | **107662** | **85095** | **109620** | **120307** |
| **高收入国家** | **High Income** | **50135** | **60208** | **65836** | **56655** | **67424** | **70331** |
| **中等收入国家** | **Middle Income** | **18153** | **35309** | **38389** | **16234** | **26824** | **32874** |
| **低收入国家** | **Low Income** | **771** | **1599** | **1979** | | | |
| 中　　国 | China | 3123 | 5566 | 5773 | 1047 | 5739 | 8318 |
| 中国香港 | Hong Kong, China | 881 | 2009 | 2377 | 461 | 8444 | 8528 |
| 中国澳门 | Macao, China | 520 | 1193 | 1358 | 14 | 75 | 129 |
| 孟加拉国 | Bangladesh | 20 | 30 | | 113 | | |
| 文　　莱 | Brunei Darussalam | 98 | 21 | 21 | | | |
| 柬 埔 寨 | Cambodia | 47 | 251 | 358 | 4 | 51 | 79 |
| 印　　度 | India | 265 | 578 | 658 | 442 | 1299 | 1492 |
| 印度尼西亚 | Indonesia | 506 | 700 | 804 | 221 | 624 | 745 |
| 伊　　朗 | Iran | 134 | 294 | 383 | 229 | | |
| 以 色 列 | Israel | 242 | 280 | 289 | 353 | 427 | 435 |
| 日　　本 | Japan | 476 | 861 | 836 | 1782 | 1664 | 1849 |
| 哈萨克斯坦 | Kazakhstan | 147 | 320 | 481 | 125 | 602 | 907 |
| 韩　　国 | Korea, Rep. | 532 | 880 | 1114 | 551 | 1249 | 1374 |
| 老　　挝 | Laos | 19 | 167 | 214 | | | |
| 马来西亚 | Malaysia | 1022 | 2458 | 2503 | 3053 | | |
| 蒙　　古 | Mongolia | 14 | 46 | 48 | | | |
| 缅　　甸 | Myanmar | 21 | 31 | 59 | | | |
| 巴基斯坦 | Pakistan | 56 | 91 | 97 | | | |
| 菲 律 宾 | Philippines | 199 | 352 | 427 | 167 | | |
| 新 加 坡 | Singapore | 606 | 916 | 1110 | 444 | 734 | 805 |
| 斯里兰卡 | Sri Lanka | 40 | 65 | 101 | 52 | 112 | 127 |
| 泰　　国 | Thailand | 958 | 1594 | 2235 | 191 | 545 | 572 |
| 越　　南 | Viet Nam | 214 | 505 | 685 | | | |
| 埃　　及 | Egypt | 512 | 1405 | 1120 | 296 | 462 | 414 |
| 尼日利亚 | Nigeria | 149 | 611 | 467 | | | |
| 南　　非 | South Africa | 587 | 807 | 919 | 383 | 517 | 503 |
| 加 拿 大 | Canada | 1963 | 1622 | 1634 | 1918 | 2868 | 3228 |
| 墨 西 哥 | Mexico | 2064 | 2329 | 2340 | 1108 | 1433 | 1558 |
| 美　　国 | United States | 5124 | 5980 | 6697 | 6133 | 6027 | 6072 |
| 阿 根 廷 | Argentina | 291 | 533 | 559 | 495 | 531 | 725 |
| 巴　　西 | Brazil | 531 | 516 | 568 | 323 | 645 | 812 |
| 委内瑞拉 | Venezuela | 47 | 53 | 71 | 95 | 148 | 202 |
| 捷　　克 | Czech Rep. | 477 | 863 | 891 | | 867 | 598 |
| 法　　国 | France | 7719 | 7765 | 8301 | 1989 | 2504 | 2545 |
| 德　　国 | Germany | 1898 | 2688 | 3041 | 7440 | | |
| 意 大 利 | Italy | 4118 | 4363 | 4636 | 2199 | 2982 | 2881 |
| 荷　　兰 | Netherlands | 1000 | 1088 | 1168 | 1390 | 1837 | 1863 |
| 波　　兰 | Poland | 1740 | 1247 | 1484 | 5668 | 4276 | |
| 俄 罗 斯 | Russia | 2117 | 2228 | 2818 | 1837 | 3932 | |
| 西 班 牙 | Spain | 4640 | 5268 | 5770 | 410 | 1238 | 1219 |
| 土 耳 其 | Turkey | 959 | 3136 | 3570 | 528 | 656 | 580 |
| 乌 克 兰 | Ukraine | 643 | 2120 | 2301 | 1342 | 1718 | 2143 |
| 英　　国 | United Kingdom | 2321 | 2830 | 2928 | 5684 | 5556 | 5654 |
| 澳大利亚 | Australia | 493 | 589 | 615 | 350 | 711 | |
| 新 西 兰 | New Zealand | 178 | 244 | 247 | 128 | 203 | 217 |

# 主要统计指标解释

**出口** 即货物离开一国的统计疆界。在通常的贸易体系中，一国的统计疆界与它的经济领土是一致的。在特殊的贸易体系中，一国的统计疆界只包括一部分经济领土，一般这部分与货物自由贸易区是一致的。自由贸易地区是一国经济疆界的一部分，在此间货物可以无进口税限制地流通。

**进口** 货物进入一国统计疆界。

**数量指数** 基于诸如数量或权数这样的货物单位的指数。

**服务贸易** 服务(原为非要素服务)指无形商品的经济产出。它可以在同一时间产生、转让和消费。商品服务的出口（贷方和收入）和进口（借方和支付）来自于国际收支统计中的国际服务交易统计，其概念、定义和分类与国际货币基金组织 1993 年《国际收支手册》第五版一致。

**官方汇率** 是指由国家机关或货币金融机构公布的汇率。年平均汇率是以月均价为基础计算的。

**国际旅游支出** 是指出境游客在他国的旅游消费，包括在国际旅行时，搭乘他国运输工具所支付的交通费（有些国家不包括这项交通费）。除非特别声明外，国际旅游支出包括境外一日游客（不过夜游客）在访问地的消费。

**国际旅游收入** 是指入境游客（过夜旅客）在本国的旅游消费，包括国际旅行时，入境游客搭乘本国运输工具所付给本国的交通费（有些国家不包括这项交通费）。国际旅游收入包括目的地国接受的所有商品和服务的支付。除特别声明外，国际旅游收入可以包括入境一日游游客（不过夜游客）在本国的消费。

# Explanatory Notes on Main Statistical Indicators

**Exports** Goods leaving the statistical territory of a country. In the general trade system, the definition of the statistical territory of a country coincides with its economic territory. In the special trade system, the definition of the statistical territory comprises only a particular part of the economic territory, mainly that part which coincides with the free circulation area for goods. The free circulation area is a part of the economic territory of a country within which goods may be disposed of without customs restrictions.

**Imports** Goods entering the statistical territory of a country.

**Quantum Index** An index based on quantity units of goods such as number or weight.

**Commercial Service Exports/Commercial Service Imports** Services(previously no factor services) refer to economic output of intangible commodities that may be produced, transferred, and consumed at the same time. Exports (credits or receipts) and imports (debits or payments) of commercial services derived from statistics on international service transactions are included in the balance of payments statistics, in conformity with the concepts, definitions and classification of the fifth (1993) edition of the IMF Balance of Payments Manual.

**Official Exchange Rate** refers to the exchange rate determined by national authorities or to the rate determined in the legally sanctioned exchange market. It is calculated as an annual average based on monthly averages (local currency units relative to the U.S. dollar).

**International Tourism Expenditures** are expenditures of international outbound visitors in other countries, including payments to foreign carriers for international transport. These expenditures may include those by residents traveling abroad as same-day visitors, except in cases where these are important enough to justify separate classification. For some countries they do not include expenditures for passenger transport items.

**International Tourism Receipts** are expenditures by international inbound visitors, including payments to national carriers for international transport. These receipts include any other prepayment made for goods or services received in the destination country. They also may include receipts from same-day visitors, except when these are important enough to justify separate classification. For some countries they do not include receipts for passenger transport items..

# 国际收支和外债

# Balance of Payments and External Debts

# 15-1 世界国际收支

## Summary of International Transactions

资料来源：国际货币基金组织BOP数据库。
Source: IMF BOP Database.
单位：亿美元 (100 million USD)

| | | 2005 | 2008 | 2009 | 2010 | 2011 | 2012 |
|---|---|---|---|---|---|---|---|
| **经常帐户** | **Current Account(net)** | **663** | **2604** | **2726** | **3843** | **4089** | **3992** |
| 货物 | Goods | 1021 | 2523 | 2803 | 3884 | 4246 | 4390 |
| 贷方 | Credits | 101223 | 157284 | 122230 | 149286 | 179055 | 180537 |
| 借方 | Debits | 100202 | 154762 | 119427 | 145402 | 174810 | 176147 |
| 服务 | Services | 369 | 734 | 616 | 635 | 1009 | 800 |
| 贷方 | Credits | 25490 | 38628 | 34807 | 38058 | 42610 | 43406 |
| 借方 | Debits | 25122 | 37894 | 34192 | 37423 | 41602 | 42606 |
| 收入 | Income | -555 | -717 | -360 | -412 | -743 | -691 |
| 贷方 | Credits | 24436 | 40275 | 29854 | 31715 | 36122 | 35007 |
| 借方 | Debits | 24991 | 40992 | 30213 | 32127 | 36865 | 35698 |
| **资本帐户** | **Capital Account(net)** | **248** | **-12** | **-147** | **267** | **64** | **13** |
| 贷方 | Credits | 1138 | 999 | 924 | 1260 | 1231 | 1215 |
| 借方 | Debits | 888 | 1011 | 1071 | 992 | 1167 | 1202 |
| **金融帐户** | **Financial Account** | | | | | | |
| 直接投资 | Direct Investment | -1185 | 1712 | 89 | -1123 | -1674 | -938 |
| 贷方 | Credits | 13169 | 24318 | 14400 | 16138 | 21045 | 17377 |
| 借方 | Debits | 14353 | 22606 | 14311 | 17261 | 22718 | 18315 |
| 证券投资 | Portfolio Investment | -6050 | -11893 | -4845 | -10731 | -10322 | -5334 |
| 资产 | Assets | 25817 | -730 | 18364 | 13657 | 433 | 13993 |
| 负债 | Liabilities | 31867 | 11162 | 23209 | 24388 | 10755 | 19327 |
| 金融衍生工具和股票期权 | Financial Derivatives and Employee Stock Options | 113 | 3383 | -971 | -930 | 47 | -365 |
| 资产 | Assets | -4525 | -7996 | -9697 | -11591 | -14706 | -11240 |
| 负债 | Liabilities | -4638 | -11380 | -8726 | -10661 | -14753 | -10875 |
| **储备资产** | **Reserves Assets** | **6336** | **8265** | **10381** | **11817** | **11002** | **6784** |
| **净误差与遗漏** | **Net Errors and Omissions** | **-183** | **-2030** | **-911** | **-2620** | **-3028** | **-1985** |

# 15-2 分国别（地区）的国际收支(2012年)

资料来源：国际货币基金组织BOP数据库。
Source:IMF BOP Database.
单位：亿美元

| 国家或地区 | Country or Area | 经常帐户 Current Account, Net | 货物 Goods | | 服务 Services | | 收入 Income | | 资本帐户 Capital Account, Net | 贷方 Credit | 借方 Debit |
|---|---|---|---|---|---|---|---|---|---|---|---|
| | | | 贷方 Credit | 借方 Debit | 贷方 Credit | 借方 Debit | 贷方 Credit | 借方 Debit | | | |
| 中　国 | China | 1931.4 | 19709.5 | 16533.5 | 1963.0 | 2820.6 | 1604.4 | 2025.8 | 42.7 | 45.5 | 2.8 |
| 中国香港 | Hong Kong, China | 41.5 | 4684.0 | 4873.1 | 985.0 | 766.2 | 1406.9 | 1368.9 | -1.9 | | 1.9 |
| 中国澳门 | Macao, China | 187.1 | 13.8 | 101.8 | 458.1 | 113.5 | 22.0 | 80.2 | | | |
| 孟加拉国 | Bangladesh | 25.8 | 249.0 | 321.7 | 26.9 | 55.8 | 1.8 | 19.9 | 5.0 | 5.0 | |
| 文　莱 | Brunei Darussalam | 56.8 | 128.8 | 41.2 | 4.8 | 26.4 | 9.7 | 14.2 | | | |
| 柬埔寨 | Cambodia | -12.1 | 60.2 | 79.7 | 25.5 | 15.5 | 0.7 | 8.1 | 2.8 | 3.7 | 0.9 |
| 印　度 | India | -914.7 | 2983.2 | 4502.5 | 1455.3 | 1296.6 | 99.0 | 307.4 | -6.0 | 10.8 | 16.8 |
| 印度尼西亚 | Indonesia | -240.7 | 1873.5 | 1786.7 | 236.3 | 344.6 | 26.3 | 285.7 | 0.4 | 0.4 | |
| 以色列 | Israel | 8.5 | 623.2 | 716.7 | 308.8 | 210.4 | 72.3 | 152.5 | 6.7 | 6.7 | |
| 日　本 | Japan | 608.6 | 7766.4 | 8301.2 | 1341.9 | 1846.9 | 2353.6 | 561.7 | -10.2 | 59.8 | 70.0 |
| 哈萨克斯坦 | Kazakhstan | -9.0 | 869.3 | 506.4 | 48.3 | 128.6 | 20.9 | 302.4 | 0.2 | 0.3 | 0.2 |
| 韩　国 | Korea, Rep. | 433.4 | 5527.1 | 5141.7 | 1108.5 | 1081.8 | 195.1 | 146.2 | 6.0 | 27.0 | 21.0 |
| 老　挝 | Laos | -4.2 | 22.7 | 30.6 | 5.8 | 3.4 | 0.7 | 1.9 | | | |
| 马来西亚 | Malaysia | 186.4 | 2276.6 | 1869.4 | 378.8 | 424.2 | 137.1 | 253.5 | 0.5 | 1.3 | 0.8 |
| 蒙　古 | Mongolia | -33.6 | 43.8 | 59.3 | 9.6 | 20.7 | 0.6 | 10.1 | 1.2 | 1.2 | 0.0 |
| 巴基斯坦 | Pakistan | -23.4 | 247.9 | 403.9 | 65.8 | 85.1 | 5.9 | 39.8 | 1.9 | 1.9 | 0.0 |
| 菲律宾 | Philippines | 69.5 | 463.8 | 653.1 | 204.4 | 142.6 | 82.6 | 80.6 | 1.0 | 1.1 | 0.2 |
| 新加坡 | Singapore | 493.9 | 4343.9 | 3715.0 | 1248.7 | 1242.7 | 643.6 | 710.6 | | | |
| 斯里兰卡 | Sri Lanka | -40.5 | 97.7 | 191.9 | 38.0 | 25.4 | 1.4 | 14.2 | 1.3 | 1.5 | 0.2 |
| 泰　国 | Thailand | -14.3 | 2258.3 | 2198.0 | 496.4 | 530.7 | 78.1 | 240.5 | 2.3 | 2.3 | |
| 越　南 | Viet Nam | 90.6 | 1145.7 | 1046.9 | 96.0 | 125.2 | 3.0 | 64.1 | | | |
| 埃　及 | Egypt | -69.7 | 268.4 | 523.5 | 217.7 | 164.5 | 2.3 | 68.0 | -1.2 | 0.2 | 1.3 |
| 尼日利亚 | Nigeria | 203.5 | 956.8 | 533.6 | 24.1 | 240.4 | 9.6 | 232.0 | | | |
| 南　非 | South Africa | -200.2 | 992.9 | 1040.5 | 151.5 | 177.1 | 59.4 | 148.4 | 0.3 | 0.5 | 0.2 |
| 加拿大 | Canada | -622.6 | 4628.8 | 4749.1 | 841.6 | 1083.7 | 727.3 | 952.0 | -1.4 | 2.9 | 4.3 |
| 墨西哥 | Mexico | -147.7 | 3713.8 | 3711.5 | 161.5 | 307.1 | 131.5 | 361.4 | | | |
| 美　国 | United States | -4404.2 | 15619.1 | 23027.1 | 6505.6 | 4443.7 | 7832.4 | 5593.1 | 69.6 | 76.7 | 7.1 |
| 阿根廷 | Argentina | 0.2 | 808.9 | 655.6 | 149.6 | 183.2 | 23.5 | 138.5 | 0.5 | 0.7 | 0.2 |
| 巴　西 | Brazil | -542.5 | 2425.8 | 2231.5 | 398.6 | 809.4 | 108.9 | 463.4 | -18.8 | 20.8 | 39.6 |
| 委内瑞拉 | Venezuela | 110.2 | 973.4 | 593.1 | 22.1 | 182.0 | 20.0 | 120.5 | | | |
| 捷　克 | Czech Rep. | -25.5 | 1270.6 | 1201.2 | 234.5 | 196.0 | 76.2 | 198.5 | 26.7 | 31.3 | 4.6 |
| 法　国 | France | -572.5 | 5673.5 | 6434.3 | 2012.6 | 1742.1 | 1841.3 | 1459.3 | -4.9 | 11.6 | 16.6 |
| 德　国 | Germany | 2553.8 | 14618.4 | 12278.7 | 2757.3 | 3039.0 | 2647.0 | 1664.8 | 0.2 | 53.0 | 52.8 |
| 意大利 | Italy | -55.3 | 4797.9 | 4550.8 | 1029.9 | 1049.7 | 694.0 | 780.4 | 50.6 | 94.2 | 43.6 |
| 荷　兰 | Netherlands | 736.0 | 5329.7 | 4774.7 | 1053.4 | 944.3 | 1103.9 | 870.6 | -126.2 | 7.3 | 133.5 |
| 波　兰 | Poland | -182.6 | 1908.3 | 1975.2 | 378.9 | 319.3 | 83.0 | 309.7 | 109.6 | 116.2 | 6.6 |
| 俄罗斯 | Russia | 712.8 | 5274.3 | 3357.7 | 623.4 | 1089.3 | 477.6 | 1154.2 | -52.2 | 6.2 | 58.4 |
| 西班牙 | Spain | -163.0 | 2921.1 | 3256.1 | 1346.5 | 889.3 | 511.9 | 742.4 | 84.7 | 102.2 | 17.6 |
| 土耳其 | Turkey | -485.0 | 1633.2 | 2285.5 | 433.4 | 208.7 | 50.3 | 122.0 | -0.5 | 0.1 | 0.6 |
| 乌克兰 | Ukraine | -143.4 | 644.3 | 862.7 | 220.9 | 145.9 | 70.8 | 100.5 | 0.4 | 1.1 | 0.7 |
| 英　国 | United Kingdom | -942.7 | 4746.1 | 6463.4 | 2942.1 | 1816.9 | 2546.1 | 2542.2 | 66.5 | 104.3 | 37.7 |
| 澳大利亚 | Australia | -643.4 | 2579.5 | 2702.6 | 530.2 | 646.7 | 486.2 | 866.7 | -4.1 | | 4.1 |
| 新西兰 | New Zealand | -69.6 | 378.7 | 377.7 | 131.7 | 121.5 | 49.9 | 126.4 | -4.1 | 10.1 | 14.2 |

# Balance of Payments by Country or Area(2012)

(100 million USD)

| 金融帐户 Financial Account, Net | 直接投资 Direct Investments | | 证券投资 Portfolio Investment | | 金融衍生工具 Financial Derivatives,n.i.e | | 其他投资 Other Investment | | 储备资产 Reserves Assets | 净误差和遗漏 Net Errors and Omissions |
|---|---|---|---|---|---|---|---|---|---|---|
| | 资产 Assets | 负债 Liabilities | 资产 Assets | 负债 Liabilities | 资产 Assets | 负债 Liabilities | 资产 Assets | 负债 Liabilities | | |
| 1176.4 | 1167.6 | 3078.9 | 63.9 | 541.7 | | | 2316.0 | -283.9 | 965.6 | -797.8 |
| 85.4 | 881.2 | 748.9 | 401.2 | 360.3 | -397.3 | -377.7 | 170.4 | 482.3 | 243.6 | 45.8 |
| 202.6 | 8.4 | 29.4 | 11.7 | 4.2 | -0.6 | | 218.5 | 39.4 | 37.7 | 15.5 |
| 24.0 | 0.0 | 12.6 | 4.2 | 2.0 | | | 37.3 | 37.8 | 34.9 | -6.8 |
| 36.2 | | 8.6 | 6.9 | | | | 29.7 | -1.2 | 7.0 | -20.6 |
| -9.7 | 0.3 | 15.6 | 0.3 | | | | 17.8 | 16.5 | 3.9 | -0.4 |
| -902.4 | 85.5 | 240.0 | 8.3 | 301.1 | 36.3 | 22.3 | 168.0 | 591.2 | -40.2 | 18.3 |
| -246.9 | 53.1 | 196.2 | 54.7 | 146.7 | | | 51.8 | 65.8 | 2.2 | -6.5 |
| 60.9 | 23.5 | 94.8 | 87.8 | -35.1 | -3.0 | | -22.5 | -36.5 | -1.3 | 45.7 |
| 640.0 | 1231.4 | 25.3 | 1513.3 | 1093.9 | -2356.6 | -2427.9 | 1187.2 | 1862.2 | -382.6 | 41.6 |
| -33.6 | 19.5 | 136.9 | 150.9 | -23.1 | -0.6 | -1.7 | 24.5 | 72.7 | -43.1 | -24.7 |
| 443.1 | 236.3 | 50.0 | 256.0 | 357.2 | -334.8 | -304.0 | 180.5 | -89.4 | 118.6 | 3.7 |
| -8.2 | | 2.9 | | 0.1 | | | -1.1 | 3.0 | -1.1 | -4.1 |
| 87.5 | 168.8 | 97.3 | 69.5 | 258.8 | | | | | 13.4 | -99.4 |
| -34.4 | 0.4 | 44.5 | 0.3 | 23.6 | | | 24.8 | 8.6 | 16.7 | -2.0 |
| -25.6 | 0.8 | 8.6 | 0.6 | 1.7 | | | 8.2 | -18.2 | -43.0 | -4.1 |
| 24.9 | 41.7 | 32.2 | 9.6 | 41.7 | -2.8 | -2.6 | -10.1 | 34.7 | 92.4 | -45.6 |
| 477.6 | 134.7 | 610.2 | 700.6 | 50.5 | -369.4 | -205.3 | 251.9 | 45.7 | 262.2 | -16.2 |
| -42.6 | 0.6 | 9.4 | -0.1 | 21.2 | | | 3.6 | 23.8 | 7.6 | -3.5 |
| -84.6 | 128.7 | 106.9 | 69.3 | 129.2 | -84.8 | -80.3 | 50.7 | 145.1 | 52.4 | -72.7 |
| 35.9 | 12.0 | 83.7 | -1.0 | 18.9 | | | 60.4 | 51.4 | 118.5 | -54.7 |
| -92.5 | 2.1 | 28.0 | -0.2 | -19.8 | | | 5.9 | 53.9 | -38.3 | -21.6 |
| 124.3 | 15.4 | 71.0 | 20.8 | 171.4 | | | 227.2 | 8.1 | 111.5 | -79.2 |
| -201.9 | 29.0 | 46.3 | 50.3 | 117.3 | | | -50.0 | 79.0 | 12.0 | -2.0 |
| -639.5 | 556.1 | 430.9 | 353.1 | 832.3 | | | 288.0 | 590.8 | 17.3 | -15.5 |
| -335.0 | 224.7 | 172.2 | 86.1 | 813.5 | | 1.2 | 62.7 | -103.1 | 175.2 | -187.3 |
| -4393.5 | 4256.7 | 2037.9 | 1576.0 | 7443.9 | | | -4528.8 | -3669.2 | 44.6 | -58.9 |
| -26.6 | 10.5 | 121.2 | 0.2 | -2.5 | | -29.1 | 84.4 | -0.9 | -33.1 | -27.3 |
| -557.4 | 80.2 | 761.1 | 82.6 | 165.3 | -1.5 | -1.3 | 242.8 | 225.3 | 189.0 | 3.8 |
| 78.3 | 14.4 | 22.0 | -0.3 | 39.7 | | | 143.9 | 9.5 | -8.5 | -31.8 |
| 3.9 | 18.0 | 79.8 | 13.8 | 41.7 | -18.8 | -14.3 | 33.2 | -22.9 | 41.9 | 2.7 |
| -952.7 | 398.1 | 281.2 | -80.5 | 443.1 | | 184.9 | -853.0 | -440.0 | 55.0 | -375.3 |
| 2863.9 | 1011.8 | 347.1 | 1415.8 | 581.6 | | -208.6 | 2175.2 | 1035.7 | 17.0 | 309.9 |
| -170.8 | 145.4 | 66.8 | -790.2 | -474.4 | -85.4 | -159.3 | 494.4 | 520.7 | 18.8 | -166.2 |
| 611.0 | -51.6 | 47.4 | 666.1 | -13.8 | -5424.7 | -5336.5 | -656.6 | -749.3 | 27.7 | 1.2 |
| -113.7 | 13.9 | 67.0 | 4.4 | 207.5 | | 28.7 | 19.7 | -39.6 | 111.9 | -40.7 |
| 556.9 | 488.2 | 505.9 | 22.8 | 193.1 | -167.0 | -180.5 | 837.0 | 405.9 | 300.2 | -103.7 |
| -5.8 | 32.6 | 332.3 | -127.7 | -665.3 | -108.0 | | 596.2 | 760.8 | 29.3 | 72.5 |
| -474.9 | 40.7 | 132.2 | -26.6 | 381.3 | | | 7.1 | 190.7 | 208.1 | 10.6 |
| -129.0 | 12.1 | 78.3 | 0.7 | 47.6 | | | 90.0 | 29.9 | -75.9 | 13.9 |
| -1021.8 | 558.8 | 668.3 | 1785.3 | -1155.7 | | 471.6 | -3857.0 | -354.4 | 116.3 | -145.6 |
| -648.2 | 63.5 | 555.5 | 433.1 | 581.0 | -363.8 | -469.8 | 132.1 | 271.7 | 25.4 | -0.7 |
| -42.0 | -5.0 | 22.1 | 50.7 | 93.8 | | | -21.3 | -44.4 | 5.1 | 31.7 |

# 15-3 经常项目差额占GDP的比重

## Current Account Balance as Percentage of GDP

资料来源：世界银行WDI数据库。
Source: World Bank WDI Database.
单位：% (%)

| 国家或地区 | Country or Area | 2000 | 2005 | 2008 | 2009 | 2010 | 2011 | 2012 |
|---|---|---|---|---|---|---|---|---|
| 中　　国 | China | 1.7 | 5.9 | 9.3 | 4.9 | 4.0 | 1.9 | 2.4 |
| 中国香港 | Hong Kong, China | 4.1 | 11.4 | 13.7 | 9.9 | 7.0 | 5.6 | 1.7 |
| 中国澳门 | Macao, China |  | 25.0 | 19.5 | 32.0 | 43.0 | 44.1 | 43.5 |
| 孟加拉国 | Bangladesh | -0.7 | -0.3 | 1.2 | 4.0 | 2.1 | -0.2 | 2.2 |
| 文　　莱 | Brunei Darussalam |  | 42.3 | 48.2 | 37.1 |  |  |  |
| 柬 埔 寨 | Cambodia | -3.7 | -4.9 | -10.2 | -7.5 | -6.9 | -5.6 | -8.6 |
| 印　　度 | India | -1.0 | -1.2 | -2.5 | -1.9 | -3.2 | -3.3 | -4.9 |
| 印度尼西亚 | Indonesia | 4.8 | 0.1 | 0.0 | 2.0 | 0.7 | 0.2 | -2.8 |
| 以 色 列 | Israel | -1.7 | 3.1 | 0.9 | 3.9 | 3.1 | 1.3 | 0.3 |
| 日　　本 | Japan | 2.5 | 3.6 | 3.3 | 2.9 | 3.7 | 2.0 | 1.0 |
| 哈萨克斯坦 | Kazakhstan | 2.0 | -1.9 | 4.7 | -3.6 | 1.0 | 5.4 | -0.4 |
| 韩　　国 | Korea, Rep. | 2.8 | 2.2 | 0.3 | 3.6 | 2.7 | 2.2 | 3.5 |
| 老　　挝 | Laos | -0.5 | -6.4 | 1.4 | -1.0 | 0.4 | -2.5 | -4.4 |
| 马来西亚 | Malaysia | 9.1 | 14.5 | 17.5 | 15.7 | 10.9 | 11.6 | 6.1 |
| 蒙　　古 | Mongolia | -6.2 | 3.3 | -12.3 | -7.5 | -14.3 | -31.5 | -32.6 |
| 巴基斯坦 | Pakistan | -0.1 | -3.3 | -9.6 | -2.4 | -0.8 | -1.0 | -1.0 |
| 菲 律 宾 | Philippines | -2.8 | 1.9 | 2.1 | 5.6 | 4.5 | 3.1 | 2.9 |
| 新 加 坡 | Singapore | 10.7 | 21.4 | 16.7 | 17.4 | 26.2 | 23.8 | 17.9 |
| 斯里兰卡 | Sri Lanka | -6.4 | -2.7 | -9.5 | -0.5 | -2.2 | -7.8 | -6.7 |
| 泰　　国 | Thailand | 7.6 | -4.3 | 0.8 | 8.3 | 3.1 | 1.2 | -0.4 |
| 越　　南 | Viet Nam | 3.6 | -1.1 | -11.9 | -6.2 | -3.7 | 0.2 | 5.8 |
| 埃　　及 | Egypt | -1.0 | 2.4 | -0.9 | -1.8 | -2.1 | -2.3 | -2.7 |
| 尼日利亚 | Nigeria | 16.2 | 32.5 | 14.1 | 8.2 | 4.0 | 3.0 | 4.4 |
| 南　　非 | South Africa | -0.1 | -3.5 | -7.3 | -4.0 | -1.9 | -2.4 | -5.2 |
| 加 拿 大 | Canada | 2.7 | 1.9 | 0.4 | -2.9 | -3.5 | -2.8 | -3.4 |
| 墨 西 哥 | Mexico | -3.2 | -0.7 | -1.4 | -0.9 | -0.3 | -1.1 | -1.2 |
| 美　　国 | United States | -4.2 | -5.9 | -4.8 | -2.7 | -3.0 | -3.0 | -2.7 |
| 阿 根 廷 | Argentina | -3.2 | 2.9 | 2.1 | 2.2 | 0.3 | -0.4 |  |
| 巴　　西 | Brazil | -3.8 | 1.6 | -1.7 | -1.5 | -2.2 | -2.1 | -2.4 |
| 委内瑞拉 | Venezuela | 10.1 | 17.2 | 10.8 | 0.7 | 2.2 | 7.7 | 2.9 |
| 捷　　克 | Czech Rep. | -4.6 | -0.9 | -2.1 | -2.5 | -3.8 | -2.8 | -2.4 |
| 法　　国 | France | 1.5 | -0.5 | -1.8 | -1.4 | -1.3 | -1.8 | -2.2 |
| 德　　国 | Germany | -1.7 | 5.1 | 6.2 | 6.1 | 6.3 | 6.2 | 7.0 |
| 意 大 利 | Italy | -0.5 | -1.7 | -2.9 | -1.9 | -3.5 | -3.1 | -0.4 |
| 荷　　兰 | Netherlands | 1.9 | 7.3 | 4.4 | 5.2 | 7.4 | 9.5 | 9.5 |
| 波　　兰 | Poland | -6.0 | -2.4 | -6.6 | -4.0 | -5.1 | -5.0 | -3.7 |
| 俄 罗 斯 | Russia | 18.0 | 11.1 | 6.2 | 4.1 | 4.4 | 5.1 | 3.6 |
| 西 班 牙 | Spain | -4.0 | -7.4 | -9.7 | -4.8 | -4.5 | -3.8 | -1.1 |
| 土 耳 其 | Turkey | -3.7 | -4.6 | -5.7 | -2.0 | -6.2 | -9.7 | -6.2 |
| 乌 克 兰 | Ukraine | 4.7 | 2.9 | -7.1 | -1.5 | -2.2 | -6.3 | -8.1 |
| 英　　国 | United Kingdom | -2.6 | -2.6 | -1.6 | -1.7 | -3.3 | -1.3 | -3.8 |
| 澳大利亚 | Australia | -3.5 | -5.9 | -4.5 | -5.3 | -3.8 | -3.0 | -4.2 |
| 新 西 兰 | New Zealand | -4.7 | -7.8 | -8.9 | -2.5 | -2.4 | -2.9 | -4.1 |

# 15-4 外商直接投资

## Foreign Direct Investment

资料来源：联合国贸发会议FDI数据库。
Source: UNCTAD FDI Database .
单位：亿美元 (100 million USD)

| 国家或地区 | Country or Area | 外商直接投资 FDI Inflows | | | 对外直接投资 FDI Outflows | | |
|---|---|---|---|---|---|---|---|
| | | 2000 | 2010 | 2012 | 2000 | 2010 | 2012 |
| **世　界** | **World** | **14131.7** | **14085.4** | **13509.3** | **12266.3** | **14513.7** | **13909.6** |
| 中　国 | China | 407.2 | 1147.3 | 1210.8 | 9.2 | 688.1 | 842.2 |
| 中国香港 | Hong Kong, China | 705.1 | 827.1 | 745.8 | 700.1 | 984.1 | 839.9 |
| 中国澳门 | Macao, China | 0.0 | 28.3 | 15.0 | … | -4.4 | 1.5 |
| 孟加拉国 | Bangladesh | 5.8 | 9.1 | 9.9 | 0.0 | 0.2 | 0.5 |
| 文　莱 | Brunei Darussalam | 5.5 | 6.3 | 8.5 | 0.3 | 0.1 | 0.1 |
| 柬埔寨 | Cambodia | 1.5 | 7.8 | 15.6 | 0.1 | 0.2 | 0.3 |
| 印　度 | India | 35.9 | 211.3 | 255.4 | 5.1 | 159.3 | 85.8 |
| 印度尼西亚 | Indonesia | | 137.7 | 198.5 | | 26.6 | 54.2 |
| 伊　朗 | Iran | 1.9 | 36.5 | 48.7 | 0.2 | 3.5 | 4.3 |
| 以色列 | Israel | 69.6 | 55.1 | 104.1 | 33.4 | 86.6 | 31.8 |
| 日　本 | Japan | 83.2 | -12.5 | 17.3 | 315.6 | 562.6 | 1225.5 |
| 哈萨克斯坦 | Kazakhstan | 12.8 | 115.5 | 140.2 | 0.0 | 78.9 | 15.8 |
| 韩　国 | Korea, Rep. | 92.8 | 101.1 | 99.0 | 44.8 | 283.6 | 329.8 |
| 老　挝 | Laos | 0.3 | 2.8 | 2.9 | 0.0 | 0.0 | -0.2 |
| 马来西亚 | Malaysia | 37.9 | 90.6 | 100.7 | 20.3 | 134.0 | 171.2 |
| 蒙　古 | Mongolia | 0.5 | 16.9 | 44.5 | | 0.6 | 0.4 |
| 缅　甸 | Myanmar | 2.1 | 12.9 | 22.4 | | | |
| 巴基斯坦 | Pakistan | 3.1 | 20.2 | 8.5 | 0.1 | 0.5 | 0.7 |
| 菲律宾 | Philippines | 22.4 | 13.0 | 28.0 | 1.3 | 6.2 | 18.5 |
| 新加坡 | Singapore | 155.2 | 536.2 | 566.5 | 66.5 | 253.4 | 230.8 |
| 斯里兰卡 | Sri Lanka | 1.7 | 4.8 | 7.8 | 0.0 | 0.4 | 0.8 |
| 泰　国 | Thailand | 34.1 | 91.5 | 86.1 | -0.2 | 44.7 | 119.1 |
| 越　南 | Viet Nam | 13.0 | 80.0 | 83.7 | | 9.0 | 12.0 |
| 埃　及 | Egypt | 12.4 | 63.9 | 28.0 | 0.5 | 11.8 | 2.1 |
| 尼日利亚 | Nigeria | 13.1 | 61.0 | 70.3 | 1.7 | 9.2 | 15.4 |
| 南　非 | South Africa | 8.9 | 12.3 | 45.7 | 2.7 | -0.8 | 43.7 |
| 加拿大 | Canada | 668.0 | 290.9 | 453.8 | 446.8 | 347.2 | 539.4 |
| 墨西哥 | Mexico | 182.8 | 213.7 | 126.6 | 3.6 | 150.5 | 256.0 |
| 美　国 | United States | 3140.1 | 1979.1 | 1676.2 | 1426.3 | 3044.0 | 3288.7 |
| 阿根廷 | Argentina | 104.2 | 78.5 | 125.5 | 9.0 | 9.7 | 10.9 |
| 巴　西 | Brazil | 327.8 | 485.1 | 652.7 | 22.8 | 115.9 | -28.2 |
| 委内瑞拉 | Venezuela | 47.0 | 18.5 | 32.2 | 5.2 | 17.8 | 24.6 |
| 捷　克 | Czech Rep. | 49.9 | 61.4 | 105.9 | 0.4 | 11.7 | 13.4 |
| 法　国 | France | 432.5 | 336.3 | 250.9 | 1774.5 | 645.8 | 372.0 |
| 德　国 | Germany | 1982.8 | 574.3 | 65.7 | 565.6 | 1215.3 | 669.3 |
| 意大利 | Italy | 133.8 | 91.8 | 96.3 | 66.9 | 326.6 | 304.0 |
| 荷　兰 | Netherlands | 638.6 | -73.7 | -2.4 | 756.3 | 683.3 | -35.1 |
| 波　兰 | Poland | 94.5 | 138.8 | 33.6 | 0.2 | 72.3 | -8.9 |
| 俄罗斯 | Russia | 27.1 | 431.7 | 514.2 | 31.8 | 526.2 | 510.6 |
| 西班牙 | Spain | 395.8 | 398.7 | 277.5 | 582.1 | 378.4 | -48.7 |
| 土耳其 | Turkey | 9.8 | 90.4 | 124.2 | 8.7 | 14.6 | 40.7 |
| 乌克兰 | Ukraine | 6.0 | 65.0 | 78.3 | 0.0 | 7.4 | 12.1 |
| 英　国 | United Kingdom | 1219.0 | 506.0 | 623.5 | 2354.0 | 395.0 | 714.2 |
| 澳大利亚 | Australia | 156.1 | 352.4 | 569.6 | 42.2 | 272.7 | 161.4 |
| 新西兰 | New Zealand | 13.5 | 4.5 | 29.1 | 6.1 | 5.3 | -4.9 |

# 15-5 外汇储备与黄金储备
# Foreign Exchange and Gold Reserves

资料来源：国际货币基金组织IFS数据库。
Source: IMF IFS Database.

| 国家或地区 | Country or Area | 外汇储备（亿美元） Foreign Exchange (100 million USD) | | | 黄金储备（万盎司） Gold Reserves(10000 fine troy ounces) | | |
|---|---|---|---|---|---|---|---|
| | | 2000 | 2010 | 2013 | 2000 | 2010 | 2013 |
| **世　界** | **World** | **19358.6** | **92648.9** | **116736.3** | **106603.9** | **99195.9** | **102525.7** |
| **发达经济体** | **Developed Economies** | **12178.8** | **30992.7** | **38171.7** | **81688.3** | **70431.1** | **70672.9** |
| **发展中经济体** | **Developing Economies** | | | | **14028.4** | **17541.9** | |
| 中　国 | China | 1655.7 | 28473.4 | 38213.2 | 1270.0 | 3389.0 | 3389.0 |
| 中国香港 | Hong Kong, China | 1075.4 | 2686.5 | 3110.6 | 6.7 | 6.7 | 6.7 |
| 中国澳门 | Macao, China | 33.2 | 237.3 | 161.5 | | | |
| 孟加拉国 | Bangladesh | 14.9 | 99.0 | 165.8 | 10.9 | 43.4 | 43.5 |
| 文　莱 | Brunei Darussalam | 3.6 | 12.1 | 30.4 | | | 14.7 |
| 柬埔寨 | Cambodia | 5.0 | 31.5 | 44.1 | 40.0 | 40.0 | 40.0 |
| 印　度 | India | 372.6 | 2678.1 | 2677.0 | 1150.2 | 1793.2 | 1793.2 |
| 印度尼西亚 | Indonesia | 282.8 | 899.7 | 934.3 | 310.1 | 235.0 | 251.0 |
| 以色列 | Israel | 231.6 | 692.7 | 795.9 | | | |
| 日　本 | Japan | 3472.1 | 10362.6 | 12029.2 | 2454.7 | 2460.2 | 2460.2 |
| 哈萨克斯坦 | Kazakhstan | 15.9 | 246.9 | 185.9 | 184.0 | 216.4 | 462.0 |
| 韩　国 | Korea, Rep. | 958.6 | 2869.3 | 3356.5 | 43.9 | 46.4 | 335.8 |
| 老　挝 | Laos | 1.4 | 6.3 | 7.2① | 1.7 | 28.5 | 28.5① |
| 马来西亚 | Malaysia | 274.3 | 1023.3 | 1304.9 | 117.0 | 117.0 | 117.0 |
| 蒙　古 | Mongolia | 1.8 | 21.2 | 20.3 | 8.5 | 6.5 | 12.6 |
| 缅　甸 | Myanmar | 2.2 | 57.1 | 69.6① | 23.1 | 23.4 | 23.4① |
| 巴基斯坦 | Pakistan | 15.0 | 131.2 | 43.1 | 209.1 | 207.0 | 207.2 |
| 菲律宾 | Philippines | 129.8 | 539.9 | 737.9 | 722.9 | 495.4 | 622.2 |
| 新加坡 | Singapore | 795.1 | 2236.8 | 2704.8 | 409.6 | 409.6 | 409.6 |
| 斯里兰卡 | Sri Lanka | 9.8 | 66.3 | 65.2 | 33.7 | 34.6 | 73.8 |
| 泰　国 | Thailand | 319.3 | 1656.6 | 1590.2 | 236.7 | 320.0 | 490.0 |
| 越　南 | Viet Nam | 34.2 | 120.5 | 254.8 | | | |
| 埃　及 | Egypt | 129.1 | 323.5 | 123.4 | 243.2 | 243.1 | 243.1 |
| 尼日利亚 | Nigeria | 99.1 | 323.4 | 438.3① | 68.7 | 68.7 | 68.7① |
| 南　非 | South Africa | 57.9 | 354.2 | 419.4 | 590.0 | 401.6 | 402.2 |
| 加拿大 | Canada | 290.2 | 448.9 | 584.3 | 118.4 | 10.9 | 9.6 |
| 墨西哥 | Mexico | 351.4 | 1148.8 | 1686.1 | 24.9 | 22.7 | 395.8 |
| 美　国 | United States | 312.4 | 520.8 | 476.0 | 26161.1 | 26149.9 | 26149.9 |
| 阿根廷 | Argentina | 244.1 | 466.2 | 249.8 | 1.9 | 176.0 | 198.5 |
| 巴　西 | Brazil | 324.3 | 2805.7 | 3490.3 | 211.8 | 108.1 | 216.1 |
| 委内瑞拉 | Venezuela | 126.3 | 91.9 | 20.6 | 1024.0 | 1176.0 | 1182.0 |
| 捷　克 | Czech Rep. | 130.2 | 403.4 | 538.9 | 44.6 | 40.8 | 34.9 |
| 法　国 | France | 321.1 | 362.1 | 274.1 | 9724.5 | 7830.1 | 7830.0 |
| 德　国 | Germany | 496.7 | 373.6 | 387.3 | 11151.9 | 10934.4 | 10890.0 |
| 意大利 | Italy | 224.2 | 356.8 | 355.2 | 7882.9 | 7882.9 | 7882.9 |
| 荷　兰 | Netherlands | 70.0 | 89.0 | 116.9 | 2931.5 | 1969.1 | 1969.1 |
| 波　兰 | Poland | 263.2 | 863.2 | 993.4 | 330.6 | 330.9 | 330.9 |
| 俄罗斯 | Russia | 242.6 | 4329.5 | 4564.5 | 1235.9 | 2535.5 | 3328.3 |
| 西班牙 | Spain | 295.2 | 133.1 | 281.7 | 1682.9 | 905.4 | 905.4 |
| 土耳其 | Turkey | 223.1 | 790.5 | 1092.5 | 373.9 | 373.3 | 1671.0 |
| 乌克兰 | Ukraine | 11.0 | 333.2 | 187.6 | 45.4 | 88.5 | 136.0 |
| 英　国 | United Kingdom | 341.6 | 493.4 | 695.6 | 1567.4 | 997.5 | 997.5 |
| 澳大利亚 | Australia | 167.8 | 327.9 | 425.3 | 256.3 | 256.7 | 256.7 |
| 新西兰 | New Zealand | 36.2 | 151.3 | 144.1 | | | |

注：①2012年数据。
Note:①Data refer to 2012.

# 15-6 外债及其构成(2012年)

# External Debts by Type(2012)

资料来源：世界银行WDI数据库。
Source: World Bank WDI Database.
单位：亿美元 (100 million USD)

| 国家或地区 | Country or Area | 外债总额 Total External Debt | 长期外债 Long-term Debt | 私人非担保外债 Private Nonguaranteed Debt | 政府及政府担保外债 Public and Publicly Guaranteed Debt | 国际货币基金组织贷款 Use of IMF Credit |
|---|---|---|---|---|---|---|
| **中等收入国家** | **Middle Income** | **46952.63** | **32949.41** | **16334.31** | **16615.10** | **1342.48** |
| **低收入国家** | **Low Income** | **1343.45** | **1113.84** | **72.96** | **1040.88** | **114.43** |
| 中　国 | China | 7540.09 | 2336.74 | 1596.71 | 740.04 | 107.43 |
| 孟加拉国 | Bangladesh | 261.30 | 232.51 | | 232.51 | 12.13 |
| 柬埔寨 | Cambodia | 57.16 | 45.49 | | 45.49 | 1.29 |
| 印　度 | India | 3790.99 | 2796.36 | 1602.04 | 1194.32 | 61.14 |
| 印度尼西亚 | Indonesia | 2548.99 | 2070.91 | 864.01 | 1206.90 | 30.44 |
| 伊　朗 | Iran | 114.77 | 40.03 | | 40.03 | 21.36 |
| 哈萨克斯坦 | Kazakhstan | 1370.14 | 1271.41 | 1197.66 | 73.75 | 5.28 |
| 老　挝 | Laos | 63.72 | 62.45 | 35.00 | 27.45 | 0.79 |
| 马来西亚 | Malaysia | 1039.50 | 548.94 | 277.75 | 271.19 | 20.69 |
| 蒙　古 | Mongolia | 50.80 | 45.50 | 13.07 | 32.42 | 2.34 |
| 缅　甸 | Myanmar | 25.63 | 18.58 | | 18.58 | 3.68 |
| 巴基斯坦 | Pakistan | 618.67 | 515.85 | 68.49 | 447.36 | 76.84 |
| 菲律宾 | Philippines | 613.90 | 516.19 | 85.82 | 430.37 | 12.88 |
| 斯里兰卡 | Sri Lanka | 253.82 | 203.77 | 0.03 | 203.74 | 31.18 |
| 泰　国 | Thailand | 1342.23 | 757.64 | 410.33 | 347.31 | 14.91 |
| 越　南 | Viet Nam | 591.33 | 487.60 | 88.06 | 399.54 | 4.84 |
| 埃　及 | Egypt | 400.00 | 319.62 | 0.20 | 319.42 | 13.81 |
| 尼日利亚 | Nigeria | 100.77 | 75.02 | 8.50 | 66.52 | 25.75 |
| 南　非 | South Africa | 1375.01 | 1068.89 | 495.38 | 573.51 | 27.44 |
| 墨西哥 | Mexico | 3548.97 | 2782.04 | 695.55 | 2086.49 | 43.82 |
| 阿根廷 | Argentina | 1210.13 | 1039.30 | 363.32 | 675.97 | 31.05 |
| 巴　西 | Brazil | 4404.78 | 4034.58 | 2868.30 | 1166.28 | 44.37 |
| 委内瑞拉 | Venezuela | 720.97 | 487.96 | 25.60 | 462.36 | 39.09 |
| 土耳其 | Turkey | 3374.92 | 2341.50 | 1352.28 | 989.22 | 25.10 |
| 乌克兰 | Ukraine | 1350.67 | 875.21 | 560.40 | 314.81 | 127.95 |

# 15-7 外债风险指标(2012年)
# Risk Indicators on Foreign Debts(2012)

资料来源：世界银行WDI数据库。
Source: World Bank WDI Database.
单位：%　　(%)

| 国家或地区 | Country or Area | 政府及政府担保外债占出口比重 PPG debt service as Percentage of exports | 债务率 Present value of debt as percentage of exports of goods and services and Income | 短期债务比重 Short-term debt as percentage of total external debt | 偿债率 Total debt service as percentage of exports of goods, services and income) | 外债本息占GNI比重 Total debt service as percentage of GNI |
|---|---|---|---|---|---|---|
| **中等收入国家** | **Middle Income** | **2.76** | | **26.97** | **9.93** | **3.02** |
| **低收入国家** | **Low Income** | **3.45** | | **8.57** | **4.76** | **1.16** |
| 中　国 | China | 0.44 | 31.55 | 67.58 | 3.33 | 0.95 |
| 孟加拉国 | Bangladesh | 4.62 | 57.30 | 6.38 | 5.42 | 1.18 |
| 柬埔寨 | Cambodia | 1.05 | 46.19 | 18.16 | 1.47 | 0.95 |
| 印　度 | India | 1.75 | 71.48 | 24.62 | 6.76 | 1.67 |
| 印度尼西亚 | Indonesia | 4.96 | 105.97 | 17.56 | 17.14 | 4.30 |
| 伊　朗 | Iran | | | 46.50 | | 0.10 |
| 哈萨克斯坦 | Kazakhstan | 0.35 | 115.72 | 6.82 | 23.46 | 13.23 |
| 老　挝 | Laos | 4.48 | 157.51 | 0.74 | 8.20 | 2.73 |
| 马来西亚 | Malaysia | 1.65 | 33.94 | 45.20 | 3.47 | 3.30 |
| 蒙　古 | Mongolia | 2.05 | 68.37 | 5.85 | 4.49 | 2.59 |
| 缅　甸 | Myanmar | | | 13.12 | | |
| 巴基斯坦 | Pakistan | 6.51 | 145.36 | 4.20 | 14.90 | 2.01 |
| 菲律宾 | Philippines | 7.53 | 87.16 | 13.82 | 7.98 | 1.94 |
| 斯里兰卡 | Sri Lanka | 12.42 | 139.74 | 7.43 | 13.26 | 3.15 |
| 泰　国 | Thailand | 0.41 | 39.80 | 42.44 | 4.07 | 3.28 |
| 越　南 | Viet Nam | 1.78 | 37.38 | 16.72 | 4.40 | 3.68 |
| 埃　及 | Egypt | 6.03 | 66.53 | 16.64 | 6.62 | 1.26 |
| 尼日利亚 | Nigeria | 0.25 | 4.37 | | 0.31 | 0.07 |
| 南　非 | South Africa | 4.22 | 59.77 | 20.27 | 7.87 | 2.41 |
| 墨西哥 | Mexico | 9.34 | 80.30 | 20.38 | 17.73 | 6.06 |
| 阿根廷 | Argentina | 5.75 | 103.36 | 11.55 | 13.21 | 2.79 |
| 巴　西 | Brazil | 3.99 | 133.11 | 7.40 | 15.51 | 2.06 |
| 委内瑞拉 | Venezuela | 4.62 | 68.33 | 26.90 | 5.64 | 1.54 |
| 土耳其 | Turkey | 4.88 | 145.19 | 29.88 | 26.08 | 7.07 |
| 乌克兰 | Ukraine | 3.17 | 133.50 | 25.73 | 31.47 | 16.26 |

# 主要统计指标解释

**经常账户** 为货物、服务、收入差额与经常转移的贷方、借方之和。

**货物进口 FOB 和货物出口 FOB** 是指以出口国离岸价格计算的货物进口值或出口值。货物项目包括：一般货物、用于加工的货物、用于维修的货物、各种运输工具在港口购买的货物和非货币用黄金。

**贸易差额** 出口 FOB 与进口 FOB 的差额。贸易差额为正表示货物出口大于进口。反之，差额为负表示进口大于出口。

**服务** 包括运输、旅游、通讯服务、建筑服务、保险服务、金融服务、计算机和信息服务、专有权力使用费和特许费、体育、文化和娱乐服务、别处未提及的政府服务和其它商业服务。

**货物和服务差额** 为货物差额与服务借方、贷方之和。

**收入** 包括投资收益 （包括直接投资收益、证券投资收益和其他投资收益）和职工报酬。

**货物、服务、收入差额** 货物和服务差额与收入借方、贷方之和。

**经常转移** 经常转移包括政府间的经常转移和其他转移如雇员汇款等。贷方是指报告经济体接受的所有经常转移。借方是指由报告经济体提供的经常转移。

**资本账户** 资本账户贷方、借方之和。资本账户贷方包括：固定资产的获取，非生产、非金融资产的出让（但不包括债务减免）。资本账户借方包括：固定资产的出让，非生产、非金融资产的购买。

**金融账户** 为直接投资、证券投资、金融衍生工具和其他投资之和。

**证券投资** 包括股本证券和债务证券投资。

**股本证券** 包括股票和可以表明股本所有权的类似文件（如美国的存股证）。

**债务证券** 包括短期、中期和长期债券以及货币市场工具（一种期限为一年获一年以下的债券），以及各种可兑现的债券工具。

**金融衍生工具** 是同其他金融工具、指数、商品挂钩的一种金融工具。通过金融衍生工具，可以在金融市场中就具体的金融风险（如利率风险、外汇风险、股票和商品风险、信贷风险等）本身进行交易。

**经常项目差额占 GDP 的比重** 经常帐户差额是货物和服务的净出口，净收入，净经常转移的总和。

**黄金储备（货币黄金）** 一国当局拥有的、作为储备资产的黄金。参见国际储备。

**外债总额** 指欠非本地居民的，可用外币、货物或服务偿还的债务。它是长期公共债务、公共担保债务和私人非担保长期债务、IMF 贷款和短期外债的总和。

**长期债务** 指初始到期日或宽限期在一年以上的债务。它有三个构成部分：公共债务、公共担保债务和私人非担保债务。用现价美元表示。

**短期债务** 包括初始到期日为一年及一年期以下的所有债务和长期债务到期未付的利息。用现价美元表示。

# Explanatory Notes on Main Statistical Indicators

**Current Account** is the sum of the balance on goods, services, and income, plus current transfers: credit, plus current transferse: debit.

Goods: Exports f.o.b. and Goods: Imports f.o.b. are both measured on the "free-on-board" (f.o.b.) basis—that is, by the value of the goods at the border of the exporting economy. The goods item covers general merchandise, goods for processing, repairs on goods, goods procured in ports by carriers, and nonmonetary gold.

**Trade Balance** is the balance of exports f.o.b. and imports f.o.b. A positive trade balance shows that merchandise exports are larger than merchandise imports, whereas a negative trade balance shows that merchandise imports are larger than merchandise exports.

**Services** comprise services in transportation, travel, communication, construction, insurance, finance, computer and information, royalties and license fees, other business, personal, cultural and recreational, and government, n.i.e.

**Balance on Goods and Services** is the sum of the balance on goods, plus services: credit, plus services: debit.

**Income** comprise (1) investment income (consisting of direct investment income, portfolio investment income, and other investment income), and (2) compensation of employees.

**Balance on Goods, Services, and Income** is the sum of the balance on goods and services, plus income: credit, plus income: debit.

**Current Transfers. Credit** comprise all current transfers received by the reporting economy. Current transfers comprise (1) general government transfers and (2) other sector transfers, including workers' remittances.

**Current Transfers, Debit** comprise all current transfers paid by the reporting economy.

**Capital Account, n.i.e** is the balance on the capital account (capital account, n.i.e.: credit, plus capital account: debit). Capital account, n.i.e.: credit covers (1) transfers linked to the acquisition of a fixed asset and (2) the disposal of nonproduced, nonfinancial assets. Capital account: debit covers (1) transfers linked to the disposal of fixed assets, and (2) acquisition of nonproduced, nonfinancial assets.

**Financial Account, n.i.e.** is the net sum of direct investment, portfolio investment, financial derivatives, and other investment.

**Portfolio Investment** includes Equity Securities and Debt Securities.

**Equity Securities** include shares, stocks, participation, and similar documents (such as American depository receipts) that usually denote ownership of equity.

**Debt Securities** covers (1) bonds, debentures, notes, etc., and (2) money market or negotiable debt instruments.

**Financial Derivatives** cover financial instruments that are linked to other specific financial instruments, indicators, or commodities, and through which specific financial risks (such as interest rate risk, foreign exchange risk, equity and commodity price risks, credit risk, etc.) can, in their own right, be traded in financial markets.

**Current Account Blance as percentage of GDP** Current account balance is the sum of net exports of goods, services, net income, and net current transfers.

**Gold Reserves (Monetary Gold)** Gold owned by the authorities and held as a reserve asset. See also international reserves.

**External Debt Total** Total external debt is debt owed to nonresidents repayable in foreign currency, goods, or services. Total external debt is the sum of public, publicly guaranteed, and private no guaranteed long-term debt, use of IMF credit, and short-term debt.

**Long-term Debt** Long-term debt is debt that has an original or extended maturity of more than one year. It has three components: public, publicly guaranteed, and private no guaranteed debt. Data are in current U.S. dollars.

**Short-term Debt** includes all debt having an original maturity of one year or less and interest in arrears on long-term debt. Data are in current U.S. dollars.

# 教育、科技、文化和卫生

# Education, Science and Technology, Culture and Health

# 16-1　15岁及以上成人识字率

## Adult Literacy Rate(As Percentage of People Ages 15 and Above)

资料来源：世界银行WDI数据库。
Source: World Bank WDI Database.

单位：%　　(%)

| 国家或地区 | Country or Area | 总计 Total | | 男性 Male | | 女性 Female | |
|---|---|---|---|---|---|---|---|
| | | 2000 | 2012 | 2000 | 2012 | 2000 | 2012 |
| **世　界** | **World** | **81.8** | **84.3①** | **86.9** | **88.6①** | **76.9** | **80.2①** |
| **高收入国家** | **High Income** | **98.1** | **98.3①** | **98.6** | **98.7①** | **97.7** | **97.9①** |
| **中等收入国家** | **Middle Income** | **80.4** | **83.1①** | **86.3** | **88.3①** | **74.5** | **78.1①** |
| **低收入国家** | **Low Income** | **57.5** | **60.8①** | **66.0** | **68.1①** | **49.4** | **53.9①** |
| 中　国 | China | 90.9 | 95.1① | 95.1 | 97.5① | 86.5 | 92.7① |
| 中国澳门② | Macao, China② | | 95.6 | | 97.8 | | 93.7 |
| 孟加拉国 | Bangladesh | | 58.8 | | 62.5 | | 55.1 |
| 文　莱 | Brunei Darussalam | | 95.4 | | 97.1 | | 93.7 |
| 柬埔寨 | Cambodia | 67.3③ | 73.9④ | 79.5③ | 82.8④ | 57.0③ | 65.9④ |
| 印　度⑤ | India⑤ | | 66.0 | | 76.9 | | 54.5 |
| 印度尼西亚② | Indonesia② | | 92.8 | | 95.6 | | 90.1 |
| 伊　朗 | Iran | | 84.3 | | 89.4 | | 79.2 |
| 以色列② | Israel② | | 97.8 | | 98.7 | | 96.8 |
| 哈萨克斯坦 | Kazakhstan | 99.5⑥ | 99.7④ | 99.8⑥ | 99.8④ | 99.3⑥ | 99.7④ |
| 老　挝 | Laos | 69.6 | | 81.4 | | 58.5 | |
| 马来西亚 | Malaysia | 88.7 | 93.1① | 92.0 | 95.4① | 85.4 | 90.7① |
| 蒙　古 | Mongolia | 97.8 | 98.3① | 98.0 | 98.2① | 97.5 | 98.3① |
| 缅　甸 | Myanmar | 89.9 | 92.6 | 93.9 | 95.0 | 86.4 | 90.5 |
| 巴基斯坦 | Pakistan | 42.7③ | 54.7② | 55.3③ | 67.0② | 29.0③ | 42.0② |
| 菲律宾 | Philippines | 92.6 | 95.4⑦ | 92.5 | 95.0⑦ | 92.7 | 95.8⑦ |
| 新加坡 | Singapore | 92.5 | 96.4 | 96.6 | 98.5 | 88.6 | 94.4 |
| 斯里兰卡① | Sri Lanka① | | 91.2 | | 92.6 | | 90.0 |
| 泰　国 | Thailand | 92.6 | 94.1⑤ | 94.9 | 95.9⑤ | 90.5 | 92.6⑤ |
| 越　南 | Viet Nam | 90.2 | 93.5④ | 93.9 | 95.8④ | 86.6 | 91.4④ |
| 埃　及 | Egypt | | 73.9 | | 81.7 | | 65.8 |
| 尼日利亚④ | Nigeria④ | | 60.8 | | 72.0 | | 49.8 |
| 南　非 | South Africa | | 93.7 | | 95.0 | | 92.6 |
| 墨西哥 | Mexico | 90.5 | 94.2 | 92.6 | 95.4 | 88.7 | 93.2 |
| 阿根廷 | Argentina | | 97.9 | | 97.9 | | 98.0 |
| 巴　西 | Brazil | 86.4 | 91.3 | 86.2 | 91.0 | 86.5 | 91.6 |
| 委内瑞拉④ | Venezuela④ | | 95.5 | | 95.7 | | 95.4 |
| 意大利 | Italy | | 99.0 | | 99.3 | | 98.8 |
| 波　兰 | Poland | | 99.7 | | 99.9 | | 99.6 |
| 俄罗斯① | Russia① | | 99.7 | | 99.7 | | 99.6 |
| 西班牙 | Spain | | 97.9 | | 98.6 | | 97.2 |
| 土耳其 | Turkey | | 94.9 | | 98.3 | | 91.6 |
| 乌克兰 | Ukraine | | 99.7 | | 99.8 | | 99.7 |

注：①2010年数据。②2011年数据。③1998年数据。④2009年数据。⑤2007年数据。⑥1999年数据。⑦2008年数据。
Note: ①Data refer to 2010.②Data refer to 2011.③Data refer to 1998.④Data refer to 2009.⑤Data refer to 2007.⑥Data refer to 1999.⑦Data refer to 2008.

# 16-2 入学率

## School Enrollment Ratio

资料来源：世界银行WDI数据库。
Source: World Bank WDI Database.

单位：% (%)

| 国家或地区 | Country or Area | 高等教育粗入学率 School enrollment, tertiary | | 中等教育粗入学率 School enrollment, secondary | | 初等教育粗入学率 School enrollment, primary | |
|---|---|---|---|---|---|---|---|
| | | 2005 | 2012 | 2005 | 2012 | 2005 | 2012 |
| **世　　界** | **World** | **24.1** | **32.2** | **63.7** | **73.0** | **104.8** | **108.4** |
| **高收入国家** | **High Income** | **66.4** | **75.1** | **97.9** | **100.2** | **100.5** | **101.3** |
| **中等收入国家** | **Middle Income** | **18.7** | **28.2** | **62.7** | **74.3** | **107.9** | **109.9** |
| **低收入国家** | **Low Income** | **5.5** | **9.5** | **34.6** | **44.2** | **95.4** | **107.7** |
| 中　　国 | China | 18.3 | 26.7 | 60.2① | 89.0 | 111.8① | 127.9 |
| 中国香港 | Hong Kong, China | 32.1 | 59.7 | 79.6 | 88.7 | 96.1 | 101.2 |
| 中国澳门 | Macao, China | 63.6 | 64.0② | 105.2 | 96.5 | 104.6 | |
| 孟加拉国 | Bangladesh | 6.2 | 13.2② | 45.0 | 53.6 | 98.5 | 114.2② |
| 文　　莱 | Brunei Darussalam | 17.7 | 24.3 | 93.6 | 107.8 | 111.3 | 95.5 |
| 柬 埔 寨 | Cambodia | 3.3 | 15.8② | 31.1③ | | 133.5 | 124.2 |
| 印　　度 | India | 11.0 | 24.8 | 55.1 | 68.5② | 105.4① | 112.6② |
| 印度尼西亚 | Indonesia | 17.7 | 31.5 | 61.7 | 82.5 | 109.8 | 108.5 |
| 伊　　朗 | Iran | 22.9 | 55.2 | 76.3 | 86.3 | 101.1 | 106.0 |
| 以 色 列 | Israel | 58.1 | 65.8② | 104.8 | 101.7② | 103.6 | 105.0② |
| 日　　本 | Japan | 55.0 | 61.5 | 101.0 | 101.8 | 101.9 | 102.3 |
| 哈萨克斯坦 | Kazakhstan | 52.9 | 44.5 | 96.5 | 97.7 | 104.2 | 104.9 |
| 韩　　国 | Korea, Rep. | 93.5 | 98.4 | 97.5 | 97.2 | 101.6 | 102.7 |
| 老　　挝 | Laos | 7.8 | 16.7 | 43.1 | 46.5 | 109.0 | 122.7 |
| 马来西亚 | Malaysia | 27.9 | 36.0② | 68.7 | 67.2② | 101.4 | |
| 蒙　　古 | Mongolia | 44.7 | 61.1 | 90.3 | 103.5 | 98.0 | 117.0 |
| 缅　　甸 | Myanmar | | 13.8② | 44.0 | 50.2④ | 103.5 | 114.2④ |
| 巴基斯坦 | Pakistan | 4.7 | 9.5 | 25.3 | 36.6 | 83.7 | 92.9 |
| 菲 律 宾 | Philippines | 27.5 | 28.2⑤ | 83.0 | 84.6⑤ | 106.5 | 105.8⑤ |
| 斯里兰卡 | Sri Lanka | | 17.0 | | 99.3 | 97.9 | 98.4 |
| 泰　　国 | Thailand | 44.2 | 51.4 | 71.4 | 87.0 | 98.1 | 95.4 |
| 越　　南 | Viet Nam | 15.9 | 24.6 | | | 97.3 | 104.7 |
| 埃　　及 | Egypt | 31.6 | 30.1 | 87.6③ | 86.3 | 105.5 | 113.4 |
| 尼日利亚 | Nigeria | 10.4 | | 34.7 | 43.8④ | 100.9 | 84.8④ |
| 南　　非 | South Africa | | | 91.0 | 101.9 | 107.0 | 101.6 |
| 加 拿 大 | Canada | | | 101.1 | 103.4② | 97.1 | 98.3② |
| 墨 西 哥 | Mexico | 23.3 | 29.0 | 78.8 | 85.7 | 102.3 | 105.0 |
| 美　　国 | United States | 81.3 | 94.3 | 94.8 | 93.7 | 99.6 | 98.1 |
| 阿 根 廷 | Argentina | 64.0 | 78.6② | 84.9 | 91.9② | 113.1 | 117.6② |
| 委内瑞拉 | Venezuela | 41.5③ | 78.1⑤ | 74.2 | 85.4 | 104.6 | 102.1 |
| 捷　　克 | Czech Rep. | 48.9 | 64.2 | 95.0 | 96.6 | 99.5 | 100.4 |
| 法　　国 | France | 53.9 | 58.3 | 110.4 | 109.7 | 107.7 | 107.3 |
| 德　　国 | Germany | | 61.7 | 99.3 | 101.3 | 101.5 | 100.5 |
| 意 大 利 | Italy | 64.0 | 62.5 | 98.8 | 100.7② | 101.4 | 100.0② |
| 荷　　兰 | Netherlands | 58.7 | 77.3 | 119.1 | 129.9 | 106.4 | 105.8 |
| 波　　兰 | Poland | 63.6 | 73.2 | 99.1 | 97.7 | 96.8 | 101.2 |
| 俄 罗 斯 | Russia | 72.6 | 76.1 | 91.7① | 95.3 | 95.3 | 100.6 |
| 西 班 牙 | Spain | 66.6 | 84.6 | 118.7 | 130.8 | 103.4 | 102.9 |
| 土 耳 其 | Turkey | 32.8 | 69.4 | 83.4 | 86.1 | 103.8 | 100.0 |
| 乌 克 兰 | Ukraine | 68.7 | 79.7 | 92.0 | 97.8 | 107.1 | 106.0 |
| 英　　国 | United Kingdom | 58.7 | 61.9 | 105.4 | 95.4 | 106.5 | 108.5 |
| 澳大利亚 | Australia | 71.2 | 86.3 | 147.6 | 135.5 | 101.5 | 104.8 |
| 新 西 兰 | New Zealand | 80.6 | 79.8 | 120.2 | 119.5 | 99.8 | 98.7 |

注：①2003年数据。②2011年数据。③2004年数据。④2010年数据。⑤2009年数据。
Note: ①Data refer to 2003.②Data refer to 2011.③Data refer to 2004.④Data refer to 2010.⑤Data refer to 2009.

# 16-3 每个学生教育支出占人均国内生产总值比重

## Expenditure per Student as Percentage of GDP per Capita

资料来源：世界银行WDI数据库。
Source: World Bank WDI Database.
单位：% (%)

| 国家或地区 | Country or Area | 大学生教育支出占人均国内生产总值比重 Tertiary School Student | | 中学生教育支出占人均国内生产总值比重 Secondary School Student | | 小学生教育支出占人均国内生产总值比重 Primary School Student | |
|---|---|---|---|---|---|---|---|
| | | 2000 | 2012 | 2000 | 2012 | 2000 | 2012 |
| **高收入国家** | **High Income** | **30.2** | **25.9①** | **22.7** | **25.0②** | **19.1** | **21.1②** |
| 中国香港 | Hong Kong, China | | 30.3 | 12.4③ | 17.3 | 7.7③ | 14.2 |
| 孟加拉国 | Bangladesh | 42.2 | 20.0② | 10.6 | 13.9② | 0.0④ | |
| 柬埔寨 | Cambodia | 77.4⑥ | 27.8① | 11.2⑥ | 6.8① | 5.8 | 6.9① |
| 印度 | India | 98.5 | 53.9 | 25.8 | 13.5② | 15.1 | 7.1② |
| 伊朗 | Iran | 56.0③ | 17.1 | | 15.9 | 0.0③ | 12.0 |
| 以色列 | Israel | 29.2 | 19.4② | 18.9 | 15.5② | 21.4 | 22.7② |
| 日本 | Japan | 17.7 | 25.5 | 21.2 | 25.8 | 21.6 | 23.8 |
| 哈萨克斯坦 | Kazakhstan | 22.8③ | | 22.0④ | | 0.0④ | |
| 老挝 | Laos | 69.5 | | 5.5 | | 3.9 | |
| 马来西亚 | Malaysia | 81.6 | 60.9② | 21.9 | 19.9② | 12.6 | 17.1② |
| 菲律宾 | Philippines | 14.4 | | 10.2 | | 12.0 | |
| 泰国 | Thailand | 36.5 | 19.5 | 19.2⑥ | 37.4 | 18.1 | 38.3 |
| 南非 | South Africa | 55.1 | | 17.7 | 20.1① | 13.9 | 17.8① |
| 加拿大 | Canada | 50.0 | | | 18.8② | | |
| 墨西哥 | Mexico | 48.8⑧ | 37.7② | 14.5⑧ | 16.1② | 13.3 | 14.7② |
| 美国 | United States | 26.8⑧ | 20.9① | 22.7 | 24.3① | 19.1 | 22.1① |
| 阿根廷 | Argentina | 17.7 | 18.6② | 17.6 | 27.5② | 12.8 | 17.6② |
| 巴西 | Brazil | 55.6 | 28.4① | 10.3 | 21.6① | 10.7 | 21.1① |
| 白俄罗斯 | Belarus | 20.3③ | 14.8 | 30.6③ | | 12.4③ | |
| 捷克 | Czech Rep. | 30.5 | 27.3② | 21.2 | 25.2② | 11.5 | 16.3② |
| 法国 | France | 30.2 | 37.4② | 29.1 | 28.0② | 18.0 | 18.4② |
| 德国 | Germany | 41.1③ | | 21.6 | 24.7① | 15.3 | 18.3① |
| 意大利 | Italy | 26.5 | 25.6② | 26.5 | 23.9② | 23.0 | 22.8② |
| 荷兰 | Netherlands | 45.4 | 36.4 | 22.8 | 25.8 | 15.4 | 18.4 |
| 波兰 | Poland | 17.6 | 20.9① | 10.9⑥ | 24.7① | | 27.4① |
| 俄罗斯 | Russia | 10.9 | | | | | |
| 西班牙 | Spain | 20.5 | 28.9① | 23.2 | 26.9① | 17.5 | 21.8① |
| 土耳其 | Turkey | 32.1 | | 9.6 | | 9.8 | |
| 乌克兰 | Ukraine | 36.5 | 37.7② | 11.2 | 27.5② | 7.6 | 28.1② |
| 英国 | United Kingdom | 23.0 | 25.6① | 24.3 | 33.8① | 14.1 | 26.4① |
| 澳大利亚 | Australia | 25.6 | 20.0② | 13.3 | 18.0② | 15.9 | 20.2② |
| 新西兰 | New Zealand | 39.5⑧ | 31.7 | 22.4 | 25.3 | 20.0 | 24.4 |

注：①2010年数据。②2011年数据。③1996年数据。④1997年数据。⑤2009年数据。⑥1998年数据。⑦2008年数据。⑧1999年数据。⑨2006年数据。

Note: ①Data refer to 2010.②Data refer to 2011.③Data refer to 1996.④Data refer to 1997.⑤Data refer to 2009.⑥Data refer to 1998.⑦Data refer to 2008.⑧Data refer to 1999.⑨Data refer to 2006.

# 16-4 研究与开发经费支出和公共教育经费支出占国内生产总值比重
# Research and Development Expenditure and Public Spending on Education as Percentage of GDP

资料来源：世界银行WDI数据库。
Source: World Bank WDI Database.

单位：% (%)

| 国家或地区 | Country or Area | 研究与开发经费支出占国内生产总值比重 Research and Development Expenditure as of GDP | | | 公共教育经费支出占国内生产总值比重 Public Spending on Education, Total as of GDP | | |
|---|---|---|---|---|---|---|---|
| | | 2000 | 2005 | 2012 | 2000 | 2005 | 2012 |
| **世界** | **World** | **2.1** | **2.0** | **2.1①** | **4.0** | **4.3** | **4.9②** |
| **高收入国家** | **High Income** | **2.4** | **2.3** | **2.3①** | **5.0** | **4.9** | **5.2①** |
| **中等收入国家** | **Middle Income** | **0.7** | **0.9** | **1.2②** | **4.0** | **4.1** | **4.8②** |
| 中　　国 | China | 0.9 | 1.3 | 1.8① | 1.9③ | | |
| 中国香港 | Hong Kong, China | 0.5 | 0.8 | 0.7② | | 4.1 | 3.5 |
| 中国澳门 | Macao, China | | 0.1 | | 3.7 | 2.3 | 2.7① |
| 孟加拉国 | Bangladesh | | | | 2.4 | 2.2④ | 2.2⑤ |
| 文　　莱 | Brunei Darussalam | | | | 3.7 | | 3.3 |
| 柬 埔 寨 | Cambodia | | 0.1⑥ | | 1.7 | 1.7 | 2.6② |
| 印　　度 | India | 0.8 | 0.8 | | 4.4 | 3.1 | 3.4 |
| 印度尼西亚 | Indonesia | 0.1 | | 0.1⑤ | 1.1⑦ | 2.9 | 3.6 |
| 伊　　朗 | Iran | | 0.7 | | 4.4 | 4.7 | 3.6 |
| 以 色 列 | Israel | 4.3 | 4.4 | 4.4① | 6.5 | 6.1 | 5.6① |
| 日　　本 | Japan | 3.0 | 3.3 | 3.3② | 3.7 | 3.5 | 3.9 |
| 哈萨克斯坦 | Kazakhstan | 0.2 | 0.3 | 0.2① | 3.3 | 2.3 | 3.1⑤ |
| 韩　　国 | Korea, Rep. | 2.3 | 2.8 | 3.7② | 3.8③ | 4.1 | 5.2① |
| 老　　挝 | Laos | | | | 1.5 | 2.4 | 2.8② |
| 马来西亚 | Malaysia | 0.5 | 0.6④ | 1.1① | 6.0 | 7.5 | 5.9① |
| 蒙　　古 | Mongolia | 0.2 | 0.2 | 0.3① | 5.6 | 4.3④ | 5.5① |
| 缅　　甸 | Myanmar | 0.1 | 0.2⑥ | | 0.6 | | 0.8① |
| 巴基斯坦 | Pakistan | 0.1 | 0.4 | 0.3① | 1.8 | 2.3 | 2.1 |
| 菲 律 宾 | Philippines | | 0.1 | | 3.3 | 2.4 | 2.7⑤ |
| 新 加 坡 | Singapore | 1.9 | 2.2 | 2.1② | 3.4 | 3.3 | 3.2 |
| 斯里兰卡 | Sri Lanka | 0.1 | 0.2④ | 0.2② | 3.1⑧ | | 1.7 |
| 泰　　国 | Thailand | 0.3 | 0.2 | 0.3⑤ | 5.4 | 4.2 | 7.6 |
| 越　　南 | Viet Nam | | 0.2⑥ | | | | 6.3② |
| 埃　　及 | Egypt | 0.2 | 0.2 | 0.4① | | 4.8 | |
| 南　　非 | South Africa | 0.6⑦ | 0.9 | 0.9⑤ | 5.6 | 5.3 | 6.6 |
| 加 拿 大 | Canada | 1.9 | 2.0 | 1.7① | 5.6 | 4.9 | 5.4① |
| 墨 西 哥 | Mexico | 0.4 | 0.4 | 0.5① | 4.9 | 4.9 | 5.2① |
| 美　　国 | United States | 2.7 | 2.6 | 2.8① | 5.0③ | 5.1 | 5.4② |
| 阿 根 廷 | Argentina | 0.4 | 0.5 | 0.6② | 4.6 | 3.8④ | 6.3① |
| 巴　　西 | Brazil | 1.0 | 1.0 | 1.2② | 4.0 | 4.5 | 5.8② |
| 委内瑞拉 | Venezuela | 0.4 | 0.2 | | | | 6.9⑤ |
| 捷　　克 | Czech Rep. | 1.2 | 1.4 | 1.8① | 4.0 | 4.1 | 4.5① |
| 法　　国 | France | 2.2 | 2.1 | 2.3① | 5.7 | 5.7 | 5.7① |
| 德　　国 | Germany | 2.5 | 2.5 | 2.8① | 4.5 | 4.5 | 5.1② |
| 意 大 利 | Italy | 1.0 | 1.1 | 1.3① | 4.4 | 4.4 | 4.3① |
| 荷　　兰 | Netherlands | 1.8 | 1.9 | 2.0① | 5.0 | 5.5 | 5.9 |
| 波　　兰 | Poland | 0.6 | 0.6 | 0.8① | 5.0 | 5.5 | 5.2② |
| 俄 罗 斯 | Russia | 1.1 | 1.1 | 1.1① | 2.9 | 3.8 | |
| 西 班 牙 | Spain | 0.9 | 1.1 | 1.3① | 4.3 | 4.2 | 5.0② |
| 土 耳 其 | Turkey | 0.5 | 0.6 | 0.8② | 2.6 | 3.1④ | |
| 乌 克 兰 | Ukraine | 1.0 | 1.2 | 0.7① | 4.2 | 6.1 | 6.2① |
| 英　　国 | United Kingdom | 1.8 | 1.7 | 1.8① | 4.5 | 5.4 | 6.2② |
| 澳大利亚 | Australia | 1.6 | 1.8④ | 2.4② | 4.7 | 4.9 | 5.1① |
| 新 西 兰 | New Zealand | 1.0③ | 1.1 | 1.3⑤ | 6.8③ | 6.3 | 7.4 |

注：①2011年数据。②2010年数据。③1999年数据。④2004年数据。⑤2009年数据。⑥2002年数据。⑦1997年数据。⑧1998年数据。
Note: ①Data refer to 2011.②Data refer to 2010.③Data refer to 1999.④Data refer to 2004.⑤Data refer to 2009.⑥Data refer to 2002.⑦Data refer to 1997.⑧Data refer to 1998.

# 16-5 每百万人中研究人员和技术人员

## Researchers and Technicians in R&D (per Million People)

资料来源：世界银行WDI数据库。
Source: World Bank WDI Database.

单位：人 (person)

| 国家或地区 | Country or Area | 每百万人中研究人员数 Researchers in R&D (per million people) | | | 每百万人中技术人员数 Technicians in R&D (per million people) | | |
|---|---|---|---|---|---|---|---|
| | | 2000 | 2005 | 2011 | 2000 | 2005 | 2011 |
| **高收入国家** | **High Income** | **3466.8** | **3758.3** | **3601.8①** | | | |
| **中等收入国家** | **Middle Income** | **493.9** | **590.7** | | | | |
| 中　　国 | China | 542.8 | 848.7 | 963.2 | | | |
| 中国香港 | Hong Kong, China | 1130.6 | 2613.4 | 2925.3② | 202.6 | 340.2 | 306.3② |
| 印　　度 | India | 111.2 | 137.4 | | 85.4 | 93.9 | |
| 印度尼西亚 | Indonesia | 215.3 | | 89.6① | | | |
| 日　　本 | Japan | 5151.1 | 5360.2 | 5151.3② | 628.0 | 564.9 | 587.8② |
| 哈萨克斯坦 | Kazakhstan | 602.4 | 783.0 | 651.8 | 79.1 | 83.5 | 57.8 |
| 韩　　国 | Korea, Rep. | 2357.0 | 3823.1 | 5450.9② | 461.0 | 558.6 | 981.5② |
| 马来西亚 | Malaysia | 274.2 | | 1642.7 | 39.3 | | 158.2 |
| 巴基斯坦 | Pakistan | | 80.3 | 148.9 | | 41.0 | 58.5 |
| 新 加 坡 | Singapore | 4245.0 | 5291.8 | 6306.5② | 347.0 | 528.2 | 461.0② |
| 斯里兰卡 | Sri Lanka | 134.6 | | 103.1② | | | 89.2② |
| 南　　非 | South Africa | | 358.7 | 388.9① | | 108.8 | 113.8① |
| 加 拿 大 | Canada | 3515.1 | 4238.4 | 4367.9② | 1238.1 | 1637.8 | 1458.1② |
| 墨 西 哥 | Mexico | 214.0 | 396.7 | 386.4 | | 233.0 | 171.6 |
| 美　　国 | United States | 4545.4 | 4612.5 | 4650.1③ | | | |
| 阿 根 廷 | Argentina | 715.9 | 824.6 | 1178.5② | 158.0 | 201.5 | 236.5② |
| 巴　　西 | Brazil | 423.3 | 587.8 | 710.3② | 339.0 | 466.7 | 656.0② |
| 委内瑞拉 | Venezuela | 61.3 | 121.5 | 182.2① | 7.3 | 2.4 | |
| 捷　　克 | Czech Rep. | 1351.4 | 2362.4 | 2891.5 | 714.5 | 1346.2 | 1612.3 |
| 法　　国 | France | 2905.9 | 3295.7 | 3789.5② | | 1711.6 | 1855.9② |
| 德　　国 | Germany | 3087.9 | 3246.2 | 3950.4② | | 1128.1 | 1363.7② |
| 意 大 利 | Italy | 1160.1 | 1405.9 | 1759.4 | | | |
| 荷　　兰 | Netherlands | 2660.4 | 2935.4 | 3218.1 | 1534.8 | 1427.1 | 1726.0 |
| 波　　兰 | Poland | 1438.6 | 1627.0 | 1678.7 | 356.3 | 234.2 | 360.5 |
| 俄 罗 斯 | Russia | 3450.6 | 3227.7 | 3120.4 | 568.9 | 515.9 | 491.4 |
| 西 班 牙 | Spain | 1903.3 | 2528.8 | 2799.9 | 636.0 | 919.7 | 1314.3② |
| 土 耳 其 | Turkey | 365.4 | 577.8 | 891.9② | 37.1 | 70.2 | 143.5② |
| 英　　国 | United Kingdom | 2893.1 | 4123.3 | 4201.8 | | 688.2 | 970.9 |
| 澳大利亚 | Australia | 3427.0 | | 4280.4④ | | | 1120.0④ |
| 新 西 兰 | New Zealand | | 3141.2 | 3840.0① | | 774.0 | 902.2① |

注：①2009年数据。②2010年数据。③2007年数据。④2008年数据。
Note:①Data refer to 2009.②Data refer to 2010.③Data refer to 2007.④Data refer to 2008.

# 16-6 高技术产品出口额占制成品出口额的比重
# High-technology Exports as Percentage of Manufactured Exports

资料来源：世界银行WDI数据库。
Source: World Bank WDI Database.
单位：% (%)

| 国家或地区 | Country or Area | 1990 | 2000 | 2005 | 2010 | 2011 | 2012 |
|---|---|---|---|---|---|---|---|
| **世界** | **World** | **18.1** | **24.4** | **20.8** | **17.6** | **16.5** | **17.6** |
| **高收入国家** | **High Income** | **18.9** | **25.8** | **20.9** | **17.3** | **16.2** | **17.4** |
| **中等收入国家** | **Middle Income** | | **19.3** | **18.8** | **18.6** | **17.4** | **18.1** |
| **低收入国家** | **Low Income** | | **3.6** | **2.7** | | | |
| 中　国 | China | | 19.0 | 30.8 | 27.5 | 25.8 | 26.3 |
| 中国香港 | Hong Kong, China | | 23.4 | 15.6 | 16.1 | 13.7 | 16.2 |
| 中国澳门 | Macao, China | 1.6 | 0.9 | 0.7 | | | |
| 孟加拉国 | Bangladesh | 0.5 | 0.2 | 0.3 | | | |
| 文　莱 | Brunei Darussalam | | | | | | 12.8 |
| 柬埔寨 | Cambodia | | 0.1 | 0.1 | 0.1 | 0.1 | 0.1 |
| 印　度 | India | 3.9 | 6.3 | 5.8 | 7.2 | 6.9 | 6.6 |
| 印度尼西亚 | Indonesia | 1.6 | 16.4 | 16.6 | 9.8 | 8.3 | 7.3 |
| 伊　朗 | Iran | | 0.6 | 2.5 | 4.5 | 4.1 | |
| 以色列 | Israel | 10.7 | 29.0 | 14.0 | 14.7 | 14.0 | 15.8 |
| 日　本 | Japan | 24.2 | 28.7 | 23.0 | 18.0 | 17.5 | 17.4 |
| 哈萨克斯坦 | Kazakhstan | | 3.6 | 11.3 | 34.2 | 24.7 | 30.0 |
| 韩　国 | Korea, Rep. | 18.0 | 35.1 | 32.5 | 29.5 | 25.7 | 26.2 |
| 马来西亚 | Malaysia | 38.2 | 59.6 | 54.7 | 44.5 | 43.4 | 43.7 |
| 蒙　古 | Mongolia | | 0.5 | 0.1 | | | |
| 巴基斯坦 | Pakistan | 0.1 | 0.4 | 1.4 | 1.7 | 1.8 | 1.7 |
| 菲律宾 | Philippines | | 72.6 | 70.8 | 55.3 | 46.4 | 48.9 |
| 新加坡 | Singapore | 39.9 | 62.8 | 56.9 | 49.9 | 45.2 | 45.3 |
| 斯里兰卡 | Sri Lanka | 0.6 | | 2.3 | 1.0 | 1.0 | 0.9 |
| 泰　国 | Thailand | 20.9 | 33.4 | 26.7 | 24.0 | 20.7 | 20.5 |
| 越　南 | Viet Nam | | 11.1 | 5.4 | 8.6 | 14.5 | |
| 埃　及 | Egypt | | 0.3 | 0.4 | 0.9 | 1.0 | 0.6 |
| 尼日利亚 | Nigeria | | 0.6 | | 1.1 | 1.2 | 1.9 |
| 南　非 | South Africa | | 7.0 | 6.7 | 4.3 | 5.1 | 5.5 |
| 加拿大 | Canada | 13.8 | 18.7 | 13.1 | 14.1 | 13.4 | 12.4 |
| 墨西哥 | Mexico | 8.4 | 22.5 | 19.6 | 16.9 | 16.5 | 16.3 |
| 美　国 | United States | 32.5 | 33.8 | 29.9 | 19.9 | 18.1 | 17.8 |
| 阿根廷 | Argentina | | 9.4 | 6.8 | 7.5 | 7.5 | 7.7 |
| 巴　西 | Brazil | 6.5 | 18.7 | 12.8 | 11.2 | 9.7 | 10.5 |
| 委内瑞拉 | Venezuela | 3.9 | 2.9 | 2.3 | 5.1 | 2.5 | |
| 捷　克 | Czech Rep. | | 8.5 | 13.0 | 15.3 | 16.3 | 16.1 |
| 法　国 | France | 16.7 | 24.6 | 20.3 | 24.9 | 23.8 | 25.4 |
| 德　国 | Germany | 12.0 | 18.6 | 17.4 | 15.3 | 15.0 | 15.8 |
| 意大利 | Italy | 7.8 | 9.5 | 8.0 | 7.2 | 7.4 | 7.1 |
| 荷　兰 | Netherlands | 16.5 | 35.8 | 30.9 | 21.3 | 19.8 | 20.1 |
| 波　兰 | Poland | | 3.4 | 3.8 | 6.7 | 5.9 | 7.0 |
| 俄罗斯 | Russia | | 16.1 | 8.4 | 9.1 | 8.0 | 8.4 |
| 西班牙 | Spain | 6.7 | 8.0 | 7.3 | 6.4 | 6.5 | 7.0 |
| 土耳其 | Turkey | 1.2 | 4.8 | 1.5 | 1.9 | 1.8 | 1.8 |
| 乌克兰 | Ukraine | | 5.2 | 3.7 | 4.3 | 4.4 | 6.3 |
| 英　国 | United Kingdom | 23.6 | 32.3 | 28.3 | 21.0 | 21.4 | 21.7 |
| 澳大利亚 | Australia | 8.1 | 15.4 | 12.8 | 11.9 | 13.1 | 12.7 |
| 新西兰 | New Zealand | 4.4 | 9.7 | 10.2 | 9.0 | 9.3 | 9.7 |

# 16-7 专利申请数量

## Patent Applications

资料来源：世界银行WDI数据库。
Source: World Bank WDI Database.

单位：件 (unit)

| 国家或地区 | Country or Area | 居民专利申请数量 Residents | | | 非居民专利申请数量 Non-residents | | |
|---|---|---|---|---|---|---|---|
| | | 2000 | 2005 | 2012 | 2000 | 2005 | 2012 |
| **世　界** | **World** | **823991** | **966333** | **1430327** | **447801** | **590122** | **739805** |
| **高收入国家** | **High Income** | **752959** | **836740** | **853510** | **331533** | **418145** | **506349** |
| **中等收入国家** | **Middle Income** | **70822** | **146903** | **568225** | **115929** | **183934** | **232881** |
| **低收入国家** | **Low Income** | **928** | **527** | | **1559** | **2247** | |
| 中　国 | China | 25346 | 93485 | 535313 | 26560 | 79842 | 117464 |
| 中国香港 | Hong Kong, China | 51 | 156 | 171 | 8244 | 11607 | 12817 |
| 中国澳门 | Macao, China | | 3 | 5 | | 119 | 53 |
| 孟加拉国 | Bangladesh | 70 | 50 | 67 | 248 | 294 | 287 |
| 文　莱 | Brunei Darussalam | | | | 21 | 26 | 42① |
| 印　度 | India | 2206 | 4721 | 9553 | 6332 | 19661 | 34402 |
| 印度尼西亚 | Indonesia | 157 | 235 | 541② | 3733 | 4069 | 5297② |
| 伊　朗 | Iran | 410 | 4051 | | 206 | 443 | |
| 以色列 | Israel | 1599 | 1669 | 1319 | 5203 | 5157 | 5473 |
| 日　本 | Japan | 384201 | 367960 | 287013 | 35342 | 59118 | 55783 |
| 哈萨克斯坦 | Kazakhstan | 1399 | 1523 | 1415② | 116 | 103 | 317② |
| 韩　国 | Korea, Rep. | 72831 | 122188 | 148136 | 29179 | 38733 | 40779 |
| 马来西亚 | Malaysia | 206 | 522 | 1114 | 6021 | 5764 | 5826 |
| 蒙　古 | Mongolia | 148③ | 100 | 110④ | 32③ | 87 | 69④ |
| 巴基斯坦 | Pakistan | 46 | 143 | 96 | 1149 | 1141 | 798 |
| 菲律宾 | Philippines | 154 | 210 | 162 | 3482 | 2762 | 2832 |
| 新加坡 | Singapore | 516 | 569 | 1081 | 7720 | 8036 | 8604 |
| 斯里兰卡 | Sri Lanka | 71 | 149 | 225④ | 250 | 211 | 235④ |
| 泰　国 | Thailand | 561 | 891 | 1020 | 4488 | 5449 | 5726 |
| 越　南 | Viet Nam | 69 | 362 | 382 | 1263 | 1831 | 3423 |
| 埃　及 | Egypt | 534 | 428 | 683 | 1081 | 1008 | 1528 |
| 南　非 | South Africa | 895 | 1003 | 608 | 2400 | 6001 | 6836 |
| 加拿大 | Canada | 4187 | 5183 | 4709 | 35435 | 34705 | 30533 |
| 墨西哥 | Mexico | 431 | 584 | 1294 | 12630 | 13851 | 14020 |
| 美　国 | United States | 164795 | 207867 | 268782 | 131100 | 182866 | 274033 |
| 阿根廷 | Argentina | 1062 | 1054 | 735 | 5574 | 4215 | 4078 |
| 巴　西 | Brazil | 3080 | 4054 | 4804 | 14296 | 14444 | 25312 |
| 委内瑞拉 | Venezuela | 56 | | 33② | 2292 | | 1565② |
| 捷　克 | Czech Rep. | 555 | 586 | 867 | 4384 | 244 | 150 |
| 法　国 | France | 13870 | 14327 | 14540 | 3483 | 2948 | 2092 |
| 德　国 | Germany | 51736 | 48367 | 46620 | 10406 | 11855 | 14720 |
| 意大利 | Italy | 7877 | | 8439 | 1396 | | 871 |
| 荷　兰 | Netherlands | 2465 | 2217 | 2375 | 529 | 633 | 338 |
| 波　兰 | Poland | 2404 | 2028 | 4410 | 4899 | 4555 | 247 |
| 俄罗斯 | Russia | 23377 | 23644 | 28701 | 8960 | 8609 | 15510 |
| 西班牙 | Spain | 2710 | 3040 | 3266 | 484 | 313 | 209 |
| 土耳其 | Turkey | 277 | 928 | 4434 | 3156 | 218 | 232 |
| 乌克兰 | Ukraine | 5620 | 3538 | 2491 | 1604 | 2054 | 2464 |
| 英　国 | United Kingdom | 22050 | 17833 | 15370 | 10697 | 10155 | 7865 |
| 澳大利亚 | Australia | 1928 | 2555 | 2627 | 20073 | 21302 | 23731 |
| 新西兰 | New Zealand | 1463 | 1893 | 1425 | 5585 | 5112 | 5674 |

注：①2009年数据。②2011年数据。③1998年数据。④2010年数据。
Note: ①Data refer to 2009.②Data refer to 2011.③Data refer to 1998.④Data refer to 2010.

# 16-8 享有卫生设施和清洁饮用水源人口占总人口比重

# Percentage of Population with Access to Improved Sanitation Facilities and Water Source

资料来源：世界银行WDI数据库。
Source: World Bank WDI Database.

单位：% (%)

| 国家或地区 | Country or Area | 享有卫生设施人口占总人口比重 Percentage of Population with Access to Improved Sanitation Facilities | | | 享有清洁饮用水源人口占总人口比重 Percentage of Population with Access to Improved Water Source | | |
|---|---|---|---|---|---|---|---|
| | | 2000 | 2005 | 2012 | 2000 | 2005 | 2012 |
| **世　界** | **World** | **55.6** | **59.6** | **63.6** | **82.5** | **85.6** | **89.3** |
| **高收入国家** | **High Income** | **99.5** | **95.8** | **96.2** | **99.2** | **98.9** | **99.2** |
| **中等收入国家** | **Middle Income** | **49.9** | **55.6** | **60.2** | **82.5** | **86.6** | **90.3** |
| **低收入国家** | **Low Income** | **30.5** | **33.6** | **37.1** | **58.1** | **62.2** | **68.7** |
| 中　国 | China | 44.0 | 54.9 | 65.3 | 80.0 | 86.3 | 91.9 |
| 孟加拉国 | Bangladesh | 47.0 | 49.9 | 57.0 | 79.0 | 79.8 | 84.8 |
| 柬埔寨 | Cambodia | 17.0 | 24.7 | 36.8 | 44.0 | 53.9 | 71.3 |
| 印　度 | India | 25.0 | 29.9 | 36.0 | 81.0 | 85.7 | 92.6 |
| 印度尼西亚 | Indonesia | 44.0 | 52.1 | 58.8 | 78.0 | 80.9 | 84.9 |
| 伊　朗 | Iran | 90.0 | 83.8 | 89.4 | 93.0 | 95.1 | 95.9 |
| 以色列 | Israel | 100.0 | 100.0 | 100.0 | 100.0 | 100.0 | 100.0 |
| 日　本 | Japan | 100.0 | 100.0 | 100.0 | 100.0 | 100.0 | 100.0 |
| 哈萨克斯坦 | Kazakhstan | 97.0 | 97.1 | 97.5 | 96.0 | 93.5 | 93.1 |
| 韩　国 | Korea, Rep. | 100.0 | 100.0 | 100.0 | 93.0 | 96.1 | 97.8 |
| 老　挝 | Laos | 26.0 | 43.4 | 64.6 | 45.0 | 56.8 | 71.5 |
| 马来西亚 | Malaysia | 92.0 | 95.6 | 95.7 | 97.0 | 99.5 | 99.6 |
| 蒙　古 | Mongolia | 49.0 | 52.1 | 56.2 | 65.0 | 75.8 | 84.6 |
| 缅　甸 | Myanmar | 62.0 | 67.7 | 77.4 | 67.0 | 74.8 | 85.7 |
| 巴基斯坦 | Pakistan | 37.0 | 42.4 | 47.6 | 89.0 | 89.7 | 91.4 |
| 菲律宾 | Philippines | 65.0 | 69.9 | 74.3 | 89.0 | 89.7 | 91.8 |
| 新加坡 | Singapore | 100.0 | 100.0 | 100.0 | 100.0 | 100.0 | 100.0 |
| 斯里兰卡 | Sri Lanka | 82.0 | 84.3 | 92.3 | 80.0 | 85.3 | 93.8 |
| 泰　国 | Thailand | 94.0 | 93.6 | 93.4 | 92.0 | 94.3 | 95.8 |
| 越　南 | Viet Nam | 56.0 | 63.0 | 75.0 | 77.0 | 85.0 | 95.0 |
| 埃　及 | Egypt | 86.0 | 92.6 | 95.9 | 96.0 | 97.7 | 99.3 |
| 尼日利亚 | Nigeria | 34.0 | 30.5 | 27.8 | 53.0 | 58.9 | 64.0 |
| 南　非 | South Africa | 75.0 | 69.2 | 74.4 | 86.0 | 90.5 | 95.1 |
| 加拿大 | Canada | 100.0 | 99.8 | 99.8 | 100.0 | 99.8 | 99.8 |
| 墨西哥 | Mexico | 75.0 | 79.7 | 85.3 | 90.0 | 91.3 | 94.9 |
| 美　国 | United States | 100.0 | 99.8 | 100.0 | 99.0 | 99.0 | 99.2 |
| 阿根廷 | Argentina | 91.0 | 94.1 | 97.2 | 96.0 | 97.5 | 98.7 |
| 巴　西 | Brazil | 74.0 | 77.5 | 81.3 | 94.0 | 95.3 | 97.5 |
| 委内瑞拉 | Venezuela | 89.0 | 90.6 | | 92.0 | 92.8 | |
| 捷　克 | Czech Rep. | 98.0 | 100.0 | 100.0 | 100.0 | 99.8 | 99.8 |
| 法　国 | France | 100.0 | 100.0 | 100.0 | 100.0 | 100.0 | 100.0 |
| 德　国 | Germany | 100.0 | 100.0 | 100.0 | 100.0 | 100.0 | 100.0 |
| 意大利 | Italy | | | | 100.0 | 100.0 | 100.0 |
| 荷　兰 | Netherlands | 100.0 | 100.0 | 100.0 | 100.0 | 100.0 | 100.0 |
| 波　兰 | Poland | 90.0 | 89.5 | | 100.0 | 100.0 | |
| 俄罗斯 | Russia | 72.0 | 71.2 | 70.5 | 95.0 | 96.0 | 97.0 |
| 西班牙 | Spain | 100.0 | 100.0 | 100.0 | 100.0 | 100.0 | 100.0 |
| 土耳其 | Turkey | 87.0 | 88.9 | 91.2 | 93.0 | 96.4 | 99.7 |
| 乌克兰 | Ukraine | 95.0 | 94.6 | 94.3 | 97.0 | 97.5 | 98.0 |
| 英　国 | United Kingdom | 100.0 | 100.0 | 100.0 | 100.0 | 100.0 | 100.0 |
| 澳大利亚 | Australia | 100.0 | 100.0 | 100.0 | 100.0 | 100.0 | 100.0 |

# 16-9 医疗支出占国内生产总值比重及人均医疗支出

## Health Expenditure as Percentage of GDP and Health Expenditure per Capita

资料来源：世界银行WDI数据库。
Source: World Bank WDI Database.

| 国家或地区 | Country or Area | 医疗支出占国内生产总值的比重（%）Health Expenditure, Total as Percentage of GDP(%) | | | 人均医疗支出（美元）Health Expenditure per Capita(USD) | | |
|---|---|---|---|---|---|---|---|
| | | 2000 | 2005 | 2012 | 2000 | 2005 | 2012 |
| **世　界** | **World** | **9.2** | **10.1** | **10.2** | **484.1** | **709.1** | **1030.4** |
| **高收入国家** | **High Income** | **10.0** | **11.2** | **12.2** | **2562.3** | **3347.0** | **4635.4** |
| **中等收入国家** | **Middle Income** | **5.3** | **5.5** | **5.8** | **71.8** | **109.7** | **261.7** |
| **低收入国家** | **Low Income** | **4.1** | **4.9** | **5.4** | **11.5** | **15.3** | **31.0** |
| 中　国 | China | 4.6 | 4.7 | 5.4 | 43.4 | 79.7 | 321.7 |
| 孟加拉国 | Bangladesh | 2.8 | 3.2 | 3.6 | 9.9 | 12.9 | 26.0 |
| 文　莱 | Brunei Darussalam | 3.0 | 2.6 | 2.3 | 551.4 | 671.4 | 939.3 |
| 柬埔寨 | Cambodia | 6.3 | 7.0 | 5.4 | 18.6 | 32.7 | 51.3 |
| 印　度 | India | 4.3 | 4.3 | 4.1 | 19.6 | 31.6 | 61.4 |
| 印度尼西亚 | Indonesia | 2.0 | 2.8 | 3.0 | 15.1 | 35.5 | 107.8 |
| 伊　朗 | Iran | 4.6 | 5.3 | 6.7 | 231.3 | 156.1 | 490.2 |
| 以色列 | Israel | 7.5 | 7.7 | 7.5 | 1494.9 | 1479.9 | 2288.6 |
| 日　本 | Japan | 7.6 | 8.2 | 10.1 | 2834.2 | 2928.0 | 4751.6 |
| 哈萨克斯坦 | Kazakhstan | 4.2 | 4.1 | 4.2 | 50.9 | 154.3 | 521.1 |
| 韩　国 | Korea, Rep. | 4.5 | 5.6 | 7.5 | 508.5 | 987.6 | 1702.6 |
| 老　挝 | Laos | 3.3 | 4.3 | 2.9 | 10.8 | 20.4 | 40.2 |
| 马来西亚 | Malaysia | 3.1 | 3.2 | 4.0 | 124.6 | 179.2 | 409.5 |
| 蒙　古 | Mongolia | 4.7 | 6.0 | 6.3 | 22.0 | 59.8 | 231.9 |
| 缅　甸 | Myanmar | 2.1 | 2.1 | 1.8 | 3.4 | 4.7 | 19.8 |
| 巴基斯坦 | Pakistan | 3.0 | 3.2 | 3.2 | 15.0 | 21.9 | 39.4 |
| 菲律宾 | Philippines | 3.2 | 3.9 | 4.6 | 33.6 | 47.0 | 118.8 |
| 新加坡 | Singapore | 2.8 | 3.8 | 4.7 | 662.7 | 1058.2 | 2426.1 |
| 斯里兰卡 | Sri Lanka | 3.7 | 4.0 | 3.2 | 32.6 | 49.2 | 88.6 |
| 泰　国 | Thailand | 3.4 | 3.6 | 3.9 | 66.0 | 95.5 | 215.1 |
| 越　南 | Viet Nam | 5.3 | 5.9 | 6.6 | 20.9 | 36.5 | 102.5 |
| 埃　及 | Egypt | 5.4 | 5.1 | 5.0 | 78.6 | 64.4 | 151.6 |
| 尼日利亚 | Nigeria | 4.6 | 6.6 | 6.1 | 17.1 | 53.1 | 94.3 |
| 南　非 | South Africa | 8.3 | 8.8 | 8.8 | 246.1 | 450.5 | 644.6 |
| 加拿大 | Canada | 8.8 | 9.8 | 10.9 | 2089.2 | 3452.0 | 5740.7 |
| 墨西哥 | Mexico | 5.1 | 5.9 | 6.2 | 328.5 | 478.4 | 618.3 |
| 美　国 | United States | 13.4 | 15.8 | 17.9 | 4703.5 | 6732.2 | 8895.1 |
| 阿根廷 | Argentina | 9.2 | 8.3 | 8.5 | 709.3 | 394.8 | 995.2 |
| 巴　西 | Brazil | 7.2 | 8.2 | 9.3 | 264.8 | 387.1 | 1056.5 |
| 委内瑞拉 | Venezuela | 5.7 | 5.4 | 4.7 | 273.8 | 295.5 | 593.2 |
| 捷　克 | Czech Rep. | 6.3 | 6.9 | 7.7 | 361.4 | 882.4 | 1431.8 |
| 法　国 | France | 10.1 | 11.0 | 11.8 | 2202.7 | 3749.9 | 4690.0 |
| 德　国 | Germany | 10.4 | 10.8 | 11.3 | 2385.9 | 3624.2 | 4683.2 |
| 意大利 | Italy | 8.0 | 8.7 | 9.2 | 1553.9 | 2671.6 | 3032.5 |
| 荷　兰 | Netherlands | 8.0 | 10.9 | 12.4 | 1924.6 | 4261.0 | 5737.0 |
| 波　兰 | Poland | 5.5 | 6.2 | 6.7 | 247.2 | 494.2 | 854.1 |
| 俄罗斯 | Russia | 5.4 | 5.2 | 6.3 | 96.0 | 276.7 | 886.9 |
| 西班牙 | Spain | 7.2 | 8.3 | 9.6 | 1039.9 | 2177.7 | 2807.7 |
| 土耳其 | Turkey | 5.0 | 5.5 | 6.3 | 205.3 | 366.0 | 664.6 |
| 乌克兰 | Ukraine | 5.6 | 6.4 | 7.6 | 35.7 | 117.2 | 292.9 |
| 英　国 | United Kingdom | 7.0 | 8.3 | 9.4 | 1765.1 | 3161.2 | 3647.5 |
| 澳大利亚 | Australia | 8.1 | 8.5 | 9.1 | 1713.1 | 3136.5 | 6140.0 |
| 新西兰 | New Zealand | 7.6 | 8.4 | 10.3 | 1051.4 | 2288.2 | 3291.8 |

# 16-10 每千人口医生数和病床数

## Physician and Hospital Bed per 1000 Persons

资料来源：世界银行WDI数据库。
Source: World Bank WDI Database.

| 国家或地区 | Country or Area | 每千人口医生数 Physicians per 1000 Persons(person) | | | 每千人口病床数 Hospital Beds per 1000 Persons(unit) | | |
|---|---|---|---|---|---|---|---|
| | | 2000 | 2005 | 2012 | 2000 | 2005 | 2012 |
| **高收入国家** | **High Income** | **2.7** | **2.6①** | **3.0②** | **6.5** | **6.4** | **5.7③** |
| **中等收入国家** | **Middle Income** | **1.4④** | **1.3** | **1.3②** | | **2.4** | **2.3⑤** |
| 中　　国 | China | 1.7 | 1.6 | 1.9 | 2.5 | 2.5 | 3.8⑤ |
| 孟加拉国 | Bangladesh | 0.2⑥ | 0.3 | 0.4⑤ | 0.3⑦ | 0.3 | 0.6⑤ |
| 文　　莱 | Brunei Darussalam | 1.0 | 1.1① | 1.5⑤ | 2.6 | 3.0 | 2.8 |
| 柬 埔 寨 | Cambodia | 0.2 | | 0.2 | | 0.1⑧ | 0.7⑤ |
| 印　　度 | India | 0.5④ | 0.6 | 0.7 | | 0.9 | 0.7⑤ |
| 印度尼西亚 | Indonesia | 0.2 | 0.1⑨ | 0.2 | 0.6④ | 0.6① | 0.9 |
| 伊　　朗 | Iran | 1.0④ | 0.9 | 0.9② | | 1.7 | 0.1 |
| 以 色 列 | Israel | 3.8 | 3.8⑨ | 3.3⑤ | 6.1 | 6.3 | 3.3 |
| 日　　本 | Japan | 1.9 | 2.1⑧ | 2.3② | 14.7 | 14.1 | 13.7③ |
| 哈萨克斯坦 | Kazakhstan | 3.3 | 3.7 | 3.6 | 7.2 | 7.7 | 7.2 |
| 韩　　国 | Korea, Rep. | 1.3 | 1.7⑧ | 2.1 | 6.1 | 8.6⑧ | 10.3③ |
| 老　　挝 | Laos | | 0.3 | 0.2 | | 1.2 | 1.5 |
| 马来西亚 | Malaysia | 0.7 | 0.7① | 1.2② | | 1.8 | 1.9 |
| 蒙　　古 | Mongolia | 2.5⑦ | 2.6① | 2.8② | | 6.0⑧ | 6.8 |
| 缅　　甸 | Myanmar | 0.3 | 0.4⑧ | 0.6 | 0.7 | 0.6① | |
| 巴基斯坦 | Pakistan | 0.6⑥ | 0.8 | 0.8② | | 1.2 | 0.6 |
| 菲 律 宾 | Philippines | 0.6 | 1.2⑧ | | | 0.5① | 1.0⑤ |
| 新 加 坡 | Singapore | 1.3⑦ | 1.5⑨ | 1.9② | | 3.2 | 2.0⑤ |
| 斯里兰卡 | Sri Lanka | 0.4 | 0.6⑧ | 0.7② | 2.9 | 3.1⑧ | 3.6 |
| 泰　　国 | Thailand | 0.3 | 0.3 | 0.4② | 2.2 | 2.2① | 2.1② |
| 越　　南 | Viet Nam | 0.5⑦ | 0.6① | 1.2⑤ | 1.7⑥ | 2.6 | 2.0② |
| 埃　　及 | Egypt | 2.1 | 2.4 | 2.8② | 2.1⑥ | 2.2 | 0.5 |
| 尼日利亚 | Nigeria | 0.3 | 0.3⑨ | 0.4② | 1.2 | 0.5⑧ | |
| 南　　非 | South Africa | | 0.8⑧ | 0.8⑤ | | 2.8 | |
| 加 拿 大 | Canada | 2.1 | 2.1⑨ | 2.1② | 3.4 | 3.4 | 2.7② |
| 墨 西 哥 | Mexico | 2.0 | 2.9⑧ | 2.1⑤ | 1.1 | 1.0⑧ | 1.5⑤ |
| 美　　国 | United States | 2.6 | 2.7⑧ | 2.5⑤ | 3.5 | 3.2 | 2.9⑤ |
| 阿 根 廷 | Argentina | 3.0④ | 3.2 | 3.2② | 4.1 | 4.0 | 4.7 |
| 巴　　西 | Brazil | 1.2 | | 1.8② | | 2.4 | 2.3 |
| 委内瑞拉 | Venezuela | 2.0⑥ | | | | 0.9⑨ | 0.9⑤ |
| 捷　　克 | Czech Rep. | 3.4 | 3.5⑨ | 3.6⑤ | 8.8 | 8.4 | 6.8⑤ |
| 法　　国 | France | 3.3 | 3.4⑧ | 3.2 | 8.1 | 7.3 | 6.4⑤ |
| 德　　国 | Germany | 3.3 | 3.4⑨ | 3.8⑤ | 9.1 | 8.4 | 8.2⑤ |
| 意 大 利 | Italy | 4.2 | 4.2⑧ | 4.1⑤ | 4.7 | 4.0 | 3.4⑤ |
| 荷　　兰 | Netherlands | 3.2 | 3.7 | 2.9② | 4.8 | 5.0⑨ | 4.7③ |
| 波　　兰 | Poland | 2.2 | 2.0 | 2.2⑤ | 4.9 | 5.2 | 6.5⑤ |
| 俄 罗 斯 | Russia | 4.2 | 4.0 | 4.3② | 10.9 | 9.7 | |
| 西 班 牙 | Spain | 3.2 | 3.3⑨ | 3.7 | 4.1 | 3.4 | 3.1⑤ |
| 土 耳 其 | Turkey | 1.3 | 1.3 | 1.7⑤ | 2.6 | 2.6 | 2.5⑤ |
| 乌 克 兰 | Ukraine | 3.0 | 3.0⑨ | 3.5 | 8.8 | 8.7 | 9.0 |
| 英　　国 | United Kingdom | 1.9 | 2.2⑨ | 2.8 | 4.2 | 3.9⑧ | 2.9⑤ |
| 澳大利亚 | Australia | 2.5 | 2.5① | 3.3⑤ | 7.8 | 4.0 | 3.9② |
| 新 西 兰 | New Zealand | 2.2 | 2.2⑨ | 2.7② | 6.2④ | 6.2① | 2.3⑤ |

注：①2002年数据。②2010年数据。③2009年数据。④1998年数据。⑤2011年数据。⑥1997年数据。⑦1999年数据。⑧2004年数据。⑨2003年数据。

Note: ①Data refer to 2002.②Data refer to 2010.③Data refer to 2009.④Data refer to 1998.⑤Data refer to 2011.⑥Data refer to 1997.⑦Data refer to 1999.⑧Data refer to 2004.⑨Data refer to 2003.

# 主要统计指标解释

**成人识字率** 是指15岁及以上人口中有一定理解、阅读、使用文字能力的人口占总人口的百分比。

**粗入学率** 是指入学总人数(不考虑年龄)与适龄入学人数之比。

**研究与发展经费支出** 是经常性和资本性支出（包括超前支出）,目的在于增加知识存量的创造性、系统性活动。具体包括基础研究、应用研究和目的在于寻求新型设备，产品和工艺的科学实验活动。

**研究与发展技术人员** 是指专门从事研究与发展活动，在知识或技术某一分支领域接受过职业或技术培训的人员。

**高技术出口产品** 是指技术含量密集的出口产品。它包括的高技术产品有：航空、计算机、医药、科学仪器和电气设备等。

# Explanatory Notes on Main Statistical Indicators

**Adult Literacy Rate** is the percentage of people ages 15 and above who can, with understanding, read and write a short, simple statement on their everyday life.

**Gross Enrollment Ratio** is the ratio of total enrollment, regardless of age, to the population of the age group.

**Expenditures for Research and Development** are current and capital expenditures (including overhead) on creative, systematic activity intended to increase the stock of knowledge. Included are fundamental and applied research and experimental development work leading to new devices, products, or processes.

**Technicians in R&D** are people engaged in professional R&D activity who have received vocational or technical training in any branch of knowledge or technology.

**High-technology Exports** are products with high R&D intensity. They include high-technology products such as in aerospace, computers, pharmaceuticals, scientific instruments, and electrical machinery.

# 经济社会综合评价指标

Comprehensive Evaluation Indicators

# 17-1 人文发展指数(2013年)

# Human Development Index (2013)

资料来源：联合国开发计划署《2014年人文发展报告》。
Source: UNDP Human Development Report 2014.

| 排名 Rank | 国家或地区 | Country or Area | 人文发展指数 Human Development Index (HDI) | 出生时预期寿命(岁) Life Expectancy at Birth (years) | 平均受教育年限(年) Mean Years of Schooling (years) | 预期受教育年限(年) Expected Years of Schooling (years) | 人均国民总收入(美元，2011年PPP) Gross National Income per Capita (2011 PPP $) |
|---|---|---|---|---|---|---|---|
| | **世界** | **World** | **0.702** | **70.8** | **7.7** | **12.2** | **13723** |
| | **超高人文发展国家** | **Very High Human Development** | **0.890** | **80.2** | **11.7** | **16.3** | **40046** |
| 1 | 挪威 | Norway | 0.944 | 81.5 | 12.6 | 17.6 | 63909 |
| 2 | 澳大利亚 | Australia | 0.933 | 82.5 | 12.8 | 19.9 | 41524 |
| 3 | 瑞士 | Switzerland | 0.917 | 82.6 | 12.2 | 15.7 | 53762 |
| 4 | 荷兰 | Netherlands | 0.915 | 81.0 | 11.9 | 17.9 | 42397 |
| 5 | 美国 | United States | 0.914 | 78.9 | 12.9 | 16.5 | 52308 |
| 6 | 德国 | Germany | 0.911 | 80.7 | 12.9 | 16.3 | 43049 |
| 7 | 新西兰 | New Zealand | 0.910 | 81.1 | 12.5 | 19.4 | 32569 |
| 8 | 加拿大 | Canada | 0.902 | 81.5 | 12.3 | 15.9 | 41887 |
| 9 | 新加坡 | Singapore | 0.901 | 82.3 | 10.2 | 15.4 | 72371 |
| 10 | 丹麦 | Denmark | 0.900 | 79.4 | 12.1 | 16.9 | 42880 |
| 11 | 爱尔兰 | Ireland | 0.899 | 80.7 | 11.6 | 18.6 | 33414 |
| 12 | 瑞典 | Sweden | 0.898 | 81.8 | 11.7 | 15.8 | 43201 |
| 13 | 冰岛 | Iceland | 0.895 | 82.1 | 10.4 | 18.7 | 35116 |
| 14 | 英国 | United Kingdom | 0.892 | 80.5 | 12.3 | 16.2 | 35002 |
| 15 | 中国香港 | Hong Kong, China | 0.891 | 83.4 | 10.0 | 15.6 | 52383 |
| 15 | 韩国 | Korea Rep. | 0.891 | 81.5 | 11.8 | 17.0 | 30345 |
| 17 | 日本 | Japan | 0.890 | 83.6 | 11.5 | 15.3 | 36747 |
| 18 | 列支敦士登 | Liechtenstein | 0.889 | 79.9 | 10.3 | 15.1 | 87085 |
| 19 | 以色列 | Israel | 0.888 | 81.8 | 12.5 | 15.7 | 29966 |
| 20 | 法国 | France | 0.884 | 81.8 | 11.1 | 16.0 | 36629 |
| 21 | 奥地利 | Austria | 0.881 | 81.1 | 10.8 | 15.6 | 42930 |
| 21 | 比利时 | Belgium | 0.881 | 80.5 | 10.9 | 16.2 | 39471 |
| 21 | 卢森堡 | Luxembourg | 0.881 | 80.5 | 11.3 | 13.9 | 58695 |
| 24 | 芬兰 | Finland | 0.879 | 80.5 | 10.3 | 17.0 | 37366 |
| 25 | 斯洛文尼亚 | Slovenia | 0.874 | 79.6 | 11.9 | 16.8 | 26809 |
| 26 | 意大利 | Italy | 0.872 | 82.4 | 10.1 | 16.3 | 32669 |
| 27 | 西班牙 | Spain | 0.869 | 82.1 | 9.6 | 17.1 | 30561 |
| 28 | 捷克 | Czech Republic | 0.861 | 77.7 | 12.3 | 16.4 | 24535 |
| 29 | 希腊 | Greece | 0.853 | 80.8 | 10.2 | 16.5 | 24658 |
| 30 | 文莱 | Brunei Darussalam | 0.852 | 78.5 | 8.7 | 14.5 | 70883 |
| 31 | 卡塔尔 | Qatar | 0.851 | 78.4 | 9.1 | 13.8 | 119029 |
| 32 | 塞浦路斯 | Cyprus | 0.845 | 79.8 | 11.6 | 14.0 | 26771 |
| 33 | 爱沙尼亚 | Estonia | 0.840 | 74.4 | 12.0 | 16.5 | 23387 |
| 34 | 沙特阿拉伯 | Saudi Arabia | 0.836 | 75.5 | 8.7 | 15.6 | 52109 |
| 35 | 立陶宛 | Lithuania | 0.834 | 72.1 | 12.4 | 16.7 | 23740 |
| 35 | 波兰 | Poland | 0.834 | 76.4 | 11.8 | 15.5 | 21487 |
| 37 | 安道尔 | Andorra | 0.830 | 81.2 | 10.4 | 11.7 | 40597 |
| 37 | 斯洛伐克 | Slovakia | 0.830 | 75.4 | 11.6 | 15.0 | 25336 |
| 39 | 马耳他 | Malta | 0.829 | 79.8 | 9.9 | 14.5 | 27022 |
| 40 | 阿联酋 | United Arab Emirates | 0.827 | 76.8 | 9.1 | 13.3 | 58068 |
| 41 | 智利 | Chile | 0.822 | 80.0 | 9.8 | 15.1 | 20804 |
| 41 | 葡萄牙 | Portugal | 0.822 | 79.9 | 8.2 | 16.3 | 24130 |
| 43 | 匈牙利 | Hungary | 0.818 | 74.6 | 11.3 | 15.4 | 21239 |
| 44 | 巴林 | Bahrain | 0.815 | 76.6 | 9.4 | 14.4 | 32072 |
| 44 | 古巴 | Cuba | 0.815 | 79.3 | 10.2 | 14.5 | 19844 |

17-1 续表 1 continued

| 排名 Rank | 国家或地区 | Country or Area | 人文发展指数 Human Development Index (HDI) | 出生时预期寿命(岁) Life Expectancy at Birth (years) | 平均受教育年限(年) Mean Years of Schooling (years) | 预期受教育年限(年) Expected Years of Schooling (years) | 人均国民总收入(美元，2011年PPP) Gross National Income per Capita (2011 PPP $) |
|---|---|---|---|---|---|---|---|
| 46 | 科威特 | Kuwait | 0.814 | 74.3 | 7.2 | 14.6 | 85820 |
| 47 | 克罗地亚 | Croatia | 0.812 | 77.0 | 11.0 | 14.5 | 19025 |
| 48 | 拉脱维亚 | Latvia | 0.810 | 72.2 | 11.5 | 15.5 | 22186 |
| 49 | 阿根廷 | Argentina | 0.808 | 76.3 | 9.8 | 16.4 | 17297 |
| **高人文发展国家** | | **High Human Development** | **0.735** | **74.5** | **8.1** | **13.4** | **13231** |
| 50 | 乌拉圭 | Uruguay | 0.790 | 77.2 | 8.5 | 15.5 | 18108 |
| 51 | 巴哈马 | Bahamas | 0.789 | 75.2 | 10.9 | 12.6 | 21414 |
| 51 | 黑山共和国 | Montenegro | 0.789 | 74.8 | 10.5 | 15.2 | 14710 |
| 53 | 白俄罗斯 | Belarus | 0.786 | 69.9 | 11.5 | 15.7 | 16403 |
| 54 | 罗马尼亚 | Romania | 0.785 | 73.8 | 10.7 | 14.1 | 17433 |
| 55 | 利比亚 | Libya | 0.784 | 75.3 | 7.5 | 16.1 | 21666 |
| 56 | 阿曼 | Oman | 0.783 | 76.6 | 6.8 | 13.6 | 42191 |
| 57 | 俄罗斯 | Russia | 0.778 | 68.0 | 11.7 | 14.0 | 22617 |
| 58 | 保加利亚 | Bulgaria | 0.777 | 73.5 | 10.6 | 14.3 | 15402 |
| 59 | 巴巴多斯 | Barbados | 0.776 | 75.4 | 9.4 | 15.4 | 13604 |
| 60 | 帕劳群岛 | Palau | 0.775 | 72.4 | 12.2 | 13.7 | 12823 |
| 61 | 安提瓜和巴布达 | Antigua and Barbuda | 0.774 | 76.0 | 8.9 | 13.8 | 18800 |
| 62 | 马来西亚 | Malaysia | 0.773 | 75.0 | 9.5 | 12.7 | 21824 |
| 63 | 毛里求斯 | Mauritius | 0.771 | 73.6 | 8.5 | 15.6 | 16777 |
| 64 | 特立尼达和多巴哥 | Trinidad and Tobago | 0.766 | 69.9 | 10.8 | 12.3 | 25325 |
| 65 | 黎巴嫩 | Lebanon | 0.765 | 80.0 | 7.9 | 13.2 | 16263 |
| 65 | 巴拿马 | Panama | 0.765 | 77.6 | 9.4 | 12.4 | 16379 |
| 67 | 委内瑞拉 | Venezuela | 0.764 | 74.6 | 8.6 | 14.2 | 17067 |
| 68 | 哥斯达黎加 | Costa Rica | 0.763 | 79.9 | 8.4 | 13.5 | 13012 |
| 69 | 土耳其 | Turkey | 0.759 | 75.3 | 7.6 | 14.4 | 18391 |
| 70 | 哈萨克斯坦 | Kazakhstan | 0.757 | 66.5 | 10.4 | 15.0 | 19441 |
| 71 | 墨西哥 | Mexico | 0.756 | 77.5 | 8.5 | 12.8 | 15854 |
| 71 | 塞舌尔 | Seychelles | 0.756 | 73.2 | 9.4 | 11.6 | 24632 |
| 73 | 圣基茨和尼维斯 | Saint Kitts and Nevis | 0.750 | 73.6 | 8.4 | 12.9 | 20150 |
| 73 | 斯里兰卡 | Sri Lanka | 0.750 | 74.3 | 10.8 | 13.6 | 9250 |
| 75 | 伊朗 | Iran | 0.749 | 74.0 | 7.8 | 15.2 | 13451 |
| 76 | 阿塞拜疆 | Azerbaijan | 0.747 | 70.8 | 11.2 | 11.8 | 15725 |
| 77 | 乔丹 | Jordan | 0.745 | 73.9 | 9.9 | 13.3 | 11337 |
| 77 | 塞尔维亚 | Serbia | 0.745 | 74.1 | 9.5 | 13.6 | 11301 |
| 79 | 巴西 | Brazil | 0.744 | 73.9 | 7.2 | 15.2 | 14275 |
| 79 | 格鲁吉亚 | Georgia | 0.744 | 74.3 | 12.1 | 13.2 | 6890 |
| 79 | 格林纳达 | Grenada | 0.744 | 72.8 | 8.6 | 15.8 | 10339 |
| 82 | 秘鲁 | Peru | 0.737 | 74.8 | 9.0 | 13.1 | 11280 |
| 83 | 乌克兰 | Ukraine | 0.734 | 68.5 | 11.3 | 15.1 | 8215 |
| 84 | 伯利兹 | Belize | 0.732 | 73.9 | 9.3 | 13.7 | 9364 |
| 84 | 马其 | Macedonia | 0.732 | 75.2 | 8.2 | 13.3 | 11745 |
| 86 | 波黑 | Bosnia and Herzegovina | 0.731 | 76.4 | 8.3 | 13.6 | 9431 |
| 87 | 亚美尼亚 | Armenia | 0.730 | 74.6 | 10.8 | 12.3 | 7952 |
| 88 | 斐济 | Fiji | 0.724 | 69.8 | 9.9 | 15.7 | 7214 |
| 89 | 泰国 | Thailand | 0.722 | 74.4 | 7.3 | 13.1 | 13364 |
| 90 | 突尼斯 | Tunisia | 0.721 | 75.9 | 6.5 | 14.6 | 10440 |
| 91 | 中国 | China | 0.719 | 75.3 | 7.5 | 12.9 | 11477 |
| 91 | 圣文森特和格林纳丁斯 | Saint Vincent and the Grenadines | 0.719 | 72.5 | 8.6 | 13.3 | 10339 |
| 93 | 阿尔及利亚 | Algeria | 0.717 | 71.0 | 7.6 | 14.0 | 12555 |
| 93 | 多米尼加 | Dominica | 0.717 | 77.7 | 7.7 | 12.7 | 9235 |
| 95 | 阿尔巴尼亚 | Albania | 0.716 | 77.4 | 9.3 | 10.8 | 9225 |

17-1 续表 2 continued

| 排名 Rank | 国家或地区 | Country or Area | 人文发展指数 Human Development Index (HDI) | 出生时预期寿命(岁) Life Expectancy at Birth (years) | 平均受教育年限(年) Mean Years of Schooling (years) | 预期受教育年限(年) Expected Years of Schooling (years) | 人均国民总收入(美元，2011年PPP) Gross National Income per Capita (2011 PPP $) |
|---|---|---|---|---|---|---|---|
| 96 | 牙买加 | Jamaica | 0.715 | 73.5 | 9.6 | 12.5 | 8170 |
| 97 | 圣露西亚 | Saint Lucia | 0.714 | 74.8 | 8.3 | 12.8 | 9251 |
| 98 | 哥伦比亚 | Colombia | 0.711 | 74.0 | 7.1 | 13.2 | 11527 |
| 98 | 厄瓜多尔 | Ecuador | 0.711 | 76.5 | 7.6 | 12.3 | 9998 |
| 100 | 苏里南 | Suriname | 0.705 | 71.0 | 7.7 | 12.0 | 15113 |
| 100 | 汤加 | Tonga | 0.705 | 72.7 | 9.4 | 14.7 | 5316 |
| 102 | 多米尼加 | Dominican Republic | 0.700 | 73.4 | 7.5 | 12.3 | 10844 |
| **中等人文发展国家** | | **Medium Human Development** | **0.614** | **67.9** | **5.5** | **11.7** | **5960** |
| 103 | 马尔代夫 | Maldives | 0.698 | 77.9 | 5.8 | 12.7 | 10074 |
| 103 | 蒙古 | Mongolia | 0.698 | 67.5 | 8.3 | 15.0 | 8466 |
| 103 | 土库曼斯坦 | Turkmenistan | 0.698 | 65.5 | 9.9 | 12.6 | 11533 |
| 106 | 萨摩亚 | Samoa | 0.694 | 73.2 | 10.3 | 12.9 | 4708 |
| 107 | 巴勒斯坦 | Palestine | 0.686 | 73.2 | 8.9 | 13.2 | 5168 |
| 108 | 印度尼西亚 | Indonesia | 0.684 | 70.8 | 7.5 | 12.7 | 8970 |
| 109 | 博茨瓦纳 | Botswana | 0.683 | 64.4 | 8.8 | 11.7 | 14792 |
| 110 | 埃及 | Egypt | 0.682 | 71.2 | 6.4 | 13.0 | 10400 |
| 111 | 巴拉圭 | Paraguay | 0.676 | 72.3 | 7.7 | 11.9 | 7580 |
| 112 | 加蓬 | Gabon | 0.674 | 63.5 | 7.4 | 12.3 | 16977 |
| 113 | 玻利维亚 | Bolivia | 0.667 | 67.3 | 9.2 | 13.2 | 5552 |
| 114 | 摩尔多瓦 | Moldova | 0.663 | 68.9 | 9.8 | 11.8 | 5041 |
| 115 | 萨尔瓦多 | El Salvador | 0.662 | 72.6 | 6.5 | 12.1 | 7240 |
| 116 | 乌兹别克斯坦 | Uzbekistan | 0.661 | 68.2 | 10.0 | 11.5 | 5227 |
| 117 | 菲律宾 | Philippines | 0.660 | 68.7 | 8.9 | 11.3 | 6381 |
| 118 | 南非 | South Africa | 0.658 | 56.9 | 9.9 | 13.1 | 11788 |
| 118 | 叙利亚 | Syrian Arab Republic | 0.658 | 74.6 | 6.6 | 12.0 | 5771 |
| 120 | 伊拉克 | Iraq | 0.642 | 69.4 | 5.6 | 10.1 | 14007 |
| 121 | 圭亚那 | Guyana | 0.638 | 66.3 | 8.5 | 10.7 | 6341 |
| 121 | 越南 | Viet Nam | 0.638 | 75.9 | 5.5 | 11.9 | 4892 |
| 123 | 佛得角 | Cape Verde | 0.636 | 75.1 | 3.5 | 13.2 | 6365 |
| 124 | 密克罗尼西亚 | Micronesia | 0.630 | 69.0 | 8.8 | 11.4 | 3662 |
| 125 | 瓜地马拉 | Guatemala | 0.628 | 72.1 | 5.6 | 10.7 | 6866 |
| 125 | 吉尔吉斯斯坦 | Kyrgyzstan | 0.628 | 67.5 | 9.3 | 12.5 | 3021 |
| 127 | 纳米比亚 | Namibia | 0.624 | 64.5 | 6.2 | 11.3 | 9185 |
| 128 | 东帝汶 | Timor-Leste | 0.620 | 67.5 | 4.4 | 11.7 | 9674 |
| 129 | 洪都拉斯 | Honduras | 0.617 | 73.8 | 5.5 | 11.6 | 4138 |
| 129 | 摩洛哥 | Morocco | 0.617 | 70.9 | 4.4 | 11.6 | 6905 |
| 131 | 瓦努阿图 | Vanuatu | 0.616 | 71.6 | 9.0 | 10.6 | 2652 |
| 132 | 尼加拉瓜 | Nicaragua | 0.614 | 74.8 | 5.8 | 10.5 | 4266 |
| 133 | 基里巴斯 | Kiribati | 0.607 | 68.9 | 7.8 | 12.3 | 2645 |
| 133 | 塔吉克斯坦 | Tajikistan | 0.607 | 67.2 | 9.9 | 11.2 | 2424 |
| 135 | 印度 | India | 0.586 | 66.4 | 4.4 | 11.7 | 5150 |
| 136 | 不丹 | Bhutan | 0.584 | 68.3 | 2.3 | 12.4 | 6775 |
| 136 | 柬埔寨 | Cambodia | 0.584 | 71.9 | 5.8 | 10.9 | 2805 |
| 138 | 加纳 | Ghana | 0.573 | 61.1 | 7.0 | 11.5 | 3532 |
| 139 | 老挝 | Laos | 0.569 | 68.3 | 4.6 | 10.2 | 4351 |
| 140 | 刚果 | Congo | 0.564 | 58.8 | 6.1 | 11.1 | 4909 |
| 141 | 赞比亚 | Zambia | 0.561 | 58.1 | 6.5 | 13.5 | 2898 |
| 142 | 孟加拉国 | Bangladesh | 0.558 | 70.7 | 5.1 | 10.0 | 2713 |
| 142 | 圣多美和普林西比 | Sao Tome and Principe | 0.558 | 66.3 | 4.7 | 11.3 | 3111 |
| 144 | 赤道几内亚 | Equatorial Guinea | 0.556 | 53.1 | 5.4 | 8.5 | 21972 |

17-1 续表 3 continued

| 排名 Rank | 国家或地区 | Country or Area | 人文发展指数 Human Development Index (HDI) | 出生时预期寿命(岁) Life Expectancy at Birth (years) | 平均受教育年限(年) Mean Years of Schooling (years) | 预期受教育年限(年) Expected Years of Schooling (years) | 人均国民总收入(美元，2011年PPP) Gross National Income per Capita (2011 PPP $) |
|---|---|---|---|---|---|---|---|
| **低人文发展国家** | | **Low Human Development** | **0.493** | **59.4** | **4.2** | **9.0** | **2904** |
| 145 | 尼泊尔 | Nepal | 0.540 | 68.4 | 3.2 | 12.4 | 2194 |
| 146 | 巴基斯坦 | Pakistan | 0.537 | 66.6 | 4.7 | 7.7 | 4652 |
| 147 | 肯尼亚 | Kenya | 0.535 | 61.7 | 6.3 | 11.0 | 2158 |
| 148 | 斯威士兰 | Swaziland | 0.530 | 49.0 | 7.1 | 11.3 | 5536 |
| 149 | 安哥拉 | Angola | 0.526 | 51.9 | 4.7 | 11.4 | 6323 |
| 150 | 缅甸 | Myanmar | 0.524 | 65.2 | 4.0 | 8.6 | 3998 |
| 151 | 卢旺达 | Rwanda | 0.506 | 64.1 | 3.3 | 13.2 | 1403 |
| 152 | 喀麦隆 | Cameroon | 0.504 | 55.1 | 5.9 | 10.4 | 2557 |
| 152 | 尼日利亚 | Nigeria | 0.504 | 52.5 | 5.2 | 9.0 | 5353 |
| 154 | 也门 | Yemen | 0.500 | 63.1 | 2.5 | 9.2 | 3945 |
| 155 | 马达加斯加 | Madagascar | 0.498 | 64.7 | 5.2 | 10.3 | 1333 |
| 156 | 津巴布韦 | Zimbabwe | 0.492 | 59.9 | 7.2 | 9.3 | 1307 |
| 157 | 巴布亚新几内亚 | Papua New Guinea | 0.491 | 62.4 | 3.9 | 8.9 | 2453 |
| 157 | 所罗门群岛 | Solomon Islands | 0.491 | 67.7 | 4.5 | 9.2 | 1385 |
| 159 | 科摩罗 | Comoros | 0.488 | 60.9 | 2.8 | 12.8 | 1505 |
| 159 | 坦桑尼亚 | Tanzania | 0.488 | 61.5 | 5.1 | 9.2 | 1702 |
| 161 | 毛里塔尼亚 | Mauritania | 0.487 | 61.6 | 3.7 | 8.2 | 2988 |
| 162 | 莱索托 | Lesotho | 0.486 | 49.4 | 5.9 | 11.1 | 2798 |
| 163 | 塞内加尔 | Senegal | 0.485 | 63.5 | 4.5 | 7.9 | 2169 |
| 164 | 乌干达 | Uganda | 0.484 | 59.2 | 5.4 | 10.8 | 1335 |
| 165 | 贝宁 | Benin | 0.476 | 59.3 | 3.2 | 11.0 | 1726 |
| 166 | 苏丹 | Sudan | 0.473 | 62.1 | 3.1 | 7.3 | 3428 |
| 166 | 多哥 | Togo | 0.473 | 56.5 | 5.3 | 12.2 | 1129 |
| 168 | 海地 | Haiti | 0.471 | 63.1 | 4.9 | 7.6 | 1636 |
| 169 | 阿富汗 | Afghanistan | 0.468 | 60.9 | 3.2 | 9.3 | 1904 |
| 170 | 吉布提 | Djibouti | 0.467 | 61.8 | 3.8 | 6.4 | 3109 |
| 171 | 科特迪瓦 | Côte d'Ivoire | 0.452 | 50.7 | 4.3 | 8.9 | 2774 |
| 172 | 冈比亚 | Gambia | 0.441 | 58.8 | 2.8 | 9.1 | 1557 |
| 173 | 埃塞俄比亚 | Ethiopia | 0.435 | 63.6 | 2.4 | 8.5 | 1303 |
| 174 | 马拉维 | Malawi | 0.414 | 55.3 | 4.2 | 10.8 | 715 |
| 175 | 利比里亚 | Liberia | 0.412 | 60.6 | 3.9 | 8.5 | 752 |
| 176 | 马里 | Mali | 0.407 | 55.0 | 2.0 | 8.6 | 1499 |
| 177 | 几内亚-比绍 | Guinea-Bissau | 0.396 | 54.3 | 2.3 | 9.0 | 1090 |
| 178 | 莫桑比克 | Mozambique | 0.393 | 50.3 | 3.2 | 9.5 | 1011 |
| 179 | 几内亚 | Guinea | 0.392 | 56.1 | 1.6 | 8.7 | 1142 |
| 180 | 布隆迪 | Burundi | 0.389 | 54.1 | 2.7 | 10.1 | 749 |
| 181 | 布基纳法索 | Burkina Faso | 0.388 | 56.3 | 1.3 | 7.5 | 1602 |
| 182 | 厄立特里亚 | Eritrea | 0.381 | 62.9 | 3.4 | 4.1 | 1147 |
| 183 | 塞拉利昂 | Sierra Leone | 0.374 | 45.6 | 2.9 | 7.5 | 1815 |
| 184 | 乍得 | Chad | 0.372 | 51.2 | 1.5 | 7.4 | 1622 |
| 185 | 中非 | Central African Republic | 0.341 | 50.2 | 3.5 | 7.2 | 588 |
| 186 | 刚果(金) | Congo Dem. Rep. | 0.338 | 50.0 | 3.1 | 9.7 | 444 |
| 187 | 尼日尔 | Niger | 0.337 | 58.4 | 1.4 | 5.4 | 873 |

# 17-2 世界主要国家或地区全球化指数排名(2014年)

资料来源：KOF瑞士经济学会。
Source: KOF Swiss Economic Institute.

| 排名 | 全球化指数 Globalization Index | | | 经济全球化 Economic Globalization | | |
|---|---|---|---|---|---|---|
| Rank | 国家或地区 | Country or Area | 数值 Score | 国家或地区 | Country or Area | 数值 Score |
| 1 | 爱尔兰 | Ireland | 92.17 | 新加坡 | Singapore | 96.69 |
| 2 | 比利时 | Belgium | 91.61 | 爱尔兰 | Ireland | 93.69 |
| 3 | 荷兰 | Netherlands | 91.33 | 卢森堡 | Luxembourg | 92.53 |
| 4 | 奥地利 | Austria | 90.48 | 马耳他 | Malta | 91.78 |
| 5 | 新加坡 | Singapore | 88.63 | 荷兰 | Netherlands | 91.17 |
| 6 | 丹麦 | Denmark | 87.43 | 比利时 | Belgium | 89.43 |
| 7 | 瑞典 | Sweden | 87.39 | 爱沙尼亚 | Estonia | 88.04 |
| 8 | 葡萄牙 | Portugal | 87.01 | 巴林 | Bahrain | 87.18 |
| 9 | 匈牙利 | Hungary | 85.91 | 匈牙利 | Hungary | 86.82 |
| 10 | 芬兰 | Finland | 85.87 | 芬兰 | Finland | 85.80 |
| 11 | 瑞士 | Switzerland | 85.74 | 奥地利 | Austria | 85.10 |
| 12 | 加拿大 | Canada | 85.63 | 瑞典 | Sweden | 85.09 |
| 13 | 塞浦路斯 | Cyprus | 85.27 | 阿联酋 | United Arab Emirates | 85.00 |
| 14 | 西班牙 | Spain | 84.66 | 斯洛伐克 | Slovak Republic | 84.58 |
| 15 | 卢森堡 | Luxembourg | 84.57 | 塞浦路斯 | Cyprus | 84.51 |
| 16 | 捷克 | Czech Republic | 83.97 | 葡萄牙 | Portugal | 84.09 |
| 17 | 英国 | United Kingdom | 83.72 | 毛里求斯 | Mauritius | 83.91 |
| 18 | 斯洛伐克 | Slovak Republic | 83.55 | 捷克 | Czech Republic | 83.71 |
| 19 | 澳大利亚 | Australia | 82.93 | 丹麦 | Denmark | 83.39 |
| 20 | 挪威 | Norway | 82.83 | 新西兰 | New Zealand | 82.14 |
| 21 | 法国 | France | 82.76 | 巴拿马 | Panama | 81.17 |
| 22 | 意大利 | Italy | 80.31 | 马来西亚 | Malaysia | 80.81 |
| 23 | 希腊 | Greece | 80.29 | 智利 | Chile | 80.80 |
| 24 | 马来西亚 | Malaysia | 79.55 | 卡塔尔 | Qatar | 80.12 |
| 25 | 波兰 | Poland | 79.52 | 格鲁吉亚 | Georgia | 80.05 |
| 26 | 德国 | Germany | 79.47 | 西班牙 | Spain | 78.55 |
| 27 | 爱沙尼亚 | Estonia | 79.38 | 特立尼达和多巴哥 | Trinidad and Tobago | 78.22 |
| 28 | 新西兰 | New Zealand | 78.82 | 立陶宛 | Lithuania | 78.13 |
| 29 | 斯洛文尼亚 | Slovenia | 76.86 | 拉脱维亚 | Latvia | 78.03 |
| 30 | 阿联酋 | United Arab Emirates | 76.02 | 澳大利亚 | Australia | 77.66 |
| 31 | 马耳他 | Malta | 75.95 | 冰岛 | Iceland | 77.24 |
| 32 | 美国 | United States | 74.94 | 黑山 | Montenegro | 76.91 |
| 33 | 克罗地亚 | Croatia | 74.92 | 斯洛文尼亚 | Slovenia | 76.24 |
| 34 | 立陶宛 | Lithuania | 73.27 | 加拿大 | Canada | 76.11 |
| 35 | 以色列 | Israel | 73.01 | 秘鲁 | Peru | 75.98 |
| 36 | 卡塔尔 | Qatar | 72.86 | 保加利亚 | Bulgaria | 75.54 |
| 37 | 智利 | Chile | 72.41 | 瑞士 | Switzerland | 75.06 |
| 38 | 罗马尼亚 | Romania | 72.24 | 阿曼 | Oman | 74.97 |
| 39 | 保加利亚 | Bulgaria | 71.38 | 以色列 | Israel | 74.73 |
| 40 | 巴林 | Bahrain | 70.59 | 挪威 | Norway | 74.61 |
| 41 | 科威特 | Kuwait | 70.49 | 蒙古 | Mongolia | 73.31 |
| 42 | 拉脱维亚 | Latvia | 70.17 | 文莱 | Brunei Darussalam | 73.15 |
| 43 | 约旦 | Jordan | 69.46 | 波兰 | Poland | 72.92 |
| 44 | 乌克兰 | Ukraine | 68.85 | 希腊 | Greece | 72.41 |
| 45 | 冰岛 | Iceland | 68.66 | 英国 | United Kingdom | 72.31 |
| 46 | 土耳其 | Turkey | 68.20 | 巴布亚新几内亚 | Papua New Guinea | 71.97 |
| 47 | 巴拿马 | Panama | 67.89 | 克罗地亚 | Croatia | 71.80 |
| 48 | 沙特阿拉伯 | Saudi Arabia | 67.69 | 巴巴多斯 | Barbados | 70.62 |
| 49 | 黑山 | Montenegro | 67.27 | 意大利 | Italy | 70.28 |
| 50 | 波黑 | Bosnia and Herzegovina | 67.13 | 泰国 | Thailand | 68.84 |

# The Ranking of Globalization Index (2014)

| 排名 | 社会全球化 Social Globalization | | | 政治全球化 Political Globalization | | |
|---|---|---|---|---|---|---|
| Rank | 国家或地区 | Country or Area | 数值 Score | 国家或地区 | Country or Area | 数值 Score |
| 1 | 新加坡 | Singapore | 91.61 | 法国 | France | 97.76 |
| 2 | 爱尔兰 | Ireland | 91.55 | 意大利 | Italy | 97.71 |
| 3 | 奥地利 | Austria | 91.47 | 比利时 | Belgium | 96.75 |
| 4 | 瑞士 | Switzerland | 90.86 | 奥地利 | Austria | 96.54 |
| 5 | 荷兰 | Netherlands | 90.32 | 英国 | United Kingdom | 96.19 |
| 6 | 塞浦路斯 | Cyprus | 90.26 | 西班牙 | Spain | 96.18 |
| 7 | 比利时 | Belgium | 90.17 | 瑞典 | Sweden | 94.92 |
| 8 | 加拿大 | Canada | 88.91 | 巴西 | Brazil | 94.72 |
| 9 | 丹麦 | Denmark | 86.84 | 葡萄牙 | Portugal | 94.37 |
| 10 | 法国 | France | 86.70 | 埃及 | Egypt | 94.16 |
| 11 | 英国 | United Kingdom | 86.07 | 加拿大 | Canada | 94.12 |
| 12 | 葡萄牙 | Portugal | 84.75 | 丹麦 | Denmark | 93.91 |
| 13 | 挪威 | Norway | 84.56 | 瑞士 | Switzerland | 93.15 |
| 14 | 瑞典 | Sweden | 84.41 | 阿根廷 | Argentina | 93.06 |
| 15 | 德国 | Germany | 83.71 | 荷兰 | Netherlands | 93.01 |
| 16 | 芬兰 | Finland | 83.51 | 土耳其 | Turkey | 92.74 |
| 17 | 西班牙 | Spain | 82.60 | 印度 | India | 92.52 |
| 18 | 澳大利亚 | Australia | 82.24 | 美国 | United States | 92.47 |
| 19 | 捷克 | Czech Republic | 82.22 | 德国 | Germany | 92.44 |
| 20 | 阿联酋 | United Arab Emirates | 81.69 | 希腊 | Greece | 91.83 |
| 21 | 斯洛伐克 | Slovak Republic | 81.28 | 挪威 | Norway | 91.76 |
| 22 | 科威特 | Kuwait | 81.16 | 匈牙利 | Hungary | 91.69 |
| 23 | 匈牙利 | Hungary | 81.08 | 澳大利亚 | Australia | 91.26 |
| 24 | 卢森堡 | Luxembourg | 80.37 | 尼日利亚 | Nigeria | 91.23 |
| 25 | 希腊 | Greece | 79.91 | 爱尔兰 | Ireland | 90.94 |
| 26 | 列支敦士登 | Liechtenstein | 79.44 | 罗马尼亚 | Romania | 90.55 |
| 27 | 波兰 | Poland | 78.58 | 韩国 | Korea, Rep. | 90.15 |
| 28 | 美国 | United States | 77.96 | 波兰 | Poland | 90.09 |
| 29 | 意大利 | Italy | 77.94 | 日本 | Japan | 89.96 |
| 30 | 摩纳哥 | Monaco | 77.19 | 智利 | Chile | 89.70 |
| 31 | 以色列 | Israel | 76.02 | 摩洛哥 | Morocco | 89.54 |
| 32 | 安道尔 | Andorra | 75.90 | 芬兰 | Finland | 89.42 |
| 33 | 马耳他 | Malta | 75.88 | 巴基斯坦 | Pakistan | 89.38 |
| 34 | 马来西亚 | Malaysia | 74.61 | 南非 | South Africa | 87.51 |
| 35 | 爱沙尼亚 | Estonia | 73.81 | 塞内加尔 | Senegal | 87.38 |
| 36 | 新西兰 | New Zealand | 73.68 | 捷克 | Czech Republic | 86.87 |
| 37 | 圣马力诺 | San Marino | 73.51 | 约旦 | Jordan | 86.86 |
| 38 | 波多黎各 | Puerto Rico | 72.75 | 印度尼西亚 | Indonesia | 86.51 |
| 39 | 斯洛文尼亚 | Slovenia | 72.67 | 乌克兰 | Ukraine | 86.05 |
| 40 | 沙特阿拉伯 | Saudi Arabia | 72.65 | 中国 | China | 85.87 |
| 41 | 法属波利尼西亚 | French Polynesia | 71.92 | 克罗地亚 | Croatia | 85.75 |
| 42 | 拉脱维亚 | Latvia | 71.36 | 俄罗斯 | Russian Federation | 85.66 |
| 43 | 克罗地亚 | Croatia | 70.48 | 菲律宾 | Philippines | 85.60 |
| 44 | 巴林 | Bahrain | 70.40 | 秘鲁 | Peru | 85.49 |
| 45 | 新喀里多尼亚 | New Caledonia | 70.39 | 斯洛伐克 | Slovak Republic | 85.44 |
| 46 | 关岛 | Guam | 70.30 | 马来西亚 | Malaysia | 85.00 |
| 47 | 黎巴嫩 | Lebanon | 69.92 | 突尼斯 | Tunisia | 84.68 |
| 48 | 冰岛 | Iceland | 69.86 | 保加利亚 | Bulgaria | 84.37 |
| 49 | 阿鲁巴岛 | Aruba | 69.64 | 乌拉圭 | Uruguay | 84.29 |
| 50 | 巴哈马 | Bahamas | 68.54 | 加纳 | Ghana | 84.08 |

17-2 续表 1

| 排名 | 全球化指数 Globalization Index | | | 经济全球化 Economic Globalization | | |
|---|---|---|---|---|---|---|
| Rank | 国家或地区 | Country or Area | 数值 Score | 国家或地区 | Country or Area | 数值 Score |
| 51 | 乌拉圭 | Uruguay | 66.04 | 刚果(布) | Congo, Rep. | 68.49 |
| 52 | 黎巴嫩 | Lebanon | 65.82 | 法国 | France | 67.88 |
| 53 | 秘鲁 | Peru | 65.73 | 约旦 | Jordan | 67.80 |
| 54 | 毛里求斯 | Mauritius | 65.71 | 牙买加 | Jamaica | 67.03 |
| 55 | 文莱 | Brunei Darussalam | 65.69 | 吉尔吉斯共和国 | Kyrgyz Republic | 66.48 |
| 56 | 俄罗斯 | Russia | 65.42 | 沙特阿拉伯 | Saudi Arabia | 66.35 |
| 57 | 泰国 | Thailand | 65.34 | 科威特 | Kuwait | 65.96 |
| 58 | 南非 | South Africa | 65.23 | 德国 | Germany | 65.73 |
| 59 | 日本 | Japan | 65.00 | 乌克兰 | Ukraine | 65.70 |
| 60 | 韩国 | Korea, Rep. | 64.79 | 乌拉圭 | Uruguay | 65.46 |
| 61 | 摩洛哥 | Morocco | 64.56 | 南非 | South Africa | 65.11 |
| 62 | 摩尔多瓦 | Moldova | 64.12 | 圭亚那 | Guyana | 64.97 |
| 63 | 塞尔维亚 | Serbia | 63.61 | 摩尔多瓦 | Moldova | 64.81 |
| 64 | 格鲁吉亚 | Georgia | 62.86 | 毛里塔尼亚 | Mauritania | 64.78 |
| 65 | 特立尼达和多巴哥 | Trinidad and Tobago | 62.52 | 洪都拉斯 | Honduras | 64.71 |
| 66 | 哥斯达黎加 | Costa Rica | 62.04 | 波黑 | Bosnia and Herzegovina | 64.48 |
| 67 | 萨尔瓦多 | El Salvador | 61.36 | 尼加拉瓜 | Nicaragua | 64.43 |
| 68 | 牙买加 | Jamaica | 61.33 | 亚美尼亚 | Armenia | 64.27 |
| 69 | 多米尼加 | Dominican Republic | 61.22 | 哈萨克斯坦 | Kazakhstan | 64.24 |
| 70 | 墨西哥 | Mexico | 60.78 | 罗马尼亚 | Romania | 64.08 |
| 71 | 危地马拉 | Guatemala | 60.65 | 黎巴嫩 | Lebanon | 63.92 |
| 72 | 中国 | China | 60.50 | 马其顿 | Macedonia, FYR | 63.85 |
| 73 | 阿曼 | Oman | 60.49 | 尼日利亚 | Nigeria | 63.84 |
| 74 | 马其顿 | Macedonia, FYR | 59.90 | 柬埔寨 | Cambodia | 63.07 |
| 75 | 白俄罗斯 | Belarus | 59.85 | 哥斯达黎加 | Costa Rica | 62.39 |
| 76 | 巴西 | Brazil | 59.78 | 安哥拉 | Angola | 62.12 |
| 77 | 哥伦比亚 | Colombia | 59.29 | 阿尔巴尼亚 | Albania | 61.91 |
| 78 | 突尼斯 | Tunisia | 59.20 | 墨西哥 | Mexico | 61.59 |
| 79 | 洪都拉斯 | Honduras | 58.99 | 斯威士兰 | Swaziland | 61.59 |
| 80 | 阿根廷 | Argentina | 58.38 | 萨尔瓦多 | El Salvador | 61.47 |
| 81 | 巴拉圭 | Paraguay | 57.53 | 赞比亚 | Zambia | 60.82 |
| 82 | 哈萨克斯坦 | Kazakhstan | 57.45 | 突尼斯 | Tunisia | 60.56 |
| 83 | 菲律宾 | Philippines | 57.40 | 阿塞拜疆 | Azerbaijan | 60.50 |
| 84 | 巴巴多斯 | Barbados | 57.21 | 韩国 | Korea, Rep. | 59.89 |
| 85 | 埃及 | Egypt | 57.20 | 也门 | Yemen, Rep. | 59.77 |
| 86 | 阿尔巴尼亚 | Albania | 56.81 | 纳米比亚 | Namibia | 59.57 |
| 87 | 吉尔吉斯共和国 | Kyrgyz Republic | 56.70 | 美国 | United States | 59.19 |
| 88 | 斐济 | Fiji | 56.67 | 越南 | Vietnam | 59.16 |
| 89 | 阿塞拜疆 | Azerbaijan | 56.55 | 危地马拉 | Guatemala | 58.87 |
| 90 | 尼日利亚 | Nigeria | 56.48 | 苏里南 | Suriname | 58.65 |
| 91 | 印度尼西亚 | Indonesia | 56.41 | 莱索托 | Lesotho | 58.47 |
| 92 | 蒙古 | Mongolia | 55.72 | 多米尼加 | Dominican Republic | 58.27 |
| 93 | 尼加拉瓜 | Nicaragua | 55.35 | 印度尼西亚 | Indonesia | 58.03 |
| 94 | 格林纳达 | Grenada | 54.92 | 哥伦比亚 | Colombia | 57.21 |
| 95 | 厄瓜多尔 | Ecuador | 54.46 | 塞尔维亚 | Serbia | 56.73 |
| 96 | 纳米比亚 | Namibia | 54.05 | 伯利兹 | Belize | 55.37 |
| 97 | 巴哈马 | Bahamas | 53.87 | 摩洛哥 | Morocco | 54.83 |
| 98 | 亚美尼亚 | Armenia | 53.45 | 刚果(金) | Congo, Dem. Rep. | 54.56 |
| 99 | 加纳 | Ghana | 53.38 | 菲律宾 | Philippines | 54.36 |
| 100 | 玻利维亚 | Bolivia | 53.14 | 东帝汶 | Timor-Leste | 54.36 |

continued

| 排名 Rank | 社会全球化 Social Globalization | | | 政治全球化 Political Globalization | | |
|---|---|---|---|---|---|---|
| | 国家或地区 | Country or Area | 数值 Score | 国家或地区 | Country or Area | 数值 Score |
| 51 | 中国澳门 | Macao, China | 67.71 | 斯洛文尼亚 | Slovenia | 83.81 |
| 52 | 罗马尼亚 | Romania | 67.48 | 危地马拉 | Guatemala | 83.74 |
| 53 | 立陶宛 | Lithuania | 67.01 | 阿尔及利亚 | Algeria | 83.66 |
| 54 | 日本 | Japan | 66.58 | 埃塞俄比亚 | Ethiopia | 83.43 |
| 55 | 文莱 | Brunei Darussalam | 66.49 | 肯尼亚 | Kenya | 82.86 |
| 56 | 多米尼加 | Dominican Republic | 65.83 | 泰国 | Thailand | 82.83 |
| 57 | 土耳其 | Turkey | 65.67 | 新西兰 | New Zealand | 81.69 |
| 58 | 卡塔尔 | Qatar | 64.88 | 厄瓜多尔 | Ecuador | 81.14 |
| 59 | 俄罗斯 | Russian Federation | 64.77 | 哥伦比亚 | Colombia | 80.61 |
| 60 | 塞尔维亚 | Serbia | 64.62 | 萨尔瓦多 | El Salvador | 79.85 |
| 61 | 美属维尔京群岛 | Virgin Islands (U.S.) | 64.55 | 卢森堡 | Luxembourg | 79.60 |
| 62 | 马其顿 | Macedonia, FYR | 63.07 | 塞浦路斯 | Cyprus | 79.06 |
| 63 | 哥斯达黎加 | Costa Rica | 63.04 | 玻利维亚 | Bolivia | 77.82 |
| 64 | 毛里求斯 | Mauritius | 62.73 | 波黑 | Bosnia and Herzegovina | 77.81 |
| 65 | 波黑 | Bosnia and Herzegovina | 62.33 | 巴拉圭 | Paraguay | 77.78 |
| 66 | 白俄罗斯 | Belarus | 61.15 | 斯里兰卡 | Sri Lanka | 77.73 |
| 67 | 安提瓜和巴布达 | Antigua and Barbuda | 60.91 | 孟加拉国 | Bangladesh | 77.46 |
| 68 | 百慕大群岛 | Bermuda | 60.42 | 马里 | Mali | 76.57 |
| 69 | 摩尔多瓦 | Moldova | 60.16 | 赞比亚 | Zambia | 75.95 |
| 70 | 乌克兰 | Ukraine | 60.06 | 布基纳法索 | Burkina Faso | 75.81 |
| 71 | 巴拿马 | Panama | 59.49 | 立陶宛 | Lithuania | 75.62 |
| 72 | 约旦 | Jordan | 59.10 | 爱沙尼亚 | Estonia | 75.43 |
| 73 | 黑山 | Montenegro | 58.51 | 卡塔尔 | Qatar | 74.36 |
| 74 | 保加利亚 | Bulgaria | 58.48 | 牙买加 | Jamaica | 74.14 |
| 75 | 法罗群岛 | Faeroe Islands | 58.25 | 贝宁 | Benin | 74.06 |
| 76 | 阿曼 | Oman | 56.85 | 多哥 | Togo | 73.83 |
| 77 | 摩洛哥 | Morocco | 56.72 | 科特迪瓦 | Cote d'Ivoire | 73.68 |
| 78 | 塞舌尔 | Seychelles | 56.00 | 几内亚 | Guinea | 73.67 |
| 79 | 萨摩亚 | Samoa | 55.68 | 新加坡 | Singapore | 73.06 |
| 80 | 巴巴多斯 | Barbados | 55.51 | 墨西哥 | Mexico | 72.74 |
| 81 | 格林纳达 | Grenada | 55.01 | 喀麦隆 | Cameroon | 72.10 |
| 82 | 格鲁吉亚 | Georgia | 54.51 | 洪都拉斯 | Honduras | 71.97 |
| 83 | 特立尼达和多巴哥 | Trinidad and Tobago | 54.14 | 塞尔维亚 | Serbia | 71.71 |
| 84 | 开曼群岛 | Cayman Islands | 54.13 | 乌干达 | Uganda | 71.68 |
| 85 | 乌拉圭 | Uruguay | 54.05 | 尼日尔 | Niger | 71.63 |
| 86 | 斐济 | Fiji | 53.80 | 尼泊尔 | Nepal | 71.14 |
| 87 | 西岸和加沙 | West Bank and Gaza | 53.72 | 阿尔巴尼亚 | Albania | 71.10 |
| 88 | 圣卢西亚 | St. Lucia | 53.35 | 津巴布韦 | Zimbabwe | 70.70 |
| 89 | 苏里南 | Suriname | 52.91 | 卢旺达 | Rwanda | 70.17 |
| 90 | 阿根廷 | Argentina | 52.61 | 斐济 | Fiji | 69.53 |
| 91 | 智利 | Chile | 52.51 | 伊朗 | Iran, Islamic Rep. | 69.29 |
| 92 | 中国 | China | 52.42 | 蒙古 | Mongolia | 69.23 |
| 93 | 韩国 | Korea, Rep. | 52.05 | 摩尔多瓦 | Moldova | 68.93 |
| 94 | 墨西哥 | Mexico | 51.79 | 哈萨克斯坦 | Kazakhstan | 68.85 |
| 95 | 帕劳群岛 | Palau | 51.02 | 委内瑞拉 | Venezuela, RB | 66.94 |
| 96 | 阿塞拜疆 | Azerbaijan | 50.72 | 也门 | Yemen, Rep. | 66.79 |
| 97 | 南非 | South Africa | 50.06 | 黑山 | Montenegro | 66.61 |
| 98 | 圣文森特和格林纳 | St. Vincent and the Grena | 50.04 | 塞拉利昂 | Sierra Leone | 66.60 |
| 99 | 泰国 | Thailand | 49.97 | 以色列 | Israel | 66.24 |
| 100 | 委内瑞拉 | Venezuela, RB | 49.01 | 白俄罗斯 | Belarus | 66.19 |

17-2 续表 2

| 排名 | 全球化指数 Globalization Index | | | 经济全球化 Economic Globalization | | |
|---|---|---|---|---|---|---|
| Rank | 国家或地区 | Country or Area | 数值 Score | 国家或地区 | Country or Area | 数值 Score |
| 101 | 萨摩亚 | Samoa | 53.00 | 白俄罗斯 | Belarus | 53.94 |
| 102 | 冈比亚 | Gambia | 52.60 | 玻利维亚 | Bolivia | 53.89 |
| 103 | 赞比亚 | Zambia | 52.16 | 科特迪瓦 | Cote d'Ivoire | 53.65 |
| 104 | 委内瑞拉 | Venezuela | 51.63 | 冈比亚 | Gambia, The | 53.53 |
| 105 | 斯里兰卡 | Sri Lanka | 51.40 | 巴拉圭 | Paraguay | 53.46 |
| 106 | 巴布亚新几内亚 | Papua New Guinea | 51.02 | 加纳 | Ghana | 53.24 |
| 107 | 塞内加尔 | Senegal | 51.01 | 土耳其 | Turkey | 53.23 |
| 108 | 安提瓜和巴布达 | Antigua and Barbuda | 50.87 | 塞拉利昂 | Sierra Leone | 53.05 |
| 109 | 古巴 | Cuba | 50.82 | 佛得角 | Cape Verde | 52.91 |
| 110 | 苏里南 | Suriname | 50.76 | 津巴布韦 | Zimbabwe | 52.84 |
| 111 | 津巴布韦 | Zimbabwe | 50.54 | 加蓬 | Gabon | 52.40 |
| 112 | 印度 | India | 50.41 | 莫桑比克 | Mozambique | 51.65 |
| 113 | 圭亚那 | Guyana | 50.31 | 巴西 | Brazil | 51.59 |
| 114 | 巴基斯坦 | Pakistan | 50.29 | 俄罗斯 | Russian Federation | 51.56 |
| 115 | 科特迪瓦 | Cote d'Ivoire | 50.09 | 博茨瓦纳 | Botswana | 51.37 |
| 116 | 吉布提 | Djibouti | 49.54 | 中国 | China | 50.72 |
| 117 | 阿尔及利亚 | Algeria | 49.33 | 斐济 | Fiji | 50.43 |
| 118 | 柬埔寨 | Cambodia | 49.04 | 马里 | Mali | 50.42 |
| 119 | 伯利兹 | Belize | 48.92 | 多哥 | Togo | 50.07 |
| 120 | 多哥 | Togo | 48.90 | 乌干达 | Uganda | 49.45 |
| 121 | 斯威士兰 | Swaziland | 48.70 | 缅甸 | Myanmar | 47.39 |
| 122 | 塞舌尔 | Seychelles | 48.63 | 海地 | Haiti | 47.16 |
| 123 | 也门 | Yemen, Rep. | 48.61 | 塔吉克斯坦 | Tajikistan | 46.91 |
| 124 | 越南 | Vietnam | 48.58 | 埃及 | Egypt, Arab Rep. | 46.00 |
| 125 | 加蓬 | Gabon | 47.98 | 日本 | Japan | 45.44 |
| 126 | 圣卢西亚 | St. Lucia | 47.07 | 叙利亚 | Syrian Arab Republic | 43.43 |
| 127 | 肯尼亚 | Kenya | 46.68 | 委内瑞拉 | Venezuela, RB | 43.38 |
| 128 | 马里 | Mali | 46.65 | 厄瓜多尔 | Ecuador | 43.09 |
| 129 | 刚果(布) | Congo, Rep. | 46.62 | 塞内加尔 | Senegal | 42.92 |
| 130 | 莫桑比克 | Mozambique | 46.43 | 巴哈马 | Bahamas, The | 42.78 |
| 131 | 帕劳 | Palau | 46.03 | 坦桑尼亚 | Tanzania | 41.99 |
| 132 | 莱索托 | Lesotho | 45.64 | 几内亚 | Guinea | 41.86 |
| 133 | 毛里塔尼亚 | Mauritania | 45.61 | 印度 | India | 41.67 |
| 134 | 乌干达 | Uganda | 45.38 | 马拉维 | Malawi | 41.37 |
| 135 | 塔吉克斯坦 | Tajikistan | 45.00 | 喀麦隆 | Cameroon | 41.15 |
| 136 | 佛得角 | Cape Verde | 44.77 | 肯尼亚 | Kenya | 41.01 |
| 137 | 叙利亚 | Syrian Arab Republic | 44.67 | 斯里兰卡 | Sri Lanka | 40.92 |
| 138 | 博茨瓦纳 | Botswana | 44.51 | 马达加斯加 | Madagascar | 39.73 |
| 139 | 塞拉利昂 | Sierra Leone | 44.19 | 阿尔及利亚 | Algeria | 39.72 |
| 140 | 法属波利尼西亚 | French Polynesia | 43.83 | 阿根廷 | Argentina | 39.53 |
| 141 | 喀麦隆 | Cameroon | 43.59 | 乍得 | Chad | 38.94 |
| 142 | 安哥拉 | Angola | 43.29 | 卢旺达 | Rwanda | 38.45 |
| 143 | 阿鲁巴岛 | Aruba | 43.26 | 巴基斯坦 | Pakistan | 36.06 |
| 144 | 利比亚 | Libya | 43.25 | 尼日尔 | Niger | 35.90 |
| 145 | 几内亚 | Guinea | 43.19 | 贝宁 | Benin | 35.49 |
| 146 | 新喀里多尼亚 | New Caledonia | 42.92 | 布基纳法索 | Burkina Faso | 35.23 |
| 147 | 布基纳法索 | Burkina Faso | 42.68 | 中非共和国 | Central African Republic | 34.70 |
| 148 | 圣文森特和格林纳丁其 | St. Vincent and the Grena | 42.23 | 孟加拉国 | Bangladesh | 33.84 |
| 149 | 中国澳门 | Macao, China | 42.12 | 几内亚-比绍 | Guinea-Bissau | 33.79 |
| 150 | 刚果(金) | Congo, Dem. Rep. | 42.05 | 伊朗 | Iran, Islamic Rep. | 29.47 |

continued

| 排名 Rank | 社会全球化 Social Globalization | | | 政治全球化 Political Globalization | | |
|---|---|---|---|---|---|---|
| | 国家或地区 | Country or Area | 数值 Score | 国家或地区 | Country or Area | 数值 Score |
| 101 | 圣基茨和尼维斯 | St. Kitts and Nevis | 48.69 | 吉布提 | Djibouti | 65.77 |
| 102 | 萨尔瓦多 | El Salvador | 48.55 | 冈比亚 | Gambia, The | 65.36 |
| 103 | 巴拉圭 | Paraguay | 47.51 | 吉尔吉斯共和国 | Kyrgyz Republic | 65.35 |
| 104 | 牙买加 | Jamaica | 47.07 | 马达加斯加 | Madagascar | 65.34 |
| 105 | 厄瓜多尔 | Ecuador | 47.02 | 莫桑比克 | Mozambique | 65.32 |
| 106 | 哥伦比亚 | Colombia | 46.62 | 纳米比亚 | Namibia | 64.75 |
| 107 | 危地马拉 | Guatemala | 46.50 | 古巴 | Cuba | 64.16 |
| 108 | 伯利兹 | Belize | 46.39 | 刚果(金) | Congo, Dem. Rep. | 63.78 |
| 109 | 尼加拉瓜 | Nicaragua | 45.21 | 马拉维 | Malawi | 63.33 |
| 110 | 亚美尼亚 | Armenia | 45.08 | 塔吉克斯坦 | Tajikistan | 63.10 |
| 111 | 马尔代夫 | Maldives | 45.03 | 几内亚-比绍 | Guinea-Bissau | 63.07 |
| 112 | 多米尼加 | Dominica | 44.94 | 黎巴嫩 | Lebanon | 62.48 |
| 113 | 洪都拉斯 | Honduras | 44.60 | 沙特阿拉伯 | Saudi Arabia | 62.34 |
| 114 | 斯威士兰 | Swaziland | 44.44 | 中非共和国 | Central African Republic | 62.17 |
| 115 | 巴西 | Brazil | 43.61 | 柬埔寨 | Cambodia | 61.69 |
| 116 | 斯里兰卡 | Sri Lanka | 43.36 | 巴拿马 | Panama | 61.62 |
| 117 | 哈萨克斯坦 | Kazakhstan | 43.13 | 科威特 | Kuwait | 61.29 |
| 118 | 冈比亚 | Gambia | 42.95 | 乍得 | Chad | 60.75 |
| 119 | 格陵兰岛 | Greenland | 42.82 | 巴布亚新几内亚 | Papua New Guinea | 60.74 |
| 120 | 埃及 | Egypt | 42.52 | 布隆迪 | Burundi | 60.16 |
| 121 | 秘鲁 | Peru | 42.35 | 哥斯达黎加 | Costa Rica | 60.07 |
| 122 | 阿尔巴尼亚 | Albania | 42.11 | 阿塞拜疆 | Azerbaijan | 59.55 |
| 123 | 古巴 | Cuba | 41.66 | 坦桑尼亚 | Tanzania | 58.97 |
| 124 | 纳米比亚 | Namibia | 41.42 | 多米尼加 | Dominican Republic | 58.63 |
| 125 | 吉尔吉斯共和国 | Kyrgyz Republic | 41.41 | 拉脱维亚 | Latvia | 57.49 |
| 126 | 佛得角 | Cape Verde | 41.24 | 尼加拉瓜 | Nicaragua | 57.45 |
| 127 | 菲律宾 | Philippines | 40.95 | 伊拉克 | Iraq | 56.34 |
| 128 | 博茨瓦纳 | Botswana | 40.42 | 苏丹 | Sudan | 55.38 |
| 129 | 加蓬 | Gabon | 40.41 | 阿联酋 | United Arab Emirates | 55.27 |
| 130 | 突尼斯 | Tunisia | 40.40 | 冰岛 | Iceland | 54.96 |
| 131 | 圭亚那 | Guyana | 40.13 | 格林纳达 | Grenada | 54.79 |
| 132 | 叙利亚 | Syrian Arab Republic | 39.30 | 莱索托 | Lesotho | 54.55 |
| 133 | 吉布提 | Djibouti | 38.39 | 叙利亚 | Syrian Arab Republic | 54.21 |
| 134 | 土库曼斯坦 | Turkmenistan | 37.65 | 文莱 | Brunei Darussalam | 54.14 |
| 135 | 巴基斯坦 | Pakistan | 37.05 | 越南 | Vietnam | 54.08 |
| 136 | 乌兹别克斯坦 | Uzbekistan | 36.76 | 马耳他 | Malta | 53.99 |
| 137 | 利比亚 | Libya | 36.71 | 加蓬 | Gabon | 52.85 |
| 138 | 汤加 | Tonga | 35.84 | 特立尼达和多巴哥 | Trinidad and Tobago | 52.83 |
| 139 | 玻利维亚 | Bolivia | 35.48 | 利比亚 | Libya | 52.77 |
| 140 | 阿尔及利亚 | Algeria | 34.95 | 格鲁吉亚 | Georgia | 51.08 |
| 141 | 越南 | Vietnam | 34.67 | 亚美尼亚 | Armenia | 50.56 |
| 142 | 津巴布韦 | Zimbabwe | 34.49 | 马其顿 | Macedonia, FYR | 49.81 |
| 143 | 印度尼西亚 | Indonesia | 34.18 | 萨摩亚 | Samoa | 49.09 |
| 144 | 塞内加尔 | Senegal | 33.77 | 安哥拉 | Angola | 48.51 |
| 145 | 圣多美和普林西比 | Sao Tome and Principe | 33.66 | 毛里塔尼亚 | Mauritania | 48.31 |
| 146 | 伊朗 | Iran, Islamic Rep. | 33.31 | 海地 | Haiti | 48.11 |
| 147 | 密克罗尼西亚 | Micronesia, Fed. Sts. | 33.07 | 阿富汗 | Afghanistan | 48.09 |
| 148 | 瓦努阿图 | Vanuatu | 33.07 | 巴哈马 | Bahamas, The | 47.95 |
| 149 | 不丹 | Bhutan | 33.03 | 巴林 | Bahrain | 47.74 |
| 150 | 加纳 | Ghana | 32.43 | 阿曼 | Oman | 45.60 |

17-2 续表 3

| 排名 Rank | 全球化指数 Globalization Index 国家或地区 | Country or Area | 数值 Score | 经济全球化 Economic Globalization 国家或地区 | Country or Area | 数值 Score |
|---|---|---|---|---|---|---|
| 151 | 贝宁 | Benin | 41.79 | 苏丹 | Sudan | 28.12 |
| 152 | 卢旺达 | Rwanda | 41.64 | 尼泊尔 | Nepal | 27.56 |
| 153 | 孟加拉国 | Bangladesh | 41.61 | 埃塞俄比亚 | Ethiopia | 25.11 |
| 154 | 马拉维 | Malawi | 41.39 | 布隆迪 | Burundi | 23.13 |
| 155 | 伊拉克 | Iraq | 41.27 | 阿富汗 | Afghanistan | |
| 156 | 伊朗 | Iran, Islamic Rep. | 41.27 | 美国萨摩亚 | American Samoa | |
| 157 | 尼日尔 | Niger | 40.78 | 安道尔 | Andorra | |
| 158 | 海地 | Haiti | 40.11 | 安提瓜和巴布达 | Antigua and Barbuda | |
| 159 | 乌兹别克斯坦 | Uzbekistan | 40.10 | 阿鲁巴岛 | Aruba | |
| 160 | 多米尼加 | Dominica | 40.09 | 百慕大群岛 | Bermuda | |
| 161 | 圣基茨和尼维斯 | St. Kitts and Nevis | 40.06 | 不丹 | Bhutan | |
| 162 | 马达加斯加 | Madagascar | 39.55 | 开曼群岛 | Cayman Islands | |
| 163 | 尼泊尔 | Nepal | 38.70 | 海峡群岛 | Channel Islands | |
| 164 | 坦桑尼亚 | Tanzania | 38.39 | 科摩罗 | Comoros | |
| 165 | 土库曼斯坦 | Turkmenistan | 38.32 | 古巴 | Cuba | |
| 166 | 乍得 | Chad | 38.04 | 吉布提 | Djibouti | |
| 167 | 东帝汶 | Timor-Leste | 37.94 | 多米尼加 | Dominica | |
| 168 | 几内亚-比绍 | Guinea-Bissau | 37.89 | 赤道几内亚 | Equatorial Guinea | |
| 169 | 马尔代夫 | Maldives | 37.59 | 厄立特里亚 | Eritrea | |
| 170 | 百慕大群岛 | Bermuda | 37.23 | 法罗群岛 | Faeroe Islands | |
| 171 | 埃塞俄比亚 | Ethiopia | 36.66 | 法属波利尼西亚 | French Polynesia | |
| 172 | 法罗群岛 | Faeroe Islands | 35.95 | 格陵兰岛 | Greenland | |
| 173 | 中非共和国 | Central African Republic | 35.62 | 格林纳达 | Grenada | |
| 174 | 西岸和加沙 | West Bank and Gaza | 34.94 | 关岛 | Guam | |
| 175 | 圣多美和普林西比 | Sao Tome and Principe | 33.82 | 伊拉克 | Iraq | |
| 176 | 开曼群岛 | Cayman Islands | 33.51 | 马恩岛 | Isle of Man | |
| 177 | 布隆迪 | Burundi | 32.12 | 基里巴斯 | Kiribati | |
| 178 | 缅甸 | Myanmar | 32.06 | 朝鲜 | Korea, Dem. Rep. | |
| 179 | 汤加 | Tonga | 32.03 | 老挝 | Lao PDR | |
| 180 | 苏丹 | Sudan | 31.70 | 利比里亚 | Liberia | |
| 181 | 利比里亚 | Liberia | 31.61 | 利比亚 | Libya | |
| 182 | 瓦努阿图 | Vanuatu | 31.59 | 列支敦士登 | Liechtenstein | |
| 183 | 科摩罗 | Comoros | 31.31 | 中国澳门 | Macao, China | |
| 184 | 阿富汗 | Afghanistan | 29.91 | 马尔代夫 | Maldives | |
| 185 | 不丹 | Bhutan | 29.17 | 马绍尔群岛 | Marshall Islands | |
| 186 | 赤道几内亚 | Equatorial Guinea | 27.70 | 密克罗尼西亚 | Micronesia, Fed. Sts. | |
| 187 | 老挝 | Lao PDR | 27.07 | 摩纳哥 | Monaco | |
| 188 | 厄立特里亚 | Eritrea | 27.03 | 荷属安的列斯群岛 | Netherlands Antilles | |
| 189 | 基里巴斯 | Kiribati | 26.20 | 新喀里多尼亚 | New Caledonia | |
| 190 | 所罗门群岛 | Solomon Islands | 25.43 | 北马里亚纳群岛 | Northern Mariana Islands | |
| 191 | 索马里 | Somalia | 24.03 | 帕劳群岛 | Palau | |
| 192 | 美国萨摩亚 | American Samoa | | 波多黎各 | Puerto Rico | |
| 193 | 安道尔 | Andorra | | 萨摩亚 | Samoa | |
| 194 | 海峡群岛 | Channel Islands | | 圣马力诺 | San Marino | |
| 195 | 格陵兰岛 | Greenland | | 圣多美和普林西比 | Sao Tome and Principe | |
| 196 | 关岛 | Guam | | 塞舌尔 | Seychelles | |
| 197 | 马恩岛 | Isle of Man | | 所罗门群岛 | Solomon Islands | |
| 198 | 朝鲜 | Korea, Dem. Rep. | | 索马里 | Somalia | |
| 199 | 列支敦士登 | Liechtenstein | | 圣基茨和尼维斯 | St. Kitts and Nevis | |
| 200 | 马绍尔群岛 | Marshall Islands | | 圣卢西亚 | St. Lucia | |

continued

| 排名 | 社会全球化 Social Globalization | | | 政治全球化 Political Globalization | | |
|---|---|---|---|---|---|---|
| Rank | 国家或地区 | Country or Area | 数值 Score | 国家或地区 | Country or Area | 数值 Score |
| 151 | 伊拉克 | Iraq | 30.93 | 乌兹别克斯坦 | Uzbekistan | 44.95 |
| 152 | 塔吉克斯坦 | Tajikistan | 30.76 | 毛里求斯 | Mauritius | 44.71 |
| 153 | 多哥 | Togo | 30.66 | 圭亚那 | Guyana | 44.70 |
| 154 | 科特迪瓦 | Cote d'Ivoire | 30.48 | 利比里亚 | Liberia | 44.61 |
| 155 | 印度 | India | 29.85 | 伯利兹 | Belize | 43.63 |
| 156 | 蒙古 | Mongolia | 29.62 | 刚果(布) | Congo, Rep. | 43.46 |
| 157 | 基里巴斯 | Kiribati | 29.13 | 东帝汶 | Timor-Leste | 42.93 |
| 158 | 科摩罗 | Comoros | 28.75 | 巴巴多斯 | Barbados | 40.99 |
| 159 | 莫桑比克 | Mozambique | 28.47 | 博茨瓦纳 | Botswana | 40.90 |
| 160 | 海地 | Haiti | 27.87 | 土库曼斯坦 | Turkmenistan | 39.30 |
| 161 | 刚果(布) | Congo, Rep. | 27.87 | 帕劳群岛 | Palau | 38.77 |
| 162 | 赞比亚 | Zambia | 27.52 | 佛得角 | Cape Verde | 38.55 |
| 163 | 莱索托 | Lesotho | 27.26 | 圣卢西亚 | St. Lucia | 37.93 |
| 164 | 肯尼亚 | Kenya | 27.26 | 塞舌尔 | Seychelles | 37.91 |
| 165 | 尼泊尔 | Nepal | 27.08 | 斯威士兰 | Swaziland | 36.95 |
| 166 | 布基纳法索 | Burkina Faso | 27.05 | 苏里南 | Suriname | 36.64 |
| 167 | 柬埔寨 | Cambodia | 26.92 | 安提瓜和巴布达 | Antigua and Barbuda | 36.25 |
| 168 | 马拉维 | Malawi | 26.35 | 科摩罗 | Comoros | 35.04 |
| 169 | 喀麦隆 | Cameroon | 26.34 | 圣马力诺 | San Marino | 34.93 |
| 170 | 贝宁 | Benin | 25.67 | 老挝 | Lao PDR | 34.55 |
| 171 | 尼日利亚 | Nigeria | 25.57 | 缅甸 | Myanmar | 34.32 |
| 172 | 也门 | Yemen, Rep. | 25.46 | 圣多美和普林西比 | Sao Tome and Principe | 34.07 |
| 173 | 毛里塔尼亚 | Mauritania | 25.41 | 赤道几内亚 | Equatorial Guinea | 33.07 |
| 174 | 卢旺达 | Rwanda | 25.11 | 多米尼加 | Dominica | 33.04 |
| 175 | 所罗门群岛 | Solomon Islands | 24.64 | 摩纳哥 | Monaco | 32.95 |
| 176 | 几内亚-比绍 | Guinea-Bissau | 24.51 | 厄立特里亚 | Eritrea | 31.02 |
| 177 | 孟加拉国 | Bangladesh | 24.42 | 圣文森特和格林纳丁斯 | St. Vincent and the Grena | 30.85 |
| 178 | 巴布亚新几内亚 | Papua New Guinea | 24.30 | 索马里 | Somalia | 29.62 |
| 179 | 厄立特里亚 | Eritrea | 24.29 | 瓦努阿图 | Vanuatu | 29.42 |
| 180 | 尼日尔 | Niger | 24.26 | 列支敦士登 | Liechtenstein | 29.23 |
| 181 | 赤道几内亚 | Equatorial Guinea | 24.02 | 圣基茨和尼维斯 | St. Kitts and Nevis | 27.50 |
| 182 | 几内亚 | Guinea | 23.53 | 朝鲜 | Korea, Dem. Rep. | 27.39 |
| 183 | 乌干达 | Uganda | 23.43 | 马尔代夫 | Maldives | 26.75 |
| 184 | 利比里亚 | Liberia | 22.68 | 所罗门群岛 | Solomon Islands | 26.58 |
| 185 | 马里 | Mali | 22.50 | 汤加 | Tonga | 26.48 |
| 186 | 老挝 | Lao PDR | 21.94 | 不丹 | Bhutan | 23.56 |
| 187 | 安哥拉 | Angola | 21.68 | 安道尔 | Andorra | 23.53 |
| 188 | 马达加斯加 | Madagascar | 21.65 | 基里巴斯 | Kiribati | 21.93 |
| 189 | 乍得 | Chad | 21.60 | 马绍尔群岛 | Marshall Islands | 19.32 |
| 190 | 布隆迪 | Burundi | 21.47 | 密克罗尼西亚 | Micronesia, Fed. Sts. | 18.04 |
| 191 | 坦桑尼亚 | Tanzania | 20.81 | 西岸和加沙 | West Bank and Gaza | 7.60 |
| 192 | 塞拉利昂 | Sierra Leone | 20.32 | 荷属安的列斯群岛 | Netherlands Antilles | 5.94 |
| 193 | 索马里 | Somalia | 20.20 | 阿鲁巴岛 | Aruba | 4.85 |
| 194 | 苏丹 | Sudan | 18.86 | 中国澳门 | Macao, China | 4.85 |
| 195 | 东帝汶 | Timor-Leste | 18.80 | 百慕大群岛 | Bermuda | 3.48 |
| 196 | 中非共和国 | Central African Republic | 18.26 | 开曼群岛 | Cayman Islands | 3.48 |
| 197 | 阿富汗 | Afghanistan | 17.42 | 法罗群岛 | Faeroe Islands | 3.48 |
| 198 | 缅甸 | Myanmar | 15.83 | 美国萨摩亚 | American Samoa | 3.20 |
| 199 | 埃塞俄比亚 | Ethiopia | 15.60 | 波多黎各 | Puerto Rico | 3.20 |
| 200 | 刚果(金) | Congo, Dem. Rep. | 15.15 | 法属波利尼西亚 | French Polynesia | 2.93 |

# 17-3 世界主要国家或地区全球竞争力指数排名(2013年)
# The Ranking of the Global Competitiveness Index (2013)

资料来源：世界经济论坛《全球竞争力报告2013-2014》。
Source: World Economic Forun The Global Competitiveness Report 2013-2014.

| 国家或地区 | Country or Area | 总指数 Overall Index | | 分类指数 Subindexes 基础设施 Basic Requirements | | 效率增强 Efficiency Enhancers | | 创新与成熟度 Innovation and Sophistication Factors | |
|---|---|---|---|---|---|---|---|---|---|
| | | 排名 Rank | 数值 Score | 排名 Rank | 数值 Score | 排名 Rank | 数值 Score | 排名 Rank | 数值 Score |
| 瑞士 | Switzerland | 1 | 5.67 | 3 | 6.15 | 5 | 5.44 | 1 | 5.72 |
| 新加坡 | Singapore | 2 | 5.61 | 1 | 6.30 | 2 | 5.63 | 13 | 5.14 |
| 芬兰 | Finland | 3 | 5.54 | 7 | 5.97 | 9 | 5.30 | 2 | 5.65 |
| 德国 | Germany | 4 | 5.51 | 9 | 5.90 | 8 | 5.31 | 4 | 5.59 |
| 美国 | United States | 5 | 5.48 | 36 | 5.12 | 1 | 5.66 | 6 | 5.43 |
| 瑞典 | Sweden | 6 | 5.48 | 8 | 5.95 | 7 | 5.31 | 5 | 5.46 |
| 中国香港 | Hong Kong SAR | 7 | 5.47 | 2 | 6.15 | 3 | 5.57 | 19 | 4.83 |
| 荷兰 | Netherlands | 8 | 5.42 | 10 | 5.89 | 11 | 5.27 | 7 | 5.36 |
| 日本 | Japan | 9 | 5.40 | 28 | 5.37 | 10 | 5.27 | 3 | 5.62 |
| 英国 | United Kingdom | 10 | 5.37 | 24 | 5.48 | 4 | 5.45 | 10 | 5.15 |
| 挪威 | Norway | 11 | 5.33 | 6 | 5.98 | 12 | 5.22 | 16 | 5.07 |
| 中国台湾 | Taiwan, China | 12 | 5.29 | 16 | 5.70 | 15 | 5.16 | 9 | 5.22 |
| 卡塔尔 | Qatar | 13 | 5.24 | 5 | 6.01 | 18 | 5.02 | 14 | 5.08 |
| 加拿大 | Canada | 14 | 5.20 | 15 | 5.71 | 6 | 5.33 | 25 | 4.64 |
| 丹麦 | Denmark | 15 | 5.18 | 21 | 5.55 | 16 | 5.05 | 11 | 5.14 |
| 奥地利 | Austria | 16 | 5.15 | 19 | 5.63 | 21 | 4.97 | 12 | 5.14 |
| 比利时 | Belgium | 17 | 5.13 | 22 | 5.51 | 17 | 5.03 | 15 | 5.07 |
| 新西兰 | New Zealand | 18 | 5.11 | 12 | 5.78 | 14 | 5.17 | 27 | 4.55 |
| 阿联酋 | United Arab Emirates | 19 | 5.11 | 4 | 6.04 | 20 | 5.00 | 24 | 4.67 |
| 沙特阿拉伯 | Saudi Arabia | 20 | 5.10 | 14 | 5.73 | 27 | 4.69 | 29 | 4.33 |
| 澳大利亚 | Australia | 21 | 5.09 | 17 | 5.69 | 13 | 5.18 | 26 | 4.56 |
| 卢森堡 | Luxembourg | 22 | 5.09 | 11 | 5.87 | 22 | 4.92 | 17 | 4.84 |
| 法国 | France | 23 | 5.05 | 23 | 5.50 | 19 | 5.00 | 18 | 4.84 |
| 马来西亚 | Malaysia | 24 | 5.03 | 27 | 5.37 | 25 | 4.86 | 23 | 4.70 |
| 韩国 | Korea, Rep. | 25 | 5.01 | 20 | 5.60 | 23 | 4.89 | 20 | 4.82 |
| 文莱 | Brunei Darussalam | 26 | 4.95 | 18 | 5.64 | 65 | 4.09 | 54 | 3.81 |
| 以色列 | Israel | 27 | 4.94 | 39 | 5.05 | 26 | 4.73 | 8 | 5.23 |
| 爱尔兰 | Ireland | 28 | 4.92 | 33 | 5.18 | 24 | 4.89 | 21 | 4.81 |
| 中国 | China | 29 | 4.84 | 31 | 5.28 | 31 | 4.63 | 34 | 4.10 |
| 波多黎各 | Puerto Rico | 30 | 4.67 | 54 | 4.82 | 33 | 4.58 | 22 | 4.71 |
| 冰岛 | Iceland | 31 | 4.66 | 29 | 5.29 | 35 | 4.53 | 28 | 4.48 |
| 爱沙尼亚 | Estonia | 32 | 4.65 | 26 | 5.43 | 30 | 4.64 | 35 | 4.08 |
| 阿曼 | Oman | 33 | 4.64 | 13 | 5.77 | 39 | 4.45 | 39 | 4.05 |
| 智利 | Chile | 34 | 4.61 | 30 | 5.28 | 29 | 4.64 | 45 | 3.92 |
| 西班牙 | Spain | 35 | 4.57 | 38 | 5.05 | 28 | 4.64 | 32 | 4.14 |
| 科威特 | Kuwait | 36 | 4.56 | 32 | 5.22 | 77 | 3.95 | 101 | 3.34 |
| 泰国 | Thailand | 37 | 4.54 | 49 | 4.86 | 40 | 4.43 | 52 | 3.83 |

17-3 续表 1 continued

| 国家或地区 | Country or Area | 总指数 Overall Index | | 分类指数 Subindexes | | | | | |
|---|---|---|---|---|---|---|---|---|---|
| | | | | 基础设施 Basic Requirements | | 效率增强 Efficiency Enhancers | | 创新与成熟度 Innovation and Sophistication Factors | |
| | | 排名 Rank | 数值 Score | 排名 Rank | 数值 Score | 排名 Rank | 数值 Score | 排名 Rank | 数值 Score |
| 印度尼西亚 | Indonesia | 38 | 4.53 | 45 | 4.90 | 52 | 4.32 | 33 | 4.13 |
| 阿塞拜疆 | Azerbaijan | 39 | 4.51 | 44 | 4.90 | 66 | 4.09 | 60 | 3.71 |
| 巴拿马 | Panama | 40 | 4.50 | 46 | 4.89 | 50 | 4.33 | 43 | 3.99 |
| 马耳他 | Malta | 41 | 4.50 | 34 | 5.17 | 36 | 4.52 | 40 | 4.03 |
| 波兰 | Poland | 42 | 4.46 | 59 | 4.72 | 32 | 4.60 | 65 | 3.65 |
| 巴林 | Bahrain | 43 | 4.45 | 25 | 5.46 | 38 | 4.50 | 59 | 3.71 |
| 土耳其 | Turkey | 44 | 4.45 | 56 | 4.75 | 45 | 4.38 | 47 | 3.91 |
| 毛里求斯 | Mauritius | 45 | 4.45 | 42 | 4.97 | 61 | 4.18 | 57 | 3.76 |
| 捷克 | Czech Republic | 46 | 4.43 | 55 | 4.80 | 37 | 4.51 | 36 | 4.07 |
| 巴巴多斯 | Barbados | 47 | 4.42 | 35 | 5.14 | 43 | 4.39 | 48 | 3.91 |
| 立陶宛 | Lithuania | 48 | 4.41 | 43 | 4.91 | 47 | 4.35 | 44 | 3.93 |
| 意大利 | Italy | 49 | 4.41 | 50 | 4.85 | 48 | 4.34 | 30 | 4.22 |
| 哈萨克斯坦 | Kazakhstan | 50 | 4.41 | 48 | 4.86 | 53 | 4.30 | 87 | 3.41 |
| 葡萄牙 | Portugal | 51 | 4.40 | 41 | 4.98 | 46 | 4.38 | 38 | 4.06 |
| 拉脱维亚 | Latvia | 52 | 4.40 | 40 | 5.00 | 41 | 4.41 | 68 | 3.61 |
| 南非 | South Africa | 53 | 4.37 | 95 | 4.24 | 34 | 4.54 | 37 | 4.06 |
| 哥斯达黎加 | Costa Rica | 54 | 4.35 | 64 | 4.62 | 59 | 4.18 | 31 | 4.14 |
| 墨西哥 | Mexico | 55 | 4.34 | 63 | 4.63 | 55 | 4.27 | 55 | 3.79 |
| 巴西 | Brazil | 56 | 4.33 | 79 | 4.45 | 44 | 4.39 | 46 | 3.92 |
| 保加利亚 | Bulgaria | 57 | 4.31 | 58 | 4.73 | 60 | 4.18 | 108 | 3.28 |
| 塞浦路斯 | Cyprus | 58 | 4.30 | 51 | 4.84 | 49 | 4.34 | 50 | 3.87 |
| 菲律宾 | Philippines | 59 | 4.29 | 78 | 4.46 | 58 | 4.20 | 58 | 3.75 |
| 印度 | India | 60 | 4.28 | 96 | 4.23 | 42 | 4.41 | 41 | 4.00 |
| 秘鲁 | Peru | 61 | 4.25 | 72 | 4.53 | 57 | 4.20 | 97 | 3.35 |
| 斯洛文尼亚 | Slovenia | 62 | 4.25 | 37 | 5.06 | 62 | 4.14 | 49 | 3.88 |
| 匈牙利 | Hungary | 63 | 4.25 | 65 | 4.61 | 54 | 4.28 | 71 | 3.60 |
| 俄罗斯 | Russia | 64 | 4.25 | 47 | 4.88 | 51 | 4.32 | 99 | 3.35 |
| 斯里兰卡 | Sri Lanka | 65 | 4.22 | 77 | 4.48 | 69 | 4.03 | 42 | 4.00 |
| 卢旺达 | Rwanda | 66 | 4.21 | 71 | 4.55 | 96 | 3.73 | 66 | 3.65 |
| 黑山 | Montenegro | 67 | 4.20 | 68 | 4.59 | 72 | 4.01 | 70 | 3.61 |
| 约旦 | Jordan | 68 | 4.20 | 76 | 4.51 | 70 | 4.01 | 51 | 3.87 |
| 哥伦比亚 | Colombia | 69 | 4.19 | 80 | 4.44 | 64 | 4.11 | 69 | 3.61 |
| 越南 | Vietnam | 70 | 4.18 | 86 | 4.36 | 74 | 3.98 | 85 | 3.41 |
| 厄瓜多尔 | Ecuador | 71 | 4.18 | 62 | 4.64 | 81 | 3.90 | 63 | 3.69 |
| 格鲁吉亚 | Georgia | 72 | 4.15 | 57 | 4.74 | 86 | 3.89 | 122 | 3.08 |
| 马其顿 | Macedonia, FYR | 73 | 4.14 | 70 | 4.55 | 76 | 3.96 | 94 | 3.37 |
| 博茨瓦纳 | Botswana | 74 | 4.13 | 66 | 4.60 | 93 | 3.77 | 106 | 3.30 |

17-3 续表 2 continued

| 国家或地区 | Country or Area | 总指数 Overall Index | | 分类指数 Subindexes 基础设施 Basic Requirements | | 效率增强 Efficiency Enhancers | | 创新与成熟度 Innovation and Sophistication Factors | |
|---|---|---|---|---|---|---|---|---|---|
| | | 排名 Rank | 数值 Score | 排名 Rank | 数值 Score | 排名 Rank | 数值 Score | 排名 Rank | 数值 Score |
| 克罗地亚 | Croatia | 75 | 4.13 | 61 | 4.69 | 68 | 4.05 | 80 | 3.46 |
| 罗马尼亚 | Romania | 76 | 4.13 | 87 | 4.32 | 63 | 4.13 | 103 | 3.32 |
| 摩洛哥 | Morocco | 77 | 4.11 | 69 | 4.58 | 84 | 3.90 | 100 | 3.34 |
| 斯洛伐克 | Slovak Republic | 78 | 4.10 | 67 | 4.60 | 56 | 4.27 | 77 | 3.49 |
| 亚美尼亚 | Armenia | 79 | 4.10 | 73 | 4.53 | 85 | 3.90 | 88 | 3.40 |
| 塞舌尔 | Seychelles | 80 | 4.10 | 52 | 4.83 | 95 | 3.73 | 62 | 3.69 |
| 老挝 | Lao PDR | 81 | 4.08 | 83 | 4.41 | 107 | 3.60 | 74 | 3.54 |
| 伊朗 | Iran | 82 | 4.07 | 75 | 4.51 | 98 | 3.70 | 86 | 3.41 |
| 突尼斯 | Tunisia | 83 | 4.06 | 74 | 4.52 | 88 | 3.81 | 79 | 3.47 |
| 乌克兰 | Ukraine | 84 | 4.05 | 91 | 4.27 | 71 | 4.01 | 95 | 3.36 |
| 乌拉圭 | Uruguay | 85 | 4.05 | 53 | 4.82 | 78 | 3.95 | 84 | 3.43 |
| 瓜地马拉 | Guatemala | 86 | 4.04 | 89 | 4.29 | 80 | 3.91 | 64 | 3.66 |
| 波黑 | Bosnia and Herzegovina | 87 | 4.02 | 81 | 4.44 | 89 | 3.80 | 89 | 3.40 |
| 柬埔寨 | Cambodia | 88 | 4.01 | 99 | 4.18 | 91 | 3.79 | 83 | 3.44 |
| 摩尔多瓦 | Moldova | 89 | 3.94 | 97 | 4.20 | 102 | 3.66 | 133 | 2.87 |
| 纳米比亚 | Namibia | 90 | 3.93 | 85 | 4.38 | 99 | 3.69 | 102 | 3.34 |
| 希腊 | Greece | 91 | 3.93 | 88 | 4.30 | 67 | 4.06 | 81 | 3.46 |
| 特立尼达和多巴哥 | Trinidad and Tobago | 92 | 3.91 | 60 | 4.70 | 82 | 3.90 | 92 | 3.39 |
| 赞比亚 | Zambia | 93 | 3.86 | 104 | 3.98 | 101 | 3.67 | 61 | 3.71 |
| 牙买加 | Jamaica | 94 | 3.86 | 111 | 3.86 | 79 | 3.92 | 75 | 3.53 |
| 阿尔巴尼亚 | Albania | 95 | 3.85 | 94 | 4.24 | 100 | 3.68 | 119 | 3.12 |
| 肯尼亚 | Kenya | 96 | 3.85 | 121 | 3.76 | 73 | 4.00 | 53 | 3.83 |
| 萨尔瓦多 | El Salvador | 97 | 3.84 | 98 | 4.20 | 106 | 3.62 | 73 | 3.56 |
| 玻利维亚 | Bolivia | 98 | 3.84 | 90 | 4.28 | 120 | 3.41 | 93 | 3.38 |
| 尼加拉瓜 | Nicaragua | 99 | 3.84 | 101 | 4.12 | 116 | 3.44 | 113 | 3.25 |
| 阿尔及利亚 | Algeria | 100 | 3.79 | 92 | 4.27 | 133 | 3.18 | 143 | 2.63 |
| 塞尔维亚 | Serbia | 101 | 3.77 | 106 | 3.96 | 92 | 3.78 | 125 | 3.01 |
| 圭亚那 | Guyana | 102 | 3.77 | 107 | 3.92 | 103 | 3.65 | 56 | 3.76 |
| 黎巴嫩 | Lebanon | 103 | 3.77 | 126 | 3.63 | 75 | 3.97 | 90 | 3.40 |
| 阿根廷 | Argentina | 104 | 3.76 | 102 | 4.06 | 97 | 3.70 | 98 | 3.35 |
| 多米尼加 | Dominican Republic | 105 | 3.76 | 116 | 3.81 | 90 | 3.79 | 91 | 3.40 |
| 苏里南 | Suriname | 106 | 3.75 | 82 | 4.43 | 121 | 3.34 | 120 | 3.10 |
| 蒙古 | Mongolia | 107 | 3.75 | 108 | 3.89 | 94 | 3.73 | 121 | 3.08 |
| 利比亚 | Libya | 108 | 3.73 | 93 | 4.24 | 139 | 3.11 | 141 | 2.71 |
| 不丹 | Bhutan | 109 | 3.73 | 84 | 4.39 | 125 | 3.30 | 117 | 3.16 |
| 孟加拉国 | Bangladesh | 110 | 3.71 | 113 | 3.83 | 108 | 3.59 | 124 | 3.03 |
| 洪都拉斯 | Honduras | 111 | 3.70 | 109 | 3.88 | 114 | 3.51 | 112 | 3.26 |

17-3 续表 3 continued

| 国家或地区 | Country or Area | 总指数 Overall Index | | 分类指数 Subindexes | | | | | |
|---|---|---|---|---|---|---|---|---|---|
| | | | | 基础设施 Basic Requirements | | 效率增强 Efficiency Enhancers | | 创新与成熟度 Innovation and Sophistication Factors | |
| | | 排名 Rank | 数值 Score | 排名 Rank | 数值 Score | 排名 Rank | 数值 Score | 排名 Rank | 数值 Score |
| 加蓬 | Gabon | 112 | 3.70 | 100 | 4.18 | 124 | 3.31 | 137 | 2.78 |
| 塞内加尔 | Senegal | 113 | 3.70 | 120 | 3.76 | 105 | 3.62 | 76 | 3.51 |
| 加纳 | Ghana | 114 | 3.69 | 128 | 3.62 | 87 | 3.85 | 72 | 3.56 |
| 喀麦隆 | Cameroon | 115 | 3.68 | 117 | 3.80 | 113 | 3.52 | 96 | 3.35 |
| 冈比亚 | Gambia | 116 | 3.67 | 115 | 3.82 | 117 | 3.43 | 67 | 3.61 |
| 尼泊尔 | Nepal | 117 | 3.66 | 105 | 3.97 | 128 | 3.25 | 132 | 2.91 |
| 埃及 | Egypt | 118 | 3.63 | 118 | 3.78 | 109 | 3.57 | 104 | 3.31 |
| 巴拉圭 | Paraguay | 119 | 3.61 | 112 | 3.84 | 110 | 3.55 | 128 | 2.97 |
| 尼日利亚 | Nigeria | 120 | 3.57 | 136 | 3.40 | 83 | 3.90 | 82 | 3.44 |
| 吉尔吉斯共和国 | Kyrgyz Republic | 121 | 3.57 | 122 | 3.73 | 118 | 3.42 | 140 | 2.72 |
| 佛得角 | Cape Verde | 122 | 3.53 | 103 | 4.02 | 130 | 3.22 | 118 | 3.13 |
| 莱索托 | Lesotho | 123 | 3.52 | 119 | 3.77 | 132 | 3.18 | 135 | 2.84 |
| 斯威士兰 | Swaziland | 124 | 3.52 | 114 | 3.82 | 123 | 3.32 | 110 | 3.27 |
| 坦桑尼亚 | Tanzania | 125 | 3.50 | 129 | 3.53 | 115 | 3.49 | 109 | 3.28 |
| 科特迪瓦 | Côte d'Ivoire | 126 | 3.50 | 131 | 3.50 | 112 | 3.54 | 116 | 3.18 |
| 埃塞俄比亚 | Ethiopia | 127 | 3.50 | 123 | 3.67 | 126 | 3.27 | 127 | 2.98 |
| 利比里亚 | Liberia | 128 | 3.45 | 127 | 3.62 | 131 | 3.21 | 114 | 3.22 |
| 乌干达 | Uganda | 129 | 3.45 | 134 | 3.40 | 111 | 3.55 | 107 | 3.29 |
| 贝宁 | Benin | 130 | 3.45 | 125 | 3.65 | 134 | 3.15 | 123 | 3.03 |
| 津巴布韦 | Zimbabwe | 131 | 3.44 | 124 | 3.66 | 138 | 3.11 | 126 | 2.99 |
| 马达加斯加 | Madagascar | 132 | 3.42 | 130 | 3.51 | 127 | 3.27 | 105 | 3.31 |
| 巴基斯坦 | Pakistan | 133 | 3.41 | 142 | 3.27 | 104 | 3.64 | 78 | 3.48 |
| 委内瑞拉 | Venezuela | 134 | 3.35 | 138 | 3.37 | 119 | 3.41 | 136 | 2.83 |
| 马里 | Mali | 135 | 3.33 | 137 | 3.39 | 129 | 3.23 | 111 | 3.26 |
| 马拉维 | Malawi | 136 | 3.32 | 140 | 3.33 | 122 | 3.33 | 115 | 3.20 |
| 莫桑比克 | Mozambique | 137 | 3.30 | 133 | 3.42 | 135 | 3.13 | 131 | 2.91 |
| 东帝汶 | Timor-Leste | 138 | 3.25 | 110 | 3.88 | 145 | 2.85 | 138 | 2.76 |
| 缅甸 | Myanmar | 139 | 3.23 | 135 | 3.40 | 140 | 3.03 | 146 | 2.55 |
| 布基纳法索 | Burkina Faso | 140 | 3.21 | 141 | 3.28 | 137 | 3.11 | 130 | 2.92 |
| 毛里塔尼亚 | Mauritania | 141 | 3.19 | 132 | 3.49 | 147 | 2.71 | 134 | 2.84 |
| 安哥拉 | Angola | 142 | 3.15 | 139 | 3.35 | 143 | 2.91 | 148 | 2.52 |
| 海地 | Haiti | 143 | 3.11 | 143 | 3.25 | 142 | 2.94 | 147 | 2.55 |
| 塞拉利昂 | Sierra Leone | 144 | 3.01 | 146 | 2.95 | 136 | 3.12 | 129 | 2.93 |
| 也门 | Yemen | 145 | 2.98 | 145 | 3.05 | 144 | 2.90 | 139 | 2.73 |
| 布隆迪 | Burundi | 146 | 2.92 | 144 | 3.14 | 148 | 2.58 | 145 | 2.56 |
| 几内亚 | Guinea | 147 | 2.91 | 148 | 2.87 | 141 | 3.01 | 142 | 2.69 |
| 乍得 | Chad | 148 | 2.85 | 147 | 2.95 | 146 | 2.72 | 144 | 2.61 |

# 17-4 世界主要国家或地区信息化发展指数(IDI)排名(2012年)

资料来源：国际电信联盟《衡量信息社会发展2013》。
Source: International Telecommunication Union - Mesuring the Information Society 2013.

| 排名 Rank | 总指数 IDI | | | 接入 Access | | |
|---|---|---|---|---|---|---|
| | 国家或地区 | Country or Area | 数值 Score | 国家或地区 | Country or Area | 数值 Score |
| 1 | 韩国 | Korea (Rep.) | 8.57 | 中国香港 | Hong Kong, China | 9.18 |
| 2 | 瑞典 | Sweden | 8.45 | 卢森堡 | Luxembourg | 8.93 |
| 3 | 冰岛 | Iceland | 8.36 | 冰岛 | Iceland | 8.77 |
| 4 | 丹麦 | Denmark | 8.35 | 瑞士 | Switzerland | 8.73 |
| 5 | 芬兰 | Finland | 8.24 | 德国 | Germany | 8.51 |
| 6 | 挪威 | Norway | 8.13 | 英国 | United Kingdom | 8.46 |
| 7 | 荷兰 | Netherlands | 8.00 | 瑞典 | Sweden | 8.37 |
| 8 | 英国 | United Kingdom | 7.98 | 新加坡 | Singapore | 8.31 |
| 9 | 卢森堡 | Luxembourg | 7.93 | 荷兰 | Netherlands | 8.28 |
| 10 | 中国香港 | Hong Kong, China | 7.92 | 马耳他 | Malta | 8.28 |
| 11 | 澳大利亚 | Australia | 7.90 | 韩国 | Korea (Rep.) | 8.28 |
| 12 | 日本 | Japan | 7.82 | 丹麦 | Denmark | 8.18 |
| 13 | 瑞士 | Switzerland | 7.78 | 奥地利 | Austria | 7.96 |
| 14 | 中国澳门 | Macao, China | 7.65 | 法国 | France | 7.95 |
| 15 | 新加坡 | Singapore | 7.65 | 中国澳门 | Macao, China | 7.93 |
| 16 | 新西兰 | New Zealand | 7.64 | 日本 | Japan | 7.73 |
| 17 | 美国 | United States | 7.53 | 挪威 | Norway | 7.72 |
| 18 | 法国 | France | 7.53 | 新西兰 | New Zealand | 7.69 |
| 19 | 德国 | Germany | 7.46 | 比利时 | Belgium | 7.67 |
| 20 | 加拿大 | Canada | 7.38 | 芬兰 | Finland | 7.66 |
| 21 | 奥地利 | Austria | 7.36 | 加拿大 | Canada | 7.65 |
| 22 | 爱沙尼亚 | Estonia | 7.28 | 澳大利亚 | Australia | 7.64 |
| 23 | 爱尔兰 | Ireland | 7.25 | 爱尔兰 | Ireland | 7.59 |
| 24 | 马耳他 | Malta | 7.25 | 以色列 | Israel | 7.57 |
| 25 | 比利时 | Belgium | 7.16 | 阿联酋 | United Arab Emirates | 7.31 |
| 26 | 以色列 | Israel | 7.11 | 巴巴多斯 | Barbados | 7.29 |
| 27 | 西班牙 | Spain | 6.89 | 爱沙尼亚 | Estonia | 7.27 |
| 28 | 斯洛文尼亚 | Slovenia | 6.76 | 巴林 | Bahrain | 7.25 |
| 29 | 巴巴多斯 | Barbados | 6.65 | 美国 | United States | 7.24 |
| 30 | 意大利 | Italy | 6.57 | 斯洛文尼亚 | Slovenia | 7.23 |
| 31 | 卡塔尔 | Qatar | 6.54 | 意大利 | Italy | 7.15 |
| 32 | 希腊 | Greece | 6.45 | 卡塔尔 | Qatar | 7.10 |
| 33 | 阿联酋 | United Arab Emirates | 6.41 | 西班牙 | Spain | 7.05 |
| 34 | 捷克 | Czech Republic | 6.40 | 安提瓜和巴布达 | Antigua & Barbuda | 7.03 |
| 35 | 拉脱维亚 | Latvia | 6.36 | 葡萄牙 | Portugal | 7.00 |
| 36 | 葡萄牙 | Portugal | 6.32 | 沙特阿拉伯 | Saudi Arabia | 6.76 |
| 37 | 波兰 | Poland | 6.31 | 俄罗斯 | Russian Federation | 6.73 |
| 38 | 克罗地亚 | Croatia | 6.31 | 希腊 | Greece | 6.69 |
| 39 | 巴林 | Bahrain | 6.30 | 克罗地亚 | Croatia | 6.66 |
| 40 | 俄罗斯 | Russia | 6.19 | 捷克 | Czech Republic | 6.60 |
| 41 | 白俄罗斯 | Belarus | 6.11 | 哈萨克斯坦 | Kazakhstan | 6.60 |
| 42 | 匈牙利 | Hungary | 6.10 | 文莱 | Brunei Darussalam | 6.55 |
| 43 | 斯洛伐克 | Slovakia | 6.05 | 立陶宛 | Lithuania | 6.47 |
| 44 | 立陶宛 | Lithuania | 5.88 | 波兰 | Poland | 6.46 |
| 45 | 塞浦路斯 | Cyprus | 5.86 | 匈牙利 | Hungary | 6.46 |
| 46 | 保加利亚 | Bulgaria | 5.83 | 塞浦路斯 | Cyprus | 6.45 |
| 47 | 乌拉圭 | Uruguay | 5.76 | 白俄罗斯 | Belarus | 6.41 |
| 48 | 哈萨克斯坦 | Kazakhstan | 5.74 | 乌拉圭 | Uruguay | 6.38 |
| 49 | 安提瓜和巴布达 | Antigua & Barbuda | 5.74 | 保加利亚 | Bulgaria | 6.33 |
| 50 | 沙特阿拉伯 | Saudi Arabia | 5.69 | 斯洛伐克 | Slovakia | 6.28 |

# The Ranking of Information Communication Technology Development Index(IDI) (2012)

| 排名 Rank | 使用 Use | | | 技术 Skill | | |
|---|---|---|---|---|---|---|
| | 国家或地区 | Country or Area | 数值 Score | 国家或地区 | Country or Area | 数值 Score |
| 1 | 瑞典 | Sweden | 8.25 | 韩国 | Korea (Rep.) | 9.86 |
| 2 | 韩国 | Korea (Rep.) | 8.22 | 芬兰 | Finland | 9.80 |
| 3 | 丹麦 | Denmark | 8.15 | 美国 | United States | 9.65 |
| 4 | 挪威 | Norway | 8.05 | 希腊 | Greece | 9.55 |
| 5 | 芬兰 | Finland | 8.05 | 白俄罗斯 | Belarus | 9.48 |
| 6 | 日本 | Japan | 7.51 | 斯洛文尼亚 | Slovenia | 9.44 |
| 7 | 冰岛 | Iceland | 7.50 | 新西兰 | New Zealand | 9.38 |
| 8 | 澳大利亚 | Australia | 7.46 | 西班牙 | Spain | 9.34 |
| 9 | 荷兰 | Netherlands | 7.32 | 澳大利亚 | Australia | 9.29 |
| 10 | 卢森堡 | Luxembourg | 7.29 | 冰岛 | Iceland | 9.24 |
| 11 | 新加坡 | Singapore | 7.25 | 乌克兰 | Ukraine | 9.17 |
| 12 | 英国 | United Kingdom | 7.19 | 挪威 | Norway | 9.10 |
| 13 | 中国澳门 | Macao, China | 6.88 | 丹麦 | Denmark | 9.08 |
| 14 | 美国 | United States | 6.76 | 古巴 | Cuba | 9.00 |
| 15 | 新西兰 | New Zealand | 6.72 | 瑞典 | Sweden | 9.00 |
| 16 | 中国香港 | Hong Kong, China | 6.62 | 比利时 | Belgium | 8.98 |
| 17 | 法国 | France | 6.60 | 波兰 | Poland | 8.96 |
| 18 | 瑞士 | Switzerland | 6.54 | 立陶宛 | Lithuania | 8.92 |
| 19 | 爱沙尼亚 | Estonia | 6.52 | 奥地利 | Austria | 8.92 |
| 20 | 加拿大 | Canada | 6.38 | 爱尔兰 | Ireland | 8.89 |
| 21 | 爱尔兰 | Ireland | 6.08 | 加拿大 | Canada | 8.85 |
| 22 | 德国 | Germany | 6.05 | 荷兰 | Netherlands | 8.80 |
| 23 | 马耳他 | Malta | 6.04 | 俄罗斯 | Russia | 8.80 |
| 24 | 奥地利 | Austria | 5.97 | 爱沙尼亚 | Estonia | 8.79 |
| 25 | 以色列 | Israel | 5.86 | 意大利 | Italy | 8.79 |
| 26 | 卡塔尔 | Qatar | 5.79 | 阿根廷 | Argentina | 8.75 |
| 27 | 比利时 | Belgium | 5.75 | 以色列 | Israel | 8.71 |
| 28 | 西班牙 | Spain | 5.52 | 葡萄牙 | Portugal | 8.69 |
| 29 | 拉脱维亚 | Latvia | 5.45 | 巴巴多斯 | Barbados | 8.69 |
| 30 | 阿联酋 | United Arab Emirates | 5.18 | 智利 | Chile | 8.64 |
| 31 | 捷克 | Czech Republic | 5.17 | 中国澳门 | Macao, China | 8.63 |
| 32 | 巴巴多斯 | Barbados | 5.00 | 匈牙利 | Hungary | 8.62 |
| 33 | 克罗地亚 | Croatia | 4.99 | 英国 | United Kingdom | 8.62 |
| 34 | 斯洛文尼亚 | Slovenia | 4.94 | 日本 | Japan | 8.62 |
| 35 | 意大利 | Italy | 4.89 | 委内瑞拉 | Venezuela | 8.56 |
| 36 | 波兰 | Poland | 4.84 | 法国 | France | 8.55 |
| 37 | 斯洛伐克 | Slovakia | 4.79 | 捷克 | Czech Republic | 8.48 |
| 38 | 巴林 | Bahrain | 4.75 | 罗马尼亚 | Romania | 8.45 |
| 39 | 希腊 | Greece | 4.65 | 拉脱维亚 | Latvia | 8.42 |
| 40 | 匈牙利 | Hungary | 4.48 | 乌拉圭 | Uruguay | 8.38 |
| 41 | 葡萄牙 | Portugal | 4.45 | 瑞士 | Switzerland | 8.37 |
| 42 | 俄罗斯 | Russia | 4.34 | 克罗地亚 | Croatia | 8.28 |
| 43 | 塞浦路斯 | Cyprus | 4.23 | 斐济 | Fiji | 8.24 |
| 44 | 保加利亚 | Bulgaria | 4.20 | 蒙古 | Mongolia | 8.23 |
| 45 | 白俄罗斯 | Belarus | 4.13 | 德国 | Germany | 8.17 |
| 46 | 阿曼 | Oman | 4.07 | 斯洛伐克 | Slovakia | 8.13 |
| 47 | 乌拉圭 | Uruguay | 3.84 | 保加利亚 | Bulgaria | 8.13 |
| 48 | 安提瓜和巴布达 | Antigua & Barbuda | 3.77 | 哈萨克斯坦 | Kazakhstan | 8.09 |
| 49 | 立陶宛 | Lithuania | 3.76 | 亚美尼亚 | Armenia | 8.01 |
| 50 | 阿塞拜疆 | Azerbaijan | 3.72 | 塞尔维亚 | Serbia | 7.99 |

17-4 续表 1

| 排名 Rank | 总指数 IDI | | | 接入 Access | | |
|---|---|---|---|---|---|---|
| | 国家或地区 | Country or Area | 数值 Score | 国家或地区 | Country or Area | 数值 Score |
| 51 | 智利 | Chile | 5.46 | 拉脱维亚 | Latvia | 6.25 |
| 52 | 黎巴嫩 | Lebanon | 5.37 | 圣文森特和格林纳丁斯 | St. Vincent and the Gr. | 6.12 |
| 53 | 阿根廷 | Argentina | 5.36 | 塞舌尔 | Seychelles | 6.10 |
| 54 | 阿曼 | Oman | 5.36 | 马来西亚 | Malaysia | 6.09 |
| 55 | 罗马尼亚 | Romania | 5.35 | 黎巴嫩 | Lebanon | 6.04 |
| 56 | 塞尔维亚 | Serbia | 5.34 | 阿根廷 | Argentina | 5.88 |
| 57 | 马其顿 | TFYR Macedonia | 5.19 | 塞尔维亚 | Serbia | 5.82 |
| 58 | 文莱 | Brunei Darussalam | 5.06 | 罗马尼亚 | Romania | 5.81 |
| 59 | 马来西亚 | Malaysia | 5.04 | 摩尔多瓦 | Moldova | 5.81 |
| 60 | 哥斯达黎加 | Costa Rica | 5.03 | 阿曼 | Oman | 5.74 |
| 61 | 阿塞拜疆 | Azerbaijan | 5.01 | 特立尼和达多巴哥 | Trinidad & Tobago | 5.67 |
| 62 | 巴西 | Brazil | 5.00 | 智利 | Chile | 5.65 |
| 63 | 圣文森特和格林纳丁斯 | St. Vincent and the Gr. | 4.81 | 马其顿 | TFYR Macedonia | 5.65 |
| 64 | 塞舌尔 | Seychelles | 4.75 | 马尔代夫 | Maldives | 5.62 |
| 65 | 摩尔多瓦 | Moldova | 4.74 | 哥斯达黎加 | Costa Rica | 5.53 |
| 66 | 特立尼和达多巴哥 | Trinidad & Tobago | 4.73 | 巴拿马 | Panama | 5.51 |
| 67 | 波黑 | Bosnia and Herzegovina | 4.71 | 巴西 | Brazil | 5.49 |
| 68 | 乌克兰 | Ukraine | 4.64 | 乌克兰 | Ukraine | 5.27 |
| 69 | 土耳其 | Turkey | 4.64 | 圣卢西亚 | Saint Lucia | 5.20 |
| 70 | 巴拿马 | Panama | 4.61 | 阿塞拜疆 | Azerbaijan | 5.17 |
| 71 | 格鲁吉亚 | Georgia | 4.59 | 毛里求斯 | Mauritius | 5.17 |
| 72 | 毛里求斯 | Mauritius | 4.55 | 土耳其 | Turkey | 5.11 |
| 73 | 马尔代夫 | Maldives | 4.53 | 格鲁吉亚 | Georgia | 5.06 |
| 74 | 亚美尼亚 | Armenia | 4.45 | 约旦 | Jordan | 4.95 |
| 75 | 圣卢西亚 | Saint Lucia | 4.43 | 苏里南 | Suriname | 4.90 |
| 76 | 约旦 | Jordan | 4.22 | 波黑 | Bosnia and Herzegovina | 4.83 |
| 77 | 哥伦比亚 | Colombia | 4.20 | 伊朗 | Iran (I.R.) | 4.68 |
| 78 | 中国 | China | 4.18 | 摩洛哥 | Morocco | 4.67 |
| 79 | 委内瑞拉 | Venezuela | 4.17 | 亚美尼亚 | Armenia | 4.52 |
| 80 | 阿尔巴尼亚 | Albania | 4.11 | 中国 | China | 4.36 |
| 81 | 厄瓜多尔 | Ecuador | 4.08 | 哥伦比亚 | Colombia | 4.35 |
| 82 | 斐济 | Fiji | 3.99 | 厄瓜多尔 | Ecuador | 4.34 |
| 83 | 墨西哥 | Mexico | 3.95 | 埃及 | Egypt | 4.20 |
| 84 | 南非 | South Africa | 3.95 | 叙利亚 | Syria | 4.20 |
| 85 | 蒙古 | Mongolia | 3.92 | 南非 | South Africa | 4.14 |
| 86 | 埃及 | Egypt | 3.85 | 委内瑞拉 | Venezuela | 4.13 |
| 87 | 苏里南 | Suriname | 3.84 | 墨西哥 | Mexico | 4.11 |
| 88 | 越南 | Viet Nam | 3.80 | 蒙古 | Mongolia | 4.04 |
| 89 | 摩洛哥 | Morocco | 3.79 | 越南 | Viet Nam | 4.04 |
| 90 | 伊朗 | Iran (I.R.) | 3.79 | 泰国 | Thailand | 4.00 |
| 91 | 突尼斯 | Tunisia | 3.70 | 突尼斯 | Tunisia | 3.95 |
| 92 | 秘鲁 | Peru | 3.68 | 萨尔瓦多 | El Salvador | 3.95 |
| 93 | 牙买加 | Jamaica | 3.68 | 牙买加 | Jamaica | 3.93 |
| 94 | 多米尼加 | Dominican Rep. | 3.58 | 斐济 | Fiji | 3.86 |
| 95 | 泰国 | Thailand | 3.54 | 秘鲁 | Peru | 3.85 |
| 96 | 佛得角 | Cape Verde | 3.53 | 阿尔巴尼亚 | Albania | 3.73 |
| 97 | 印度尼西亚 | Indonesia | 3.43 | 加蓬 | Gabon | 3.67 |
| 98 | 菲律宾 | Philippines | 3.34 | 印度尼西亚 | Indonesia | 3.62 |
| 99 | 玻利维亚 | Bolivia | 3.28 | 巴拉圭 | Paraguay | 3.60 |
| 100 | 萨尔瓦多 | El Salvador | 3.25 | 阿尔及利亚 | Algeria | 3.60 |

continued

| 排名 Rank | 使用 Use | | | 技术 Skill | | |
|---|---|---|---|---|---|---|
| | 国家或地区 | Country or Area | 数值 Score | 国家或地区 | Country or Area | 数值 Score |
| 51 | 哈萨克斯坦 | Kazakhstan | 3.71 | 中国香港 | Hong Kong, China | 7.98 |
| 52 | 马其顿 | TFYR Macedonia | 3.67 | 哥斯达黎加 | Costa Rica | 7.97 |
| 53 | 智利 | Chile | 3.67 | 塞浦路斯 | Cyprus | 7.94 |
| 54 | 沙特阿拉伯 | Saudi Arabia | 3.67 | 哥伦比亚 | Colombia | 7.79 |
| 55 | 黎巴嫩 | Lebanon | 3.54 | 土耳其 | Turkey | 7.71 |
| 56 | 塞尔维亚 | Serbia | 3.52 | 黎巴嫩 | Lebanon | 7.68 |
| 57 | 巴西 | Brazil | 3.41 | 阿尔巴尼亚 | Albania | 7.65 |
| 58 | 罗马尼亚 | Romania | 3.34 | 沙特阿拉伯 | Saudi Arabia | 7.60 |
| 59 | 波黑 | Bosnia and Herzegovina | 3.19 | 马耳他 | Malta | 7.58 |
| 60 | 阿根廷 | Argentina | 3.16 | 摩尔多瓦 | Moldova | 7.53 |
| 61 | 马来西亚 | Malaysia | 3.11 | 波黑 | Bosnia and Herzegovina | 7.51 |
| 62 | 哥斯达黎加 | Costa Rica | 3.06 | 巴林 | Bahrain | 7.47 |
| 63 | 特立尼和达多巴哥 | Trinidad & Tobago | 2.83 | 秘鲁 | Peru | 7.45 |
| 64 | 格鲁吉亚 | Georgia | 2.82 | 约旦 | Jordan | 7.35 |
| 65 | 阿尔巴尼亚 | Albania | 2.71 | 马其顿 | TFYR Macedonia | 7.31 |
| 66 | 中国 | China | 2.70 | 伊朗 | Iran (I.R.) | 7.30 |
| 67 | 毛里求斯 | Mauritius | 2.69 | 厄瓜多尔 | Ecuador | 7.29 |
| 68 | 土耳其 | Turkey | 2.63 | 阿塞拜疆 | Azerbaijan | 7.28 |
| 69 | 亚美尼亚 | Armenia | 2.60 | 泰国 | Thailand | 7.26 |
| 70 | 文莱 | Brunei Darussalam | 2.53 | 圣文森特和格林纳丁斯 | St. Vincent and the Gr. | 7.23 |
| 71 | 塞舌尔 | Seychelles | 2.52 | 卢森堡 | Luxembourg | 7.23 |
| 72 | 埃及 | Egypt | 2.51 | 巴西 | Brazil | 7.19 |
| 73 | 巴拿马 | Panama | 2.46 | 格鲁吉亚 | Georgia | 7.19 |
| 74 | 圣卢西亚 | Saint Lucia | 2.39 | 阿曼 | Oman | 7.18 |
| 75 | 南非 | South Africa | 2.35 | 汤加 | Tonga | 7.17 |
| 76 | 马尔代夫 | Maldives | 2.32 | 文莱 | Brunei Darussalam | 7.16 |
| 77 | 摩洛哥 | Morocco | 2.28 | 新加坡 | Singapore | 7.12 |
| 78 | 圣文森特和格林纳丁 | St. Vincent and the Gr. | 2.27 | 安提瓜和巴布达 | Antigua & Barbuda | 7.11 |
| 79 | 多米尼加 | Dominican Rep. | 2.27 | 巴拿马 | Panama | 7.11 |
| 80 | 摩尔多瓦 | Moldova | 2.27 | 墨西哥 | Mexico | 7.09 |
| 81 | 哥伦比亚 | Colombia | 2.26 | 阿联酋 | United Arab Emirates | 7.08 |
| 82 | 墨西哥 | Mexico | 2.23 | 毛里求斯 | Mauritius | 7.07 |
| 83 | 越南 | Viet Nam | 2.22 | 玻利维亚 | Bolivia | 7.02 |
| 84 | 厄瓜多尔 | Ecuador | 2.22 | 圣卢西亚 | Saint Lucia | 6.98 |
| 85 | 佛得角 | Cape Verde | 2.12 | 突尼斯 | Tunisia | 6.95 |
| 86 | 委内瑞拉 | Venezuela | 2.00 | 菲律宾 | Philippines | 6.94 |
| 87 | 斐济 | Fiji | 1.99 | 乌兹别克斯坦 | Uzbekistan | 6.94 |
| 88 | 乌兹别克斯坦 | Uzbekistan | 1.95 | 卡塔尔 | Qatar | 6.92 |
| 89 | 约旦 | Jordan | 1.92 | 牙买加 | Jamaica | 6.85 |
| 90 | 牙买加 | Jamaica | 1.84 | 斯里兰卡 | Sri Lanka | 6.84 |
| 91 | 突尼斯 | Tunisia | 1.82 | 阿尔及利亚 | Algeria | 6.82 |
| 92 | 乌克兰 | Ukraine | 1.76 | 马来西亚 | Malaysia | 6.81 |
| 93 | 尼日利亚 | Nigeria | 1.72 | 中国 | China | 6.77 |
| 94 | 加纳 | Ghana | 1.71 | 马尔代夫 | Maldives | 6.77 |
| 95 | 蒙古 | Mongolia | 1.64 | 南非 | South Africa | 6.75 |
| 96 | 印度尼西亚 | Indonesia | 1.64 | 多米尼加 | Dominican Rep. | 6.67 |
| 97 | 秘鲁 | Peru | 1.63 | 特立尼和达多巴哥 | Trinidad & Tobago | 6.67 |
| 98 | 津巴布韦 | Zimbabwe | 1.59 | 印度尼西亚 | Indonesia | 6.61 |
| 99 | 纳米比亚 | Namibia | 1.55 | 巴拉圭 | Paraguay | 6.54 |
| 100 | 苏里南 | Suriname | 1.49 | 佛得角 | Cape Verde | 6.50 |

## 17-4 续表 2

| 排名 Rank | 总指数 IDI 国家或地区 | Country or Area | 数值 Score | 接入 Access 国家或地区 | Country or Area | 数值 Score |
|---|---|---|---|---|---|---|
| 101 | 汤加 | Tonga | 3.23 | 博茨瓦纳 | Botswana | 3.58 |
| 102 | 叙利亚 | Syria | 3.22 | 佛得角 | Cape Verde | 3.46 |
| 103 | 巴拉圭 | Paraguay | 3.21 | 菲律宾 | Philippines | 3.41 |
| 104 | 乌兹别克斯坦 | Uzbekistan | 3.12 | 斯里兰卡 | Sri Lanka | 3.36 |
| 105 | 圭亚那 | Guyana | 3.08 | 多米尼加 | Dominican Rep. | 3.35 |
| 106 | 阿尔及利亚 | Algeria | 3.07 | 玻利维亚 | Bolivia | 3.27 |
| 107 | 斯里兰卡 | Sri Lanka | 3.06 | 汤加 | Tonga | 3.25 |
| 108 | 博茨瓦纳 | Botswana | 3.00 | 圭亚那 | Guyana | 3.18 |
| 109 | 纳米比亚 | Namibia | 2.85 | 柬埔寨 | Cambodia | 3.14 |
| 110 | 洪都拉斯 | Honduras | 2.74 | 纳米比亚 | Namibia | 3.09 |
| 111 | 古巴 | Cuba | 2.72 | 洪都拉斯 | Honduras | 3.05 |
| 112 | 加蓬 | Gabon | 2.61 | 尼加拉瓜 | Nicaragua | 2.99 |
| 113 | 加纳 | Ghana | 2.60 | 肯尼亚 | Kenya | 2.73 |
| 114 | 尼加拉瓜 | Nicaragua | 2.54 | 不丹 | Bhutan | 2.68 |
| 115 | 津巴布韦 | Zimbabwe | 2.52 | 苏丹 | Sudan | 2.62 |
| 116 | 肯尼亚 | Kenya | 2.46 | 塞内加尔 | Senegal | 2.59 |
| 117 | 斯威士兰 | Swaziland | 2.44 | 科特迪瓦 | Côte d'Ivoire | 2.58 |
| 118 | 不丹 | Bhutan | 2.40 | 毛里塔尼亚 | Mauritania | 2.58 |
| 119 | 苏丹 | Sudan | 2.33 | 巴基斯坦 | Pakistan | 2.56 |
| 120 | 柬埔寨 | Cambodia | 2.30 | 津巴布韦 | Zimbabwe | 2.54 |
| 121 | 印度 | India | 2.21 | 老挝 | Lao P.D.R. | 2.53 |
| 122 | 尼日利亚 | Nigeria | 2.18 | 印度 | India | 2.50 |
| 123 | 老挝 | Lao P.D.R. | 2.10 | 马里 | Mali | 2.44 |
| 124 | 塞内加尔 | Senegal | 2.02 | 斯威士兰 | Swaziland | 2.43 |
| 125 | 所罗门群岛 | Solomon Islands | 1.97 | 冈比亚 | Gambia | 2.42 |
| 126 | 莱索托 | Lesotho | 1.95 | 加纳 | Ghana | 2.40 |
| 127 | 也门 | Yemen | 1.89 | 乌兹别克斯坦 | Uzbekistan | 2.38 |
| 128 | 冈比亚 | Gambia | 1.88 | 贝宁 | Benin | 2.36 |
| 129 | 巴基斯坦 | Pakistan | 1.83 | 莱索托 | Lesotho | 2.26 |
| 130 | 乌干达 | Uganda | 1.81 | 赞比亚 | Zambia | 2.12 |
| 131 | 吉布提 | Djibouti | 1.77 | 吉布提 | Djibouti | 2.11 |
| 132 | 赞比亚 | Zambia | 1.77 | 也门 | Yemen | 2.09 |
| 133 | 毛里塔尼亚 | Mauritania | 1.76 | 孟加拉国 | Bangladesh | 2.03 |
| 134 | 缅甸 | Myanmar | 1.74 | 所罗门群岛 | Solomon Islands | 2.02 |
| 135 | 孟加拉国 | Bangladesh | 1.73 | 尼日利亚 | Nigeria | 1.99 |
| 136 | 喀麦隆 | Cameroon | 1.72 | 刚果 | Congo | 1.99 |
| 137 | 科特迪瓦 | Côte d'Ivoire | 1.70 | 卢旺达 | Rwanda | 1.96 |
| 138 | 科摩罗 | Comoros | 1.70 | 乌干达 | Uganda | 1.95 |
| 139 | 安哥拉 | Angola | 1.68 | 喀麦隆 | Cameroon | 1.87 |
| 140 | 刚果 | Congo | 1.66 | 坦桑尼亚 | Tanzania | 1.87 |
| 141 | 卢旺达 | Rwanda | 1.66 | 布基纳法索 | Burkina Faso | 1.87 |
| 142 | 坦桑尼亚 | Tanzania | 1.65 | 科摩罗 | Comoros | 1.87 |
| 143 | 贝宁 | Benin | 1.60 | 安哥拉 | Angola | 1.83 |
| 144 | 马里 | Mali | 1.54 | 利比里亚 | Liberia | 1.80 |
| 145 | 马拉维 | Malawi | 1.43 | 马拉维 | Malawi | 1.72 |
| 146 | 利比里亚 | Liberia | 1.39 | 几内亚 | Guinea | 1.71 |
| 147 | 刚果(金) | Congo (Dem. Rep.) | 1.31 | 莫桑比克 | Mozambique | 1.69 |
| 148 | 莫桑比克 | Mozambique | 1.31 | 尼日尔 | Niger | 1.65 |
| 149 | 马达加斯加 | Madagascar | 1.28 | 埃塞俄比亚 | Ethiopia | 1.64 |
| 150 | 几内亚-比绍 | Guinea-Bissau | 1.26 | 缅甸 | Myanmar | 1.62 |
| 151 | 埃塞俄比亚 | Ethiopia | 1.24 | 几内亚-比绍 | Guinea-Bissau | 1.49 |
| 152 | 几内亚 | Guinea | 1.23 | 马达加斯加 | Madagascar | 1.48 |
| 153 | 厄立特里亚 | Eritrea | 1.20 | 古巴 | Cuba | 1.45 |
| 154 | 布基纳法索 | Burkina Faso | 1.18 | 乍得 | Chad | 1.40 |
| 155 | 乍得 | Chad | 1.01 | 刚果(金) | Congo (Dem. Rep.) | 1.33 |
| 156 | 中非 | Central African Rep. | 1.00 | 厄立特里亚 | Eritrea | 1.23 |
| 157 | 尼日尔 | Niger | 0.99 | 中非 | Central African Rep. | 1.12 |

Continued

| 排名 Rank | 使用 Use | | | 技术 Skill | | |
|---|---|---|---|---|---|---|
| | 国家或地区 | Country or Area | 数值 Score | 国家或地区 | Country or Area | 数值 Score |
| 101 | 菲律宾 | Philippines | 1.46 | 越南 | Viet Nam | 6.49 |
| 102 | 玻利维亚 | Bolivia | 1.42 | 塞舌尔 | Seychelles | 6.47 |
| 103 | 圭亚那 | Guyana | 1.36 | 苏里南 | Suriname | 6.40 |
| 104 | 苏丹 | Sudan | 1.26 | 圭亚那 | Guyana | 6.34 |
| 105 | 萨尔瓦多 | El Salvador | 1.25 | 洪都拉斯 | Honduras | 5.99 |
| 106 | 汤加 | Tonga | 1.24 | 萨尔瓦多 | El Salvador | 5.88 |
| 107 | 泰国 | Thailand | 1.23 | 博茨瓦纳 | Botswana | 5.82 |
| 108 | 巴拉圭 | Paraguay | 1.17 | 埃及 | Egypt | 5.80 |
| 109 | 肯尼亚 | Kenya | 1.15 | 叙利亚 | Syria | 5.77 |
| 110 | 伊朗 | Iran (I.R.) | 1.14 | 尼加拉瓜 | Nicaragua | 5.56 |
| 111 | 斯威士兰 | Swaziland | 1.11 | 缅甸 | Myanmar | 5.39 |
| 112 | 不丹 | Bhutan | 1.05 | 加蓬 | Gabon | 5.13 |
| 113 | 博茨瓦纳 | Botswana | 1.00 | 斯威士兰 | Swaziland | 5.12 |
| 114 | 叙利亚 | Syria | 0.97 | 摩洛哥 | Morocco | 5.03 |
| 115 | 斯里兰卡 | Sri Lanka | 0.87 | 纳米比亚 | Namibia | 4.98 |
| 116 | 古巴 | Cuba | 0.86 | 所罗门群岛 | Solomon Islands | 4.88 |
| 117 | 洪都拉斯 | Honduras | 0.81 | 印度 | India | 4.79 |
| 118 | 塞内加尔 | Senegal | 0.80 | 加纳 | Ghana | 4.76 |
| 119 | 乌干达 | Uganda | 0.75 | 不丹 | Bhutan | 4.56 |
| 120 | 阿尔及利亚 | Algeria | 0.68 | 肯尼亚 | Kenya | 4.54 |
| 121 | 印度 | India | 0.65 | 老挝 | Lao P.D.R. | 4.53 |
| 122 | 安哥拉 | Angola | 0.62 | 喀麦隆 | Cameroon | 4.50 |
| 123 | 也门 | Yemen | 0.62 | 柬埔寨 | Cambodia | 4.42 |
| 124 | 尼加拉瓜 | Nicaragua | 0.58 | 科摩罗 | Comoros | 4.38 |
| 125 | 坦桑尼亚 | Tanzania | 0.49 | 津巴布韦 | Zimbabwe | 4.35 |
| 126 | 莱索托 | Lesotho | 0.48 | 莱索托 | Lesotho | 4.28 |
| 127 | 赞比亚 | Zambia | 0.48 | 孟加拉国 | Bangladesh | 4.10 |
| 128 | 所罗门群岛 | Solomon Islands | 0.47 | 也门 | Yemen | 4.04 |
| 129 | 老挝 | Lao P.D.R. | 0.46 | 吉布提 | Djibouti | 3.90 |
| 130 | 冈比亚 | Gambia | 0.46 | 苏丹 | Sudan | 3.88 |
| 131 | 柬埔寨 | Cambodia | 0.41 | 刚果(金) | Congo (Dem. Rep.) | 3.80 |
| 132 | 巴基斯坦 | Pakistan | 0.38 | 刚果 | Congo | 3.78 |
| 133 | 卢旺达 | Rwanda | 0.38 | 乌干达 | Uganda | 3.69 |
| 134 | 吉布提 | Djibouti | 0.37 | 赞比亚 | Zambia | 3.64 |
| 135 | 毛里塔尼亚 | Mauritania | 0.32 | 冈比亚 | Gambia | 3.64 |
| 136 | 加蓬 | Gabon | 0.30 | 卢旺达 | Rwanda | 3.61 |
| 137 | 刚果 | Congo | 0.28 | 坦桑尼亚 | Tanzania | 3.56 |
| 138 | 马拉维 | Malawi | 0.26 | 尼日利亚 | Nigeria | 3.51 |
| 139 | 孟加拉国 | Bangladesh | 0.24 | 安哥拉 | Angola | 3.51 |
| 140 | 莫桑比克 | Mozambique | 0.23 | 厄立特里亚 | Eritrea | 3.46 |
| 141 | 科摩罗 | Comoros | 0.20 | 塞内加尔 | Senegal | 3.32 |
| 142 | 喀麦隆 | Cameroon | 0.19 | 马达加斯加 | Madagascar | 3.32 |
| 143 | 贝宁 | Benin | 0.14 | 巴基斯坦 | Pakistan | 3.27 |
| 144 | 布基纳法索 | Burkina Faso | 0.13 | 马拉维 | Malawi | 3.21 |
| 145 | 利比里亚 | Liberia | 0.13 | 科特迪瓦 | Côte d'Ivoire | 3.16 |
| 146 | 中非 | Central African Rep. | 0.10 | 几内亚-比绍 | Guinea-Bissau | 3.13 |
| 147 | 几内亚-比绍 | Guinea-Bissau | 0.10 | 利比里亚 | Liberia | 3.07 |
| 148 | 马里 | Mali | 0.10 | 贝宁 | Benin | 3.02 |
| 149 | 科特迪瓦 | Côte d'Ivoire | 0.09 | 毛里塔尼亚 | Mauritania | 3.01 |
| 150 | 乍得 | Chad | 0.08 | 埃塞俄比亚 | Ethiopia | 2.80 |
| 151 | 马达加斯加 | Madagascar | 0.07 | 莫桑比克 | Mozambique | 2.71 |
| 152 | 尼日尔 | Niger | 0.07 | 几内亚 | Guinea | 2.64 |
| 153 | 埃塞俄比亚 | Ethiopia | 0.07 | 马里 | Mali | 2.63 |
| 154 | 刚果(金) | Congo (Dem. Rep.) | 0.06 | 中非 | Central African Rep. | 2.59 |
| 155 | 几内亚 | Guinea | 0.05 | 乍得 | Chad | 2.10 |
| 156 | 缅甸 | Myanmar | 0.04 | 布基纳法索 | Burkina Faso | 1.91 |
| 157 | 厄立特里亚 | Eritrea | 0.03 | 尼日尔 | Niger | 1.51 |

# 17-5 世界主要国家或地区知识经济指数排名(2012年)

# The Ranking of the Knowledge Economy Index (KEI) index (2012)

资料来源：世界银行。
Source: World Bank.

| 排名 Rank | 国家 | Country | 知识经济指数 KEI | 分类指数 Sub-indices | | | |
|---|---|---|---|---|---|---|---|
| | | | | 经济激励机制 Economic Incentive Regime | 创新 Innovation | 教育 Education | 信息和通信技术 ICT |
| 1 | 瑞典 | Sweden | 9.43 | 9.58 | 9.74 | 8.92 | 9.49 |
| 2 | 芬兰 | Finland | 9.33 | 9.65 | 9.66 | 8.77 | 9.22 |
| 3 | 丹麦 | Denmark | 9.16 | 9.63 | 9.49 | 8.63 | 8.88 |
| 4 | 荷兰 | Netherlands | 9.11 | 8.79 | 9.46 | 8.75 | 9.45 |
| 5 | 挪威 | Norway | 9.11 | 9.47 | 9.01 | 9.43 | 8.53 |
| 6 | 新西兰 | New Zealand | 8.97 | 9.09 | 8.66 | 9.81 | 8.30 |
| 7 | 加拿大 | Canada | 8.92 | 9.52 | 9.32 | 8.61 | 8.23 |
| 8 | 德国 | Germany | 8.90 | 9.10 | 9.11 | 8.20 | 9.17 |
| 9 | 澳大利亚 | Australia | 8.88 | 8.56 | 8.92 | 9.71 | 8.32 |
| 10 | 瑞士 | Switzerland | 8.87 | 9.54 | 9.86 | 6.90 | 9.20 |
| 11 | 爱尔兰 | Ireland | 8.86 | 9.26 | 9.11 | 8.87 | 8.21 |
| 12 | 美国 | United States | 8.77 | 8.41 | 9.46 | 8.70 | 8.51 |
| 13 | 中国台湾 | Taiwan, China | 8.77 | 7.77 | 9.38 | 8.87 | 9.06 |
| 14 | 英国 | United Kingdom | 8.76 | 9.20 | 9.12 | 7.27 | 9.45 |
| 15 | 比利时 | Belgium | 8.71 | 8.79 | 9.06 | 8.57 | 8.42 |
| 16 | 冰岛 | Iceland | 8.62 | 8.86 | 8.00 | 8.91 | 8.72 |
| 17 | 奥地利 | Austria | 8.61 | 9.26 | 8.87 | 7.33 | 8.97 |
| 18 | 中国香港 | Hong Kong, China | 8.52 | 9.57 | 9.10 | 6.38 | 9.04 |
| 19 | 爱沙尼亚 | Estonia | 8.40 | 8.81 | 7.75 | 8.60 | 8.44 |
| 20 | 卢森堡 | Luxembourg | 8.37 | 9.45 | 8.94 | 5.61 | 9.47 |
| 21 | 西班牙 | Spain | 8.35 | 8.63 | 8.23 | 8.82 | 7.73 |
| 22 | 日本 | Japan | 8.28 | 7.55 | 9.08 | 8.43 | 8.07 |
| 23 | 新加坡 | Singapore | 8.26 | 9.66 | 9.49 | 5.09 | 8.78 |
| 24 | 法国 | France | 8.21 | 7.76 | 8.66 | 8.26 | 8.16 |
| 25 | 以色列 | Israel | 8.14 | 8.33 | 9.39 | 7.47 | 7.36 |
| 26 | 捷克 | Czech Republic | 8.14 | 8.53 | 7.90 | 8.15 | 7.96 |
| 27 | 匈牙利 | Hungary | 8.02 | 8.28 | 8.15 | 8.42 | 7.23 |
| 28 | 斯洛文尼亚 | Slovenia | 8.01 | 8.31 | 8.50 | 7.42 | 7.80 |
| 29 | 韩国 | Korea, Rep. | 7.97 | 5.93 | 8.80 | 9.09 | 8.05 |
| 30 | 意大利 | Italy | 7.89 | 7.76 | 8.01 | 7.58 | 8.21 |
| 31 | 马耳他 | Malta | 7.88 | 8.94 | 7.94 | 6.86 | 7.80 |
| 32 | 立陶宛 | Lithuania | 7.80 | 8.15 | 6.82 | 8.64 | 7.59 |
| 33 | 斯洛伐克 | Slovak Republic | 7.64 | 8.17 | 7.30 | 7.42 | 7.68 |
| 34 | 葡萄牙 | Portugal | 7.61 | 8.42 | 7.62 | 6.99 | 7.41 |
| 35 | 塞浦路斯 | Cyprus | 7.56 | 7.71 | 7.71 | 7.23 | 7.57 |
| 36 | 希腊 | Greece | 7.51 | 6.80 | 7.83 | 8.96 | 6.43 |

17-5 续表 1 continued

| 排名 Rank | 国家 | Country | 知识经济指数 KEI | 分类指数 Sub-indices 经济激励机制 Economic Incentive Regime | 创新 Innovation | 教育 Education | 信息和通信技术 ICT |
|---|---|---|---|---|---|---|---|
| 37 | 拉脱维亚 | Latvia | 7.41 | 8.21 | 6.56 | 7.73 | 7.16 |
| 38 | 波兰 | Poland | 7.41 | 8.01 | 7.16 | 7.76 | 6.70 |
| 39 | 克罗地亚 | Croatia | 7.29 | 7.35 | 7.66 | 6.15 | 8.00 |
| 40 | 智利 | Chile | 7.21 | 9.01 | 6.93 | 6.83 | 6.05 |
| 41 | 巴巴多斯 | Barbados | 7.18 | 4.96 | 7.62 | 7.27 | 8.87 |
| 42 | 阿联酋 | United Arab Emirates | 6.94 | 6.50 | 6.60 | 5.80 | 8.88 |
| 43 | 巴林 | Bahrain | 6.90 | 6.69 | 4.61 | 6.78 | 9.54 |
| 44 | 罗马尼亚 | Romania | 6.82 | 7.39 | 6.14 | 7.55 | 6.19 |
| 45 | 保加利亚 | Bulgaria | 6.80 | 7.35 | 6.94 | 6.25 | 6.66 |
| 46 | 乌拉圭 | Uruguay | 6.39 | 6.60 | 5.94 | 5.99 | 7.02 |
| 47 | 阿曼 | Oman | 6.14 | 6.96 | 5.88 | 5.23 | 6.49 |
| 48 | 马来西亚 | Malaysia | 6.10 | 5.67 | 6.91 | 5.22 | 6.61 |
| 49 | 塞尔维亚 | Serbia | 6.02 | 4.23 | 6.47 | 5.98 | 7.39 |
| 50 | 沙特阿拉伯 | Saudi Arabia | 5.96 | 5.68 | 4.14 | 5.65 | 8.37 |
| 51 | 哥斯达黎加 | Costa Rica | 5.93 | 6.76 | 6.19 | 5.43 | 5.34 |
| 52 | 特里尼达和多巴哥 | Trinidad and Tobago | 5.91 | 5.84 | 6.36 | 4.84 | 6.59 |
| 53 | 阿鲁巴 | Aruba | 5.89 | 8.63 | 3.52 | 5.96 | 5.44 |
| 54 | 卡塔尔 | Qatar | 5.84 | 6.87 | 6.42 | 3.41 | 6.65 |
| 55 | 俄罗斯 | Russia | 5.78 | 2.23 | 6.93 | 6.79 | 7.16 |
| 56 | 乌克兰 | Ukraine | 5.73 | 3.95 | 5.76 | 8.26 | 4.96 |
| 57 | 马其顿 | Macedonia, FYR | 5.65 | 5.73 | 4.99 | 5.15 | 6.74 |
| 58 | 牙买加 | Jamaica | 5.65 | 4.08 | 5.68 | 5.58 | 7.27 |
| 59 | 白俄罗斯 | Belarus | 5.59 | 2.50 | 5.70 | 7.37 | 6.79 |
| 60 | 巴西 | Brazil | 5.58 | 4.17 | 6.31 | 5.61 | 6.24 |
| 61 | 多米尼加 | Dominica | 5.56 | 5.73 | 4.38 | 4.87 | 7.25 |
| 62 | 毛里求斯 | Mauritius | 5.52 | 8.22 | 4.41 | 4.33 | 5.11 |
| 63 | 阿根廷 | Argentina | 5.43 | 2.09 | 6.90 | 6.36 | 6.38 |
| 64 | 科威特 | Kuwait | 5.33 | 5.86 | 5.22 | 3.70 | 6.53 |
| 65 | 巴拿马 | Panama | 5.30 | 5.26 | 5.13 | 5.16 | 5.67 |
| 66 | 泰国 | Thailand | 5.21 | 5.12 | 5.95 | 4.23 | 5.55 |
| 67 | 南非 | South Africa | 5.21 | 5.49 | 6.89 | 4.87 | 3.58 |
| 68 | 格鲁吉亚 | Georgia | 5.19 | 7.28 | 5.15 | 4.61 | 3.72 |
| 69 | 土耳其 | Turkey | 5.16 | 6.19 | 5.83 | 4.11 | 4.50 |
| 70 | 波黑 | Bosnia and Herzegovina | 5.12 | 5.55 | 4.38 | 5.77 | 4.77 |
| 71 | 亚美尼亚 | Armenia | 5.08 | 5.80 | 4.21 | 6.96 | 3.35 |
| 72 | 墨西哥 | Mexico | 5.07 | 4.88 | 5.59 | 5.16 | 4.65 |
| 73 | 哈萨克斯坦 | Kazakhstan | 5.04 | 3.96 | 3.97 | 6.91 | 5.32 |

17-5 续表 2 continued

| 排名 Rank | 国家 | Country | 知识经济指数 KEI | 分类指数 Sub-indices 经济激励机制 Economic Incentive Regime | 创新 Innovation | 教育 Education | 信息和通信技术 ICT |
|---|---|---|---|---|---|---|---|
| 74 | 秘鲁 | Peru | 5.01 | 5.48 | 4.11 | 5.25 | 5.18 |
| 75 | 约旦 | Jordan | 4.95 | 5.65 | 4.05 | 5.55 | 4.54 |
| 76 | 哥伦比亚 | Colombia | 4.94 | 4.25 | 4.68 | 5.28 | 5.57 |
| 77 | 摩尔多瓦 | Moldova | 4.92 | 4.44 | 4.16 | 5.79 | 5.28 |
| 78 | 圭亚那 | Guyana | 4.67 | 2.62 | 4.77 | 5.43 | 5.84 |
| 79 | 阿塞拜疆 | Azerbaijan | 4.56 | 3.36 | 4.01 | 5.95 | 4.93 |
| 80 | 突尼斯 | Tunisia | 4.56 | 3.81 | 4.97 | 4.55 | 4.89 |
| 81 | 黎巴嫩 | Lebanon | 4.56 | 4.28 | 4.86 | 5.51 | 3.58 |
| 82 | 阿尔巴尼亚 | Albania | 4.53 | 4.69 | 3.37 | 4.81 | 5.26 |
| 83 | 蒙古 | Mongolia | 4.42 | 4.30 | 2.91 | 5.83 | 4.63 |
| 84 | 中国 | China | 4.37 | 3.79 | 5.99 | 3.93 | 3.79 |
| 85 | 博茨瓦纳 | Botswana | 4.31 | 5.82 | 4.26 | 3.92 | 3.23 |
| 86 | 委内瑞拉 | Venezuela, RB | 4.20 | 0.42 | 5.33 | 5.36 | 5.71 |
| 87 | 古巴 | Cuba | 4.19 | 1.44 | 5.05 | 7.93 | 2.34 |
| 88 | 萨尔瓦多 | El Salvador | 4.17 | 5.05 | 3.10 | 3.53 | 5.00 |
| 89 | 纳米比亚 | Namibia | 4.10 | 6.26 | 3.72 | 2.71 | 3.71 |
| 90 | 多米尼加共和国 | Dominican Republic | 4.05 | 3.96 | 3.56 | 3.89 | 4.79 |
| 91 | 巴拉圭 | Paraguay | 3.95 | 3.58 | 4.07 | 4.26 | 3.90 |
| 92 | 菲律宾 | Philippines | 3.94 | 4.32 | 3.77 | 4.64 | 3.03 |
| 93 | 斐济 | Fiji | 3.94 | 1.96 | 4.65 | 5.27 | 3.87 |
| 94 | 伊朗 | Iran, Islamic Rep. | 3.91 | 0.73 | 5.02 | 4.61 | 5.28 |
| 95 | 吉尔吉斯斯坦 | Kyrgyz Rep. | 3.82 | 1.58 | 3.12 | 5.32 | 5.27 |
| 96 | 阿尔及利亚 | Algeria | 3.79 | 2.33 | 3.54 | 5.27 | 4.04 |
| 97 | 埃及 | Egypt, Arab Rep. | 3.78 | 4.50 | 4.11 | 3.37 | 3.12 |
| 98 | 厄瓜多尔 | Ecuador | 3.72 | 1.74 | 3.95 | 4.47 | 4.72 |
| 99 | 危地马拉 | Guatemala | 3.70 | 4.16 | 3.61 | 2.26 | 4.79 |
| 100 | 玻利维亚 | Bolivia | 3.68 | 2.11 | 3.31 | 5.49 | 3.80 |
| 101 | 斯里兰卡 | Sri Lanka | 3.63 | 4.04 | 3.06 | 4.61 | 2.80 |
| 102 | 摩洛哥 | Morocco | 3.61 | 4.66 | 3.67 | 2.07 | 4.02 |
| 103 | 佛得角 | Cape Verde | 3.59 | 4.30 | 1.76 | 3.49 | 4.79 |
| 104 | 越南 | Vietnam | 3.40 | 2.80 | 2.75 | 2.99 | 5.05 |
| 105 | 乌兹别克斯坦 | Uzbekistan | 3.14 | 0.92 | 3.13 | 5.65 | 2.87 |
| 106 | 塔吉克斯坦 | Tajikistan | 3.13 | 2.55 | 2.18 | 4.66 | 3.14 |
| 107 | 斯威士兰 | Swaziland | 3.13 | 3.55 | 4.36 | 2.27 | 2.34 |
| 108 | 印度尼西亚 | Indonesia | 3.11 | 3.47 | 3.24 | 3.20 | 2.52 |
| 109 | 洪都拉斯 | Honduras | 3.08 | 3.34 | 2.63 | 3.13 | 3.24 |
| 110 | 印度 | India | 3.06 | 3.57 | 4.50 | 2.26 | 1.90 |

17-5 续表 3 continued

| 排名 Rank | 国家 | Country | 知识经济指数 KEI | 分类指数 Sub-indices 经济激励机制 Economic Incentive Regime | 创新 Innovation | 教育 Education | 信息和通信技术 ICT |
|---|---|---|---|---|---|---|---|
| 111 | 肯尼亚 | Kenya | 2.88 | 2.78 | 3.72 | 2.10 | 2.91 |
| 112 | 叙利亚 | Syrian Arab Republic | 2.77 | 2.04 | 3.07 | 2.40 | 3.55 |
| 113 | 加纳 | Ghana | 2.72 | 4.05 | 2.24 | 2.68 | 1.93 |
| 114 | 塞内加尔 | Senegal | 2.70 | 3.97 | 2.83 | 1.32 | 2.68 |
| 115 | 尼加拉瓜 | Nicaragua | 2.61 | 3.93 | 1.67 | 2.98 | 1.88 |
| 116 | 赞比亚 | Zambia | 2.56 | 4.15 | 2.09 | 2.08 | 1.93 |
| 117 | 巴基斯坦 | Pakistan | 2.45 | 1.93 | 2.84 | 1.44 | 3.60 |
| 118 | 乌干达 | Uganda | 2.37 | 3.97 | 2.54 | 1.09 | 1.88 |
| 119 | 尼日利亚 | Nigeria | 2.20 | 1.26 | 2.56 | 1.62 | 3.35 |
| 120 | 津巴布韦 | Zimbabwe | 2.17 | 0.12 | 3.99 | 1.99 | 2.59 |
| 121 | 莱索托 | Lesotho | 1.95 | 2.72 | 1.82 | 1.71 | 1.54 |
| 122 | 也门 | Yemen, Rep. | 1.92 | 2.91 | 1.96 | 1.62 | 1.17 |
| 123 | 马拉维 | Malawi | 1.92 | 3.33 | 2.65 | 0.54 | 1.15 |
| 124 | 布基纳法索 | Burkina Faso | 1.91 | 4.46 | 2.14 | 0.28 | 0.76 |
| 125 | 贝宁 | Benin | 1.88 | 2.15 | 2.80 | 1.10 | 1.47 |
| 126 | 马里 | Mali | 1.86 | 3.49 | 1.82 | 1.05 | 1.05 |
| 127 | 卢旺达 | Rwanda | 1.83 | 3.89 | 1.73 | 0.77 | 0.92 |
| 128 | 坦桑尼亚 | Tanzania | 1.79 | 3.07 | 1.98 | 0.83 | 1.26 |
| 129 | 马达加斯加 | Madagascar | 1.77 | 2.79 | 2.37 | 0.84 | 1.10 |
| 130 | 莫桑比克 | Mozambique | 1.76 | 4.05 | 1.76 | 0.17 | 1.05 |
| 131 | 老挝 | Lao PDR | 1.75 | 1.45 | 1.69 | 2.01 | 1.84 |
| 132 | 柬埔寨 | Cambodia | 1.71 | 2.28 | 2.13 | 1.70 | 0.74 |
| 133 | 喀麦隆 | Cameroon | 1.69 | 1.21 | 2.61 | 1.39 | 1.56 |
| 134 | 毛里塔尼亚 | Mauritania | 1.65 | 2.05 | 1.68 | 0.71 | 2.18 |
| 135 | 尼泊尔 | Nepal | 1.58 | 1.33 | 2.23 | 1.73 | 1.01 |
| 136 | 科特迪瓦 | Cote d'Ivoire | 1.54 | 1.53 | 1.62 | 0.91 | 2.09 |
| 137 | 孟加拉国 | Bangladesh | 1.49 | 1.51 | 1.69 | 1.75 | 1.01 |
| 138 | 苏丹 | Sudan | 1.48 | 0.48 | 1.44 | 0.84 | 3.16 |
| 139 | 吉布提 | Djibouti | 1.34 | 1.85 | 1.44 | 0.73 | 1.33 |
| 140 | 埃塞俄比亚 | Ethiopia | 1.27 | 1.56 | 1.85 | 1.05 | 0.62 |
| 141 | 几内亚 | Guinea | 1.22 | 0.53 | 1.32 | 1.75 | 1.26 |
| 142 | 厄立特里亚 | Eritrea | 1.14 | 0.93 | 1.89 | 0.69 | 1.05 |
| 143 | 安哥拉 | Angola | 1.08 | 1.48 | 1.17 | 0.32 | 1.38 |
| 144 | 塞拉利昂 | Sierra Leone | 0.97 | 1.38 | 1.63 | 0.57 | 0.32 |
| 145 | 缅甸 | Myanmar | 0.96 | 0.17 | 1.30 | 1.88 | 0.48 |
| 146 | 海地 | Haiti |  | 1.85 | 1.66 |  | 2.36 |

# 17-6 世界主要国家或地区全球创新指数(GII)排名(2013年)

资料来源：《全球创新指数2013》。
Source:The Global Innovation Index 2013

| 排名 Rank | 全球创新指数 Global Innovation Index | | | 创新投入分指数 Innovation Input Sub-Index | | |
|---|---|---|---|---|---|---|
| | 国家或地区 | Country or Area | 数值 Score | 国家或地区 | Country or Area | 数值 Score |
| 1 | 瑞士 | Switzerland | 66.59 | 新加坡 | Singapore | 72.27 |
| 2 | 瑞典 | Sweden | 61.36 | 中国香港 | Hong Kong (China) | 70.65 |
| 3 | 英国 | United Kingdom | 61.25 | 美国 | United States of America | 69.19 |
| 4 | 荷兰 | Netherlands | 61.14 | 英国 | United Kingdom | 68.20 |
| 5 | 美国 | United States of America | 60.31 | 瑞典 | Sweden | 67.86 |
| 6 | 芬兰 | Finland | 59.51 | 芬兰 | Finland | 66.67 |
| 7 | 中国香港 | Hong Kong (China) | 59.43 | 瑞士 | Switzerland | 66.52 |
| 8 | 新加坡 | Singapore | 59.41 | 丹麦 | Denmark | 66.34 |
| 9 | 丹麦 | Denmark | 58.34 | 加拿大 | Canada | 64.76 |
| 10 | 爱尔兰 | Ireland | 57.91 | 荷兰 | Netherlands | 64.18 |
| 11 | 加拿大 | Canada | 57.60 | 澳大利亚 | Australia | 64.15 |
| 12 | 卢森堡 | Luxembourg | 56.57 | 爱尔兰 | Ireland | 64.09 |
| 13 | 冰岛 | Iceland | 56.40 | 挪威 | Norway | 63.39 |
| 14 | 以色列 | Israel | 55.98 | 日本 | Japan | 62.81 |
| 15 | 德国 | Germany | 55.83 | 新西兰 | New Zealand | 62.76 |
| 16 | 挪威 | Norway | 55.64 | 韩国 | Korea, Rep. | 62.10 |
| 17 | 新西兰 | New Zealand | 54.46 | 奥地利 | Austria | 60.56 |
| 18 | 韩国 | Korea, Rep. | 53.31 | 卢森堡 | Luxembourg | 59.95 |
| 19 | 澳大利亚 | Australia | 53.07 | 以色列 | Israel | 59.82 |
| 20 | 法国 | France | 52.83 | 德国 | Germany | 59.78 |
| 21 | 比利时 | Belgium | 52.49 | 冰岛 | Iceland | 59.65 |
| 22 | 日本 | Japan | 52.23 | 比利时 | Belgium | 59.49 |
| 23 | 奥地利 | Austria | 51.87 | 法国 | France | 59.03 |
| 24 | 马耳他 | Malta | 51.79 | 西班牙 | Spain | 57.85 |
| 25 | 爱沙尼亚 | Estonia | 50.60 | 爱沙尼亚 | Estonia | 55.68 |
| 26 | 西班牙 | Spain | 49.41 | 阿联酋 | United Arab Emirates | 53.99 |
| 27 | 塞浦路斯 | Cyprus | 49.32 | 捷克 | Czech Republic | 53.43 |
| 28 | 捷克 | Czech Republic | 48.36 | 意大利 | Italy | 53.33 |
| 29 | 意大利 | Italy | 47.85 | 斯洛文尼亚 | Slovenia | 53.22 |
| 30 | 斯洛文尼亚 | Slovenia | 47.32 | 塞浦路斯 | Cyprus | 53.07 |
| 31 | 匈牙利 | Hungary | 46.93 | 葡萄牙 | Portugal | 52.10 |
| 32 | 马来西亚 | Malaysia | 46.92 | 马来西亚 | Malaysia | 51.71 |
| 33 | 拉脱维亚 | Latvia | 45.24 | 拉脱维亚 | Latvia | 51.10 |
| 34 | 葡萄牙 | Portugal | 45.10 | 马耳他 | Malta | 50.16 |
| 35 | 中国 | China | 44.66 | 立陶宛 | Lithuania | 48.95 |
| 36 | 斯洛伐克 | Slovakia | 42.25 | 匈牙利 | Hungary | 48.48 |
| 37 | 克罗地亚 | Croatia | 41.95 | 斯洛伐克 | Slovakia | 48.33 |
| 38 | 阿联酋 | United Arab Emirates | 41.87 | 卡塔尔 | Qatar | 47.84 |
| 39 | 哥斯达黎加 | Costa Rica | 41.54 | 波兰 | Poland | 47.82 |
| 40 | 立陶宛 | Lithuania | 41.39 | 黑山 | Montenegro | 47.65 |
| 41 | 保加利亚 | Bulgaria | 41.33 | 智利 | Chile | 46.73 |
| 42 | 沙特阿拉伯 | Saudi Arabia | 41.21 | 巴巴多斯 | Barbados | 46.68 |
| 43 | 卡塔尔 | Qatar | 41.00 | 克罗地亚 | Croatia | 46.12 |
| 44 | 黑山 | Montenegro | 40.95 | 沙特阿拉伯 | Saudi Arabia | 45.89 |
| 45 | 摩尔多瓦 | Moldova, Rep. | 40.94 | 希腊 | Greece | 45.70 |
| 46 | 智利 | Chile | 40.58 | 中国 | China | 45.19 |
| 47 | 巴巴多斯 | Barbados | 40.48 | 巴林 | Bahrain | 44.53 |

# The Ranking of Global Innovation Index(GII) (2013)

| 排名 Rank | 创新产出分指数 Innovation Output Sub-Index | | | 效率指数 Efficiency Ratio | | |
|---|---|---|---|---|---|---|
| | 国家或地区 | Country or Area | 数值 Score | 国家或地区 | Country or Area | 数值 Score |
| 1 | 瑞士 | Switzerland | 66.65 | 马里 | Mali | 1.13 |
| 2 | 荷兰 | Netherlands | 58.09 | 摩尔多瓦 | Moldova, Rep. | 1.08 |
| 3 | 瑞典 | Sweden | 54.86 | 几内亚 | Guinea | 1.07 |
| 4 | 英国 | United Kingdom | 54.30 | 马耳他 | Malta | 1.06 |
| 5 | 马耳他 | Malta | 53.42 | 斯威士兰 | Swaziland | 1.06 |
| 6 | 卢森堡 | Luxembourg | 53.20 | 印度尼西亚 | Indonesia | 1.04 |
| 7 | 冰岛 | Iceland | 53.14 | 尼日利亚 | Nigeria | 1.03 |
| 8 | 芬兰 | Finland | 52.35 | 科威特 | Kuwait | 1.03 |
| 9 | 以色列 | Israel | 52.14 | 哥斯达黎加 | Costa Rica | 1.02 |
| 10 | 德国 | Germany | 51.88 | 委内瑞拉 | Venezuela | 1.02 |
| 11 | 爱尔兰 | Ireland | 51.73 | 印度 | India | 1.02 |
| 12 | 美国 | United States of America | 51.42 | 瑞士 | Switzerland | 1.00 |
| 13 | 加拿大 | Canada | 50.45 | 斯里兰卡 | Sri Lanka | 0.99 |
| 14 | 丹麦 | Denmark | 50.35 | 中国 | China | 0.98 |
| 15 | 中国香港 | Hong Kong (China) | 48.21 | 圭亚那 | Guyana | 0.97 |
| 16 | 挪威 | Norway | 47.88 | 巴基斯坦 | Pakistan | 0.97 |
| 17 | 法国 | France | 46.64 | 越南 | Viet Nam | 0.96 |
| 18 | 新加坡 | Singapore | 46.56 | 塞内加尔 | Senegal | 0.95 |
| 19 | 新西兰 | New Zealand | 46.15 | 乌干达 | Uganda | 0.95 |
| 20 | 塞浦路斯 | Cyprus | 45.58 | 阿根廷 | Argentina | 0.94 |
| 21 | 爱沙尼亚 | Estonia | 45.52 | 厄瓜多尔 | Ecuador | 0.94 |
| 22 | 比利时 | Belgium | 45.48 | 安哥拉 | Angola | 0.94 |
| 23 | 匈牙利 | Hungary | 45.37 | 匈牙利 | Hungary | 0.94 |
| 24 | 韩国 | Korea, Rep. | 44.53 | 菲律宾 | Philippines | 0.93 |
| 25 | 中国 | China | 44.12 | 津巴布韦 | Zimbabwe | 0.91 |
| 26 | 捷克 | Czech Republic | 43.28 | 荷兰 | Netherlands | 0.91 |
| 27 | 奥地利 | Austria | 43.18 | 塔吉克斯坦 | Tajikistan | 0.90 |
| 28 | 摩尔多瓦 | Moldova, Rep. | 42.59 | 多米尼加 | Dominican Republic | 0.90 |
| 29 | 意大利 | Italy | 42.37 | 土耳其 | Turkey | 0.90 |
| 30 | 马来西亚 | Malaysia | 42.13 | 冰岛 | Iceland | 0.89 |
| 31 | 哥斯达黎加 | Costa Rica | 42.00 | 乌克兰 | Ukraine | 0.89 |
| 32 | 澳大利亚 | Australia | 41.99 | 赞比亚 | Zambia | 0.89 |
| 33 | 日本 | Japan | 41.64 | 卢森堡 | Luxembourg | 0.89 |
| 34 | 斯洛文尼亚 | Slovenia | 41.41 | 罗马尼亚 | Romania | 0.88 |
| 35 | 西班牙 | Spain | 40.97 | 保加利亚 | Bulgaria | 0.88 |
| 36 | 科威特 | Kuwait | 40.56 | 突尼斯 | Tunisia | 0.88 |
| 37 | 拉脱维亚 | Latvia | 39.37 | 玻利维亚 | Bolivia | 0.88 |
| 38 | 保加利亚 | Bulgaria | 38.71 | 以色列 | Israel | 0.87 |
| 39 | 葡萄牙 | Portugal | 38.10 | 柬埔寨 | Cambodia | 0.87 |
| 40 | 罗马尼亚 | Romania | 37.84 | 德国 | Germany | 0.87 |
| 41 | 克罗地亚 | Croatia | 37.77 | 马拉维 | Malawi | 0.87 |
| 42 | 印度 | India | 36.56 | 亚美尼亚 | Armenia | 0.86 |
| 43 | 阿根廷 | Argentina | 36.55 | 塞浦路斯 | Cyprus | 0.86 |
| 44 | 沙特阿拉伯 | Saudi Arabia | 36.52 | 冈比亚 | Gambia | 0.86 |
| 45 | 斯洛伐克 | Slovakia | 36.17 | 乌拉圭 | Uruguay | 0.85 |
| 46 | 乌拉圭 | Uruguay | 34.95 | 孟加拉国 | Bangladesh | 0.84 |
| 47 | 亚美尼亚 | Armenia | 34.78 | 喀麦隆 | Cameroon | 0.84 |

17-6 续表 1

| 排名 Rank | 全球创新指数 Global Innovation Index | | | 创新投入分指数 Innovation Input Sub-Index | | |
|---|---|---|---|---|---|---|
| | 国家或地区 | Country or Area | 数值 Score | 国家或地区 | Country or Area | 数值 Score |
| 48 | 罗马尼亚 | Romania | 40.33 | 马其顿 | Macedonia, FYR | 44.49 |
| 49 | 波兰 | Poland | 40.12 | 蒙古 | Mongolia | 44.05 |
| 50 | 科威特 | Kuwait | 40.02 | 保加利亚 | Bulgaria | 43.96 |
| 51 | 马其顿 | Macedonia, FYR | 38.18 | 南非 | South Africa | 43.93 |
| 52 | 乌拉圭 | Uruguay | 38.08 | 俄罗斯 | Russia | 43.77 |
| 53 | 毛里求斯 | Mauritius | 38.00 | 阿曼 | Oman | 43.28 |
| 54 | 塞尔维亚 | Serbia | 37.87 | 文莱 | Brunei Darussalam | 43.08 |
| 55 | 希腊 | Greece | 37.71 | 罗马尼亚 | Romania | 42.82 |
| 56 | 阿根廷 | Argentina | 37.66 | 黎巴嫩 | Lebanon | 42.71 |
| 57 | 泰国 | Thailand | 37.63 | 泰国 | Thailand | 42.67 |
| 58 | 南非 | South Africa | 37.60 | 波黑 | Bosnia and Herzegovina | 42.54 |
| 59 | 亚美尼亚 | Armenia | 37.59 | 哥伦比亚 | Colombia | 42.51 |
| 60 | 哥伦比亚 | Colombia | 37.38 | 毛里求斯 | Mauritius | 42.28 |
| 61 | 乔丹 | Jordan | 37.30 | 乔丹 | Jordan | 42.06 |
| 62 | 俄罗斯 | Russian Federation | 37.20 | 格鲁吉亚 | Georgia | 41.62 |
| 63 | 墨西哥 | Mexico | 36.82 | 塞尔维亚 | Serbia | 41.55 |
| 64 | 巴西 | Brazil | 36.33 | 乌拉圭 | Uruguay | 41.21 |
| 65 | 波黑 | Bosnia and Herzegovina | 36.24 | 博茨瓦纳 | Botswana | 41.18 |
| 66 | 印度 | India | 36.17 | 哥斯达黎加 | Costa Rica | 41.08 |
| 67 | 巴林 | Bahrain | 36.13 | 巴西 | Brazil | 40.84 |
| 68 | 土耳其 | Turkey | 36.03 | 墨西哥 | Mexico | 40.73 |
| 69 | 秘鲁 | Peru | 35.96 | 哈萨克斯坦 | Kazakhstan | 40.72 |
| 70 | 突尼斯 | Tunisia | 35.82 | 秘鲁 | Peru | 40.53 |
| 71 | 乌克兰 | Ukraine | 35.78 | 亚美尼亚 | Armenia | 40.41 |
| 72 | 蒙古 | Mongolia | 35.77 | 斐济 | Fiji | 40.29 |
| 73 | 格鲁吉亚 | Georgia | 35.56 | 巴拿马 | Panama | 39.61 |
| 74 | 文莱 | Brunei Darussalam | 35.53 | 科威特 | Kuwait | 39.48 |
| 75 | 黎巴嫩 | Lebanon | 35.47 | 白俄罗斯 | Belarus | 39.47 |
| 76 | 越南 | Viet Nam | 34.82 | 摩尔多瓦 | Moldova, Rep. | 39.29 |
| 77 | 白俄罗斯 | Belarus | 34.62 | 阿尔巴尼亚 | Albania | 39.05 |
| 78 | 圭亚那 | Guyana | 34.36 | 阿根廷 | Argentina | 38.77 |
| 79 | 多米尼加 | Dominican Republic | 33.28 | 纳米比亚 | Namibia | 38.23 |
| 80 | 阿曼 | Oman | 33.25 | 突尼斯 | Tunisia | 38.12 |
| 81 | 特立尼达和多巴哥 | Trinidad and Tobago | 33.17 | 土耳其 | Turkey | 38.00 |
| 82 | 牙买加 | Jamaica | 32.89 | 特立尼达和多巴哥 | Trinidad and Tobago | 37.99 |
| 83 | 厄瓜多尔 | Ecuador | 32.83 | 乌克兰 | Ukraine | 37.91 |
| 84 | 哈萨克斯坦 | Kazakhstan | 32.73 | 佛得角 | Cape Verde | 37.77 |
| 85 | 印度尼西亚 | Indonesia | 31.95 | 牙买加 | Jamaica | 36.78 |
| 86 | 巴拿马 | Panama | 31.82 | 莱索托 | Lesotho | 35.81 |
| 87 | 危地马拉 | Guatemala | 31.46 | 印度 | India | 35.77 |
| 88 | 萨尔瓦多 | El Salvador | 31.32 | 萨尔瓦多 | El Salvador | 35.63 |
| 89 | 乌干达 | Uganda | 31.21 | 越南 | Viet Nam | 35.59 |
| 90 | 菲律宾 | Philippines | 31.18 | 摩洛哥 | Morocco | 35.34 |
| 91 | 博茨瓦纳 | Botswana | 31.14 | 危地马拉 | Guatemala | 35.24 |
| 92 | 摩洛哥 | Morocco | 30.89 | 阿塞拜疆 | Azerbaijan | 35.07 |
| 93 | 阿尔巴尼亚 | Albania | 30.85 | 多米尼加 | Dominican Republic | 34.98 |
| 94 | 加纳 | Ghana | 30.60 | 圭亚那 | Guyana | 34.85 |

continued

| 排名 Rank | 创新产出分指数 Innovation Output Sub-Index | | | 效率指数 Efficiency Ratio | | |
|---|---|---|---|---|---|---|
| | 国家或地区 | Country or Area | 数值 Score | 国家或地区 | Country or Area | 数值 Score |
| 48 | 智利 | Chile | 34.43 | 巴拉圭 | Paraguay | 0.82 |
| 49 | 巴巴多斯 | Barbados | 34.28 | 塞尔维亚 | Serbia | 0.82 |
| 50 | 黑山 | Montenegro | 34.26 | 克罗地亚 | Croatia | 0.82 |
| 51 | 塞尔维亚 | Serbia | 34.20 | 爱沙尼亚 | Estonia | 0.82 |
| 52 | 卡塔尔 | Qatar | 34.17 | 马来西亚 | Malaysia | 0.81 |
| 53 | 土耳其 | Turkey | 34.07 | 捷克 | Czech Republic | 0.81 |
| 54 | 越南 | Viet Nam | 34.04 | 加蓬 | Gabon | 0.81 |
| 55 | 圭亚那 | Guyana | 33.87 | 瑞典 | Sweden | 0.81 |
| 56 | 立陶宛 | Lithuania | 33.84 | 墨西哥 | Mexico | 0.81 |
| 57 | 毛里求斯 | Mauritius | 33.72 | 爱尔兰 | Ireland | 0.81 |
| 58 | 乌克兰 | Ukraine | 33.65 | 加纳 | Ghana | 0.80 |
| 59 | 突尼斯 | Tunisia | 33.51 | 毛里求斯 | Mauritius | 0.80 |
| 60 | 墨西哥 | Mexico | 32.90 | 英国 | United Kingdom | 0.80 |
| 61 | 泰国 | Thailand | 32.58 | 沙特阿拉伯 | Saudi Arabia | 0.80 |
| 62 | 印度尼西亚 | Indonesia | 32.57 | 意大利 | Italy | 0.79 |
| 63 | 乔丹 | Jordan | 32.54 | 法国 | France | 0.79 |
| 64 | 波兰 | Poland | 32.42 | 布基纳法索 | Burkina Faso | 0.79 |
| 65 | 哥伦比亚 | Colombia | 32.26 | 牙买加 | Jamaica | 0.79 |
| 66 | 马其顿 | Macedonia, FYR | 31.86 | 危地马拉 | Guatemala | 0.79 |
| 67 | 厄瓜多尔 | Ecuador | 31.83 | 芬兰 | Finland | 0.79 |
| 68 | 巴西 | Brazil | 31.81 | 加拿大 | Canada | 0.78 |
| 69 | 多米尼加 | Dominican Republic | 31.58 | 巴西 | Brazil | 0.78 |
| 70 | 秘鲁 | Peru | 31.39 | 斯洛文尼亚 | Slovenia | 0.78 |
| 71 | 南非 | South Africa | 31.26 | 肯尼亚 | Kenya | 0.78 |
| 72 | 俄罗斯 | Russia | 30.62 | 秘鲁 | Peru | 0.77 |
| 73 | 马里 | Mali | 30.58 | 乔丹 | Jordan | 0.77 |
| 74 | 斯威士兰 | Swaziland | 30.52 | 拉脱维亚 | Latvia | 0.77 |
| 75 | 乌干达 | Uganda | 30.45 | 比利时 | Belgium | 0.76 |
| 76 | 斯里兰卡 | Sri Lanka | 30.29 | 泰国 | Thailand | 0.76 |
| 77 | 菲律宾 | Philippines | 30.03 | 尼泊尔 | Nepal | 0.76 |
| 78 | 波黑 | Bosnia and Herzegovina | 29.94 | 丹麦 | Denmark | 0.76 |
| 79 | 白俄罗斯 | Belarus | 29.77 | 哥伦比亚 | Colombia | 0.76 |
| 80 | 塞内加尔 | Senegal | 29.77 | 萨尔瓦多 | El Salvador | 0.76 |
| 81 | 阿联酋 | United Arab Emirates | 29.76 | 挪威 | Norway | 0.76 |
| 82 | 希腊 | Greece | 29.72 | 白俄罗斯 | Belarus | 0.75 |
| 83 | 格鲁吉亚 | Georgia | 29.49 | 摩洛哥 | Morocco | 0.75 |
| 84 | 牙买加 | Jamaica | 29.00 | 斯洛伐克 | Slovakia | 0.75 |
| 85 | 塔吉克斯坦 | Tajikistan | 28.50 | 特立尼达和多巴哥 | Trinidad and Tobago | 0.75 |
| 86 | 玻利维亚 | Bolivia | 28.47 | 美国 | United States of America | 0.74 |
| 87 | 特立尼达和多巴哥 | Trinidad and Tobago | 28.35 | 埃塞俄比亚 | Ethiopia | 0.74 |
| 88 | 黎巴嫩 | Lebanon | 28.23 | 智利 | Chile | 0.74 |
| 89 | 文莱 | Brunei Darussalam | 27.99 | 科特迪瓦 | Côte d'Ivoire | 0.74 |
| 90 | 巴林 | Bahrain | 27.74 | 新西兰 | New Zealand | 0.74 |
| 91 | 危地马拉 | Guatemala | 27.68 | 巴巴多斯 | Barbados | 0.73 |
| 92 | 委内瑞拉 | Venezuela | 27.55 | 葡萄牙 | Portugal | 0.73 |
| 93 | 蒙古 | Mongolia | 27.49 | 伯利兹 | Belize | 0.73 |
| 94 | 巴拉圭 | Paraguay | 27.35 | 黑山 | Montenegro | 0.72 |

## 17-6 续表 2

| 排名 Rank | 全球创新指数 Global Innovation Index 国家或地区 | Country or Area | 数值 Score | 创新投入分指数 Innovation Input Sub-Index 国家或地区 | Country or Area | 数值 Score |
|---|---|---|---|---|---|---|
| 95 | 玻利维亚 | Bolivia | 30.48 | 伯利兹 | Belize | 34.73 |
| 96 | 塞内加尔 | Senegal | 30.48 | 洪都拉斯 | Honduras | 34.68 |
| 97 | 斐济 | Fiji | 30.46 | 吉尔吉斯斯坦 | Kyrgyzstan | 34.58 |
| 98 | 斯里兰卡 | Sri Lanka | 30.45 | 肯尼亚 | Kenya | 34.12 |
| 99 | 肯尼亚 | Kenya | 30.28 | 加纳 | Ghana | 33.93 |
| 100 | 巴拉圭 | Paraguay | 30.28 | 厄瓜多尔 | Ecuador | 33.83 |
| 101 | 塔吉克斯坦 | Tajikistan | 30.00 | 埃及 | Egypt | 33.81 |
| 102 | 伯利兹 | Belize | 29.98 | 卢旺达 | Rwanda | 33.62 |
| 103 | 佛得角 | Cape Verde | 29.69 | 尼加拉瓜 | Nicaragua | 33.49 |
| 104 | 斯威士兰 | Swaziland | 29.60 | 巴拉圭 | Paraguay | 33.22 |
| 105 | 阿塞拜疆 | Azerbaijan | 28.99 | 叙利亚 | Syrian Arab Republic | 32.84 |
| 106 | 马里 | Mali | 28.84 | 玻利维亚 | Bolivia | 32.50 |
| 107 | 洪都拉斯 | Honduras | 28.80 | 伊朗 | Iran, Islamic Rep. | 32.41 |
| 108 | 埃及 | Egypt | 28.48 | 菲律宾 | Philippines | 32.32 |
| 109 | 纳米比亚 | Namibia | 28.36 | 乌干达 | Uganda | 31.97 |
| 110 | 柬埔寨 | Cambodia | 28.07 | 坦桑尼亚 | Tanzania | 31.72 |
| 111 | 加蓬 | Gabon | 28.04 | 莫桑比克 | Mozambique | 31.71 |
| 112 | 卢旺达 | Rwanda | 27.64 | 阿尔及利亚 | Algeria | 31.62 |
| 113 | 伊朗 | Iran, Islamic Rep. | 27.30 | 塔吉克斯坦 | Tajikistan | 31.51 |
| 114 | 委内瑞拉 | Venezuela | 27.25 | 乌兹别克斯坦 | Uzbekistan | 31.50 |
| 115 | 尼加拉瓜 | Nicaragua | 27.10 | 印度尼西亚 | Indonesia | 31.34 |
| 116 | 布基纳法索 | Burkina Faso | 27.03 | 塞内加尔 | Senegal | 31.20 |
| 117 | 吉尔吉斯斯坦 | Kyrgyzstan | 26.98 | 加蓬 | Gabon | 30.99 |
| 118 | 赞比亚 | Zambia | 26.79 | 斯里兰卡 | Sri Lanka | 30.60 |
| 119 | 马拉维 | Malawi | 26.73 | 布基纳法索 | Burkina Faso | 30.22 |
| 120 | 尼日利亚 | Nigeria | 26.57 | 柬埔寨 | Cambodia | 30.02 |
| 121 | 莫桑比克 | Mozambique | 26.50 | 贝宁 | Benin | 29.78 |
| 122 | 冈比亚 | Gambia | 26.39 | 多哥 | Togo | 29.55 |
| 123 | 坦桑尼亚 | Tanzania | 26.35 | 马达加斯加 | Madagascar | 28.83 |
| 124 | 莱索托 | Lesotho | 26.29 | 斯威士兰 | Swaziland | 28.67 |
| 125 | 喀麦隆 | Cameroon | 25.71 | 马拉维 | Malawi | 28.63 |
| 126 | 几内亚 | Guinea | 25.70 | 埃塞俄比亚 | Ethiopia | 28.50 |
| 127 | 贝宁 | Benin | 25.10 | 冈比亚 | Gambia | 28.44 |
| 128 | 尼泊尔 | Nepal | 24.97 | 赞比亚 | Zambia | 28.38 |
| 129 | 埃塞俄比亚 | Ethiopia | 24.80 | 尼泊尔 | Nepal | 28.34 |
| 130 | 孟加拉国 | Bangladesh | 24.52 | 尼日尔 | Niger | 28.17 |
| 131 | 尼日尔 | Niger | 24.03 | 喀麦隆 | Cameroon | 27.99 |
| 132 | 津巴布韦 | Zimbabwe | 23.98 | 马里 | Mali | 27.09 |
| 133 | 乌兹别克斯坦 | Uzbekistan | 23.87 | 科特迪瓦 | Côte d'Ivoire | 26.97 |
| 134 | 叙利亚 | Syrian Arab Republic | 23.73 | 委内瑞拉 | Venezuela | 26.95 |
| 135 | 安哥拉 | Angola | 23.46 | 孟加拉国 | Bangladesh | 26.60 |
| 136 | 科特迪瓦 | Côte d'Ivoire | 23.42 | 苏丹 | Sudan | 26.51 |
| 137 | 巴基斯坦 | Pakistan | 23.33 | 尼日利亚 | Nigeria | 26.21 |
| 138 | 阿尔及利亚 | Algeria | 23.11 | 津巴布韦 | Zimbabwe | 25.13 |
| 139 | 多哥 | Togo | 23.04 | 几内亚 | Guinea | 24.78 |
| 140 | 马达加斯加 | Madagascar | 22.95 | 安哥拉 | Angola | 24.21 |
| 141 | 苏丹 | Sudan | 19.81 | 也门 | Yemen | 23.86 |
| 142 | 也门 | Yemen | 19.32 | 巴基斯坦 | Pakistan | 23.68 |

continued

| 排名 Rank | 创新产出分指数 Innovation Output Sub-Index | | | 效率指数 Efficiency Ratio | | |
|---|---|---|---|---|---|---|
| | 国家或地区 | Country or Area | 数值 Score | 国家或地区 | Country or Area | 数值 Score |
| 95 | 加纳 | Ghana | 27.26 | 韩国 | Korea, Rep. | 0.72 |
| 96 | 萨尔瓦多 | El Salvador | 27.01 | 马其顿 | Macedonia, FYR | 0.72 |
| 97 | 尼日利亚 | Nigeria | 26.93 | 卡塔尔 | Qatar | 0.71 |
| 98 | 几内亚 | Guinea | 26.62 | 奥地利 | Austria | 0.71 |
| 99 | 摩洛哥 | Morocco | 26.45 | 南非 | South Africa | 0.71 |
| 100 | 肯尼亚 | Kenya | 26.45 | 格鲁吉亚 | Georgia | 0.71 |
| 101 | 柬埔寨 | Cambodia | 26.13 | 西班牙 | Spain | 0.71 |
| 102 | 伯利兹 | Belize | 25.23 | 尼日尔 | Niger | 0.71 |
| 103 | 赞比亚 | Zambia | 25.19 | 波黑 | Bosnia and Herzegovina | 0.70 |
| 104 | 加蓬 | Gabon | 25.09 | 俄罗斯 | Russia | 0.70 |
| 105 | 马拉维 | Malawi | 24.84 | 立陶宛 | Lithuania | 0.69 |
| 106 | 哈萨克斯坦 | Kazakhstan | 24.73 | 贝宁 | Benin | 0.69 |
| 107 | 冈比亚 | Gambia | 24.34 | 伊朗 | Iran, Islamic Rep. | 0.68 |
| 108 | 巴拿马 | Panama | 24.03 | 埃及 | Egypt | 0.68 |
| 109 | 布基纳法索 | Burkina Faso | 23.84 | 中国香港 | Hong Kong (China) | 0.68 |
| 110 | 喀麦隆 | Cameroon | 23.42 | 波兰 | Poland | 0.68 |
| 111 | 阿曼 | Oman | 23.22 | 莫桑比克 | Mozambique | 0.67 |
| 112 | 埃及 | Egypt | 23.15 | 日本 | Japan | 0.66 |
| 113 | 巴基斯坦 | Pakistan | 22.99 | 坦桑尼亚 | Tanzania | 0.66 |
| 114 | 阿塞拜疆 | Azerbaijan | 22.91 | 黎巴嫩 | Lebanon | 0.66 |
| 115 | 洪都拉斯 | Honduras | 22.91 | 洪都拉斯 | Honduras | 0.66 |
| 116 | 津巴布韦 | Zimbabwe | 22.83 | 澳大利亚 | Australia | 0.65 |
| 117 | 安哥拉 | Angola | 22.71 | 阿塞拜疆 | Azerbaijan | 0.65 |
| 118 | 阿尔巴尼亚 | Albania | 22.66 | 希腊 | Greece | 0.65 |
| 119 | 孟加拉国 | Bangladesh | 22.45 | 文莱 | Brunei Darussalam | 0.65 |
| 120 | 伊朗 | Iran, Islamic Rep. | 22.20 | 卢旺达 | Rwanda | 0.64 |
| 121 | 卢旺达 | Rwanda | 21.66 | 新加坡 | Singapore | 0.64 |
| 122 | 佛得角 | Cape Verde | 21.61 | 蒙古 | Mongolia | 0.62 |
| 123 | 尼泊尔 | Nepal | 21.59 | 巴林 | Bahrain | 0.62 |
| 124 | 莫桑比克 | Mozambique | 21.28 | 也门 | Yemen | 0.62 |
| 125 | 博茨瓦纳 | Botswana | 21.11 | 尼加拉瓜 | Nicaragua | 0.62 |
| 126 | 埃塞俄比亚 | Ethiopia | 21.09 | 哈萨克斯坦 | Kazakhstan | 0.61 |
| 127 | 坦桑尼亚 | Tanzania | 20.99 | 巴拿马 | Panama | 0.61 |
| 128 | 尼加拉瓜 | Nicaragua | 20.72 | 马达加斯加 | Madagascar | 0.59 |
| 129 | 斐济 | Fiji | 20.62 | 阿尔巴尼亚 | Albania | 0.58 |
| 130 | 贝宁 | Benin | 20.42 | 佛得角 | Cape Verde | 0.57 |
| 131 | 尼日尔 | Niger | 19.89 | 吉尔吉斯斯坦 | Kyrgyzstan | 0.56 |
| 132 | 科特迪瓦 | Côte d'Ivoire | 19.86 | 多哥 | Togo | 0.56 |
| 133 | 吉尔吉斯斯坦 | Kyrgyzstan | 19.38 | 阿联酋 | United Arab Emirates | 0.55 |
| 134 | 纳米比亚 | Namibia | 18.50 | 阿曼 | Oman | 0.54 |
| 135 | 马达加斯加 | Madagascar | 17.06 | 乌兹别克斯坦 | Uzbekistan | 0.52 |
| 136 | 莱索托 | Lesotho | 16.77 | 博茨瓦纳 | Botswana | 0.51 |
| 137 | 多哥 | Togo | 16.52 | 斐济 | Fiji | 0.51 |
| 138 | 乌兹别克斯坦 | Uzbekistan | 16.23 | 苏丹 | Sudan | 0.49 |
| 139 | 也门 | Yemen | 14.79 | 纳米比亚 | Namibia | 0.48 |
| 140 | 叙利亚 | Syrian Arab Republic | 14.63 | 莱索托 | Lesotho | 0.47 |
| 141 | 阿尔及利亚 | Algeria | 14.61 | 阿尔及利亚 | Algeria | 0.46 |
| 142 | 苏丹 | Sudan | 13.11 | 叙利亚 | Syrian Arab Republic | 0.45 |

# 17-7 按营业额排序的世界最大500家企业(2012年)

资料来源：美国《财富》杂志2013年。
Source: United States Fortune, 2013.

| 排名 Rank | | 企业名称 | Company Name | 国家 | Country |
|---|---|---|---|---|---|
| 2012 | 2011 | | | | |
| 1 | 1 | 荷兰皇家壳牌石油公司 | Royal Dutch Shell | 荷兰 | Netherlands |
| 2 | 3 | 沃尔玛 | Wal-Mart Stores | 美国 | U.S. |
| 3 | 2 | 埃克森美孚 | Exxon Mobil | 美国 | U.S. |
| 4 | 5 | 中国石油化工集团公司 | Sinopec Group | 中国 | China |
| 5 | 6 | 中国石油天然气集团公司 | China National Petroleum | 中国 | China |
| 6 | 4 | 英国石油公司 | BP | 英国 | Britain |
| 7 | 7 | 国家电网公司 | State Grid | 中国 | China |
| 8 | 10 | 丰田汽车公司 | Toyota Motor | 日本 | Japan |
| 9 | 12 | 大众公司 | Volkswagen | 德国 | Germany |
| 10 | 11 | 道达尔公司 | Total | 法国 | France |
| 11 | 8 | 雪佛龙 | Chevron | 美国 | U.S. |
| 12 | 14 | 嘉能可国际 | Glencore International | 瑞士 | Switzerland |
| 13 | 13 | 日本邮政控股公司 | Japan Post Holdings | 日本 | Japan |
| 14 | 20 | 三星电子 | Samsung Electronics | 韩国 | South Korea |
| 15 | 16 | 意昂集团 | E.On | 意大利 | Italy |
| 16 | - | Phillips 66公司 | Phillips 66 | 美国 | U.S. |
| 17 | 17 | 埃尼石油公司 | Eni | 意大利 | Italy |
| 18 | 24 | 伯克希尔-哈撒韦公司 | Berkshire Hathaway | 美国 | U.S. |
| 19 | 55 | 苹果公司 | Apple | 美国 | U.S. |
| 20 | 25 | 安盛 | Axa | 法国 | France |
| 21 | 15 | 俄罗斯天然气工业股份公司 | Gazprom | 俄罗斯 | Russia |
| 22 | 19 | 通用汽车公司 | General Motors | 美国 | U.S. |
| 23 | 21 | 戴姆勒股份公司 | Daimler | 德国 | Germany |
| 24 | 22 | 通用电气公司 | General Electric | 法国 | France |
| 25 | 23 | 巴西国家石油公司 | Petrobras | 巴西 | Brazil |
| 26 | 45 | EXOR集团 | Exor Group | 意大利 | Italy |
| 27 | 35 | 瓦莱罗能源公司 | Valero Energy | 美国 | U.S. |
| 28 | 27 | 福特汽车公司 | Ford Motor | 美国 | U.S. |
| 29 | 54 | 中国工商银行 | Industrial & Commercial Bank Of China | 中国 | China |
| 30 | 43 | 鸿海精密工业股份有限公司 | Hon Hai Precision Industry | 中国台湾 | TaiWan |
| 31 | 28 | 安联保险集团 | Allianz | 德国 | Germany |
| 32 | 29 | 日本电报电话公司 | Nippon Telegraph & Telephone | 日本 | Japan |
| 33 | 18 | 荷兰国际集团 | Ing Group | 荷兰 | Netherlands |
| 34 | 32 | 美国电话电报公司 | At&T | 美国 | U.S. |
| 35 | 26 | 房利美 | Fannie Mae | 美国 | U.S. |
| 36 | 34 | 墨西哥石油公司 | Pemex | 墨西哥 | Mexico |
| 37 | 33 | 苏伊士集团 | Gdf Suez | 法国 | France |
| 38 | 36 | 委内瑞拉国家石油公司 | Pdvsa | 委内瑞拉 | Venezuela |
| 39 | 40 | 挪威国家石油公司 | Statoil | 挪威 | Norway |
| 40 | 56 | CVS Caremark公司 | Cvs Caremark | 美国 | U.S. |
| 41 | 30 | 法国巴黎银行 | Bnp Paribas | 法国 | France |
| 42 | 37 | 麦克森公司 | Mckesson | 美国 | U.S. |
| 43 | 31 | 惠普 | Hewlett-Packard | 美国 | U.S. |
| 44 | 41 | JX控股公司 | Jx Holdings | 日本 | Japan |
| 45 | 64 | 本田汽车 | Honda Motor | 日本 | Japan |
| 46 | 49 | 卢克石油公司 | Lukoil | 俄罗斯 | Russia |
| 47 | 42 | 日产汽车 | Nissan Motor | 日本 | Japan |
| 48 | 50 | 威瑞森电信 | Verizon Communications | 美国 | U.S. |
| 49 | 48 | 意大利忠利保险公司 | Assicurazioni Generali | 意大利 | Italy |
| 50 | 77 | 中国建设银行 | China Construction Bank | 中国 | China |

# The 500 Largest Companies in the World Sorted by Revenue (2012)

| 营业额 Revenues | | 利润额 Profits | | 资产额 (百万美元) Assets (mil.USD) | 雇员人数 (人) Employees (person) |
|---|---|---|---|---|---|
| 百万美元 (mil.USD) | 比2011年增长% % Change from 2011 | 百万美元 (mil.USD) | 比2011年增长% % Change from 2011 | | |
| 481700.0 | -0.6 | 26592.0 | -14.0 | 360325.0 | 87000 |
| 469162.0 | 5.0 | 16999.0 | 8.3 | 203105.0 | 2200000 |
| 449886.0 | -0.7 | 44880.0 | 9.3 | 333795.0 | 88000 |
| 428167.4 | 14.1 | 8221.1 | -13.0 | 314082.3 | 1015039 |
| 408630.0 | 16.0 | 18195.9 | 11.5 | 547232.1 | 1656465 |
| 388285.0 | 0.5 | 11582.0 | -54.9 | 300193.0 | 85700 |
| 298448.8 | 15.2 | 12317.9 | 116.9 | 374545.7 | 849594 |
| 265701.8 | 12.9 | 11586.6 | 222.6 | 377482.0 | 333498 |
| 247613.3 | 11.8 | 27909.1 | 30.3 | 408172.5 | 549763 |
| 234277.5 | 1.2 | 13743.2 | -19.5 | 226504.9 | 97126 |
| 233899.0 | -4.8 | 26179.0 | -2.7 | 232982.0 | 62000 |
| 214436.0 | 15.2 | 1004.0 | -75.2 | 105537.0 | 61000 |
| 190859.3 | -9.6 | 6776.8 | 14.1 | 3115882.7 | 209000 |
| 178554.8 | 19.9 | 20585.7 | 70.7 | 169154.6 | 236000 |
| 169756.4 | 8.1 | 2849.1 | - | 185109.4 | 72083 |
| 169551.0 | - | 4124.0 | - | 48073.0 | 13500 |
| 167904.5 | 9.3 | 10008.6 | 4.9 | 184074.7 | 77838 |
| 162463.0 | 13.1 | 14824.0 | 44.6 | 427452.0 | 288500 |
| 156508.0 | 44.6 | 41733.0 | 61.0 | 176064.0 | 76000 |
| 154571.3 | 8.3 | 5335.9 | -11.3 | 1004268.7 | 94364 |
| 153527.8 | -2.7 | 38086.2 | -14.3 | 395184.4 | 417000 |
| 152256.0 | 1.3 | 6188.0 | -32.7 | 149422.0 | 213000 |
| 146886.3 | -0.8 | 7832.9 | -0.6 | 214837.5 | 275087 |
| 146874.0 | -0.5 | 13641.0 | -3.6 | 685328.0 | 305000 |
| 144103.0 | -1.2 | 11034.0 | -45.2 | 331645.0 | 85065 |
| 142226.4 | 21.3 | 511.5 | -27.0 | 165896.7 | 287343 |
| 138286.0 | 10.5 | 2083.0 | -0.3 | 44477.0 | 21671 |
| 134252.0 | -1.5 | 5665.0 | -72.0 | 190554.0 | 171000 |
| 133636.0 | 22.6 | 37806.5 | 17.4 | 2815629.6 | 427356 |
| 132076.1 | 12.4 | 3204.8 | 15.4 | 70404.4 | 1290000 |
| 130774.6 | -2.5 | 6642.8 | 87.7 | 915648.8 | 144094 |
| 128860.6 | -3.2 | 6311.0 | 6.5 | 209081.8 | 227150 |
| 128349.6 | -14.8 | 4188.2 | -36.5 | 1531916.2 | 92572 |
| 127434.0 | 0.6 | 7264.0 | 84.2 | 272315.0 | 241810 |
| 127230.0 | -7.4 | 17220.0 | - | 3222422.0 | 7200 |
| 125195.4 | -0.1 | 197.7 | - | 155883.8 | 151022 |
| 124706.2 | -1.1 | 1991.9 | -64.2 | 270887.3 | 236156 |
| 124459.0 | -0.2 | 2678.0 | 1.4 | 218424.0 | 111342 |
| 124381.6 | 4.0 | 11846.7 | -15.7 | 141005.6 | 23028 |
| 123133.0 | 14.3 | 3876.9 | 12.0 | 65912.0 | 164500 |
| 123029.2 | -3.5 | 8421.4 | 0.1 | 2514188.2 | 188551 |
| 122455.0 | -0.2 | 1338.0 | -4.6 | 34786.0 | 43500 |
| 120357.0 | -5.4 | -12650.0 | -278.8 | 108768.0 | 331800 |
| 119499.4 | 0.2 | 1920.5 | -11.1 | 77392.5 | 25569 |
| 118952.4 | 18.2 | 4421.3 | 65.1 | 145057.0 | 190338 |
| 116335.0 | 4.4 | 11004.0 | 6.2 | 98961.0 | 150000 |
| 115961.4 | -2.7 | 4123.8 | -4.6 | 136225.2 | 160530 |
| 115846.0 | 4.5 | 875.0 | -63.6 | 225222.0 | 183400 |
| 113794.2 | 1.0 | 115.7 | -90.3 | 582307.9 | 79454 |
| 113369.9 | 26.5 | 30618.2 | 17.0 | 2242721.5 | 348955 |

17-7 续表 1

| 排名 Rank | | 企业名称 | Company Name | 国家 | Country |
|---|---|---|---|---|---|
| 2012 | 2011 | | | | |
| 51 | 63 | 联合健康集团 | Unitedhealth Group | 美国 | U.S. |
| 52 | 52 | 意大利国家电力公司 | Enel | 意大利 | Italy |
| 53 | 47 | 西门子 | Siemens | 德国 | Germany |
| 54 | 38 | 日立 | Hitachi | 日本 | Japan |
| 55 | 51 | 摩根大通 | J.P. Morgan Chase & Co. | 美国 | U.S. |
| 56 | 61 | 康德乐 | Cardinal Health | 美国 | U.S. |
| 57 | 65 | SK集团 | Sk Holdings | 韩国 | South Korea |
| 58 | 44 | 西班牙国家银行 | Banco Santander | 西班牙 | Spain |
| 59 | 39 | 家乐福 | Carrefour | 法国 | France |
| 60 | 53 | 汇丰银行控股公司 | Hsbc Holdings | 英国 | Britain |
| 61 | 67 | 法国兴业银行 | SOCIÉTÉGÉNÉRALE | 法国 | France |
| 62 | 57 | 国际商业机器公司 | International Business Machines | 美国 | U.S. |
| 63 | 59 | 乐购 | Tesco | 英国 | Britain |
| 64 | 84 | 中国农业银行 | Agricultural Bank Of China | 中国 | China |
| 65 | 62 | 巴斯夫公司 | Basf | 德国 | Germany |
| 66 | 46 | 美国银行 | Bank Of America Corp. | 美国 | U.S. |
| 67 | 78 | 好市多 | Costco Wholesale | 美国 | U.S. |
| 68 | 69 | 宝马 | BMW | 德国 | Germany |
| 69 | 71 | 雀巢公司 | NESTLÉ | 瑞士 | Switzerland |
| 70 | 93 | 中国银行 | Bank Of China | 中国 | China |
| 71 | 81 | 中国移动通信集团公司 | China Mobile Communications | 中国 | China |
| 72 | 75 | 克罗格 | Kroger | 美国 | U.S. |
| 73 | 58 | 法国农业信贷银行 | CRÉDIT AGRICOLE | 法国 | France |
| 74 | 213 | 美国快捷药方控股公司 | Express Scripts Holding | 美国 | U.S. |
| 75 | 68 | 马来西亚国家石油公司 | Petronas | 马来西亚 | Malaysia |
| 76 | 91 | 来宝集团 | Noble Group | 中国 | China |
| 77 | 73 | 法国电力公司 | ÉLECTRICITÉ DE FRANCE | 法国 | France |
| 78 | 80 | 美国富国银行 | Wells Fargo | 美国 | U.S. |
| 79 | 60 | 花旗集团 | Citigroup | 美国 | U.S. |
| 80 | 100 | 中国建筑工程总公司 | China State Construction Engineering Corporation | 中国 | China |
| 81 | 95 | 泰国国家石油有限公司 | PTT | 泰国 | Thailand |
| 82 | 92 | ADM公司 | Archer Daniels Midland | 美国 | U.S. |
| 83 | 66 | 松下 | Panasonic | 日本 | Japan |
| 84 | 162 | 英国保诚集团 | Prudential | 英国 | Britain |
| 85 | 131 | 英国劳埃德银行集团 | Lloyds Banking Group | 英国 | Britain |
| 86 | 74 | 日本生命保险公司 | Nippon Life Insurance | 日本 | Japan |
| 87 | 72 | 麦德龙 | Metro | 德国 | Germany |
| 88 | 83 | 印度石油公司 | Indian Oil | 印度 | India |
| 89 | 86 | 宝洁公司 | Procter & Gamble | 美国 | U.S. |
| 90 | 195 | 保德信金融集团 | Prudential Financial | 美国 | U.S. |
| 91 | 70 | 安赛乐米塔尔 | Arcelormittal | 卢森堡 | Luxembourg |
| 92 | 76 | 慕尼黑再保险公司 | Munich Re Group | 德国 | Germany |
| 93 | 101 | 中国海洋石油总公司 | China National Offshore Oil | 中国 | China |
| 94 | 87 | 索尼 | Sony | 日本 | Japan |
| 95 | 123 | 波音 | Boeing | 美国 | U.S. |
| 96 | 79 | 房地美 | Freddie Mac | 美国 | U.S. |
| 97 | 82 | 西班牙电话公司 | TELEFÓNICA | 西班牙 | Spain |
| 98 | 94 | 美源伯根公司 | Amerisourcebergen | 美国 | U.S. |
| 99 | 137 | 俄罗斯石油公司 | Rosneft Oil | 俄罗斯 | Russia |
| 100 | 111 | 中国铁道建筑总公司 | China Railway Construction | 中国 | China |

continued

| 营业额 Revenues | | 利润额 Profits | | 资产额 (百万美元) Assets (mil.USD) | 雇员人数 (人) Employees (person) |
|---|---|---|---|---|---|
| 百万美元 (mil.USD) | 比2011年增长% % Change from 2011 | 百万美元 (mil.USD) | 比2011年增长% % Change from 2011 | | |
| 110618.0 | 8.6 | 5526.0 | 7.5 | 80885.0 | 133000 |
| 109093.2 | -1.3 | 1111.6 | -80.7 | 226276.8 | 73702 |
| 108988.5 | -3.8 | 5782.0 | -32.5 | 139283.1 | 370000 |
| 108874.5 | -11.1 | 2111.3 | -52.0 | 104353.5 | 326240 |
| 108184.0 | -2.4 | 21284.0 | 12.2 | 2359141.0 | 258965 |
| 107552.0 | 4.8 | 1069.0 | 11.5 | 24260.0 | 32500 |
| 106258.8 | 5.8 | 931.3 | -38.3 | 84679.5 | 78593 |
| 106077.0 | -9.7 | 2833.7 | -61.9 | 1673622.6 | 186763 |
| 105996.1 | -12.9 | 1584.6 | 207.2 | 60431.5 | 364969 |
| 105294.0 | -4.4 | 14027.0 | -16.5 | 2692538.0 | 284186 |
| 105064.4 | 6.7 | 994.7 | -70.0 | 1648666.5 | 154009 |
| 104507.0 | -2.3 | 16604.0 | 4.7 | 119213.0 | 466995 |
| 104424.9 | 0.6 | 196.6 | -95.6 | 76080.7 | 416441 |
| 103478.7 | 22.0 | 22996.9 | 21.9 | 2125795.2 | 481431 |
| 101176.8 | -1.0 | 6270.1 | -27.1 | 84795.8 | 113262 |
| 100078.0 | -13.0 | 4188.0 | 189.6 | 2209974.0 | 267190 |
| 99137.0 | 11.5 | 1709.0 | 16.9 | 27140.0 | 135000 |
| 98759.5 | 3.2 | 6549.0 | -3.5 | 173804.6 | 105876 |
| 98483.8 | 4.3 | 11319.0 | 5.9 | 137940.1 | 339000 |
| 98428.7 | 22.7 | 22099.5 | 15.1 | 2035313.7 | 302016 |
| 96874.5 | 10.7 | 11850.6 | 1.3 | 204799.3 | 222431 |
| 96751.3 | 7.1 | 1496.5 | 148.6 | 24651.5 | 343000 |
| 95181.7 | -9.5 | -8316.1 | - | 2428598.8 | 79282 |
| 94416.7 | 104.7 | 1312.9 | 2.9 | 58111.2 | 30215 |
| 94272.5 | -3.2 | 16001.1 | -27.0 | 159734.4 | 46145 |
| 94045.1 | 16.5 | 471.3 | 9.3 | 19700.1 | 15000 |
| 93466.1 | 2.9 | 4261.5 | 1.8 | 329705.3 | 159740 |
| 91247.0 | 4.2 | 18897.0 | 19.1 | 1422968.0 | 269200 |
| 90769.0 | -11.8 | 7541.0 | -31.9 | 1864660.0 | 259000 |
| 90603.2 | 19.2 | 1291.5 | 16.6 | 105535.1 | 203761 |
| 89944.9 | 12.9 | 3369.6 | 2.5 | 53363.4 | 20816 |
| 89038.0 | 10.4 | 1223.0 | -39.9 | 41553.0 | 30000 |
| 87944.8 | -11.5 | -9082.8 | - | 57423.5 | 293742 |
| 87913.5 | 50.2 | 3481.6 | 45.7 | 504254.0 | 24485 |
| 86848.6 | 29.5 | -2261.4 | - | 1502673.9 | 92788 |
| 86720.1 | -4.5 | 2985.7 | 4.8 | 586868.2 | 72832 |
| 85768.2 | -7.5 | 3.9 | -99.6 | 45828.5 | 248637 |
| 85521.4 | -0.6 | 817.7 | -7.3 | 43739.3 | 36008 |
| 85120.0 | 3.1 | 10756.0 | -8.8 | 132244.0 | 126000 |
| 84838.0 | 73.0 | 469.0 | -87.2 | 709298.0 | 48498 |
| 84213.0 | -10.8 | -3726.0 | -264.6 | 114573.0 | 244890 |
| 84049.9 | -6.8 | 4106.0 | 320.7 | 340569.9 | 45437 |
| 83458.9 | 10.5 | 7735.1 | -12.5 | 131309.4 | 102562 |
| 81897.3 | -0.4 | 518.2 | - | 151130.8 | 146300 |
| 81698.0 | 18.9 | 3900.0 | -2.9 | 88896.0 | 174400 |
| 80635.0 | -8.6 | 10982.0 | - | 1989856.0 | 4989 |
| 80135.4 | -8.3 | 5048.0 | -32.8 | 171066.7 | 133186 |
| 79720.5 | -0.6 | 719.0 | 1.7 | 15444.1 | 13950 |
| 79610.3 | 22.3 | 10981.8 | -11.8 | 126334.4 | 166110 |
| 77164.7 | 8.0 | 815.1 | 66.6 | 78201.9 | 290907 |

17-7　续表 2

| 排名 Rank | | 企业名称 | Company Name | 国家 | Country |
|---|---|---|---|---|---|
| 2012 | 2011 | | | | |
| 101 | 106 | 马拉松原油公司 | Marathon Petroleum | 美国 | U.S. |
| 102 | 112 | 中国中铁股份有限公司 | China Railway Group | 中国 | China |
| 103 | 130 | 上海汽车集团股份有限公司 | Saic Motor | 中国 | China |
| 104 | 117 | 现代汽车 | Hyundai Motor | 韩国 | SourthKorea |
| 105 | 89 | 德国电信 | Deutsche Telekom | 德国 | Germany |
| 106 | 116 | 家得宝 | Home Depot | 美国 | U.S. |
| 107 | 99 | 信实工业公司 | Reliance Industries | 印度 | India |
| 108 | 98 | 德国邮政 | Deutsche Post | 德国 | Germany |
| 109 | 148 | 英杰华集团 | Aviva | 英国 | Britain |
| 110 | 119 | 微软 | Microsoft | 美国 | U.S. |
| 111 | 129 | 中国人寿保险(集团)公司 | China Life Insurance | 中国 | China |
| 112 | 90 | 雷普索尔公司 | Repsol | 西班牙 | Spain |
| 113 | 120 | 塔吉特公司 | Target | 美国 | U.S. |
| 114 | 125 | 欧洲宇航防务集团 | Eads | 荷兰 | Netherlands |
| 115 | 108 | 必和必拓 | Bhp Billiton | 澳大利亚 | Australia |
| 116 | 88 | 巴西银行 | Banco Do Brasil | 巴西 | Brazil |
| 117 | 127 | 东京电力公司 | Tokyo Electric Power | 日本 | Japan |
| 118 | 115 | 三菱商事株式会社 | Mitsubishi | 日本 | Japan |
| 119 | 113 | 中国中化集团公司 | Sinochem Group | 中国 | China |
| 120 | 107 | 沃尔格林公司 | Walgreen | 美国 | U.S. |
| 121 | 85 | 标致 | Peugeot | 法国 | France |
| 122 | - | 印尼国家石油公司 | Pertamina | 印度尼西亚 | Indonesia |
| 123 | 178 | 苏黎世保险集团 | Zurich Insurance Group | 瑞士 | Switzerland |
| 124 | 105 | 沃达丰集团 | Vodafone Group | 英国 | Britain |
| 125 | 109 | 美国国际集团 | American International Group | 美国 | U.S. |
| 126 | 97 | 东芝 | Toshiba | 日本 | Japan |
| 127 | 134 | 日本永旺集团 | Aeon | 日本 | Japan |
| 128 | 102 | 国际资产控股公司 | Intl Fcstone | 美国 | U.S. |
| 129 | 114 | 大都会人寿 | Metlife | 美国 | U.S. |
| 130 | 104 | 德意志银行 | Deutsche Bank | 德国 | Germany |
| 131 | 110 | 博世公司 | Robert Bosch | 德国 | Germany |
| 132 | 138 | 强生 | Johnson & Johnson | 美国 | U.S. |
| 133 | 103 | 法国BPCE银行集团 | Groupe Bpce | 法国 | France |
| 134 | 152 | 中国南方电网有限责任公司 | China Southern Power Grid | 中国 | China |
| 135 | 139 | 联合利华 | Unilever | 英国/荷兰 | Britain/ Netherlands |
| 136 | 155 | 卡特彼勒 | Caterpillar | 美国 | U.S. |
| 137 | 133 | 百事公司 | Pepsico | 美国 | U.S. |
| 138 | 140 | 州立农业保险公司 | State Farm Insurance Cos. | 美国 | U.S. |
| 139 | 124 | 莱茵集团 | Rwe | 德国 | Germany |
| 140 | 135 | 美国邮政 | U.S. Postal Service | 美国 | U.S. |
| 141 | 165 | 中国第一汽车集团公司 | China Faw Group | 中国 | China |
| 142 | 145 | 日本第一生命保险 | Dai-Ichi Life Insurance | 日本 | Japan |
| 143 | 160 | 邦吉公司 | Bunge | 美国 | U.S. |
| 144 | 9 | 康菲石油公司 | Conocophillips | 美国 | U.S. |
| 145 | 167 | 美国康卡斯特电信公司 | Comcast | 美国 | U.S. |
| 146 | 142 | 东风汽车集团 | Dongfeng Motor Group | 中国 | China |
| 147 | 150 | Wellpoint公司 | Wellpoint | 美国 | U.S. |
| 148 | 126 | 辉瑞制药有限公司 | Pfizer | 美国 | U.S. |
| 149 | 206 | 亚马逊 | Amazon.Com | 美国 | U.S. |
| 150 | 151 | Seven & I 控股公司 | Seven & I Holdings | 日本 | Japan |

continued

| 营业额 Revenues | | 利润额 Profits | | 资产额 (百万美元) Assets (mil.USD) | 雇员人数 (人) Employees (person) |
|---|---|---|---|---|---|
| 百万美元 (mil.USD) | 比2011年增长% % Change from 2011 | 百万美元 (mil.USD) | 比2011年增长% % Change from 2011 | | |
| 76783.0 | 4.3 | 3389.0 | 41.9 | 27223.0 | 25985 |
| 76711.0 | 7.6 | 1165.7 | 12.6 | 88395.1 | 289343 |
| 76233.6 | 13.4 | 3289.1 | 5.2 | 50913.0 | 105953 |
| 74998.5 | 6.8 | 7601.8 | 10.0 | 113539.0 | 98348 |
| 74754.6 | -8.3 | -6753.3 | -972.0 | 142289.1 | 232000 |
| 74754.0 | 6.2 | 4535.0 | 16.8 | 41084.0 | 340000 |
| 74426.7 | -2.2 | 3837.6 | -6.8 | 66677.2 | 23519 |
| 74126.2 | -2.9 | 2130.7 | 31.8 | 44978.3 | 428129 |
| 73830.2 | 19.6 | -5099.6 | -1513.7 | 513089.2 | 33122 |
| 73723.0 | 5.4 | 16978.0 | -26.7 | 121271.0 | 94000 |
| 73671.4 | 9.5 | -1744.3 | -266.4 | 370218.8 | 141932 |
| 73465.6 | -9.4 | 2647.4 | -13.2 | 85578.8 | 29985 |
| 73301.0 | 4.9 | 2999.0 | 2.4 | 48163.0 | 361000 |
| 72584.0 | 6.3 | 1578.1 | 9.9 | 121408.8 | 140405 |
| 72226.0 | 0.7 | 15417.0 | -34.8 | 129273.0 | 46370 |
| 72086.6 | -12.0 | 5756.6 | -24.0 | 554962.1 | 114182 |
| 71967.2 | 6.2 | -8252.4 | - | 159458.8 | 48757 |
| 71877.3 | 2.0 | 4335.5 | -24.6 | 153304.9 | 69975 |
| 71824.1 | 1.2 | 813.3 | -30.9 | 46004.8 | 47718 |
| 71633.0 | -0.8 | 2127.0 | -21.6 | 33462.0 | 205500 |
| 71255.2 | -14.5 | -6438.5 | -887.5 | 85483.9 | 204287 |
| 70924.4 | 5.4 | 2760.7 | 18.2 | 40882.4 | 24784 |
| 70414.0 | 32.9 | 3878.0 | 3.0 | 409267.0 | 52722 |
| 70187.4 | -5.2 | 677.5 | -93.9 | 216644.1 | 91272 |
| 70143.0 | -2.2 | 3438.0 | -80.7 | 548633.0 | 63000 |
| 69848.2 | -9.6 | 933.7 | 0.0 | 64965.2 | 206000 |
| 69322.7 | 5.1 | 910.8 | 7.7 | 62075.7 | 284261 |
| 69260.6 | -8.3 | 15.0 | -59.8 | 2958.9 | 1074 |
| 68224.0 | -3.4 | 1324.0 | -81.0 | 836781.0 | 64000 |
| 67487.2 | -9.3 | 304.6 | -94.7 | 2652650.5 | 98219 |
| 67423.0 | -5.8 | 2905.7 | 19.7 | 74248.9 | 305877 |
| 67224.0 | 3.4 | 10853.0 | 12.2 | 121347.0 | 127600 |
| 66973.2 | -10.8 | 2759.2 | -26.1 | 1512661.3 | 116791 |
| 66686.0 | 10.2 | 1020.4 | 35.1 | 89012.4 | 300863 |
| 65957.9 | 2.1 | 5757.4 | -2.6 | 60856.0 | 173000 |
| 65875.0 | 9.5 | 5681.0 | 15.3 | 89356.0 | 125341 |
| 65492.0 | -1.5 | 6178.0 | -4.1 | 74638.0 | 278000 |
| 65285.7 | 1.5 | 3159.2 | 273.9 | 205955.1 | 68010 |
| 65247.2 | -4.5 | 1678.4 | -33.2 | 116267.8 | 70208 |
| 65223.0 | -0.7 | -15906.0 | - | 22611.0 | 578743 |
| 64886.0 | 13.8 | 2622.4 | 14.1 | 39092.3 | 85552 |
| 63630.9 | 1.9 | 390.5 | 51.5 | 379727.8 | 60771 |
| 63494.0 | 8.1 | 64.0 | -93.2 | 27280.0 | 36000 |
| 63373.0 | -73.3 | 8428.0 | -32.2 | 117144.0 | 16900 |
| 62570.0 | 12.0 | 6203.0 | 49.1 | 164971.0 | 129000 |
| 61721.9 | -1.9 | 1333.6 | 0.9 | 36654.0 | 176580 |
| 61711.7 | 1.6 | 2655.5 | 0.3 | 58955.4 | 43500 |
| 61244.0 | -9.8 | 14570.0 | 45.6 | 185798.0 | 91500 |
| 61093.0 | 27.1 | -39.0 | -106.2 | 32555.0 | 88400 |
| 60864.7 | 0.3 | 1683.5 | 2.3 | 46209.9 | 55011 |

17-7 续表 3

| 排名 Rank | | 企业名称 | Company Name | 国家 | Country |
|---|---|---|---|---|---|
| 2012 | 2011 | | | | |
| 151 | 228 | 荷兰全球保险集团 | Aegon | 荷兰 | Netherlands |
| 152 | 149 | 欧尚集团 | Groupe Auchan | 法国 | France |
| 153 | 171 | 西农 | Wesfarmers | 澳大利亚 | Australia |
| 154 | 163 | 联合技术公司 | United Technologies | 美国 | U.S. |
| 155 | 122 | 蒂森克虏伯 | Thyssenkrupp | 德国 | Germany |
| 156 | 132 | 三井物产株式会社 | Mitsui | 日本 | Japan |
| 157 | 154 | 马士基集团 | A.P. Møller-Mærsk Group | 丹麦 | Denmark |
| 158 | 176 | 美洲电信 | América Móvil | 墨西哥 | Mexico |
| 159 | 175 | 澳大利亚伍尔沃斯公司 | Woolworths | 澳大利亚 | Australia |
| 160 | 168 | 丸红株式会社 | Marubeni | 日本 | Japan |
| 161 | 205 | 中国兵器工业集团公司 | China North Industries Group | 中国 | China |
| 162 | 157 | 诺华公司 | Novartis | 瑞士 | Switzerland |
| 163 | 144 | 三菱日联金融集团 | Mitsubishi Ufj Financial Group | 日本 | Japan |
| 164 | 96 | 日本明治安田生命保险公司 | Meiji Yasuda Life Insurance | 日本 | Japan |
| 165 | 147 | 戴尔 | Dell | 美国 | U.S. |
| 166 | 156 | 陶氏化学 | Dow Chemical | 美国 | U.S. |
| 167 | 146 | 韩国浦项制铁公司 | Posco | 韩国 | Sourth Korea |
| 168 | 136 | 巴西布拉德斯科银行 | Banco Bradesco | 巴西 | Brazil |
| 169 | 182 | 法国国家人寿保险公司 | Cnp Assurances | 法国 | France |
| 170 | 141 | 法国电信 | France Télécom | 法国 | France |
| 171 | 161 | 圣戈班集团 | Saint-Gobain | 法国 | France |
| 172 | 194 | 中国中信集团有限公司 | Citic Group | 中国 | China |
| 173 | 373 | 英国法通保险公司 | Legal & General Group | 英国 | Britain |
| 174 | 172 | 日本伊藤忠商事株式会社 | Itochu | 日本 | Japan |
| 175 | 200 | 法切莱公司 | Foncière Euris | 法国 | France |
| 176 | 210 | 奥地利石油天然气集团 | Omv Group | 奥地利 | Austria |
| 177 | 121 | 巴克莱 | Barclays | 英国 | Britain |
| 178 | 234 | 神华集团 | Shenhua Group | 中国 | China |
| 179 | 177 | 联合包裹速递服务公司 | United Parcel Service | 美国 | U.S. |
| 180 | 128 | 德国巴登-符腾堡州银行 | Landesbank Baden-Württemberg | 德国 | Germany |
| 181 | 242 | 中国平安保险(集团)股份有限公司 | Ping An Insurance | 中国 | China |
| 182 | 221 | 中国电信集团公司 | China Telecommunications | 中国 | China |
| 183 | 173 | 英特尔公司 | Intel | 美国 | U.S. |
| 184 | 158 | 雷诺 | Renault | 法国 | Britain |
| 185 | 180 | 新日本制铁株式会社 | Nippon Steel | 日本 | Japan |
| 186 | 166 | 富士通 | Fujitsu | 日本 | Japan |
| 187 | 233 | 中国华润总公司 | China Resources National | 中国 | China |
| 188 | 164 | 联合信贷集团 | Unicredit Group | 意大利 | Italy |
| 189 | 277 | 谷歌 | Google | 美国 | U.S. |
| 190 | 191 | 日本三井住友金融集团 | Sumitomo Mitsui Financial Group | 日本 | Japan |
| 191 | 209 | MS&AD保险集团控股有限公司 | Ms&Ad Insurance Group Holdings | 日本 | Japan |
| 192 | 169 | 中国五矿集团公司 | China Minmetals | 中国 | China |
| 193 | 186 | 西班牙对外银行 | Banco Bilbao Vizcaya Argentaria | 西班牙 | Spain |
| 194 | 187 | 拜耳集团 | Bayer | 德国 | Germany |
| 195 | 153 | 力拓集团 | Rio Tinto Group | 英国 | Britain |
| 196 | 258 | 中国邮政集团公司 | China Post Group | 中国 | China |
| 197 | 192 | 瑞士罗氏公司 | Roche Group | 瑞士 | Switzerland |
| 198 | 190 | 美国劳氏公司 | Lowes | 美国 | U.S. |
| 199 | 179 | 德国联邦铁路公司 | Deutsche Bahn | 德国 | Germany |
| 200 | 239 | 住友生命保险公司 | Sumitomo Life Insurance | 日本 | Japan |

continued

| 营业额 Revenues | | 利润额 Profits | | 资产额（百万美元）Assets (mil.USD) | 雇员人数（人）Employees (person) |
|---|---|---|---|---|---|
| 百万美元 (mil.USD) | 比2011年增长% % Change from 2011 | 百万美元 (mil.USD) | 比2011年增长% % Change from 2011 | | |
| 60673.5 | 37.3 | 1967.5 | 62.8 | 482547.9 | 24407 |
| 60312.3 | -2.2 | 843.0 | -25.1 | 39621.1 | 287039 |
| 59901.8 | 10.6 | 2192.7 | 15.6 | 43361.3 | 200000 |
| 59783.0 | 2.7 | 5130.0 | 3.0 | 89409.0 | 218300 |
| 59483.7 | -13.5 | -6054.3 | - | 49244.7 | 167961 |
| 59146.7 | -11.1 | 3708.1 | -32.6 | 109836.0 | 45148 |
| 59064.6 | -1.9 | 3742.3 | 32.0 | 74352.0 | 121105 |
| 58919.4 | 10.1 | 6951.2 | 4.3 | 77310.9 | 158719 |
| 58621.8 | 9.5 | 1873.7 | -10.6 | 22116.3 | 190000 |
| 58541.0 | 5.3 | 2477.0 | 13.6 | 63458.4 | 33566 |
| 58027.8 | 20.5. | 675.2 | 12.9 | 45670.7 | 260021 |
| 57561.0 | -3.1 | 9505.0 | 4.3 | 124216.0 | 127724 |
| 57359.8 | -8.5 | 10267.5 | -17.4 | 2494667.0 | 83491 |
| 56944.4 | -26.5 | 2850.5 | 30.3 | 351921.5 | 37574 |
| 56940.0 | -8.3 | 2372.0 | -32.1 | 47540.0 | 110050 |
| 56786.0 | -5.3 | 1182.0 | -56.9 | 69605.0 | 53380 |
| 56472.5 | -9.3 | 2186.0 | -33.6 | 74049.1 | 35094 |
| 55952.8 | -14.1 | 5779.9 | -11.7 | 391395.6 | 87095 |
| 55934.9 | 8.6 | 1222.7 | 0.9 | 465608.8 | 4842 |
| 55922.3 | -11.2 | 1053.8 | -80.5 | 118611.6 | 170531 |
| 55515.0 | -5.2 | 984.4 | -44.9 | 62644.8 | 192781 |
| 55435.1 | 12.4 | 4779.5 | -15.4 | 572314.9 | 163468 |
| 55426.9 | 88.7 | 1288.4 | 10.7 | 562842.8 | 9864 |
| 55150.5 | 2.0 | 3375.4 | -11.3 | 75717.5 | 77513 |
| 54830.0 | 12.5 | 236.5 | - | 59471.9 | 321386 |
| 54809.7 | 15.8 | 1752.1 | 18.5 | 40230.3 | 28658 |
| 54648.8 | -20.7 | -1649.7 | -134.2 | 2422218.0 | 139200 |
| 54517.9 | 25.7 | 6150.9 | 8.4 | 131911.9 | 207700 |
| 54127.0 | 1.9 | 807.0 | -78.8 | 38863.0 | 310780 |
| 53812.2 | -20.2 | 512.8 | 319.1 | 443344.7 | 11642 |
| 53760.9 | 27.7 | 3177.9 | 5.5 | 456521.5 | 190284 |
| 53378.6 | 18.2 | 1066.5 | 91.5 | 106848.9 | 488113 |
| 53341.0 | -1.2 | 11005.0 | -15.0 | 84351.0 | 105000 |
| 53037.2 | -10.5 | 2277.2 | -21.7 | 99410.7 | 127086 |
| 52864.4 | 2.0 | -1500.1 | -302.6 | 75420.2 | 83187 |
| 52765.7 | -6.7 | -878.0 | -262.3 | 32436.7 | 170000 |
| 52448.2 | 20.7 | 1905.6 | 1.3 | 117253.0 | 457310 |
| 52281.1 | -8.6 | 1111.5 | - | 1221743.2 | 156354 |
| 52203.0 | 37.7 | 10737.0 | 10.3 | 93798.0 | 53861 |
| 52099.7 | 4.3 | 9562.2 | 45.6 | 1581880.9 | 64635 |
| 51971.6 | 9.0 | 1007.0 | - | 169304.9 | 36643 |
| 51807.0 | -5.0 | 704.1 | -6.6 | 39670.3 | 116230 |
| 51780.4 | 1.5 | 2153.9 | -48.4 | 840727.7 | 115852 |
| 51096.7 | 0.6 | 3143.4 | -8.5 | 67671.1 | 110500 |
| 50967.0 | -15.8 | -2990.0 | -151.3 | 117573.0 | 71219 |
| 50932.9 | 27.3 | 4082.0 | 32.3 | 812304.0 | 901722 |
| 50609.4 | 1.8 | 10175.4 | -3.4 | 70817.4 | 82089 |
| 50521.0 | 0.6 | 1959.0 | 6.5 | 32666.0 | 202500 |
| 50500.4 | -4.4 | 1890.4 | 3.1 | 69192.3 | 287508 |
| 50481.5 | 17.2 | 1298.6 | -5.1 | 282623.6 | 42098 |

17-7 续表 4

| 排名 Rank | | 企业名称 | Company Name | 国家 | Country |
|---|---|---|---|---|---|
| 2012 | 2011 | | | | |
| 201 | 188 | 沙特基础工业公司 | Sabic | 沙特阿拉伯 | Saudi Arabia |
| 202 | 240 | 西班牙ACS集团 | Acs | 西班牙 | Spain |
| 203 | 183 | 万喜集团 | Vinci | 法国 | France |
| 204 | 305 | 国际石油投资公司 | International Petroleum Investment | 阿联酋 | UAE |
| 205 | 254 | 澳大利亚国民银行 | National Australia Bank | 澳大利亚 | Australia |
| 206 | 203 | 韩国现代重工集团 | Hyundai Heavy Industries | 韩国 | SouthKorea |
| 207 | 227 | 澳洲联邦银行 | Commonwealth Bank of Australia | 澳大利亚 | Australia |
| 208 | 212 | 可口可乐公司 | Coca-Cola | 美国 | U.S. |
| 209 | 238 | 中国南方工业集团公司 | China South Industries Group | 中国 | China |
| 210 | 159 | 巴西淡水河谷公司 | Vale | 巴西 | Brazil |
| 211 | 143 | 苏格兰皇家银行集团 | Royal Bank of Scotland Group | 英国 | Britain |
| 212 | 250 | 中国航空工业集团公司 | Aviation Industry Corp. of China | 中国 | China |
| 213 | 216 | 中国交通建设股份有限公司 | China Communications Construction | 中国 | China |
| 214 | 207 | 默沙东 | Merck | 美国 | U.S. |
| 215 | 199 | 日本出光兴产株式会社 | Idemitsu Kosan | 日本 | Japan |
| 216 | 211 | 洛克希德-马丁 | Lockheed Martin | 美国 | U.S. |
| 217 | 222 | KOC集团 | Koç Holding | 土耳其 | Turkey |
| 218 | 236 | 东京海上日动火灾保险公司 | Tokio Marine Holdings | 日本 | Japan |
| 219 | 201 | 赛诺菲 | Sanofi | 法国 | France |
| 220 | 237 | 思科公司 | Cisco Systems | 美国 | U.S. |
| 221 | 193 | 意大利联合圣保罗银行 | Intesa Sanpaolo | 意大利 | Italy |
| 222 | 197 | 宝钢集团有限公司 | Baosteel Group | 中国 | China |
| 223 | 185 | 利安德巴塞尔工业公司 | Lyondellbasell Industries | 荷兰 | Netherlands |
| 224 | 223 | 丰益国际 | Wilmar International | 新加坡 | Singapore |
| 225 | 196 | LG电子 | LG Electronics | 韩国 | SouthKorea |
| 226 | 184 | 百思买 | Best Buy | 美国 | U.S. |
| 227 | 208 | 沃尔沃汽车公司 | Volvo | 瑞典 | Sweden |
| 228 | 304 | 俄 罗 斯储蓄银行 | Sberbank | 俄罗斯 | Russia |
| 229 | 225 | 巴拉特石油公司 | Bharat Petroleum | 印度 | India |
| 230 | 189 | 南苏格兰电力 | Sse | 英国 | Britain |
| 231 | 246 | 中国华能集团公司 | China Huaneng Group | 中国 | China |
| 232 | 232 | 美国西夫韦公司 | Safeway | 美国 | U.S. |
| 233 | 220 | 日本KDDI电信公司 | Kddi | 日本 | Japan |
| 234 | 230 | Iberdrola公司 | Iberdrola | 西班牙 | Spain |
| 235 | 264 | 韩国电力公司 | Korea Electric Power | 韩国 | SouthKorea |
| 236 | 224 | 佳能 | Canon | 日本 | Japan |
| 237 | 229 | 西太平洋银行 | Westpac Banking | 澳大利亚 | Australia |
| 238 | 219 | 法国国营铁路公司 | Sncf | 法国 | France |
| 239 | 235 | GS加德士 | Gs Caltex | 韩国 | SouthKorea |
| 240 | 218 | 法国布伊格集团 | Bouygues | 法国 | France |
| 241 | 260 | 斯伦贝谢公司 | Schlumberger | 美国 | U.S. |
| 242 | 259 | 电装公司 | Denso | 日本 | Japan |
| 243 | 326 | 交通银行 | Bank of Communications | 中国 | China |
| 244 | 214 | 三菱电机股份有限公司 | Mitsubishi Electric | 日本 | Japan |
| 245 | 263 | 联邦快递 | Fedex | 美国 | U.S. |
| 246 | 226 | EPP公司 | Enterprise Products Partners | 美国 | U.S. |
| 247 | 262 | 西斯科公司 | Sysco | 美国 | U.S. |
| 248 | 249 | 华特迪士尼公司 | Walt Disney | 美国 | U.S. |
| 249 | 243 | 荷兰皇家阿霍德集团 | Royal Ahold | 荷兰 | Netherlands |
| 250 | 241 | 德国大陆集团 | Continental | 德国 | Germany |

continued

| 营业额 Revenues | | 利润额 Profits | | 资产额 (百万美元) Assets (mil.USD) | 雇员人数 (人) Employees (person) |
|---|---|---|---|---|---|
| 百万美元 (mil.USD) | 比2011年增长% % Change from 2011 | 百万美元 (mil.USD) | 比2011年增长% % Change from 2011 | | |
| 50400.8 | -0.5 | 6591.4 | -15.5 | 90157.6 | 40000 |
| 50098.0 | 17.4 | -2475.7 | -285.1 | 54788.8 | 161865 |
| 49649.1 | -3.4 | 2463.2 | -7.0 | 81188.8 | 192701 |
| 49497.8 | 45.7 | 1512.0 | - | 65160.4 | 20392 |
| 49035.6 | 22.0 | 4199.0 | -21.5 | 793384.4 | 43336 |
| 48809.8 | 0.7 | 873.9 | -62.2 | 46030.3 | 38036 |
| 48673.3 | 6.7 | 7312.4 | 15.9 | 736040.6 | 44844 |
| 48017.0 | 3.2 | 9019.0 | 5.2 | 86174.0 | 150900 |
| 47967.4 | 11.1 | 218.0 | 23.8 | 44737.6 | 237021 |
| 47964.0 | -19.1 | 5511.0 | -75.9 | 131478.0 | 85305 |
| 47642.8 | -24.1 | -9005.9 | - | 2132872.4 | 143950 |
| 47351.2 | 16.0 | 1021.7 | 9.8 | 91281.0 | 479257 |
| 47332.6 | 3.0 | 1232.5 | 1.0 | 71973.4 | 104142 |
| 47267.0 | -1.6 | 6168.0 | -1.7 | 106132.0 | 83000 |
| 47263.1 | -3.2 | 604.1 | -25.9 | 29026.4 | 8684 |
| 47182.0 | 1.0 | 2745.0 | 3.4 | 38657.0 | 120000 |
| 47128.9 | 4.5 | 1286.0 | 1.7 | 61132.8 | 82158 |
| 46456.1 | 7.4 | 1560.4 | 1953.1 | 191802.6 | 33006 |
| 46209.3 | -5.2 | 6383.2 | -19.4 | 132356.4 | 111974 |
| 46061.0 | 6.6 | 8041.0 | 23.9 | 91759.0 | 66639 |
| 45867.5 | -7.3 | 2062.6 | - | 887770.3 | 96170 |
| 45682.7 | -6.6 | 918.8 | -50.8 | 80002.2 | 130401 |
| 45630.0 | -10.6 | 2848.0 | 32.7 | 24220.0 | 13500 |
| 45463.4 | 1.7 | 1255.5 | -21.6 | 41920.1 | 93000 |
| 45246.1 | -7.6 | 59.3 | - | 29387.1 | 86697 |
| 45087.0 | -11.8 | -441.0 | - | 16787.0 | 165000 |
| 44850.6 | -6.2 | 1630.5 | -40.4 | 52087.7 | 106991 |
| 44835.5 | 26.3 | 11233.0 | 4.4 | 494380.9 | 286019 |
| 44794.4 | 0.5 | 345.7 | 112.1 | 14640.8 | 14045 |
| 44698.5 | -11.7 | 672.6 | 113.1 | 31269.3 | 19795 |
| 44343.6 | 6.9 | 86.1 | 237.9 | 127606.1 | 142952 |
| 44206.5 | 1.3 | 596.5 | 15.4 | 14657.0 | 171000 |
| 44102.1 | -2.5 | 2907.8 | -3.8 | 43457.4 | 20238 |
| 43952.9 | -0.1 | 3650.6 | -6.4 | 127623.3 | 31338 |
| 43612.9 | 11.0 | -2811.6 | - | 136534.0 | 38611 |
| 43606.6 | -2.3 | 2814.1 | -9.8 | 45754.8 | 196968 |
| 43568.2 | -1.2 | 6141.1 | -14.3 | 701760.8 | 35675 |
| 43463.0 | -4.7 | 492.2 | 183.2 | 56810.4 | 249343 |
| 43407.6 | 0.3 | 651.8 | -41.9 | 21060.4 | 4535 |
| 43249.7 | -5.3 | 813.5 | -45.3 | 48449.1 | 133780 |
| 43131.0 | 9.1 | 5490.0 | 9.9 | 61547.0 | 118000 |
| 43122.2 | 7.9 | 2187.9 | 93.4 | 42330.8 | 132276 |
| 43094.9 | 27.2 | 9251.9 | 17.9 | 846408.5 | 96259 |
| 42956.8 | -6.8 | 837.1 | -41.0 | 36281.0 | 120958 |
| 42680.0 | 8.6 | 2032.0 | 39.9 | 29903.0 | 280241 |
| 42583.1 | -3.9 | 2419.9 | 18.2 | 35934.4 | 6600 |
| 42380.9 | 7.8 | 1121.6 | 2.6 | 12095.0 | 47800 |
| 42278.0 | 3.4 | 5682.0 | 18.2 | 74898.0 | 166000 |
| 42204.9 | 0.3 | 1062.8 | -24.8 | 19881.1 | 125000 |
| 42070.2 | -0.8 | 2420.5 | 40.1 | 36036.8 | 169639 |

17-7 续表 5

| 排名 Rank | | 企业名称 | Company Name | 国家 | Country |
|---|---|---|---|---|---|
| 2012 | 2011 | | | | |
| 251 | 251 | 江森自控有限公司 | Johnson Controls | 美国 | U.S. |
| 252 | 266 | 起亚汽车 | Kia Motors | 韩国 | SouthKorea |
| 253 | 231 | 英国葛兰素史克公司 | Glaxosmithkline | 英国 | Britain |
| 254 | 290 | 高盛 | Goldman Sachs Group | 美国 | U.S. |
| 255 | 204 | 瑞士信贷 | Credit Suisse Group | 瑞士 | Switzerland |
| 256 | 292 | 中国人民保险集团股份有限公司 | People's Insurance Co. of China | 中国 | China |
| 257 | 253 | 软银 | Softbank | 日本 | Japan |
| 258 | 333 | 中国联合网络通信股份有限公司 | China United Network Communications | 中国 | China |
| 259 | 287 | CHS公司 | CHS | 美国 | U.S. |
| 260 | 267 | 印度斯坦石油公司 | Hindustan Petroleum | 印度 | India |
| 261 | 268 | 雅培公司 | Abbott Laboratories | 美国 | U.S. |
| 262 | 245 | 西尔斯控股 | Sears Holdings | 美国 | U.S. |
| 263 | 215 | 瑞士联合银行 | UBS | 瑞士 | Switzerland |
| 264 | 265 | 安海斯-布希英博 | Anheuser-Busch Inbev | 比利时 | Belgium |
| 265 | 202 | 法国威立雅环境集团 | Veolia Environnement | 法国 | France |
| 266 | 275 | 怡和集团 | Jardine Matheson | 中国 | China |
| 267 | 270 | 杜邦公司 | Dupont | 美国 | U.S. |
| 268 | 273 | 瑞士ABB集团 | ABB | 瑞士 | Switzerland |
| 269 | 269 | 河北钢铁集团 | Hebei Iron & Steel Group | 中国 | China |
| 270 | 289 | 哈门那公司 | Humana | 美国 | U.S. |
| 271 | 248 | 汉莎集团 | Lufthansa Group | 德国 | Germany |
| 272 | 313 | 全球燃料服务公司 | World Fuel Services | 美国 | U.S. |
| 273 | 298 | 中国铝业公司 | Aluminum Corp. Of China | 中国 | China |
| 274 | 174 | 诺基亚 | Nokia | 芬兰 | finland |
| 275 | 286 | 巴西JBS公司 | JBS | 巴西 | Brazil |
| 276 | 255 | 森科能源公司 | Suncor Energy | 加拿大 | Canada |
| 277 | 318 | 中国航空油料集团公司 | China National Aviation Fuel Group | 中国 | China |
| 278 | 256 | 日本钢铁工程控股公司 | Jfe Holdings | 日本 | Japan |
| 279 | 278 | 美国阿美拉达赫斯公司 | Hess | 美国 | U.S. |
| 280 | 303 | 哥伦比亚国家石油公司 | Ecopetrol | 哥伦比亚 | Colombia |
| 281 | 244 | 意大利电信 | Telecom Italia | 意大利 | Italy |
| 282 | 282 | 加拿大皇家银行 | Royal Bank Of Canada | 加拿大 | Canada |
| 283 | 276 | 普利司通 | Bridgestone | 日本 | Japan |
| 284 | 288 | 英国森特理克集团 | Centrica | 英国 | Britain |
| 285 | 294 | 美国英格雷姆麦克罗公司 | Ingram Micro | 美国 | U.S. |
| 286 | 319 | Plains All American Pipeline | Plains All American Pipeline | 美国 | U.S. |
| 287 | 284 | 霍尼韦尔国际公司 | Honeywell International | 美国 | U.S. |
| 288 | 322 | 迪奥 | Christian Dior | 法国 | France |
| 289 | 257 | 法国维旺迪集团 | Vivendi | 法国 | France |
| 290 | 252 | 三菱化学控股 | Mitsubishi Chemical Holdings | 日本 | Japan |
| 291 | 291 | 澳新银行集团 | Australia & New Zealand Banking Group | 澳大利亚 | Australia |
| 292 | 349 | 中国铁路物资股份有限公司 | China Railway Materials | 中国 | China |
| 293 | 283 | 美国联合大陆控股有限公司 | United Continental Holdings | 美国 | U.S. |
| 294 | 300 | 甲骨文公司 | Oracle | 美国 | U.S. |
| 295 | 271 | 日本电气公司 | Nec | 日本 | Japan |
| 296 | 312 | 美国利宝互助保险集团 | Liberty Mutual Insurance Group | 美国 | U.S. |
| 297 | 297 | 波兰国营石油公司 | Pkn Orlen Group | 波兰 | Poland |
| 298 | 285 | 印度国家银行 | State Bank Of India | 印度 | India |
| 299 | 341 | 中国国电集团公司 | China Guodian | 中国 | China |
| 300 | 302 | 森宝利 | J. Sainsbury | 英国 | Britain |

continued

| 营业额 Revenues | | 利润额 Profits | | 资产额 (百万美元) Assets (mil.USD) | 雇员人数 (人) Employees (person) |
|---|---|---|---|---|---|
| 百万美元 (mil.USD) | 比2011年增长% % Change from 2011 | 百万美元 (mil.USD) | 比2011年增长% % Change from 2011 | | |
| 41955.0 | 2.7 | 1226.0 | -24.5 | 30884.0 | 170000 |
| 41945.8 | 7.6 | 3431.4 | 11.3 | 30266.1 | 47083 |
| 41885.5 | -4.6 | 7234.2 | -14.2 | 67409.3 | 99488 |
| 41664.0 | 13.2 | 7475.0 | 68.3 | 938555.0 | 32400 |
| 41517.8 | -13.9 | 1439.0 | -34.6 | 1010031.7 | 47400 |
| 40788.9 | 11.6 | 1082.8 | 35.0 | 110532.4 | 102541 |
| 40683.0 | 0.3 | 3485.1 | -12.3 | 69413.7 | 24598 |
| 40617.1 | 21.8 | 375.3 | 71.8 | 83199.4 | 218598 |
| 40599.3 | 10.0 | 1260.6 | 31.1 | 13423.2 | 9495 |
| 39925.2 | 2.7 | 92.1 | 152.8 | 16979.6 | 11027 |
| 39873.9 | 2.6 | 5962.9 | 26.1 | 67234.9 | 92939 |
| 39854.0 | -4.1 | -930.0 | - | 19340.0 | 274000 |
| 39769.4 | -13.5 | -2678.5 | -157.1 | 1376059.5 | 62628 |
| 39758.0 | 1.8 | 7243.0 | 23.7 | 122621.0 | 117632 |
| 39721.5 | -18.1 | 506.1 | - | 58807.6 | 248805 |
| 39593.0 | 4.3 | 1688.0 | -51.1 | 63460.0 | 360000 |
| 39528.0 | 2.1 | 2788.0 | -19.7 | 49736.0 | 70000 |
| 39336.0 | 3.5 | 2704.0 | -14.6 | 49070.0 | 146100 |
| 39279.9 | 1.4 | -182.3 | -191.9 | 50852.4 | 130965 |
| 39126.0 | 6.2 | 1222.0 | -13.9 | 19979.0 | 43400 |
| 39031.9 | -5.3 | 1272.3 | - | 37461.9 | 116957 |
| 38945.3 | 12.5 | 189.3 | -2.4 | 4107.8 | 2490 |
| 38822.1 | 8.3 | -786.3 | -1129.2 | 68763.1 | 178723 |
| 38780.0 | -27.9 | -3991.6 | - | 39478.7 | 97798 |
| 38747.7 | 4.9 | 368.0 | - | 24306.9 | 141627 |
| 38641.7 | -3.9 | 2784.9 | -36.0 | 76802.3 | 13932 |
| 38445.3 | 11.9 | 126.8 | -25.7 | 6458.0 | 10348 |
| 38405.0 | -4.2 | 476.9 | - | 43697.0 | 57044 |
| 38373.0 | 1.3 | 2025.0 | 18.9 | 43441.0 | 14775 |
| 38327.8 | 7.9 | 8227.0 | -1.4 | 64469.9 | 10118 |
| 38298.1 | -9.0 | -2090.9 | - | 102232.9 | 83162 |
| 38224.4 | 2.7 | 7409.1 | 50.7 | 825760.6 | 74377 |
| 38092.2 | 0.4 | 2150.5 | 66.5 | 35156.2 | 143448 |
| 37941.2 | 2.9 | 2017.3 | 198.9 | 35678.6 | 38642 |
| 37827.3 | 4.1 | 305.9 | 25.2 | 11480.4 | 20800 |
| 37797.0 | 10.3 | 1094.0 | 13.3 | 19235.0 | 4700 |
| 37665.0 | 1.6 | 2926.0 | 41.6 | 41853.0 | 132000 |
| 37655.5 | 10.0 | 1783.8 | 0.3 | 66783.6 | 93146 |
| 37261.0 | -7.0 | 210.8 | -94.3 | 78451.3 | 57182 |
| 37193.3 | -8.5 | 223.9 | -50.2 | 35188.9 | 55131 |
| 37175.0 | 1.2 | 5823.3 | 6.0 | 667619.2 | 48239 |
| 37172.1 | 16.2 | 86.3 | -44.5 | 11762.2 | 11051 |
| 37152.0 | 0.1 | -723.0 | -186.1 | 37628.0 | 88000 |
| 37121.0 | 4.2 | 9981.0 | 16.8 | 78327.0 | 115000 |
| 36989.0 | -3.8 | 366.5 | - | 27457.1 | 102375 |
| 36944.0 | 6.6 | 829.0 | 127.1 | 120060.0 | 50000 |
| 36909.0 | 2.2 | 720.5 | -9.7 | 17028.2 | 21956 |
| 36863.3 | -0.2 | 3293.0 | 2.8 | 392521.6 | 295696 |
| 36848.4 | 13.1 | 214.5 | - | 116499.3 | 142717 |
| 36800.0 | 3.5 | 969.6 | 1.6 | 19273.5 | 105000 |

17-7 续表 6

| 排名 Rank | | 企业名称 | Company Name | 国家 | Country |
|---|---|---|---|---|---|
| 2012 | 2011 | | | | |
| 301 | 343 | HCA公司 | Hca Holdings | 美国 | U.S. |
| 302 | 280 | 中国冶金科工集团有限公司 | China Metallurgical Group | 中国 | China |
| 303 | 308 | 达美航空 | Delta Air Lines | 美国 | U.S. |
| 304 | 327 | 安泰保险 | Aetna | 美国 | U.S. |
| 305 | 337 | 台湾中油股份有限公司 | CPC | 中国台湾 | TaiWan |
| 306 | 247 | 住友商事 | Sumitomo | 日本 | Japan |
| 307 | 348 | 迪尔公司 | Deere | 美国 | U.S. |
| 308 | 315 | 俄罗斯Sistema公司 | Sistema | 俄罗斯 | Russia |
| 309 | 274 | 联合博姿 | Alliance Boots | 瑞士 | Switzerland |
| 310 | 328 | 斯普林特Nextel公司 | Sprint Nextel | 美国 | U.S. |
| 311 | 330 | 冀中能源集团 | Jizhong Energy Group | 中国 | China |
| 312 | 316 | 日本瑞穗金融集团 | Mizuho Financial Group | 日本 | Japan |
| 313 | 170 | 亿兹国际 | Mondelez International | 美国 | U.S. |
| 314 | 281 | 荷兰合作银行 | Rabobank Group | 荷兰 | Netherlands |
| 315 | 351 | 华为投资控股有限公司 | Huawei Investment & Holding | 中国 | China |
| 316 | 314 | 印度塔塔汽车公司 | Tata Motors | 印度 | India |
| 317 | 272 | 弗朗茨海涅尔公司 | Franz Haniel | 德国 | Germany |
| 318 | 346 | 江苏沙钢集团 | Jiangsu Shagang Group | 中国 | China |
| 319 | 365 | 中国建筑材料集团有限公司 | China National Building Materials Group | 中国 | China |
| 320 | 301 | 关西电力 | Kansai Electric Power | 日本 | Japan |
| 321 | 279 | 广达电脑 | Quanta Computer | 中国台湾 | TaiWan |
| 322 | 295 | 首钢集团 | Shougang Group | 中国 | China |
| 323 | 296 | 美国超价商店公司 | Supervalu | 美国 | U.S. |
| 324 | 317 | 美国纽约人寿保险公司 | New York Life Insurance | 美国 | U.S. |
| 325 | 306 | 日本NKSJ控股 | Nksj Holdings | 日本 | Japan |
| 326 | 367 | 中国机械工业集团有限公司 | Sinomach | 中国 | China |
| 327 | 299 | 日本三菱重工业股份有限公司 | Mitsubishi Heavy Industries | 日本 | Japan |
| 328 | 321 | 武汉钢铁(集团)公司 | Wuhan Iron & Steel | 中国 | China |
| 329 | 370 | 联想集团 | Lenovo Group | 中国 | China |
| 330 | 310 | Medipal控股公司 | Medipal Holdings | 日本 | Japan |
| 331 | 344 | 美国运通公司 | American Express | 美国 | U.S. |
| 332 | 332 | 新闻集团 | News Corp. | 美国 | U.S. |
| 333 | 309 | 爱立信 | L.M. Ericsson | 瑞典 | Sweden |
| 334 | 394 | 瑞士再保险股份有限公司 | Swiss Re | 瑞士 | Switzenland |
| 335 | 334 | 德国中央合作银行 | Dz Bank | 德国 | Germany |
| 336 | - | 北京汽车集团 | Beijing Automotive Group | 中国 | China |
| 337 | 340 | 好事达 | Allstate | 美国 | U.S. |
| 338 | 345 | 泰森食品 | Tyson Foods | 美国 | U.S. |
| 339 | 342 | 德国艾德卡公司 | Edeka Zentrale | 德国 | Germany |
| 340 | 324 | 法国航空－荷兰皇家航空集团 | Air France-Klm Group | 法国 | France |
| 341 | 335 | 加拿大鲍尔集团 | Power Corp. Of Canada | 加拿大 | Canada |
| 342 | 457 | 万通互惠理财 | Massachusetts Mutual Life Insurance | 美国 | U.S. |
| 343 | 416 | 天津市物资集团总公司 | Tewoo Group | 中国 | China |
| 344 | 338 | 加拿大乔治威斯顿公司 | George Weston | 加拿大 | Canada |
| 345 | 329 | 科斯莫石油 | Cosmo Oil | 日本 | Japan |
| 346 | - | 英国耆卫保险公司 | Old Mutual | 英国 | Britain |
| 347 | 307 | 皇家飞利浦电子公司 | Royal Philips Electronics | 荷兰 | Netherlands |
| 348 | 366 | Tesoro公司 | Tesoro | 美国 | U.S. |
| 349 | 320 | 法国邮政 | La Poste | 法国 | France |
| 350 | 261 | 摩根士丹利 | Morgan Stanley | 美国 | U.S. |

continued

| 营业额 Revenues | | 利润额 Profits | | 资产额（百万美元）Assets (mil.USD) | 雇员人数（人）Employees (person) |
|---|---|---|---|---|---|
| 百万美元 (mil.USD) | 比2011年增长% % Change from 2011 | 百万美元 (mil.USD) | 比2011年增长% % Change from 2011 | | |
| 36783.0 | 13.2 | 1605.0 | -34.9 | 28075.0 | 178500 |
| 36756.2 | -2.3 | -806.0 | - | 54012.3 | 135673 |
| 36670.0 | 4.4 | 1009.0 | 18.1 | 44550.0 | 73561 |
| 36595.9 | 8.3 | 1657.9 | -16.5 | 41494.5 | 35000 |
| 36499.2 | 11.4 | -1137.2 | - | 29422.6 | 14977 |
| 36322.3 | -12.1 | 2799.2 | -11.8 | 83327.2 | 73953 |
| 36157.1 | 12.9 | 3064.7 | 9.5 | 56265.8 | 66859 |
| 35442.3 | 2.7 | 946.8 | 334.3 | 44726.3 | 170000 |
| 35383.5 | -6.8 | 1116.5 | 27.2 | 29047.7 | 74645 |
| 35345.0 | 4.9 | -4326.0 | - | 51570.0 | 39000 |
| 35319.9 | 4.9 | 59.3 | -55.1 | 24047.4 | 141285 |
| 35079.0 | 2.0 | 6749.9 | 10.0 | 1887351.7 | 55492 |
| 35015.0 | -35.6 | 3028.0 | -14.1 | 75478.0 | 110000 |
| 34934.9 | -9.3 | 1152.8 | -46.5 | 991826.3 | 59628 |
| 34900.6 | 10.6 | 2435.3 | 34.2 | 33707.2 | 150000 |
| 34705.0 | 0.4 | 1818.3 | -35.5 | 31286.5 | 62873 |
| 34690.7 | -8.8 | -2369.8 | -911.6 | 19003.2 | 45101 |
| 34557.9 | 7.7 | 94.5 | -80.5 | 26391.6 | 41145 |
| 34462.2 | 14.8 | 471.3 | -28.2 | 48250.8 | 165652 |
| 34429.3 | -3.3 | -2931.3 | - | 81225.0 | 33537 |
| 34412.2 | -8.9 | 779.2 | -0.7 | 19547.7 | 121917 |
| 34329.7 | -4.9 | 132.7 | -37.7 | 61703.7 | 117607 |
| 34327.0 | -4.9 | -1466.0 | - | 11034.0 | 120000 |
| 34308.6 | -0.2 | 1333.2 | 139.2 | 222724.4 | 11166 |
| 34238.7 | -3.1 | 525.3 | - | 97640.4 | 35481 |
| 33952.3 | 13.8 | 715.7 | 13.5 | 31332.6 | 102325 |
| 33933.7 | -5.0 | 1172.1 | 277.1 | 41863.0 | 68213 |
| 33882.3 | -1.1 | 32.4 | -95.1 | 37404.0 | 124341 |
| 33873.4 | 14.5 | 635.1 | 34.3 | 16882.0 | 35026 |
| 33850.2 | -2.8 | 224.6 | 52.3 | 14134.1 | 11115 |
| 33808.0 | 4.7 | 4482.0 | -9.2 | 153140.0 | 63500 |
| 33706.0 | 0.9 | 1179.0 | -57.0 | 56663.0 | 48000 |
| 33644.4 | -3.8 | 853.0 | -54.6 | 42285.6 | 110638 |
| 33624.0 | 19.7 | 4201.0 | 60.0 | 215785.0 | 11193 |
| 33599.7 | 1.0 | 888.0 | 65.9 | 536818.2 | 25824 |
| 33374.5 | 7.3 | 1074.4 | 6.7 | 27328.6 | 83000 |
| 33315.0 | 3.1 | 2306.0 | 192.6 | 126947.0 | 38300 |
| 33278.0 | 2.0 | 583.0 | -22.3 | 11896.0 | 115000 |
| 33195.8 | 2.0 | 181.3 | -5.1 | 8307.2 | 317600 |
| 33962.2 | 5.7 | -1531.9 | -289.2 | 36216.2 | 100744 |
| 32942.9 | -1.0 | 882.6 | -21.8 | 272900.4 | 32948 |
| 32872.2 | 35.7 | 1114.6 | 27.0 | 216533.4 | 9500 |
| 32864.0 | 24.4 | 114.3 | 349.2 | 14308.9 | 6622 |
| 32763.8 | 0.1 | 486.3 | -24.3 | 21904.8 | 140000 |
| 32749.4 | -2.7 | -1034.2 | - | 18547.8 | 6496 |
| 32700.6 | 110.2 | 1858.9 | 73.8 | 233225.6 | 54368 |
| 32579.3 | -7.3 | 290.4 | - | 38331.9 | 118087 |
| 32484.0 | 8.5 | 743.0 | 36.1 | 10702.0 | 5761 |
| 32455.9 | -5.3 | 615.6 | -7.4 | 277538.9 | 266618 |
| 32355.0 | -17.8 | 68.0 | -98.3 | 780960.0 | 57061 |

17-7 续表 7

| 排名 Rank | | 企业名称 | Company Name | 国家 | Country |
|---|---|---|---|---|---|
| 2012 | 2011 | | | | |
| 351 | 347 | 东日本旅客铁道株式会社 | East Japan Railway | 日本 | Japan |
| 352 | 323 | 美国教师退休基金会 | Tiaa-Cref | 美国 | U.S. |
| 353 | 376 | 西班牙天然气公司 | Gas Natural Fenosa | 西班牙 | Spain |
| 354 | 390 | 中国电力建设集团有限公司 | Power China | 中国 | China |
| 355 | 402 | 中国化工集团公司 | Chemchina | 中国 | China |
| 356 | 356 | 日本中部电力 | Chubu Electric Power | 日本 | Japan |
| 357 | 393 | 中粮集团有限公司 | Cofco | 中国 | China |
| 358 | 198 | 俄罗斯秋明英国石油控股公司 | Tnk-Bp International | 俄罗斯 | Russia |
| 359 | 483 | 绿地控股集团有限公司 | Greenland Holding Group | 中国 | China |
| 360 | 325 | 斯特拉塔 | Xstrata | 瑞士 | Switzerland |
| 361 | 339 | 通用动力 | General Dynamics | 美国 | U.S. |
| 362 | 355 | 菲利普-莫里斯国际公司 | Philip Morris International | 美国 | U.S. |
| 363 | 362 | 和记黄埔有限公司 | Hutchison Whampoa | 中国 | China |
| 364 | 426 | 浙江物产集团 | Zhejiang Materials Industry Group | 中国 | China |
| 365 | 429 | 韩国天然气公司 | Korea Gas | 韩国 | SouthKorea |
| 366 | 311 | 巴西伊塔乌投资银行 | Itaúsa-Investimentos Itaú | 巴西 | Brazil |
| 367 | 350 | 铃木汽车 | Suzuki Motor | 日本 | Japan |
| 368 | 361 | 意大利邮政集团 | Poste Italiane | 意大利 | Italy |
| 369 | 357 | 印度石油天然气公司 | Oil & Natural Gas | 印度 | India |
| 370 | 385 | 麦格纳国际 | Magna International | 加拿大 | Canada |
| 371 | 383 | S-OIL公司 | S-Oil | 韩国 | SouthKorea |
| 372 | 353 | 施耐德电气 | Schneider Electric | 法国 | France |
| 373 | 460 | 山东能源集团有限公司 | Shandong Energy Group | 中国 | China |
| 374 | 379 | 爱信精机 | Aisin Seiki | 日本 | Japan |
| 375 | - | 英国标准人寿保险公司 | Standard Life | 英国 | Britain |
| 376 | 369 | 中国大唐集团公司 | China Datang | 中国 | China |
| 377 | 359 | 美国全国保险公司 | Nationwide | 美国 | U.S. |
| 378 | 403 | 多伦多道明银行 | Toronto-Dominion Bank | 加拿大 | Canada |
| 379 | 408 | 台塑石化股份有限公司 | Formosa Petrochemical | 中国台湾 | TaiWan |
| 380 | 375 | 荷兰GasTerra能源公司 | Gasterra | 荷兰 | Netherlands |
| 381 | 181 | 宏利金融 | Manulife Financial | 加拿大 | Canada |
| 382 | 368 | 3M公司 | 3m | 美国 | U.S. |
| 383 | 354 | 夏普 | Sharp | 日本 | Japan |
| 384 | - | 和硕 | Pegatron | 中国台湾 | TaiWan |
| 385 | 405 | 埃森哲 | Accenture | 爱尔兰 | Ireland |
| 386 | 406 | DirecTV公司 | Directv | 美国 | U.S. |
| 387 | - | 正威国际集团 | Amer International Group | 中国 | China |
| 388 | 440 | 山东魏桥创业集团有限公司 | Shandong Weiqiao Pioneering Group | 中国 | China |
| 389 | 433 | 中国华电集团公司 | China Huadian | 中国 | China |
| 390 | 447 | 山西煤炭运销集团有限公司 | Shanxi Coal Transportation & Sales Group | 中国 | China |
| 391 | 374 | 德尔海兹集团 | Delhaize Group | 比利时 | Belgium |
| 392 | 413 | T&D控股 | T&D Holdings | 日本 | Japan |
| 393 | - | 信诺 | Cigna | 美国 | U.S. |
| 394 | 358 | 英国电信集团 | BT Group | 英国 | Britain |
| 395 | 425 | 中国电子信息产业集团有限公司 | China Electronics | 中国 | China |
| 396 | 391 | 欧莱雅 | L'Oréal | 法国 | France |
| 397 | 392 | 威廉莫里森超市连锁公司 | Wm. Morrison Supermarkets | 英国 | Britain |
| 398 | 352 | 墨菲石油公司 | Murphy Oil | 美国 | U.S. |
| 399 | 360 | 英美资源集团 | Anglo American | 英国 | Britain |
| 400 | 371 | 阿弗瑞萨控股公司 | Alfresa Holdings | 日本 | Japan |

continued

| 营业额 Revenues | | 利润额 Profits | | 资产额 (百万美元) Assets (mil.USD) | 雇员人数 (人) Employees (person) |
|---|---|---|---|---|---|
| 百万美元 (mil.USD) | 比2011年增长% % Change from 2011 | 百万美元 (mil.USD) | 比2011年增长% % Change from 2011 | | |
| 32174.7 | 0.3 | 2112.0 | 53.4 | 76842.6 | 73017 |
| 32156.0 | -5.6 | 2060.0 | -13.8 | 451775.5 | 8260 |
| 32004.8 | 9.2 | 1851.9 | 0.5 | 61806.4 | 15959 |
| 31971.0 | 13.0 | 684.5 | 93.2 | 44224.8 | 207526 |
| 31967.9 | 15.4 | -186.7 | -286.6 | 42922.6 | 127107 |
| 31899.8 | 2.8 | -387.3 | - | 62582.7 | 29774 |
| 31751.5 | 12.6 | 584.5 | -19.8 | 42820.4 | 106642 |
| 31741.0 | -35.1 | 7584.0 | -14.7 | 43291.0 | 50000 |
| 31738.7 | 38.8 | 1197.5 | 24.0 | 38812.7 | 27390 |
| 31618.0 | -6.7 | 1180.0 | -79.3 | 83113.0 | 43323 |
| 31513.0 | -3.6 | -332.0 | -113.1 | 34309.0 | 92200 |
| 31377.0 | 0.9 | 8800.0 | 2.4 | 37670.0 | 87100 |
| 31338.9 | 4.4 | 3368.4 | -53.2 | 103718.6 | 256814 |
| 31197.3 | 20.8 | 46.2 | -52.0 | 9491.6 | 18380 |
| 31103.4 | 20.9 | 325.6 | 98.7 | 37948.3 | 2976 |
| 31095.7 | -10.4 | 2323.4 | -19.6 | 177829.5 | 113400 |
| 31048.7 | -2.4 | 968.1 | 41.8 | 26464.2 | 55948 |
| 30932.4 | 2.5 | 1326.9 | 12.7 | 158935.5 | 144628 |
| 30859.1 | 0.4 | 4451.6 | -24.2 | 46638.6 | 32923 |
| 30837.0 | 7.3 | 1433.0 | 40.8 | 17109.0 | 118975 |
| 30829.9 | 7.0 | 519.5 | -51.7 | 11674.9 | 2691 |
| 30773.7 | -1.1 | 2364.6 | -6.6 | 47660.8 | 139989 |
| 30712.3 | 27.3 | 947.7 | -39.2 | 35277.9 | 268914 |
| 30466.4 | 4.4 | 933.5 | 32.8 | 23916.0 | 83378 |
| 30402.7 | 108.7 | 1106.1 | 131.5 | 282966.3 | 8458 |
| 30399.9 | 2.7 | -135.2 | - | 105281.5 | 103822 |
| 30356.3 | -1.1 | 748.5 | - | 153543.2 | 31657 |
| 30200.0 | 9.5 | 6338.9 | 6.2 | 811755.4 | 78397 |
| 30187.8 | 11.1 | 92.0 | -88.0 | 15966.0 | 6507 |
| 30048.1 | 2.4 | 46.3 | -7.6 | 4921.8 | 189 |
| 29951.9 | -41.9 | 1634.1 | 641.4 | 488302.2 | 27913 |
| 29904.0 | 1.0 | 4444.0 | 3.8 | 33876.0 | 87677 |
| 29847.7 | -4.0 | -6567.2 | - | 22210.2 | 50647 |
| 29824.7 | 46.1 | 206.4 | 5346.0 | 13480.3 | 177948 |
| 29778.0 | 8.9 | 2553.5 | 12.1 | 16665.4 | 257000 |
| 29740.0 | 9.2 | 2949.0 | 13.0 | 20555.0 | 28450 |
| 29588.3 | 49.0 | 569.2 | 241.6 | 13914.0 | 15109 |
| 29562.0 | 18.7 | 1074.4 | -4.7 | 15868.0 | 135935 |
| 29341.8 | 16.1 | 481.4 | - | 95818.5 | 115097 |
| 29332.6 | 19.5 | 9.6 | -95.7 | 21827.4 | 110691 |
| 29246.9 | -0.4 | 134.9 | -79.6 | 15734.0 | 119804 |
| 29129.6 | 9.3 | 767.5 | 126.4 | 145411.9 | 20497 |
| 29119.0 | 32.4 | 1623.0 | 22.3 | 53734.0 | 35800 |
| 29082.5 | -5.4 | 3302.1 | 3.4 | 37690.8 | 87900 |
| 29010.4 | 11.5 | 236.2 | 16.4 | 25826.8 | 126285 |
| 28867.4 | 2.1 | 3685.4 | 8.7 | 38920.0 | 72637 |
| 28778.5 | 1.8 | 1027.8 | -7.0 | 16687.4 | 91760 |
| 28776.4 | -8.5 | 970.9 | 11.2 | 17522.6 | 6341 |
| 28761.0 | -5.9 | -1493.0 | -124.2 | 79369.0 | 106000 |
| 28750.0 | -2.7 | 250.1 | 199.1 | 12651.5 | 10939 |

17-7 续表 8

| 排名 Rank | | 企业名称 | Company Name | 国家 | Country |
|---|---|---|---|---|---|
| 2012 | 2011 | | | | |
| 401 | 384 | 中国远洋运输(集团)总公司 | China Ocean Shipping | 中国 | China |
| 402 | 381 | 时代华纳 | Time Warner | 美国 | U.S. |
| 403 | - | 山西焦煤集团有限责任公司 | Shanxi Coking Coal Group | 中国 | China |
| 404 | 397 | 河南煤业化工集团有限责任公司 | Henan Coal & Chemical | 中国 | China |
| 405 | 378 | 曼弗雷集团 | Mapfre Group | 西班牙 | Spain |
| 406 | 484 | 新兴际华集团 | Xinxing Cathay International Group | 中国 | China |
| 407 | - | 山西阳泉煤业(集团)有限责任公司 | Yangquan Coal Industry Group | 中国 | China |
| 408 | 451 | 中国电力投资集团公司 | China Power Investment | 中国 | China |
| 409 | 364 | Coop集团 | Coop Group | 瑞士 | Switzenland |
| 410 | 444 | 哈里伯顿公司 | Halliburton | 美国 | U.S. |
| 411 | - | 中国民生银行 | China Minsheng Banking Group | 中国 | China |
| 412 | 498 | 招商银行 | China Merchants Bank | 中国 | China |
| 413 | 331 | 阿斯利康 | Astrazeneca | 英国 | Britain |
| 414 | - | 江西铜业集团公司 | Jiangxi Copper | 中国 | China |
| 415 | 490 | 开滦集团 | Kailuan Group | 中国 | China |
| 416 | 424 | 国际纸业 | International Paper | 美国 | U.S. |
| 417 | 434 | 中国船舶重工集团公司 | China Shipbuilding Industry | 中国 | China |
| 418 | 407 | 大众超级市场公司 | Publix Super Markets | 美国 | U.S. |
| 419 | 417 | 梅西百货 | Macy'S | 美国 | U.S. |
| 420 | 380 | Ultrapar控股公司 | Ultrapar Holdings | 巴西 | Brazil |
| 421 | 382 | 米其林公司 | Michelin | 法国 | France |
| 422 | 473 | 福陆公司 | Fluor | 美国 | U.S. |
| 423 | 410 | 麦当劳 | Mcdonald'S | 美国 | U.S. |
| 424 | 419 | Onex公司 | Onex | 加拿大 | Canada |
| 425 | 363 | PHOENIX PHARMAHANDEL公司 | Phoenix Pharmahandel | 德国 | Germany |
| 426 | 465 | 现代摩比斯公司 | Hyundai Mobis | 韩国 | SouthKorea |
| 427 | - | 三星人寿保险 | Samsung Life Insurance | 韩国 | SouthKorea |
| 428 | - | 兴业银行 | Industrial Bank | 中国 | China |
| 429 | 450 | 中国太平洋保险(集团)股份有限公司 | China Pacific Insurance (Group) | 中国 | China |
| 430 | - | 潞安集团 | Shanxi LuAn Mining Group | 中国 | China |
| 431 | 409 | 加拿大丰业银行 | Bank Of Nova Scotia | 加拿大 | Canada |
| 432 | - | 大同煤矿集团有限责任公司 | Datong Coal Mine Group | 中国 | China |
| 433 | 411 | 达能 | Danone | 法国 | France |
| 434 | 448 | 渣打集团 | Standard Chartered Group | 英国 | Britain |
| 435 | - | 山西晋城无烟煤矿业集团有限责任公司 | Shanxi Jincheng Anthracite Coal Mining | 中国 | China |
| 436 | 389 | 昭和壳牌石油公司 | Showa Shell Sekiyu | 日本 | Japan |
| 437 | 400 | 富士胶片控股株式会社 | Fujifilm Holdings | 日本 | Japan |
| 438 | 396 | Migros集团 | Migros Group | 瑞士 | Switzenland |
| 439 | 432 | 金巴斯集团 | Compass Group | 英国 | Britain |
| 440 | 428 | 马自达汽车株式会社 | Mazda Motor | 日本 | Japan |
| 441 | 386 | BAE系统公司 | Bae Systems | 英国 | Britain |
| 442 | - | 哈特福德金融服务集团 | Hartford Financial Services Group | 美国 | U.S. |
| 443 | 387 | 德科集团 | Adecco Group | 瑞士 | Netherlands |
| 444 | 438 | 澳大利亚电信 | Telstra | 澳大利亚 | Australia |
| 445 | 430 | Surgutneftegas公司 | Surgutneftegas | 俄罗斯 | Russia |
| 446 | - | 中国医药集团 | Sinopharm | 中国 | China |
| 447 | - | LG DISPLAY公司 | LG Display | 韩国 | SouthKorea |
| 448 | 404 | 阿尔斯通 | Alstom | 法国 | France |
| 449 | 399 | Brazilian Distribution公司 | Brazilian Distribution | 巴西 | Brazil |
| 450 | 422 | 住友电工 | Sumitomo Electric Industries | 日本 | Japan |

continued

| 营业额 Revenues | | 利润额 Profits | | 资产额 (百万美元) Assets (mil.USD) | 雇员人数 (人) Employees (person) |
|---|---|---|---|---|---|
| 百万美元 (mil.USD) | 比2011年增长% % Change from 2011 | 百万美元 (mil.USD) | 比2011年增长% % Change from 2011 | | |
| 28736.0 | -0.2 | -379.8 | - | 56124.7 | 74909 |
| 28729.0 | -0.8 | 3019.0 | 4.6 | 68304.0 | 34000 |
| 28646.3 | 47.7 | 0.7 | -99.7 | 32102.0 | 200602 |
| 28636.6 | 2.6 | -436.1 | -295.2 | 32050.9 | 181058 |
| 28605.7 | -2.1 | 855.5 | -36.1 | 75115.2 | 35586 |
| 28579.0 | 25.2 | 303.6 | 25.1 | 12371.6 | 75166 |
| 28578.7 | 71.3 | 34.2 | -84.5 | 23339.6 | 150967 |
| 28558.4 | 17.0 | 181.0 | - | 91911.1 | 126436 |
| 28514.5 | -5.0 | 482.2 | -1.0 | 18446.1 | 64416 |
| 28503.0 | 14.8 | 2635.0 | -7.2 | 27410.0 | 73000 |
| 28436.3 | 35.5 | 5953.6 | 37.9 | 515545.2 | 49227 |
| 28039.5 | 26.9 | 7175.6 | 28.4 | 519645.9 | 59340 |
| 27973.0 | -16.7 | 6297.0 | -36.9 | 53534.0 | 51700 |
| 27879.6 | 33.0 | 280.5 | -24.5 | 15776.9 | 28534 |
| 27841.8 | 23.6 | 121.5 | 13.3 | 10344.6 | 70503 |
| 27833.0 | 6.9 | 794.0 | -40.8 | 32153.0 | 70000 |
| 27753.0 | 10.4 | 1026.2 | 22.6 | 57677.3 | 160986 |
| 27706.8 | 1.9 | 1552.3 | 4.0 | 12278.3 | 158000 |
| 27686.0 | 4.9 | 1335.0 | 6.3 | 20991.0 | 175700 |
| 27600.3 | -5.1 | 517.5 | 2.1 | 7474.3 | 9282 |
| 27596.8 | -4.2 | 2017.7 | -0.7 | 28449.4 | 107302 |
| 27577.1 | 17.9 | 456.3 | -23.1 | 8276.0 | 41193 |
| 27567.0 | 2.1 | 5464.8 | -0.7 | 35386.5 | 440000 |
| 27443.0 | 4.9 | -121.0 | -109.1 | 36302.0 | 250000 |
| 27337.2 | -8.9 | 193.6 | -36.9 | 9933.0 | 23932 |
| 27336.8 | 15.2 | 3159.5 | 15.8 | 28069.5 | 19172 |
| 27253.0 | 33.2 | 882.9 | 3.4 | 167256.5 | 6903 |
| 27247.9 | 49.1 | 5502.7 | 39.5 | 521800.7 | 42561 |
| 27174.4 | 11.2 | 804.7 | -37.4 | 109385.1 | 85137 |
| 27105.4 | 54.0 | 1.7 | -99.2 | 20280.0 | 85027 |
| 26994.3 | -0.4 | 6215.4 | 18.5 | 668578.9 | 81497 |
| 26980.0 | 52.8 | -68.9 | - | 23111.0 | 159918 |
| 26819.3 | -0.2 | 2148.7 | -7.5 | 38935.6 | 102401 |
| 26816.0 | 9.5 | 4887.0 | 0.8 | 636518.0 | 89058 |
| 26757.4 | 64.6 | 332.9 | -20.0 | 29512.9 | 164507 |
| 26682.6 | -6.4 | 12.7 | -95.6 | 14264.8 | 5848 |
| 26669.8 | -4.1 | 653.5 | 17.9 | 32548.9 | 80332 |
| 26666.7 | -4.8 | 1060.1 | 42.4 | 63560.3 | 75732 |
| 26647.4 | 4.8 | 953.7 | -18.4 | 14902.8 | 508714 |
| 26556.3 | 3.1 | 413.1 | - | 21048.6 | 37745 |
| 26450.4 | -7.6 | 1692.5 | -14.9 | 36201.9 | 81000 |
| 26412.0 | 20.5 | -38.0 | -105.7 | 298513.0 | 22500 |
| 26391.4 | -7.6 | 484.5 | -32.9 | 12673.2 | 32987 |
| 26302.9 | 5.3 | 3511.8 | 10.2 | 40505.2 | 36039 |
| 26265.4 | 2.3 | 5183.1 | -34.6 | 58846.9 | 101765 |
| 26189.5 | 35.4 | 343.3 | 16.3 | 20243.5 | 69169 |
| 26129.5 | 19.2 | 207.1 | - | 22846.0 | 55621 |
| 26090.6 | -4.8 | 1032.3 | 2.5 | 40586.6 | 86252 |
| 26067.3 | -6.4 | 538.1 | 25.4 | 17291.8 | 151037 |
| 26010.5 | -0.3 | 457.1 | -38.7 | 24442.2 | 206323 |

17-7 续表 9

| 排名 Rank | | 企业名称 | Company Name | 国家 | Country |
|---|---|---|---|---|---|
| 2012 | 2011 | | | | |
| 451 | 293 | 贺利氏控股集团 | Heraeus Holding | 德国 | Germany |
| 452 | 441 | 西北互助人寿保险公司 | Northwestern Mutual | 美国 | U.S. |
| 453 | 478 | TJX公司 | Tjx | 美国 | U.S. |
| 454 | 431 | Travelers Cos.公司 | Travelers Cos. | 美国 | U.S. |
| 455 | 418 | 株式会社Maruhan | Maruhan | 日本 | Japan |
| 456 | 459 | 荷兰SHV公司 | Shv Holdings | 荷兰 | Netherlands |
| 457 | 414 | 安富利公司 | Avnet | 美国 | U.S. |
| 458 | 464 | 喜力控股公司 | Heineken Holding | 荷兰 | Netherlands |
| 459 | 427 | 日本烟草 | Japan Tobacco | 日本 | Japan |
| 460 | - | 上海浦东发展银行股份有限公司 | Shanghai Pudong Development Bank | 中国 | China |
| 461 | 421 | 来德爱 | Rite Aid | 美国 | U.S. |
| 462 | 497 | 美国家庭人寿保险公司 | Aflac | 美国 | U.S. |
| 463 | 415 | Tech Data公司 | Tech Data | 美国 | U.S. |
| 464 | - | 陕西延长石油(集团)有限责任公司 | Shaanxi Yanchang Petroleum (Group) | 中国 | China |
| 465 | 395 | 美国诺斯洛普格拉曼公司 | Northrop Grumman | 美国 | U.S. |
| 466 | - | 百联集团 | Bailian Group | 中国 | China |
| 467 | 471 | 野村控股 | Nomura Holdings | 日本 | Japan |
| 468 | 377 | 德国商业银行 | Commerzbank | 德国 | Germany |
| 469 | 463 | 美国航空 | Amr | 美国 | U.S. |
| 470 | 479 | 费森尤斯集团 | Fresenius | 德国 | Germany |
| 471 | 401 | 塔塔钢铁 | Tata Steel | 印度 | India |
| 472 | 420 | 巴登-符滕堡州能源公司 | Energie Baden-Württemberg | 德国 | Germany |
| 473 | 398 | Vattenfall公司 | Vattenfall | 瑞典 | Sweden |
| 474 | 412 | 匈牙利油气公司 | Mol Hungarian Oil & Gas | 匈牙利 | Hungary |
| 475 | 437 | 史泰博 | Staples | 美国 | U.S. |
| 476 | 388 | 德克夏银行集团 | Dexia Group | 比利时 | Belgium |
| 477 | 475 | 浙江吉利控股集团 | Zhejiang Geely Holding Group | 中国 | China |
| 478 | 456 | 艾默生电气 | Emerson Electric | 美国 | U.S. |
| 479 | 442 | 雷神公司 | Raytheon | 美国 | U.S. |
| 480 | 458 | 西方石油公司 | Occidental Petroleum | 美国 | U.S. |
| 481 | 472 | 大和房建 | Daiwa House Industry | 日本 | Japan |
| 482 | - | 中国有色矿业集团有限公司 | China Nonferrous Metal Mining (Group) | 中国 | China |
| 483 | - | 广州汽车工业集团 | Guangzhou Automobile Industry Group | 中国 | China |
| 484 | - | 耐克 | Nike | 美国 | U.S. |
| 485 | 445 | 英美烟草集团 | British American Tobacco | 英国 | Britain |
| 486 | 435 | CRH公司 | Crh | 爱尔兰 | Ireland |
| 487 | 495 | 索迪斯 | Sodexo | 法国 | France |
| 488 | 453 | 途易 | Tui | 德国 | Germany |
| 489 | - | 第一资本金融公司 | Capital One Financial | 美国 | U.S. |
| 490 | 439 | 美铝公司 | Alcoa | 美国 | U.S. |
| 491 | 470 | CFE公司 | Cfe | 墨西哥 | Mexico |
| 492 | 372 | 伟创力 | Flextronics International | 新加坡 | Singapore |
| 493 | 462 | 鞍钢集团公司 | Ansteel Group | 中国 | China |
| 494 | 446 | 住友化学 | Sumitomo Chemical | 日本 | Japan |
| 495 | - | Exelon公司 | Exelon | 美国 | U.S. |
| 496 | - | 麒麟控股株式会社 | Kirin Holdings | 日本 | Japan |
| 497 | 494 | 国际航空集团 | International Airlines Group | 英国 | Britain |
| 498 | 336 | 英力士集团控股有限公司 | Ineos Group Holdings | 卢森堡 | Luxembourg |
| 499 | - | 国泰人寿保险有限公司 | Cathay Life Insurance | 中国台湾 | Taiwan |
| 500 | 461 | 理光集团 | Ricoh | 日本 | Japan |

continued

| 营业额 Revenues | | 利润额 Profits | | 资产额 (百万美元) Assets (mil.USD) | 雇员人数 (人) Employees (person) |
|---|---|---|---|---|---|
| 百万美元 (mil.USD) | 比2011年增长% % Change from 2011 | 百万美元 (mil.USD) | 比2011年增长% % Change from 2011 | | |
| 25981.3 | -28.6 | 296.6 | -30.9 | 5323.9 | 13615 |
| 25957.0 | 4.4 | 783.0 | 21.4 | 202450.0 | 5045 |
| 25878.4 | 11.6 | 1906.7 | 27.4 | 9511.9 | 179000 |
| 25740.0 | 1.2 | 2473.0 | 73.4 | 104938.0 | 30500 |
| 25732.6 | -2.3 | 244.7 | -22.3 | 3873.4 | 13001 |
| 25716.1 | 6.5 | 980.4 | -15.0 | 13489.0 | 55800 |
| 25707.5 | -3.1 | 567.0 | -15.3 | 10167.9 | 19100 |
| 25565.1 | 7.0 | 1898.1 | 90.4 | 47427.5 | 76191 |
| 25531.9 | -0.9 | 4137.9 | 1.8 | 40985.5 | 49507 |
| 25424.1 | 28.2 | 5418.4 | 28.4 | 504904.6 | 35784 |
| 25392.3 | -2.8 | 118.1 | - | 7078.7 | 69865 |
| 25364.0 | 14.4 | 2866.0 | 45.9 | 131094.0 | 8965 |
| 25361.0 | -4.3 | 214.6 | 4.0 | 6806.3 | 9089 |
| 25341.7 | 47.3 | 2443.7 | 12.3 | 34327.2 | 126793 |
| 25218.0 | -10.1 | 1978.0 | -6.6 | 26543.0 | 68100 |
| 25202.4 | 15.1 | 93.7 | 41.0 | 12324.1 | 69976 |
| 25047.1 | 6.8 | 1291.3 | 780.3 | 403643.0 | 27956 |
| 24925.1 | -14.7 | 7.7 | -99.1 | 838213.9 | 48752 |
| 24855.0 | 3.7 | -1876.0 | - | 23510.0 | 77750 |
| 24790.1 | 7.9 | 1190.0 | 24.0 | 40421.3 | 169324 |
| 24760.2 | -10.7 | -1297.2 | -215.3 | 27032.2 | 80534 |
| 24733.4 | -5.3 | 608.5 | - | 48470.1 | 18912 |
| 24713.2 | -11.4 | 2501.6 | 46.5 | 81245.5 | 32794 |
| 24685.4 | -7.5 | 674.3 | -11.8 | 21604.1 | 29446 |
| 24671.9 | -1.4 | -210.7 | -121.4 | 12280.0 | 67554 |
| 24593.5 | -13.8 | -3683.2 | - | 470873.9 | 3373 |
| 24550.2 | 5.1 | 52.4 | -41.8 | 18179.2 | 40500 |
| 24507.0 | 1.1 | 1968.0 | -20.6 | 23818.0 | 134900 |
| 24414.0 | -1.8 | 1888.0 | 1.2 | 26686.0 | 67800 |
| 24253.0 | 0.2 | 4598.0 | -32.1 | 64210.0 | 12300 |
| 24180.6 | 3.3 | 798.1 | 89.8 | 25225.9 | 30361 |
| 24146.2 | 143.6 | 83.2 | -22.0 | 16811.2 | 29883 |
| 24144.8 | -2.1 | 66.0 | -80.5 | 18062.2 | 50462 |
| 24128.0 | 15.7 | 2223.0 | 4.2 | 15465.0 | 44000 |
| 24071.8 | -2.5 | 6086.9 | 22.7 | 44414.6 | 56363 |
| 23979.2 | -4.6 | 709.4 | -13.5 | 27903.6 | 76175 |
| 23781.1 | 6.8 | 684.6 | 9.4 | 16119.2 | 421391 |
| 23774.2 | -2.4 | -19.6 | -158.8 | 16995.4 | 73812 |
| 23771.0 | 28.3 | 3517.0 | 11.8 | 312918.0 | 39593 |
| 23700.0 | -5.0 | 191.0 | -68.7 | 40179.0 | 61000 |
| 23643.3 | 0.7 | -1460.7 | - | 76234.8 | 97367 |
| 23610.1 | -19.9 | 277.1 | -43.3 | 10591.6 | 149000 |
| 23588.3 | -2.1 | -1592.5 | -744.0 | 43291.0 | 199018 |
| 23512.3 | -4.7 | -615.1 | -969.2 | 26298.8 | 30396 |
| 23489.0 | 24.1 | 1160.0 | -53.5 | 78554.0 | 26057 |
| 23441.6 | 6.9 | 704.2 | 657.8 | 34136.0 | 41063 |
| 23398.3 | 4.5 | -1211.9 | -255.1 | 26149.1 | 59574 |
| 23374.2 | -29.5 | -368.2 | -170.4 | 12689.1 | 7025 |
| 23282.5 | 16.7 | 110.9 | 614.9 | 125582.6 | 33787 |
| 23175.2 | -3.9 | 391.0 | - | 25113.8 | 107431 |

# 主要统计指标解释

**人文发展指数** 是人类发展的一项综合指标，它测量了人类发展的三个方面的平均成就：寿命，教育程度以及体面的生活。人文发展指数是对这三个方面的指标标准化后的几何平均值。

**期望受教育年限** 是指在现有入学率保持不变的情况下适龄儿童预期获得的受教育年限。

**平均受教育年限** 是指25岁及以上人口已经获得的文化程度转换成理论教育年限的平均值。

**KOF全球化指数** 包括经济，社会和政治三个方面的全球化，是23个具体指标标准化后的加权平均值。全球化被定义为突破国家的界限，融合国家的经济、文化、技术和管理，并产生相互依存的复杂关系的过程。经济全球化是指商品、资本和服务以及伴随着市场交流的信息与观念的长途流动；政治全球化是指政府政策的扩散；社会全球化是指思想、信息、图像和人的传播。

**全球竞争力指数**（GCI），通过测算一个国家的经济、社会、政治、文化教育等各方面情况来评价国家竞争力。全球竞争力的指标体系由三个层次构成：第一层次包括基本条件、效率增强及创新与成熟度三大板块；第二层次是12个竞争力“支柱”，包括制度、基础设施、宏观经济环境、健康与初等教育、高等教育与培训、商品市场效率、劳动力市场效率、金融市场发展、技术就绪度、市场规模、商业成熟度和创新等；第三层次是具体指标

**ICT发展指数（IDI）** 是衡量和跟踪各国在迈向信息社会的过程中所取得总体进展的有用工具，是一项由涵盖ICT获取、使用和技能三个方面的11个指标组成的综合指数，旨在根据发达国家和发展中国家的情况来衡量长期以来ICT发展的水平和变化。ICT发展指数包括的具体指标有：每百人固定电话用户数、每百人移动电话用户数、互联网用户的平均带宽、拥有计算机家庭所占百分比、接入互联网家庭所占百分比、使用互联网个人所占百分比、每百人固定宽带用户数、每百人移动宽带用户、成人识字率、中等教育和高等教育综合入学率。

**知识经济指数（KEI）** 是表示一个国家或地区知识经济领域整体发展水平的综合指数，用来评价环境是否有助于知识在经济发展中起到有效的作用。KEI由知识型经济的四大支柱指标构成：经济激励机制和体制、教育和人力资源、创新体系以及信息通信技术，它是这四个指标的得分进行标准化处理后的平均值。

**全球创新指数（GII）** 是通过对创新的制度与政策、人力资本与研究、基础设施、市场成熟度、企业成熟度、知识与技术产出以及创新产出等方面的综合评价来衡量一个国家的经济创新能力。

# Explanatory Notes on Main Statistical Indicators

**The Human Development Index (HDI)** is a summary measure of human development. It measures the average achievements in a country in three basic dimensions of human development: a long and healthy life, access to knowledge and a decent standard of living. The HDI is the geometric mean of normalized indices measuring achievements in each dimension.

**Expected Years of Schooling** Number of years of schooling that a child of school entrance age can expect to receive if prevailing patterns of age-specific enrolment rates were to stay the same throughout the child’s life.

**Mean Years of Schooling** Average number of years of education received by people ages 25 and older in their lifetime based on education attainment levels of the population converted into years of schooling based on theoretical durations of each level of education attended.

**The KOF Index of Globalization** covers the economic, social and political dimensions of globalization and is the weighted average value of standardized twenty-three indicators. Globalization is conceptualized as a process that erodes national boundaries, integrates national economies, cultures, technologies and governance and produces complex relations of mutual interdependence. economic globalization, characterized as long distance flows of goods, capital and services as well as information and perceptions that accompany market exchanges; political globalization, characterized by a diffusion of government policies; and social globalization, expressed as the spread of ideas, information, images and people

**Global Competitiveness Index (GCI)** assess national competitiveness by measuring a country's economic, social, political, cultural, educational and other aspects. GCI system consists of three layers: The first level includes three plates of Basic requirements, Efficiency enhancers and Innovation and sophistication factors; The second level is the competitiveness of 12 major "pillars", including Institutions, Infrastructure, Macroeconomic environment, Health and primary education, Higher education and training, Goods market efficiency, Labor market efficiency, Financial market development, Technological readiness, Market size, Business sophistication, and Innovation; The third level is the specific indicators.

**The ICT Development Index (IDI)** is a useful tool to benchmark and track the overall progress countries are making towards becoming information societies. The IDI is a composite index made up of 11 indicators covering ICT access, use and skills. It has been constructed to measure the level and evolution over time of ICT developments, taking into consideration the situations of both developed and developing countries. IDI includes the following indicators: Fixed-telephone subscriptions per 100 inhabitants, Mobile-cellular telephone subscriptions per 100 inhabitants, International Internet bandwidth (bit/s) per Internet user, Percentage of households with a computer, Percentage of households with Internet access at home, Percentage of individuals using the Internet, Fixed (wired)-broadband Internet subscriptions per 100 inhabitants, Active mobile-broadband subscriptions per 100 inhabitants, Adult literacy rate, Gross enrolment ratio of secondary and tertiary level.

**The Knowledge Economy Index (KEI)** is an aggregate index that represents the overall level of development of a country or region towards the Knowledge Economy. It takes into account whether the environment is conducive for knowledge to be used effectively for economic development. The KEI is calculated based on the average of the normalized performance scores of a country or region on all 4 pillars related to the knowledge economy - economic incentive and institutional regime, education and human resources, the innovation system and ICT.

**Global Innovation Index(GII)** evaluates a country’s economic innovation ability based on measuring innovation institutions, human capital and research, infrastructure, market sophistication, business sophistication, knowledge and technology outputs, and creative outputs.

# 附　录

Appendix

# 附录1　主要国际组织及缩写

## 一、主要国际组织及其组成成员

**经济合作与发展组织（经合组织，OECD）**，成员国有34个：澳大利亚、 奥地利、比利时、冰岛、丹麦、德国、法国、芬兰、加拿大、荷兰、卢森堡、美国、葡萄牙、日本、挪威、瑞典、瑞士、爱尔兰、西班牙、希腊、意大利、新西兰、土耳其、英国、墨西哥、捷克、匈牙利、波兰、韩国、斯洛伐克、以色列（2010）、斯洛文尼亚、智利（2010）、爱沙尼亚（2010）。

**欧洲联盟（欧盟，EU）**，成员国有28个：法国、德国、意大利、荷兰、比利时、卢森堡、丹麦、爱尔兰、英国、希腊、西班牙、葡萄牙、奥地利、芬兰、瑞典、塞浦路斯、捷克、爱沙尼亚、匈牙利、拉脱维亚、立陶宛、马耳他、波兰、斯洛伐克、斯洛文尼亚、保加利亚、罗马尼亚和克罗地亚。

**欧洲货币联盟（欧元区，Euro Area）**，成员国有18个：德国、比利时、奥地利、荷兰、法国、意大利、西班牙、葡萄牙、卢森堡、爱尔兰、芬兰、希腊、斯洛文尼亚、塞浦路斯、马耳他、斯洛伐克、爱沙尼亚和拉脱维亚。

**东南亚国家联盟（东盟，ASEAN）**，成员国有10个：菲律宾、马来西亚、泰国、新加坡、印度尼西亚、文莱（1984年）、越南（1995年）、缅甸（1997年）、老挝（1997年）和柬埔寨（1999年）。

**北美自由贸易区（NAFTA）**；成立于1994年1月1日，成员国有3个，加拿大、墨西哥和美国。

**西方七国（G7）**：包括美国、日本、英国、德国、法国、意大利和加拿大。

## 二、主要国家（地区）分类

**按收入分组国家**：按照世界银行2013年分组标准，高收入国家指按图表集法计算的人均国民总收入12746美元及以上的国家，中等偏上收入国家指人均国民总收入4126美元至12745美元的国家，中等偏下收入国家指人均国民总收入1046美元至4125美元的国家，低收入国家指人均国民总收入1045美元及以下的国家。

**发达国家与发展中国家**：联合国统计司对“发达国家”及“发展中国家”没有一个明确的划分标准。通常是把亚洲的日本、北美的加拿大和美国、大洋洲的澳大利亚和新西兰、欧洲（除前南斯拉夫、东欧、独联体外）都列入发达国家。在国际贸易统计中，南部非洲关税联盟和以色列被认为是发达地区和国家；前南斯拉夫为发展中国家，东欧国家和在欧洲的独联体国家既不是发达国家，也不是发展中国家。

国际货币基金组织指出“发达经济体”包括35个国家或地区，他们是：澳大利亚、奥地利、比利时、加拿大、塞浦路斯、捷克、丹麦、爱沙尼亚、芬兰、法国、德国、希腊、中国香港、冰岛、爱尔兰、以色列、意大利、日本、韩国、卢森堡、马耳他、荷兰、新西兰、挪威、葡萄牙、圣马力诺、新加坡、斯洛伐克、斯洛文尼亚、西班牙、瑞典、瑞士、中国台湾、英国及美国。其他为新兴市场及发展中经济体。

## 三、本年鉴中使用的缩写及含义如下：

sq.km（square kilometer）＝平方公里
ha（hectare）＝公顷
kwh（kilowatt-hour）＝千瓦时
g（gram）＝克
kg（kilogram）＝千克
TJ （terojoule）＝1012焦耳
TCE（ ton of standard coal equivalent）＝吨标准煤当量
TOE（ton of standard oil equivalent）＝吨标准油当量
UNSD（Statistics Division of the United Nations）＝联合国统计司
IMF（International Monetary Fund）＝国际货币基金组织
FAO（Food and Agriculture Organization of the United Nations）＝联合国粮食及农业组织
UNCTAD（United Nations Conference on Trade and Development）＝联合国贸易和发展会议
UNDP（United Nations Development Program）＝联合国开发计划署
ILO （International Labor Organization）＝国际劳工组织
WHO（World Health Organization）＝世界卫生组织

# Appendix1 International Organizations and Abbreviations

**I.Some international organizations and the members included are as following,**

**Organization for Economic Co-operation and Development (OECD),** has 34 members, i.e., Australia, Austria, Belgium, Iceland, Denmark, Germany, France, Finland, Canada, Netherlands, Luxembourg, United States, Portugal, Japan, Norway, Sweden, Switzerland, Ireland, Spain, Greece, Italy, New Zealand, Turkey, United Kingdom, Mexico, Czech Republic, Hungary, Poland, Korea, Slovakia, Israel (2010), Slovenia, Chile (2010), Estonia (2010).

**European Union (EU)**, it expanded to 28 members, i.e., France, Germany, Italy, Netherlands, Belgium, Luxembourg, Denmark, Ireland, United Kingdom, Greece, Spain, Portugal, Austria, Finland, Sweden, Cyprus, the Czech Republic, Estonia, Hungary, Latvia, Lithuania, Malta, Poland, Slovakia and Slovenia, Bulgaria, Romania and Croatia.

**European Monetary Union (Euro Area)**, it has 18 members and member countries are Germany, Belgium, Austria, Netherlands, France, Italy, Spain, Portugal, Luxembourg, Ireland, Finland, Greece, Slovenia, Cyprus, Malta, Slovak, Estonia and Latvia.

**Association of South East Asian Countries (ASEAN),** it has 10 members, i.e., the Philippines, Malaysia, Thailand, Singapore, Indonesia, Brunei Darussalam (1984), Viet Nam (1995), Myanmar (1997), Lao People's Democratic Republic (1997) and Cambodia (1999).

**North American Free Trade Area(NAFTA),** was founded on January 1, 1994, with members unchanged hitherto, i.e., Canada, Mexico and the United States.

**Group 7**, includes the United States, Japan, the United Kingdom, Germany, France, Italy and Canada.

**II. Countries (territory) groups and their meanings are as following,**

**Countries by Income Group** According to the criteria by the World Bank, countries and territories (referred to as economies) are classified into high income (higher than $12746), higher middle income (between $4126 and $12745), lower middle income (between $1046 and $4125) and low income ($1045 and below) groups by their per capita GNI (calculated by Atlas method)in the year 2013.

**Developed and Developing Countries** There is no established convention for the designation of "developed" and "developing" countries or areas in the United Nations system. In common practice, Japan in Asia, Canada and the United States in northern America, Australia and New Zealand in Oceania, and Europe are considered "developed" regions or areas. In international trade statistics, the Southern African Customs Union is also treated as a developed region and Israel as a developed country; countries emerging from the former Yugoslavia are treated as developing countries; and countries of eastern Europe and of the Commonwealth of Independent States in Europe are not included under either developed or developing regions.

Advanced economies in International Monetary Fund (IMF) are composed of 35 countries: Australia, Austria, Belgium, Canada, Cyprus, Czech Republic, Denmark, Estonia, Finland, France, Germany, Greece, Hong Kong SAR, Iceland, Ireland, Israel, Italy, Japan, Korea, Luxembourg, Malta, Netherlands, New Zealand, Norway, Portugal, San Marino, Singapore, Slovak Republic, Slovenia, Spain, Sweden, Switzerland, Taiwan Province of China, United Kingdom, and United States. Others are emerging market and developing economies.

**III. The abbreviations used in this book and their meanings are as following,**

Sq.km=square kilometer
ha = hectare
kwh = kilowatt-hour
g = gram
kg = kilogram
TJ = terojoule ($10^{12}$ joule)
TCE = ton of standard coal equivalent
TOE = ton of standard oil equivalent
UNSD = Statistics Division of the United Nations
IMF = International Monetary Funds
FAO = Food and Agriculture Organization of the United Nations
UNCTAD = United Nations Conference on Trade and Development
UNDP = United Nations Development Program
ILO = International Labor Organization
WHO = World Health Organization

# 附录2 各国(地区)货币单位①

# Appendix1 Local Currency Units of Countries or Area①

资料来源：德国《国外统计年鉴》2006年；世界知识出版社《世界知识年鉴》2008年；国际货币基金组织《国际金融统计月报》。
Source: Statistical Yearbook 2006 for Foreign Countries of Germany; World Knowledge Publishing House World Knowledge Yearbook 2008; IMF International Financial Statistics Dec.

| 国家或地区 | Country or Area | 货币 | Local Currency | 国际标准组织编码 ISO-Code |
|---|---|---|---|---|
| **亚 洲** | **Asia** | | | |
| 中 国 | China | 1元=10角=100分 | 1 Chinese Yuan=10 Jiao=100 Fen | CNY |
| 中国香港 | Hong Kong, China | 1港元=100仙 | 1 Hongkong Dollar=100 Cents | HKD |
| 中国澳门 | Macao, China | 1澳门元=100分 | 1 Macao Pataca=100 Aves | MOP |
| 阿 富 汗 | Afghanistan | 1阿尼(新)=1000阿尼(旧) | 1 Afghani(new)=1000Afghani(old) | AFA |
| 亚美尼亚 | Armenia | 1德拉姆=100鲁马 | 1 Dram=100 Luma | AMD |
| 阿塞拜疆 | Azerbaijan | 1马纳特=100开比克 | 1 Azerbaijan Manat=100 Gepik | AZM |
| 巴 林 | Bahrain | 1巴林第纳尔=1000费尔斯 | 1 Bahrain Dinar=1000 Fils | BHD |
| 孟加拉国 | Bangladesh | 1塔卡=100波依夏 | 1 Taka=100 Poisha | BDT |
| 不 丹 | Bhutan | 1努扎姆=100吉扎姆 | 1 Ngultrum=100 Chhetrum | BTN |
| 文 莱 | Brunei Darussalam | 1文莱元=100分 | 1 Brunei Dollar=100 Cents | BND |
| 柬 埔 寨 | Cambodia | 1瑞尔=10角=100仙 | 1 Riel=10 Kak=100 Sen | KHR |
| 塞浦路斯 | Cyprus | 1塞浦路斯镑=1000米尔 | 1 Cyprus Pound=1000 Mils | CYP |
| 格鲁吉亚 | Georgia | 1拉里=100 秦特勒 | 1 Lari=100 Tetri | GEL |
| 印 度 | India | 1印度卢比=100 派萨 | 1 Indian Rupie=100 Paise | INR |
| 印度尼西亚 | Indonesia | 1印度尼西亚盾=100分 | 1 Rupiah=100 Sen | IDR |
| 伊 朗 | Iran | 1里亚尔=100第纳尔 | 1 Rial=100 Dinars | IRR |
| 伊 拉 克 | Iraq | 1伊拉克第纳尔=1000菲尔斯 | 1 Iraq Dinar=1000 Fils | JOD |
| 以 色 列 | Israel | 新谢克尔 | New Shekel | ILS |
| 日 本 | Japan | 1日元=100钱 | 1 Yen=100 Sen | JPY |
| 约 旦 | Jordan | 1约旦第纳尔=1000费尔斯 | 1 Jordan Dinar=1000 Fils | JOD |
| 哈萨克斯坦 | Kazakhstan | 1坚戈=100特因 | 1 Tenge=100 Tiin | KZT |
| 朝 鲜 | Korea, Dem. | 1朝鲜元=100钱 | 1 Won=100 Chon | KPW |
| 韩 国 | Korea, Rep. | 1韩圆=100钱 | 1 Won=100 Chon | KRW |
| 科 威 特 | Kuwait | 1科威特第纳尔=1000菲尔斯 | 1 Kuwaiti Dinar=1000 Fils | KWD |
| 吉尔吉斯斯坦 | Kyrgyzstan | 1索姆=100特因 | 1 Kyrgyz Som=100 Tyin | KGS |
| 老 挝 | Laos | 1基普=100阿特 | 1 Kip=100 Ats | LAK |
| 黎 巴 嫩 | Lebanon | 1黎巴嫩镑=100比索 | 1 Lebanese Pound=100 Piastres | LBP |
| 马来西亚 | Malaysia | 1林吉特=100分 | 1 Ringgit=100 Sen | MYR |
| 马尔代夫 | Maldives | 1拉菲亚=100拉里 | 1 Rufiyaa=100 Laari | MVR |
| 蒙 古 | Mongolia | 1图格里克=100蒙戈 | 1 Togrog=100 Mongo | MNT |
| 缅 甸 | Myanmar | 1缅元=100分 | 1 Kyat=100 Pyas | MMK |
| 尼 泊 尔 | Nepal | 1尼泊尔卢比=100派萨=2摩赫 | 1 Rupee=100 Paisa=2 Mohur | NPR |
| 阿 曼 | Oman | 1里亚尔=1000比索 | 1 Rial Omani=100 Baizas | OMR |

附录2　续表 1　continued

| 国家或地区 | Country or Area | 货币 | Local Currency | 国际标准组织编码 ISO-Code |
|---|---|---|---|---|
| 巴基斯坦 | Pakistan | 1巴基斯坦卢比=100派萨 | 1 Pakistani Rupee=100 Paisa | PKR |
| 菲律宾 | Philippines | 1比索=100分 | 1 Philippine Peso=100 Centavos | PHP |
| 卡塔尔 | Qatar | 1卡塔尔里亚尔=100迪姆拉 | 1 Qatar Riyal=100 Dirhams | QAR |
| 留尼汪 | Reunion | 1欧元=6.5596法郎, | 1 Euro=6.5596 Franc | EUR |
| | | 1法郎=100 生丁 | 1 Franc=100 Centimes | FRF |
| 沙特阿拉伯 | Saudi Arabia | 1沙特里亚尔=100哈拉拉 | 1 Saudi Arabian Riyal=100 Hallalas | SAR |
| 新加坡 | Singapore | 1新加坡元=100分 | 1 Singapore Dollar=100 Cents | SGD |
| 斯里兰卡 | Sri Lanka | 1卢比=100分 | 1 Sri Lanka Rupee =100 Sri Lanka Cents | LKR |
| 叙利亚 | Syrian Arab Rep. | 1叙利亚镑=100比索 | 1 Syrian Pound=100 Piastres | SYP |
| 塔吉克斯坦 | Tajikistan | 索莫尼 | Somoni | TJS |
| 泰国 | Thailand | 1铢=100萨当 | 1 Baht=100 Satang | THB |
| 土耳其 | Turkey | 1土耳其里拉=100库鲁 | 1 Turkish Lira=100 Kurus | TRL |
| 土库曼斯坦 | Turkmenistan | 1马纳特=100坚戈 | 1 Turkmenistan Manat =100 Tenge | TMM |
| 阿联酋 | United Arab Emirates | 1迪尔汗=100菲尔斯 | 1 Dirham=100 Fils | AED |
| 乌兹别克斯坦 | Uzbekistan | 1苏姆=100蒂因 | 1 Usbekistan Sum=100 Tijin | UZS |
| 越南 | Vietnam | 1越南盾=10角=100分 | 1 Dong=10 Hao=100 Xu | VND |
| 也门 | Yemen | 1里亚尔=100费尔斯 | 1 Yemeni Rial=100 Fils | YER |
| **非洲** | **Africa** | | | |
| 阿尔及利亚 | Algeria | 1阿尔及利亚第纳尔=100生丁 | 1 Algerian Dinar=100 Centines | DZD |
| 安哥拉 | Angola | 宽扎 | Kwanza | AOA |
| 贝宁 | Benin | 非洲法郎 | CFA Franc | XOF |
| 博茨瓦纳 | Botswana | 1普拉=100生丁 | 1 Pula=100 Centimes | DZD |
| 布基纳法索 | Burkina Faso | 非洲法郎 | CFA Franc | XOF |
| 布隆迪 | Burundi | 1布隆迪法郎=100生丁 | 1 Burundi Franc=100 Centimes | BIF |
| 喀麦隆 | Cameroon | 非洲法郎 | CFA Franc | XOF |
| 佛得角 | Cape Verde | 1埃斯库多=100分 | 1 Cape Verde Escudo=100 Centavo | CVE |
| 中非共和国 | Central African Rep. | 非洲法郎 | CFA Franc | XOF |
| 乍得 | Chad | 非洲法郎 | CFA Franc | XOF |
| 科摩罗 | Comoros | 科摩罗法郎 | Comoran Franc | KMF |
| 刚果(金) | Congo, Dem. Rep. | 刚果法郎 | Congo Franc | GNF |
| 刚果(布) | Congo | 非洲法郎 | CFA Franc | XOF |
| 科特迪瓦 | Cote D`Ivoire | 非洲法郎 | CFA Franc | XOF |
| 吉布提 | Djibouti | 吉布提法郎 | Djibouti Franc | DJF |
| 埃及 | Egypt | 1埃及镑=100比索=1000米利姆 | 1 Egypt Pound=100 Piasters=1000 Milliemes | EGP |
| 赤道几内亚 | Equatorial Guinea | 非洲法郎 | CFA Franc | XOF |
| 厄里特尼亚 | Eritrea | 1纳克法=100分 | 1 Nakfa=100 Cents | ERN |
| 埃塞俄比亚 | Ethiopia | 1埃塞俄比亚比尔=100分 | 1 Birr=100 Cents | ETB |
| 加蓬 | Gabon | 非洲法郎 | CFA Franc | XOF |
| 冈比亚 | Gambia | 1达拉西=布图 | 1 Dalasi=Bututs | GMD |

附录2　续表 2　continued

| 国家或地区 | Country or Area | 货币 | Local Currency | 国际标准组织编码 ISO-Code |
|---|---|---|---|---|
| 加　纳 | Ghana | 1塞地=100比塞瓦 | 1 Cedi=100 Pesewas | GHC |
| 几内亚 | Guinea | 几内亚法郎 | Guinean Franc | GNF |
| 几内亚比绍 | Guinea-Bissau | 非洲法郎 | CFA Franc | XOF |
| 肯尼亚 | Kenya | 1肯尼亚先令=100分 | 1 Kenya Shilling=100 Cents | KES |
| 莱索托 | Lesotho | 1洛蒂(复数为马洛蒂)=100分 | 1 Loti(Pl.:Maloti)=100 Lisente | LSL |
| 利比里亚 | Liberia | 1利比里亚元=100分 | 1 Liberian Dollar=100 Cents | LRD |
| 利比亚 | Libya | 1第纳尔=1000迪拉姆 | 1 Dinar=1000 Dirhams | LYD |
| 马达加斯加 | Madagascar | 1马达加斯加法郎=100生丁 | 1 Madagascar Franc=100 Centimes | MGF |
| 马拉维 | Malawi | 1马拉维克瓦查=100塔姆巴拉 | 1 Malawi Kwacha=100 Tambala | MWK |
| 马　里 | Mali | 非洲法郎 | CFA Franc | XOF |
| 毛里塔尼亚 | Mauritania | 1乌吉亚=5库姆斯 | 1 Ouguiya=5 Khoums | MRO |
| 毛里求斯 | Mauritius | 卢比 | Rupee | MUR |
| 摩洛哥 | Morocco | 迪拉姆 | Dirham | MAD |
| 莫桑比克 | Mozambique | 1梅蒂卡尔=100分 | 1 Metical=100 Centavos | MZM |
| 纳米比亚 | Namibia | 1纳米比亚元=100分 | 1 Namibia Dollar=100 Cents | NAD |
| 尼日尔 | Niger | 非洲法郎 | CFA Franc | XOF |
| 尼日利亚 | Nigeria | 1奈拉=100克布 | 1 Naria=100 Kobo | NGN |
| 卢旺达 | Rwanda | 1卢旺达法郎=100生丁 | 1 Rwanda Franc=100 Centimes | RWF |
| 圣多美和普林西比 | Sao Tome & Principe | 1多布拉=100分 | 1 Dobra=100 Centimos | STD |
| 塞内加尔 | Senegal | 非洲法郎 | CFA Franc | XOF |
| 塞舌尔 | Seychelles | 1塞舌尔卢比=100分 | 1 Seychelles Rupee =100 Cents | SCR |
| 塞拉利昂 | Sierra Leone | 1利昂=100分 | 1 Leone=100 Cents | SLL |
| 索马里 | Somali | 1索马里先令=100分 | 1 Somali Shilling=100 Centesimi | SOS |
| 南　非 | South Africa | 1兰特=100分 | 1 Rand=100 Cents | ZAR |
| 圣赫勒拿 | St Helena | 1圣赫勒拿镑=100便士 | 1 St Helena Pound=100 Pennies | SHP |
| 苏　丹 | Sudan | 1第纳尔=100比索 | 1 Sudanese Dinar=100 Piastres | SDD |
| 斯威士兰 | Swaziland | 1埃马兰吉尼=100分 | 1 Lilangeni=100 Cents | ZAR |
| 坦桑尼亚 | Tanzania | 1坦桑尼亚先令=100分 | 1 Tanzanian Shilling=100 Cents | TZS |
| 多　哥 | Togo | 非洲法郎 | CFA Franc | XOF |
| 突尼斯 | Tunisia | 1第纳尔=1000米利姆 | 1 Dinar=1000 Millimes | TND |
| 乌干达 | Uganda | 乌干达先令 | Uganda Shilling | UGX |
| 赞比亚 | Zambia | 1克瓦查=100恩韦 | 1 Kwacha=100 Ngwee | ZMK |
| 津巴布韦 | Zimbabwe | 1津巴布韦元=100分 | 1 Zimbabwe Dollar=100 Cents | ZWD |
| **美　洲** | **America** | | | |
| 阿根廷 | Argentina | 1比索=100分 | 1 Argentine Peso=100 Centavos | ARS |
| 阿鲁巴 | Aruba | 1阿鲁巴弗罗林=100分 | 1 Aruba Florin=100 Cents | AWG |
| 安圭拉 | Anguilla | 1东加勒比元=100分 | 1 East Caribbean Dollar =100 Cents | XCD |
| 安提瓜和巴布达 | Antigua And Barbuda | 1东加勒比元=100分 | 1 East Caribbean Dollar =100 Cents | XCD |
| 巴　西 | Brazil | 1雷亚尔=100分 | 1 Real=100 Centavos | BRL |
| 巴哈马 | Bahamas | 1巴哈马元=100分 | 1 Bahamian Dollar=100 Cents | BSD |

附录2　续表 3　continued

| 国家或地区 | Country or Area | 货币 | Local Currency | 国际标准组织编码 ISO-Code |
|---|---|---|---|---|
| 巴 拉 圭 | Paraguay | 1瓜拉尼=100分 | 1 Guarani=100 Centimos | PYG |
| 巴 拿 马 | Panama | 1巴波亚=100分 | 1 Balboa=100 Centesimos | PAB |
| 巴巴多斯 | Barbados | 1巴巴多斯元=100分 | 1 Barbados Dollar=100 Cents | BBD |
| 百 慕 大 | Bermuda | 1百慕大元=100分 | 1 Bermuda Dollar=100 Cents | BMD |
| 波多黎各 | Porto rico | 1美元=100分 | 1 Dollar=100 Cents | USD |
| 玻利维亚 | Bolivia | 1玻利维亚诺=100分 | 1 Bolivariano=100 Centavos | BOB |
| 伯 利 兹 | Belize | 1伯利兹元=100分 | 1 Belize Dollar=100 Cents | BZD |
| 多米尼加 | Dominican Rep. | 1比索=100分 | 1 Peso=100 Centavos | DOP |
| 多米尼克 | Dominica | 1东加勒比元=100分 | 1 East Caribbean Dollar =100 Cents | XCD |
| 厄瓜多尔 | Ecuador | 1美元=100分 | 1 Dollar=100 Cents | USD |
| 法属圭亚那 | Guayane Francaise | 1欧元=6.5596法郎 | 1 Euro=6.5596 Franc | EUR |
| | | 1法国法郎=100生丁 | 1 Franc=100 Centimes | FRF |
| 哥伦比亚 | Colombia | 1比索=100分 | 1 Peso=100 Centavos | COP |
| 哥斯达黎加 | Costa Rica | 1科朗=100分 | 1 Colon=100 Centimos | CRC |
| 格 陵 兰 | Greenland | 1丹麦克朗=100欧尔 | 1 Danish Kroon=100 Ore | DKK |
| 格林纳达 | Grenada | 1东加勒比元=100分 | 1 East Caribbean Dollar =100 Cents | XCD |
| 古　巴 | Cuba | 1可兑换比索=100分 | 1 Peso convertible=100 Centavos | CUP |
| 瓜德罗普 | Guadeloupe | 1法国法郎=100生丁 | 1 Franc=100 Centimes | FRF |
| 圭 亚 那 | Guyana | 1圭亚那元=100分 | 1 Guyana Dollar=100 Cents | GYD |
| 海　地 | Haiti | 1古德=100生丁 | 1 Gourde=100 Centimes | HTG |
| 荷属安的列斯 | The Netherlands Antilles | 荷属安的列斯盾或弗罗林, 1盾=100分 | Netherlands Antilles Guildar / Florin 1 Guildar=100 Cents | ANG |
| 洪都拉斯 | Honduras | 1伦皮拉=100分 | 1 Lempira=100 Centavos | HNL |
| 加 拿 大 | Canada | 1加拿大元=100分 | 1 Canadian Dollar=100 Cents | CAD |
| 开曼群岛 | The Cayman Islands | 1开曼元=100分 | 1 Cayman Dollar=100 Cents | KYD |
| 马提尼克 | Martinique | 1欧元=6.5596法郎 | 1 Euro=6.5596 Franc | EUR |
| | | 1法国法郎=100生丁 | 1 Franc=100 Centimes | FRF |
| 美　国 | United States | 1美元=100分 | 1 Dollar=100 Cents | USD |
| 蒙特塞拉特 | Montserrat | 1东加勒比元=100分 | 1 East Caribbean Dollar=100 Cents | XCD |
| 秘　鲁 | The Rep. of Peru | 1新索尔=100分 | 1 New Sol=100 Centimos | PEN |
| 墨 西 哥 | Mexico | 1比索=100分 | 1 Mexican Peso=100 Centavos | MXN |
| 尼加拉瓜 | Nicaragua | 1科多巴=100分 | 1 Cordoba=100 Centavos | NIO |
| 萨尔瓦多 | El Salvador | 1科朗=100分 | 1 El Salvadoran Colon=100 Centavos | SVC |
| 圣基茨和尼维斯 | St. Kitts And Nevis | 1东加勒比元=100分 | 1 East Caribbean Dollar=100 Cents | XCD |
| 圣卢西亚 | St. Lucia | 1东加勒比元=100分 | 1 East Caribbean Dollar=100 Cents | XCD |
| 圣文森特和格林纳丁斯 | St. Vincent & Grens. | 1东加勒比元=100分 | 1 East Caribbean Dollar=100 Cents | XCD |
| 苏 里 南 | Suriname | 1苏里南盾=100分 | 1 Suriname Guilder=100 Cents | SRG |
| 特克斯和凯科斯群岛 | The Turks and Caicos Islands | 1美元=100分 | 1 Dollar=100 Cents | USD |
| 特立尼达和多巴哥 | Trinidad And Tobago | 1特立尼达和多巴哥元=100分 | 1 Trinidad And Tobago Dollar =100 Cents | TTD |

附录2 续表 4 continued

| 国家或地区 | Country or Area | 货币 | Local Currency | 国际标准组织编码 ISO-Code |
|---|---|---|---|---|
| 危地马拉 | Guatemala | 1格查尔=100分 | 1 Quetzal=100 Centavos | GTQ |
| 委内瑞拉 | Venezuela | 1玻利瓦尔=100分 | 1 Bolivar=100 Centimos | VEB |
| 乌 拉 圭 | Uruguay | 1乌拉圭比索=100分 | 1 Uruguayan Peso=100 Centesimos | UYU |
| 牙 买 加 | Jamaica | 1牙买加元=100分 | 1 Jamaica Dollar=100 Cents | JMD |
| 英属维尔京群岛 | The British Virgin Islands | 1美元=100分 | 1 Dollar=100 Cents | USD |
| 智 利 | Chile | 1比索=100分 | 1 Peso=100 Centavos | CLP |
| **欧 洲** | **Europe** | | | |
| 阿尔巴尼亚 | Albania | 1列克=100昆塔 | 1 Lek=100 Qindarka | ALL |
| 奥 地 利 | Austria | 1欧元=13.7603奥地利先令， | 1 Euro=13.7603 Austrian Schillings | EUR |
| | | 1奥地利先令=100格罗申 | 1 Schilling=100 Groschen | ATS |
| 白俄罗斯 | Belarus | 1白俄罗斯卢布=100戈比 | 1 Belarus Ruble=100 Kopeken | |
| 比 利 时 | Belgium | 1欧元=40.3399比利时法郎， | 1 Euro=40.3399 Belgian Francs, | EUR |
| | | 1比利时法郎=100生丁 | 1 Belgian Franc=100 Centimes | BEF |
| 波 黑 | Bosnia And Hercegovinia | 1可兑换马克=100芬尼 | 1 Konvertible Mark=100 Fening | BAM |
| 保加利亚 | Bulgaria | 1列弗=100斯托丁卡 | 1 Lev=100 Stótinki | BGN |
| 克罗地亚 | Croatia | 1库纳=100利珀 | 1 Kuna=100 Lipa | HRK |
| 捷 克 | Czech Republic | 1捷克克郎=100哈莱士 | 1 Czech Krouna=100 Hellers | CZK |
| 丹 麦 | Denmark | 1丹麦克郎=100欧尔 | 1 Danish Krone=100 Ore | DKK |
| 爱沙尼亚 | Estonia | 1爱沙尼亚克郎=100 分 | 1 Estonian Kroon =100 Cents | EEK |
| 芬 兰 | Finland | 1欧元=5.94873芬兰马克， | 1 Euro=5.94873 Finnish Markka, | EUR |
| | | 1芬兰马克=100分 | 1 Finnish Markka=100 Pennies | FIM |
| 法 国 | France | 1欧元=6.5596法郎， | 1 Euro=6.5596 Franc, | EUR |
| | | 1法郎=100生丁 | 1 Franc=100 Centimes | FRF |
| 德 国 | Germany | 1欧元=1.95583德国马克， | 1 Euro=1.95583 Deutsche Mark, | EUR |
| | | 1德国马克=100芬尼 | 1 Deutsche Mark=100 Deutsche Pfennig | |
| 希 腊 | Greece | 1欧元=340.75德拉克马， | 1 Euro= 340.75 Drachma, | EUR |
| | | 1德拉克马=100雷普塔 | 1 Drachma=100 Lepta | GRD |
| 匈 牙 利 | Hungary | 1福林=100非列 | 1 Forint=100 Fillér | |
| 冰 岛 | Iceland | 1冰岛克郎=100分 | 1 Icelandic Krona=100 Cents | ISK |
| 爱 尔 兰 | Ireland | 1欧元=0.787564爱尔兰镑， | 1 Euro=0.787564 Irish Pounds, | EUR |
| | | 1爱尔兰镑=100便士 | 1 Irish Pound=100 Pennies | IEP |
| 意 大 利 | Italy | 1欧元=1936.27里拉， | 1 Euro=1936.27 Italian Lire Italian Lire, | EUR |
| | | 1里拉=100分 | 1 Italian Lire=100 Centesimi | ITL |
| 拉脱维亚 | Latvia | 1拉特=100拉分 | 1 Lats=100 Centas | LVL |
| 立 陶 宛 | Lithuania | 1立特=100立分 | 1 Litas=100 Centas | LTL |
| 卢 森 堡 | Luxembourg | 1欧元= 40.3399卢森堡法郎， | 1 Euro= 40.3399 LUF, | EUR |
| | | 1卢森堡法郎(卢郎)=100分 | 1 Luxemburg Franc=100 Cents | LUF |
| 马 其 顿 | Macedonia | 1代纳尔=100代尼 | 1 Denar=100Deni | MKD |
| 马 耳 他 | Malta | 1马耳他镑=100分=1000米尔 | 1 Malta Lira=100 Cents=1000 Mils | MTL |
| 摩尔多瓦 | Moldova | 1摩尔多瓦列伊=100巴尼 | 1 Moldova Leu=100 Bani | MDL |

附录2　续表 5　continued

| 国家或地区 | Country or Area | 货币 | Local Currency | 国际标准组织编码 ISO-Code |
|---|---|---|---|---|
| 摩纳哥 | Monaco | 1欧元=6.5596法国法郎， | 1 Euro=6.5596 Franc, | EUR |
| | | 1法国法郎=100生丁 | 1 Franc=100 Centimes | FRF |
| 荷　兰 | Netherlands | 1欧元=2.2037荷兰盾， | 1 Euro=2.2037 Dutch Guilders, | EUR |
| | | 1荷兰盾=100分 | 1 Dutch Guilder=100 Cents | NLG |
| 挪　威 | Norway | 1挪威克郎=100欧尔 | 1 Norwegian Krone =100 Ore | NOK |
| 波　兰 | Poland | 1兹罗提=100格罗什 | 1 Zloty=100 Gloszes | PLN |
| 葡萄牙 | Portugal | 1欧元=200.482埃斯库多， | 1 Euro=200.482 Portugal Escudos, | EUR |
| | | 1埃斯库多=100分 | 1 Escudo=100 Centavos | PTE |
| 罗马尼亚 | Romania | 1列伊=100班尼 | 1 Leu=100 Bani | ROL |
| 俄罗斯联邦 | Russian Federation | 1卢布=100戈比 | 1 Ruble=100 Kopeken | RUB |
| 圣马力诺 | San Marino | 1欧元=1936.27意大利里拉 | 1 Euro=1936.27 Italian Lire | ITL |
| 斯洛伐克 | Slovak Rep. | 1斯洛伐克克郎=100哈莱士 | 1 Slovak Koruna=100 Helles | SKK |
| 斯洛文尼亚 | Slovenia | 1托拉尔=100斯托丁 | 1 Tolar=100 Stotin | SIT |
| 西班牙 | Spain | 1欧元=166.386比赛塔， | 1 Euro=166.386 Spanish, | EUR |
| | | 1比赛塔=100分 | 1 Pecetas=100 Centimos | ESP |
| 瑞　典 | Sweden | 瑞典克朗 | Swedish Krona | SEK |
| 瑞　士 | Switzerland | 1瑞士法郎=100生丁 | 1 Switzerland Franc=100 Centimes | CHF |
| 列支敦示登 | Liechtenstein | 1瑞士法郎=100生丁 | 1 Switzerland Franc=100 Centimes | CHF |
| 乌克兰 | Ukraine | 1格里夫尼亚=100戈比 | 1 Hryvnia=100 Kopeken | UAH |
| 英　国 | United Kingdom | 1英镑=100便士 | 1 Pound=100 Pennies | GBP |
| **大洋洲** | **Oceania** | | | |
| 澳大利亚 | Australia | 1澳元=100分 | 1 Australian Dollar=100 Cents | AUD |
| 斐　济 | Fiji | 1斐济元=100分 | 1 Fiji Dollar=100 Cents | FJD |
| 法属波利尼西亚 | French Polynesia | 1欧元=119.33太平洋法郎 | 1 Euro=119.33 Franc CFP | EUR |
| 基里巴斯 | Kiribati | 1澳元/吉布提=100分 | 1 Australian Dollar/Kiribati=100 Cents | AUD |
| 马绍尔群岛 | Marshall Islands | 1美元=100分 | 1 Dollar=100 Cents | USD |
| 密克罗尼西亚 | Micronesia, Fed States of | 1美元=100分 | 1 Dollar=100 Cents | USD |
| 新喀里多尼亚 | New Caledonia | 1欧元=119.33太平洋法郎 | 1 Euro=119.33 CFP | EUR |
| 新西兰 | New Zealand | 1新西兰元=100分 | 1 New Zealand Dollar=100 Cents | NZD |
| 巴布亚新几内亚 | Papua New Guinea | 1基那=100托伊 | 1 Kina=100 Toea | PGK |
| 萨摩亚 | Samoa | 1塔拉=100分 | 1 Tala=100 Sene | WST |
| 所罗门群岛 | Solomon Islands | 1所罗门群岛元=100分 | 1 Solomon Islands Dollar=100 Cents | SBD |
| 汤　加 | Tonga | 1潘加=100分 | 1 Pa'anga=100 Senti | TOP |
| 图瓦卢 | Tuvalu | 1澳元=100分 | 1 Australian Dollar=100 Cents | AUD |
| 瓦努阿图 | Vanuatu | 瓦图 | Vatu | VUV |
| 瓦利斯和富图纳 | Wallis and Futuna | 太平洋法郎 | Franc CFP | XPF |

注：①对于欧元区成员国，为方便用户，除了列示欧元以外，同时列示了相应国家原货币单位。

Note: ①For the member countries of Euro Area, the original currencies of the relevant countries have been recorded besides the euro to facilitate the readers to use the materials.

# 附录3 索引

# Appendix 3 Index

# 中国统计出版社最新资料书简目

（仅供参考，以最后出书为准）

**统计资料**

中国统计年鉴 –2014
中国统计摘要 –2014
国际统计年鉴 –2014
金砖国家联合统计手册 –2014
国外资源、能源和环境统计资料汇编 –2013
2014 中国发展报告
中国第三产业统计年鉴 –2014
中国区域经济统计年鉴 –2014
中国劳动统计年鉴 –2014
中国社会统计年鉴 –2014
中国城市统计年鉴 –2014
中国建筑业统计年鉴 –2014
中国人口和就业统计年鉴 –2014
中国工业经济统计年鉴 –2014
中国商品交易市场统计年鉴 –2014
中国房地产统计年鉴 –2014
中国证券期货统计年鉴 –2014
中国环境统计年鉴 –2014
中国能源统计年鉴 –2014
中国民政统计年鉴 –2014
中国贸易外经统计年鉴 –2014
2014 中国地区经济监测报告
中国科技统计年鉴 –2014
中国农村统计年鉴 –2014
中国农产品价格调查年鉴 –2014
中国高技术产业统计年鉴 –2014
中国教育经费统计年鉴 –2014
中国农村贫困监测报告 –2014
全国农产品成本收益资料汇编 –2014
工业企业科技活动资料 –2014
大中型批发零售和住宿餐饮企业统计年鉴 –2014
中国价格统计年鉴 –2014
中国住户调查年鉴 –2014
中国县域统计年鉴 –2014
中国农村全面建设小康监测报告 –2014
中国人才资源统计报告 –2012
中国零售和餐饮连锁企业统计年鉴 –2014
中国民族统计年鉴 –2014
中华人民共和国乡镇行政区划简册 –2014

**2014 年省级综合统计年鉴系列**

北京　天津　河北　山西　内蒙古　辽宁　吉林
黑龙江　上海　江苏　浙江　安徽　福建　江西
山东　河南　湖北　湖南　广东　广西　海南　重庆
四川　贵州　云南　西藏　陕西　甘肃　青海　宁夏
新疆　新疆生产建设兵团

**2014 年市（县）级综合统计年鉴系列**

天津滨海新区　石家庄　唐山　邯郸　太原　大同
长治　阳泉　晋城　朔州　晋中　运城　忻州　临汾
呼和浩特　通辽　包头　沈阳　大连　长春　吉林市
四平　哈尔滨　黑龙江垦区　上海浦东新区　南京
苏州　无锡　常州　徐州　南通　泰州　宿迁
连云港　盐城　镇江　淮安　江阴　丹阳　杭州
宁波　绍兴　台州　温州　金华　嘉兴　衢州
舟山　福州　福州经济技术开发区　宁德
厦门经济特区　南昌　上饶　济南　青岛　潍坊
枣庄　郑州　洛阳　三门峡　南阳　商丘　武汉
宜昌　十堰　荆州　咸宁　长沙　广州　东莞　惠州
深圳　桂林　南宁　柳州　来宾　河池　海口
三亚　成都　绵阳　贵阳　昆明　庆阳　西安　兰州
银川　乌鲁木齐

**2010 年人口普查资料系列**

中国 2010 年人口普查资料　北京　天津　河北
山西　内蒙古　辽宁　吉林　黑龙江　上海　江苏
浙江　安徽　福建　江西　山东　河南　湖北　湖南
广东　广西　海南　重庆　四川　贵州　云南　西藏
陕西　甘肃　青海　宁夏　新疆　新疆生产建设兵团
宁波　昆明
中国分县 2010 年人口普查资料
中国分乡镇、街道 2010 年人口普查资料
广东省各市 2010 年人口普查资料丛书
山西省各市 2010 年人口普查资料丛书
河南省各市 2010 年人口普查资料丛书

# New Statistical Yearbooks Published by China Statistics Press

**National Statistical Yearbook**

China Statistical Yearbook-2014

China Statistical Abstract-2014

International Statistical Yearbook-2014

BRICS Joint Statistical Publication-2014

Statistical Compilation of Foreign Resources, Energy and Environment-2013

China Development Report-2014

China Statistical Yearbook of the Tertiary Industry-2014

China Statistical Yearbook for Regional Economy-2014

China Social Statistics Yearbook-2014

China City Statistical Yearbook-2014

China Labour Statistical Yearbook-2014

China Population and Employment Statistics Yearbook-2014

China Industry Economy Statistical Yearbook-2014

China Statistical Yearbook on Construction-2014

China Real Estate Statistics Yearbook-2014

China Securities and Futures Statistical Yearbook-2014

China Environment Statistical Yearbook-2014

China Energy Statistical Yearbook-2014

Statistical Yearbook of China Commodity Exchange Market-2014

China Trade and External Economics Statistical Yearbook-2014

China Regional Economic Monitoring Report-2014

China Civil Affairs' Statistical Yearbook-2014

China Rural Statistical Yearbook-2014

China Yearbook of Agricultural Price Survey-2014

China Educational Finance Statistical Yearbook-2014

Poverty Monitoring Report of Rural China-2014

China Science and Technology Statistical Yearbook-2014

China Statistics Yearbook on High Technology Industry-2014

Statistics on Science and Technology Activity of Industry Enterprises-2014

China Agricultural Production Cost and Yield Data-2014

China Price Yearbook-2014

China County Statistical Yearbook-2014

China Yearbook of Rural Household Survey-2014

Statistical Yearbook of China Chain Stores of Retail Trades and Catering Services-2014

Statistical Yearbook of Large and Medium-sized Enterprises of Wholesale & Retail Trades and Hotels & Catering Services-2014

China's Ethnic Statistical Yearbook-2014

The Brochure of Administrative Divisions of Township in P. R. China

China Human Resources Report-2012

**Provincial Statistical Yearbook in 2014**

Beijing Tianjin Hebei Shanxi Inner Mongolia Liaoning Jilin Heilongjiang Shanghai Jiangsu Zhejiang Anhui Fujian Jiangxi Shandong Henan Hubei Hunan Guangdong Guangxi Hainan Chongqing Sichuan Guizhou Yunnan Tibet Shaanxi Gansu Qinghai Ningxia Xinjiang Xinjiang PC Corps

**City (or County) Statistical Yearbook in 2014**

Tianjin Binhai New Area Shijiazhuang Tangshan Handan Taiyuan Datong Changzhi Yangquan Jincheng Shuozhou Jinzhong Yuncheng Xinzhou Linfen Hohhot Tongliao Baotou Shenyang Dalian Changchun Jilin Siping Harbin Heilongjiang Shanghai Pudong Nanjing Suzhou Wuxi Changzhou Xuzhou Nantong Taizhou Suqian LianyunGang Yancheng Zhenjiang Jiangyin Danyang Hangzhou Ningbo Shaoxing Taizhou Wenzhou Jinhua Jiaxing Quzhou Zhoushan Fuzhou Fuzhou Ningde Xiamen Nanchang Shangrao Jinan Qingdao Weifang Zaozhuang Zhengzhou Luoyang Sanmenxia Nanyang Shangqiu Wuhan Yichang Shiyan Jingzhou Xianning Changsha Guangzhou Dongguan Huizhou Shenzhen Guilin Nanning Liuzhou Laibin Hechi Haikou Sanya Chengdu Mianyang Guiyang Kunming Qingyang Xi'an Lanzhou Yinchuan Urumqi

**Data on Population Census in 2010**

Tabulation on the 2010 Population Census of China

Beijing Tianjin Hebei Shanxi Inner Mongolia Liaoning Jilin Heilongjiang Shanghai Jiangsu Zhejiang Anhui Fujian Jiangxi Shandong Henan Hubei Hunan Guangdong Guangxi Hainan Chongqing Sichuan Guizhou Yunnan Tibet Shaanxi Gansu Qinghai Ningxia Xinjiang Xinjiang PC Corps Ningbo Kunming

Tabulation on the 2010 Population Census by County

Tabulation on the 2010 Population Census by Township

Guangdong Cities Series

Shanxi Cities Series

Henan Cities Series

Address: No.57 Yuetan Nanjie, Sanlihe, Beijing 100826, P. R. China
China Statistics Press, National Bureau of Statistics of China
Editorial Department: Tel: 008610-63376877, 63376861
E-mail: yearbook@gj.stats.cn
Distribution Department: Tel: 008610-63376907, 68783171
Website http://csp.stats.gov.cn